KB260587

기업의 변화와 흐름을 파악 할 수 있는

중소기업관련 지식정보법전

중소기업관련 법률과 시행령, 시행규칙까지 수록
새로 나온 판례와 각종 고시는 법률을 엄선해서 수록하고 편찬

📖 법문북스

머리말

중소기업은 우리나라 경제의 80%로 많은 비중을 차지하며 경제를 이끌어가는 것이 현실이다.

이에 중소기업의 중요성이 높아짐에 따라 정부에서는 중소기업이 더 발전 할 수 있는 각종 규제를 풀고 정부에서 지원 할 수 있는 모든 방법을 지원하기 위해 새로운 중소기업 관련 법률을 제정, 시행하고 있다.

중소기업 관련 법전은 기업하는 분과 개인 사업하는 분께 밀접한 관계가 있는 중소기업법률로서 모든 기본이 되는 사업 법률이라 하겠다. 이 책에 수록된 중소기업기본법을 비롯하여 대·중소기업 상생협력 촉진에 관한 법률, 도시형소공인 지원에 관한 특별법, 벤처기업육성에 관한 특별조치법, 소상공인 보호 및 지원에 관련 법률, 1인 창조기업 육성에 관한 법률, 전통시장 및 상점가 육성을 위한 특별법, 중소기업 기술혁신 촉진법, 중소기업진흥에 관한 법률 등을 수록하고 시행령과 시행규칙까지 수록하여 중소기업이나 소규모 사업자들이 필수적으로 알아둬야 할 법률들이다. 특히 새로 나온 판례와 각종 고시는 법률을 보면서 도움이 될 수 있는 것만 엄선해서 수록하여 변화되는 현실과 기업의 흐름을 파악할 수 있도록 편찬하였다.

기본적인 법률을 알아야 민원 관계나 각종 인·허가, 설립, 정부지원, 정부혜택, 경영컨설팅, 세제 등 기업의 운영에 많은 도움이 될 것이다.

특히 경영지도사와 지도사 공부를 하는 분들에게 필수적인 훌륭한 자료가 될 것이다.

2015년 9월

- 1 -

차 례

■ 1인 창조기업 육성에 관한 법률 ······················· 1

■ 1인 창조기업 육성에 관한 법률 시행령 ······················· 5

■ 국립공업고등학교 설치령 ······················· 10

■ 대·중소기업 상생협력 촉진에 관한 법률 ······················· 13

■ 대·중소기업 상생협력 촉진에 관한 법률 시행령 ······················· 26

■ 대·중소기업 상생협력 촉진에 관한 법률 시행규칙 ······················· 38

■ 도시형소공인 지원에 관한 특별법 ······················· 43

■ 도시형소공인 지원에 관한 특별법 시행령 ······················· 49

■ 벤처기업육성에 관한 특별조치법 ······················· 54

【판례-주권인도】

■ 상법 제340조의4 제1항에서 주식매수선택권 행사요건으로 정한 '2년 이상 재임 또는 재직' 요건을 본인의 귀책사유가 아닌 사유로 퇴임·퇴직하는 경우에도 갖추어야 하는지 여부(적극) ······················· 71

■ 벤처기업육성에 관한 특별조치법 시행령 ······················· 82

■ 벤처기업육성에 관한 특별조치법 시행규칙 ······················· 105

■ 소상공인 보호 및 지원에 관한 법률 ······················· 118

【판례-농지보전부담금환급청구】

■ 수도권 내의 지역에서 이루어진 산업단지개발사업의 시행자인 甲 사업협동조합에 농지보전부담금이 부과된 사안에서, 구 소기업 및 소상공인 지원을 위한 특별조치법 제4조 제2항 후단은 수도권 외의 지역에서 소기업을 100분의 50 이상 유치하는 산업단지를 조성하는 경우에 적용되는 것으로 해석함이 타당하므로 위 부과처분이 적법하다고 본 원심판단을 수긍한 사례 ······················· 121

■ 소상공인 보호 및 지원에 관한 법률 시행령 ······················· 127

■ 소상공인 보호 및 지원에 관한 법률 시행규칙 ······················· 134

■ 여성기업지원에 관한 법률 ······················· 137

■ 여성기업지원에 관한 법률 시행령 ······················· 141

■ 장애인기업활동 촉진법 ·················· 145

■ 장애인기업활동 촉진법 시행령 ·················· 149

■ 전통시장 및 상점가 육성을 위한 특별법 ·················· 152

【판례-시장정비사업추진계획승인추천신청반려처분취소】

　■ 전통시장 및 상점가 육성을 위한 특별법에 규정된 '토지등 소유자가 시장정비사업을 추진
하기 위하여 설립한 법인'에 민법상 사단법인 외에 상법상 회사도 포함되는지 여부(적극)
·················· 152

■ 전통시장 및 상점가 육성을 위한 특별법 시행령 ·················· 179

【판례-재래시장인정신청반려처분취소】

　■ 구 재래시장 및 상점가 육성을 위한 특별법에서 말하는 '인정시장'으로 인정받기 위한 요
건 중 하나인 점포에 제공되는 '건축물'에 무허가 건축물이나 미준공 건축물이 포함되는
지 여부(소극) 및 그 경우 건축법 등 관계법령에 의한 규제의 대상이 되는지 여부(적극)
·················· 179

■ 전통시장 및 상점가 육성을 위한 특별법 시행규칙 ·················· 196

■ 중견기업성장 촉진 및 경쟁력 강화에 관한 특별법 ·················· 238

■ 중견기업성장 촉진 및 경쟁력 강화에 관한 특별법 시행령 ·················· 246

■ 중소기업기본법 ·················· 256

【판례-양도소득세부과처분취소】

　■ 오픈마켓을 운영하는 甲 주식회사의 주식을 보유한 乙이 주식 양도 후 甲 회사를 중소기
업으로 보아 양도소득세를 신고·납부하자 과세관청이 甲 회사를 일반기업으로 보고 양도
소득세 부과처분을 한 사안에서, 온라인 통신망을 통하여 불특정 다수의 소비자에게 각종
상품(유형재)의 소매를 하는 판매인의 업종은 '전자상거래업'에 해당하고, 이 거래를 중개
하는 영업을 주로 하는 甲 회사의 업종은 '통신판매업'에 해당하므로 위 처분은 위법하다
고 본 원심판단이 정당하다고 한 사례 ·················· 256

■ 중소기업기본법 시행령 ·················· 264

　■ 고시-중소기업 범위 및 확인에 관한 규정 ·················· 264

　■ 고시-중소기업·소상공인 및 장애인기업 확인 요령 ·················· 271

■ 중소기업기술 보호 지원에 관한 법률 ·················· 285

　■ 고시-중소기업기술 보호 운영세칙 ·················· 287

■ 중소기업기술 보호 지원에 관한 법률 시행령 ·················· 296

■ 중소기업 기술혁신 촉진법 ·················· 301

　■ 고시-중소기업기술개발지원사업 기술료 관리규정 고시 ·················· 311

◾ 중소기업 기술혁신 촉진법 시행령 ·· 317

【판례-정부출연금환수및기술혁신촉진지원사업참여제한처분취소】

  ▪ 구 중소기업기술혁신 촉진법 시행령 제20조 및 제21조 [별표 2] 제1호 (가)목, (다)목
    에서 정한 기술혁신 촉진 지원사업의 참여제한 및 출연금 환수의 제재사유 중 '연구개발
    과정의 불성실 수행 여부'와 '연구결과의 극히 불량 여부'는 별도로 판단하여야 하는지 여
    부(적극) 및 연구결과가 극히 불량하다는 점이 인정되는 경우 연구개발과정의 불성실 수
    행이 추정되는지 여부(소극) / '연구개발과정의 불성실 수행 여부'를 판단하는 기준 ·· 324

◾ 중소기업 기술혁신 촉진법 시행규칙 ··· 331

◾ 중소기업 사업전환 촉진에 관한 특별법 ·· 338

◾ 중소기업 사업전환 촉진에 관한 특별법 시행령 ····························· 347

◾ 중소기업 인력지원 특별법 ·· 351

  ▪ 고시-중소기업 특성화고 인력양성사업 운영요령 ························· 354

  ▪ 고시-중소기업 장기근속자 주택 우선공급에 관한 지침 ················ 367

◾ 중소기업 인력지원 특별법 시행령 ·· 374

◾ 중소기업 인력지원 특별법 시행규칙 ··· 384

◾ 중소기업진흥에 관한 법률 ·· 385

◾ 중소기업진흥에 관한 법률 시행령 ·· 406

◾ 중소기업진흥에 관한 법률 시행규칙 ··· 424

◾ 중소기업창업 지원법 ··· 433

  ▪ 고시-창업투자회사 등의 등록 및 관리규정 ······························· 435

【판례-중소기업창업지원사업계획승인취소등】

  ▪ 중소기업창업지원사업계획승인취소등가. 행정처분의 직접 상대방이 아닌 제3자에게 당해
    행정처분의 취소를 구할 원고적격이 있는 경우 나. 행정처분의 직접 상대방이 아닌 부락
    민 등이 자신들의 농경지 등이 훼손 또는 풍수해를 입을 우려가 있다는 이유로서는 산림
    훼손허가 및 중소기업창업지원승인처분의 취소를 구할 소의 이익이 없다고 본 사례 ·· 449

【판례-부당 이득금】

  ▪ 구 중소기업창업 지원법 제23조 제1항에 의하여 사업계획승인이 취소되는 경우, 같은 법
    제22조 제1항 제11호에 따라 의제된 농지전용허가도 취소되는지 여부(적극) 및 사업계
    획승인의 취소 및 의제된 농지전용허가의 취소로 인하여 당초 유효하였던 농지조성비 부
    과처분 및 전용부담금 부과처분까지 소급하여 효력을 상실하는지 여부(소극) ············ 451

◾ 중소기업창업 지원법 시행령 ·· 464

【판례-투자금반환】

■ 창업투자조합이 구 중소기업창업 지원법령상 거래가 금지된 특수관계인 등과 체결한 투자
계약상의 손실보전약정에 따라 투자금의 반환을 청구할 경우, 거래 상대방이 위 법령 위
배를 이유로 투자금 반환의무의 이행을 거절할 수 있는지 여부(소극) ·················· 471

【판례-창업사업계획 승인신청 불승인처분 취소】

■ 甲 주식회사가 식료품 제조업을 하고자 공장건물과 부대건물을 건설하겠다는 내용으로 중
소기업 창업사업계획 승인신청을 하였으나 관할 시장이 30여 일이 지나서 그 신청을 불
승인하는 처분을 한 사안에서, 중소기업창업 지원법 제33조 제3항에서 정한 창업사업계
획 승인기간인 20일에는 그 승인으로 의제되는 다른 법률에 의한 인·허가의 처리기간이
포함되는 점 등을 들어 관할 시장이 위 승인신청을 받은 날부터 20일 이내에 甲 회사에
승인 여부를 알리지 않았으므로 위 창업사업계획은 승인된 것으로 의제된다고 본 원심판
단을 정당하다고 한 사례 ····················· 475

■ 중소기업창업 지원법 시행규칙 ··········· 486

■ 중소기업협동조합법 ················· 495

【판례-손해배상(기)】

■ 중소기업협동조합법에 의하여 설립된 협동조합이 조합원을 위하여 원자재를 구매·공급해
주는 행위의 성질 및 그러한 업무를 담당하는 임원이 부담하는 주의의무의 내용 ······· 495

【판례-시장개설허가처분취소】

■ 구 도·소매업진흥법 소정의 시장개설자의 지위승계제도의 취지 ················ 503

■ 중소기업협동조합법 시행령 ············· 526

【판례-협동조합 설립인가신청서반려처분취소】

■ 가. 중소기업협동조합법시행령 제8조의 규정취지 및 같은 조 제1항의 규정이 모법에 위배
되는지 여부(소극) 나. 전국을 업무구역으로 한 기존 조합이 있는 경우에도 행정구역을
업무구역으로 하는 조합의 설립이 가능한지 여부(한정적극) ··················· 527

■ 중소기업협동조합법 시행규칙 ··········· 540

■ 중소기업수출지원센터의 설치 및 운영 등에 관한 규정 ············· 548

■ 중소기업제품 구매촉진 및 판로지원에 관한 법률 ············· 551

【판례-가처분기타】

■ '중소기업제품 구매촉진 및 판로지원에 관한 법률'에 정한 공공기관으로서 하수처리장 여
과시설 설치공사 등을 발주한 지방자치단체가, 그 공사에 사용될 '통상여과기' 등이 '공사
용 자재 직접구매 대상품목'임에도 같은 법 제12조 제3항 단서에 따른 절차를 제대로 거
치지 않은 채 그 공사에 관하여 같은 항 본문에 의한 공사용 자재 직접구매 대상이라는
점을 공고하지 않은 것은 위법하다고 볼 여지가 있으므로, '통상여과기' 등을 생산·판매하
는 중소기업이 위 공사에 관한 입찰절차의 진행중지를 구한 가처분신청은 피보전권리 및
보전의 필요성이 있다고 한 사례 ················ 552

■ 고시-중소기업 범위 및 확인에 관한 규정 ··········· 555

◪ 중소기업제품 구매촉진 및 판로지원에 관한 법률 시행령 ·························· 568

◪ 중소기업제품 구매촉진 및 판로지원에 관한 법률 시행규칙 ······················ 583

◪ 지역신용보증재단법 ··· 594

【판례-재의결무효확인】

■ 상위법령에 의하여 기관구성원의 임명·위촉권한이 지방자치단체의 장에게 전속적으로 부
여된 경우, 조례로써 지방자치단체의 장의 임명·위촉권을 제약할 수 있는지 여부(소극) ···
··· 597

◪ 지역신용보증재단법 시행령 ··· 605

◪ 지역특화 발전특구에 대한 규제특례법 ·· 618

◪ 지역특화 발전특구에 대한 규제특례법 시행령 ·· 637

◪ 지역특화 발전특구에 대한 규제특례법 시행규칙 ··· 649

색 인

ㄱ

가처분기타 …………………………… 552
국립공업고등학교 설치령 …………………… 10

ㄴ

농지보전부담금환급청구 …………………… 121

ㄷ

대·중소기업 상생협력 촉진에 관한 법률 ……
……………………………………… 13
대·중소기업 상생협력 촉진에 관한 법률 시행
규칙 ………………………………… 38
대·중소기업 상생협력 촉진에 관한 법률 시행
령 …………………………………… 26
도시형소공인 지원에 관한 특별법 …………… 43
도시형소공인 지원에 관한 특별법 시행령 ……
……………………………………… 49

ㅂ

벤처기업육성에 관한 특별조치법 …………… 54
벤처기업육성에 관한 특별조치법 시행규칙 ……
……………………………………… 105
벤처기업육성에 관한 특별조치법 시행령 ……
……………………………………… 82
부당 이득금 …………………………… 451

ㅅ

소상공인 보호 및 지원에 관한 법률 ………… 118
소상공인 보호 및 지원에 관한 법률 시행규칙· 134
소상공인 보호 및 지원에 관한 법률 시행령 ……
……………………………………… 127
손해배상(기) …………………………… 495
시장개설허가처분취소 ………………… 503
시장정비사업추진계획승인추천신청반려처분취
소 ………………………………… 152

ㅇ

양도소득세부과처분취소 ……………… 256
여성기업지원에 관한 법률 …………… 137
여성기업지원에 관한 법률 시행령 ………… 141
일인 창조기업 육성에 관한 법률 …………… 1
일인 창조기업 육성에 관한 법률 시행령 ……
……………………………………… 5

ㅈ

장애인기업활동 촉진법 ………………… 145
장애인기업활동 촉진법 시행령 …………… 149
재래시장인정신청반려처분취소 ………… 179
재의결무효확인 ………………………… 597
전통시장 및 상점가 육성을 위한 특별법 ……
……………………………………… 152
전통시장 및 상점가 육성을 위한 특별법 시행
규칙 ………………………………… 196

전통시장 및 상점가 육성을 위한 특별법 시행령 ······· 179

정부출연금환수및기술혁신촉진지원사업참여제한처분취소 ······· 324

주권인도 ······· 71

중소기업·소상공인 및 장애인기업 확인 요령 ······· 271

중견기업 성장촉진 및 경쟁력 강화에 관한 특별법 ······· 238

중견기업 성장촉진 및 경쟁력 강화에 관한 특별법 시행령 ······· 246

중소기업 기술혁신 촉진법 ······· 301

중소기업 기술혁신 촉진법 시행규칙 ······· 331

중소기업 기술혁신 촉진법 시행령 ······· 317

중소기업 범위 및 확인에 관한 규정 ······· 264,555

중소기업 사업전환 촉진에 관한 특별법 ······· 338

중소기업 사업전환 촉진에 관한 특별법 시행령 ······· 347

중소기업 인력지원 특별법 ······· 351

중소기업 인력지원 특별법 시행규칙 ······· 384

중소기업 인력지원 특별법 시행령 ······· 374

중소기업기본법 ······· 256

중소기업기본법 시행령 ······· 264

중소기업기술 보호 운영세칙 ······· 287

중소기업기술 보호 지원에 관한 법률 ······· 285

중소기업기술 보호 지원에 관한 법률 시행령 ······· 296

중소기업기술개발지원사업 기술료 관리규정 고시 ······· 311

중소기업수출지원센터의 설치 및 운영 등에 관한 규정 ······· 548

중소기업제품 구매촉진 및 판로지원에 관한 법률 ······· 551

중소기업제품 구매촉진 및 판로지원에 관한 법률 시행규칙 ······· 583

중소기업제품 구매촉진 및 판로지원에 관한 법률 시행령 ······· 568

중소기업진흥에 관한 법률 ······· 385

중소기업진흥에 관한 법률 시행규칙 ······· 424

중소기업진흥에 관한 법률 시행령 ······· 406

중소기업창업 지원법 ······· 433

중소기업창업 지원법 시행규칙 ······· 486

중소기업창업 지원법 시행령 ······· 464

중소기업창업지원사업계획승인취소등 ······· 449

중소기업협동조합법 ······· 495

중소기업협동조합법 시행규칙 ······· 540

중소기업협동조합법 시행령 ······· 526

지역신용보증재단법 ······· 594

지역신용보증재단법 시행령 ······· 605

지역특화발전특구에 대한 규제특례법 ······· 618

지역특화발전특구에 대한 규제특례법 시행규칙 ······· 649

지역특화발전특구에 대한 규제특례법 시행령 ······· 637

ㅊ

창업사업계획 승인신청 불승인처분 취소 ······· 475

ㅌ

투자금반환 ······· 471

ㅎ

협동조합 설립인가신청서반려처분취소 ······· 527

1인 창조기업 육성에 관한 법률

[시행 2015.8.4.]
[법률 제13148호, 2015.2.3., 일부개정]

제1조(목적) 이 법은 창의성과 전문성을 갖춘 국민의 1인 창조기업 설립을 촉진하고 그 성장기반을 조성하여 1인 창조기업을 육성함으로써 국민경제의 발전에 이바지함을 목적으로 한다.

제2조(정의) 이 법에서 "1인 창조기업"이란 창의성과 전문성을 갖춘 1인 또는 5인 미만의 공동사업자로서 상시근로자 없이 사업을 영위하는 자(부동산업 등 대통령령으로 정하는 업종을 영위하는 자는 제외한다)를 말한다. <개정 2013.3.22., 2015.2.3.>

제3조(1인 창조기업 인정의 특례) 1인 창조기업이 규모 확대의 이유로 1인 창조기업에 해당하지 아니하게 된 경우에는 그 사유가 발생한 연도의 다음 연도부터 3년간은 제2조에도 불구하고 1인 창조기업으로 본다. 다만, 1인 창조기업 외의 기업과 합병하거나 그 밖에 대통령령으로 정하는 사유로 1인 창조기업에 해당하지 아니하게 된 경우에는 그러하지 아니하다.

제4조(다른 법률과의 관계) 1인 창조기업의 육성에 관하여 다른 법률에 특별한 규정이 있는 경우를 제외하고는 이 법에 따른다.

제5조(1인 창조기업 육성계획의 수립 등) ① 중소기업청장은 1인 창조기업을 육성하기 위하여 3년마다 1인 창조기업 육성계획(이하 "육성계획"이라 한다)을 문화체육관광부장관 등 관계 중앙행정기관의 장과 협의를 거쳐 수립·시행하여야 한다.
② 육성계획에는 다음 각 호의 사항이 포함되어야 한다.
1. 1인 창조기업의 육성을 위한 정책의 기본방향
2. 1인 창조기업의 창업지원에 관한 사항
3. 1인 창조기업의 기반조성에 관한 사항
4. 1인 창조기업 관련 통계 조사·관리에 관한 사항
5. 그 밖에 1인 창조기업의 육성을 위하여 필요한 사항
③ 중소기업청장은 육성계획의 수립과 시행을 위하여 필요한 경우에는 관계 중앙행정기관의 장과 1인 창조기업 육성에 관련된 기관 또는 단체에 대하여 자료의 제출이나 의견의 진술을 요청할 수 있다. 이 경우 요청을 받은 관계 중앙행정기관의 장 등은 특별한 사정이 없으면 요청에 따라야 한다.

제6조(실태조사) ① 중소기업청장은 1인 창조기업을 체계적으로 육성하고 육성계획을 효율적으로 수립·추진하기 위하여 매년 1인 창조기업의 활동현황 및 실태 등에 대한 조사를 하고 그 결과를 공표하여야 한다.
② 중소기업청장은 제1항에 따른 실태조사를 하기 위하여 필요한 경우에는 「공공기관의 운영에 관한 법률」에 따른 공공기관, 1인 창조기업 또는 관련 단체에 대하여 자료의 제출이나 의견의 진술 등을 요청할 수 있다. 이 경우 요청을 받은 공공기관 등은 특별한 사정이 없으면 요청에 따라야 한다.

제7조(종합관리시스템 구축·운영) 중소기업청장은 1인 창조기업 관련 정보를 종합적으로 관리하고 1인 창조기업 간의 협력기반 구축 및 1인 창

조기업 활동에 유용한 정보를 제공하기 위하여 종합관리시스템을 구축·운영할 수 있다.

제8조(1인 창조기업 지원센터의 지정 등) ① 정부는 1인 창조기업 및 1인 창조기업을 하고자 하는 자를 지원하기 위하여 필요한 전문인력과 시설을 갖춘 기관 또는 단체를 1인 창조기업 지원센터(이하 "지원센터"라 한다)로 지정할 수 있다.

② 지원센터는 다음 각 호의 사업을 한다.

1. 1인 창조기업에 대한 작업공간 및 회의장 제공
2. 1인 창조기업에 대한 경영·법률·세무 등의 상담
3. 그 밖에 중소기업청장이 위탁하는 사업

③ 정부는 제1항에 따라 지정한 지원센터에 대하여 예산의 범위에서 제2항 각 호의 사업을 수행하는 데 필요한 경비의 전부 또는 일부를 지원할 수 있다.

④ 정부는 지원센터가 다음 각 호의 어느 하나에 해당하는 경우에는 지정을 취소하거나 6개월 이내의 범위에서 기간을 정하여 업무의 전부 또는 일부를 정지할 수 있다. 다만, 제1호에 해당하는 경우에는 지정을 취소하여야 한다.

1. 거짓이나 그 밖의 부정한 방법으로 지정을 받은 경우
2. 지정받은 사항을 위반하여 업무를 행한 경우
3. 제5항에 따른 지정기준에 적합하지 아니하게 된 경우

⑤ 지원센터의 지정 및 지정 취소의 기준·절차 및 운영 등에 필요한 사항은 대통령령으로 정한다.

제9조(지식서비스 거래지원) ① 중소기업청장은 1인 창조기업의 지식 서비스 거래를 활성화하기 위하여 지식서비스를 제공하는 1인 창조기업 및 1인 창조기업으로부터 지식서비스를 제공받는 자 등에 대한 지원사업을 할 수 있다. <개정 2013.3.22.>

② 제1항에 따른 지원사업의 대상 및 방법 등에 필요한 사항은 대통령령으로 정한다.

제10조(교육훈련 지원) ① 정부는 1인 창조기업 및 1인 창조기업을 하고자 하는 자의 전문성과 역량을 강화하기 위하여 교육훈련을 지원할 수 있다.

② 정부는 제1항에 따른 교육훈련에 관한 업무를 대통령령으로 정하는 인력 및 시설 등을 갖춘 법인으로서 정부가 지정하는 기관 또는 단체(이하 "교육기관"이라 한다)에 위탁할 수 있다.

③ 정부는 제2항에 따라 교육훈련에 관한 업무를 위탁받은 교육기관에 대하여 대통령령으로 정하는 바에 따라 업무 수행에 필요한 경비의 전부 또는 일부를 지원할 수 있다.

④ 정부는 교육기관이 제1항에 따른 교육훈련에 관한 업무를 충실히 수행하지 못하거나 제5항에 따른 지정기준에 미치지 못하는 경우에는 지정을 취소하거나 6개월 이내의 범위에서 기간을 정하여 업무의 전부 또는 일부를 정지할 수 있다.

⑤ 교육기관의 지정 및 지정 취소의 기준·절차 등에 필요한 사항은 대통령령으로 정한다.

제11조(기술개발 지원) ① 중소기업청장은 우수한 아이디어와 기술을 보유한 1인 창조기업을 위하여 다음 각 호의 지원을 할 수 있다. <개정 2013.3.22.>

1. 1인 창조기업의 단독 또는 공동 기술개발
2. 1인 창조기업과 「중소기업기본법」에 따른 중소기업 간의 공동 기술개발

3. 그 밖에 1인 창조기업의 기술개발
을 촉진하기 위하여 필요한 사항
② 제1항에 따른 지원의 절차와 범위
등에 필요한 사항은 대통령령으로
정한다. [제목개정 2013.3.22.]

제12조(아이디어의 사업화 지원) ① 정
부는 사업 성공 가능성이 높은 아이
디어를 가진 1인 창조기업을 선정하
여 아이디어의 사업화를 위한 지원을
할 수 있다.
② 정부는 제1항에 따라 아이디어의
사업화 지원 대상으로 선정된 1인
창조기업이 다음 각 호의 어느 하나
에 해당하는 경우에는 선정을 취소
할 수 있다. 다만, 제1호에 해당하는
경우에는 선정을 취소하여야 한다.
〈개정 2015.2.3.〉
1. 선정된 1인 창조기업이 아이디어
의 도용(盜用) 등 거짓이나 그 밖
의 부정한 방법으로 선정된 경우
2. 선정된 1인 창조기업이 사업화를
포기한 경우
3. 선정된 1인 창조기업의 책임 있는
사유로 사업화가 지연되어 처음에
기대하였던 성과를 거두기 곤란하
거나 선정된 1인 창조기업이 사
업화를 완수할 능력이 없다고 인
정되는 경우
4. 부도·폐업 등의 사유로 선정된 1
인 창조기업이 사업화를 계속 수행
하는 것이 불가능하거나 계속 수행
할 필요가 없다고 인정되는 경우
③ 제1항에 따른 선정의 기준·절차
및 제2항에 따른 선정취소의 절차,
지원의 범위 등에 필요한 사항은 대
통령령으로 정한다. 〈개정 2015.2.3.〉

제13조(해외진출 지원) 정부는 1인 창
조기업의 해외시장 진출을 촉진하기
위하여 관련 기술 및 인력의 국제교
류, 국제행사 참가 등의 사업을 지원
할 수 있다.

제14조(홍보사업 등) 정부는 1인 창조
기업에 대한 국민의 인식을 높이고 1
인 창조기업을 육성하기 위하여 다음
각 호의 사업을 추진할 수 있다.
1. 1인 창조기업의 성공사례 발굴·
포상 및 홍보
2. 1인 창조기업 활성화를 위한 포럼
및 세미나 개최
3. 그 밖에 중소기업청장이 필요하다
고 인정하여 공고하는 사업

제15조(금융 지원) ① 정부는 1인 창
조기업에 대하여 필요한 자금을 융자
·투자하거나 그 밖에 필요한 지원을
할 수 있다. 〈신설 2013.3.22.〉
②정부는 1인 창조기업의 설립 및 활
동에 필요한 자금을 원활하게 조달
하기 위하여 「신용보증기금법」에
따른 신용보증기금, 「기술신용보증
기금법」에 따른 기술신용보증기금
및 「지역신용보증재단법」 제9조에
따라 설립한 신용보증재단으로 하여
금 1인 창조기업을 대상으로 하는
보증제도를 수립·운용하도록 할 수
있다. 〈개정 2013.3.22.〉
[제목개정 2013.3.22.]

제16조(전담기관 지정 등) ① 중소기업
청장은 1인 창조기업의 육성에 관한
시책을 효과적으로 수행하기 위하여
1인 창조기업 업무를 전담하는 기관
(이하 "전담기관" 이라 한다)을 지정
할 수 있다.
② 정부는 예산의 범위에서 전담기관
의 운영에 필요한 경비의 일부를 보
조할 수 있다.
③ 제1항에 따라 지정된 전담기관이
아니면 이와 비슷한 명칭을 사용하
지 못한다.
④ 전담기관의 지정 및 운영 등에 필
요한 사항은 대통령령으로 정한다.

제17조(조세에 대한 특례) 국가와 지방 자치단체는 1인 창조기업을 육성하기 위하여 1인 창조기업에 대하여 「조세특례제한법」, 「지방세특례제한법」, 그 밖의 조세 관계 법률에서 정하는 바에 따라 소득세·법인세·취득세·재산세 및 등록면허세 등의 조세를 감면할 수 있다.

제18조(「식품산업진흥법」에 관한 특례) 「식품산업진흥법」 제2조제4호에 따른 전통식품을 제조하는 1인 창조기업에 대하여는 같은 법 제22조에도 불구하고 대통령령으로 정하는 바에 따라 전통식품의 품질인증 기준을 완화하여 따로 정할 수 있다.

제19조(보고·검사) ① 정부는 감독에 필요하다고 인정하는 경우에는 지원센터에 대하여 그 업무 및 재산에 관한 보고 또는 자료의 제출을 명하거나 소속 공무원으로 하여금 현장출입 또는 서류검사를 하게 하는 등 필요한 조치를 할 수 있다.
② 중소기업청장은 감독에 필요하다고 인정하는 경우에는 전담기관에 대하여 그 업무 및 재산에 관한 보고 또는 자료의 제출을 명하거나 소속 공무원으로 하여금 현장출입 또는 서류검사를 하게 하는 등 필요한 조치를 할 수 있다.
③ 제1항 및 제2항에 따라 출입·검사를 하는 사람은 그 권한을 표시하는 증표를 지니고 이를 관계인에게 내보여야 한다.

제20조(청문) 정부는 다음 각 호의 어느 하나에 해당하는 처분을 하려면 청문을 실시하여야 한다.
1. 제8조제4항에 따른 지원센터의 지정 취소 및 업무 정지
2. 제10조제4항에 따른 교육기관의 지정 취소 및 업무 정지
3. 제12조제2항에 따른 1인 창조기업의 아이디어 사업화 지원 대상 선정 취소

제21조(권한 등의 위임·위탁) ① 이 법에 따른 중앙행정기관의 장의 권한은 그 일부를 대통령령으로 정하는 바에 따라 특별시장·광역시장·특별자치시장·도지사·특별자치도지사 또는 시장·군수·구청장(자치구의 구청장을 말한다)에게 위임할 수 있다. <개정 2015.2.3.>
② 중앙행정기관의 장은 이 법에 따른 업무의 일부를 대통령령으로 정하는 바에 따라 전담기관 등에 위탁할 수 있다.

제22조(벌칙 적용에서의 공무원 의제) 제21조에 따라 중앙행정기관의 장이 위탁한 업무에 종사하는 전담기관 등의 임직원은 「형법」 제129조부터 제132조까지의 규정에 따른 벌칙을 적용할 때에는 공무원으로 본다.

제23조(과태료) ① 제16조제3항을 위반하여 비슷한 명칭을 사용한 자에게는 100만원 이하의 과태료를 부과한다.
② 제1항에 따른 과태료는 중소기업청장이 부과·징수한다.

부칙
<제13148호, 2015.2.3.>
이 법은 공포 후 6개월이 경과한 날부터 시행한다.

1인 창조기업 육성에 관한 법률 시행령

[시행 2015.8.4.]
[대통령령 제26466호, 2015.8.3., 일부개정]

제1조(목적) 이 영은 「1인 창조기업 육성에 관한 법률」에서 위임된 사항과 그 시행에 필요한 사항을 규정함을 목적으로 한다.

제2조(1인 창조기업의 범위) ① 「1인 창조기업 육성에 관한 법률」(이하 "법"이라 한다) 제2조에서 "부동산업 등 대통령령으로 정하는 업종"이란 그 주된 사업이 별표 1에 해당하는 업종을 말한다. <개정 2015.8.3.>
② 그 주된 사업이 별표 1에 해당하는 업종이 아닌 업종을 영위하는 자에 대한 1인 창조기업 인정의 구체적인 내용은 그 업종 및 운영형태 등을 고려하여 중소기업청장이 정하여 고시한다. <개정 2015.8.3.>

제3조(1인 창조기업 인정 제외 사유) 법 제3조 단서에서 "대통령령으로 정하는 사유"란 다음 각 호의 어느 하나에 해당하는 사유를 말한다.
1. 법 제3조 본문에 따라 1인 창조기업으로 보는 기간 중에 있는 기업이 「중소기업기본법」 제2조에 따른 중소기업(이하 "중소기업"이라 한다)과 합병하는 경우
2. 창업한 1인 창조기업이 창업일이 속하는 달부터 12개월이 되는 달 말일 이전에 그 규모의 확대 등으로 중소기업에 해당하지 아니하게 된 경우

제4조(1인 창조기업 지원센터의 지정 등) ① 법 제8조제1항에 따른 1인 창조기업 지원센터(이하 "지원센터"라 한다)로 지정받으려는 자는 별표 2의 지정기준을 갖추어야 한다.
② 지원센터로 지정받으려는 자는 그 신청서에 다음 각 호의 서류를 첨부하여 관계 중앙행정기관의 장에게 제출하여야 한다.
1. 정관 또는 이에 준하는 사업운영규정
2. 사업계획서
3. 전문인력 보유 현황
4. 시설 명세서
③ 관계 중앙행정기관의 장은 법 제8조제1항 또는 제4항에 따라 지원센터를 지정하거나, 지원센터의 지정취소 및 업무정지를 명한 경우에는 그 사실을 인터넷 홈페이지에 게시하여야 한다.
④ 지원센터로 지정받은 자는 해당 연도의 운영계획을 매년 1월 31일까지 관계 중앙행정기관의 장에게 제출하여야 하며, 반기별로 지원센터의 운영실적을 분석하여 매 반기 종료 후 1개월 이내에 관계 중앙행정기관의 장에게 보고하여야 한다.
⑤ 법 제8조제4항에 따른 지원센터의 지정취소 및 업무정지의 기준은 별표 3과 같다.
⑥ 제1항부터 제5항까지에서 규정한 사항 외에 지원센터의 지정절차 및 운영 등 필요한 사항은 중소기업청장이 정하여 고시한다.

제5조(지식서비스 거래지원사업의 대상 등) ① 법 제9조제1항에 따른 지식서비스 거래지원을 받을 수 있는 자는 법 제7조에 따른 종합관리시스템을 통하여 1인 창조기업으로부터 재화 또는 용역을 제공받는 중소기업 또는 「민법」 제32조에 따라 설립된 비영리법인으로 한다.
② 법 제9조제1항에 따라 지식서비스 거래지원을 받으려는 자는 그 신청서에 다음 각 호의 서류를 첨부하여

중소기업청장에게 제출하여야 한다.
1. 해당 1인 창조기업과 체결한 계약서 사본
2. 해당 1인 창조기업으로부터 제공받은 재화 또는 용역의 결과를 확인할 수 있는 자료
3. 그 밖에 해당 1인 창조기업과의 계약 내용 및 이행 내용을 확인하기 위하여 필요한 서류
③ 중소기업청장은 제2항에 따른 신청서를 받으면 「전자정부법」 제36조제1항에 따른 행정정보의 공동이용을 통하여 법인의 등기사항증명서 및 사업자등록증을 확인하여야 한다. 다만, 신청인이 사업자등록증의 확인에 동의하지 아니하는 경우에는 그 서류를 첨부하게 하여야 한다.
④ 제1항부터 제3항까지에서 규정한 사항 외에 지식서비스 거래지원사업의 범위 등 필요한 사항은 중소기업청장이 정하여 고시한다.

제6조(교육기관의 지정기준 등) ① 법 제10조제2항에서 "대통령령으로 정하는 인력 및 시설 등"이란 별표 4와 같다.
② 법 제10조제2항에 따른 교육기관으로 지정받으려는 자는 그 신청서에 다음 각 호의 서류를 첨부하여 관계 중앙행정기관의 장에게 제출하여야 한다.
1. 강사의 인적사항 및 자격
2. 교육시설 현황
3. 제1항에 따른 지정기준에 맞는지를 확인할 수 있는 서류
③ 관계 중앙행정기관의 장은 제2항에 따른 신청서를 받으면 「전자정부법」 제36조제1항에 따른 행정정보의 공동이용을 통하여 법인의 등기사항증명서 및 사업자등록증을 확인하여야 한다. 다만, 신청인이 사업자등록증의 확인에 동의하지 아니하는 경우에는 해당 서류를 첨부하게 하여야 한다.

④ 관계 중앙행정기관의 장은 법 제10조제2항 또는 제4항에 따라 교육기관을 지정하거나, 교육기관의 지정취소 및 업무정지를 명한 경우에는 그 사실을 인터넷 홈페이지에 게시하여야 한다.
⑤ 법 제10조제3항에 따라 교육기관에 경비의 전부 또는 일부를 지원할 수 있는 항목은 다음 각 호와 같다.
1. 강사료와 수당
2. 교육교재 제작비와 실습기자재 구입비
3. 그 밖에 교육훈련에 필요하다고 인정되는 항목
⑥ 법 제10조제4항에 따른 교육기관 지정취소 및 업무정지의 기준은 별표 5와 같다.
⑦ 제1항부터 제6항까지에서 규정한 사항 외에 교육기관의 운영 등 필요한 사항은 중소기업청장이 정하여 고시한다.

제7조(기술개발 지원의 절차 등) ① 법 제11조제1항에 따른 기술개발에 대한 지원을 받으려는 자는 그 신청서에 다음 각 호의 서류를 첨부하여 중소기업청장에게 제출하여야 한다. <개정 2013.9.9.>
1. 기술개발계획서
2. 그 밖에 중소기업청장이 필요하다고 인정하는 서류
② 중소기업청장은 제1항에 따른 신청서를 받으면 「전자정부법」 제36조제1항에 따른 행정정보의 공동이용을 통하여 법인의 등기사항증명서(법인인 경우만 해당한다) 및 사업자등록증을 확인하여야 한다. 다만, 신청인이 사업자등록증의 확인에 동의하지 아니하는 경우에는 그 서류를 첨부하도록 하여야 한다.
③ 법 제11조제2항에 따른 기술개발에 대한 지원의 범위는 다음 각 호와 같다. <개정 2013.9.9.>
1. 기술혁신 촉진 및 기술력 향상을

위한 기술개발 지원
2. 개발된 기술의 평가, 이전 및 활용에 관한 지원
3. 그 밖에 중소기업청장이 1인 창조기업과 중소기업의 기술개발을 촉진하기 위하여 필요하다고 인정하는 사항
④ 제1항부터 제3항까지에서 규정한 사항 외에 기술개발 지원의 절차 등 필요한 사항은 중소기업청장이 정하여 고시한다. <개정 2013.9.9.>
[제목개정 2013.9.9.]

제8조(아이디어의 사업화 지원 대상의 선정기준 등) ① 법 제12조제1항에 따라 아이디어의 사업화를 위한 지원(이하 "아이디어의 사업화 지원"이라 한다)을 받으려는 1인 창조기업은 그 신청서에 다음 각 호의 서류를 첨부하여 관계 중앙행정기관의 장에게 제출하여야 한다.
1. 아이디어 설명서 또는 제품 설명서
2. 실적 및 수상 증명서류(해당자만 첨부한다)
3. 그 밖에 평가에 필요한 참고자료
② 중앙행정기관의 장은 아이디어의 사업화 지원 대상 1인 창조기업을 선정할 때에는 다음 각 호의 사항을 검토하여야 한다.
1. 사업화의 가능성
2. 기술성 및 상품성
3. 과거의 지원 여부 및 다른 정부지원 과제와의 중복성
4. 산업 파급효과
③ 삭제 <2015.8.3.>
④ 아이디어의 사업화 지원의 범위는 다음 각 호와 같다.
1. 아이디어 사업화를 위한 자문
2. 시험제품 개발에 필요한 자금의 지원
3. 사업화된 제품의 마케팅 및 판로 개척 등의 지원
⑤ 제1항·제2항 및 제4항에서 규정한 사항 외에 아이디어의 사업화 지원 대상 선정을 위한 평가의 세부 사항과 절차 등 필요한 사항은 중소기업청장이 정하여 고시한다. <개정 2015.8.3.>

제9조(전담기관 지정 등) ① 중소기업청장은 법 제16조제1항에 따라 다음 각 호의 어느 하나에 해당하는 기관 또는 단체 중에서 1인 창조기업 업무를 전담하는 기관(이하 "전담기관"이라 한다)을 지정할 수 있다.
1. 「공공기관의 운영에 관한 법률」 제4조에 따른 공공기관
2. 「정부출연연구기관 등의 설립·운영 및 육성에 관한 법률」 제2조에 따른 정부출연연구기관
3. 그 밖에 1인 창조기업 지원업무 수행에 필요한 전문인력과 전담조직을 갖추었다고 중소기업청장이 인정하는 기관 또는 단체
② 중소기업청장은 제1항에 따라 전담기관을 지정하였을 때에는 그 사실을 중소기업청 인터넷 홈페이지에 게시하여야 한다.
③ 전담기관의 장은 법 제21조제2항에 따라 위탁받은 업무에 관한 세부 시책의 시행계획 및 자금집행계획을 수립하여 중소기업청장에게 제출하여야 한다.
④ 제1항부터 제3항까지에서 규정한 사항 외에 전담기관의 지정 및 운영 등 필요한 사항은 중소기업청장이 정하여 고시한다.

제10조(「식품산업진흥법」에 관한 특례) 법 제18조에 따라 「식품산업진흥법」 제2조제4호에 따른 전통식품을 제조하는 1인 창조기업에 대해서는 같은 법 제22조, 같은 법 시행령 제29조제2항 및 그에 따른 관계 법령에도 불구하고 별표 6에 따른 전통식품 품질인증의 공장심사 심사항목 및 심사기준을 적용한다.

제11조(업무의 위탁) ① 중앙행정기관의 장은 법 제21조제2항에 따라 다음 각 호의 업무를 전담기관에 위탁할 수 있다. <개정 2013.9.9.>

1. 법 제6조에 따른 1인 창조기업 실태조사
2. 법 제7조에 따른 종합관리시스템의 구축·운영
3. 법 제8조제3항에 따른 1인 창조기업 지원센터의 지원
4. 법 제9조에 따른 지식서비스 거래 지원
5. 법 제10조제3항에 따른 교육기관의 지원
6. 법 제11조에 따른 기술개발 지원
7. 법 제12조에 따른 1인 창조기업의 아이디어의 사업화 지원
8. 법 제13조에 따른 1인 창조기업의 해외진출 지원
9. 법 제14조에 따른 1인 창조기업 홍보사업 등

② 중앙행정기관의 장은 제1항 각 호에 따른 업무 중 「문화산업진흥 기본법」 제2조제1호에 따른 문화산업과 관련된 업무는 같은 법 제31조제1항에 따른 한국콘텐츠진흥원에 위탁할 수 있다.

제12조(규제의 재검토) 중소기업청장은 제2조 및 별표 1에 따른 1인 창조기업의 범위에 대하여 2014년 1월 1일을 기준으로 3년마다(매 3년이 되는 해의 1월 1일 전까지를 말한다) 그 타당성을 검토하여 개선 등의 조치를 하여야 한다.
[본조신설 2013.12.30.]

부칙
<제26466호, 2015.8.3.>

이 영은 2015년 8월 4일부터 시행한다.

[별표 1] 1인 창조기업 범위에서 제외되는 업종(제2조제1항 관련) <개정 2015.8.3.>

1인 창조기업 범위에서 제외되는 업종(제2조제1항 관련)

구 분	해당 업종	한국표준산업분류번호
1. 광업	가. 석탄, 원유 및 천연가스 광업	05
	나. 금속광업	06
	다. 비금속광물 광업; 연료용 제외	07
	라. 광업지원서비스업	08
2. 제조업	가. 담배제조업	12
	나. 코크스, 연탄 및 석유정제품 제조업	19
	다. 1차 금속 제조업	24
3. 전기, 가스, 증기 및 수도사업	가. 전기, 가스, 증기 및 공기조절 공급업	35
	나. 수도사업	36
4. 하수·폐기물처리, 원료재생 및 환경복원업	가. 하수, 폐수 및 분뇨 처리업	37
	나. 폐기물 수집운반, 처리 및 원료재생업	38
	다. 환경 정화 및 복원업	39
5. 건설업	가. 종합건설업	41
	나. 전문직별 공사업	42
6. 도매 및 소매업	가. 자동차 및 부품 판매업	45
	나. 도매 및 상품중개업	46
	다. 소매업; 자동차 제외(전자상거래업은 제외한다)	47
7. 운수업	가. 육상운송 및 파이프라인 운송업	49
	나. 수상 운송업	50
	다. 항공 운송업	51
	라. 창고 및 운송관련 서비스업	52
8. 숙박 및 음식점업	가. 숙박업	55
	나. 음식점 및 주점업	56
9. 금융 및 보험업	가. 금융업	64
	나. 보험 및 연금업	65
	다. 금융 및 보험 관련 서비스업(그 외 기타 금융지원 서비스업은 제외한다)	66
10. 부동산업 및 임대업	가. 부동산업	68
	나. 임대업; 부동산 제외	69
11. 보건업 및 사회복지 서비스업	가. 보건업	86
	나. 사회복지 서비스업	87
12. 예술, 스포츠 및 여가관련 서비스업	스포츠 및 오락관련 서비스업	91
13. 협회 및 단체, 수리 및 기타 개인서비스업	기타 개인 서비스업	96

비고: 해당 업종의 분류는 「통계법」 제22조에 따라 통계청장이 고시하는 한국표준산업분류에 따른다.

국립공업고등학교 설치령

[시행 2013.3.23.]
[대통령령 제24490호, 2013.3.23., 타법개정]

제1조(목적) 이 영은 「초·중등교육법」 제62조제2항 및 「교육공무원법」 제33조제2항에 따라 구미전자공업고등학교, 부산기계공업고등학교 및 전북기계공업고등학교의 설립·운영 및 교원의 임용 등에 관한 사항을 규정함을 목적으로 한다.

제2조(설립 등) ① 중소기업청장은 「초·중등교육법」 제62조제2항에 따라 교육부장관의 위탁을 받아 산업현장에 필요한 기술·기능에 관한 체계적인 교육과 전문인력의 양성을 위하여 구미전자공업고등학교, 부산기계공업고등학교 및 전북기계공업고등학교(이하 "국립공업고등학교"라 한다)를 설립·운영한다. <개정 2013.3.23.>
② 국립공업고등학교의 소재지는 별표와 같다.

제3조(공무원의 정원) 국립공업고등학교에 두는 공무원의 정원(定員)은 「중소기업청과 그 소속기관 직제」에서 정한다.

제4조(교원의 임용 등) ① 국립공업고등학교에 교장을 둔다.
② 「교육공무원법」 제33조제2항에 따라 국립공업고등학교의 교장은 중소기업청장의 제청으로 대통령이 임용한다.
③ 제2항에 따른 교장의 임용권(교장으로 임명하는 임용권은 제외한다)은 「교육공무원법」 제33조제2항에 따라 중소기업청장에게 위임한다.
④ 「교육공무원법」 제33조제2항에 따라 국립공업고등학교의 교감·수석교사 및 교사는 중소기업청장이 임용한다.
⑤ 중소기업청장은 제4항에 따른 임용권 중 다음 각 호의 임용권을 「교육공무원법」 제33조제2항에 따라 국립공업고등학교의 교장에게 위임한다.
1. 소속 교사의 임용
2. 소속 교감의 승급

제5조(인사교류에 관한 특례) ① 국립공업고등학교가 소재한 지역의 교육감은 「교육공무원임용령」 제13조의3제1항에도 불구하고 국립공업고등학교 소속 교육공무원을 포함하여 인사교류계획을 수립하여야 한다.
② 교육감은 제1항에 따른 인사교류계획을 수립할 때에는 국립공업고등학교 소속 교육공무원의 인사교류의 규모 및 방법 등에 대하여 국립공업고등학교의 교장과 미리 협의하여야 한다.

제6조 삭제 <2013.3.23.>

제7조(학비보조 등) ① 국립공업고등학교의 학생에 대해서는 입학금과 수업료를 면제한다.
② 중소기업청장은 국립공업고등학교의 학생에 대하여 예산의 범위에서 학습에 필요한 자료비·피복비와 그 밖의 학비를 지급할 수 있다.

제8조(경비 부담) 국립공업고등학교의 운영에 필요한 경비는 중소기업청 소관 예산에서 부담한다.

제9조(다른 법령과의 관계) 국립공업고등학교의 설립 및 운영에 관하여 이 영에서 규정한 사항을 제외하고는 교육 관계 법령에서 정하는 바에 따른다.

제10조(권한의 위탁) 교육부장관은 「초·중등교육법」 제62조제2항에 따라 같은

법 제6조에 따른 국립공업고등학교의 지도·감독에 관한 권한을 중소기업청장에게 위탁한다. <개정 2013.3.23.>

부칙
<제23815호, 2012.5.23.>

제1조(시행일) 이 영은 공포한 날부터 시행한다.

제2조(국립공업고등학교의 설립에 관한 경과조치) 이 영 시행 당시 「국립학교 설치령」에 따라 설치된 국립공업고등학교는 이 영에 따라 설치된 것으로 본다.

제3조(교원의 임용에 관한 경과조치) 이 영 시행 당시 「교육공무원법」 및 「교육공무원임용령」에 따라 임용된 국립공업고등학교의 교원은 이 영에 따라 임용된 것으로 본다.

부칙
<제24432호, 2013.3.23.>
(중소기업청과 그 소속기관 직제)

제1조(시행일) 이 영은 공포한 날부터 시행한다.

제2조 및 제3조 생략

제4조(다른 법령의 개정) ① 국립공업고등학교 설치령 일부를 다음과 같이 개정한다.
제2조제1항 및 제10조 중 "교육과학기술부장관"을 각각 "교육부장관"으로 한다.

부칙
<제24490호, 2013.3.23.>
(국립해사고등학교 설치령)

제1조(시행일) 이 영은 공포한 날부터 시행한다.

제2조 및 제3조 생략

제4조(다른 법령의 개정) ① 국립공업고등학교 설치령 일부를 다음과 같이 개정한다.
제6조를 삭제한다.
② 및 ③ 생략

[별표] 국립공업고등학교의 소재지(제2조제2항 관련)

<u>국립공업고등학교의 소재지</u>(제2조제2항 관련)

학교명	소재지
구미전자공업고등학교	경상북도
부산기계공업고등학교	부산광역시
전북기계공업고등학교	전라북도

대·중소기업 상생협력 촉진에 관한 법률

[시행 2014.7.22.]
[법률 제12307호, 2014.1.21., 타법개정]

제1장 총칙

제1조(목적) 이 법은 대기업과 중소기업 간 상생협력(相生協力) 관계를 공고히 하여 대기업과 중소기업의 경쟁력을 높이고 대기업과 중소기업의 양극화를 해소하여 동반성장을 달성함으로써 국민경제의 지속성장 기반을 마련함을 목적으로 한다.
[전문개정 2010.1.27.]

제2조(정의) 이 법에서 사용하는 용어의 뜻은 다음과 같다.
<개정 2012.1.17., 2013.3.23.>
1. "중소기업"이란 「중소기업기본법」 제2조에 따른 중소기업을 말한다.
2. "대기업"이란 중소기업이 아닌 기업을 말한다.
3. "상생협력"이란 대기업과 중소기업 간, 중소기업 상호간 또는 위탁기업과 수탁기업(受託企業) 간에 기술, 인력, 자금, 구매, 판로 등의 부문에서 서로 이익을 증진하기 위하여 하는 공동의 활동을 말한다.
4. "수탁·위탁거래"란 제조, 공사, 가공, 수리, 판매, 용역을 업(業)으로 하는 자가 물품, 부품, 반제품(半製品) 및 원료 등(이하 "물품등"이라 한다)의 제조, 공사, 가공, 수리, 용역 또는 기술개발(이하 "제조"라 한다)을 다른 중소기업에 위탁하고, 제조를 위탁받은 중소기업이 전문적으로 물품등을 제조하는 거래를 말한다.
5. "위탁기업"이란 제4호에 따른 위탁을 하는 자를 말한다.
6. "수탁기업"이란 제4호에 따른 위탁을 받은 자를 말한다.
7. "중소기업자단체"란 「중소기업협동조합법」 제3조에 따른 중소기업협동조합과 산업통상자원부령으로 정하는 중소기업 관련 단체를 말한다.
8. "어음대체결제"란 위탁기업이 물품 등의 납품대금을 「조세특례제한법」 제7조의2제3항제5호부터 제7호까지의 규정에 따른 기업구매전용카드, 외상매출채권 담보대출, 구매 론 제도, 그 밖에 어음을 대체하여 사용되는 결제수단으로서 대통령령으로 정하는 수단으로 지급하는 것을 말한다.
9. "기술자료"란 물품등의 제조 방법, 생산 방법, 그 밖에 영업활동에 유용하고 독립된 경제적 가치가 있는 것으로서 대통령령으로 정하는 자료를 말한다.
10. "동반성장지수"란 대·중소기업 간 동반성장을 촉진하기 위하여 동반성장의 수준을 평가하여 계량화한 지표를 말한다.
11. "중소기업 적합업종·품목"(이하 "적합업종"이라 한다)이란 대·중소기업 간의 합리적 역할분담을 유도하기 위하여 중소기업의 형태로 사업을 영위하는 것이 적합한 분야(서비스업을 포함한다)를 말한다.
[전문개정 2010.1.27.]

제3조(대·중소기업 상생협력 촉진시책의 기본방향) 정부는 다음 각 호의 기본방향에 따라 대·중소기업 상생협력을 촉진하기 위한 시책을 수립하여 시행하여야 한다.
1. 대기업과 중소기업 상생협력의 자율성 보장
2. 대기업과 중소기업의 이익에 서로 도움이 되는 상생협력의 촉진

3. 공공기관과 중소기업 간의 협력에서 공공부문의 선도적인 역할 강화
[전문개정 2010.1.27.]

제2장 대 · 중소기업 상생협력 촉진을 위한 계획의 수립 및 추진

제4조(대 · 중소기업 상생협력 추진 기본계획의 수립) ① 산업통상자원부장관은 관계 중앙행정기관의 장과 협의하여 대 · 중소기업 상생협력 추진 기본계획(이하 "기본계획"이라 한다)을 3년 단위로 수립하여야 한다.
〈개정 2010.1.27., 2013.3.23.〉
② 기본계획에는 다음 각 호의 사항이 포함되어야 한다. 〈개정 2010.1.27.〉
1. 대 · 중소기업 상생협력 촉진시책의 기본방향
2. 대 · 중소기업 상생협력의 연차별 목표
3. 대 · 중소기업 간 성과공유 및 기술 · 인력교류의 촉진에 관한 사항
4. 상생협력 우수기업 선정 및 지원에 관한 사항
5. 대 · 중소기업 간 임금격차 완화에 관한 사항
6. 공공기관의 중소기업 협력에 관한 사항
7. 그 밖에 대 · 중소기업 상생협력을 촉진하기 위하여 필요한 사항
③ 삭제 〈2009.1.7.〉
④ 산업통상자원부장관은 기본계획을 수립하기 위하여 필요하다고 인정되면 관계 중앙행정기관의 장 및 대 · 중소기업 상생협력과 관련된 기관 또는 단체에 필요한 자료나 의견 등의 제출을 요청할 수 있다. 이 경우 요청을 받은 관계 중앙행정기관의 장 및 대 · 중소기업 상생협력과 관련된 기관 또는 단체는 특별한 사정이 없으면 요청에 따라야 한다. 〈개정 2010.1.27., 2013.3.23.〉
[제목개정 2010.1.27.]

제5조(대 · 중소기업 상생협력 추진 시행계획의 수립) ① 관계 중앙행정기관의 장은 기본계획에 따라 대 · 중소기업 상생협력 추진 시행계획(이하 "시행계획"이라 한다)을 매년 수립하여 시행하여야 한다.
② 관계 중앙행정기관의 장은 전년도의 시행계획 추진실적과 해당 연도의 시행계획을 대통령령으로 정하는 바에 따라 매년 산업통상자원부장관에게 제출하고, 산업통상자원부장관은 매년 시행계획에 따른 추진실적을 평가하여야 한다. 〈개정 2013.3.23.〉
③ 관계 중앙행정기관의 장은 시행계획의 시행에 필요한 지원을 할 수 있다.
④ 시행계획의 수립 · 시행 및 그 추진실적의 평가에 필요한 사항은 대통령령으로 정한다.
[전문개정 2010.1.27.]

제6조 삭제 〈2009.1.7.〉

제7조 삭제 〈2009.1.7.〉

제3장 대 · 중소기업 상생협력 촉진을 위한 시책 추진

제8조(상생협력 성과의 공평한 배분) ① 정부는 수탁기업이 원가절감 등 수탁 · 위탁기업 간에 합의한 공동목표를 달성할 수 있도록 위탁기업이 지원하고 그 성과를 수탁 · 위탁기업이 공유하는 계약모델(이하 "성과공유제"라 한다)의 확산을 위한 시책을 수립하여 추진할 수 있다. 이 경우 수탁기업의 범위에는 제2조제6호에도 불구하고 「중견기업 성장촉진 및 경쟁력 강화에 관한 특별법」 제2조

제1호에 따른 중견기업을 포함한다. 〈개정 2013.8.6., 2014.1.21.〉

② 산업통상자원부장관은 성과공유제의 확산을 지원하기 위하여 산업통상자원부령으로 정하는 법인이나 단체에 성과공유제 확산 추진본부(이하 "추진본부"라 한다)를 설치할 수 있다. 〈개정 2013.3.23.〉

③ 추진본부는 다음 각 호의 사업을 한다.

1. 성과공유제에 대한 연구·조사
2. 국내외 우수사례의 발굴·확산
3. 성과공유제를 도입하는 기업에 대한 교육·컨설팅
4. 그 밖에 성과공유제 확산을 위하여 필요한 사항

④ 산업통상자원부장관은 추진본부가 제3항 각 호의 사업을 추진하는 데 필요한 지원을 할 수 있다. 〈개정 2013.3.23.〉

⑤ 「공공기관의 운영에 관한 법률」 제5조에 따른 공기업·준정부기관은 성과공유제 시행을 위하여 필요한 경우에는 같은 법 제39조에 따라 입찰참가자의 자격을 제한하거나 입찰참가자를 지명하여 경쟁에 부치거나 수의계약(隨意契約)을 할 수 있다. [전문개정 2010.1.27.]

제9조(대기업과 중소기업 간의 기술협력 촉진)

① 정부는 대기업과 중소기업 간의 공동 기술개발, 대기업의 구매 약정 등 대기업의 협력이 수반되는 기술개발 등 대기업과 중소기업 간의 기술협력을 촉진하기 위하여 기술개발에 필요한 자금을 지원할 수 있다.

② 산업통상자원부장관은 실시하지 아니하는 대기업의 특허권 및 실용신안권을 중소기업으로 이전하도록 촉진하기 위하여 「기술의 이전 및 사업화 촉진에 관한 법률」 제10조에 따른 기술거래기관에 예산 등 필요한 지원을 할 수 있다. 〈개정 2013.3.23.〉

[전문개정 2010.1.27.]

제10조(대기업과 중소기업 간의 인력교류 확대)

① 정부는 대기업과 중소기업 간 인력의 교류를 촉진하기 위한 시책을 수립하여 시행하여야 한다.

② 정부는 대기업과 중소기업 간의 인력교류를 촉진하기 위하여 필요한 경우 인건비의 일부를 지원할 수 있다. [전문개정 2010.1.27.]

제11조(중소기업에 대한 대기업의 자본 참여 등)

① 정부는 중소기업의 경영 자율성을 저해하지 아니하는 범위에서 대·중소기업 상생협력을 촉진하기 위하여 필요한 경우 대기업이 중소기업에 자본 참여를 할 수 있는 방안을 수립하여 시행할 수 있다.

② 정부는 수탁기업의 기술개발, 설비투자 등 경영지원을 위하여 「자산유동화에 관한 법률」 제2조제4호에 따른 유동화증권의 발행 등을 지원할 수 있다. [전문개정 2010.1.27.]

제12조(대기업과 중소기업 간의 환경경영협력 촉진 등)

① 정부는 「환경친화적 산업구조로의 전환촉진에 관한 법률」 제2조제5호에 따른 환경경영을 중소기업에 확산하고 국제환경규제에 대한 대응력을 높이기 위하여 대기업과 중소기업 간의 기술·정보 등의 교류와 협력을 촉진하기 위한 방안을 수립하여 시행할 수 있다.

② 정부는 정보화와 관련한 대·중소기업 간의 협업화, 기술 및 정보의 교류 등 대·중소기업 간 정보화 협력을 촉진하기 위한 방안을 마련하고 필요한 지원을 할 수 있다.

③ 정부는 대기업과 중소기업 간의 공동 마케팅 등 중소기업제품의 판로 확대를 위한 대·중소기업 간 협력을 촉진하기

위하여 필요한 지원을 할 수 있다.
[전문개정 2010.1.27.]

제13조(불공정거래행위 금지에 대한 특례) 대·중소기업 상생협력을 촉진하기 위하여 대통령령으로 정하는 바에 따라 대기업이 사전에 공개한 합리적인 기준에 따라 중소기업(「독점규제 및 공정거래에 관한 법률」 제14조에 따른 상호출자제한기업집단에 속하는 회사는 제외한다)을 지원하는 것은 「독점규제 및 공정거래에 관한 법률」 제23조제1항제7호에 따른 불공정거래행위에 해당하지 아니하는 것으로 본다. [전문개정 2010.1.27.]

제14조(대·중소기업 상생협력 실태조사) ① 산업통상자원부장관은 필요하면 대·중소기업 상생협력에 대한 실태조사를 할 수 있다. <개정 2013.3.23.>
② 산업통상자원부장관은 제1항에 따른 실태조사를 하기 위하여 필요하면 대기업과 중소기업에 자료 제출이나 의견 진술 등을 요구할 수 있다. <개정 2013.3.23.>
[전문개정 2010.1.27.]

제15조(대·중소기업 상생협력지수의 산정·공표) ① 산업통상자원부장관은 대·중소기업 상생협력을 촉진하기 위하여 대·중소기업 상생협력의 수준을 평가하여 계량화한 대·중소기업 상생협력지수(이하 "상생협력지수"라 한다)를 산정하여 공표할 수 있다. <개정 2013.3.23.>
② 상생협력지수의 산정 방법 및 공표 절차 등에 관하여 필요한 사항은 산업통상자원부령으로 정한다.
<개정 2013.3.23.>
③ 제1항에도 불구하고 산업통상자원부장관이 필요하다고 인정하는 경우 상생협력지수를 제20조의2제2항제1

호에 따라 동반성장위원회가 산정·공표하는 동반성장지수로 대체할 수 있다. <신설 2013.8.6.>
[전문개정 2010.1.27.]

제16조(상생협력 우수기업 선정·지원) ① 산업통상자원부장관은 대·중소기업 상생협력을 촉진하기 위하여 상생협력 우수기업 및 상생협력확산에 기여한 자(이하 "상생협력우수기업등"이라 한다)를 선정하고 포상하는 등 지원시책을 마련할 수 있다. <개정 2013.3.23.>
② 상생협력우수기업등의 선정 방법 및 절차, 상생협력 우수기업 지원시책 등에 관하여 필요한 사항은 산업통상자원부령으로 정한다. <개정 2013.3.23.>
[전문개정 2010.1.27.]

제17조(수탁기업협의회) ① 수탁기업(수탁기업이 위탁받은 물품등을 제조하기 위하여 그 일부를 다시 위탁하는 경우 그 2차 수탁기업을 포함한다)은 위탁기업과 대등한 거래관계를 유지하고 기술정보의 교환 및 공동기술개발 등을 촉진하기 위하여 위탁기업별·지역별·업종별로 수탁기업협의회를 구성할 수 있다.
② 국가 또는 지방자치단체는 수탁기업협의회의 활성화를 위하여 필요한 지원을 할 수 있다. <개정 2013.8.6.>
③ 제20조에 따른 대·중소기업협력재단은 매년 수탁기업협의회의 구성 및 운영 현황을 조사하여 그 결과를 중소기업청장에게 제출하여야 한다.
<신설 2013.8.6.>
[전문개정 2010.1.27.]

제18조(대기업과 중소기업 간의 임금격차 완화) 정부는 대기업과 중소기업 간의 임금격차 완화를 위하여 노사 간 상생협력의 임금교섭 노력을 적극 지원하는 등 필요한 시책을 수립하여

시행할 수 있다.
[전문개정 2010.1.27.]

제19조(공공기관의 중소기업 협력 촉진) ① 「공공기관의 운영에 관한 법률」 제4조에 따른 공공기관 중 대통령령으로 정하는 기관(이하 이 조에서 "공공기관"이라 한다)은 매년 중소기업 지원계획과 추진실적을 작성하여 산업통상자원부장관에게 제출하여야 한다. <개정 2013.3.23.>
② 산업통상자원부장관은 제1항에 따라 공공기관이 제출한 중소기업 지원계획과 추진실적을 평가하고 그 결과를 기획재정부장관에게 통보할 수 있다. <개정 2013.3.23.>
③ 기획재정부장관은 제2항에 따라 통보받은 평가결과를 공공기관의 경영평가 시 반영할 수 있다.
④ 공공기관은 대·중소기업 상생협력을 촉진하기 위하여 중소기업 전담 지원조직을 설치·운영할 수 있다.
[전문개정 2010.1.27.]

제20조(대·중소기업협력재단의 설립) ① 정부는 대·중소기업 상생협력을 촉진하기 위하여 대·중소기업협력재단(이하 "재단"이라 한다)을 설립한다.
② 재단은 다음 각 호의 사업을 한다. <개정 2013.3.23.>
1. 대·중소기업 간 협력사업의 개발 및 운영 지원
2. 제9조에 따른 기술협력 촉진사업의 관리·운영 및 평가 지원
3. 제17조에 따른 수탁기업협의회의 구성 및 운영 지원
4. 제21조부터 제24조까지, 제24조의2 및 제25조에 따른 수탁·위탁거래의 공정화 지원
5. 위탁기업과 수탁기업 간 분쟁의 자율적 조정 지원
6. 그 밖에 산업통상자원부장관 또는 중소기업청장이 지정·위탁하는 사업

③ 재단은 법인으로 하며, 이 법에 규정한 것을 제외하고는 「민법」 중 재단법인에 관한 규정을 준용한다.
④ 정부는 예산의 범위에서 재단의 설립과 운영에 필요한 자금을 지원할 수 있다.
⑤ 재단의 정관을 변경하려면 중소기업청장의 인가를 받아야 한다.
[전문개정 2010.1.27.]

제20조의2(동반성장위원회의 설치) ① 대·중소기업 간 동반성장과 관련한 민간부문의 합의를 도출하고 동반성장 문화를 조성 및 확산하기 위하여 재단에 동반성장위원회(이하 "위원회"라 한다)를 둔다.
② 위원회는 다음 각 호의 사항에 관한 업무를 수행한다.
1. 동반성장지수의 산정 및 공표에 관한 사항
2. 적합업종의 합의 도출 및 공표에 관한 사항
3. 그 밖에 민간부문의 동반성장 추진과 관련하여 위원회가 필요하다고 인정하는 사항
③ 위원회는 제2항의 업무를 정부기관이나 재단 등으로부터 독립적이고 자율적으로 수행한다.
④ 위원회의 구성 및 운영에 필요한 사항은 위원회의 의결로 정한다.
[본조신설 2012.1.17.]

제4장 수탁·위탁거래의 공정화

제21조(약정서의 발급) ① 위탁기업이 수탁기업에 물품등의 제조를 위탁할 때에는 지체 없이 그 위탁의 내용, 납품대금의 금액, 대금의 지급 방법, 지급기일, 검사 방법, 그 밖에 필요한 사항을 적은 약정서를 그 수탁기업에

발급하여야 한다.

② 위탁기업은 수탁기업으로부터 물품등을 받으면 물품등의 검사 여부에 관계없이 즉시 물품 수령증을 발급하여야 한다.

[전문개정 2010.1.27.]

제22조(납품대금의 지급 등) ① 수탁기업에 위탁기업의 납품대금을 지급하는 기일은 그 납품에 대한 검사 여부에 관계없이 물품등을 받은 날부터 60일 이내의 최단기간으로 정하여야 한다.

② 납품대금의 지급기일을 약정하지 아니한 경우에는 물품등의 수령일을 그 대금의 지급기일로 정한 것으로 보며, 제1항을 위반하여 지급기일을 정한 경우에는 물품등의 수령일부터 60일이 되는 날을 그 대금의 지급기일로 정한 것으로 본다.

③ 위탁기업이 납품대금을 60일이 지난 후 지급하는 경우에는 그 초과기간에 대하여 연 100분의 40 이내의 범위에서 대통령령으로 정하는 이율에 따른 이자를 지급하여야 한다.

④ 위탁기업이 납품대금을 어음으로 지급하거나 어음대체결제 방식으로 지급하는 경우에는 연 100분의 40 이내의 범위에서 대통령령으로 정하는 할인료를 수탁기업에 지급하여야 한다.

[전문개정 2010.1.27.]

제23조(검사의 합리화) ① 위탁기업은 검사시설의 개선 및 검사에 종사하는 사람의 자질 향상을 도모하고 객관적이며 타당성 있는 검사기준을 정하여 수탁기업이 납품한 물품등을 공정하고 신속하게 검사하도록 하여야 한다.

② 위탁기업은 제1항에 따른 검사 결과 불합격한 물품등에 대하여는 그 불합격 사유를 즉시 문서로 수탁기업에 통보하여야 한다.

[전문개정 2010.1.27.]

제24조(품질보장 등) ① 수탁기업은 시설을 개선하고 기술을 향상시켜 위탁기업으로부터 제조를 위탁받은 제품의 품질을 개선하고 규격에 맞는 제품을 납품기일 이내에 납품하도록 하여야 한다.

② 수탁기업은 제품을 표준화하고 합리적인 원가계산제도에 따라 적정한 가격 결정과 품질관리를 하도록 하여야 한다.

[전문개정 2010.1.27.]

제24조의2(기술자료 임치제도) ① 수탁·위탁기업[수탁·위탁기업 외에 단독 또는 공동으로 기술자료를 임치(任置)하고자 하는 기업을 포함한다]은 전문인력과 설비 등을 갖춘 기관으로서 대통령령으로 정하는 기관[이하 "수치인"(受置人)이라 한다]과 서로 합의하여 기술자료를 임치하고자 하는 기업(이하 "임치기업"이라 한다)의 기술자료를 임치할 수 있다. <개정 2010.12.7.>

② 위탁기업은 다음 각 호의 어느 하나에 해당하는 경우에는 수치인에게 수탁기업이 임치한 기술자료를 내줄 것을 요청할 수 있다.

1. 수탁기업이 동의한 경우
2. 수탁기업이 파산선고 또는 해산결의로 그 권리가 소멸되거나 사업장을 폐쇄하여 사업을 할 수 없는 경우 등 위탁기업과 수탁기업이 협의하여 정한 기술자료 교부조건에 부합하는 경우

③ 수치인은 중소기업청장이 정하는 기술자료 교부조건에 부합하는 경우에 임치기업의 기술자료를 요청한 자에게 이를 교부한다. <신설 2010.12.7.>

④ 정부는 수치인에게 예산의 범위에서 필요한 지원을 할 수 있다. <개정 2010.12.7.>

⑤ 그 밖에 기술자료의 임치 등에 필요한 사항은 대통령령으로 정한다. <개정 2010.12.7.>

[전문개정 2010.1.27.]

제24조의3(기술자료 임치의 등록) ① 임치기업은 다음 각 호의 사항을 등록할 수 있다.

1. 기술자료의 제호·종류·제작연월일
2. 기술자료의 개요
3. 임치기업의 명칭 및 주소
4. 그 밖에 대통령령으로 정하는 사항

② 제1항에 따라 실명으로 등록된 임치기업의 기술에 대하여 당사자 또는 이해 관계자 사이에 다툼이 있으면 임치기업이 임치물의 내용대로 개발한 것으로 추정한다.

[본조신설 2010.12.7.]

제24조의4(비밀유지의무) 제24조의2에 따른 기술자료를 관리하는 업무에 종사하는 사람 및 그 직에 있었던 사람은 직무상 알게 된 비밀을 다른 사람에게 누설하여서는 아니 된다.

[본조신설 2010.12.7.]

제24조의5(수수료) ① 제24조의2에 따라 수치인으로 지정받은 자는 그 업무에 관하여 임치기업 등으로부터 수수료를 징수할 수 있다.

② 제1항에 따른 수수료의 종류·요율·금액·납부방법 등에 관하여 필요한 사항은 중소기업청장이 정한다.

[본조신설 2010.12.7.]

제25조(준수사항) ① 위탁기업은 수탁기업에 물품등의 제조를 위탁할 때 다음 각 호의 행위를 하여서는 아니 된다.

1. 수탁기업이 책임질 사유가 없는데도 물품등의 수령을 거부하거나 납품대금을 깎는 행위
2. 납품대금을 지급기일까지 지급하지 아니하는 행위
3. 수탁기업이 납품하는 물품등과 같은 종류이거나 유사한 물품등에 대하여 통상적으로 지급되는 대가보다 현저히 낮은 가격으로 납품

대금을 정하는 행위

4. 물품등의 제조를 위탁한 후 경제 상황 변동 등의 이유로 발주자로부터 추가금액을 받은 위탁기업이 같은 이유로 수탁기업에 추가비용이 드는데도 받은 추가금액의 내용과 비율에 따라 납품대금을 증액하여 지급하지 아니하는 행위
5. 품질의 유지 또는 개선을 위하여 필요한 경우나 그 밖에 정당한 사유가 있는 경우를 제외하고 위탁기업이 지정하는 물품등을 강제로 구매하게 하는 행위
6. 납품대금을 지급할 때 그 납품대금의 지급기일까지 금융기관으로부터 할인을 받기 어려운 어음을 지급하는 행위
7. 물품등에 흠이 없는데도 정당한 사유 없이 발주물량을 통상적으로 발주하는 수량보다 현저히 감소시키거나 발주를 중단하는 행위
8. 납품대금을 지급하는 대신 위탁기업이 제조하는 제품을 받을 것을 요구하는 행위
9. 위탁기업이 수출용으로 수탁기업에 발주한 물품등에 대하여 정당한 사유 없이 내국신용장 개설을 기피하는 행위
10. 물품등의 제조를 의뢰한 후 그 제조된 물품등에 대한 발주를 정당한 사유 없이 기피하는 행위
11. 수탁기업이 납품한 물품에 대한 검사를 할 때 객관적 타당성이 결여된 검사기준을 정하는 행위
12. 정당한 사유 없이 기술자료 제공을 요구하는 행위
13. 기술자료의 임치를 요구한 수탁기업에 불이익을 주는 행위
14. 위탁기업이 제1호부터 제13호까지의 규정에 해당하는 행위를 한 경우 해당 수탁기업이 그 사실을 관계 기관에 고지하였다는 이유로 수탁·위탁거래의 물량을 줄이거

나 수탁·위탁거래의 정지 또는
그 밖의 불이익을 주는 행위
② 위탁기업은 정당한 사유가 있어서
수탁기업에게 기술자료를 요구할 경
우에는 요구목적, 비밀유지에 관한
사항, 권리귀속 관계 및 대가 등에
관한 사항을 해당 수탁기업과 미리
협의하여 정한 후 그 내용을 적은
서면을 수탁기업에게 주어야 한다.
〈신설 2013.8.6.〉
③ 수탁기업은 위탁기업으로부터 물
품등의 제조를 위탁받았을 때에는
다음 각 호의 행위를 하여서는 아니
된다. 〈개정 2013.8.6.〉
1. 위탁기업으로부터 위탁받은 물품
등의 품질·성능 또는 납품기일에
관한 약정을 위반하는 행위
2. 물품등의 가격을 부당하게 인상하
여 줄 것을 요구하는 행위
3. 그 밖에 수탁·위탁거래의 질서를
문란하게 하는 행위
[전문개정 2010.1.27.]

**제26조(공정거래위원회에 대한 조치요
구 등)** ① 중소기업청장은 위탁기업
이 제21조부터 제23조까지의 규정
또는 제25조제1항을 위반한 사실이
있고 그 위반사실이 「하도급거래 공
정화에 관한 법률」 제3조, 제4조부
터 제12조까지의 규정, 제12조의2,
제13조, 제13조의2, 제15조, 제16
조, 제16조의2, 제17조부터 제20조
까지의 규정 또는 「독점규제 및 공
정거래에 관한 법률」 제23조제1항
에 따른 금지행위에 해당한다고 인정
할 때에는 「하도급거래 공정화에 관
한 법률」 제25조 또는 「독점규제
및 공정거래에 관한 법률」 제24조
에 따라 공정거래위원회에 필요한 조
치를 하여 줄 것을 요구하여야 한다.
② 공정거래위원장은 제1항의 요구를
받으면 우선적으로 그 내용을 검토
하여 6개월 이내에 필요한 조치를

하고 그 결과를 중소기업청장에게
통보하여야 한다. 다만, 부득이한 사
정이 있는 경우에는 중소기업청장과
협의하여 1년의 범위에서 연장할 수
있다. 〈개정 2014.3.18.〉
[전문개정 2010.1.27.]

**제27조(수탁·위탁기업 간 불공정거래
행위 개선)** ① 중소기업청장은 대기업
과 중소기업 간의 수탁·위탁거래 과
정에서 위탁기업이 제21조부터 제23
조까지의 규정 또는 제25조제1항을 이
행하고 있는지를 대통령령으로 정하는
바에 따라 주기적으로 조사하여 개선
이 필요한 사항에 대하여는 해당 기업
에 개선을 요구하고 요구에 응하지 아
니하는 경우에는 공표하여야 한다.
② 중소기업청장은 필요하다고 인정하
면 대통령령으로 정하는 규모 이상의
중소기업이 다른 중소기업에 제조를 위
탁한 경우에도 제1항을 준용한다.
③ 중소기업청장은 제1항과 제2항에
따른 조사 결과 현금결제 확대 등
결제조건이 양호하고 공정한 수탁·
위탁거래 관계를 확립하기 위하여
노력한 것으로 평가된 기업에 대하
여는 포상이나 그 밖에 필요한 지원
을 할 수 있다.
④ 정부는 중소기업에 대한 대기업의
납품대금 결제조건을 개선하고 현금
성 결제(현금결제를 포함한다)를 확
대하기 위하여 세제지원 등 필요한
지원을 할 수 있다.
⑤ 중소기업청장은 제21조부터 제23조
까지 또는 제25조제1항을 위반한 위
탁기업에 대하여 산업통상자원부령으
로 정하는 바에 따라 그 위반 및 피해
의 정도에 따라 벌점을 부과할 수 있
으며, 그 벌점이 산업통상자원부령으
로 정하는 기준을 초과하는 경우에는
「국가를 당사자로 하는 계약에 관한
법률」 제27조에 따른 입찰참가자격
제한을 관계 행정기관의 장에게 요청

할 수 있다. <개정 2013.3.23.>
[전문개정 2010.1.27.]

제28조(분쟁의 조정) ① 다음 각 호의 사항에 관하여 위탁기업과 수탁기업 또는 중소기업협동조합 간에 분쟁이 생겼을 때에는 위탁기업·수탁기업 또는 중소기업협동조합은 대통령령으로 정하는 바에 따라 중소기업청장에게 분쟁 조정을 요청할 수 있다.

1. 제21조에 따른 약정서 및 물품 수령증에 관한 사항
2. 제22조에 따른 납품대금의 지급 등에 관한 사항
3. 제23조에 따른 물품등의 검사에 관한 사항
4. 제24조의2에 따른 기술자료의 임치에 관한 사항
5. 제25조에 따른 준수사항의 이행 여부에 관한 사항

② 중소기업청장은 제1항에 따른 조정을 요청받으면 지체 없이 그 내용을 검토하여 제1항 각 호의 사항에 관하여 시정을 할 필요가 있다고 인정될 때에는 해당 위탁기업·수탁기업 또는 중소기업협동조합에 그 시정을 권고하거나 시정명령을 할 수 있다.

③ 중소기업청장은 제2항에 따른 시정명령을 받은 위탁기업·수탁기업 또는 중소기업협동조합이 명령에 따르지 아니할 때에는 그 명칭 및 요지를 공표하여야 한다. 다만, 위탁기업의 행위가 제26조에 해당하는 경우에는 공정거래위원회에 필요한 조치를 하여 줄 것을 요구하여야 한다.

④ 제2항에 따른 검토 및 시정권고나 시정명령에 필요한 사항은 대통령령으로 정한다. [전문개정 2010.1.27.]

제28조의2(교육명령 등) ① 중소기업청장은 제27조제5항에 따라 벌점을 받은 위탁기업에 대하여 산업통상자원부령으로 정하는 벌점기준에 따라 제27조제1항 및 제2항에 따른 개선요구 및 제28조제2항에 따른 시정권고 또는 시정명령과 함께 소속 임직원에 대한 교육명령 등의 조치를 할 수 있다. 이 경우 교육비용은 그 위탁기업이 부담하게 할 수 있다. <개정 2013.3.23.>

② 교육명령 등의 조치에 관한 세부 절차와 방법 등에 관하여 필요한 사항은 중소기업청장이 고시한다.
[전문개정 2010.1.27.]

제5장 중소기업의 사업영역 보호

제29조 삭제 <2010.1.27.>

제30조 삭제 <2010.1.27.>

제31조(중소기업사업조정심의회) ① 제33조에 따른 사업조정을 원활하게 하기 위하여 중소기업청장 소속으로 중소기업사업조정심의회(이하 "조정심의회"라 한다)를 둔다. 다만, 중소기업청장이 제38조제2항에 따라 권한의 일부를 특별시장·광역시장·특별자치시장·도지사 또는 특별자치도지사(이하 이 조에서 "특별시장등"이라 한다)에게 위임하는 경우에는 그 특별시장등 소속으로 지방자치단체 중소기업사업조정심의회(이하 "지방자치단체 조정심의회"라 한다)를 둔다. <개정 2013.8.6.>

② 조정심의회 및 지방자치단체 조정심의회의 구성과 운영에 필요한 사항은 대통령령으로 정한다. <개정 2013.8.6.>
[전문개정 2010.1.27.]

제32조(사업조정 신청 등) ① 중소기업자단체는 다음 각 호의 어느 하나에 해당하는 기업이 사업을 인수·개시

또는 확장함으로써 해당 업종의 중소기업 상당수가 공급하는 물품 또는 용역에 대한 수요를 감소시켜 중소기업의 경영안정에 현저하게 나쁜 영향을 미치거나 미칠 우려가 있다고 인정할 때에는 대통령령으로 정하는 바에 따라 「중소기업협동조합법」 제3조제1항제4호에 따른 중소기업중앙회를 거쳐 중소기업청장에게 사업조정을 신청할 수 있으며, 이 경우 사업조정 신청일은 중소기업중앙회에 사업조정 신청서를 접수한 날로 본다. 다만, 해당 업종의 중소기업자단체가 없는 경우에는 그 업종의 중소기업은 해당 지역에서 동일업종을 영위하는 중소기업 중 일정 비율 이상의 중소기업으로부터 동의를 받고 중소기업중앙회를 거쳐 사업조정을 신청할 수 있으며, 이 경우 해당 지역의 범위와 동의를 받아야 하는 중소기업의 비율은 대통령령으로 정한다. <개정 2010.12.7., 2013.3.23.>
1. 대기업
2. 대기업이 같은 업종의 여러 소매점포를 직영(자기가 소유하거나 임차한 매장에서 자기의 책임과 계산 아래 직접 매장을 운영하는 것을 말한다. 이하 같다)하거나, 같은 업종의 여러 소매점포에 대하여 계속적으로 경영을 지도하고 상품·원재료 또는 용역을 공급하는 다음 각 목의 어느 하나에 해당하는 사업을 운영하는 경우 이에 속한 체인점포로서 산업통상자원부령으로 정하는 점포
   가. 직영점형 체인사업
      체인본부가 주로 소매점포를 직영하되, 가맹계약을 체결한 일부 소매점포(이하 이 호에서 "가맹점"이라 한다)에 대하여 상품의 공급 및 경영지도를 계속하는 형태의 체인사업
   나. 프랜차이즈형 체인사업
      독자적인 상품 또는 판매·경영

기법을 개발한 체인본부가 상호·판매방법·매장운영 및 광고방법 등을 결정하고, 가맹점으로 하여금 그 결정과 지도에 따라 운영하도록 하는 형태의 체인사업
3. 대기업이 실질적으로 지배하는 중소기업으로서 산업통상자원부령으로 정하는 중소기업
② 제1항에 따른 사업조정 신청은 제1항제1호부터 제3호까지의 기업(이하 "대기업등"이라 한다)이 사업을 인수·개시 또는 확장하기 이전에 할 수 있다. 다만, 사업의 인수·개시 또는 확장 후에는 그 날부터 180일 이내에 하여야 한다. <개정 2010.12.7., 2013.8.6.>
③ 중소기업중앙회는 제1항에 따른 신청을 받으면 대통령령으로 정하는 바에 따라 사실조사를 하고 사업조정에 관한 의견서를 작성하여 중소기업청장에게 제출하여야 한다.
④ 중소기업청장은 제1항에 따른 신청을 받았을 때에는 그 사실을 그 신청과 관계되는 대기업등에 알려야 한다.
⑤ 위원회는 제20조의2제2항제2호에 따른 적합업종의 합의 도출이 되지 아니하거나 그 합의내용이 이행되지 아니하는 경우에는 제1항부터 제4항까지 및 제7항에도 불구하고 중소기업청장에게 사업조정을 신청할 수 있으며, 중소기업자단체도 위원회를 거쳐 중소기업청장에게 사업조정을 신청할 수 있다. 이 경우 중소기업청장은 제33조 및 제34조에 따른 권고, 공표 및 이행명령을 할 수 있되, 조정심의회 심의 결과가 대기업등의 사업이양인 경우에는 사업이양 권고만을 할 수 있다. <신설 2012.1.17., 2013.8.6.>
⑥ 조정심의회는 제1항 및 제5항 전단에 따른 사업조정 신청일 이후 1년 이내에 해당 사업조정 안건에 대하여 심의를 완료하여야 한다. 다만, 중소기업청장이 필요하다고 인정하는 경

우 그 기간을 1년 이내의 범위에서 연장할 수 있다. <개정 2012.1.17.>

⑦ 조정심의회는 제5항에 따라 위원회가 신청한 사업조정에 대해서는 제6항에도 불구하고 신청일 이후 2개월 이내에 해당 사업조정 안건에 대하여 심의를 완료하여야 한다. 다만, 중소기업청장이 필요하다고 인정하는 경우에는 1회에 한정하여 1개월 이내의 범위에서 그 기간을 연장할 수 있다. <신설 2013.8.6.>

⑧ 중소기업자단체 또는 중소기업은 다른 법령에 따라 허가·인가·등록 등의 대상이 되는 업종 또는 사업으로서 사업조정과 유사한 효과를 가진 절차 또는 제도가 규정되어 있는 등 대통령령으로 정하는 경우 제1항에 따른 사업조정을 신청할 수 없다. <개정 2012.1.17., 2013.8.6.>

[전문개정 2010.1.27.]

제33조(사업조정에 관한 권고 및 명령)

① 중소기업청장은 제32조에 따른 사업조정 신청을 받은 경우 해당 업종 중소기업의 사업활동 기회를 확보하는 데 필요하다고 인정하면 조정심의회의 심의를 거쳐 해당 대기업등에 사업의 인수·개시 또는 확장의 시기를 3년 이내에서 기간을 정하여 연기하거나 생산품목·생산수량·생산시설 등을 축소할 것을 권고할 수 있다. 다만, 중소기업청장은 사업조정의 최초 신청이 있는 경우 조정심의회의 심의를 거쳐 3년 이내에서 한 차례만 그 기간을 연장할 수 있으며, 연장의 범위는 업종별 특성을 고려하여 결정할 수 있다.

② 중소기업청장은 제1항에 따른 권고를 받은 대기업등이 권고에 따르지 아니할 때에는 그 권고대상이나 내용 등을 공표할 수 있다.

③ 중소기업청장은 제2항에 따른 공표 후에도 정당한 사유 없이 권고사항을 이행하지 아니하는 경우에는 해당 대기업등에 그 이행을 명할 수 있다.

[전문개정 2010.1.27.]

제34조(일시정지 및 조정명령의 철회)

① 중소기업청장은 제32조에 따른 사업조정 신청을 받은 경우 그 대기업등에 조정심의회 심의결과를 통지할 때까지 해당 사업의 인수·개시 또는 확장을 일시 정지하도록 권고할 수 있다.

② 중소기업청장은 제1항에 따른 권고를 하는 경우 해당 대기업등이 그 권고에 따르지 아니하는 경우에는 그 권고대상이나 내용 등을 공표할 수 있다.

③ 중소기업청장은 제2항에 따른 공표 후에도 정당한 사유 없이 권고사항을 이행하지 아니하는 경우에는 사업조정심의회의 심의를 거쳐 해당 대기업등에 그 이행을 명할 수 있다. <신설 2013.8.6.>

④ 중소기업청장은 제33조제3항 또는 이 조 제3항에 따른 명령을 한 후 그 이행 전에 그 사유가 변경되었거나 소멸되었다고 인정할 때에는 조정심의회의 심의를 거쳐 조정 내용의 전부 또는 일부를 철회하여야 한다. <개정 2013.8.6.>

[전문개정 2010.1.27.]

제34조의2(사업조정 중인 업종의 중소기업에 대한 지원)

정부는 사업조정 중인 업종의 중소기업의 경쟁력 강화를 위하여 예산의 범위에서 해당 업종 중소기업의 설비개선·기술향상 등 사업활동 개선을 위하여 필요한 사항을 지원할 수 있다.

[본조신설 2009.1.7.]

제35조(대기업사업의 중소기업 이양)

다음 각 호의 사업을 영위하고 있는 대기업등은 중소기업과의 합리적인 역할분담으로 산업의 효율성을 증대시키기 위하여 이를 중소기업에 이양하도록 노력하여야 한다. <개정 2010.1.27.>

1. 삭제 <2010.1.27.>
2. 제33조에 따른 권고 또는 이행명령의 대상이 되는 업종의 사업
3. 그 밖에 중소기업에 적합하다고 인정하여 중소기업청장이 지정하는 업종 및 품목의 사업

제36조(대기업 사업을 이양받은 중소기업에 대한 지원) 정부는 대기업등으로부터 사업을 이양받은 중소기업에 다음 각 호의 지원을 할 수 있다. <개정 2010.4.12.>

1. 「중소기업창업 지원법」 제4조제2항에 따른 창업자금의 지원
2. 협동화단지 및 지식산업센터 등에 우선 입주
3. 기술개발자금 등의 우선 지원
[전문개정 2010.1.27.]

제37조(대기업 사업을 이양한 대기업등에 대한 지원) 정부는 대기업등이 중소기업에 이양하는 사업이 대통령령으로 정하는 기준에 맞을 때에는 그 대기업등에 금융·세제상의 지원을 할 수 있다. [전문개정 2010.1.27.]

제6장 보칙

제38조(권한 또는 업무의 위임·위탁) ① 산업통상자원부장관은 이 법에 따른 권한의 일부를 대통령령으로 정하는 바에 따라 중소기업청장에게 위임하거나 재단에 위탁할 수 있다. <개정 2013.3.23.>
② 중소기업청장은 이 법에 따른 권한의 일부를 대통령령으로 정하는 바에 따라 특별시장·광역시장·특별자치시장·도지사 또는 특별자치

도지사에게 위임하거나 업종별 주무부장관에게 위탁할 수 있다. <개정 2013.8.6.>
③ 중소기업청장은 이 법에 따른 업무의 일부를 대통령령으로 정하는 바에 따라 중소기업협동조합중앙회, 중소기업진흥공단 또는 재단에 위탁할 수 있다.
[전문개정 2010.1.27.]

제39조(서류의 비치) ① 위탁기업, 수탁기업 또는 중소기업협동조합은 수탁·위탁거래에 관한 서류를 갖추어 두어야 한다.
② 제1항에 따른 서류의 범위 및 비치기간에 관하여 필요한 사항은 산업통상자원부령으로 정한다. <개정 2013.3.23.>
[전문개정 2010.1.27.]

제40조(자료의 제출 등) ①중소기업청장은 다음 각 호의 경우 필요하다고 인정할 때에는 관련 중소기업 또는 대기업등에 자료제출을 요구하거나 소속 공무원으로 하여금 그 사무소·사업장 및 공장 등에 출입하여 장부·서류, 시설 및 그 밖의 물건을 조사하게 할 수 있다. <개정 2010.1.27.>

1. 제21조부터 제24조까지, 제24조의2 및 제25조에 따른 수탁·위탁거래에 관한 실태를 파악하기 위한 경우
2. 삭제 <2010.1.27.>
3. 제32조에 따른 사업조정 신청을 받은 경우
4. 그 밖에 수탁·위탁거래의 공정화 및 중소기업의 사업영역 보호를 위하여 중소기업청장이 필요하다고 인정하는 경우
② 제1항에 따른 조사를 할 때에는 조사 7일 전까지 조사 일시, 조사 목적 및 내용 등을 포함한 조사계획을 조사대상자에게 알려야 한다. 다만, 긴급히 조사하여야 하거나 사전

에 알리면 증거인멸 등으로 조사 목적을 달성할 수 없다고 인정되는 경우에는 그러하지 아니하다.
〈개정 2010.1.27.〉
③ 제1항에 따른 조사를 하는 공무원은 그 권한을 표시하는 증표를 지니고 이를 관계인에게 내보여야 하며 그 공무원의 성명, 출입시간, 출입목적 등을 적은 문서를 관계인에게 내주어야 한다. 〈개정 2010.1.27.〉

제7장 벌칙

제41조(벌칙) ① 타인의 기술자료를 절취 등의 부정한 방법으로 입수하여 제24조의3에 따른 등록을 행한 자는 5년 이하의 징역 또는 그 재산상 이득액의 2배 이상 10배 이하에 상당하는 벌금에 처한다.
② 제33조제3항에 따른 명령을 이행하지 아니한 자는 2년 이하의 징역 또는 1억 5천만원 이하의 벌금에 처한다. 〈신설 2013.8.6.〉
③ 다음 각 호의 어느 하나에 해당하는 자는 1년 이하의 징역 또는 5천만원 이하의 벌금에 처한다.
〈개정 2013.8.6.〉
1. 제24조의4에 따른 비밀유지의무를 위반한 자
2. 제28조제3항 본문에 따른 공표 후 1개월이 지날 때까지 같은 조 제2항에 따른 시정명령을 이행하지 아니한 자
3. 삭제 〈2013.8.6.〉
[전문개정 2010.12.7.]

제42조(양벌규정) 법인의 대표자나 법인 또는 개인의 대리인, 사용인, 그 밖의 종업원이 그 법인 또는 개인의 업무에 관하여 제41조의 위반행위를 하면 그 행위자를 벌하는 외에 그 법인 또는 개인에게도 해당 조문의 벌금형을 과(科)한다. 다만, 법인 또는 개인이 그 위반행위를 방지하기 위하여 해당 업무에 관하여 상당한 주의와 감독을 게을리하지 아니한 경우에는 그러하지 아니하다. 〈개정 2009.1.7.〉

제43조(과태료) ①다음 각 호의 어느 하나에 해당하는 자에게는 500만원 이하의 과태료를 부과한다.
〈개정 2007.5.17., 2010.1.27.〉
1. 제28조의2에 따른 교육명령 등의 조치를 이행하지 아니한 자
2. 제39조제1항에 따른 서류를 갖추어 두지 아니하거나 그 서류에 거짓 사항을 적은 자
3. 제40조에 따른 자료를 제출하지 아니하거나 거짓 자료를 제출한 자 또는 조사를 거부·방해 또는 기피한 자
② 제34조제3항에 따른 명령을 이행하지 아니한 자에게는 5천만원 이하의 과태료를 부과한다. 〈신설 2013.8.6.〉
③제1항 및 제2항에 따른 과태료는 대통령령으로 정하는 바에 따라 중소기업청장이 부과·징수한다.
〈개정 2010.1.27., 2013.8.6.〉
④ 삭제 〈2010.1.27.〉
⑤ 삭제 〈2010.1.27.〉

부칙
〈제12498호, 2014.3.18.〉

이 법은 공포한 날부터 시행한다.

대·중소기업 상생협력 촉진에 관한 법률 시행령

[시행 2015.6.4.]
[대통령령 제26302호, 2015.6.1., 타법개정]

제1장 총칙

제1조(목적) 이 영은 「대·중소기업 상생협력 촉진에 관한 법률」에서 위임된 사항과 그 시행에 관하여 필요한 사항을 규정함을 목적으로 한다.

제1조의2(기술자료) 「대·중소기업 상생협력 촉진에 관한 법률」(이하 "법"이라 한다) 제2조제9호에서 "대통령령으로 정하는 자료"란 다음 각 호의 어느 하나에 해당하는 것을 말한다. 〈개정 2010.3.23.〉
1. 특허권, 실용신안권, 디자인권, 저작권 등의 지식재산권과 관련된 정보
2. 제조·생산방법과 판매방법 등 그 밖의 영업활동에 유용한 기술상 또는 경영상의 정보
[본조신설 2007.8.17.]

제2장 대·중소기업 상생협력 촉진을 위한 계획의 수립 및 추진

제2조(대·중소기업 상생협력 추진 시행계획의 수립 등) ①법 제5조제1항에 따른 대·중소기업상생협력추진시행계획(이하 "시행계획"이라 한다)은 당해연도의 대·중소기업 상생협력을 촉진하기 위한 시책(이하 "촉진시책"이라 한다)에 관한 다음 각 호의 사항을 포함하여야 한다.
1. 촉진시책의 목표·내용 및 기대효과
2. 촉진시책의 예산 및 재원조달계획
3. 그 밖에 대·중소기업 상생협력을 촉진하기 위하여 필요한 사항

②관계중앙행정기관의 장은 법 제5조제2항에 따라 전년도 시행계획 추진실적 및 해당 연도 시행계획을 매년 2월 말까지 산업통상자원부장관에게 제출하여야 한다. 〈개정 2007.8.17., 2008.2.29., 2010.3.23., 2013.3.23.〉

③ 산업통상자원부장관은 제2항에 따라 제출된 추진실적을 종합·평가하여 그 결과를 법 제4조에 따른 기본계획의 수립 시에 반영하여야 한다. 〈개정 2010.3.23., 2013.3.23.〉

④ 산업통상자원부장관은 제3항에 따른 추진실적 평가를 효율적으로 하기 위하여 이에 필요한 조사·분석 등을 전문기관에 의뢰할 수 있다. 〈신설 2010.3.23., 2013.3.23.〉
[제목개정 2010.3.23.]

제3조(기본계획 및 시행계획의 고시) 산업통상자원부장관은 법 제4조제1항에 따라 기본계획이 수립된 때 및 법 제5조제2항에 따라 시행계획이 제출되어 종합한 때에는 지체 없이 이를 고시하여야 한다. 〈개정 2013.3.23.〉
[전문개정 2010.3.23.]

제4조 삭제 〈2010.3.23.〉

제5조 삭제 〈2010.3.23.〉

제6조(관계 행정기관 등에의 협조요청) 산업통상자원부장관은 시행계획에 따른 추진실적 평가를 위하여 필요한 때에는 관계 행정기관 또는 단체 등에 대하여 자료 또는 의견의 제출 등 필요한 협조를 요청할 수 있다. 〈개정 2013.3.23.〉
[전문개정 2010.3.23.]

제7조 삭제 〈2010.3.23.〉

제8조 삭제 〈2010.3.23.〉

제3장 대·중소기업 상생협력 촉진을 위한 시책 추진

제9조(불공정거래행위 금지에 대한 특례) 법 제13조에 따른 대기업의 중소기업 지원이 불공정거래행위에 해당하지 아니하기 위하여는 다음 각 호의 조건을 충족하여야 한다.
1. 지원목적이 중소기업과의 상생협력 촉진에 있을 것
2. 지원대상·절차·조건 등 지원에 관한 합리적인 기준을 언론, 인터넷 홈페이지 등에 사전에 공개하여 중소기업에게 균등한 기회가 보장되도록 할 것

제10조(중소기업 지원계획 및 추진실적의 작성·제출 기관 등) ①법 제19조제1항에서 "대통령령으로 정하는 기관"이란 별표 1에서 정하는 기관을 말한다. 〈개정 2010.3.23.〉
② 제1항에 따른 기관은 법 제19조제1항에 따라 해당 연도 중소기업 지원계획과 전년도 추진실적을 매년 2월 말까지 산업통상자원부장관에게 제출하여야 한다.
〈개정 2010.3.23., 2013.3.23.〉
[전문개정 2007.8.17.]

제11조(수·위탁 분쟁조정협의회의 설치) 법 제20조제2항제5호에 따른 위탁기업과 수탁기업간 분쟁의 자율적 조정을 지원하기 위하여 법 제20조에 따른 대·중소기업협력재단에 수·위탁 분쟁조정협의회(이하 "협의회"라 한다)를 설치한다.

제12조(협의회의 구성) ①협의회는 위원장 1인을 포함한 10인 이내의 위원으로 구성한다.
②협의회의 위원은 위탁기업의 대표, 수탁기업의 대표와 대기업과 중소기업에 관한 학식과 경험이 풍부한 자 중에서 중소기업청장이 위촉하는 자가 되며, 협의회의 위원장은 위원 중에서 호선한다.

제13조(협의회의 운영) ①협의회의 위원장은 협의회의 회의를 소집하고, 그 의장이 된다.
② 협의회의 회의는 재적위원 과반수의 출석으로 개의하고, 출석위원 과반수의 찬성으로 의결한다.
〈개정 2010.3.23.〉
③ 제1항 및 제2항에서 규정한 사항 외에 협의회의 운영 등에 필요한 사항은 협의회의 의결을 거쳐 위원장이 정한다. 〈신설 2010.3.23.〉

제4장 수·위탁거래의 공정화

제14조(미지급액에 대한 이자 및 할인료) ①법 제22조제3항에서 "대통령령으로 정하는 이율"이란 「하도급거래 공정화에 관한 법률」 제13조제8항에 따라 공정거래위원회가 정하여 고시하는 이율을 말한다.
②법 제22조제4항에서 "대통령령으로 정하는 할인료"란 다음 각 호의 어느 하나에 해당하는 것을 말한다.
1. 물품·부품·반제품 및 원료 등 (이하 "물품등"이라 한다)을 수령한 후 60일이 초과하기 전에 어음을 교부하는 경우: 물품등을 수

령한 후 60일이 초과한 날부터 어음의 만기일까지의 기간에 대한 할인료로서 「하도급거래 공정화에 관한 법률」 제13조제9항에 따라 공정거래위원회가 정하여 고시하는 할인율에 따른 할인료

2. 물품등을 수령한 후 60일이 초과한 날 이후에 어음을 교부한 경우: 어음을 교부한 날부터 어음의 만기일까지의 기간에 대한 할인료로서 「하도급거래 공정화에 관한 법률」 제13조제9항에 따라 공정거래위원회가 정하여 고시하는 할인율에 따른 할인료

3. 물품등을 수령한 후 60일이 초과하기 전에 어음대체결제의 방식으로 지급하는 경우: 물품등을 수령한 후 60일이 초과한 날부터 납품대금의 상환기일까지의 기간에 대한 할인료로서 「하도급거래 공정화에 관한 법률」 제13조제10항에 따라 공정거래위원회가 정하여 고시하는 수수료율에 따른 수수료

4. 물품등을 수령한 후 60일이 초과한 날 이후에 어음대체결제의 방식으로 지급하는 경우: 어음대체결제방식에 따른 지급일(기업구매전용카드의 경우 카드결제승인일을, 외상매출채권담보대출의 경우 물품등의 수령 내역전송일을, 구매론의 경우 구매자금결제일을 말한다)부터 납품대금 상환기일까지의 기간에 대한 할인료로서 「하도급거래 공정화에 관한 법률」 제13조제10항에 따라 공정거래위원회가 정하여 고시하는 수수료율에 따른 수수료

[전문개정 2007.8.17.]

제15조(물품등의 불합격사유 통보) 법 제23조제2항에 따라 위탁기업이 수탁기업에 대하여 불합격 사유를 통보하는 문서에는 다음 각 호의 사항이 기재되어야 한다.

1. 물품등의 납품품명·납품수량·납품일자 및 검사일자
2. 불합격한 물품등의 검사기준 및 검사·분석 결과

제15조의2(수치인) 법 제24조의2제1항에서 "전문인력과 설비 등을 갖춘 기관으로서 대통령령으로 정하는 기관"이란 다음 각 호의 어느 하나에 해당하는 자를 말한다. <개정 2010.3.23.>

1. 법 제20조에 따른 대·중소기업협력재단
2. 다음 각 목의 요건을 모두 갖춘 자로서 기술자료를 임치받을 능력이 있다고 중소기업청장이 인정하는 법인·기관 또는 단체
   가. 기술자료의 임치를 위한 독립된 저장소 설비
   나. 항온·항습, 화재방지, 접근통제, 보안 및 환경정화 시설 등
   다. 계약서 검토, 지식재산권 보호, 기술검증 등을 위한 법적·기술적 전문인력

[본조신설 2007.8.17.]

제16조(수·위탁거래에 관한 조사 등) ①중소기업청장은 법 제27조제1항에 따라 연 1회 이상 조사하여야 한다. ②법 제27조제2항에서 "대통령령으로 정하는 규모 이상의 중소기업"이란 「중소기업기본법」 제2조제2항에 따른 중기업(中企業)을 말한다. <개정 2010.9.20.>

제17조(분쟁조정의 요청) 위탁기업, 수탁기업 또는 중소기업협동조합이 법 제28조제1항에 따라 분쟁의 조정을 요청하려는 때에는 수·위탁 분쟁조정신청서에 산업통상자원부령이 정하는 서류를 첨부하여 중소기업청장에게 제출하여야 한다. 이 경우 협의회

의 사전조정을 거칠 수 있다.
<개정 2008.2.29., 2013.3.23.>

제18조(분쟁조정의 처리) ①중소기업청
장은 법 제28조제2항에 따라 분쟁의
내용을 검토하는 때에는 관계당사자
의 의견을 들어야 하며, 필요한 경우
협의회의 의견을 들을 수 있다.
②법 제28조제2항에 따른 시정권고 또
는 시정에 필요한 명령은 문서로 하여
야 하며, 그 문서에는 시정할 사항 및
사유와 시정기한을 명시하여야 한다.

제5장 중소기업의
사업영역 보호

제19조 삭제 <2010.3.23.>

제20조 삭제 <2010.3.23.>

**제21조(중소기업사업조정심의회의 구
성)** ① 법 제31조제1항 본문에 따른 중
소기업사업조정심의회(이하 "조정심의회
"라 한다)는 위원장 1명과 다음 각 호의
위원으로 구성한다. <개정 2014.2.5.>
1. 제3항에 따른 위원(이하 "지명위
   원"이라 한다) 2명
2. 제4항에 따른 위원(이하 "위촉위
   원"이라 한다) 12명 이내
②조정심의회의 위원장은 중소기업청의 고
위공무원단에 속하는 공무원 중에서 중소
기업청장이 지명하는 사람으로 한다.
<개정 2008.2.29., 2010.9.20., 2013.3.23.,
2014.2.5.>
1. 삭제 <2014.2.5.>
2. 삭제 <2014.2.5.>
3. 삭제 <2014.2.5.>
③ 지명위원은 다음 각 호의 사람으
로 한다. <신설 2014.2.5.>
1. 공정거래위원회 3급 또는 4급 공
   무원 중에서 공정거래위원회위원

장이 추천하는 직위 중 중소기업
청장이 지정하는 직위에 근무하는
사람 1명
2. 산업통상자원부의 3급 또는 4급
   공무원 중에서 산업통상자원부장
   관이 추천하는 직위 중 중소기업
   청장이 지정하는 직위에 근무하는
   사람 1명
④ 위촉위원은 소비자 또는 중소기업
등의 문제에 관한 학식과 경험이 풍
부한 사람으로서 다음 각 호의 어느
하나에 해당하는 사람 중에서 중소
기업청장이 위촉하는 사람으로 한다.
<신설 2014.2.5.>
1. 「고등교육법」 제2조에 따른 학
   교에서 중소기업 관련 분야의 교
   수로서 3년 이상 근무한 경력이
   있는 사람
2. 소비자 관련 기관 또는 단체에서
   3년 이상 임직원으로 근무한 경
   력이 있는 사람
3. 기업이나 기업 관련 단체에서 3년
   이상 임직원으로 근무한 경력이
   있는 사람
4. 「변호사법」에 따른 변호사, 「공
   인회계사법」에 따른 공인회계사
   또는 「세무사법」에 따른 세무사
   자격이 있는 사람
⑤ 위원장과 지명위원은 그 직에 있
는 동안 재임한다. <신설 2010.3.23.,
2014.2.5.>
⑥ 위촉위원의 임기는 2년으로 한다.
다만, 다음 각 호의 어느 하나에 해
당하는 경우에는 임기만료 전이라도
해촉할 수 있으며, 이 경우 보궐위원
의 임기는 전임자의 임기 가운데 남
은 기간으로 한다. <개정 2010.3.23.,
2010.9.20., 2014.2.5.>
1. 위원이 질병, 장기여행이나 그 밖
   의 부득이한 사유로 위원의 직무
   를 수행할 수 없는 경우
2. 위원이 직무와 관련하여 부당하게
   영향력을 행사하거나 부정한 청탁
   에 따라 권한을 행사하는 등의 비

위(非違) 사실이 있는 경우
⑦ 중소기업청장은 위촉위원을 위촉하는 경우 다음 각 호의 구분에 따른 사업조정 안건을 담당하는 위원으로 구분하여 위촉할 수 있다. <신설 2014.2.5.>
1. 법 제32조제1항에 따라 중소기업자단체 또는 중소기업이 신청하는 사업조정
2. 법 제32조제5항에 따라 법 제20조의2제2항제2호에 따른 적합업종의 합의 도출이 되지 아니하거나 그 합의내용이 이행되지 아니하는 경우 법 제20조의2제1항에 따른 동반성장위원회(이하 "동반성장위원회"라 한다) 또는 중소기업자단체가 신청하는 사업조정
⑧조정심의회에 간사 1명을 두되, 간사는 중소기업청 소속 공무원 중에서 중소기업청장이 지명하는 사람이 된다. <개정 2010.3.23., 2010.9.20., 2014.2.5.>
⑨ 조정심의회의 회의는 위원장과 지명위원 및 위원장이 회의 시마다 지정하는 위촉위원을 포함하여 총 10명으로 구성한다. <신설 2014.2.5.>

제21조의2(지방자치단체 중소기업사업조정심의회의 구성) ① 법 제31조제1항 단서에 따른 지방자치단체 중소기업사업조정심의회(이하 "지방조정심의회"라 한다)는 위원장 1명과 다음 각 호의 위원으로 구성한다.
1. 제3항에 따른 위원(이하 "지방조정심의회 지명위원"이라 한다) 2명
2. 제4항에 따른 위원(이하 "지방조정심의회 위촉위원"이라 한다) 7명 이내
② 지방조정심의회의 위원장은 지방조정심의회를 두는 지방자치단체(이하 "해당 지방자치단체"라 한다)의 고위공무원단에 속하는 공무원 또는 3급 공무원 중에서 해당 지방자치단체의 장이 지명하는 사람으로 한다.

③ 지방조정심의회 지명위원은 다음 각 호의 사람으로 한다.
1. 해당 지방자치단체에서 중소기업 관련 업무를 담당하는 4급 또는 5급 공무원 중에서 해당 지방자치단체의 장이 지명하는 사람 1명
2. 해당 지역을 관할하는 지방중소기업청 소속 공무원 중에서 해당 기관의 장이 추천하는 직위 중 해당 지방자치단체의 장이 지정하는 직위에 근무하는 사람 1명
④ 지방조정심의회 위촉위원은 제21조제4항 각 호의 어느 하나에 해당하는 사람 중에서 해당 지방자치단체의 장이 위촉하는 사람으로 한다.
⑤ 위원장과 지방조정심의회 지명위원은 그 직에 있는 동안 재임한다.
⑥ 지방조정심의회 위촉위원의 임기는 2년으로 한다. 다만, 다음 각 호의 어느 하나에 해당하는 경우에는 임기만료 전이라도 해촉할 수 있다.
1. 위원이 질병, 장기여행이나 그 밖의 부득이한 사유로 위원의 직무를 수행할 수 없는 경우
2. 위원이 직무와 관련하여 부당하게 영향력을 행사하거나 부정한 청탁에 따라 권한을 행사하는 등의 비위 사실이 있는 경우
⑦ 지방조정심의회에 간사 1명을 두며, 간사는 해당 지방자치단체의 공무원 중에서 해당 지방자치단체의 장이 지명하는 사람이 된다.
[본조신설 2014.2.5.]

제22조(조정심의회의 운영) ①조정심의회(지방조정심의회를 포함한다. 이하 같다)의 위원장은 조정심의회를 대표하고, 조정심의회의 업무를 총괄한다. <개정 2014.2.5.>
②조정심의회의 위원장이 부득이한 사유로 직무를 수행할 수 없는 때에는 조정심의회의 위원장이 미리 지명하는 위원이 그 직무를 대행한다. <개정 2010.3.23.>

③조정심의회의 위원장은 조정심의회의 회의를 소집하고 그 의장이 된다.
④ 조정심의회의 회의는 제21조제9항에 따른 구성원(지방조정심의회의 경우 제21조의2제1항에 따른 구성원을 말한다) 과반수의 출석으로 개의하고, 출석위원 과반수의 찬성으로 의결한다. <개정 2010.3.23., 2014.2.5.>
⑤ 조정심의회의 위원장은 회의를 소집하려는 경우에는 회의 개최일 7일 전까지 회의의 일시 · 장소 및 심의 안건을 각 위원에게 통지하여야 한다. 다만, 긴급을 요하거나 부득이한 사유가 있는 경우에는 그러하지 아니하다. <신설 2010.3.23.>
⑥ 조정심의회는 필요하다고 인정하는 때에는 관계 행정기관 또는 단체 등에 대하여 자료 또는 의견 제출을 요청하거나 조정당사자, 관계 공무원, 관계 전문가, 그 밖에 의안과 관계있는 자에 대하여 회의에 참석하여 의견을 진술할 것을 요청할 수 있다. <개정 2010.3.23.>
⑦조정심의회는 회의록을 작성 · 비치하여야 하며, 회의록은 공개하여야 한다. 다만, 회의록에 포함되어 있는 내용이 다음 각 호의 어느 하나에 해당하는 사항일 경우 조정심의회의 의결로 그 사항은 공개하지 아니할 수 있다. <개정 2010.3.23., 2014.2.5.>
1. 개인 또는 기업의 정보로서 다음 각 목의 어느 하나에 해당하는 사항
    가. 이름
    나. 주민등록번호
    다. 기업의 영업비밀
    라. 공개될 경우 개인의 사생활과 기업의 경영활동을 현저히 침해할 우려가 있다고 인정되는 사항
2. 공개될 경우 조정심의회 회의의 공정성을 크게 저해할 우려가 있다고 인정되는 사항
3. 그 밖에 공개하기에 적당하지 아니하다고 위원장이 인정한 사항

⑧ 조정심의회의 회의에 참석한 위원에 대해서는 예산의 범위에서 수당을 지급할 수 있다. 다만, 공무원인 위원이 소관 업무와 직접 관련되어 참석하는 경우에는 그러하지 아니하다. <신설 2010.3.23.>
⑨ 제1항부터 제8항까지에서 규정한 사항 외에 조정심의회의 운영 등에 필요한 사항은 조정심의회의 의결을 거쳐 위원장이 정한다. <신설 2010.3.23.>

제22조의2(위원의 제척 · 기피 · 회피)
① 조정심의회 위원은 다음 각 호의 어느 하나에 해당하는 경우에는 조정심의회의 심의 · 의결에서 제척(除斥)된다.
1. 위원 또는 그 배우자나 배우자이었던 사람이 해당 안건의 당사자(당사자가 법인 · 단체 등인 경우에는 그 임원을 포함한다. 이하 이 호 및 제2호에서 같다)가 되거나 그 안건의 당사자와 공동권리자 또는 공동의무자인 경우
2. 위원이 해당 안건의 당사자와 친족이거나 친족이었던 경우
3. 위원이나 위원이 속한 법인 · 단체 등이 해당 안건의 당사자의 대리인이거나 대리인이었던 경우
② 해당 안건의 당사자는 위원에게 공정한 심의 · 의결을 기대하기 어려운 사정이 있는 경우에는 조정심의회에 기피 신청을 할 수 있고, 조정심의회는 의결로 이를 결정한다. 이 경우 기피 신청의 대상인 위원은 그 의결에 참여하지 못한다.
③ 위원이 제1항 각 호에 따른 제척 사유에 해당하는 경우에는 스스로 해당 안건의 심의 · 의결에서 회피(回避)하여야 한다.
[본조신설 2014.2.5.]

제23조(사업조정 신청 등) ①법 제32조제1항에 따라 중소기업자단체 또는 중소기업이 사업조정을 신청하려는 때

에는 사업조정신청서에 다음 각 호의 서류를 첨부하여 중소기업중앙회를 거쳐 중소기업청장에게 제출하여야 한다. <개정 2010.3.23., 2014.2.5.>

1. 사업조정신청 사유서
2. 중소기업자단체의 정관 및 그 구성원 명부(중소기업자단체의 경우에 한한다)
3. 당해 업종에 관한 중소기업협동조합이 없음을 중소기업중앙회가 확인하는 서류(당해 업종에 관한 조합이 없는 경우에 한한다)
4. 제3항의 요건을 갖추었음을 증명하는 서류
5. 제4항에 따른 동의를 받았음을 증명할 수 있는 서류(법 제32조제1항 단서에 따라 중소기업이 사업조정을 신청하는 경우만 해당한다)

② 중소기업중앙회의 회장은 제1항에 따라 제출된 서류만으로는 사업조정의 신청이 적정한지 판단하기 곤란한 경우에는 해당 중소기업자단체 또는 중소기업에 사업조정의 신청에 필요한 서류의 보완을 요청할 수 있다. <신설 2014.2.5.>

③중소기업자단체가 사업조정을 신청하려는 때에는 미리 이사회의 결의를 거쳐야 한다. <개정 2010.9.20., 2014.2.5.>

④ 법 제32조제1항 단서에 따라 해당 업종의 중소기업자단체가 없는 경우로서 중소기업이 사업조정을 신청하려는 때에는 법 제32조제1항에 따른 대기업등이 사업을 인수·개시하거나 확장함으로써 해당 업종의 중소기업의 경영안정에 현저하게 나쁜 영향을 미칠 것으로 판단되는 지역으로서 중소기업청장이 인정하는 지역에서 동일업종을 영위하는 중소기업의 3분의 1 이상의 동의를 받아야 한다. <신설 2010.9.20., 2014.2.5.>

⑤중소기업중앙회의 회장은 제1항에 따른 신청을 받은 때에는 사업조정에 필요한 사항에 관한 사실조사를 하고, 사업조정에 관한 의견서를 작성하여 그 신청을 받은 날부터 45일 이내에 중소기업청장에게 제출하여야 한다. 이 경우 중소기업중앙회의 회장은 정확한 사실조사를 위하여 필요하다고 인정할 때에는 관련 전문기관 등의 분석 등을 거쳐 사실조사를 할 수 있다. <개정 2010.3.23., 2010.9.20., 2014.2.5.>

⑥ 법 제32조제1항에 따른 사업조정 신청과 관계되는 대기업등은 제1항 각 호의 서류를 공개하여 줄 것을 중소기업청장에게 요청할 수 있다. 이 경우 중소기업청장은 자료의 공개를 요청받은 날부터 10일 이내에 해당 자료를 공개하여야 한다. <신설 2010.9.20., 2014.2.5.>

⑦ 법 제32조제8항에서 "사업조정과 유사한 효과를 가진 절차 또는 제도가 규정되어 있는 등 대통령령으로 정하는 경우"란 다음 각 호의 어느 하나에 해당하는 경우를 말한다. <개정 2011.1.28., 2014.2.5.>

1. 「방위사업법」 제36조제1항에 따라 사업을 조정할 수 있는 경우
2. 「유통산업발전법」 제8조제3항에 따라 등록을 제한하거나 조건을 붙일 수 있는 경우

제23조의2(적합업종 사업조정 신청 등) ① 중소기업자단체는 법 제32조제5항 전단에 따라 동반성장위원회를 거쳐 사업조정을 신청하려는 경우에는 사업조정신청서에 다음 각 호의 서류를 첨부하여야 한다.

1. 사업조정신청 사유서
2. 중소기업자단체의 정관 및 그 구성원 명부
3. 법 제32조제5항에 따라 적합업종에 대한 합의가 도출되지 아니하거나 그 합의내용이 이행되지 아니하였음을 증명할 수 있는 서류
4. 제2항의 요건을 갖추었음을 증명

할 수 있는 서류

② 중소기업자단체가 사업조정을 신청하려는 경우에는 미리 이사회의 결의를 거쳐야 한다.

③ 법 제32조제5항 전단에 따른 사업조정 신청과 관계되는 대기업등은 제1항 각 호의 서류를 공개하여 줄 것을 중소기업청장에게 요청할 수 있다. 이 경우 중소기업청장은 자료의 공개를 요청받은 날부터 10일 이내에 해당 자료를 공개하여야 한다.

[본조신설 2014.2.5.]

제24조(조정명령 등의 공고) 중소기업청장은 법 제33조제1항에 따른 권고 또는 법 제33조제3항에 따른 명령을 한 때에는 그 내용의 요지를 공고하여야 한다.

제25조(일시정지 및 조정명령의 철회)
①중소기업청장은 법 제34조제1항에 따라 당해 사업의 인수·개시 또는 확장의 일시 정지를 권고한 때에는 권고한 날부터 10일 이내에 중소기업중앙회, 관련 중소기업자단체·중소기업 및 대기업 등에게 그 내용을 서면으로 통지하여야 한다. <개정 2010.3.23.>
②중소기업청장은 법 제34조제4항에 따라 조정내용의 전부 또는 일부를 철회한 때에는 철회한 날부터 10일 이내에 중소기업중앙회, 관련 중소기업자단체·중소기업 및 대기업 등에게 그 내용을 통지하고 이를 공고하여야 한다. <개정 2010.3.23., 2010.9.20., 2014.2.5.>

제26조(사업이양 대기업에 대한 지원기준 등) 법 제37조에 따라 금융·세제상의 지원을 할 수 있는 경우는 법 제32조제1항에 따른 대기업등이 법 제35조 각 호의 어느 하나에 해당하는 사업을 중소기업에게 다음 각 호

의 어느 하나에 해당하는 형태로 이양하는 경우로 한다. <개정 2010.3.23., 2010.9.20., 2011.7.19.>

1. 생산설비의 전부 또는 일부를 양도하거나 대여하는 경우
2. 이양하려는 사업의 업종 및 품목과 관련된 특허권 등 지식재산권을 양도하는 경우
3. 법 제32조제1항에 따른 대기업등이 직접 영위하고 있던 사업의 품목의 제조·공사·가공·수리 또는 용역을 위탁하거나 그 사업을 축소 또는 중단하고 중소기업으로 하여금 생산하도록 하여 납품을 받는 경우. 다만, 사업을 축소하는 경우에는 3년 이내에 동사업을 중단하는 경우에 한한다.

제6장 보칙

제27조(권한의 위임·위탁) ①중소기업청장은 법 제38조제2항에 따라 업종의 특성상 사업활동의 효과가 일정한 지역에 한정된다고 인정되어 고시하는 업종에 대하여 다음 각 호의 권한을 특별시장·광역시장·특별자치시장·도지사 또는 특별자치도지사(이하 이 조에서 "시·도지사"라 한다)에게 위임한다. <개정 2010.3.23., 2010.9.20., 2014.2.5.>

1. 법 제32조제1항에 따른 사업조정에 관한 신청의 접수
2. 법 제32조제3항에 따른 의견서의 접수
3. 법 제32조제4항에 따른 통지
4. 법 제32조제6항 단서에 따른 사업조정 심의기간 연장에 관한 사항
5. 법 제33조제1항부터 제3항까지에 따른 권고·공표 및 명령
6. 법 제34조제1항부터 제4항까지의 규정에 따른 권고·공표·이행명령 및 철회
7. 법 제40조제1항제3호에 따른 자

료제출요구 및 조사

8. 법 제43조제1항제3호 및 같은 조 제2항에 따른 과태료에 관한 권한 (제7호에 관한 사항만 해당한다)

9. 제23조제6항 후단 및 제23조의2 제3항 후단에 따른 사업조정 신청 서류의 공개

② 중소기업청장은 제1항에 따라 시·도지사에게 위임하지 아니한 업종으로서 효율적인 사업조정을 위하여 필요하다고 인정되어 고시하는 업종에 대하여 법 제38조제2항에 따라 제1항 각 호의 권한을 해당 업종을 관장하는 주무부장관에게 위탁한다. <개정 2010.9.20.>

제27조의2(규제의 재검토) 중소기업청장은 제23조에 따른 사업조정 신청 절차에 대하여 2014년 1월 1일을 기준으로 3년마다(매 3년이 되는 해의 1월 1일 전까지를 말한다) 그 타당성을 검토하여 개선 등의 조치를 하여야 한다. [본조신설 2013.12.30.]

제7장 벌칙

제28조(과태료의 부과기준) 법 제43조 제1항 및 제2항에 따른 과태료의 부과기준은 별표 2와 같다.
<개정 2014.2.5.>
[전문개정 2010.3.23.]

부칙
<제26302호, 2015.6.1.>
(공간정보의 구축 및 관리 등에 관한 법률 시행령)

제1조(시행일) 이 영은 2015년 6월 4일부터 시행한다.

제2조(다른 법령의 개정) ①부터 <23>

까지 생략

<24> 대·중소기업 상생협력 촉진에 관한 법률 시행령 일부를 다음과 같이 개정한다.

별표 1 제26호를 다음과 같이 한다.

26. 「국가공간정보 기본법」에 따른 한국국토정보공사

<25>부터 <54>까지 생략

제3조 생략

[별표 1] 중소기업 지원계획 및 추진실적의 작성·제출 기관(제10조제1항 관련) <개정 2015.6.1.>

중소기업 지원계획 및 추진실적의 작성·제출 기관
(제10조제1항 관련)

1. 「고압가스 안전관리법」에 따른 한국가스안전공사
2. 「공무원연금법」에 따른 공무원연금공단
3. 「광산피해의 방지 및 복구에 관한 법률」에 따른 한국광해관리공단
4. 「교통안전공단법」에 따른 교통안전공단
5. 「국가정보화 기본법」에 따른 한국정보화진흥원
6. 「국민연금법」에 따른 국민연금공단
7. 「국민체육진흥법」에 따른 서울올림픽기념국민체육진흥공단
8. 「한국농수산식품유통공사법」에 따른 한국농수산식품유통공사
9. 「대한무역투자진흥공사법」에 따른 대한무역투자진흥공사
10. 「대한석탄공사법」에 따른 대한석탄공사
11. 「도로교통법」에 따른 도로교통공단
12. 「문화산업진흥 기본법」에 따른 한국콘텐츠진흥원
13. 「방사성폐기물 관리법」에 따른 한국원자력환경공단
14. 「산업디자인진흥법」에 따른 한국디자인진흥원
15. 「산업재해보상보험법」에 따른 근로복지공단
16. 「산업집적활성화 및 공장설립에 관한 법률」에 따른 한국산업단지공단
17. 「상법」에 따라 설립된 인천종합에너지주식회사
18. 「수도권매립지관리공사의 설립 및 운영 등에 관한 법률」에 따른 수도권매립지관리공사
19. 「승강기시설 안전관리법」에 따른 한국승강기안전관리원
20. 「에너지이용 합리화법」에 따른 에너지관리공단
21. 「인천국제공항공사법」에 따른 인천국제공항공사
22. 「정보통신망 이용촉진 및 정보보호 등에 관한 법률」에 따른 한국인터넷진흥원
23. 「정보통신산업 진흥법」에 따른 정보통신산업진흥원
24. 「제주특별자치도 설치 및 국제자유도시 조성을 위한 특별법」에 따른 제주국제자유도시개발센터
25. 「집단에너지사업법」에 따른 한국지역난방공사
26. 「국가공간정보 기본법」에 따른 한국국토정보공사
27. 「한국가스공사법」에 따른 한국가스공사 및 같은 법에 따라 한국가스공사가 출자한 한국가스기술공사

28. 「한국공항공사법」에 따른 한국공항공사
29. 「한국관광공사법」에 따른 한국관광공사
30. 「한국광물자원공사법」에 따른 한국광물자원공사
31. 「한국농어촌공사 및 농지관리기금법」에 따른 한국농어촌공사
32. 「한국도로공사법」에 따른 한국도로공사
33. 「한국마사회법」에 따른 한국마사회
34, 「한국산업안전보건공단법」에 따른 한국산업안전보건공단
35. 「한국산업인력공단법」에 따른 한국산업인력공단
36. 「한국석유공사법」에 따른 한국석유공사
37. 「한국수자원공사법」에 따른 한국수자원공사
38. 「한국전력공사법」에 따른 한국전력공사 및 같은 법에 따라
    한국전력공사가 출자한 한국남동발전주식회사, 한국남부발전주
    식회사, 한국동서발전주식회사, 한국서부발전주식회사, 한국수력
    원자력주식회사, 한국전력기술주식회사, 한국중부발전주식회사,
    한전원자력연료주식회사, 한전KDN주식회사, 한전KPS주식회사
39. 「한국조폐공사법」에 따른 한국조폐공사
40. 「한국철도공사법」에 따른 한국철도공사 및 같은 법에 따라 한
    국철도공사가 출자한 코레일유통주식회사
41. 「한국철도시설공단법」에 따른 한국철도시설공단
42. 「한국토지주택공사법」에 따른 한국토지주택공사 및 같은 법에
    따라 한국토지주택공사가 출자한 주택관리공단
43. 「한국환경공단법」에 따른 한국환경공단
44. 「항만공사법」에 따른 부산항만공사, 인천항만공사, 여수광양
    항만공사

[별표 2] 과태료의 부과기준(제28조 관련) <개정 2014.2.5>

과태료의 부과기준(제28조 관련)

1. 일반기준

가. 다른 종류의 위반행위가 둘 이상인 때에는 각 위반행위에 따른 과태료를 합산하여 부과한다.

나. 중소기업청장은 위반행위의 정도, 위반횟수, 위반행위의 동기와 그 결과 등을 고려하여 과태료 금액의 2분의 1의 범위에서 그 금액을 감경할 수 있다.

2. 개별기준

위반행위	근거 법조문	과태료 금액
가. 법 제28조의2에 따른 교육명령 등의 조치를 이행하지 아니한 경우	법 제43조 제1항 제1호	100만원
나. 법 제39조제1항에 따른 서류를 갖추어 두지 아니하거나 그 서류에 거짓 사항을 적은 경우	법 제43조 제1항 제2호	500만원
다. 법 제40조에 따른 자료를 제출하지 아니하거나 거짓 자료를 제출한 경우 또는 조사를 거부·방해 또는 기피한 경우	법 제43조 제1항 제3호	300만원
라. 법 제34조제3항에 따른 명령을 이행하지 아니한 경우	법 제43조 제2항	5,000만원

대·중소기업 상생협력 촉진에 관한 법률 시행규칙

[시행 2015.4.9.]
[산업통상자원부령 제120호, 2015.4.9., 일부개정]

제1조(목적) 이 규칙은 「대·중소기업 상생협력 촉진에 관한 법률」 및 동법 시행령에서 위임된 사항과 그 시행에 관하여 필요한 사항을 규정함을 목적으로 한다.

제2조(중소기업 관련 단체의 범위) 「대·중소기업 상생협력 촉진에 관한 법률」(이하 "법"이라 한다) 제2조제7호에서 "산업통상자원부령으로 정하는 중소기업 관련 단체"란 다음 각 호의 단체를 말한다. <개정 2008.3.3., 2010.4.7., 2013.3.23.>
1. 「민법」 제32조에 따른 허가를 받아 설립된 사단법인으로서 그 구성원의 과반수가 중소기업인 단체
2. 「민법」 외의 법령에 따라 설립된 법인으로서 그 구성원의 과반수가 중소기업인 단체
[제목개정 2010.4.7.]

제3조(대·중소기업 상생협력지수의 산정방법) ①산업통상자원부장관은 다음 각 호의 사항을 고려하여 법 제15조에 따른 대·중소기업 상생협력지수(이하 이 조에서 "상생협력지수"라 한다)를 산정한다. <개정 2008.3.3., 2013.3.23.>
1. 대기업과 중소기업간 경쟁력 강화를 위한 기술협력, 인력교류 및 자금지원 등 상생협력 활동에 관한 사항
2. 대기업과 중소기업간 거래의 공정성에 관한 사항

3. 그 밖에 산업통상자원부장관이 상생협력의 수준을 평가하기 위하여 필요하다고 인정하는 사항
②산업통상자원부장관은 상생협력지수를 산정하기 위하여 필요하다고 인정하는 때에는 관계 행정기관, 법인 또는 단체 등에 소관 업무와 관련된 조사결과 및 통계자료의 제출과 업무협조를 요청할 수 있다. <개정 2010.4.7., 2013.3.23.>
③산업통상자원부장관이 법 제15조에 따라 상생협력지수를 공표하려는 때에는 관보, 방송, 인터넷 또는 「신문 등의 진흥에 관한 법률」 제2조제1호에 따른 신문 등을 통하여 공표할 수 있다. <개정 2010.4.7., 2013.3.23.>

제4조(상생협력우수기업 등의 선정 방법 등) ①산업통상자원부장관은 법 제16조제2항에 따라 매년 상생협력우수기업 및 상생협력확산에 기여한 자(이하 이 조에서 "상생협력우수기업등"이라 한다)를 선정할 수 있다. <개정 2008.3.3., 2010.4.7., 2013.3.23.>
②산업통상자원부장관이 제1항에 따라 상생협력우수기업등을 선정하려는 때에는 미리 그 선정에 관한 세부사항을 정하여 공고하여야 한다. <개정 2008.3.3., 2010.4.7., 2013.3.23.>
③ 산업통상자원부장관은 제1항에 따라 선정된 상생협력우수기업등에 대하여 산업통상자원부장관이 시행하는 사업의 사업 대상자 선정 시 가점을 주는 우대조치를 할 수 있다. <신설 2010.4.7., 2013.3.23.>
[제목개정 2010.4.7.]

제5조(표준약정서의 고시) 중소기업청장은 법 제21조제1항에 따른 위탁기업의 수탁기업에 대한 약정서의 교부가 원활하게 이루어질 수 있도록 위탁에 관한 표준약정서를 정하여 이를 고시하여야 한다.

제5조의2(수탁·위탁거래 우수기업의 선정 및 포상 등) 중소기업청장은 법 제27조제3항에 따라 매년 다음 각 호의 요건을 모두 충족하는 기업을 수탁·위탁거래 우수기업으로 선정하고 포상 등을 할 수 있다.

1. 직전 사업연도의 매출액 중 위탁거래액이 100분의 20 이상일 것
2. 직전 사업연도의 납품대금을 전액 현금 또는 법 제2조제8호에 따른 어음대체결제의 방식으로 결제하였을 것
3. 직전 사업연도 중에 법 제21조부터 제23조 및 제25조제1항을 위반한 사실이 없을 것
4. 제5조에 따른 표준약정서를 사용하였을 것

[본조신설 2011.1.28.]

[종전 제5조의2는 제5조의3으로 이동 <2011.1.28.>]

제5조의3(벌점의 부과기준 등) ①법 제27조제5항에 따라 중소기업청장이 법 제21조부터 제23조까지 또는 법 제25조제1항을 위반한 위탁기업에 대하여 벌점을 부과하는 때에는 별표의 부과기준에 따른다.

②법 제27조제5항에서 "산업통상자원부령으로 정하는 기준을 초과하는 경우"란 별표에 따른 누산점수가 5점을 초과하는 경우를 말한다. <개정 2008.3.3., 2013.3.23., 2015.4.9.>

③중소기업청장이 법 제27조제5항에 따라 입찰참가자격 제한을 요청하는 경우에는 그 요청 여부에 대하여 공정거래위원회위원장과 미리 협의하여야 한다.

[본조신설 2007.8.27.]

[제5조의2에서 이동 <2011.1.28.>]

제6조(수·위탁 분쟁조정신청서 등) ① 「대·중소기업 상생협력 촉진에 관한 법률 시행령」(이하 "영"이라 한

다) 제17조 전단에 따른 수·위탁 분쟁조정신청서는 별지 제1호서식에 따른다. <개정 2007.8.27.>

②영 제17조 전단에서 "산업통상자원부령이 정하는 서류"라 함은 다음 각 호의 서류를 말한다. <개정 2008.3.3., 2013.3.23.>

1. 수·위탁 분쟁조정신청 사유서
2. 수·위탁 분쟁조정을 신청하기로 의사 결정한 사실이 기재된 중소기업협동조합의 이사회 회의록(신청인이 중소기업협동조합인 경우에 한한다)

③영 제17조 후단에 따른 사전조정을 신청하려는 자는 별지 제1호서식의 수·위탁 분쟁사전조정신청서에 제2항 각 호의 서류를 첨부하여 영 제11조에 따른 수·위탁 분쟁조정협의회에 제출하여야 한다.

제7조(교육명령에 관한 벌점기준) 법 제28조의2제1항 전단에서 "산업통상자원부령으로 정하는 벌점기준"이란 다음 각 호의 어느 하나에 해당하는 경우를 말한다. <개정 2008.3.3., 2013.3.23.>

1. 별표에 따른 벌점이 2점 이상인 경우
2. 별표에 따른 누산점수가 4점 이상인 경우

[전문개정 2007.8.27.]

제8조 삭제 <2010.4.7.>

제9조(사업조정 대상 체인점포) 법 제32조제1항제2호 각 목 외의 부분에서 "산업통상자원부령으로 정하는 점포"란 「통계법」 제22조에 따라 통계청장이 2007년 12월 28일 고시한 한국표준산업분류상의 슈퍼마켓(47121)과 기타 음·식료품 위주 종합소매업(47129)을 영위하는 점포 중에서 해당 점포 개업에 드는 임차료, 공사비 및 설비비 등 총비용의 100분의 51

이상을 대기업이 부담하는 점포를 말한다. <개정 2013.3.23.>
[본조신설 2011.1.28.]

제9조의2(실질적 지배관계) ①법 제32조제1항제3호에서 "대기업이 실질적으로 지배하는 중소기업으로서 산업통상자원부령으로 정하는 중소기업"이란 다음 각 호의 어느 하나에 해당하는 중소기업을 말한다.
<개정 2008.3.3., 2010.4.7., 2011.1.28., 2013.3.23.>

1. 대기업의 대표·최대주주 또는 최다지분 소유자(이하 이 항에서 "대표등"이라 한다)나 그 대기업의 임원이 중소기업의 임원을 겸임하고 있거나 중소기업의 임원으로 파견되어 있는 경우

2. 대기업이 중소기업으로부터 그 중소기업의 주된 사업 및 영업활동 또는 거래의 주된 부분을 위임받아 행하고 있는 경우

3. 대기업이 중소기업에 그 중소기업의 발행주식총수 또는 출자총액을 초과하는 금액에 해당하는 자산을 대여하거나 채무를 보증하고 있는 경우

4. 대기업 및 대기업과 다음 각 목의 어느 하나에 해당하는 관계에 있는 자가 단독으로 또는 합산하여 중소기업의 발행주식총수 또는 출자총액의 100분의 50 이상의 주식 또는 출자지분을 소유하고 있는 경우
   가. 대기업의 발생주식총수 또는 출자총액의 100분의 30 이상의 주식 또는 출자지분을 소유하고 있는 자로서 그 대기업의 최대주주이거나 최다지분 소유자
   나. 가목에 해당하는 자의 친족
   다. 대기업의 임원
   라. 제1호부터 제3호까지 또는 제5호부터 제7호까지의 규정의 어느 하나에 해당하는 관계에 있는 자

5. 대기업 및 대기업과 제4호 각 목의 어느 하나에 해당하는 관계에 있는 자가 단독으로 또는 합산하여 중소기업의 발생주식총수 또는 출자총액의 100분의 30 이상 100분의 50 미만의 주식 또는 출자지분을 소유하고 있는 경우로서 다음 각 목의 어느 하나에 해당하는 경우
   가. 그 소유하는 주식 또는 출자지분의 합계가 그 중소기업의 최다지분이 되는 경우
   나. 대기업의 대표등의 친족이 그 중소기업의 임원인 경우. 다만, 그 중소기업의 발행주식총수·출자총액 또는 재산의 소유관계 등에 비추어 대기업이 그 중소기업을 지배한다고 인정할 수 없는 경우를 제외한다.
   다. 대기업의 임직원 또는 임직원이었던 자가 그 중소기업의 임원인 경우

6. 대기업과 제1호부터 제5호까지의 규정의 어느 하나에 해당하는 관계에 있는 중소기업(이하 "자회사"라 한다)이 단독으로 또는 그 대기업의 다른 자회사와 공동으로 다른 중소기업과 제1호부터 제5호까지의 규정의 어느 하나에 해당하는 관계를 가지고 있는 경우

7. 대기업 및 자회사가 공동으로 그 중소기업에 대하여 제1호부터 제5호까지의 규정의 어느 하나에 해당하는 관계를 가지고 있는 경우

②제1항을 적용할 때의 임원은 「독점규제 및 공정거래에 관한 법률」 제2조제5호에 따른 임원으로 한다.

③제1항을 적용할 때의 친족은 배우자(사실상 혼인관계에 있는 자를 포함한다), 8촌 이내의 혈족 및 4촌 이내의 인척으로 한다.
[본조신설 2007.8.27.]

제10조(사업조정 신청) 영 제23조제1항에 따른 사업조정신청서는 별지 제2호서식에 따른다. <개정 2011.1.28.>

제11조(서류의 비치) ①법 제39조에 따라 위탁기업·수탁기업 및 중소기업협동조합이 비치하여야 할 서류는 다음 각 호와 같다.
1. 법 제21조제1항에 따른 약정서
2. 법 제22조에 따른 납품대금의 지급 및 수령에 관한 서류
3. 법 제23조제1항에 따른 검사기준에 관한 서류
4. 법 제23조제2항에 따른 불합격 사유의 통보에 관한 서류
5. 법 제24조제2항에 따른 가격결정과 품질관리에 관한 서류
6. 법 제28조에 따른 분쟁의 조정에 관한 서류
②제1항에 따른 서류는 그 거래의 종료일부터 3년간 비치하여야 한다.

제12조(규제의 재검토) 중소기업청장은 제7조에 따른 교육명령에 관한 벌점기준에 대하여 2014년 1월 1일을 기준으로 3년마다(매 3년이 되는 해의 기준일과 같은 날 전까지를 말한다) 그 타당성을 검토하여 개선 등의 조치를 하여야 한다.
[본조신설 2014.1.1.]

부칙
<제120호, 2015.4.9.>

제1조(시행일) 이 규칙은 공포한 날부터 시행한다.

제2조(누산점수 기준에 관한 적용례 등) ① 누산점수가 이 규칙 시행 이후의 위반행위에 따라 부과된 벌점을 포함하고 있는 경우에는 제5조의 3제2항의 개정규정을 적용한다.
② 누산점수가 이 규칙 시행 전의 위반행위에 따라 부과된 벌점만으로 이루어진 경우에는 제5조의3제2항의 개정규정에도 불구하고 종전의 규정에 따른다.

[별지 제2호서식] <개정 2011.1.28>

사업조정 신청서

접수번호		접수일자	처리일자	처리기간	접수기관 : 45일 처리기관 : 접수일로부터 1년 이내

신청인	중소기업자단체 또는 중소기업	
	성명(대표자)	사업자등록번호
	주소	전화번호

피신청인	기업명	
	대표자명	
	주소	전화번호

신청내용

「대·중소기업 상생협력 촉진에 관한 법률」 제32조제1항, 같은 법 시행령 제23조 및 같은 법 시행규칙 제10조에 따라 위와 같이 신청합니다.

년   월   일

신청인   (서명 또는 인)

중소기업청장   귀하
시·도지사

| 첨부서류 | 1. 사업조정신청 사유서 1부
2. 중소기업자단체의 정관 및 그 구성원 명부(신청인이 중소기업자단체인 경우에만 제출합니다) 1부
3. 해당 업종에 관한 중소기업협동조합이 없음을 중소기업중앙회가 확인하는 서류(해당 업종에 관한 조합이 없는 경우에만 제출합니다) 1부
4. 「대·중소기업 상생협력 촉진에 관한 법률 시행령」 제23조제2항에 따른 이사회의 결의(신청인이 중소기업자단체인 경우로 한정합니다) 또는 제23조제3항에 따른 동일업종을 영위하는 중소기업의 3분의 1이상의 찬성(신청인이 중소기업인 경우로 한정합니다) 요건을 갖추었음을 증명하는 서류 1부
5. 경영안정에 피해를 받거나 받을 우려가 있는 해당 지역의 업체 및 대표자 명단(중소기업자단체인 경우도 제출합니다) | 수수료
없음 |

처리절차

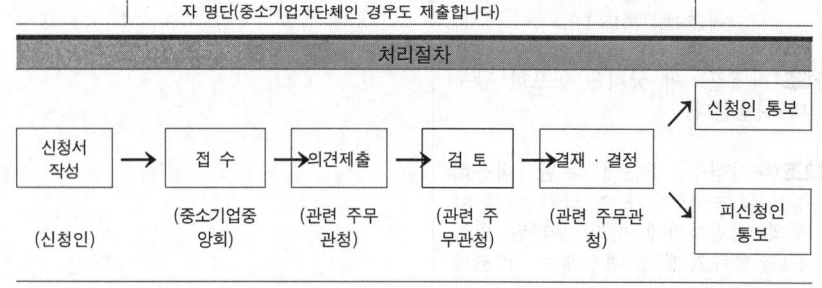

210mm×297mm[일반용지 60g/㎡(재활용품)]

도시형소공인 지원에 관한 특별법

[시행 2015.5.29.]
[법률 제13086호, 2015.1.28., 타법개정]

제1장 총칙

제1조(목적) 이 법은 도시형소공인의 성장과 발전을 위한 지원체계를 마련하여 도시형소공인의 경제활동을 촉진함으로써 국민경제의 발전에 이바지함을 목적으로 한다.

제2조(정의) 이 법에서 사용하는 용어의 뜻은 다음과 같다.
<개정 2015.1.28.>
1. "도시형소공인"이란 다음 각 목의 요건을 모두 갖춘 자를 말한다.
　가. 「소상공인 보호 및 지원에 관한 법률」 제2조에 따른 소상공인일 것
　나. 노동집약도가 높고 숙련기술을 기반으로 하며 일정지역에 집적하는 특성이 있는 제조업으로서 대통령령으로 정하는 업종을 주된 사업으로 영위할 것
2. "도시형소공인 집적지구"란 행정구역별로 구분하여 대통령령으로 정하는 수 이상의 도시형소공인의 사업장(기계·장치 등 제조시설이 포함된 경우에 한정한다)이 집적된 지역으로서 제15조에 따라 지정된 지역을 말한다.

제3조(국가 및 지방자치단체의 책무)
① 국가는 도시형소공인의 지원에 관한 종합적인 시책을 수립하여 시행하여야 한다.
② 지방자치단체는 국가의 시책과 지역적 특성을 고려하여 도시형소공인의 지원에 관한 시책을 수립하여 시행하여야 한다.

제4조(다른 법률과의 관계) 이 법은 도시형소공인의 지원에 관하여 다른 법률에 우선하여 적용한다.

제2장 도시형소공인 지원계획의 수립 및 시행

제5조(도시형소공인 지원 종합계획의 수립) ① 중소기업청장은 도시형소공인의 성장과 발전을 위하여 5년마다 도시형소공인 지원 종합계획(이하 "종합계획"이라 한다)을 수립·시행하여야 한다.
② 종합계획에는 다음 각 호의 사항이 포함되어야 한다.
1. 도시형소공인의 성장과 발전을 위한 기본목표와 추진방향
2. 도시형소공인에 관한 제도와 법령의 개선
3. 도시형소공인의 숙련기술 활용 및 전수에 관한 사항
4. 도시형소공인의 인력양성 및 공급에 관한 사항
5. 도시형소공인의 기술보급·기술혁신·기술첨단화에 관한 사항
6. 도시형소공인제품의 국내외 판로지원에 관한 사항
7. 도시형소공인 집적지구 지원에 관한 사항
8. 그 밖에 도시형소공인의 지원을 위하여 필요한 사항
③ 종합계획 수립의 절차 및 방법 등에 필요한 사항은 대통령령으로 정한다.

제6조(도시형소공인 지원 시행계획의

수립 등) ① 중소기업청장은 종합계획의 추진을 위하여 매년 관계 중앙행정기관의 장과의 협의를 거쳐 도시형소공인 지원 시행계획(이하 "시행계획"이라 한다)을 수립하여야 한다.
② 중소기업청장은 도시형소공인 지원을 위하여 특별시장·광역시장·특별자치시장·특별자치도지사 및 도지사(이하 "시·도지사"라 한다)에게 시행계획 추진에 필요한 조치를 요청할 수 있다.
③ 시행계획의 수립 및 추진 등에 필요한 사항은 대통령령으로 정한다.

제7조(통계자료 조사 등) ① 중소기업청장은 종합계획 및 시행계획에 필요한 국내외 도시형소공인에 관한 통계자료를 조사·작성·분석 및 관리할 수 있다.
② 중소기업청장은 제1항의 통계자료를 조사·작성·분석 및 관리하기 위하여 관련 지방자치단체의 장, 공공기관의 장, 도시형소공인 및 관련 기관과 단체에게 필요한 자료와 정보의 제공을 요청할 수 있다.
③ 중소기업청장은 제1항에 따른 통계자료의 조사·작성·분석 및 관리에 관한 업무의 전부 또는 일부를 전문성이 있는 기관에 위탁하여 수행하게 할 수 있다.

제3장 도시형소공인 양성 및 숙련기술 고도화

제8조(도시형소공인 양성 및 인력 확보) ① 정부는 도시형소공인을 양성하고 인력을 확보하기 위하여 노력하여야 한다.
② 정부는 도시형소공인이 우수한 인력을 확보할 수 있도록 지원하기 위하여 다음 각 호의 사업을 할 수 있다.

1. 도시형소공인 숙련기술 습득과 고도화를 위한 교육
2. 신규 인력유입의 활성화 및 고용안정을 위한 사업
3. 도시형소공인 근로자의 처우개선 등 복지증진에 관한 사업
4. 「청년고용촉진 특별법」 제2조제1호에 따른 청년 미취업자의 고용확대 지원
5. 퇴직근로자 등의 숙련기술 전수 및 재취업 지원에 관한 사업

제9조(도시형소공인 경영지도 및 기술개발 지원) ① 중소기업청장은 도시형소공인의 경영지도 및 기술개발을 지원하기 위하여 노력하여야 한다.
② 중소기업청장은 도시형소공인을 대상으로 하는 경영지도 및 기술개발을 위하여 다음 각 호의 사업을 지원할 수 있다.

1. 도시형소공인 사업의 기획, 개발 및 연구
2. 도시형소공인의 경영능력과 기술수준의 향상을 위한 상담, 지도 및 정보제공
3. 도시형소공인의 기술혁신 및 기술개발
4. 도시형소공인의 기술력 및 생산력 향상에 필요한 조사·연구

제10조(기술교육훈련기관의 지정) ① 중소기업청장은 도시형소공인의 기술 전수 및 고도화를 위하여 다음 각 호의 어느 하나에 해당하는 자를 기술교육훈련기관으로 지정할 수 있다.

1. 「초·중등교육법」에 따라 산업수요 맞춤형 또는 체험위주의 교육과정을 운영하는 고등학교
2. 「고등교육법」에 따른 대학·산업대학·전문대학·기술대학 및 「근로자직업능력 개발법」에 따른 기능대학
3. 「과학기술분야 정부출연연구기관

등의 설립·운영 및 육성에 관한 법률」 제8조제1항에 따른 한국생산기술연구원

4. 그 밖에 도시형소공인 분야의 교육 및 훈련 기관으로서 대통령령으로 정하는 기관

② 중소기업청장은 제1항에 따라 지정된 자가 기술교육훈련을 실시하는 데 소요되는 비용을 지원할 수 있다.

③ 기술교육훈련기관의 지정 요건 및 절차 등에 필요한 사항은 대통령령으로 정한다.

제11조(기술교육훈련기관의 지정해제) 중소기업청장은 기술교육훈련기관이 다음 각 호의 어느 하나에 해당하는 경우에는 그 지정을 해제할 수 있다.

1. 기술교육훈련기관이 지정요건에 해당하지 아니하게 된 경우
2. 기술교육훈련기관이 지정해제를 요청하는 경우
3. 기술교육훈련기관이 제10조제2항에 따른 지원 비용을 용도 외로 사용한 경우

제12조(우수 숙련기술인 선정) ① 중소기업청장은 도시형소공인 업종에 종사하는 우수 숙련기술인을 선정하여 포상할 수 있다.

② 제1항에 따른 우수 숙련기술인 선정의 요건, 절차 및 포상 등에 필요한 사항은 대통령령으로 정한다.

제13조(기술의 전수 지원) ① 중소기업청장은 도시형소공인의 기술이 전수·발전될 수 있도록 노력하여야 한다.

② 중소기업청장은 제1항에 따른 도시형소공인 기술의 전수 지원을 위하여 다음 각 호의 사업을 추진할 수 있다.

1. 우수 기술의 보급 및 기술정보 제공
2. 제12조에 따른 우수 숙련기술인을

통한 우수 기술의 전수

3. 기술 전수를 위한 시설 및 장비의 제공

4. 도시형소공인의 숙련기술을 전수받은 기술전수대상자가 해당 직종에 장기간 종사(從事)할 수 있도록 장려하기 위한 사업

5. 그 밖에 기술의 전수를 위하여 중소기업청장이 필요하다고 인정하는 사업

제14조(우수 도시형소공인 육성 및 지원) ① 중소기업청장은 지역 일자리 창출, 매출증대 등 지역경제에 미치는 영향이 크거나 숙련기술의 고도화 가능성을 보유한 도시형소공인을 선정하여 다음 각 호의 사항에 관한 지원사업을 할 수 있다.

1. 우수 도시형소공인으로의 성장촉진 및 중장기 발전을 위한 전략의 수립 지원
2. 기술·인력·금융·경영 등 분야별 전문가의 파견·알선
3. 우수 도시형소공인으로의 성장을 촉진하기 위한 정보의 제공
4. 국내 및 해외판로 개척에 대한 지도와 자문
5. 그 밖에 우수 도시형소공인으로의 성장을 촉진하기 위하여 필요한 사업

② 제1항에 따른 도시형소공인의 선정 및 지원 등에 필요한 사항은 대통령령으로 정한다.

제4장 도시형소공인 발전기반 조성

제15조(도시형소공인 집적지구의 지정) ① 시·도지사는 도시형소공인의 발전을 위하여 필요한 경우에 다음 각 호의 사항을 포함한 도시형소공인 집

적지구 활성화 계획을 수립하여 중소
기업청장에게 관할 구역의 일정 지역
(「산업입지 및 개발에 관한 법률」
제2조제8호에 따른 산업단지는 제외
한다)을 도시형소공인 집적지구(이하
"집적지구"라 한다)로 지정할 것을
요청할 수 있다.
1. 집적지구로 지정받으려는 지역
2. 집적지구의 활성화를 위한 소요재
   원의 규모 및 조달방안
3. 그 밖에 도시형소공인의 집적활성
   화 등을 위하여 대통령령으로 정
   하는 사항
② 중소기업청장은 제1항에 따라 집
적지구의 지정을 요청받은 경우, 미
리 관계 중앙행정기관의 장과 협의를
거쳐 집적지구 활성화 계획의 타당성
및 「산업입지 및 개발에 관한 법
률」 제5조의2에 따른 산업입지수급
계획과의 조화 등을 고려하여 집적지
구를 지정할 수 있다. 이를 변경하거
나 해제하려는 때에도 또한 같다.
③ 중소기업청장은 제2항에 따라 집
적지구를 지정한 경우에는 대통령령
으로 정하는 바에 따라 그 내용을
고시하여야 한다.

**제16조(도시형소공인 집적지구 금융지
원)** ① 중소기업청장은 도시형소공인
의 발전을 위하여 「지역균형개발 및
지방중소기업 육성에 관한 법률」 제
44조제1항에 따라 지방중소기업 육
성 관련 기금의 조성을 지원할 때 집
적지구를 지정받은 지방자치단체를
우대하여 지원할 수 있다.
② 국가나 지방자치단체는 집적지구
에 있거나 집적지구로 이전하는 도
시형소공인에 대하여 자금이나 그
밖에 필요한 사항을 우선하여 지원
할 수 있다.
③ 다음 각 호의 어느 하나에 해당하
는 자는 집적지구에서 도시형소공인
이 필요한 자금을 원활하게 조달할

수 있도록 우선적으로 신용보증을
할 수 있다.
1. 「신용보증기금법」에 따른 신용
   보증기금
2. 「기술신용보증기금법」에 따른
   기술신용보증기금
3. 「지역신용보증재단법」 제9조에
   따라 설립한 신용보증재단

**제17조(도시형소공인 집적지구 인프라
구축)** ① 시·도지사는 집적지구의
기반시설 조성과 확충을 위하여 다음
각 호의 사업을 시행할 수 있다.
1. 공동 폐기물 처리 시설의 설치
2. 사업장 등에 관한 건물과 시설물
   등의 개량, 수리
3. 공동창고, 교육시설, 전기·가스·
   화재 등에 관한 안전시설물 등의
   설치·개량
4. 장애인·노인·임산부 등의 이동
   과 사업장 등 이용의 편리를 도모
   하고 정보에의 접근을 용이하게
   하기 위한 시설과 설비의 설치·
   보수
5. 그 밖에 집적지구 인프라 구축을
   위하여 필요한 사업
② 정부는 집적지구의 기반시설 조성
과 확충에 필요한 비용을 지원할 수
있다.
③ 집적지구 인프라 구축사업의 지원
대상·한도 및 절차 등에 필요한 사
항은 대통령령으로 정한다.

**제18조(도시형소공인 지원센터의 설치
·운영)** ① 중소기업청장은 도시형소
공인의 발전과 기술정보의 제공 등에
필요한 업무를 지원하기 위하여 도시형
소공인 지원센터(이하 이 조에서 "지원
센터"라 한다)를 설치·운영할 수 있다.
② 지원센터는 다음 각 호의 업무를
수행한다.
1. 도시형소공인을 위한 교육·상담
   등 지원사업의 실시

2. 도시형소공인에 대한 기술정보의 조사 및 제공
3. 도시형소공인 지원 관련 기관·단체와의 서비스 연계
4. 도시형소공인에 관한 일자리 정보 제공 및 일자리의 알선
5. 그 밖에 도시형소공인 지원을 위하여 필요한 사업
③ 중소기업청장은 지원센터의 설치·운영을 대통령령으로 정하는 법인이나 단체에 위탁할 수 있다.
④ 지원센터에는 도시형소공인에 대한 교육·정보제공 등의 업무를 수행하기 위하여 대통령령으로 정하는 기준을 충족하는 전문인력을 두어야 한다.
⑤ 중소기업청장은 지원센터에 대하여 제2항 각 호의 업무를 수행하는 데에 필요한 비용의 전부 또는 일부를 지원할 수 있다.
⑥ 지원센터의 설치·운영에 필요한 사항은 대통령령으로 정한다.

제19조(사업장 및 작업환경의 개선) ① 정부와 지방자치단체는 도시형소공인 사업장 및 작업환경의 개선에 필요한 비용을 지원할 수 있다.
② 정부와 지방자치단체는 도시형소공인의 작업환경 및 작업특성에 대한 위해요소를 측정하고 이를 개선하기 위하여 필요한 지원을 할 수 있다.
③ 사업장 및 작업환경 개선사업의 지원 대상·한도, 절차 및 사후 관리 등에 필요한 사항은 대통령령으로 정한다.

제20조(공동사업의 지원) 정부와 지방자치단체는 도시형소공인의 경영비용 절감 및 매출 증대를 위하여 다음 각 호의 공동사업을 지원할 수 있다.
1. 공동사업 수행을 위한 협동조합 설립 등 조직화 지원사업
2. 공동사업 수행을 위하여 조직된 단체(법인을 포함한다)와 중소기

업과의 연계지원 사업
3. 제품, 디자인의 개발 및 기능 개선 등에 관한 사업
4. 생산에 필요한 공동시설 및 공동장비 등에 관한 사업
5. 구매, 물류에 필요한 공동시설 및 시스템 등에 관한 사업
6. 홍보, 브랜드, 판매장의 설치 등 공동판로에 관한 사업
7. 그 밖에 중소기업청장이 도시형소공인의 공동사업 지원을 위하여 필요하다고 인정하는 사업

제21조(종합정보시스템의 구축·운영) ① 중소기업청장은 도시형소공인에 관한 정보를 종합적으로 관리하고 도시형소공인에게 유용한 정보를 제공하기 위하여 종합정보시스템을 구축·운영할 수 있다.
② 제1항에 따른 종합정보시스템의 운영방법 및 운영기관 등에 필요한 사항은 대통령령으로 정한다.

제22조(사회적 인식의 제고) 정부와 지방자치단체는 도시형소공인에 대한 국민의 이해를 높이고 도시형소공인과 보유기술의 중요성에 대한 사회적 공감대를 확산할 수 있도록 사회적 인식제고를 위하여 노력하여야 한다.

제5장 보칙

제23조(권한의 위임·위탁) 이 법에 따른 중소기업청장의 권한은 대통령령으로 정하는 바에 따라 그 일부를 중앙행정기관의 장, 시·도지사, 시장·군수·구청장(자치구의 구청장에 한정한다) 또는 「소상공인 보호 및 지원에 관한 법률」 제17조에 따라 설립된 소상공인시장진흥공단 등에 위임 또는 위탁할 수 있다. <개정 2015.1.28.>

제24조(청문) 중소기업청장은 제11조 제1호 및 제3호에 따른 기술교육훈련기관의 지정 해제를 하려면 청문을 하여야 한다.

부칙

〈제12695호, 2014.5.28.〉

이 법은 공포 후 1년이 경과한 날부터 시행한다.

부칙

〈제13086호, 2015.1.28.〉
(소상공인 보호 및 지원에 관한 법률)

제1조(시행일) 이 법은 2015년 5월 28일부터 시행한다. 〈단서 생략〉
제2조부터 제6조까지 생략

제7조(다른 법률의 개정) ① 생략
② 법률 제12695호 도시형소공인 지원에 관한 특별법 일부를 다음과 같이 개정한다.
제2조제1호가목 중 "「소기업 및 소상공인 지원을 위한 특별조치법」 제2조제2호에 따른 소상공인"을 "「소상공인 보호 및 지원에 관한 법률」 제2조에 따른 소상공인"으로 한다.
제23조 중 "「소기업 및 소상공인 지원을 위한 특별조치법」 제10조의4에 따라 설립된 소상공인시장진흥공단"을 "「소상공인 보호 및 지원에 관한 법률」 제17조에 따라 설립된 소상공인시장진흥공단"으로 한다.
③부터 ⑦까지 생략

제8조 생략

도시형소공인 지원에 관한 특별법 시행령

[시행 2015.5.29.]
[대통령령 제26246호, 2015.5.26., 제정]

제1조(목적) 이 영은 「도시형소공인 지원에 관한 특별법」에서 위임된 사항과 그 시행에 필요한 사항을 규정함을 목적으로 한다.

제2조(도시형소공인의 업종) 「도시형소공인 지원에 관한 특별법」(이하 "법"이라 한다) 제2조제1호나목에서 "대통령령으로 정하는 업종"이란 별표에 해당하는 업종을 말한다.

제3조(도시형소공인 집적지구의 기준) 법 제2조제2호에서 "대통령령으로 정하는 수"란 다음 각 호의 행정구역별 구분에 따른 도시형소공인 수를 말한다. 이 경우 도시형소공인 수는 같은 업종을 기준으로 계산한다.
1. 특별시 또는 광역시 관할구역의 읍·면·동: 50인
2. 특별자치시·특별자치도 또는 시 관할구역의 읍·면·동: 40인
3. 군(광역시·특별자치시에 있는 군은 제외한다) 관할구역의 읍·면: 20인

제4조(도시형소공인 지원 종합계획의 수립절차) ① 중소기업청장은 법 제5조제1항에 따른 도시형소공인 지원 종합계획(이하 "종합계획"이라 한다)을 수립하기 위하여 필요한 경우에는 민간 전문가 등의 의견을 들을 수 있다.
② 중소기업청장은 수립한 종합계획을 관계 중앙행정기관의 장, 특별시장·광역시장·특별자치시장·특별자치도지사·도지사(이하 "시·도지사"라 한다), 관련 기관·단체의 장에게 통보하여야 한다.

제5조(도시형소공인 지원 시행계획의 수립 등) 중소기업청장은 법 제6조제1항에 따른 도시형소공인 지원 시행계획을 수립하기 위하여 필요한 경우에는 민간 전문가 등의 의견을 들을 수 있다.

제6조(기술교육훈련기관의 지정 요건 및 절차) ① 법 제10조제1항에 따른 기술교육훈련기관(이하 "기술교육훈련기관"이라 한다)으로 지정받으려는 자는 다음 각 호의 요건을 모두 갖추어야 한다.
1. 별표에 따른 도시형소공인 업종 분야의 교육훈련 실적이 1년 이상일 것
2. 업종별 기술교육훈련에 필요한 교육장 및 작업 공간 등의 시설과 장비를 적정하게 갖출 것
3. 기술교육훈련에 필요한 도시형소공인 업종 분야의 전문인력을 확보할 것
② 기술교육훈련기관으로 지정받으려는 자는 다음 각 호의 서류를 갖추어 중소기업청장에게 제출하여야 한다.
1. 제1항 각 호의 요건을 충족함을 증명하는 서류
2. 운영경비 조달계획과 지원금 활용계획이 포함된 사업계획서
③ 중소기업청장은 기술교육훈련기관 지정을 위하여 필요한 경우에는 민간 전문가 등의 의견을 들을 수 있다.
④ 중소기업청장은 기술교육훈련기관을 지정하였을 때에는 그 사실을 인터넷 홈페이지 등에 공고하여야 한다.
⑤ 제1항부터 제4항까지에서 규정한 사항 외에 기술교육훈련기관의 지정에 필요한 사항은 중소기업청장이 정하여 고시한다.

제7조(우수 숙련기술인 선정요건 등)

① 법 제12조제1항에 따른 우수 숙련기술인은 매년 별표에 따른 도시형소공인 업종에 종사하고 있는 사람 중에서 기술의 숙련성·우수성 등을 평가하여 선정한다.
② 중소기업청장은 우수 숙련기술인을 선정하려면 미리 선정 요건 및 절차 등에 관한 선정계획을 수립하여 인터넷 홈페이지 등에 공고하여야 한다.
③ 우수 숙련기술인에 대한 포상의 종류와 절차는 「상훈법」에 따른다.
④ 제1항부터 제4항까지에서 규정한 사항 외에 우수 숙련기술인의 선정, 포상 등에 필요한 사항은 중소기업청장이 정하여 고시한다.

제8조(우수 도시형소공인의 선정 등)

① 중소기업청장은 법 제14조제1항에 따라 우수 도시형소공인을 선정하려면 선정 기준 및 절차 등을 정하여 인터넷 홈페이지 등에 공고하여야 한다.
② 중소기업청장은 선정된 우수 도시형소공인에 대하여 다음 각 호의 지원사업을 할 수 있다.
1. 경영지도
2. 기술개발
3. 판로개척
4. 금융지원

제9조(도시형소공인 집적지구의 지정·고시)

① 법 제15조제1항제3호에서 "대통령령으로 정하는 사항"이란 다음 각 호의 사항을 말한다.
1. 도시형소공인 집적지구(이하 "집적지구"라 한다)로 지정받으려는 지역의 도시형소공인 및 관련 기관·단체의 집적 현황
2. 집적지구로 지정받으려는 지역의 기반시설 현황
3. 집적지구의 활성화를 위한 3년간의 연차별 계획

② 중소기업청장은 집적지구 지정을 위하여 필요한 경우에는 민간 전문가 등의 의견을 들을 수 있다.
③ 중소기업청장은 집적지구를 지정하였을 때에는 다음 각 호의 사항을 고시하여야 한다.
1. 집적지구의 명칭·범위
2. 집적지구의 지정목적
3. 집적지구의 활성화를 위한 3년간의 연차별 계획

제10조(집적지구 인프라 구축사업의 지원 대상·한도 및 절차)

① 정부는 법 제17조제3항에 따라 집적지구 인프라 구축사업을 지원할 때에는 지방자치단체의 재정자립도, 지정된 집적지구의 특성 등을 고려하여 지원사업별로 지원 한도 및 지원조건을 달리할 수 있다.
② 시·도지사는 집적지구 인프라 구축사업의 절차와 사후관리에 필요한 사항을 조례로 정할 수 있다.
③ 제1항에서 규정한 사항 외에 집적지구 인프라 구축사업의 지원에 필요한 사항은 중소기업청장이 정하여 고시한다.

제11조(도시형소공인 지원센터의 설치·운영 등)

① 법 제18조제3항에서 "대통령령으로 정하는 법인이나 단체"란 다음 각 호의 어느 하나에 해당하는 법인이나 단체를 말한다.
1. 「소상공인 보호 및 지원에 관한 법률」 제17조에 따른 소상공인시장진흥공단
2. 「민법」 제32조에 따라 설립된 비영리법인 중 소공인 관련 분야 업무를 수행하는 법인 또는 단체
② 법 제18조제4항에서 "대통령령으로 정하는 기준을 충족하는 전문인력"이란 다음 각 호의 어느 하나에 해당하는 사람을 말한다.

1. 도시형소공인으로 5년 이상 종사
   한 사람
2. 「고등교육법」 제2조 각 호의 학
   교에서 도시형소공인 관련 분야를
   이수한 사람으로서 도시형소공인
   으로 2년 이상 종사한 사람
3. 「근로자직업능력 개발법」 제19
   조에 따라 고용노동부장관이 인정
   한 직업능력개발훈련과정을 이수
   한 사람으로서 도시형소공인으로
   3년 이상 종사한 사람
4. 제1호부터 제3호까지에서 정한 사
   람과 동등한 자격이 있다고 중소
   기업청장이 인정하는 사람
   ③ 중소기업청장은 법 제18조제3항
   에 따라 도시형소공인 지원센터의
   설치·운영을 위탁한 경우 도시형소
   공인 지원센터의 설치·운영에 관한
   사항을 점검할 수 있다.
   ④ 제1항부터 제3항까지에서 규정한
   사항 외에 도시형소공인 지원센터의
   설치·운영에 필요한 사항은 중소기
   업청장이 정하여 고시한다.

제12조(사업장 및 작업환경의 개선사업 지원대상 등)

① 법 제19조제3항에
따른 도시형소공인 사업장 및 작업환경
개선사업(이하 "환경개선사업"이라 한
다)의 지원대상은 다음 각 호와 같다.
1. 도시형소공인 사업장의 건물·시
   설·장비의 보수
2. 도시형소공인이나 고객이 공동으
   로 이용하는 판매장, 작업장, 화
   장실, 주차장 등의 공동 건물·시
   설의 보수
3. 그 밖에 도시형소공인 사업장 및
   작업환경 개선을 위하여 중소기업
   청장이 필요하다고 인정하는 시
   설·장비의 보수
   ② 정부와 지방자치단체는 환경개선
   사업에 대한 수요 및 실태 조사 등
   을 통하여 지원조건 및 지원한도를
   정할 수 있다.

제13조(종합정보시스템의 구축·운영)

중소기업청장은 법 제21조제1항에
따른 종합정보시스템을 통하여 다음
각 호의 업무를 수행한다.
1. 도시형소공인 관련 통계의 생성
   및 관리
2. 도시형소공인 지원 관련 정보의
   제공
3. 도시형소공인 지원사업의 신청·
   접수 현황 및 지원 이력의 관리
4. 그 밖에 도시형소공인에게 유용한
   정보를 제공하기 위하여 필요한
   업무

제14조(업무의 위탁)

중소기업청장은
법 제23조에 따라 다음 각 호의 업무
를 소상공인시장진흥공단에 위탁한다.
1. 법 제7조에 따른 도시형소공인에
   관한 통계자료의 조사·작성·분
   석 및 관리
2. 법 제8조제2항에 따른 도시형소공
   인 양성 및 인력 확보 사업
3. 법 제9조제2항에 따른 도시형소공
   인의 경영지도 및 기술개발 지원
   사업
4. 법 제10조에 따른 기술교육훈련기
   관의 지정 및 지원에 관한 업무
5. 법 제12조에 따른 우수 숙련기술
   인의 선정을 위한 신청서 접수 및
   선정 결과 공고 업무
6. 법 제13조제2항에 따른 기술의
   전수 지원 사업
7. 법 제14조제1항에 따른 우수 도
   시형소공인의 선정 업무
8. 법 제14조제2항에 따른 우수 도
   시형소공인의 지원 사업
9. 법 제15조에 따른 도시형소공인
   집적지구 지정에 관한 업무
10. 법 제16조에 따른 도시형소공인
    집적지구 금융지원에 관한 업무
11. 법 제17조에 따른 도시형소공인
    집적지구 인프라 구축사업 지원에
    관한 업무

12. 법 제19조에 따른 사업장 및 작
    업환경의 개선 사업
13. 법 제20조에 따른 공동사업의
    지원 사업
14. 법 제21조제1항에 따른 종합정
    보시스템의 운영에 관한 업무

부칙
<제26246호, 2015.5.26.>

이 영은 2015년 5월 29일부터 시행한다.

[별표 0] 도시형소공인의 업종(제2조 관련)

도시형소공인의 업종(제2조 관련)

해당 업종	분류 기호
1. 식료품 제조업	10
2. 음료 제조업	11
3. 섬유제품 제조업(의복 제조업은 제외한다)	13
4. 의복, 의복액세서리 및 모피제품 제조업	14
5. 가죽, 가방 및 신발 제조업	15
6. 목재 및 나무제품 제조업(가구 제조업은 제외한다)	16
7. 펄프, 종이 및 종이제품 제조업	17
8. 인쇄 및 기록매체 복제업	18
9. 화학물질 및 화학제품 제조업(의약품 제조업은 제외한다)	20
10. 고무제품 및 플라스틱제품 제조업	22
11. 비금속 광물제품 제조업	23
12. 1차 금속 제조업	24
13. 금속가공제품 제조업(기계 및 가구 제조업은 제외한다)	25
14. 전자부품, 컴퓨터, 영상, 음향 및 통신장비 제조업	26
15. 의료, 정밀, 광학기기 및 시계 제조업	27
16. 전기장비 제조업	28
17. 기타 기계 및 장비 제조업	29
18. 가구 제조업	32
19. 기타 제품 제조업	33

비고: 해당 업종 및 분류 기호는 「통계법」에 따라 통계청장이 고시하는 한국표준산업분류에 따른다.

벤처기업육성에 관한 특별조치법

[시행 2015.5.18.]
[법률 제13310호, 2015.5.18., 일부개정]

제1장 총칙

제1조(목적) 이 법은 기존 기업의 벤처기업으로의 전환과 벤처기업의 창업을 촉진하여 우리 산업의 구조조정을 원활히 하고 경쟁력을 높이는 데에 기여하는 것을 목적으로 한다.
[전문개정 2007.8.3.]

제2조(정의) ① "벤처기업"이란 제2조의2의 요건을 갖춘 기업을 말한다. <개정 2007.8.3.>
② "투자"란 주식회사가 발행한 주식, 무담보전환사채 또는 무담보신주인수권부사채를 인수하거나, 유한회사의 출자를 인수하는 것을 말한다. <개정 2007.8.3.>
③ 삭제 <2006.3.3.>
④ "벤처기업집적시설"이란 벤처기업 및 대통령령으로 정하는 지원시설을 집중적으로 입주하게 함으로써 벤처기업의 영업활동을 활성화하기 위하여 제18조에 따라 지정된 건축물을 말한다. <개정 2007.8.3.>
⑤ "실험실공장"이란 벤처기업의 창업을 촉진하기 위하여 대학이나 연구기관이 보유하고 있는 연구시설에 「산업집적활성화 및 공장설립에 관한 법률」 제28조에 따른 도시형공장에 해당하는 업종의 생산시설을 갖춘 사업장을 말한다. <개정 2007.8.3.>
⑥ "벤처기업육성촉진지구"란 벤처기업의 밀집도가 다른 지역보다 높은 지역으로 집단화·협업화(協業化)를 통한 벤처기업의 영업활동을 활성화하기 위하여 제18조의4에 따라 지정된 지역을 말한다. <개정 2007.8.3.>
⑦ "전략적제휴"란 벤처기업이 생산성 향상과 경쟁력 강화 등을 목적으로 기술·시설·정보·인력 또는 자본 등의 분야에서 다른 기업의 주주 또는 다른 벤처기업과 협력관계를 형성하는 것을 말한다. <개정 2007.8.3.>
⑧ "신기술창업전문회사"란 대학이나 연구기관이 보유하고 있는 기술의 사업화와 이를 통한 창업 촉진을 주된 업무로 하는 회사로서 제11조의2에 따라 등록된 회사를 말한다. <개정 2007.8.3.>
⑨ "신기술창업집적지역"이란 대학이나 연구기관이 보유하고 있는 교지나 부지로서 「중소기업창업 지원법」 제2조제2호에 따른 창업자(이하 "창업자"라 한다)와 벤처기업 등에 사업화 공간을 제공하기 위하여 제17조의2에 따라 지정된 지역을 말한다. <개정 2007.8.3.>
[제목개정 2007.8.3.]

제2조의2(벤처기업의 요건) ① 벤처기업은 다음 각 호의 요건을 갖추어야 한다. <개정 2007.8.3., 2009.5.21., 2010.1.27., 2011.3.9., 2014.1.14.>
1. 「중소기업기본법」 제2조에 따른 중소기업(이하 "중소기업"이라 한다)일 것
2. 다음 각 목의 어느 하나에 해당할 것
   가. 다음 각각의 어느 하나에 해당하는 자의 투자금액의 합계(이하 이 목에서 "투자금액의 합계"라 한다) 및 기업의 자본금 중 투자금액의 합계가 차지하는 비율이 각각 대통령령으로 정하는 기준 이상인 기업
      (1) 「중소기업창업 지원법」 제2조제4호에 따른 중소기업

창업투자회사(이하 "중소기업창업투자회사"라 한다)

(2) 「중소기업창업 지원법」 제2조제5호에 따른 중소기업창업투자조합(이하 "중소기업창업투자조합"이라 한다)

(3) 「여신전문금융업법」 제2조제14호에 따른 신기술사업금융업을 영위하는 자(이하 "신기술사업금융업자"라 한다)

(4) 「여신전문금융업법」 제41조제3항에 따른 신기술사업투자조합(이하 "신기술사업투자조합"이라 한다)

(5) 제4조의3에 따른 한국벤처투자조합

(6) 제4조의8에 따른 전담회사

(7) 중소기업에 대한 기술평가 및 투자를 하는 금융기관으로서 대통령령으로 정하는 기관

(8) 투자실적, 경력, 자격요건 등 대통령령으로 정하는 기준을 충족하는 개인

나. 기업(「기초연구진흥 및 기술개발지원에 관한 법률」 제14조제1항제2호에 따른 기업부설연구소를 보유한 기업만을 말한다)의 연간 연구개발비와 연간 총매출액에 대한 연구개발비의 합계가 차지하는 비율이 각각 대통령령으로 정하는 기준 이상이고, 대통령령으로 정하는 기관으로부터 사업성이 우수한 것으로 평가받은 기업

다. 다음 각각의 요건을 모두 갖춘 기업[창업하는 기업에 대하여는 (3)의 요건만 적용한다]

(1) 「기술신용보증기금법」에 따른 기술신용보증기금(이하 "기술신용보증기금"이라 한다)이 보증(보증가능금액의 결정을 포함한다)을 하거나, 「중소기업진흥에 관한 법률」 제68조에 따른 중소기업진흥공단(이하 "중소기업진흥공단"이라 한다) 등 대통령령으로 정하는 기관이 개발기술의 사업화나 창업을 촉진하기 위하여 무담보로 자금을 대출(대출가능금액의 결정을 포함한다)할 것

(2) (1)의 보증 또는 대출금액과 그 보증 또는 대출금액이 기업의 총자산에서 차지하는 비율이 각각 대통령령으로 정하는 기준 이상일 것

(3) (1)의 보증 또는 대출기관으로부터 기술성이 우수한 것으로 평가를 받을 것

② 제1항제2호나목 및 다목(3)에 따른 평가기준과 평가방법 등에 관하여 필요한 사항은 대통령령으로 정한다. [전문개정 2007.8.3.]

제3조(벤처기업에 포함되지 아니하는 업종의 결정) 제2조제1항에도 불구하고 우리 산업의 구조조정을 원활히 하고 경쟁력을 높이기 위하여 대통령령으로 정하는 업종을 영위하는 기업은 벤처기업에 포함하지 아니한다. <개정 2015.5.18.> [전문개정 2007.8.3.] [시행일 : 2015.11.19.] 제3조

제2장 도시형소공인 지원계획의 수립 및 시행
제1절 자금공급의 원활화

제4조(벤처기업에 대한 기금의 투자 등) ① 「국가재정법」에 따른 기금으로서 대통령령으로 정하는 기금을 관리하는 자(이하 "기금관리주체"라 한다)는 대통령령으로 정하는 비율 이내의 자금을 그 기금운용계획에 따라 벤처기업에 투자하거나 중소기업

창업투자조합 · 신기술사업투자조합 또는 한국벤처투자조합에 출자할 수 있다. <개정 2007.8.3.>

② 기금관리주체가 기금운용계획의 범위에서 행하는 벤처기업에 대한 투자나 중소기업창업투자조합 · 신기술사업투자조합 또는 한국벤처투자조합에 대한 출자에 관하여는 관계 법령에 따른 인가 · 허가 · 승인 등을 받은 것으로 본다. <개정 2007.8.3.>

③ 삭제 <1998.12.30.>

④ 「보험업법」 제2조제5호에 따른 보험회사는 같은 법 제106조, 제108조 및 제109조에도 불구하고 금융위원회가 정하는 범위에서 벤처기업에 투자하거나 중소기업창업투자조합 또는 신기술사업투자조합에 출자할 수 있다. <개정 2007.8.3., 2008.2.29.>

⑤ 「지역균형개발 및 지방중소기업육성에 관한 법률」 제43조제1호에 따라 지방자치단체의 장이 설치한 지방중소기업육성관련기금을 관리하는 자는 지방 중소기업 · 벤처기업을 육성하기 위하여 다음 각 호의 조합에 출자할 수 있다. <신설 2010.1.27.>

1. 중소기업창업투자조합
2. 신기술사업투자조합
3. 제4조의2에 따른 중소기업투자모태조합
4. 제4조의3에 따른 한국벤처투자조합

[제목개정 2007.8.3.]

제4조의2(중소기업투자모태조합의 결성 등)

① 중소기업청장이 중소기업진흥공단 등 대통령령으로 정하는 투자관리기관 중에서 지정하는 기관(이하 "투자관리전문기관"이라 한다)은 「중소기업진흥에 관한 법률」 제63조에 따른 중소기업창업 및 진흥기금(이하 "중소기업창업 및 진흥기금"이라 한다)을 관리하는 자 등으로부터 출자를 받아 중소기업과 벤처기업에 대한 투자를 목적으로 설립된 조합 또는 회사에 출자하는 중소기업투자모태조합(이하 "모태조합"이라 한다)을 결성할 수 있다. <개정 2009.1.30., 2009.5.21., 2015.5.18.>

② 중소기업창업 및 진흥기금을 관리하는 자는 「중소기업진흥에 관한 법률」 제67조에도 불구하고 모태조합에 출자할 수 있다. <개정 2009.1.30., 2009.5.21., 2015.5.18.>

③ 투자관리전문기관은 모태조합의 자산을 다음 각 호의 조합이나 회사에 출자하여야 한다. <개정 2007.8.3., 2009.4.1., 2015.5.18., 2015.7.24.>

1. 중소기업창업투자조합
2. 제4조의3에 따른 한국벤처투자조합
3. 「산업발전법」(법률 제9584호 산업발전법 전부개정법률로 개정되기 전의 것을 말한다) 제15조에 따라 등록된 기업구조조정조합 및 「산업발전법」 제20조에 따른 기업구조개선 경영참여형 사모집합투자기구
4. 「자본시장과 금융투자업에 관한 법률」 제9조제19항제1호에 따른 경영참여형 사모집합투자기구
5. 신기술사업투자조합
6. 제13조에 따른 개인투자조합

④ 투자관리전문기관은 모태조합의 자산을 관리 · 운용하여야 하며, 그 밖에 투자관리전문기관의 지정 · 관리 등에 필요한 사항은 대통령령으로 정한다. <개정 2009.1.30.>

⑤ 삭제 <2009.1.30.>

⑥ 삭제 <2009.1.30.>

⑦ 삭제 <2009.1.30.>

⑧ 삭제 <2009.1.30.>

⑨ 모태조합의 존속기간은 30년 이내의 범위에서 대통령령으로 정하는 기간으로 하며, 그 밖에 모태조합의 관리 · 운용 등에 필요한 사항은 대통령령으로 정한다. <개정 2009.1.30.>

[전문개정 2007.8.3.]

[시행일 : 2015.10.25.] 제4조의2

제4조의3(한국벤처투자조합의 결성 등)

① 다음 각 호의 어느 하나에 해당하

는 자는 모태조합으로부터 출자를 받아 중소기업과 벤처기업에 대한 투자와 제5항제3호에 따른 투자조합에 대한 출자 등을 목적으로 조합(이하 "한국벤처투자조합"이라 한다)을 결성할 수 있다. 이 경우 대통령령으로 정하는 바에 따라 중소기업청장에게 신고하여야 하고, 신고 사항을 변경하는 경우에도 같다. <개정 2015.5.18.>

1. 중소기업창업투자회사
2. 신기술사업금융업자
3. 다음 각 목의 요건을 갖추고 있는 「상법」상 유한회사
   가. 출자금 총액이 조합 결성금액의 1퍼센트 이상일 것
   나. 대통령령으로 정하는 기준에 맞는 전문인력을 보유할 것
4. 다음 각 목의 요건을 갖추고 있다고 중소기업청장이 인정하는 외국투자회사
   가. 국내지점과 전문인력 등 중소기업창업투자회사에 준하는 물적·인적 요건을 갖추고 있을 것
   나. 국제적 신인도가 높고 사업계획이 타당할 것

② 한국벤처투자조합은 조합의 채무에 대하여 무한책임을 지는 1인 이상의 조합원(이하 "업무집행조합원"이라 한다)과 출자액을 한도로 하여 유한책임을 지는 조합원(이하 "유한책임조합원"이라 한다)으로 구성한다. 이 경우 업무집행조합원은 다음 각 호의 어느 하나에 해당하는 자로 하되, 그 중 1인은 제1호에 해당하는 자이어야 한다. <개정 2010.1.27.>

1. 제1항 각 호의 어느 하나에 해당하는 자
2. 「국가재정법」 제8조제1항에 따른 기금관리주체로서 같은 법 별표 2에 따른 기금을 관리·운용하는 자
3. 법률에 따라 공제 사업을 경영하는 법인
4. 그 밖에 대통령령으로 정하는 자

③ 제2항 전단에도 불구하고 제4조의7에 따른 공모한국벤처투자조합을 결성하는 경우 업무집행조합원은 1인으로 한다. <신설 2010.1.27.>

④ 한국벤처투자조합의 출자금액, 조합원 수 및 존속기간을 포함한 결성 요건과 신고 사항, 그 밖에 운영 등에 필요한 사항은 대통령령으로 정한다. <개정 2010.1.27.>

⑤ 업무집행조합원은 한국벤처투자조합의 자금을 다음 각 호의 사업을 위하여 사용하여야 한다. 다만, 제3호의 사업에 대하여는 그 사업을 주된 목적으로 결성된 조합에만 자금을 사용할 수 있다. <개정 2010.1.27., 2015.5.18.>

1. 중소기업과 벤처기업에 대한 투자
2. 「중소기업창업 지원법」 제10조제1항제4호에 따른 해외투자
3. 중소기업창업투자조합·신기술사업투자조합 또는 제13조에 따른 개인투자조합에 대한 출자
4. 그 밖에 중소기업과 벤처기업의 경쟁력을 강화하기 위하여 중소기업청장이 인정하는 사업

⑥ 업무집행조합원은 선량한 관리자로서 출자자의 이익을 위하여 한국벤처투자조합의 자산을 관리하여야 한다. <개정 2010.1.27.>

⑦ 한국벤처투자조합은 업무집행조합원에게 조합 규약으로 정하는 바에 따라 투자수익에 따른 성과보수를 지급할 수 있으며, 성과보수 지급을 위한 투자수익의 산정 방식 등에 관하여 필요한 사항은 대통령령으로 정한다. <개정 2010.1.27.>

[전문개정 2007.8.3.]

제4조의4(한국벤처투자조합의 업무의 집행 등) ① 한국벤처투자조합의 업무는 업무집행조합원이 집행한다.

② 업무집행조합원은 한국벤처투자조합의 업무를 집행할 때 다음 각 호

의 어느 하나에 해당하는 행위를 하
여서는 아니 된다.
1. 자기나 제삼자의 이익을 위하여
한국벤처투자조합의 재산을 사용
하는 행위
2. 자금차입·지급보증 또는 담보를
제공하는 행위
3. 「독점규제 및 공정거래에 관한
법률」 제9조에 따른 상호출자제
한기업집단에 속하는 회사에 투자
하는 행위
4. 대통령령으로 정하는 금융기관의
주식을 취득하거나 소유하는 행위
5. 「중소기업창업 지원법」 제6조제
1항에 따른 창업보육센터 등 대통
령령으로 정하는 범위의 업무용
부동산 외의 부동산(이하 "비업무
용부동산"이라 한다)을 취득하거
나 소유하는 행위. 다만, 담보권의
실행으로 비업무용부동산을 취득
하는 경우에는 그러하지 아니하다.
6. 그 밖에 설립목적을 해치는 것으
로서 대통령령으로 정하는 행위
③ 업무집행조합원이 제2항제5호 단
서에 따라 담보권의 실행으로 비업
무용부동산을 취득한 경우에는 1년
의 범위에서 산업통상자원부령으로
정하는 기간 내에 이를 처분하여야
한다. <개정 2008.2.29., 2013.3.23.>
[전문개정 2007.8.3.]

**제4조의5(한국벤처투자조합의 업무집행
조합원의 탈퇴)** 업무집행조합원은 다
음 각 호의 어느 하나에 해당하는 경
우가 아니면 한국벤처투자조합을 탈
퇴할 수 없다.
1. 중소기업창업투자회사나 신기술사
업금융업자의 등록이 취소되거나
말소된 경우
2. 업무집행조합원이 파산한 경우
3. 조합원 전원의 동의가 있는 경우
[전문개정 2007.8.3.]

제4조의6(한국벤처투자조합의 해산) ①
한국벤처투자조합은 다음 각 호의 어
느 하나에 해당하는 사유가 있을 때
에는 해산한다. <개정 2010.1.27.>
1. 존속기간의 만료
2. 유한책임조합원 전원의 탈퇴
3. 제4조의3제1항 각 호의 어느 하
나에 해당하는 업무집행조합원 전
원의 탈퇴
4. 그 밖에 대통령령으로 정하는 경우
② 한국벤처투자조합에 제1항제3호에
해당하는 사유가 발생한 경우에는
유한책임조합원 전원의 동의로 대통
령령으로 정하는 바에 따라 그 사유
가 발생한 날부터 3개월 이내에 제4
조의3제1항 각 호의 어느 하나에 해
당하는 업무집행조합원을 가입하게
하여 한국벤처투자조합을 계속할 수
있다. <개정 2010.1.27.>
③ 한국벤처투자조합이 해산하면 업
무집행조합원이 청산인이 된다. 다
만, 조합의 규약으로 정하는 바에 따
라 업무집행조합원 외의 자를 청산
인으로 선임할 수 있다.
④ 한국벤처투자조합의 해산 당시의
출자금액을 초과하는 채무가 있으면
업무집행조합원이 그 채무를 변제하
여야 한다.
[전문개정 2007.8.3.]

**제4조의7(공모한국벤처투자조합에 관한
특례)** ① 「자본시장과 금융투자업에
관한 법률」 제22조부터 제27조까
지, 제29조부터 제32조까지, 제34조
부터 제43조까지, 제48조, 제50조부
터 제53조까지, 제56조, 제58조, 제
60조부터 제65조까지, 제80조부터
제83조까지, 제85조제2호·제3호 및
제6호부터 제8호까지, 제86조부터
제95조까지, 제181조부터 제183조
까지, 제184조제1항·제2항·제5항
부터 제7항까지, 제185조부터 제
187조까지, 제218조부터 제223조까

지 및 제229조부터 제249조까지, 제249조의2부터 제249조의9까지, 제250조부터 제253조까지는 공모한국벤처투자조합(「자본시장과 금융투자업에 관한 법률」 제9조제19항에 따른 사모집합투자기구에 해당하지 아니하는 한국벤처투자조합을 말한다. 이하 같다) 및 그 업무집행조합원에 대하여는 적용하지 아니한다. <개정 2015.7.24.>

② 중소기업청장은 공모한국벤처투자조합을 등록하는 경우에는 미리 금융위원회와 협의하여야 한다. <개정 2008.2.29.>

③ 금융위원회는 공익 또는 공모한국벤처투자조합의 조합원을 보호하기 위하여 필요한 경우에는 공모한국벤처투자조합에 대하여 업무에 관한 자료의 제출이나 보고를 명할 수 있고, 금융감독원의 원장으로 하여금 그 업무에 관하여 검사하게 할 수 있다. <개정 2008.2.29.>

④ 금융위원회는 공모한국벤처투자조합이 이 법 또는 이 법에 따른 명령이나 처분을 위반하거나, 「자본시장과 금융투자업에 관한 법률」 또는 같은 법에 따른 명령이나 처분을 위반한 경우에는 제28조 각 호의 어느 하나에 해당하는 조치를 취하도록 중소기업청장에게 요구할 수 있고, 중소기업청장은 특별한 사유가 없는 한 이에 응하여야 한다. 이 경우 중소기업청장은 그 조치내역을 금융위원회에 통보하여야 한다. <개정 2008.2.29.>

[본조신설 2007.8.3.]
[종전 제4조의7은 제4조의8로 이동 <2007.8.3.>]
[시행일 : 2015.10.25.] 제4조의7

제4조의8(전담회사의 설립 등) ① 정부는 중소기업과 벤처기업의 성장·발전을 위한 투자 촉진 등을 목적으로 하는 전담회사(이하 "전담회사"라 한다)를 설립할 수 있다.

② 중소기업창업 및 진흥기금을 관리하는 자는 「중소기업진흥에 관한 법률」 제67조에도 불구하고 전담회사에 출자할 수 있다. <개정 2009.1.30., 2009.5.21.>

③ 국가나 지방자치단체는 전담회사에 대하여 조세 관련 법령으로 정하는 바에 따라 세제상의 지원을 할 수 있다.

[전문개정 2007.8.3.]
[제4조의7에서 이동, 종전 제4조의8은 제4조의9로 이동 <2007.8.3.>]

제4조의9(전담회사의 업무 등) ① 전담회사는 다음 각 호의 업무를 영위한다. <개정 2013.3.22.>
1. 중소기업과 벤처기업에 대한 투자를 목적으로 설립된 조합 등에 대한 출자
2. 중소기업과 벤처기업에 대한 투자
3. 해외벤처투자자금의 유치 지원
4. 중소기업창업투자회사의 육성
5. 정부가 관련 산업의 육성을 목적으로 출연·출자 등을 통하여 조성한 투자재원의 운용
6. 제1호부터 제5호까지의 규정에 부수(附隨)되는 사업으로서 정부에서 위탁하는 사업

② 전담회사는 사업수행을 위하여 필요하면 정부, 정부가 설치한 기금 또는 국내외 금융기관으로부터 자금을 차입할 수 있다.

③ 전담회사는 자본금과 적립금총액의 10배의 범위에서 사채를 발행할 수 있다.

④ 전담회사의 정관을 변경할 때는 중소기업청장의 인가를 받아야 한다.

⑤ 전담회사에 관하여 이 법에 규정한 것 외에는 「상법」 중 주식회사에 관한 규정을 준용한다.

⑥ 전담회사가 제1항제2호의 업무를 위하여 중소기업창업투자회사로 등록하는 경우에는 「중소기업창업 지원법」 제15조제1항제4호와 같은

법 제16조를 적용하지 아니한다.
[전문개정 2007.8.3.]
[제4조의8에서 이동 <2007.8.3.>]

제5조(우선적 신용보증의 실시) 기술신
용보증기금은 벤처기업과 신기술창업
전문회사에 우선적으로 신용보증을
하여야 한다.
[전문개정 2007.8.3.]

제6조(산업재산권등의 출자 특례) ①
벤처기업에 대한 현물출자 대상에는
특허권·실용신안권·디자인권, 그
밖에 이에 준하는 기술과 그 사용에
관한 권리(이하 "산업재산권등"이라
한다)를 포함한다.
② 대통령으로 정하는 기술평가기
관이 산업재산권등의 가격을 평가한
경우 그 평가 내용은 「상법」 제
299조의2와 제422조에 따라 공인
된 감정인이 감정한 것으로 본다.
[전문개정 2007.8.3.]

제7조 삭제 <1998.12.30.>

제8조(외국인의 출자에 대한 특례)
「외국인투자촉진법」 제2조제1항제
1호의 외국인이 행하는 중소기업창
업투자조합이나 한국벤처투자조합에
대한 출자는 같은 항 제4호에 따른
외국인투자로 본다.
[전문개정 2007.8.3.]

**제9조(외국인의 주식취득 제한에 대한
특례)** ① 외국인(대한민국에 6개월
이상 주소나 거소를 두지 아니한 개인
을 말한다) 또는 「자본시장과 금융투
자업에 관한 법률」 제9조제16항의
외국법인등에 의한 벤처기업의 주식
취득에 관하여는 같은 법 제168조제1
항부터 제3항까지의 규정을 적용하지
아니한다. <개정 2007.8.3., 2009.1.30.>

② 제1항에 따른 외국인 또는 외국법
인등에 의한 벤처기업의 주식 취득에
관하여는 그 벤처기업의 정관으로 정
하는 바에 따라 제한할 수 있다.
[전문개정 2007.8.3.]

제10조 삭제 <1998.12.28.>

제10조의2 삭제 <2010.1.27.>

제11조 삭제 <2001.2.3.>

**제11조의2(신기술창업전문회사의 설립
등)** ① 다음 각 호의 어느 하나에 해
당하는 대학이나 연구기관은 신기술창
업전문회사(이하 "전문회사"라 한다)
를 설립할 수 있다.
<개정 2009.1.30., 2011.7.25.>
1. 대학(「산업교육진흥 및 산학연협
   력촉진에 관한 법률」 제25조에
   따른 산학협력단을 포함한다)
2. 국공립연구기관
3. 정부출연연구기관
4. 그 밖에 과학이나 산업기술 분야
   의 연구기관으로서 대통령으로
   정하는 기관
② 제1항에 따라 전문회사를 설립하
는 경우 대학이나 연구기관은 대통
령으로 정하는 바에 따라 중소기
업청장에게 등록하여야 한다. 이를
변경하는 경우에도 또한 같다.
③ 중소기업청장은 제2항에 따른 등록
신청이 있을 때에는 그 신청 내용이
다음 각 호의 어느 하나에 해당하는
경우를 제외하고는 등록을 해 주어야
한다. <개정 2009.1.30., 2013.3.22.>
1. 「상법」에 따른 주식회사가 아닌 경우
2. 임원이 다음 각 목의 어느 하나에
   해당하는 경우
   가. 피성년후견인 또는 피한정후견인
   나. 파산선고를 받고 복권되지 아
      니한 사람

다. 금고 이상의 실형을 선고받고 그 집행이 끝나거나(끝난 것으로 보는 경우를 포함한다) 집행을 받지 아니하기로 확정된 후 5년이 지나지 아니한 사람

라. 금고 이상의 형의 집행유예를 선고받고 그 유예기간이 끝난 날부터 2년이 지나지 아니한 사람

마. 금고 이상의 형의 선고유예를 받고 그 유예기간 중에 있는 사람

바. 법원의 판결 또는 다른 법률에 따라 자격이 상실되거나 정지된 사람

3. 보유인력과 보유시설이 대통령령으로 정하는 기준에 미치지 못하는 경우

④ 전문회사는 다음 각 호의 업무를 영위한다. <개정 2010.1.27., 2015.5.18.>

1. 대학·연구기관 또는 전문회사가 보유한 기술의 사업화

2. 제1호에 따른 기술의 사업화를 위한 자회사의 설립. 다만, 제1항제1호의 대학은 자회사를 설립할 수 없다.

3. 「중소기업창업 지원법」 제6조제1항에 따른 창업보육센터의 설립·운영

4. 중소기업창업투자조합·신기술사업투자조합·한국벤처투자조합 또는 제13조에 따른 개인투자조합에 대한 출자

4의2. 제13조에 따른 개인투자조합 재산의 운용

5. 전문회사가 보유한 기술의 산업체 등으로의 이전

6. 대학·연구기관이 보유한 기술의 산업체 등으로의 이전 알선

7. 대학·연구기관의 교원·연구원 등이 설립한 회사에 대한 경영·기술 지원

8. 제1호부터 제7호까지의 규정에 부수되는 사업으로 중소기업청장이 정하는 사업

[전문개정 2007.8.3.]

제11조의3(전문회사의 운영 등) ① 대학이나 연구기관은 해당 기관이 설립한 전문회사의 발행주식 총수의 100분의 10 이상을 보유하여야 한다. <개정 2009.1.30., 2015.5.18.>

② 대학이나 연구기관은 전문회사를 설립할 때나 그 전문회사가 신주(新株)를 발행할 때에 산업재산권등의 현물이나 현금을 출자할 수 있다. 다만, 제11조의2제1항제1호의 대학이 현금만을 출자하여 전문회사를 설립할 경우에는 전문회사에 보유기술을 이전하여야 한다. <개정 2009.1.30.>

③ 전문회사는 그 사업을 수행하기 위하여 필요하면 정부, 정부가 설치하는 기금, 국내외 금융기관, 외국정부 또는 국제기구로부터 자금을 차입할 수 있다.

[전문개정 2007.8.3.]

제11조의4(기금의 우선지원) 중소기업창업 및 진흥기금을 관리하는 자는 전문회사에 우선적으로 지원할 수 있다. <개정 2009.1.30.>

[전문개정 2007.8.3.]

제11조의5(전문회사 등에 대한 특례)

① 대학이나 연구기관의 교원·연구원 또는 직원이 전문회사의 대표나 임직원으로 근무하기 위하여 휴직·겸직 또는 겸임하는 경우에는 제16조 및 제16조의2를 준용한다.

② 대학이나 연구기관이 제11조의3제2항에 따라 현물을 전문회사에 출자할 경우 산업재산권등에 대한 가격의 평가와 감정은 제6조제2항을 준용한다.

③ 「공익법인의 설립·운영에 관한 법률」에 따른 공익법인인 연구기관이 제11조의2제2항에 따라 전문회사를 등록한 경우에는 30일 이내에 주무관청에 신고하여야 한다. 신고를

한 경우에는 같은 법 제4조제3항에 따른 주무관청의 승인을 받은 것으로 본다.

④ 대학이나 연구기관은 전문회사에 대하여 산업재산권등의 이용을 허락할 때 「기술의 이전 및 사업화 촉진에 관한 법률」 제24조제4항 및 제5항에도 불구하고 전용실시권을 부여할 수 있다. <신설 2010.1.27.>
[전문개정 2007.8.3.]

제11조의6(전문회사의 행위제한 등)
① 전문회사는 다음 각 호의 어느 하나에 해당하는 행위를 하여서는 아니 된다.
1. 「유사수신행위의 규제에 관한 법률」 제3조를 위반하여 출자자나 투자자를 모집하는 행위
2. 해당 전문회사가 설립한 자회사와의 채무 보증 등 대통령령으로 정하는 거래행위
3. 그 밖에 설립목적을 해치는 것으로서 대통령령으로 정하는 행위
② 전문회사는 주주총회의 특별결의에 의하여만 제11조의2제4항제2호에 따른 자회사를 설립할 수 있다.
③ 대학이나 연구기관은 전문회사에 대한 투자나 출자로 발생한 배당금·수익금과 잉여금을 대학이나 연구기관의 고유목적사업이나 연구개발 및 산학협력 활동 등 대통령령으로 정하는 용도로 사용하여야 한다.
[전문개정 2007.8.3.]

제11조의7(전문회사 등록의 취소)
중소기업청장은 전문회사가 다음 각 호의 어느 하나에 해당하면 그 등록을 취소할 수 있다. 다만, 제1호에 해당하는 경우에는 그 등록을 취소하여야 한다. <개정 2013.3.22.>
1. 거짓이나 그 밖의 부정한 방법으로 등록한 경우
2. 제11조의6제1항 각 호의 행위를 한 경우
3. 제11조의2제3항 각 호의 어느 하나에 해당하게 된 경우
[전문개정 2007.8.3.]

제12조(중소기업창업투자조합의 운영에 관한 특례)
「중소기업창업 지원법」 제21조부터 제29조까지의 규정에 따라 중소기업창업투자조합의 업무를 집행하는 업무집행조합원은 중소기업창업투자조합과의 계약에 따라 그 업무의 전부 또는 일부를 그 중소기업창업투자조합의 유한책임조합원에게 위탁할 수 있다.
[전문개정 2007.8.3.]

제13조(개인투자조합의 결성 등)
① 벤처기업과 창업자에 투자할 목적으로 다음 각 호의 어느 하나에 해당하는 자가 출자하여 결성하는 조합으로서 이 법에 따른 지원을 받으려는 조합은 대통령령으로 정하는 바에 따라 중소기업청장에게 등록하여야 한다. 등록한 사항을 변경하려는 경우에도 또한 같다. <개정 2015.5.18.>
1. 개인
2. 다음 각 목의 어느 하나에 해당하는 자로서 투자 목적과 출자 규모 등 대통령령으로 정하는 기준을 갖춘 자
   가. 전문회사
   나. 모태조합 또는 한국벤처투자조합
   다. 중소기업에 대한 창업지원 및 투자를 하는 기관으로서 중소기업청장이 정하여 고시하는 기관
② 제1항에 따라 등록한 조합(이하 "개인투자조합"이라 한다)은 개인투자조합의 업무를 집행하는 업무집행조합원 1명과 그 외의 조합원으로 구성한다. 다만, 업무집행조합원은 금융거래 등 상거래를 할 때 정당한 사유 없이 약정기일을 3개월 이상 지난 채무가 1천만원을 초과하여서는 아니 된다.

③ 업무집행조합원은 개인투자조합의 자금을 벤처기업과 창업자에 대한 투자에 사용하여야 한다. <신설 2013.3.22.>

④ 업무집행조합원은 개인투자조합의 업무를 집행할 때 자금차입·지급보증 또는 담보를 제공하는 행위를 하여서는 아니 되며, 개인투자조합의 규약에서 달리 정하는 경우 외에는 탈퇴하거나 그 지위를 양도하여서는 아니 된다. <개정 2013.3.22.>

⑤ 개인투자조합은 다음 각 호의 어느 하나에 해당하는 사유가 있을 때에는 해산한다. <개정 2013.3.22.>

1. 존속기간의 만료
2. 조합원 전원의 탈퇴
3. 그 밖에 대통령령으로 정하는 사유

⑥ 개인투자조합이 해산하는 경우에는 업무집행조합원이 청산인이 된다. 다만, 조합의 규약으로 정하는 바에 따라 업무집행조합원 외의 자를 청산인으로 선임할 수 있다. <개정 2013.3.22.>

⑦ 개인투자조합에 관하여 이 법에 규정한 것 외에는 「민법」 중 조합에 관한 규정을 준용한다. <개정 2013.3.22.>

⑧ 개인투자조합의 출자금액, 조합원 수 및 존속기간을 포함한 등록 요건과 그 운영 등에 필요한 사항은 대통령령으로 정한다. <개정 2013.3.22.>

⑨ 제1항 각 호의 자가 제1항에 따라 조합을 결성하려는 경우에는 「자본시장과 금융투자업에 관한 법률」 제9조제8항에 따른 사모의 방법으로만 조합가입을 권유하여야 한다.
<신설 2007.8.3., 2013.3.22., 2015.5.18.>
[전문개정 2007.8.3.] [시행일 : 2015.11.19.] 제13조제1항, 제13조제9항

제13조의2(개인투자조합의 운영 등)

① 출자금 총액이 중소기업청장이 정하는 규모 이상인 조합의 업무집행조합원은 개인투자조합 재산을 다음 각 호에서 정하는 바에 따라 관리하여야 한다. <신설 2013.3.22.>

1. 개인투자조합 재산의 보관을 「자본시장과 금융투자업에 관한 법률」에 따른 신탁업자(이하 "신탁업자"라 한다)에 위탁할 것
2. 신탁업자를 변경하는 경우에는 조합원 총회의 승인을 받을 것

② 제1항에 따라 개인투자조합 재산을 위탁받은 신탁업자는 다음 각 호의 업무를 수행한다. <신설 2013.3.22.>

1. 개인투자조합 재산의 보관 및 관리
2. 업무집행조합원의 개인투자조합 재산 운용 지시에 따른 자산의 취득 및 처분의 이행

③ 중소기업청장은 개인투자조합의 업무집행조합원이 조합자산을 운용할 때 벤처기업이나 창업자에 투자되지 아니한 조합자산에 대하여 「은행법」에 따른 은행에 예치하거나 국공채를 매입하는 방법으로 운용하도록 유도할 수 있다. <개정 2010.5.17., 2013.3.22.>

④ 개인투자조합의 업무집행조합원은 매 사업연도가 지난 후 3개월 이내에 결산서에 공인회계사의 감사의견서를 첨부하여 중소기업청장에게 제출하여야 한다. 다만, 전년도 투자실적의 변동이 없는 조합인 경우에는 중소기업청장이 고시로 정하는 자료로 이를 갈음할 수 있다. <개정 2013.3.22.>
[전문개정 2007.8.3.]

제13조의3(등록의 취소 등)

① 중소기업청장은 개인투자조합이 다음 각 호의 어느 하나에 해당하면 그 등록을 취소할 수 있다. 다만, 제1호에 해당하는 경우에는 그 등록을 취소하여야 한다. <개정 2013.3.22.>

1. 거짓이나 그 밖의 부정한 방법으로 등록한 경우
2. 「유사수신행위의 규제에 관한 법률」 제3조를 위반하여 조합원을 모집한 경우
3. 제13조제2항 단서를 위반한 경우
4. 제13조제4항에 따른 자금차입·

지급보증 또는 담보제공 금지의무
를 위반한 경우
5. 제13조제8항에 따른 등록 요건에
맞지 아니하게 된 경우
6. 제13조제9항을 위반하여 조합가
입을 권유한 경우
7. 제13조의2제1항을 위반하여 재산
을 관리한 경우
8. 제13조의2제4항을 위반하여 결산
서를 제출하지 아니한 경우
9. 제26조제3항에 따른 확인 및 검
사를 거부·방해하거나 기피한 경
우 또는 보고를 하지 아니하거나
거짓으로 보고한 경우
10. 제2항제1호에 따른 중소기업청장의
시정명령을 이행하지 아니한 경우
② 중소기업청장은 개인투자조합이
제1항 각 호(같은 항 제1호 및 제
10호는 제외한다)의 어느 하나에 해
당하는 경우에는 다음 각 호의 어느
하나에 해당하는 조치를 할 수 있다.
<신설 2015.5.18.>
1. 시정명령
2. 경고
3. 주의
③ 중소기업청장은 개인투자조합이
제1항 각 호(같은 항 제1호 및 제
10호는 제외한다)의 어느 하나에 해
당하는 경우에는 그 업무집행조합원
에 대하여 다음 각 호의 어느 하나
에 해당하는 조치를 할 수 있다.
<신설 2015.5.18.>
1. 경고
2. 주의
④ 중소기업청장은 제3항의 조치를 하
는 경우 업무집행조합원이 제13조제1
항제2호에 따른 자인 때에는 해당 업
무집행조합원의 임직원에 대해서도 다
음 각 호의 어느 하나에 해당하는 조
치를 할 수 있다. <신설 2015.5.18.>
1. 해임요구
2. 경고
3. 주의
[전문개정 2007.8.3.]

[제목개정 2015.5.18.]

제14조(조세에 대한 특례) ① 국가나
지방자치단체는 벤처기업을 육성하기
위하여 「조세특례제한법」, 「지방
세특례제한법」, 그 밖의 관계 법률
로 정하는 바에 따라 소득세·법인세
·취득세·재산세 및 등록면허세 등
을 감면할 수 있다. <개정 2010.3.31.>
② 개인이나 개인투자조합이 벤처기
업에 투자할 경우에는 조세에 관한
법률로 정하는 바에 따라 소득세 등
을 감면할 수 있다. 이 경우 구체적
인 투자대상 및 감면 절차 등은 대
통령령으로 정한다.
③ 다음 각 호의 경우에는 조세에 관
한 법률로 정하는 바에 따라 세제지
원을 할 수 있다. 이 경우 세제지원
대상의 확인 등에 필요한 사항은 대
통령령으로 정한다.
1. 주식회사인 벤처기업과 다른 주식회
사의 주주 또는 주식회사인 다른
벤처기업이 주식교환을 하는 경우
2. 주식회사인 벤처기업과 다른 주식
회사가 합병을 하는 경우
[전문개정 2007.8.3.]

제2절 기업활동과 인력 공급의
원활화

제15조(벤처기업의 주식교환) ① 주식
회사인 벤처기업(「자본시장과 금융투
자업에 관한 법률」 제8조의2제4항제
1호에 따른 증권시장에 상장된 법인
은 제외한다. 이하 이 조, 제15조의2
부터 제15조의11까지 및 제16조의3
에서 같다)은 전략적제휴를 위하여 정
관으로 정하는 바에 따라 자기주식을
다른 주식회사의 주요주주(해당 법인
의 의결권 있는 발행주식 총수의 100
분의 10 이상을 보유한 주주를 말한
다. 이하 같다) 또는 주식회사인 다른

벤처기업의 주식과 교환할 수 있다. <개정 2007.8.3., 2009.1.30., 2013.5.28.>

② 제1항에 따라 주식교환을 하려는 벤처기업은 「상법」 제341조에도 불구하고 제1항에 따른 주식교환에 필요한 주식에 대하여는 자기의 계산으로 자기주식을 취득하여야 한다. 이 경우 그 취득금액은 같은 법 제462조제1항에 따른 이익배당이 가능한 한도 이내이어야 한다.

③ 제1항에 따라 주식교환을 하려는 벤처기업은 다음 각 호의 사항이 포함된 주식교환계약서를 작성하여 주주총회의 승인을 받아야 한다. 이 경우 주주총회의 승인 결의에 관하여는 「상법」 제434조를 준용한다.

1. 전략적제휴의 내용
2. 자기주식의 취득 방법, 취득 가격 및 취득 시기에 관한 사항
3. 교환할 주식의 가액총액·평가· 종류 및 수량에 관한 사항
4. 주식교환을 할 날
5. 다른 주식회사의 주요주주와 주식을 교환할 경우 주주의 성명, 주민등록번호, 교환할 주식의 종류 및 수량

④ 제1항에 따라 주식교환을 하려는 벤처기업은 그에 관한 이사회의 결의가 있을 때에는 즉시 결의내용을 주주에게 통보하고, 제3항에 따른 주식교환계약서를 갖추어 놓아 열람할 수 있도록 하여야 한다.

⑤ 벤처기업이 제1항에 따른 주식교환에 따라 다른 주식회사의 주요주주의 주식이나 다른 벤처기업의 주식을 취득한 경우에는 취득일부터 1년 이상 이를 보유하여야 한다. 제1항에 따른 주식교환에 따라 벤처기업의 주식을 취득한 다른 주식회사의 주요주주의 경우에도 또한 같다.

⑥ 제2항에 따른 자기주식의 취득 기간은 제3항의 주주총회 승인 결의일부터 6개월 이내이어야 한다.

[전문개정 2007.8.3.]

제15조의2(반대주주의 주식매수청구권)

① 제15조제3항에 따른 주주총회 승인 결의 전에 그 벤처기업에 서면으로 주식교환을 반대하는 의사를 알린 주주는 주주총회 승인 결의일부터 10일 이내에 자기가 보유한 주식의 매수를 서면으로 청구할 수 있다.

② 제1항에 따라 매수청구를 받은 벤처기업은 청구를 받은 날부터 2개월 이내에 그 주식을 매수하여야 한다. 이 경우 그 주식은 6개월 이내에 처분하여야 한다.

③ 제2항에 따른 주식의 매수가격의 결정에 관하여는 「상법」 제374조의2제3항부터 제5항까지의 규정을 준용한다.

[전문개정 2007.8.3.]

제15조의3(합병 절차의 간소화 등)

① 주식회사인 벤처기업이 다른 주식회사와 합병결의(제15조의9에 따른 소규모합병 및 제15조의10에 따른 간이합병의 경우에는 이사회의 승인결의를 말한다)를 한 경우에는 채권자에게 「상법」 제527조의5제1항에도 불구하고 그 합병결의를 한 날부터 1주 내에 합병에 이의가 있으면 10일 이상의 기간 내에 이를 제출할 것을 공고하고, 알고 있는 채권자에게는 공고사항을 최고(催告)하여야 한다.

② 주식회사인 벤처기업이 합병 결의를 위한 주주총회 소집을 알릴 때는 「상법」 제363조제1항에도 불구하고 그 통지일을 주주총회일 7일 전으로 할 수 있다.

③ 주식회사인 벤처기업이 다른 주식회사와 합병하기 위하여 합병계약서 등을 공시할 때는 「상법」 제522조의2제1항에도 불구하고 그 공시기간을 합병승인을 위한 주주총회일 7일 전부터 합병한 날 이후 1개월이 지나는 날까지로 할 수 있다.

④ 주식회사인 벤처기업의 합병에 관

하여 이사회가 결의한 때에 그 결의에 반대하는 벤처기업의 주주는 「상법」 제522조의3제1항에도 불구하고 주주총회 전에 벤처기업에 대하여 서면으로 합병에 반대하는 의사를 알리고 자기가 소유하고 있는 주식의 종류와 수를 적어 주식의 매수를 청구하여야 한다.

⑤ 벤처기업이 제4항에 따른 청구를 받은 경우에는 「상법」 제374조의2제2항 및 제530조제2항에도 불구하고 합병에 관한 주주총회의 결의일부터 2개월 이내에 그 주식을 매수하여야 한다.

⑥ 제5항에 따른 주식의 매수가액의 결정에 관하여는 「상법」 제374조의2제3항부터 제5항까지의 규정을 준용한다. 이 경우 같은 법 제374조의2제4항 중 "제1항의 청구를 받은 날"은 "합병에 관한 주주총회의 결의일"로 본다.
[전문개정 2007.8.3.]

제15조의4(신주발행에 의한 주식 교환 등) ① 주식회사인 벤처기업은 전략적제휴를 위하여 정관으로 정하는 바에 따라 신주를 발행하여 다른 주식회사의 주요주주의 주식이나 주식회사인 다른 벤처기업의 주식과 교환할 수 있다. 이 경우 다른 주식회사의 주요주주나 주식회사인 다른 벤처기업은 벤처기업이 주식교환을 위하여 발행하는 신주를 배정받음으로써 그 벤처기업의 주주가 된다.

② 제1항에 따른 주식교환을 하려는 벤처기업은 다음 각 호의 사항이 포함된 주식교환계약서를 작성하여 주주총회의 승인을 받아야 한다. 이 경우 주주총회의 승인 결의에 관하여는 「상법」 제434조를 준용한다.

1. 전략적제휴의 내용
2. 교환할 신주의 가액·총액·평가·종류·수량 및 배정에 관한 사항

3. 주식교환을 할 날
4. 다른 주식회사의 주요주주와 주식을 교환할 경우 주주의 성명, 주민등록번호, 교환할 주식의 종류 및 수량

③ 제1항에 따른 주식교환을 통하여 다른 주식회사의 주요주주가 보유한 주식이나 주식회사인 다른 벤처기업이 보유한 주식을 벤처기업에 현물로 출자하는 경우 대통령령으로 정하는 공인평가기관이 그 주식의 가격을 평가한 때에는 「상법」 제422조제1항에 따라 검사인이 조사를 한 것으로 보거나 공인된 감정인이 감정한 것으로 본다. 이 경우 「상법」 제422조제2항 및 제3항은 적용하지 아니한다.

④ 제1항에 따라 주식교환을 하는 경우에는 제15조제4항 및 제5항을 준용한다.
[전문개정 2007.8.3.]

제15조의5(신주발행 주식교환 시 주식매수청구권) 제15조의4에 따른 주식교환에 반대하는 주주의 주식매수청구권에 관하여는 제15조의2제1항부터 제3항까지의 규정을 준용한다.
[전문개정 2007.8.3.]

제15조의6(주식교환의 특례) ① 벤처기업이 제15조나 제15조의4에 따라 주식교환을 하는 경우 그 교환하는 주식의 수가 발행주식 총수의 100분의 50을 초과하지 아니하면 주주총회의 승인은 정관으로 정하는 바에 따라 이사회의 승인으로 갈음할 수 있다.

② 제1항에 따라 주식교환을 하려는 벤처기업은 주식교환계약서에 제15조제3항이나 제15조의4제2항에 따른 주주총회의 승인을 받지 아니하고 주식교환을 할 수 있다는 뜻을 적어야 한다.

③ 벤처기업은 주식교환계약서를 작

성한 날부터 2주 이내에 다음 각 호의 사항을 공고하거나 주주에게 알려야 한다.
1. 주식교환계약서의 주요 내용
2. 주주총회의 승인을 받지 아니하고 주식교환을 한다는 뜻
④ 벤처기업의 발행주식 총수의 100분의 20 이상에 해당하는 주식을 소유한 주주가 제3항에 따른 공고나 통지가 있었던 날부터 2주 이내에 서면으로 제1항에 따른 주식교환에 반대하는 의사를 알린 경우에는 이 조에 따른 주식교환을 할 수 없다.
⑤ 제1항에 따른 주식교환의 경우에는 제15조의2나 제15조의5를 적용하지 아니한다.
[전문개정 2007.8.3.]

제15조의7(주식교환무효의 소) 제15조나 제15조의4에 따른 주식교환무효의 소(訴)에 관하여는 「상법」 제360조의14를 준용한다. 이 경우 「상법」 제360조의14제2항 중 "완전모회사가 되는 회사"는 "벤처기업"으로 보고, 같은 조 제3항 중 "완전모회사가 된 회사"는 "벤처기업"으로, "완전자회사가 된 회사"는 "주식회사인 다른 벤처기업"으로 본다.
[전문개정 2007.8.3.]

제15조의8(다른 주식회사의 영업양수의 특례) ① 주식회사인 벤처기업이 영업의 전부 또는 일부를 다른 주식회사(「자본시장과 금융투자업에 관한 법률」 제8조의2제4항제1호에 따른 증권시장에 상장된 법인은 제외한다. 이하 이 조, 제15조의9부터 제15조의11까지의 규정에서 같다)에 양도하는 경우 그 양도가액이 다른 주식회사의 최종 대차대조표상으로 현존하는 순자산액의 100분의 10을 초과하지 아니하면 다른 주식회사의 주주총회의 승인은 정관으로 정하는

바에 따라 이사회의 승인으로 갈음할 수 있다. <개정 2007.8.3., 2009.1.30., 2013.5.28.>
② 제1항에 따른 경우에는 영업양도·양수계약서에 다른 주식회사에 관하여는 주주총회의 승인을 받지 아니하고 벤처기업의 영업의 전부 또는 일부를 양수할 수 있다는 뜻을 적어야 한다.
③ 제1항에 따라 벤처기업의 영업의 전부 또는 일부를 양수하려는 다른 주식회사는 영업양도·양수계약서를 작성한 날부터 2주 이내에 다음 각 호의 사항을 공고하거나 주주에게 알려야 한다.
1. 영업양도·양수계약서의 주요 내용
2. 주주총회의 승인을 받지 아니하고 영업을 양수한다는 뜻
④ 다른 주식회사의 발행주식 총수의 100분의 20 이상에 해당하는 주식을 소유한 주주가 제3항에 따른 공고나 통지가 있었던 날부터 2주 이내에 서면으로 제1항에 따른 영업양수를 반대하는 의사를 알린 경우에는 이 조에 따른 영업양수를 할 수 없다.
⑤ 제1항에 따른 영업양수의 경우에는 「상법」 제374조의2를 적용하지 아니한다.
[전문개정 2007.8.3.]

제15조의9(벤처기업 소규모합병의 특례) ① 주식회사인 벤처기업이 다른 주식회사와 합병을 하는 경우 「상법」 제527조의3제1항에도 불구하고 합병 후 존속하는 회사가 합병으로 인하여 발행하는 신주의 총수가 그 주식회사의 발행주식총수의 100분의 20 이하인 때에는 그 존속하는 회사의 주주총회의 승인은 이사회의 승인으로 갈음할 수 있다. 다만, 합병으로 인하여 소멸하는 회사의 주주에게 지급할 금액을 정한 경우에 그 금액이 존속하는 회사의 최종 대차대조

표상으로 현존하는 순자산액의 100분의 5를 초과하는 때에는 그러하지 아니하다. <개정 2013.8.6.>

② 제1항에 따른 합병에 반대하는 주주의 주식매수청구권은 인정하지 아니한다.

[본조신설 2007.8.3.]

제15조의10(벤처기업 간이합병의 특례) ① 주식회사인 벤처기업이 다른 주식회사와 합병을 하는 경우 「상법」제527조의2제1항에도 불구하고 합병 후 존속하는 회사가 소멸회사의 발행주식총수 중 의결권 있는 주식의 100분의 80 이상을 보유하는 경우에는 그 소멸하는 회사의 주주총회의 승인은 이사회의 승인으로 갈음할 수 있다. <개정 2013.8.6.>

② 제1항에 따른 합병에 반대하는 주주의 주식매수청구권에 관하여는 「상법」제522조의3제2항에 따른다.

[본조신설 2007.8.3.]

제15조의11(간이영업양도) ① 주식회사인 벤처기업이 영업의 전부 또는 일부를 다른 주식회사에 양도하는 경우 「상법」제374조에도 불구하고 영업을 양도하는 회사의 총주주의 동의가 있거나 영업을 양도하는 회사의 발행주식총수 중 의결권 있는 주식의 100분의 90 이상을 다른 주식회사가 보유하는 경우에는 영업을 양도하는 회사의 주주총회의 승인은 이사회의 승인으로 갈음할 수 있다.

② 제1항의 경우에는 영업양도·양수계약서에 영업을 양도하는 회사에 관하여는 주주총회의 승인을 받지 아니하고 벤처기업의 영업의 전부 또는 일부를 양도할 수 있다는 뜻을 적어야 한다.

③ 제1항에 따라 벤처기업의 영업의 전부 또는 일부를 양도하려는 회사는 영업양도·양수계약서를 작성한 날부터 2주 이내에 다음 각 호의 사항을 공고하거나 주주에게 알려야 한다.

1. 영업양도·양수계약서의 주요 내용
2. 주주총회의 승인을 받지 아니하고 영업을 양도한다는 뜻

④ 제3항의 공고 또는 통지를 한 날부터 2주 이내에 회사에 대하여 서면으로 영업양도에 반대하는 의사를 통지한 주주는 그 2주의 기간이 지난 날부터 20일 이내에 주식의 종류와 수를 기재한 서면으로 회사에 대하여 자기가 소유하고 있는 주식의 매수를 청구할 수 있다.

⑤ 제4항의 매수청구에 관하여는 「상법」제374조의2제2항부터 제5항까지의 규정을 준용한다.

[본조신설 2009.1.30.]
[종전 제15조의11은 제15조의12로 이동 <2009.1.30.>]

제15조의12(준용규정) 제15조, 제15조의2부터 제15조의11까지, 제24조제1항제4호는 창업자에 관하여 준용한다. 이 경우 "벤처기업"은 "창업자"로 본다. <개정 2009.1.30.>

[본조신설 2007.8.3.]
[제15조의11에서 이동 <2009.1.30.>]

제15조의13(중소벤처기업 인수합병 지원센터의 지정) ① 중소기업청장은 중소벤처기업의 인수합병을 효율적으로 지원하기 위하여 중소기업지원 관련 기관 또는 단체를 중소벤처기업 인수합병 지원센터(이하 "지원센터"라 한다)로 지정할 수 있다.

② 지원센터의 업무는 다음 각 호와 같다.

1. 중소벤처기업의 인수합병계획의 수립 지원에 관한 사항
2. 중소벤처기업의 인수합병을 위한 기업정보의 수집·제공 및 컨설팅 지원에 관한 사항
3. 중소벤처기업의 기업가치평가모델

의 개발 및 보급에 관한 사항
4. 중소벤처기업의 인수합병에 필요한 자금의 연계지원에 관한 사항
5. 중소벤처기업의 인수합병 전문가 양성 및 교육에 관한 사항
6. 그 밖에 중소벤처기업의 인수합병 촉진을 위하여 중소기업청장이 정하는 사항
③ 중소기업청장은 지원센터의 운영에 드는 경비의 전부 또는 일부를 지원할 수 있다.
④ 제1항부터 제3항까지에서 규정한 사항 외에 지원센터의 지정기준, 지정절차 및 운영 등에 필요한 사항은 대통령령으로 정한다.
[본조신설 2009.1.30.]

제15조의14(지원센터의 지정취소) 중소기업청장은 지원센터가 다음 각호의 어느 하나에 해당하는 경우에는 그 지정을 취소할 수 있다. 다만, 제1호에 해당하는 경우에는 그 지정을 취소하여야 한다.
1. 거짓이나 그 밖의 부정한 방법으로 지정을 받은 경우
2. 제15조의13제4항에 따른 지정기준에 미달하게 되는 경우
3. 지정받은 업무를 정당한 사유 없이 1개월 이상 수행하지 아니한 경우
[본조신설 2009.1.30.]

제16조(교육공무원등의 휴직 허용) ① 다음 각 호의 어느 하나에 해당하는 자(이하 "교육공무원등"이라 한다)는 「교육공무원법」 제44조제1항, 「국가공무원법」 제71조제2항, 「지방공무원법」 제63조제2항 및 「사립학교법」 제59조제1항에도 불구하고 벤처기업 또는 창업자의 대표자나 임원으로 근무하기 위하여 휴직할 수 있다. <개정 2013.3.22., 2015.5.18.>
1. 「고등교육법」에 따른 대학(산업대학과 전문대학을 포함한다. 이하

같다)의 교원(대학부설연구소의 연구원을 포함한다. 이하 같다)
2. 국공립연구기관의 연구원(「한국과학기술원법」 제15조, 「광주과학기술원법」 제14조 및 「대구경북과학기술원법」 제12조의3에 따른 교원 및 연구원을 포함한다. 이하 같다)
3. 「과학기술분야 정부출연연구기관 등의 설립·운영 및 육성에 관한 법률」 제8조제1항에 따른 연구기관의 연구원(부설연구소의 연구원을 포함한다. 이하 같다)
4. 「산업기술혁신 촉진법」 제42조에 따른 전문생산기술연구소의 연구원
② 「공공기관의 운영에 관한 법률」 제4조제1항에 따른 공공기관(이 조 제1항제3호의 연구기관은 제외한다)의 연구원은 그 소속 기관의 장의 허가를 받아 벤처기업 또는 창업자의 대표자나 임원으로 근무하기 위하여 휴직할 수 있다. <신설 2015.5.18.>
③ 제1항 또는 제2항에 따른 휴직 기간은 5년(창업 준비기간 6개월을 포함한다) 이내로 한다. 다만, 소속 기관의 장이 필요하다고 인정하면 1년 이내에서 휴직 기간을 연장할 수 있다. 이 경우 대학교원의 휴직 기간은 「교육공무원법」 제45조제2항에도 불구하고 임용기간 중의 잔여기간을 초과할 수 있다. <개정 2009.1.30., 2014.12.30., 2015.5.18.>
④ 제1항 또는 제2항에 따라 대학의 교원이나 공공연구기관·공공기관의 연구원이 6개월 이상 휴직하는 경우에는 휴직일부터 그 대학이나 공공연구기관·공공기관에 그 휴직자의 수에 해당하는 교원이나 연구원의 정원이 따로 있는 것으로 본다. <개정 2013.3.22., 2015.5.18.>
⑤ 제1항 또는 제2항에 따라 교원이나 공공연구기관·공공기관의 연구원 등이 휴직한 후 복직하는 경우 해당 소속 기관의 장은 그 휴직으로 인하여 신분 및 급여상의 불이익을 주어서는 아니 된

다. <신설 2013.3.22., 2015.5.18.>
[전문개정 2007.8.3.]
[제목개정 2013.3.22.]

제16조의2(교육공무원등의 겸임이나 겸직에 관한 특례) ① 교육공무원등

또는 대통령령으로 정하는 정부출연 연구기관(국방분야의 연구기관은 제외한다)의 연구원은 다음 각 호의 어느 하나에 해당하지 아니하는 경우 그 소속 기관의 장의 허가를 받아 벤처기업 또는 「중소기업창업 지원법」 제2조제2호에 따른 창업자의 대표자나 임직원을 겸임하거나 겸직할 수 있다. <개정 2013.3.22.>
1. 전공, 보유기술 및 직무경험 등과 무관한 분야에 겸임·겸직하고자 하는 경우
2. 공무원으로서 직무상의 능률을 저해할 우려가 있는 경우
② 제1항에 따른 소속 기관의 장의 허가를 받은 경우에는 「교육공무원법」 제18조제1항과 「협동연구개발 촉진법」 제6조제4항에 따른 겸임 및 겸직허가를 받은 것으로 본다.
[전문개정 2007.8.3.]

제16조의3(벤처기업의 주식매수선택권)

① 주식회사인 벤처기업은 「상법」 제340조의2부터 제340조의5까지의 규정에도 불구하고 정관으로 정하는 바에 따라 주주총회의 결의가 있으면 다음 각 호 어느 하나에 해당하는 자 중 해당 기업의 설립 또는 기술·경영의 혁신 등에 기여하였거나 기여할 능력을 갖춘 자에게 특별히 유리한 가격으로 신주를 매수할 수 있는 권리나 그 밖에 대통령령으로 정하는 바에 따라 해당 기업의 주식을 매수할 수 있는 권리(이하 이 조에서 "주식매수선택권"이라 한다)를 부여할 수 있다. 이 경우 주주총회의 결의는 「상법」 제434조를 준용한다.

<개정 2013.8.6.>
1. 벤처기업의 임직원(대통령령으로 정하는 자는 제외한다)
2. 기술이나 경영능력을 갖춘 자로서 대통령령으로 정하는 자
3. 대학 또는 대통령령으로 정하는 연구기관
4. 벤처기업이 인수한 기업(발행주식 총수의 100분의 30 이상을 인수한 경우만 해당한다)의 임직원
② 제1항의 주식매수선택권에 관한 정관의 규정에는 다음 각 호의 사항을 포함하여야 한다.
1. 일정한 경우 주식매수선택권을 부여할 수 있다는 뜻
2. 주식매수선택권의 행사로 내줄 주식의 종류와 수
3. 주식매수선택권을 부여받을 자의 자격 요건
4. 주식매수선택권의 행사 기간
5. 일정한 경우 주식매수선택권의 부여를 이사회의 결의에 의하여 취소할 수 있다는 뜻
③ 제1항에 따른 주주총회의 특별결의에서는 다음 각 호의 사항을 정하여야 한다.
1. 주식매수선택권을 부여받을 자의 성명이나 명칭
2. 주식매수선택권의 부여 방법
3. 주식매수선택권의 행사 가격과 행사 기간
4. 주식매수선택권을 부여받을 자 각각에 대하여 주식매수선택권의 행사로 내줄 주식의 종류와 수
④ 제3항에도 불구하고 제2항제2호에 따른 주식 총수의 100분의 20 이내에 해당하는 주식을 해당 벤처기업의 임직원 외의 자에게 주식매수선택권으로 부여하는 경우에는 주주총회의 특별결의로 제3항제1호 및 제4호의 사항을 그 벤처기업의 이사회에서 정하게 할 수 있다. 이 경우 주식매수선택권을 부여한 후 처음으로 소집되는 주주총회의 승인을 받

아야 한다. <개정 2014.12.30.>

⑤ 주식매수선택권을 부여하려는 벤처기업은 제3항과 제4항에 따른 결의를 한 경우 대통령령으로 정하는 바에 따라 중소기업청장에게 그 내용을 신고하여야 한다.

⑥ 제1항 또는 제4항에 따라 주식매수선택권을 부여받은 자는 산업통상자원부령으로 정하는 경우를 제외하고는 제1항에 따른 결의가 있는 날 또는 제4항에 따라 이사회에서 정한 날부터 2년 이상 재임하거나 재직하여야 이를 행사할 수 있다.
<개정 2014.12.30.>

⑦ 주식매수선택권은 타인에게 양도할 수 없다. 다만, 주식매수선택권을 부여받은 자가 사망한 때에는 그 상속인이 이를 부여받은 것으로 본다.
<신설 2014.12.30.>

⑧ 주식매수선택권의 행사로 신주를 발행하는 경우에는 「상법」 제350조제2항, 제350조제3항 후단, 제351조, 제516조의9제1항·제3항·제4항 및 제516조의10 전단을 준용한다. <신설 2014.12.30.>

⑨ 주식매수선택권을 부여한 벤처기업이 주식매수선택권을 부여받은 자에게 내줄 목적으로 자기주식을 취득하는 경우에는 「상법」 제341조의2제1항 본문에도 불구하고 발행주식 총수의 100분의 10을 초과할 수 있다. <개정 2014.12.30.>

⑩ 주식매수선택권의 부여 한도 등에 관하여 필요한 사항은 대통령령으로 정한다. <개정 2014.12.30.>
[전문개정 2007.8.3.]

■**판례 - 주권인도**

【판시사항】
[1] 상법 제340조의4 제1항에서 주식매수선택권 행사요건으로 정한 '2년 이상 재임 또는 재직' 요건을 본인의 귀책사유가 아닌 사유로 퇴임·퇴직하는 경우에도 갖추어야 하는지 여부(적극)
[2] 주식매수선택권을 부여받은 비상장법인

임직원들이 자신들의 귀책사유가 아닌 사유로 비자발적으로 퇴임·퇴직한 경우 상법 제340조의4 제1항의 최소 재임(재직) 요건에 관계없이 주식매수선택권을 행사할 수 있는지가 문제된 사안에서, 최소 재임(재직) 요건을 충족하지 못하는 한 위 조항에 따른 주식매수선택권을 행사할 수 없다고 한 사례

【판결요지】
[1] 상법 제340조의4 제1항과 구 증권거래법(2007. 8. 3. 법률 제8635호 자본시장과 금융투자업에 관한 법률 부칙 제2조로 폐지, 이하 '구 증권거래법'이라 한다) 및 그 내용을 이어받은 상법 제542조의3 제4항이 주식매수선택권 행사요건에서 차별성을 유지하고 있는 점, 위 각 법령에서 '2년 이상 재임 또는 재직' 요건의 문언적인 차이가 뚜렷한 점, 비상장법인, 상장법인, 벤처기업은 주식매수선택권 부여 법인과 부여 대상, 부여 한도 등에서 차이가 있는 점, 주식매수선택권 제도는 임직원의 직무 충실로 야기된 기업가치 상승을 유인동기로 하여 직무에 충실하게 하고자 하는 제도인 점, 상법의 규정은 주주, 회사의 채권자 등 다수의 이해관계인에게 영향을 미치는 단체법적 특성을 가지는 점 등을 고려하면, 상법 제340조의4 제1항에서 정하는 주식매수선택권 행사요건을 판단할 때에는 구 증권거래법 및 그 내용을 이어받은 상법 제542조의3 제4항을 적용할 수 없고, 정관이나 주주총회의 특별결의를 통해서도 상법 제340조의4 제1항의 요건을 완화하는 것은 허용되지 않는다고 해석하여야 한다. 따라서 본인의 귀책사유가 아닌 사유로 퇴임 또는 퇴직하게 되더라도 퇴임 또는 퇴직일까지 상법 제340조의4 제1항의 '2년 이상 재임 또는 재직' 요건을 충족하지 못한다면 위 조항에 따른 주식매수선택권을 행사할 수 없다.
[2] 주식매수선택권을 부여받은 비상장법인 임직원들이 자신들의 귀책사유가 아닌 사유로 비자발적으로 퇴임·퇴직한 경우에 상법 제340조의4 제1항의 최소 재임(재직) 요건에 관계없이 주식매수선택권을 행사할 수 있는지가 문제된 사안에서, 그러한 경우라 하더라도 최소 재임(재직) 요건을 충족하지 못하는 한 위 조항에 따른 주식매수선택권을 행사할 수 없다고 한 사례.
[대법원, 2010다85027, 2011.3.24]

제16조의4(벤처기업에 대한 정보 제공) ① 정부는 벤처기업의 창업 및 영업활동과 관련된 투자·자금·인력·기술·판로 및 입지 등에 관한 정보를 제공하거나 그 밖에 벤처기업의

정보화를 촉진하기 위한 지원을 할 수 있다.

② 중소기업청장은 중앙행정기관의 장, 지방자치단체의 장 또는 「공공기관의 운영에 관한 법률」의 적용을 받는 공공기관의 장에게 제1항에 따른 정보 제공에 필요한 자료를 요청할 수 있다.

③ 중소기업청장은 벤처기업에 대한 개인이나 개인투자조합(이하 이 항에서 "개인등"이라 한다)의 투자를 촉진하기 위하여 산업통상자원부령으로 정하는 바에 따라 벤처기업의 투자가치에 관한 정보 등 필요한 정보를 개인등에게 제공할 수 있다. <개정 2008.2.29., 2013.3.23.>
[전문개정 2007.8.3.]

제16조의5(벤처기업인 유한회사에 대한 특례) ① 삭제 <2015.5.18.>

② 삭제 <2015.5.18.>

③ 유한회사인 벤처기업은 정관에서 정하는 바에 따라 「상법」 제580조에도 불구하고 사원총회의 결의로 이익배당에 관한 기준을 따로 정할 수 있다.
[전문개정 2007.8.3.]

제16조의6 삭제 <2015.5.18.>

제16조의7(산업재산권 사용에 관한 특례) ①대학이나 연구기관은 제16조 또는 제16조의2에 따라 휴직하거나 겸직을 승인받은 교육공무원 또는 연구원에게 직무발명에 따른 산업재산권등의 이용을 허락할 때 「기술의 이전 및 사업화 촉진에 관한 법률」 제24조제4항 및 제5항에도 불구하고 전용실시권을 부여할 수 있다. 다만, 휴직·겸직 이후 완성한 직무발명에 대하여는 해당 교육공무원 또는 연구원이 희망할 경우 정당한 대가에 대

한 상호 합의를 거쳐 우선적으로 전용실시권을 부여하여야 한다. <개정 2010.1.27., 2013.3.22.>

② 제1항은 국가, 지방자치단체 또는 공공기관이 연구개발 경비를 지원하여 획득한 성과로 얻어지는 발명에는 적용되지 아니한다. <신설 2013.3.22.>
[전문개정 2007.8.3.]

제3절 입지 공급의 원활화

제17조 삭제 <2006.3.3.>

제17조의2(신기술창업집적지역의 지정) ① 대학이나 연구기관의 장은 해당 기관이 소유한 교지나 부지의 일정 지역에 대하여 창업자·벤처기업 등의 생산시설 및 그 지원시설을 집단적으로 설치하는 신기술창업집적지역(이하 "집적지역"이라 한다)의 지정을 중소기업청장에게 요청할 수 있다.

② 대학이나 연구기관의 장은 제1항에 따라 집적지역의 지정을 요청할 때 집적지역의 명칭, 집적지역 지정 면적 등 대통령령으로 정하는 사항을 포함하는 집적지역개발계획을 제출하여야 한다.

③ 중소기업청장은 집적지역의 지정을 요청받으면 제17조의3 각 호의 요건에 맞는지를 검토하여 집적지역으로 지정할 수 있다. 이 경우 대통령령으로 정하는 바에 따라 그 내용을 고시하여야 한다.

④ 중소기업청장은 제3항에 따라 집적지역을 지정할 때 그 면적이 대통령령으로 정하는 면적 이상이면 집적지역이 속하는 특별시장·광역시장·도지사·제주특별자치도지사(이하 "시·도지사"라 한다)와 협의하여야 한다.
[전문개정 2007.8.3.]

제17조의3(집적지역의 지정 요건) 집적지역은 다음 각 호의 요건을 갖추어야 한다.
1. 해당 기관이 보유한 교지나 부지의 연면적에 대한 지정 면적의 비율이 대통령령으로 정하는 비율을 초과하지 아니할 것
2. 지정 면적이 3천 제곱미터 이상일 것
3. 집적지역개발계획이 실현 가능할 것
[전문개정 2007.8.3.]

제17조의4(집적지역에 대한 특례 등)
① 집적지역은 「국토의 계획 및 이용에 관한 법률」 제76조에도 불구하고 같은 법 제36조에 따른 지역 중 보전녹지지역 등 대통령령으로 정하는 지역 외의 지역에 지정할 수 있다.
② 집적지역에서 창업자나 벤처기업은 「건축법」 제19조제1항과 「국토의 계획 및 이용에 관한 법률」 제76조제1항에도 불구하고 구조안전에 지장이 없는 범위에서 「산업집적활성화 및 공장설립에 관한 법률」 제28조에 따른 도시형공장(대통령령으로 정하는 도시형공장만을 말한다)과 이와 관련된 업무시설을 해당 대학이나 연구기관의 장의 승인을 받아 설치할 수 있다. 이 경우 「산업집적활성화 및 공장설립에 관한 법률」 제13조에 따른 공장설립등의 승인이나 같은 법 제14조의3에 따른 제조시설설치승인을 받은 것으로 본다. <개정 2008.3.21., 2010.1.27.>
③ 집적지역 중 지정 면적이 제17조의2제4항에서 대통령령으로 정한 면적 이상이고 도시지역에 지정된 경우에는 「산업입지 및 개발에 관한 법률」 제7조의2에 따른 도시첨단산업단지로 본다.
④ 중소기업청장은 제3항에 따른 집적지역의 관리권자(「산업집적활성화 및 공장설립에 관한 법률」 제30조제1항에 따른 관리권자를 말한다)가 된다.

⑤ 대학이나 연구기관은 제3항에 따른 집적지역의 관리기관(「산업집적활성화 및 공장설립에 관한 법률」 제30조제2항에 따른 관리기관을 말한다)이 된다.
⑥ 대학이나 연구기관의 장은 「국유재산법」 제18조와 제27조, 「공유재산 및 물품 관리법」 제13조와 제20조, 「고등교육법」 및 「사립학교법」에도 불구하고 창업자·벤처기업 또는 지원시설을 설치·운영하려는 자가 집적지역에 건물(공장용 건축물을 포함한다)이나 그 밖의 영구시설물을 축조하려는 경우에는 집적지역의 일부를 임대할 수 있다. 이 경우 임대계약(갱신되는 경우를 포함한다) 기간이 끝나면 그 시설물의 종류·용도 등을 고려하여 해당 시설물을 대학이나 연구기관에 기부하거나 교지나 부지를 원상으로 회복하여 되돌려 주어야 한다. <개정 2009.1.30.>
⑦ 제6항에 따른 임대료와 임대 기간 등에 관하여 필요한 사항은 대통령령으로 정한다.
⑧ 집적지역에 대하여는 제22조제1항 및 제3항을 준용한다.
⑨ 시장·군수 또는 구청장은 집적지역의 창업자나 벤처기업으로부터 제2항에 따른 공장등록신청을 받으면 「산업집적활성화 및 공장설립에 관한 법률」 제16조에 따른 공장의 등록을 하여야 한다. <신설 2010.1.27.>
[전문개정 2007.8.3.]

제17조의5(집적지역의 운영 지침) 중소기업청장은 집적지역의 지정·운영에 관한 지침을 수립하여 고시하여야 한다. [전문개정 2007.8.3.]

제17조의6(집적지역의 지정취소) 중소기업청장은 제17조의2제3항에 따라 지정된 집적지역이 다음 각 호의 어느 하나에 해당하면 그 지정을 취소

할 수 있다.
1. 사업 지연, 관리 부실 등의 사유로 지정목적을 달성할 수 없는 경우
2. 제17조의3에 따른 지정 요건을 충족하지 못한 경우
[전문개정 2007.8.3.]

제18조(벤처기업집적시설의 지정 등)
① 벤처기업집적시설을 설치하거나 기존의 건축물을 벤처기업집적시설로 사용하려는 자는 대통령령으로 정하는 연면적 이상인 경우 시·도지사로부터 그 지정을 받을 수 있다. 지정받은 사항을 변경하는 경우에도 또한 같다.
② 제1항에 따라 지정을 받은 벤처기업집적시설은 지정받은 날(건축 중인 건축물은 「건축법」 제22조에 따른 건축물의 사용승인을 받은 날을 말한다)부터 1년 이내에 다음 각 호의 요건을 갖추어야 한다.
<개정 2008.3.21., 2009.1.30.>
1. 벤처기업 등 대통령령으로 정하는 기업이 입주하게 하되, 입주한 기업 중에서 벤처기업이 4개 이상(「수도권정비계획법」 제2조제1호에 따른 수도권 외의 지역은 3개 이상)일 것
2. 연면적의 100분의 70(「수도권정비계획법」 제2조제1호에 따른 수도권 외의 지역은 100분의 50) 이상을 벤처기업 등 대통령령으로 정하는 기업이 사용하게 할 것
3. 제2호에 해당하지 아니하는 지정면적은 벤처기업집적시설 등 대통령령으로 정하는 시설이 사용하게 할 것
③ 시·도지사는 벤처기업을 지원하기 위하여 필요하다고 인정하면 벤처기업집적시설을 설치하거나 기존의 건축물을 벤처기업집적시설로 지정하여 벤처기업과 그 지원시설을 입주하게 할 수 있다.

④ 시·도지사는 벤처기업집적시설이 다음 각 호의 어느 하나에 해당하면 그 지정을 취소할 수 있다. 다만, 제1호에 해당하는 경우에는 그 지정을 취소하여야 한다.
1. 거짓이나 그 밖의 부정한 방법으로 지정받은 경우
2. 제1항이나 제2항에 따른 지정 요건에 맞지 아니하게 된 경우
⑤ 시·도지사는 제4항에 따라 벤처기업집적시설의 지정을 취소하려면 청문을 하여야 한다.
⑥ 제1항에 따른 지정신청과 그 밖에 지정에 관하여 필요한 사항은 대통령령으로 정한다.
[전문개정 2007.8.3.]

제18조의2(실험실공장에 대한 특례)
① 다음 각 호의 어느 하나에 해당하는 자는 「건축법」 제19조제1항, 「국토의 계획 및 이용에 관한 법률」 제76조제1항, 「연구개발특구의 육성에 관한 특별법」 제36조제1항에도 불구하고 그 소속 기관의 장(제4호의 경우에는 실험실공장을 설치하게 되는 기관의 장을 말한다)의 승인을 받아 실험실공장을 설치할 수 있다. 승인받은 사항을 변경하는 경우에도 또한 같다. <개정 2008.3.21., 2010.1.27., 2012.1.26., 2015.5.18.>
1. 「고등교육법」에 따른 대학의 교원 및 학생
2. 국공립연구기관이나 정부출연연구기관의 연구원
3. 과학이나 산업기술 분야의 연구기관으로서 대통령령으로 정하는 기관의 연구원
4. 벤처기업의 창업자
② 제1항에 따라 실험실공장의 승인(변경승인을 포함하며, 이하 이 항에서 같다)을 받으면 「산업집적활성화 및 공장설립에 관한 법률」 제13조에 따른 공장설립등의 승인 또는

같은 법 제14조의3에 따른 제조시설설치승인을 받은 것으로 본다. <신설 2015.5.18.>

③ 실험실공장은 생산시설용으로 쓰이는 바닥면적의 합계가 3천 제곱미터를 초과할 수 없다. 다만, 「국토의 계획 및 이용에 관한 법률」 제76조제1항에 따른 용도지역별 건축물 등의 건축 기준을 갖춘 경우에는 그러하지 아니하다. <개정 2015.5.18.>

④ 실험실공장의 총면적(실험실공장이 둘 이상인 경우에는 그 면적을 합한 것을 말한다)은 해당 대학이나 연구기관의 건축물 연면적의 2분의 1을 초과할 수 없다. 다만, 「국토의 계획 및 이용에 관한 법률」 제76조제1항에 따른 용도지역별 건축물 등의 건축 기준을 갖춘 경우에는 그러하지 아니하다. <개정 2015.5.18.>

⑤ 시장·군수 또는 구청장(자치구의 구청장을 말한다. 이하 같다)은 실험실공장에 대한 공장등록신청을 받으면 「산업집적활성화 및 공장설립에 관한 법률」 제16조에 따른 공장의 등록을 하여야 한다. <개정 2015.5.18.>

⑥ 대학이나 연구기관의 장은 제1항에 따른 실험실공장을 설치한 자가 퇴직(졸업)하더라도 퇴직(졸업)일부터 2년을 초과하지 아니하는 범위에서 실험실공장을 사용하게 할 수 있다. <개정 2010.1.27., 2015.5.18.>

⑦ 실험실공장의 설치·운영 등에 관하여 그 밖에 필요한 사항은 대통령령으로 정한다. <개정 2015.5.18.>
[전문개정 2007.8.3.]

제18조의3(창업보육센터에 입주한 벤처기업과 창업자에 대한 특례) ① 대학이나 연구기관 안에 설치·운영 중인 창업보육센터로서 다음 각 호의 어느 하나에 해당하는 창업보육센터에 입주한 벤처기업이나 창업자는

「건축법」 제19조제1항, 「국토의 계획 및 이용에 관한 법률」 제76조제1항 및 「연구개발특구의 육성에 관한 특별법」 제36조제1항에도 불구하고 「산업집적활성화 및 공장설립에 관한 법률」 제28조에 따른 도시형공장을 창업보육센터 운영기관의 장의 승인을 받아 설치할 수 있다. 이 경우 「산업집적활성화 및 공장설립에 관한 법률」 제13조에 따른 공장설립등의 승인이나 같은 법 제14조의3에 따른 제조시설설치승인을 받은 것으로 본다. <개정 2008.3.21., 2010.1.27., 2012.1.26.>

1. 「중소기업창업 지원법」 제6조제1항에 따라 중소기업청장이 지정하는 창업보육센터
2. 중앙행정기관의 장이나 지방자치단체의 장이 인정하는 창업보육센터

② 시장·군수 또는 구청장은 제1항에 따른 창업보육센터에 입주한 벤처기업이나 창업자로부터 공장등록신청을 받으면 「산업집적활성화 및 공장설립에 관한 법률」 제16조에 따른 공장의 등록을 하여야 한다.

③ 대학이나 연구기관 안에 설치·운영 중인 창업보육센터는 「건축법」 제19조제4항제2호에 따른 시설군으로 본다. <개정 2008.3.21.>
[전문개정 2007.8.3.]

제18조의4(벤처기업육성촉진지구의 지정 등) ① 시·도지사는 벤처기업을 육성하기 위하여 필요하면 관할 구역의 일정지역에 대하여 벤처기업육성촉진지구(이하 "촉진지구"라 한다)의 지정을 중소기업청장에게 요청할 수 있다.

② 중소기업청장은 제1항에 따라 촉진지구를 지정한 경우에는 대통령령으로 정하는 바에 따라 그 내용을 고시하여야 한다.

③ 중소기업청장은 제1항에 따라 지

정된 촉진지구가 다음 각 호의 어느 하나에 해당하면 그 지정을 해제할 수 있다.
1. 촉진지구육성계획이 실현될 가능성이 없는 경우
2. 사업 지연, 관리 부실 등의 사유로 지정목적을 달성할 수 없는 경우
④ 제1항에 따른 지정의 요건 및 절차와 촉진지구의 지원 등에 필요한 사항은 대통령령으로 정한다.
[전문개정 2007.8.3.]

제18조의5(촉진지구에 대한 지원) ① 중소기업청장은 촉진지구의 활성화를 위하여 「지역균형개발 및 지방중소기업 육성에 관한 법률」 제44조제1항에 따라 지방중소기업육성관련기금의 조성을 지원할 때 촉진지구를 지정받은 지방자치단체를 우대하여 지원할 수 있다.
② 국가나 지방자치단체는 촉진지구에 있거나 촉진지구로 이전하는 벤처기업에 자금이나 그 밖에 필요한 사항을 우선하여 지원할 수 있다.
③ 국가나 지방자치단체는 촉진지구에 설치되는 벤처기업집적시설의 설치·운영자 및 창업보육센터사업자에게 그 소요자금의 전부 또는 일부를 지원하거나 우대하여 지원할 수 있다.
④ 촉진지구의 벤처기업과 그 지원시설에 대하여는 제22조를 준용한다.
[전문개정 2007.8.3.]

제19조(국공유 재산의 매각 등) ① 국가나 지방자치단체는 벤처기업집적시설의 개발 또는 설치와 그 운영을 위하여 필요하다고 인정하면 「국유재산법」 또는 「공유재산 및 물품 관리법」에도 불구하고 수의계약에 의하여 국유재산이나 공유재산을 벤처기업집적시설의 설치·운영자에게 매각하거나 임대할 수 있다.

② 제1항에 따른 국유재산의 가격, 임대료, 임대 기간 등에 관하여 필요한 사항은 대통령령으로 정한다.
③ 국가나 지방자치단체는 국유인 일반재산 또는 공유인 잡종재산인 부동산을 벤처기업에 임대하는 조건으로 신탁업자에 신탁할 수 있다. 이 경우 공유부동산의 신탁에 관하여는 「국유재산법」 제58조의 규정을 준용한다. <개정 2007.8.3., 2009.1.30., 2013.3.22.>
④ 국가·지방자치단체 또는 사립학교의 학교법인은 「국유재산법」 제18조, 「공유재산 및 물품 관리법」 제13조 및 제20조, 「고등교육법」 및 「사립학교법」에도 불구하고 벤처기업집적시설의 설치·운영자에게 국공유 토지나 대학 교지의 일부를 임대하여 건물이나 그 밖의 영구시설물을 축조하게 할 수 있다. 이 경우 임대계약 기간이 끝나면 해당 시설물의 종류·용도 등을 고려하여 그 시설물을 국가·지방자치단체 또는 사립학교의 학교법인에 기부하거나 토지 또는 교지를 원상으로 회복하여 되돌려 주는 것을 임대조건으로 하여야 한다. <개정 2009.1.30.>
⑤ 벤처기업집적시설의 설치·운영자는 「국유재산법」 제30조제2항, 「공유재산 및 물품 관리법」 제35조, 「고등교육법」 및 「사립학교법」에도 불구하고 제4항에 따라 축조한 시설물을 임대목적과 동일한 용도로 사용하려는 다른 자에게 사용·수익(收益)하게 할 수 있다. <개정 2009.1.30.> [전문개정 2007.8.3.]

제20조(시설비용의 지원) 국가나 지방자치단체는 집적지역의 조성 및 벤처기업집적시설의 설치에 필요한 시설비의 전부 또는 일부를 지원할 수 있다. [전문개정 2007.8.3.]

제21조(건축금지 등에 대한 특례) ①
삭제 <2006.3.3.>
② 벤처기업집적시설은 「국토의 계
획 및 이용에 관한 법률」 제76조제
1항에도 불구하고 「국토의 계획 및
이용에 관한 법률」 제36조에 따른
지역(녹지지역 등 대통령령으로 정
하는 지역은 제외한다)에 건축할 수
있다. <개정 2007.8.3.>
③ 벤처기업집적시설에 입주한 자는
「건축법」 제19조제1항, 「국토의
계획 및 이용에 관한 법률」 제76조
제1항 및 「연구개발특구의 육성에
관한 특별법」 제36조제1항에도 불
구하고 구조안전에 지장이 없는 범
위에서 대통령령으로 정하는 공장을
설치할 수 있다. 이 경우 「산업집적
활성화 및 공장설립에 관한 법률」
제13조에 따른 공장설립등의 승인이
나 같은 법 제14조의3에 따른 제조
시설설치승인을 받은 것으로 본다.
<개정 2007.8.3., 2008.3.21., 2012.1.26.>
④ 시장·군수 또는 구청장은 벤처기
업집적시설에 입주한 자로부터 제3
항에 따른 공장등록신청을 받으면
「산업집적활성화 및 공장설립에 관
한 법률」 제16조에 따른 공장의 등
록을 하여야 한다. <개정 2007.8.3.>
[제목개정 2007.8.3.]

제22조(각종 부담금의 면제 등) ①벤처
기업집적시설에 대하여는 다음 각 호
의 부담금을 면제한다.

<개정 1998.9.23., 1999.2.5., 2002.1.26.,
2002.12.30., 2005.7.21., 2006.3.3., 2007.4.11.,
2007.8.3., 2008.3.28.>
1. 「개발이익환수에 관한 법률」 제
   5조에 따른 개발부담금
2. 삭제 <2007.8.3.>
3. 「산지관리법」 제19조에 따른 대
   체산림자원조성비
4. 「농지법」 제38조에 따른 농지보
   전부담금

5. 「초지법」 제23조에 따른 대체초
   지조성비
6. 「도시교통정비 촉진법」 제36조
   에 따른 교통유발부담금
② 삭제 <2006.3.3.>
③ 벤처기업집적시설을 건축하려는
자는 「문화예술진흥법」 제9조에도
불구하고 미술장식을 설치하지 아니
할 수 있다. <개정 2007.8.3.>
[제목개정 2007.8.3.]

제3장 삭제

제23조 삭제 <2007.8.3.>

제4장 보칙

**제24조(벤처기업이었던 기업에 대한 주
식발행 등의 특례)** ① 벤처기업이었
던 기업이 벤처기업에 해당하지 아니
하게 되는 경우 벤처기업이었던 당시
이루어진 다음 각 호의 행위는 계속
유효한 것으로 본다.
<개정 2009.1.30.>
1. 제6조에 따른 산업재산권등의 출
   자 행위
2. 제9조에 따라 외국인 또는 외국법
   인등이 해당 기업의 주식을 취득
   한 행위
3. 삭제 <2010.1.27.>
4. 제15조 및 제15조의2부터 제15
   조의11까지의 규정에 따른 주식
   교환 등의 행위
5. 제16조의3에 따라 주식매수선택
   권을 부여한 행위
6. 제16조의5에 따라 사원을 50명
   이상 300명 이하로 하여 설립한
   행위
② 벤처기업집적시설에 입주하였던
벤처기업이 벤처기업에 해당하지 아
니하게 된 경우에도 계속하여 벤처

기업집적시설에 입주할 수 있다.
[전문개정 2007.8.3.]

제25조(벤처기업의 해당 여부에 대한 확인) ① 벤처기업으로서 이 법에 따른 지원을 받으려는 기업은 벤처기업 해당 여부에 관하여 기술신용보증기금 등 대통령령으로 정하는 기관이나 단체(이하 "벤처기업확인기관"이라 한다)의 장에게 확인을 요청할 수 있다.
② 벤처기업확인기관의 장은 제1항에 따라 확인 요청을 받으면 산업통상자원부령으로 정하는 기간 내에 확인하여 그 결과를 요청인에게 알려야 한다. 이 경우 그 기업이 벤처기업에 해당될 때에는 대통령령으로 정하는 바에 따라 유효기간을 정하여 벤처기업확인서를 발급하여야 한다. <개정 2008.2.29., 2013.3.23.>
③ 벤처기업확인기관의 장은 벤처기업 확인의 투명성을 확보하기 위하여 대통령령으로 정하는 바에 따라 확인된 벤처기업에 관한 정보를 공개할 수 있다. 다만, 다음 각 호의 정보는 공개하여서는 아니 된다.
1. 「부정경쟁방지 및 영업비밀보호에 관한 법률」 제2조제2호에 따른 영업비밀
2. 대표자의 주민등록번호 등 개인에 관한 사항
④ 제1항과 제2항에 따른 확인 절차 등에 관하여 필요한 사항은 산업통상자원부령으로 정한다. <개정 2008.2.29., 2013.3.23.>
[전문개정 2007.8.3.]

제25조의2(벤처기업 확인의 취소) ① 벤처기업확인기관의 장은 벤처기업이 다음 각 호의 어느 하나에 해당하면 제25조제2항에 따른 확인을 취소할 수 있다. 다만, 제1호에 해당하는 경우에는 확인을 취소하여야 한다.

<개정 2010.1.27.>
1. 거짓이나 그 밖의 부정한 방법으로 벤처기업임을 확인받은 경우
2. 제2조의2의 벤처기업의 요건을 갖추지 아니하게 된 경우
3. 휴업·폐업 또는 파산 등으로 대통령령으로 정하는 기간 동안 기업활동을 하지 아니하는 경우
4. 대표자·최대주주 또는 최대출자사원 등이 기업재산을 유용(流用)하거나 은닉(隱匿)하는 등 기업경영과 관련하여 주주·사원 또는 이해관계인에게 피해를 입힌 경우 등 대통령령으로 정하는 경우
② 벤처기업확인기관의 장은 제1항에 따라 벤처기업의 확인을 취소하려면 청문을 실시하여야 한다.
[전문개정 2007.8.3.]

제26조(보고 등) ① 중소기업청장은 이 법을 시행하기 위하여 필요하다고 인정하면 중소기업창업투자회사·중소기업창업투자조합·한국벤처투자조합 또는 제2조의2제1항제2호가목(8)에 따른 개인에 대하여 업무 운영상황에 대한 확인 및 검사[제2조의2제1항제2호가목(8)에 따른 개인에 대한 확인 및 검사는 제외한다]를 실시하거나 투자실적을 보고하게 할 수 있다. <개정 2014.1.14., 2015.5.18.>
② 중소기업청장은 분기마다 신기술사업금융업자, 신기술사업투자조합, 「한국산업은행법」에 따른 한국산업은행 또는 「중소기업은행법」에 따른 중소기업은행에 대하여 중소기업과 벤처기업에 대한 투자실적에 관한 자료를 제출하게 할 수 있다.
③ 중소기업청장은 이 법을 시행하기 위하여 필요하다고 인정하면 제14조제2항에 따른 개인이나 개인투자조합에 대하여 업무 운영상황에 대한 확인 및 검사(제14조제2항에 따른 개인에 대한 확인 및 검사는 제외한

다)를 실시하거나 투자실적 등을 보고하게 할 수 있다. <개정 2015.5.18.>
④ 중소기업청장은 이 법을 시행하기 위하여 필요하다고 인정하면 벤처기업확인기관으로 하여금 제25조와 제25조의2에 따른 벤처기업의 확인 및 확인의 취소 실적 등을 보고하게 하거나, 소속 공무원으로 하여금 해당 기관에 출입하여 장부나 그 밖의 서류를 검사하게 할 수 있다. 이 경우 검사를 하는 공무원은 그 권한을 표시하는 증표를 지니고 이를 관계인에게 내보여야 한다.
⑤ 시·도지사는 제18조에 따라 지정된 벤처기업집적시설에 대하여 그 지정을 받은 자로 하여금 입주 현황과 운영 상황에 관한 자료를 제출하게 할 수 있다.
⑥ 벤처기업확인기관의 장은 제25조와 제25조의2에 따른 벤처기업의 확인 및 확인의 취소 등을 위하여 필요하다고 인정하면 벤처기업으로 하여금 경영실태 등에 관하여 필요한 자료를 제출하게 할 수 있다.
⑦ 중소기업청장은 대학, 연구기관 또는 공공기관에 대하여 제16조, 제16조의2 및 제18조의2에 따른 교원이나 연구원의 휴직·겸임 및 겸직 허가 실적, 실험실공장 설치승인 실적에 관한 자료를 제출하게 할 수 있다. <개정 2015.5.18.>
⑧ 중소기업청장은 전문회사에 대하여 제11조의2제4항 각 호에 관한 자료나 전문회사의 매 회계연도의 결산서를 제출하게 할 수 있다.
[전문개정 2007.8.3.]

제27조(권한의 위임·위탁) 이 법에 따른 중소기업청장의 권한은 그 일부를 대통령령으로 정하는 바에 따라 소속기관의 장 또는 시·도지사에게 위임하거나 다른 행정기관의 장 또는 대통령령으로 정하는 중소기업 관련 기관과 단체에 위탁할 수 있다.
[전문개정 2007.8.3.]

제28조(한국벤처투자조합에 대한 행정처분) ① 중소기업청장은 한국벤처투자조합이 다음 각 호의 어느 하나에 해당하면 시정을 명하거나 이 법에 따른 지원을 중단할 수 있다. <개정 2010.1.27., 2015.5.18.>
1. 제4조의3제1항에 따른 신고 또는 변경신고를 하지 아니하거나 거짓으로 한 자
2. 제4조의3제4항에 따른 결성 요건에 맞지 아니하게 된 경우
3. 중소기업창업투자회사 및 신기술사업금융업자의 등록이 취소되거나 말소된 경우
4. 제4조의3제5항을 위반하여 자금을 사용한 경우
5. 제4조의4제2항을 위반한 경우
6. 제26조제1항에 따른 확인 및 검사를 거부·방해하거나 기피한 경우 또는 보고를 하지 아니하거나 거짓으로 보고한 경우
② 중소기업청장은 한국벤처투자조합이 제1항제2호·제4호·제5호 또는 제6호에 해당하는 경우 그 업무집행조합원에 대하여 다음 각 호의 어느 하나에 해당하는 조치를 할 수 있다. <신설 2015.5.18.>
1. 경고
2. 주의
③ 중소기업청장은 제2항의 조치를 하는 경우 업무집행조합원의 임직원에 대해서는 다음 각 호의 어느 하나에 해당하는 조치를 할 수 있다. <신설 2015.5.18.>
1. 해임요구
2. 경고
3. 주의
[전문개정 2007.8.3.]
[제목개정 2015.5.18.]

제29조(청문) 중소기업청장은 다음 각 호의 어느 하나에 해당하는 처분을 하려면 청문을 실시하여야 한다. <개정 2009.1.30.>

1. 제13조의3에 따른 개인투자조합의 등록취소
2. 제18조의4에 따른 촉진지구의 지정해제
3. 제11조의7에 따른 전문회사의 등록취소
4. 제17조의6에 따른 집적지역의 지정취소
5. 제15조의14에 따른 지원센터의 지정취소

[전문개정 2007.8.3.]

제30조(유사명칭의 사용 금지) 한국벤처투자조합이 아닌 자는 한국벤처투자조합의 명칭이나 이와 유사한 명칭을 사용하지 못한다.

[전문개정 2007.8.3.]

제30조의2(벌칙 적용 시의 공무원 의제) 제25조와 제25조의2에 따른 벤처기업의 확인 및 확인의 취소 업무에 종사하는 벤처기업확인기관의 임직원은 「형법」 제129조부터 제132조까지의 규정을 적용할 때에는 공무원으로 본다.

[전문개정 2007.8.3.]

제30조의3(불복 절차) 제25조 및 제25조의2에 따른 벤처기업의 확인이나 확인의 취소에 대하여는 「행정심판법」에 따른 행정심판을 청구할 수 있다. 이 경우 벤처기업의 확인·확인취소에 대한 감독행정기관은 중소기업청장으로 한다. <개정 2008.2.29.>

[전문개정 2007.8.3.]

제31조(다른 법률의 준용) 한국벤처투자조합 업무의 집행에 관하여는 「중소기업창업 지원법」 제23조, 제26조, 제27조 및 제29조를 준용한다. 이 경우 "창업투자조합"을 "한국벤처투자조합"으로 본다.

[전문개정 2007.8.3.]

제31조의2(규제의 재검토) 중소기업청장은 다음 각 호의 사항에 대하여 다음 각 호의 기준일을 기준으로 3년마다(매 3년이 되는 해의 기준일과 같은 날 전까지를 말한다) 폐지, 완화 또는 유지 등의 타당성을 검토하여야 한다.

1. 제13조의3에 따른 개인투자조합의 등록취소 사유: 2015년 1월 1일
2. 제17조의6에 따른 집적지역의 지정취소 사유: 2015년 1월 1일
3. 제28조에 따른 한국벤처투자조합에 대한 행정처분 사유: 2015년 1월 1일
4. 제32조에 따른 과태료 부과 사유: 2015년 1월 1일

[본조신설 2015.5.18.]

제5장 벌칙

제32조(과태료) ① 다음 각 호의 어느 하나에 해당하는 자에게는 500만원 이하의 과태료를 부과한다. <개정 2015.5.18.>

1. 제4조의4제2항·제3항을 위반한 자
2. 제13조의3제2항제1호 또는 제28조제1항에 따른 시정명령을 위반한 자
3. 제30조를 위반하여 유사명칭을 사용한 자
4. 제31조에 따른 결산서를 제출하지 아니하거나 거짓의 결산서를 제출한 자

② 제1항에 따른 과태료는 대통령령으로 정하는 바에 따라 중소기업청

장이 부과·징수한다.

③ 삭제 <2009.1.30.>

④ 삭제 <2009.1.30.>

⑤ 삭제 <2009.1.30.>

[전문개정 2007.8.3.]

부칙
<제12237호, 2014.1.14.>

이 법은 공포 후 6개월이 경과한 날부터 시행한다.

부칙
<제12592호, 2014.5.20.>
(상업등기법)

제1조(시행일) 이 법은 공포 후 6개월이 경과한 날부터 시행한다.

제2조 및 제3조 생략

제4조(다른 법률의 개정) ①부터 ③까지 생략

④ 벤처기업육성에 관한 특별조치법 일부를 다음과 같이 개정한다.
제16조의5제2항 중 "「상업등기법」 제104조"를 "「상법」 제549조"로 한다.
⑤부터 ⑪까지 생략

제5조 생략

부칙
<제12927호, 2014.12.30.>

제1조(시행일) 이 법은 공포 후 3개월이 경과한 날부터 시행한다. 다만, 제16조의3의 개정규정은 공포한 날부터 시행한다.

제2조(교육공무원등의 휴직 기간에 관한 적용례) 제16조제2항 본문의 개정규정은 이 법 시행 후 최초로 휴직을 신청하는 교육공무원등부터 적용한다.

제3조(주주총회의 사후승인에 관한 적용례) 제16조의3제4항 후단의 개정규정은 같은 개정규정 시행 후 최초로 주식매수선택권을 부여하는 분부터 적용한다.

제4조(교육공무원등의 휴직 기간 연장에 관한 경과조치) 이 법 시행 전에 종전의 제16조제2항 본문에 따라 휴직한 교육공무원등의 휴직 기간 연장에 관하여는 제16조제2항 단서의 개정규정에도 불구하고 종전의 규정에 따른다.

부칙
<제13310호, 2015.5.18.>

제1조(시행일) 이 법은 공포한 날부터 시행한다. 다만, 제3조 및 제13조제1항·제9항의 개정규정은 공포 후 6개월이 경과한 날부터 시행한다.

제2조(개인투자조합에 대한 행정처분에 관한 적용례) 제13조의3의 개정규정은 이 법 시행 후 해당 위반행위를 한 경우부터 적용한다. 다만, 제13조의3제2항의 개정규정은 이 법 시행 전에 같은 조 제1항제2호부터 제5호까지의 규정에 해당하는 위반행위를 한 경우에 대해서도 적용한다.

제3조(한국벤처투자조합에 대한 행정처분에 관한 적용례) 제28조의 개정규정은 이 법 시행 후 해당 위반행위를 한 경우부터 적용한다.

벤처기업육성에 관한 특별조치법 시행령

[시행 2015.7.1.]
[대통령령 제26369호, 2015.6.30., 타법개정]

제1조(목적) 이 영은 「벤처기업육성에 관한 특별조치법」에서 위임된 사항과 그 시행에 필요한 사항을 정함을 목적으로 한다. [전문개정 2008.11.4.]

제2조(지원시설의 범위) 「벤처기업육성에 관한 특별조치법」(이하 "법"이라 한다) 제2조제4항에서 "대통령령으로 정하는 지원시설"이란 다음 각 호의 어느 하나에 해당하는 자가 벤처기업의 영업활동을 장려하기 위하여 설치·관리하는 시설을 말한다. <개정 2009.5.6., 2009.11.20., 2010.11.15., 2011.6.24., 2014.3.24.>
1. 「중소기업창업 지원법」 제2조제4호에 따른 중소기업창업투자회사(이하 "중소기업창업투자회사"라 한다)
2. 「중소기업창업 지원법」 제2조제6호에 따른 중소기업상담회사
3. 「중소기업창업 지원법」 제6조제1항 각 호 외의 부분에 따른 창업보육센터를 설립·운영하는 자
4. 「은행법」 제2조제1항제2호에 따른 은행(같은 법 제58조제1항에 따라 금융위원회의 인가를 받은 외국은행의 국내 지점·대리점 또는 사무소를 포함한다)
5. 「여신전문금융업법」 제2조제14호에 따른 신기술사업금융업을 하는 자
6. 「신용보증기금법」에 따른 신용보증기금
7. 「기술신용보증기금법」에 따른 기술신용보증기금(이하 "기술신용보증기금"이라 한다)
8. 「기초연구진흥 및 기술개발지원에 관한 법률」 제14조제1항제2호에 따른 기업부설연구소
9. 「중소기업진흥에 관한 법률」 제68조에 따른 중소기업진흥공단(이하 "중소기업진흥공단"이라 한다)
10. 「산업집적활성화 및 공장설립에 관한 법률」 제45조의9에 따른 한국산업단지공단
11. 「산업발전법」(법률 제9584호 산업발전법 전부개정법률로 개정되기 전의 것을 말한다) 제14조에 따라 등록된 기업구조조정전문회사(이하 "기업구조조정전문회사"라 한다)
12. 「지역신용보증재단법」에 따른 지역신용보증재단
13. 「자본시장과 금융투자업에 관한 법률」 제8조제2항 및 제3항에 따른 투자매매업자와 투자중개업자
14. 「기술의 이전 및 사업화 촉진에 관한 법률」 제10조에 따른 기술거래기관
15. 「기술의 이전 및 사업화 촉진에 관한 법률」 제35조에 따른 기술평가기관
16. 「정보통신산업 진흥법」 제26조에 따른 정보통신산업진흥원
17. 「중소기업협동조합법」 제3조제1항제4호에 따른 중소기업중앙회
18. 「산업표준화법」 제32조에 따른 한국표준협회
19. 다음 각 목의 어느 하나에 해당하는 사람
    가. 「변호사법」 제15조에 따라 개업신고를 한 변호사
    나. 「공인회계사법」 제12조에 따라 사무소를 개설한 공인회계사
    다. 「변리사법」 제6조의2제2항에 따라 개업신고를 한 변리사
    라. 「중소기업진흥에 관한 법률」 제50조에 따라 등록한 경영지

도사 또는 기술지도사

　마.　「세무사법」　제13조에 따라
　　　개업신고를 한 세무사
20. 그 밖에 벤처기업을 지원하는 자
　　로서 중소기업청장이 지정하는 자
[전문개정 2008.11.4.]

제2조의2 삭제 <2006.6.2.>

제2조의3(벤처기업의 요건 등) ① 법
제2조의2제1항제2호가목(1)부터
(8)까지의 규정 외의 부분에서 "대통
령령으로 정하는 기준"이란 법 제2조
의2제1항제2호가목(1)부터　(8)까지
에 규정된 자가 해당 기업에 대하여
투자를 한 금액의 합계가 5천만원
이상으로서, 기업의 자본금 중 투자
금액의 합계가 차지하는 비율이 100
분의 10(해당 기업이 「문화산업진
흥 기본법」 제2조제12호에 따른 제
작자 중 법인이면 자본금의 100분의
7) 이상을 말한다. <개정 2010.4.20.,
2014.6.30.>
② 법 제2조의2제1항제2호가목(7)에
서 "대통령령으로 정하는 기관"이란
다음 각 호의 기관을 말한다.
<개정 2009.5.29., 2010.11.15., 2015.1.6.>
1. 법 제13조제2항에 따른 개인투자
　조합
2. 「한국산업은행법」에 따른 한국
　산업은행
2의2. 삭제 <2014.12.30.>
3. 「중소기업은행법」에 따른 중소
　기업은행
4. 「은행법」　제2조제1항제2호에
　따른 은행
5. 「자본시장과 금융투자업에 관한
　법률」 제9조제18항제7호에 따른
　사모투자전문회사(이하 "사모투자
　전문회사"라 한다)
6. 전문성과 국제적 신인도 등에 관
　하여 중소기업청장이 정하여 고시
　하는 기준을 갖춘 외국투자회사

③ 법 제2조의2제1항제2호가목(8)에
서 "투자실적, 경력, 자격요건 등 대
통령령으로 정하는 기준을 충족하는
개인"이란 다음 각 호의 기준을 모
두 갖춘 개인을 말한다.
<신설 2014.6.30.>
1. 다음 각 목의 요건을 모두 갖춘
　주식 또는 지분에 대한 최근 3년
　간의 투자금액의 합계가 1억원
　이상으로서 중소기업청장이 정하
　여 고시하는 금액 이상일 것
　가. 다음의 어느 하나에 해당하는
　　자가 신규로 발행한 주식 또
　　는 지분일 것
　　1) 벤처기업
　　2) 「중소기업창업 지원법」 제2
　　　조제2호에 따른 창업자
　　3) 「중소기업 기술혁신 촉진
　　　법」 제15조에 따른 기술혁
　　　신형 기업
　나. 인수한 날부터 1년 이상 보유
　　한 주식 또는 지분일 것
　다. 「자본시장과 금융투자업에 관
　　한 법률 시행령」 제8조 각
　　호의 어느 하나에 해당하는
　　자(이하 "특수관계인"이라 한
　　다)가 발행한 주식 또는 지분
　　이 아닐 것
2. 다음 각 목의 어느 하나에 해당하
　는 사람일 것
　가. 「자본시장과 금융투자업에 관
　　한 법률」 제9조제15항제3호
　　에 따른 주권상장법인(이하 "
　　주권상장법인"이라 한다)의 창
　　업자(주권 상장 당시 이사로
　　등기된 사람에 한정한다)
　나. 주권상장법인의 이사(등기된
　　사람에 한정한다)로 3년 이상
　　재직한 경력이 있는 사람
　다. 다음의 어느 하나에 해당하는 회
　　사에서 투자심사 업무를 2년
　　이상 수행한 경력이 있는 사람
　　1) 법 제2조제8항에 따른 신기
　　　술창업전문회사

2) 법 제4조의3제1항제3호에 따른 유한회사
3) 「중소기업창업 지원법」 제2조제4호에 따른 중소기업창업투자회사

라. 「국가기술자격법」 제10조에 따라 기술사 자격을 취득한 사람

마. 박사학위(이공계열 또는 경상계열에 한정한다)를 소지한 사람

바. 그 밖에 교육과정 이수 또는 투자 관련 경력 등에 관하여 중소기업청장이 정하여 고시하는 기준을 갖춘 사람

④ 중소기업청장은 개인투자자가 법 제2조의2제1항제2호가목(8)에 따른 개인에 해당하는지를 확인하기 위하여 해당 기업 또는 개인투자자에게 제3항 각 호의 요건을 갖추고 있음을 증명할 수 있는 자료를 제출하도록 할 수 있다. 이 경우 자료의 제출방법 및 제출자료의 유효기간 등 세부사항은 중소기업청장이 정하여 고시한다. <신설 2014.6.30.>

⑤ 법 제2조의2제1항제2호나목에서 "대통령령으로 정하는 기준"이란 다음 각 호의 기준을 말한다. 다만, 창업 후 3년이 지나지 아니한 기업에 대하여는 제2호를 적용하지 아니한다. <개정 2014.6.30.>
1. 연간 연구개발비가 5천만원 이상일 것
2. 연간 총매출액에 대한 연구개발비의 합계가 차지하는 비율이 100분의 5 이상으로서 중소기업청장이 업종별로 정하여 고시하는 비율 이상일 것

⑥ 제5항에 따른 연간 연구개발비와 연간 총매출액의 적용기준은 다음 각 호와 같다. <개정 2014.6.30.>
1. 법 제25조제1항에 따라 벤처기업에 해당하는지에 관하여 확인을 요청한 경우에는 그 요청한 날이 속하는 분기의 직전 4개 분기의 연구개발비와 총매출액
2. 법 제25조의2제1항제2호에 따라 벤처기업 확인을 취소하는 경우에는 법 제26조제6항에 따라 벤처기업확인기관의 장이 벤처기업으로 하여금 자료를 제출하게 한 날이 속하는 분기의 직전 4개 분기의 연구개발비와 총매출액

⑦ 법 제2조의2제1항제2호나목에서 "대통령령으로 정하는 기관"이란 다음 각 호의 기관을 말한다. <개정 2009.4.30., 2009.8.18., 2014.6.30.>
1. 기술신용보증기금
2. 중소기업진흥공단
3. 「산업기술혁신 촉진법」 제38조에 따른 한국산업기술진흥원(이하 "한국산업기술진흥원"이라 한다)
4. 「기술의 이전 및 사업화 촉진에 관한 법률」 제35조에 따라 지정된 기술평가기관
5. 「정보통신산업 진흥법」 제26조에 따른 정보통신산업진흥원(이하 "정보통신산업진흥원"이라 한다)

⑧ 법 제2조의2제1항제2호나목에 따른 사업성 평가기준은 제품경쟁력, 사업추진 능력, 시장 전망 등으로 하되, 구체적인 평가기준과 평가방법은 중소기업청장이 정하여 고시한다. <개정 2014.6.30.>

⑨ 법 제2조의2제1항제2호다목(1)에서 "대통령령으로 정하는 기관"은 중소기업진흥공단을 말한다. <개정 2014.6.30.>

⑩ 법 제2조의2제1항제2호다목(2)에서 "대통령령으로 정하는 기준"이란 다음 각 호의 기준을 말한다. 다만, 창업 후 1년이 지나지 아니한 기업에는 제1호의 기준을 4천만원으로 하고, 제2호의 기준을 적용하지 아니하며, 보증 또는 대출금액(결정된 보증 가능금액 또는 대출 가능금액을 포함한다. 이하 이 항에서 같다)

이 10억원 이상인 기업에는 제2호의 기준을 적용하지 아니한다.
<개정 2010.4.20., 2014.6.30.>
1. 보증 또는 대출금액이 8천만원 이상일 것
2. 기업의 총자산에 대한 보증 또는 대출금액의 비율이 100분의 5 이상일 것
⑪ 법 제2조의2제1항제2호다목(3)에 따른 기술성 평가기준은 기술의 우수성, 기술의 활용도 등으로 하되, 구체적인 평가기준과 평가방법은 중소기업청장이 정하여 고시한다.
<개정 2014.6.30.> [전문개정 2008.11.4.]

제3조(벤처기업에 대한 기금의 투자 등) ① 법 제4조제1항에서 "대통령령으로 정하는 기금"이란 별표 1의 기금을 말한다.
② 중소기업청장은 벤처기업에 대한 투자재원을 조성하기 위하여 필요하면 법 제4조제1항에 따른 기금관리주체(이하 "기금관리주체"라 한다)로 하여금 「중소기업창업 지원법」 제2조제5호에 따른 중소기업창업투자조합(이하 "중소기업창업투자조합"이라 한다)이나 법 제4조의3제1항에 따른 한국벤처투자조합(이하 "한국벤처투자조합"이라 한다)에 출자할 것을 권고할 수 있다.
③ 법 제4조제1항에서 "대통령령으로 정하는 비율 이내의 자금"이란 해당 기금의 운용자금 중 100분의 10 이내의 자금으로 한다.
[전문개정 2008.11.4.]

제3조의2(투자관리전문기관의 지정 등) ① 법 제4조의2제1항에서 "대통령령으로 정하는 투자관리기관"이란 다음 각 호의 기관이나 단체를 말한다.
1. 중소기업진흥공단
2. 법 제4조의2제1항에 따른 중소기업투자모태조합(이하 "모태조합"

이라 한다)의 운용에 필요한 전문인력과 시설 등 중소기업청장이 정하여 고시하는 기준을 갖춘 기관 또는 단체
② 법 제4조의2제1항에 따른 투자관리전문기관(이하 "투자관리전문기관"이라 한다)은 법 제4조의2제4항에 따라 모태조합 운용에 필요한 전문인력과 시설 등에 변동이 있으면 중소기업청장에게 보고하여야 한다.
③ 투자관리전문기관은 법 제4조의2제4항에 따라 매 사업연도 종료 후 4개월 이내에 결산서에 회계법인의 감사의견서를 첨부하여 중소기업청장에게 제출하여야 한다.
④ 투자관리전문기관의 관리에 필요한 그 밖의 사항은 중소기업청장이 정한다.
[전문개정 2008.11.4.]

제3조의3 삭제 <2009.4.30.>

제3조의4(모태조합의 존속기간) 법 제4조의2제9항에서 "대통령령으로 정하는 기간"이란 30년을 말한다.
[전문개정 2008.11.4.]

제3조의5(모태조합의 관리 등) ① 법 제4조의2제9항에 따라 중소기업청장은 다음 각 호의 사항을 포함한 다음 해의 모태조합 운용지침안을 매년 12월 31일까지 작성하여야 한다. 이 경우 중소기업청장은 모태조합 운용지침안 작성과 관련하여 필요할 때에는 법 제4조의2제1항에 따라 모태조합에 출자한 자의 의견을 들을 수 있다. <개정 2009.4.30., 2014.3.24.>
1. 모태조합 자산의 배분 기준
2. 법 제4조의2제3항 각 호의 조합이나 회사에 대한 모태조합의 출자한도
3. 투자관리전문기관의 임직원에 대

한 성과급 지급한도

4. 그 밖에 모태조합의 운용계획에 포함되어야 할 주요사항

② 투자관리전문기관은 모태조합 운용계획을 매년 1월 31일까지 제출하고, 전년도의 모태조합 운용실적을 4월 30일까지 중소기업청장에게 제출하여야 한다.

[전문개정 2008.11.4.]

제3조의6(한국벤처투자조합의 결성 등)

① 법 제4조의3제1항 각 호의 어느 하나에 해당하는 자가 한국벤처투자조합을 결성하려면 다음 각 호의 사항이 적힌 결성계획서를 중소기업청장에게 제출하여야 한다.

1. 사업 개요
2. 출자금 총액, 출자 1좌(座)의 금액, 출자의 시기 및 방법
3. 법 제4조의3제2항에 따른 유한책임조합원(이하 "유한책임조합원"이라 한다)의 모집계획
4. 한국벤처투자조합의 자산운용계획 및 배분계획
5. 한국벤처투자조합의 투자심사업무를 전담하는 전문인력의 인적사항(성명, 주민등록번호, 약력 및 투자경력 등을 말한다. 이하 같다)

② 법 제4조의3제1항제3호나목에서 "대통령령으로 정하는 기준에 맞는 전문인력"이란 중소기업창업투자회사 등 중소기업청장이 인정하는 기관에서 투자와 관련된 업무에 5년 이상 종사한 경력이 있는 사람 1명 및 3년 이상 종사한 경력이 있는 사람 2명 이상을 말한다.

③ 삭제 <2014.3.24.>

④ 법 제4조의3제4항에 따라 한국벤처투자조합은 다음 각 호의 요건을 모두 갖추어 신고하여야 한다. <개정 2010.4.20.>

1. 출자금 총액이 30억원 이상일 것. 다만, 조합 규약에서 정하는 바에 따라 나누어 출자하는 경우에는 최초 출자금이 10억원 이상이어야 한다.
2. 출자 1좌의 금액이 100만원 이상일 것
3. 유한책임조합원의 수가 49명 이하일 것
4. 법 제4조의3제2항에 따른 업무집행조합원(이하 "업무집행조합원"이라 한다)의 출자지분이 출자금 총액의 100분의 1 이상일 것
5. 존속기간이 5년 이상일 것

⑤ 업무집행조합원은 한국벤처투자조합의 결성을 마치면 다음 각 호의 서류를 첨부한 신고서를 조합원총회의 개최일부터 7일 이내에 중소기업청장에게 제출하여야 한다.

1. 한국벤처투자조합의 규약
2. 조합원 명부
3. 조합원의 출자금액과 출자이행을 증명하는 서류
4. 한국벤처투자조합의 투자심사업무를 전담하는 전문인력의 인적사항

⑥ 업무집행조합원은 제5항의 신고사항 중 다음 각 호의 내용이 변경되면 7일 이내에 그 사실을 증명하는 서류를 첨부한 변경신고서를 중소기업청장에게 제출하여야 한다.

1. 한국벤처투자조합의 명칭과 사무소의 소재지
2. 업무집행조합원의 명칭 및 주소
3. 조합원별 출자금액 및 출자좌수
4. 해당 조합의 존속기간
5. 한국벤처투자조합의 투자심사업무를 전담하는 전문인력의 인적사항

[전문개정 2008.11.4.]

제3조의7 삭제 <2007.4.26.>

제3조의8(투자수익의 산정방식 등)

① 법 제4조의3제7항에 따른 성과보수를 지급하기 위한 투자수익은 한국벤처투자조합 자산의 평가금액에서 출

자금액과 중소기업청장이 정하는 운
영경비를 뺀 금액으로 한다.
<개정 2010.4.20.>
② 법 제4조의3제7항에 따라 투자수
익에 따른 성과보수를 받은 업무집
행조합원은 받은 금액의 범위에서
투자수익 발생에 이바지한 임직원에
게 성과급을 지급할 수 있다.
<개정 2010.4.20.>
[전문개정 2008.11.4.]

제3조의9(한국벤처투자조합의 업무의 집행 등)

① 법 제4조의4제2항제4호
에서 "대통령령으로 정하는 금융기관
"이란 다음 각 호의 기관이나 단체를
말한다. <개정 2009.5.6., 2014.3.24.>
1. 「금융실명거래 및 비밀보장에 관
   한 법률」 제2조제1호에 따른 금
   융회사등
2. 기업구조조정전문회사와 「산업발
   전법」(법률 제9584호 산업발전
   법 전부개정법률로 개정되기 전의
   것을 말한다) 제15조에 따라 등
   록된 기업구조조정조합(이하 "기
   업구조조정조합"이라 한다) 또는
   「산업발전법」 제20조에 따른
   기업구조개선 사모투자전문회사
② 법 제4조의4제2항제5호 본문에서
"대통령령으로 정하는 범위의 업무
용 부동산"이란 다음 각 호의 부동
산을 말한다.
1. 「중소기업창업 지원법」 제2조제
   7호에 따른 창업보육센터(해당
   한국벤처투자조합이 직접 설립한
   것만 해당한다)
2. 투자상담을 위한 전용공간 확보
   등 중소기업청장이 정하는 기준을
   충족하는 사무실
③ 법 제4조의4제2항제6호에서 "대
통령령으로 정하는 행위"란 다음 각
호의 행위를 말한다. <개정 2009.5.6.,
2014.6.30.>
1. 다음 각 목의 어느 하나에 해당하
   는 자와 거래하는 행위

가. 해당 업무집행조합원이 결성한
    한국벤처투자조합. 다만, 업무
    집행조합원이 한국벤처투자조
    합의 해산이나 그 밖에 중소
    기업청장이 인정하는 불가피
    한 사유로 인하여 거래하는
    경우는 제외한다.
나. 해당 업무집행조합원의 특수관
    계인
다. 해당 업무집행조합원의 주요주
    주(누구의 명의로 하든지 자
    기의 계산으로 의결권 있는
    발행주식총수의 100분의 10
    이상의 주식을 소유하거나 임
    원의 임면 등 해당 업무집행
    조합원의 주요 경영사항에 대
    하여 사실상 지배력을 행사하
    고 있는 주주를 말한다) 및
    그 특수관계인
라. 해당 업무집행조합원이 결성한
    한국벤처투자조합의 주요 출
    자자(출자총액의 100분의 10
    이상의 출자지분을 소유한 출
    자자를 말한다. 이하 이 목에
    서 같다) 및 그 특수관계인.
    다만, 다음의 어느 하나에 해
    당하는 경우는 제외한다.
    1) 업무집행조합원이 해당 한국
       벤처투자조합(중소기업창업
       투자회사나 중소기업창업투
       자조합 등이 보유하고 있는
       주식 등의 자산을 매수할
       목적으로 결성된 조합만 해
       당한다) 주요출자자의 특수
       관계인인 중소기업창업투자
       회사나 중소기업창업투자조
       합으로부터 주식 등의 자산
       을 매수하는 경우
    2) 해당 업무집행조합원이 결성
       한 한국벤처투자조합의 주
       요출자자인 모태조합 또는
       「국가재정법」 별표 2에
       규정된 기금설치 근거 법률

에 따라 설치된 기금을 관리·운용하는 자(기금의 관리나 운용 업무를 위탁받은 자는 제외한다)의 특수관계인인 다른 중소기업창업투자조합이나 한국벤처투자조합과 거래하는 경우

2. 해당 업무집행조합원이 결성한 한국벤처투자조합이 다음 각 목의 어느 하나에 해당하는 조합이나 회사와 거래하는 행위. 다만, 해당 업무집행조합원이 업무집행조합원 또는 업무집행사원인 조합이나 회사와 거래하는 경우만 해당한다.

　가. 한국벤처투자조합

　나. 중소기업창업투자조합

　다. 「여신전문금융업법」 제41조 제3항에 따른 신기술사업투자조합

　라. 기업구조조정조합 또는 「산업발전법」 제20조에 따른 기업구조개선 사모투자전문회사

　마. 사모투자전문회사

3. 한국벤처투자조합의 명의로 제3자를 위하여 주식을 취득하거나 자금을 중개하는 행위

4. 투자에 관한 계약서에 적힌 사항 외에 별도의 조건을 설정하여 투자하는 행위

5. 해당 업무집행조합원이 결성한 한국벤처투자조합이 투자한 업체로부터 차입이나 자산 매각 등 투자에 따르는 정상적인 거래관계 외의 거래를 통하여 자금을 받는 행위

④ 제3항제1호 및 제2호에서 "거래"란 다음 각 호의 어느 하나에 해당하는 행위를 말한다.
〈신설 2014.6.30.〉

1. 제3항제1호 각 목 및 제2호 각 목의 어느 하나에 해당하는 자에게 투자하거나 그가 발행한 증권(「자본시장과 금융투자업에 관한 법률」 제4조제1항에 따른 증권을 말하며, 이하 이 항에서 "증권

"이라 한다)을 소유하는 행위

2. 제3항제1호 각 목 및 제2호 각 목의 어느 하나에 해당하는 자에 대한 신용공여 행위(현금·증권 등 경제적 가치가 있는 재산의 대여, 자금 지원적 성격의 증권의 매입을 말한다)

3. 그 밖에 제1호 및 제2호와 유사한 행위로서 한국벤처투자조합의 건전한 자산운용을 해칠 우려가 있고, 거래상의 신용위험을 수반하는 직접적·간접적 거래로 중소기업청장이 정하여 고시하는 행위
[전문개정 2008.11.4.]

제3조의10(한국벤처투자조합의 해산)

① 법 제4조의6제1항제4호에서 "대통령령으로 정하는 경우"란 다음 각 호의 어느 하나에 해당하는 경우를 말한다. 〈개정 2010.4.20.〉

1. 한국벤처투자조합의 결성목적이 달성되었다고 조합원 전원이 동의하는 경우

2. 한국벤처투자조합의 자산이 출자금 총액보다 적어지거나 그 밖의 사유가 생겨 업무를 계속 수행하기 어려운 경우로서 조합 총지분의 과반수를 소유하는 조합원이 해산을 위한 조합원 총회에 출석하고, 출석한 조합원의 지분의 3분의 2 이상과 조합 총지분의 3분의 1 이상의 동의를 받은 경우

② 법 제4조의6제2항에 따라 업무집행조합원을 가입하게 하여 한국벤처투자조합을 계속하려는 자는 다음 각 호의 사항을 신고서에 적고 조합을 계속하려는 사유서와 유한책임조합원 전원의 동의서를 첨부하여 중소기업청장에게 제출하여야 한다.

1. 한국벤처투자조합의 명칭과 사무소의 소재지

2. 새로 가입하게 한 업무집행조합원의 명칭, 소재지 및 대표자의 성명

3. 조합원별 출자금액 및 출자좌수

③ 제2항에 따라 신고서를 제출한 경우에는 제3조의6제6항에 따른 변경신고를 한 것으로 본다.

④ 한국벤처투자조합의 업무집행조합원은 한국벤처투자조합이 해산한 날부터 7일 이내에 중소기업청장에게 그 사실을 알려야 한다.

[전문개정 2008.11.4.]

제4조(기술평가기관) 법 제6조제2항에서 "대통령령으로 정하는 기술평가기관"이란 다음 각 호의 기관을 말한다. <개정 2009.4.30., 2009.8.18., 2009.12.24., 2011.10.28., 2013.12.11.>

1. 한국산업기술진흥원
2. 기술신용보증기금
3. 「산업기술혁신 촉진법」 제39조에 따른 한국산업기술평가관리원
4. 「한국환경공단법」에 따른 한국환경공단(「환경기술 및 환경산업 지원법」 제2조제1호에 따른 환경기술에 대한 기술평가만 해당한다)
5. 국가기술표준원
6. 「과학기술분야 정부출연연구기관 등의 설립·운영 및 육성에 관한 법률」에 따른 한국과학기술연구원과 한국과학기술정보연구원
7. 정보통신산업진흥원

[전문개정 2008.11.4.]

제4조의2(신기술창업전문회사의 설립 등) ① 법 제11조의2제1항제4호에서 "대통령령으로 정하는 기관"이란 다음 각 호의 기관을 말한다.

1. 「산업기술혁신 촉진법」 제42조에 따른 전문생산기술연구소(이하 "전문생산기술연구소"라 한다)
2. 「민법」 제32조에 따라 설립된 비영리법인으로서 과학 또는 산업기술 분야 연구기관

② 법 제11조의2제2항에 따라 신기술창업전문회사(이하 "전문회사"라 한다)를 등록하려는 대학 또는 연구기관은 산업통상자원부령으로 정하는 등록신청서에 다음 각 호의 서류를 첨부하여 중소기업청장에게 제출하여야 한다. 이 경우 신청을 받은 중소기업청장은 「전자정부법」 제36조제1항에 따른 행정정보의 공동이용을 통하여 법인등기부 등본을 확인하여야 한다. <개정 2010.4.20., 2010.5.4., 2013.3.23.>

1. 정관
2. 사업계획서(출자비율, 출자내용, 보유인력 및 보유시설에 관한 사항을 포함한다)
3. 임원의 이력서

③ 전문회사는 다음 각 호의 사항이 변경된 날부터 7일 이내에 산업통상자원부령으로 정하는 변경등록신청서에 변경된 사실을 증명하는 서류를 첨부하여 중소기업청장에게 제출하여야 한다. <개정 2013.3.23.>

1. 상호
2. 본점의 소재지
3. 임원
4. 보유인력
5. 보유시설
6. 의결권 있는 발행주식총수의 100분의 30 이상을 소유한 주주

④ 법 제11조의2제3항제3호에서 "대통령령으로 정하는 기준"이란 다음 각 호와 같다.

1. 별표 2의 경영 분야나 기술 분야에 해당하는 1명 이상의 상근(常勤) 전문인력
2. 전문회사의 업무를 수행하기 위한 독립된 전용공간

[전문개정 2008.11.4.]

제4조의3(전문회사의 행위제한 등) ① 법 제11조의6제1항제2호에서 "대통령령으로 정하는 거래행위"란 전문회사와 해당 전문회사가 설립한 자회사

간의 거래로서 다음 각 호에 해당하는 거래를 말한다. 다만, 인수·합병 등 정당한 목적이 있는 거래행위는 제외한다.
1. 채무 보증
2. 담보 제공
② 법 제11조의6제3항에서 "대학이나 연구기관의 고유목적사업이나 연구개발 및 산학협력 활동 등 대통령령으로 정하는 용도"란 다음 각 호의 용도를 말한다.
1. 대학이나 연구기관의 고유목적사업
2. 연구개발 및 산학협력 활동에 필요한 경비
3. 해당 전문회사에 대한 재투자
4. 기술개발과 사업화에 이바지한 인력과 부서에 대한 보상금
[전문개정 2008.11.4.]

제5조(개인투자조합의 등록요건과 절차) ① 법 제13조에 따른 개인투자조합(이하 "개인투자조합"이라 한다)은 다음 각 호의 요건을 갖추어야 한다. <개정 2014.6.30.>
1. 출자금 총액이 1억원 이상일 것
2. 출자 1좌의 금액이 100만원 이상일 것
3. 조합원 수가 49명 이하일 것
4. 업무집행조합원의 출자지분이 출자금 총액의 100분의 5 이상일 것
5. 존속기간이 5년 이상일 것
② 법 제13조제1항에 따라 개인투자조합을 결성하여 등록하려는 자는 조합원 모집계획 및 투자계획 등이 포함된 결성계획서를 미리 중소기업청장에게 제출하여야 한다.
③ 제2항에 따른 결성계획에 따라 결성을 마친 개인투자조합의 업무집행조합원은 산업통상자원부령으로 정하는 등록신청서에 다음 각 호의 서류를 첨부하여 결성총회 개최일부터 5일 이내에 중소기업청장에게 제출

하여야 한다. <개정 2013.3.23.>
1. 조합 규약
2. 조합원 명부
3. 조합원의 출자금액과 출자이행을 증명하는 서류
④ 중소기업청장은 제3항에 따른 등록 신청이 다음 각 호의 어느 하나에 해당하는 경우를 제외하고는 등록을 해 주어야 한다.
<신설 2011.12.28.>
1. 제1항에 따른 등록요건을 갖추지 못한 경우
2. 그 밖에 법, 이 영 또는 다른 법령에 따른 제한에 위반되는 경우
⑤ 제3항에 따라 등록한 개인투자조합의 업무집행조합원은 등록 내용에 변경이 있을 때에는 5일 이내에 변경등록을 신청하여야 한다.
<개정 2011.12.28.>
⑥ 중소기업청장은 개인투자조합이 등록을 할 때에는 다음 각 호의 사항이 적힌 등록원부를 갖추어 두고 관리하여야 한다. <개정 2011.12.28.>
1. 조합의 명칭과 사무소 소재지
2. 업무집행조합원의 성명 및 주소
3. 조합원별 출자금액 및 출자좌수
4. 해당 조합의 존속기간
[전문개정 2008.11.4.]

제5조의2(해산사유) 법 제13조제5항제3호에서 "대통령령으로 정하는 사유"란 다음 각 호의 어느 하나에 해당하는 경우를 말한다. <개정 2014.3.24.>
1. 개인투자조합의 결성 목적이 달성되었다고 조합원 전원이 동의하는 경우
2. 조합원 간에 이해관계가 충돌하여 조합의 업무가 중단되는 등의 사유가 생겨 중소기업청장이 조합원을 보호하기 위하여 필요하다고 인정하는 경우로서 조합원 총수 및 조합 총지분 각 과반수의 동의를 받은 경우
[전문개정 2008.11.4.]

제5조의3(조합의 운영) 중소기업청장은 개인투자조합의 효율적인 운영을 위하여 개인투자조합의 표준규약을 정할 수 있다.

[전문개정 2005.10.26.]

제6조(조세감면을 위한 투자대상 등)
① 법 제14조제2항에 따른 투자대상은 창업 후 7년 이내인 벤처기업 또는 벤처기업으로 전환한 지 7년 이내인 기업에 대한 투자로 한다.
② 법 제14조제2항에 따라 소득세 등을 감면받으려는 개인, 개인투자조합의 업무집행조합원은 중소기업청장에게 투자실적의 확인을 요청할 수 있다.
③ 중소기업청장은 제2항에 따른 투자실적의 확인 요청을 받으면 그 투자실적을 확인하여 투자실적확인서를 발급하여야 한다. 이 경우 투자실적의 확인을 위하여 필요하면 개인이나 개인투자조합이 투자한 벤처기업에 자료 제출을 요청할 수 있다.
④ 중소기업청장은 제3항에 따라 투자실적을 확인받은 개인이나 개인투자조합이 그 투자지분을 투자일부터 5년 이내에 회수하거나 양도한 사실을 확인하면 지체 없이 그 사실을 소득세 등의 원천징수의무자, 납세조합(「소득세법」 제149조에 따른 납세조합을 말한다. 이하 제6조의2제3항에서 같다) 또는 세무서장에게 알려야 한다.
⑤ 제2항부터 제4항까지의 규정에서 정한 것 외에 투자실적의 확인절차 등에 관하여 필요한 사항은 중소기업청장이 정하여 고시한다.

[전문개정 2008.11.4.]

제6조의2(세제지원대상 주식교환의 확인 등) ① 법 제14조제3항 각 호 외의 부분 후단에 따라 법 제15조 또는 법 제15조의4에 따른 주식교환에 대하여 세제지원을 받으려는 자는 관련 자료를 첨부하여 중소기업청장에게 세제지원대상 주식교환의 확인을 요청할 수 있다.
② 제1항에 따라 주식교환의 확인요청을 받은 중소기업청장은 그 주식교환이 법 제15조 또는 법 제15조의4에 따른 주식교환에 해당하면 주식교환 확인서를 발급하여야 한다.
③ 중소기업청장은 제2항에 따라 세제지원대상 주식교환의 확인을 받은 자가 주식교환을 한 날부터 1년 이내에 그 주식을 타인에게 양도한 사실을 확인하면 지체 없이 그 사실을 소득세 등의 원천징수의무자, 납세조합 또는 세무서장에게 알려야 한다.
④ 그 밖에 세제지원대상 주식교환의 확인 방법 및 절차 등에 관하여 필요한 사항은 중소기업청장이 정하여 고시한다.

[전문개정 2008.11.4.]

제6조의3(공인평가기관) 법 제15조의4제3항 전단에서 "대통령령으로 정하는 공인평가기관"이란 다음 각 호의 기관을 말한다.
<개정 2009.4.30., 2013.8.27.>
1. 「자본시장과 금융투자업에 관한 법률」에 따른 투자매매업자와투자중개업자(증권의 인수·중개·주선 또는 대리업무의 인가를 받은 자만 해당한다)
2. 「자본시장과 금융투자업에 관한 법률」 제335조의3에 따라 신용평가업인가를 받은 신용평가회사
3. 「공인회계사법」에 따른 회계법인으로서 소속 공인회계사가 100명 이상인 회계법인
4. 한국산업기술진흥원
5. 기술신용보증기금

[전문개정 2008.11.4.]

제7조(중소벤처기업 인수합병 지원센터 지정기준 등) ① 법 제15조의13제1항에 따라 중소벤처기업 인수합병 지원센터(이하 "지원센터"라 한다)로 지정받으려는 기관 또는 단체는 다음 각 호의 요건을 갖추어야 한다. <개정 2009.11.20., 2014.3.24.>

1. 법인일 것
2. 업무 내용에 중소벤처기업 인수합병에 관한 업무가 포함되어 있을 것
3. 중소벤처기업의 인수합병을 지원할 수 있는 전담조직을 갖추고 있을 것
4. 다음 각 목의 어느 하나에 해당하는 전문인력을 3명 이상 보유할 것
   가. 「공인회계사법」에 따른 공인회계사, 「변호사법」에 따른 변호사 또는 「세무사법」에 따른 세무사로서 기업의 인수합병 업무에 3년 이상 종사한 경력이 있는 사람
   나. 「중소기업진흥에 관한 법률」 제46조에 따른 경영지도사로서 기업의 인수합병 업무에 3년 이상 종사한 경력이 있는 사람
   다. 「금융실명거래 및 비밀보장에 관한 법률」 제2조제1호에 따른 금융회사등 또는 기업구조조정전문회사에서 기업의 인수합병 업무에 3년 이상 종사한 경력이 있는 사람
   라. 가목부터 다목까지에서 규정한 자와 동등한 자격이 있다고 중소기업청장이 인정하는 사람
② 법 제15조의13에 따라 지원센터로 지정받으려는 중소기업지원 관련 기관 또는 단체는 중소기업청장이 정하여 고시하는 바에 따라 중소기업청장에게 지정신청을 하여야 한다.
③ 중소기업청장은 지원센터를 지정한 경우에는 이를 고시하여야 한다.
④ 지원센터로 지정받은 기관 또는 단체는 해당 연도의 사업계획과 전년도의 사업추진 실적을 매년 1월 31일까지 중소기업청장에게 제출하여야 한다. <개정 2014.3.24.>
[본조신설 2009.4.30.]

제8조(지원센터의 지정취소) 중소기업청장은 법 제15조의14에 따라 지원센터의 지정을 취소한 경우에는 이를 고시하여야 한다.
[본조신설 2009.4.30.]

제9조 삭제 <2001.11.22.>

제10조 삭제 <2001.11.22.>

제11조 삭제 <2001.11.22.>

제11조의2(연구원의 겸임이나 겸직이 허용되는 연구기관의 범위) 법 제16조의2제1항 본문에서 "대통령령으로 정하는 정부출연연구기관"이란 다음 각 호의 연구기관을 말한다.

1. 「정부출연연구기관 등의 설립·운영 및 육성에 관한 법률」 또는 「과학기술분야 정부출연연구기관 등의 설립·운영 및 육성에 관한 법률」에 따라 설립된 연구기관
2. 「방사선 및 방사성동위원소 이용진흥법」 제13조의2에 따른 한국원자력의학원
3. 「한국원자력안전기술원법」에 따른 한국원자력안전기술원
4. 「과학기술기본법」 제20조에 따른 한국과학기술기획평가원
[전문개정 2008.11.4.]

제11조의3(주식매수선택권의 부여방법 등) ① 법 제16조의3제1항에 따른 주식매수선택권의 부여는 다음 각 호의 어느 하나에 해당하는 방법에 따른다.

1. 주식매수선택권의 행사가격으로 새로 신주를 발행해서 주거나 자기주식을 주는 방법
2. 주식매수선택권의 행사가격과 시가(時價)와의 차액(행사가격이 시가보다 낮은 경우의 차액을 말한다)을 현금이나 자기주식으로 주는 방법
② 제1항 각 호에 따른 주식매수선택권의 행사가격(주식매수선택권을 부여한 후 그 행사가격을 조정하는 경우에도 또한 같다)은 다음 각 호의 가액(價額) 이상이어야 하며, 제1항 제2호에 따른 시가는 주식매수선택권을 행사한 날을 기준으로 제1호가목에 따라 평가한 해당 주식의 시가로 한다.
1. 새로 주식을 발행하여 주는 경우에는 다음 각 목의 가액 중 높은 금액
   가. 주식매수선택권을 부여한 날을 기준으로 「상속세 및 증여세법 시행령」 제54조를 준용하여 평가한 해당 주식의 시가
   나. 해당 주식의 권면액(券面額)
2. 현금이나 자기주식으로 주는 경우에는 제1호가목에 따라 평가한 해당 주식의 시가
③ 법 제16조의3제1항제1호에서 "대통령령으로 정하는 자"란 「상법 시행령」 제30조제2항에 규정된 자를 말한다. <개정 2009.2.3., 2012.4.10.>
④ 법 제16조의3제1항제2호에서 "대통령령으로 정하는 자"란 다음 각 호의 사람을 말한다.
<개정 2009.11.20., 2014.6.30.>
1. 법 제16조제1항제1호 또는 제2호에 해당하는 사람
2. 제11조의2 각 호에 따른 연구기관의 연구원
3. 「변호사법」 제15조에 따라 개업신고를 한 변호사
4. 「공인회계사법」 제12조에 따라 사무소를 개설한 공인회계사

5. 「변리사법」 제6조의2제2항에 따라 개업신고를 한 변리사
6. 「중소기업진흥에 관한 법률」 제50조에 따라 등록한 경영지도사 또는 기술지도사
7. 「세무사법」 제13조에 따라 개업신고를 한 세무사
8. 「민법」에 따라 설립된 비영리법인으로서 과학 또는 산업기술 분야 연구기관의 연구원
9. 자본금의 100분의 30 이상을 출자하고 최다출자자로 있는 외국법인의 임직원
10. 자본금 또는 출자총액의 100분의 30 이상을 출자하고 최다출자자로 있는 법인의 기술혁신을 위한 연구개발활동을 하는 외국 연구소의 연구원
11. 「의료법」 제5조에 따라 의사, 치과의사 또는 한의사 면허를 받은 사람
12. 「약사법」 제3조 또는 제4조에 따라 약사 또는 한약사 면허를 받은 사람
13. 「국가기술자격법」 제10조에 따라 기술사 자격을 취득한 사람
⑤ 법 제16조의3제1항제3호에서 "대통령령으로 정하는 연구기관"이란 다음 각 호의 연구기관을 말한다.
1. 국공립 연구기관(「한국과학기술원법」에 따른 한국과학기술원과 「광주과학기술원법」에 따른 광주과학기술원을 포함한다)
2. 제11조의2 각 호에 따른 연구기관
3. 전문생산기술연구소
4. 「민법」에 따라 설립된 비영리법인으로서 과학 또는 산업기술 분야 연구기관
⑥ 주식매수선택권을 부여할 수 있는 주식의 총한도는 해당 벤처기업이 발행한 주식총수의 100분의 50으로 한다.
⑦ 주식매수선택권을 부여하려는 벤처기업이 법 제16조의3제5항에 따

른 신고를 할 때에는 그 신고서에 주주총회 의사록과 이사회 의사록(법 제16조의3제4항에 따라 이사회에서 주식매수선택권의 부여에 관한 사항을 정한 경우만 해당한다)을 첨부하여 제출하여야 한다.

⑧ 주식매수선택권을 부여한 벤처기업이 주식매수선택권 부여를 취소하는 경우에는 「상법 시행령」 제30조제6항을 준용한다. <개정 2009.2.3., 2012.4.10.> [전문개정 2008.11.4.]

제11조의4(신기술창업집적지역의 지정 등)

① 법 17조의2제2항에서 "집적지역의 명칭, 집적지역 지정 면적 등 대통령령으로 정한 사항"이란 다음 각 호를 말한다.

1. 신기술창업집적지역(이하 "집적지역"이라 한다)의 명칭, 위치 및 지정 면적
2. 해당 기관이 보유한 학교 부지나 부지의 연면적
3. 주요 시설의 배치계획

② 중소기업청장은 법 제17조의2제3항에 따라 집적지역을 지정하려면 시장·군수 또는 구청장(자치구의 구청장을 말한다. 이하 같다)과 협의하여야 한다.

③ 중소기업청장은 법 제17조의2제3항에 따라 집적지역을 지정하였을 때에는 그 집적지역의 명칭, 위치 및 지정 면적 등을 관보에 고시하여야 한다.

④ 법 제17조의2제4항에서 "대통령령으로 정하는 면적"이란 1만 제곱미터를 말한다. [전문개정 2008.11.4.]

제11조의5(집적지역의 지정면적 비율)

법 제17조의3제1호에서 "대통령령으로 정하는 비율"이란 100분의 30을 말한다. [전문개정 2008.11.4.]

제11조의6(집적지역의 지정 제외 지역 등)

① 법 제17조의4제1항에서 "대통령령으로 정하는 지역"이란 다음 각 호의 지역을 말한다. <개정 2009.4.30.>

1. 「국토의 계획 및 이용에 관한 법률」 제36조제1항에 따른 용도지역 중 보전관리지역, 농림지역 및 자연환경보전지역
2. 「국토의 계획 및 이용에 관한 법률 시행령」 제30조에 따른 용도지역 중 제1종전용주거지역, 제2종전용주거지역, 유통상업지역 및 보전녹지지역

② 법 제17조의4제2항 전단에서 "대통령령으로 정하는 도시형공장"이란 「산업집적활성화 및 공장설립에 관한 법률 시행령」 제34조제1호의 공장을 말한다.

③ 중소기업청장은 법 제17조의4제2항 전단에 따른 도시형공장 승인에 관한 업무를 처리할 때 필요한 지침을 작성하여 고시할 수 있다. <신설 2010.4.20.> [전문개정 2008.11.4.]

제11조의7(집적지역의 임대료 등)

① 법 제17조의4제7항에 따른 임대료에 관하여는 제13조제1항 및 제2항을 준용한다.

② 법 제17조의4제7항에 따른 임대기간에 관하여는 제13조제3항 및 제4항을 준용한다. [본조신설 2007.4.26.] [종전의 제11조의7은 제11조의11로 이동 <2007.4.26.>]

제11조의8(벤처기업집적시설의 지정 요건 등)

① 법 제18조제1항 전단에서 "대통령령으로 정하는 연면적"이란 건축물의 연면적(전용면적을 말한다. 이하 이 조에서 같다)이 1천200제곱미터 이상인 경우를 말한다. 다

만, 건축물의 일부를 지정받으려는 경우에는 각 층 연면적의 100분의 50 이상을 지정대상에 포함하여야 한다.

② 법 제18조제2항제1호에서 "벤처기업 등 대통령령으로 정하는 기업"이란 다음 각 호의 어느 하나에 해당하는 기업을 말한다. <개정 2014.3.24.>

1. 법 제25조에 따라 벤처기업으로 확인받은 기업
2. 「조세특례제한법 시행령」 제6조제6항에 따른 지식기반산업을 경영하는 중소기업
3. 「산업집적활성화 및 공장설립에 관한 법률 시행령」 제6조제2항에 따른 지식산업 또는 같은 조 제3항에 따른 정보통신산업을 경영하는 중소기업
4. 창업보육센터에 3년 이상 입주한 경력이 있는 중소기업

③ 법 제18조제2항제2호에서 "대통령령으로 정하는 기업"이란 제2항 각 호에 해당하는 기업을 말한다.

④ 법 제18조제2항제3호에서 "벤처기업집적시설 등 대통령령으로 정하는 시설"이란 다음 각 호의 시설을 말한다.

1. 제2조에 따른 지원시설
2. 공용회의실, 공동이용장비실 및 전시장 등 제2항에 따른 기업의 업무활동과 관련된 시설
3. 휴게실, 구내식당 및 체력단련실 등 제2항에 따른 기업의 종업원을 위한 후생복지시설

[전문개정 2008.11.4.]

제11조의9(벤처기업집적시설의 지정신청 등) ① 법 제18조제1항에 따라 벤처기업집적시설로 지정받으려는 자는 산업통상자원부령으로 정하는 바에 따라 특별시장·광역시장·도지사·제주특별자치도지사(이하 "시·도

지사"라 한다)에게 벤처기업집적시설의 지정신청을 하여야 한다. 지정받은 사항을 변경하려는 경우에도 또한 같다. <개정 2013.3.23.>

② 시·도지사는 제1항에 따라 벤처기업집적시설 지정신청을 받은 건축물이 제11조의8제1항의 요건에 해당하면 벤처기업집적시설로 지정하고, 산업통상자원부령으로 정하는 바에 따라 벤처기업집적시설 지정서를 발급하여야 한다. <개정 2013.3.23.>

[전문개정 2008.11.4.]

제11조의10(실험실공장의 설치 등) ① 법 제18조의2제1항 전단에 따라 실험실공장을 설치하려는 자는 산업통상자원부령으로 정하는 서류를 갖추어 그 소속 기관의 장에게 승인을 신청하여야 한다. 승인받은 사항을 변경하려는 경우에도 또한 같다. <개정 2013.3.23.>

② 법 제18조의2제1항제1호에 따른 학생이 제1항에 따라 승인을 신청할 때에는 실험실공장이 설치될 연구실 등을 관리할 책임이 있는 자로부터 설치에 관한 동의를 받아야 한다. <신설 2010.4.20.>

③ 법 제18조의2제1항제3호에서 "대통령령으로 정하는 기관"이란 다음 각 호의 연구기관을 말한다. <개정 2010.4.20., 2012.7.26.>

1. 전문생산기술연구소
2. 「연구개발특구 등의 육성에 관한 특별법」 제2조제1호에 따른 연구개발특구에 입주한 기관

[전문개정 2008.11.4.]

제11조의11(창업보육센터에 입주한 벤처기업이나 창업자의 공장 설치) 중소기업청장은 법 제18조의3제1항 전단에 따른 도시형공장 승인에 관한 업무를 처리할 때 필요한 지침을 작성하여 고시할 수 있다.

[본조신설 2010.4.20.]
[종전 제11조의11은 제11조의12로 이동 <2010.4.20.>]

제11조의12(벤처기업육성촉진지구의 지정) ① 법 제18조의4에 따른 벤처기업육성촉진지구(이하 "촉진지구"라 한다)는 다음 각 호의 요건을 모두 갖춘 지역으로 한다. <개정 2015.5.26.>
1. 해당 지역에 있는 벤처기업의 수가 「중소기업기본법」 제2조에 따른 중소기업(「소상공인 보호 및 지원에 관한 법률」 제2조에 따른 소상공인은 제외한다) 총수의 100분의 10 이상일 것
2. 대학이나 연구기관이 있을 것
3. 교통·통신·금융 등의 기반시설이 갖추어져 있을 것
② 시·도지사는 법 제18조의4제1항에 따라 촉진지구의 지정을 요청할 때에는 산업통상자원부령으로 정하는 바에 따라 지정요청서와 촉진지구 육성계획서를 중소기업청장에게 제출하여야 한다. <개정 2013.3.23.>
③ 중소기업청장은 관계 중앙행정기관의 장과 협의하여 촉진지구를 지정하고, 촉진지구를 지정하였으면 법 제18조의4제2항에 따라 다음 각 호의 사항을 고시하여야 한다.
1. 촉진지구의 명칭
2. 촉진지구의 위치 및 면적
3. 촉진지구 육성계획의 개요
④ 이 영에서 정한 것 외에 촉진지구의 지정에 필요한 사항은 중소기업청장이 정하여 고시한다.
[전문개정 2008.11.4.]
[제11조의11에서 이동 <2010.4.20.>]

제12조(국유재산의 매각) 법 제19조제2항에 따른 국유재산의 매각가격은 2개 이상의 감정평가법인(「부동산 가격공시 및 감정평가에 관한 법률」

제28조에 따른 감정평가법인을 말한다)이 감정평가한 가액을 산술평균한 금액으로 한다.
[전문개정 2008.11.4.]

제13조(국유재산의 임대 등) ① 법 제19조제1항에 따른 국유재산의 연간 임대료는 「국유재산법 시행령」 제29조제1항에도 불구하고 같은 조 제2항에 따라 산출한 금액에 1천분의 10 이상을 곱한 금액으로 하되, 월 단위로 나누어 낼 수 있다. <개정 2009.7.27.>
② 국유재산을 계속하여 두 해 이상 임차하는 경우로서 제1항에 따라 산출한 연간 임대료가 전년도 임대료의 100분의 10 이상 오르는 경우에는 「국유재산법 시행령」 제31조에 따라 산출한 금액을 그 임대료로 한다. <개정 2009.7.27.>
③ 법 제19조제1항에 따른 국유재산의 임대기간은 20년 이하로 한다.
④ 제3항에 따른 임대기간은 갱신할 수 있다. 이 경우 갱신기간은 갱신할 때마다 제3항에 따른 기간을 초과할 수 없다.
[전문개정 2008.11.4.]

제14조(건축허용이 제외되는 지역 등) ① 법 제21조제2항에서 "녹지지역 등 대통령령으로 정하는 지역"이란 「국토의 계획 및 이용에 관한 법률 시행령」 제30조에 따른 지역 중 전용주거지역, 제1종일반주거지역 및 녹지지역을 말한다.
② 법 제21조제3항 전단에서 "대통령령으로 정하는 공장"이란 「산업집적활성화 및 공장설립에 관한 법률 시행령」 제34조제1호의 도시형공장 중 공장건축면적(건축물 각 층의 바닥면적과 옥외공작물의 수평투영면적을 더한 면적을 말한다)이 2천 제곱미터 이하인 도시형공장을 말한다.

③ 벤처기업집적시설에 입주한 자가 법 제21조제3항에 따라 벤처기업집적시설에 공장을 설치하려는 경우 (설치하려는 공장의 적재하중이 벤처기업집적시설로 지정받은 건축물의 적재하중 이하인 경우는 제외한다)에 벤처기업집적시설의 설치·운영자는 미리 시장·군수 또는 구청장에게 해당 건축물의 구조안전에 대한 확인을 받아야 한다. 이 경우 시장·군수 또는 구청장은 필요하다고 인정하면 「건축사법」 제2조제1호에 따른 건축사나 「국가기술자격법」에 따른 건축구조기술사에게 구조안전에 관한 사항을 검토하게 할 수 있다. <개정 2014.3.24.>
[전문개정 2008.11.4.]

제15조 삭제 <2008.2.29.>

제16조 삭제 <2008.2.29.>

제17조 삭제 <2008.2.29.>

제18조 삭제 <2008.2.29.>

제18조의2 삭제 <2008.2.29.>

제18조의3(벤처기업확인기관) 법 제25조제1항에서 "기술신용보증기금 등 대통령령으로 정하는 기관이나 단체"란 다음 각 호의 기관이나 단체를 말한다.
1. 기술신용보증기금
2. 중소기업진흥공단
3. 「민법」 제32조에 따라 중소기업청장의 허가를 받아 설립된 한국벤처캐피탈협회(이하 "한국벤처캐피탈협회"라 한다)
[전문개정 2008.11.4.]

제18조의4(벤처기업확인서의 유효기간) 법 제25조제2항 후단에 따른 벤처기업확인서의 유효기간은 확인일부터 2년으로 한다.
[전문개정 2010.4.20.]

제18조의5(벤처기업에 관한 정보의 공개) ① 벤처기업확인기관의 장은 법 제25조제2항에 따라 벤처기업임을 확인하면 법 제25조제3항에 따라 그 벤처기업에 관한 다음 각 호의 정보를 벤처기업확인서를 발급한 날부터 15일 이내에 공개하여야 한다. <개정 2010.4.20., 2014.6.30.>
1. 일반정보: 상호, 업종, 등기부상의 법인등록번호, 주소, 전화번호, 주요 제품 및 그 변경사항
2. 재무정보: 대차대조표와 손익계산서
3. 투자 관련 정보: 법 제2조의2제1항제2호가목에 따른 벤처기업의 경우에는 같은 목 (1)부터 (8)까지 규정된 자로부터 투자받은 금액, 투자시기 및 그 변경사항
4. 보증 또는 대출 관련 정보: 법 제2조의2제1항제2호다목에 따른 벤처기업의 경우에는 같은 목 (1)에 규정된 자로부터 보증이나 대출을 받은 금액(결정된 보증 가능금액 또는 대출 가능금액을 포함한다), 그 시기 및 그 변경사항
5. 벤처기업확인서: 발급일, 유효기간 및 그 변경사항
② 제1항에 따른 공개의 구체적인 방법은 중소기업청장이 정하여 고시한다.
[전문개정 2008.11.4.]

제18조의6(벤처기업 확인의 취소 요건) ① 법 제25조의2제1항제3호에서 "대통령령으로 정하는 기간"이란 6개월을 말한다. <개정 2014.3.24.>
② 법 제25조의2제1항제4호에서 "기업경영과 관련하여 주주·사원 또는

이해관계인에게 피해를 입힌 경우 등 대통령령으로 정하는 경우"란 기업의 대표자·최대주주 또는 최대출자사원 등이 기업재산을 유용하거나 은닉하는 등 기업경영과 관련하여 주주·사원 또는 이해관계인에게 피해를 발생하게 하여 「민법」 제32조에 따라 산업통상자원부장관의 허가를 받아 설립된, 벤처기업을 구성원으로 하는 법인이 벤처기업확인기관의 장에게 벤처기업의 확인취소를 요청하는 경우를 말한다.
<개정 2013.3.23.>
[전문개정 2008.11.4.]

제19조(권한의 위임·위탁 등) ① 법 제27조에 따라 다음 각 호의 사항에 관한 중소기업청장의 권한은 지방중소기업청장에게 위임한다.

1. 법 제16조의4제3항에 따른 벤처기업의 투자가치에 관한 정보 등의 제공
2. 법 제26조제3항 및 이 영 제6조제2항부터 제4항까지의 규정에 따른 보고, 투자실적확인서의 발급 및 투자실적 등의 통보와 자료제출
3. 법 제26조제4항에 따른 보고 및 검사에 관한 사항

② 법 제27조에 따라 다음 각 호의 사항에 관한 중소기업청장의 권한은 한국벤처캐피탈협회에 위탁한다. <개정 2014.6.30.>

1. 법 제26조제1항에 따른 보고(중소기업창업투자회사, 중소기업창업투자조합 및 한국벤처투자조합의 투자실적 보고에 한정한다)의 접수 및 투자실적 확인에 관한 사항
2. 법 제26조제2항에 따른 자료 제출에 관한 사항

③ 법 제27조에 따라 다음 각 호의 사항에 관한 중소기업청장의 권한은 법 제4조의8제1항에 따라 설립된

중소기업과 벤처기업의 성장·발전을 위한 투자촉진 등을 목적으로 하는 전담회사에 위탁한다.
<신설 2014.6.30.>

1. 제2조의3제4항에 따라 법 제2조의2제1항제2호가목(8)에 따른 개인에 해당하는지를 확인받기 위하여 제출하는 자료의 접수에 관한 사항
2. 법 제26조제1항에 따른 보고[법 제2조의2제1항제2호가목(8)에 따른 개인의 투자실적 보고에 한정한다]의 접수 및 투자실적 확인에 관한 사항

[전문개정 2008.11.4.]

제20조(권한 위탁 등에 따른 조정) ① 중소기업청장은 한국벤처캐피탈협회에 제19조제2항 각 호의 업무와 관련된 자료의 제출을 요구할 수 있다.
② 한국벤처캐피탈협회는 제19조제2항 각 호의 업무를 수행하는 과정에서 그 협회 가입을 강제하거나 그 밖의 불공정한 거래행위를 하여서는 아니 된다.

[전문개정 2008.11.4.]

제20조의2(고유식별정보의 처리) 중소기업청장(법 제27조에 따라 중소기업청장의 권한을 위임·위탁받은 자를 포함한다)은 다음 각 호의 사무를 수행하기 위하여 불가피한 경우 「개인정보 보호법 시행령」 제19조제1호에 따른 주민등록번호가 포함된 자료를 처리할 수 있다. <개정 2014.6.30.>

1. 법 제26조제1항에 따른 보고[법 제2조의2제1항제2호가목(8)에 따른 개인의 투자실적 보고에 한정한다]를 받는 경우 투자실적 확인 등에 관한 사무
2. 법 제4조의3에 따른 한국벤처투자조합의 결성 등에 관한 사무
3. 법 제13조에 따른 개인투자조합의

결성 등에 관한 사무
[본조신설 2013.1.16.]

제20조의3(규제의 재검토) 중소기업청장은 다음 각 호의 사항에 대하여 다음 각 호의 기준일을 기준으로 3년마다(매 3년이 되는 해의 기준일과 같은 날 전까지를 말한다) 그 타당성을 검토하여 개선 등의 조치를 하여야 한다.
1. 제2조의3에 따른 벤처기업의 요건: 2014년 1월 1일
2. 제3조의6에 따른 한국벤처투자조합의 결성절차, 신고 요건 및 절차: 2014년 1월 1일
3. 제4조의2 및 별표 2에 따른 신기술창업전문회사의 설립대상, 등록요건 및 절차: 2014년 1월 1일
4. 제5조에 따른 개인투자조합의 등록요건과 절차: 2014년 1월 1일
5. 제7조제1항, 제2항 및 제4항에 따른 중소벤처기업 인수합병 지원센터 지정기준 및 절차: 2014년 1월 1일
6. 제11조의4제1항에 따른 법 제17조의2제2항의 집적지역개발계획에 포함되는 사항: 2014년 1월 1일
7. 제11조의8에 따른 벤처기업집적시설의 지정 요건: 2014년 1월 1일
8. 제11조의10에 따른 실험실공장을 설치할 수 있는 기관의 범위, 실험실공장 설치 승인 신청 절차: 2014년 1월 1일
[본조신설 2013.12.30.]

제21조(과태료의 부과) 법 제32조제1항에 따른 과태료의 부과기준은 별표 3과 같다.
[전문개정 2008.11.4.]

부칙
<제25945호, 2014.12.30.>
(한국산업은행법 시행령)

제1조(시행일) 이 영은 법률 제12663호 한국산업은행법 전부개정법률 부칙 제4조제6항에 따른 합병의 등기를 한 날부터 시행한다.

제2조 및 제3조 생략

제4조(다른 법령의 개정) ①부터 ⑭까지 생략
⑮ 벤처기업육성에 관한 특별조치법 시행령 일부를 다음과 같이 개정한다.
제2조의3제2항제2호의2를 삭제한다.
<16>부터 <37>까지 생략

제5조 생략

부칙
<제26023호, 2015.1.6.>

이 영은 공포한 날부터 시행한다.

부칙
<제26248호, 2015.5.26.>
(소상공인 보호 및 지원에 관한 법률 시행령)

제1조(시행일) 이 영은 2015년 5월 28일부터 시행한다.
제2조부터 제5조까지 생략

제6조(다른 법령의 개정) ①부터 ③까지 생략
④ 벤처기업육성에 관한 특별조치법 시행령 일부를 다음과 같이 개정한다.
제11조의12제1항제1호 중 "「소기업 및 소상공인지원을 위한 특별조치법」 제2조제2호에 따른 소상공인"을 "「소상공인 보호 및 지원에 관한 법률」 제2조에 따른 소상공인"

으로 한다.
⑤부터 ⑪까지 생략

제7조 생략

부칙
<제26369호, 2015.6.30.>
(주택도시기금법 시행령)

제1조(시행일) 이 영은 2015년 7월 1
일부터 시행한다.

제2조 생략

제3조(다른 법령의 개정) ①부터 ⑫까
지 생략
⑬ 벤처기업육성에 관한 특별조치법
시행령 일부를 다음과 같이 개정한
다.
별표 1 제12호를 다음과 같이 한다.
  12. 주택도시기금
⑭부터 <32>까지 생략

제4조 생략

[별표 1] 벤처기업투자대상기금(제3조제1항 관련) <개정 2015.6.30.>

벤처기업투자대상기금(제3조제1항 관련)

1. 공공자금관리기금
2. 대외경제협력기금
3. 외국환평형기금
4. 남북협력기금
5. 군인연금기금
6. 군인복지기금
7. 청소년육성기금
8. 관광진흥개발기금
9. 농산물가격안정기금
10. 농지관리기금
11. 양곡증권정리기금
12. 주택도시기금
13. 국민건강증진기금
14. 고용보험기금
15. 장애인고용촉진 및 직업재활기금
16. 산업재해보상보험 및 예방기금
17. 정보통신진흥기금
18. 여성발전기금
19. 과학기술진흥기금
20. 원자력연구개발기금
21. 보훈기금
22. 순국선열애국지사사업기금
23. 기술신용보증기금
24. 농림수산업자신용보증기금
25. 농어가목돈마련저축장려기금
26. 신용보증기금
27. 주택금융신용보증기금
28. 산업기반신용보증기금
29. 예금보험기금채권상환기금
30. 사립학교교직원연금기금
31. 사학진흥기금
32. 국민체육진흥기금
33. 문화예술진흥기금
34. 축산발전기금

35. 무역보험기금
36. 삭제 <2014.3.24>
37. 특정물질사용합리화기금
38. 근로복지진흥기금
39. 공무원연금기금
40. 삭제 <2015.1.6.>
41. 중소기업창업 및 진흥기금
42. 삭제 <2015.1.6.>
43. 삭제 <2015.1.6.>
44. 삭제 <2015.1.6.>
45. 임금채권보장기금
46. 한강수계관리기금
47. 수산발전기금
48. 방송통신발전기금
49. 전력산업기반기금
50. 응급의료기금

[별표 2] 신기술창업전문회사 전문인력 기준(제4조의2제4항제1호 관련)<개정 2014.3.24>

신기술창업전문회사 전문인력 기준(제4조의2제4항제1호 관련)

경 영 분 야	기 술 분 야
1. 경영학 분야의 박사학위 소지자 2. 대학에서 경영학을 강의하는 조교수 이상의 교원 3. 전문대학에서 경영학을 강의하는 조교수 이상의 교원 4. 「변호사법」에 따른 변호사 5. 「공인회계사법」에 따른 공인회계사 6. 「중소기업진흥에 관한 법률」 제50조에 따라 등록한 경영지도사 7. 제1호부터 제6호까지의 사람과 동등한 경력이 있다고 중소기업청장이 인정하는 사람	1. 자연과학 분야의 박사학위 소지자 2. 대학에서 자연과학 분야를 강의하는 조교수 이상의 교원 3. 전문대학에서 자연과학 분야를 강의하는 조교수 이상의 교원 4. 「변리사법」에 따른 변리사 5. 「중소기업진흥에 관한 법률」 제50조에 따라 등록한 기술지도사 6. 다음 각 목의 연구기관에서 5년 이상 연구를 한 경력이 있는 사람 　가. 「과학기술분야 정부출연연구기관 등의 설립·운영 및 육성에 관한 법률」에 따른 정부출연연구기관 중 기초기술 분야, 산업기술 분야의 정부출연연구기관 　나. 「특정연구기관 육성법」의 적용을 받는 특정연구기관 　다. 국공립연구기관 7. 제1호부터 제6호까지의 사람과 동등한 경력이 있다고 중소기업청장이 인정하는 사람

[별표 3] 과태료의 부과기준(제21조 관련)

과태료의 부과기준(제21조 관련)

1. 일반기준

　가. 위반행위의 횟수에 따른 부과기준은 해당 위반행위가 있은 날 이전 최근 3년간 같은 위반행위로 부과처분을 받은 경우에 적용한다.

　나. 부과권자는 다음의 어느 하나에 해당하는 경우에는 제2호에 따른 과태료 금액의 2분의 1의 범위에서 그 금액을 감경할 수 있다. 다만, 과태료를 체납하고 있는 위반행위자의 경우에는 그러하지 아니하다.

　　1) 위반행위자가 「질서위반행위규제법 시행령」 제2조의2제1항 각 호의 어느 하나에 해당하는 경우

　　2) 위반행위가 사소한 부주의나 오류로 인한 것으로 인정되는 경우

　　3) 위반행위자가 법 위반상태를 시정하거나 해소하기 위하여 노력한 것으로 인정되는 경우

　　4) 그 밖에 위반행위의 정도, 위반행위의 동기와 그 결과 등을 고려하여 감경할 필요가 있다고 인정되는 경우

2. 개별기준

(단위: 만원)

위반행위	근거 법조문	과태료 금액
가. 법 제4조의4제2항·제3항을 위반한 경우	법 제32조제1항제1호	
1) 1차 위반		300
2) 2차 위반		400
3) 3차 이상 위반		500
나. 법 제28조에 따른 시정명령을 위반한 경우	법 제32조제1항제2호	
1) 1차 위반		300
2) 2차 위반		400
3) 3차 이상 위반		500
다. 법 제30조를 위반하여 유사명칭을 사용한 경우	법 제32조제1항제3호	500
라. 법 제31조를 위반하여 결산서를 제출하지 않은 경우	법 제32조제1항제4호	
1) 1차 위반		100
2) 2차 위반		200
3) 3차 이상 위반		300
마. 법 제31조를 위반하여 거짓의 결산서를 제출한 경우	법 제32조제1항제4호	500

벤처기업육성에 관한 특별조치법 시행규칙

[시행 2015.1.1.]
[산업통상자원부령 제100호, 2014.12.30., 일부개정]

제1조(목적) 이 규칙은 「벤처기업육성에 관한 특별조치법」 및 같은 법 시행령에서 위임된 사항과 그 시행에 필요한 사항을 규정함을 목적으로 한다. [전문개정 2009.4.30.]

제2조(연구개발비의 산정기준) 「벤처기업육성에 관한 특별조치법」(이하 "법"이라 한다) 제2조의2제1항제2호나목에 따른 연구개발비는 「조세특례제한법 시행령」 별표 6에 따른 연구·인력개발비세액공제를 적용받는 비용과 이에 준하는 비용으로서 중소기업청장이 필요하다고 인정하여 고시하는 비용으로 한다.
[전문개정 2009.4.30.]

제3조(한국벤처투자조합의 신고) 「벤처기업육성에 관한 특별조치법 시행령」(이하 "영"이라 한다) 제3조의6제5항·제6항에 따른 신고 또는 변경신고는 별지 제1호서식에 따른다.
[전문개정 2007.4.27.]

제3조의2 삭제 <2000.8.16.>

제4조(한국벤처투자조합의 업무집행) 법 제4조의4제3항에서 "산업통상자원부령으로 정하는 기간"이란 1년을 말한다. <개정 2013.3.23.>
[전문개정 2009.4.30.]

제4조의2(신기술창업전문회사의 등록 등) ① 영 제4조의2제2항·제3항에 따른 등록신청서·변경등록신청서는 별지 제2호서식에 따른다.
② 중소기업청장은 영 제4조의2제2항·제3항에 따른 등록·변경등록을 한 자에게 별지 제2호의2서식에 따른 등록증을 내주어야 한다.
[전문개정 2009.4.30.]

제4조의3(개인투자조합의 등록신청서 등) ① 영 제5조제3항·제5항에 따른 등록신청서·변경등록신청서는 별지 제3호서식에 따른다.
<개정 2012.11.30.>
② 영 제5조제5항에 따른 개인투자조합의 등록원부는 별지 제4호서식에 따른다. 이 경우 등록원부는 자기디스크 등으로 작성하여 보관할 수 있다.
[전문개정 2009.4.30.]

제4조의4(주식매수선택권 부여계약 등) ① 법 제16조의3제1항에 따른 주식매수선택권을 부여하는 벤처기업은 주식매수선택권을 부여받는 임직원 등과 다음 각 호의 사항에 관하여 계약을 체결하고 계약서 사본을 그 임직원 등에게 주어야 하며, 그 계약서를 그 주식매수선택권의 행사기한까지 보관하여야 한다.
1. 주식매수선택권의 행사가격
2. 주식매수선택권의 행사가격의 조정에 관한 사항
3. 주식매수선택권의 행사기간
4. 주식매수선택권의 행사 방법 및 절차
5. 주식매수선택권의 양도 및 담보 제공 등이 제한된다는 뜻
6. 주식매수선택권의 행사에 따른 주식매수선택권을 부여한 벤처기업의 이행기한
7. 주식매수선택권 부여의 취소에 관한 사항
② 주식매수선택권을 부여한 벤처기업은 주식매수선택권을 부여받은 임직

원 등이 사망하거나, 정년이나 그 밖에 자신에게 책임 없는 사유로 퇴임 또는 퇴직한 경우에는 그 임직원 등이 해당 행사기간 동안 주식매수선택권을 행사할 수 있도록 하여야 한다.
③ 주식매수선택권의 행사기한을 그 임직원 등의 퇴임일 또는 퇴직일까지로 하는 경우 그 임직원 등이 귀책사유 없이 퇴임하거나 퇴직한 경우에는 그 퇴임일 또는 퇴직일부터 3개월 이상의 행사기간을 추가로 부여하여야 한다.
[전문개정 2009.4.30.]

제4조의5(개인투자조합 등에 대한 정보제공)

① 중소기업청장은 법 제16조의4제3항에 따라 개인이나 개인투자조합이 벤처기업에 투자하는 것을 지원하기 위하여 해당 벤처기업의 동의를 받아 벤처기업의 기술력, 재무 상태 및 주식의 가격 등 투자에 필요한 정보를 제공할 수 있다.
② 벤처기업에 대한 투자정보를 제공하기 위하여 필요한 사항은 중소기업청장이 정하여 고시한다.
[전문개정 2009.4.30.]

제5조(벤처기업집적시설의 지정신청 등)

① 법 제18조제1항에 따라 벤처기업집적시설의 지정을 받으려는 자는 별지 제5호서식에 따른 신청서에 다음 각 호의 서류를 첨부하여 특별시장·광역시장·도지사·제주특별자치도지사(이하 "시·도지사"라 한다)에게 제출하여야 한다. <개정 2012.11.30.>
1. 벤처기업집적시설로 지정받으려는 건축물이 영 제11조의8제1항에 해당함을 증명하는 서류. 다만, 「전자정부법」 제36조제1항에 따른 행정정보의 공동이용을 통하여 첨부서류에 대한 정보를 확인할 수 있는 경우에는 그 확인으로 첨부서류를 갈음할 수 있다.

2. 별지 제6호서식에 따른 벤처기업집적시설 운영계획서
② 벤처기업집적시설의 지정을 받은 자는 벤처기업집적시설로 지정받은 건축물의 지정면적을 변경하려는 경우에는 미리 별지 제5호서식에 따른 벤처기업집적시설 지정변경신청서에 그 사유를 증명하는 서류를 첨부하여 시·도지사에게 제출하여야 한다.
③ 벤처기업집적시설의 지정을 받은 자가 변경된 경우에는 벤처기업집적시설을 이전받은 자는 그 사유가 발생한 날부터 15일 이내에 별지 제5호서식에 따른 벤처기업집적시설 지정변경신청서에 그 사유를 증명하는 서류를 첨부하여 시·도지사에게 제출하여야 한다.
④ 영 제11조의9제2항에 따른 벤처기업집적시설 지정서는 별지 제7호서식에 따른다.
⑤ 그 밖에 벤처기업집적시설의 지정·관리 등에 관하여 필요한 사항은 중소기업청장이 정하여 고시한다.
[전문개정 2009.4.30.]

제6조 삭제 <2002.11.15.>

제7조(벤처기업집적시설의 지정계획의 수립·통보 등)

① 법 제18조제1항에 따라 벤처기업집적시설의 지정을 하려는 시·도지사는 벤처기업집적시설의 지정계획을 수립하여 1월 31일까지 중소기업청장에게 통보하여야 한다.
② 시·도지사는 법 제18조에 따라 벤처기업집적시설을 지정하거나 설치한 경우에는 다음 각 호의 사항을 매 반기가 끝나는 달의 다음 달 20일까지 중소기업청장에게 통보하여야 한다.
1. 벤처기업집적시설의 현황(지정 및 지정취소 현황을 포함한다)
2. 벤처기업집적시설에 입주하는 기업 및 시설 현황
[전문개정 2009.4.30.]

제7조의2(실험실공장 설치승인신청서 등) ① 영 제11조의10제1항에 따라 실험실공장의 설치승인 또는 변경승인의 신청을 하려는 자는 별지 제8호서식의 신청서에 다음 각 호의 서류를 첨부하여 소속 기관의 장에게 제출하여야 한다. <개정 2010.4.27.>
1. 사업계획서
2. 제조시설 배치도
3. 실험실공장이 설치될 장소를 관리할 책임이 있는 자의 설치동의서(신청인이 학생인 경우에 한정한다)
② 법 제18조의2제1항에 따라 실험실공장을 설치하는 자가 그 실험실공장에 대한 공장등록신청을 할 때에는 그 소속 기관의 장이 승인한 서류를 제출하여야 한다.
[전문개정 2009.4.30.]

제7조의3(벤처기업육성촉진지구의 지정 요청 등) 법 제18조의4에 따라 시·도지사가 벤처기업육성촉진지구의 지정을 요청하는 경우에는 다음 각 호의 서류를 중소기업청장에게 제출하여야 한다.
1. 벤처기업육성촉진지구 지정대상 지역의 위치 및 면적을 표시한 도면
2. 벤처기업육성촉진지구 지정대상 지역의 산업환경 및 특징(벤처기업 및 그 지원시설에 관한 사항이 포함되어야 한다)
3. 벤처기업육성촉진지구의 육성을 위한 사업별 예산
[전문개정 2009.4.30.]

제8조(벤처기업 해당 여부의 확인 절차) ① 법 제25조제1항에 따라 벤처기업 해당 여부를 확인받으려는 자는 중소기업청장이 정하여 고시하는 신청서에 법 제2조의2제1항제2호 각 목의 어느 하나에 해당함을 증명하는 서류를 첨부하여 영 제18조의3에 따른 벤처기업확인기관(이하 "벤처기업확인기관"이라 한다)의 장에게 제출하여야 한다.
② 벤처기업확인기관의 장은 제1항에 따라 벤처기업 해당 여부의 확인을 요청받은 경우에는 요청받은 날부터 다음 각 호의 구분에 따른 기간 이내에 확인을 요청한 자에게 그 결과를 알려야 한다. 다만, 부득이한 사유로 그 기간 이내에 알리기 어려운 경우에는 20일 이내의 범위에서 한 번만 그 기간을 연장할 수 있다.
1. 벤처기업 해당 여부의 확인을 요청한 자가 법 제2조의2제1항제2호가목에 해당하는지 여부: 30일
2. 벤처기업 해당 여부의 확인을 요청한 자가 법 제2조의2제1항제2호나목 및 다목에 해당하는지 여부: 45일
③ 그 밖에 벤처기업 해당 여부에 관한 확인 절차 등에 관하여 필요한 사항은 중소기업청장이 정하여 고시한다.
[전문개정 2009.4.30.]

제9조 삭제 <2014.12.30.>

부칙
<제100호, 2014.12.30.>

이 규칙은 2015년 1월 1일부터 시행한다.

[서식 1] 한국벤처투자조합 (신고서, 변경신고서)

한국벤처투자조합   [　] 신고서
　　　　　　　　　　　　　[　] 변경신고서

※ 색상이 어두운 란은 신청인이 적지 않습니다.

접수번호	접수일		처리기간	14일

조 합 명	납세 고유번호
업무집행조합원	유한책임조합원 수
출자총액　　금　　　　　　원	존속기간　.　.　.　~　.　.　.
업무집행조합원 주소	
	(전화번호:　　　　　　　)
변경사유	

　「벤처기업육성에 관한 특별조치법」 제4조의3제1항, 같은 법 시행령 제3조의6제5항・제6항, 같은 법 시행규칙 제3조에 따라 위와 같이 신고합니다.

년　　　월　　　일

신고인

(서명 또는 인)

중소기업청장　귀하

첨부서류	1. 한국벤처투자조합의 규약 1부 2. 조합원 명부 1부 3. 조합원의 출자금액과 출자이행을 증명하는 서류 1부 4. 한국벤처투자조합의 투자심사업무를 전담하는 전문인력의 인적사항 1부 ※ 변경신고인 경우에는 변경 사실을 증명하는 서류 1부	수수료 없음

처리절차

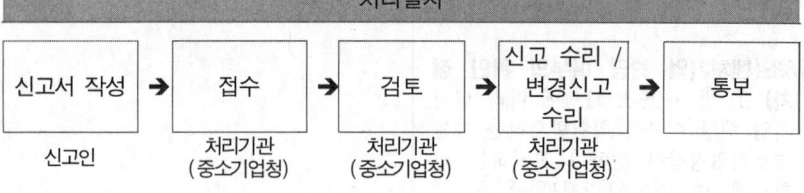

신고서 작성	→	접수	→	검토	→	신고 수리 / 변경신고 수리	→	통보
신고인		처리기관 (중소기업청)		처리기관 (중소기업청)		처리기관 (중소기업청)		

210mm×297mm[백상지 80g/㎡]

[서식 2] 신기술창업전문회사(등록, 변경등록)신청서

신기술창업전문회사   [   ] **등록**   신청서
                               [   ] **변경등록**

※ 색상이 어두운 란은 신청인이 적지 않습니다.

접수번호	접수일		처리기간	14일

회사명	법인등록번호
대표자 성명	전화번호

주소

변경사유(변경등록일 경우)

「벤처기업육성에 관한 특별조치법」 제11조의2제2항, 같은 법 시행령 제4조의2제2항·제3항 및 같은 법 시행규칙 제4조의2제1항에 따라 위와 같이 신청합니다.

년   월   일

신청인   (서명 또는 인)

중소기업청장   귀하

신청인 제출서류	1. 정관사본 1부 2. 사업계획서(출자비율, 출자내용, 보유인력 및 보유시설에 관한 사항을 포함합니다) 1부 3. 임원의 이력서 1부 ※ 변경등록신청인 경우에는 변경된 사실을 증명하는 서류 1부	수수료 없음
담당 공무원 확인사항	법인 등기사항증명서	

처 리 절 차

신청서 작성	→	접수	→	검토	→	승인	→	통보
신청인		처리기관 (중소기업청)		처리기관 (중소기업청)		처리기관 (중소기업청)		

210mm×297mm[백상지 80g/㎡]

[서식 2의2] 신기술창업전문회사 등록증

등록번호: 제   호

신기술창업전문회사 등록증

1. 회 사 명:

2. 법인등록번호:

3. 주   소:

4. 대표자 성명:

「벤처기업육성에 관한 특별조치법」 제11조의2제2항에
따라 신기술창업전문회사를 등록하였음을 증명합니다.

년   월   일

중소기업청장 | 직인 |

210mm×297mm[백상지 120g/㎡]

[서식 3] 개인투자조합(등록, 변경등록)신청서

개인투자조합   [   ] **등록**   신청서
                       [   ] **변경등록**

※ 색상이 어두운 란은 신청인이 적지 않습니다.

접수번호	접수일		처리기간	14일

조합명	납세 고유번호	
업무집행조합원	조합원 수	
출자총액	금　　　　　　　원	존속기간　　.　.　.　~　.　.　.

업무집행조합원 주소
(전화번호:　　　　　　　　)

변경 사유

　「벤처기업육성에 관한 특별조치법」 제13조제1항, 같은 법 시행령 제5조제3항·제5항 및 같은 법 시행규칙 제4조의3제1항에 따라 위와 같이 신청합니다.

년　　　　월　　　　일

신청인　　　　　　　　(서명 또는 인)

중소기업청장 귀하

첨부서류	1. 조합 규약 1부 2. 조합원 명부 1부 3. 조합원의 출자금액과 출자이행을 증명하는 서류[결성총회 의사록, 조합원에게 교부한 출자증표 사본, 조합 명의로 개설된 금융기관계좌의 잔액증명서(신청일 2일전) 등을 말합니다] 각 1부 ※ 변경등록신청인 경우에는 변경된 사실을 증명하는 서류 1부	수수료 없음

처 리 절 차

신청서 작성	→	접수	→	검토	→	등록/변경등록	→	등록원부 교부
신청인		처리기관 (중소기업청)		처리기관 (중소기업청)		처리기관 (중소기업청)		

210mm×297mm[백상지 80g/㎡]

[서식 4] 개인투자조합 등록원부

개인투자조합 등록원부

등록 번호		장수 (張數)						
명 칭								
					.	.	. 변경	
					.	.	. 등록	
					.	.	. 변경	
					.	.	. 등록	
					.	.	. 변경	
					.	.	. 등록	
존속기간								
. . . . ~ . . .								
. . . ~ . . .					.	.	. 변경	
					.	.	. 등록	
. . . ~ . . .					.	.	. 변경	
					.	.	. 등록	
. . . ~ . . .					.	.	. 변경	
					.	.	. 등록	
소재지								
					.	.	. 변경	
					.	.	. 등록	
					.	.	. 변경	
					.	.	. 등록	
					.	.	. 변경	
					.	.	. 등록	

1좌의 금액   금   원

출자 총액   금   원(총   좌)

최초 등록연월일   년   월   일 등록

명칭·출자액란(장)   확인

등록번호				
조 합 명				
		출자총액	금	원

업무집행조합원에 관한 사항

성 명	(주민등록번호:)		
주 소	(전화번호:)		
		. . 변경	
		. . 등록	
		. . 변경	
		. . 등록	
		. . 변경	
		. . 등록	

업무집행조합원 출자금액

금   원(좌)

금 원	. . 변경
	. . 등록
금 원	. . 변경
	. . 등록
금 원	. . 변경
	. . 등록
금 원	. . 변경
	. . 등록

조합원에 관한 사항

성명	주민등록번호(사업자등록번호)	
출자금액	출자좌수	출자 원인
성명	주민등록번호(사업자등록번호)	
출자금액	출자좌수	출자 원인
성명	주민등록번호(사업자등록번호)	
출자금액	출자좌수	출자 원인
성명	주민등록번호(사업자등록번호)	
출자금액	출자좌수	출자 원인

조 합 원 란 (장)	확인	

210mm×297mm(보존용지(1종) 70g/㎡)

[서식 5] 벤처기업집적시설(지정, 지정변경)신청서

벤처기업집적시설　　[ ] 지정
　　　　　　　　　　　　[ ] 지정변경　　　신청서

※ 뒤쪽의 처리절차를 참고하시기 바라며, 색상이 어두운 란은 신청인이 적지 않습니다.
(앞 쪽)

접수번호		접수일		처리기간	10일

신청인	개인	성명		생년월일	
	법인	법인명		법인등록번호	
		대표자 성명			
	주소(법인 소재지)				
	자산 규모		백만원	설립 연월일	
	연락처	전화번호:		팩스(FAX)	

시설 개요	시설 소재지				
	시설명		준공(예정일)		
	대지면적		m'	건축물의 면적	m'
	투자규모	총 백만원		자기자금	백만원
	용도지역			지목	
	집적시설 신청면적	총 지정면적	벤처기업	지원시설	관련 시설	공용면적
		m'	m'	m'	m'	m'

변경	변경사항	
	변경사유	

「벤처기업육성에 관한 특별조치법」 제18조제1항, 같은 법 시행령 제11조의9제1항 및 같은 법 시행규칙 제5조에 따라 위와 같이 신청합니다.

　　　　　　　　　　　　　　　　　　　　년　　　월　　　일

　　　　　　　　　　　　　신청인　　　　　　(서명 또는 인)

시·도지사 귀하

첨부서류	1. 별지 제6호서식에 따른 벤처기업집적시설 운영계획서 1부 2. 벤처기업집적시설로 지정받으려는 건축물이 「벤처기업 육성에 관한 특별조치법 시행령」 제11조의8제1항에 해당함을 증명하는 서류 1부 ※ 지정변경신청의 경우에는 변경 사유를 증명하는 서류 1부	수수료 없음
담당 공무원 확인사항	1. 토지대장, 토지 등기사항증명서, 건축물대장 2. 법인 등기사항증명서	

210mm×297mm[백상지 80g/㎡]

[서식 6] 벤처기업집적시설 운영계획서

벤처기업집적시설 운영계획서

작 성 일:

시 설 명:

성명(회사명 또는 사업자명):　　　　　　　(서명 또는 인)

벤처기업집적시설로 지정된 후 귀하께서 제출하는 이 운영계획서의 내용을 이행하지 않는 경우에는 「벤처기업육성에 관한 특별조치법」 제18조제4항에 따라 그 지정이 취소될 수 있으므로 신중하게 작성해 주시기 바랍니다.

Ⅰ. 벤처기업집적시설 현황

지정번호				
시 설 명		준공(예정)일		
소 재 지				
사업자명		소유주		
대지면적	건축면적		지정면적	
담 당 자	(전자우편주소)			
전화	팩스			

Ⅱ. 벤처기업집적시설 운영계획

운영목적 및 중점 추진 방향							
시설·장비 현황				확보계획			
전담인력	현재		명	향후계획			명
관리방법	직 접 운 영　(　　　)			위탁운영　(　　　)			
중점 입주대상 기업 업종							

유치계획	층 구 분	유치시설	지정면적				분양가·임대료 (천원/3.3㎡)
			계	전용면적	전체공용면적	층별공용면적	

입주 기업 지원계획	초고속통신망 사용료 지원	정상가격(천원)	할인가격(천원)
	분양가·임대료 지원	정상가격(천원)	할인가격(천원)

1. 시설·장비 현황란에는 초고속통신망의 설치 여부를 표시하고, 시설·장비의 규격·성능 및 용도를 분명히 표시하며, 도면이나 사진을 첨부해야 합니다.
2. 시설·장비 및 전담인력 확보계획, 입주기업 지원계획은 향후 1년 이내를 기준으로 작성해야 합니다.

210mm×297mm[백상지 80g/㎡]

[서식 7] 벤처기업집적시설 지정서

제 호

벤처기업집적시설 지정서

○ 시 설 명:

○ 지정면적:　　　　　㎡ (건축물면적　　　　　㎡)

○ 시설의 소재지:

○ 성명(회사명 또는 사업자명):

○ 생년월일(남/여)(법인등록번호):

　위의 시설을 「벤처기업육성에 관한 특별조치법」 제18조
및 같은 법 시행령 제11조의9제2항에 따라 벤처기업집적시설
로 지정합니다.

년　　월　　일

시·도지사 　　　직인

210mm×297mm[백상지 120g/㎡]

[서식 8] 실험실공장(설치, 변경)승인신청서

■ 벤처기업육성에 관한 특별조치법 시행규칙 [별지 제8호서식] <개정 2012.11.30>

실험실공장	**[ ] 설치** **[ ] 변경**	**승인신청서**

※ 뒤쪽의 처리절차를 참고하시기 바라며, 색상이 어두운 란은 신청인이 적지 않습니다. (앞 쪽)

접수번호		접수일		처리기간	7일
실험실 개요	실험실명		소속		
	책임교수(연구원) 성명		전화번호		
	실험실 주소				
실험실 공장내용	실험실 총면적 m'		생산시설면적 m'		
	제조시설명세				
사업계획	회사명		업종(산업분류)		
	대표자 성명		사업자등록번호		
	대표자 주소				
	생산 제품명		가동 예정일		

	구분	변경 전	변경 후
변경내용	생산시설면적(m^2)		
	제조시설명세		
	대표자 성명		
	업 종		
	생산 제품명		

「벤처기업육성에 관한 특별조치법」 제18조의2제1항 전단, 같은 법 시행령 제11조의10제1항 및 같은 법 시행규칙 제7조의2제1항에 따라 위와 같이 신청합니다.

년   월   일

신청인   (서명 또는 인)

소속 기관의 장 귀하

위와 같이 실험실 공장의 설치(변경)를 승인합니다.
승인조건 :

년   월   일

소속 기관의 장 | 직인 |

210mm×297mm[백상지 80g/ m']

소상공인 보호 및 지원에 관한 법률

[시행 2015.5.28.]
[법률 제13086호, 2015.1.28., 전부개정]

제1장 총칙

제1조(목적) 이 법은 소상공인의 자유로운 기업 활동을 촉진하고 경영안정과 성장을 도모하여 소상공인의 사회적·경제적 지위 향상과 국민경제의 균형 있는 발전에 이바지함을 목적으로 한다.

제2조(정의) 이 법에서 "소상공인"이란 「중소기업기본법」 제2조제2항에 따른 소기업(小企業) 중 다음 각 호의 요건을 모두 갖춘 자를 말한다.
1. 상시 근로자 수가 10명 미만일 것
2. 업종별 상시 근로자 수 등이 대통령령으로 정하는 기준에 해당할 것

제3조(국가와 지방자치단체의 책무) ① 국가는 소상공인의 경영안정과 성장을 위한 종합적인 지원 시책을 수립·시행하여야 한다.
② 지방자치단체는 제1항에 따른 시책에 따라 관할 지역의 특성을 고려한 지역별 소상공인 지원 시책을 수립·시행하여야 한다.

제4조(소상공인의 날) ① 소상공인에 대한 국민 인식의 제고, 소상공인의 사회적·경제적 지위 향상 및 지역주민과의 관계 증진 등을 위하여 대통령령으로 정하는 날을 소상공인의 날로 하고 소상공인의 날 이전 1주간을 소상공인 주간으로 한다.

② 중소기업청장과 지방자치단체의 장은 소상공인의 날의 취지에 적합한 행사 등의 사업을 실시하도록 노력하여야 한다.

제5조(다른 법률과의 관계) 소상공인의 보호 및 지원에 관하여 다른 법률에 특별한 규정이 있는 경우를 제외하고는 이 법에서 정하는 바에 따른다.

제2장 소상공인 지원 기본계획 등의 수립

제6조(소상공인 지원 기본계획 및 시행계획의 수립·시행) ① 중소기업청장은 소상공인의 보호 및 경영안정과 성장을 지원하기 위하여 3년마다 소상공인 지원 기본계획(이하 "기본계획"이라 한다)을 수립하여야 한다.
② 기본계획에는 다음 각 호의 사항이 포함되어야 한다.
1. 소상공인 현황 및 여건
2. 소상공인 지원정책의 기본방향
3. 소상공인의 경영안정과 성장 지원에 관한 사항
4. 소상공인의 기업환경 개선에 관한 사항
5. 소상공인의 조직화 및 협업화에 관한 사항
6. 소상공인으로의 창업(이하 "소상공인 창업"이라 한다)을 하려는 자에 대한 지원에 관한 사항
7. 소상공인의 업종별 발전방안
8. 그 밖에 소상공인의 보호 및 경영안정과 성장을 지원하기 위하여 필요한 사항
③ 중소기업청장은 기본계획에 따라 해마다 소상공인 지원 시행계획(이하 "시행계획"이라 한다)을 수립·시행하여야 한다.
④ 특별시장·광역시장·특별자치시

장·도지사 및 특별자치도지사(이하 "시·도지사"라 한다)는 기본계획에 따라 해마다 관할 지역의 특성을 고려한 지역별 소상공인 지원 시행계획(이하 "지역별 시행계획"이라 한다)을 수립·시행하여야 한다.

⑤ 시·도지사는 대통령령으로 정하는 바에 따라 지역별 시행계획의 추진실적을 중소기업청장에게 제출하여야 한다.

⑥ 중소기업청장은 기본계획과 시행계획의 수립·시행을 위하여 필요한 경우에는 관계 중앙행정기관의 장 또는 시·도지사에게 관련 자료의 제공을 요청할 수 있다. 이 경우 요청을 받은 자는 특별한 사유가 없으면 그 요청에 따라야 한다.

제7조(실태조사) ① 중소기업청장은 기본계획과 시행계획의 수립·시행을 위하여 해마다 다음 각 호의 사항에 관한 조사(이하 이 조에서 "실태조사"라 한다)를 실시하고, 그 결과를 중소기업청 인터넷 홈페이지에 게재하여야 한다.

1. 업종별 소상공인 실태
2. 소상공인 창업의 현황
3. 소상공인의 매출액, 영업시간, 고용 등 경영실태
4. 소상공인의 사업전환(소상공인이 운영하던 사업을 그만두고 새로운 사업을 운영하는 것을 말하며, 이하 "사업전환"이라 한다) 실태
5. 그 밖에 기본계획과 시행계획의 수립·시행을 위하여 필요한 사항

② 중소기업청장은 실태조사를 위하여 필요한 경우에는 관계 중앙행정기관의 장, 시·도지사, 「공공기관의 운영에 관한 법률」 제4조에 따른 공공기관(이하 "공공기관"이라 한다)의 장, 소상공인 또는 소상공인 관련 단체에 자료 또는 의견 제출을 요청할 수 있다. 이 경우 요청을 받

은 자는 특별한 사유가 없으면 그 요청에 따라야 한다.

③ 중소기업청장은 실태조사를 제17조에 따른 소상공인시장진흥공단, 소상공인 관련 단체 또는 소상공인 관련 기관에 위탁할 수 있다.

제3장 소상공인 창업 및 경영안정 등의 지원

제8조(소상공인 창업 지원) 중소기업청장은 소상공인 창업을 지원하기 위하여 다음 각 호의 사항에 관한 사업을 할 수 있다.

1. 우수한 아이디어 등을 보유한 소상공인 창업 희망자의 발굴
2. 소상공인 창업을 위한 절차 등에 대한 상담·자문 및 교육
3. 자금조달, 인력, 판로 및 사업장 입지(立地) 등 창업에 필요한 정보의 제공
4. 그 밖에 소상공인 창업을 지원하기 위하여 필요한 사항

제9조(소상공인의 경영안정 등 지원) 중소기업청장은 소상공인의 경영안정과 성장을 지원하기 위하여 다음 각 호의 사항에 관한 사업을 할 수 있다.

1. 소상공인에 대한 경영상담·자문 및 교육
2. 소상공인에 대한 자금·인력·판매·수출 등의 지원
3. 그 밖에 소상공인의 경영안정과 성장을 지원하기 위하여 필요한 사항

제10조(소상공인의 구조고도화 지원) 정부는 소상공인의 구조개선 및 경영합리화 등의 구조고도화(이하 "구조고도화"라 한다)를 지원하기 위하여 다음 각 호의 사항에 관한 사업을 할

수 있다.
1. 새로운 사업의 발굴
2. 사업전환의 지원
3. 사업장 이전을 위한 입지 정보의 제공
4. 소상공인 해외 창업의 지원
5. 그 밖에 소상공인의 구조고도화를 지원하기 위하여 필요한 사항

제11조(소상공인의 조직화 및 협업화 지원 등) ① 중소기업청장은 소상공인의 조직화 및 협업화를 위하여 다음 각 호의 사항에 관한 지원사업을 할 수 있다.
1. 「협동조합 기본법」 제2조제1호에 따른 협동조합의 설립
2. 제품 생산 및 서비스 제공 등에 필요한 시설 및 장비의 공동 이용
3. 상표 및 디자인의 공동 개발
4. 제품 홍보 및 판매장 설치 등 공동 판로 확보
5. 그 밖에 소상공인의 조직화 및 협업화를 지원하기 위하여 필요한 사항
② 중소기업청장은 대통령령으로 정하는 수 이상의 소상공인이 공동으로 소상공인공동물류센터를 건립하여 운영하는 경우 이에 필요한 행정적·재정적 지원을 할 수 있다.
③ 제2항에 따른 소상공인공동물류센터의 사업내용, 운영방법, 시설기준 등에 관한 사항은 대통령령으로 정한다.
[시행일 : 2016.1.29.] 제11조제2항, 제11조제3항

제12조(폐업 소상공인에 대한 지원) 정부는 폐업하였거나 폐업하려는 소상공인(이하 "폐업 소상공인"이라 한다)을 지원하기 위하여 다음 각 호의 사항에 관한 사업을 할 수 있다.
1. 재창업 지원
2. 취업훈련의 실시 및 취업 알선

3. 그 밖에 폐업 소상공인을 지원하기 위하여 필요한 사항

제13조(상권정보시스템의 구축 및 운영) ① 중소기업청장은 소상공인의 입지 및 업종 선정을 지원하기 위하여 상권(商圈) 관련 정보를 종합적으로 제공하는 정보시스템(이하 "상권정보시스템"이라 한다)을 구축·운영할 수 있다.
② 중소기업청장은 상권정보시스템의 구축·운영을 위하여 필요한 경우 다음 각 호의 자료 또는 정보의 제공을 해당 호의 구분에 따른 자에게 요청할 수 있다. 이 경우 요청을 받은 자는 특별한 사유가 없으면 그 요청에 따라야 한다.
1. 「국세기본법」 제81조의13에 따른 과세정보로서 「부가가치세법」 제8조제6항에 따라 사업자가 관할 세무서장에게 신고한 다음 각 목의 정보: 국세청장
가. 상호
나. 사업장의 소재지
다. 휴업일 및 폐업일
2. 그 밖에 지역별 인가·허가 사업장에 관한 정보, 지역별 인구정보 등 중소기업청장이 상권정보시스템의 구축·운영에 필요하다고 인정하는 상권 관련 자료 또는 정보로서 대통령령으로 정하는 자료 또는 정보: 해당 자료 또는 정보의 관계 중앙행정기관의 장, 공공기관의 장, 관계 기관·법인·단체의 장, 그 밖에 관계 민간기업체의 장
③ 상권정보시스템의 구축·운영 업무를 담당하였거나 담당하는 공무원(공무원이었던 사람을 포함한다)은 제2항에 따라 제공받은 자료 또는 정보를 제공받은 목적 외의 다른 용도로 사용하거나 다른 사람 또는 기관에 제공하거나 누설하여서는 아니 된다.

④ 중소기업청장은 상권정보시스템의 구축·운영에 필요한 조사를 실시할 수 있다.

제14조(조세의 감면) 국가나 지방자치단체는 소상공인의 경영안정과 성장을 지원하기 위하여 필요한 경우에는 소상공인에 대하여 「조세특례제한법」, 「지방세특례제한법」, 그 밖의 관계 법률에서 정하는 바에 따라 소득세, 법인세, 취득세, 재산세 및 등록면허세 등을 감면할 수 있다.

제15조(불공정거래 피해상담센터의 설치·운영) 중소기업청장과 지방자치단체의 장은 불공정거래로 인하여 피해를 입은 소상공인의 보호 및 지원을 위하여 상담센터를 설치·운영할 수 있다.

◼**판례 - 농지보전부담금환급청구**

【판시사항】
수도권 내의 지역에서 이루어진 산업단지개발사업의 시행자인 甲 사업협동조합에 농지보전부담금이 부과된 사안에서, 구 소기업 및 소상공인 지원을 위한 특별조치법 제4조 제2항 후단은 수도권 외의 지역에서 소기업을 100분의 50 이상 유치하는 산업단지를 조성하는 경우에 적용되는 것으로 해석함이 타당하므로 위 부과처분이 적법하다고 본 원심판단을 수긍한 사례

상고이유를 판단한다.

1. 원심판결 이유에 의하면, 원심은 그 판시와 같은 사실을 인정한 다음, 구 소기업 및 소상공인 지원을 위한 특별조치법(2011. 5. 24. 법률 제10710호로 개정되기 전의 것) 제4조 제2항(이하 '이 사건 조항'이라 한다) 후단은 수도권 외의 지역에서 소기업을 100분의 50 이상 유치하는 산업단지를 조성하는 경우에 적용되는 것으로 해석함이 상당하므로, 수도권 내의 지역에서 이루어진 원심 판시 이 사건 개발사업에 대하여 농지보전부담금을 부과한 원심 판시 이 사건 부과처분은 적법하다고 판단하였다.
원심은 나아가, 설사 이 사건 조항 후단의 적용을 배제하고 이루어진 이 사건 부과처분에 그 법령적용상의 하자가 있다고 보더라도, 이 사건 조항 후단의 적용 범위에 관하여 법제처·농림수산식품부와 중소기업청 사이에 해석상 다툼이 있어 온 점이나 수도권 내의 지역에 조성된 산업단지에 대하여 농지보전부담금이 면제된 경우가 없었던 점 등에 비추어 볼 때 그 하자가 당연무효에 해당할 정도라고 볼 수 없고, 담당공무원에게 그에 관한 과실이 있다고 볼 수도 없다고 판단하였다.

2. 관련 법리 및 기록에 비추어 살펴보면, 원심의 위와 같은 판단은 정당한 것으로 수긍이 가고, 거기에 필요한 심리를 다하지 아니한 채 논리와 경험의 법칙에 반하여 자유심증주의의 한계를 벗어나거나, 이 사건 조항 후단의 적용 범위나 행정처분의 당연무효 내지 국가배상책임에 관한 법리를 오해한 잘못이 없다.

3. 그러므로 상고를 기각하고, 상고비용은 패소자가 부담하기로 하여, 관여 대법관의 일치된 의견으로 주문과 같이 판결한다.
[대법원, 2013다217443, 2014.8.26]

제16조(소상공인의 협력 및 단체 결성)
① 소상공인은 공동이익의 증진 및 사회적·경제적 지위의 향상을 위하여 단체를 설립할 수 있다.
② 제1항에 따른 단체는 소상공인에게 영향을 주는 불합리한 제도의 개선, 공정거래에 관한 사항 등에 관하여 관계 중앙행정기관의 장 또는 지방자치단체의 장에게 의견을 제시할 수 있다.

제4장 소상공인시장진흥공단

제17조(소상공인시장진흥공단의 설립 등) ① 소상공인의 경영안정과 성장 및 「전통시장 및 상점가 육성을 위한 특별법」 제2조에 따른 전통시장, 상점가 및 상권활성화구역(이하 "전통시장등"이라 한다)의 활성화를 위한 사업을 효율적으로 수행하기 위하여 소상공인시장진흥공단(이하 "공단"이라 한다)을 설립한다.
② 공단은 법인으로 한다.

③ 공단은 주된 사무소의 소재지에서 설립등기를 함으로써 성립한다.

④ 공단은 지역별 소상공인지원센터를 설치·운영하며, 정관으로 정하는 바에 따라 지부, 연수원 또는 부설기관을 설치할 수 있다.

⑤ 공단은 다음 각 호의 사업을 한다.

1. 소상공인의 경영안정과 성장 및 전통시장등의 활성화를 위한 다음 각 목의 사업

  가. 소상공인 및 전통시장등에 대한 지원 정책에 관한 연구·조사 및 개발

  나. 소상공인 및 전통시장등에 대한 지원사업 효과에 관한 평가

2. 소상공인의 경영안정과 성장 및 전통시장등의 활성화를 위한 전문인력 양성 및 파견

3. 전통시장등의 경영 현대화를 위한 정보 제공 및 상담·교육

4. 소상공인 지원을 위한 데이터베이스 구축·운영

5. 소상공인 창업 및 경영 정보 제공을 위한 방송 운영

6. 소상공인의 업종별 창업지침 개발·보급 및 점포 개선

7. 소상공인의 기술 개발 및 업종 간의 교류 지원

8. 소상공인의 공동구매 및 유통물류센터 구축 등 소상공인의 조직화 및 협업화 지원

9. 소상공인에 적합한 새로운 사업의 발굴 및 보급

10. 전통시장등의 활성화를 지원하는 법인이나 단체에 대한 지원

11. 전통시장등의 상인 자조(自助)조직 육성

12. 「전통시장 및 상점가 육성을 위한 특별법」 제2조제3호의2에 따른 문화관광형시장의 육성

13. 중소기업청장 또는 지방자치단체의 장이 소상공인의 경영안정과 성장 및 전통시장등의 활성화를 위하여 위탁하는 사업

14. 그 밖에 중소기업청장이 소상공인의 경영안정과 성장 및 전통시장등의 활성화를 위하여 필요하다고 인정하는 사업

⑥ 정부는 공단의 사업 수행에 필요한 경비를 출연하거나 보조할 수 있다.

⑦ 공단에 관하여 이 법에서 규정한 것 외에는 「민법」 중 재단법인에 관한 규정을 준용한다.

⑧ 이 법에 따라 설립된 공단이 아닌 자는 소상공인시장진흥공단 또는 이와 유사한 명칭을 사용하여서는 아니 된다.

제18조(공단의 업무에 대한 지도·감독) ① 중소기업청장은 공단의 업무를 지도·감독하며, 필요한 경우에는 사업에 관한 지시나 명령을 할 수 있다.

② 공단에 대한 중소기업청장의 지도·감독 등에 필요한 사항은 대통령령으로 정한다.

제5장 소상공인시장진흥기금

제19조(소상공인시장진흥기금의 설치) 전통시장등의 상인 등 소상공인의 경영안정과 성장 및 구조고도화 등을 지원하는 데 필요한 재원을 확보하기 위하여 소상공인시장진흥기금(이하 "기금"이라 한다)을 설치한다.

제20조(재원의 조성) ① 기금은 다음 각 호의 재원으로 조성한다.

1. 정부의 출연금(직전 회계연도 관세 징수액의 100분의 3을 기준으로 한다)

2. 정부나 지방자치단체 외의 자가 출연하는 현금·물품 또는 그 밖의 재산

3. 다른 기금으로부터의 전입금 및

차입금
4. 「복권 및 복권기금법」에 따라
배분된 복권수익금
5. 「공공자금관리기금법」에 따른
공공자금관리기금으로부터의 예수
금(預受金)
6. 기금의 운용으로 생기는 수익금
7. 그 밖에 대통령령으로 정하는 수입금
② 정부는 회계연도마다 예산의 범위
에서 출연금을 세출예산에 포함시켜
야 한다.

제21조(기금의 사용 등) ① 기금은 다음
각 호의 사업을 위하여 사용할 수 있다.
1. 소상공인의 지속 성장을 위한 자
금 지원
2. 소상공인 과밀 업종의 사업전환
지원
3. 소상공인의 구조고도화 및 정보화
지원
4. 소상공인의 조직화·협업화 및 가
맹사업화 지원
5. 소상공인공동물류센터 건립·운영
지원
6. 혁신형 소상공인 지원
7. 소상공인에 대한 교육 및 자문
8. 소상공인 창업(해외 창업을 포함
한다)의 지원
9. 새로운 사업의 발굴·보급 및 관
련 정보 제공
10. 소상공인 지원을 위한 전문인력
양성
11. 소상공인의 경영안정과 성장을
위한 조사 및 연구
12. 소상공인의 기술 개발 및 업종
간 교류 지원
13. 전통시장등에 대한 지원
14. 소상공인에 대한 인식 개선 등
소상공인 활력 제고에 관한 사항
15. 소상공인을 위한 방송 운영
16. 폐업 소상공인에 대한 취업 지원
17. 「대·중소기업 상생협력 촉진에
관한 법률」에 따라 중소기업 적

합업종·품목으로 공표되었거나
사업조정 중인 업종의 소상공인에
대한 지원
18. 다른 기금으로부터의 차입금에
대한 원리금 상환
19. 「공공자금관리기금법」에 따른
공공자금관리기금으로부터의 예수
금에 대한 원리금 상환
20. 기금의 조성·관리 및 운용을 위
한 경비의 지출
21. 그 밖에 소상공인의 보호와 지원
을 위하여 중소기업청장이 위탁하
는 사업
② 중소기업청장은 제1항 각 호의 사
업을 수행하기 위하여 필요한 경우
전통시장등의 상인 등 소상공인이나
관련 단체 등에 대하여 대통령령으
로 정하는 바에 따라 기금에서 보조
금을 지급할 수 있다.
③ 중소기업청장은 기금을 사용하는
자가 그 기금을 지출 목적 외의 용
도로 사용한 경우 등 대통령령으로
정하는 경우에는 지출된 기금을 환
수할 수 있다.
④ 제3항에 따른 기금의 환수는 국세
체납처분의 예에 따른다.

제22조(기금의 관리 및 운용) ① 기금
은 중소기업청장이 관리·운용한다.
② 중소기업청장은 대통령령으로 정
하는 바에 따라 기금의 관리·운용
에 관한 업무의 일부를 공단 등에
위탁할 수 있다.
③ 기금의 관리·운용자는 「국가재
정법」 제66조에 따른 기금운용계획
에서 정하는 바에 따라 기금을 대출
등의 방법으로 운용할 수 있다.
④ 기금의 회계연도는 정부의 회계연
도에 따른다.
⑤ 기금의 관리·운용자는 기금의 회
계를 다른 회계와 구분하여 회계처
리하여야 한다.
⑥ 제1항부터 제5항까지에서 규정한

사항 외에 기금의 관리·운용에 필요한 사항은 대통령령으로 정한다.

제23조(기금운용위원회) ① 기금의 관리·운용에 관한 주요 사항을 심의하기 위하여 중소기업청에 기금운용위원회를 둔다.
② 제1항에 따른 기금운용위원회의 조직과 운영에 필요한 사항은 대통령령으로 정한다.

제6장 소상공인연합회

제24조(소상공인연합회의 설립 및 운영) ① 다음 각 호의 요건을 모두 갖춘 법인·조합 및 단체는 소상공인연합회(이하 "연합회"라 한다)를 설립할 수 있다.
1. 회원의 100분의 90 이상이 소상공인일 것
2. 대표자가 소상공인일 것
② 연합회는 법인으로 한다.
③ 연합회는 주된 사무소의 소재지에서 설립등기를 함으로써 성립한다.
④ 연합회를 설립하려는 자는 산업통상자원부령으로 정하는 바에 따라 정관과 그 밖에 필요한 서류를 중소기업청장에게 제출하여 설립허가를 받아야 한다.
⑤ 연합회는 지역별 사업의 원활한 추진을 위하여 정관으로 정하는 바에 따라 지회(支會)를 둘 수 있다.
⑥ 연합회에 관하여 이 법에서 정한 것 외에는 「민법」 중 사단법인에 관한 규정을 준용한다.
⑦ 연합회의 설립 및 운영에 관한 사항과 그 밖에 필요한 사항은 산업통상자원부령으로 정한다.
⑧ 이 법에 따라 설립된 연합회가 아닌 자는 소상공인연합회 또는 이와 유사한 명칭을 사용하여서는 아니 된다.

제25조(연합회의 사업) ① 연합회는 다음 각 호의 사업을 한다.
1. 소상공인 상호 간의 친목 도모를 위한 상부상조사업
2. 소상공인 창업, 투자 및 경영활동 등에 관한 정보 제공
3. 소상공인의 구매 및 판매 등에 관한 공동사업
4. 소상공인의 애로사항 해결을 위한 정책 건의
5. 그 밖에 연합회의 목적 달성을 위하여 정관으로 정하는 사업
② 정부와 지방자치단체는 연합회가 제1항에 따른 사업을 수행하는 데 필요한 비용을 지원할 수 있다.

제26조(연합회에 대한 지도·감독) ① 중소기업청장은 필요한 경우 연합회의 사무에 관하여 지도·감독할 수 있다.
② 중소기업청장은 제1항에 따른 지도·감독을 위하여 필요한 경우에는 연합회에 서류 등의 제출을 요구할 수 있다. 이 경우 연합회는 특별한 사유가 없으면 그 요구에 따라야 한다.

제27조(행정명령) ① 중소기업청장은 연합회의 업무나 회계가 법령이나 정관에 위반된다고 인정되는 경우에는 기한을 정하여 업무의 시정과 그 밖에 필요한 조치를 명할 수 있다.
② 중소기업청장은 연합회가 제1항의 명령에 따르지 아니하면 임원의 해임 또는 연합회의 해산을 명할 수 있다.
③ 중소기업청장은 제2항에 따라 연합회의 해산을 명하려면 청문을 하여야 한다.

제7장 보칙

제28조(권한 등의 위임·위탁) ① 이

법에 따른 중소기업청장의 권한은 그 일부를 대통령령으로 정하는 바에 따라 소속 기관의 장이나 시·도지사에게 위임할 수 있다.

② 이 법에 따른 중소기업청장의 업무는 그 일부를 대통령령으로 정하는 바에 따라 다음 각 호의 자에게 위탁할 수 있다.

1. 공단의 이사장
2. 「신용보증기금법」에 따라 설립된 신용보증기금의 이사장
3. 「기술신용보증기금법」제12조에 따라 설립된 기술신용보증기금의 이사장
4. 「지역신용보증재단법」제9조에 따라 설립된 신용보증재단의 이사장
5. 그 밖에 소상공인에 대한 보호·지원 업무를 담당하는 기관의 장으로서 대통령령으로 정하는 자

제8장 벌칙

제29조(벌칙) 연합회가 제27조제1항에 따른 명령을 위반한 경우에는 1천만원 이하의 벌금에 처한다.

제30조(과태료) ① 제17조제8항을 위반하여 소상공인시장진흥공단 또는 이와 유사한 명칭을 사용한 자에게는 1천만원 이하의 과태료를 부과한다.

② 제24조제8항을 위반하여 소상공인연합회 또는 이와 유사한 명칭을 사용한 자에게는 3백만원 이하의 과태료를 부과한다.

③ 제1항과 제2항에 따른 과태료는 대통령령으로 정하는 바에 따라 중소기업청장이 부과·징수한다.

부칙
<제13086호, 2015.1.28.>

제1조(시행일) 이 법은 2015년 5월 28일부터 시행한다. 다만, 제11조제2항 및 제3항의 개정규정은 공포 후 1년이 경과한 날부터 시행한다.

제2조(건축 및 입지 등에 관한 경과조치) 법률 제6314호 소기업지원을위한특별조치법중개정법률 제5조의 개정규정에도 불구하고 같은 법률 시행 당시 종전의 제5조(법률 제6314호 소기업지원을위한특별조치법중개정법률에 따라 개정되기 전의 규정을 말하며, 이하 "종전의 제5조"라 한다)에 따라 공장용도로 사용확인을 받은 건축물에 대해서는 종전의 제5조에 따른다.

제3조(소상공인시장진흥공단에 대한 경과조치) ① 이 법 시행 당시 종전의 「소기업 및 소상공인 지원을 위한 특별조치법」제10조의4에 따라 설립된 소상공인시장진흥공단은 이 법에 따른 공단으로 본다.

② 이 법 시행 당시 종전의 「소기업 및 소상공인 지원을 위한 특별조치법」(법률 제11846호로 개정되기 전의 것을 말한다) 제10조의4에 따른 소상공인진흥원과 종전의 「전통시장 및 상점가 육성을 위한 특별법」(법률 제11847호로 개정되기 전의 것을 말한다) 제68조에 따른 시장경영진흥원이 한 행위나 해당 소상공인진흥원 또는 시장경영진흥원에 대하여 한 행위는 공단이 하였거나 공단에 대하여 한 행위로 본다.

제4조(소상공인시장진흥기금에 관한 경과조치) 이 법 시행 당시 종전의 「소기업 및 소상공인 지원을 위한 특별조치법」제10조의7에 따라 설치된 소상공인시장진흥기금은 이 법에 따른 기금으로 본다.

제5조(기금운용위원회에 대한 경과조

치) 이 법 시행 당시 종전의 「소기업 및 소상공인 지원을 위한 특별조치법」 제10조의11에 따른 기금운용위원회는 이 법에 따른 기금운용위원회로 본다.

제6조(연합회에 대한 경과조치) 이 법 시행 당시 종전의 「소기업 및 소상공인 지원을 위한 특별조치법」 제10조의12에 따라 설립된 소상공인연합회는 이 법에 따른 연합회로 본다.

제7조(다른 법률의 개정) ① 도로법 일부를 다음과 같이 개정한다.
제68조제5호 중 "「소기업 및 소상공인 지원을 위한 특별조치법」 제2조제2호에 따른 소상공인"을 "「소상공인 보호 및 지원에 관한 법률」 제2조에 따른 소상공인"으로 한다.
② 법률 제12695호 도시형소공인 지원에 관한 특별법 일부를 다음과 같이 개정한다.
제2조제1호가목 중 "「소기업 및 소상공인 지원을 위한 특별조치법」 제2조제2호에 따른 소상공인"을 "「소상공인 보호 및 지원에 관한 법률」 제2조에 따른 소상공인"으로 한다.
제23조 중 "「소기업 및 소상공인 지원을 위한 특별조치법」 제10조의4에 따라 설립된 소상공인시장진흥공단"을 "「소상공인 보호 및 지원에 관한 법률」 제17조에 따라 설립된 소상공인시장진흥공단"으로 한다.
③ 전통시장 및 상점가 육성을 위한 특별법 일부를 다음과 같이 개정한다.
제71조제2항 중 "「소기업 및 소상공인 지원을 위한 특별조치법」 제10조의4에 따른 소상공인시장진흥공단"을 "「소상공인 보호 및 지원에 관한 법률」 제17조에 따른 소상공인시장진흥공단"으로 한다.
④ 조달사업에 관한 법률 일부를 다음과 같이 개정한다.

제5조제2항 중 "「소기업 및 소상공인지원을 위한 특별조치법」 제2조에 따른 소기업과 소상공인"을 "「중소기업기본법」 제2조제2항에 따른 소기업과 「소상공인 보호 및 지원에 관한 법률」 제2조에 따른 소상공인"으로 한다.
⑤ 중소기업기본법 일부를 다음과 같이 개정한다.
제21조제1항제4호 중 "「소기업 및 소상공인지원을 위한 특별조치법」 제10조의3에 따른 실태조사"를 "「소상공인 보호 및 지원에 관한 법률」 제7조에 따른 실태조사"로 한다.
⑥ 중소기업협동조합법 일부를 다음과 같이 개정한다.
제106조제1항제9호 중 "소기업과 소상공인(「소기업 및 소상공인지원을 위한 특별조치법」 제2조의 소기업 및 소상공인을 말한다. 이하 같다)"을 "소기업과 소상공인(「중소기업기본법」 제2조제2항에 따른 소기업과 「소상공인 보호 및 지원에 관한 법률」 제2조에 따른 소상공인을 말한다. 이하 같다)"으로 한다.
⑦ 지역신용보증재단법 일부를 다음과 같이 개정한다.
제2조제2호 중 "「소기업 및 소상공인 지원을 위한 특별조치법」 제2조제2호에 따른 소상공인"을 "「소상공인 보호 및 지원에 관한 법률」 제2조에 따른 소상공인"으로 한다.

제8조(다른 법령과의 관계) 이 법 시행 당시 다른 법령에서 종전의 「소기업 및 소상공인 지원을 위한 특별조치법」 또는 그 규정을 인용한 경우에 이 법 가운데 그에 해당하는 규정이 있으면 종전의 「소기업 및 소상공인 지원을 위한 특별조치법」 또는 그 규정을 갈음하여 이 법 또는 이 법의 해당 규정을 인용한 것으로 본다.

소상공인 보호 및 지원에 관한 법률 시행령

[시행 2015.5.28.]
[대통령령 제26248호, 2015.5.26., 전부개정]

제1조(목적) 이 영은 「소상공인 보호 및 지원에 관한 법률」에서 위임된 사항과 그 시행에 필요한 사항을 규정함을 목적으로 한다.

제2조(소상공인의 범위 등) ① 「소상공인 보호 및 지원에 관한 법률」(이하 "법"이라 한다) 제2조제2호에서 "대통령령으로 정하는 기준"이란 다음 각 호의 구분에 따른 주된 사업에 종사하는 상시 근로자 수를 말한다.
  1. 광업·제조업·건설업 및 운수업: 10명 미만
  2. 그 밖의 업종: 5명 미만
  ② 제1항에 따른 주된 사업의 기준에 관하여는 「중소기업기본법 시행령」 제4조 및 제7조(제2항제2호는 제외한다)를 준용한다. 이 경우 "평균매출액등"은 "매출액"으로, 같은 영 제7조제2항제1호에서 "직전 3개 사업연도"는 "직전 사업연도"로, "36개월"은 "12개월 이상"으로, "총 매출액을 3으로 나눈 금액"은 "매출액"으로, 같은 항 제3호 각 목 외의 부분에서 "제2호"는 "제1호"로 본다.
  ③ 제1항에 따른 상시 근로자는 「근로기준법」 제2조제1항제1호에 따른 근로자 중 다음 각 호의 어느 하나에 해당하는 사람을 제외한 사람을 말한다.
  1. 임원 및 「소득세법 시행령」 제20조에 따른 일용근로자
  2. 3개월 이내의 기간을 정하여 근로하는 사람
  3. 「기초연구진흥 및 기술개발지원에 관한 법률」 제14조제1항제2호에 따른 기업부설연구소 및 연구개발전담부서의 연구전담요원
  4. 「근로기준법」 제2조제1항제8호에 따른 단시간근로자(이하 "단시간근로자"라 한다)로서 1개월 동안의 소정(所定)근로시간이 60시간 미만인 사람
  ④ 제1항에 따른 상시 근로자 수는 다음 각 호의 구분에 따른 방법에 따라 산정한다. 이 경우 단시간근로자로서 1개월 동안의 소정근로시간이 60시간 이상인 근로자는 1명을 0.5명으로 산정한다.
  1. 직전 사업연도의 사업기간이 12개월 이상인 경우(직전 사업연도에 창업하거나 합병 또는 분할한 경우로서 창업일, 합병일 또는 분할일부터 12개월 이상이 지난 경우는 제외한다): 직전 사업연도의 매월 말일 현재의 상시 근로자의 수를 합하여 12로 나눈 인원
  2. 직전 또는 해당 사업연도에 창업하거나 합병 또는 분할한 경우로서 제1호에 해당하지 아니하는 경우: 다음 각 목의 구분에 따라 월평균 상시 근로자의 수로 환산하여 산정한 인원
    가. 산정일이 창업하거나 합병 또는 분할한 달에 속하는 경우: 산정일 현재의 인원
    나. 창업하거나 합병 또는 분할한 지 12개월 미만인 경우(가목의 경우는 제외한다): 창업일, 합병일 또는 분할일이 속하는 달부터 산정일까지의 기간의 매월 말일 현재의 상시 근로자의 수를 합하여 해당 월수로 나눈 인원
    다. 창업하거나 합병 또는 분할한 지 12개월 이상인 경우: 산정일이 속하는 달부터 역산하여 12개월이 되는 달까지의 기간

의 매월 말일 현재의 상시 근로자의 수를 합하여 12로 나눈 인원

⑤ 중소기업청장은 기업이 소상공인에 해당하는지를 확인하기 위하여 필요하면 확인 방법 및 절차에 관한 사항을 정하여 고시할 수 있다.

제3조(소상공인의 날) 법 제4조제1항에서 "대통령령으로 정하는 날"이란 2월 26일을 말한다.

제4조(지역별 소상공인 지원실적 제출) 특별시장·광역시장·특별자치시장·도지사 및 특별자치도지사는 법 제6조제5항에 따라 지역별 소상공인 지원 시행계획의 추진실적을 그 시행계획의 계획연도가 끝난 후 1개월 이내에 중소기업청장에게 제출하여야 한다.

제5조(상권정보시스템의 구축 및 운영에 필요한 자료 등의 범위) 법 제13조제2항제2호에서 "대통령령으로 정하는 자료 또는 정보"란 다음 각 호의 어느 하나에 해당하는 자료 또는 정보를 말한다.

1. 지역별 인가·허가 사업장에 관한 자료 또는 정보
2. 지역별 인구, 가구수 등 인구 관련 자료 또는 정보
3. 지역별 지하철 이용자 수, 차량등록 대수 등 교통 관련 자료 또는 정보
4. 지역별 상가건물의 임대차 현황 등 부동산 관련 자료 또는 정보
5. 지역별 사업체 자료 또는 정보
6. 지역별 상권의 매출액에 관한 자료 또는 정보

제6조(소상공인지원센터의 설치·운영)

① 법 제17조제1항에 따른 소상공인시장진흥공단(이하 "공단"이라 한다) 이사장은 지역별로 소상공인의 경영

안정과 성장 및 「전통시장 및 상점가 육성을 위한 특별법」 제2조제1호·제2호 및 제4호에 따른 전통시장, 상점가 및 상권활성화구역(이하 "전통시장등"이라 한다)의 활성화사업에 대한 지원업무의 수요를 고려하여 법 제17조제4항에 따른 지역별 소상공인지원센터(이하 "지원센터"라 한다)를 설치·운영한다.

② 지원센터는 다음 각 호의 업무를 수행한다.

1. 소상공인 창업과 경영개선을 위한 정보 제공, 교육 및 상담
2. 지역상권의 조사·분석
3. 소상공인 실태조사 및 관련 정보의 수집
4. 전통시장등의 시설 및 경영 현대화를 위한 정보 제공, 교육 및 상담
5. 「전통시장 및 상점가 육성을 위한 특별법」 제8조에 따른 지원 효과 평가를 위한 관련 정보의 수집
6. 그 밖에 소상공인의 경영안정과 성장 및 전통시장등의 활성화에 대한 지원사업으로서 공단 이사장이 필요하다고 인정하는 사업

③ 제1항 및 제2항에서 규정한 사항 외에 지원센터의 설치·운영에 필요한 사항은 공단 이사장이 중소기업청장과 협의하여 정한다.

제7조(공단의 업무에 대한 지도·감독) 중소기업청장은 법 제18조제1항에 따라 공단으로 하여금 업무·회계 및 재산에 관하여 필요한 사항을 보고하게 하거나 소속 공무원으로 하여금 공단의 장부·서류, 그 밖의 물건을 검사하게 할 수 있다.

제8조(기금에서의 보조금 지급) 법 제21조제2항에 따른 보조금 지급은 「보조금 관리에 관한 법률」에서 정

하는 바에 따른다.

제9조(기금의 환수 사유) 법 제21조제
3항에서 "기금을 지출 목적 외의 용
도로 사용한 경우 등 대통령령으로
정하는 경우"란 다음 각 호의 어느
하나에 해당하는 경우를 말한다.
1. 법 제19조에 따른 소상공인시장진흥
   기금(이하 "기금"이라 한다)을 지출
   목적 외의 용도로 사용한 경우
2. 거짓 신청이나 그 밖의 부정한 방
   법으로 기금을 지원받은 경우

**제10조(기금의 관리·운용에 관한 업무
의 위탁 등)** ① 중소기업청장은 법
제22조제2항에 따라 기금의 관리·
운용에 관한 업무 중 다음 각 호의
업무를 공단에 위탁한다.
1. 기금운용계획안 및 기금결산보고
   서의 작성
2. 기금의 관리·운용에 관한 회계사무
3. 기금 여유자금의 운용
4. 그 밖에 기금의 관리·운용에 관
   한 사항으로서 중소기업청장이 정
   하여 고시하는 업무
② 공단은 제1항에 따라 위탁받은 기
금의 운용 현황, 기금 지원 대상자의
선정 및 지원명세 등을 포함한 월별
세부 기금 운용실적을 매 분기 마지
막 달의 다음 달 20일까지 중소기업
청장에게 보고하여야 한다.
③ 공단은 매 회계연도의 기금 결산
보고서에 다음 각 호의 서류를 첨부
하여 다음 회계연도 2월 20일까지
중소기업청장에게 제출하여야 한다.
1. 기금의 개요·현황 및 분석에 관
   한 서류
2. 대차대조표
3. 손익계산서
4. 수입 및 지출 계산서
5. 그 밖에 결산보고서의 내용을 명
   백히 하기 위하여 필요한 서류
④ 공단이 제1항에 따라 위탁받은 업

무를 처리하는 데에 드는 비용은 기
금에서 부담한다.

**제11조(기금운용위원회의   조직·운영
등)** ① 법 제23조제1항에 따른 기금
운용위원회(이하 "기금운용위원회"라
한다)는 위원장 1명을 포함하여 10
명 이내의 위원으로 구성한다.
② 기금운용위원회의 위원장(이하 "
위원장"이라 한다)은 중소기업청 차
장이 되고, 위원은 다음 각 호의 사
람 중에서 성별을 고려하여 중소기
업청장이 위촉하거나 임명한다.
1. 중소기업청 소속 고위공무원단에
   속하는 공무원으로서 기금업무를
   담당하는 사람
2. 소상공인과 전통시장등에 관한 전
   문지식과 경험이 풍부하다고 인정
   되는 사람
3. 그 밖에 기금의 관리·운용에 관
   한 전문지식과 경험이 풍부하다고
   인정되는 사람
③ 제2항제2호 및 제3호에 따른 위
원의 임기는 2년으로 한다.
④ 위원장은 기금운용위원회를 대표
하고, 기금운용위원회의 업무를 총괄
한다.
⑤ 위원장은 기금운용위원회의 회의
를 소집하고 그 의장이 된다.
⑥ 위원장이 부득이한 사유로 직무를
수행할 수 없을 때에는 위원장이 미리
지명한 위원이 그 직무를 대행한다.
⑦ 기금운용위원회의 회의는 재적위
원 과반수의 출석으로 개의(開議)하
고, 출석위원 과반수의 찬성으로 의
결한다.
⑧ 기금운용위원회에 기금운용위원회
의 사무를 처리할 간사 1명을 두며,
간사는 중소기업청 소속 공무원 중
에서 중소기업청장이 지명한다.
⑨ 기금운용위원회에 출석한 위원에
게는 예산의 범위에서 수당과 여비
를 지급할 수 있다. 다만, 공무원인

위원이 그 소관 업무와 직접적으로 관련되어 출석하는 경우에는 그러하지 아니하다.

⑩ 이 영에서 규정한 사항 외에 기금운용위원회 운영에 필요한 사항은 기금운용위원회의 의결을 거쳐 위원장이 정한다.

제12조(업무의 위탁) ① 중소기업청장은 법 제28조제2항제1호에 따라 다음 각 호의 업무를 공단의 이사장에게 위탁한다.

1. 법 제8조에 따른 소상공인 창업 지원사업의 수행
2. 법 제9조에 따른 소상공인의 경영안정과 성장을 지원하기 위한 사업(제조업을 영위하는 소상공인에 대한 자금 지원사업은 제외한다)의 수행
3. 법 제10조에 따른 소상공인의 구조고도화를 위한 지원사업의 수행
4. 법 제11조제1항에 따른 소상공인의 조직화 및 협업화를 위한 지원사업의 수행
5. 법 제12조에 따른 폐업 소상공인 지원사업의 수행
6. 법 제15조에 따른 불공정거래로 인하여 피해를 입은 소상공인의 보호 및 지원을 위한 상담센터의 설치·운영

② 중소기업청장은 법 제28조제2항제5호에 따라 법 제9조에 따른 소상공인의 경영안정과 성장을 지원하기 위한 사업(제조업을 영위하는 소상공인에 대한 자금 지원사업만 해당한다)의 수행을 「중소기업진흥에 관한 법률」 제68조제1항에 따른 중소기업진흥공단 이사장에게 위탁한다.

제13조(고유식별정보의 처리) 중소기업청장(제12조에 따라 중소기업청장의 업무를 위탁받은 자를 포함한다)은 다음 각 호의 사무를 수행하기 위하여 불가피한 경우 「개인정보 보호법 시행령」 제19조제1호 또는 제4호에 따른 주민등록번호 또는 외국인등록번호가 포함된 자료를 처리할 수 있다.

1. 법 제8조에 따른 소상공인 창업 지원사업에 관한 사무
2. 법 제9조에 따른 소상공인의 경영안정과 성장을 지원하기 위한 사업에 관한 사무
3. 법 제10조에 따른 소상공인의 구조고도화를 위한 지원사업에 관한 사무
4. 법 제11조제1항에 따른 소상공인의 조직화 및 협업화를 위한 지원사업에 관한 사무
5. 법 제12조에 따른 폐업 소상공인 지원사업에 관한 사무
6. 법 제15조에 따른 불공정거래로 인하여 피해를 입은 소상공인의 보호 및 지원을 위한 상담센터의 운영에 관한 사무

제14조(과태료) 법 제30조제1항 및 제2항에 따른 과태료의 부과기준은 별표와 같다.

부칙
<제26248호, 2015.5.26.>

제1조(시행일) 이 영은 2015년 5월 28일부터 시행한다.

제2조(기금의 환수에 관한 적용례) 제9조제2호의 개정규정은 이 영 시행 이후에 지출된 기금부터 적용한다.

제3조(소상공인지원센터에 관한 경과조치) 이 영 시행 당시 종전의 「소기업 및 소상공인 지원을 위한 특별조치법 시행령」 제8조에 따라 설치된 소상공인지원센터는 제6조의 개정규

정에 따라 설치된 소상공인지원센터로 본다.

제4조(기금운용위원회의 위원에 관한 경과조치) 이 영 시행 당시 종전의 「소기업 및 소상공인 지원을 위한 특별조치법 시행령」 제11조제2항에 따라 기금운용위원회의 위원으로 위촉되거나 임명된 사람은 제11조제2항의 개정규정에 따라 기금운용위원회의 위원으로 위촉되거나 임명된 사람으로 본다.

제5조(과태료에 관한 경과조치) 이 영 시행 전의 위반행위로 받은 과태료 부과처분은 별표의 개정규정에 따른 위반행위 횟수 산정에 포함하지 아니한다.

제6조(다른 법령의 개정) ① 개성공업지구 지원에 관한 법률 시행령 일부를 다음과 같이 개정한다.
제9조제1항제3호를 다음과 같이 한다.
　3. 「소상공인 보호 및 지원에 관한 법률」
② 고용정책 기본법 시행령 일부를 다음과 같이 개정한다.
제30조의3제3호 중 "「소기업 및 소상공인 지원을 위한 특별조치법」 제10조의6에 따른 소기업 및 소상공인"을 "「소상공인 보호 및 지원에 관한 법률」 제14조에 따른 소상공인"으로 한다.
③ 국유재산법 시행령 일부를 다음과 같이 개정한다.
제29조제1항제6호 중 "「소기업 및 소상공인 지원을 위한 특별조치법」 제2조제2호에 따른 소상공인"을 "「소상공인 보호 및 지원에 관한 법률」 제2조에 따른 소상공인"으로 한다.
④ 벤처기업육성에 관한 특별조치법 시행령 일부를 다음과 같이 개정한

다.
제11조의12제1항제1호 중 "「소기업 및 소상공인지원을 위한 특별조치법」 제2조제2호에 따른 소상공인"을 "「소상공인 보호 및 지원에 관한 법률」 제2조에 따른 소상공인"으로 한다.
⑤ 산업기술혁신 촉진법 시행령 일부를 다음과 같이 개정한다.
제11조제9호를 다음과 같이 한다.
　9. 「중소기업기본법」 제2조제2항에 따른 소기업
⑥ 여신전문금융업법 시행령 일부를 다음과 같이 개정한다.
제6조의12제1항제1호 중 "「소기업 및 소상공인지원을 위한 특별조치법」 제2조제2호에 따른 소상공인"을 "「소상공인 보호 및 지원에 관한 법률」 제2조에 따른 소상공인"으로 한다.
⑦ 전통시장 및 상점가 육성을 위한 특별법 시행령 일부를 다음과 같이 개정한다.
제19조제2항제3호라목 중 "「소기업 및 소상공인 지원을 위한 특별조치법」 제10조의4에 따른 소상공인시장진흥공단"을 "「소상공인 보호 및 지원에 관한 법률」 제17조에 따른 소상공인시장진흥공단"으로 한다.
⑧ 조달사업에 관한 법률 시행령 일부를 다음과 같이 개정한다.
제9조의2제5항제1호 중 "「소기업 및 소상공인지원을 위한 특별조치법」 제2조에 따른 소기업 또는 소상공인"을 "「중소기업기본법」 제2조제2항에 따른 소기업 또는 「소상공인 보호 및 지원에 관한 법률」 제2조에 따른 소상공인"으로 한다.
⑨ 중소기업 인력지원 특별법 시행령 일부를 다음과 같이 개정한다.
제30조 중 "협의하고, 그 결과를 「소기업 및 소상공인지원을 위한 특별조치법」 제3조제4항의 규정에 따른 소

기업종합지원계획에 반영하여야 한다"를 "협의하여야 한다"로 한다.

⑩ 중소기업제품 구매촉진 및 판로지원에 관한 법률 시행령 일부를 다음과 같이 개정한다.

제2조의2제1항제1호 본문 중 "「소기업 및 소상공인 지원을 위한 특별조치법」 제2조에 따른 소기업 또는 소상공인"을 "「중소기업기본법」 제2조제2항에 따른 소기업 또는 「소상공인 보호 및 지원에 관한 법률」 제2조에 따른 소상공인"으로 한다.

제9조제3항 전단 중 "「소기업 및 소상공인 지원을 위한 특별조치법」 제2조"를 "「소상공인 보호 및 지원에 관한 법률」 제2조"로 한다.

⑪ 항공우주산업개발 촉진법 시행령 일부를 다음과 같이 개정한다.

제7조의2제2항제7호를 다음과 같이 한다.

7. 「중소기업기본법」 제2조제2항에 따른 소기업

제7조(다른 법령과의 관계) 이 영 시행 당시 다른 법령에서 종전의 「소기업 및 소상공인 지원을 위한 특별조치법 시행령」 또는 그 규정을 인용한 경우에 이 법령 가운데 그에 해당하는 규정이 있을 때에는 종전의 「소기업 및 소상공인 지원을 위한 특별조치법 시행령」 또는 그 규정을 갈음하여 이 영 또는 이 영의 해당 규정을 인용한 것으로 본다.

[별표 0] 과태료의 부과기준(제14조 관련)

과태료의 부과기준(제14조 관련)

1. 일반기준

가. 부과권자는 다음의 어느 하나에 해당하는 경우에는 제2호의 개별기준에 따른 과태료 금액의 2분의 1의 범위에서 그 금액을 줄일 수 있다. 다만, 과태료를 체납하고 있는 위반행위자의 경우에는 금액을 줄일 수 없다.

　1) 위반행위자가 「질서위반행위규제법 시행령」 제2조의2제1항 각 호의 어느 하나에 해당하는 경우

　2) 위반행위가 사소한 부주의나 오류로 인한 것으로 인정되는 경우

　3) 위반행위자가 법 위반상태를 시정하거나 해소하기 위해 노력한 것으로 인정되는 경우

　4) 그 밖에 위반행위의 정도, 위반행위의 동기와 그 결과 등을 고려하여 과태료를 줄일 필요가 있다고 인정되는 경우

나. 위반행위의 횟수에 따른 과태료의 부과기준은 최근 1년간 같은 위반행위로 과태료 부과처분을 받은 경우에 적용한다. 이 경우 위반횟수별 부과기준의 적용일은 위반행위에 대해 과태료 부과처분을 한 날과 그 처분 후 다시 같은 위반행위로 적발한 날로 한다.

2. 개별기준

(단위: 만원)

위반행위	근거 법조문	과태료		
		1차 위반	2차 위반	3차 이상 위반
가. 법 제17조제8항을 위반하여 소상공인시장진흥공단 또는 이와 유사한 명칭을 사용한 경우	법 제30조제1항	250	500	1,000
나. 법 제24조제8항을 위반하여 소상공인연합회 또는 이와 유사한 명칭을 사용한 경우	법 제30조제2항	100	200	300

소상공인 보호 및 지원에 관한 법률 시행규칙

[시행 2015.5.28.]
[산업통상자원부령 제131호, 2015.5.28., 일부개정]

제1조(목적) 이 규칙은 「소상공인 보호 및 지원에 관한 법률」 및 같은 법 시행령에서 위임된 사항과 그 시행에 필요한 사항을 규정함을 목적으로 한다. <개정 2015.5.28.>

제2조(소상공인연합회 회원) ① 「소상공인 보호 및 지원에 관한 법률」 제24조제1항에 따른 소상공인연합회(이하 "연합회"라 한다)의 회원은 정회원과 특별회원으로 한다.
<개정 2014.8.27., 2015.5.28.>
② 연합회의 정회원은 다음 각 호의 요건을 모두 갖춘 법인·조합 및 단체로 한다.
<개정 2014.8.27., 2015.5.28.>
1. 다음 각 목의 어느 하나에 해당할 것
   가. 「중소기업협동조합법」에 따라 설립된 협동조합, 사업협동조합 또는 협동조합연합회
   나. 「민법」 또는 다른 법률에 따라 설립된 비영리법인, 조합 또는 단체
2. 법 제24조제1항 각 호의 요건을 모두 갖출 것
3. 활동 범위가 9개 이상의 특별시·광역시·특별자치시·도 또는 특별자치도에 걸칠 것
③ 연합회는 정관으로 정하는 바에 따라 경제단체와 소상공인 관련 단체 등을 특별회원으로 할 수 있다.
④ 연합회의 정회원은 각각 1개의 의결권과 선거권을 가진다.

제3조(정관의 기재사항 등) ① 연합회의 정관에는 다음 각 호의 사항이 포함되어야 한다.
1. 목적
2. 명칭
3. 사업
4. 주된 사무소의 소재지
5. 회원 및 대리인의 자격
6. 회원의 가입·탈퇴 및 제명(除名)
7. 회원의 권리·의무에 관한 사항
8. 임원의 정수(定數)와 그 선임(選任) 방법
9. 총회 및 이사회에 관한 사항
10. 경비의 분담
11. 잉여금의 처분과 손실금의 처리
12. 사업연도
13. 해산 사유
14. 공고 방법
② 연합회의 정관으로 정하는 사항 외에 연합회의 운영에 필요한 사항에 대해서는 규약 또는 규정으로 정할 수 있다. 이 경우 규약 또는 규정의 제정·개정 또는 폐지 절차에 대해서는 연합회의 정관으로 정한다. <개정 2014.8.27.>

제4조(발기인) 연합회를 설립하려면 제2조제2항에 따른 정회원의 자격을 가진 자로서 법인·조합 및 단체 20개 이상이 발기인이 되어야 한다.

제5조(창립총회) ① 발기인은 정관을 작성하고, 창립총회를 개최하여야 한다.
② 발기인은 창립총회 개최일 2주일 전까지 창립총회의 일시·장소 및 창립총회에서 의결할 사항을 공고하여야 한다.
③ 다음 각 호의 사항은 창립총회의 의결을 거쳐야 한다.
1. 발기인이 작성한 정관의 채택 또는 그 수정
2. 사업계획의 설정
3. 그 밖에 연합회 설립에 필요한 사항
④ 창립총회의 의결은 연합회의 정회원

이 될 자격을 가진 자로서 연합회 설립에 동의한 자의 과반수 출석과 출석자 3분의 2 이상의 찬성에 의한다.

제6조(의사록) ① 창립총회의 의사(議事)에 관하여는 의사록을 작성하여야 한다.
② 의사록에는 의사의 경과와 의결사항을 적고, 발기인 전원이 서명하여야 한다.

제7조(설립허가) ① 발기인은 창립총회가 끝나면 별지 서식의 소상공인연합회 설립허가 신청서에 다음 각 호의 서류를 첨부하여 중소기업청장에게 설립허가를 신청하여야 한다.
1. 발기인 및 동의인이 서명 또는 날인한 명부(名簿)
2. 회원의 명부
3. 창립총회 의사록
4. 대표자 및 임원의 명부
5. 정관
6. 사업계획서
7. 재산 명세서
8. 창립총회 개최 공고문
② 제1항에 따른 신청서를 받은 중소기업청장은 「전자정부법」 제36조 제1항에 따른 행정정보의 공동이용을 통하여 법인 등기사항증명서를 확인하여야 한다.
③ 발기인 중 제6조제2항에 따른 의사록에의 서명을 거부하는 자가 있을 때에는 발기인의 과반수가 별지 서식의 소상공인연합회 설립허가 신청서에 그 사유서를 첨부하여 설립허가를 신청할 수 있다.
④ 중소기업청장은 연합회의 설립을 허가하였을 때에는 이를 일간신문에 공고하여야 한다.

제8조(운영의 공개) ① 연합회는 정관·규약·규정, 총회·이사회 의사록, 회계장부 및 회원 명부를 주된 사무소에 갖추어야 한다.
② 연합회 회원은 제1항에 따른 서류를 열람하거나 그 사본을 청구할 수 있으며, 연합회는 정당한 이유 없이 이를 거부해서는 아니 된다.

부칙
<제264호, 2012.7.17.>

이 규칙은 2012년 7월 18일부터 시행한다.

부칙
<제82호, 2014.8.27.>

이 규칙은 공포한 날부터 시행한다.

부칙
<제131호, 2015.5.28.>

제1조(시행일) 이 규칙은 2015년 5월 28일부터 시행한다.

제2조(다른 법령의 개정) 중소기업청과 그 소속기관 직제 시행규칙 일부를 다음과 같이 개정한다.
제8조제3항제2호 중 "「소기업 및 소상공인 지원을 위한 특별조치법」"을 "「소상공인 보호 및 지원에 관한 법률」"로 한다.

제3조(다른 법령과의 관계) 이 규칙 시행 당시 다른 법령에서 종전의 「소기업 및 소상공인 지원을 위한 특별조치법 시행규칙」 또는 그 규정을 인용한 경우에 이 규칙 가운데 그에 해당하는 규정이 있을 때에는 종전의 「소기업 및 소상공인 지원을 위한 특별조치법 시행규칙」 또는 그 규정을 갈음하여 이 규칙 또는 이 규칙의 해당 규정을 인용한 것으로 본다.

[서식 0] 소상공인연합회 설립허가 신청서

■ 소기업 및 소상공인 지원을 위한 특별조치법 시행규칙 [별지 서식] <개정 2015.5.28.>

소상공인연합회 설립허가 신청서

접수번호	접수일	처리일	처리기간	20일

신청인	기관명		
	대표자 성명		생년월일
	주소	(전화번호:)	

「소상공인 보호 및 지원에 관한 법률」 제24조 및 같은 법 시행규칙 제7조에 따라 위와 같이 설립허가를 신청합니다.

년 월 일

신청인 (서명 또는 인)

중소기업 청장 귀하

첨부서류	1. 발기인 및 동의인이 서명 또는 날인한 명부 1부 2. 회원의 명부 1부 3. 창립총회 의사록 1부 4. 대표자 및 임원의 명부 1부 5. 정관 1부 6. 사업계획서 1부 7. 재산 명세서 1부 8. 창립총회 개최 공고문 1부	수수료 없음
담당 공무원 확인사항	법인 등기사항증명서	

처 리 절 차

신청서 작성	→	접수	→	검토	→	허가(결정)	→	통보
신청인		처리기관 (중소기업청)		처리기관 (중소기업청)		처리기관 (중소기업청)		

210mm×297mm[백상지 80g/㎡]

여성기업지원에
관한 법률

[시행 2014.1.1.]
[법률 제11967호, 2013.7.30., 일부개정]

제1조(목적) 이 법은 여성기업의 활동과 여성의 창업을 적극적으로 지원하여 경제영역에서 남녀의 실질적인 평등을 도모하고 여성의 경제활동과 여성경제인의 지위 향상을 도모함으로써 국민경제 발전에 이바지함을 목적으로 한다. [전문개정 2009.12.30.]

제2조(정의) 이 법에서 사용하는 용어의 뜻은 다음과 같다.
1. "여성기업"이란 여성이 소유하거나 경영하는 기업으로서 대통령령으로 정하는 기준에 해당하는 기업을 말한다.
2. "여성경제인"이란 기업의 임원으로서 그 기업의 최고의사 결정에 참여하는 여성을 말한다.
3. "공공기관"이란 「중소기업진흥에 관한 법률」 제2조제8호에 따른 공공기관을 말한다.
[전문개정 2009.12.30.]

제3조(국가 및 지방자치단체의 책임)
국가 및 지방자치단체는 여성의 창업과 여성기업의 기업활동을 촉진하기 위하여 자금·인력·정보·기술·판로 등의 분야에서 종합적인 지원과 사업활동 기회가 균등하게 보장될 수 있도록 노력하여야 한다.
[전문개정 2009.12.30.]

제4조(차별적 관행의 시정) ① 중소기업청장은 공공기관이 여성기업에 불합리한 차별적 관행이나 제도를 시행할 경우 그 시정을 요청할 수 있다.
② 제1항에 따른 시정을 요청받은 공공기관은 특별한 사유가 없으면 이를 시정하여야 한다.
[전문개정 2009.12.30.]

제5조(여성기업활동 촉진에 관한 기본계획) ① 중소기업청장은 대통령령으로 정하는 바에 따라 여성기업의 활동을 촉진하기 위한 기본계획(이하 "기본계획"이라 한다)을 매년 수립하고 이를 추진하여야 한다.
② 기본계획에는 다음 각 호의 사항이 포함되어야 한다.
1. 여성기업활동을 촉진하기 위한 기본목표 및 그 추진방향
2. 여성의 창업을 지원하기 위한 사항
3. 여성기업에 대한 자금, 정보, 기술, 인력, 판로 등의 지원에 관한 사항
4. 제1호부터 제3호까지에서 규정한 사항 외에 여성기업 및 여성경제인의 활동을 촉진하기 위하여 필요한 사항
③ 중소기업청장은 기본계획을 수립하기 위하여 필요하다고 인정하는 경우에는 관계 행정기관 및 여성기업 지원과 관련된 기관 또는 단체에 대하여 필요한 자료나 의견 등의 제출을 요청할 수 있다. 이 경우 요청을 받은 관계 행정기관 및 여성기업 지원과 관련된 기관 또는 단체는 특별한 사정이 없으면 요청에 따라야 한다. [전문개정 2009.12.30.]

제6조(균형성장촉진위원회의 설치) ① 기본계획 및 여성의 기업활동 촉진에 관한 중요 사항을 심의하기 위하여 중소기업청에 균형성장촉진위원회(이하 "위원회"라 한다)를 둔다.
② 위원회의 조직·운영 등에 필요한 사항은 대통령령으로 정한다.
[전문개정 2009.12.30.]

제7조(실태 조사) ① 중소기업청장은 여성기업의 활동 현황 및 실태를 파악하기 위하여 2년마다 실태 조사를 하고 그 결과를 공표하여야 한다.

② 중소기업청장은 제1항에 따른 실태 조사를 제13조에 따른 한국여성경제인협회, 중소기업 관련 기관 또는 단체에 위탁할 수 있다.

③ 제1항에 따른 실태 조사를 하기 위하여 필요한 경우에는 공공기관·여성기업 또는 여성단체에 대하여 자료의 제출이나 의견의 진술 등을 요구할 수 있으며, 그 요구를 받은 공공기관·여성기업 또는 여성단체는 이에 협조하여야 한다. [전문개정 2009.12.30.]

제8조(여성의 창업지원 특례) ① 중소기업청장은 「중소기업창업 지원법」 제4조제1항에 따른 중소기업 창업지원계획에 여성의 창업촉진을 위한 계획을 포함시켜야 한다.

② 정부는 「중소기업창업 지원법」 제4조제2항에 따라 창업자 및 창업지원 관련 사업을 하는 자에 대한 지원을 하는 경우 여성창업자 및 여성창업 지원 실적이 우수한 창업지원 관련 사업자를 우대할 수 있다.

③ 중소기업청장은 여성의 창업을 촉진하기 위하여 「중소기업창업 지원법」 제6조제1항에 따른 창업보육센터사업자를 지정할 때에는 여성을 위한 창업보육센터사업자를 우선 지정할 수 있다. [전문개정 2009.12.30.]

제9조(공공기관의 우선 구매) ① 공공기관의 장은 여성기업(「중소기업기본법」 제2조에 따른 중소기업자만 해당한다. 이하 이 조에서 같다)이 직접 생산하고 제공하는 제품(이하 이 조에서 "여성기업제품"이라 한다)의 구매를 촉진하여야 한다.

② 공공기관의 장이 「중소기업제품 구매촉진 및 판로지원에 관한 법률」 제5조제1항에 따라 작성하는 구매계획에는 여성기업제품의 구매계획을 구분하여 포함시켜야 한다.

③ 제2항에 따른 여성기업제품의 구매계획에는 대통령령으로 정하는 비율 이상의 구매목표를 포함시켜야 하며, 공공기관의 장은 해당 구매계획을 이행하여야 한다. <개정 2013.7.30.>

④ 중소기업청장은 제3항에 따른 구매계획을 확인한 결과 개선이 필요하다고 인정되는 사항에 대하여는 해당 공공기관의 장에게 그 개선을 권고할 수 있다. 이 경우 해당 공공기관의 장은 특별한 사정이 없으면 구매계획에 이를 반영하여야 한다.

⑤ 제2항부터 제4항까지의 규정에 따른 구매계획과 구매실적의 통보에 필요한 사항은 「중소기업제품 구매촉진 및 판로지원에 관한 법률」 제5조제3항을 준용한다. [전문개정 2009.12.30.]

제10조(자금지원 우대) 국가 및 지방자치단체는 기업에 대한 자금을 지원할 때 여성기업의 활동과 창업을 촉진하기 위하여 여성기업을 우대하여야 한다. [전문개정 2009.12.30.]

제11조(경영능력 향상 지원) 중소기업청장은 여성경제인 및 여성기업의 근로자에 대하여 경영능력과 기술수준을 향상시키기 위한 연수 및 지도사업 등을 실시할 수 있다. [전문개정 2009.12.30.]

제12조(디자인 개발 지원) 「산업디자인진흥법」 제11조에 따른 한국디자인진흥원은 여성기업의 디자인 개발을 촉진하기 위하여 노력하여야 한다. [전문개정 2009.12.30.]

제13조(한국여성경제인협회의 설립 등)
① 여성경제인의 공동이익의 증진과 건전한 발전을 도모하고 여성의 기업 활동 촉진 업무를 효율적으로 수행하게 하기 위하여 한국여성경제인협회(이하 "협회"라 한다)를 설립한다.
② 협회는 법인으로 한다.
③ 협회를 설립하려면 그 대표자는 대통령령으로 정하는 바에 따라 정관과 그 밖에 필요한 서류를 중소기업청장에게 제출하여 그 설립허가를 받아야 한다.
④ 협회는 주된 사무소의 소재지에서 설립등기를 함으로써 성립한다.
[전문개정 2009.12.30.]

제14조(협회의 업무) 협회는 다음 각 호의 업무를 수행한다.
1. 여성경제인에 대한 연수 및 전문 여성경제인의 양성
2. 여성기업에 대한 정보제공
3. 여성의 창업에 대한 지원 및 촉진 활동
4. 공동구매 및 판매사업 지원
5. 여성기업의 해외시장개척 및 외국인투자유치 지원
6. 외국 여성경제인단체와의 협력
7. 중소기업청장이 여성기업의 활동과 여성의 창업을 촉진하기 위하여 위탁하는 사업
8. 제1호부터 제7호까지에서 규정한 업무 외에 여성의 기업활동을 촉진하기 위한 업무
[전문개정 2009.12.30.]

제15조(여성기업종합지원센터의 설치 등) ① 협회는 여성의 창업과 여성기업의 활동을 적극적으로 촉진하기 위하여 각종 정보 및 교육·훈련·연수·상담 등의 서비스를 제공할 수 있는 여성기업종합지원센터(이하 "지원센터"라 한다)를 설치할 수 있다.
② 정부는 지원센터의 설치와 운영에 필요한 자금 등을 지원할 수 있다.
③ 지원센터의 설치와 운영에 필요한 사항은 대통령령으로 정한다.
[전문개정 2009.12.30.]

제16조(국유·공유재산의 무상 대부) 국가 또는 지방자치단체는 협회의 사업을 위하여 필요한 경우에는 「국유재산법」 또는 「공유재산 및 물품 관리법」에도 불구하고 국유재산과 공유재산을 무상으로 협회에 대부할 수 있다. [전문개정 2009.12.30.]

제17조(세제 지원) 정부는 협회 및 그 주요 사업에 대하여 「조세특례제한법」에서 정하는 바에 따라 세제상의 지원을 할 수 있다.
[전문개정 2009.12.30.]

제18조(유사명칭의 사용금지) 이 법에 따른 협회가 아닌 자는 한국여성경제인협회 또는 이와 비슷한 명칭을 사용하지 못한다.
[전문개정 2009.12.30.]

제19조(「민법」의 준용) 협회에 관하여 이 법에 규정된 것을 제외하고는 「민법」 중 사단법인에 관한 규정을 준용한다.
[전문개정 2009.12.30.]

제20조(지도·감독) ① 중소기업청장은 협회의 사무에 관하여 지도·감독할 수 있다.
② 중소기업청장은 제1항에 따른 지도·감독을 위하여 필요하다고 인정하면 협회에 대하여 필요한 서류 등의 제출을 요구할 수 있다.
[전문개정 2009.12.30.]

제21조(과태료) ① 제18조를 위반하여 한국여성경제인협회 또는 이와 비슷한 명칭을 사용한 자에게는 100만원 이하의 과태료를 부과한다.

② 제1항에 따른 과태료는 중소기업청장이 부과·징수한다.

[전문개정 2009.12.30.]

부칙
<제9685호, 2009.5.21.>
(중소기업제품 구매촉진 및 판로지원에 관한 법률)

제1조(시행일) 이 법은 공포 후 6개월이 경과한 날부터 시행한다.

제2조부터 제6조까지 생략

제7조(다른 법률의 개정) ① 부터 <16> 까지 생략

<17> 법률 제9684호 여성기업지원에 관한 법률 일부개정법률 일부를 다음과 같이 개정한다.

제9조제2항 중 "「중소기업진흥 및 제품구매촉진에 관한 법률」 제12조 제1항"을 "「중소기업제품 구매촉진 및 판로지원에 관한 법률」 제5조제1항"으로 한다.

제9조제5항 중 "「중소기업진흥 및 제품구매촉진에 관한 법률」 제12조 제4항"을 "「중소기업제품 구매촉진 및 판로지원에 관한 법률」 제5조제3항"으로 한다.

<18> 부터 <37> 까지 생략

제8조 생략

부칙
<제9892호, 2009.12.30.>

이 법은 공포한 날부터 시행한다.

부칙
<제11967호, 2013.7.30.>

이 법은 2014년 1월 1일부터 시행한다.

여성기업지원에 관한
법률 시행령

[시행 2013.7.1.]
[대통령령 제24638호, 2013.6.28., 타법개정]

제1조(목적) 이 영은 「여성기업지원에 관한 법률」에서 위임된 사항과 그 시행에 관하여 필요한 사항을 규정함을 목적으로 한다. <개정 2007.6.11.>

제2조(여성기업의 정의) ① 「여성기업지원에 관한 법률」(이하 "법"이라 한다) 제2조제1호에서 "대통령령이 정하는 기준에 해당하는 기업"이라 함은 여성이 실질적으로 경영하는 기업으로서 다음 각 호의 어느 하나에 해당하는 기업을 말한다.
<개정 2007.6.11., 2013.6.28.>
1. 상법상의 회사로서 여성이 당해회사의 대표권 있는 임원(이하 "회사대표"라 한다)으로 등기되어 있는 회사. 다만, 회사대표가 수인(이하 "공동대표"라 한다)인 경우에는 여성인 공동대표가 소유하는 주식(출자지분을 포함하되, 상법 제370조의 규정에 의한 의결권 없는 주식을 제외한다. 이하 같다)의 수가 남성인 공동대표가 소유하는 주식의 수보다 많은 회사로 한다.
2. 여성이 소득세법 제168조 또는 「부가가치세법」 제8조에 따라 사업자등록을 한 사업체
②중소기업청장은 여성기업에 해당하는지의 여부에 대한 확인을 위하여 필요하다고 인정하는 경우에는 그 확인방법 및 절차에 관한 사항을 따로 정하여 고시할 수 있다.

제3조(여성기업활동촉진기본계획의 수립) 중소기업청장은 법 제5조제1항의 규정에 의하여 매년 2월말까지 법 제6조의 규정에 의한 균형성장촉진위원회의 심의를 거쳐 여성기업의 활동을 촉진하기 위한 기본계획(이하 "기본계획"이라 한다)을 수립하고 이를 추진하여야 한다.
<개정 2009.11.19.>

제4조(균형성장촉진위원회의 구성) ① 법 제6조제1항에 따른 균형성장촉진위원회(이하 "위원회"라 한다)는 위원장 1인을 포함한 20인 이내의 위원으로 구성한다.
<개정 2007.6.11., 2009.11.19.>
②위원장은 중소기업청장이 된다.
③위원은 다음 각 호의 자로 한다.
<개정 2007.6.11., 2008.2.29., 2009.11.19., 2009.11.20., 2010.3.15., 2010.7.12., 2013.3.23.>
1. 기획재정부·문화체육관광부·산업통상자원부·고용노동부·여성가족부 및 조달청의 고위공무원단에 속하는 공무원 중에서 소속기관의 장이 지명하는 자 각 1인
2. 법 제13조에 따른 한국여성경제인협회의 회장
3. 「중소기업진흥에 관한 법률」 제72조제1항제2호에 따른 중소기업진흥공단의 부이사장
4. 「신용보증기금법」 제14조에 따른 신용보증기금의 전무이사
5. 「기술신용보증기금법」 제19조에 따른 기술신용보증기금의 전무이사
6. 「지역신용보증재단법」 제35조의3제1항에 따른 신용보증재단중앙회의 전무이사
7. 그 밖에 경제분야·중소기업 및 여성정책에 관한 학식과 경험이 풍부한 자 중에서 중소기업청장이 위촉하는 자
④제3항제7호에 따라 위촉된 위원의 임기는 2년으로 하되, 2차에 한하여 연임할 수 있다. <개정 2007.6.11.>
[제목개정 2009.11.19.]

제5조(위원회의 기능) 위원회는 다음 각호의 사항을 심의한다.
1. 법 제4조의 규정에 의한 차별적 관행의 시정에 관한 사항
2. 법 제5조의 규정에 의한 기본계획에 관한 사항
3. 법 제8조의 규정에 의한 여성의 창업지원에 관한 사항
4. 법 제9조의 규정에 의한 공공기관의 여성기업 생산물품의 구매촉진에 관한 사항
5. 법 제10조의 규정에 의한 자금지원 우대에 관한 사항
6. 법 제11조 및 법 제12조의 규정에 의한 경영능력향상과 디자인개발지원에 관한 사항
7. 법 제15조의 규정에 의한 여성기업종합지원센터의 지원에 관한 사항
8. 기타 여성기업의 활동을 촉진하기 위하여 필요한 사항으로서 중소기업청장 또는 위원장이 부의하는 사항

제6조(위원회의 운영) ①위원장은 위원회의 회의를 소집하고, 그 의장이 된다.
②위원회는 재적위원 과반수의 출석과 출석위원 과반수의 찬성으로 의결한다.
③위원회에 출석한 위원에 대하여는 예산의 범위안에서 수당을 지급할 수 있다. 다만, 공무원인 위원이 그 소관업무와 직접적으로 관련되어 출석한 경우에는 그러하지 아니하다.
④위원회의 사무를 처리하기 위하여 간사 1인을 두되, 간사는 중소기업청 소속공무원중에서 위원장이 임명한다.
⑤간사는 회의록을 작성·관리하여야 한다. <신설 2007.6.11.>
⑥이 영에서 정한 것외에 위원회의 운영에 관하여 필요한 사항은 위원회의 의결을 거쳐 위원장이 정한다. <개정 2007.6.11.>

제7조(여성기업제품의 구매증대) ① 법 제9조제3항 본문에서 "대통령령으로 정하는 비율"이란 「중소기업제품 구매촉진 및 판로지원에 관한 법률」 제4조에 따른 물품 및 용역의 경우는 각 구매총액의 5퍼센트, 공사의 경우는 공사 구매총액의 3퍼센트를 말한다. 다만, 공공기관의 특성상 본문에서 정한 비율 이상의 구매목표를 제시하기 어려운 공공기관의 장은 중소기업청장과 협의하여 구매목표비율을 따로 정할 수 있다.
② 중소기업청장이 법 제9조제4항에 따라 공공기관의 장에게 구매계획의 개선을 권고할 수 있는 경우는 다음 각 호의 경우로 한다.
1. 공공기관이 법 제9조제5항에 따라 중소기업청장에게 통보한 구매계획에 포함된 법 제9조제1항에 따른 여성기업제품(이하 "여성기업제품"이라 한다)의 구매목표비율이 제1항 본문에 따른 구매목표비율보다 낮은 경우
2. 공공기관이 제품구매에서 여성기업에 불리한 방법이나 절차 등을 적용하는 경우 [전문개정 2009.11.19.]

제8조(지원절차 등의 고시) 중소기업청장은 법 제9조 및 법 제10조에 따라 여성기업제품을 우선구매하거나 여성기업에 대하여 자금을 지원함에 있어서 필요한 경우에는 우선구매 또는 지원대상이 되는 여성기업의 범위, 지원절차 등을 미리 정하여 고시할 수 있다. <개정 2009.11.19.>
[제목개정 2009.11.19.]

제9조(협회설립의 절차) ①법 제13조의 규정에 의하여 한국여성경제인협회(이하 "협회"라 한다)를 설립하고자 하는 때에는 여성경제인 5인이상의 발기인이 여성경제인 200인이상

의 동의를 얻어 창립총회를 개최하여
야 한다.

②발기인의 대표자는 다음 각호의 서
류를 갖추어 중소기업청장에게 설립
허가를 신청하여야 한다.

1. 설립허가 신청서
2. 정관
3. 발기인 및 동의인의 명단
4. 사업계획서 및 수지예산서
5. 재산목록 및 부동산·예금·유가
   증권등 주된 재산에 관한 등기소
   ·금융기관등의 증명서
6. 창립총회 회의록

③중소기업청장은 협회의 설립을 허
가한 때에는 이를 공고하여야 한다.

④협회가 성립되고 임원이 선임될 때
까지의 필요한 사무는 발기인이 이
를 행한다.

제10조(협회의 정관) 협회의 정관에는
다음 각호의 사항을 기재하여야 한다.

1. 목적
2. 명칭
3. 주된 사무소의 소재지
4. 사업내용
5. 회원의 자격
6. 임원에 관한 사항
7. 총회 및 이사회의 구성 및 운영에
   관한 사항
8. 자산 및 회계에 관한 사항
9. 정관의 변경에 관한 사항
10. 여성기업종합지원센터에 관한 사항

제11조(사업계획의 제출) 협회는 전년
도의 사업실적과 결산서 및 당해연도
의 사업계획서와 예산서를 매년 2월
말일까지 중소기업청장에게 제출하여
야 한다.

제12조(지원센터의 설립 및 기능) ①법
제15조의 규정에 의한 여성기업종합
지원센터(이하 "지원센터"라 한다)는

민법에 의한 재단법인으로 이를 설립
할 수 있다.

②지원센터는 다음 각호의 사업을 한다.

1. 여성기업에 대한 정보 및 자료제공
2. 여성의 창업지원
3. 여성경제인에 대한 교육·훈련·연수
4. 여성기업의 경영활동 및 판로 지원
5. 여성기업 애로상담실의 운영
6. 여성기업의 육성을 위한 연구 및 조사
7. 여성기업의 육성을 위하여 중소기업
   청장이 필요하다고 인정하는 사업
8. 기타 여성기업의 육성을 위하여 중
   소기업청장, 지방자치단체의장 또
   는 협회의 회장이 위탁하는 사업

제13조(지원센터의 운영) ①지원센터의
대표는 지원센터의 이사회가 선임하
되, 정관이 정하는 바에 따라 중소기
업청장의 승인을 받아야 한다.
<개정 2007.6.11.>

②지원센터의 조직과 운영에 관하여
필요한 사항은 지원센터의 정관이나
운영에 관한 규정으로 정한다.

③중소기업청장은 법 제15조제2항의
규정에 의하여 지원센터에 자금을
지원하고자 하는 경우에는 예산에
이를 계상하여야 한다.

제14조(위탁비용) 중소기업청장은 법
제7조제2항·법 제14조제7호 및 이
영 제12조제2항제8호의 규정에 의하
여 협회(지원센터를 포함한다. 이하
같다) 또는 관련기관·단체에 업무를
위탁하는 경우에는 당해업무의 수행
에 필요한 비용을 협회 또는 당해 기
관·단체에 지원할 수 있다.

부칙
<제24432호, 2013.3.23.>
(중소기업청과 그 소속기관 직제)

제1조(시행일) 이 영은 공포한 날부터

시행한다.

제2조 및 제3조 생략

제4조(다른 법령의 개정) ①부터 ③까
지 생략
④ 여성기업지원에 관한 법률 시행령
일부를 다음과 같이 개정한다.
제4조제3항제1호 중 "지식경제부"를
"산업통상자원부"로 한다.
⑤부터 ⑬까지 생략

부칙
<제24638호, 2013.6.28.>
(부가가치세법 시행령)

제1조(시행일) 이 영은 2013년 7월 1
일부터 시행한다. <단서 생략>
제2조부터 제15조까지 생략

제16조(다른 법령의 개정) ①부터
<21>까지 생략
<22> 여성기업지원에 관한 법률 시
행령 일부를 다음과 같이 개정한다.
제2조제1항제2호 중 "부가가치세법
제5조의 규정에 의하여"를 "「부가
가치세법」 제8조에 따라"로 한다.
<23>부터 <37>까지 생략

제17조 생략

장애인기업활동 촉진법

[시행 2012.7.27.]
[법률 제11240호, 2012.1.26., 타법개정]

제1조(목적) 이 법은 장애인의 창업과 기업활동을 적극적으로 촉진하여 장애인의 경제적·사회적 지위를 높이고 경제력 향상을 도모함으로써 국민경제 발전에 이바지함을 목적으로 한다. [전문개정 2009.12.30.]

제2조(정의) 이 법에서 사용하는 용어의 뜻은 다음과 같다.
1. "장애인"이란 다음 각 목의 어느 하나에 해당하는 사람을 말한다.
   가. 「장애인복지법」 제32조에 따른 장애등록증을 발급받은 사람
   나. 「국가유공자 등 예우 및 지원에 관한 법률」 제6조의4에 따른 상이등급 중 어느 하나에 해당한다는 판정을 받은 사람
2. "장애인기업"이란 다음 각 목의 요건을 모두 갖춘 기업을 말한다.
   가. 장애인이 소유하거나 경영하는 기업으로서 대통령령으로 정하는 기준에 해당하는 기업
   나. 해당 기업에 고용된 상시근로자 총수 중 장애인의 비율(이하 이 조에서 "장애인고용비율"이라 한다)이 100분의 30 이상으로서 대통령령으로 정하는 비율 이상인 기업. 다만, 「중소기업기본법」 제2조제2항에 따른 소기업에 대하여는 장애인고용비율을 적용하지 아니한다.
3. "장애경제인"이란 장애인기업의 대표자와 임원으로서 그 기업의 최고의사 결정에 참여하는 장애인을 말한다.
4. "공공기관"이란 「중소기업진흥에 관한 법률」 제2조제8호에 따른 공공기관을 말한다.
[전문개정 2009.12.30.]

제3조(국가 및 지방자치단체의 책임) 국가 및 지방자치단체는 장애인의 창업과 장애인의 기업활동을 촉진하기 위하여 자금·정보·기술·인력·판로 등의 분야에서 종합적인 지원 및 사업활동 기회가 우선하여 보장될 수 있도록 노력하여야 한다.
〈개정 2010.4.5.〉

제4조(차별적 관행의 시정) ① 중소기업청장은 공공기관이 장애인기업에 불합리한 차별적 관행이나 제도를 시행할 경우 그 시정을 요청할 수 있다.
② 제1항에 따른 시정을 요청받은 공공기관은 특별한 사유가 없으면 이를 시정하여야 한다.
[전문개정 2009.12.30.]

제5조(장애인기업활동촉진에 관한 기본계획) ① 중소기업청장은 매년 초에 제6조에 따른 장애인기업활동촉진위원회의 심의를 거쳐 장애인기업의 활동을 촉진하기 위한 기본계획(이하 "기본계획"이라 한다)을 수립하고 이를 추진하여야 한다.
② 기본계획에는 다음 각 호의 사항이 포함되어야 한다.
1. 장애인기업활동을 촉진하기 위한 기본목표 및 추진방향
2. 장애인의 창업을 지원하기 위한 사항
3. 장애인기업에 대한 자금·정보·기술·인력 및 판로 등의 지원에 관한 사항
4. 제1호부터 제3호까지에서 규정한 사항 외에 장애인기업 및 장애경

제인의 활동을 촉진하기 위하여 필요한 사항

③ 중소기업청장은 기본계획을 수립하기 위하여 필요하다고 인정하는 경우에는 관계 행정기관과 장애인기업 지원에 관련된 기관 또는 단체에 대하여 필요한 자료나 의견 등의 제출을 요청할 수 있다. 이 경우 요청을 받은 관계 행정기관 및 장애인기업 지원과 관련된 기관 또는 단체는 특별한 사정이 없으면 요청에 따라야 한다. [전문개정 2009.12.30.]

제6조(장애인기업활동촉진위원회의 설치) ① 기본계획 및 장애인기업활동촉진에 관한 주요 사항을 심의하기 위하여 중소기업청에 장애인기업활동촉진위원회(이하 "위원회"라 한다)를 둔다.

② 제1항에 따른 주요 사항과 위원회의 조직·운영 등에 필요한 사항은 대통령령으로 정한다.

[전문개정 2009.12.30.]

제7조(실태 조사) ① 중소기업청장은 장애인기업의 활동 현황 및 실태를 파악하기 위하여 2년마다 실태 조사를 하고 그 결과를 공표하여야 한다.

② 중소기업청장은 제1항에 따른 실태 조사를 제11조에 따른 한국장애경제인협회나 장애인기업에 관련된 기관 또는 단체에 위탁할 수 있다.

③ 제1항에 따른 실태 조사를 하기 위하여 필요한 경우에는 장애인기업 등에 대하여 자료의 제출이나 의견의 진술을 요구할 수 있다.

[전문개정 2009.12.30.]

제8조(장애인의 창업지원 특례) ① 중소기업청장은 「중소기업창업 지원법」 제4조제1항에 따른 중소기업 창업지원계획에 장애인의 창업촉진을 위한 계획을 포함시켜야 한다.

② 정부는 「중소기업창업 지원법」 제4조제2항에 따라 필요한 자금을 투자 또는 융자하거나 그 밖의 지원을 할 때 장애인창업자 및 장애인 창업지원에 관한 사업을 하는 자를 우대할 수 있다.

③ 중소기업청장은 장애인의 창업을 촉진하기 위하여 「중소기업창업 지원법」 제6조제1항에 따른 창업보육센터사업자를 지정할 때에는 장애인창업자에게 창업에 필요한 시설·장소 등의 지원을 주된 목적으로 하는 창업보육센터사업자를 우선 지정할 수 있다. [전문개정 2009.12.30.]

제9조(자금지원 우대) ① 국가 및 지방자치단체는 중소기업에 대하여 자금을 지원하는 경우 장애인기업을 우대하여야 한다.

② 정부는 장애인의 창업 및 기업활동에 필요한 자금을 원활하게 조달하기 위하여 「신용보증기금법」에 따른 신용보증기금, 「기술신용보증기금법」에 따른 기술신용보증기금 및 「지역신용보증재단법」 제9조에 따라 설립한 신용보증재단으로 하여금 장애인기업을 대상으로 하는 보증제도를 수립·운용하도록 할 수 있다.

③ 정부는 제2항의 보증제도를 수립하기 위하여 필요한 예산을 지원할 수 있다. [전문개정 2009.12.30.]

제9조의2(공공기관의 구매촉진) ① 공공기관의 장은 장애인기업이 생산하는 물품의 구매를 촉진하여야 한다.

② 공공기관의 장은 「중소기업제품 구매촉진 및 판로지원에 관한 법률」 제5조제1항에 따라 작성하는 구매계획에 장애인기업이 생산하는 물품(「장애인복지법」 제44조에 따라 우선 구매하는 물품은 제외한다)의 구매계획을 구분하여 포함시켜야 한다. <개정 2012.1.26.>

③ 공공기관의 장은 제2항에 따라 장
애인기업이 생산하는 물품의 구매계
획을 작성할 때에는 미리 중소기업
청장과 협의하여야 한다.
④ 중소기업청장은 제3항에 따라 구
매계획을 협의할 때 해당 공공기관
의 장에게 장애인기업이 생산하는
물품의 구매를 늘릴 것을 요청할 수
있다. 이 경우 요청받은 해당 공공기
관의 장은 특별한 사정이 없으면 구
매계획에 이를 반영하여야 한다.
[전문개정 2009.12.30.]

제10조(경영능력 향상 지원) 중소기업
청장은 장애경제인 및 장애인기업의
근로자에 대하여 경영능력과 기술수
준을 향상시키기 위한 연수·지도사
업 및 경영컨설팅 지원사업 등을 실
시할 수 있다. [전문개정 2009.12.30.]

제11조(한국장애경제인협회의 설립 등)
① 장애경제인의 공동이익 증진과 건
전한 발전을 도모하고 장애인의 기업
활동 촉진 업무를 효율적으로 수행하
게 하기 위하여 한국장애경제인협회
(이하 "협회"라 한다)를 설립한다.
② 협회는 법인으로 한다.
③ 협회를 설립하려면 그 대표자는
대통령령으로 정하는 바에 따라 정
관과 그 밖에 필요한 서류를 중소기
업청장에게 제출하여 설립허가를 받
아야 한다.
④ 협회는 주된 사무소의 소재지에서
설립등기를 함으로써 성립한다.
[전문개정 2009.12.30.]

제12조(협회의 업무) 협회는 다음 각
호의 업무를 수행한다.
1. 장애경제인에 대한 연수 및 전문
　장애경제인의 양성
2. 장애인기업에 대한 정보 제공
3. 장애인 창업에 대한 지원 및 촉진

활동
4. 공동구매 및 판매사업 지원
5. 장애인기업의 해외시장 개척 및
　외국인투자 유치 지원
6. 외국 장애경제인단체와의 협력
7. 중소기업청장이 장애인기업의 활
　동과 장애인의 창업을 촉진하기
　위하여 위탁하는 사업
8. 제1호부터 제7호까지에서 규정한
　업무 외에 장애인의 기업활동을
　촉진하기 위한 업무
[전문개정 2009.12.30.]

**제13조(장애인기업종합지원센터의 설
치)** ① 협회는 장애인의 창업과 장애
인기업의 활동을 적극적으로 촉진하
기 위하여 정보·기술·교육·훈련·
연수·상담·연구조사 및 보증추천
등의 서비스를 제공할 수 있는 장애
인기업종합지원센터(이하 "지원센터"
라 한다)를 설치할 수 있다.
② 정부는 지원센터의 설치와 운영에
필요한 자금 등을 지원할 수 있다.
③ 지원센터의 설치와 운영에 필요한
사항은 대통령령으로 정한다.
[전문개정 2009.12.30.]

제14조(세제 지원 등) ① 정부는 장애
인기업의 창업 촉진, 경영기반 확충
및 구조 고도화 등을 위하여 「조세
특례제한법」 또는 「지방세특례제한
법」 등 조세 관련 법률에서 정하는
바에 따라 세제상의 지원을 할 수 있
다. <개정 2010.3.31.>
② 정부는 협회(지원센터를 포함한
다. 이하 이 조에서 같다) 및 그 주
요 사업에 대하여 「조세특례제한
법」에서 정하는 바에 따라 세제상
의 지원을 할 수 있다.
③ 정부는 협회의 설립·운영을 위하
여 출연하거나 기부하는 재산 또는
금원(金員)의 경우에는 「소득세
법」 또는 「법인세법」에서 정하는

바에 따라 그 전액을 필요경비 또는 손금(損金)에 산입(算入)할 수 있다.
[전문개정 2009.12.30.]

제15조(국유·공유재산의 무상대부) ① 국가 또는 지방자치단체는 협회의 설립이나 사업을 위하여 필요한 경우에는 「국유재산법」 또는 「공유재산 및 물품 관리법」에도 불구하고 국유재산과 공유재산을 무상으로 협회에 대부할 수 있다.
② 국가 또는 지방자치단체는 협회가 제1항에 따라 대부받은 날부터 2년이 지나도록 목적사업을 시행하지 아니하는 경우에는 대부계약을 해제하거나 해지할 수 있다.
[전문개정 2009.12.30.]

제16조(「민법」의 준용) ① 협회에 관하여 이 법에 규정된 것을 제외하고는 「민법」 중 사단법인에 관한 규정을 준용한다.
② 지원센터에 관하여 이 법에 규정된 것을 제외하고는 「민법」 중 재단법인에 관한 규정을 준용한다.
[전문개정 2009.12.30.]

제17조(유사명칭의 사용금지) 이 법에 따른 협회가 아닌 자는 한국장애경제인협회 또는 이와 비슷한 명칭을 사용하지 못한다.
[전문개정 2009.12.30.]

제18조(지도·감독) ① 중소기업청장은 협회의 사무에 관하여 지도·감독할 수 있다.
② 중소기업청장은 제1항에 따른 지도·감독을 위하여 필요하다고 인정하면 협회에 대하여 필요한 서류 등의 제출을 요구할 수 있다.
[전문개정 2009.12.30.]

제19조(사업의 위탁) 중소기업청장은 필요한 경우에는 이 법의 시행을 위한 사업을 장애인기업과 관련된 기관 또는 단체에 위탁할 수 있다.
[전문개정 2009.12.30.]

제20조(벌칙) 이 법에 따른 지원을 받기 위하여 장애인의 명의를 사용한 자 또는 그러한 목적으로 명의를 대여한 장애인은 3년 이하의 징역 또는 3천만원 이하의 벌금에 처한다.
[전문개정 2009.12.30.]

제21조(과태료) ① 제17조를 위반하여 한국장애경제인협회 또는 이와 비슷한 명칭을 사용한 자에게는 100만원 이하의 과태료를 부과한다.
② 제1항에 따른 과태료는 중소기업청장이 부과·징수한다.
[전문개정 2009.12.30.]

부칙
<제11240호, 2012.1.26.>
(장애인복지법)

제1조(시행일) 이 법은 공포 후 6개월이 경과한 날부터 시행한다. <단서 생략>
제2조부터 제6조까지 생략

제7조(다른 법률의 개정) ① 생략
② 장애인기업활동 촉진법 일부를 다음과 같이 개정한다.
제9조의2제2항 중 "물품(「장애인복지법」 제44조에 따른 품목은 제외한다)"을 "물품(「장애인복지법」 제44조에 따라 우선 구매하는 물품은 제외한다)"으로 한다.
③ 생략

장애인기업활동 촉진법 시행령

[시행 2015.1.1.]
[대통령령 제25840호, 2014.12.9., 타법개정]

제1조(목적) 이 영은 「장애인기업활동 촉진법」에서 위임된 사항과 그 시행에 관하여 필요한 사항을 규정함을 목적으로 한다.

제2조(장애인기업의 정의 등) ①「장애인기업활동 촉진법」(이하 "법" 이라 한다) 제2조제2호 가목에서 "대통령령이 정하는 기준에 해당하는 기업"이라 함은 장애인이 실질적으로 소유하거나 경영하는 기업으로서 다음 각 호의 어느 하나에 해당하는기업을 말한다. <개정 2013.6.28.>
1. 「상법」에 의한 회사로서 장애인이 그 회사의 대표권 있는 임원(이하 "회사대표"라 한다)으로 등기되어 있는 회사. 다만, 회사대표가 수인(이하 "공동대표"라 한다)인 경우에는 장애인인 공동대표가 소유하는 주식(출자지분을 포함하되, 「상법」 제370조의 규정에 의한 의결권 없는 주식을 제외한다. 이하 같다)의 수가 비장애인 공동대표가 소유하는 주식의 수보다 많은 회사에 한한다.
2. 장애인이 「소득세법」 제168조 또는 「부가가치세법」 제8조에 따라 사업자등록을 한 사업체
②법 제2조제2호 나목에서 "대통령령이 정하는 비율"이라 함은 100분의 30을 말한다.
③중소기업청장은 장애인기업에 해당하는지의 여부에 대한 확인을 위하여 필요하다고 인정하는 경우에는 그 확인방법 및 절차에 관한 사항을 따로 정하여 고시할 수 있다.

제3조(장애인기업활동 촉진기본계획의 수립) 중소기업청장은 법 제5조제1항의 규정에 의하여 매년 3월말까지 장애인기업의 활동을 촉진하기 위한 기본계획(이하 "기본계획"이라 한다)을 수립하여야 한다.

제4조(장애인기업활동촉진위원회의 구성) ①법 제6조의 규정에 의한 장애인기업활동촉진위원회(이하 "위원회"라 한다)는 위원장 1인을 포함한 20인 이내의 위원으로 구성한다.
②위원장은 중소기업청차장이 된다.
③위원은 다음 각 호의 자로 한다. <개정 2006.6.12., 2008.2.29., 2010.3.15., 2010.7.12., 2013.3.23., 2014.11.19.>
1. 기획재정부·법무부·행정자치부·산업통상자원부·보건복지부·고용노동부·금융위원회·국세청 및 조달청에 근무하는 3급 공무원 또는 고위공무원단에 속하는 일반직공무원 중에서 해당 기관의 장이 지명하는 자 각 1인과 법 제11조의 규정에 의한 한국장애경제인협회의 회장
2. 중소기업 및 장애인정책에 관한 학식과 경험이 풍부한 자 중에서 중소기업청장이 위촉하는 자
④제3항제2호의 규정에 의하여 위촉된 위원의 임기는 2년으로 한다.

제5조(위원회의 기능) 위원회는 다음 각 호의 사항을 심의한다.
1. 법 제4조의 규정에 의한 차별적 관행의 시정에 관한 사항
2. 법 제5조의 규정에 의한 기본계획의 수립에 관한 사항
3. 법 제8조의 규정에 의한 장애인의 창업지원에 관한 사항
4. 법 제9조의 규정에 의한 자금지원

우대에 관한 사항

5. 법 제10조의 규정에 의한 경영능력향상지원에 관한 사항
6. 법 제13조의 규정에 의한 장애인기업종합지원센터의 지원에 관한 사항
7. 그 밖에 장애인기업의 활동을 촉진하기 위하여 필요한 사항으로서 중소기업청장 또는 위원장이 회의에 부치는 사항

제6조(위원회의 운영) ①위원장은 위원회의 회의를 소집하고, 그 의장이 된다.
②위원회는 재적위원 과반수의 출석과 출석위원 과반수의 찬성으로 의결한다.
③위원회의 위원에 대하여는 예산의 범위 안에서 수당과 여비를 지급할 수 있다. 다만, 공무원인 위원이 그 소관업무와 직접적으로 관련되어 위원회에 출석하는 경우에는 그러하지 아니하다.
④위원회의 사무를 처리하기 위하여 간사 1인을 두되, 간사는 중소기업청 소속공무원 중에서 위원장이 임명한다.
⑤그 밖에 위원회의 운영에 관하여 필요한 사항은 위원회의 의결을 거쳐 위원장이 정한다.

제7조(자금지원절차 등의 고시) 중소기업청장은 법 제9조의 규정에 의하여 장애인기업에 자금을 지원함에 있어서 필요한 경우에는 지원대상이 되는 장애인기업의 범위, 지원절차 등을 미리 정하여 고시할 수 있다.

제8조(한국장애경제인협회의 설립) ① 법 제11조의 규정에 의하여 한국장애경제인협회(이하 "협회"라 한다)를 설립하고자 하는 때에는 장애경제인 5인 이상의 발기인이 장애경제인 100인 이상의 동의를 얻어 창립총회

를 개최하여야 한다.
②제1항의 규정에 의한 발기인의 대표자는 다음 각 호의 서류를 갖추어 중소기업청장에게 설립허가를 신청하여야 한다.
1. 설립허가 신청서
2. 정관
3. 발기인 및 동의인의 명단
4. 사업계획서 및 수지예산서
5. 재산목록 및 부동산·예금·유가증권 등 주된 재산에 관한 등기소·금융기관 등의 증명서
6. 창립총회 회의록
③중소기업청장은 협회의 설립을 허가한 때에는 이를 공고하여야 한다.
④협회가 설립되고 임원이 선임될 때까지의 필요한 사무는 발기인이 이를 행한다.

제9조(협회의 정관) 협회의 정관에는 다음 각 호의 사항을 기재하여야 한다.
1. 목적
2. 명칭
3. 주된 사무소의 소재지
4. 사업내용
5. 회원의 자격
6. 임원에 관한 사항
7. 총회 및 이사회의 구성 및 운영에 관한 사항
8. 자산 및 회계에 관한 사항
9. 정관의 변경에 관한 사항
10. 법 제13조의 규정에 의한 장애인기업종합지원센터에 관한 사항

제10조(장애인기업종합지원센터의 설립) ①법 제13조의 규정에 의한 장애인기업종합지원센터(이하 "지원센터"라 한다)는 「민법」에 의한 재단법인으로 이를 설립할 수 있다.
②지원센터는 다음 각 호의 사업을 수행한다. <개정 2014.12.9.>
1. 장애인기업에 대한 보증추천
2. 장애인기업에 대한 정보 및 자료 제공

3. 장애인의 창업지원
4. 장애경제인에 대한 교육·훈련 및 연수
5. 장애인기업의 경영활동 및 판로 지원
6. 장애인기업 애로상담실의 운영
7. 장애인기업의 육성을 위한 연구 및 조사
8. 장애인기업의 육성을 위하여 중소기업청장, 지방자치단체의 장 또는 협회의 회장이 위탁하는 사업
9. 그 밖에 장애인기업 지원을 위한 사업으로서 지원센터의 정관으로 정한 사업

제11조(지원센터의 운영) ①지원센터의 대표는 협회의 회장이 임명한다.
②지원센터의 조직과 운영에 관하여 필요한 사항은 지원센터의 정관이나 운영에 관한 규정으로 정한다.

제12조(위탁비용 지원) 중소기업청장은 법 제19조의 규정에 의하여 사업을 장애인기업에 관련된 기관 또는 단체에 위탁하는 경우에는 필요한 비용을 지원할 수 있다.

제12조의2(규제의 재검토) 중소기업청장은 제8조제1항·제2항 및 제4항에 따른 한국장애경제인협회의 설립허가 신청 절차에 대하여 2014년 1월 1일을 기준으로 3년마다(매 3년이 되는 해의 1월 1일 전까지를 말한다) 그 타당성을 검토하여 개선 등의 조치를 하여야 한다. [본조신설 2013.12.30.]

제13조(과태료의 부과) ①중소기업청장은 법 제21조제2항의 규정에 의하여 과태료를 부과하는 때에는 위반행위를 조사·확인한 후 위반사실·이의 방법·이의기간 및 과태료부과금액 등을 서면으로 명시하여 이를 납부할 것을 과태료처분대상자에게 통지하여야 한다.
②중소기업청장은 제1항의 규정에 의하여 과태료를 부과하고자 하는 때에는 10일 이상의 기간을 정하여 과태료처분대상자에게 구술 또는 서면(전자문서를 포함한다)에 의한 의견진술의 기회를 주어야 한다. 이 경우 지정된 기일까지 의견진술이 없는 때에는 의견이 없는 것으로 본다.
③중소기업청장은 과태료의 금액을 정함에 있어서는 그 위반행위의 동기와 결과 등을 참작하여야 한다.

부칙
<제25751호, 2014.11.19.>
(행정자치부와 그 소속기관 직제)

제1조(시행일) 이 영은 공포한 날부터 시행한다. 다만, 부칙 제5조에 따라 개정되는 대통령령 중 이 영 시행 전에 공포되었으나 시행일이 도래하지 아니한 대통령령을 개정한 부분은 각각 해당 대통령령의 시행일부터 시행한다.
제2조부터 제4조까지 생략

제5조(다른 법령의 개정) ①부터 <302>까지 생략
<303> 장애인기업활동 촉진법 시행령 일부를 다음과 같이 개정한다.
제4조제3항제1호 중 "안전행정부"를 "행정자치부"로 한다.
<304>부터 <418>까지 생략

부칙
<제25840호, 2014.12.9.>
(규제 재검토기한 설정 등 규제정비를 위한 건축법 시행령 등 일부개정령)

제1조(시행일) 이 영은 2015년 1월 1일부터 시행한다.
제2조부터 제16조까지 생략

전통시장 및 상점가 육성을 위한 특별법

[시행 2015.8.4.]
[법률 제13156호, 2015.2.3., 일부개정]

제1장 총칙

제1조(목적) 이 법은 전통시장과 상점가의 시설 및 경영의 현대화와 시장정비를 촉진하여 지역상권의 활성화와 유통산업의 균형 있는 성장을 도모함으로써 국민경제 발전에 이바지함을 목적으로 한다.
[전문개정 2010.6.8.]

■판례 - 시장정비사업추진계획승인 추천신청반려처분취소

【판시사항】
전통시장 및 상점가 육성을 위한 특별법에 규정된 '토지등 소유자가 시장정비사업을 추진하기 위하여 설립한 법인'에 민법상 사단법인 외에 상법상 회사도 포함되는지 여부 (적극)

【판결요지】
구 재래시장육성을 위한 특별법(2006. 4. 28. 법률 제7945호 재래시장 및 상점가 육성을 위한 특별법으로 전부 개정되기 전의 것) 제2조 제3호, 제18조 제2항, 제30조 제1항, 전통시장 및 상점가 육성을 위한 특별법(이하 '전통시장특별법'이라 한다) 제1조, 제4조 제1항, 제33조 제1항, 제2항, 제34조 제1항, 제41조 제1항 등 관계 법령의 내용, 전통시장특별법의 입법 목적과 개정 연혁 등을 비롯하여, 전통시장특별법이 시장정비사업의 시행자로 종래의 시장정비사업조합 이외에 토지등 소유자가 시장정비사업을 추진하기 위하여 설립한 법인(이하 '시장정비사업법인'이라 한다)을 새로이 추가함으로써 토지등 소유자로 하여금 추진위원회를 구성한 다음 시장정비사업조합을 설립하는 대신 시장정비사업법인을 설립하는 방식으로 시장정비사업을 좀 더 신속하고 원활하게 추진할 수 있도록 규정하고 있는 점, 전통시장특별

법은 시장정비사업법인을 '토지등 소유자가 시장정비사업을 추진하기 위하여 설립한 법인'이라고만 규정하고 법인의 형태를 민법상의 사단법인으로 한정하고 있지 않는 점, 시장정비사업에 대한 사업추진계획을 수립하여 시장·군수·구청장에게 제출하거나 사업시행인가를 받기 위하여 사업시행계획을 작성하는 것에 대하여 각 시장정비구역 토지면적의 5분의 3 이상에 해당하는 토지 소유자의 동의 및 토지등 소유자 총수의 5분의 3 이상의 동의를 받아야 하며 또한 사업시행인가 이후에도 도시 및 주거환경정비법의 규정에 따라 관리처분계획을 작성하여 행정청의 인가를 받아야 하는 등 각 사업단계별로 토지등 소유자의 의사가 충분히 반영되고 행정청이 적절하게 감독할 수 있도록 규정되어 있는 점 등에 비추어 보면, 전통시장특별법에 규정된 시장정비사업법인에는 민법상 사단법인뿐만 아니라 상법상 회사도 포함된다.
[대법원, 2013두5272, 2014.7.24]

제2조(정의) 이 법에서 사용하는 용어의 뜻은 다음과 같다.
<개정 2012.12.11., 2013.5.28.>
1. "전통시장"이란 자연발생적으로 또는 사회적·경제적 필요에 의하여 조성되고, 상품이나 용역의 거래가 상호신뢰에 기초하여 주로 전통적 방식으로 이루어지는 장소로서 다음 각 목의 요건을 모두 충족한다고 특별자치도지사·시장·군수·구청장(구청장은 자치구의 구청장을 말한다. 이하 "시장·군수·구청장"이라 한다)이 인정하는 곳을 말한다.
   가. 해당 구역 및 건물에 대통령령으로 정하는 수 이상의 점포가 밀집한 곳일 것
   나. 「유통산업발전법 시행령」 제2조에 따른 용역제공장소의 범위에 해당하는 점포수가 전체 점포수의 2분의 1 미만일 것
   다. 그 밖에 대통령령으로 정하는 기준에 맞을 것
2. "상점가"란 「유통산업발전법」 제2조제6호에 따른 상점가를 말한다.
3. "상인조직"이란 전통시장(이하 "시장"이라 한다) 또는 상점가의 점

포에서 상시적으로 직접 사업을 하는 상인들로 구성된 법인·단체 등으로서 대통령령으로 정하는 것을 말한다.

3의2. "문화관광형시장"이란 지역의 역사·문화·관광자원 등을 연계하여 상품·용역의 거래뿐만 아니라 그 고유의 특성을 즐기고 관광할 수 있는 곳으로 육성하기 위하여 제13조제1항에 따라 시장·군수·구청장이 지정한 시장 또는 상점가를 말한다.

4. "상권활성화구역"이란 다음 각 목의 요건에 해당되는 곳으로서 시장·군수·구청장이 지정한 구역을 말한다.

가. 시장 또는 상점가가 하나 이상 포함된 곳

나. 「국토의 계획 및 이용에 관한 법률」에 따른 상업지역이 100분의 50 이상 포함된 곳

다. 해당 구역 안에 대통령령으로 정하는 수 이상의 도매점포·소매점포 또는 용역점포가 밀집하여 하나의 상권을 형성하고 있는 곳

라. 제9조에 따른 실태조사를 실시한 결과 매출액 감소 등 대통령령으로 정하는 기준에 따라 해당 구역의 주요 상업활동이 위축되었거나 위축될 우려가 있다고 판단되는 곳

5. "상업기반시설"이란 시장·상점가 또는 상권활성화구역(이하 "시장 등"이라 한다)의 상인이 직접 사용하거나 고객이 이용하는 상업시설, 공동이용시설 및 편의시설 등을 말한다.

6. "시장정비사업"이란 제41조에 따른 시장정비사업시행자가 시장의 현대화를 촉진하기 위하여 상업기반시설 및 「도시 및 주거환경정비법」 제2조제4호에 따른 정비기반시설을

정비하고, 대규모점포가 포함된 건축물을 건설하기 위하여 이 법과 「도시 및 주거환경정비법」 등에서 정하는 바에 따라 시장을 정비하는 모든 행위를 말한다.

7. "시장정비사업추진계획"이란 제33조제2항 각 호의 어느 하나에 해당하는 자가 시장정비사업을 추진하기 위하여 수립한 계획을 말한다.

8. "시장정비구역"이란 시장정비사업을 추진하기 위하여 제37조에 따라 특별시장·광역시장·도지사 또는 특별자치도지사(이하 "시·도지사"라 한다)가 승인·고시한 구역을 말한다.

9. "시장정비사업조합"이란 제32조제1항에 따른 토지등 소유자가 시장정비사업을 추진하기 위하여 「도시 및 주거환경정비법」 제16조에 따라 설립한 조합을 말한다.

10. "상가건물"이란 같은 건축물 안에 판매 및 영업시설을 갖추고 그 밖에 근린생활시설을 갖춘 건축물을 말한다.

11. "복합형 상가건물"이란 같은 건축물 안에 판매 및 영업시설 외에 공동주택이나 업무시설을 갖추고 그 밖에 근린생활시설 등을 갖춘 건축물을 말한다.

12. "온누리상품권"이란 그 소지자가 제13호가목에 따른 개별가맹점에게 이를 제시 또는 교부하거나 그 밖의 방법으로 사용함으로써 그 권면금액(券面金額)에 상당하는 물품 또는 용역을 해당 개별가맹점으로부터 제공받을 수 있는 유가증권으로서 중소기업청장이 발행한 것을 말한다.

13. "가맹점"이란 제26조의4에 따라 등록한 자로서 다음 각 목의 자를 말한다.

가. 온누리상품권을 사용한 거래에 의하여 물품의 판매 또는 용역의 제공을 하는 시장등의 상인(이하 "개별가맹점"이라 한다)

나. 온누리상품권을 수취한 개별가맹점을 위하여 제26조의3제2항 단서에 따라 온누리상품권의 환전을 대행(代行)하는 상인조직(이하 "환전대행가맹점"이라 한다)
[전문개정 2010.6.8.]

제3조(시장의 특성별 육성) ① 중소기업청장과 지방자치단체의 장은 시장의 등록 여부, 개설 주기 및 주체, 상권의 범위 및 특성 등에 따라 시장을 체계적으로 육성하여야 한다.
② 시장의 특성별 구분, 개설, 관리, 운영 및 그 밖에 필요한 사항은 산업통상자원부령으로 정하는 바에 따라 특별자치도·시·군·구(구는 자치구를 말한다. 이하 "시·군·구"라 한다)의 조례로 정한다.
<개정 2013.3.23.>
[전문개정 2010.6.8.]

제4조(다른 법률과의 관계) ① 시장정비사업과 관련하여 이 법에서 정하지 아니한 사항은 「도시 및 주거환경정비법」 중 도시환경정비사업에 관한 규정을 준용하고, 그 밖의 사항에 관하여는 같은 법 및 「집합건물의 소유 및 관리에 관한 법률」의 관련 규정을 각각 준용한다.
② 지방자치단체는 시장정비사업과 관련하여 이 법, 「도시 및 주거환경정비법」, 「주택법」, 「건축법」 및 「집합건물의 소유 및 관리에 관한 법률」에서 규정한 범위에서 시행에 필요한 사항을 조례로 정할 수 있다. [전문개정 2010.6.8.]

제2장 시장 및 상점가의 지원
제1절 시장 및 상점가의 활성화 촉진

제5조(시장 및 상점가 활성화 기본계획의 수립) ① 중소기업청장은 「유통산업발전법」 제3조에 따른 유통산업시책의 기본방향과 연계하여 다음 각 호의 사항이 포함된 시장과 상점가의 활성화를 위한 기본계획(이하 "기본계획"이라 한다)을 관계 중앙행정기관의 장 및 시·도지사와 협의하여 3년마다 수립·시행하여야 한다.
<개정 2013.5.28.>
1. 시장과 상점가의 활성화를 위한 기본 방향 및 정책에 관한 사항
2. 주요 사업의 추진에 관한 사항
3. 재원의 조달 및 운용에 관한 사항
4. 상인조직의 육성에 관한 사항
5. 그 밖에 시장과 상점가의 활성화를 위하여 필요하다고 인정되는 사항
② 중소기업청장은 기본계획의 수립을 위하여 관계 중앙행정기관의 장, 지방자치단체의 장에게 기본계획의 수립에 필요한 자료를 요청할 수 있다.
③ 중소기업청장은 기본계획을 수립하였을 때에는 관계 중앙행정기관의 장과 시·도지사에게 통보하여야 한다.
④ 제1항부터 제3항까지에서 규정한 사항 외에 기본계획의 수립·시행에 필요한 사항은 대통령령으로 정한다.
[전문개정 2010.6.8.]

제6조(시·도의 지원계획 수립) ① 시·도지사는 기본계획 및 제7조에 따른 지역추진계획을 반영한 지원계획(이하 "지원계획"이라 한다)을 수립·시행하여야 한다.
② 시·도지사는 지원계획의 수립을 위하여 중소기업청장 및 시장·군수·구청장에게 지원계획의 수립에 필요한 자료를 요청할 수 있다.
<신설 2013.5.28.>
③ 시·도지사는 지원계획을 수립하였을 때에는 중소기업청장과 시장·군수·구청장에게 통보하여야 한다.
<신설 2013.5.28.>
④ 제1항부터 제3항까지에서 규정한 사항 외에 지원계획의 수립·시행에 필요한 사항은 산업통상자원부령으로 정한다.

<개정 2013.3.23., 2013.5.28.>
[전문개정 2010.6.8.]

제7조(지역추진계획의 수립) ① 시장·군수·구청장은 기본계획을 원활하게 추진하기 위하여 다음 각 호의 사항이 포함된 시장과 상점가의 활성화 추진계획(이하 "지역추진계획"이라 한다)을 시·도지사와 협의하여 수립·시행하여야 한다. <개정 2013.3.23.>
1. 지역추진계획의 연차별 시행에 관한 사항
2. 도시계획과 연계한 시장과 상점가의 활성화 방향에 관한 사항
3. 시장과 상점가의 육성계획에 관한 사항
4. 시장과 상점가에 대한 주요 지원사업에 관한 사항
5. 시장과 상점가의 활성화에 필요한 재원 확보 방안에 관한 사항
6. 그 밖에 산업통상자원부장관이나 중소기업청장이 요청한 사항
② 시장·군수·구청장은 지역추진계획을 수립할 때에는 지역 주민과 상인의 의견을 수렴하여야 하며, 수립된 지역추진계획은 중소기업청장과 시·도지사에게 제출하여야 한다.
③ 정부와 시·도지사는 지역추진계획의 수립·시행에 필요한 재정적·행정적 지원을 하거나 지역추진계획에 따라 추진하는 시·군·구의 시장 및 상점가 활성화사업을 우선적으로 지원할 수 있다.
④ 제1항부터 제3항까지에서 규정한 사항 외에 지역추진계획의 수립·시행에 필요한 사항은 산업통상자원부령으로 정한다. <개정 2013.3.23.>
[전문개정 2010.6.8.]

제8조(지원효과 평가) ① 중소기업청장과 지방자치단체의 장은 기본계획, 지원계획 및 지역추진계획에 따라 지원한 사업의 효과를 평가하여 그 결과를 해당 계획에 반영하여야 한다.
② 제1항에 따라 지원사업의 효과를 평가한 지방자치단체의 장은 그 결과를 중소기업청장에게 제출하여야 한다.
③ 평가대상의 범위, 평가절차 등에 관한 사항은 산업통상자원부령으로 정한다. <개정 2013.3.23.>
[전문개정 2010.6.8.]

제9조(시장 및 상점가 실태조사) ① 중소기업청장과 지방자치단체의 장은 기본계획, 지원계획 및 지역추진계획의 수립 등을 위하여 필요하면 시장과 상점가의 실태조사(이하 "실태조사"라 한다)를 할 수 있다.
② 실태조사에는 다음 각 호의 사항이 포함되어야 한다.
1. 시장과 상점가의 현황에 관한 사항
2. 시장과 상점가의 상업기반시설 등의 실태에 관한 사항
3. 시장과 상점가의 상인의 경영실태에 관한 사항
4. 그 밖에 상권의 실태를 파악하는 데 필요한 사항
③ 중소기업청장과 지방자치단체의 장은 실태조사를 위하여 필요하다고 인정하면 관계 중앙행정기관의 장, 지방자치단체의 장, 시장과 상점가를 소유하거나 관리하는 법인·단체의 장 및 상인조직을 대표하는 사람에게 자료 제출이나 조사업무 수행에 필요한 협조를 요청할 수 있다. 이 경우 협조 요청을 받은 사람은 특별한 이유가 없으면 협조하여야 한다.
④ 지방자치단체의 장은 실태조사를 하였으면 그 결과를 중소기업청장에게 제출하여야 한다. [전문개정 2010.6.8.]

제10조 삭제 <2009.12.30.>

제11조(상점가 활성화 지원) ① 정부와 지방자치단체는 제65조에 따른 상인회 또는 「유통산업발전법」 제18조

에 따른 상점가진흥조합이 상점가 활
성화사업을 추진하는 경우 제20조,
제21조, 제25조부터 제27조까지, 제
29조 및 제30조를 준용하여 지원할
수 있다.
② 상점가 시설현대화사업의 지원대
상, 절차 및 정부나 지방자치단체의
지원을 받아 설치한 상업기반시설의
사후 관리, 그 밖에 필요한 사항은
대통령령으로 정한다.
[전문개정 2010.6.8.]

제12조(주말시장의 지원) 정부와 지방
자치단체는 5일마다 정기적으로 개
설되는 시장의 상인이 주말에 개설하
는 시장으로 전환하려는 경우에는 이
에 필요한 지원을 할 수 있다.
[전문개정 2010.6.8.]

제13조(문화관광형시장의 지정·육성)
① 시장·군수·구청장은 직접 또는
상인조직을 대표하는 자가 신청하는
경우 시·도지사의 승인을 받아 문화
관광형시장을 지정할 수 있다. 이 경
우 시·도지사는 중소기업청장 및 문
화체육관광부장관과 협의를 거쳐 승
인 여부를 결정하여야 한다.
② 시장·군수·구청장은 제1항에 따
라 문화관광형시장을 지정한 경우에
는 그 지정 내용과 육성계획을 중소
기업청장과 시·도지사에게 제출하
여야 한다.
③ 정부와 지방자치단체는 제1항에
따라 지정된 문화관광형시장을 육성
하기 위하여 다음 각 호의 사항을
지원할 수 있다.
1. 문화관광형시장으로 육성하기 위
하여 필요한 공공시설과 편의시설
의 설치 및 개량
2. 기념품 및 지역특산품의 개발과
판매시설 설치
3. 지역특성을 반영한 축제·행사·문
화공연, 문화환경의 조성 및 홍보

4. 시장·상점가와 지역 문화·관광
자원을 연계한 상품 및 문화·관
광 콘텐츠의 개발과 홍보
5. 문화관광형시장의 상인 및 상인조
직에 대한 교육
6. 그 밖에 문화관광형시장 육성을
위하여 필요하다고 중소기업청장
이 인정하는 사항
④ 문화관광형시장의 신청절차, 지정
대상 및 지정절차, 그 밖에 필요한
사항은 산업통상자원부령으로 정하
는 바에 따라 조례로 정한다.
[전문개정 2013.5.28.]

**제13조의2(문화관광형시장 지정의 해
제)** ① 시·도지사는 제13조제1항에
따라 지정된 문화관광형시장이 다음
각 호의 어느 하나에 해당하는 경우
에는 그 지정을 해제할 수 있다.
1. 문화관광형시장을 지정한 날부터
3개월 이내에 제13조제2항에 따
라 지정 내용과 육성계획이 제출
되지 아니한 경우
2. 문화관광형시장을 지정한 날부터
2년 이내에 제13조제2항의 육성
계획이 추진되지 아니한 경우
3. 그 밖에 사정의 변경으로 지정이 더
이상 적합하지 아니하게 된 경우
② 시·도지사는 제1항에 따라 문화
관광형시장의 지정을 해제하려는 경
우에는 시장·군수·구청장 및 그
밖의 이해관계인에게 의견진술의 기
회를 주어야 한다.
③ 시·도지사는 제1항에 따라 문화
관광형시장의 지정을 해제한 때에는
그 내용을 중소기업청장, 문화체육관
광부장관 및 시장·군수·구청장에
게 통보하여야 한다.
[본조신설 2013.5.28.]

제14조(임시시장의 개설) ① 시장·군
수·구청장은 「유통산업발전법」 제
14조에도 불구하고 다음 각 호의 어

느 하나에 해당하는 경우 일정 기간 시장의 기능을 하는 시장(이하 "임시시장"이라 한다)을 개설할 수 있다. 다만, 임시시장의 면적이 대통령령으로 정하는 규모 이상인 경우에는 임시시장을 개설하려는 자(시장·군수·구청장은 제외한다)는 시장·군수·구청장에게 신고하여야 한다. <개정 2012.12.11.>

1. 제49조제1항제1호에 따라 시장정비사업기간 동안 입점상인의 임시영업을 위하여 필요한 경우
2. 천재지변 또는 이에 준하는 상황으로 인하여 시장의 기능을 정상적으로 수행할 수 없어 긴급하게 시장을 개설할 필요가 있는 경우
3. 지역주민, 인근 지역 농어민, 시장과 상점가의 상인 또는 공공기관·단체가 정하여진 날에 농수축산물, 생활용품 및 중고품 등을 매매·교환하기 위하여 필요한 경우
4. 대규모 행사에 따라 관람객, 관광객 등을 위한 판매장소가 필요한 경우
5. 저소득층, 실업자, 노년층 및 농어민 등의 소득증대를 위하여 판매장소가 필요한 경우

② 시장·군수·구청장은 임시시장의 개설을 위하여 필요하면 국유지나 공유지의 사용을 정부와 시·도지사에게 요청하거나 소관 공유재산, 공공장소 및 교통에 지장을 주지 아니하는 장소 등을 일시적으로 사용하게 하는 등 임시시장 개설과 관리에 필요한 지원을 할 수 있다.

③ 임시시장의 신고절차, 개설기준, 운영 및 관리, 그 밖에 필요한 사항은 산업통상자원부령으로 정하는 바에 따라 시·군·구의 조례로 정한다. <개정 2012.12.11., 2013.3.23.>
[전문개정 2010.6.8.]

제15조(농어민직영매장 설치지원) ① 지방자치단체는 지방자치단체에서 개설하여 관리하고 있는 시장(이하 "공설시장"이라 한다)의 빈 점포나 여유 공간에 농어민이 생산한 농산물, 임산물, 축산물 및 수산물(가공되거나 조리된 것을 포함한다)을 직접 소매할 수 있는 매장(이하 "농어민직영매장"이라 한다)을 설치하는 것을 지원할 수 있다.

② 농어민직영매장의 설치와 운영, 사용료의 징수, 입주 농어민의 자격 및 그 밖에 필요한 사항은 시·군·구의 조례로 정한다.
[전문개정 2010.6.8.]

제16조 삭제 <2009.12.30.>

제17조(빈 점포의 활용 촉진) ① 정부와 지방자치단체는 시장등에 있는 빈 점포를 비영리법인, 단체 또는 개인 등이 다음 각 호의 장소로 활용할 수 있도록 지원할 수 있다. <개정 2011.3.30., 2013.5.28.>

1. 상인과 지역주민의 교육, 행사 또는 민원상담 등을 위한 장소
2. 고객안내시설, 편의시설 또는 공동작업을 위한 장소
2의2. 고객 및 상인을 위한 수유·탁아 시설의 설치 장소
2의3. 장애인·노인·임산부 및 저소득층 등 고객을 위한 문화·교육 프로그램 운영 장소
3. 지역특산품의 홍보 또는 전시판매를 위한 장소
4. 청년상인을 육성하기 위한 창업보육장소
5. 제25조에 따른 상거래현대화의 시범점포 육성을 위한 장소
6. 농어민직영매장의 설치 장소

② 정부와 지방자치단체는 비영리법인, 단체 또는 개인 등이 제1항 각 호의 용도로 빈 점포를 활용할 때에는 시설의 수리 및 임차 등에 필요한 비용을 예산의 범위에서 지원하거나 보조할 수 있다.

③ 정부와 지방자치단체는 제1항제2호의3에 따른 문화·교육 프로그램을 이용하는 장애인·노인·임산부 및 저소득층 등 고객에 대하여 그 비용의 전부 또는 일부를 예산의 범위에서 지원할 수 있다. <신설 2011.3.30.> [전문개정 2010.6.8.]

제18조(국·공유지 사용료등 감면) ① 정부와 지방자치단체는 시장등에 제2항에 따른 공동시설(상점가 및 상권활성화구역인 경우에는 제20조에 따른 시설현대화사업으로 시설한 것만 해당한다)을 「국유재산법」 제5조에 따른 국유재산, 「공유재산 및 물품 관리법」 제4조에 따른 공유재산, 「도로법」 제2조제1호에 따른 도로, 「하천법」 제2조에 따른 하천 및 「공유수면관리법」 제2조에 따른 공유수면(이하 "국·공유지"라 한다)에 관리청의 허가를 받아 설치한 경우 그 사용료, 대부료 또는 점용료(이하 이 조에서 "사용료등"이라 한다)를 다음 각 호와 같이 감면(減免)할 수 있다. <개정 2013.5.28., 2014.1.14.>
1. 국유재산 및 공유재산의 사용료등: 「국유재산법」과 「공유재산 및 물품 관리법」의 규정에도 불구하고 대통령령으로 정하는 감면율
2. 도로·하천 및 공유수면의 사용료등: 「도로법」, 「하천법」 및 「공유수면관리법」의 규정에도 불구하고 지방자치단체의 조례로 정하는 감면율
② 제1항에 따라 국·공유지의 사용료등의 감면대상이 되는 시설은 상인이나 고객이 공동으로 이용하는 다음 각 호의 어느 하나에 해당하는 시설을 말한다.
1. 주차장, 진입로, 통행로, 화장실 및 고객지원센터 등 고객편의를 위한 시설
2. 비 가리개, 공동창고, 물류센터, 상인교육시설 및 제65조에 따른 상인회 사무실 등 상인이 공동으로 이용하는 시설
3. 그 밖에 대통령령으로 정하는 공동시설 [전문개정 2010.6.8.]

제19조(공영주차장 주차요금 감면 등) ① 시장·군수·구청장은 시장등의 상인 및 고객이 지방자치단체에서 개설하였거나 관리하고 있는 주차장(시장이나 상권활성화구역에 있거나 이웃한 것만 해당한다)을 주로 사용하는 경우 「주차장법」 및 「공유재산 및 물품 관리법」의 규정에도 불구하고 지방자치단체의 조례로 정하는 바에 따라 주차장 사용료를 감면할 수 있다. <개정 2013.5.28.>
② 지방자치단체의 장은 제1항에 따른 사용료의 감면대상이 되는 주차장 및 제20조에 따른 시설현대화사업으로 설치한 주차장에 대하여 「주차장법」 및 「공유재산 및 물품 관리법」의 규정에도 불구하고 그 관리를 「유통산업발전법」 제12조에 따른 대규모점포개설자 또는 대규모점포개설자의 업무를 수행하는 자, 제65조에 따른 상인회 또는 제67조에 따른 시장관리자에게 위탁할 수 있다. [전문개정 2010.6.8.]

제1절의2 상권활성화사업의 촉진

제19조의2(상권활성화구역 지정 및 변경) ① 시장·군수·구청장은 직접 또는 상인조직을 대표하는 자가 신청하는 경우 시·도지사의 승인을 받아 상권활성화구역을 지정 또는 변경할 수 있다. 이 경우 시·도지사는 중소기업청장과의 협의를 거쳐 승인 여부를 결정하여야 한다.
② 시장·군수·구청장은 제1항에 따라 상권활성화구역의 지정 또는 변

경을 승인받은 경우에는 지정 또는 변경 내용을 해당 지방자치단체가 발행하는 공보(이하 "공보"라 한다)에 고시하고 시·도지사와 중소기업청장에게 보고하여야 한다.

③ 상권활성화구역 지정 및 변경 절차, 그 밖에 필요한 사항은 산업통상자원부령으로 정하는 바에 따라 시·군·구의 조례로 정한다.
〈개정 2013.3.23.〉 [본조신설 2009.12.30.]

제19조의3(상권활성화구역 지정의 해제) ① 제19조의2에 따라 지정된 상권활성화구역은 다음 각 호의 어느 하나에 해당되는 경우 해제된 것으로 본다.

1. 상권활성화구역이 지정·고시된 날부터 3년 내에 제19조의5에 따른 사업계획의 승인을 신청하지 아니하는 경우
2. 제19조의6에 따라 사업계획의 승인이 취소된 날부터 1년 내에 새로운 사업계획의 승인을 신청하지 아니하는 경우

② 시·도지사는 제1항에 따라 상권활성화구역의 지정이 해제된 경우에는 지정 해제 내용을 공보에 고시하고 중소기업청장에게 보고하여야 한다.
[본조신설 2009.12.30.]

제19조의4(상권활성화사업계획의 수립)

① 시장·군수·구청장은 상권활성화구역을 지정한 경우 상권활성화사업을 원활히 수행하기 위하여 다음 각 호의 사항이 포함된 상권활성화를 위한 사업계획(이하 "사업계획"이라 한다)을 수립하여 시·도지사에게 승인을 받아야 한다. 〈개정 2013.3.23.〉

1. 상권활성화구역의 명칭·위치 및 범위
2. 상권활성화사업의 목적
3. 상권활성화사업의 연차별 추진계획 및 사업시행기간
4. 상권활성화사업의 내용 및 추진방안
5. 상권활성화사업에 사용되는 재원

의 조달 및 운용계획
6. 그 밖에 사업계획의 수립을 위하여 산업통상자원부령으로 정하는 사항

② 사업계획은 제6조 및 제7조에 따른 시·도의 지원계획 및 지역추진계획의 내용과 배치되지 아니하여야 한다.

③ 그 밖에 사업계획의 수립·시행에 관하여 필요한 사항은 산업통상자원부령으로 정한다. 〈개정 2013.3.23.〉
[본조신설 2009.12.30.]

제19조의5(사업계획의 승인) ① 시·도지사는 시장·군수·구청장이 사업계획의 승인을 신청한 경우에는 중소기업청장과의 협의를 거쳐 승인 여부를 결정하여야 한다. 제3항에 따라 사업계획을 변경하는 경우에도 또한 같다.

② 시장·군수·구청장은 제1항에 따라 사업계획을 승인받은 경우에는 사업계획의 내용을 공보에 고시하고 시·도지사와 중소기업청장에게 보고하여야 한다. 제3항에 따라 사업계획을 변경하는 경우에도 또한 같다.

③ 시장·군수·구청장은 사업계획이 승인된 후 사정변경으로 인하여 사업계획의 변경이 필요하다고 인정하는 경우에는 그 변경사유 및 관계 자료를 첨부하여 시·도지사에게 변경승인을 신청하여야 한다. 다만, 산업통상자원부령으로 정하는 경미한 사항을 변경하기 위한 경우에는 그러하지 아니하다. 〈개정 2013.3.23.〉

④ 사업계획의 승인에 관하여 필요한 사항은 산업통상자원부령으로 정한다. 〈개정 2013.3.23.〉
[본조신설 2009.12.30.]

제19조의6(사업계획의 승인 취소) ① 시·도지사는 다음 각 호의 어느 하나에 해당하는 경우에는 제19조의5에 따른 사업계획의 승인을 취소할 수 있다. 이 경우 중소기업청장과의

협의를 거쳐야 한다.
1. 사업계획의 승인이 고시된 날부터 3년 내에 상권활성화사업이 시행되지 아니하는 경우
2. 상권활성화사업 시행에 대한 중소기업청장 또는 시·도지사의 시정명령이 시정기간 내에 이행되지 아니하는 경우
3. 제19조의9에 따른 평가를 실시한 결과 사업진행 또는 사업성과가 현저히 미흡하다고 인정되는 경우
4. 그 밖에 시장·군수·구청장이 필요하다고 판단하여 승인의 취소를 요청하는 경우
② 중소기업청장은 제1항제1호 및 제2호의 경우에는 시·도지사에게 사업계획의 승인 취소를 권고할 수 있다.
③ 시·도지사는 제1항에 따라 사업계획의 승인을 취소한 경우에는 그 승인 취소 내용을 공보에 고시하고 중소기업청장에게 보고하여야 한다.
④ 그 밖에 사업계획의 승인 취소에 관하여 필요한 사항은 산업통상자원부령으로 정한다. <개정 2013.3.23.>
[본조신설 2009.12.30.]

제19조의7(상권활성화 지원) ① 정부와 지방자치단체는 제19조의8에 따른 상권관리기구 등이 상권활성화사업을 추진하는 경우 예산의 범위에서 제20조, 제21조 및 제23조부터 제30조까지의 규정에 따른 지원을 할 수 있다.
② 상권활성화사업의 지원대상, 사업별 지원한도, 절차, 그 밖에 필요한 사항은 대통령령으로 정한다.
[본조신설 2009.12.30.]

제19조의8(상권관리기구의 설치) ① 시장·군수·구청장은 상권활성화사업을 효율적으로 추진하기 위하여 다음 각 호의 업무를 수행하는 상권관리기구를 설치할 수 있다.

<개정 2013.3.23.>
1. 상권활성화사업의 계획 수립에 필요한 자료의 제공 등 지원 업무
2. 상권활성화사업
3. 상권활성화와 관련된 사업으로서 시장·군수·구청장이 위탁하는 사업
4. 그 밖에 산업통상자원부장관, 중소기업청장 또는 시·도지사가 상권활성화를 위하여 필요하다고 인정하는 사업
② 상권관리기구는 「민법」에 따른 비영리법인으로 한다.
③ 상권관리기구는 상권활성화사업의 효율적인 추진 및 자문을 위하여 상권활성화구역 안의 토지등 소유자, 상인, 거주자 및 유통 관련 전문가 등으로 구성된 상권활성화협의회를 운영할 수 있다.
④ 정부와 지방자치단체는 상권관리기구에 대하여 예산의 범위에서 상권활성화사업 시행에 드는 비용의 전부 또는 일부를 지원하거나 보조할 수 있다.
⑤ 그 밖에 상권관리기구의 설치 및 운영에 필요한 사항은 산업통상자원부령으로 정하는 바에 따라 시·군·구의 조례로 정한다. <개정 2013.3.23.>
[본조신설 2009.12.30.]

제19조의9(상권활성화사업에 대한 지원효과평가) 상권활성화사업에 대한 지원효과평가에 관하여는 제8조를 준용한다. [본조신설 2009.12.30.]

제2절 상업기반시설의 현대화 지원

제20조(상업기반시설 현대화사업의 지원) ① 정부와 지방자치단체는 시장의 상인조직 또는 제67조에 따른 시장관리자가 추진하는 다음 각 호의 상업기반시설 현대화사업(이하 "시설현대화사업"이라 한다)에 필요한 비용을 예

산의 범위에서 지원하거나 보조할 수 있다. 이 경우 주차장을 설치·개량하는 사업과 안전시설물을 설치·개량·보수하는 사업은 우선적으로 지원할 수 있다. <개정 2011.3.30., 2015.2.3.>

1. 상업시설: 영업에 직접 제공되는 건물과 시설물 등의 개량, 수리
2. 공동시설: 상인이나 고객이 공동으로 이용하는 비 가리개, 창고, 상인교육시설, 전기·가스·화재 등에 관한 안전시설물 등의 설치·개량·보수 및 관광(테마)거리 등의 조성
3. 고객편의시설: 고객이 주로 이용하는 주차장, 진입로, 화장실, 고객지원센터 등의 설치·확장 및 수리 등
3의2. 「장애인·노인·임산부 등의 편의증진보장에 관한 법률」 제2조제2호의 편의시설의 설치·확장 및 보수 등
4. 공설시장에 대한 제1호부터 제3호까지 및 제3호의2에 해당하는 시설의 신축 또는 개축 등

② 시설현대화사업의 지원대상, 사업별 지원한도, 절차 및 사후 관리, 그 밖에 필요한 사항은 대통령령으로 정한다.

③ 정부와 지방자치단체는 전통시장으로 인정되지 아니한 곳 중 대통령령으로 정하는 기준에 적합한 곳에 대하여는 제1항제2호의 공동시설 중 전기·가스·화재 등에 관한 안전시설물 등의 설치·개량·보수에 대한 지원을 할 수 있다.
<신설 2012.12.11., 2015.2.3.>
[전문개정 2010.6.8.]

제20조의2(안전시설물에 대한 점검) ① 정부와 지방자치단체는 시장(제20조제3항에 따른 전통시장으로 인정되지 아니하는 곳 중 대통령령으로 정하는 기준에 적합한 곳을 포함한

다)의 화재예방 및 안전을 위하여 전기·가스·화재 등에 관한 안전시설물에 대하여 점검을 실시할 수 있다.

② 정부와 지방자치단체는 제1항에 따른 점검을 「전기사업법」 제74조에 따른 한국전기안전공사, 「고압가스 안전관리법」 제28조에 따른 한국가스안전공사, 「소방기본법」 제40조에 따른 한국소방안전협회 등 전문성을 보유한 기관에 위탁하여 실시할 수 있다.
[본조신설 2015.2.3.]

제21조(시설현대화사업을 위한 국·공유지 등의 사용) 정부와 지방자치단체는 시설현대화사업을 지원할 때 제20조제1항 각 호의 어느 하나에 해당하는 시설을 국·공유지에 직접 설치하게 하거나 국·공유지를 그 시설의 터로 제공하여 사용하게 할 수 있다.
[전문개정 2010.6.8.]

제22조(전주이설비용 부담에 관한 특례) 시장·군수·구청장은 시설현대화사업 추진에 방해가 되어 도로에 설치된 전봇대를 옮기거나 땅속에 설치하기 위하여 「전기사업법」 제2조제2호에 따른 전기사업자에게 요청하는 경우 이설(移設) 등에 필요한 비용은 같은 법 제72조제1항에도 불구하고 그 시설현대화사업의 추진 주체와 전기사업자가 100분의 50의 비율로 부담하게 할 수 있다.
[전문개정 2010.6.8.]

제23조(점포 배치의 효율화) 정부와 지방자치단체는 시장 상인들이 점포의 통합이나 재배치, 여러 점포로 구성된 판매공간의 재구성 등의 공동사업을 추진하는 경우 예산의 범위에서 비용의 일부를 지원할 수 있다.
[전문개정 2010.6.8.]

제24조(임차상인 및 공설시장 입점상인의 보호) ① 정부와 지방자치단체는 시설현대화사업을 지원할 때 점포를 소유한 자와 점포에 입주한 임차상인 간의 임대료 조정 등 상호협력을 통하여 임차상인 지원 효과가 큰 시장을 우선적으로 지원할 수 있다.
② 시장·군수·구청장은 시설현대화사업을 지원할 때 임차상인이 불리하지 아니하도록 노력하여야 한다.
③ 시장·군수·구청장은 공설시장 시설현대화사업을 하는 경우 사업을 하기 전에 시장의 점포 등에서 영업을 하던 상인이 사업이 끝난 후 특별한 사유가 없으면 우선적으로 재입점할 수 있도록 조치하여야 한다.
[전문개정 2010.6.8.]

제3절 경영현대화 촉진

제25조(상거래현대화의 촉진) ① 정부와 지방자치단체는 상인의 전자상거래와 신용카드결제, 판매시점정보관리시스템의 도입, 통신수단을 이용한 주문, 시장 간의 정보화네트워크 구축, 스마트기기를 이용한 결제 등 상거래현대화를 촉진하여야 한다. <개정 2015.2.3.>
② 정부와 지방자치단체는 제1항에 따른 상거래현대화의 촉진을 위하여 필요한 비용을 예산의 범위에서 지원하거나 보조할 수 있다.
[전문개정 2010.6.8.]

제26조(공동사업의 활성화) 정부와 지방자치단체는 상인이 거래비용의 절감 및 매출 증대를 위하여 다음 각 호의 어느 하나에 해당하는 공동사업을 추진하는 경우 필요한 비용을 예산의 범위에서 지원하거나 보조할 수 있다. <개정 2013.5.28.>
1. 상품, 상표, 포장용기의 개발 및 디자인의 개선 등에 관한 사업
2. 구매, 물류, 배송에 필요한 공동시설 및 시스템의 설치에 관한 사업
3. 공동판매장의 설치 등 판로 지원에 관한 사업
4. 그 밖에 중소기업청장이 필요하다고 인정하는 사업
[전문개정 2010.6.8.]

제26조의2(온누리상품권의 발행) ① 중소기업청장은 시장등의 판매 촉진을 위하여 온누리상품권을 발행할 수 있다.
② 온누리상품권의 유효기간은 발행일부터 5년으로 한다.
③ 그 밖에 온누리상품권의 종류, 권면금액, 기재사항 등 온누리상품권 발행에 관하여 필요한 사항은 대통령령으로 정한다.
[본조신설 2013.5.28.]

제26조의3(온누리상품권의 환전) ① 중소기업청장은 가맹점의 요청에 따라 온누리상품권을 현금으로 환전하여 주는 금융기관을 지정하여야 한다. 이 경우 그 지정사실을 중소기업청 인터넷 홈페이지 등에 게시하여야 한다.
② 개별가맹점이 아니면 온누리상품권을 중소기업청장이 지정한 금융기관에서 환전할 수 없다. 다만, 환전대행가맹점은 소속된 개별가맹점을 위하여 환전을 대행할 수 있다.
[본조신설 2013.5.28.]

제26조의4(가맹점의 등록) ① 가맹점으로 등록하고자 하는 상인 또는 상인조직은 산업통상자원부령으로 정하는 바에 따라 가맹신청서를 작성하여 중소기업청장에게 제출하여야 한다.
② 중소기업청장은 제1항에 따라 가맹신청서를 제출한 상인 및 상인조직이 이 법의 목적에 적합하지 아니한 업종으로서 대통령령으로 정하는

등록 제한업종을 영위하는 경우에는 등록을 거부할 수 있다.
③ 중소기업청장은 제1항에 따라 가맹신청서를 제출받은 날부터 7일 이내에 등록 여부를 결정하고, 그 결과를 신청인에게 알려야 한다.
[본조신설 2013.5.28.]

제26조의5(가맹점의 준수사항) ① 개별가맹점은 다음 각 호의 어느 하나에 해당하는 행위를 하여서는 아니 된다.
1. 온누리상품권 결제를 거절하거나 온누리상품권 소지자를 불리하게 대우하는 행위
2. 다음 각 목의 온누리상품권을 환전하거나 환전대행가맹점에 환전을 요청하는 행위
   가. 물품의 판매 또는 용역의 제공 없이 수취한 온누리상품권
   나. 실제 매출금액 이상의 거래를 통하여 수취한 온누리상품권
② 개별가맹점은 온누리상품권 소지자가 권면금액 중 대통령령으로 정하는 비율의 금액 이상에 상당하는 물품을 구입하거나 용역을 제공받고 그 잔액을 환급하여 줄 것을 요구하는 경우에는 즉시 이에 응하여야 한다.
③ 환전대행가맹점은 다음 각 호의 어느 하나에 해당하는 행위를 하여서는 아니 된다.
1. 개별가맹점이 아닌 자를 위하여 온누리상품권 환전을 대행하는 행위
2. 제1항제2호 각 목에 해당하는 온누리상품권임을 인지하고 그 환전을 대행하는 행위
[본조신설 2013.5.28.]

제26조의6(가맹점 등록의 취소) 중소기업청장은 가맹점이 다음 각 호의 어느 하나에 해당되는 경우에는 해당 가맹점의 등록을 취소할 수 있다. 다만, 제1호 또는 제2호에 해당하는 경우에는 등록을 취소하여야 한다.

1. 거짓이나 그 밖의 부정한 방법으로 가맹점 등록을 한 경우
2. 제26조의4제2항에 따른 등록 제한업종을 영위하는 경우
3. 제26조의5를 위반하는 행위를 한 경우
[본조신설 2013.5.28.]

제26조의7(온누리상품권 발행의 지원) 중소기업청장은 제26조의2에 따른 온누리상품권의 발행에 관한 권한의 일부를 제71조제2항에 따라 위탁한 경우 그 위탁한 사업의 추진에 필요한 비용을 예산의 범위에서 지원할 수 있다. [본조신설 2013.5.28.]

제27조(판로 촉진과 홍보 지원) 정부와 지방자치단체는 상인의 국내외 시장 개척, 전시회·박람회 개최, 판매 촉진을 위한 행사 및 축제, 온누리상품권 홍보 등의 마케팅 활동에 필요한 비용을 예산의 범위에서 지원하거나 보조할 수 있다. <개정 2015.2.3.>
[전문개정 2010.6.8.]

제28조(상인교육 및 전문인력 양성) ① 정부와 지방자치단체는 상인의 경영 현대화, 영업기법의 개선, 정보화 촉진 등에 필요한 교육·자문에 관한 지원 및 이에 필요한 전문인력의 양성에 관한 지원을 할 수 있다.
② 정부와 지방자치단체는 제1항에 따른 지원을 효과적으로 하기 위하여 필요하면 「고등교육법」 제2조제1호에 따른 대학(같은 조 제2호 및 제4호에 따른 산업대학 및 전문대학을 포함한다. 이하 같다), 연구소, 법인 및 단체 등을 교육·자문 및 훈련기관으로 지정할 수 있다.
③ 정부와 지방자치단체는 제2항에 따라 지정한 교육·자문 및 훈련기관에 대하여 교육·자문 및 훈련에

필요한 비용을 예산의 범위에서 지원할 수 있다. [전문개정 2010.6.8.]

제29조(산학협력사업 등 지원) 정부와 지방자치단체는 대학, 비영리법인 및 단체가 시장의 상권활성화에 관하여 자문 또는 지도를 하거나 상인의 경영현대화 및 상품개발 등을 상인조직과 공동으로 추진할 경우 이에 필요한 비용을 지원하거나 보조할 수 있다. [전문개정 2010.6.8.]

제30조(대규모점포와 시장 간의 협력) ① 시장·군수·구청장은 대규모점포(여러 점포에 도·소매업과 용역업이 섞여 있는 형태로 운영되는 점포의 집단은 제외한다. 이하 이 조에서 같다)를 운영하는 자에게 그 주변 시장과 협력할 것을 요청할 수 있다.
② 시장·군수·구청장은 제1항의 협력사업 추진에 필요한 지원을 할 수 있다.
③ 대규모점포와 시장 간의 협력에 필요한 사항은 대통령령으로 정한다. [전문개정 2010.6.8.]

제4절 시장정비사업의 촉진

제31조(시장정비사업 대상 시장) ① 시장정비사업은 시장과 종전의 「중소기업의 구조개선 및 경영안정지원을 위한 특별조치법」(법률 제6639호에 따라 폐지된 것을 말한다) 제6조, 종전의 「중소기업의 구조개선과 재래시장활성화를 위한 특별조치법」(법률 제7235호에 따라 폐지된 것을 말한다) 제12조 또는 종전의 「재래시장육성을 위한 특별법」(법률 제7945호에 따라 전부 개정되기 전의 것을 말한다) 제18조에 따라 시장재개발·재건축사업시행구역 또는 시장정비사업시행구역으로 선정된 후 그

효력이 상실된 곳을 대상으로 한다.
② 제1항에 따라 시장정비사업의 대상이 될 수 있는 시장은 다음 각 호의 어느 하나에 해당하는 곳이어야 한다. 다만, 시장정비구역의 국·공유지 면적(「도로법」 제2조제1호에 따른 도로, 「하천법」 제2조에 따른 하천 및 「공유수면관리법」 제2조에 따른 공유수면은 제외한다. 이하 제41조와 제47조에서 같다)이 전체 토지면적의 2분의 1 이상이어야 한다. <개정 2012.12.11., 2014.1.14.>
1. 상업기반시설이 매우 오래되고 낡아 시설물의 안전에 결함이 있거나 경쟁력이 없어진 시장
2. 화재나 홍수, 태풍, 폭설 등 자연재해로 인하여 상업기반시설 등이 훼손되어 시장의 기능을 정상적으로 수행할 수 없거나 수리하는 것만으로는 그 기능을 회복할 수 없는 시장
3. 그 밖에 시장·군수·구청장이 상권활성화와 도시개발을 위하여 필요하다고 인정하는 시장
③ 제2항에도 불구하고 「도시재정비 촉진을 위한 특별법」 제5조에 따라 지정된 재정비촉진지구에 속하는 시장으로서 시장·군수·구청장이 시장정비사업을 추진하기 어렵다고 인정하는 곳과 그 밖에 시장정비사업을 제한할 필요가 있다고 대통령령으로 정한 시장은 시장정비사업 대상에서 제외한다. [전문개정 2010.6.8.]

제32조(시장정비사업 추진위원회) ① 시장정비구역에 있는 토지나 건축물의 소유자 및 지상권자(이하 "토지등소유자"라 한다)가 시장정비사업조합을 설립하여 시장정비사업을 시행하려는 경우에는 토지등 소유자 과반수의 동의로 시장정비사업 추진위원회(이하 "추진위원회"라 한다)를 설립

하여 「도시 및 주거환경정비법」 제13조에 따라 시장·군수·구청장의 승인을 받아야 한다.

② 추진위원회는 위원장 1명을 포함한 5명 이상으로 구성한다.

③ 추진위원회는 다음 각 호의 업무를 수행한다.

1. 시장정비사업추진계획의 수립 및 제출

2. 「도시 및 주거환경정비법」 제69조에 따른 정비사업전문관리업자의 선정

3. 시장정비사업조합의 설립을 위한 준비업무

4. 토지등 소유자의 동의에 관한 업무

5. 그 밖에 추진위원회가 수행하는 것이 필요하다고 대통령령으로 정한 업무

④ 제1항부터 제3항까지에서 규정한 사항 외에 추진위원회와 관련된 사항에 관하여는 「도시 및 주거환경정비법」 제13조부터 제15조까지의 규정을 준용한다.

[전문개정 2010.6.8.]

제33조(시장정비사업추진계획의 수립)

① 시장정비사업추진계획을 승인받으려는 자는 다음 각 호의 사항을 포함한 시장정비사업추진계획(이하 "사업추진계획"이라 한다)을 수립하여 시장·군수·구청장에게 사업추진계획 승인에 대한 추천을 신청하여야 한다. <개정 2011.4.14.>

1. 시장정비구역의 범위

2. 시장정비사업의 필요성

3. 다음 각 목의 내용에 대하여 필요한 조치사항

가. 「국토의 계획 및 이용에 관한 법률」 제2조제4호에 따른 도시·군관리계획 중 도시·군계획시설의 결정 또는 변경결정

나. 「국토의 계획 및 이용에 관한 법률」 제2조제5호에 따른 지구단위계획의 결정 또는 변경결정

다. 「국토의 계획 및 이용에 관한 법률」 제36조제1항제1호가목 및 다목에 따른 주거지역 및 공업지역의 용도지역에서 대통령령으로 정하는 지역으로의 용도지역 변경

4. 제49조제1항 및 제6항에 따른 입점상인 보호대책

5. 그 밖에 사업추진계획의 검토를 위하여 필요하다고 대통령령으로 정하는 사항

② 제1항에 따라 사업추진계획 승인에 대한 추천을 신청할 수 있는 자는 다음 각 호의 어느 하나에 해당하는 자로 한다.

1. 토지등 소유자(개인이나 법인이 단독으로 소유한 경우만 해당한다)

2. 추진위원회

3. 토지등 소유자가 시장정비사업을 추진하기 위하여 설립한 법인(이하 "시장정비사업법인"이라 한다)

4. 시장·군수·구청장(제41조제3항 및 제47조제1항에 따라 시장·군수·구청장이 직접 시행하는 경우만 해당한다)

5. 「한국토지주택공사법」 제2조에 따라 설립한 한국토지주택공사(이하 "한국토지주택공사"라 한다) 또는 「지방공기업법」 제49조에 따라 설립한 지방공사(이하 "지방공사"라 한다). 다만, 제41조제3항에 해당하는 경우만을 말한다.

③ 사업추진계획의 수립 절차와 내용, 시·군·구에 제출하는 서류 및 그 밖에 필요한 사항은 대통령령으로 정한다.

[전문개정 2010.6.8.]

제34조(동의에 관한 특례) ① 사업추진계획을 수립하여 시장·군수·구청장에게 제출하려는 자는 다른 법률의

규정에도 불구하고 시장정비구역 토지면적의 5분의 3 이상에 해당하는 토지의 소유자의 동의 및 토지등 소유자 총수의 5분의 3 이상의 동의를 받아야 한다.

② 제1항은 다른 법률의 규정에도 불구하고 시장정비사업조합의 설립인가 및 제39조에 따른 시장정비사업시행계획의 내용에 대한 동의를 받는 경우에도 각각 적용한다.

③제2항의 규정에도 불구하고 제41조에 따른 사업시행자가 시장정비사업조합인 경우에는 총회를 개최하여 조합원 과반수의 동의를 받으면 제39조에 따른 시장정비사업시행계획의 내용에 대한 동의를 받은 것으로 본다.

④ 제1항에 따른 토지등 소유자의 동의자 수 산정방법과 그 밖에 필요한 사항은 대통령령으로 정한다.

[전문개정 2010.6.8.]

제35조(사업추진계획의 승인 신청) ①
시장·군수·구청장은 사업추진계획에 대하여 다음 각 호의 사항을 검토하여 시·도지사에게 사업추진계획의 승인을 신청하여야 한다.

1. 시장정비구역의 적정성
2. 제33조제1항제3호 각 목의 내용에 대하여 필요한 조치사항
3. 「건축법」 제18조제2항에 따른 건축허가 등의 제한 규정의 적용배제 필요성
4. 입점상인을 위한 보호대책의 타당성 및 실현 가능성

② 시장·군수·구청장이 제1항에 따른 사업추진계획을 검토할 때 「국토의 계획 및 이용에 관한 법률」 제113조제2항에 따른 시·군·구도시계획위원회의 심의 절차는 적용하지 아니한다.

③ 사업추진계획의 승인 신청 및 검토, 그 밖에 필요한 사항은 대통령령으로 정한다.

[전문개정 2010.6.8.]

제36조(시장정비사업 심의위원회) ①
시장정비사업에 관한 다음 각 호의 사항을 심의하기 위하여 시·도에 시장정비사업 심의위원회(이하 "심의위원회"라 한다)를 둔다.

1. 사업추진계획
2. 제35조제1항 각 호의 사항
3. 그 밖에 심의위원회의 심의가 필요하다고 대통령령으로 정한 사항

② 심의위원회는 위원장 1명을 포함하여 15명 이내의 위원으로 구성하고, 위원 중 9명은 「국토의 계획 및 이용에 관한 법률」 제113조제1항에 따른 시·도도시계획위원회의 위원 중에서 시·도지사가 지명하는 사람으로 하고, 그 밖의 위원은 대통령령으로 정하는 사람 중 시·도지사가 위촉하는 사람으로 한다.

③ 심의위원회의 구성 및 운영, 그 밖에 필요한 사항은 대통령령으로 정한다.

[전문개정 2010.6.8.]

제37조(사업추진계획의 승인) ① 시·도지사는 시장·군수·구청장이 제35조에 따라 승인을 신청한 사업추진계획에 대하여 심의위원회의 심의를 거쳐 승인 여부를 결정하여야 한다.

② 제1항에 따라 심의위원회가 심의한 사항에 대하여는 「국토의 계획 및 이용에 관한 법률」 제113조에도 불구하고 시·도도시계획위원회의 심의 절차를 적용하지 아니한다. 다만, 시장정비구역이 「국토의 계획 및 이용에 관한 법률」 제8조·제9조 및 제59조에 해당하는 경우에는 그러하지 아니하다.

③ 시·도지사가 사업추진계획을 승인할 때에는 다음 각 호의 사항을 포함하여야 한다.

1. 시장정비구역의 범위
2. 제33조제1항제3호 각 목의 사항
3. 「건축법」 제18조제2항에 따른 건축허가의 제한 필요성

④ 제1항에 따라 시·도지사가 사업추진계획을 승인할 때에는 시장정비구역과 사업추진계획의 개요를 관보나 공보에 고시하여야 한다. 이 경우 시·도지사가 승인·고시한 시장정비구역은 「도시 및 주거환경정비법」 제2조제1호에 따른 정비구역으로 지정된 것으로 본다.

⑤ 시장·군수·구청장은 사업추진계획이 승인된 후 사정 변경으로 인하여 사업추진계획의 변경이 필요하다고 인정되면 변경 사유 및 관계 자료를 첨부하여 시·도지사에게 변경승인을 신청하여야 한다. 다만, 대통령령으로 정하는 경미한 사항을 변경하려는 경우에는 그러하지 아니하다.

⑥ 시·도지사는 제5항에 따라 변경을 승인하였으면 그 내용을 관보나 공보에 고시하여야 한다.

⑦ 사업추진계획의 승인, 변경승인 및 고시, 그 밖에 필요한 사항은 대통령령으로 정한다.

[전문개정 2010.6.8.]

제38조(사업추진계획의 승인 취소 등)

① 시·도지사는 제41조제1항에 따라 시장정비사업을 시행하는 자(이하 "사업시행자"라 한다)가 사정변경 등의 사유로 토지등 소유자 과반수의 동의를 받아 시장·군수·구청장을 통하여 사업추진계획의 승인 취소를 요청하는 경우에는 그 승인을 취소할 수 있다.

② 사업추진계획의 승인이 고시된 날부터 3년 이내에 시장정비사업에 관하여 제39조에 따른 사업시행인가가 없을 때에는 3년이 되는 날의 다음 날부터 그 승인은 효력을 상실한다.

다만, 사업시행자가 천재지변 및 사업추진계획의 변경 등의 사유로 시장·군수·구청장을 통하여 사업추진계획 승인의 효력 상실에 대한 유예신청(1회만 할 수 있으며, 그 기간은 2년으로 한다)을 하여 시·도지사로부터 유예승인을 받은 경우에는 그러하지 아니하다.

③ 시·도지사는 제1항에 따라 사업추진계획의 승인을 취소하거나 제2항에 따라 사업추진계획 승인의 효력이 상실되었을 때에는 그 내용을 관보나 공보에 고시하여야 한다.

④ 제1항에 따라 사업추진계획의 승인이 취소되거나 제2항에 따라 사업추진계획의 승인 효력이 상실되었을 때에는 제37조제1항에 따라 시·도지사가 승인한 사업추진계획은 승인하지 아니한 것으로 보며, 제45조 및 제51조부터 제53조까지의 규정에 따른 특례조치는 취소된 것으로 본다.

⑤ 시장·군수·구청장은 제1항에 따라 사업추진계획의 승인이 취소되었거나 제2항에 따라 사업추진계획의 승인 효력이 상실된 시장에 대하여는 해당 사업추진계획의 승인 취소 또는 효력 상실의 내용을 고시한 날부터 2년 이내에 다시 사업추진계획의 승인 신청을 할 수 없다.

[전문개정 2010.6.8.]

제39조(사업시행인가 등)

① 사업시행자(공동시행의 경우를 포함하되, 사업시행자가 시장·군수·구청장인 경우는 제외한다)가 시장정비사업을 하려는 경우에는 「도시 및 주거환경정비법」 제30조(같은 조 제3호부터 제5호까지의 규정은 제외한다)에 따른 사업시행계획에 제49조에 따른 입점상인 보호대책을 포함하여 시장·군수·구청장으로부터 사업시행인가를 받아야 한다.

② 시·도지사가 시장정비구역으로 선정한 시장을 정비할 때 복합형 상가건물로 건축하는 경우로서 대통령령으로 정하는 요건을 충족할 때에는 그 시장은 「주택법」 제16조제1항 및 제2항에도 불구하고 사업계획의 승인 대상에서 제외한다.

[전문개정 2010.6.8.]

제40조(다른 법률의 허가 등의 의제)
① 사업시행자가 사업시행인가를 받았을 때(시장·군수·구청장이 직접 정비사업을 시행하는 경우에는 사업시행계획서를 작성하였을 때를 말한다. 이하 이 조에서 같다)에는 다음 각 호의 허가·인가·승인·신고·심사·동의·지정·해제 및 협의(이하 "인·허가 등"이라 한다)가 된 것으로 보고, 사업시행인가가 고시되었을 때에는 다음 각 호의 관계 법률에 따른 인·허가등의 고시·공고 등이 된 것으로 본다. <개정 2010.5.31., 2011.4.14., 2011.8.4., 2014.1.14., 2014.6.3.>

1. 「주택법」 제9조에 따른 주택건설사업 등의 등록 및 같은 법 제16조에 따른 사업계획의 승인
2. 「건축법」 제11조에 따른 건축허가 및 같은 법 제20조에 따른 가설건축물의 건축허가나 축조신고
3. 「도로법」 제36조에 따른 도로공사 시행의 허가 및 같은 법 제61조에 따른 도로점용의 허가
4. 「사방사업법」 제20조에 따른 사방지(砂防地)의 지정 해제
5. 「농지법」 제34조에 따른 농지전용허가·협의 및 같은 법 제35조에 따른 농지전용신고
6. 「산지관리법」 제14조 및 제15조에 따른 산지전용허가 및 산지전용신고, 같은 법 제15조의2에 따른 산지일시사용허가·신고와 「산림자원의 조성 및 관리에 관한 법률」 제36조 및 「산림보호법」 제9조제1항·제2항제1호에 따른 허가. 다만, 「산림자원의 조성 및 관리에 관한 법률」에 따른 채종림 및 시험림과 「산림보호법」에 따른 산림유전자원보호구역의 경우는 제외한다.
7. 「하천법」 제30조제1항에 따른 하천공사 시행의 허가, 같은 조 제5항에 따른 하천공사실시계획인가 및 같은 법 제33조에 따른 하천의 점용 등의 허가
8. 「수도법」 제17조에 따른 일반수도사업의 인가 및 같은 법 제52조 또는 제54조에 따른 전용상수도 또는 전용공업용수도 설치의 인가
9. 「하수도법」 제16조에 따른 공공하수도 사업의 허가 및 같은 법 제34조제2항에 따른 개인하수처리시설의 설치신고
10. 「공간정보의 구축 및 관리 등에 관한 법률」 제15조제3항에 따른 지도등의 간행 심사
11. 「국유재산법」 제30조에 따른 사용허가
12. 「공유재산 및 물품 관리법」 제20조에 따른 사용·수익허가
13. 「공간정보의 구축 및 관리 등에 관한 법률」 제86조제1항에 따른 사업의 착수·변경 신고
14. 「국토의 계획 및 이용에 관한 법률」 제56조에 따른 개발행위의 허가, 같은 법 제86조에 따른 도시·군계획시설사업 시행자의 지정 및 같은 법 제88조에 따른 실시계획의 인가
15. 「소방시설 설치·유지 및 안전관리에 관한 법률」 제7조제1항에 따른 건축허가 등의 동의

② 사업시행자가 시장정비사업에 대하여 제1항에 따른 인·허가등의 의제를 받으려면 사업시행인가를 신청할 때에 해당 법률에서 정하는 관계 서류를 함께 제출하여야 한다. 다만,

사업시행인가를 신청할 때에 시공자가 선정되어 있지 아니하여 관계 서류를 제출할 수 없는 경우에는 시장·군수·구청장이 정하는 기한까지 제출할 수 있다.

③ 시장·군수·구청장은 사업시행인가를 할 때 제1항 각 호에 따라 의제되는 인·허가등에 해당하는 사항이 있으면 미리 관계 행정기관의 장과 협의하여야 하며, 협의를 요청받은 관계 행정기관의 장은 요청받은 날(제2항 단서의 경우에는 서류가 관계 행정기관의 장에게 도달한 날을 말한다)부터 20일 이내에 의견을 제출하여야 한다. 이 경우 관계 행정기관의 장이 그 기간 내에 의견을 제출하지 아니하면 협의가 이루어진 것으로 본다. <개정 2012.12.11.>

④ 시장정비사업에 대하여 제1항에 따라 다른 법률에 따른 인·허가등이 된 것으로 보는 경우에는 관계 법률이나 시·도 조례에 따라 그 인·허가등의 대가로 부과되는 수수료 등을 면제한다.

[전문개정 2010.6.8.]

제40조의2(인·허가등 의제를 위한 일괄협의회) ① 시장·군수·구청장은 제40조제3항에 따라 관계 행정기관의 장과 협의하기 위하여 대통령령으로 정하는 바에 따라 인·허가등 의제를 위한 일괄협의회를 개최할 수 있다.

② 제40조제3항에 따른 관계 행정기관의 장은 소속 공무원을 제1항에 따른 일괄협의회에 참석하게 하여야 한다.

[본조신설 2012.12.11.]

제41조(사업시행자 등) ① 시장정비사업은 제33조제2항제1호, 제3호부터 제5호까지의 규정에 해당하는 자 및 시장정비사업조합이 시행한다.

② 사업시행자는 필요하면 조합원이나 토지등 소유자 과반수의 동의를

받아 다음 각 호의 어느 하나에 해당하는 자와 공동으로 시장정비사업을 시행할 수 있다.

1. 한국토지주택공사·지방공사(이하 "한국토지주택공사등"이라 한다)
2. 「건설산업기본법」 제9조에 따른 건설업자(이하 "건설업자"라 한다)
3. 「주택법」 제12조제1항에 따라 건설업자로 보는 등록사업자
4. 그 밖에 대통령령으로 정하는 자

③ 시·도지사는 다음 각 호의 어느 하나에 해당하는 사유가 있으면 제1항에도 불구하고 시장·군수·구청장으로 하여금 시장정비사업을 직접 시행하게 하거나 한국토지주택공사등으로 하여금 시장정비사업을 시행하게 할 수 있다. <개정 2011.4.14.>

1. 천재지변이나 그 밖의 사유로 인하여 긴급히 시장정비사업을 시행할 필요가 있다고 인정될 때
2. 지방자치단체의 장이 시행하는 도시·군계획이나 공공시설에 관한 사업과 병행하여 시행할 필요가 있다고 인정될 때
3. 시설물의 안전진단 결과 건축물의 기둥, 보(洑) 또는 내력벽의 내력(耐力) 상실 등 중대한 결함이 있다고 인정될 때
4. 해당 시장정비구역의 국·공유지 면적이 전체 토지면적의 2분의 1 이상일 때
5. 해당 시장정비구역의 토지등 소유자 과반수 및 전체 토지면적의 2분의 1 이상의 토지소유자가 시·도지사에게 시장정비사업을 직접 시행할 것을 요청할 때

[전문개정 2010.6.8.]

제42조(시장정비사업대행자 지정) ① 시장·군수·구청장은 사업현황이나 그 밖의 사정으로 인하여 사업시행자가 시장정비사업을 계속 수행하기 어렵다고 판단되면 시장정비사업을 직

접 대행하거나 한국토지주택공사등이 대행하게 할 수 있다.

② 시장·군수·구청장은 제1항에 따라 시장정비사업을 직접 대행하거나 한국토지주택공사등을 대행자로 지정하여 사업을 대행하게 할 때에는 그 사실을 시·도지사에게 통보하여야 한다.

[전문개정 2010.6.8.]

제43조(환지 및 보류지 등) 시장정비사업이 끝나 준공완료 고시가 된 후 대지나 건축물의 소유권을 이전함에 따라 취득하는 대지나 건축물 중 토지등 소유자에게 분양하는 대지나 건축물은 「도시개발법」 제40조의 처분에 따른 환지로 보며, 「도시 및 주거환경정비법」 제48조제3항에 따른 보류지와 일반에게 분양하는 대지나 건축물은 「도시개발법」 제34조에 따른 보류지나 체비지로 본다.

[전문개정 2010.6.8.]

제44조(대규모점포의 등록) 사업시행자는 시장정비사업이 끝났을 때(「도시 및 주거환경정비법」 제52조에 따른 정비사업의 준공인가를 말한다)에는 그 완료일부터 6개월 이내에 「유통산업발전법」 제8조에 따라 대규모점포의 개설등록을 하여야 한다.

[전문개정 2010.6.8.]

제45조(인접지역을 포함한 시장정비사업에 관한 특례) ① 시·도지사는 시장에 상점가 등이 인접하여 이를 포함하지 아니하고는 시장정비사업을 효율적으로 추진하기가 어렵다고 인정되는 경우에만 그 인접지역을 포함하여 사업추진계획을 승인할 수 있다. 이 경우 사업시행자가 인접지역 토지등 소유자의 4분의 3 이상 및 토지면적의 3분의 2 이상에 해당하

는 토지의 소유자의 동의와 시장·군수·구청장의 추천을 받아야 한다. <개정 2012.12.11.>

② 시·도지사는 제1항에 따라 인접지역을 포함하여 사업추진계획을 승인하였을 때에는 사업시행자가 인접지역의 입점상인에 대하여도 제49조에 따른 입점상인 보호대책을 수립·시행하도록 하여야 한다.

③ 제1항에 따른 인접지역의 범위와 요건에 관하여는 대통령령으로 정한다.

[전문개정 2010.6.8.]

제46조(국유재산·공유재산의 처분 특례) ① 시장·군수·구청장은 사업시행인가 또는 시장·군수·구청장이 직접 시행하는 시장정비사업에 국유재산·공유재산의 처분에 관한 내용이 포함되어 있을 때에는 미리 관리청과 협의하여야 한다. 이 경우 관리청이 불분명한 재산 중 도로·하천·구거(구거: 도랑) 등은 국토교통부장관을 관리청으로 보고, 그 외의 재산은 기획재정부장관을 관리청으로 본다. <개정 2013.3.23.>

② 시장정비구역의 국유재산·공유재산은 「국유재산법」 제9조 또는 「공유재산 및 물품 관리법」 제10조에 따른 국유재산관리계획이나 공유재산관리계획과 「국유재산법」 제43조 및 「공유재산 및 물품 관리법」 제29조에 따른 계약의 방법에도 불구하고 시장정비사업을 추진하는 경우에 다른 사람보다 우선적으로 사업시행자나 점유자 및 사용자에게 수의계약으로 매각하거나 임대할 수 있다. <개정 2012.12.11.>

③ 국유재산·공유재산의 처분 등에 관한 그 밖의 사항에 관하여는 「도시 및 주거환경정비법」 제66조를 준용한다.

[전문개정 2010.6.8.]

제47조(공설시장의 시장정비사업 특례)

① 시장·군수·구청장은 공설시장으로서 시장정비구역의 국·공유지 면적이 전체 토지면적의 2분의 1 이상인 경우 시장정비사업을 직접 시행하거나 다음 각 호에서 정한 자에게 대행하게 할 수 있다.

1. 토지등 소유자가 설립한 시장정비사업조합 또는 시장정비사업법인
2. 제41조제2항 각 호의 어느 하나에 해당하는 자
3. 시·군·구와 시장상인 등이 시장정비사업을 추진하기 위하여 공동으로 출자하여 설립한 법인
4. 그 밖에 시장·군수·구청장이 시장정비사업을 수행하기에 적합하다고 인정하는 공공법인

② 공설시장의 시장정비사업을 하려는 사업시행자는 사업추진계획을 수립하거나 시장정비사업조합의 설립인가 및 사업시행인가를 신청할 때에는 제34조제1항에 따른 동의 외에 해당 공설시장에서 상시 영업을 하는 상인 및 점포를 소유한 자 총수의 각 5분의 3 이상의 동의를 받아야 한다. 이 경우 동의자 수의 산정방법 등에 관하여는 제34조제4항을 준용한다.

③ 시장·군수·구청장은 공설시장에서 사업을 하는 상인과 점포를 소유한 자에게 시장정비사업에 필요한 비용을 부담하게 할 수 있다.

④ 공설시장의 시장정비사업에 관하여는 제2조제6호에도 불구하고 매장 면적을 1천제곱미터 이상으로 할 수 있다.

[전문개정 2010.6.8.]

제48조(지구단위계획구역 등에 관한 특례)

시·도지사가 사업추진계획의 승인을 고시할 때 제33조제1항제3호 각 목에서 규정한 사항 및 「건축법」 제18조제2항에 따른 건축허가의 제한에 대하여 결정한 사항이 없으면 「국토의 계획 및 이용에 관한 법률」 제51조에 따른 지구단위계획구역의 지정에 관한 도시·군관리계획 및 「건축법」 제18조제2항에 따른 건축허가의 제한규정에도 불구하고 사업시행인가를 받아 시장정비사업을 시행할 수 있다. 다만, 해당 시장정비구역에 지구단위계획이 결정되어 있는 곳은 이 법에서 특례로 규정하지 아니한 사항에 대해서는 그 지구단위계획을 따른다.
<개정 2011.4.14.> [전문개정 2010.6.8.]

제49조(입점상인 보호대책)

① 사업시행자는 시장정비사업을 할 때 다음 각 호의 사항 등을 포함한 입점상인 보호대책을 수립·시행하여야 한다.

1. 시장정비사업기간에 임차상인 등을 포함한 입점상인이 영업활동을 계속할 수 있도록 임시시장을 마련하는 일에 관한 사항
2. 제1호에 따른 임시시장을 마련하기 어려운 경우 영업활동의 중단으로 인한 금전적 손실의 보전(補塡) 등에 관한 사항
3. 사업추진계획의 승인·고시 당시의 임차상인 등 입점상인에 대하여 시장정비사업 완료 후 재입점을 위한 점포의 우선 분양 또는 임대료할인·임대점포마련 등에 관한 사항

② 시장·군수·구청장은 사업추진계획의 승인을 받으려는 자가 사업추진계획을 제출하였을 때에 해당 시장에서 입점상인에 대하여 지나친 임대료 인상 등 영업에 불리한 환경을 만들어 사업추진계획의 승인을 받으려는 자와 입점상인 간에 분쟁이 진행 중인 경우에는 시·도지사에게 사업추진계획의 승인 신청을 하기 전에 분쟁을 해결하도록 요청하거나, 제58조에 따른 시장분쟁조

정위원회에 조정을 신청할 수 있다.

③ 정부와 지방자치단체는 제1항에 따른 입점상인 보호대책을 수립·시행하는 사업시행자를 지원하거나, 입점상인이 시장정비사업기간 동안 다른 곳에서 영업하거나 시장정비사업 완료 후 원활하게 재입점하는 것을 지원하기 위하여 필요한 자금을 융자할 수 있다.

④ 시장·군수·구청장은 사업시행인가나 관리처분계획인가를 할 때 사업시행자가 입점상인 보호대책을 이행하는지 확인하고 특별한 사유 없이 이행 실적이 낮은 경우에는 기한을 정하여 사업시행자에게 시정을 요청하여야 한다.

⑤ 정부와 지방자치단체는 사업시행자가 제4항에 따른 시정요청사항을 정당한 사유 없이 이행하지 아니할 때에는 사업비용 지원의 중단 및 회수 등 필요한 조치를 할 수 있다.

⑥ 사업시행자가 시장정비사업계획에 따라 복합형 상가건물을 건축할 경우 「주택법」 제38조에도 불구하고 시장정비구역에서 직접 사업을 하는 입점상인 중 대통령령으로 정하는 요건을 갖춘 무주택자에게는 주택을 우선적으로 공급(1세대 1주택만 해당한다)할 수 있다.

[전문개정 2010.6.8.]

제50조(임시시장의 마련 특례) ① 정부와 지방자치단체의 장은 사업시행자가 입점상인 보호대책을 이행하기 위하여 국·공유지에 임시시장을 설치하려는 경우 「국유재산법」 또는 「공유재산 및 물품 관리법」에도 불구하고 수의계약으로 일시적으로 사용하게 할 수 있다.

② 사업시행자는 시장정비사업이 끝나면 임시시장을 폐쇄하고 국·공유지는 원래대로 복구하여야 한다.

③ 사업시행자가 개설한 임시시장에 대한 운영과 관리의 책임은 사업시행자가 부담한다.

[전문개정 2010.6.8.]

제51조(용적률에 관한 특례) 시장정비사업구역 중 「국토의 계획 및 이용에 관한 법률」 제36조에 따른 주거지역과 공업지역 중 대통령령으로 정하는 지역에 있는 시장의 용적률은 같은 법 제78조제1항 및 제2항에도 불구하고 주거지역은 500퍼센트 이하의 범위에서, 공업지역은 400퍼센트 이하의 범위에서 대통령령으로 따로 정한다.

[전문개정 2010.6.8.]

제52조(건폐율에 관한 특례) 시장정비사업구역 중 「국토의 계획 및 이용에 관한 법률」에 따른 주거지역, 상업지역 및 공업지역 중 대통령령으로 정하는 지역에 있는 시장의 건폐율은 같은 법 제77조에도 불구하고 주거지역과 공업지역은 70퍼센트 이하의 범위에서, 상업지역은 90퍼센트 이하의 범위에서 대통령령으로 따로 정한다.

[전문개정 2010.6.8.]

제53조(일조 등의 확보를 위한 건축물의 높이제한에 관한 특례) 시장정비사업 시행인가를 받아 주거지역과 공업지역 중 대통령령으로 정하는 지역에서 공동주택을 갖춘 복합형 상가건물을 건축하는 경우에는 「건축법」 제61조제2항에도 불구하고 건축물의 각 부분의 높이는 건축물의 채광을 위한 창문 등이 있는 벽면에서 직각 방향으로 인접 대지 경계선까지의 수평거리의 4배 이하의 범위에서 각각 대통령령으로 따로 정한다.

[전문개정 2010.6.8.]

제53조의2(대지의 공지에 관한 특례)

시장정비사업구역 중 대통령령으로 정하는 지역에서 상가건물을 건축하는 경우 「건축법」에 따른 건축선 및 인접 대지 경계선으로부터 떨어야 하는 거리는 같은 법 제58조에도 불구하고 용도지역, 용도지구 및 건축물의 용도·규모·층수·도로상황 등을 고려하여 6미터 이내의 범위에서 대통령령으로 따로 정한다.
[전문개정 2010.6.8.]

제54조(도시·군계획시설 결정 해제)
① 시·도지사는 시장·군수·구청장이 다음 각 호의 어느 하나에 해당하는 시장에 대한 도시·군계획시설의 결정 해제를 요청할 경우 「국토의 계획 및 이용에 관한 법률」 제30조에 따라 도시·군관리계획의 결정 또는 변경결정을 할 수 있다.
<개정 2011.4.14.>
1. 화재나 자연재해가 발생하여 시장의 기능을 정상적으로 수행할 수 없거나 복구하기 어려운 경우
2. 해당 시장이 그 기능을 현저히 상실하여 시장의 기능을 하지 아니하여도 인근 지역 주민의 생활에 큰 불편이 없는 경우
② 시·도지사가 제1항에 따른 결정 또는 변경결정을 할 때에는 「국토의 계획 및 이용에 관한 법률」 제113조제1항에 따른 시·도도시계획위원회의 심의 외의 절차에 관한 사항은 적용하지 아니한다.
[전문개정 2010.6.8.] [제목개정 2011.4.14.]

제55조(시장정비사업에 대한 지원) 정부와 지방자치단체는 사업시행자에게 사업에 필요한 자금을 예산의 범위에서 지원할 수 있다. [전문개정 2010.6.8.]

제56조(국세 및 지방세 감면에 관한 특례) ① 정부와 지방자치단체는 시설현대화사업을 함에 따라 새로 설치하거나 확장하는 시설물 등에 대하여 부과하는 취득세 및 재산세 등의 지방세를 「지방세특례제한법」이나 지방자치단체의 조례로 정하는 바에 따라 감면할 수 있다. <개정 2010.3.31.>
② 정부와 지방자치단체는 사업시행자가 시장정비사업에 직접 사용하기 위하여 취득하는 사업용 부동산에 대하여 취득세 및 재산세 등의 지방세를 「지방세특례제한법」이나 지방자치단체의 조례로 정하는 바에 따라 감면할 수 있다. <개정 2010.3.31.>
③ 정부는 제43조에 따른 환지, 보류지 및 체비지에 대해서는 국세에 관한 법률에서 정하는 바에 따라 소득세를 면제할 수 있다.
[전문개정 2010.6.8.]

제57조(과밀부담금 감면) 시장정비구역에서 시장정비사업으로 건축된 건축물에 대해서는 「수도권정비계획법」 제12조에도 불구하고 그 과밀부담금의 100분의 50에 해당하는 금액을 감액한다.
[전문개정 2010.6.8.]

제5절 분쟁의 조정

제58조(시장분쟁조정위원회) 시장정비사업, 시장과 상점가의 시설현대화사업 등 상권의 활성화사업과 관련된 이해관계자 간의 다음 각 호의 분쟁을 조정하기 위하여 시·도에 시장분쟁조정위원회(이하 "조정위원회"라 한다)를 둘 수 있다.
1. 시장정비사업과 관련된 동의 등에 관한 분쟁
2. 시장정비사업의 입점상인 보호대책과 관련한 점포소유자와 임차상인 간의 분쟁
3. 그 밖에 위원장이 조정위원회의

회의에 부치는 사항
[전문개정 2010.6.8.]

제59조(조정위원회의 구성 등) ① 조정위원회는 위원장 1명을 포함한 11명 이상 15명 이하의 위원으로 구성한다.
② 조정위원회의 위원장은 시·도 소속 2급 또는 3급 공무원 중 시·도지사가 지명하는 사람이 된다.
③ 조정위원회의 위원은 시·도 소속 3급 또는 4급 공무원 중 시·도지사가 지명하는 사람과 다음 각 호의 어느 하나에 해당하는 사람 중 시·도지사가 위촉하는 사람으로 한다.
1. 판사, 검사 또는 변호사 자격이 있는 사람
2. 심의위원회의 위원
3. 「부동산 가격공시 및 감정평가에 관한 법률」 제23조에 따른 감정평가사
4. 「건축사법」 제23조에 따라 건축사업무신고를 한 건축사
5. 「비영리민간단체 지원법」 제2조에 따른 비영리민간단체가 추천하는 사람
6. 그 밖에 토지수용, 정비사업 또는 시장에 관한 학식과 경험이 풍부한 사람
④ 공무원이 아닌 위원의 임기는 2년으로 하되, 연임할 수 있다.
⑤ 보궐위원의 임기는 전임자 임기의 남은 기간으로 한다.
⑥ 제1항부터 제5항까지에서 규정한 사항 외에 조정위원회의 회의 및 운영, 그 밖에 필요한 사항은 시·도의 조례로 정한다.
[전문개정 2010.6.8.]

제60조(분쟁의 조정) ① 시장정비사업, 시장과 상점가의 활성화 사업과 관련된 분쟁의 조정을 원하는 자는 분쟁당사자를 상대방으로 하여 서면으로 관할 시·도의 조정위원회에 분쟁의 조정을 신청할 수 있다.
② 제1항에 따라 조정신청을 받은 조정위원회는 신청받은 날부터 45일 이내에 심사를 하여 조정안을 작성하여야 한다. 다만, 부득이한 사정이 있으면 조정위원회의 의결로 그 기간을 연장할 수 있다.
[전문개정 2010.6.8.]

제61조(자료요청 등) ① 조정위원회는 분쟁조정을 위하여 분쟁당사자나 참고인에게 필요한 자료의 제출을 요청할 수 있다. 이 경우 해당 분쟁당사자나 참고인은 정당한 사유가 없으면 요청에 따라야 한다.
② 조정위원회는 필요하다고 인정하는 경우에는 분쟁당사자나 참고인을 조정위원회에 출석하게 하여 의견을 들을 수 있다.
[전문개정 2010.6.8.]

제62조(조정의 효력) ① 조정위원회는 제60조제2항에 따라 조정안을 작성하였을 때에는 지체 없이 조정안을 각 분쟁당사자에게 제시하여야 한다.
② 제1항에 따라 조정안을 제시받은 분쟁당사자는 제시받은 날부터 15일 이내에 수락 여부를 조정위원회에 통보하여야 한다.
③ 분쟁당사자가 조정안을 수락하면 조정위원회는 즉시 조정서를 작성하고, 조정위원회의 위원장과 각 분쟁당사자는 조정서에 기명날인하여야 한다.
④ 분쟁당사자가 제3항에 따라 조정안을 수락하고 조정서에 기명날인하면 분쟁당사자 간에 조정서와 같은 내용의 합의가 성립된 것으로 본다.
[전문개정 2010.6.8.]

제63조(조정의 각하 및 중지) ① 조정위원회는 분쟁의 성질상 조정위원회에서 조정하는 것이 적합하지 아니하다고 인정하거나 부정한 목적으로 신

청되었다고 인정하면 그 조정신청을 각하할 수 있다. 이 경우 조정각하의 사유 등을 신청인에게 알려야 한다.

② 조정위원회는 신청된 조정사건을 처리하는 중에 어느 한 쪽 분쟁당사자가 소를 제기하였을 때에는 조정절차를 중지하고 이 사실을 분쟁당사자에게 알려야 한다.

[전문개정 2010.6.8.]

제64조(조정 절차 등) 제60조부터 제63조까지에서 규정한 사항 외에 분쟁의 조정방법과 조정절차, 그 밖에 필요한 사항은 대통령령으로 정한다.

[전문개정 2010.6.8.]

제3장 상인조직

제65조(상인회) ① 시장등에서 사업을 직접 경영하는 상인의 전부 또는 일부는 상인회를 자율적으로 설립할 수 있다. <개정 2013.5.28.>

② 법인인 상인회는 주된 사무소의 소재지에서 설립등기를 함으로써 성립한다.

③ 상인회를 설립하려는 자는 산업통상자원부령으로 정하는 바에 따라 시장·군수·구청장에게 등록하여야 한다. 이 경우 법인인 상인회는 정관을 작성하여 시장·군수·구청장의 인가를 받아야 한다. 정관을 변경할 때에도 같다. <개정 2013.3.23.>

④ 상인회는 다음 각 호의 사업을 할 수 있다. <개정 2013.5.28.>

1. 시설 및 경영의 현대화를 위한 사업
2. 상인의 매출 증대 및 영업활성화를 위한 공동사업
3. 상인 교육 및 지역주민과의 협력 사업
4. 상거래 질서유지 및 고객불만 처리에 관한 업무

5. 상업기반시설 관리업무(제67조에 따른 시장관리자의 역할을 겸하는 경우만 해당한다)
6. 그 밖에 정부와 지방자치단체에서 시장등의 상권활성화를 위하여 위탁하거나 인정하는 사업

⑤ 상인회는 상인회의 운영 및 제4항 각 호의 사업 수행에 필요한 경비를 회원으로부터 징수할 수 있다.

⑥ 중소기업청장 및 시장·군수·구청장은 필요한 경우 상인회의 운영에 관한 서류의 제출을 요구할 수 있다.

⑦ 정부와 지방자치단체는 상인회가 제4항 각 호에 따른 사업을 수행할 때 필요한 비용을 예산의 범위에서 지원할 수 있다.

⑧ 상인회의 설립과 운영, 그 밖에 필요한 사항은 산업통상자원부령으로 정하는 바에 따라 시·군·구의 조례로 정한다. <개정 2013.3.23.>

⑨ 법인인 상인회에 관하여 이 법에서 규정한 것을 제외하고는 「민법」 중 사단법인에 관한 규정을 준용한다.

[전문개정 2010.6.8.]

제66조(상인연합회) ① 상인회, 상점가진흥조합, 상인을 회원으로 설립한 법인·조합·단체 및 「상법」상 회사인 시장의 전부 또는 일부를 회원으로 하는 상인연합회(이하 "연합회"라 한다)를 설립할 수 있다.

② 연합회를 설립하려는 자는 산업통상자원부령으로 정하는 바에 따라 중소기업청장의 설립허가를 받아야 한다. <개정 2013.3.23.>

③ 연합회는 법인으로 하고, 주된 사무소의 소재지에서 설립등기를 함으로써 성립한다.

④ 연합회는 다음 각 호의 사업을 한다.

1. 시장과 상점가 상인의 상권활성화
2. 시장과 상점가 상인의 공동 상품 개발과 판로 확보

3. 시장과 상점가 상인의 구매·판매 및 물류에 관한 공동사업
4. 상인의 자조조직 육성 및 지원
5. 정부와 지방자치단체의 장이 위탁하는 사업
6. 그 밖에 중소기업청장이 필요하다고 인정하는 사업
⑤ 정부와 지방자치단체는 연합회가 제4항에 따른 사업을 수행할 때 필요한 비용을 예산의 범위에서 보조하거나 지원할 수 있다.
⑥ 연합회의 회장은 제4항 각 호의 사업을 수행할 때 정관으로 정하는 바에 따라 이사나 직원 중에서 재판상 또는 재판 외의 행위를 할 권한이 있는 대리인을 선임할 수 있다.
⑦ 중소기업청장은 필요한 경우 연합회의 운영 등에 관한 서류의 제출을 요구할 수 있다.
⑧ 연합회의 설립과 운영, 그 밖에 필요한 사항은 산업통상자원부령으로 정한다. <개정 2013.3.23.>
⑨ 연합회에 관하여 이 법에 규정된 것을 제외하고는 「민법」 중 사단법인에 관한 규정을 준용한다.
[전문개정 2010.6.8.]

제67조(시장관리자) ① 시장·군수·구청장은 해당 시장에 「유통산업발전법」 제12조제1항부터 제3항까지의 규정에 따른 대규모점포 개설자의 업무를 수행하는 자가 없을 때에는 제2항 각 호의 자 중에서 다음 각 호의 업무를 수행할 자(이하 "시장관리자"라 한다)를 지정할 수 있다.
1. 상업기반시설의 유지 및 관리
2. 화재의 예방, 청소 및 방범 활동
3. 고객의 안전유지 및 고객과 인근 지역 주민의 피해·불만의 처리
4. 상거래 질서의 확립
5. 그 밖에 시장 관리를 위하여 필요하다고 시장·군수·구청장이 인정하는 업무

② 시장관리자는 다음 각 호의 어느 하나에 해당하는 자로 한다.
1. 제65조에 따라 설립한 상인회나 상인조직
2. 「민법」이나 「상법」에 따라 설립한 법인
3. 「중소기업협동조합법」에 따라 시장상인을 조합원으로 하여 설립한 사업협동조합이나 협동조합
4. 그 밖에 시장·군수·구청장이 제1항 각 호에 따른 업무를 수행할 능력이 있다고 인정하는 공공 법인·단체
③ 지방자치단체는 시장관리자가 제1항 각 호의 업무를 수행할 때 해당 업무의 공공성 및 시장 개설 주체의 성격 등을 고려하여 필요한 경비를 예산의 범위에서 지원할 수 있다.
④ 시장관리자의 지정 절차, 그 밖에 필요한 사항은 산업통상자원부령으로 정하는 바에 따라 시·군·구의 조례로 정한다. <개정 2013.3.23.>
[전문개정 2010.6.8.]

제68조 삭제 <2013.5.28.>

제4장 보칙

제69조(보고 및 자료의 제출) ① 시·도지사 또는 시장·군수·구청장은 산업통상자원부령으로 정하는 바에 따라 다음 각 호의 사항을 중소기업청장에게 보고하여야 한다.
<개정 2013.3.23., 2013.5.28.>
1. 시장등, 상인회 및 상권관리기구의 현황
2. 시설·경영의 현대화 사업 및 시장정비사업의 추진 실적
② 중소기업청장, 시·도지사 또는 시장·군수·구청장은 이 법에 따른 자금, 비용 또는 보조금을 지원받은 다음 각 호의 자에게 지원자금의 집

행명세 등에 관한 자료를 산업통상자원부령으로 정하는 바에 따라 제출하게 할 수 있다. <개정 2013.3.23.>

1. 시설현대화사업을 한 시장·군수·구청장, 상권관리기구의 대표자 또는 시장·상점가의 상인을 각각 대표하는 자

2. 제11조부터 제30조까지, 제55조, 제65조제7항 및 제66조제5항에 따른 지원을 받은 상인, 상인회, 연합회, 상점가진흥조합, 상인조직, 법인·단체, 시장정비사업 시행자 및 교육·자문·훈련기관을 각각 대표하는 자

[전문개정 2010.6.8.]

제70조(장부 등의 조사) ① 중소기업청장, 시·도지사 및 시장·군수·구청장은 제69조제2항 각 호의 자가 제출하는 자료에 대한 확인이 필요하면 소속 공무원에게 해당 시장과 상점가, 법인·단체 등의 사무소 또는 사업장에 출입하여 장부, 서류 및 시설 등을 조사하게 할 수 있다.

② 제1항에 따른 조사를 하는 공무원은 그 권한을 표시하는 증표를 지니고 출입할 때 이를 관계인에게 보여주어야 한다.

[전문개정 2010.6.8.]

제71조(권한의 위임·위탁) ① 중소기업청장은 이 법에 따른 권한의 일부를 대통령령으로 정하는 바에 따라 소속기관의 장 또는 지방자치단체의 장에게 위임하거나 다른 행정기관의 장에게 위탁할 수 있다. <개정 2013.5.28.>

② 중소기업청장은 대통령령으로 정하는 바에 따라 제8조, 제9조, 제17조, 제25조, 제26조, 제26조의2 및 제27조부터 제29조까지의 규정에 따른 권한의 일부를 상인회, 연합회 및 「소상공인 보호 및 지원에 관한 법률」 제17조에 따른 소상공인시장

진흥공단의 대표에게 위탁할 수 있다. <개정 2013.5.28., 2015.1.28.>

[전문개정 2010.6.8.]

제5장 벌칙

제72조(벌칙) 제44조를 위반하여 대규모점포의 개설등록을 하지 아니한 자는 1년 이하의 징역 또는 3천만원 이하의 벌금에 처한다.

[전문개정 2010.6.8.]

제73조(양벌규정) 법인의 대표자나 법인 또는 개인의 대리인, 사용인, 그밖의 종업원이 그 법인 또는 개인의 업무에 관하여 제72조의 위반행위를 하면 그 행위자를 벌하는 외에 그법인 또는 개인에게도 해당 조문의 벌금형을 과(科)한다. 다만, 법인 또는 개인이 그 위반행위를 방지하기 위하여 해당 업무에 관하여 상당한 주의와 감독을 게을리하지 아니한 경우에는 그러하지 아니하다.

[전문개정 2010.6.8.]

제74조(과태료) ① 다음 각 호의 어느하나에 해당하는 자에게는 2천만원이하의 과태료를 부과한다.

<신설 2013.5.28.>

1. 제26조의5제1항제2호를 위반하여 온누리상품권을 환전하거나 환전대행가맹점에 환전을 요청한 개별가맹점

2. 제26조의5제3항을 위반하여 환전을 대행한 환전대행가맹점

② 다음 각 호의 어느 하나에 해당하는 자에게는 500만원 이하의 과태료를 부과한다.

<개정 2012.12.11., 2013.5.28.>

1. 제14조제1항을 위반하여 신고를 하지 아니하고 임시시장을 개설하거나, 거짓이나 그 밖의 부정한 방법

으로 임시시장 개설신고를 한 자
2. 제69조제2항 각 호의 사람(시장·군수·구청장은 제외한다) 중 정당한 사유 없이 자료의 제출을 거부하거나 거짓 보고를 하는 자
③ 제1항 및 제2항에 따른 과태료는 대통령령으로 정하는 바에 따라 중소기업청장 또는 지방자치단체의 장이 부과·징수한다. <개정 2013.5.28.>
[전문개정 2010.6.8.]

부칙
<제12738호, 2014.6.3.>
(공간정보의 구축 및 관리 등에 관한 법률)

제1조(시행일) 이 법은 공포 후 1년이 경과한 날부터 시행한다. <단서 생략>

제2조(다른 법률의 개정) ①부터 <50>까지 생략
<51> 전통시장 및 상점가 육성을 위한 특별법 일부를 다음과 같이 개정한다.
제40조제1항제10호 중 "「측량·수로조사 및 지적에 관한 법률」 제15조제3항"을 "「공간정보의 구축 및 관리 등에 관한 법률」 제15조제3항"으로 하고, 같은 항 제13호 중 "「측량·수로조사 및 지적에 관한 법률」"을 "「공간정보의 구축 및 관리 등에 관한 법률」"로 한다.
<52>부터 <65>까지 생략

제3조 생략

부칙
<제13086호, 2015.1.28.>
(소상공인 보호 및 지원에 관한 법률)

제1조(시행일) 이 법은 2015년 5월 28일부터 시행한다. <단서 생략>

제2조부터 제6조까지 생략

제7조(다른 법률의 개정) ① 및 ② 생략
③ 전통시장 및 상점가 육성을 위한 특별법 일부를 다음과 같이 개정한다.
제71조제2항 중 "「소기업 및 소상공인 지원을 위한 특별조치법」 제10조의4에 따른 소상공인시장진흥공단"을 "「소상공인 보호 및 지원에 관한 법률」 제17조에 따른 소상공인시장진흥공단"으로 한다.
④부터 ⑦까지 생략

제8조 생략

부칙
<제13156호, 2015.2.3.>

이 법은 공포 후 6개월이 경과한 날부터 시행한다. 다만, 제25조제1항 및 제27조의 개정규정은 공포한 날부터 시행한다.

전통시장 및 상점가 육성을 위한 특별법 시행령

[시행 2015.8.4.]
[대통령령 제26465호, 2015.8.3., 일부개정]

제1조(목적) 이 영은 「전통시장 및 상점가 육성을 위한 특별법」에서 위임된 사항과 그 시행에 필요한 사항을 규정함을 목적으로 한다. <개정 2010.6.28.>

제2조(전통시장의 기준) ① 「전통시장 및 상점가 육성을 위한 특별법」(이하 "법"이라 한다) 제2조제1호가목에서 "대통령령으로 정하는 수"란 도매업·소매업 또는 용역업을 영위하는 점포 50개를 말한다. <개정 2013.6.11.>
② 법 제2조제1호다목에서 "대통령령으로 정하는 기준"이란 다음 각 호의 어느 하나에 해당하는 곳을 말한다. <신설 2013.6.11.>
1. 도매업·소매업 또는 용역업을 영위하는 점포에 제공되는 건축물과 편의시설(주차장·화장실 및 물류시설 등을 포함하며, 도로를 제외한다. 이하 같다)이 점유하는 토지면적의 합계가 1천 제곱미터 이상인 곳
2. 상가건물 또는 복합형 상가건물 형태의 시장인 경우에는 판매·영업시설과 편의시설을 합한 건축물의 연면적이 1천 제곱미터 이상인 곳
③법 제2조제1호에 따라 자신이 영업하는 점포가 속한 구역을 전통시장(이하 "시장"이라 한다)으로 인정을 받으려는 상인은 다음 각 호의 동의를 얻어 관할 특별자치도지사·시장·군수·구청장(구청장은 자치구의 구청장을 말하며, 이하 "시장·군수·

구청장"이라 한다)에게 그 인정을 신청하여야 한다. 다만, 제2호 또는 제3호에 따른 토지나 건축물의 소유자가 국가나 지방자치단체인 경우에는 제2호 또는 제3호의 동의를 적용하지 아니한다. <개정 2010.6.28., 2013.6.11.>
1. 해당구역 안에서 상시 영업을 하는 상인의 2분의 1이상의 동의
2. 해당구역 안의 토지 소유자의 2분의 1이상(동의를 얻은 토지 소유자의 토지면적의 합계가 전체 토지면적의 2분의 1이상이어야 한다)의 동의
3. 해당구역 안의 건축물 소유자의 2분의 1이상의 동의
④제3항에 따라 시장의 신청을 받은 시장·군수·구청장은 해당구역이 제1항·제2항 및 법 제2조제1호나목의 기준 및 다음 각 호의 모든 요건에 적합하다고 인정하는 경우에는 그 신청을 받은 날부터 14일 이내에 인정서를 발급하여야 한다.
<개정 2010.6.28., 2012.4.10., 2013.6.11.>
1. 신청일 당시부터 과거 10년 이상 시장의 기능을 행하였다고 인정되는 곳
2. 삭제 <2013.6.11.>
3. 특별시·광역시·도 및 특별자치도(이하 "시·도"라 한다) 또는 시·군·구(자치구를 말한다. 이하 같다)의 도시·군계획에 따라 앞으로 10년 이상 시장의 기능을 수행할 것이라고 인정되는 곳
⑤제3항 및 제4항에 따른 시장의 인정절차에 관하여 필요한 사항은 산업통상자원부령으로 정한다.
<개정 2008.2.29., 2013.3.23., 2013.6.11.>
[제목개정 2013.6.11.]

■판례 - 재래시장인정신청반려처분취소

【판시사항】
구 재래시장 및 상점가 육성을 위한 특별법에서 말하는 '인정시장'으로 인정받기 위한 요건 중 하나인 점포에 제공되는 '건축물'에 무허가

건축물이나 미준공 건축물이 포함되는지 여부(소극) 및 그 경우 건축법 등 관계법령에 의한 규제의 대상이 되는지 여부(적극)

상고이유(상고이유서 제출기간 경과 후에 제출된 상고이유보충서의 기재는 상고이유를 보충하는 범위 내에서)에 대하여 본다.

1. 구 '재래시장 및 상점가 육성을 위한 특별법'(2007. 5. 17. 법률 제8460호로 개정되기 전의 것. 이하 '재래시장육성법'이라고 한다) 제1조는 '이 법은 재래시장과 상점가의 시설 및 경영현대화와 시장정비를 촉진하여 지역상권의 활성화와 유통산업의 균형있는 성장을 도모함으로써 국민경제의 발전에 이바지함을 목적으로 한다'고 규정하고, 제2조 제1호는 '등록시장'{유통산업발전법 제8조의 규정에 의하여 대규모점포로 등록된 시장(제2조 제1호 가목)} 또는 '인정시장'{등록시장과 같은 기능을 행하고 있으나 유통산업발전법 제2조 제3호의 규정에 의한 대규모 점포의 요건을 갖추지 못한 곳으로서 대통령령이 정하는 기준에 적합하다고 시장·군수·구청장이 인정한 곳(제2조 제1호 나목)} 중 어느 하나에 해당하는 장소로서 상업기반시설이 노후화되어 개·보수 또는 정비가 필요하거나 유통기능이 취약하여 경영개선 및 상거래의 현대화촉진이 필요한 장소를 재래시장으로 규정하고 있으며, 재래시장육성법 시행령(2007. 11. 16. 대통령령 제20390호로 개정되기 전의 것. 이하 '시행령'이라고 한다) 제2조 제1항은 재래시장육성법 제2조 제1호 나목에서 '대통령령이 정하는 기준'이라 함은, '도매업·소매업 또는 용역업을 영위하는 점포에 제공되는 건축물과 편의시설이 점유하는 토지면적의 합계가 1천 제곱미터 이상인 곳'(제1호) 또는 '상가건물 또는 복합형 상가건물 형태의 시장인 경우에는 판매·영업시설과 편의시설을 합한 건축물의 연면적이 1천 제곱미터 이상인 곳'(제2호) 중 어느 하나에 해당하는 곳으로서 도매업·소매업 또는 용역업을 영위하는 점포의 수가 50개 이상인 곳을 말한다고 규정하고 있다.

재래시장육성법에서 말하는 '인정시장'으로 인정받기 위한 요건 중 하나인 점포에 제공되는(점포로 이용되는) '건축물'의 개념에 관하여 재래시장육성법 및 시행령에 명시적인 규정은 없으나, 재래시장육성법 및 시행령의 입법 취지나 입법 경위, 규정 내용 및 관련 법령 등에 비추어 볼 때, 위 '건축물'을 건축법상 적법한 건축물로 제한하여 해석할 것은 아니고, 무허가 건축물이나 미준공 건축물도 모두 위 '건축물'에 포함되는 것으로 해석함이 상당하다. 다만, 해당 시장의 점포에 제공되는 건축물의 전부 또는 일부가 무허가 또는 미준공 건축물인 상황에서 해당

시장이 재래시장육성법에서 정한 인정시장으로서의 요건을 모두 구비하여 인정시장으로 인정된 경우에, 무허가 또는 미준공 건축물에 대한 건축법 등 관계 법령에 의한 규제가 배제된다고 볼 것은 아니므로, 해당 시장에 대하여 재래시장육성법에 따라 시장의 활성화를 위한 각종 제도적 지원 내지 시장정비사업이 시행되는 과정에서도, 다른 법령의 규정이나 시장정비사업상 사업시행계획 내지 관리처분계획 등의 규정 또는 기타 특별한 사정이 없는 한, 해당 무허가 또는 미준공 건축물은 여전히 건축법 등 관계 법령에 의한 규제의 대상이 된다고 할 것이다.

2. 원심판결 이유에 의하면 원심은, 그 채용 증거들을 종합하여 그 판시와 같은 사실들을 인정한 다음, 무허가 또는 미준공 건축물이라 하더라도 재래시장육성법상 인정시장의 요건이 되는 도매업·소매업 또는 용역업을 영위하는 점포에 제공되는 '건축물'에 포함되어 재래시장육성법의 적용 대상이 될 수 있다고 보고, 이 사건 원고 시장이 무허가 또는 미준공 건축물로 이루어졌다는 점을 이유로 한 이 사건 인정신청 반려처분은 위법하다 판단하였다.

앞서 본 바와 같은 법리와 관련 규정 및 기록에 비추어 살펴보면, 원심의 위와 같은 사실인정과 판단은 정당하여 수긍할 수 있고, 거기에 상고이유에서 주장하는 바와 같은 심리미진 또는 재래시장육성법에 관한 법리오해 등의 위법이 있다고 할 수 없다.

그리고, 상고이유에서 들고 있는 대법원 판결들은 이 사건과는 그 사안을 달리하는 것들로서 이 사건에 원용하기에 적절하지 아니하며, 원심판결에 판례위반의 위법이 있다고 할 수 없다.

3. 그러므로 상고를 기각하고, 상고비용은 패소자가 부담하기로 하여, 관여 대법관의 일치된 의견으로 주문과 같이 판결한다.
[대법원, 2008두10683, 2009.5.28]

제3조(상인조직) 법 제2조제3호에서 "대통령령으로 정하는 것"이란 다음 각 호의 조직을 말한다. <개정 2010.6.28.>

1. 법 제65조에 따른 상인회 또는 법 제66조에 따른 상인연합회

2. 「유통산업발전법」 제18조에 따른 상점가진흥조합

3. 「중소기업협동조합법」에 따라 시장상인이 조합원으로서 설립한 사업협동조합 또는 협동조합

4. 「민법」에 따라 시장·상점가 또

는 상권활성화구역의 상인이 설립
한 법인

제3조의2(상권활성화구역의 요건) ①
법 제2조제4호다목에서 "대통령령으
로 정하는 수"란 다음 각 호의 구분
에 따른 수를 말한다.
1. 상권활성화구역으로 지정받으려는
   구역(이하 이 조에서 "예정구역"
   이라 한다)을 관할하는 시(「제주
   특별자치도 설치 및 국제자유도시
   조성을 위한 특별법」 제15조제2
   항에 따른 행정시를 포함한다. 이
   하 이 항에서 같다)·군·구의 인
   구가 50만명 이상인 경우: 700개
2. 예정구역을 관할하는 시·군·구
   의 인구가 50만명 미만인 경우:
   400개
② 법 제2조제4호라목에서 "매출액
감소 등 대통령령으로 정하는 기준"
이란 예정구역에 있는 시장·상점가
의 매출액 및 예정구역이 속한 행정
동(「지방자치법」 제4조의2제4항에
따른 행정동을 말한다)의 인구·사업
체수가 최근 2년간 계속하여 감소하
는 것을 말한다.
[본조신설 2010.6.28.]

제4조(기본계획의 수립을 위한 자료의
제출요청) 중소기업청장은 관계 중앙
행정기관의 장 또는 지방자치단체의
장에게 법 제5조제1항에 따른 시장
및 상점가 활성화 기본계획의 수립을
위하여 필요한 자료를 해당기본계획
개시년도의 전년도 10월 말일까지
제출하여 줄 것을 요청할 수 있다.

제5조(상점가 시설현대화사업의 지원대
상 등) ①법 제11조제2항에 따른 상점
가의 시설현대화사업의 지원대상은 제9
조제1항제2호 및 제3호의 상업기반시설
현대화사업의 지원대상으로 한다.

②제1항에 따른 상점가 시설현대화사
업의 지원을 받으려는 상인회 또는 상
점가진흥조합은 법 제11조제2항에 따
라 다음 각 호의 사항이 포함된 상점
가활성화추진계획을 작성하여 시장·
군수·구청장에게 제출하여야 한다.
1. 상점가활성화사업 추진방안에 관
   한 사항
2. 소요예산 및 재원조달 방안에 관
   한 사항
3. 사업완료 후 효과에 관한 사항
4. 토지 소유자, 건축물 소유자 및 상
   인의 동의가 필요한 경우에는 그
   동의의 확보방법에 관한 사항
5. 그 밖에 상점가활성화사업에 필요
   한 사항
③정부 또는 지방자치단체의 지원을
받아 설치한 상점가 시설현대화사업
의 시설물에 대한 사후관리 등에 관
하여 필요한 사항은 제9조제3항에
따른 특별자치도·시·군·구(이하
"시·군·구"라 한다)의 조례를 준용
하거나, 시·군·구에서 별도의 조례
로 정할 수 있다. <개정 2010.6.28.>
④상점가의 시설현대화사업의 구체적인
지원대상 등에 관하여 필요한 사항은
중소기업청장이 정하여 고시한다.

제6조(임시시장의 면적) 법 제14조제1
항 각 호 외의 부분 단서에서 "대통
령령으로 정하는 규모"란 토지의 면
적 기준으로 1천 제곱미터 또는 건
축물의 연면적 기준으로 1천 제곱미
터를 말한다. <개정 2010.6.28.>

제7조(국·공유지 사용료등의 감면) 법
제18조제1항제1호에 따른 국유재산
및 공유재산의 사용료·대부료 또는
점용료(이하 이 조에서 "사용료등"이
라 한다)는 다음 각 호의 구분에 따
른 감면율에 따라 감면한다.
1. 국유재산의 사용료등: 「국유재산
   법」에 따른 사용료등의 80퍼센트

2. 공유재산의 사용료등 : 「공유재산 및 물품관리법」에 따른 사용료등의 80퍼센트 범위 이내에서 지방자치단체의 조례로 정하는 감면율

제8조(공동시설) 법 제18조제2항제3호에서 "대통령령으로 정하는 공동시설"이라 함은 공동판매장·공동배달센터·공동작업장 및 고객쉼터를 말한다.

제8조의2(상권활성화사업의 지원대상, 지원한도 등) ① 법 제19조의7제1항에 따른 상권활성화사업의 지원대상은 다음 각 호와 같다.
1. 공동시설·고객편의시설의 설치 및 개선, 교통체계 개선 등 고객 접근성 향상 및 환경개선 사업
2. 공동 마케팅, 공동 상품·디자인 개발 등 공동사업
3. 빈 점포 활용, 청소 및 노점 관리 등 상권관리사업
4. 고객 및 지역주민 대상 문화시설 설치 및 문화프로그램 운영 등 고객유치사업
5. 관광(테마)거리 조성, 축제·홍보 행사 개최 등 상권홍보사업
6. 상권활성화구역 내 오래되고 낡거나 심하게 훼손된 상업기반시설의 정비에 관한 사업
② 중소기업청장은 법 제19조의7제1항에 따라 상권활성화사업을 지원할 때에는 지원예산의 규모, 지방자치단체의 재정 자립도, 지정된 상권활성화구역의 특성, 상인의 사업비 조달 능력 등을 고려하여 지원사업별로 지원한도 및 지원조건을 달리할 수 있다.
③ 제1항에 따른 상권활성화사업으로 설치한 시설물의 사후관리 등에 필요한 사항은 시·군·구의 조례로 정하되, 그 조례에는 다음 각 호의 사항을 포함하여야 한다.
1. 시설물의 소유권에 대한 사항
2. 시설물의 화재 및 안전사고 예방 등 관리에 관한 사항
3. 상인 또는 고객의 시설물 사용료에 관한 사항
4. 상권활성화사업에 필요한 인·허가 사항의 일괄처리에 관한 사항
④ 제1항부터 제3항까지에서 규정한 사항 외에 상권활성화사업의 구체적인 지원대상, 절차 등에 관하여 필요한 사항은 중소기업청장이 정하여 고시한다.
[본조신설 2010.6.28.]

제9조(상업기반시설 현대화사업의 지원 대상 등) ①법 제20조제1항에 따른 상업기반시설 현대화사업(이하 "시설현대화사업"이라 한다)의 지원대상은 다음 각 호와 같다. 다만, 법 제37조에 따라 승인·고시된 시장정비구역에 포함된 시장 등 중소기업청장이 정하여 고시하는 시장 내의 상업기반시설은 제외한다. <개정 2009.10.7., 2015.8.3.>
1. 영업에 직접 제공되고 상인이 공동으로 사용하는 상업시설
   가. 시장 건물 외벽의 리모델링
   나. 시장 건물 내·외부 또는 시설물의 개량, 보수 및 수선
   다. 건물 및 시설물 안전의 보강
   라. 화재예방 시설의 개량, 보수 및 수선
2. 상인이나 고객이 공동으로 이용하는 공동시설
   가. 비 가리개, 공동창고 및 상인교육시설의 설치·개량
   나. 공동판매장, 공동배달센터 및 공동작업장 등의 설치·개량
   다. 전주 이설 및 지하매설, 전기·가스·화재 등에 관한 안전시설물의 설치·개량·보수
   라. 냉·난방시설물 등의 설치·개량
   마. 관광(테마)거리 조성을 위한 공연장 및 조형물 등의 설치·개량
3. 고객이 주로 이용하는 고객편의시설

가. 주차장, 진입로 등의 설치·확
장 및 보수
나. 고객지원센터, 화장실 등의 설
치·확장 및 보수
4. 공설시장
건물·시설물 및 그 부속물의 신축
또는 개축 등
②중소기업청장은 법 제20조제1항에
따라 시설현대화사업에 대한 지원을
할 때에는 지원예산의 규모, 지방자치
단체의 재정 자립도, 해당시장의 시설
현대화사업의 특성, 상인의 사업비 조
달 능력과 시장의 소유 형태에 따라
시장 또는 시설현대화사업별로 지원
한도 및 지원조건을 달리할 수 있다.
③제1항에 따른 시설현대화사업으로
설치한 시설물의 사후관리와 시설현
대화사업의 지원절차에 관하여 필요
한 사항은 시·군·구의 조례로 정
하되, 그 조례에는 다음 각 호의 사
항을 포함하여야 한다.
1. 시설현대화사업으로 설치한 시설
물의 소유권에 관한 사항
2. 시설현대화사업으로 설치한 시설
물의 화재 및 안전사고 예방 등
관리에 관한 사항
3. 상인 또는 고객의 시설물 사용료
에 관한 사항
4. 시설현대화사업에 필요한 인·허
가 사항의 일괄처리에 관한 사항
④ 법 제20조제3항 및 제20조의2제1
항에서 "대통령령으로 정하는 기준에
적합한 곳"이란 각각 화재, 건축물의
붕괴 등 안전사고가 발생하였거나 발
생이 우려되는 곳으로서 다음 각 호
의 어느 하나에 해당하는 곳을 말한
다. <신설 2013.6.11., 2015.8.3.>
1. 상시적으로 직접 사업을 하는 상
인들로 구성된 법인·단체 등의
대표자가 법 제20조제3항에 따른
지원을 신청하여 시장·군수·구
청장이 전기·가스·화재 등에 관
한 안전시설물(이하 이 항에서 "

안전시설물"이라 한다) 등을 조사
한 후 설치·개량·보수할 필요가
있다고 인정한 곳
2. 시장·군수·구청장이 제1항제2호
에 따른 공동시설의 위험성을 직
권으로 조사한 후 안전시설물 등
을 설치·개량·보수할 필요가 있
다고 인정한 곳
⑤시설현대화사업의 구체적인 지원대
상 등에 관하여 필요한 사항은 중소
기업청장이 정하여 고시한다.
<개정 2013.6.11.>

제9조의2(온누리상품권의 종류 등) ①
법 제26조의2제3항에 따른 온누리상
품권의 종류 및 권면금액은 다음 각
호와 같다. 다만, 제2호 및 제3호에
해당하는 선불카드 및 선불전자지급
수단으로서 권면금액이 중소기업청장
이 50만원 이하의 범위에서 정하여
고시하는 금액 이하인 경우에는 제2
호 및 제3호의 권면금액 외의 권면
금액으로 할 수 있다.
1. 종이상품권: 5천원 또는 1만원
2. 「여신전문금융업법」 제2조제8호
에 따른 선불카드: 5만원 또는
10만원
3. 「전자금융거래법」 제2조제14호
에 따른 선불전자지급수단: 5만원
또는 10만원
② 법 제26조의2제3항에 따른 온누
리상품권의 기재사항은 다음 각 호
와 같다.
1. 발행권자
2. 발행일
3. 그 밖에 온누리상품권의 건전한 유
통을 위하여 필요한 사항으로서 중
소기업청장이 정하여 고시하는 사항
[본조신설 2013.11.20.]

제9조의3(등록 제한업종) 법 제26조의4
제2항에서 "대통령령으로 정하는 등록 제
한업종"이란 다음 각 호의 업종을 말한다.

1. 도매업·소매업 또는 용역업이 아닌 업종
2. 도매업·소매업 또는 용역업에 해당하는 업종 중 별표 1의 업종
[본조신설 2013.11.20.]

제9조의4(환급금액의 비율) 법 제26조의5제2항에 따른 "대통령령으로 정하는 비율의 금액"이란 온누리상품권 권면금액의 100분의 60에 해당하는 금액을 말한다. [본조신설 2013.11.20.]

제10조(대규모점포와 시장과의 협력) ①시장·군수·구청장은 법 제30조제1항에 따른 대규모점포(이하 이 조에서 "대규모점포"라 한다)를 운영하는 자에 대하여 주변시장과의 협력을 촉진하기 위한 다음 각 호의 사항을 요청할 수 있다.
1. 주변시장의 상인에 대한 상거래기법 교육
2. 주변시장과 대규모점포의 공동 홍보
3. 주변시장의 상권 활성화를 위한 자문
4. 주변시장과 대규모점포의 공동 이익을 위한 협력사업
②시장·군수·구청장은 대규모점포를 운영하는 자가 제1항 각 호에 따른 협력사업을 수행하는 경우에는 그 사업에 필요한 비용을 예산의 범위 안에서 지원할 수 있다.

제11조(시장정비사업의 제외 대상) 법 제31조제3항에서 "대통령령으로 정한 시장"이란 다음 각 호의 시장을 말한다. <개정 2008.10.29., 2009.10.7., 2010.6.28.>
1. 「도시 및 주거환경정비법」 제28조에 따른 사업시행인가를 받은 시장
2. 「건축법」 제11조에 따른 건축허가를 받은 시장 또는 「주택법」 제16조에 따른 주택건설사업계획

의 승인을 얻은 시장
3. 「도시개발법」 제3조에 따라 도시개발구역으로 지정된 구역 내에 위치한 시장으로서 시장·군수·구청장이 주변지역과의 조화 등을 고려하여 제한이 필요하다고 인정하는 시장

제12조(추진위원회의 업무) 법 제32조제3항제5호에서 "대통령령으로 정한 업무"란 다음 각 호의 사항을 말한다. <개정 2010.6.28.>
1. 법 제32조제1항에 따른 시장정비사업추진위원회(이하 "추진위원회"라 한다) 운영규정의 작성
2. 시장정비사업조합의 설립을 위한 창립총회의 준비
3. 시장정비사업조합 정관의 초안 작성
4. 그 밖에 추진위원회 운영규정이 정하는 사항

제13조(시장정비사업추진계획의 수립) ①법 제33조제1항제3호 다목에서 "대통령령으로 정하는 지역으로의 용도변경"이란 다음 각 호의 변경을 말한다. <개정 2010.6.28.>
1. 「국토의 계획 및 이용에 관한 법률 시행령」 제30조제1호 가목에 따른 전용주거지역을 동법 시행령 제30조제1호 나목 또는 다목에 따른 일반주거지역이나 준주거지역으로의 변경 또는 동법 시행령 제30조제1호 나목에 따른 일반주거지역을 동법 시행령 제30조제1호 다목에 따른 준주거지역으로의 변경
2. 「국토의 계획 및 이용에 관한 법률 시행령」 제30조제3호 가목 또는 나목에 따른 전용공업지역이나 일반공업지역을 동법 시행령 제30조제3호 다목에 따른 준공업지역으로의 변경
②법 제33조제1항제5호에서 "대통령령으로 정하는 사항"이란 다음 각

호의 사항을 말한다.
<개정 2010.6.28., 2012.4.10.>

1. 시장정비사업의 명칭
2. 시장정비사업추진자의 성명(법인인 경우에는 그 명칭과 대표자의 성명) 및 주소
3. 「국토의 계획 및 이용에 관한 법률」 제2조제7호에 따른 도시·군계획시설에 해당하는 시설의 현황 및 설치계획
4. 「도시 및 주거환경정비법」 제2조제4호에 따른 정비기반시설에 해당하는 시설의 현황 및 설치계획
5. 건축물의 주용도·용적률·건폐율·높이·층수 및 연면적에 관한 계획
6. 자금조달계획
7. 「국토의 계획 및 이용에 관한 법률」 제52조제1항 각 호의 사항 중 시장정비사업에 필요한 사항에 대한 계획
8. 시장정비사업 완료 이후 그 대규모점포의 운영·관리계획

제14조(시장정비사업추진계획 승인에 대한 추천의 신청)

①법 제33조제1항에 따라 시장정비사업추진계획(이하 "사업추진계획"이라 한다)의 승인을 얻으려는 자는 사업추진계획승인추천신청서에 다음 각 호의 서류를 첨부하여 시장·군수·구청장에게 제출하여야 한다.

1. 법 제33조제1항에 따른 사업추진계획서
2. 시장정비사업구역 현황에 관한 서류(시장의 명칭·소재지, 지목·지번·면적, 건물형태 및 연면적 등)
3. 시장임을 증명하는 등록증 또는 인정서
4. 시장정비구역 안에 있는 토지나 건축물의 소유자 및 그 지상권자(이하 "토지등 소유자"라 한다)의 법 제34조제1항에 따른 동의 서류
5. 토지등 소유자의 현황과 이를 증명하는 서류

②제1항에 따른 토지등 소유자의 동의에 관한 서류에는 동의자의 주소·성명·생년월일, 권리의 내역 및 시장정비구역과 시장정비사업(시장정비사업조합 설립의 경우에는 그 정관)의 내용에 동의한다는 내용이 포함되어야 하며, 동의자는 동의에 관한 서류에 인감도장을 찍거나 서명하고 각각 인감증명서 또는 「본인서명사실확인 등에 관한 법률」 제2조제3호에 따른 본인서명사실확인서를 첨부하여야 한다. <개정 2013.6.11.>

제15조(토지등 소유자의 동의자 수 산정방법)

법 제34조제1항에 따른 동의자 수의 산정방법은 다음 각 호와 같다. <개정 2009.10.7.>

1. 1필지의 토지 또는 하나의 건축물을 수인이 공유하는 경우 그 수인을 1인으로 보되, 그 1필지의 토지 또는 하나의 건축물의 소유자 총수의 5분의 3이상에 해당하는 자의 동의가 있어야 한다.
2. 「집합건물의 소유 및 관리에 관한 법률」의 적용을 받는 건물로서 외관상 1동의 건축물이나 내부적으로는 각기 구조상 구분되어 있고, 그 구조상 구분되어 있는 부분이 각기 소유권이 다른 형태로 되어 있는 집합건축물인 경우에는 건축물의 대지가 공유로 되어 있는지의 여부에 관계없이 그 구분소유자 각자를 1인으로 본다.

제16조(사업추진계획의 검토 등)

①시장·군수·구청장은 제14조제1항에 따라 사업추진계획승인추천신청서를 접수한 때에는 다음 각 호의 사항을 검토하여야 한다. <개정 2012.4.10.>

1. 법 제35조제1항 각 호의 사항
2. 제14조제1항제1호 내지 제5호에 따른 제출서류가 적합한 지 여부

3. 사업추진계획이 도시·군계획 및 건축·소방관련 법령에 적합한 지 여부
②시장·군수·구청장은 제1항에 따라 사업추진계획을 검토한 결과, 변경·수정 또는 보완이 필요하다고 인정되는 경우에는 이를 그 신청한 자에게 권고할 수 있다.
③시장·군수·구청장은 사업추진계획의 승인을 추천하려는 때에는 미리 사업추진계획의 공고, 공청회 개최 또는 문서(전자적 방식의 통지에 상대방이 동의하는 경우 전자문서를 포함한다)를 이용한 의견조회 등을 통하여 토지등 소유자, 시장개설자, 임차상인을 포함한 입점상인, 인접지역을 포함한 경우에는 인접지역 토지등의 소유자, 그 밖에 시장정비사업과 관련된 이해관계인에게 의견을 제시할 수 있는 기회를 주어야 한다. <개정 2009.10.7.>

제17조(사업추진계획의 승인 추천) 시장·군수·구청장은 제14조제1항에 따라 사업추진계획승인추천신청서를 접수한 날부터 20일 이내에 사업추진계획승인추천서를 작성하고, 다음 각 호의 서류를 첨부하여 특별시장·광역시장·도지사 또는 특별자치도지사(이하 "시·도지사"라 한다)에게 제출하여야 한다. <개정 2010.6.28.>
1. 제14조에 따라 제출받은 서류
2. 제16조에 따라 검토한 의견서
3. 해당시장의 상권이 미치는 주변지역의 인구변화 추이, 「유통산업발전법」 제2조제3호에 따른 대규모점포의 진출 현황 등 주변지역의 상권현황을 분석한 자료

제18조(시장정비사업심의위원회의 심의 사항) 법 제36조제1항제3호에서 "대통령령으로 정하는 사항"이란 다음 각 호의 사항을 말한다. <개정 2010.6.28.>

1. 법 제37조제3항 각 호의 사항
2. 법 제37조제5항에 따른 사업추진계획의 변경에 관한 사항 중 법 제36조제1항에 따른 시장정비사업심의위원회(이하 "심의위원회"라 한다)의 위원장이 회의에 부치는 사항
3. 법 제38조제2항 단서에 따른 사업추진계획 승인의 효력상실 유예의 승인여부에 관한 사항
4. 그 밖에 사업추진계획 승인과 관련되는 사항으로서 위원장이 심의위원회에 부치는 사항

제19조(심의위원회의 구성) ①심의위원회의 위원장은 시·도의 3급 이상 공무원 또는 고위공무원단에 속하는 일반직 공무원 중에서 시·도지사가 지명하는 자가 된다.
②법 제36조제2항에서 "대통령령으로 정하는 사람"이란 다음 각 호의 사람을 말한다. <개정 2010.6.28., 2013.11.20., 2015.5.26.>
1. 시·도의 4급 이상 공무원 또는 고위공무원단에 속하는 일반직 공무원
2. 관할지방중소기업청의 4급 이상 공무원 또는 고위공무원단에 속하는 일반직 공무원 중에서 지방중소기업청장이 추천하는 공무원
3. 그 밖에 다음 각 목의 어느 하나에 해당하는 사람
  가. 시장 또는 유통분야를 연구하는 학계 및 연구기관·단체의 전문가
  나. 지방의회의원
  다. 법 제66조에 따라 설립된 상인연합회의 대표 또는 그 대표가 추천하는 자
  라. 「소상공인 보호 및 지원에 관한 법률」 제17조에 따른 소상공인시장진흥공단(이하 "소상공인시장진흥공단"이라 한다)의 대표 또는 그 대표가 추천하는 사람
  마. 시민단체(「비영리민간단체지원

법」 제2조에 따른 비영리민간 단체를 말한다)에서 추천하는 자
바. 그 밖에 시장의 활성화 및 시장정비사업에 관한 풍부한 지식과 경험을 갖춘 자
③제2항제3호에 따라 위촉된 위원의 임기는 2년으로 한다.

제20조(심의위원회의 운영) ①심의위원회 위원장은 심의위원회를 대표하며, 심의위원회의 업무를 총괄한다.
②심의위원회의 위원장은 심의위원회의 회의를 소집하고, 그 의장이 된다.
③심의위원회의 회의는 재적위원 과반수의 출석과 출석위원 과반수의 찬성으로 의결한다.
④심의위원회에 출석한 위원에 대하여는 예산의 범위 안에서 수당을 지급할 수 있다. 다만, 공무원인 위원이 소관업무와 직접 관련하여 출석하는 경우에는 그러하지 아니하다.
⑤심의위원회의 사무를 처리하기 위하여 간사 1인을 두되, 간사는 시·도에 소속하는 공무원중에서 위원장이 지명한다.
⑥심의위원회의 운영에 관하여 그 밖에 필요한 사항은 심의위원회의 의결을 거쳐 위원장이 정한다.

제21조(사업추진계획의 승인 결과의 통보) 시·도지사는 제17조에 따라 시장·군수·구청장으로부터 사업추진계획의 승인 추천을 받은 때에는 특별한 사유가 없는 한 40일 이내에 심의위원회의 심의를 거쳐 그 결과를 지체 없이 사업추진계획의 승인 추천을 한 시장·군수·구청장에게 통보하여야 한다.

제22조(사업추진계획의 변경) ①법 제37조제5항 단서에서 "대통령령으로 정하는 경미한 사항"이란 다음 각 호

의 사항을 말한다. <개정 2008.12.31., 2010.6.28., 2012.4.10.>
1. 계획된 시장정비구역 면적의 10퍼센트 미만의 변경인 경우
2. 사업시행자의 성명(법인인 경우에는 그 명칭 및 대표자의 성명을 말한다. 이하 이 호에서 같다) 또는 사무소 소재지를 변경하는 경우. 다만, 사업의 양도·양수 등으로 인한 사업시행자의 성명의 변경을 제외한다.
3. 건축물에 대한 건축계획의 변경을 수반하지 아니하는 범위 안에서 정비기반시설의 위치를 변경하는 경우와 정비기반시설 규모의 10퍼센트 미만의 변경인 경우
4. 건축물의 용적률·건폐율·연면적·최고높이 또는 최고층수를 축소하거나 3퍼센트 미만의 범위 안에서 확대하는 경우
5. 「유통산업발전법」 제8조에 따른 대규모점포 개설 등록이 가능한 범위 안에서 당초 매장면적의 10퍼센트 미만의 감소 및 당초 매장면적의 확대
6. 「국토의 계획 및 이용에 관한 법률」 제2조제3호 및 동조제4호에 따른 도시·군기본계획 및 도시·군관리계획 변경에 따른 변경인 경우
7. 「도시교통정비 촉진법」에 따른 교통영향분석·개선대책 등의 심의 또는 「건축법」 제4조에 따른 건축위원회 심의 등 관계법령에 의한 심의과정에서 변경된 사항
8. 그 밖에 시장정비사업에 관하여 시·도의 조례로 정하는 사항
②시장·군수·구청장은 제1항 각 호에 따른 경미한 사항을 변경한 때에는 시·도지사에게 통보하여야 한다.
③제14조·제16조·제17조 및 제21조는 사업추진계획의 변경승인에 관하여 이를 준용한다.

제23조(사업추진계획의 승인·변경승인의 고시) 시·도지사는 법 제37조제4항 및 제6항에 따라 사업추진계획의 승인 또는 변경승인에 관한 내용을 고시하려는 때에는 다음 각 호의 사항을 포함하여야 한다.

1. 시장정비사업구역의 명칭
2. 시장정비사업구역의 범위
3. 시장정비사업시행자
4. 사업추진계획 승인일 또는 변경승인일
5. 사업추진계획 승인 또는 변경 개요(대지면적, 층수, 건물면적, 용적율, 건폐율 등을 말한다)
6. 승인 또는 변경사유
7. 그 밖에 시·도지사가 필요하다고 인정하는 사항

제24조(사업추진계획 승인의 실효유예) 사업시행자가 법 제38조제2항 단서에 따른 사업추진계획 승인의 실효유예를 신청할 때에는 시장·군수·구청장을 통하여 실효예정일 30일 전까지 다음 각 호의 사항이 기재된 실효유예신청서를 시·도지사에게 제출하여야 한다.

1. 시장정비사업구역의 명칭
2. 실효유예기간 및 그 사유

제25조(「주택법」상의 사업계획 승인 대상 제외) 법 제39조제2항에서 "대통령령으로 정하는 요건을 충족할 때"란 300세대 미만의 주택과 주택 외의 시설을 동일건축물로 건축하는 경우로서 해당 건축물의 연면적에 대한 주택연면적 합계의 비율이 90퍼센트 미만인 때를 말한다. <개정 2010.6.28., 2015.8.3.>

제25조의2(인·허가등 의제를 위한 일괄협의회) ① 시장·군수·구청장은 법 제40조의2에 따라 허가·인가·승인·신고·심사·동의·지정·해제 및 협의(이하 이 조에서 "인·허가등"이라 한다)의 의제를 협의하기 위한 일괄협의회(이하 이 조에서 "협의회"라 한다)를 개최하려는 경우에는 회의를 개최하기 7일 전까지 회의 개최 사실을 법 제40조제3항에 따른 관계 행정기관의 장에게 알려야 한다.

② 법 제40조제3항에 따른 관계 행정기관의 장은 협의회의 회의에서 인·허가등의 의제에 대한 의견을 제출하여야 한다. 다만, 법 제40조제3항에 따른 관계 행정기관의 장은 법령 검토 및 사실 확인 등을 위한 추가 검토가 필요하여 해당 인·허가등에 대한 의견을 협의회에서 제출하기 곤란한 경우에는 협의회의 회의를 개최한 날부터 5일 이내에 그 의견을 제출할 수 있다.

③ 제1항 및 제2항에서 규정한 사항 외에 협의회의 운영 등에 필요한 사항은 시장·군수·구청장이 정한다.

[본조신설 2013.6.11.]

제26조(공동 사업시행자) 법 제41조제2항제4호에서 "대통령령으로 정하는 자"라 함은 「자본시장과 금융투자업에 관한 법률」 제12조에 따라 인가를 받아 설립된 신탁업자와 「국유재산법 시행령」 제2조에 따른 주식회사 한국감정원을 말한다. <개정 2008.7.29., 2009.7.27.>

제27조(인접지역) 법 제45조에 따른 인접지역은 다음 각 호의 어느 하나에 해당하는 지역으로 한다.

1. 시장과 연접하여 노점 또는 상가 건물이 형성되어 이를 포함하지 아니하고는 시장정비사업의 추진이 곤란한 지역
2. 시장에 속하는 건물과 맞벽으로 건축된 건물로서 시장정비사업을 추진하는 경우 진동 또는 붕괴 등의 위험으로 인하여 안전이 위험

한 건물 지역

3. 시장정비사업 완료 후 건물의 진·출입을 위한 도로 확보가 그 지역을 통하지 아니하고는 곤란한 지역

4. 시장·군수·구청장이 도시미관, 교통체계 또는 토지활용 등을 고려하여 시장과 인접지역을 하나의 구역으로 묶어 사업을 추진하는 것이 필요하다고 인정하는 지역

제28조(무주택 입점상인 주택 우선공급) ①법 제49조제6항에서 "대통령령으로 정하는 요건을 갖춘 무주택자"란 법 제37조제4항에 따라 사업추진계획의 승인을 고시한 날부터 이전 1년간 계속하여 그 시장정비사업구역 안에서 점포를 임차하여 직접 영업을 한 자를 말한다. <개정 2010.6.28.>

②사업시행자는 제1항에 따른 요건을 갖춘 입점상인 중 주택을 우선공급 받기를 희망하는 자의 명단, 해당입점상인의 점포임대차계약에 관한 서류와 무주택을 확인하는 자료 등을 「도시 및 주거환경정비법」 제48조제1항에 따른 관리처분계획의 인가를 신청하는 때에 시장·군수·구청장에게 제출하여야 한다.

제29조(용적률에 관한 특례) ①법 제51조에서 "대통령령으로 정하는 지역"이란 「국토의 계획 및 이용에 관한 법률 시행령」 제30조제1호 나목 및 다목에 따른 일반주거지역(이하 "일반주거지역"이라 한다)이나 준주거지역(이하 "준주거지역"이라 한다)과 같은 법 시행령 제30조제3호 다목에 따른 준공업지역(이하 "준공업지역"이라 한다)을 말한다. <개정 2010.6.28.>

②법 제51조에 따라 일반주거지역이나 준주거지역에 위치한 시장의 용적률은 400퍼센트 이상 500퍼센트 이하의 범위 안에서, 준공업지역에 위치한 시장의 용적률은 350퍼센트

이상 400퍼센트 이하의 범위 안에서 지방자치단체의 도시·군계획조례로 정한다. <개정 2012.4.10.>

③제2항에 따라 도시·군계획조례로 용적률을 정하고자 하는 때에는 주변의 교통·경관·미관·일조·채광 및 통풍 등에 미치게 될 영향을 고려하여야 한다. <개정 2012.4.10.>

제30조(건폐율에 관한 특례) ①법 제52조에서 "대통령령으로 정하는 지역"이란 일반주거지역·준주거지역·준공업지역 및 「국토의 계획 및 이용에 관한 법률 시행령」 제30조제2호에 따른 상업지역(이하 "상업지역"이라 한다)을 말한다.
<개정 2007.11.16., 2010.6.28.>

②법 제52조에 따라 일반주거지역이나 준주거지역 및 준공업지역에 위치한 시장의 건폐율은 60퍼센트 이상 70퍼센트 이하의 범위 안에서, 상업지역에 위치한 시장의 건폐율은 70퍼센트 이상 90퍼센트 이하의 범위 안에서 지방자치단체의 도시·군계획조례로 정한다. <개정 2012.4.10.>

③제2항에 따라 도시·군계획조례로 건폐율을 정하고자 하는 때에는 주변의 교통·경관·미관·일조·채광 및 통풍 등에 미치게 될 영향을 고려하여야 한다. <개정 2012.4.10.>

제31조(건축물의 높이제한에 관한 특례) ①법 제53조에 따라 일반주거지역이나 준주거지역 및 준공업지역에 위치한 시장이 시장정비사업으로 공동주택을 갖춘 복합형 상가건물을 건축하는 경우에 건축물의 각 부분의 높이는 그 부분의 채광을 위한 창문 등이 있는 벽면으로부터 직각방향으로 인접대지 경계선까지의 수평거리의 3배 이상 4배 이하의 높이 범위 안에서 지방자치단체의 건축에 관한 조례로 정한다. <개정 2007.11.16.>

②제1항에 따라 건축물의 높이제한을 정하고자 하는 때에는 주변의 경관·미관·일조·채광 및 통풍 등에 미치게 될 영향을 고려하여야 한다.

제31조의2(대지 안의 공지에 대한 특례) ① 법 제53조의2에서 "대통령령으로 정하는 지역"이란 일반주거지역, 준주거지역, 준공업지역 및 상업지역을 말한다.
② 법 제53조의2에 따라 제1항에 따른 지역 안에서 상가건물을 건축하는 경우 건축선으로부터 떨어야 하는 거리는 다음 각 호의 구분에 따른 범위에서 지방자치단체의 건축에 관한 조례로 정한다.
1. 건축물의 대지가 도로(「건축법」제2조제1항제11호에 따른 도로를 말한다. 이하 이 호에서 같다)와 3면 이상을 접하는 경우에는 1.5미터 이상 6미터 이하
2. 건축물의 대지가 도로와 2면 이하로 접하는 경우에는 2미터 이상 6미터 이하
③ 법 제53조의2에 따라 제1항에 따른 지역 안에서 상가건물을 건축하는 경우 인접대지경계선으로부터 떨어야 하는 거리는 1미터 이상 6미터 이하의 범위에서 지방자치단체의 건축에 관한 조례로 정한다.
[본조신설 2007.11.16.]

제32조(의견청취의 절차) ①법 제58조에 따른 시장분쟁조정위원회(이하 이 조에서 "조정위원회"라 한다)가 법 제61조제2항에 따라 분쟁당사자 또는 참고인의 의견을 듣고자 할 때에는 그 일시 및 장소를 정하여 의견청취 10일전까지 통지하여야 한다. 다만, 긴급한 경우에는 의견청취 3일전까지 통지할 수 있다.
②제1항의 통지를 받은 분쟁당사자 또는 참고인은 조정위원회의 회의에 출석할 수 없는 부득이한 사유가 있는 경우에는 미리 서면으로 의견을 제출할 수 있다.

제33조 삭제 <2013.11.20.>

제33조의2(권한의 위임) 중소기업청장은 법 제71조제1항에 따라 다음 각 호의 사항에 관한 권한을 지방중소기업청장에게 위임한다.
1. 법 제26조의4에 따른 가맹점의 등록
2. 법 제26조의6에 따른 가맹점 등록의 취소
[본조신설 2013.11.20.]

제34조(업무의 위탁) ①중소기업청장은 법 제71조제2항에 따라 다음 각 호의 업무를 소상공인시장진흥공단에게 위탁한다. <개정 2010.6.28., 2013.11.20.>
1. 법 제8조에 따른 지원효과평가
2. 법 제9조에 따른 시장 및 상점가의 실태조사
2의2. 법 제26조의2에 따른 온누리상품권의 발행
3. 법 제27조에 따른 판로촉진과 홍보지원
4. 법 제28조제1항에 따른 상인에 대한 교육 및 전문인력 양성에 관한 지원
5. 법 제29조에 따른 산학협력사업 등에 관한 지원
②중소기업청장은 법 제71조제2항에 따라 다음 각 호의 업무를 법 제66조에 따른 상인연합회의 대표에게 위탁한다.
1. 법 제25조에 따른 상거래현대화의 촉진 지원
2. 법 제26조에 따른 공동사업의 지원

제34조의2(고유식별정보의 처리) 중소기업청장(법 제71조에 따라 중소기업청장의 권한을 위임·위탁받은 자

를 포함한다)은 다음 각 호의 사무를 수행하기 위하여 불가피한 경우 「개인정보 보호법 시행령」 제19조제1호 또는 제2호에 따른 주민등록번호 또는 여권번호가 포함된 자료를 처리할 수 있다. <개정 2013.11.20.>

1. 법 제26조의2제1항에 따라 발행된 온누리상품권의 판매 및 훼손된 온누리상품권의 교환
2. 법 제26조의4에 따른 온누리상품권 가맹점의 등록
3. 법 제26조의6에 따른 온누리상품권 가맹점 등록의 취소

[본조신설 2013.1.16.]

제34조의3(규제의 재검토) 중소기업청장은 다음 각 호의 사항에 대하여 다음 각 호의 기준일을 기준으로 3년마다(매 3년이 되는 해의 기준일과 같은 날 전까지를 말한다) 그 타당성을 검토하여 개선 등의 조치를 하여야 한다.

1. 제6조에 따른 임시시장의 면적: 2014년 1월 1일
2. 제11조에 따른 시장정비사업의 제외 대상: 2014년 1월 1일
3. 제29조에 따른 용적률에 관한 특례 적용 지역 및 용적률의 범위: 2014년 1월 1일
4. 제30조에 따른 건폐율에 관한 특례 적용 지역 및 건폐율의 범위: 2014년 1월 1일
5. 제31조에 따른 건축물의 높이제한에 관한 특례 적용 지역 및 높이의 범위: 2014년 1월 1일
6. 제31조의2에 따른 대지 안의 공지에 대한 특례 대상 지역 및 띄어야 하는 거리의 범위: 2014년 1월 1일

[본조신설 2013.12.30.]

제35조(과태료의 부과기준) 법 제74조제1항 및 제2항에 따른 과태료의 부과기준은 별표 2와 같다. <개정 2013.11.20.>

[전문개정 2009.10.7.]

부칙

<제26465호, 2015.8.3.>

이 영은 2015년 8월 4일부터 시행한다.

[별표 1] 등록 제한업종(제9조의3제2호 관련)

등록 제한업종(제9조의3제2호 관련)

표준산업분류	가 맹 점 제 한 업 종
46102	담배 중개업
46109	골동품, 귀금속 중개업
46209	잎담배 도매업
46331	주류 도매업
46333	담배 도매업
46416	모피제품 도매업(인조모피제품 도매업은 제외한다)
46463	도박기계 및 사행성, 불건전 오락기구 도매업
46492	귀금속 도매업
46722	귀금속광물 도매업
47221	주류 소매업
47640	도박기계 및 사행성, 불건전 오락기구 소매업
47859	성인용품 판매점
47911	도박기계 및 사행성, 불건전 오락기구, 성인용품 도소매업
47993	다단계 방문판매
5621	주점업[생계형 기타주점업(56219)은 제외한다]
58122	경마, 경륜, 경정 관련 잡지 발행업
58211, 58219	도박 및 사행성, 불건전 게임 S/W개발 및 공급업
63999	온라인게임 아이템 중개업, 게임 아바타 중개업
64	금융업
65	보험 및 연금업
66	금융 및 보험관련 서비스업
68	부동산업
69390	도박기계 및 사행성, 불건전 오락기구 임대업

711	법무
712	회계 및 세무
71520	지주회사
71531	컨설팅 또는 자문서비스 중 부동산컨설팅 서비스
731	수의업
75330	탐정 및 조사 서비스업
75993	신용조사 및 추심대행업
75999	경품용 상품권 발행업, 경품용 상품권 판매업
85	교육서비스업
86	보건업
91113	경주장 운영업
91121	골프장 운영업
9122	성인용게임장, 성인오락실, 성인PC방, 전화방
91221	성인용게임장 운영업
91223	노래연습장 운영업(생계형은 제외한다)
91249	기타 갬블링 및 베팅업
9612	증기탕 및 안마시술소
96992	점술 및 유사서비스업
96999	휴게텔, 키스방, 대화방

비고: 주점업 및 노래연습장 운영업에서 제외되는 생계형에 대한 기준
은 「국민기초생활 보장법」 제2조제11호에 따른 차상위계층
3인 가구에 대하여 「국민건강보험법」 제69조제4항에 따라
산정한 보험료액을 기준으로 중소기업청장이 정하여 고시한다.

[별표 2] 과태료의 부과기준(제35조 관련)

과태료의 부과기준(제35조 관련)

1. 일반기준

가. 위반행위의 횟수에 따른 부과기준은 해당 위반행위가 있은 날 이전 최근 2년간 같은 위반행위로 부과처분을 받은 경우에 적용한다.

나. 부과권자는 다음의 어느 하나에 해당하는 경우에는 제2호에 따른 과태료 금액의 2분의 1의 범위에서 그 금액을 감경할 수 있다. 다만, 과태료를 체납하고 있는 위반행위자의 경우에는 그러하지 아니하다.

1) 위반행위자가 「질서위반행위규제법 시행령」 제2조의2제1항 각 호의 어느 하나에 해당하는 경우

2) 위반행위가 사소한 부주의나 오류로 인한 것으로 인정되는 경우

3) 위반행위자가 법 위반상태를 시정하거나 해소하기 위하여 노력한 것으로 인정되는 경우

4) 그 밖에 위반행위의 정도, 위반행위의 동기와 그 결과 등을 고려하여 감경할 필요가 있다고 인정되는 경우

2. 개별기준

(단위: 만원)

위반행위	근거 법조문	과태료 금액
가. 법 제14조제1항을 위반하여 신고를 하지 않고 임시시장을 개설하거나, 거짓이나 그 밖의 부정한 방법으로 임시시장 개설신고를 한 경우	법 제74조제2항제1호	
1) 1차 위반		100
2) 2차 위반		300
3) 3차 이상 위반		500
나. 법 제26조의5제1항제2호를 위반하여 온누리상품권을 환전하거나 환전대행가맹점에 환전을 요청한 개별가맹점	법 제74조제1항제1호	
1) 1차 위반		500
2) 2차 위반		1,000

3) 3차 이상 위반		2,000
다. 법 제26조의5제3항을 위반하여 환전을 대행한 환전대행가맹점	법 제74조제1항제2호	
1) 환전대행가맹점이 개별가맹점이 아닌 자를 위하여 온누리상품권 환전을 대행한 경우		
가) 1차 위반		1,000
나) 2차 위반		1,500
다) 3차 이상 위반		2,000
2) 환전대행가맹점이 물품의 판매 또는 용역의 제공 없이 수취하였거나 실제 매출금액 이상의 거래를 통하여 수취한 온누리상품권임을 인지하고 환전을 대행한 경우		
가) 1차 위반		500
나) 2차 위반		1,000
다) 3차 이상 위반		2,000
라. 법 제69조제2항 각 호의 사람(시장·군수·구청장은 제외한다)이 같은 항을 위반하여 정당한 사유 없이 자료의 제출을 거부한 경우	법 제74조제2항제2호	
1) 경과일수 10일 이내		10
2) 경과일수 10일 초과 20일 이내		20
3) 경과일수 20일 초과 30일 이내		30
4) 경과일수 30일 초과 60일 이내		50
5) 경과일수 60일 초과 100일 이내		80
6) 경과일수 100일 초과 200일 이내		100
7) 경과일수 200일 초과 365일 이내		200
8) 경과일수 365일 초과		300
마. 법 제69조제2항 각 호의 사람(시장·군수·구청장은 제외한다)이 같은 항을 위반하여 거짓 보고를 한 경우	법 제74조제2항제2호	300

전통시장 및 상점가 육성을 위한 특별법 시행규칙

[시행 2014.1.1.]
[산업통상자원부령 제45호, 2014.1.1., 타법개정]

제1조(목적) 이 규칙은 「전통시장 및 상점가 육성을 위한 특별법」 및 같은 법 시행령에서 위임된 사항과 그 시행에 관하여 필요한 사항을 규정함을 목적으로 한다. <개정 2010.6.30.>

제2조(전통시장의 인정절차) ①「전통시장 및 상점가 육성을 위한 특별법 시행령」(이하 "영"이라 한다) 제2조제3항에 따라 전통시장(이하 "시장"이라 한다)으로 인정을 받으려는 상인은 별지 제1호서식의 전통시장 인정신청서에 다음 각 호의 서류를 첨부하여 특별자치도지사·시장·군수·구청장(구청장은 자치구의 구청장을 말한다. 이하 "시장·군수·구청장"이라 한다)에게 제출하여야 한다. <개정 2010.6.30., 2013.6.12.>
1. 영 제2조제3항 각 호에 해당하는 동의를 하는 자가 서명하거나 날인한 명부
2. 시장으로 인정을 받으려는 구역을 표시한 도면
3. 시장으로 인정을 받으려는 구역에 해당하는 지번과 면적
4. 시장으로 인정을 받으려는 구역 안의 전체 상인의 명부
②영 제2조제4항에 따른 전통시장 인정서는 별지 제2호서식에 따른다. <개정 2010.6.30., 2013.6.12.>
③시장·군수·구청장이 영 제2조제4항에 따라 전통시장 인정서를 발급한 때에는 그 내용을 특별자치도·시·군·구(구는 자치구를 말한다. 이하 "시·군·구"라 한다)가 발행하는 공보 또는 그 지역에서 발행하는 신문 등에 공고하고, 인터넷 홈페이지에 게시하여야 한다. <개정 2010.6.30., 2013.6.12.>
[제목개정 2013.6.12.]

제3조(시장의 특성별 구분 등) ①「전통시장 및 상점가 육성을 위한 특별법」(이하 "법"이라 한다) 제3조제2항에 따른 시장의 특성별 구분은 별표와 같다. <개정 2010.6.30.>
②법 제3조제2항에 따른 시장의 개설·관리 및 운영에 관한 조례에 포함될 사항은 다음 각 호와 같다.
1. 시장의 구역에 관한 사항
2. 주요 시설물과 편의시설의 관리에 관한 사항
3. 편의시설의 설치기준에 관한 사항
4. 시장의 화재예방 및 안전점검에 관한 사항

제4조(시·도의 지원계획 수립·시행) 특별시장·광역시장·도지사 및 특별자치도지사(이하 "시·도지사"라 한다)는 법 제6조제1항에 따라 시장 및 상점가의 활성화를 위한 지원계획을 3년마다 수립·시행하여야 한다. <개정 2010.6.30.>

제5조(지역추진계획의 수립·시행) 시장·군수·구청장은 법 제7조제1항에 따른 시장 및 상점가의 활성화 추진계획의 수립을 위하여 필요한 경우에는 시장 및 상점가에 대한 실태조사를 실시하거나 연구기관에 연구를 의뢰할 수 있다.

제6조(지원효과 평가대상의 범위 등) ①법 제8조제1항에 따른 지원효과평가의 대상이 되는 사업은 정부와 지방자치단체가 시장·상점가 및 상권

활성화구역의 활성화를 위하여 이 법에 따라 자금·비용 또는 보조금을 지원하는 사업으로 한다.
<개정 2010.6.30.>
②중소기업청장 및 지방자치단체의 장은 지원효과의 평가대상 사업에 대하여 다음 각 호의 사항을 평가하여야 한다.
1. 사업추진의 적합성에 관한 사항
2. 지원사업에 따른 매출·고객 및 빈점포 등의 증감에 관한 사항
3. 지원사업 전후의 상인·고객의 만족도 등에 관한 사항
③중소기업청장은 지원효과 평가의 중복방지 및 평가대상의 지역적 분산 등을 위하여 필요하다고 인정하는 경우에는 지방자치단체의 장에게 특정한 지역의 시장에 대한 지원효과평가를 요청할 수 있다.

제6조의2(문화관광형시장의 신청절차 등) ① 시장·군수·구청장이 법 제13조제1항 전단에 따라 직접 문화관광형시장을 지정하려는 경우에는 미리 문화관광형시장 지정의 필요성 등에 대하여 해당 시장 또는 상점가 상인의 의견을 들어야 한다.
② 상인조직을 대표하는 자가 법 제13조제1항 전단에 따라 문화관광형시장의 지정을 신청하려면 별지 제2호의2서식의 문화관광형시장 지정신청서에 상인조직 등의 총회에서 문화관광형시장의 지정 신청에 동의한 회의록을 첨부하여 시장·군수·구청장에게 제출하여야 한다.
③ 시장·군수·구청장은 법 제13조제1항 전단에 따라 문화관광형시장 지정의 승인을 신청하려면 별지 제2호의3서식의 문화관광형시장 지정승인신청서에 다음 각 호의 서류를 첨부하여 시·도지사에게 제출하여야 한다.
1. 문화관광형시장 지정 승인신청 사유서

2. 소요예산 및 조달계획
3. 문화관광형시장 지정의 효과
4. 문화관광형시장 육성계획의 개략적인 내용
5. 관련 행정기관과의 협의결과 및 조치계획서
6. 상인조직 등의 총회에서 문화관광형시장의 지정에 동의한 회의록
④ 문화관광형시장의 지정대상은 역사·문화·관광자원 등이 인근에 소재한 시장 또는 상점가로 한다.
⑤ 시장·군수·구청장이 법 제13조제1항에 따라 문화관광형시장의 지정을 승인받은 때에는 지정 내용을 시·군·구가 발행하는 공보 또는 그 지역에서 발행하는 신문 등에 공고하고, 인터넷 홈페이지에 게시하여야 한다.
[본조신설 2013.11.28.]

제7조(상권활성화구역의 지정 및 변경) ① 시장·군수·구청장이 법 제19조의2제1항 전단에 따라 상권활성화구역을 지정하려는 경우에는 미리 상권활성화구역 지정의 필요성 등에 대하여 해당 구역 상인의 의견을 들어야 한다.
② 상인조직을 대표하는 자가 법 제19조의2제1항 전단에 따라 상권활성화구역의 지정 또는 변경을 신청하려면 별지 제3호서식의 상권활성화구역 지정(변경)신청서에 다음 각 호의 서류를 첨부하여 시장·군수·구청장에게 제출하여야 한다.
1. 구역경계도
2. 구역 내 상인조직 등의 총회에서 상권활성화구역의 지정 또는 변경 신청에 동의한 회의록
③ 시장·군수·구청장은 법 제19조의2제1항 전단에 따라 상권활성화구역 지정 또는 변경의 승인을 신청하려면 주민공람과 지방의회의 의견청취 절차를 거쳐 별지 제3호의2서식의 상권활성화구역 지정(변경) 승인신청

서에 다음 각 호의 서류를 첨부하여 시·도지사에게 제출하여야 한다.
1. 기초조사서
2. 구역 지정(변경) 승인신청 사유서
3. 소요예산 및 조달계획
4. 구역 지정의 효과
5. 구역경계도
6. 상권활성화사업의 개략적인 내용
7. 상권관리기구 운영계획서
8. 관련 행정기관과의 협의결과 및 조치계획서
9. 구역 내 상인조직 등의 총회에서 상권활성화구역의 지정 또는 변경에 동의한 회의록
10. 주민의견서

[전문개정 2010.6.30.]

제7조의2(상권활성화사업계획의 수립 및 변경)

① 시장·군수·구청장은 법 제19조의4제1항 및 제19조의5제3항에 따라 상권활성화사업계획(이하 "사업계획"이라 한다)을 수립하거나 변경할 때에는 사업내용 등에 대하여 해당 구역 상인의 의견을 들어야 한다.

② 시장·군수·구청장은 법 제19조의4제1항 및 제19조의5제3항에 따라 사업계획의 승인 또는 변경승인을 신청할 때에는 주민공람과 지방의회 의견청취 절차를 거쳐 별지 제3호의3서식의 상권활성화사업계획 승인(변경승인)신청서에 다음 각 호의 서류를 첨부하여 시·도지사에게 제출하여야 한다.
1. 법 제19조의4제1항에 따른 사업계획
2. 법 제19조의5제3항에 따른 변경사유(변경승인의 경우만 해당한다)
3. 관련 행정기관과의 협의결과 및 조치계획서
4. 상권관리기구 세부운영계획서
5. 주민의견서

[본조신설 2010.6.30.]

제7조의3(상권활성화사업계획의 승인·변경)

① 시·도지사는 법 제19조의5제1항에 따라 사업계획의 승인 또는 변경 승인 여부를 결정할 때에는 다음 각 호의 사항을 고려하여야 한다.
1. 사업시행의 시급성
2. 해당 상권활성화구역의 상인회, 상인 또는 주민의 의견
3. 사업계획의 적정성
4. 사업시행에 따른 효과
5. 상권관리기구 운영의 효율성
6. 사업시행 후 시설의 관리에 대한 타당성
7. 관련 기관과의 협의

② 법 제19조의5제3항 단서에서 "산업통상자원부령으로 정하는 경미한 사항을 변경하기 위한 경우"란 다음 각 호의 경우를 말한다. <개정 2013.3.23.>
1. 상권활성화구역 명칭을 변경하기 위한 경우
2. 상권활성화구역의 범위를 10퍼센트 미만으로 변경하기 위한 경우
3. 「국토의 계획 및 이용에 관한 법률」 제2조제3호·제4호에 따른 도시기본계획·도시관리계획의 변경에 따라 사업계획을 변경하기 위한 경우

③ 시장·군수·구청장은 제2항에 따른 경미한 사항을 변경하였을 때에는 시·도지사와 중소기업청장에게 보고하여야 한다.

[본조신설 2010.6.30.]

제7조의4(상권관리기구의 운영 등)

① 상권활성화사업에 관한 업무를 효율적으로 추진하기 위하여 법 제19조의8제1항에 따른 상권관리기구에 관련 전문가를 두되, 관련 전문가의 자격 등에 관한 사항은 중소기업청장이 정하여 고시한다.

② 법 제19조의8제3항에 따른 상권활성화협의회는 위원장 1명을 포함하여

15명 이상의 위원으로 구성한다.

③ 제2항에서 규정한 사항 외에 상권 활성화협의회의 구성 및 운영에 필요한 사항은 상권관리기구의 정관으로 정한다.

[본조신설 2010.6.30.]

제8조(임시시장의 개설신고)

① 법 제14조제1항 각 호 외의 부분 단서에 따라 임시시장을 개설하려는 자는 별지 제5호서식의 임시시장 개설신고서에 다음 각 호의 서류를 첨부하여 시장·군수·구청장에게 제출하여야 한다. <개정 2013.6.12.>

1. 점포의 분양계획이 포함된 임시시장의 운영 및 관리계획
2. 임시시장으로 개설하려는 구역을 표시한 도면
3. 임시시장으로 개설하려는 구역에 해당하는 지번과 면적
4. 국·공유지나 도로의 사용승인신청서 또는 토지소유자가 사용을 동의한 서류

② 제1항에 따른 신고를 받은 시장·군수·구청장은 서류심사 또는 현장확인을 거쳐 신고내용이 법 제14조제1항 각 호의 어느 하나에 해당한다고 판단되면 그 신고서를 제출받은 날부터 5일 이내에 신고를 수리하고, 지체 없이 별지 제6호서식의 임시시장 신고확인증을 발급하여야 한다. <개정 2013.6.12.>

③시장·군수·구청장이 법 제14조제1항 각 호 외의 부분 본문에 따라 임시시장을 개설하거나 제2항에 따라 임시시장 신고확인증을 발급한 때에는 그 내용을 시·군·구가 발행하는 공보 또는 그 지역에서 발행하는 신문 등에 공고하고, 인터넷 홈페이지에 게시하여야 한다. <개정 2013.6.12.>

[제목개정 2013.6.12.]

제8조의2(온누리상품권 가맹점의 등록)

① 법 제26조의4에 따라 온누리상품권의 가맹점으로 등록하려는 상인은 별지 제6호의2서식의 온누리상품권 개별가맹점 등록신청서를 지방중소기업청장에게 제출하여야 한다.

② 지방중소기업청장은 제1항에 따라 온누리상품권 개별가맹점 등록신청서를 제출받은 때에는 「전자정부법」 제36조제1항에 따른 행정정보의 공동이용을 통하여 사업자등록증을 확인하여야 한다. 다만, 신청인이 노점상인일 때에는 주민등록표 등본을 확인하여야 한다.

③ 지방중소기업청장은 제2항 단서에 해당하는 신청인이 확인에 동의하지 아니하는 경우에는 그 사본을 첨부하도록 하여야 한다.

④ 법 제26조의4에 따라 온누리상품권의 가맹점으로 등록하려는 상인조직은 별지 제6호의3서식의 온누리상품권 환전대행가맹점 등록신청서에 온누리상품권 환전대행을 신청한 개별가맹점 명단을 첨부하여 지방중소기업청장에게 제출하여야 한다.

[본조신설 2013.11.28.]

제9조(시장정비사업추진계획 승인에 대한 추천의 신청)

① 영 제14조제1항에 따른 시장정비사업추진계획(이하 "사업추진계획"이라 한다) 승인추천신청서는 별지 제7호서식에 따른다. <개정 2012.11.30.>

②영 제17조에 따른 사업추진계획 승인추천서는 별지 제8호서식에 따른다. <개정 2012.11.30.>

제10조(사업추진계획의 분할 및 통합 승인의 추천)

①시장·군수·구청장은 법 제35조제1항에 따라 시·도지사에게 사업추진계획에 대한 승인을 추천하는 때에 시장정비사업을 효율

적으로 추진하기 위하여 필요하다고 인정되는 경우에는, 하나의 시장을 2 이상의 구역으로 나누어 사업추진계획의 승인을 추천하거나 인접한 2 이상의 시장을 통합하여 하나의 사업추진계획으로 승인 추천할 수 있다.
②제1항에 따른 사업추진계획의 분할 승인의 추천은 시장의 대지면적이 넓어 시장정비사업을 통하여 2동 이상의 건물을 건축할 필요가 있거나 일시에 사업추진이 곤란한 경우로 한정한다.

제11조(사업추진계획의 변경) 영 제22조제3항에 따른 시장정비사업추진계획 변경승인추천신청서는 별지 제9호서식에 따르고, 시장정비사업추진계획 변경승인추천서는 별지 제10호서식에 따른다. <개정 2012.11.30.>

제12조(상인회의 설립과 등록) ①법 제65조제1항에 따른 시장 및 상점가 상인회는 다음 각 호의 구분에 따른 상인의 동의를 얻어 설립하며, 회원은 동일 구역을 업무구역으로 하는 다른 상인회의 설립에 중복으로 동의하거나 회원이 될 수 없다.
1. 시장 및 상점가 안의 전체 상인(1점포에 1인을 기준으로 한다. 이하 같다)의 수가 300인 미만인 경우에는 전체 상인의 2분의 1 이상 또는 100인 이상
2. 시장 및 상점가 안의 전체 상인의 수가 300인 이상 1천인 미만인 경우에는 전체 상인의 3분의 1 이상 또는 250인 이상
3. 시장 및 상점가 안의 전체 상인의 수가 1천인 이상인 경우에는 전체 상인의 4분의 1 이상
4. 시장 및 상점가 4동 이상의 상가건물(50개 이상의 점포가 있는 건물에 한한다) 또는 4 이상의 구역(50개 이상의 점포가 있는

구역에 한한다)으로 구성된 경우에는 제2호 및 제3호에 갈음하여 상가건물 또는 구역을 각각 대표하는 자의 2분의 1 이상의 동의를 얻어야 한다. 이 경우 상가건물 또는 구역을 대표하는 자는 해당 상가건물 또는 구역의 상인 2분의 1 이상의 동의를 얻었음을 증명하여야 한다.
②법 제65조제1항에 따른 상권활성화구역 상인회는 해당 상권활성화구역의 시장·상점가 및 시장·상점가에 포함되지 않는 상점을 각각 대표하는 자의 동의를 모두 얻어야 설립할 수 있다. 이 경우 해당 시장·상점가 및 시장·상점가에 포함되지 않는 상점을 대표하는 자는 해당 시장·상점가 및 시장·상점가에 포함되지 않는 상점의 상인 2분의 1 이상의 동의를 얻었음을 증명하여야 한다. <개정 2010.6.30.>
③법 제65조제3항에 따라 상인회를 등록하려는 대표자는 다음 각 호의 서류를 첨부하여 별지 제11호서식에 따른 상인회 등록신청서를 시장·군수·구청장에게 제출하여야 한다.
1. 동의인 명부
2. 총회 회의록
3. 규약 또는 정관
4. 사업계획서
5. 재산명세서
④상인회는 필요한 경우 규약 또는 정관이 정하는 바에 따라 해당 시장·상점가 및 상권활성화구역 안에 지회를 둘 수 있다. <개정 2010.6.30.>
⑤상인회의 규약 또는 정관에 포함될 사항은 다음과 같다.
1. 명칭
2. 업무구역
3. 목적
4. 사업내용
5. 총회와 이사회
6. 임원선출방법

7. 자산 및 회계에 관한 사항

⑥중소기업청장은 상인회의 원활한 설립을 지원하기 위하여 표준규약 또는 표준정관을 제정하여 보급할 수 있다.

⑦제3항에 따라 상인회 등록신청서를 받은 시장·군수·구청장은 제출 서류의 사실 여부를 확인하여 그 접수를 받은 날부터 14일 이내에 별지 제12호서식에 따른 상인회 등록증을 교부하여야 한다.

⑧시장·군수·구청장은 상인회가 자율적으로 운영될 수 있도록 지도하고 협력하여야 한다.

제13조(상인연합회의 설립) ①법 제66조제1항에 따른 상인연합회(이하 "연합회"라 한다)를 설립하려는 자는 9개 이상의 특별시·광역시·도에 소재하는 상인회 등 상인조직 대표 200인 이상의 동의를 얻어 다음 각 호의 서류를 첨부하여 중소기업청장에게 설립 허가를 신청하여야 한다. <개정 2014.1.1.>

1. 발기인 및 동의인의 서명 또는 날인이 있는 명부
2. 회원의 명부
3. 창립총회 회의록
4. 대표자 및 임원의 명부
5. 정관
6. 사업계획서
7. 재산명세서

②연합회의 정관에 포함될 사항은 다음과 같다.

1. 명칭
2. 설립 목적
3. 주된 사무소의 소재지
4. 회원의 자격
5. 임원에 관한 사항
6. 사업내용
7. 총회와 이사회에 관한 사항
8. 자산 및 회계에 관한 사항
9. 정관의 변경에 관한 사항

10. 해산 및 청산에 관한 사항
11. 지회의 설치 및 운영에 관한 사항

③중소기업청장이 연합회의 설립을 허가한 때에는 이를 일간신문에 공고하여야 한다.

제14조(시장관리자의 지정절차 등) ①법 제67조제1항에 따라 시장관리자로 지정받으려는 자는 별지 제13호서식의 시장관리자 지정신청서에 다음 각 호의 서류를 첨부하여 시장·군수·구청장에게 제출하여야 한다.

1. 총회에서 시장관리자의 지정 신청에 동의한 회의록
2. 규약 또는 정관
3. 시장관리 운영계획

②제1항에 따라 시장관리자의 지정 신청을 받은 시장·군수·구청장은 제출 서류의 사실여부 확인 및 적격성 여부 등을 검토하여 적합하다고 인정하는 경우에는 그 신청을 받은 날부터 14일 이내에 별지 제14호서식에 따른 시장관리자 지정서를 교부하여야 한다.

③시장·군수·구청장은 시장이 시장관리자가 지정되어 있지 아니하여 그 시장의 활성화를 위한 사업을 추진하는데 어려움이 있다고 인정되는 경우에는, 법 제67조제2항 각 호의 어느 하나에 해당하는 자에게 시장관리자의 지정을 신청하도록 권유할 수 있다.

제15조(보고) ①법 제69조제1항에 따라 시·도지사는 다음 각 호의 사항을 매년 2월말까지 중소기업청장에게 보고하여야 한다. <개정 2010.6.30.>

1. 관할구역 안의 시장·상권활성화구역·상점가·상인회 및 상권관리기구의 전년도 현황
2. 전년도의 시설 및 경영현대화사업 추진실적

3. 전년도의 시장정비사업의 추진실적(전년도의 사업추진계획의 승인·진행 현황 및 시장정비사업에 대한 자금지원 실적을 포함한다)

②법 제69조제2항 각 호의 어느 하나에 해당하는 자가 이 법에 따라 정부 또는 지방자치단체로부터 자금·비용 또는 보조금을 지원받은 경우 중소기업청장, 시·도지사 또는 시장·군수·구청장이 요청하는 경우에는 그 요청을 받은 날부터 20일 이내에 다음 각 호의 사항을 보고하여야 한다.

1. 법 제20조에 따른 시설현대화사업의 추진 실적 및 사업비 집행 내역
2. 법 제25조 내지 제30조에 따른 지원을 받은 경영현대화 촉진사업의 추진 실적 및 사업비 집행 내역
3. 법 제55조에 따른 시장정비사업의 추진 현황 및 지원자금 사용내역
4. 법 제65조제7항 및 법 제66조제5항에 따라 정부 또는 지방자치단체로부터 비용을 지원 받은 공동사업 등에 대한 추진 실적 및 사업비 집행 내역

제16조(규제의 재검토) 중소기업청장은 제13조제1항에 따른 연합회의 설립허가 신청 절차에 대하여 2014년 1월 1일을 기준으로 3년마다(매 3년이 되는 해의 기준일과 같은 날 전까지를 말한다) 그 타당성을 검토하여 개선 등의 조치를 하여야 한다.
[본조신설 2014.1.1.]

부칙
<제45호, 2014.1.1.>
(행정규제기본법 개정에 따른 재검토기한 규정을 위한 전통시장 및 상점가 육성을 위한 특별법 시행규칙 등의 일부개정령)

이 규칙은 2014년 1월 1일부터 시행한다.

[별표 0] 시장의 특성별 구분(제3조제1항관련)

시장의 특성별 구분(제3조제1항관련)

구 분	시장의 종류
1. 시장의 인정여부	인정시장, 미인정시장
2. 시장의 크기	대형시장(점포 1,000개 이상) 중대형시장 (점포 500개 이상 1,000개 미만) 중형시장 (점포 100개 이상 500개 미만) 소형시장(점포 100개 미만)
3. 시장의 소유자	법인시장, 개인시장, 공설시장, 공동시장
4. 상권의 크기	전국상권대형시장, 광역상권중심시장, 중소형시장, 근린생활시장
5. 시장의 형태	상가건물형시장, 노점형시장, 장옥(場屋)형시장, 상가주택복합형시장
6. 시장의 개설주기	상설시장, 정기시장
7. 시장의 취급상품	종합시장, 전문시장

[서식 1] 전통시장 인정신청서

■ 전통시장 및 상점가 육성을 위한 특별법 시행규칙 [별지 제1호서식] <개정 2013.6.12>

전통시장 인정신청서

※ 뒤쪽의 처리절차를 참고하시기 바라며, 색상이 어두운 란은 신청인이 적지 않습니다. (앞쪽)

접수번호		접수일		처 리 기간	14일

시장 개요	시장명		대표자 성명	
	소재지		전화번호	
	개설일(건축일)		소유형태	
	용도지역		도시계획시설 명칭	
	시장규모	토지 면적: ㎡, 건물 연면적: ㎡, 영업장 면적: ㎡, 점포 수: 개		
	업종별 점포 수			

상인 조직	명칭		대표자 성명	
	주소		전화번호	
	설립일		회원 수	

시설 현황	주요 시설	건축물: 층 동, 층 동, 층 동
		장옥(場屋): 동, 아케이드: 식
	편의 시설	화장실: 개, 주차장: ㎡, 기타:

「전통시장 및 상점가 육성을 위한 특별법」 제2조제1호, 같은 법 시행령 제2조제3항 및 같은 법 시행규칙 제2조제1항에 따라 위와 같이 신청합니다.

년 월 일

신청인 (서명 또는 인)

시장·군수·구청장 귀하

첨부서류	1. 「전통시장 및 상점가 육성을 위한 특별법 시행령」 제2조제3항 각 호에 해당하는 동의를 하는 자(상인, 토지 소유자, 건축물 소유자)가 서명하거나 날인한 명부 1부 2. 전통시장으로 인정을 받으려는 구역을 표시한 도면 1부 3. 전통시장으로 인정을 받으려는 구역에 해당하는 지번과 면적 1부 4. 전통시장으로 인정을 받으려는 구역 안의 전체 상인의 명부 1부	수수료 없음

210mm×297mm[백상지 80g/㎡]

(뒤쪽)

처리절차

이 신청서는 아래와 같이 처리됩니다.

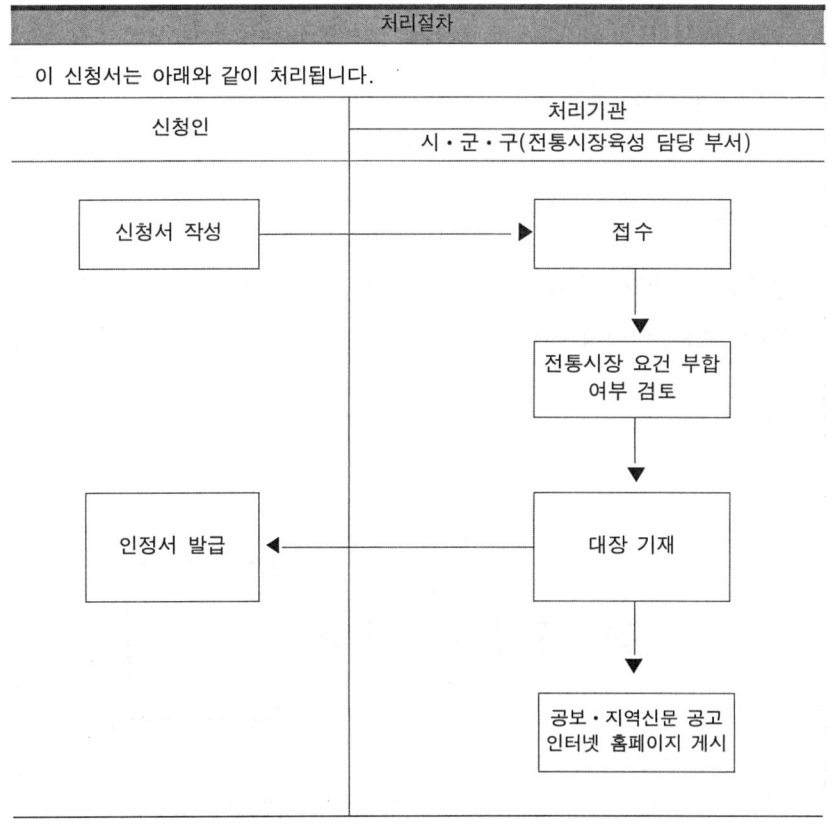

신청인	처리기관 시·군·구(전통시장육성 담당 부서)
신청서 작성	접수
	전통시장 요건 부합 여부 검토
인정서 발급	대장 기재
	공보·지역신문 공고 인터넷 홈페이지 게시

[서식 2] 전통시장 인정서

■ 전통시장 및 상점가 육성을 위한 특별법 시행규칙 [별지 제2호서식] <개정 2013.6.12>

제　　호

전통시장 인정서

1. 시 장 명:

2. 대표자 성명:

3. 소 재 지:

4. 시장 면적:

　「전통시장 및 상점가 육성을 위한 특별법」 제2조제1호, 같은 법 시행령 제2조제4항 및 같은 법 시행규칙 제2조제2항에 따라 위와 같이 전통시장임을 인정합니다.

년　　　월　　　일

시장·군수·구청장　　| 직인 |

210mm×297mm[백상지 120g/㎡]

[서식 2의2] 문화관광형시장 지정신청서

■ 전통시장 및 상점가 육성을 위한 특별법 시행규칙 [별지 제2호의2서식] <신설 2013.11.28>

문화관광형시장 지정신청서

※ 뒤쪽의 처리절차를 참고하시기 바라며, 색상이 어두운 란은 신청인이 적지 않습니다.　　(앞쪽)

접수번호	접수일		처 리 기간	30일

시장 또는 상점가 개요	명칭		대표자 성명	
	소재지		전화번호	
	개설일(건축일)		소유형태	
	규모	토지 면적:　　　　㎡,　건물 연면적:　　　　㎡,　영업장 면적:　㎡,　점포 수:　　　개			
	주요 시설	건축물:　　층　동,　　　층　동,　　　층　동			
		장옥(場屋):　　　동,　　　　　　아케이드:　　　식			
	편의 시설	화장실:　　개,　주차장:　　　㎡,　기타:			

상인 조직	명칭		대표자 성명	
	주소		전화번호	
	설립일		회원 수	

「전통시장 및 상점가 육성을 위한 특별법」 제13조제1항 및 같은 법 시행규칙 제6조의2제2항에 따라 위와 같이 신청합니다.

　　　　　　　　　　　　　　　　　　　　　　　　　년　　　월　　　일

　　　　　　　　　　신청인　　　　　　　　(서명 또는 인)

시장 · 군수 · 구청장　귀하

첨부서류	상인조직 등의 총회에서 문화관광형시장의 지정 신청에 동의한 회의록 1부	수수료 없 음

210mm×297mm[백상지 80g/㎡]

(뒤쪽)

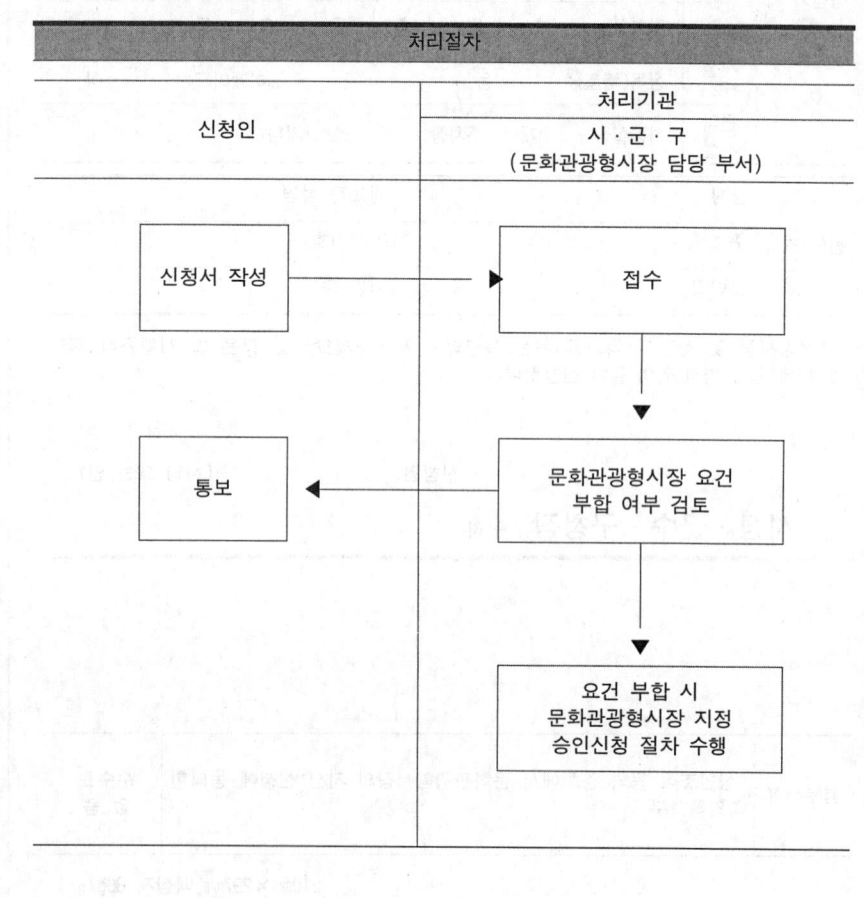

처리절차	
신청인	**처리기관** **시·군·구** **(문화관광형시장 담당 부서)**
신청서 작성	접수
통보	문화관광형시장 요건 부합 여부 검토
	요건 부합 시 문화관광형시장 지정 승인신청 절차 수행

[서식 2의3] 문화관광형시장 지정 승인신청서

■ 전통시장 및 상점가 육성을 위한 특별법 시행규칙 [별지 제2호의3서식] <신설 2013.11.28>

문화관광형시장 지정 승인신청서

※ 뒤쪽의 처리절차를 참고하시기 바라며, 색상이 어두운 란은 신청인이 적지 않습니다. (앞쪽)

접수번호	접수일		처리기간	30일
신청 기관	지자체명		기관장 성명	
	담당부서		부서장(담당자) 성명	
	전화번호		팩스번호	
시장 또는 상점가 개요	명칭			
	지번 및 면적	지번		
		대지(㎡)	건물(㎡)	
		영업장 면적(㎡)	점포 수(개)	
	사업목적			
	소요예산 및 조달계획			

「전통시장 및 상점가 육성을 위한 특별법」 제13조제1항 및 같은 법 시행규칙 제6조의2제3항에 따라 위와 같이 신청합니다.

년 월 일

시장 · 군수 · 구청장 [직인]

시 · 도지사 귀하

첨부서류	1. 문화관광형시장 지정 승인신청 사유서 1부 2. 소요예산 및 조달계획 1부 3. 문화관광형시장 지정의 효과 1부 4. 문화관광형시장 육성의 개략적인 내용 1부 5. 관련 행정기관과의 협의결과 및 조치계획서 1부 6. 상인조직 등의 총회에서 문화관광형시장의 지정에 동의한 회의록 1부	수수료 없음

210mm×297mm[백상지 80g/㎡]

(뒤쪽)

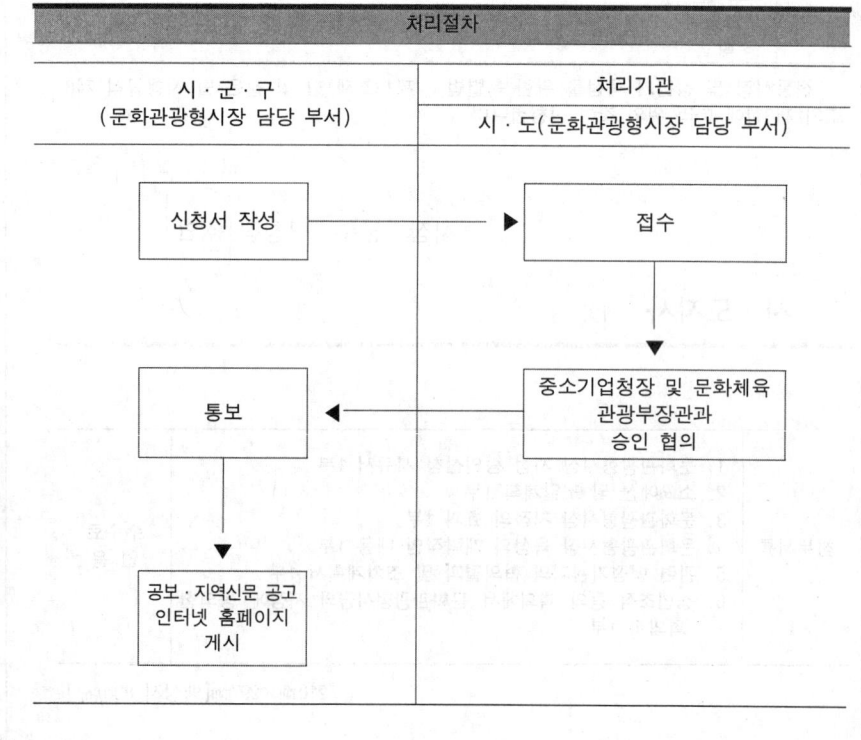

처리절차	
시 · 군 · 구 (문화관광형시장 담당 부서)	처리기관 시 · 도(문화관광형시장 담당 부서)
신청서 작성 ▶	접수
통보 ◀	중소기업청장 및 문화체육 관광부장관과 승인 협의
공보 · 지역신문 공고 인터넷 홈페이지 게시	

[서식 3] 상권활성화구역 (지정, 변경)신청서

■ 전통시장 및 상점가 육성을 위한 특별법 시행규칙 [별지 제3호서식] <개정 2012.11.30>

상권활성화구역 [ ] 지정 [ ] 변경 신청서

※ 뒤쪽의 처리절차를 참고하시기 바라며, 색상이 어두운 란은 신청인이 적지 않습니다. (앞 쪽)

접수번호		접수일		처 리 기간	30일
신청인	성명		전화번호		
	주소		팩스번호		

사업 구역 개요	구역 명				
	구역지번 및 면적	지번			
		대지(㎡)		건물(㎡)	
		영업장 면적(㎡)		점포 수(개)	
	신청사유 및 사업목적				
	사업내용				
	기대효과				
	소요예산 및 조달계획				

「전통시장 및 상점가 육성을 위한 특별법」 제19조의2제1항 및 같은 법 시행규칙 제7조제2항에 따라 위와 같이 신청합니다.

년   월   일

신청인   (서명 또는 인)

시장·군수·구청장 귀하

첨부서류	1. 구역경계도 2. 구역 내 상인조직 등의 총회에서 상권활성화구역의 지정 또는 변경 신청에 동의한 회의록	수수료 없 음

210mm×297mm[백상지 80g/㎡]

(뒤 쪽)

처리절차

이 신청서는 아래와 같이 처리됩니다.

신청인	처리기관 시·군·구 (상권활성화 담당 부서)
신청서 작성 →	접수
통보 ←	상권활성화구역요건 부합 여부 검토
	요건 부합 시 상권활성화구역 승인신청 절차 수행

[서식 3의2] 상권활성화구역(지정, 변경)승인신청서

■ 전통시장 및 상점가 육성을 위한 특별법 시행규칙 [별지 제3호의2서식] <개정 2012.11.30>

상권활성화구역   [   ] 지정   승인신청서
[   ] 변경

※ 뒤쪽의 처리절차를 참고하시기 바라며, 색상이 어두운 란은 신청인이 적지 않습니다. (앞 쪽)

접수번호	접수일		처 리 기간	60일

신청 기관	지자체명		기관장 성명	
	담당부서		부서장(담당자) 성명	
	전화번호		팩스번호	

사 업 구 역 개 요	구역 명				
	구역 지번 및 면적	지번			
		대지(㎡)		건물(㎡)	
		영업장 면적(㎡)		점포 수(개)	
	구역 내 시장 명				
	사업목적				
	소요예산 및 조달계획				

「전통시장 및 상점가 육성을 위한 특별법」 제19조의2제1항 전단 및 같은 법 시행규칙 제7조제3항에 따라 위와 같이 신청합니다.

년   월   일

시장·군수·구청장 [직 인]

시·도지사 귀하

첨부서류	1. 기초조사서 2. 구역 지정(변경) 승인신청 사유서 3. 소요예산 및 조달계획 4. 구역 지정의 효과 5. 구역경계도 6. 상권활성화사업의 개략적인 내용 7. 상권관리기구 운영계획서 8. 관련 행정기관과의 협의결과 및 조치계획서 9. 구역 내 상인조직 등의 총회에서 상권활성화구역의 지정 또는 변경에 동의한 회의록 10. 주민의견서	수수료 없 음

210mm×297mm[백상지 80g/㎡]

(뒤 쪽)

처리절차

이 신청서는 아래와 같이 처리됩니다.

시·군·구 (상권활성화 담당 부서)	처리기관
	시·도(상권활성화 담당 부서)

신청서 작성 ▶ 접수

통보 ◀ 중소기업청장과
승인 협의

▼

공보·지역신문
공고
인터넷 홈페이지
게시

[서식 3의3] 상권활성화사업계획(승인, 변경승인)신청서

■ 전통시장 및 상점가 육성을 위한 특별법 시행규칙 [별지 제3호의3서식] <개정 2012.11.30>

상권활성화사업계획   [   ] 승인   신청서
[   ] 변경승인

※ 뒤쪽의 처리절차를 참고하시기 바라며, 색상이 어두운 란은 신청인이 적지 않습니다.   (앞 쪽)

접수번호		접수일		처 리 기간	60일

신청기관	지자체명		기관장 성명	
	담당부서		부서장(담당자) 성명	
	전화번호		팩스번호	

사업구역개요	구역 명				
	사업구역 지번 및 면적	지번			
		대지(㎡)		건물(㎡)	
		영업장 면적(㎡)		점포 수(개)	
	사업내용				
	사업시행 내용				
	소요예산 및 조달계획				

「전통시장 및 상점가 육성을 위한 특별법」 제19조의4제1항 · 제19조의5제3항 및 같은 법 시행규칙 제7조의2제2항에 따라 위와 같이 신청합니다.

년   월   일

시장 · 군수 · 구청장   [직인]

시 · 도지사   귀하

첨부서류	1. 「전통시장 및 상점가 육성을 위한 특별법」 제19조의4제1항에 따른 사업계획 2. 「전통시장 및 상점가 육성을 위한 특별법」 제19조의5제3항에 따른 변경사유(변경승인의 경우만 해당합니다) 3. 관련 행정기관과의 협의결과 및 조치계획서 4. 상권관리기구 세부운영계획서 5. 주민의견서	수수료 없 음

210mm×297mm[백상지 80g/ ㎡]

(뒤 쪽)

처리절차

이 신청서는 아래와 같이 처리됩니다.

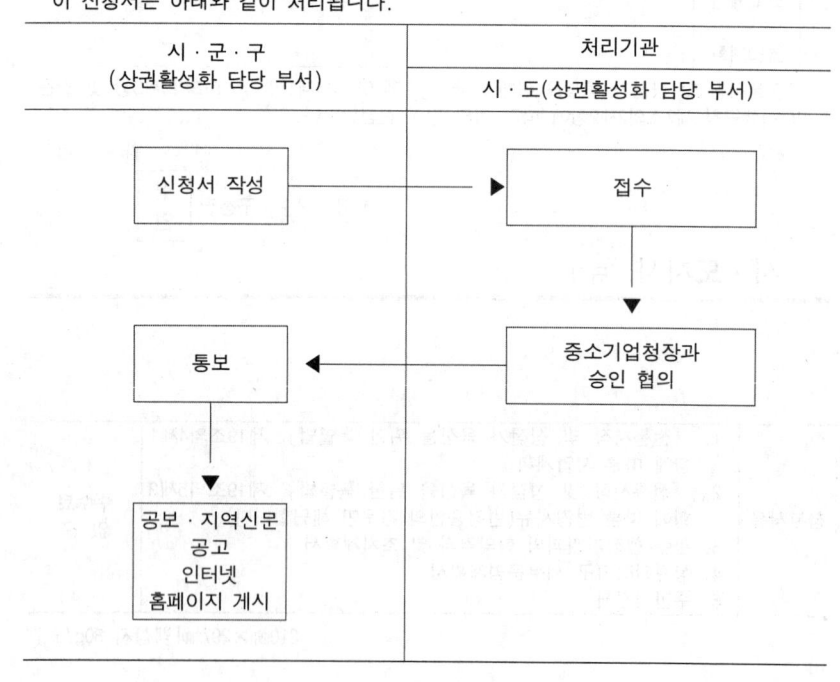

시·군·구 (상권활성화 담당 부서)	처리기관 시·도(상권활성화 담당 부서)
신청서 작성 →	접수
통보 ←	중소기업청장과 승인 협의
공보·지역신문 공고 인터넷 홈페이지 게시	

[서식 5] 임시시장 개설신고서

■ 전통시장 및 상점가 육성을 위한 특별법 시행규칙 [별지 제5호서식] <개정 2013.6.12>

임시시장 개설신고서

※ 뒤쪽의 처리절차를 참고하시기 바라며, 색상이 어두운 란은 신고인이 적지 않습니다.　(앞쪽)

접수번호	접수일		처 리 기간	5일

임시시장 개요	시장명			개설자 성명	
	소재지			전화번호	
	개설 기간				
	시장규 모	토지 면적:　　　　㎡, 건물 연면적:　　　　㎡, 영업장 면적:　　　　㎡, 점포 수:　　　　개			
	입점상인 수				
	개설 사유				

상인 조직	명칭	대표자 성명
	주소	전화번호
	설립일	회원 수

시설 현황	주요 시설	건축물:　　　층　　동,　　　층　　동,　　　층　　동
		장옥(場屋):　　　　동
	편의 시설	화장실:　　　개,　주차장:　　　㎡,　기타:

「전통시장 및 상점가 육성을 위한 특별법」 제14조제1항 각 호 외의 부분 단서, 같은 법 시행령 제6조 및 같은 법 시행규칙 제8조제1항에 따라 위와 같이 신고합니다.

년　　　월　　　일

신고인　　　　　　　　　　　(서명 또는 인)

시장·군수·구청장 귀하

첨부서류	1. 점포의 분양계획이 포함된 임시시장의 운영 및 관리계획 1부 2. 임시시장으로 개설을 하려는 구역을 표시한 도면 1부 3. 임시시장으로 개설을 하려는 구역에 해당하는 지번과 면적 1부 4. 국·공유지나 도로의 사용승인신청서 또는 토지소유자가 사용을 동의한 서류 1부	수수료 없 음

210mm×297mm[백상지 80g/㎡]

(뒤쪽)

처리절차

이 신고서는 아래와 같이 처리됩니다.

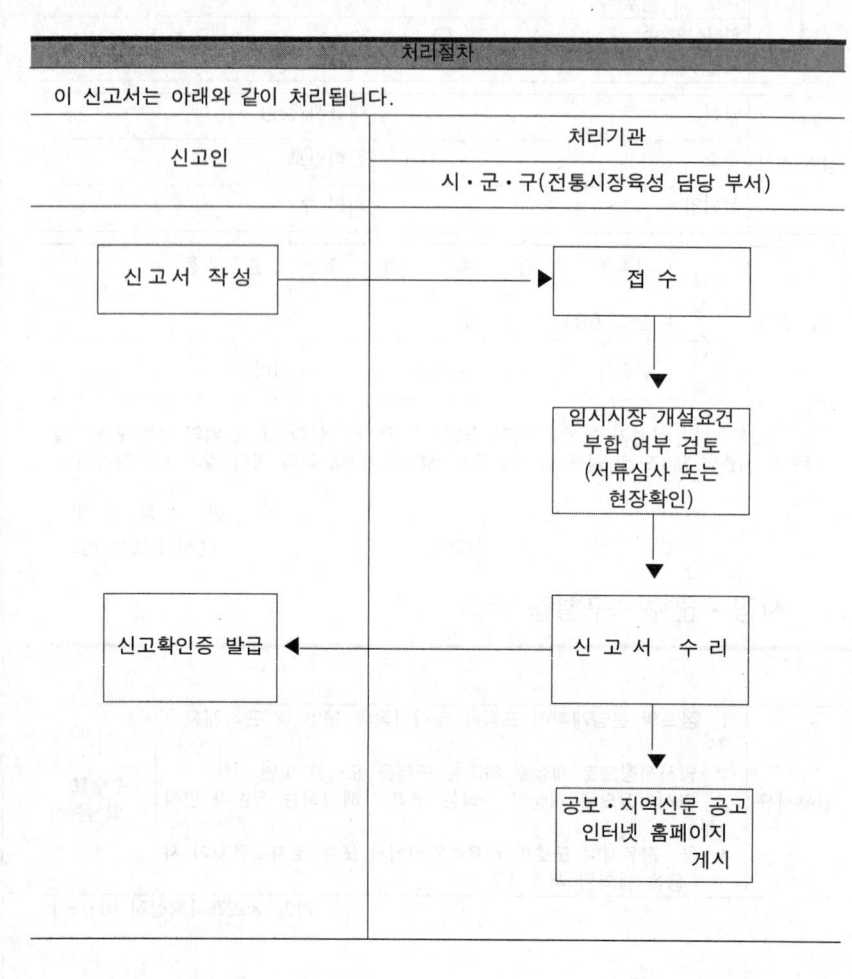

신고인	처리기관 시 · 군 · 구(전통시장육성 담당 부서)
신 고 서 작 성	접 수
	임시시장 개설요건 부합 여부 검토 (서류심사 또는 현장확인)
신고확인증 발급	신 고 서 수 리
	공보 · 지역신문 공고 인터넷 홈페이지 게시

[서식 6] 임시시장 신고확인증

■ 전통시장 및 상점가 육성을 위한 특별법 시행규칙 [별지 제6호서식] <개정 2013.6.12>

제   호

임시시장 신고확인증

1. 시 장 명:

2. 개 설 자:

3. 소 재 지:

4. 시장 면적:

5. 개설 기간:

「전통시장 및 상점가 육성을 위한 특별법」 제14조제1항 각 호 외의 부분 단서 및 같은 법 시행규칙 제8조제2항에 따라 위와 같이 임시시장으로 신고되었음을 확인합니다.

년   월   일

시장·군수·구청장   직인

210mm×297mm[백상지 120g/㎡]

[서식 6의2] 온누리상품권 개별가맹점 등록신청서

■ 전통시장 및 상점가 육성을 위한 특별법 시행규칙 [별지 제6호의2서식] <신설 2013.11.28>

온누리상품권 개별가맹점 등록신청서

※ [ ]에는 해당되는 곳에 √ 표를 합니다. (앞쪽)

접수번호	접수일	처리 기간	7일

신청종류	[ ] 종이상품권　　[ ] 선불카드 또는 선불전자지급수단(전자상품권) *중복신청 가능		

점포 개요	소속 시장 명				
	점포명			사업자번호	
	사업형 태	사업자([ ] 개인　　[ ] 법인)　 [ ] 개인 (노점)		주력상품	
	점포규 모	㎡	월 평균 매 출액　　만원	매출 구성	도매　　(%) 소매　　(%)
	사업장 주소			종업원 수	명
	연락처	일반전화(　　　　　　), 휴대전화(　　　　)			
	대표자		주민등 록번호		

계좌 정보 (전자신청 시)	거래 은행		계좌 번호	

상인여부 확인	[　　　　　] 상인회장(또는　　　　[　　　] 지방자치단체　　　공무원) (인)			

「전통시장 및 상점가 육성을 위한 특별법」 제26조의4제1항 및 같은 법 시행규칙 제8조의2제1항에 따라 위와 같이 신청합니다.

년　　　월　　　일

신청인　　　　　　　　(서명 또는 인)

지방중소기업청장　귀하

담당 공무원 확인사항	사업자등록증(노점의 경우 주민등록표 등본)	수수료 없 음

행정정보 공동이용 동의서

본인은 이 건 업무처리와 관련하여 담당 공무원이 「전자정부법」 제36조에 따른 행정정보의 공동이용을 통하여 위의 담당 공무원 확인 사항을 확인하는 것에 동의합니다.

*동의하지 아니하는 경우에는 신청인이 직접 관련 서류를 제출하여야 합니다.

신청인　　　　　　　　(서명 또는
인)

210mm×297mm[백상지 80g/㎡(재활용품)]

(뒤쪽)

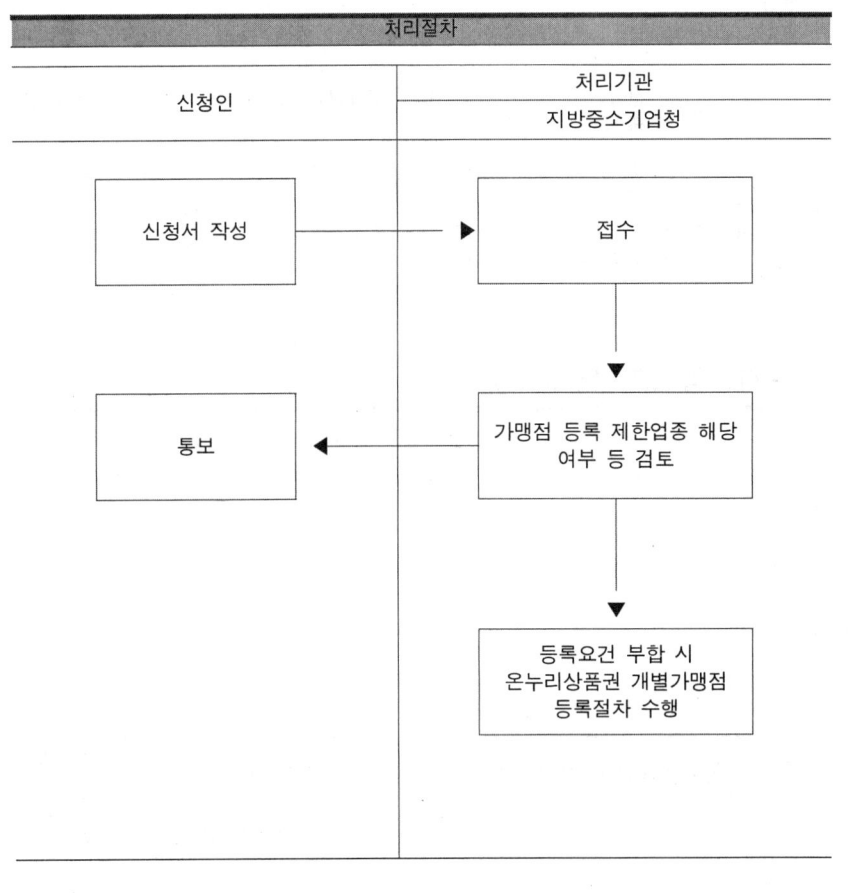

처리절차		
신청인	처리기관	
	지방중소기업청	

[서식 6의3] 온누리상품권 환전대행가맹점 등록신청서

■ 전통시장 및 상점가 육성을 위한 특별법 시행규칙 [별지 제6호의3서식] <신설 2013.11.28>

온누리상품권 환전대행가맹점 등록신청서

※ [ ]에는 해당되는 곳에 √표를 합니다. (앞쪽)

접수번호	접수일		처리기간	7일

상인조직 개요	시장명			상인조직 명칭	
	대상 구분	[ ] 전통시장	[ ] 상점가	[ ] 상권활성화구역	
	상인 조직 주소				
	고유번호 (사업자등록번호)			대표자	
	연락처	전화( ) 팩스( )		휴대전화( )	
	점포 수	총 점포 수 : 개(노점 : 개, 점포 : 개) / 가맹신청점포 : 개			

「전통시장 및 상점가 육성을 위한 특별법」 제26조의4제1항 및 같은 법 시행규칙 제8조의2제4항에 따라 위와 같이 신청합니다.

년 월 일

신청인 (서명 또는 인)

지방중소기업청장 귀하

첨부 서류	온누리상품권 환전대행을 신청한 개별가맹점 명단 1부	수수료 없음

210mm×297mm[백상지 80g/㎡(재활용품)]

(뒤쪽)

처리절차	
신청인	처리기관 지방중소기업청

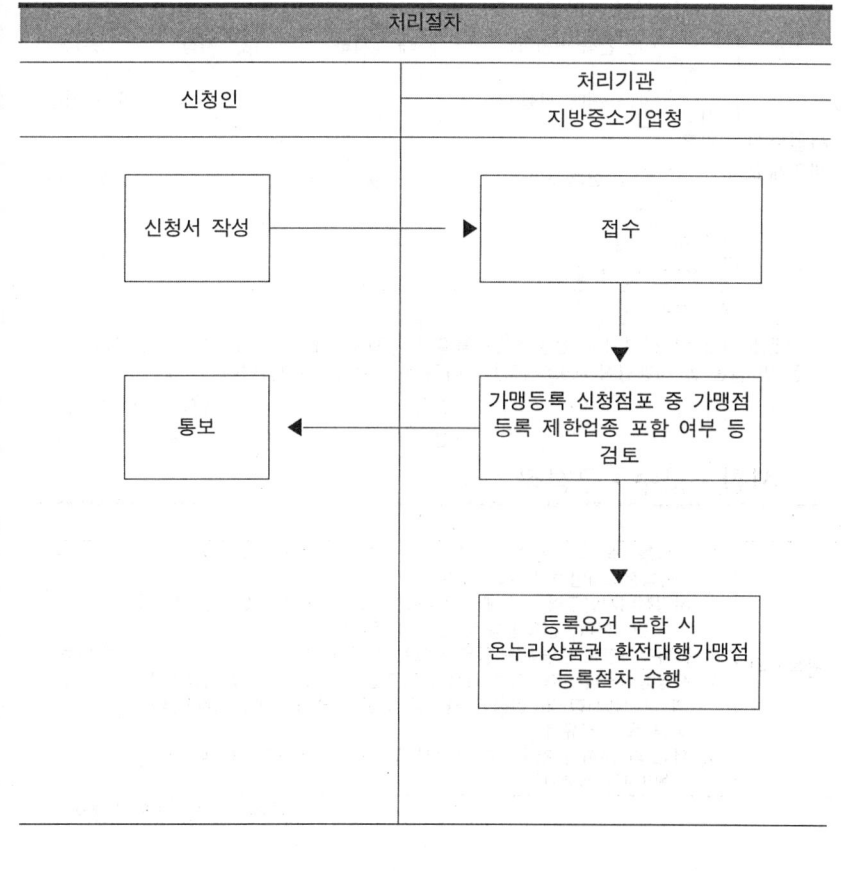

신청서 작성 ▶ 접수

↓

통보 ◀ 가맹등록 신청점포 중 가맹점 등록 제한업종 포함 여부 등 검토

↓

등록요건 부합 시
온누리상품권 환전대행가맹점
등록절차 수행

[서식 7] 시장정비사업추진계획 승인추천신청서

■ 전통시장 및 상점가 육성을 위한 특별법 시행규칙 [별지 제7호서식] <개정 2012.11.30>

시장정비사업추진계획 승인추천신청서

※ 뒤쪽의 처리절차를 참고하시기 바라며, 색상이 어두운 란은 신청인이 적지 않습니다. (앞 쪽)

접수번호		접수일		처 리 기간	20일

시장 개요	시장명		대표자 성명		
	소재지		전화번호(팩스번호)		
	개설일자(건축일자)		소유형태		
	용도지역		도시계획시설 명칭		
	시장규모	대지: m², 건물: m², 영업장 면적: m², 점포 수: 개			

사업추진 계획개요	정비사업구역 지번 및 면적				
	사업 규모	○ 건축 연면적: m² (지하 층, 지상 층)			
		m²	– 판매 시설: m²		– 주거 시설:
			– 업무 시설: m² m²		– 기타 시설:
	사업시행기간				
	소요예산 및 조달계획				
	시장정비 추진사유				

「전통시장 및 상점가 육성을 위한 특별법」 제33조제1항, 같은 법 시행령 제14조제1항 및 같은 법 시행규칙 제9조제1항에 따라 위와 같이 신청합니다.

년 월 일

신청인 (서명 또는 인)

시장·군수·구청장 귀하

첨부서류	1. 「전통시장 및 상점가 육성을 위한 특별법」 제33조제1항에 따른 시장정비사업추진계획서 1부 2. 시장정비사업구역 현황에 관한 서류(시장의 명칭·소재지, 지목·지번·면적, 건물형태 및 연면적 등) 1부 3. 전통시장임을 증명하는 등록증 또는 인정서 1부 4. 시장정비구역 안에 있는 토지나 건축물의 소유자 및 그 지상권자의 「전통시장 및 상점가 육성을 위한 특별법」 제34조제1항에 따른 동의 서류 1부 5. 제4호의 토지나 건축물의 소유자 및 그 지상권자의 현황과 이를 증명하는 서류 1부	수수료 없음

210mm×297mm[백상지 80g/㎡]

(뒤 쪽)

처리절차

이 신청서는 아래와 같이 처리됩니다.

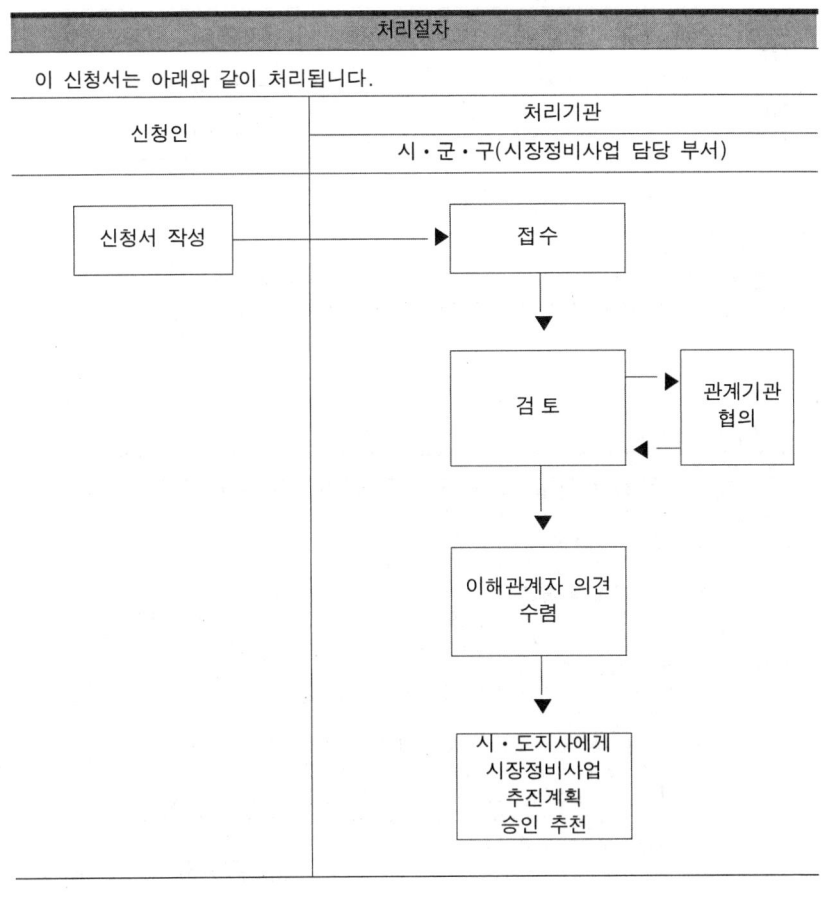

신청인	처리기관 시·군·구(시장정비사업 담당 부서)
신청서 작성	접수
	검 토 ⟶ 관계기관 협의
	이해관계자 의견 수렴
	시·도지사에게 시장정비사업 추진계획 승인 추천

[서식 8] 시장정비사업추진계획 승인추천서

■ 전통시장 및 상점가 육성을 위한 특별법 시행규칙 [별지 제8호서식] <개정 2012.11.30>

시장정비사업추진계획 승인추천서

※ 뒤쪽의 처리절차를 참고하시기 바라며, 색상이 어두운 란은 신청인이 적지 않습니다. (앞 쪽)

접수번호		접수일		처 리 기간	40일

시장 개요	시장명		대표자 성명	
	소재지		전화번호(팩스번호)	
	개설일자(건축일자)		소유형태	
	용도지역		도시계획시설 명칭	
	시장규모	대지: m², 건물: m², 영업장 면적: m², 점포 수: 개			

사업 추진 계획 개요	정비사업구역 지번 및 면적			
	사업규모	○ 건축 연면적: m² (지하 층, 지상 층)		
		- 판매 시설: m²	- 주거 시설: m²	
		- 업무 시설: m²	- 기타 시설: m²	
	사업시행기간			
	소요예산 및 조달계획			

추천 사유	

「전통시장 및 상점가 육성을 위한 특별법」 제35조제1항, 같은 법 시행령 제17조 및 같은 법 시행규칙 제9조제2항에 따라 위와 같이 추천합니다.

년   월   일

시장 · 군수 · 구청장   [직인]

시 · 도지사 귀하

첨부서류	1. 「전통시장 및 상점가 육성을 위한 특별법」 제33조제1항에 따른 시장정비사업추진계획서 1부 2. 시장정비사업구역 현황에 관한 서류(시장의 명칭·소재지, 지목·지번·면적, 건물형태 및 연면적 등) 1부 3. 전통시장임을 증명하는 등록증 또는 인정서 1부 4. 시장정비구역 안에 있는 토지나 건축물의 소유자 및 그 지상권자의 「전통시장 및 상점가 육성을 위한 특별법」 제34조제1항에 따른 동의 서류 1부 5. 제4호의 토지나 건축물의 소유자 및 그 지상권자의 현황과 이를 증명하는 서류 1부 6. 「전통시장 및 상점가 육성을 위한 특별법 시행령」 제16조에 따라 시장·군수·구청장이 검토한 의견서 1부 7. 해당 시장의 상권이 미치는 주변지역의 인구변화 추이, 「유통산업발전법」 제2조제3호에 따른 대규모점포의 진출 현황 등 주변지역의 상권 현황을 분석한 자료 1부	수수료 없음

210mm×297mm[백상지 80g/ m²]

(뒤 쪽)

처리절차

이 신청서는 아래와 같이 처리됩니다.

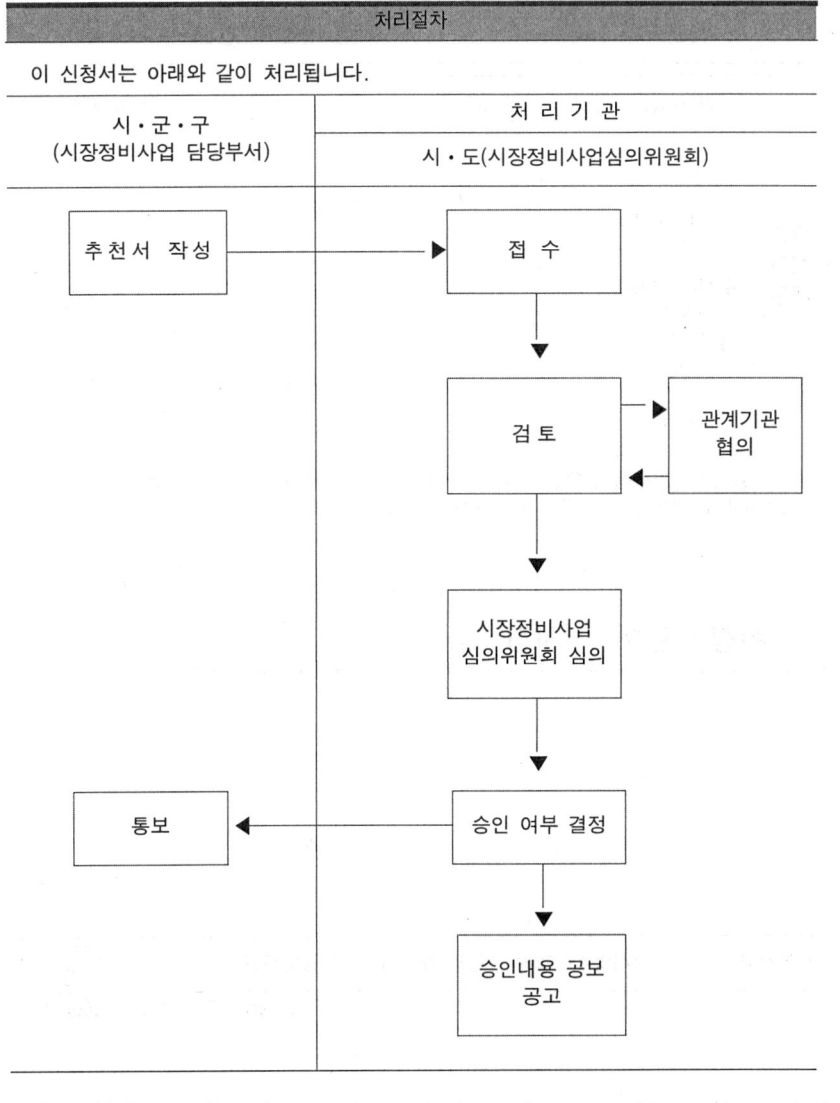

시·군·구 (시장정비사업 담당부서)	처 리 기 관
	시·도(시장정비사업심의위원회)

추천서 작성 → 접 수

↓

검 토 → 관계기관 협의

↓

시장정비사업 심의위원회 심의

↓

통보 ← 승인 여부 결정

↓

승인내용 공보 공고

[서식 9] 시장정비사업추진계획 변경승인추천신청서

■ 전통시장 및 상점가 육성을 위한 특별법 시행규칙 [별지 제9호서식] <개정 2012.11.30>

시장정비사업추진계획 변경승인추천신청서

※ 뒤쪽의 처리절차를 참고하시기 바라며, 색상이 어두운 란은 신청인이 적지 않습니다.　(앞 쪽)

접수번호	접수일		처 리 기간	20일

개요	사업시행구역 명칭		대표자 성명	
	소재지		전화번호(팩스번호)	

	변경사항	당초	변경	변경 사유
변경 신청 내용	사업시행 대표자 성명			
	사업시행구역의 지번 및 면적			
	용적률, 건폐율, 건축물의 높이·층수 및 매장면적			
	기타			

　「전통시장 및 상점가 육성을 위한 특별법」 제37조제5항 본문, 같은 법 시행령 제22조제3항 및 같은 법 시행규칙 제11조에 따라 위와 같이 신청합니다.

년　　월　　일

신청인　　　　　　　　(서명 또는 인)

시장·군수·구청장　귀하

첨부서류	시장정비사업추진계획 변경의 세부사유 및 증빙자료	수수료 없 음

210mm×297mm[백상지 80g/㎡]

(뒤 쪽)

이 신청서는 아래와 같이 처리됩니다.

신청인	처리기관
	시·군·구(시장정비사업 담당 부서)

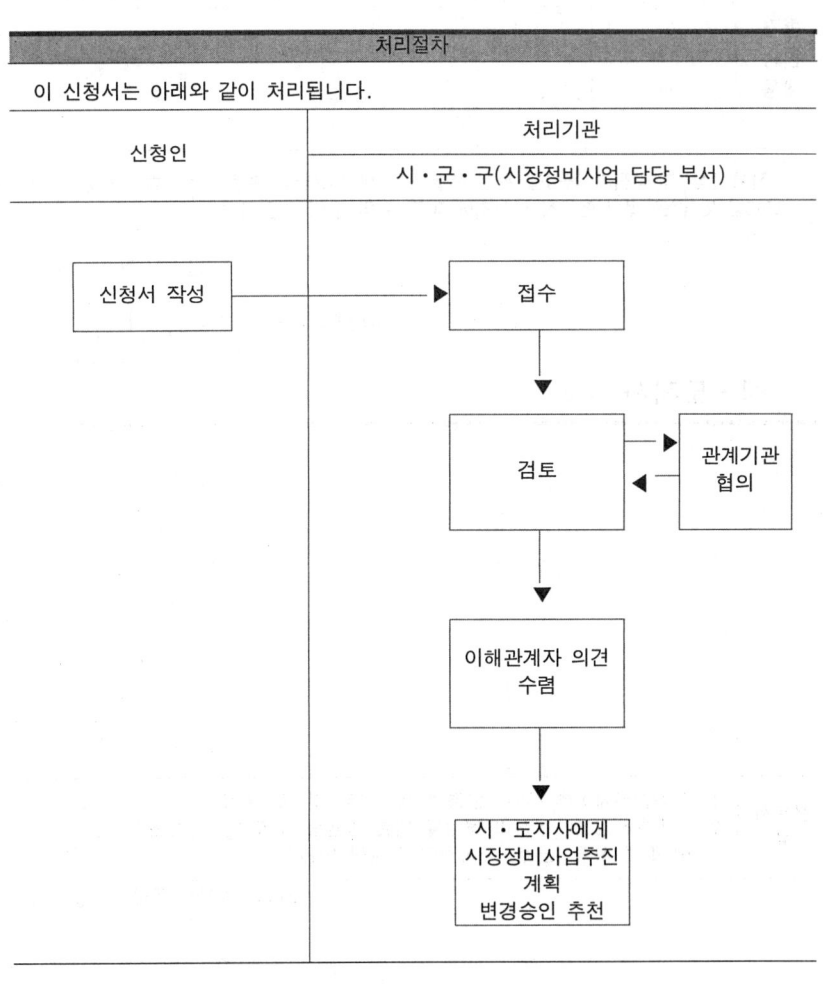

[서식 10] 시장정비사업추진계획 변경승인추천서

■ 전통시장 및 상점가 육성을 위한 특별법 시행규칙 [별지 제10호서식] <개정 2012.11.30>

시장정비사업추진계획 변경승인추천서

※ 뒤쪽의 처리절차를 참고하시기 바라며, 색상이 어두운 란은 신청인이 적지 않습니다.　(앞 쪽)

접수번호	접수일		처리기간	40일

개요	사업시행구역 명칭		대표자 성명	
	소재지		전화번호(팩스번호)	

변경신청내용	변경 사항	당초	변경	변경 사유

「전통시장 및 상점가 육성을 위한 특별법」 제37조제5항 본문, 같은 법 시행령 제22조제3항 및 같은 법 시행규칙 제11조에 따라 위와 같이 추천합니다.

년　　월　　일

시장·군수·구청장 　직인

시·도지사 　귀하

첨부서류	1. 시장정비사업추진계획 변경의 세부사유 및 증빙자료 2. 「전통시장 및 상점가 육성을 위한 특별법 시행령」 제16조에 따라 시장·군수·구청장이 검토한 의견서 1부	수수료 없음

210mm×297mm[백상지 80g/㎡]

(뒤 쪽)

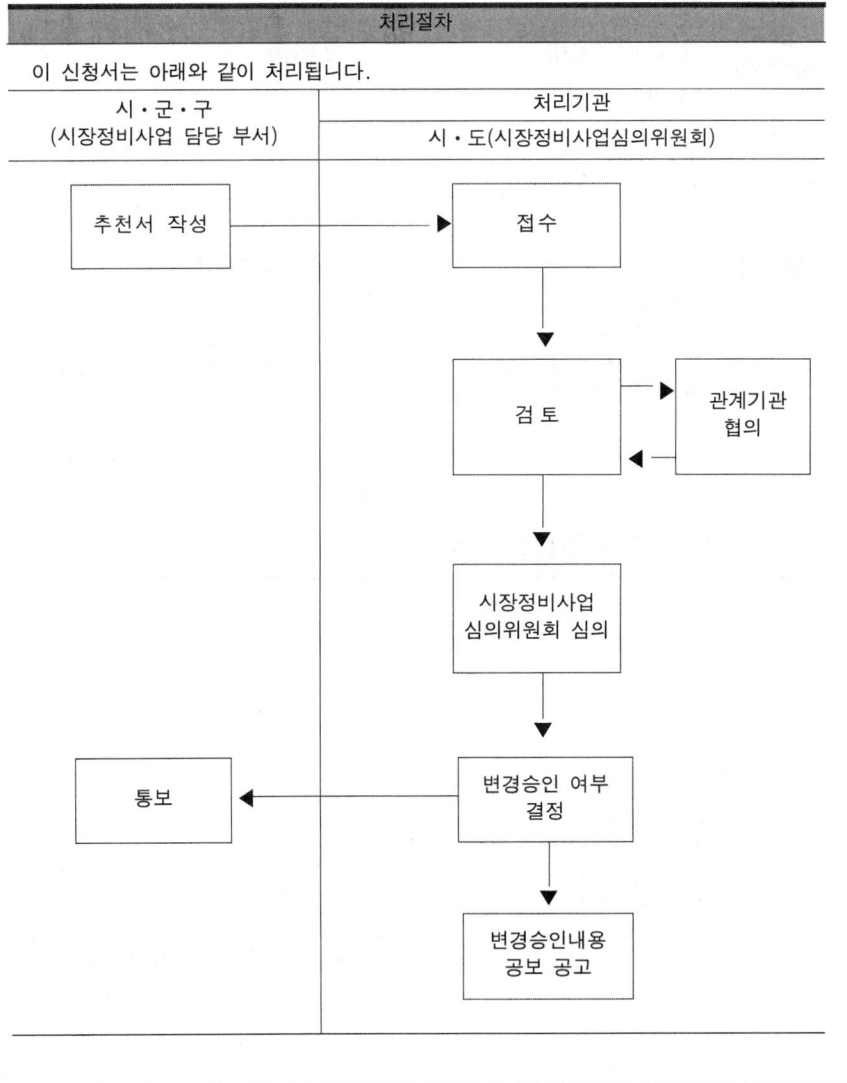

처리절차	

이 신청서는 아래와 같이 처리됩니다.

시·군·구 (시장정비사업 담당 부서)	처리기관 시·도(시장정비사업심의위원회)
추천서 작성	접수
	검토 → 관계기관 협의
	시장정비사업 심의위원회 심의
통보	변경승인 여부 결정
	변경승인내용 공보 공고

[서식 11] 상인회 등록신청서

■ 전통시장 및 상점가 육성을 위한 특별법 시행규칙 [별지 제11호서식] <개정 2012.11.30>

상인회 등록신청서

※ 뒤쪽의 처리절차를 참고하시기 바라며, 색상이 어두운 란은 신청인이 적지 않습니다.　(앞 쪽)

접수번호		접수일		처 리 기간	14일
시장·상점가 상권활성화 구역 개요	시장·상점가·상권활성화구역명		상인대표		
	주소		전화번호(팩스번호)		
	개설일자(건축일자)		소유형태		
	용도지역		도시계획시설 명칭		
	규모	토지 면적:　　　 ㎡, 건물 연면적:　　　 ㎡, 영업장 면적:　　　 ㎡, 점포 수:　　 개			
상인 조직	명칭		대표자 성명		
	주소		전화번호(팩스번호)		
	업무구역		회원 수		

「전통시장 및 상점가 육성을 위한 특별법」 제65조제3항 및 같은 법 시행규칙 제12조제3항에 따라 위와 같이 신청합니다.

년　　　월　　　일

신청인　　　　　　(서명 또는 인)

시장·군수·구청장　귀하

첨부서류	1. 동의인 명부 1부 2. 총회 회의록 1부 3. 규약 또는 정관 1부 4. 사업계획서 1부 5. 재산명세서 1부	수수료 없 음

210mm×297mm[백상지 80g/㎡]

(뒤 쪽)

처리절차

이 신청서는 아래와 같이 처리됩니다.

신청인	처리기관 시·군·구(전통시장육성 담당 부서)

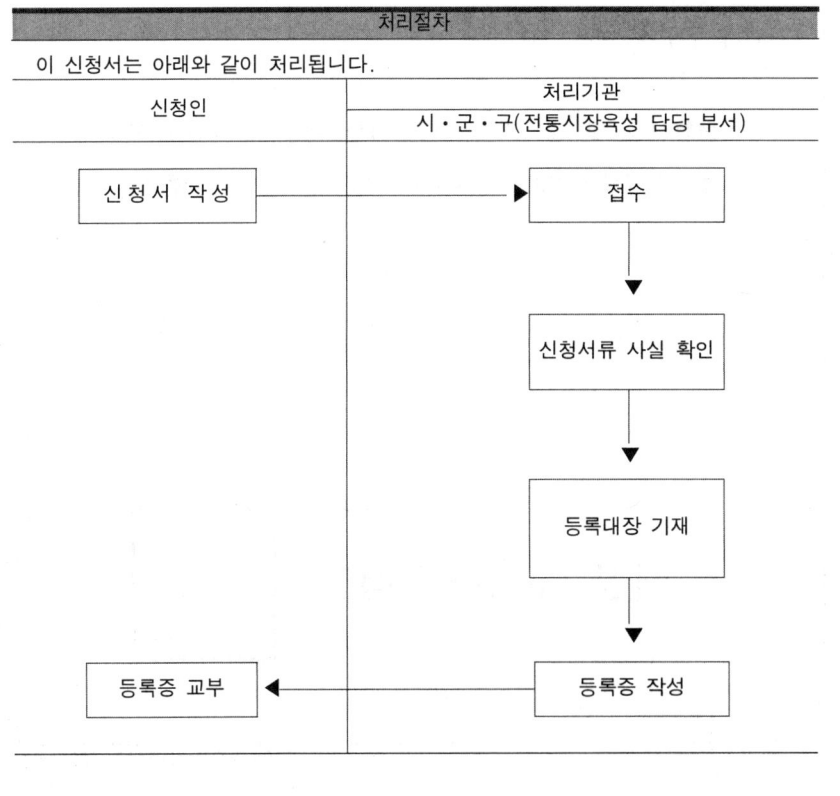

[서식 12] 상인회 등록증

■ 전통시장 및 상점가 육성을 위한 특별법 시행규칙 [별지 제12호서식] <개정 2012.11.30>

제 호

상인회 등록증

1. 상인회명:
2. 대 표 자:
3. 소 재 지:
4. 시 장 명:
5. 업무구역:

「전통시장 및 상점가 육성을 위한 특별법」 제65조제3항 및 같은 법 시행규칙 제12조제7항에 따라 위와 같이 상인회를 등록합니다.

년   월   일

시장·군수·구청장 | 직인 |

210mm×297mm[백상지 120g/㎡]

[서식 13] 시장관리자 지정신청서

■ 전통시장 및 상점가 육성을 위한 특별법 시행규칙 [별지 제13호서식] <개정 2012.11.30>

시장관리자 지정신청서

※ 뒤쪽의 처리절차를 참고하시기 바라며, 색상이 어두운 란은 신청인이 적지 않습니다.　　　(앞 쪽)

접수번호	접수일		처 리 기간	14일

시장 개요	시장 명			개설일자(건축일자)		
	소재지			전화번호		
	등록번호			소유형태		
	시장 규모	토지 면적:　　　　m², 건물 연면적:　　　　m², 영업장 면적: m², 점포 수:　　　개				
	주요 시설	건축물:　　　층　　동,　　　층　　동,　　　층　　동				
		장옥(場屋):　　　　　동,　　　　　　　　　　　아케이드: 식				
	편의 시설	화장실:　　　개, 주차장:　　　m², 기타:				

상인 조직	명칭	대표자 성명
	주소	전화번호
	설립일자	회원 수

관리자	주소	전화번호(팩스번호)
	법인(조합)·상인조직·단체 명	법인등록번호 등
	대표자 성명	대표자 생년월일

　「전통시장 및 상점가 육성을 위한 특별법」 제67조제1항 및 같은 법 시행규칙 제14조제1항에 따라 위와 같이 신청합니다.

년　　　월　　　일

신청인　　　　　　(서명 또는 인)

시장·군수·구청장　귀하

첨부서류	1. 총회에서 시장관리자의 지정 신청에 동의한 회의록 1부 2. 규약 또는 정관 1부 3. 시장관리 운영계획 1부	수수료 없 음

210mm×297mm[백상지 80g/㎡]

(뒤 쪽)

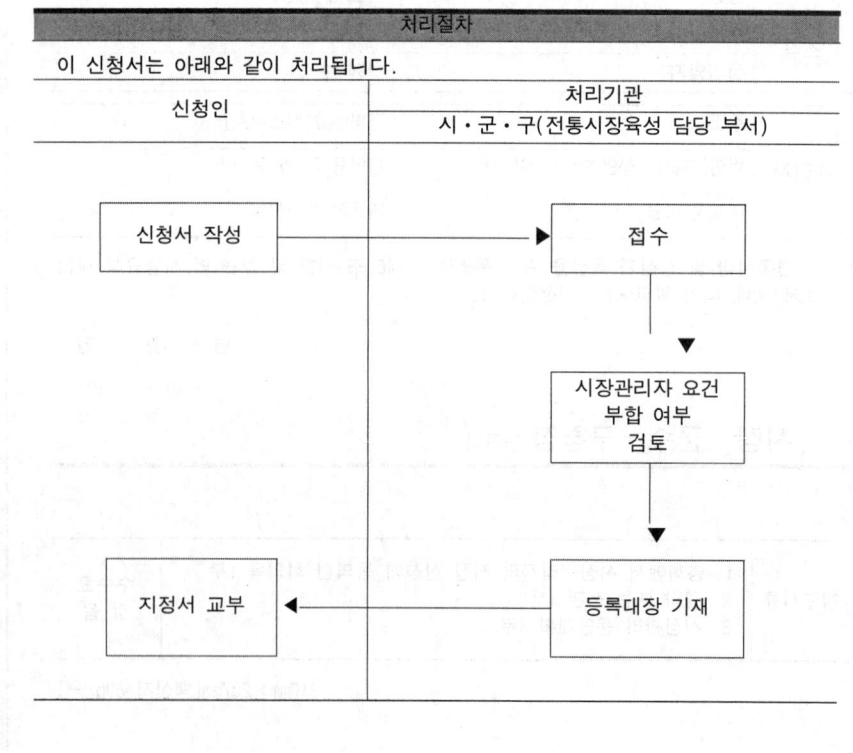

처리절차

이 신청서는 아래와 같이 처리됩니다.

신청인	처리기관 시·군·구(전통시장육성 담당 부서)
신청서 작성	접수
	▼
	시장관리자 요건 부합 여부 검토
	▼
지정서 교부 ◀	등록대장 기재

[서식 14] 시장관리자 지정서

■ 전통시장 및 상점가 육성을 위한 특별법 시행규칙 [별지 제14호서식] <개정 2012.11.30>

제 호

시장관리자 지정서

1. 시 장 명:

2. 소 재 지:

3. 시장관리자

가. 법인(조합)명 또는 상인조직·단체명:

나. 대표자 성명: (생년월일:)

「전통시장 및 상점가 육성을 위한 특별법」 제67조제1항 및 같은 법 시행규칙 제14조제2항에 따라 위와 같이 시장관리자를 지정합니다.

년   월   일

시장·군수·구청장 　직인

210mm×297mm[백상지 120g/㎡]

중견기업 성장촉진 및 경쟁력 강화에 관한 특별법

[시행 2014.7.22.]
[법률 제12307호, 2014.1.21., 제정]

제1장 총칙

제1조(목적) 이 법은 중견기업의 성장 촉진 및 경쟁력 강화를 위하여 필요한 사항을 정함으로써 중소기업이 중견기업으로, 중견기업이 글로벌 전문기업으로 원활하게 성장할 수 있는 선순환 기업생태계를 구축하고, 일자리 창출 및 국민경제의 균형 있는 발전에 이바지함을 목적으로 한다.

제2조(정의) 이 법에서 사용하는 용어의 뜻은 다음과 같다.
1. "중견기업"이란 다음 각 목의 요건을 모두 갖춘 기업을 말한다.
   가. 「중소기업기본법」 제2조에 따른 중소기업이 아닐 것
   나. 「공공기관의 운영에 관한 법률」 제4조에 따른 공공기관이 아닐 것
   다. 그 밖에 지분 소유나 출자관계 등이 대통령령으로 정하는 기준에 적합한 기업
2. "중견기업 후보기업"이란 중소기업 중에서 중견기업으로의 성장가능성이 높고 혁신역량이 있는 기업으로서 대통령령으로 정하는 기업을 말한다.
3. "중견기업자"란 중견기업을 영위하는 자를 말한다.

제3조(정부와 지방자치단체의 책무) ① 정부와 지방자치단체는 중소기업이 중견기업으로 원활하게 성장하고, 중견기업이 국제경쟁력을 갖춘 전문기업으로 성장할 수 있는 사회적·경제적 환경을 조성하기 위한 시책(이하 "중견기업시책"이라 한다)을 수립·시행하여야 한다.
② 정부와 지방자치단체는 중견기업시책의 수립·시행에 필요한 예산·인력 등 자원을 배분하여야 한다.
③ 정부와 지방자치단체는 중견기업시책을 수립·시행할 경우 중소기업에 대한 지원이 축소되지 아니하도록 하여야 하며, 중견기업의 자발적인 투자를 유인·촉진할 수 있도록 노력하여야 한다.
④ 정부와 지방자치단체는 다음 각 호의 사항을 고려하여 중견기업시책별로 그 대상을 달리할 수 있다.
1. 고용 증대, 수출 촉진, 산업 간 연관효과 등 국민경제적 효과
2. 규모 및 성장률, 연구개발 집약도, 국제경쟁력 등 기업의 특성
3. 그 밖에 기업의 혁신 역량과 성장 가능성 등에 관한 사항

제4조(중견기업자의 책무) ① 중견기업자는 기업가정신을 발휘하고 지속적인 혁신을 통하여 국제경쟁력 향상을 위하여 힘쓰는 동시에 투명한 경영과 중소기업과의 상생협력 등 기업의 사회적 책임을 다하여 국가경제의 발전과 국민의 후생 증대에 이바지할 수 있도록 노력하여야 한다.
② 중견기업자는 정부와 지방자치단체가 실시하는 중견기업시책에 적극 협력하여야 한다.

제5조(중견기업 성장촉진 기본계획) ① 중소기업청장은 중견기업시책의 수립·시행을 위하여 중앙행정기관과

협조하여 5년마다 다음 각 호의 사항이 포함된 중견기업 성장촉진 기본계획(이하 "기본계획"이라 한다)을 수립하여야 한다.

1. 중견기업시책의 기본방향
2. 중견기업 관련 국내외 동향, 성장현황 및 전망
3. 중소기업이 중견기업으로 성장하는 데 저해요인으로 작용하는 제도 및 시책의 개선에 관한 사항
4. 중견기업시책 추진을 위한 조세·금융·기술개발·인력·경영혁신·국제화 등 혁신역량 강화에 관한 사항
5. 규모 및 성장률, 국제화 등 중견기업의 특성을 고려한 거래 공정화 및 상생협력에 관한 사항
6. 그 밖에 중견기업의 원활한 성장을 촉진하기 위하여 필요한 사항

② 중소기업청장은 중앙행정기관의 장 또는 지방자치단체의 장에게 기본계획의 수립에 필요한 자료를 요청할 수 있다. 이 경우 중앙행정기관의 장 또는 지방자치단체의 장은 특별한 사유가 없으면 요청에 따라야 한다.

③ 기본계획의 수립절차 등에 필요한 사항은 대통령령으로 정한다.

제6조(중견기업 성장촉진 시행계획) ① 중소기업청장은 중앙행정기관의 장과 협의하여 기본계획에 따라 매년 중견기업 성장촉진 시행계획(이하 "시행계획"이라 한다)을 수립·시행하여야 한다.

② 중소기업청장은 전년도 시행계획의 추진 실적과 성과를 평가하고, 그 평가결과를 반영하여 중견기업 정책에 관한 연차보고서를 정기국회 전까지 국회에 제출하여야 한다.

③ 시행계획의 수립 및 시행 등에 필요한 사항은 대통령령으로 정한다.

제2장 중소기업에서 중견기업으로의 성장촉진

제7조(중소기업의 성장촉진 지원 강화) 정부와 지방자치단체는 중소기업을 대상으로 하는 기술개발사업 및 자금지원 등 재정적 지원 사업을 운영함에 있어 중소기업에서 중견기업으로 자발적 성장이 촉진될 수 있도록 제도를 마련하여야 한다.

제8조(중견기업 초기 성장부담 완화) ① 정부와 지방자치단체는 중소기업이 중견기업으로 원활하게 성장할 수 있도록 매출액 등 기업 규모, 중견기업이 된 이후의 기간 등을 고려하여 중견기업 지원에 필요한 제도적·절차적 조치를 마련하여야 한다.

② 제1항에 따른 필요한 조치에는 다음 각 호의 사항이 포함되어야 한다.

1. 중소기업에만 적용되는 금융 지원 및 조세 감면
2. 중소기업만을 대상으로 하는 판로·기술개발·인력·수출 등의 지원
3. 중견기업이 되면서 신규로 적용되는 규제의 적용 완화 또는 배제

제9조(업종별 중견기업시책) ① 정부는 기술현황 및 전망 등 업종별 특수성을 감안하여 중견기업시책을 수립·시행할 수 있다.

② 제1항에 따른 업종별 중견기업시책에는 다음 각 호의 사항이 포함되어야 한다.

1. 업종별 중견기업 후보기업·중견기업(이하 "중견기업등"이라 한다)의 기술·인력·경영·판로 등 기업 활동 분석
2. 업종별 특성에 맞는 기술개발 및

인재육성, 글로벌화 등 중견기업
등의 혁신역량 강화에 관한 사항
3. 업종별 특수성에 따른 중견기업등
의 경영활동 촉진을 위한 제도의
개선에 관한 사항
4. 업종별 중견기업등의 기업 간 협
력에 관한 사항
③ 그 밖에 업종별 중견기업시책의
수립 및 시행에 필요한 사항은 대통
령령으로 정한다.

제10조(지역별 중견기업시책) ① 정부
는 지역경쟁력을 강화하고 지역의 균
형 있는 발전에 이바지하기 위하여
지역별 중견기업시책을 수립·시행할
수 있다.
② 제1항에 따른 지역별 중견기업시
책에는 다음 각 호의 사항이 포함되
어야 한다.
1. 지역별 중견기업등의 기술·인력·
경영·판로 등 기업 활동 분석
2. 지역별 특성에 맞는 기술개발 및
인재육성, 글로벌화 등 중견기업
등의 혁신역량 강화에 관한 사항
3. 지역별 중견기업등의 기업 간 협
력에 관한 사항
4. 지역별 중견기업등의 입지·조세·
고용 등 제도의 개선에 관한 사항
③ 그 밖에 지역별 중견기업시책의
수립 및 시행에 필요한 사항은 대통
령령으로 정한다.

제11조(중견기업에 대한 금융 지원) 정
부와 지방자치단체는 중견기업의 원
활한 자금조달 여건 조성을 위하여
다음 각 호의 사항을 포함하는 시책
을 마련할 수 있다.
1. 중견기업에 대한 융자 및 투자 등
의 지원에 관한 사항
2. 회사채권의 발행 등 직접금융 활
성화에 관한 사항
3. 그 밖에 중견기업의 자금조달 여
건조성을 위하여 필요한 사항

제12조(조세 감면에 관한 특례) 정부와
지방자치단체는 중견기업의 성장을
촉진하기 위하여 「조세특례제한법」
과 「지방세특례제한법」 등 조세 관
계 법률에서 정하는 바에 따라 조세
를 감면할 수 있다.

**제13조(수탁·위탁거래의 공정화에 관
한 특례)** 「독점규제 및 공정거래에
관한 법률」 제14조제1항에 따른 상
호출자제한기업집단에 속하는 기업과
수탁·위탁거래 관계에 있는 대통령
령으로 정하는 중견기업은 「대·중
소기업 상생협력 촉진에 관한 법률」
제21조부터 제23조까지, 제25조제1
항 및 제27조제1항에 따른 수탁기업
으로 본다.

**제14조(대기업인 이러닝사업자 참여 제
한에 관한 특례)** 매출액 등 기업 규
모를 고려하여 대통령령으로 정하는
중견기업은 「이러닝(전자학습)산업
발전 및 이러닝 활용 촉진에 관한 법
률」 제20조의5제2항에 따른 대기업
에서 제외한다.

제15조(가업승계지원에 관한 특례) 매
출액 등 기업 규모를 고려하여 대통령
령으로 정하는 중견기업은 「중소기업
진흥에 관한 법률」 제62조의2 및 제
62조의3에 따른 중소기업으로 본다.

**제16조(중소기업 옴부즈만에 관한 특
례)** 「중소기업기본법」 제22조에
따른 중소기업 옴부즈만은 중견기업
시책에 영향을 주는 기존 규제의 정
비 및 중견기업의 애로사항 해결에
관한 업무를 수행할 수 있다.

**제17조(중소벤처기업 인수합병 지원센
터에 관한 특례)** 「벤처기업육성에 관

한 특별조치법」 제15조의13에 따라 지정된 중소벤처기업 인수합병 지원센터는 중견기업 간 또는 중견기업과 중소기업 간 인수합병을 효율적으로 지원하기 위한 업무를 수행할 수 있다.

제3장 중견기업등의 혁신역량 강화

제18조(세계적 유망기업 육성) ① 정부는 고용안정, 수출증대 등 국민경제에 미치는 영향이 크거나 우수한 혁신역량과 성장 가능성을 보유한 중견기업등을 선정하여 다음 각 호의 사항에 관한 지원사업을 할 수 있다.
1. 세계적 유망기업으로의 성장촉진 및 중장기 발전을 위한 전략의 수립 지원
2. 기술·인력·금융·경영 등 분야별 전문가의 파견·알선
3. 세계적 유망기업으로의 성장을 촉진하기 위한 정보의 제공
4. 해외진출 전략에 대한 지도 및 자문
5. 그 밖에 세계적 유망기업으로의 성장을 촉진하기 위하여 필요한 사항
② 제1항에 따른 중견기업등의 선정 및 지원 절차, 운영방법 등에 필요한 사항은 대통령령으로 정한다.

제19조(중견기업등의 기술혁신 지원) ① 정부는 중견기업등의 기술역량을 제고하기 위하여 다음 각 호의 사항에 관한 지원사업을 할 수 있다.
1. 해외시장 진출을 목적으로 하는 기술개발
2. 중장기 경쟁력 강화, 신사업 창출 및 기술애로 해결을 위한 기술개발
3. 정부출연연구소 및 전문생산기술연구소 등의 중견기업등에 대한 기술개발 지원
4. 산학연(産學硏) 공동연구 기술개발

5. 중견기업등의 기업 간 정보 및 기술교류 촉진
6. 지식재산권 창출·활용 및 분쟁대응 등에 관한 사항
7. 그 밖에 중견기업등의 기술역량을 제고하기 위하여 필요한 사항
② 제1항에 따른 지원사업의 절차, 운영방법 등에 필요한 사항은 대통령령으로 정한다.

제20조(중견기업등의 인재확보 지원) ① 정부는 중견기업등의 인재 확보 및 유치를 위하여 다음 각 호의 사항에 관한 지원사업을 할 수 있다.
1. 취업 예정자·희망자를 대상으로 하는 중견기업등의 홍보
2. 국내외 인력을 대상으로 하는 중견기업등에 대한 취업 알선
3. 중견기업등에 소속된 핵심인력의 장기근속 및 사기진작
4. 중견기업등의 사내교육 등 직원의 역량강화
5. 그 밖에 중견기업등의 인재 확보 및 유치를 위하여 필요한 사항
② 제1항에 따른 지원사업의 절차, 운영방법 등에 필요한 사항은 대통령령으로 정한다.

제21조(중견기업등의 국제화 촉진) ① 정부는 중견기업등의 국제화를 촉진하기 위하여 다음 각 호의 사항에 관한 지원사업을 할 수 있다.
1. 수출기업 및 제품의 국제적 브랜드개발
2. 해외진출 전략 컨설팅
3. 외국기업과의 협력관계 구축
4. 해외 홍보 지원 및 해외 투자 유치
5. 그 밖에 국제화를 통한 경쟁력 강화에 필요한 사항
② 제1항에 따른 지원사업의 절차, 운영방법 등에 필요한 사항은 대통령령으로 정한다.

제22조(중견기업등의 경영혁신 지원)
① 정부는 중견기업등의 경영혁신을 촉진하기 위하여 다음 각 호의 사항에 관한 지원사업을 할 수 있다.
1. 중견기업등의 경영혁신 모델 개발 및 보급
2. 중견기업 후보기업자 및 중견기업자의 기업가정신 고취를 위한 사항
3. 사회적 책임경영 및 지속가능경영 도입·확산
4. 그 밖에 중견기업등의 경영혁신 촉진을 위하여 필요한 사항
② 제1항에 따른 지원사업의 절차, 운영방법 등에 필요한 사항은 대통령령으로 정한다.

제4장 중견기업 경쟁력 강화 기반 조성

제23조(전담기관) ① 정부는 중견기업시책을 효율적·체계적으로 추진하고, 중견기업 관련 정책을 조사·연구하기 위한 전담기관을 둔다.
② 제1항에 따른 전담기관은 「산업기술혁신 촉진법」 제38조에 따른 한국산업기술진흥원으로 한다.
③ 전담기관은 다음 각 호의 사업을 수행할 수 있다.
1. 중견기업시책의 수립·시행을 위한 국내외 정책 및 제도의 조사·연구에 관한 사업
2. 중견기업의 기술·경영·인력·수출 등에 관한 정보의 수집 및 공유·활용에 관한 사업
3. 세계적 유망기업을 선정하고 지원하기 위한 사업
4. 중견기업의 기술개발 및 인재육성, 국제화 등 혁신역량 강화를 지원하기 위한 사업
5. 그 밖에 중견기업의 성장촉진 및 경쟁력 강화를 위하여 필요한 사업

④ 정부는 제3항 각 호의 사업수행에 필요한 비용의 전부 또는 일부를 출연 또는 보조할 수 있다.

제24조(중견기업 실태조사 및 통계조사) ① 중소기업청장은 중견기업시책을 효율적으로 수립·시행하기 위하여 중견기업의 활동현황, 자금, 인력, 경영, 성장 장애요인 및 정부지원 활용 현황 등에 관한 실태조사를 매년 정기적으로 실시하고, 중견기업에 관한 통계자료를 조사·작성·분석 및 관리할 수 있다. 이 경우 통계자료의 작성 및 관리에 관하여 이 법에서 정한 것을 제외하고는 「통계법」을 준용한다.
② 중소기업청장은 제1항에 따른 실태조사 및 통계조사를 위하여 필요한 때에는 중앙행정기관의 장, 지방자치단체의 장 또는 공공기관의 장에게 관련 자료를 요청할 수 있다. 이 경우 자료를 요청받은 중앙행정기관의 장 등은 특별한 사유가 없으면 중소기업청장의 요청에 따라야 한다.
③ 제1항에 따른 실태조사 및 통계조사의 방법 및 절차 등에 필요한 사항은 대통령령으로 정한다.

제25조(중견기업 확인서의 발급) ① 중소기업청장은 중견기업자의 신청에 의하여 중견기업 해당 여부를 확인하는 서류(이하 "확인서"라 한다)를 발급할 수 있다.
② 중견기업 해당 여부에 대한 확인서를 받고자 하는 중견기업자는 중견기업에 해당하는지를 확인할 수 있는 근거 자료를 중소기업청장에게 제출하여야 한다.
③ 중소기업청장은 제1항에 따라 중견기업에 해당하는지를 확인하기 위하여 필요하다고 인정하는 경우에는 금융위원회, 국세청 등 관계 중앙행정기관의 장 및 지방자치단체의 장, 공공기관의

장 등에 대하여 그 확인에 필요한 자료의 제출을 요청할 수 있다.
④ 중소기업청장은 제3항에 따라 국세청장에게 과세정보의 제출을 요청할 경우에는 다음 각 호의 사항을 명시하여 문서로 하여야 한다. 다만, 납세자의 동의를 받은 경우에 한정한다.
1. 상시 근로자 수
2. 매출액
3. 납입자본금,자본잉여금
4. 자기자본(자산총액－부채총액)
5. 자산총액
6. 주주현황 및 다른 법인에 대한 출자현황
⑤ 제3항 및 제4항에 따라 자료의 제출을 요청받은 자는 특별한 사유가 없으면 중소기업청장의 요청에 따라야 한다.

제26조(중견기업종합정보시스템의 구축·운영) ① 중소기업청장은 중견기업시책의 수립·시행 및 중견기업의 성장에 필요한 정보 및 자료 등을 체계적으로 유지·관리하기 위하여 중견기업종합정보시스템(이하 "정보시스템"이라 한다)을 구축·운영할 수 있다.
② 중소기업청장은 중앙행정기관의 장, 지방자치단체의 장 또는 공공기관의 장에게 정보시스템의 구축·운영을 위하여 필요한 자료의 제출을 요청할 수 있다. 이 경우 중앙행정기관의 장 등은 특별한 사유가 없으면 중소기업청장의 요청에 따라야 한다.
③ 중소기업청장은 정보시스템 운영에 사용되는 비용의 전부 또는 일부를 지원할 수 있다.

제27조(한국중견기업연합회의 설립) ① 중견기업자는 중견기업의 건전한 발전과 중견기업자의 공동이익을 도모하기 위하여 한국중견기업연합회(이하 "연합회"라 한다)를 설립할 수 있다.
② 연합회는 다음 각 호의 사업을 수행할 수 있다.
1. 중견기업자 간의 교류협력 및 상호부조에 관한 사업
2. 중견기업시책 및 지원제도, 기술·경영동향 등에 대한 정보제공
3. 중견기업에 관한 조사·연구 및 실태·통계조사
4. 중견기업의 애로사항 발굴 및 중견기업시책에 관한 정책건의
5. 해외 기업 및 관련 단체와의 교류·협력에 관한 업무
6. 중견기업에 대한 인식제고 및 각종 간행물 발간
7. 중견기업시책의 수립·시행을 위하여 중앙행정기관 및 전담기관 등이 위탁하는 사업
8. 그 밖에 회원의 복리 증진, 연합회의 목적과 관련된 수익사업 등 정관으로 정하는 사업
③ 연합회는 법인으로 한다.
④ 연합회는 주된 사무소의 소재지에서 설립등기를 함으로써 성립한다.
⑤ 중견기업자는 연합회의 정관으로 정하는 바에 따라 연합회에 가입할 수 있다.
⑥ 연합회의 설립·운영·정관 및 감독 등에 필요한 사항은 대통령령으로 정한다.
⑦ 연합회에 관하여 이 법에서 정한 것을 제외하고는 「민법」 중 사단법인에 관한 규정을 준용한다.

제28조(인식개선 등) 중소기업청장은 중견기업에 대한 국민의 인식을 높이고 중견기업의 성장촉진 및 경쟁력 강화를 위하여 다음 각 호의 사업을 추진할 수 있다.
1. 우수 중견기업자 및 중견기업 경쟁력 강화에 공적이 있는 자에 대한 포상
2. 국민경제 발전에 대한 중견기업의 역할과 기여에 관한 홍보
3. 중견기업 기념일의 지정 및 주간 행사

4. 그 밖에 중견기업에 대한 인식제
고를 위하여 필요한 사업

제5장 보칙 및 벌칙

제29조(권한 또는 업무의 위임·위탁)
① 이 법에 따른 중소기업청장의 권
한은 그 일부를 대통령령으로 정하는
바에 따라 지방자치단체의 장에게 위
임할 수 있다.
② 이 법에 따른 중소기업청장의 업무
는 그 일부를 대통령령으로 정하는
바에 따라 전담기관, 연합회 또는 중
견기업시책의 수립·시행과 관련된
기관 또는 단체에 위탁할 수 있다.

제30조(벌칙 적용에서의 공무원 의제)
제29조에 따라 중소기업청장이 위탁
한 업무에 종사하는 기관 또는 단체
의 임직원은 「형법」 제129조부터
제132조까지의 규정에 따른 벌칙을
적용할 때에는 공무원으로 본다.

제31조(과태료)
① 중견기업자가 아닌
자로서 제25조제2항에 따른 자료를
거짓으로 제출하여 중견기업시책에
참여한 자에게는 500만원 이하의 과
태료를 부과한다.
② 제1항에 따른 과태료는 대통령령
으로 정하는 바에 따라 중견기업시
책을 실시하는 기관의 장이 부과·
징수한다.

부칙
<제12307호, 2014.1.21.>

제1조(시행일)
이 법은 공포 후 6개월
이 경과한 날부터 시행한다.

제2조(유효기간)
이 법은 시행일부터

10년간 효력을 가진다.

제3조(중견기업 확인에 관한 경과조치)
이 법 시행 전 「산업발전법」 제10
조의2에 따라 발급받은 중견기업 확인
서는 해당 확인서의 유효기간까지 제
25조에 따른 중견기업 확인서로 본다.

제4조(한국중견기업연합회의 설립에 관한 경과조치)
① 「민법」 제32조에
따라 설립된 사단법인 한국중견기업
연합회는 총회의 결의에 의하여 모
든 권리와 의무를 이 법에 따른 한
국중견기업연합회가 승계하도록 중
소기업청장에게 신청할 수 있다.
② 「민법」 제32조에 따라 설립된
사단법인 한국중견기업연합회가 제1
항의 신청에 따라 중소기업청장의
승인을 받은 때에는 이 법에 따른
한국중견기업연합회의 설립과 동시
에 「민법」 중 법인의 해산 및 청
산에 관한 규정에도 불구하고 해산
된 것으로 보며, 「민법」 제32조에
따라 설립된 사단법인 한국중견기업
연합회의 모든 권리·의무·직원 및
회원은 이 법에 따른 한국중견기업
연합회가 승계한다.
③ 제2항에 따라 한국중견기업연합회
에 승계될 재산의 가액은 설립등기
일 전일의 장부가액으로 한다.
④ 이 법 시행 당시 등기부나 그 밖의
공부에 표시된 사단법인 한국중견기
업연합회의 명의는 이 법에 따른 한
국중견기업연합회의 명의로 본다.
⑤ 이 법 시행 전에 「민법」 제32조
에 따라 설립된 사단법인 한국중견
기업연합회가 행한 행위는 이 법에
따른 한국중견기업연합회가 행한 행
위로 본다.

제5조(다른 법률의 개정)
① 산업발전
법 일부를 다음과 같이 개정한다.
제2조 각 호 외의 부분 단서 중 "제

10조의2에 따른 중견기업"을 "「중
견기업 성장촉진 및 경쟁력 강화에
관한 특별법」 제2조제1호에 따른
중견기업"으로 한다.

제10조의2를 삭제한다.

② 관세법 일부를 다음과 같이 개정
한다.

제176조의2제1항 중 "「산업발전
법」 제10조의2에 따른 중견기업"을
"「중견기업 성장촉진 및 경쟁력 강
화에 관한 특별법」 제2조제1호에
따른 중견기업"으로 한다.

③ 대·중소기업 상생협력 촉진에 관한
법률 일부를 다음과 같이 개정한다.

제8조제1항 후단 중 "「산업발전법」
제10조의2에 따른 중견기업"을 "
「중견기업 성장촉진 및 경쟁력 강
화에 관한 특별법」 제2조제1호에
따른 중견기업"으로 한다.

④ 산업기술혁신 촉진법 일부를 다음
과 같이 개정한다.

제34조의2제1항 중 "「산업발전법」
제10조의2제1항에 따른 중견기업"
을 "「중견기업 성장촉진 및 경쟁력
강화에 관한 특별법」 제2조제1호에
따른 중견기업"으로 한다.

⑤ 법률 제12270호 한국수출입은행
법 일부개정법률 일부를 다음과 같
이 개정한다.

제18조제1항제3호 중 "「산업발전
법」 제10조의2에 따른 중견기업"을
"「중견기업 성장촉진 및 경쟁력 강
화에 관한 특별법」 제2조제1호에
따른 중견기업"으로 한다.

제6조(다른 법령과의 관계) 이 법 시행
당시 다른 법령에서 종전의 「산업발
전법」 제10조의2의 규정을 인용한
경우 종전의 규정을 갈음하여 이 법
의 해당 조항을 인용한 것으로 본다.

중견기업 성장촉진 및 경쟁력 강화에 관한 특별법 시행령

[시행 2014.7.22.]
[대통령령 제25495호, 2014.7.21., 제정]

제1조(목적) 이 영은 「중견기업 성장촉진 및 경쟁력 강화에 관한 특별법」에서 위임된 사항과 그 시행에 필요한 사항을 규정함을 목적으로 한다.

제2조(중견기업 및 중견기업 후보기업의 범위) ① 「중견기업 성장촉진 및 경쟁력 강화에 관한 특별법」(이하 "법"이라 한다) 제2조제1호다목에서 "지분 소유나 출자관계 등이 대통령령으로 정하는 기준에 적합한 기업"이란 다음 각 호의 요건을 모두 갖춘 기업을 말한다.

1. 소유와 경영의 실질적인 독립성이 다음 각 목의 어느 하나에 해당하지 아니하는 기업일 것
   가. 「독점규제 및 공정거래에 관한 법률」 제14조제1항에 따른 상호출자제한기업집단 또는 채무보증제한기업집단에 속하는 기업
   나. 자산총액이 5조원 이상인 기업 또는 법인(외국법인을 포함한다. 이하 같다)이 해당 기업의 주식(「상법」 제344조의3에 따른 의결권 없는 주식은 제외한다) 또는 출자지분(이하 "주식등"이라 한다)의 100분의 30 이상을 직접적 또는 간접적으로 소유하면서 최다출자자인 기업. 이 경우 최다출자자는 해당 기업의 주식등을 소유한 법인 또는 개인으로서 단독으로 또는 다음의 어느 하나에 해당하는 자와 합산하여 해당 기업의 주식등을 가장 많이 소유한 자로 하며, 주식등의 간접소유비율에 관하여는 「국제조세조정에 관한 법률 시행령」 제2조제2항을 준용한다.
      1) 주식등을 소유한 자가 법인인 경우: 그 법인의 임원
      2) 주식등을 소유한 자가 개인인 경우: 그 개인의 친족
2. 「통계법」 제22조에 따라 통계청장이 고시하는 한국표준산업분류에 따른 다음 각 목의 어느 하나에 해당하는 업종을 영위하는 기업이 아닐 것
   가. 금융업
   나. 보험 및 연금업
   다. 금융 및 보험 관련 서비스업
3. 「민법」 제32조에 따라 설립된 비영리법인이 아닐 것

② 법 제2조제2호에서 "대통령령으로 정하는 기업"이란 다음 각 호의 어느 하나에 해당하는 기업을 말한다.

1. 「중소기업기본법」 제2조제3항 본문에 따라 중소기업으로 보는 기업
2. 해당 기업이 영위하는 주된 업종과 그 기업의 직전 사업연도의 매출액이 별표 1의 기준에 맞는 중소기업으로서 다음 각 목의 어느 하나에 해당하는 기업. 이 경우 하나의 기업이 둘 이상의 서로 다른 업종을 영위하는 때에는 직전 사업연도 매출액의 비중이 가장 큰 업종을 주된 업종으로 본다.
   가. 직전 3개 사업연도 동안의 매출액 연평균 증가율에 관하여 별표 2에 따라 산정한 값이 100분의 15 이상인 기업
   나. 직전 3개 사업연도 동안의 매출액 대비 연구개발투자 금액 비율의 평균이 100분의 2 이상인 기업

③ 제1항제1호나목에 따른 자산총액

의 산정에 관하여는 「중소기업기본법 시행령」 제7조의2를 준용한다.
④ 제1항제1호나목1) 및 2)에 따른 임원 및 친족의 범위에 관하여는 「중소기업기본법 시행령」 제2조제5호 및 제6호를 준용한다.
⑤ 제2항제2호에 따른 매출액의 산정에 관하여는 제7조제1항을 준용한다.

제3조(기본계획의 수립절차) 중소기업청장은 법 제5조제1항에 따라 중견기업 성장촉진 기본계획(이하 "기본계획"이라 한다)을 수립한 경우에는 중견기업의 성장촉진 및 경쟁력 강화를 위한 업무와 관련 있는 중앙행정기관(이하 "관계 중앙행정기관"이라 한다)의 장과 지방자치단체의 장에게 그 내용을 알리고, 중소기업청 인터넷 홈페이지에 게재하여야 한다. 기본계획의 중요 사항을 변경하는 경우에도 또한 같다.

제4조(시행계획의 수립절차) ① 중소기업청장은 법 제6조제1항에 따른 중견기업 성장촉진 시행계획(이하 "시행계획"이라 한다)을 매년 12월 31일까지 수립하고, 그 내용을 관계 중앙행정기관의 장과 지방자치단체의 장에게 알려야 한다.
② 중소기업청장은 시행계획을 수립하거나 전년도 시행계획의 추진 실적 및 성과를 평가하기 위하여 필요한 경우에는 관계 중앙행정기관의 장 또는 지방자치단체의 장에게 관련 자료를 요청할 수 있다. 이 경우 관계 중앙행정기관의 장 또는 지방자치단체의 장은 특별한 사유가 없으면 요청에 따라야 한다.

제5조(업종별 · 지역별 중견기업시책의 수립절차) ① 관계 중앙행정기관의 장은 법 제9조 또는 제10조에 따라 업종별 중견기업시책 또는 지역별 중견기업시책(이하 "중견기업시책"이라 한다)을 수립 · 시행할 수 있다. 이 경우 중견기업시책은 기본계획과 연계되어 수립 · 시행되어야 한다.
② 관계 중앙행정기관의 장은 중견기업시책을 수립하기 위하여 필요한 경우에는 다른 관계 중앙행정기관의 장 또는 지방자치단체의 장에게 관련 자료를 요청할 수 있다.
③ 관계 중앙행정기관의 장은 제1항에 따라 중견기업시책을 수립한 경우에는 그 내용을 다른 관계 중앙행정기관의 장과 지방자치단체의 장에게 알려야 한다.

제6조(수탁기업으로 보는 중견기업의 범위) 법 제13조에서 "대통령령으로 정하는 중견기업"이란 평균매출액 또는 연간매출액(이하 "평균매출액등"이라 한다)이 3천억원 미만인 중견기업을 말한다.

제7조(평균매출액등의 산정) ① 제6조에 따른 평균매출액등을 산정하는 경우 매출액은 일반적으로 공정 · 타당하다고 인정되는 회계관행에 따라 작성한 손익계산서상의 매출액을 말한다. 다만, 업종의 특성에 따라 매출액에 준하는 영업수익 등을 사용하는 경우에는 영업수익 등을 말한다.
② 평균매출액등은 다음 각 호의 구분에 따른 방법에 따라 산정한다.
1. 직전 3개 사업연도의 총 사업기간이 36개월인 경우: 직전 3개 사업연도의 총 매출액을 3으로 나눈 금액
2. 직전 사업연도 말일 현재 총 사업기간이 12개월 이상이면서 36개월 미만인 경우(직전 사업연도에 창업하거나 합병 또는 분할한 경우로서 창업일, 합병일 또는 분할일부터 12개월 이상이 지난 경우

는 제외한다): 사업기간이 12개
월인 사업연도의 총 매출액을 사
업기간이 12개월인 사업연도 수
로 나눈 금액
3. 직전 사업연도 또는 해당 사업연
도에 창업하거나 합병 또는 분할
한 경우로서 제2호에 해당하지
아니하는 경우: 다음 각 목의 구
분에 따라 연간매출액으로 환산하
여 산정한 금액
가. 창업일, 합병일 또는 분할일부
터 12개월 이상이 지난 경우:
산정일이 속하는 달의 직전
달부터 역산(逆算)하여 12개
월이 되는 달까지의 기간의
월 매출액을 합한 금액
나. 창업일, 합병일 또는 분할일부
터 12개월이 되지 아니한 경
우: 창업일이나 합병일 또는
분할일이 속하는 달의 다음달
부터 산정일이 속하는 달의 직
전 달까지의 기간의 월 매출액
을 합하여 해당 월수로 나눈
금액에 12를 곱한 금액. 다만,
다음 중 어느 하나에 해당하는
경우에는 창업일이나 합병일
또는 분할일부터 산정일까지의
기간의 매출액을 합한 금액을
해당 일수로 나눈 금액에 365
를 곱한 금액으로 한다.
1) 산정일이 창업일, 합병일 또는
분할일이 속하는 달에 포함되
는 경우
2) 산정일이 창업일, 합병일 또는
분할일이 속하는 달의 다음
달에 포함되는 경우
③ 제2항에 따라 평균매출액등을 산정
하는 경우 창업일, 합병일 및 분할일에
관하여는 「중소기업기본법 시행령」
제2조제1호 및 제2호를 준용한다.

**제8조(대기업인 이러닝사업자에서 제외
되는 중견기업의 범위)** ① 법 제14

조에서 "대통령령으로 정하는 중견기
업"이란 다음 각 호의 요건을 모두
갖춘 중견기업을 말한다.
1. 평균매출액등이 1천5백억원 미만
일 것
2. 「중소기업기본법」 제2조제3항
본문에 따른 중소기업으로 보는
기간이 종료된 후 3년이 지나지
아니하였을 것
② 제1항제1호에 따른 평균매출액등의
산정에 관하여는 제7조를 준용한다.

**제9조(가업승계지원 특례 대상 중견기
업의 범위)** ① 법 제15조에서 "대통
령령으로 정하는 중견기업"이란 직전
사업연도의 매출액이 3천억원 미만
인 중견기업을 말한다.
② 제1항에 따른 매출액의 산정에 관
하여는 제7조제1항을 준용한다.

제10조(세계적 유망 중견기업의 육성)
① 중소기업청장은 국민경제에 미치
는 영향이 크거나 우수한 혁신역량과
성장 가능성을 보유한 중견기업 및
중견기업 후보기업(이하 "세계적 유
망 중견기업"이라 한다)을 선정하여
법 제18조제1항 각 호의 사항에 관
한 지원사업을 한다.
② 중소기업청장은 제1항에 따른 세
계적 유망 중견기업의 선정을 위하
여 다음 각 호의 사항을 포함하는
평가기준을 정하여 기업에 대한 평
가를 실시할 수 있다.
1. 기업 역량의 우수성
2. 전략 및 실행 계획의 도전성과 창의성
3. 비전 및 목표의 달성 가능성
4. 그 밖에 기업의 성장 가능성과 혁
신역량에 관한 사항으로서 중소기
업청장이 평가가 필요하다고 인정
하는 사항
③ 중소기업청장은 세계적 유망 중견
기업으로의 성장 가능성이 높은 기
업을 세계적 유망 중견기업 예비기

업으로 발굴하여 지원할 수 있다.

④ 제1항에도 불구하고 관계 중앙행정기관의 장은 필요한 경우 업종별·지역별 특수성 등을 고려하여 세계적 유망 중견기업에 대한 지원사업을 따로 실시할 수 있다.

⑤ 제1항부터 제3항까지의 규정에 따른 세계적 유망 중견기업의 선정 및 지원사업의 운영 등에 필요한 사항은 중소기업청장이 따로 정하여 고시한다.

제11조(중견기업 등에 대한 지원사업의 절차) 관계 중앙행정기관의 장은 다음 각 호의 어느 하나에 해당하는 지원사업을 하려는 경우 관련 업체 및 해당 분야의 전문가 등으로부터 의견을 수렴하고, 다른 관계 중앙행정기관의 장과 협의하여야 한다.

1. 중견기업 및 중견기업 후보기업(이하 "중견기업등"이라 한다)의 기술역량을 제고하기 위한 법 제19조제1항에 따른 지원사업
2. 중견기업등의 인재 확보 및 유치를 위한 법 제20조제1항에 따른 지원사업
3. 중견기업등의 국제화를 촉진하기 위한 법 제21조제1항에 따른 지원사업
4. 중견기업등의 경영혁신을 촉진하기 위한 법 제22조제1항에 따른 지원사업

제12조(실태조사 및 통계조사의 방법 및 절차 등) ① 법 제24조제1항에 따른 중견기업에 관한 실태조사에는 다음 각 호의 사항이 포함되어야 한다.

1. 자금, 인력 및 경영 현황에 관한 사항
2. 성장 장애요인에 관한 사항
3. 정부지원의 활용 현황에 관한 사항
4. 기술혁신 및 연구개발에 관한 사항
5. 수탁·위탁 거래 및 동반성장에 관한 사항
6. 그 밖에 중견기업의 실태를 파악

하기 위하여 필요하다고 중소기업청장이 인정하는 사항

② 중소기업청장은 법 제24조제1항에 따른 중견기업에 대한 실태조사 및 통계조사(이하 "실태조사등"이라 한다)를 위하여 필요한 경우에는 「중소기업진흥에 관한 법률」 제79조의3에 따른 중소기업 현황정보시스템의 기업정보를 활용할 수 있다.

③ 중소기업청장은 실태조사등을 효율적으로 실시하기 위하여 정보통신망 또는 전자우편 등 전자적 방식을 사용할 수 있다.

④ 중소기업청장은 실태조사등을 실시한 경우 그 결과를 중소기업청 인터넷 홈페이지에 게재하여야 한다.

제13조(고유식별정보의 처리 등) ① 중소기업청장(법 제29조제2항 및 이 영 제15조제2항제2호에 따라 중소기업청장의 업무를 위탁받은 자를 포함한다)은 법 제25조제1항에 따른 중견기업 해당 여부를 확인하기 위하여 불가피한 경우에는 「개인정보 보호법 시행령」 제19조제1호, 제2호 또는 제4호에 따른 주민등록번호, 여권번호 또는 외국인등록번호가 포함된 자료를 처리할 수 있다.

② 법 제25조제1항에 따른 중견기업 해당 여부를 확인하는 서류 발급의 신청방법 및 절차 등에 관하여 필요한 사항은 중소기업청장이 따로 정하여 고시한다.

제14조(한국중견기업연합회의 운영 및 감독 등) ① 중소기업청장은 법 제27조에 따라 중견기업자가 설립한 한국중견기업연합회(이하 "연합회"라 한다)의 사무에 관하여 지도·감독할 수 있다.

② 중소기업청장은 제1항에 따른 지도·감독을 위하여 필요하다고 인정하는 경우에는 연합회에 서류 또는

자료의 제출을 요구할 수 있다. 이 경우 연합회는 특별한 사유가 없으면 이에 따라야 한다.

제15조(업무의 위탁) ① 중소기업청장은 법 제29조제2항에 따라 다음 각 호의 업무를 「산업기술혁신 촉진법」 제38조에 따른 한국산업기술진흥원에 위탁한다.
1. 법 제18조제1항에 따른 지원사업의 수행
2. 제10조제2항에 따른 평가의 수행
② 중소기업청장은 법 제29조제2항에 따라 다음 각 호의 업무를 연합회에 위탁한다.
1. 법 제24조제1항에 따른 실태조사 등의 실시
2. 법 제25조제1항에 따른 중견기업 해당 여부 확인 서류의 발급
3. 법 제26조제1항에 따른 중견기업 종합정보시스템의 구축·운영

제16조(과태료 부과기준) 법 제31조제2항에 따른 과태료 부과기준은 별표 3과 같다.

제17조(규제의 재검토) 중소기업청장은 제16조 및 별표 3에 따른 과태료 부과기준에 대하여 2015년 1월 1일을 기준으로 3년마다(매 3년이 되는 해의 1월 1일 전까지를 말한다) 그 타당성을 검토하여 개선 등의 조치를 하여야 한다.

부칙
<제25495호, 2014.7.21.>

제1조(시행일) 이 영은 2014년 7월 22일부터 시행한다.

제2조(다른 법령의 개정) ① 산업발전

법 시행령 일부를 다음과 같이 개정한다.
제3조의2, 제3조의3, 제3조의4, 제3조의5 및 제3조의6을 각각 삭제한다.
② 관세법 시행령 일부를 다음과 같이 개정한다.
제192조의2제1항 각 호 외의 부분 중 "「산업발전법」 제10조의2에 따른 중견기업"을 "「중견기업 성장촉진 및 경쟁력 강화에 관한 특별법」 제2조제1호에 따른 중견기업"으로 한다.
③ 국가연구개발사업의 관리 등에 관한 규정 일부를 다음과 같이 개정한다.
제22조제1항제2호 중 "「산업발전법」 제10조의2제1항에 따른 기업을 말한다"를 "「중견기업 성장촉진 및 경쟁력 강화에 관한 특별법」 제2조제1호에 따른 중견기업을 말한다"로 한다.
④ 기초연구진흥 및 기술개발지원에 관한 법률 시행령 일부를 다음과 같이 개정한다.
제16조제1항제4호 중 "「산업발전법」 제10조의2에 따른 중견기업"을 "「중견기업 성장촉진 및 경쟁력 강화에 관한 특별법」 제2조제1호에 따른 중견기업"으로 한다.
⑤ 농림수산식품과학기술 육성법 시행령 일부를 다음과 같이 개정한다.
제14조제1항제4호 중 "「산업발전법」 제10조의2제1항에 따른 중견기업"을 "「중견기업 성장촉진 및 경쟁력 강화에 관한 특별법」 제2조제1호에 따른 중견기업"으로 한다.
⑥ 발명진흥법 시행령 일부를 다음과 같이 개정한다.
제6조의6제2항제3호 중 "「산업발전법」 제10조의2제1항에 따른 중견기업"을 "「중견기업 성장촉진 및 경쟁력 강화에 관한 특별법」 제2조제1호에 따른 중견기업"으로 한다.
⑦ 산업기술혁신 촉진법 시행령 일부

를 다음과 같이 개정한다.

제44조제2항제1호다목을 다음과 같이 한다.

  다. 「중견기업 성장촉진 및 경쟁력 강화에 관한 특별법」 제2조제1호에 따른 중견기업

⑧ 자유무역지역의 지정 및 운영에 관한 법률 시행령 일부를 다음과 같이 개정한다.

제7조제1항 및 제4항 중 "「산업발전법」 제10조의2에 따른 중견기업"을 각각 "「중견기업 성장촉진 및 경쟁력 강화에 관한 특별법」 제2조제1호에 따른 중견기업"으로 한다.

⑨ 정보통신 진흥 및 융합활성화 등에 관한 특별법 시행령 일부를 다음과 같이 개정한다.

제12조제2항제5호를 다음과 같이 한다.

5. 「중견기업 성장촉진 및 경쟁력 강화에 관한 특별법」 제2조제1호에 따른 중견기업

⑩ 하도급거래 공정화에 관한 법률 시행령 일부를 다음과 같이 개정한다.

제9조의2제1항제2호 중 "「산업발전법」 제10조의2제1항에 따른 중견기업"을 "「중견기업 성장촉진 및 경쟁력 강화에 관한 특별법」 제2조제1호에 따른 중견기업"으로 한다.

[별표 1] 주된 업종별 매출액의 규모 기준(제2조제2항제2호 관련)

주된 업종별 매출액의 규모 기준(제2조제2항제2호 관련)

해당 기업의 주된 업종	분류기호	규모 기준
1. 의복, 의복액세서리 및 모피제품 제조업	C14	매출액 1,000억 원 이상
2. 가죽, 가방 및 신발 제조업	C15	
3. 펄프, 종이 및 종이제품 제조업	C17	
4. 1차 금속 제조업	C24	
5. 전기장비 제조업	C28	
6. 가구 제조업	C32	
7. 농업, 임업 및 어업	A	매출액 700억 원 이상
8. 광업	B	
9. 식료품 제조업	C10	
10. 담배 제조업	C12	
11. 섬유제품 제조업(의복 제조업은 제외한다)	C13	
12. 목재 및 나무제품 제조업(가구 제조업은 제외한다)	C16	
13. 코크스, 연탄 및 석유정제품 제조업	C19	
14. 화학물질 및 화학제품 제조업(의약품 제조업은 제외한다)	C20	
15. 고무제품 및 플라스틱제품 제조업	C22	
16. 금속가공제품 제조업(기계 및 가구 제조업은 제외한다)	C25	
17. 전자부품, 컴퓨터, 영상, 음향 및 통신장비 제조업	C26	
18. 그 밖의 기계 및 장비 제조업	C29	
19. 자동차 및 트레일러 제조업	C30	
20. 그 밖의 운송장비 제조업	C31	

21. 전기, 가스, 증기 및 수도사업	D	
22. 건설업	F	
23. 도매 및 소매업	G	
24. 음료 제조업	C11	매출액 550억 원 이상
25. 인쇄 및 기록매체 복제업	C18	
26. 의료용 물질 및 의약품 제조업	C21	
27. 비금속 광물제품 제조업	C23	
28. 의료, 정밀, 광학기기 및 시계 제조업	C27	
29. 그 밖의 제품 제조업	C33	
30. 하수·폐기물 처리, 원료재생 및 환경 복원업	E	
31. 운수업	H	
32. 출판, 영상, 방송통신 및 정보서비스업	J	
33. 전문, 과학 및 기술 서비스업	M	매출액 400억 원 이상
34. 사업시설관리 및 사업지원 서비스업	N	
35. 보건업 및 사회복지 서비스업	Q	
36. 예술, 스포츠 및 여가 관련 서비스업	R	
37. 수리(修理) 및 기타 개인 서비스업	S	
38. 숙박 및 음식점업	I	매출액 300억 원 이상
39. 부동산업 및 임대업	L	
40. 교육 서비스업	P	

비고: 해당 기업의 주된 업종의 분류 및 분류기호는 「통계법」 제22조
에 따라 통계청장이 고시한 한국표준산업분류에 따른다.

[별표 2] 매출액 연평균 증가율 산정방식(제2조제2항제2호가목 관련)

매출액 연평균 증가율 산정방식(제2조제2항제2호가목 관련)

"매출액 연평균 증가율"은 다음 계산식에 따라 산정한다.

$$\text{매출액 연평균 증가율} = \sqrt[n]{A/B} - 1$$

A: 산정 대상 기간의 최종 사업연도에 달성한 매출액
B: 산정 대상 기간의 최초 사업연도에 달성한 매출액
n: 최종 사업연도에서 최초 사업연도를 뺀 기간

[별표 3] 과태료의 부과기준(제16조 관련)

과태료의 부과기준(제16조 관련)

1. 일반기준

　가. 위반행위의 횟수에 따른 과태료의 부과기준은 최근 3년간 같은 위반행위로 과태료를 부과받은 경우에 적용한다. 이 경우 위반 횟수 적용은 위반행위에 대하여 과태료 부과처분을 한 날과 다시 같은 위반행위를 하여 적발된 날을 기준으로 한다.

　나. 부과권자는 다음의 어느 하나에 해당하는 경우에는 제2호에 따른 과태료 금액의 2분의 1의 범위에서 그 금액을 감경할 수 있다. 다만, 과태료를 체납하고 있는 위반행위자의 경우에는 그러하지 아니하다.

　　1) 위반행위자가 「질서위반행위규제법 시행령」 제2조의2제1항 각 호의 어느 하나에 해당하는 경우

　　2) 위반행위가 사소한 부주의나 오류로 인한 것으로 인정되는 경우

　　3) 법 위반상태를 시정하거나 해소하기 위한 노력이 인정되는 경우

　　4) 그 밖에 위반행위의 정도, 위반행위의 동기와 그 결과 등을 고려하여 감경할 필요가 있다고 인정되는 경우

2. 개별기준

(단위: 만원)

위반 행위	근거 법조문	과태료 금액		
		1차 위반	2차 위반	3차 이상 위반
법 제25조제2항에 따른 자료를 거짓으로 제출하여 중견기업시책에 참여한 경우	법 제31조 제1항	300	400	500

중소기업기본법

[시행 2015.5.28.]
[법률 제13086호, 2015.1.28., 타법개정]

제1조(목적) 이 법은 중소기업이 나아 갈 방향과 중소기업을 육성하기 위한 시책의 기본적인 사항을 규정하여 창의적이고 자주적인 중소기업의 성장을 지원하고 나아가 산업 구조를 고도화하고 국민경제를 균형 있게 발전시키는 것을 목적으로 한다.

제2조(중소기업자의 범위) ①중소기업을 육성하기 위한 시책(이하 "중소기업시책"이라 한다)의 대상이 되는 중소기업자는 다음 각 호의 어느 하나에 해당하는 기업(이하 "중소기업"이라 한다)을 영위하는 자로 한다.
<개정 2011.7.25., 2014.1.14., 2015.2.3.>
1. 다음 각 목의 요건을 모두 갖추고 영리를 목적으로 사업을 하는 기업
   가. 업종별로 매출액 또는 자산총액 등이 대통령령으로 정하는 기준에 맞을 것
   나. 지분 소유나 출자 관계 등 소유와 경영의 실질적인 독립성이 대통령령으로 정하는 기준에 맞을 것
2. 「사회적기업 육성법」 제2조제1호에 따른 사회적기업 중에서 대통령령으로 정하는 사회적기업
3. 「협동조합 기본법」 제2조제1호에 따른 협동조합 중 대통령령으로 정하는 협동조합
4. 「협동조합 기본법」 제2조제2호에 따른 협동조합연합회 중 대통령령으로 정하는 협동조합연합회
②중소기업은 대통령령으로 정하는 구분기준에 따라 소기업(小企業)과 중기업(中企業)으로 구분한다.
③제1항을 적용할 때 중소기업이 그 규모의 확대 등으로 중소기업에 해당하지 아니하게 된 경우 그 사유가 발생한 연도의 다음 연도부터 3년간은 중소기업으로 본다. 다만, 중소기업 외의 기업과 합병하거나 그 밖에 대통령령으로 정하는 사유로 중소기업에 해당하지 아니하게 된 경우에는 그러하지 아니하다.
④중소기업시책별 특성에 따라 특히 필요하다고 인정하면 「중소기업협동조합법」이나 그 밖의 법률에서 정하는 바에 따라 중소기업협동조합이나 그 밖의 법인·단체 등을 중소기업자로 할 수 있다.

■판례 - 양도소득세부과처분취소

【판시사항】
오픈마켓을 운영하는 甲 주식회사의 주식을 보유한 乙이 주식 양도 후 甲 회사를 중소기업으로 보아 양도소득세를 신고·납부하자 과세관청이 甲 회사를 일반기업으로 보고 양도소득세 부과처분을 한 사안에서, 온라인 통신망을 통하여 불특정 다수의 소비자에게 각종 상품(유형재)의 소매를 하는 판매인의 업종은 '전자상거래업'에 해당하고, 이 거래를 중개하는 영업을 주로 하는 甲 회사의 업종은 '통신판매업'에 해당하므로 위 처분은 위법하다고 본 원심판단이 정당하다고 한 사례

상고이유를 판단한다.

1. 구 소득세법(2009. 12. 31. 법률 제9897호로 개정되기 전의 것) 제104조 제1항 제4호 (나)목은 대통령령이 정하는 중소기업의 주식 등에 관한 양도소득과세표준에 대하여는 100분의 10의 세율을 적용하도록 규정하고, 구 소득세법 시행령(2010. 2. 18. 대통령령 제22034호로 개정되기 전의 것) 제167조의8은 "법 제104조 제1항 제4호에서 '대통령령이 정하는 중소기업'이라 함은 주식 등의 양도일이 속하는 사업연도의 직전 사업연도 종료일 현재 중소기업기본법 제2조의 규정에 의한 중소기업에 해당하는 기업을 말한다"고 규정하고 있다.
   한편 구 중소기업기본법(2011. 7. 25. 법률 제10952호로 개정되기 전의 것. 이하 같다) 제2조 제1항 제1호는 중소기업이 되기 위한 요건의 하나로 '업종의 특성, 상시 근로자 수, 자산규모, 매출액 등의 사항을 고려하여 그 규모가 대통령령으로 정하는 기준에 해당할 것'을 들고 있다. 이를 받아 구 중소

기업기본법 시행령(2009. 3. 25. 대통령령 제21368호로 개정되기 전의 것. 이하 같다) 제3조 제1호 본문은 '해당 기업이 영위하는 주된 사업의 업종과 해당 기업의 상시 근로자 수, 자본금 또는 매출액의 규모가 [별표 1]의 기준에 맞는 기업'일 것을 중소기업에 해당하기 위한 기준의 하나로 규정하고, 즉 [별표 1]에서 중소기업에 해당하기 위한 상시 근로자 수를 통신판매업(분류부호 5281. 이하 업종의 분류부호는 숫자만으로 표시한다)은 200명 미만, 도매 및 상품중개업(51)은 100명 미만 등으로 각 정하면서, "해당 업종의 분류 및 분류부호는 통계법 제17조에 의하여 통계청장이 고시(2000. 1. 7.)한 한국표준산업분류에 따른다"고 규정하고 있다.

그리고 구 한국표준산업분류(2007. 12. 28. 통계청 고시 제2007-53호로 개정되기 전의 것. 이하 같다)는 '도매 및 상품중개업(51)'의 세분류 항목인 '상품중개업(5110)'을 "수수료 또는 계약에 의하여 타인의 명의로 타인의 상품을 거래하는 대리판매점, 상품중개인, 무역대리 또는 중개인 및 경매인, 기타 대리도매인의 활동이 포함된다. 이들은 통상 구매자와 판매자를 연결시켜 주어 그들의 사업을 영위하거나 상업적 거래를 대리한다"고 규정하는 한편, '소매업(52)'의 세분류 항목인 '통신판매업(5281)'에 속하는 '전자상거래업(52811)'을 "일반 대중을 대상으로 온라인 통신망을 통하여 각종 상품(유형재)을 소매하는 산업활동을 말한다"고 규정하고 있다.

2. 가. 우선 원심은 제1심판결 이유를 인용하여 다음과 같은 사실을 인정하였다.

(1) 원고는 주식회사 디앤샵(이하 '소외 회사'라고 한다)의 최대주주인 소외인의 특수관계인으로서 2007. 7. 9. 소외 회사의 보통주 83,198주(이하 '이 사건 주식'이라 한다)를 549,610,520원에 양도하였다.

(2) 소외 회사는 2006. 5. 1. 설립된 법인으로서, 판매자와의 계약 또는 수수료 계약에 의하여 판매자와 불특정 다수의 소비자들 사이에 온라인상의 시장 공간인 이른바 오픈마켓(open market)을 운영하였다. 위 오픈마켓은 소비자에게 상품정보, 배송정보, 결제기능을 제공하여 소비자가 제품을 구매하고 대금을 입금하면 판매자가 해당 상품을 배송하고 구매가 완료되는 경우 수수료를 공제한 상품대금을 판매자에게 송금하는 방식으로 운용되고 있다.

(3) 소외 회사가 운영하고 있는 오픈마켓의 회원은 2007년 12월 기준으로 1,313만 명 정도인데, 회원들의 경우 쇼핑몰에서 제품에 대한 정보 등을 확인한 후 소량의 상품을 구매하는 최종 소비자가 대부분이다.

(4) 소외 회사는 주로 판매자와 소비자 사이의 소매를 중개하고 판매자로부터 일정액의 수수료를 받고 있는데, 그 2007년도

매출액 중 수수료매출의 비중은 전체매출액의 83.2%에 이르고 있다.

(5) 소외 회사는 상시 근로자는 2006년 132명, 2007년 179명이다.

나. 나아가 원심은 이러한 사실관계를 토대로 하여 아래와 같이 판단하였다.

(1) 온라인 통신망을 통하여 불특정 다수의 소비자에게 각종 상품(유형재)의 소매를 하는 판매인의 업종은 '전자상거래업(52811)'에 해당하고, 이들의 거래를 중개하는 영업을 주로 하는 소외 회사의 업종은 수수료 또는 계약에 의하여 활동을 수행하는 단위로서 자기계정과 자기책임 하에서 생산하는 단위인 개별 판매자가 행하는 산업인 '전자상거래업(52811)'과 동일하게 분류되어야 하므로, 그 상위분류인 '통신판매업(5281)'에 해당한다고 봄이 상당하다. 소외 회사가 여러 가지 종류의 상품에 대하여 소매 중개 및 대리활동을 한다고 하더라도, 그 업종이 '전자상거래업'에 해당하는 이상 위 [별표 1] 소정의 '그 밖의 모든 업종'에 해당한다고 할 수도 없다.

(2) 소외 회사는 이 사건 주식의 양도일이 속한 사업연도의 직전 사업연도 종료일 당시 그 상시 근로자 수가 200명 미만으로서 중소기업에 해당하므로, 이 사건 주식의 양도에 대하여는 중소기업의 주식 등에 적용되는 양도소득세율을 적용하여야 한다. 따라서 이 사건 주식이 중소기업의 주식 등에 해당하지 아니한다는 전제에서 위 세율보다 높은 다른 세율을 적용하여 한 이 사건 처분은 위법하다.

다. 구 한국표준산업분류는 그 총설에서 "수수료 또는 계약에 의하여 활동을 수행하는 단위는 자기계정과 자기책임 하에서 생산하는 단위와 동일항목에 분류되어야 한다"는 것을 산업분류 적용원칙의 하나로 규정하고 있는 점, 구 한국표준산업분류상 '상품중개업(5110)'에는 도매 중개 및 대리활동만 포함되는 것으로 보일 뿐만 아니라 2007. 12. 28. 개정된 한국표준산업분류는 '상품중개업(4610)'을 규정하면서 "소매 중개 및 대리활동은 해당 상품 소매업으로 분류한다"고 하여 이를 명확히 하고 있는 점 등에 비추어 보면, 원심의 이러한 판단은 정당하다. 거기에 상고이유로 주장하는 바와 같이 구 중소기업기본법 제2조 제1항 제1호 및 구 중소기업기본법 시행령 제3조 제1호 소정의 업종 분류에 관한 법리를 오해하는 등의 위법이 있다고 할 수 없다.

3. 그러므로 상고를 기각하고 상고비용은 패소자가 부담하도록 하여, 관여 대법관의 일치된 의견으로 주문과 같이 판결한다. [대법원, 2013두1812, 2013.7.25]

제3조(정부와 지방자치단체의 책무) ①

정부는 중소기업의 혁신역량과 경쟁력 수준 및 성장성 등을 고려하여 지원대상의 특성에 맞도록 기본적이고 종합적인 중소기업시책을 세워 실시하여야 한다. <개정 2011.7.25.>

②지방자치단체는 제1항에 따른 중소기업시책에 따라 관할 지역의 특성을 고려하여 그 지역의 중소기업시책을 세워 실시하여야 한다.

③ 정부와 지방자치단체는 상호간의 협력과 중소기업시책의 연계를 통하여 중소기업에 대한 지원의 효과를 높일 수 있도록 노력하여야 한다. <신설 2011.7.25.> [제목개정 2011.7.25.]

제4조(중소기업자 등의 책무) ① 중소기업자는 기술개발과 경영혁신을 통하여 경쟁력을 확보하고 투명한 경영과 기업의 사회적 책임을 다하여 국가경제의 발전과 국민의 후생 증대에 이바지할 수 있도록 노력하여야 한다.

② 중소기업자와 그 사업에 관하여 중소기업과 관련되는 자는 정부와 지방자치단체의 중소기업시책 실시에 협력하여야 한다.

[전문개정 2011.7.25.]

제5조(창업 촉진과 기업가정신의 확산) ①정부는 중소기업의 설립을 촉진하고 중소기업을 설립한 자가 그 기업을 성장·발전시킬 수 있도록 필요한 시책을 실시하여야 한다. <개정 2011.7.25.>

② 정부는 중소기업자나 창업을 준비하는 자가 건전한 기업가정신과 자긍심을 가질 수 있도록 필요한 시책을 실시하여야 한다. <신설 2011.7.25.>

[제목개정 2011.7.25.]

제6조(경영 합리화와 기술 향상) ①정부는 중소기업 경영 관리의 합리화와 기술 및 품질의 향상을 위하여 경영 및 기술의 지도·연수, 기술 개발의

촉진 및 표준화 등 필요한 시책을 실시하여야 한다.

②정부는 중소기업의 생산성을 향상시키기 위하여 생산 시설의 현대화와 정보화의 촉진 등 필요한 시책을 실시하여야 한다.

제7조(판로 확보) ①정부는 정부, 지방자치단체, 공공단체 및 정부투자기관 등이 물품 또는 용역을 조달(調達)할 때에는 중소기업자의 수주(受注) 기회를 증대시키기 위하여 필요한 시책을 실시하여야 한다.

②정부는 중소기업 제품의 판로(販路) 확대를 위하여 유통 구조의 현대화와 유통 사업의 협동화 등 유통의 효율화에 필요한 시책을 실시하여야 한다.

제8조(중소기업 사이의 협력) 정부는 중소기업의 집단화 및 협동화 등 중소기업 사이의 협력에 필요한 시책을 실시하여야 한다.

제9조(기업 구조의 전환) 정부는 중소기업의 구조를 고도화하기 위하여 중소기업의 법인 전환, 사업 전환이나 중소기업 사이의 합병 등을 원활히 할 수 있도록 필요한 시책을 실시하여야 한다.

제10조(공정경쟁 및 동반성장의 촉진) 정부는 중소기업이 중소기업이 아닌 기업 등 다른 기업과의 공정경쟁과 협력 및 동반성장을 촉진할 수 있도록 필요한 시책을 실시하여야 한다.

[전문개정 2011.7.25.]

제11조(사업 영역의 보호) 정부는 중소기업자의 사업 영역이 중소기업 규모로 경영하는 것이 적정한 분야에서

원활히 확보될 수 있도록 필요한 시책을 실시하여야 한다.

제12조(공제제도의 확립) 정부는 중소기업자가 서로 도와 도산을 막고 공동 구매 및 판매 사업 등의 기반을 조성할 수 있도록 하기 위한 공제(共濟)제도의 확립에 필요한 시책을 실시하여야 한다.

제13조(중소기업자의 조직화) 정부는 중소기업자가 서로 도와 그 사업의 성장·발전과 경제적 지위의 향상을 기할 수 있도록 중소기업협동조합 등 단체의 조직 촉진과 그 운영의 합리화에 필요한 시책을 실시하여야 한다.

제14조(국제화의 촉진) ①정부는 중소기업의 국제화를 촉진하기 위하여 중소기업의 수출입 진흥과 외국 기업과의 협력 증진 등 필요한 시책을 실시하여야 한다.
②정부는 중소기업이 국내외 경제 환경의 변화에 능동적으로 대응할 수 있도록 중소기업에 대한 정보 제공 등 필요한 시책을 실시하여야 한다.

제15조(인력 확보의 지원) 정부는 중소기업이 필요한 인력을 원활히 확보할 수 있도록 인력 양성과 공급, 근로환경 개선과 복지수준 향상, 중소기업에 대한 인식 개선 등 필요한 시책을 실시하여야 한다. [전문개정 2011.7.25.]

제16조(소기업 대책) 정부는 소기업에 대하여 그 경영의 개선과 발전을 위하여 필요한 시책을 실시하여야 한다.

제17조(지방 소재 중소기업 등의 육성) 정부는 지방에 있는 중소기업을 육성하고, 여성과 장애인의 중소기업 활동을 촉진하기 위하여 필요한 시책을 실시하여야 한다. [전문개정 2011.7.25.]

제18조(법제 및 재정 조치) 정부는 중소기업시책을 실시하기 위하여 필요한 법제 및 재정(財政) 조치를 하여야 한다.

제19조(금융 및 세제 조치) ①정부는 중소기업자에 대한 자금 공급을 원활히 하기 위하여 재정 및 금융자금 공급의 적정화(適正化)와 신용보증제도의 확립 등 필요한 시책을 실시하여야 한다.
②정부는 중소기업시책을 효율적으로 실시하기 위하여 조세에 관한 법률에서 정하는 바에 따라 세제상의 지원을 할 수 있다.

제20조(중소기업 육성계획 수립 및 연차 보고) ① 정부는 매년 정부와 지방자치단체가 중소기업을 육성하기 위하여 추진할 중소기업시책에 관한 계획(이하 "육성계획"이라 한다)을 수립하여 관련 예산과 함께 3월까지 국회에 제출하여야 한다.
② 중소기업청장은 전년도 육성계획의 실적과 성과를 평가하고, 그 평가 결과를 반영하여 중소기업정책에 관한 연차보고서를 정기국회 개회 전까지 국회에 제출하여야 한다.
③ 제1항에 따라 육성계획을 수립하는 중앙행정기관의 장과 제2항에 따라 평가를 실시하는 중소기업청장은 필요한 경우 관계 중앙행정기관과 지방자치단체의 장에게 협조를 요청할 수 있다. 이 경우 협조를 요청받은 자는 특별한 사유가 없으면 그 요청에 적극 협조하여야 한다.
④ 육성계획의 수립과 연차보고에 필요한 사항은 대통령령으로 정한다.
[전문개정 2011.7.25.]

제20조의2(중소기업 지원사업 통합관리시스템의 구축·운영) ① 중소기업청장은 중소기업 지원사업에 대한 중소기업의 신청·접수 현황, 지원이력 등의 자료·정보를 통합 관리하기 위하여 중소기업 지원사업 통합관리시스템(이하 "통합관리시스템"이라 한다)을 구축·운영할 수 있다.

② 중소기업청장은 통합관리시스템의 구축·운영을 위하여 필요한 경우에는 중앙행정기관의 장, 지방자치단체의 장 또는 종합신용정보집중기관 등 관련 기관·단체의 장(이하 "중앙행정기관의 장등"이라 한다)에게 다음 각 호에 해당하는 자료·정보의 제공을 요청하고 제공받은 목적의 범위에서 그 자료·정보를 보유·이용할 수 있다.

1. 제2조에 따른 중소기업자 확인을 위한 「주민등록법」 제7조제3항에 따른 주민등록번호
2. 「신용정보의 이용 및 보호에 관한 법률」에 따른 신용정보
3. 중소기업시책에 참여하는 기업의 지원효과 분석을 위한 「국세기본법」 제81조의13에 따른 과세정보로서 당사자의 동의를 받은 다음 각 목의 정보
   가. 매출액
   나. 개업일·휴업일·폐업일
4. 그 밖에 중소기업청장이 통합관리시스템의 구축·운영을 위하여 필요하다고 인정하는 자료·정보

③ 제2항에 따라 자료·정보의 제공을 요청받은 중앙행정기관의 장등은 특별한 사유가 없는 한 이에 협조하여야 한다.

④ 중소기업청장은 중소기업 지원사업을 수행하는 중앙행정기관의 장등에게 통합관리시스템의 자료·정보를 제공할 수 있다.

⑤ 중소기업청장은 제2항에 따라 보유·이용하는 자료·정보의 보호를 위하여 필요한 시책을 마련하여야 한다.

⑥ 중소기업청장은 통합관리시스템의 구축·운영을 위하여 대통령령으로 정하는 바에 따라 전담기구를 설치·운영할 수 있다.

⑦ 그 밖에 통합관리시스템의 구축·운영에 필요한 사항은 대통령령으로 정한다.

[본조신설 2014.1.14.]

제20조의3(중소기업 지원사업의 분석 및 효율화) ① 중소기업청장은 제20조의2제1항에 따라 통합관리시스템을 통하여 관리하는 중소기업 지원사업에 대한 분석 및 효율화(이하 "분석 및 효율화"라 한다)를 위하여 다음 각 호의 사항을 추진하여야 한다.

1. 중소기업 지원사업의 범위, 분류 및 분석기준의 마련
2. 중소기업 지원사업 간 역할 분담 및 연계성 강화
3. 분석 및 효율화에 따른 제도 개선 및 예산반영 의견 제시
4. 중소기업 지원사업 간 중복성 검토 및 개선방안 마련
5. 중소기업 지원사업을 위탁받아 수행하는 기관 및 단체에 대한 성과분석
6. 중소기업 지원사업에 대한 만족도 조사
7. 그 밖에 분석 및 효율화를 위하여 필요한 사항

② 중소기업청장은 분석 및 효율화를 위하여 통합관리시스템의 자료·정보를 최대한 활용하고, 필요한 경우 중앙행정기관의 장등에게 관련 자료·정보의 제공을 요청할 수 있다. 이 경우 중앙행정기관의 장등은 특별한 사유가 없으면 이에 협조하여야 한다.

③ 중소기업청장은 분석 및 효율화 방안을 관계 중앙행정기관의 장등과 협의하여 정하며, 중앙행정기관의 장등은 그 방안을 중소기업 지원사업에 반영하여야 한다.

[본조신설 2015.2.3.]

제21조(중소기업 실태조사) ① 정부는 중소기업의 활동현황, 자금, 인력 및 경영 등 실태를 파악하기 위하여 매년 정기적으로 실태조사를 실시하고 그 결과를 공표하여야 한다. 이 경우 정부는 해당 실태조사와 유사하거나 관련 있는 사안에 필요한 경우에는 다음 각 호의 실태조사를 통합하여 실시할 수 있다. <개정 2015.1.28.>

1. 「중소기업인력지원 특별법」 제7조에 따른 중소기업 인력실태조사
2. 「여성기업지원에 관한 법률」 제7조에 따른 실태조사
3. 「장애인기업활동 촉진법」 제7조에 따른 실태조사
4. 「소상공인 보호 및 지원에 관한 법률」 제7조에 따른 실태조사
5. 그 밖에 대통령령으로 정하는 실태조사

② 정부는 제1항에 따른 실태조사를 중소기업중앙회, 중소기업 관련 단체 또는 중소기업 관련 기관에 위탁할 수 있다.

③ 정부는 제1항에 따른 실태조사를 위하여 필요한 때에는 중소기업자 또는 관련 기관 등에 대하여 자료의 제출이나 의견의 진술 등 협조를 요청할 수 있다. 이 경우 협조요청을 받은 자 또는 기관은 특별한 사유가 없는 한 이에 따라야 한다.

④ 제1항에 따른 실태조사의 방법 및 절차 등에 필요한 사항은 대통령령으로 정한다.

[전문개정 2008.12.26.]

제22조(중소기업 옴부즈만의 설치) ① 중소기업에 영향을 주는 기존규제의 정비 및 중소기업 애로사항의 해결을 위하여 중소기업청장 소속으로 중소기업 옴부즈만을 둔다. <개정 2013.8.6.>

② 중소기업 옴부즈만은 다음 각 호의 업무를 독립하여 수행한다. <신설 2013.8.6.>

1. 중소기업에 영향을 미치는 규제의 발굴 및 개선
2. 정부 및 지방자치단체, 「공공기관의 운영에 관한 법률」 제4조에 따른 공공기관, 중소기업정책자금 운용기관(이하 "업무기관"이라 한다)과 관련하여 제기되는 애로사항의 해결
3. 그 밖에 규제의 정비 및 중소기업 애로사항의 해결을 위하여 필요한 업무로서 대통령령으로 정하는 업무

③ 중소기업 옴부즈만은 중소기업 및 규제 분야의 학식과 경험이 많은 자 중에서 중소기업청장의 추천과 「행정규제기본법」 제23조에 따른 규제개혁위원회(이하 "규제개혁위원회"라 한다)의 심의를 거쳐 국무총리가 위촉한다. <개정 2013.8.6.>

④ 중소기업 옴부즈만은 업무에 관한 활동 결과보고서를 작성하여 매년 1월말까지 규제개혁위원회와 국무회의 및 국회에 보고하여야 한다. <개정 2013.8.6.>

⑤ 중소기업 옴부즈만의 업무수행과 관련한 조사 및 의견청취, 법적지위 등에 대하여는 「행정규제기본법」 제30조 및 제32조를 준용한다. 이 경우 "위원회" 또는 "위원회의 위원" 은 "중소기업 옴부즈만"으로 본다. <개정 2013.8.6.>

⑥ 중소기업 옴부즈만은 제2항에 따른 업무처리 결과에 따라 필요한 경우 업무기관의 장에게 관련 사항의 개선을 권고할 수 있다. <신설 2013.8.6.>

⑦ 중소기업 옴부즈만은 제6항에 따른 개선 권고에 대한 이행실태를 점검하고, 권고를 받은 업무기관이 정당한 사유 없이 권고를 이행하지 아니하는 경우 그 내용 등을 공표할 수 있다. <신설 2013.8.6.>

⑧ 중소기업 옴부즈만의 업무처리와 활동을 지원하기 위하여 중소기업청에 사무기구를 둔다. <신설 2013.8.6.>

⑨ 중소기업 옴부즈만의 설치 및 운

영 등에 필요한 사항은 대통령령으로 정한다.

<개정 2013.8.6.>

[본조신설 2008.12.26.]

[제목개정 2013.8.6.]

제23조(의견 제출 등) ① 중소기업자·이해관계자와 관련 단체의 장은 제22조제2항에 따른 업무와 관련하여 중소기업 옴부즈만에게 의견을 제출할 수 있다. 이 경우 의견을 제출하는 방법 및 처리절차에 관하여는 「행정규제기본법」 제17조 및 「행정절차법」 제44조를 준용한다.

<개정 2011.7.25., 2013.8.6.>

② 제1항의 의견 제출과 관계된 행정기관은 규제 개선 등에 관한 의견을 제출하였다는 이유로 그 의견을 제출한 자에게 불이익을 주거나 차별을 하여서는 아니 된다. <개정 2011.7.25.>

③ 중소기업 옴부즈만은 제1항에 따라 의견을 제출한 자가 그 의견을 제출하였다는 이유로 관계 행정기관으로부터 불이익이나 차별을 받았다는 내용의 진정 등을 제기한 경우에는 그 진정 등을 제기한 자를 대리하여 국민권익위원회에 고충민원을 신청할 수 있다. <신설 2011.7.25.>

④ 적극적인 규제개선을 위한 직무집행으로 인하여 발생한 위법행위 등을 이유로 담당공무원 등을 징계하는 경우 중소기업 옴부즈만은 해당 징계권자에게 그 징계의 감경 또는 면제를 건의할 수 있다.

<신설 2013.8.6.>

[본조신설 2008.12.26.]

[제목개정 2011.7.25.]

제24조(행정지원 등) ① 중소기업청장은 중소기업 옴부즈만의 활동 지원을 위하여 필요하다고 인정하면 국가기관, 지방자치단체, 「공공기관의 운영에 관한 법률」 제4조에 따른 공공기관 또는 관련 법인·단체에 그 소속 공무원이나 직원의 파견을 요청할 수 있다.

② 중소기업청장은 제1항에 따른 중소기업 옴부즈만의 운영에 필요한 행정적·재정적 지원을 할 수 있다.

[본조신설 2008.12.26.]

제25조(전문연구기관의 지정) ① 중소기업청장은 중소기업시책의 수립 등에 필요한 조사와 연구를 수행하는 전문연구기관(이하 "전문연구기관"이라 한다)을 지정하여 운영할 수 있다.

② 중소기업청장은 전문연구기관이 조사와 연구를 수행하는 데에 필요한 경비를 예산의 범위에서 출연하거나 보조할 수 있다.

③ 전문연구기관의 지정기준, 지정절차 및 운영 등에 필요한 사항은 대통령령으로 정한다.

[본조신설 2011.7.25.]

제26조(중소기업 주간) 중소기업자의 자긍심을 고양하고 국민경제에서의 역할과 중요성에 대한 인식을 높이기 위하여 대통령령으로 정하는 바에 따라 1년 중 1주간을 중소기업 주간(週間)으로 한다.

[본조신설 2011.7.25.]

제27조(중소기업 확인자료 제출) ① 중소기업시책에 참여하려는 중소기업자는 제2조에 따른 중소기업자에 해당하는지를 확인할 수 있는 자료를 중소기업시책을 실시하는 중앙행정기관 및 지방자치단체(이하 "중소기업시책실시기관"이라 한다)에 제출하여야 한다.

② 중소기업청장은 제2조에 따른 중소기업자에 해당하는지를 확인하기 위하여 필요하다고 인정하는 경우에는 금융위원회, 국세청 등 관계 중앙행정기관 및 지방자치단체, 공공단체 등에 대하여 그 확인에 필요한 자료의 제출을 요청할 수 있다.

③ 중소기업청장은 제2항에 따라 국세청장에게 과세정보의 제출을 요청할 경우에는 다음 각호의 사항을 명시하여 문서로 하여야 한다.

1. 상시 근로자 수
2. 매출액
3. 납입자본금, 자본잉여금
4. 자기자본(자산총액-부채총액)
5. 자산총액
6. 주주현황 및 다른 법인에 대한 출자현황

④ 제2항 및 제3항에 따라 자료의 제출을 요청받은 자는 특별한 사유가 없으면 그 요청에 따라야 한다.
[본조신설 2011.7.25.]

제28조(과태료) ① 제2조에 따른 중소기업자가 아닌 자로서 제27조제1항에 따른 자료를 거짓으로 제출하여 중소기업시책에 참여한 자에게는 500만원 이하의 과태료를 부과한다.
② 제1항에 따른 과태료는 대통령령으로 정하는 바에 따라 중소기업시책실시기관의 장이 부과·징수한다.
[본조신설 2011.7.25.]

부칙
〈제12240호, 2014.1.14.〉

이 법은 공포 후 3개월이 경과한 날부터 시행한다.

부칙
〈제13086호, 2015.1.28.〉
(소상공인 보호 및 지원에 관한 법률)

제1조(시행일) 이 법은 2015년 5월 28일부터 시행한다. 〈단서 생략〉
제2조부터 제6조까지 생략

제7조(다른 법률의 개정) ①부터 ④까지 생략
⑤ 중소기업기본법 일부를 다음과 같이 개정한다.
제21조제1항제4호 중 "「소기업 및 소상공인지원을 위한 특별조치법」 제10조의3에 따른 실태조사"를 "「소상공인 보호 및 지원에 관한 법률」 제7조에 따른 실태조사"로 한다.
⑥ 및 ⑦ 생략

제8조 생략

부칙
〈제13157호, 2015.2.3.〉

제1조(시행일) 이 법은 공포한 날부터 시행한다.

제2조(중소기업자의 범위에 관한 경과조치) 이 법 시행 당시 종전의 규정에 따라 중소기업에 해당하는 기업이 제2조제1항제1호가목의 개정규정에 따라 중소기업에 해당하지 아니하게 된 경우에는 같은 개정규정에도 불구하고 2018년 3월 31일까지 중소기업으로 본다.

중소기업기본법 시행령

[시행 2015.6.30.]
[대통령령 제26356호, 2015.6.30., 일부개정]

제1조(목적) 이 영은 「중소기업기본법」에서 위임된 사항과 그 시행에 필요한 사항을 규정함을 목적으로 한다.

제2조(정의) 이 영에서 사용하는 용어의 뜻은 다음과 같다.
<개정 2009.3.25., 2011.1.28., 2011.12.28., 2013.6.28., 2013.10.16.>

1. "창업일"이란 다음 각 목의 구분에 따른 날을 말한다.
   가. 법인인 기업 : 법인설립등기일
   나. 「소득세법」 제168조나 「부가가치세법」 제8조에 따라 사업자등록을 한 사업자인 기업(법인이 아닌 사업자를 말한다. 이하 이 조에서 같다) : 사업자등록을 한 날
2. "합병일 또는 분할일"이란 다음 각 목의 구분에 따른 날을 말한다.
   가. 법인인 기업 : 합병 또는 분할로 설립된 법인의 설립등기일이나 합병 또는 분할 후 존속하는 법인의 변경등기 일
   나. 「소득세법」 제168조나 「부가가치세법」 제8조에 따라 사업자등록을 한 사업자인 기업 : 공동 사업장에 대한 사업자등록을 한 날이나 공동 사업장을 분리하여 사업자등록을 한 날
3. "관계기업"이란 「주식회사의 외부감사에 관한 법률」 제2조에 따라 외부감사의 대상이 되는 기업(이하 "외부감사대상기업"이라 한다)이 제3조의2에 따라 다른 국내기업을 지배함으로써 지배 또는 종속의 관계에 있는 기업의 집단을 말한다.
4. "주식등"이란 주식회사의 경우에는 발행주식(「상법」 제344조의3에 따른 의결권 없는 주식은 제외한다) 총수, 주식회사 외의 기업인 경우에는 출자총액을 말한다.
5. "친족"이란 배우자(사실상 혼인관계에 있는 자를 포함한다), 6촌 이내의 혈족 및 4촌 이내의 인척을 말한다.
6. "임원"이란 다음 각 목의 구분에 따른 자를 말한다.
   가. 주식회사 또는 유한회사: 등기된 이사(사외이사는 제외한다)
   나. 가목 외의 기업: 무한책임사원 또는 업무집행자

중소기업 범위 및 확인에 관한 규정(중소기업청 고시 제2015 - 1호)

폐지제정 2015. 1. 1. 중소기업청 고시 제2015-1호

제1조(목적) 이 규정은 「중소기업기본법 시행령」(이하 "영"이라 한다), 「소기업 및 소상공인 지원을 위한 특별조치법 시행령」 제2조 및 「중소기업제품 구매촉진 및 판로지원에 관한 법률」 제8조의2에서 위임된 사항과 그 시행에 관하여 필요한 사항을 정함을 목적으로 한다.

제2조(지배기업으로 보지 아니하는 자) 영 제3조의2제3항제5호에 따라 지배기업으로 보지 아니하는 자는 다음 각 호의 어느 하나에 해당하는 자를 말한다.

1. 「자본시장 및 금융투자업에 관한 법률」 제8조에 따른 금융투자업자(다만, 금융투자업자가 금융 및 보험업 이외의 업종을 영위하는 기업의 주식등을 소유한 경우로서 해당 기업과의 관계에 한정한다)
2. 「자본시장 및 금융투자업에 관한 법률」 제9조제19항에 따른 사모집합투자기구(같은 법 제279조에 따라 금융위원회에 등록한 외국 사모집합투자기구를 포함한다)
3. 「기업구조조정 촉진법」 제2조제1호에 따른 채권금융기관(다만, 채권금융기관이 다음 각 목의 어느 하나에 해당하는

기업의 주식등을 소유한 경우로서 해당 기업과의 관계에 한정한다)
가. 「기업구조조정 촉진법」 제2조제5호에 따른 부실징후기업
나. 채권금융기관으로부터 받은 신용공여액의 합계가 500억원 미만으로서 「기업구조조정 촉진법」을 준용하여 기업구조조정 중인 기업
다. 「채무자 회생 및 파산에 관한 법률」에 따라 법원으로부터 회생절차 개시의 결정을 받은 기업

제3조(중소기업 여부의 적용기간 등) ① 영 제3조의3제4항에 따른 세부적인 중소기업 여부의 적용기간은 다음 각 호의 구분에 따른다.
1. 직전 사업연도의 사업기간이 12개월 이상인 기업 : 영 제3조에 따른 중소기업 여부의 적용기간은 직전 사업연도 말일에서 3개월이 경과한 날부터 1년간으로 한다.
2. 직전 사업연도에 창업하거나 합병 또는 분할(이하 "창업등"이라 한다)한 기업 : 영 제3조에 따른 중소기업 여부의 적용기간은 직전 사업연도 말일에서 3개월이 경과한 날부터 1년간으로 한다.
3. 해당 사업연도에 창업등을 한 기업 : 영 제3조에 따른 중소기업 여부의 적용기간은 창업등을 한 날부터 해당 사업연도 종료 후 3개월이 되는 날까지로 한다.
② 제1항에도 불구하고 다음 각 호의 어느 하나에 해당하는 기업의 경우 중소기업의 여부의 적용기간은 각각의 구분에 따른다.
1. 관계기업에 속하는 기업이 직전 사업연도 말일이 지난 후 창업, 합병, 분할 또는 폐업하여 영 제3조제1항제2호다목에 해당하거나 해당하지 아니하게 된 기업 : 창업일, 합병일, 분할일 또는 「부가가치세법 시행령」 제7조에 따른 폐업일부터 적용할 수 있다.
2. 영 제3조제1항제2호 가목 또는 나목에 해당하거나 해당하지 아니하게 된 기업 : 해당 사유가 발생한 날부터 적용한다.

제4조(제외기업 명단의 게시) 중소기업청장은 영 제3조제1항제2호다목에 해당하는 기업(이하 "제외기업"이라 하며, 같은 항 제1호의 기준에 맞지 않거나 제2호 가목 또는 나목에 해당하여 중소기업에 해당하지 아니하는 기업은 제외한다)의 명단을 영 제10조제2항에 따라 인터넷 홈페이지에 게시하여야 한다.

제5조(게시의 시기 등) ① 중소기업청장은 제4조에 따른 제외기업의 명단을 분기에 한 번 게시하되, 게시 이후에 제외기업 명단의 변동 사유가 발생한 경우에는 이를 변경 게시할 수 있다.
② 중소기업청장은 제외기업 명단의 게시를 전자적으로 처리하기 위하여 정보시스템을 구축하여 운영할 수 있다.

제6조(해당 기업의 의견제출 등) ① 중소기업청장은 제4조에 따라 제외기업 명단을 게시하기 이전에 해당 기업에게 이를 통지하고 의견 제출 기간을 두어야 한다.
② 제1항에 따라 통지를 받은 기업은 그 통지를 받은 날로부터 7일 이내에 의견을 제출할 수 있다. 다만, 관련 자료의 준비를 위해 필요한 경우 1회에 한하여 7일 이내에서 기한을 연장할 수 있다.
③ 중소기업청장은 제1항에 따라 통지를 받은 기업이 제2항에 따라 의견을 제출한 경우 이를 검토하여 결과를 통지하여야 하며, 의견을 제출하지 아니한 경우에는 의견이 없는 것으로 간주한다.

제7조(의견제출 및 통지의 방법) ① 제6조제2항에 따라 의견을 제출하고자 하는 기업은 별지 제1호 서식의 의견서와 다음 각 호의 서류를 함께 제출하여야 한다.
1. 주식등 소유 관계도(별지 제2호 서식) 1부
2. 직전 사업연도 사업기간 중 매월 신고한 원천징수이행상황신고서(다만, 원천세의 반기납부자 등 매월 서류의 제출이 불가능한 경우에는 고용보험납부영수증, 임금지급대장 등 매월 근로자수 확인이 가능한 서류) 원본 각 1부
3. 직전 사업연도 사업기간 중 매월 「기초연구진흥 및 기술개발지원에 관한 법률」 제14조제1항제2호에 따른 기업부설연구소 또는 연구전담부서의 연구전담요원 수의 확인이 가능한 서류 원본 1부(해당 기업에 한함)
4. 직전 3개 사업연도의 재무상태 확인이 가능한 재무제표(또는 세법이 정하는 회계장부) 원본 1부
5. 직전 사업연도 말일 현재의 주주명부(또는 이에 준하는 서류) 원본 1부
6. 해당 기업과 관계기업에 속하는 기업 중 영 제7조의4에 따라 상시근로자수등의

합산 대상이 되는 기업의 제2호~제5호에 해당하는 서류 각 1부

7. 기타 중소기업청장이 추가로 요청하는 서류 원본 1부(해당기업에 한함)

③ 제1항 제2호~제7호(제5호는 제외한다)의 서류 중 사본의 경우에는 해당 서류의 발급기관(제2호 및 제4호의 경우에는 세무사, 공인회계사, 「중소기업진흥에 관한 법률」제46조에 의한 경영지도사 등 적격자)을 통해 원본대조필 확인을 마쳐야 한다. 다만, 국세청 홈택스 서비스를 통해 발급된 표준재무제표의 경우에는 세무사 등 적격자의 원본대조필 확인을 생략할 수 있다.

④ 제6조제1항 및 제3항에 따른 통지는 「행정절차법」제14조와 제15조를 준용한다. 이 경우 "송달"은 "통지"로 본다.

제8조(정보의 범위) 제4조에 따라 게시되는 제외기업 명단에는 해당 기업의 명칭, 법인등록번호, 사업자등록번호, 대표자의 이름 등의 정보를 포함할 수 있다.

제9조(중소기업 확인방법) ① 중소기업시책에 참여하려는 중소기업자는 「중소기업기본법」 제27조 따라 중소기업자에 해당하는지를 확인할 수 있는 서류를 중소기업청장에게 제출하고 중소기업 확인서를 발급받을 수 있다.

② 중소기업청장은 중소기업 중 영 제8조에 따른 중기업과 소기업, 「소기업 및 소상공인 지원을 위한 특별조치법」제2조에 따른 소상공인을 구분하여 중소기업 확인서를 발급할 수 있다.

제10조(확인신청) ① 제9조에 따른 중소기업 확인서를 발급 받고자 하는 자(이하 "신청기업"이라 함)는 각 호의 서류를 갖추어 중소기업청장에게 제출하여야 한다.

1. 중소기업 확인 신청서(별지 제3호 서식)
2. 사업자등록증명 1부
3. 직전 사업연도 월별 원천징수이행상황신고서 1부
4. 최근 3개사업연도 재무제표(또는 부가가치세 과세표준증명) 1부
5. 주식등변동상황명세서 1부(법인기업에 한함)
6. 최근 3개사업연도 조정후수입금액명세서 1부(법인기업에 한함)
7. 관계기업이 있는 경우 해당기업의 제2호부터 제6호까지의 서류(해당기업에 한함)

② 제1항제1호의 확인 신청서는 중소기업현황정보시스템을 통해 신청기업이 직접 작성·제출하여야 한다.

③ 제1항제2호부터 제7호까지의 서류는 신청기업 또는 신청기업이 지정한 세무대리인이 온라인 전송시스템을 통해 제출하는 것을 원칙으로 하며, 온라인 제출이 어려운 경우에는 지방중소기업청에 방문 또는 우편으로 제출할 수 있다.

④ 직전 또는 해당사업연도에 창업 등을 하였거나 세무신고 제외대상 등의 사유로 인해 제1항제3호부터 제7호까지의 증빙서류 제출이 불가능한 경우에는 신청기업이 확인 신청서에 관련 항목을 직접 작성함으로써 서류제출을 생략할 수 있다.

⑤ 신청기업이 「중소기업제품 구매촉진 및 판로지원에 관한 법률」제7조에 따른 중소기업간의 경쟁 입찰에 참여할 목적으로 중소기업 확인서를 발급받는 경우에는 중소기업자간 경쟁입찰 참여제한 여부확인을 위한 자가진단서(별지 제4호 서식)를 제출하여야 한다.

⑥ 확인업무 담당자는 자료의 보완 또는 추가 확인이 필요한 경우 필요한 최소한의 자료를 요구하거나 현장 확인을 할 수 있다.

제11조(확인서 발급 및 변경) ① 중소기업청장은 제10조에 따라 확인서 발급 신청을 받은 경우 제9조제2항의 구분 기준을 충족한 신청기업에 한하여 중소기업현황정보시스템을 통해 중소기업 확인서(별지 제5호 서식)를 발급하여야 한다.

② 중소기업 확인서의 유효기간은 제3조에 의한 중소기업 여부의 적용기간을 따른다.

③ 중소기업 확인서를 발급 받은 기업이 다음 각 호의 어느 하나에 해당하는 경우에는 관련 증빙서류를 중소기업청장에게 제출하여 수정 발급 받아야 한다.

1. 기업명이 변경된 경우
2. 법인의 대표자가 변경된 경우(개인사업자 포괄 양도·양수 포함)
3. 주소가 변경된 경우
4. 제10조제5항의 목적으로 발급용도를 변경하려는 경우

④ 제출 서류의 정정 등으로 제9조제2항의 기업 구분이 변경되었거나 또는 제3조제2항에 따라 유효기간이 변경된 경우 중소기업청장은 확인서를 재발급하여야 한다.

⑤ 중소기업청장은 제3항 및 제4항에 따라 중소기업 확인서가 수정 발급되었거나 재발급된 경우에는 그 사실을 중소기업현황정보시스

템에 게시하여야 한다.

제12조(과태료) 중소기업시책실시기관의 장은 「중소기업기본법」 제2조에 따른 중소기업자가 아닌 자로서 거짓 자료를 제출하여 중소기업시책에 참여한 자에게 「중소기업기본법」 제28조 및 같은 법 시행령 제18조에 따라 과태료를 부과·징수하여야 한다.

제13조(재검토 기한) 「훈령·예규 등의 발령 및 관리에 관한 규정」에 따라 이 고시 발령 후 법령이나 현실 여건의 변화 등을 검토하여 이 고시의 폐지, 개정 등의 조치를 하여야 하는 기한은 2017년 12월 31일까지로 한다.

부 칙

제1조(시행일) 이 규정은 2015년 1월 1일부터 시행한다. 다만, 제9조, 제10조, 제11조, 별지 제3호 서식, 제4호 서식 및 제5호 서식의 개정규정은 2015년 1월 12일부터 시행한다.

제2조(다른 고시의 폐지 및 경과조치) 종전의 「중소기업기본법 시행령 제3조제2호 나목의 적용에서 제외하는 법인」(중소기업청 고시 제2010-13호) 및 「중소기업 범위 관련 운영요령」(중소기업청 고시 제2012-08호)은 이 규정의 시행일부터 폐지하며, 이 규정 시행 이전에 종전의 고시에 의하여 처리한 사항은 이 규정에 의하여 처리된 것으로 본다.

제3조(중소기업의 범위) ① 「중소기업기본법」(이하 "법"이라 한다) 제2조제1항제1호에 따른 중소기업은 다음 각 호의 기준을 모두 갖춘 기업으로 한다. <개정 2014.4.14., 2015.6.30.>
  1. 다음 각 목의 요건을 모두 갖춘 기업일 것
    가. 해당 기업이 영위하는 주된 업종과 해당 기업의 평균매출액 또는 연간매출액(이하 "평균매출액등"이라 한다)이 별표 1의 기준에 맞을 것
    나. 자산총액이 5천억원 미만일 것
  2. 소유와 경영의 실질적인 독립성이 다음 각 목의 어느 하나에 해당하

지 아니하는 기업일 것
    가. 「독점규제 및 공정거래에 관한 법률」 제14조제1항에 따른 상호출자제한기업집단 또는 채무보증제한기업집단에 속하는 회사
    나. 자산총액이 5천억원 이상인 법인(외국법인을 포함하되, 비영리법인 및 제3조의2제3항 각 호의 어느 하나에 해당하는 자는 제외한다)이 주식등의 100분의 30 이상을 직접적 또는 간접적으로 소유한 경우로서 최다출자자인 기업. 이 경우 최다출자자는 해당 기업의 주식등을 소유한 법인 또는 개인으로서 단독으로 또는 다음의 어느 하나에 해당하는 자와 합산하여 해당 기업의 주식등을 가장 많이 소유한 자를 말하며, 주식등의 간접소유 비율에 관하여는 「국제조세조정에 관한 법률 시행령」 제2조제2항을 준용한다.
      1) 주식등을 소유한 자가 법인인 경우: 그 법인의 임원
      2) 주식등을 소유한 자가 1)에 해당하지 아니하는 개인인 경우: 그 개인의 친족
    다. 관계기업에 속하는 기업의 경우에는 제7조의4에 따라 산정한 평균매출액등이 별표 1의 기준에 맞지 아니하는 기업
  ② 법 제2조제1항제2호에서 "대통령령으로 정하는 사회적기업"이란 영리를 주된 목적으로 하지 아니하는 사회적기업으로서 다음 각 호의 기준을 모두 갖춘 기업으로 한다. <개정 2014.4.14.>
  1. 제1항제1호 각 목의 요건을 모두 갖출 것
  2. 삭제 <2014.4.14.>
  3. 제1항제2호가목 또는 나목에 해당하지 아니할 것
  ③ 법 제2조제1항제3호에서 "대통령

령으로 정하는 협동조합"이란 제2항 각 호의 요건을 모두 갖춘 협동조합을 말한다. <신설 2014.4.14.>
④ 법 제2조제1항제4호에서 "대통령령으로 정하는 협동조합연합회"란 제2항 각 호의 요건을 모두 갖춘 협동조합연합회를 말한다.
<신설 2014.4.14.>
[전문개정 2011.12.28.]

제3조의2(지배 또는 종속의 관계) ①
관계기업에서 지배 또는 종속의 관계란 기업이 직전 사업연도 말일 현재 다른 국내기업을 다음 각 호의 어느 하나와 같이 지배하는 경우 그 기업(이하 "지배기업"이라 한다)과 그 다른 국내기업(이하 "종속기업"이라 한다)의 관계를 말한다. 다만, 「자본시장과 금융투자업에 관한 법률」 제9조제15항에 따른 주권상장법인으로서 「주식회사의 외부감사에 관한 법률」 제1조의2제2호 및 같은 법 시행령 제1조의3에 따라 연결재무제표를 작성하여야 하는 기업과 그 연결재무제표에 포함되는 국내기업은 지배기업과 종속기업의 관계로 본다. <개정 2011.12.28., 2014.4.14.>
1. 지배기업이 단독으로 또는 그 지배기업과의 관계가 다음 각 목의 어느 하나에 해당하는 자와 합산하여 종속기업의 주식등을 100분의 30 이상 소유하면서 최다출자자인 경우
   가. 단독으로 또는 친족과 합산하여 지배기업의 주식등을 100분의 30 이상 소유하면서 최다출자자인 개인
   나. 가목에 해당하는 개인의 친족
2. 지배기업이 그 지배기업과의 관계가 제1호에 해당하는 종속기업(이하 이 조에서 "자회사"라 한다)과 합산하거나 그 지배기업과의 관계가 제1호 각 목의 어느

하나에 해당하는 자와 공동으로 합산하여 종속기업의 주식등을 100분의 30 이상 소유하면서 최다출자자인 경우
3. 자회사가 단독으로 또는 다른 자회사와 합산하여 종속기업의 주식등을 100분의 30 이상 소유하면서 최다출자자인 경우
4. 지배기업과의 관계가 제1호 각 목의 어느 하나에 해당하는 자가 자회사와 합산하여 종속기업의 주식등을 100분의 30 이상 소유하면서 최다출자자인 경우
② 제1항 각 호 외의 부분 본문에도 불구하고 기업이 직전 사업연도 말이 지난 후 창업, 합병, 분할 또는 폐업한 경우에는 창업일, 합병일, 분할일 또는 「부가가치세법 시행령」 제7조에 따른 폐업일을 기준으로 제1항 각 호에 따른 지배 또는 종속의 관계를 판단할 수 있다. <신설 2014.4.14.>
③ 다음 각 호의 어느 하나에 해당하는 자가 다른 국내기업의 주식등을 소유하고 있는 경우에는 그 기업과 그 다른 국내기업은 제1항에 따른 지배기업과 종속기업의 관계로 보지 아니한다. <개정 2011.12.28., 2012.1.25., 2014.4.14., 2015.6.30.>
1. 「중소기업창업 지원법」에 따른 중소기업창업투자회사
2. 「여신전문금융업법」에 따른 신기술사업금융업자
3. 「벤처기업육성에 관한 특별조치법」에 따른 신기술창업전문회사
4. 「산업교육진흥 및 산학연협력촉진에 관한 법률」에 따른 산학협력기술지주회사
5. 그 밖에 제1호부터 제4호까지의 규정에 준하는 경우로서 중소기업육성을 위하여 중소기업청장이 정하여 고시하는 자
[본조신설 2009.3.25.]

제3조의3(중소기업 여부의 적용기간 등) ① 제3조에 따른 중소기업 여부의 적용기간은 직전 사업연도 말일에서 3개월이 경과한 날부터 1년간으로 한다. <개정 2014.4.14.>

② 중소기업청장은 제3조제1항제1호에 따른 기준의 실효성을 확보하기 위하여 5년마다 그 적정성을 검토하여야 한다. <개정 2014.4.14.>

③ 중소기업청장은 제2항에 따라 적정성을 검토하는 경우 중소기업에 관한 학식과 경험이 풍부한 외부 전문가의 의견을 들을 수 있다. <신설 2014.4.14.>

④ 제1항부터 제3항까지에서 규정한 사항 외에 중소기업 여부의 판단 등에 관한 세부적인 사항은 중소기업청장이 정하여 고시한다. <신설 2014.4.14.>
[본조신설 2011.12.28.]
[제목개정 2014.4.14.]

제4조(주된 업종의 기준) ① 하나의 기업이 둘 이상의 서로 다른 업종을 영위하는 경우에는 제7조에 따라 산정한 평균매출액등 중 평균매출액등의 비중이 가장 큰 업종을 주된 업종으로 본다. <개정 2014.4.14.>

② 제3조제1항제2호다목의 경우에는 지배기업과 종속기업 중 평균매출액등이 큰 기업의 주된 업종을 지배기업과 종속기업의 주된 업종으로 본다. <개정 2014.4.14.>
[전문개정 2011.12.28.]

제5조 삭제 <2014.4.14.>

제6조 삭제 <2014.4.14.>

제7조(평균매출액등의 산정) ① 제3조제1항제1호가목 및 제8조제1항에 따른 평균매출액등을 산정하는 경우 매출액은 일반적으로 공정·타당하다고 인정되는 회계관행(이하 "회계관행"이라 한다)에 따라 작성한 손익계산서상의 매출액을 말한다. 다만, 업종의 특성에 따라 매출액에 준하는 영업수익 등을 사용하는 경우에는 영업수익 등을 말한다. <개정 2011.12.28., 2014.4.14., 2015.6.30.>

② 평균매출액등은 다음 각 호의 구분에 따른 방법에 따라 산정한다. <개정 2011.12.28., 2014.4.14.>

1. 직전 3개 사업연도의 총 사업기간이 36개월인 경우: 직전 3개 사업연도의 총 매출액을 3으로 나눈 금액

2. 직전 사업연도 말일 현재 총 사업기간이 12개월 이상이면서 36개월 미만인 경우(직전 사업연도에 창업하거나 합병 또는 분할한 경우로서 창업일, 합병일 또는 분할일부터 12개월 이상이 지난 경우는 제외한다): 사업기간이 12개월인 사업연도의 총 매출액을 사업기간이 12개월인 사업연도 수로 나눈 금액

3. 직전 사업연도 또는 해당 사업연도에 창업하거나 합병 또는 분할한 경우로서 제2호에 해당하지 아니하는 경우: 다음 각 목의 구분에 따라 연간매출액으로 환산하여 산정한 금액

   가. 창업일, 합병일 또는 분할일부터 12개월 이상이 지난 경우: 제3조에 따른 중소기업 해당 여부에 대하여 판단하는 날(이하 "산정일"이라 한다)이 속하는 달의 직전 달부터 역산(逆算)하여 12개월이 되는 달까지의 기간의 월 매출액을 합한 금액

   나. 창업일, 합병일 또는 분할일부터 12개월이 되지 아니한 경우: 창업일이나 합병일 또는 분할일이 속하는 달의 다음달부터

산정일이 속하는 달의 직전 달
까지의 기간의 월 매출액을 합
하여 해당 월수로 나눈 금액에
12를 곱한 금액. 다만, 다음
중 어느 하나에 해당하는 경우
에는 창업일이나 합병일 또는
분할일부터 산정일까지의 기간
의 매출액을 합한 금액을 해당
일수로 나눈 금액에 365를 곱
한 금액으로 한다.
1) 산정일이 창업일, 합병일 또
는 분할일이 속하는 달에
포함되는 경우
2) 산정일이 창업일, 합병일 또
는 분할일이 속하는 달의
다음 달에 포함되는 경우
[제목개정 2014.4.14.]

제7조의2(자산총액) ① 제3조제1항제1
호나목 및 같은 항 제2호나목에 따
른 자산총액은 회계관행에 따라 작성
한 직전 사업연도 말일 현재 재무상
태표상의 자산총계로 한다.
〈개정 2014.4.14.〉
② 해당 사업연도에 창업하거나 합병
또는 분할한 기업의 자산총액은 제1
항에도 불구하고 창업일이나 합병일
또는 분할일 현재의 자산총액으로
한다.
③ 제3조제1항제2호나목에 따른 외
국법인의 경우 자산총액을 원화로
환산할 때에는 직전 5개 사업연도의
평균환율을 적용한다.
〈개정 2014.4.14.〉 [본조신설 2011.12.28.]
[종전 제7조의2는 제7조의4로 이동 〈2011.12.28.〉]

제7조의3 삭제 〈2014.4.14.〉

**제7조의4(관계기업의 평균매출액등의
산정)** ① 관계기업에 속하는 지배기
업과 종속기업의 평균매출액등의 산
정은 별표 2에 따른다. 이 경우 평균

매출액등은 제7조에 따라 산정한 지
배기업과 종속기업 각각의 평균매출
액등을 말한다.
〈개정 2011.12.28., 2014.4.14.〉
② 제1항에 따른 지배기업과 종속기
업이 상호간 의결권 있는 주식등을
소유하고 있는 경우에는 그 소유비
율 중 많은 비율을 해당 지배기업의
소유 비율로 본다.
③ 삭제 〈2014.4.14.〉
[본조신설 2009.3.25.]
[제목개정 2014.4.14.]
[제7조의2에서 이동 〈2011.12.28.〉]

제8조(소기업과 중기업의 구분) ① 법
제2조제2항에 따른 소기업(小企業)
은 중소기업 중 해당 기업이 영위하
는 주된 업종별 평균매출액등이 별표
3의 기준에 맞는 기업으로 한다.
② 법 제2조제2항에 따른 중기업(中
企業)은 중소기업 중 제1항에 따른
소기업을 제외한 기업으로 한다.
[전문개정 2015.6.30.]
[시행일 : 2016.1.1.] 제8조

제9조(유예 제외) 법 제2조제3항 단서에
서 "대통령령으로 정하는 사유"란 다음
각 호의 어느 하나에 해당하는 사유를
말한다. 〈개정 2009.3.25., 2011.12.28.,
2013.10.16., 2014.4.14.〉
1. 법 제2조제3항 본문에 따라 중소
기업으로 보는 기간 중에 있는 기
업과 중소기업이 합병하는 경우
2. 중소기업이 제3조제1항제2호가목
또는 나목에 해당하는 경우
3. 법 제2조제3항 본문에 따라 중소
기업으로 보았던 기업이 같은 조
제1항에 따른 중소기업이 되었다
가 그 평균매출액등의 증가 등으
로 다시 중소기업에 해당하지 아
니하게 된 경우
4. 삭제 〈2014.4.14.〉

제10조(확인 방법 등) ①중소기업청장은 중소기업 해당 여부를 확인하기 위하여 필요하다고 인정하면 그 확인에 관한 사항을 따로 정하여 고시할 수 있다. <개정 2009.3.25.>

② 삭제 <2015.6.30.>

③ 중소기업청장은 중소기업 해당 여부를 확인하기 위하여 불가피한 경우 「개인정보 보호법 시행령」 제19조제1호, 제2호 또는 제4호에 따른 주민등록번호, 여권번호 또는 외국인등록번호가 포함된 자료를 처리할 수 있다. <신설 2013.10.16.>

[제목개정 2013.10.16.]

중·소기업·소상공인 및 장애인기업 확인 요령(중소기업청 고시 제2014-25호)

제정 2006. 9. 8. 중소기업청 고시 제2006-26호
개정 2014. 4. 17 중소기업청 고시 제2014-25호

제1조(목적) 이 요령은 「중소기업기본법」 시행령 제10조, 「소기업 및 소상공인 지원을 위한 특별조치법」 시행령 제2조 및 「장애인기업활동 촉진법」 시행령 제2조, 「중소기업제품 구매촉진 및 판로지원에 관한 법률」 제8조의2의 중·소기업·소상공인 및 장애인기업 확인서 발급의 방법과 절차, 활용 등에 대한 사항을 정함을 목적으로 한다.

제2조(용도) 이 요령에 의해 발급받은 확인서는 다음 각호에서 정하는 용도에만 한정하여 사용하여야 한다.

1. 「중소기업제품 구매촉진 및 판로지원에 관한 법률」 제2조 제2호에서 정한 공공기관이 물품·공사·용역의 구매계약 체결을 위한 일반경쟁입찰에 있어서 중소기업자 우대.

2. 「중소기업제품 구매촉진 및 판로지원에 관한 법률」 제7조의 규정에 의한 중소기업자간의 경쟁의 방법으로 입찰을 실시하는 경우 중소기업자 해당여부 확인 및 소기업, 소상공인, 장애인기업 우대

3. 「장애인기업활동촉진법」 제9조의 규정에 의한 자금지원에 있어서의 장애인기업의 우대.

제3조(확인대상) 중소기업청장 또는 제주특별자치도지사(이하 "확인기관"이라 한다)의 확인을 필요로 하는 기업은 「중소기업기본법」 제2조에서 정하는 중소기업과 「소기업 및 소상공인 지원을 위한 특별조치법」 제2조에서 정하는 소상공인,「중소기업제품 구매촉진 및 판로지원에 관한 법률」제8조의2에 의한 중소기업, 「장애인기업 활동 촉진법」 제2조에서 정하는 장애인 기업을 말한다.

제4조(중소기업·소상공인 및 장애인기업 판정 기준) 중소기업·소상공인의 판정은 「중소기업기본법」 제2조, 「소기업 및 소상공인 지원을 위한 특별조치법」 제2조, 중소기업 범위 관련 운영요령에서 정하는 기준에 따르며, 공공조달시장에 참여하기 위해서는「중소기업제품 구매촉진 및 판로지원에 관한 법률 시행령」제9조의3에 따른 지배 또는 종속의 관계에 해당하지 않은 기업에 한하며, 장애인기업은 「장애인기업활동촉진법」 제2조에서 정하는 기준에 따른다.

제5조(확인신청) ① 제2조에서 정한 용도로 활용하기 위해 확인서를 발급 받고자 하는 자는 다음 각 호의 서류를 갖추어 지방중소기업청장 또는 제주특별자치도지사(제주특별자치도 소재기업은 제주특별자치도지사, 그 외 지역은 신청하고자 하는 지역의 지방중소기업청장, 이하 "발급기관장"이라 한다)에게 제출하여야 한다. 다만, 별지 제1호, 제3호의 확인 신청시 공공구매 종합정보망을 통해 신청서를 제출하여야 한다.

1. 확인신청서(별지 서식) 1부.
2. 확인신청서(별지 서식)에서 정하는 민원인 제출서류 각 1부.

② 사업자등록증과 법인등기부 등본에 관한 사항은 행정정보공동이용센터(하나로민원)를 통하여 확인업무 담당자가 직접 확인함으로써 제출을 갈음하며, 행정정보공동이용센터(하나로민원) 정보망으로 확인이 불가능한 경우에는 사본 제출을 요

청할 수 있다.

③ 직전 사업연도 원천징수이행상황신고서(원천세 반기납부자 원천징수이행상황신고서확인) 및 직전 3개사업연도 감사보고서(재무제표 또는 세법이 정하는 회계장부)중 사본의 경우에는 세무사, 공인회계사, 「중소기업진흥에 관한 법률」 제46조에 의한 경영지도사 등 적격자의 원본대조필 확인을 마쳐야 한다. 다만, 국세청 홈택스 서비스를 통해 발급된 표준재무제표의 경우 세무사 등 적격자의 원본대조필 확인을 생략할 수 있다. 단, 개인사업자 및 다른 기업과 출자관계가 없는 직전 사업연도 매출액 1,000억원 미만 법인은 직전사업연도 자료만 제출한다.

④ 확인서 발급시기, 연도 중 휴업 등으로 인해 직전 사업연도 원천징수이행상황신고서 및 직전 사업연도 재무제표(또는 세법이 정하는 회계장부)의 실적 확인이 불가능한 때에는 확인이 가능한 최근 1년 기간의 서류로 확인할 수 있으며, 직전 사업연도 중 휴업 등의 사유가 있는 경우에는 해당사유를 입증할 자료를 제출하여야 한다.

⑤ 확인업무 담당자는 제4조의 규정에 의한 판정을 위해 필요한 최소한의 자료를 요구하여야 한다. 자료의 보완 또는 추가 확인이 필요한 경우 현장확인을 할 수 있다.

⑥중소기업제품 구매촉진 및 판로지원에 관한 법률」제8조의2에 따라 중소기업자간 경쟁입찰 참여제한 대상여부를 확인하기 위한 절차로 제2조 제2호에 의한 용도로 사용하기 위한 중소기업자 해당여부 확인신청시 별지6호 서식의 중소기업자간 경쟁입찰 참여제한 여부 판단을 위한 자가진단서를 제출하여야 한다.

제6조(확인서 발급 등) ① 제5조의 규정에 의해 확인서 발급 신청을 받은 발급기관장은 제4조의 기준에 적합한 경우에 한하여 확인서〈별지서식〉를 발급하여야 한다. 다만, 별지 제2호, 제4호 확인서 발급의 경우 공공구매 종합정보망에 관련 정보의 등록으로 확인서를 발급한 것으로 본다.

② 창업 1년 이내의 자 또는 소상공인으로 사업자등록증 사본 및 직전 사업연도 원천징수이행상황신고서에 의한 확인이 불가능한 경우에는 고용보험납부영수증(또는 해당 회사의 임금지급대장) 및 부가가치세신고서 등으로 확인할 수 있다. 다만, 상기 증빙자료로 확인이 불가능한 1인기업의 경우 대표자 건강보험증의 지역가입자 또는 직장가입자 여부를 통해 확인할 수 있다.

③ 이 요령에 의해 발급된 확인서는 제2조 각호에서 규정한 용도에 맞게 사용된 경우에만 효력을 갖는다. 단, 장애인기업의 경우 발급기관장이 확인대상기업의 지원과 관련하여 특별히 필요하다고 인정될 경우는 예외로 한다. 이 경우 지원대상 사업이 명확해야 한다.

④ 중·소기업·소상공인 및 장애인기업으로 확인서를 발급 받은 기업이 다음 각호의 어느 하나에 해당하는 경우에는 관련 증빙서류를 발급기관장에게 제출하여 재발급 받아야 한다.
1. 업체명이 변경된 경우
2. 법인의 대표자가 변경된 경우(개인사업자 포괄 양도·양수 포함)
3. 소재지가 변경된 경우
4. 영위 사업을 포괄 양도·양수한 경우

제7조(확인의 취소 등) ① 허위자료 제출 등 부정한 방법으로 확인서를 발급 받은 경우 발급기관장은 즉시 확인서를 취소하고 공공구매 종합정보망의 정보를 삭제한다. 이 경우 확인의 취소는 유효기간 기산일에 소급하여 효력을 갖는다.

② 중·소기업·소상공인 및 장애인기업으로 확인서를 발급 받은 기업이 제4조의 판정기준의 요건이 상실되는 즉시 확인서를 반납하여야 하며, 발급기관장은 공공구매 종합정보망의 정보를 삭제하여야 한다. 이 경우 확인의 취소는 판정기준의 요건이 상실된 때부터이다.

제8조(유효기간) ① 이 고시에 의하여 발급되는 중·소기업·소상공인 확인서의 유효기간은 직전 사업연도 사업기간이 12개월 이상 기업인 경우 발급일이 속하는 사업

연도의 시작일에서 3개월이 경과한 날부터 1년간으로 한다.

② 직전 또는 해당 사업연도에 창업하거나 합병 또는 분할(이하"창업등"이라 한다)한 기업으로 1항에 해당하지 아니하는 기업은 창업 등을 한 날로부터 해당 사업연도 종료 후 3개월이 되는 날까지로 한다.

③ 제1항과 2항에도 불구하고 제7조제2항에 따라 확인이 취소되는 경우에는 그 사유가 발생한 날에 유효기간이 종료된 것으로 본다.

④ 이 고시에 의하여 발급되는 장애인기업 확인서의 유효기간은 발급일로부터 2년간으로 한다.

제9조(사후관리) 발급기관장은 이 요령에 의하여 발급된 확인서발급 기업에 대하여 사후관리를 위해 필요시 관련자료 제출을 요구하거나 현장 확인을 할 수 있다.

제10조(재검토 기한) 「훈령·예규 등의 발령 및 관리에 관한 규정」(대통령훈령 제248호)에 따라 이 고시 발령 후의 법령이나 현실여건의 변화 등을 검토하여 이 고시의 폐지, 개정 등의 조치를 하여야 하는 기한은 2017년 3월 31일까지로 한다.

부 칙

제1조(시행일) 이 요령은 고시한 날부터 시행한다.

제2조(다른 규정의 폐지)중·소기업·소상공인 및 장애인기업 확인 요령(중소기업청 고시 제2013-21호)는 이 고시 시행일부터 폐지한다.

제10조의2(중소기업 육성계획 수립 및 연차보고) ① 중소기업청장은 법 제20조제1항에 따른 중소기업시책에 관한 계획(이하 "육성계획"이라 한다)을 수립하기 위하여 육성계획 수립지침을 마련하고, 이를 매년 12월 31일까지 관계 중앙행정기관의 장에게 통보하여야 한다.

② 관계 중앙행정기관의 장은 제1항에 따른 육성계획 수립지침에 따라 해당 연도의 육성계획과 관련 예산을 매년 1월 31일까지, 전년도의 육성계획의 실적과 성과를 매년 7월 31일까지 중소기업청장에게 제출하여야 한다.
[본조신설 2011.12.28.]

제10조의3(중소기업 지원사업 통합관리시스템의 구축 및 운영) ① 중소기업청장이 법 제20조의2제1항에 따른 중소기업 지원사업 통합관리시스템(이하 "통합관리시스템"이라 한다)을 통하여 수행하는 업무는 다음 각 호와 같다.
1. 중소기업 지원사업의 신청·접수 현황 및 지원 이력의 관리
2. 중소기업 지원사업의 진행 현황의 관리
3. 중소기업 지원사업 관련 통계의 생성 및 관리
4. 중소기업 지원사업 관련 정보의 제공
5. 그 밖에 중소기업 지원사업의 효율적인 수행을 위하여 필요한 업무
② 중소기업청장은 통합관리시스템을 통하여 관리하게 되는 중소기업 지원사업의 범위를 매년 3월 31일까지 중소기업 지원사업을 수행하는 관계 중앙행정기관의 장 및 지방자치단체의 장과 협의하여 정한다.
③ 중소기업청장은 중앙행정기관의 장, 지방자치단체의 장 또는 종합신용정보집중기관 등 관련 기관 또는 단체의 장(이하 "중앙행정기관의 장등"이라 한다)에게 법 제20조의2제2항 각 호에 해당하는 자료 또는 정보의 제공을 요청하는 경우 통합관리시스템과 자료 또는 정보의 관련 정보시스템을 연계하는 방법으로 자료 또는 정보를 제공하여 줄 것을 요청할 수 있다. 이 경우 요청을 받은 중앙행정기관의 장등은 특별한 사유가 없으면

그 요청에 따라야 한다.

④ 중소기업청장은 법 제20조의2제2항에 따라 제공받는 자료 또는 정보의 최신성과 정확성 유지를 위하여 필요한 의견을 해당 중앙행정기관의 장등에게 제출할 수 있다.

⑤ 통합관리시스템의 자료 또는 정보를 보유 또는 이용하려는 자는 그 보유 또는 이용 범위에 대하여 중소기업청장과 미리 협의하여야 한다. 이 경우 자료 또는 정보를 이용하는 자는 중소기업청장과 협의한 내용의 범위에서 자료 또는 정보를 보유하거나 이용할 수 있다.

[본조신설 2014.4.14.]

제10조의4(통합관리시스템 전담기구의 지정 및 운영)

① 중소기업청장은 다음 각 호의 요건을 모두 갖춘 자를 법 제20조의2제6항에 따라 통합관리시스템을 운영하는 자(이하 "운영기관"이라 한다)로 지정할 수 있다.

1. 인력: 다음 각 목에 해당하는 사람을 각각 1명 이상 보유할 것

   가. 박사학위를 취득한 후 제16조제1항제2호의 법인에서 상근직으로 5년 이상 중소기업 연구업무에 종사한 경력이 있는 사람

   나. 정보시스템의 개발, 관리 및 운영 업무에 3년 이상 종사한 경력이 있는 사람

2. 설비: 정보시스템의 운영, 통계 분석 및 정보보안과 관련하여 중소기업청장이 정하는 기준에 맞는 설비를 갖출 것

② 운영기관으로 지정받은 자는 다음 각 호의 업무를 수행한다.

1. 통합관리시스템의 기능 개선 및 관리
2. 통합관리시스템에 수집된 자료 또는 정보의 관리 및 제공
3. 중소기업 지원사업의 운영에 필요한 정보 및 통계자료의 생산 및 분석
4. 그 밖에 통합관리시스템의 유지

및 관리를 위하여 필요하다고 중소기업청장이 인정하는 업무

③ 중소기업청장은 운영기관의 운영에 필요한 비용의 전부 또는 일부를 지원할 수 있다.

④ 제1항부터 제3항까지에서 규정한 사항 외에 운영기관의 지정 및 감독 등에 관한 세부적인 사항은 중소기업청장이 정하여 고시한다.

[본조신설 2014.4.14.]

제11조(통합실태조사의 범위)

법 제21조제1항제5호에서 "대통령령으로 정하는 실태조사"란 다음 각 호의 조사를 말한다.

1. 「중소기업 사업전환 촉진에 관한 특별법」 제7조에 따른 사업전환 실태조사
2. 「중소기업기술혁신 촉진법」 제8조에 따른 중소기업 기술통계를 작성하기 위한 조사
3. 그 밖에 중소기업의 활동현황, 자금, 인력 및 경영 등의 실태를 파악하기 위하여 중소기업청장이 실시하는 조사

[본조신설 2009.3.25.]

제12조(실태조사의 방법 및 절차 등)

① 법 제21조제1항에 따른 중소기업 실태조사에는 다음 각 호의 사항이 포함되어야 한다.

1. 중소기업의 지역별·업종별·규모별 경영일반에 관한 사항
2. 중소기업의 공장보유 여부, 자재 구매, 설비투자, 재무구조에 관한 사항
3. 중소기업의 제품판매, 수탁거래·위탁거래, 고용 및 정보화에 관한 사항
4. 그 밖에 중소기업의 실태를 파악하기 위하여 필요한 사항

② 정부는 법 제21조제1항 후단에 따라 중소기업 실태조사를 통합하여 실시하는 때에는 중소기업자, 중소기업 관련 단체 및 기관, 관계 중앙행

정기관, 통계 관련 전문가 등의 의견을 수렴하여 매년 중소기업 실태조사 통합 실시계획을 수립하여 이에 따라 실태조사를 하여야 한다.
③ 제2항에 따른 중소기업 실태조사 통합 실시계획을 수립할 때에는 다음 각 호의 사항을 종합적으로 고려하여야 한다.
1. 조사의 목적, 성격, 내용, 방식 및 조사주기 등에 관한 사항
2. 조사대상의 공동 활용, 조사항목의 단순화, 조사시기의 단일화, 조사결과의 대표성·신뢰성 확보, 조사결과의 공표 등에 관한 사항
3. 조사기획, 표본설계, 결과분석 등에 필요한 인력 및 비용에 관한 사항
4. 조사기관의 지정에 관한 사항
5. 그 밖에 조사대상 중소기업의 부담을 줄이기 위한 사항
[본조신설 2009.3.25.]

제13조(중소기업 옴부즈만의 임기 및 자격 등)
① 법 제22조제1항에 따른 중소기업 옴부즈만의 임기는 3년으로 하되, 한 번만 연임할 수 있다.
② 법 제22조제3항에서 "학식과 경험이 많은 자"란 다음 각 호의 어느 하나에 해당하는 사람을 말한다. <개정 2014.4.14.>
1. 중소기업의 대표자나 상근 임원의 직에 5년 이상 있거나 있었던 사람
2. 중소기업 또는 행정규제 관련 단체에서 10년 이상 근무한 경력이 있는 사람
3. 「정부조직법」 제2조에 따른 중앙행정기관의 장, 「지방자치법」 제2조제1항제1호에 따른 지방자치단체의 장 또는 이에 상당하는 공무원의 직에 있거나 있었던 사람
4. 「고등교육법」 제2조(같은 조 제7호는 제외한다)에 따른 학교나 공인된 연구기관에서 부교수 이상의 직 또는 이에 상당하는 직에 있거나 있었던 사람
5. 판사, 검사 또는 변호사의 직에 10년 이상 있거나 있었던 사람
6. 그 밖에 중소기업 및 규제분야의 학식과 경험이 많다고 중소기업청장이 인정하는 사람
③ 중소기업 옴부즈만은 다음 각 호의 어느 하나에 해당하는 경우를 제외하고는 그 의사에 반하여 해촉되지 아니한다.
1. 직무수행과 관련하여 금품이나 향응을 받은 사실이 확인된 경우
2. 금고 이상의 형의 선고를 받은 경우
3. 장기간의 심신쇠약으로 직무를 수행할 수 없게 된 경우
4. 고의로 업무수행을 게을리하거나 기피하는 경우 등 그 밖에 직무를 수행하기 어려운 중대한 사유가 발생한 경우
④ 중소기업 옴부즈만은 국회의원 또는 지방의회의원의 직을 겸할 수 없다.
[본조신설 2009.3.25.]

제14조(중소기업 옴부즈만의 직무 등)
① 중소기업 옴부즈만은 법 제22조제2항에 따라 다음 각 호의 업무를 독립하여 수행한다. <개정 2014.4.14.>
1. 불합리한 규제 등에 따른 중소기업의 고충처리
2. 정부 및 지방자치단체, 「공공기관의 운영에 관한 법률」 제4조에 따른 공공기관 또는 중소기업 정책자금 운영기관에 대한 중소기업 관련 규제와 애로사항의 개선 건의 및 권고
3. 중소기업 관련 규제와 애로사항의 조사·분석
4. 중소기업 관련 규제의 완화와 애로사항 해결에 대한 평가 및 분석
5. 중소기업에 영향을 주는 기존 규제의 정비와 애로사항 해결 등에 관한 보고서 작성 및 보고
6. 중소기업 관련 규제와 애로사항에

관한 법규·제도 및 고충처리 사
례의 조사·연구
7. 그 밖에 중소기업 관련 규제의 개선
과 애로사항 해결에 필요한 사항
② 중소기업 옴부즈만은 제1항의 업
무 수행의 내용과 그 처리결과를 공
표할 수 있다. 다만, 「공공기관의
정보공개에 관한 법률」 제9조에 따
른 비공개 대상에 해당하는 경우에
는 그러하지 아니하다.
③ 중소기업청장은 제1항에 따른 중
소기업 옴부즈만의 원활한 업무 수
행에 필요하다고 인정하면 그 소속
공무원 또는 법 제24조제1항에 따
라 파견받은 공무원이나 직원으로
사무 처리를 지원하거나, 예산의 범
위에서 수당, 여비, 그 밖에 필요한
경비와 사무실 등을 지원할 수 있다.
[본조신설 2009.3.25.]

제15조(전문위원의 운영) ① 중소기업
청장은 제14조제1항에 따른 중소기
업 옴부즈만의 업무 수행에 필요한
전문적인 조사 및 연구를 지원하기
위하여 학계, 중소기업 관련 기관 및
단체 등의 전문가를 전문위원으로 둘
수 있다. <개정 2011.12.28.>
② 제1항의 전문위원은 중소기업청장
이 중소기업 옴부즈만의 의견을 들
어 임명하거나 위촉한다.
③ 중소기업청장은 제1항의 전문위원
이 업무를 적극적으로 수행하는 데
필요한 수당 및 여비, 연구조사비 등
필요한 경비를 예산의 범위에서 지
원할 수 있다. <개정 2011.12.28.>
[본조신설 2009.3.25.]
[제목개정 2011.12.28.]

제16조(전문연구기관의 지정기준 등)
① 법 제25조제1항에 따른 전문연구
기관(이하 "전문연구기관"이라 한다)
으로 지정받으려는 자는 다음 각 호
의 요건을 모두 갖추어야 한다.

1. 법인일 것
2. 법인의 주된 설립 목적이 중소기
업에 대한 연구를 하는 것으로 정
관에 명시되어 있을 것
3. 중소기업 연구 전문인력(박사학위
를 취득한 후 제2호에 해당하는
법인에서 상근직으로 5년 이상
중소기업 연구업무에 종사한 경력
이 있는 사람)을 15명 이상 보유
할 것
② 전문연구기관으로 지정받으려는
자는 다음 각 호의 서류를 갖추어
중소기업청장에게 제출하여야 한다.
1. 최근 3년 간 중소기업 관련 연구 실적
2. 중소기업 전문연구인력 보유 현황
3. 그 밖에 중소기업 정책 연구에 필
요한 사항
③ 중소기업청장은 전문연구기관을 지
정한 경우에는 그 사실을 중소기업청
인터넷 홈페이지에 게시하여야 한다.
④ 전문연구기관의 지정 기간은 지정
된 날부터 3년 이내로 한다.
[본조신설 2011.12.28.]

제17조(중소기업 주간 지정) ① 법 제
26조에 따른 중소기업 주간은 매년
5월의 셋째 주로 한다.
② 중소기업 주간에는 다음 각 호의
행사를 할 수 있다.
1. 중소기업 유공자 표창
2. 중소기업 관련 기념 행사
3. 그 밖에 중소기업 진흥에 관한 행사
③ 중소기업청장은 필요한 경우 예산
의 범위에서 제2항에 따른 행사를
지원할 수 있다.
[본조신설 2011.12.28.]

제17조의2(규제의 재검토) 중소기업청
장은 제9조에 따른 중소기업 유예
제외 사유에 대하여 2014년 1월 1
일을 기준으로 5년마다(매 5년이 되
는 해의 1월 1일 전까지를 말한다)
그 타당성을 검토하여 개선 등의 조

치를 하여야 한다.
[본조신설 2013.12.30.]

제18조(과태료의 부과기준) 법 제28조 제1항에 따른 과태료의 부과기준은 별표 4와 같다. <개정 2015.6.30.>
[본조신설 2011.12.28.]

부칙
<제25302호, 2014.4.14.>

제1조(시행일) 이 영은 2015년 1월 1일부터 시행한다. 다만, 제3조제3항 및 제4항, 제10조의3, 제10조의4, 제13조 및 제14조의 개정규정은 2014년 4월 15일부터 시행한다.

제2조(기존 중소기업에 관한 특례) ① 제3조제1항 및 제2항과 별표 1의 개정규정에도 불구하고 이 영 시행 전에 종전의 규정에 따라 중소기업에 해당하였던 기업이 이 영 시행 후 제3조제1항 및 제2항과 별표 1의 개정규정에 따른 기준에 해당하지 아니하게 된 경우에는 2018년 3월 31일까지 중소기업으로 본다.
② 제1항에 따라 중소기업으로 보게 된 기업에 대해서는 법 제2조제3항 본문에 따른 중소기업으로 보지 아니한다.

제3조(중소기업 간주 범위 변경에 관한 특례) 제9조제3호의 개정규정에도 불구하고 이 영 시행 전에 법 제2조제3항 본문에 따라 중소기업으로 보는 기간에 있었거나 그 기간에 있는 기업이 이 영 시행 후 중소기업에 해당하게 되는 경우에는 이 영 시행 전에 중소기업으로 보았던 횟수에 관계없이 이 영 시행 후 1회에 한정하여 중소기업으로 볼 수 있다.

부칙
<제26356호, 2015.6.30.>

제1조(시행일) 이 영은 공포한 날부터 시행한다. 다만, 제8조 및 별표 3의 개정규정은 2016년 1월 1일부터 시행한다.

제2조(기존 소기업에 관한 특례) 제8조 및 별표 3의 개정규정에도 불구하고 이 영 시행 당시 종전의 규정에 따라 소기업에 해당하였던 기업이 이 영 시행 이후 제8조 및 별표 3의 개정규정에 따른 소기업에 해당하지 아니하게 된 경우에는 2019년 3월 31일까지 소기업으로 본다.

제3조(다른 법령의 개정) 기초연구진흥 및 기술개발지원에 관한 법률 시행령 일부를 다음과 같이 개정한다.
제16조제1항제1호 중 "「중소기업기본법 시행령」 제8조에 따른 소기업자"를 "「중소기업기본법 시행령」 제8조제1항에 따른 소기업자"로 한다.

[별표 1] 주된 업종별 평균매출액등의 중소기업 규모 기준(제3조제1항제1호가목 관련) <개정 2015.6.30.>

주된 업종별 평균매출액등의 중소기업 규모 기준
(제3조제1항제1호가목 관련)

해당 기업의 주된 업종	분류기호	규모 기준
1. 의복, 의복액세서리 및 모피제품 제조업	C14	평균매출액등 1,500억원 이하
2. 가죽, 가방 및 신발 제조업	C15	
3. 펄프, 종이 및 종이제품 제조업	C17	
4. 1차 금속 제조업	C24	
5. 전기장비 제조업	C28	
6. 가구 제조업	C32	
7. 농업, 임업 및 어업	A	평균매출액등 1,000억원 이하
8. 광업	B	
9. 식료품 제조업	C10	
10. 담배 제조업	C12	
11. 섬유제품 제조업(의복 제조업은 제외한다)	C13	
12. 목재 및 나무제품 제조업(가구 제조업은 제외한다)	C16	
13. 코크스, 연탄 및 석유정제품 제조업	C19	
14. 화학물질 및 화학제품 제조업(의약품 제조업은 제외한다)	C20	
15. 고무제품 및 플라스틱제품 제조업	C22	
16. 금속가공제품 제조업(기계 및 가구 제조업은 제외한다)	C25	
17. 전자부품, 컴퓨터, 영상, 음향 및 통신장비 제조업	C26	
18. 그 밖의 기계 및 장비 제조업	C29	
19. 자동차 및 트레일러 제조업	C30	
20. 그 밖의 운송장비 제조업	C31	

업종	분류기호	규모
21. 전기, 가스, 증기 및 수도사업	D	
22. 건설업	F	
23. 도매 및 소매업	G	
24. 음료 제조업	C11	평균매출액등 800 억원 이하
25. 인쇄 및 기록매체 복제업	C18	
26. 의료용 물질 및 의약품 제조업	C21	
27. 비금속 광물제품 제조업	C23	
28. 의료, 정밀, 광학기기 및 시계 제조업	C27	
29. 그 밖의 제품 제조업	C33	
30. 하수·폐기물 처리, 원료재생 및 환경복원업	E	
31. 운수업	H	
32. 출판, 영상, 방송통신 및 정보서비스업	J	
33. 전문, 과학 및 기술 서비스업	M	평균매출액등 600 억원 이하
34. 사업시설관리 및 사업지원 서비스업	N	
35. 보건업 및 사회복지 서비스업	Q	
36. 예술, 스포츠 및 여가 관련 서비스업	R	
37. 수리(修理) 및 기타 개인 서비스업	S	
38. 숙박 및 음식점업	I	평균매출액등 400 억원 이하
39. 금융 및 보험업	K	
40. 부동산업 및 임대업	L	
41. 교육 서비스업	P	

비고: 해당 기업의 주된 업종의 분류 및 분류기호는 「통계법」 제22조에 따라 통계청장이 고시한 한국표준산업분류에 따른다.

[별표 2] 관계기업의 평균매출액등의 산정기준(제7조의4제1항 관련)

[별표 2] <개정 2014.4.14>

관계기업의 평균매출액등의 산정기준

(제7조의4제1항 관련)

1. 이 표에서 사용하는 용어의 뜻은 다음과 같다.

   가. "형식적 지배"란 지배기업이 종속기업의 주식등을 100분의 50 미만으로 소유하고 있는 것을 말한다.

   나. "실질적 지배"란 지배기업이 종속기업의 주식등을 100분의 50 이상으로 소유하고 있는 것을 말한다.

   다. "직접 지배"란 지배기업이 자회사(지배기업의 종속기업을 말한다. 이하 이 표에서 같다) 또는 손자기업(자회사의 종속기업을 말하며, 지배기업의 종속기업으로 되는 경우를 포함한다. 이하 이 표에서 같다)의 주식등을 직접 소유하고 있는 것을 말한다.

   라. "간접 지배"란 지배기업이 손자기업의 주주인 자회사의 주식등을 직접 소유하고 있는 것을 말한다.

2. 지배기업이 종속기업에 대하여 직접 지배하되 형식적 지배를 하는 경우에는 지배기업 또는 종속기업의 평균매출액등으로 보아야 할 평균매출액등(이하 "전체 평균매출액등"이라 한다)은 다음 각 목에 따라 계산한다.

   가. 지배기업의 전체 평균매출액등은 그 지배기업의 평균매출액등에 지배기업의 종속기업에 대한 주식등의 소유비율과 종속기업의 평균매출액등을 곱하여 산출한 평균매출액등을 합산한다.

   나. 종속기업의 전체 평균매출액등은 그 종속기업의 평균매출액등에 지배기업의 종속기업에 대한 주식등의 소유비율과 지배기업의 평균매출액등을 곱하여 산출한 평균매출액등을 합산한다.

3. 지배기업이 종속기업에 대하여 직접 지배하되 실질적 지배를 하는 경우에는 지배기업 또는 종속기업의 전체 평균매출액등은 다음 각 목에 따라 계산한다.

   가. 지배기업의 전체 평균매출액등은 그 지배기업의 평균매출액등에 종속

기업의 평균매출액등을 합산한다.

　나. 종속기업의 전체 평균매출액등은 그 종속기업의 평균매출액등에 지배
　　　기업의 평균매출액등을 합산한다.

4. 지배기업이 손자기업에 대하여 간접 지배를 하는 경우에는 지배기업 또는
　손자기업의 전체 평균매출액등은 다음 각 목에 따라 계산한다.

　가. 지배기업의 전체 평균매출액등은 그 지배기업의 평균매출액등에 지배
　　　기업의 손자기업에 대한 주식등의 간접 소유비율과 손자기업의 평균매
　　　출액등을 곱하여 산출한 평균매출액등을 합산한다.

　나. 손자기업의 전체 평균매출액등은 그 손자기업의 평균매출액등에 지배
　　　기업의 손자기업에 대한 주식등의 간접 소유비율과 지배기업의 평균매
　　　출액등을 곱하여 산출한 평균매출액등을 합산한다.

5. 제4호에서 지배기업의 손자기업에 대한 주식등의 간접 소유비율은 다음과
　같다. 다만, 자회사가 둘 이상인 경우에는 각 자회사별로 계산한 소유비율
　을 합한 비율로 한다.

　가. 지배기업이 자회사에 대하여 실질적 지배를 하는 경우에는 그 자회사
　　　가 소유하고 있는 손자기업의 주식등의 소유비율

　나. 지배기업이 자회사에 대하여 형식적 지배를 하는 경우에는 그 소유비
　　　율과 그 자회사의 손자기업에 대한 주식등의 소유비율을 곱한 비율

[별표 3] 주된 업종별 평균매출액등의 소기업 규모 기준(제8조제1항 관련) <신설 2015.6.30.>

주된 업종별 평균매출액등의 소기업 규모 기준
(제8조제1항 관련)

해당 기업의 주된 업종	분류기호	규모 기준
1. 식료품 제조업	C10	
2. 음료 제조업	C11	
3. 의복, 의복액세서리 및 모피제품 제조업	C14	
4. 가죽, 가방 및 신발 제조업	C15	
5. 코크스, 연탄 및 석유정제품 제조업	C19	
6. 화학물질 및 화학제품 제조업(의약품 제조업은 제외한다)	C20	
7. 의료용 물질 및 의약품 제조업	C21	
8. 비금속 광물제품 제조업	C23	평균매출액등 120억원 이하
9. 1차 금속 제조업	C24	
10. 금속가공제품 제조업(기계 및 가구 제조업은 제외한다)	C25	
11. 전자부품, 컴퓨터, 영상, 음향 및 통신장비 제조업	C26	
12. 전기장비 제조업	C28	
13. 그 밖의 기계 및 장비 제조업	C29	
14. 자동차 및 트레일러 제조업	C30	
15. 가구 제조업	C32	
16. 전기, 가스, 증기 및 수도사업	D	
17. 농업,임업 및 어업	A	
18. 광업	B	
19. 담배 제조업	C12	평균매출액등 80억원 이하
20. 섬유제품 제조업(의복 제조업은 제외한다)	C13	
21. 목재 및 나무제품 제조업(가구 제조업은 제외한다)	C16	
22. 펄프, 종이 및 종이제품 제조업	C17	
23. 인쇄 및 기록매체 복제업	C18	

24. 고무제품, 및 플라스틱제품 제조업	C22	
25. 의료, 정밀, 광학기기 및 시계 제조업	C27	
26. 그 밖의 운송장비 제조업	C31	
27. 그 밖의 제품 제조업	C33	
28. 건설업	F	
29. 운수업	H	
30. 금융 및 보험업	K	
31. 도매 및 소매업	G	평균매출액 등 50억원 이하
32. 출판, 영상, 방송통신 및 정보서비스업	J	
33. 하수·폐기물 처리, 원료재생 및 환경복원업	E	평균매출액 등 30억원 이하
34. 부동산업 및 임대업	L	
35. 전문·과학 및 기술 서비스업	M	
36. 사업시설관리 및 사업지원 서비스업	N	
37. 예술, 스포츠 및 여가 관련 서비스업	R	
38. 숙박 및 음식점업	I	평균매출액 등 10억원 이하
39. 교육 서비스업	P	
40. 보건업 및 사회복지 서비스업	Q	
41. 수리(修理) 및 기타 개인 서비스업	S	

비고: 해당 기업의 주된 업종의 분류 및 분류기호는 「통계법」 제22조
에 따라 통계청장이 고시한 한국표준산업분류에 따른다.

[별표 4] 과태료의 부과기준(제18조 관련) <개정 2015.6.30.>

과태료의 부과기준(제18조 관련)

1. 일반기준

  가. 위반행위의 횟수에 따른 과태료의 부과기준은 최근 3년간 같
     은 위반행위로 과태료 부과처분을 받은 경우에 적용한다. 이
     경우 위반횟수별 부과기준의 적용일은 위반행위에 대해 과태
     료 부과처분을 한 날과 그 처분 후 다시 같은 위반행위를 적
     발한 날로 한다.

  나. 부과권자는 위반행위의 정도, 위반행위의 동기와 그 결과 등 다
     음 사항을 고려하여 제2호에서 정한 금액의 2분의 1의 범위에
     서 그 금액을 감경할 수 있다. 다만, 과태료를 체납하고 있는
     위반행위자의 경우에는 그러하지 아니하다.

  1) 위반행위자가 「질서위반행위규제법 시행령」 제2조의2제1항
     각 호의 어느 하나에 해당하는 경우.

  2) 위반행위가 사소한 부주의나 오류로 인한 것으로 인정되는 경
     우

  3) 위반행위자가 법 위반상태를 시정하거나 해소하기 위하여 노
     력한 것으로 인정되는 경우

  4) 그 밖에 위반행위의 정도, 위반행위의 동기와 그 결과 등을
     고려하여 감경할 필요가 있다고 인정되는 경우

2. 개별기준

(단위: 만원)

위반 행위	근거 법조문	과태료 금액		
		1차	2차	3차 이상
법 제27조제1항에 따른 자료를 거짓으로 제출하여 중소기업시책에 참여한 경우	법 제28조 제1항	300	400	500

중소기업기술 보호 지원에 관한 법률

[시행 2014.11.29.]
[법률 제12696호, 2014.5.28., 제정]

제1장 총칙

제1조(목적) 이 법은 중소기업기술 보호를 지원하기 위한 기반을 확충하고 관련 시책을 수립·추진함으로써 중소기업의 기술보호 역량과 기술경쟁력을 강화하고 국가경제의 발전에 이바지함을 목적으로 한다.

제2조(정의) 이 법에서 사용하는 용어의 뜻은 다음과 같다.
1. "중소기업"이란 「중소기업기본법」 제2조에 따른 중소기업을 말한다.
2. "중소기업기술"이란 중소기업 및 「중소기업 기술혁신 촉진법」 제2조제2호에 따른 중소기업자가 직접 생산하거나 생산할 예정인 제품 또는 용역의 개발·생산·보급 및 사용에 필요한 독립된 경제적 가치를 가지는 기술 또는 경영상의 정보를 말한다.

제3조(정부 등의 책무) ① 정부는 중소기업의 기술보호 역량을 강화하고 중소기업기술 보호에 필요한 종합적인 시책을 수립·시행하여야 한다.
② 지방자치단체는 제1항에 따른 정부의 시책과 지역적 특성을 고려하여 지역별 중소기업기술 보호에 필요한 시책을 수립·시행하여야 한다.

제4조(다른 법률과의 관계) 중소기업기술 보호 지원에 관하여 「산업기술의 유출방지 및 보호에 관한 법률」, 「부정경쟁방지 및 영업비밀보호에 관한 법률」, 「발명진흥법」 등 다른 법률에 특별한 규정이 있는 경우를 제외하고는 이 법이 정하는 바에 따른다.

제2장 중소기업기술 보호에 관한 지원계획의 수립 및 추진

제5조(중소기업기술 보호에 관한 지원계획의 수립) ① 중소기업청장은 중소기업기술 보호에 관한 지원계획(이하 "지원계획"이라 한다)을 3년마다 수립·시행하여야 한다.
② 중소기업청장은 지원계획을 수립할 때에는 관계 중앙행정기관의 장과 특별시장·광역시장·특별자치시장·도지사·특별자치도지사 및 시장(특별자치도의 행정시장은 제외한다)·군수·구청장(자치구의 구청장을 말한다)의 의견을 들을 수 있다.
③ 지원계획에는 다음 각 호의 사항이 포함되어야 한다.
1. 중소기업기술 보호에 관한 기본목표와 추진방향
2. 중소기업기술 보호에 대한 기반구축 및 추진방안
3. 해외진출 중소기업의 기술보호 지원에 관한 사항
4. 중소기업기술 보호를 위한 연구개발에 관한 사항
5. 중소기업기술 보호를 위한 전문인력의 양성에 관한 사항
6. 중소기업기술 보호에 대한 홍보 및 교육에 관한 사항
7. 중소기업기술 보호를 위한 국제협력에 관한 사항
8. 그 밖에 중소기업기술 보호를 위하여 필요한 사항
④ 중소기업청장은 지원계획의 수립

을 위하여 관계 중앙행정기관의 장, 지방자치단체의 장 및 중소기업기술 보호 관련 기관 또는 단체의 장에게 필요한 자료의 제출을 요청할 수 있다. 이 경우 자료의 제출을 요청받은 자는 정당한 사유가 없으면 이에 협조하여야 한다.

제6조(중소기업기술 보호정책에 대한 자문) 중소기업청장은 중소기업기술 보호정책의 수립 및 추진을 위하여 필요한 경우에는 대통령령으로 정하는 바에 따라 관계 중앙행정기관의 장, 정보수사기관의 장, 관련 기관·단체 및 전문가에게 협의 또는 자문할 수 있다.

제7조(중소기업기술 보안역량 강화를 위한 실태조사) ① 중소기업청장은 중소기업기술에 대한 보안역량 강화를 위하여 필요한 경우 중소기업의 기술보호 수준, 기술정보의 관리 및 침해 현황 등에 대한 실태조사를 실시할 수 있다.
② 중소기업청장은 제1항에 따른 실태조사를 위하여 중소기업, 관련 기관 및 단체에 대하여 자료의 제출이나 조사업무에 필요한 협조를 요청할 수 있다. 이 경우 그 요청을 받은 자는 정당한 사유가 없으면 이에 따라야 한다.
③ 제1항에 따른 실태조사의 대상·범위·방법 등에 필요한 사항은 대통령령으로 정한다.

제8조(중소기업기술 보호지침의 제정 등) ① 중소기업청장은 중소기업기술의 유출을 방지하고 보호하기 위하여 필요한 방법·절차 등에 관한 지침(이하 "보호지침"이라 한다)을 관련 분야의 전문가, 기관 및 단체의 의견을 들어 정할 수 있다.

② 중소기업청장은 제7조에 따른 실태조사 결과 등을 고려하여 보호지침을 주기적으로 수정·보완하여야 하며, 이를 중소기업이 활용할 수 있도록 하여야 한다.

제3장 중소기업기술 보호를 위한 지원사업

제9조(기술자료 임치제도 활용 지원) ① 중소기업청장은 중소기업이 「대·중소기업 상생협력 촉진에 관한 법률」 제24조의2에 따른 기술자료 임치제도를 전산정보처리장치를 통하여 편리하게 이용하게 하고, 그 이용기록을 정밀하게 관리할 수 있도록 필요한 조치를 하여야 한다.
② 중소기업청장은 「기술의 이전 및 사업화 촉진에 관한 법률」 제2조제3호에 따른 기술의 사업화를 촉진하기 위하여 제1항에 따른 기술자료 임치물을 담보로 하는 지원사업을 추진할 수 있으며, 그 사업수행에 필요한 경비의 전부 또는 일부를 지원할 수 있다.
③ 중소기업청장은 제2항에 따른 지원사업을 추진하기 위하여 필요한 경우 「기술의 이전 및 사업화 촉진에 관한 법률」 제10조에 따른 기술거래기관 또는 같은 법 제35조에 따른 기술평가기관과 유기적인 협력체계를 구축하여야 한다.
④ 그 밖에 중소기업에 대한 기술자료 임치제도 활용 지원에 필요한 사항은 대통령령으로 정한다.

제10조(국가연구개발사업 성과물의 보호 지원) ① 정부는 중소기업이 수행하는 국가연구개발사업의 성과물을 보호하기 위하여 다음 각 호의 지원사업을 추진할 수 있다.

1. 제9조에 따른 기술자료 임치제도 활용 지원
2. 제18조에 따른 기술보호관제서비스 지원
3. 제19조에 따른 보안시스템 구축 지원
4. 그 밖에 국가연구개발사업의 성과물을 보호하기 위하여 필요한 사업

② 중소기업청장은 제1항 각 호의 사업을 대학·연구기관·공공기관·단체 및 중소기업 등에게 위탁할 수 있으며, 그 사업수행에 필요한 경비의 전부 또는 일부를 지원할 수 있다.

제11조(의견제시 및 개선권고) 중소기업청장은 중소기업기술 보호에 영향을 미치는 내용이 포함된 법령이나 조례에 대하여 관계 기관에 의견을 제시하거나 중소기업기술 보호 실태의 개선을 권고할 수 있다.

제12조(중소기업기술 보호 진단 및 자문 등) ① 중소기업청장은 중소기업기술의 보호와 관련한 애로사항을 해결하기 위하여 다음 각 호의 사업을 추진할 수 있다.
1. 중소기업기술 침해 및 유출신고의 접수
2. 보안전문가 현장파견을 통한 기술보호 진단
3. 중소기업기술 보호 및 피해구제에 관한 자문
4. 보안시스템 구축을 위한 자문
5. 그 밖에 중소기업기술 보호를 위하여 필요한 사업

② 중소기업청장은 제1항에 따른 업무수행 중 중소기업기술에 대한 침해가 우려되거나 발생한 때에는 수사기관 등 관계 기관의 장과 협의하여 필요한 조치를 하여야 한다.

제13조(해외진출 중소기업의 기술보호) ① 중소기업청장은 해외에 진출한 중소기업의 기술보호를 위하여 다음 각호의 사업을 추진할 수 있다.
1. 해외진출 중소기업의 기술보호를 위한 보호지침의 제작·배포
2. 해외 기술유출에 관한 실태조사
3. 해외진출 중소기업을 대상으로 한 보안교육 및 상담·자문
4. 해외 기술보호 정보의 수집·분석 및 보급
5. 그 밖에 해외진출 중소기업의 기술보호를 위하여 필요한 사업

② 중소기업청장은 제1항의 사업을 추진하기 위하여 정보수사기관의 장에게 관련 정보를 요청할 수 있다.

③ 중소기업청장은 제1항 각 호의 사업을 대통령령으로 정하는 바에 따라 관련 기관 또는 단체에 위탁할 수 있으며, 그 사업수행에 필요한 경비의 전부 또는 일부를 지원할 수 있다.

제4장 중소기업기술 보호의 기반 조성

제14조(중소기업기술 보호 지원 전담기관) ① 중소기업청장은 중소기업기술의 보호 지원에 관한 업무를 전담하는 기관(이하 "전담기관"이라 한다)을 지정할 수 있다.

중소기업기술 보호 운영세칙

제정 2014. 11. 29. 중소기업청 고시 제2014-65호

제1장 총칙

제1조(목적) 이 운영세칙은「중소기업기술 보호 지원에 관한 법률」(이하 "법"이라 한다) 및 같은 법 시행령(이하 "영"이라 한다)에서 위임된 사항과 그 시행에 필요한 사항을 규정함을 목적으로 한다.

제2조(정의) 이 세칙에서 사용하는 용어의 뜻은 다음과 같다.

1. "중소기업기술 보호 전담기관(이하 "전담기관"이라 한다)"이란 법 제14조제1항 및 영 제6조제1항에 따라 중소기업기술 보호 지원에 관한 업무를 전담하는 기관으로 지정받은 기관 또는 단체를 말한다.
2. "기술보호 전문인력 양성기관(이하 "전문인력 양성기관"이라 한다)"이란 법 제2조 및 영 제8조제1항에 따라 기술보호 전문인력 양성기관으로 지정받은 기관 또는 단체를 말한다.
3. "기술자료 임치물"이란 「대·중소기업 상생협력 촉진에 관한 법률」 제24조의2 제1항에 따라 임치된 기술자료를 말한다.
4. "정보통신망"이란 「정보통신망 이용촉진 및 정보보호 등에 관한 법률」 제2조제1항제1호에 따른 정보통신망을 말한다.

제2장 중소기업기술 보호를 위한 지원사업

제3조(기술자료 임치제도 활용 지원) ① 전담기관의 장은 영 제5조제3호에 따라 경제적 활용 가치가 높은 임치물에 대한 기술 거래 및 평가를 지원하기 위하여 「공공기관의 운영에 관한 법률」 제4조의 공공기관에 해당하는 기술 거래 및 평가 기관에 기술가치평가를 요청할 수 있다.
② 전담기관의 장은 법 제9조제2항에 따라 임치물을 담보로 하는 지원사업을 추진하기 위하여 임치물 전용 기술평가시스템 및 기술평가모형의 개발을 지원할 수 있다.
③ 전담기관의 장은 임치제도를 활성화하기 위하여 중소기업을 대상으로 임치제도의 활용을 권장할 수 있다.

제4조(중소기업기술 침해 및 유출 신고) ① 중소기업기술 침해 및 유출 신고를 하려는 자는 별지 제1호서식의 중소기업기술 침해신고서를 전담기관의 장에게 제출하여야 한다. 다만, 긴급히 처리할 필요가 있는 경우에는 구두 또는 정보통신망 등을 활용하여 신고한 후 지체 없이 중소기업기술침해신고서를 제출하여야 한다.
② 전담기관의 장은 중소기업기술침해신고서가 접수된 때에는 신고자와 협의하여 수사기관 등 관계기관의 장에게 협조를 요청할 수 있으며, 필요하다고 인정되는 경우 법 제12조제1항제2호부터 제4호까지의 진단 및 자문을 실시할 수 있다.

제3장 중소기업기술 보호의 기반 조성

제5조(전담기관 지정) ① 영 제6조제4항에 따른 기술보호 전담기관의 지정에 필요한 전담인력, 업무공간 및 시설·장비의 세부기준은 다음 각 호와 같다.
1. 전담인력의 과반수 이상이 아래 각 목의 어느 하나에 해당할 것
  가. 중소기업기술 보호 지원업무 또는 정부 지원사업을 1년 이상 수행한 경력이 있는 자
  나. 연구개발 및 관리 업무를 1년 이상 수행한 경력이 있는 자
  다. 기술 또는 보안 분야 학사학위 이상 소지자
2. 다음 각 목의 요건을 충족하는 전용 업무공간을 보유할 것
  가. 82m² 면적 이상의 사무공간을 갖출 것
  나. 25m² 면적 이상의 상담실과 회의실을 2개 이상 구비할 것
3. 다음 각 목의 시설 및 장비를 구비할 것
  가. 자체적으로 활용 가능한 전용 전산장비
  나. 방화벽, 백신 등 전산보안장비 및 관련 소프트웨어
② 영 제6조제2항에 따른 전담기관 지정신청서는 별지 제2호서식에 따른다.
③ 중소기업청장은 영 제6조제2항에 따라 제출된 서류의 검토를 위해 필요한 경우 현장 실사를 실시할 수 있다. 이 경우 현장 실사 7일 전까지 해당 기관 또는 단체에 그 사실을 서면으로 알려야 한다.
④ 중소기업청장은 전담기관 지정을 신청한 기관 또는 단체 중 전담기관으로 지정하기에 가장 적합하다고 인정되는 기관 또는 단체에게 별지 제3호서식의 지정서를 발급하여야 한다.

제6조(전담기관 운영) ① 전담기관의 장은 영

제7조제1항 각 호의 업무 수행에 필요한 운영지침을 마련하여 중소기업청장의 승인을 받아 각 업무를 수행할 수 있다.

② 중소기업청장은 전담기관의 운영에 관하여 점검을 실시할 수 있다. 이 경우 전담기관의 장은 이에 협조하여야 한다.

③ 전담기관의 장은 이 세칙에 저촉되지 않는 범위에서 중소기업청장의 승인을 받아 별도의 운영계획을 수립할 수 있다.

제7조(전문인력 양성기관 지정) ① 영 제8조제4항에 따른 전문인력 양성기관 지정에 필요한 교육과정, 교육 및 전담인력, 전용 공간 등의 세부 기준은 다음 각 호와 같다.

1. 기술보호 관련 전문 교육과정을 3개 이상 개설·운영할 것
2. 다음 각 목의 어느 하나에 해당하는 교육인력을 3명 이상 확보할 것
   가. 관련 분야 학사학위 취득 후 2년 이상 기술보호 관련 교육을 수행한 경력이 있는 자
   나. 관련 분야 박사학위 소지자
   다. 기술보호 관련 업무를 3년 이상 수행한 경력이 있는 자
3. 교육생 및 교육과정 관리 등을 위한 전담인력을 2명 이상 상시 고용하고 있을 것
4. 다음 각 목의 요건을 충족하는 전용공간 및 시설을 갖출 것
   가. 30명 이상을 수용하는 150m² 면적 이상의 교육장을 2개 이상 보유할 것
   나. 교육환경 및 보건위생 상 적합한 장소에 소재하여야 하며, 소방안전설비를 갖추고 있을 것
   다. 교육전용으로 활용 가능한 교육시설을 소유하거나 장기 임차를 할 것. 다만, 임차일 경우에는 전문인력 양성기관으로 지정된 기간 동안 임차가 유지되어야 한다.

② 영 제8조제2항에 따른 전문인력 양성기관 지정신청서는 별지 제4호서식과 같다.

③ 중소기업청장은 영 제8조제2항에 따라 제출된 서류의 검토를 위해 필요한 경우 현장 실사를 실시할 수 있다. 이 경우 현장 실사 7일 전까지 전문인력 양성기관 지정을 신청한 기관 또는 단체에게 그 사실을 서면으로 알려야 한다.

④ 중소기업청장은 전문인력 양성기관 지정을 신청한 기관 또는 단체 중 전문인력 양성기관으로 지정하기에 적합하다고 인정되는 기관 또는 단체에게 별지 제5호서식의 지정서를 발급하여야 한다.

⑤ 전문인력 양성기관의 지정기간은 지정된 날로부터 2년으로 하며, 교육실적 및 교육과정 운영성과 등을 평가하여 전문인력 양성기관 지정을 유지함이 적절하다고 인정되는 경우에는 2년 단위로 지정기간을 연장할 수 있다.

⑥ 제5항에 따른 전문인력 양성기관에 대한 평가를 위하여 중소기업청장과 전담기관의 장은 기술보호 또는 교육 분야 전문가 등을 포함하는 평가위원회를 구성하여 운영할 수 있다.

제8조(전문인력 양성기관 운영) ① 전담기관의 장은 영 제19조제1항제7호에 따라 전문인력 양성기관의 운영을 관리한다.

② 전담기관의 장은 전문인력 양성기관의 운영에 관하여 점검을 실시할 수 있다. 이 경우 전문인력 양성기관의 장은 특별한 사유가 없는 한 이에 협조하여야 한다.

③ 전담기관의 장은 제2항에 따라 점검을 실시한 경우에는 그 결과를 중소기업청장에게 보고하여야 한다.

④ 전문인력 양성기관으로 지정받은 자는 제7조제5항에 따른 지정기간 동안 당해 연도의 사업계획 및 전년도의 추진실적을 매년 1월 20일까지 전담기관의 장에게 보고하여야 한다.

⑤ 전문인력 양성기관의 장은 사업계획서에 저촉되지 않는 범위에서 전담기관의 장의 승인을 받아 교육과정 운영 등에 관한 별도의 계획을 수립하여 운영할 수 있다.

제9조(사업운영지침 제정) ① 법 제18조제3항에 따라 기술보호관제서비스 업무를 위탁받은 기관 또는 단체 및 영 제19조제2항 각 호의 업무를 위탁받은 기관 또는 단체는 사업 수행에 필요한 구체적 사항을 정하기 위하여 중소기업청장의 승인을 받아 사업운영지침을 제정할 수 있다.

제4장 중소기업기술 보호 포상

제10조(포상 대상자 추천 및 신청) 영 제11조제1항에 따라 중소기업기술 보호 포상

대상자를 추천하거나 직접 신청하려는 경우, 별지 제6호서식의 유공자 포상추천서(중소기업 관련 기관이 추천을 하는 경우만 해당한다) 또는 별지 제7호서식의 유공자 포상신청서(신청을 하는 경우만 해당한다)에 공적 조서 및 개인정보 활용 동의서를 첨부하여 전담기관의 장에게 제출하여야 한다.

제11조(포상 심사) ① 전담기관의 장은 제1항에 따라 추천을 받은 자나 신청한 자를 대상으로 신청서류 등의 기본요건에 결격사유가 있는지를 심사(이하 "기본요건 적·부 심사"라 한다)한다.

② 전담기관의 장은 기본요건 적부 심사를 실시 후, 중소기업기술 보호 관련 전문가 등으로 구성된 포상심사위원회를 개최하여 포상 후보자를 2배수로 선정한다. 다만, 필요한 경우에는 포상 후보자의 배수를 달리 정할 수 있다.

③ 제2항의 포상심사위원회는 공적기간, 업적, 평판, 기여도 등을 고려하여 포상 후보자를 선정한다.

④ 전담기관의 장은 포상 후보자 선정을 위하여 필요한 경우에는 전문가를 활용하여 현장심사를 실시할 수 있다. 이 경우 현장심사는 서류심사에 대한 현장 확인 및 정성적 평가 위주로 구성한다.

⑤ 전담기관의 장은 포상심사위원회의 심사결과를 지체 없이 중소기업청장에게 보고하여야 한다.

⑥ 중소기업청장은 제4항의 심사결과를 검토하기 위하여 공적심사위원회를 개최하고 수상자를 선정하여야 한다.

⑦ 중소기업청장은 공적 심사를 위하여 필요한 경우에는 포상 후보자의 공적에 대하여 공개 검증을 실시할 수 있으며, 포상 후보자의 범죄경력과 그 밖에 필요한 정보를 제공해 줄 것을 그 정보를 보유한 기관의 장에게 요청할 수 있다.

⑧ 포상 수상자가 확정된 경우, 중소기업청장은 포상 여부를 추천자(추천을 받은 경우만 해당한다) 및 포상을 받는 자에게 알려야 한다.

제5장 기타

제12조(비밀유지) 중소기업청장으로부터 법 제18조 및 제31조에 따라 업무를 위탁

받은 기관 또는 단체는 해당 업무를 수행하는 자에게 법 제32조의 내용을 포함하는 비밀유지협약서 제출을 요청할 수 있다. 이 경우, 원본의 보존기간은 해당 업무 종료일로부터 5년으로 하며, 부본은 해당 업무를 수행하는 자가 보관한다.

부 칙

제1조(시행일) 이 세칙은 2014년 11월 29일부터 시행한다.

제2조(재검토 기한) 「훈령·예규 등의 발령 및 관리에 관한 규정」(대통령훈령 제248호)에 따라 이 고시 발령 후의 법령이나 현실여건의 변화 등을 검토하여 이 고시의 폐지, 개정 등의 조치를 하여야 하는 기한은 2017년 11월 28일까지로 한다.

② 정부는 전담기관의 업무 수행에 필요한 경비의 전부 또는 일부를 지원할 수 있다.

③ 중소기업청장은 제1항에 따라 지정된 전담기관이 다음 각 호의 어느 하나에 해당하는 경우에는 지정을 취소할 수 있다. 다만, 제1호에 해당하는 경우에는 지정을 취소하여야 한다.

1. 거짓이나 그 밖의 부정한 방법으로 지정을 받은 경우

2. 제4항에 따른 지정기준에 미달하는 경우

3. 지정 받은 업무를 정당한 사유 없이 3개월 이상 수행하지 아니하는 경우

④ 전담기관의 지정기준 및 운영에 필요한 사항은 대통령령으로 정한다.

제15조(보안기술 개발의 촉진 및 보급)

① 중소기업청장은 중소기업을 위한 보안기술의 개발을 촉진하고 이를 중소기업에 효과적으로 보급하기 위하여 다음 각 호의 사업을 추진할 수 있다.

1. 보안기술 수준의 조사 및 보안기술의 연구개발

2. 보안기술의 평가 및 실용화

3. 보안기술의 보급·확산

4. 그 밖에 보안기술 개발을 위하여 필요한 사업

② 중소기업청장은 보안기술 개발을 위하여 필요한 때에는 관련 기관 또는 그 단체에 제1항 각 호의 사업을 위탁할 수 있으며, 그 사업수행에 필요한 경비의 전부 또는 일부를 지원할 수 있다.

③ 제2항에 따라 위탁하는 업무의 범위, 위탁기관의 선정 방법 및 절차 등에 필요한 사항은 대통령령으로 정한다.

제16조(기술보호 전문인력의 양성) ①
중소기업청장은 기술보호 전문인력의 양성과 자질 향상을 위하여 교육훈련을 실시할 수 있다.

② 중소기업청장은 대학·연구기관 또는 그 밖의 기관이나 단체를 기술보호 전문인력 양성기관으로 지정할 수 있으며, 그 사업수행에 필요한 경비의 전부 또는 일부를 지원할 수 있다.

③ 중소기업청장은 제2항에 따라 지정된 전문인력 양성기관이 다음 각 호의 어느 하나에 해당하는 경우에는 지정을 취소할 수 있다. 다만, 제1호에 해당하는 경우에는 지정을 취소하여야 한다.

1. 거짓이나 그 밖의 부정한 방법으로 지정을 받은 경우

2. 제4항에 따른 지정기준에 3개월 이상 적합하지 아니하게 된 경우

3. 교육을 이수하지 아니한 자를 이수한 것으로 처리한 경우

④ 제2항에 따른 전문인력 양성기관의 지정기준 및 운영에 필요한 사항은 대통령령으로 정한다.

제17조(중소기업기술 보호 홍보·교육)
① 중소기업청장은 중소기업기술 보호에 대한 국민의 인식을 제고하기 위하여 홍보 사업을 추진할 수 있다.

② 중소기업청장은 중소기업기술의 보호를 위하여 대기업·중소기업의 임직원을 대상으로 기술의 유출방지 및 보호에 관한 홍보·교육을 실시할 수 있다.

③ 중소기업청장은 제2항에 따른 사업을 관련 기관 또는 단체에 위탁할 수 있으며, 그 사업수행에 필요한 경비의 전부 또는 일부를 지원할 수 있다.

제18조(기술보호관제서비스의 제공) ①
중소기업청장은 중소기업이 보유한 기술의 유출방지 및 「정보통신망 이용촉진 및 정보보호 등에 관한 법률」 제2조제1항제1호에 따른 정보통신망을 통한 외부의 침입 등을 예방하기 위하여 중소기업을 대상으로 한 기술보호관제서비스를 제공할 수 있다.

② 중소기업청장은 기술보호관제서비스를 운영할 때에는 「개인정보 보호법」 등 관계 법령에 위배되지 아니하는 범위에서 개인정보를 처리하여야 한다.

③ 중소기업청장은 제1항의 기술보호관제서비스를 관련 기관 또는 단체에 위탁할 수 있으며, 그 사업수행에 필요한 경비의 전부 또는 일부를 지원할 수 있다.

④ 그 밖에 기술보호관제서비스의 제공에 필요한 사항은 대통령령으로 정한다.

제19조(보안시스템의 구축 지원) ① 중
소기업청장은 중소기업의 보안환경에 대한 정밀진단을 통하여 중소기업에 적합한 보안시스템의 설계와 구축을 지원할 수 있다.

② 중소기업청장은 제1항의 업무를 관련 기관 또는 단체에 위탁할 수 있으며, 그 사업수행에 필요한 경비의 전부 또는 일부를 지원할 수 있다.

③ 그 밖에 보안시스템의 구축 지원에 필요한 사항은 대통령령으로 정한다.

제20조(국제협력) 중소기업청장은 중소기업기술의 보호에 관한 국제협력을 활성화하기 위하여 다음 각 호의 사업을 지원할 수 있다.
1. 보안시스템의 국제표준화 및 국제 공동연구개발
2. 국제기구 및 외국정부와의 협력
3. 민간부문의 국제협력
4. 전문인력의 국제교류
5. 국제 전시회·학술대회 등의 참석 및 개최
6. 그 밖에 국제협력 관련 지원이 필요한 사항

제21조(기술보호 상생협력) ① 정부는 대기업과 중소기업 간의 상생협력 관계를 유지·발전할 수 있도록 건전한 기술보호 환경을 조성하기 위하여 노력하여야 하며, 이를 위하여 필요한 지원을 할 수 있다.
② 대기업은 중소기업기술 및 관련 인력을 보호하고 중소기업이 선의의 피해를 받지 아니하도록 노력하여야 한다.

제22조(중소기업기술 보호 포상) ① 중소기업청장은 중소기업기술의 보호에 기여한 공이 큰 자에 대하여 포상을 실시할 수 있다.
② 제1항에 따른 포상의 지급기준, 방법 및 절차 등에 필요한 사항은 대통령령으로 정한다.

제5장 분쟁 조정 및 중재

제23조(중소기업기술분쟁조정·중재위원회의 설치) ① 중소기업기술의 보호와 관련된 분쟁을 신속하게 조정·중재하기 위하여 중소기업청장 소속으로 중소기업기술분쟁조정·중재위원회(이하 "위원회"라 한다)를 둔다.
② 위원회는 다음 각 호의 사항을 심의·의결한다.
1. 분쟁의 조정·중재에 관한 사항
2. 조정부 및 중재부의 구성에 관한 사항
3. 위원회 규칙의 제정·개정 및 폐지에 관한 사항
4. 그 밖에 위원회의 위원장이 회의에 부치는 사항
③ 위원회는 위원장 1명을 포함한 50명 이내의 위원으로 구성한다.
④ 위원회의 위원(이하 "위원"이라 한다)은 다음 각 호의 어느 하나에 해당하는 자 중에서 중소기업청장이 임명 또는 위촉하고, 위원장은 위원 중에서 호선한다.
1. 대학이나 공인된 연구기관에서 부교수 이상 또는 이에 상당하는 직에 재직하고 있거나 재직하였던 자로서 기술 또는 정보 보호 관련 분야를 전공한 자
2. 4급 또는 4급 상당 이상의 공무원 또는 이에 상당하는 공공기관의 직에 재직하고 있거나 재직하였던 자로서 중소기업기술 보호에 관한 경험이 있는 자
3. 판사 또는 검사의 직에 있는 자
4. 변호사, 변리사, 공인회계사 또는 기술사의 자격이 있는 자
5. 「기술의 이전 및 사업화 촉진에 관한 법률」 제14조에 따른 기술거래사
6. 그 밖에 중소기업기술 보호에 관한 학식과 경험이 풍부한 자
⑤ 위원의 임기는 3년으로 하되, 연임할 수 있다. 다만, 제4항제3호에 해당하는 재직위원의 임기는 해당 직위에 재임하는 기간으로 한다.
⑥ 위원 중 결원이 생기면 제4항에

따라 보궐위원을 임명 또는 위촉하여야 하며, 그 보궐위원의 임기는 전임자 임기의 남은 기간으로 한다.

⑦ 위원회의 회의는 재적위원 과반수의 출석과 출석위원 과반수의 찬성으로 의결한다.

⑧ 제1항부터 제7항까지 규정한 사항 외에 위원회의 구성 및 운영에 필요한 사항은 대통령령으로 정한다.

제24조(조정·중재위원의 제척 등)

① 위원이 다음 각 호의 어느 하나에 해당하는 경우에는 그 직무의 집행에서 제척(除斥)된다.

1. 위원 또는 그 배우자나 배우자이었던 사람이 해당 분쟁사건(이하 "사건"이라 한다)의 당사자가 되거나 사건에 관하여 공동권리자 또는 공동의무자의 관계에 있는 경우
2. 위원이 사건의 당사자와 친족관계에 있거나 있었던 경우
3. 위원이 사건에 관하여 증언이나 감정을 한 경우
4. 위원이 사건에 관하여 당사자의 대리인 또는 임직원으로서 관여하거나 관여하였던 경우

② 사건을 담당한 위원에게 제척의 원인이 있을 때에는 그 위원이 속한 조정부 또는 중재부는 직권 또는 당사자의 신청을 받아 제척의 결정을 한다.

③ 당사자는 사건을 담당한 위원에게 공정한 직무집행을 기대하기 어려운 사정이 있는 경우에는 사건을 담당한 조정부 또는 중재부에 기피신청을 할 수 있다.

④ 기피신청에 관한 결정은 사건을 담당한 조정부 또는 중재부가 하고, 해당 위원 및 당사자 양쪽은 그 결정에 불복하지 못한다.

⑤ 위원은 제1항 또는 제3항의 사유에 해당하는 경우에는 해당 사건의 직무집행에서 회피하여야 한다. 이 경우 사건을 담당한 조정부 또는 중재부의 허가를 필요로 하지 아니한다.

⑥ 제3항에 따른 기피신청이 있는 때에는 해당 위원이 속한 조정부 또는 중재부는 그 신청에 대한 결정이 있을 때까지 조정 또는 중재 절차를 중지하여야 한다.

⑦ 제척·기피 또는 회피에 따라 조정부 또는 중재부에 위원의 결원이 생긴 경우에는 위원회의 위원장이 위원을 지명하여 그 조정부 또는 중재부를 보충한다.

⑧ 조정 또는 중재 절차에 관여하는 직원에 대하여는 제1항부터 제6항까지의 규정을 준용한다.

제25조(분쟁의 조정 등)

① 위원회의 업무를 효율적으로 수행하기 위하여 위원회에 5명 이내의 위원으로 구성된 조정부를 둘 수 있으며, 조정부의 장은 변호사 또는 변리사의 자격이 있는 위원 중에서 위원회 위원장이 지명한다.

② 조정부의 회의는 조정부의 장을 포함한 위원 과반수의 출석과 출석위원 과반수의 찬성으로 의결한다.

③ 중소기업기술의 보호와 관련된 분쟁의 조정을 원하는 자는 신청 취지와 원인을 기재한 조정신청서를 위원회에 제출하여 분쟁의 조정을 신청할 수 있다.

④ 제3항에 따른 분쟁의 조정은 제1항에 따른 조정부가 행한다.

⑤ 조정부는 제3항에 따라 조정이 필요한 경우 사건의 당사자에게 관련 자료를 제출하게 할 수 있고, 이 경우 사건의 당사자는 손해배상액 산정을 위하여 「기술의 이전 및 사업화 촉진에 관한 법률」 제35조에 따른 기술평가기관의 평가자료 등을 제출할 수 있다.

⑥ 조정은 제3항에 따라 사건의 당사자가 기술침해 및 손해배상 등이 반영된 조정내용에 대하여 합의된 사항

을 조서에 기재함으로써 성립되며, 이 경우 해당 조서는 재판상의 화해와 동일한 효력이 있다. 다만, 사건의 당사자가 임의로 처분할 수 없는 사항에 관한 것은 그러하지 아니하다.
⑦ 중소기업기술의 보호와 관련한 분쟁조정에 관하여 이 법에서 규정한 경우를 제외하고는 그 성질에 반하지 아니하면 「민사조정법」의 규정을 준용한다.

제26조(분쟁의 중재 등) ① 위원회는 분쟁의 중재를 효율적으로 수행하기 위하여 필요한 경우에는 5명 이내의 위원으로 구성된 중재부를 둘 수 있으며, 중재부의 장은 법관 또는 변호사의 자격이 있는 위원 중에서 위원회 위원장이 지명한다.
② 중재부의 회의는 중재부의 장을 포함한 위원 과반수의 출석과 출석위원 과반수의 찬성으로 의결한다.
③ 위원회의 중재를 받으려는 자는 분쟁에 관하여 서면으로 중재부의 중재판정에 따르기로 합의하고 중재를 신청할 수 있다.
④ 제3항의 중재신청은 조정절차 계속 중에도 할 수 있다. 이 경우 해당 조정은 중단된 것으로 보며, 조정절차에 제출된 서면 또는 주장·입증은 중재절차에서 제출한 것으로 본다.
⑤ 사건의 당사자는 다음 각 호의 어느 하나에 해당하는 방법으로 중재를 담당할 중재부를 선택하기로 합의할 수 있다. 다만, 당사자가 제3항에 따라 중재를 신청한 날부터 15일 이내에 합의하지 못하면 제2호의 방법을 선택하기로 합의한 것으로 본다.
1. 위원장에게 중재를 담당할 중재부의 지정을 위임하는 방법
2. 위원장이 제시하는 중재부 중 하나를 당사자의 합의로 선택하는 방법
⑥ 위원장은 당사자가 제5항제2호에 따라 중재부의 제시를 받은 날부터 15일 이내에 중재부를 선택하지 아니할 경우에는 중재사건의 내용, 해당 기술 분야 등을 고려하여 중재 절차를 담당할 중재부를 지정할 수 있다.
⑦ 사건의 당사자는 제5항제1호 또는 제6항에 따라 위원장이 중재부를 지정한 경우에는 이에 불복할 수 없다.
⑧ 중재판정은 양쪽 당사자 간에 확정판결과 동일한 효력이 있다.
⑨ 중소기업청장은 중재 운영을 위하여 필요한 때에는 관련 기관 또는 단체에 위탁할 수 있으며, 그 사업수행에 필요한 경비의 전부 또는 일부를 지원할 수 있다.
⑩ 중소기업기술 분쟁의 중재에 관하여 이 법에서 규정한 경우를 제외하고는 그 성질에 반하지 아니하면 「중재법」의 규정을 준용한다.

제27조(자료요청 등) ① 조정부 또는 중재부는 분쟁조정을 위하여 필요한 자료를 사건의 당사자 또는 참고인에게 요청할 수 있다. 이 경우 해당 사건의 당사자 또는 참고인은 정당한 사유가 없으면 이에 협조하여야 한다.
② 조정부 또는 중재부는 필요하다고 인정하는 경우에는 사건의 당사자 또는 참고인으로 하여금 조정부 또는 중재부에 출석하게 하여 그 의견을 들을 수 있다.
③ 조정부 또는 중재부는 제1항에 따른 자료요구와 제2항에 따라 의견진술을 청취할 경우 비공개로 하여야 하며, 제출된 자료 및 청취된 의견에 대해서는 비밀을 유지하여야 한다.

제28조(조정·중재비용 등) ① 위원회는 분쟁의 조정·중재를 신청한 자에게 대통령령으로 정하는 바에 따라 조정 및 중재비용을 분담하게 할 수 있다.
② 중소기업청장은 위원회의 운영에 필요한 경비를 지원할 수 있다.

제6장 보칙

제29조(조세에 관한 특례) 국가와 지방자치단체는 중소기업기술 보호를 지원하기 위하여 필요한 경우 「조세특례제한법」, 「지방세특례제한법」, 그 밖의 조세 관계 법률에서 정하는 바에 따라 국세 및 지방세를 감면할 수 있다.

제30조(청문) 중소기업청장은 제14조제3항에 따른 전담기관의 지정을 취소하거나 제16조제3항에 따른 기술보호 전문인력 양성기관의 지정을 취소하려면 청문을 하여야 한다.

제31조(권한의 위임·위탁) ① 중소기업청장은 이 법에 따른 권한의 일부를 대통령령으로 정하는 바에 따라 그 소속 기관의 장 또는 지방자치단체의 장에게 위임할 수 있다.
② 중소기업청장은 이 법에 따른 업무의 일부를 대통령령으로 정하는 바에 따라 중소기업기술 보호 관련 기관과 단체에 위탁할 수 있다.

제32조(비밀유지 의무) 다음 각 호의 어느 하나에 해당하는 업무에 종사하는 자 또는 종사하였던 자는 그 직무상 알게 된 비밀을 타인에게 누설하거나 직무상 목적 외에 이를 사용하여서는 아니 된다.
1. 제7조에 따라 중소기업기술의 보호 및 관리 현황에 대한 실태조사 업무를 수행하는 자
2. 제12조에 따라 침해신고 접수, 기술보호 진단 및 자문 등의 업무를 수행하는 자
3. 제15조에 따라 중소기업기술 개발 사업자에게 고용되어 보안기술의 연구개발 업무를 수행하는 자
4. 제18조에 따라 기술보호관제서비스 업무를 수행하는 자
5. 제23조에 따라 중소기업기술 분쟁 조정·중재 업무를 수행하는 자
6. 제31조에 따라 중소기업청장의 권한의 일부를 위임·위탁받아 업무를 수행하는 자

제33조(벌칙 적용 시의 공무원 의제) 제32조 각 호의 업무를 수행하는 자는 「형법」 제129조부터 제132조까지의 규정을 적용할 때에는 공무원으로 본다.

제7장 벌칙

제34조(벌칙) 제32조에 따른 비밀유지 의무를 위반한 사람은 3년 이하의 징역 또는 3천만원 이하의 벌금에 처한다.

부칙
<제12696호, 2014.5.28.>

이 법은 공포 후 6개월이 경과한 날부터 시행한다.

중소기업기술 보호 지원에 관한 법률 시행령

[시행 2014.11.29.]
[대통령령 제25737호, 2014.11.19., 제정]

제1장 총칙

제1조(목적) 이 영은 「중소기업기술 보호 지원에 관한 법률」에서 위임된 사항과 그 시행에 필요한 사항을 규정함을 목적으로 한다.

제2조(협의 또는 자문) ① 중소기업청장은 「중소기업기술 보호 지원에 관한 법률」(이하 "법"이라 한다) 제6조에 따라 관계 중앙행정기관의 장, 정보수사기관의 장, 관련 기관·단체 및 전문가에게 다음 각 호의 사항에 대하여 협의하거나 자문할 수 있다.

1. 법 제5조에 따른 중소기업기술 보호에 관한 지원계획의 수립 및 시행에 관한 사항
2. 법 제8조에 따른 중소기업기술의 유출을 방지하고 보호하기 위하여 필요한 방법·절차 등에 관한 지침(이하 "보호지침"이라 한다)의 제정 및 개정에 관한 사항
3. 법 제11조에 따른 의견제시 및 개선권고에 관한 사항
4. 법 제12조에 따른 중소기업기술의 보호와 관련된 애로사항의 해결에 관한 사항
5. 그 밖에 중소기업기술 보호정책의 수립 및 추진을 위하여 중소기업청장이 필요하다고 인정하는 사항

② 제1항에 따른 협의 또는 자문은 다음 각 호의 방법으로 한다.

1. 관계자 회의 개최

2. 서면에 의한 의견 제출 요청
3. 「정보통신망 이용촉진 및 정보보호 등에 관한 법률」제2조제1항제1호에 따른 정보통신망(이하 "정보통신망"이라 한다) 등을 활용한 의견청취 또는 설문조사
4. 그 밖에 협의하거나 자문하는 데 적절하다고 중소기업청장이 인정하는 방법

③ 제1항에 따른 협의 또는 자문에 참여한 민간 전문가에게는 예산의 범위에서 수당 및 여비를 지급할 수 있다.

제3조(중소기업기술 보안역량 강화를 위한 실태조사) ① 중소기업청장이 법 제7조제1항에 따라 실시하는 중소기업의 기술보호 수준 등에 대한 실태조사(이하 이 조에서 "실태조사"라 한다)는 다음 각 호의 사항을 대상으로 한다.

1. 중소기업기술 보호 수준 및 역량
2. 중소기업의 기술인력 보유 및 관리 실태
3. 중소기업기술정보의 관리 및 침해 현황
4. 중소기업기술 보호와 관련한 애로사항 및 취약 요인
5. 그 밖에 중소기업기술에 대한 보안역량 강화를 위하여 중소기업청장이 필요하다고 인정하는 사항

② 실태조사는 매년 실시하는 것을 원칙으로 하되, 중소기업청장이 필요하다고 인정하는 경우에는 조사주기를 달리 정할 수 있다.

③ 중소기업청장은 실태조사를 실시하는 경우 서면 또는 정보통신망 등을 활용하여 설문조사를 하거나 조사자가 직접 방문하여 조사하게 할 수 있다.

제4조(보호지침의 제정) 중소기업청장이 법 제8조에 따라 정하는 보호지침에는 다음 각 호의 사항이 포함되어야 한다.

1. 중소기업기술의 보호 수준에 대한 진단 방법
2. 중소기업기술의 유출방지와 보호를 위한 관리 및 운영 방안
3. 중소기업기술의 유출과 침해에 대한 대응 및 복구 방안
4. 중소기업의 기술인력에 대한 관리 및 보안교육 방안

제2장 중소기업기술 보호를 위한 지원사업

제5조(기술자료 임치제도 활용 지원)
중소기업청장은 법 제9조제1항에 따라 중소기업의 「대·중소기업 상생협력 촉진에 관한 법률」 제24조의2에 따른 기술자료 임치제도(이하 "기술자료 임치제도"라 한다)의 활용을 지원하기 위하여 다음 각 호의 조치를 할 수 있다.
1. 전산정보처리시설 확충 및 관리체계 마련
2. 금융기관 등 관계 기관과의 협력체계 구축
3. 경제적 활용 가치가 높은 임치물에 대한 기술거래 및 평가 지원
4. 그 밖에 중소기업의 기술자료 임치제도 활용을 지원하기 위하여 중소기업청장이 필요하다고 인정하는 사항

제3장 중소기업기술 보호의 기반 조성

제6조(기술보호 전담기관의 지정) ①
중소기업청장은 법 제14조제1항에 따라 기술보호 또는 중소기업 지원 관련 기관 또는 단체 중 다음 각 호의 요건을 모두 갖춘 기관 또는 단체를 중소기업기술의 보호 지원에 관한 업무를 전담하는 기관 또는 단체(이하 "기술보호 전담기관"이라 한다)로 지정할 수 있다.
1. 해당 기관 또는 단체의 사업 내용에 기술보호 또는 중소기업 지원에 관한 업무가 포함되어 있을 것
2. 제7조제1항 각 호의 업무를 수행할 전담조직을 갖출 것
3. 제7조제1항 각 호의 업무를 수행할 전담인력을 10명 이상 보유할 것
4. 제7조제1항 각 호의 업무 수행에 필요한 전용 업무공간과 시설·장비를 갖출 것
② 기술보호 전담기관으로 지정받으려는 자는 중소기업청장이 정하여 고시하는 지정신청서에 제1항 각 호의 요건을 갖추었음을 증명할 수 있는 서류를 첨부하여 중소기업청장에게 제출하여야 한다.
③ 제2항에 따라 서류를 제출받은 중소기업청장은 기술보호 전담기관으로 지정하기에 적합하다고 인정되는 경우에는 중소기업청장이 정하여 고시하는 서식의 지정서를 발급하여야 한다. 이 경우 중소기업청장은 기술보호 전담기관 지정 사실을 지체 없이 중소기업청 인터넷 홈페이지에 게재하여야 한다.
④ 제1항 각 호에 따른 전담인력, 업무공간 및 시설·장비의 세부기준, 그 밖에 기술보호 전담기관의 지정에 필요한 사항은 중소기업청장이 정하여 고시한다.

제7조(기술보호 전담기관의 운영) ①
기술보호 전담기관은 다음 각 호의 업무를 수행한다.
1. 중소기업기술의 보호 기반 조성을 위한 업무
2. 중소기업기술 보호 시책의 수립·시행을 위한 조사·연구
3. 제19조에 따라 중소기업청장이 위

탁한 업무

4. 그 밖에 중소기업기술의 보호 지원을 위하여 중소기업청장이 필요하다고 인정하는 업무

② 기술보호 전담기관은 해당 연도의 사업계획 및 전년도의 추진실적을 매년 1월 31일까지 중소기업청장에게 보고하여야 한다.

③ 제1항 및 제2항에서 규정한 사항 외에 기술보호 전담기관의 운영에 필요한 사항은 중소기업청장이 정하여 고시한다.

제8조(기술보호 전문인력 양성기관의 지정 등) ① 중소기업청장은 법 제16조제2항에 따라 대학·연구기관 또는 그 밖의 기관이나 단체 중 다음 각 호의 요건을 모두 갖춘 기관 또는 단체를 기술보호 전문인력 양성기관(이하 "전문인력 양성기관"이라 한다)으로 지정할 수 있다.

1. 기술보호 전문인력 양성 및 자질 향상에 적합한 교육과정의 운영계획이 마련되어 있을 것

2. 제1호의 교육과정 운영에 필요한 강사 등 교육인력 확보방안이 마련되어 있을 것

3. 기술보호 전문인력 양성업무를 수행할 전담인력을 2명 이상 보유할 것

4. 기술보호 전문인력 양성에 필요한 전용 공간과 시설·장비를 갖출 것

② 전문인력 양성기관으로 지정받으려는 자는 중소기업청장이 정하여 고시하는 지정신청서에 기술보호 전문인력 양성을 위한 사업계획서 및 제1항 각 호의 요건을 갖추었음을 증명할 수 있는 서류를 첨부하여 중소기업청장에게 제출하여야 한다.

③ 제2항에 따라 서류를 제출받은 중소기업청장은 전문인력 양성기관으로 지정하기에 적합하다고 인정되는 경우에는 중소기업청장이 정하여 고시하는 서식의 지정서를 발급하여야 한다. 이 경우 중소기업청장은 전문인력 양성기관 지정 사실을 지체 없이 중소기업청 인터넷 홈페이지에 게재하여야 한다.

④ 제1항 각 호에 따른 교육과정, 교육 및 전담인력, 전용 공간 및 시설·장비의 세부 기준, 그 밖에 전문인력 양성기관의 지정 및 운영에 필요한 사항은 중소기업청장이 정하여 고시한다.

제9조(기술보호관제서비스의 제공) 중소기업청장이 법 제18조제1항에 따라 중소기업기술의 유출방지 등을 위하여 제공하는 기술보호관제서비스는 다음 각 호의 사항을 포함한다.

1. 기술보호 수준 및 보안 취약점 등의 사전 진단

2. 네트워크 및 시스템 장애 등에 대한 점검 및 관련 정보의 공유

3. 정보통신망을 통한 기술유출 또는 침해 발생 시 그 원인 분석 및 대응 지원

4. 그 밖에 정보통신망을 통한 기술유출의 방지 등 중소기업기술의 보호 및 침해 복구를 위하여 중소기업청장이 필요하다고 인정하는 사항

제10조(보안시스템의 구축 지원) 중소기업청장은 법 제19조제1항에 따라 중소기업에 적합한 보안시스템의 설계와 구축을 지원하기 위하여 다음 각 호의 사항에 관한 사업을 할 수 있다.

1. 보안시스템의 설계 및 구축을 위한 비용 지원

2. 그 밖에 중소기업에 적합한 보안시스템의 설계 및 구축을 지원하기 위하여 중소기업청장이 필요하다고 인정하는 사항

제11조(중소기업기술 보호 포상) ① 중

소기업청장은 법 제22조제1항에 따라 중소기업기술의 보호에 기여한 공이 큰 자에게 포상하려는 경우 중소기업 관련 기관으로부터 추천을 받거나 공고를 통하여 신청을 받아야 한다.

② 중소기업청장은 제1항에 따른 추천 또는 신청을 받은 경우 그 내용을 확인하여 포상 여부를 결정하고, 그 사실을 추천자(추천을 받은 경우만 해당한다) 및 포상을 받는 자에게 알려야 한다.

③ 제1항 및 제2항에서 규정한 사항 외에 포상 대상자의 추천 및 신청 절차 등에 관하여 필요한 사항은 중소기업청장이 정하여 고시한다.

제4장 분쟁 조정 및 중재

제12조(중소기업기술분쟁조정·중재위원회의 구성 및 운영) ① 법 제23조제1항에 따라 중소기업기술 보호와 관련된 분쟁을 조정·중재하기 위하여 중소기업청장 소속으로 두는 중소기업기술분쟁조정·중재위원회(이하 "위원회"라 한다)의 위원장(이하 "위원장"이라 한다)은 위원회의 회의를 소집하며, 그 의장이 된다.

② 위원장이 부득이한 사유로 그 직무를 수행할 수 없을 때에는 위원장이 미리 지명한 위원의 순서로 그 직무를 대행한다.

③ 위원장이 회의를 소집하려면 회의 개최 7일 전까지 회의의 일시, 장소 및 안건을 각 위원에게 서면으로 알려야 한다. 다만, 긴급한 사정이나 그 밖의 부득이한 사유가 있는 경우에는 회의 개최 전날까지 구두로 알릴 수 있다.

④ 위원회에 출석한 위원에게는 예산의 범위에서 수당과 여비를 지급할 수 있다. 다만, 공무원인 위원이 그 소관 업무와 직접적으로 관련되어

출석하는 경우에는 수당과 여비를 지급하지 아니한다.

제13조(조정부의 구성 및 운영) ① 위원장은 법 제25조제3항에 따라 분쟁의 조정신청이 들어온 날부터 15일 이내에 법 제25조제1항에 따른 조정부(이하 "조정부"라 한다)의 장을 지명하여야 한다.

② 조정부는 조정부의 장을 포함하여 3명 이상 5명 이하의 위원으로 구성한다.

③ 조정부의 위원은 위원회의 위원 중에서 조정부의 장이 지명한다.

④ 조정부의 회의는 공개하지 아니한다. 다만, 법 제27조제2항에 해당하는 경우에는 사건의 당사자 또는 참고인으로 하여금 방청하게 할 수 있다.

제14조(중재부의 구성 및 운영) ① 위원장은 법 제26조제5항에 따라 중재부를 선택하는 방법이 결정된 날부터 20일 이내에 법 제26조제1항에 따른 중재부(이하 "중재부"라 한다)를 구성하여야 한다. 이 경우 법 제26조제5항제2호의 방법으로 중재부를 선택하기로 합의한 경우(같은 항 각 호 외의 부분 단서에 따라 합의한 것으로 보는 경우를 포함한다)에는 중재부를 복수로 구성하여야 한다.

② 중재부는 중재부의 장을 포함하여 3명 이상 5명 이하의 위원으로 위원회의 위원 중에서 구성한다.

③ 중재부의 회의는 공개하지 아니한다. 다만, 법 제27조제2항에 해당하는 경우에는 사건의 당사자 또는 참고인으로 하여금 방청하게 할 수 있다.

제15조(당사자 또는 참고인 의견청취) ① 조정부 또는 중재부는 법 제27조제2항에 따라 사건의 당사자 또는 참고인의 의견을 들으려는 경우에는 회의 개최 7일 전까지 회의의 일시, 장

소 및 의견 요청 사유를 당사자 또는 참고인에게 서면으로 알려야 한다.

② 조정부의 장 또는 중재부의 장은 제1항에 따른 통지를 받은 자가 부득이한 사유로 조정부 또는 중재부의 회의에 출석할 수 없는 경우에는 서면으로 의견을 제출하게 할 수 있다.

제16조(조정 및 중재 비용의 분담) 위원회는 법 제28조제1항에 따라 조정 및 중재의 비용을 분담하게 하려는 경우 조정부의 장 및 중재부의 장으로 하여금 그 비용의 부담 주체 및 비율 등 비용 분담의 방법에 관하여 사건의 당사자로부터 의견을 듣게 하여야 한다.

제17조(운영세칙) 이 영에서 규정한 사항 외에 위원회, 조정부 및 중재부의 구성 및 운영에 필요한 사항은 중소기업청장이 정하여 고시한다.

제18조(조정 및 중재의 활용 권장) 중소기업청장은 법 제25조에 따른 조정 및 법 제26조에 따른 중재의 활성화를 위하여 중소기업을 대상으로 중소기업기술의 보호와 관련된 분쟁에 대하여 조정 및 중재를 활용하도록 권장할 수 있다.

제5장 보칙

제19조(권한의 위임·위탁) ① 중소기업청장은 법 제31조제2항에 따라 다음 각 호의 업무를 기술보호 전담기관에 위탁한다.
1. 법 제7조제1항에 따른 실태조사의 실시에 관한 업무
2. 법 제8조에 따른 보호지침의 마련을 위한 조사 및 연구에 관한 업무
3. 법 제9조에 따른 기술자료 임치제

도 활용 지원에 관한 업무
4. 법 제11조에 따른 의견제시 및 개선권고와 관련된 제도 연구에 관한 업무
5. 법 제12조제1항에 따른 중소기업기술 보호 진단 및 자문 등에 관한 업무
6. 법 제13조제1항에 따른 해외진출 중소기업의 기술보호에 관한 업무
7. 법 제16조제2항에 따른 전문인력 양성기관의 관리에 관한 업무
8. 법 제17조에 따른 중소기업기술 보호에 대한 홍보 및 교육 업무
9. 법 제20조에 따른 국제협력의 체계 구축 지원에 관한 업무

② 중소기업청장은 법 제31조제2항에 따라 다음 각 호의 업무를 기술보호 전담기관, 「중소기업 기술혁신 촉진법」 제7조에 따른 중소기업 기술진흥 전문기관 또는 「중소기업 기술혁신 촉진법 시행령」 제15조제1항에 따른 중소기업 통합정보화경영체제지원사업의 전담기관에 위탁할 수 있다.
1. 법 제15조제1항에 따른 보안기술 개발의 촉진 및 보급에 관한 업무
2. 법 제19조제1항에 따른 보안시스템의 설계 및 구축 지원에 관한 업무

③ 중소기업청장이 제2항에 따라 업무를 위탁한 경우에는 위탁받은 기관의 명칭·대표자 및 소재지와 위탁업무의 내용을 고시하여야 한다.

부칙

〈제25737호, 2014.11.19.〉

이 영은 2014년 11월 29일부터 시행한다.

중소기업 기술혁신
촉진법

[시행 2016.1.1.]
[법률 제13315호, 2015.5.18., 일부개정]

제1장 총칙

제1조(목적) 이 법은 중소기업의 기술혁신을 촉진하기 위한 기반을 확충하고 관련 시책을 수립·추진함으로써 중소기업의 기술경쟁력을 강화하여 국가경제 발전에 이바지함을 목적으로 한다. [전문개정 2011.4.14.]

제2조(정의) 이 법에서 사용하는 용어의 뜻은 다음과 같다. <개정 2015.1.28.>
1. "중소기업"이란 「중소기업기본법」 제2조에 따른 중소기업을 말한다.
2. "중소기업자"란 중소기업을 경영하는 자를 말한다. 이 경우 중소기업자는 「중소기업창업 지원법」 제2조제1호에 따른 창업을 준비 중인 자를 포함한다.
3. "기술혁신"이란 기업경영 개선 및 생산성을 높이기 위하여 새로운 기술을 개발하거나 활용 중인 기술의 중요한 부분을 개선하는 것을 말한다.
3의2. "기술혁신형 중소기업"이란 기술혁신활동을 통하여 기술경쟁력의 확보가 가능하거나 미래 성장 가능성이 있는 중소기업으로서 제15조에 따라 중소기업청장이 선정한 기업을 말한다.
4. "공공기관"이란 「중소기업제품 구매촉진 및 판로지원에 관한 법률」 제2조제2호에 따른 공공기관을 말한다.
[전문개정 2011.4.14.]

제3조(정부 등의 책무) ① 정부는 중소기업의 기술혁신을 촉진하기 위하여 필요한 시책을 수립·시행하여야 한다.
② 지방자치단체는 제1항에 따른 시책에 따라 관할구역의 특성을 고려하여 해당 구역 중소기업의 기술혁신을 촉진하기 위한 시책을 수립·시행할 수 있다.
③ 공공연구기관은 중소기업의 기술혁신을 촉진하기 위하여 적극 노력하여야 한다.
[전문개정 2011.4.14.]

제4조(다른 법률과의 관계) 중소기업의 기술혁신 촉진에 관하여 다른 법률에 특별한 규정이 있는 것을 제외하고는 이 법에서 정하는 바에 따른다.
[전문개정 2011.4.14.]

제2장 중소기업 기술혁신 촉진계획의 수립 및 추진

제5조(중소기업 기술혁신 촉진계획의 수립) ① 중소기업청장은 중소기업의 기술혁신을 촉진하기 위하여 「산업기술혁신 촉진법」 제5조에 따른 산업기술혁신계획에 따라 중소기업 기술혁신 촉진계획(이하 "촉진계획"이라 한다)을 5년 단위로 수립하여야 한다.
② 촉진계획에는 다음 각 호의 사항이 포함되어야 한다.
1. 중소기업의 기술혁신 촉진을 위한 정책목표 및 기본방향에 관한 사항
2. 기술혁신 과제의 사업타당성 조사 등 기술혁신 촉진을 위한 제도개선에 관한 사항
3. 중소기업 기술혁신 성과의 보호

및 사업화 촉진에 관한 사항
4. 기술혁신 촉진을 위한 중소기업 간 협력, 산학협력 등에 관한 사항
5. 중소기업의 기술인력 양성·활용 및 교육에 관한 사항
6. 기술평가 및 기술금융지원에 관한 사항
7. 제13조에 따른 중소기업 기술혁신 지원계획의 수립 등에 관한 사항
8. 그 밖에 중소기업의 기술혁신을 촉진하기 위하여 필요한 사항
③ 중소기업청장이 촉진계획을 수립할 때에는 「과학기술 기본법」 제9조에 따른 국가과학기술심의회의 심의를 거쳐야 한다. <개정 2013.3.23.>
④ 중소기업청장은 촉진계획을 수립하기 위하여 제13조에 따라 기술혁신 지원사업을 시행하는 중앙행정기관(이하 "관계중앙행정기관"이라 한다)의 장, 특별시장·광역시장·도지사 또는 특별자치도지사(이하 "시·도지사"라 한다) 및 중소기업 기술지원 관련 기관 또는 단체의 장에게 관련 자료의 제공을 요청할 수 있다.
⑤ 촉진계획의 수립 및 추진에 필요한 사항은 대통령령으로 정한다.
[전문개정 2011.4.14.]

제6조(중소기업 기술혁신 추진위원회) ① 중소기업의 기술혁신 촉진에 관한 사항을 심의·조정하기 위하여 중소기업청에 중소기업 기술혁신 추진위원회(이하 "기술혁신 추진위원회"라 한다)를 둔다.
② 기술혁신 추진위원회는 다음 각 호의 사항을 심의한다. 이 경우 위원회는 심의 결과를 산업통상자원부장관에게 보고하여야 한다. <개정 2013.3.23.>
1. 촉진계획의 수립에 관한 사항
2. 제13조에 따른 중소기업 기술혁신 지원계획의 수립·시행에 관한 사항
3. 제13조제1항에 따른 시행기관의 장이 중소기업의 기술혁신을 촉진

하기 위하여 심의를 요청한 사항
4. 중소기업의 기술혁신을 촉진하기 위한 중요 사항으로 대통령령으로 정하는 사항
③ 기술혁신 추진위원회는 위원장 1명을 포함한 20명 이상 30명 이하의 위원으로 구성하며, 위원은 관계 중앙행정기관 및 중소기업청의 국장급 공무원인 정부위원과, 제13조제1항에 따른 시행기관 중 공공기관인 시행기관의 임원급 및 중소기업 기술 관련 지식과 경험이 풍부한 사람 중에서 중소기업청장이 위촉한 민간위원으로 구성한다.
④ 위원장은 민간위원 중에서 호선(互選)한다.
⑤ 기술혁신 추진위원회의 구성·운영 등에 필요한 사항은 대통령령으로 정한다.
[전문개정 2011.4.14.]

제7조(중소기업 기술진흥 전문기관의 지정) ① 중소기업청장은 제9조에 따른 기술혁신 촉진 지원사업을 효율적으로 지원하기 위하여 중소기업 기술진흥 전문기관(이하 "기술진흥전문기관"이라 한다)을 지정할 수 있다. 이 경우 중소기업청장은 미리 산업통상자원부장관에게 보고하여야 한다. <개정 2013.3.23.>
② 기술진흥전문기관은 다음 각 호의 사업을 한다.
1. 중소기업의 기술혁신을 촉진하기 위한 수요조사 및 연구·기획
2. 제9조에 따른 기술혁신 촉진 지원사업의 평가·관리
3. 제29조에 따라 중소기업청장으로부터 위탁받은 기술료의 징수, 징수된 기술료의 사용 등
③ 중소기업청장은 기술진흥전문기관이 제2항에 따른 업무를 수행하는 데에 필요한 경비를 예산의 범위에서 출연할 수 있다.

④ 기술진흥전문기관의 지정·운영 등에 필요한 사항은 대통령령으로 정한다.
[전문개정 2011.4.14.]

제8조(중소기업 기술통계의 작성) ① 중소기업청장은 촉진계획을 효율적으로 수립·추진하기 위하여 중소기업 기술통계(이하 "기술통계"라 한다)를 작성하여야 한다.
② 기술통계에는 다음 각 호의 사항이 포함되어야 한다.
1. 중소기업의 기술경쟁력 및 기술수준
2. 중소기업의 애로기술 및 기술 관련 취약요인
3. 국내외 기술동향 분석
4. 중소기업 기술인력 실태
5. 시험·검사 장비 실태
6. 그 밖에 촉진계획을 수립하기 위하여 필요한 사항
③ 기술통계 작성에 관하여는 「통계법」을 준용한다.
④ 중소기업청장은 「통계법」 제37조에서 정하는 범위에서 대통령령으로 정하는 바에 따라 기술통계 작성에 관한 권한의 일부를 「중소기업협동조합법」에 따른 중소기업중앙회와 기술진흥전문기관의 장에게 위탁할 수 있다.
⑤ 기술통계 작성 대상의 범위와 조사 대상 등에 관하여 필요한 사항은 대통령령으로 정한다.
[전문개정 2011.4.14.]

제8조의2(기술혁신형 중소기업 실태조사 및 통계조사) ① 중소기업청장은 촉진계획의 수립·시행 및 기술혁신형 중소기업의 발굴·육성을 효율적으로 추진하기 위하여 기술혁신형 중소기업의 활동현황, 자금, 인력, 경영, 성장 장애요인 및 정부지원 활용현황 등에 관한 실태조사를 매년 정기적으로 실시하고, 기술혁신형 중소기업에 관한 통계자료를 조사·작성·분석 및 관리할 수 있다. 이 경우 통계자료의 작성 및 관리에 관하여 이 법에서 정한 것을 제외하고는 「통계법」을 준용한다.
② 중소기업청장은 제1항에 따른 실태조사 및 통계조사를 위하여 필요한 때에는 중앙행정기관의 장, 지방자치단체의 장 또는 공공기관의 장에게 관련 자료를 요청할 수 있다. 이 경우 자료를 요청받은 중앙행정기관의 장 등은 특별한 사유가 없으면 그 요청에 따라야 한다.
③ 제1항에 따른 실태조사 및 통계조사의 방법 및 절차 등에 필요한 사항은 대통령령으로 정한다.
[본조신설 2015.1.28.]

제3장 중소기업 기술혁신 촉진을 위한 지원사업

제9조(중소기업의 기술혁신 촉진 지원사업) ① 중소기업청장은 중소기업의 기술혁신을 촉진하기 위하여 다음 각 호의 지원사업(이하 "기술혁신 촉진 지원사업"이라 한다)을 추진하여야 한다. <개정 2013.8.6.>
1. 기술혁신에 필요한 자금지원
2. 기술혁신 과제의 사업타당성 조사
3. 수요와 연계된 기술혁신의 지원
4. 기술혁신 성과의 사업화
5. 기술혁신을 위한 경영 및 기술 지도
6. 기술혁신형 중소기업 육성
7. 산업·안전 등에 관한 해외규격 획득 및 품질향상에 대한 지원
8. 중소기업 정보화 지원사업
9. 산·학·연 공동기술개발사업 등 산학협력 지원사업
10. 기술융합 촉진을 위한 지원사업
11. 그 밖에 기술혁신을 촉진하기 위하여 필요한 사항

② 중소기업청장은 기술혁신 촉진 지원사업을 추진하는 데에 필요하다고 인정하는 경우에는 미리 관계중앙행정기관의 장과 협의하여야 한다.
[전문개정 2011.4.14.]

제10조(기술혁신 중소기업자에 대한 출연) ① 중소기업청장은 중소기업의 기술혁신을 촉진하기 위하여 필요하다고 인정하는 경우 기술혁신능력을 보유한 중소기업자가 단독으로 또는 공동으로 수행하는 기술혁신사업에 출연할 수 있다.
② 제1항에 따른 출연금의 지급·사용·관리 등에 필요한 사항은 대통령령으로 정한다.
[전문개정 2011.4.14.]

제11조(산·학·연 공동기술혁신 수행기관 등에 대한 출연) ① 중소기업청장은 중소기업의 기술혁신 등을 촉진하기 위하여 다음 각 호의 학교·기관 또는 단체가 중소기업자와 공동으로 수행하는 산학협력 지원사업과 중소기업에 대하여 실시하는 기술지도사업에 출연할 수 있다.
1. 「고등교육법」에 따른 대학·산업대학·전문대학 또는 기술대학
2. 「근로자직업능력 개발법」에 따른 기능대학
3. 「특정연구기관 육성법」의 적용을 받는 특정연구기관
4. 「과학기술분야 정부출연연구기관 등의 설립·운영 및 육성에 관한 법률」 제8조에 따른 연구기관
5. 국립 및 공립 연구기관
6. 「중소기업진흥에 관한 법률」 제68조에 따른 중소기업진흥공단
7. 그 밖에 기술혁신 등을 촉진하기 위하여 필요하다고 인정하여 중소기업청장이 지정하는 법인 또는 단체
② 제1항에 따른 출연금의 지급·사용·관리 등에 필요한 사항은 대통

령령으로 정한다.
[전문개정 2011.4.14.]

제11조의2(중소기업의 국제기술협력 지원) ① 중소기업청장은 중소기업과 국제기구 또는 외국의 정부·기업·대학·연구기관 및 단체 등과의 기술협력을 촉진하기 위하여 다음 각 호의 사업을 추진할 수 있다.
1. 중소기업의 국제기술협력을 위한 조사
2. 기술도입 및 기술교류
3. 국제 전시회 또는 학술회의 개최
4. 중소기업과 외국의 대학·연구기관 및 단체 등 간의 공동기술개발
5. 그 밖에 중소기업의 국제기술협력을 촉진하기 위하여 필요한 사업으로서 대통령령으로 정하는 사업
② 중소기업청장은 제1항에 따른 사업을 전문적으로 시행할 기관을 지정하고 업무수행에 필요한 비용의 일부를 출연할 수 있다.
[전문개정 2011.4.14.]

제12조(기술혁신 과제의 사업타당성 조사) ① 중소기업청장은 중소기업의 기술혁신을 촉진하고 성공가능성을 높이기 위하여 중소기업의 기술혁신 과제에 대한 사업타당성 조사를 할 수 있다.
② 중소기업청장은 제1항에 따라 사업타당성 조사를 실시하는 기관 또는 단체에 그 사업에 드는 비용을 출연할 수 있다.
③ 제1항에 따른 사업타당성 조사의 실시기관 선정, 조사 분야, 조사 대상 등과 제2항에 따른 출연금의 지급·사용·관리 등에 관하여 필요한 사항은 대통령령으로 정한다.
[전문개정 2011.4.14.]

제13조(중소기업 기술혁신 지원계획의 수립 등) ① 중앙행정기관 및 「공공

기관의 운영에 관한 법률」에 따른 공공기관으로서 직전 3개 연도 평균 연구개발예산이 300억원 이상인 기관(이하 "시행기관"이라 한다)의 장은 매년 중소기업의 기술혁신을 지원하기 위한 계획(이하 "기술혁신 지원계획"이라 한다)을 수립·시행하여야 한다. <개정 2015.1.28.>

② 시행기관의 장은 기술혁신 지원계획에 따라 기술혁신사업을 수행하는 중소기업을 선정하여 해당 기술혁신사업에 드는 비용의 전부 또는 일부에 대하여 출연, 보조 또는 계약 등의 방식으로 지원할 수 있다. 이 경우 제15조에 따른 기술혁신형 중소기업 및 「벤처기업육성에 관한 특별조치법」 제2조에 따른 벤처기업에 우선적으로 지원할 수 있다. <개정 2015.5.18.>

③ 중소기업청장은 시행기관의 장에게 해당 기관이 추진하는 연구개발사업의 특성, 직전 3개 연도 지원실적 등을 고려하여 해당 기관 연구개발예산의 일정 비율 이상을 중소기업의 기술혁신을 위하여 지원하도록 요청할 수 있다. 이 경우 지원요청을 받은 시행기관의 장은 특별한 사유가 없으면 이에 따라야 한다. <개정 2015.5.18.>

④ 시행기관의 장은 매년 2월 말일까지 해당 연도의 기술혁신 지원계획과 전년도의 기술혁신 지원실적을 중소기업청장에게 통보하여야 한다. <개정 2015.5.18.>

⑤ 중소기업청장은 제4항의 기술혁신 지원계획 및 지원실적을 종합하여 기술혁신 추진위원회의 심의를 거쳐 「과학기술기본법」 제9조에 따른 국가과학기술심의회와 「정부조직법」 제12조에 따른 국무회의에 보고하여야 한다. <개정 2013.3.23., 2015.5.18.>

⑥ 제1항에 따른 기술혁신 지원계획의 수립·시행, 연구개발예산의 산정과 제3항에 따른 지원비율 등에 관하여 필요한 사항은 대통령령으로 정한다. <개정 2015.1.28.>
[전문개정 2011.4.14.]

제13조의2(중소기업 기술혁신 지원단)

① 중소기업청장은 기술혁신 지원계획의 원활한 수립·시행을 지원하기 위하여 중소기업 기술혁신 지원단(이하 "지원단"이라 한다)을 설치·운영할 수 있다.

② 지원단은 다음 각 호의 업무를 수행한다.

1. 시행기관의 기술혁신 지원계획의 사전검토에 관한 업무
2. 기술혁신 지원계획 수립·운영의 개선에 관한 업무
3. 기술혁신 지원계획과 관련한 전문적인 조사·연구·평가에 관한 업무
4. 제13조제3항에 따른 시행기관의 중소기업 기술개발예산 지원비율의 산정 및 지원실적의 확인에 관한 업무
5. 제13조의3제1항에 따른 실태조사 및 이행점검의 지원에 관한 업무
6. 그 밖에 기술혁신 지원계획의 수립·시행을 지원하기 위하여 필요한 업무

③ 중소기업청장은 지원단의 원활한 업무수행을 위하여 필요하면 시행기관의 장 또는 기술진흥전문기관의 장에게 소속 공무원 또는 임직원의 파견을 요청할 수 있다.

④ 중소기업청장은 지원단의 운영에 드는 경비의 전부 또는 일부를 예산의 범위에서 지원할 수 있다.

⑤ 제1항부터 제4항까지에서 규정한 사항 외에 지원단의 구성 및 운영에 필요한 사항은 대통령령으로 정한다.
[전문개정 2011.4.14.]

제13조의3(이행 여부의 점검 등)

① 중소기업청장은 기술혁신 지원계획의 실효성 향상을 위하여 제13조에 따

라 시행기관이 실시하는 기술혁신 지원사업에 관하여 실태조사를 하거나 기술혁신 지원계획의 이행 여부에 대한 점검을 할 수 있다. 이 경우 중소기업청장은 소속 공무원에게 시행기관의 기술혁신 지원계획과 관련한 자료를 확인하게 할 수 있다.

② 중소기업청장은 제1항에 따른 실태조사 또는 이행점검 결과 개선이 필요하다고 인정하는 사항에 대하여는 해당 시행기관의 장에게 개선을 권고할 수 있다.

③ 제2항에 따라 개선 권고를 받은 시행기관의 장은 특별한 사유가 없으면 권고에 따라야 하고, 권고를 받은 날부터 1개월 이내에 그 결과를 중소기업청장에게 통보하여야 한다. 이 경우 권고를 받은 시행기관의 장은 중소기업청장의 권고를 이행할 수 없을 때에는 그 사유를 중소기업청장에게 통보하여야 한다.
[전문개정 2011.4.14.]

제14조(기술혁신 성과의 사업화 지원)

① 중소기업청장은 「산업기술혁신촉진법」 제15조에 따라 기술혁신성과 등을 사업화하는 중소기업자에게 다음 각 호의 지원을 할 수 있다.
1. 시험제품 제작·설비투자에 드는 자금의 지원
2. 제품 성능검사를 위한 시험·분석 지원
3. 중소기업이 대학·연구기관 등으로부터 이전받는 기술의 실용화 지원
4. 그 밖에 기술혁신 성과의 사업화를 촉진하기 위하여 필요한 사항

② 제1항에 따라 지원을 받으려는 중소기업자는 중소기업청장에게 신청하여야 한다.

③ 제1항 및 제2항에 따른 지원·신청 절차 등에 관하여 필요한 사항은 산업통상자원부령으로 정한다.
<개정 2013.3.23.> [전문개정 2011.4.14.]

제15조(기술혁신형 중소기업 발굴·육성)

① 중소기업청장은 기술혁신형 중소기업을 발굴·육성하기 위하여 필요한 사업(이하 "기술혁신형 중소기업 육성사업"이라 한다)을 추진할 수 있다. <개정 2015.1.28.>

② 중소기업청장은 기술혁신형 중소기업 육성사업을 지원하기 위하여 필요한 경우에는 공공기관에 지원을 요청할 수 있다. 이 경우 지원을 요청받은 공공기관의 장은 특별한 사유가 없으면 지원을 위한 대책을 마련하여야 한다.

③ 중소기업청장은 기술혁신형 중소기업 육성사업을 추진하는 기관 또는 단체에 필요한 비용의 전부 또는 일부를 출연할 수 있다.

④ 기술혁신형 중소기업의 선정·지원 절차 등에 관하여 필요한 사항은 대통령령으로 정한다.
[전문개정 2011.4.14.]

제15조의2(기술혁신형 중소기업 합병 절차 등의 특례)

주식회사인 기술혁신형 중소기업의 합병절차, 영업양수, 소규모합병, 간이합병, 간이영업양도에 관하여는 「벤처기업육성에 관한 특별조치법」 제15조의3, 제15조의8, 제15조의9, 제15조의10, 제15조의11을 각각 준용한다. 이 경우 "벤처기업"은 "기술혁신형 중소기업"으로 본다. [본조신설 2015.1.28.]
[종전 제15조의2는 제15조의3으로 이동 <2015.1.28.>]

제15조의3(경영혁신형 중소기업 육성 사업 등)

① 중소기업청장은 경영혁신활동을 통하여 경쟁력의 확보가 가능하거나 미래 성장가능성이 있는 중소기업(이하 "경영혁신형 중소기업"이라 한다)을 발굴·육성하기 위하여 필요한 사업을 추진할 수 있다.

② 제1항에서 "경영혁신"이란 기업의

경쟁력을 높이기 위하여 업무수행
방식, 조직구조 및 영업활동 등에서
새로운 경영기법을 개발하거나 경영
기법의 중요한 부분을 개선하는 것
을 말한다.
③ 제1항의 사업에 관하여는 제9조제
2항 및 제15조제2항부터 제4항까지
의 규정을 준용한다.
[전문개정 2011.4.14.]
[제15조의2에서 이동 <2015.1.28.>]

제16조(경영 및 기술 지도) 중소기업청

장이 중소기업의 기술경쟁력을 강화하
기 위하여 실시하는 경영 및 기술 지
도에 관한 사항은 「중소기업진흥에
관한 법률」에서 정하는 바에 따른다.
[전문개정 2011.4.14.]

제17조(해외규격 획득 및 품질향상 지

원) ① 중소기업청장은 중소기업의
기술혁신을 촉진하기 위하여 외국의
산업·안전 등에 관한 규격의 획득을
지원하는 다음 각 호의 사업(이하 "
해외규격 획득 지원사업"이라 한다)
을 추진할 수 있다.
1. 해외규격 획득에 필요한 상담 지
   원사업
2. 해외규격의 확보·보급
3. 해외규격 획득에 필요한 전문인력
   양성사업
② 중소기업청장은 중소기업제품의
품질향상을 위하여 다음 각 호의 사
업(이하 "품질향상사업"이라 한다)을
추진할 수 있다.
1. 중소기업제품의 품질 불량률 관리
2. 품질향상을 위하여 필요한 전문인
   력 양성사업
③ 중소기업청장은 해외규격 획득 지
원사업 및 품질향상사업을 추진하기
위하여 필요하다고 인정하는 경우에
는 제29조제2항에 따른 기관 또는
단체에 필요한 출연 또는 보조 등을
할 수 있다.

④ 해외규격 획득 지원사업 및 품질향
상사업의 수행기관 선정·지원 등에
필요한 사항은 대통령령으로 정한다.
[전문개정 2011.4.14.]

제17조의2(중소기업제품의 품질 불량

률에 따른 품질인증) ① 중소기업청
장은 제17조제2항에 따른 중소기업
제품의 품질향상을 촉진하기 위하여
중소기업제품의 품질 불량률에 따른
품질인증(이하 "품질인증"이라 한다)
을 할 수 있다.
② 제1항에 따른 품질인증을 받으려
는 중소기업은 중소기업청장에게 품
질인증을 신청하여야 한다.
③ 중소기업청장은 제2항에 따라 품
질인증 신청을 받은 경우에는 품질
인증을 받으려는 중소기업의 공장에
대한 심사를 하고, 인증기준에 적합
하면 유효기간을 정하여 품질인증을
하여야 한다.
④ 중소기업청장은 품질인증을 받은
중소기업이 다음 각 호의 어느 하나
에 해당하는 경우에는 품질인증을
취소할 수 있다. 다만, 제1호에 해당
하는 경우에는 품질인증을 취소하여
야 한다.
1. 속임수나 그 밖의 부정한 방법으
   로 인증을 받은 경우
2. 인증기준에 미치지 못하게 된 경우
⑤ 중소기업청장은 품질인증을 받으려
는 중소기업으로부터 품질인증과 관
련하여 필요한 비용을 받을 수 있다.
⑥ 품질인증의 절차·비용, 인증기준,
품질인증마크, 품질인증업무 수행기
관 지정, 품질인증의 유효기간, 그
밖에 품질인증에 관한 사항은 대통
령령으로 정한다.
[전문개정 2011.4.14.]

제17조의3(중소기업의 생산환경 개선

및 생산성 향상을 위한 지원) ① 중
소기업청장은 중소기업의 생산환경을

개선하여 중소기업으로의 인력 유입을 촉진하고 생산성 향상을 도모하기 위하여 다음 각 호의 사업을 추진할 수 있다.
1. 생산환경 개선을 위한 실태조사
2. 생산환경 개선을 위한 설비 또는 장비의 개발
3. 쾌적한 작업환경의 조성을 위한 시설투자의 지원
4. 생산성 향상을 위한 생산 공정의 진단·설계·개선 및 신공정 개발
5. 그 밖에 중소기업청장이 생산환경을 개선하고 생산성을 향상시키기 위하여 필요하다고 인정하는 사업
② 중소기업청장은 제1항에 따른 사업을 추진하기 위하여 필요하다고 인정할 때에는 대학·연구기관·공공기관 및 중소기업 등에 사용되는 비용의 일부를 출연할 수 있다.
[전문개정 2011.4.14.]

제18조(중소기업 정보화 지원사업) ① 중소기업청장은 중소기업의 정보화에 필요한 중소기업 정보화의 기반조성과 정보기술의 보급·확산에 관한 지원사업을 추진할 수 있다.
② 중소기업청장은 제1항에 따른 사업을 효율적으로 추진하기 위하여 필요하다고 인정할 때에는 대학·연구기관·공공기관·민간단체 및 중소기업 등에 사용되는 비용을 출연할 수 있다.
③ 제1항에 따른 중소기업 정보화의 기반조성과 정보기술의 보급·확산 지원사업에 관하여 필요한 사항은 대통령령으로 정한다.
[전문개정 2011.4.14.]

제19조(중소기업 통합정보화경영체제 지원사업) ① 중소기업청장은 중소기업의 통합정보화경영체제를 촉진할 수 있도록 다음 각 호의 사업(이하 "통합정보화경영체제 지원사업"이라

한다)을 추진할 수 있다.
1. 정보화 표준모델의 개발·보급 및 표준모델과의 부합화 지원사업
2. 중소기업 통합정보화경영체제에 필요한 상담 지원사업
3. 중소기업 통합정보화경영체제를 위한 전문인력 양성사업
② 통합정보화경영체제 지원사업을 추진하는 기관의 지정·지원 등에 필요한 사항은 대통령령으로 정한다.
③ 중소기업청장은 통합정보화경영체제 지원사업을 추진하는 기관에 필요한 비용을 출연할 수 있다.
[전문개정 2011.4.14.]

제19조의2(기술혁신 성과물의 보호) ① 중소기업청장은 중소기업의 기술혁신 성과물의 보호를 위한 보안기술의 보급·확산 및 기반조성에 필요한 지원 사업을 추진할 수 있다.
② 중소기업청장은 제1항에 따른 사업을 추진하기 위하여 필요하다고 인정할 때에는 대학·연구기관·공공기관·민간단체 및 중소기업 등에 비용을 출연 또는 보조할 수 있다.
③ 제1항에 따른 사업의 지원방법 및 지원절차 등에 필요한 사항은 대통령령으로 정한다.
[본조신설 2012.12.11.]

제20조(중소기업기술정보진흥원) ① 중소기업의 기술혁신 및 정보화경영을 효율적으로 촉진하기 위하여 중소기업기술정보진흥원(이하 "기술정보진흥원"이라 한다)을 둔다.
② 기술정보진흥원은 중소기업자·개인 또는 단체가 출연하여 설립한다.
③ 기술정보진흥원은 법인으로 하며, 주된 사무소의 소재지에서 설립등기를 함으로써 성립한다.
④ 기술정보진흥원은 다음 각 호의 사업을 한다. <개정 2012.12.11.>
1. 중소기업 기술혁신 기반조성

1의2. 중소기업 기술혁신을 위한 정
  책연구 및 중장기 기획
2. 중소기업 기술혁신사업의 수요 발
  굴 및 조사·분석
3. 중소기업 정보화 촉진 관련 정보
  기술의 보급 및 평가
4. 정보화경영 표준모델의 개발·보급·
  확산 및 표준모델과의 부합화 지원
5. 중소기업 정보화 기반조성 및 수
  준평가
6. 중소기업 기술혁신 및 정보화경영
  에 관한 교육 및 전문인력의 양성
7. 그 밖에 관계중앙행정기관의 장이
  위탁하는 사업
⑤ 정부는 기술정보진흥원의 설립·
운영에 필요한 경비를 예산의 범위
에서 출연할 수 있으며, 중앙행정기
관의 장 및 지방자치단체의 장은 제
4항 각 호의 사업을 기술정보진흥원
으로 하여금 수행하게 할 수 있고
그에 드는 비용의 전부 또는 일부를
출연 또는 보조할 수 있다.
<신설 2012.12.11.>
⑥ 공공기관·중소기업자·개인 또는
단체는 제4항 각 호의 사업 수행에
필요한 경비를 지원할 수 있다.
<개정 2012.12.11.>
⑦ 기술정보진흥원에 관하여 이 법에
서 규정한 것을 제외하고는 「민
법」 중 재단법인에 관한 규정을 준
용한다. <개정 2012.12.11.>
[전문개정 2011.4.14.]

제4장 중소기업 기술혁신
촉진 기반확충 및 우대조치

제21조(중소기업 기술인력 양성) ① 중
소기업청장은 「산업기술혁신 촉진
법」 제20조에 따라 중소기업의 기
술인력 및 정보화인력 양성을 위하여
필요한 중소기업 기술인력 양성사업
(이하 "기술인력 양성사업"이라 한

다)을 추진하여야 한다.
② 중소기업청장은 기술인력 양성사
업을 추진하는 대학·연구기관·기
업·단체 등에 필요한 비용을 출연
할 수 있다.
③ 기술인력 양성사업을 추진하는 기
관의 선정 기준·절차 등에 관하여
필요한 사항은 대통령령으로 정한다.
[전문개정 2011.4.14.]

**제22조(중소기업 기술지원 정보의 제
공)** ① 중소기업청장은 중소기업 관
련 기술을 소개·보급하고, 각종 중
소기업 기술지원 정보를 전산화하여
중소기업이 효율적으로 이용할 수 있
도록 필요한 사업을 추진할 수 있다.
② 중소기업청장은 제1항에 따른 정
보의 전산화를 위하여 필요한 중소
기업 기술지원의 종류, 규모, 신청
절차 등 관련 정보의 제공을 관계
기관의 장에게 요청할 수 있다.
③ 관계중앙행정기관의 장 및 시·도
지사는 중소기업의 기술지원을 위하
여 필요한 경우 중소기업청장에게
제1항 및 제2항에 따라 구축된 정보
의 제공을 요청할 수 있다.
[전문개정 2011.4.14.]

제23조(중소기업 기술혁신 관련 홍보)
① 정부는 중소기업 기술혁신의 중요
성에 대한 사회적 분위기를 조성하기
위하여 다음 각 호의 홍보사업을 할
수 있다.
1. 중소기업의 우수한 혁신기술의 성
  과에 대한 전시·홍보
2. 우수한 혁신기술을 보유한 중소기
  업 및 유공자에 대한 포상
3. 중소기업의 기술혁신 세미나, 기술
  혁신에 대한 사례 발표회
4. 그 밖에 중소기업청장이 필요하다
  고 인정하여 공고하는 사업
② 제1항에 따른 홍보사업의 방법·
절차 등에 관하여 필요한 사항은 산

업통상자원부령으로 정한다.
<개정 2013.3.23.>
[전문개정 2011.4.14.]

제24조(중소기업 기술연구회 지원) ①
중소기업청장은 중소기업의 기술혁신
을 촉진하기 위하여 중소기업이 대학
·연구소, 연구조합, 업종별 단체 또
는 연구개발서비스업을 경영하는 중
소기업자 등과 중소기업 기술연구회
(이하 "기술연구회"라 한다)를 구성
하여 공동연구를 수행하는 데에 필요
한 지원을 할 수 있다.
② 기술연구회를 구성하려는 중소기업
은 중소기업청장에게 등록하여야 한다.
③ 기술연구회의 구성·등록 및 지원
등에 필요한 사항은 산업통상자원부
령으로 정한다. <개정 2013.3.23.>
[전문개정 2011.4.14.]

제24조의2(중소기업 기술혁신 소그룹
지원) ① 중소기업청장은 중소기업의
기술혁신을 촉진하기 위하여 중소기업
이 교수, 연구원 등 전문가와 공동으
로 기술혁신에 관한 자발적 연구조직
인 기술혁신 소그룹을 결성·운영하는
데에 필요한 지원을 할 수 있다.
② 제1항에 따른 기술혁신 소그룹의
지원 절차 및 방법 등에 관하여 필
요한 사항은 산업통상자원부령으로
정한다. <개정 2013.3.23.>
[전문개정 2011.4.14.]

제25조(시험·분석 지원) ① 중소기업
청장은 중소기업의 기술혁신 및 제품
인증 등을 위한 시험·분석에 필요한
지원을 할 수 있다.
② 제1항에 따른 시험·분석의 지원
기관 및 지원 절차와 지원 방법 등
에 관하여 필요한 사항은 대통령령
으로 정한다.
[전문개정 2011.4.14.]

제25조의2(연구시설·장비의 공동 활
용 지원) ① 중소기업청장은 중소기
업의 기술혁신을 촉진하기 위하여 대
학·연구기관·공공기관 등이 보유한
연구시설·장비에 대한 이용알선 및
활용사업을 추진할 수 있다.
② 중소기업청장은 제1항에 따른 사
업을 추진하기 위하여 필요하다고
인정할 때에는 대학·연구기관·공
공기관 및 중소기업 등에 사용되는
비용의 일부를 출연할 수 있다.
[전문개정 2011.4.14.]

제26조 삭제 <2009.1.30.>

제27조(금융 및 세제 지원 등) ① 정부
와 지방자치단체는 중소기업자의 기
술혁신과 정보화 지원 관련 자금공급
을 원활히 하기 위하여 재정 지원,
신용보증 지원 등 필요한 시책을 실
시할 수 있다. <개정 2015.1.28.>
② 정부와 지방자치단체는 중소기업자
의 기술혁신과 정보화를 지원하기 위
하여 필요한 경우 「조세특례제한
법」, 「지방세특례제한법」 등 조세
관계 법률에서 정하는 바에 따라 세제
지원을 할 수 있다. <개정 2015.1.28.>
[전문개정 2011.4.14.]

제5장 보칙

제28조(기술료의 징수 및 사용) ① 중
소기업청장은 제10조제1항에 따른
기술혁신사업이나 제11조제1항에 따
른 산학협력 지원사업이 완료된 경우
에는 출연한 금액의 100분의 50 이
내의 범위에서 사업자로부터 기술료
를 징수할 수 있다.
② 중소기업청장은 제1항에 따른 기술
료를 이 법에 따라 출연하는 기술혁신
촉진 지원사업에 사용하여야 한다.

③ 중소기업청장은 제10조제1항에 따른 기술혁신사업이나 제11조제1항에 따른 산학협력 지원사업의 성과로 나온 지식재산권이 해당 중소기업에 귀속되지 아니하는 경우 등 대통령령으로 정하는 사유에 해당하는 경우에는 기술료를 면제할 수 있다.

④ 중소기업청장은 제10조제1항에 따른 기술혁신사업이나 제11조제1항에 따른 산학협력 지원사업을 수행한 자가 기술료를 한꺼번에 내거나 조기에 상환하는 경우 등 대통령령으로 정하는 사유에 해당하는 경우에는 기술료 중 일정 금액을 감면할 수 있다.

⑤ 제1항부터 제4항까지에서 규정한 사항 외에 기술료의 징수·면제 및 감면 등에 필요한 사항은 대통령령으로 정한다.

[전문개정 2011.4.14.]

중소기업기술개발지원사업 기술료 관리규정 고시(중소기업청 고시 제 2014 - 70호)

중소기업 기술혁신촉진법 제28조 및 동법 시행령 제18조, 중소기업 기술개발지원사업 운영요령 제29조에 의하여 「중소기업기술개발지원사업 기술료 관리규정」을 다음과 같이 개정 고시합니다.

2014년 12월 15일
중소기업청장

중소기업기술개발지원사업 기술료 관리규정

제1장 총 칙

제1조(목적) 이 규정은 중소기업 기술혁신촉진법 제28조 및 동법 시행령 제18조, 중견기업 성장 촉진 및 경쟁력 강화에 관한 특별법 제19조, 국가 연구개발사업의 관리 등에 관한 규정 및 중소기업 기술개발지원사업 운영요령(이하 "요령"이라 한다) 제29조에 의한 기술료의 징수방법, 징수 및 감면기준, 징수절차 등에 관하여 필요한 세부사항을 규정함을 목적으로 한다.

제2조(적용범위) 이 규정은 요령 제3조제1항에서 규정한 기술개발사업 및 중소기업청장이 중소중견기업의 기술개발 지원을 위하여 필요하다고 인정하는 사업에 적용하되, 기술료 관리규정에서 규정하지 아니한 사항은 중소기업 기술개발지원사업 운영요령 및 사업별 해당 관리지침 등에 따른다.

제3조(용어 정의) 이 규정에서 사용하는 용어의 정의는 다음과 같다.

1. "정부출연금"이란 제2조에 의한 기술개발사업의 목적을 달성하기 위하여 반대급부 없이 예산이나 기금 등에서 연구수행기관에게 지급하는 기술개발 소요 경비를 말한다.

2. "기술료"란 제2조에 의한 기술개발사업의 최종 평가 결과 성공인 과제에 대해, 연구개발결과물을 실시하는 권리를 획득한 대가로 실시권자가 국가, 전문기관 또는 연구개발결과물을 소유한 기관에 지급하는 금액으로서 현금 또는 이에 상응하는 유가증권 등을 말한다.

3. "정액기술료"란 실시권자가 연구개발결과물을 직접실시 했을 경우, 출연금의 일정비율을 정부에 납부하는 기술료를 말한다.

4. "경상기술료"란 실시권자가 연구개발결과물을 직접실시 했을 경우, 출연금의 일정비율로 납부하는 착수기본료와 매출액 발생 시 매출액의 일정비율로 납부하는 기술료를 말한다.

5. "주관기관"이란 제2조의 기술개발사업을 주관하여 추진하는 기관, 단체, 또는 기업 등을 말한다.

6. "실시"란 제2조 각 호에 의한 기술개발사업의 연구개발결과물을 사용(개발결과를 사용하여 생산하는 경우 포함), 양도(기술이전 포함), 대여 또는 수출하는 것을 말한다

7. "기술실시계약"이란 연구개발결과물을 소유한 자와 연구개발결과물을 실시하려는 자가 실시권의 내용, 기술료 및 기술료 납부방법 등에 관하여 체결하는 계약을 말한다.

8. "전문위원회"란 전문기관의 장이 기술료 징수관리 등에 관한 사항을 심의하기 위하여 설치하는 위원회를 말한다.

9. "전문기관"이란 제2조의 규정에 의한 기술개발사업의 법령 및 규정 등에 의하여 중소기업청장이 기술료 징수 및 관리 업무를 전담하도록 지정한 기관을 말한다.

10. "총괄전문기관"이란 중소기업기술혁신촉진법 제7조 및 제20조의 중소기업기술정보진흥원을 말한다.

제4조(전문위원회의 구성운영) ①전문기관의 장

은 기술료 징수관리 등에 관한 사항을 심의하기 위하여 전문위원회를 구성·운영하여야 한다.
②전문위원회는 다음 각 호의 자 중 7명 내외로 구성하고, 위원장은 참석한 평가위원 중에서 호선한다.
1. 심의대상 사업 전문기관의 담당부서장
2. 변호사, 세무사 또는 공인회계사
3. 산·학·연 전문가
4. 기타 중소기업 기술혁신에 관한 학식과 경험이 풍부한 자
③전문위원회는 다음 사항을 심의한다.
1. 기술료 납부에 관한 사항
2. 기술료 면제, 연기에 관한 사항
3. 참여제한 등의 제재조치에 관한 사항
4. 중소기업청장 또는 전문기관의 장이 기술료 징수 및 관리·사용에 중요한 사항이
라고 인정하여 부의하는 사항

제2장 기술료의 징수

제5조(기술료의 징수 및 방법) ①중소기업청장은 제2조의 중소기업 기술개발사업에 대하여 다음 각 호에 따라 기술료를 징수하여야 한다. 다만, 경상기술료로 징수할 경우 징수 기준 및 매출액 검증절차는 미래창조과학부의 "정부납부 경상기술료 매출액 검증 가이드라인(연구제도과-1338(2014.8.8)호)"에 따라 정부출연금액의 범위에서 매출액을 기준으로 징수할 수 있다.
    1. 정액기술료 : 중소기업의 경우 정부출연금의 100분의 10, 중견기업("중견기업 성장촉진 및 경쟁력 강화에 관한 특별법」 제2조제1호에 따른 중견기업을 말한다)의 경우 정부출연금의 100분의 30 징수
    2. 경상기술료 : 착수기본료는 정부출연금 기준으로, 중소기업의 경우 100분의 2, 중견기업의 경우 100분의 6 징수, 경상기술료는 매출액 기준으로, 중소기업의 경우 100분의 1, 중견기업의 경우 100분의 3 징수
②전문기관의 장은 요령 제25조의 규정에 의한 성공과제에 대하여 주관기관의 장으로부터 기술료(납부대상 기술료의 천원단위미만 절사)를 징수하여야 한다.
③전문기관의 장은 주관기관의 장에게 납부대상 기술료를 통보하고, 납부방법 및 기술실시 보고서 제출 안내 등 기술료 징수에 필요한 조치를 하여야 한다.
④주관기관의 장은 다음 각 호의 1과 같이 납부대상 기술료를 일시납부하거나 분할하여 납부할 수 있다.
    1. 일시납부의 경우, 납부를 통보받은 날로부터

30일 이내에 별지서식의 기술실시 보고서와 함께 납부대상 기술료 전액을 납부하여야 한다.
    2. 분할납부의 경우, 납부를 통보받은 날로부터 30일 이내에 기술실시 보고서와 납부대상 기술료 전액에 대한 지급이행보증보험증권(이하 "보증보험증권"이라 한다.)을 제출하여야 한다. 다만, 신용불량 등으로 보증보험증권을 발급받을 수 없는 경우에는 공증된 약속어음 및 은행도 약속어음을 제출하거나 기타 중소기업청장이 인정하는 보증수단을 제시할 수 있다.
⑤주관기관의 장은 제출한 기술실시 보고서의 납부일(주말 및 공휴일인 경우는 익일 은행영업일)까지 해당 기술료 납부금액을 전문기관에 납부하여야 한다.
⑥납부일이 경과된 경우, 전문기관의 장은 보증보험증권을 발행한 기관에 지급이행보증금액을 청구하여야 한다. 납부일 경과 이후에 발생되는 제반사항은 보증보험증권의 약관에 따른다.
⑦주관기관의 장은 기술료를 현금 또는 신용카드로 납부할 수 있으며, 전문기관의 장은 신용카드로 납부된 기술료의 일부를 카드결제 관련 수수료로 지급할 수 있다.
⑧영리기관인 연구개발결과물 소유기관의 장이 연구개발결과물을 직접 실시하는 경우에는 협약에서 정하는 기술실시 보고서 등을 전문기관의 장에게 제출하는 것으로 기술실시계약의 체결을 대신할 수 있다. 이 경우 기술실시계약 체결일은 기술실시 보고서 제출기한 마감일로 한다.

제6조(기술료 징수기간) ①제2조에 의한 기술개발사업의 기술료 징수기간은 다음 각 호에 따른다.
1. 정액기술료: 기술실시계약 체결일로부터 3년으로 하며, 1년 단위로 분할하여 징수함을 원칙으로 하되 각 연차별 납부금액은 제5조제1항에 따라 결정된 납부대상 기술료의 100분의 20이상으로 하여야 한다.
2. 경상기술료: 착수기본료는 기술실시계약 체결일로부터 30일 이내, 경상기술료는 매출액이 발생한 연도부터 5년간 징수할 수 있다. 단, 징수기간은 기술실시계약 체결일로부터 7년으로 한다.
②전문기관의 장은 주관기관의 장이 기술개발사업 성과의 실용화에 따른 자금난, 현저한 경영 악화, 중소기업창업 지원법에 의한 창업자(연장요청 시 기준)로서 매출액 저조 등의 사유로 기술료 징수기간의 연장을 요청하는 경우에는 기업신용도 조사(종합신용평가등급이 열위 또는 불량인 경우) 또는 전문위원회의 심의를 거쳐 기술료 징수기간을 연장할 수 있다.

③제2항에 따른 기술료 징수기간의 연장신청은 기술실시 보고서에 기재된 당해 연도 납부일 도래 전에 하여야 하고 신청횟수는 3회이내로 제한한다. 징수기간 연장에 따른 납부기한은 제5조제5항에 따라 제출된 기술실시 보고서에 명시된 각 연차별 납부기한을 2년 이상 초과할 수 없다.

④주관기관의 장이 기술실시 보고서를 변경하고자 하는 경우 전문기관에 납부계획 변경을 요청할 수 있으며, 이 경우 납부계획 변경에 따른 보증수단을 제출하여야 한다.

제7조(기술료 감면 및 면제) ①전문기관의 장은 주관기관의 장이 기술료를 일시 또는 조기 납부하는 경우 다음 각 호의 1과 같이 기술료를 감면할 수 있다. 이 경우 각 호에 따른 감면비율의 적용은 최종 납부연도 완납시점에 적용한다.

1. 기술료 납부를 통보 받은 날로부터 30일 이내에 기술료 전액을 일시 납부하는 경우 납부대상 기술료의 100분의 40을 감면한다.
2. 1차년도 기술료 납부일자 내에 기술료 전액을 조기 납부하는 경우 납부대상 기술료의 100분의 30을 감면한다.
3. 2차년도 기술료 납부일자 내에 기술료 전액을 조기 납부하는 경우 납부대상 기술료의 100분의 20을 감면한다.

②전문기관의 장은 주관기관의 장이 기술료를 분할 납부하기 위하여 보증보험증권을 제출하는 경우 제5조제1항에 따라 확정된 기술료의 100분의 5를 추가로 감면할 수 있다.

③전문기관의 장은 주관기관의 장이 기술개발 기여자에 대한 보상을 목적으로 중소기업청장이 정한 비영리기관 또는 단체에 기부하는 경우에는 당해 기부금의 범위내에서 각 사업별로 별도로 정한 감면기준에 따라 기술료의 일부를 감면할 수 있다. 이 경우 주관기관의 장은 기술실시 보고서를 제출하기 이전에 기부금을 납부하고 그 증빙자료를 전문기관의 장에게 제출하여야 한다.

④전문기관의 장은 주관기관의 장이 기술실시계약 체결 후 부도, 폐업, 법정관리 및 이에 준하는 상황의 발생으로 기술료 납부가 사실상 불가능한 경우에는 조사 및 전문위원회의 심의를 거쳐 그 사유가 인정될 때에는 이미 납부한 기술료를 제외한 나머지 납부하여야 할 기술료의 납부를 면제할 수 있다.

제8조(기술료 관리) ①기술료 관리·운영의 회계연도는 매년 1월 1일에 개시하여 12월 31일에 종료한다.
②총괄전문기관 및 전문기관의 장은 기술료 관리운영에 관한 회계를 구분하여 관리하여야 한다.

③전문기관의 장은 매월 기술료 징수실적을 총괄전문기관의 장에게 제출하고, 전월에 징수한 기술료를 매월 20일까지 총괄전문기관의 장이 지정한 계좌에 이체하여야 하며, 다음연도 2월말까지 다음연도 기술료 징수전망을 포함한 기술료 징수실적을 총괄전문기관의 장에게 제출하여야 한다.

④총괄전문기관의 장은 분기별로 기술료 징수 및 관리현황을 중소기업청장에게 보고하여야 하며, 다음연도 2월말까지 다음 각 호의 내용을 포함한 전년도 기술료 결산보고서를 중소기업청장에게 보고하여야 한다.

1. 기술료 징수 및 집행결과
2. 다음연도 기술료 징수 전망
3. 기술료 관리·운영에 필요한 경비
4. 비영리기관의 기술료 징수 및 사용에 관한 사항

제9조(비영리기관의 기술료 징수 및 관리) ①비영리기관인 연구개발 결과물 소유기관의 장(이하 "비영리기관의 장"이라 한다.)은 연구개발 결과물을 실시하려는 자와 기술료 및 기술료 납부방법 등에 대한 기술실시계약을 체결하고 기술료를 징수할 수 있다.
②연구개발 결과물 소유기관의 장이 제1항에 따라 기술료를 징수한 경우에는 전문기관의 장에게 기술료 징수 및 납부결과 보고서를 제출하여야 하며, 전문기관의 장은 동 사항을 반기별로 중소기업청장에게 보고하여야 한다.

제10조(제재조치) ①주관기관의 장 등이 정당한 사유 없이 기술실시 보고서, 매출액 증빙자료 등 제출 및 납부의무를 성실히 이행하지 아니하는 경우 전문위원회의 심의를 거쳐 국가연구개발사업의 참여를 제한하거나 기술료 징수에 필요한 법적조치 등을 취할 수 있다.
②기타 심의방법 및 절차 등은 전문위원회에서 별도로 정할 수 있다.

제3장 기술료의 사용

제11조(기술료의 사용) ①비영리기관의 장은 제9조제1항에 따라 징수한 기술료를 다음 각 호의 용도로 사용하여야 한다.
1. 정부출연금 지분의 100분의 5 : 지식재산경비 (출원 · 등록 · 유지비 등)로 우선 적립·사용
2. 정부출연금 지분의 100분의 50 이상 : 연구개발과제 참여연구원에 대한 보상금(다만, 참여연구원의 한 해 누적 보상금이 20억원 초과 시 아래 기준에 따라 지급)

보상금 누적금액	보상금 지급액
20억원 초과 ~ 30억원 이하	정부 출연금 지분의 40% × 개별 참여연구원의 기여율
30억원 초과 ~ 40억원 이하	정부 출연금 지분의 30% × 개별 참여연구원의 기여율
40억원 초과 ~ 50억원 이하	정부 출연금 지분의 20% × 개별 참여연구원의 기여율
50억원 초과	정부 출연금 지분의 10% × 개별 참여연구원의 기여율

3. 제1, 2호의 금액을 제외한 나머지 금액 : 연구개발 재투자, 기관운영경비, 지식재산경비(필요시), 개발한 기술을 이전하거나 기술 확산에 기여한 직원(기여자보상금) 등에 대한 보상금

②비영리기관은 제2항에 따른 참여연구원 및 기술 확산에 기여한 직원에 대한 보상금 지급을 위하여 보상금 지급대상 및 보상금 지급 절차 등을 포함한 보상금 지급 기준을 마련하고 그 기준에 따라 지급하여야 한다.

제12조(업무수행 경비 지원) 중소기업청장은 총괄전문기관 및 전문기관의 기술료 징수 및 사용관리에 소요되는 비용을 지원할 수 있다.

제13조(재검토 기한) 「훈령·예규 등의 발령 및 관리에 관한 규정」(대통령훈령 제248호)에 따라 이 고시 발령 후의 법령이나 현실여건의 변화 등을 검토하여 이 고시의 폐지, 개정 등의 조치를 하여야 하는 기한은 2017년 12월 14일까지로 한다.

부 칙

제1조(시행일) 이 고시는 2015년 1월 1일부터 시행한다. 단, 시행일 이전에 기술실시계약을 체결한 과제는 협약당시의 규정에 따른다.

제29조(권한의 위탁) ① 이 법에 따른 중소기업청장의 권한은 대통령령으로 정하는 바에 따라 그 일부를 기술진흥전문기관의 장에게 위탁할 수 있다.

② 중소기업청장은 대통령령으로 정하는 바에 따라 기관 또는 단체에 이 법에 따른 사업의 일부를 위탁할 수 있다.

[전문개정 2011.4.14.]

제30조(벌칙 적용 시의 공무원 의제) 제6조제3항에 따른 위원 중 공무원이 아닌 위원, 제13조의2제3항에 따라 시행기관인 공공기관 및 기술진흥전문기관으로부터 지원단에 파견된 임직원, 제29조제1항에 따라 위탁받은 업무를 수행하는 기술진흥전문기관의 장 및 그 소속 직원, 같은 조 제2항에 따라 위탁받은 업무를 수행하는 기관 또는 단체의 장 및 그 소속 직원은 「형법」 제129조부터 제132조까지의 규정을 적용할 때에는 각각 공무원으로 본다.

[전문개정 2011.4.14.]

제31조(기술혁신 촉진 지원사업에의 참여 제한 등) ① 중소기업청장은 제10조제1항에 따른 기술혁신사업 및 제11조제1항에 따른 산학협력 지원사업에 참여한 중소기업자·학교·기관·단체 또는 그 소속 임직원이나 소속 외의 연구책임자·연구원이 다음 각 호의 어느 하나에 해당하는 경우에는 5년 이내의 범위에서 기술혁신 촉진 지원사업에의 참여를 제한할 수 있으며, 관계중앙행정기관의 장에게 참여 제한 사실을 통보할 수 있다. <개정 2012.12.11.>

1. 연구개발의 결과가 극히 불량하여 중소기업청장이 실시하는 평가에 따라 실패한 사업 또는 중단사업으로 결정된 경우
2. 정당한 절차 없이 연구개발 내용을 누설하거나 유출한 경우
3. 정당한 사유 없이 연구개발 과제의 수행을 포기한 경우
4. 출연금을 사용용도 외의 용도에 사용하였거나 사용명세를 거짓으로 보고한 경우

5. 정당한 사유 없이 연구개발 결과물인 지식재산권을 소속 임직원 또는 소속 외의 연구책임자·연구원의 명의로 출원하거나 등록한 경우

6. 연구개발 자료나 결과를 위조 또는 변조하거나 표절하는 등의 연구부정행위를 한 경우

7. 정당한 사유 없이 기술료를 내지 아니하거나 납부를 게을리한 경우

8. 거짓이나 그 밖의 부정한 방법으로 연구개발에 참여하거나 수행한 경우

9. 그 밖에 제10조제1항에 따른 기술혁신사업 및 제11조제1항에 따른 산학협력 지원사업에 관하여 중소기업청장이 해당 사업을 수행하는 자와 체결한 협약을 위반한 경우로서 대통령령으로 정하는 경우

② 중소기업청장은 출연금을 연구개발비의 연구용도 외의 용도로 사용하는 행위가 있을 때에는 해당 중소기업자·학교·기관·단체 또는 그 소속 임직원이나 소속 외의 연구책임자·연구원에 대하여 그 연구용도 외의 용도로 사용한 금액의 5배 이내의 범위에서 제재부가금을 부과·징수할 수 있다. <신설 2012.12.11.>

③ 중소기업청장은 제2항에 따라 제재부가금 부과처분을 받은 자가 제재부가금을 기한 내에 납부하지 아니하면 국세 체납처분의 예에 따라 징수한다. <신설 2012.12.11.>

④ 제1항제1호에 따른 연구개발 결과의 평가기준, 평가절차, 같은 항 각 호의 참여 제한 사유별 참여 제한기간의 구체적 기준 및 제2항의 제재부가금을 부과하는 위반행위의 종류·정도 등에 따른 제재부가금의 금액 등에 필요한 사항은 대통령령으로 정한다.
<개정 2012.12.11.>
[전문개정 2011.4.14.]

제32조(출연금의 환수) ① 중소기업청

장은 제10조제1항에 따른 기술혁신사업 및 제11조제1항에 따른 산학협력 지원사업에 참여한 중소기업자·학교·기관·단체 또는 그 소속 임직원이나 소속 외의 연구책임자·연구원이 제31조제1항 각 호의 어느 하나에 해당하는 경우에는 이미 출연한 사업비의 전부 또는 일부를 환수할 수 있다. <개정 2012.12.11.>

② 제1항에 따른 환수 기준 및 절차 등에 관하여 필요한 사항은 대통령령으로 정한다.
[전문개정 2011.4.14.]

부칙
<제12006호, 2013.8.6.>

이 법은 공포한 날부터 시행한다. 다만, 제13조제3항의 개정규정은 2014년 1월 1일부터 시행한다.

부칙
<제13093호, 2015.1.28.>

제1조(시행일) 이 법은 공포 후 3개월이 경과한 날부터 시행한다. 다만, 제13조제1항 및 제6항의 개정규정은 공포 후 6개월이 경과한 날부터 시행한다.

제2조(합병절차 등에 관한 적용례) 제15조의2의 개정규정은 이 법 시행 후 합병 또는 영업 양도·양수에 관한 계약서를 작성하는 경우부터 적용한다.

제3조(다른 법률의 개정) 중소기업창업 지원법 일부를 다음과 같이 개정한다.
제10조제1항제2호의2 중 "「중소기업기술혁신 촉진법」 제15조 및 제15조의2"를 "「중소기업 기술혁신 촉진법」 제15조 및 제15조의3"으로 한다.

부칙
〈제13315호, 2015.5.18.〉

이 법은 2016년 1월 1일부터 시행한다.

중소기업 기술혁신 촉진법 시행령

[시행 2015.1.1.]
[대통령령 제25927호, 2014.12.30., 일부개정]

제1조(목적) 이 영은 「중소기업기술혁신 촉진법」에서 위임된 사항과 그 시행에 관하여 필요한 사항을 규정함을 목적으로 한다. <개정 2006.2.28.>

제2조(촉진계획의 수립 등) ① 삭제 <2009.7.27.>
②중소기업청장은 「중소기업기술혁신 촉진법」(이하 "법"이라 한다) 제5조제1항에 따른 중소기업기술혁신 촉진계획(이하 "촉진계획"이라 한다)을 수립하기 위하여 필요하다고 인정하는 때에는 중소기업 또는 중소기업 기술지원 관련 기관·단체에 대하여 법 제5조제2항 각호의 사항에 관하여 그 수요를 조사할 수 있다. <개정 2009.7.27.>
③관계 중앙행정기관의 장, 특별시장·광역시장·도지사 또는 특별자치도지사 및 중소기업 기술지원 관련 기관 또는 단체의 장은 중소기업 기술지원 관련 사업을 추진하는 때에는 촉진계획과 연계되도록 하여야 한다. <개정 2009.7.27.>

제3조(기술혁신 추진위원회의 심의사항) 법 제6조제2항제4호에서 "대통령령으로 정하는 사항"이라 함은 다음 각 호의 사항을 말한다.
<개정 2009.7.27., 2013.12.30.>
1. 법 제13조에 따른 기관별 중소기업 기술혁신 지원계획의 종합·조정
2. 제11조제5항에 따른 시행지침의 작성 및 변경
[제목개정 2013.12.30.]

제4조(기술혁신추진위원회의 구성·운영 등) ①법 제6조의 규정에 의한 중소기업기술혁신추진위원회(이하 "기술혁신추진위원회"라 한다)의 위원중 공무원이 아닌 위원의 임기는 2년으로 하되, 연임할 수 있다.
②기술혁신추진위원회의 위원장은 기술혁신추진위원회의 회의를 소집하고 그 의장이 된다.
③기술혁신추진위원회의 위원장은 회의를 소집하고자 하는 때에는 회의 개최일 7일전까지 회의의 일시·장소 및 안건을 각 위원에게 통지하여야 한다. 다만, 긴급을 요하는 때에는 그러하지 아니하다.
④기술혁신추진위원회의 회의는 재적위원 과반수의 출석과 출석위원 과반수의 찬성으로 의결한다.
⑤기술혁신추진위원회의 사무처리를 위하여 기술혁신추진위원회에 간사 1인을 두되, 간사는 중소기업청 소속 공무원중에서 위원장이 지명한다.
⑥제1항 내지 제5항에 정한 것외에 기술혁신추진위원회의 운영에 관하여 필요한 사항은 기술혁신추진위원회의 심의를 거쳐 위원장이 이를 정한다.

제5조(기술진흥전문기관의 지정 등) ① 법 제7조제1항에 따른 중소기업기술진흥전문기관(이하 "기술진흥전문기관"이라 한다)으로 지정될 수 있는 자는 다음 각 호의 어느 하나에 해당하는 기관 또는 단체로 한다. <개정 2002.12.5., 2006.2.28., 2007.9.10., 2008.1.3., 2009.7.27.>
1. 국·공립 연구기관
2. 「특정연구기관 육성법」의 적용을 받는 특정연구기관
3. 「과학기술분야 정부출연연구기관 등의 설립·운영 및 육성에 관한 법률」에 의하여 설립된 연구기관
4. 「중소기업진흥에 관한 법률」 제68조에 따른 중소기업진흥공단
5. 「기술신용보증기금법」 제12조의

규정에 의한 기술신용보증기금
6. 그밖에 중소기업에 대한 지원사업을 하는 법인 또는 단체로서 법 제9조제1항에 따른 기술혁신촉진지원사업(이하 "기술혁신촉진지원사업"이라 한다)의 수행에 필요한 전문인력과 전담기관을 갖추었다고 중소기업청장이 인정하는 자
②기술진흥전문기관으로 지정받은 자는 당해 연도의 사업계획 및 전년도의 추진실적을 매년 1월 31일까지 중소기업청장에게 보고하여야 한다.

제5조의2(중소기업기술통계 작성대상 범위 등)

법 제8조제1항에 따른 중소기업기술통계 작성대상은 「통계법」 제22조제1항에 따라 통계청장이 고시하는 한국표준산업분류에 따른 다음 각 호의 업종으로 하고, 그 조사대상은 해당 업종을 영위하는 중소기업으로 한다. <개정 2007.10.23., 2013.6.11.>
1. 제조업
2. 출판, 영상, 방송통신 및 정보서비스업
3. 전문, 과학 및 기술서비스업
[본조신설 2006.12.21.]

제6조(기술통계 작성에 관한 권한의 위탁)

법 제8조제4항에 따라 중소기업청장이 중소기업중앙회와 기술진흥전문기관의 장에게 위탁할 수 있는 중소기업 기술통계의 작성에 관한 권한은 「통계법 시행령」 제51조제1항 각 호의 업무에 대한 권한으로 한다.
<개정 2006.2.28., 2007.10.23., 2008.1.3.>

제7조(출연계획의 공고)

중소기업청장은 법 제10조제1항에 따른 기술혁신사업 또는 법 제11조제1항에 따른 산학협력 지원사업과 기술지도사업에 대하여 다음 각 호의 사항이 포함된 출연계획을 수립하고, 이를 공고하여야 한다. <개정 2008.1.3.>
1. 출연대상이 되는 사업의 범위
2. 출연금의 신청절차 및 방법
3. 출연금의 지원규모
4. 그밖에 출연을 위하여 중소기업청장이 필요하다고 인정하는 사항

제8조(협약체결 및 출연금의 관리 등)

①중소기업청장은 법 제10조제1항에 따른 기술혁신사업, 법 제11조제1항에 따른 산학협력 지원사업과 기술지도사업 또는 법 제12조제2항에 따른 사업타당성조사사업에 출연하려는 때에는 해당 사업을 수행하는 자와 다음 각 호의 사항이 포함된 협약을 체결하여야 한다. <개정 2008.1.3.>
1. 사업의 내용
2. 출연금의 용도 및 관리계획
3. 사업성과의 활용
4. 법 제28조제1항에 따라 기술료를 징수하는 경우에는 그 징수 및 납부에 관한 사항
5. 협약의 변경에 관한 사항
6. 그 밖에 사업시행에 필요하다고 중소기업청장이 인정하는 사항
②중소기업청장은 제1항의 규정에 의한 출연금을 사업의 내용 또는 착수시기 등을 고려하여 일시에 지급하거나 분할하여 지급할 수 있다.
③출연금을 지급 받은 자는 그 출연금에 대하여 별도의 계정을 설정하여 이를 관리하여야 하며, 출연금을 협약에 정한 용도에만 사용하여야 한다.
④중소기업청장은 출연금을 지급 받은 자가 정당한 사유 없이 제3항의 규정에 의한 용도외의 용도로 출연금을 사용한 때에는 그 출연금의 전부 또는 일부를 회수할 수 있다.

제9조(기술지도사업의 범위)

법 제11조제1항의 규정에 의한 기술지도사업에는 기업의 경영개선 및 기술력향상을 위한 상담·자문·진단·평가에

관한 사업이 포함된다.

제9조의2(국제기술협력 촉진을 위하여 필요한 사업)
법 제11조의2제1항제5호에서 "대통령령으로 정하는 사업"이란 다음 각 호의 어느 하나에 해당하는 사항에 관한 사업을 말한다.
1. 중소기업의 국제기술협력을 위한 기술상담 및 연수
2. 제1호와 유사한 사업으로서 중소기업청장이 중소기업의 국제기술협력을 촉진하기 위하여 필요하다고 인정하는 사항
[본조신설 2014.12.30.]

제10조(사업타당성 조사기관의 선정)
법 제12조제3항의 규정에 의하여 중소기업청장은 제5조제1항 각호의 법인 또는 단체를 사업타당성 조사의 실시기관으로 선정할 수 있다.

제11조(기술혁신 지원계획의 수립·시행 등)
①법 제13조제1항에 따른 중소기업의 기술혁신을 지원하기 위한 계획(이하 "기술혁신 지원계획"이라 한다)에는 다음 각 호의 사항이 포함되어야 한다. <개정 2013.12.30.>
1. 지원대상분야 및 지원예산규모
2. 지원의 범위 및 한도
3. 지원대상기업의 선정기준
4. 그밖에 중소기업의 기술혁신을 지원하기 위하여 필요하다고 인정하는 사항
②기술혁신 지원계획을 수립·시행하여야 하는 기관(이하 "시행기관"이라 한다)은 다음 각 호와 같다.
<개정 2006.2.28., 2006.12.21., 2008.2.29., 2009.7.27., 2010.3.15., 2013.3.23., 2013.12.30.>
1. 중앙행정기관 중 미래창조과학부·문화체육관광부·농림축산식품부·산업통상자원부·보건복지부·환경부·국토교통부·해양수산부·방위사업청·문화재청·농촌진흥청·산림청 및 기상청
2. 공공기관 중 한국전력공사·한국도로공사·한국토지주택공사·한국수자원공사·한국철도공사 및 한국가스공사
③ 중소기업청장은 법 제13조제3항에 따라 시행기관이 추진하는 연구개발사업의 특성, 직전 3개 연도 지원실적 등을 고려하여 해당 기관이 연구개발예산 중에서 중소기업의 기술혁신을 위하여 지원하여야 할 비율을 정하여 매년 11월 30일까지 시행기관에 통보하고, 이를 해당 기관의 다음 해 기술혁신 지원계획에 반영하도록 요청할 수 있다. <신설 2009.7.27., 2013.12.30.>
④ 제3항의 요청을 받은 시행기관의 장은 통보받은 지원 비율을 기술혁신 지원계획에 반영하기 어려운 특별한 사유가 있는 경우에는 중소기업청장과 협의하여 그 지원 비율을 따로 정할 수 있다. <신설 2013.12.30.>
⑤중소기업청장은 기술혁신지원계획의 효율적인 수립·시행을 위하여 필요하다고 인정하는 경우에는 다음 각호의 사항이 포함된 시행지침을 정하여 이를 시행기관의 장에게 통보할 수 있다. <개정 2009.7.27., 2013.12.30.>
1. 기술혁신지원사업의 시행방법·시행절차 및 우대지원 등에 관한 사항
2. 기술혁신지원사업의 지원비율·지원한도 및 기술료의 징수 등에 관한 사항
3. 그밖에 중소기업청장이 기술혁신지원계획의 효율적인 수립 및 시행을 위하여 필요하다고 인정하는 사항
⑥중소기업청장은 시행지침을 정하거나 이를 변경하고자 하는 경우에는 기술혁신추진위원회의 심의를 거쳐야 한다. <개정 2009.7.27., 2013.12.30.>
⑦ 법 제13조제4항에서 "대통령령으로 정하는 기한"이란 1월 31일을 말한다. <신설 2009.7.27., 2013.12.30.>
[제목개정 2013.12.30.]

제12조(중소기업기술혁신지원단의 구성 등) ① 법 제13조의2제1항에 따른 중소기업기술혁신지원단(이하 "지원단"이라 한다)은 단장을 포함하여 6명 이상으로 구성한다.

② 단장은 중소기업청의 고위공무원단 소속 공무원 또는 3급 이상 공무원으로 하고, 단원은 중소기업청·시행기관 또는 기술진흥전문기관의 소속 공무원 또는 임직원으로 한다.

③ 단장 및 단원은 겸직으로 또는 파견을 받아 근무하도록 할 수 있으며, 파견근무 기간은 특별한 사유가 없으면 1년으로 한다.

④ 제1항부터 제3항까지에서 규정한 사항 외에 지원단의 구성·운영에 필요한 사항은 중소기업청장이 정하여 고시한다.

[전문개정 2009.7.27.]

제13조(기술혁신형 중소기업 및 경영혁신형 중소기업의 선정 등) ① 중소기업청장은 법 제15조제1항에 따른 기술혁신형 중소기업(이하 "기술혁신형 중소기업"이라 한다) 또는 법 제15조의2제1항에 따른 경영혁신형 중소기업(이하 "경영혁신형 중소기업"이라 한다)을 선정하려면 그 선정절차와 다음 각 호의 구분에 따른 평가기준을 정하여 공고하여야 한다.

1. 기술혁신형 중소기업의 경우에는 기술혁신성과 및 기술사업화 능력 등에 관한 사항

2. 경영혁신형 중소기업의 경우에는 경영혁신활동 및 경영혁신성과 등에 관한 사항

② 중소기업청장은 제1항제1호 또는 제2호의 평가기준에 따라 기업에 대한 평가를 실시하고, 그 평가결과가 우수한 기업을 각각 기술혁신형 중소기업 또는 경영혁신형 중소기업으로 선정하여야 한다.

③ 중소기업청장은 제2항에 따라 기술혁신형 중소기업 또는 경영혁신형 중소기업으로 선정된 기업에 대하여 각각 기술혁신촉진지원사업 또는 법 제15조의2제1항에 따른 경영혁신형 중소기업 발굴·육성사업을 추진하는 경우에는 우선적으로 지원할 수 있다.

[전문개정 2008.1.3.]

제14조(수행기관의 선정 등) ①법 제17조제4항의 규정에 의하여 중소기업청장은 다음 각 호의 요건을 갖춘 기관으로 하여금 동조제1항제1호의 규정에 의한 해외규격획득지원사업을 하게 할 수 있다. <개정 2006.12.21.>

1. 해외규격획득 상담에 필요한 전문 인력을 2인 이상 보유할 것

2. 최근 2년 이내에 5건 이상의 해외 규격획득 지원실적이 있을 것

②법 제17조제4항에 따라 중소기업청장은 다음 각 호의 어느 하나의 기관 또는 단체에 같은 조 제1항제2호 및 제3호에 따른 해외규격획득지원사업과 같은 조 제2항에 따른 품질향상사업을 하도록 할 수 있다. <개정 2006.2.28., 2006.10.27., 2006.12.21., 2008.1.3.>

1. 법 제20조제1항에 따른 중소기업 기술정보진흥원

2. 제5조제1항 각호의 법인 또는 단체

3. 「상공회의소법」에 의하여 설립된 대한상공회의소

4. 「산업표준화법」 제32조에 따른 한국표준협회

5. 「산업기술혁신 촉진법」 제41조에 따른 한국산업기술시험원

③제1항 및 제2항의 규정에 의한 해외규격획득지원사업 및 품질향상사업의 추진방법·지원절차 등에 관하여 필요한 세부사항은 중소기업청장이 이를 정하여 고시한다.

제14조의2(품질인증의 신청) 법 제17조의2제2항의 규정에 따라 품질인증을 받고자 하는 중소기업은 품질인증

신청서에 제품의 품질 불량률에 관한 현황을 첨부하여 중소기업청장에게 제출하여야 한다.

[본조신설 2006.2.28.]

제14조의3(품질인증의 기준) ①법 제17조의2제3항의 규정에 따른 품질인증의 기준은 다음 각 호와 같다.
1. 제품의 품질 향상을 위한 경영전략·품질관리체제 등을 갖추고 있을 것
2. 제품의 품질 불량률이 1백만분의 1천 이하일 것

②제1항 각 호의 규정에 따른 품질인증의 세부기준은 중소기업청장이 정하여 고시한다.

[본조신설 2006.2.28.]

제14조의4(품질인증업무 수행기관의 지정) ①중소기업청장은 법 제17조의2제3항의 규정에 따른 공장심사와 관련된 업무를 전문적으로 수행하도록 하기 위하여 제14조제2항 각 호에 규정된 기관 중 다음 각 호의 요건을 모두 갖춘 자를 품질인증업무 수행기관으로 지정할 수 있다.
1. 품질인증업무를 수행할 전담조직을 갖추고 있을 것
2. 품질인증업무를 담당할 전담인력을 갖추고 있을 것

②제1항 각 호의 규정에 따른 품질인증업무 수행기관 지정의 세부기준은 중소기업청장이 정하여 고시한다.

③중소기업청장은 제1항의 규정에 따라 품질인증업무 수행기관을 지정한 때에는 이를 고시하여야 한다.

[본조신설 2006.2.28.]

제14조의5(품질인증서의 교부 등) ① 중소기업청장은 품질인증을 신청한 중소기업이 제14조의3의 규정에 따른 품질인증의 기준에 적합하다고 인정하는 경우에는 품질인증서를 교부하여야 한다.

②제1항의 규정에 따라 품질인증서를 교부받은 중소기업은 당해 제품에 별표 1의 품질인증마크를 부착하거나 이를 홍보할 수 있다. <개정 2009.7.27.>

[본조신설 2006.2.28.]

제14조의6(품질인증의 유효기간) 법 제17조의2제3항의 규정에 따른 품질인증의 유효기간은 품질인증을 받은 날부터 3년으로 한다.

[본조신설 2006.2.28.]

제14조의7(품질인증비용의 징수) ①법 제17조의2제5항의 규정에 따라 품질인증과 관련하여 징수할 수 있는 비용은 다음 각 호와 같다.
1. 공장심사 업무에 소요되는 인건비
2. 공장심사를 위한 출장에 소요되는 경비

②제1항의 규정에 따른 품질인증비용에 관하여 필요한 세부사항은 중소기업청장이 정하여 고시한다.

[본조신설 2006.2.28.]

제15조(전담기관의 지정 등) ①중소기업청장은 법 제19조제2항의 규정에 의하여 다음 각 호의 어느 하나의 법인 또는 단체를 법 제19조제1항의 규정에 의한 통합정보화경영체제지원사업의 전담기관(이하 "전담기관"이라 한다)으로 지정할 수 있다. <개정 2006.2.28., 2007.9.10., 2009.7.27.>
1. 「과학기술분야 정부출연연구기관 등의 설립·운영 및 육성에 관한 법률」에 의하여 설립된 연구기관
2. 법 제20조제1항의 규정에 의한 중소기업기술정보진흥원
3. 「중소기업진흥에 관한 법률」 제68조에 따른 중소기업진흥공단
4. 삭제 <2006.12.21.>

②제1항의 규정에 의한 통합정보화경

영체제지원사업의 추진방법 및 전담기관의 업무수행범위 등에 관하여 필요한 세부사항은 중소기업청장이 이를 정하여 고시한다.

제15조의2(기술혁신 성과물 보호를 위한 지원 사업)

① 중소기업청장은 법 제19조의2제1항에 따라 다음 각 호의 지원 사업을 추진할 수 있다.

1. 기술혁신 성과물의 유출 실태조사
2. 기술혁신 성과물의 보호를 위한 상담·컨설팅
3. 「대·중소기업 상생협력 촉진에 관한 법률」 제24조의2에 따른 기술자료 임치(任置) 지원
4. 「정보통신망 이용촉진 및 정보보호 등에 관한 법률」 제2조제1항제1호에 따른 정보통신망에 의한 기술혁신 성과물의 유출 방지 및 대응
5. 기술혁신 성과물의 유출 방지를 위한 시스템의 구축
6. 그 밖에 중소기업청장이 중소기업 기술혁신 성과물의 보호를 위하여 필요하다고 인정하는 사업

② 제1항 각 호의 사업에 참여하여 관련 비용을 출연 또는 보조받으려는 대학·연구기관·공공기관·민간단체 및 중소기업 등(이하 이 조에서 "대학등"이라 한다)은 다음 각 호의 사항이 포함된 사업계획서를 작성하여 중소기업청장에게 제출하여야 한다.

1. 사업의 목적 및 내용
2. 사업의 필요성 및 효과
3. 사업 추진 역량
4. 그 밖에 중소기업청장이 필요하다고 인정하여 고시하는 사항

③ 중소기업청장은 제2항 각 호에 따른 사항 및 관련 외부전문가의 의견을 고려하여 출연 또는 보조 대상을 선정한다.

④ 제3항에 따라 출연 또는 보조 대상으로 선정된 대학등은 사업 완료 후 2개월 이내에 그 결과와 지출 내역을 중소기업청장에게 보고하여야 한다.

⑤ 제3항에 따른 출연 또는 보조 대상의 선정 방법, 절차 및 기준과 그 밖에 사업 추진을 위하여 필요한 사항은 중소기업청장이 정하여 고시한다.

[본조신설 2013.6.11.]

제16조(기술인력양성기관의 선정 등)

① 법 제21조제3항의 규정에 의한 기술인력양성사업을 추진하는 기관의 선정기준은 다음 각호와 같다.

1. 기술인력양성사업의 사업계획이 목표가 명확하고 실현 가능성이 있을 것
2. 기술인력양성사업에 필요한 시설 및 전문인력을 확보할 것

② 중소기업청장은 기술인력양성기관을 선정한 때에는 당해 기관과 기술인력양성사업의 실시에 관한 협약을 체결하여야 한다.

제17조(시험·분석지원기관 등)

① 법 제25조제1항의 규정에 의하여 중소기업청장은 중소기업에 다음 각호의 지원을 할 수 있다. <개정 2002.9.11., 2007.3.22.>

1. 지방중소기업청이 보유한 시험·분석설비의 이용
2. 공공기관·연구기관·대학 등이 보유한 시험·분석설비의 이용알선
3. 제1호 및 제2호의 규정에 의한 지원기관이 보유한 시험·분석설비에 대한 정보의 제공

② 중소기업청장은 제1항의 규정에 의한 시험·분석설비의 이용방법 및 절차 등에 관하여 필요한 사항을 정하여 고시할 수 있다.

제18조(기술료의 징수 등)

① 중소기업청장은 법 제28조제1항에 따라 사업자로부터 기술료를 징수하는 경우에

는 협약으로 정하는 바에 따라 5년
이내의 기간 동안 분할하여 납부하게
할 수 있다.

② 법 제28조제3항에서 "제10조제1
항에 따른 기술혁신사업이나 제11조
제1항에 따른 산학협력 지원사업의
성과로 나온 지식재산권이 해당 중
소기업에게 귀속되지 아니하는 경우
등 대통령령으로 정하는 사유"란 다
음 각 호의 경우를 말한다.

1. 법 제10조제1항에 따른 기술혁신
   사업의 성과로 나온 지식재산권이
   해당 중소기업에 귀속되지 아니하
   는 경우
2. 법 제10조에 따른 기술혁신사업이
   나 제11조에 따른 산학협력 지원사
   업으로서 연구기반 구축 또는 기술
   인력 양성을 목적으로 하는 경우
3. 법 제11조에 따른 산학협력 지원
   사업의 성과로 나온 지식재산권이
   해당 중소기업에 귀속되지 아니하
   는 경우
4. 법 제11조에 따라 학교·기관 또
   는 단체가 중소기업자와 공동으로
   수행하는 산학협력 지원사업으로
   서 주관기관(기술개발사업 과제를
   주관하여 수행하는 기관·단체 또
   는 기업을 말한다)이 해당 중소기
   업이 아닌 경우
5. 부도, 폐업, 법정관리 또는 이에
   준하는 상황이 발생하여 기술료
   납부가 사실상 불가능한 경우
6. 그 밖에 중소기업청장이 중소기업
   의 기술혁신을 촉진하기 위하여
   기술료 면제가 필요하다고 인정하
   는 경우

③ 법 제28조제4항에서 "기술료를
일시에 납부하거나 조기에 상환하는
경우 등 대통령령으로 정하는 사유"
란 다음 각 호의 경우를 말한다.

1. 기술료를 일시에 납부하거나 조기
   에 상환하는 경우
2. 기술료를 분할하여 납부하기 위하여

지급이행보증증권을 제출하는 경우
3. 그 밖에 중소기업청장이 기술개발의
   장려, 촉진 등을 위하여 기술료 감
   면이 필요하다고 인정하는 경우

④ 제1항부터 제3항까지에서 규정한
사항 외에 기술료의 징수방법, 징수
기준 및 절차 등에 관하여 필요한
세부사항은 중소기업청장이 정하여
고시한다.

[전문개정 2009.7.27.]

제19조(권한의 위탁) ① 중소기업청장은
법 제29조제1항에 따라 다음 각 호의
업무에 관한 권한을 기술진흥전문기관
의 장에게 위탁한다. <개정 2009.7.27.>

1. 법 제28조제1항에 따른 기술료의 징수
2. 법 제31조제1항에 따른 기술혁신
   촉진지원사업에 대한 참여 제한
3. 법 제32조제1항에 따른 출연금의 환수

②중소기업청장은 법 제29조제2항의
규정에 따라 다음 각 호의 업무를
제14조의4제1항의 규정에 따른 품
질인증업무 수행기관에 위탁한다.
<신설 2006.2.28.>

1. 법 제17조의2제2항의 규정에 따
   른 품질인증 신청의 접수
2. 법 제17조의2제3항의 규정에 따
   른 공장에 대한 심사
3. 법 제17조의2제5항의 규정에 따른
   품질인증과 관련한 비용의 징수

제20조(기술혁신촉진지원사업에   대한
참여제한 기간 등) ① 법 제31조제1
항제9호에서 "대통령령으로 정하는
경우"란 다음 각 호의 어느 하나에
해당하는 경우로서 법 제31조제1항
제9호에 따른 해당 사업을 수행하는
자가 협약서의 의무사항을 이행하도
록 시정을 요구받고도 정당한 사유
없이 이에 따르지 아니한 경우를 말
한다. <신설 2013.6.11.>

1. 사업비 사용실적 보고서를 제출하
   지 아니하는 경우

2. 사업비 정산금이나 환수명령을 받은 출연금을 납부하지 아니하는 경우
3. 협약에서 부담하기로 한 부담금을 부담하지 아니하는 경우

② 법 제31조에 따라 중소기업청장이 기술혁신촉진지원사업에 대한 참여를 제한하는 경우 그 사유별 참여제한 기간은 별표 2와 같다. <개정 2013.6.11.>

③ 중소기업청장은 제2항에 따른 참여제한을 결정한 경우에는 관계 중앙행정기관의 장에게 그 사실을 알려야 한다. <개정 2013.6.11.>

④ 제2항 및 제3항에서 규정한 것 외에 참여제한에 관한 세부기준 및 절차 등에 관한 사항은 중소기업청장이 정하여 고시한다. <개정 2013.6.11.>

[본조신설 2009.7.27.]

■판례 － 정부출연금환수및기술혁신촉진지원사업참여제한처분취소

【판시사항】
구 중소기업기술혁신 촉진법 시행령 제20조 및 제21조 [별표 2] 제1호 (가)목, (다)목에서 정한 기술혁신 촉진 지원사업의 참여제한 및 출연금 환수의 제재사유 중 '연구개발과정의 불성실 수행 여부'와 '연구결과의 극히 불량 여부'는 별도로 판단하여야 하는지 여부(적극) 및 연구결과가 극히 불량하다는 점이 인정되는 경우 연구개발과정의 불성실 수행이 추정되는지 여부(소극) / '연구개발과정의 불성실 수행 여부'를 판단하는 기준

【판결요지】
기술혁신 촉진 지원사업의 참여제한 및 출연금 환수에 관한 구 중소기업 기술혁신 촉진법(2012. 12. 11. 법률 제11538호로 개정되기 전의 것) 제31조 및 제32조, 구 중소기업 기술혁신 촉진법 시행령(2013. 6. 11. 대통령령 제24586호로 개정되기 전의 것) 제20조 및 제21조 [별표 2] 제1호 (가)목, (다)목의 규정 체계 및 내용, 불성실 연구수행 등에 대하여 제재를 가하도록 하는 규정을 둔 취지와 아울러 위 시행령 조항이 연구결과가 극히 불량한 경우에도 연구개발과정 수행의 성실 여부에 따라 제재의 정도에 차이를 두고 있는 점 등을 고려할 때, 위 시행령 조항의 제재사유 중 '연구개발과정의 불성실 수행 여부'와 '연구결과의 극히 불량 여부'는 별도로 판단하여야 하고, 연구결과가 극히 불량하다는 점이 인정된다고 하여 연구개발과정의 불성실 수행이 추정되는 것은 아니다. 나아가 위 시행령 조항에서 정한 '연구개발과정의 불성실 수행 여부'는 연구개발사업의 전제가 된 사업계획서의 내용, 사업추진의 구체적 경과, 사업의 기초가 된 협약의 위반 여부 등 제반 사정을 종합적으로 고려하여 사회통념에 따라 합리적으로 판단하여야 한다. 이때 연구개발과정이 여러 진행단계를 거쳐 순차적으로 이루어지는 경우에는 전체적인 연구개발의 진행 과정과 각 진행단계 간의 연계성 등을 고려하여야 한다.
[대법원, 2014두47969, 2015.4.23]

제20조의2(연구개발 결과의 평가기준 등) ① 법 제31조제4항에 따른 연구개발 결과의 평가기준은 다음 각 호와 같다.
1. 연구개발의 과정 및 방법의 적절성
2. 목표 달성도 및 결과의 활용 가능성
3. 그 밖에 법 제10조제1항에 따른 기술혁신사업 및 법 제11조제1항에 따른 산학협력 지원사업을 성공적으로 수행하기 위하여 중소기업청장이 필요하다고 인정하여 고시하는 사항

② 중소기업청장은 법 제10조제1항에 따른 기술혁신사업 및 법 제11조제1항에 따른 산학협력 지원사업을 수행하는 자로 하여금 연구개발 결과에 대한 보고서를 사업이 끝난 날부터 2개월 이내에 중소기업청장에게 제출하게 할 수 있다.

③ 중소기업청장은 법 제10조제1항에 따른 기술혁신사업 및 법 제11조제1항에 따른 산학협력 지원사업의 연구개발에 대한 평가 결과를 해당 사업을 수행하는 자에게 통보하여야 한다.

④ 제1항부터 제3항까지에서 규정한 사항 외에 연구개발 결과에 대한 평가에 필요한 세부사항은 중소기업청장이 정하여 고시한다.

[본조신설 2013.6.11.]

제20조의3(제재부가금 부과기준 등) 법 제31조제2항에 따른 제재부가금

(이하 "제재부가금"이라 한다)의 부과기준은 별표 3과 같다.
[본조신설 2013.6.11.]

제20조의4(제재부가금의 부과 및 납부) ① 중소기업청장은 법 제31조제2항에 따라 제재부가금을 부과하는 경우에는 위반행위의 종류와 제재부가금의 금액 등을 밝혀 이를 납부할 것을 서면으로 알려야 한다.
② 제1항에 따른 통지를 받은 자는 통지를 받은 날부터 30일 이내에 중소기업청장이 정하는 수납기관에 제재부가금을 납부하여야 한다. 다만, 천재지변이나 전시 또는 사변 등 부득이한 사유로 그 기간 내에 제재부가금을 납부할 수 없는 경우에는 그 사유가 없어진 날부터 7일 이내에 납부하여야 한다.
③ 제2항에 따라 제재부가금을 받은 수납기관은 제재부가금을 납부한 자에게 영수증을 발급하고, 제재부가금을 받은 사실을 지체 없이 중소기업청장에게 통보하여야 한다.
[본조신설 2013.6.11.]

제21조(출연금의 환수기준 및 절차 등) ① 법 제32조에 따라 중소기업청장이 이미 출연한 사업비를 환수할 수 있는 사유와 환수금액의 범위는 별표 2와 같다. 다만, 중소기업청장은 연구개발을 성실하게 수행한 사실이 인정되는 경우 등에는 환수금액을 감액하거나 환수하지 아니할 수 있다.
<개정 2013.12.30.>
② 제1항에서 규정한 것 외에 출연금 환수에 관한 세부기준 및 절차 등은 중소기업청장이 정하여 고시한다.
[본조신설 2009.7.27.]

제22조(고유식별정보의 처리) 중소기업청장(법 제29조에 따라 중소기업청장의 사무를 위탁받은 자를 포함한다)은 다음 각 호의 사무를 수행하기 위하여 불가피한 경우 「개인정보 보호법 시행령」 제19조제1호 또는 제4호에 따른 주민등록번호 또는 외국인등록번호가 포함된 자료를 처리할 수 있다.
1. 법 제9조에 따른 중소기업의 기술혁신 촉진 지원사업에 관한 사무
2. 법 제17조의3에 따른 중소기업의 생산환경 개선 및 생산성 향상을 위한 지원에 관한 사무
3. 법 제21조에 따른 중소기업 기술인력 양성에 관한 사무
4. 법 제25조의2에 따른 연구시설·장비의 공동 활용 지원에 관한 사무
5. 법 제28조에 따른 기술료의 징수 및 사용에 관한 사무
6. 법 제31조에 따른 기술혁신 촉진 지원사업에의 참여 제한 등에 관한 사무
7. 법 제32조에 따른 출연금의 환수에 관한 사무
[본조신설 2013.1.16.]

부칙
<제24586호, 2013.6.11.>

제1조(시행일) 이 영은 2013년 6월 12일부터 시행한다.

제2조(기술혁신 촉진 지원사업 참여제한 및 출연금 환수에 관한 경과조치) 이 영 시행 전의 위반행위로 인한 법 제31조제1항 및 제32조제1항에 따른 기술혁신 촉진 지원사업에의 참여제한 및 출연금의 환수에 대해서는 별표 2의 개정규정에도 불구하고 종전의 규정에 따른다.

부칙
<제25043호, 2013.12.30.>

제1조(시행일) 이 영은 2014년 1월 1일부터 시행한다.

· **제2조**(출연금 환수범위의 변경에 관한 경과조치) 이 영 시행 전에 발생한 참여제한 사유로 인한 출연금의 환수범위에 대해서는 별표 2의 개정규정에도 불구하고 종전의 규정에 따른다.

제3조(다른 법령의 개정) 중소기업청과 그 소속기관 직제 일부를 다음과 같이 개정한다.
제14조제3항제2호 중 "기술혁신지원계획"을 "기술혁신 지원계획"으로 한다.

부칙
<제25927호, 2014.12.30.>

제1조(시행일) 이 영은 2015년 1월 1일부터 시행한다.

제2조(품질인증마크에 관한 경과조치) 이 영 시행 전에 제14조의5제1항에 따라 품질인증서를 교부받은 중소기업이 같은 조 제2항에 따라 부착한 종전의 별표 1에 따른 품질인증마크는 별표 1의 개정규정에 따른 품질인증마크로 본다.

[별표 1] 품질인증마크(제14조의5제2항 관련) <개정 2014.12.30.>

품질인증마크(제14조의5제2항 관련)

1. 이 마크는 사람이 머리 위로 원을 그리고 있는 모습을 형상화한 것으로 제품의 품질 불량률이 획기적으로 감소하였음을 의미한다.
2. 왼쪽의 태극 형태는 연두색으로 하고, 오른쪽 두 개의 형태는 파란색으로 한다.
3. 왼쪽의 태극 형태는 공정한 국가를 의미하며, 오른쪽 두 개의 형태는 중소기업을 의미한다.

[별표 2] 참여제한 사유별 제한기간 및 출연금 환수범위(제20조제2항 및 제21조제1항 관련)

참여제한 사유별 제한기간 및 출연금 환수범위

(제20조제2항 및 제21조제1항 관련)

참여제한 사유	제한 기간	출연금 환수 범위	근거 법조문
1. 연구개발의 결과가 극히 불량하여 중소기업청장이 실시하는 평가에 따라 실패한 사업 또는 중단 사업으로 결정된 경우			법 제31조 제1항 제1호
가. 연구개발과정을 불성실하게 수행하여 그 결과가 극히 불량한 경우	3년	전액	
나. 연구개발과제를 관리할 책임이 있는 자가 이를 게을리하여 그 결과가 극히 불량한 경우	1년	환수하지 않음	
다. 부도나 폐업으로 인하여 연구개발의 결과가 극히 불량한 경우	1년	전액 이내	
2. 정당한 절차 없이 연구개발 내용을 누설하거나 유출한 경우			법 제31조 제1항 제2호
가. 국내에 누설하거나 유출한 경우	2년	전액	
나. 국외에 누설하거나 유출한 경우	5년	전액	
다. 그 밖에 보안관리, 비밀 준수 등의 의무를 위반한 경우	1년	환수하지 않음	
3. 정당한 사유 없이 연구개발 과제의 수행을 포기하면서 출연금을 반납하지 않는 경우	3년	전액	법 제31조 제1항 제3호
4. 출연금을 사용용도 외의 용도에 사용하였거나 사용명세를 거짓으로 보고한 경우			법 제31조 제1항 제4호
가. 출연금을 횡령, 편취 또는 유용한 경우	5년 이내	해당금액	
나. 사업비 사용실적을 거짓으로 작성한 경우	3년	전액	
5. 정당한 사유 없이 연구개발 결과물인 지식재산권을 소속 임직원 또는 소속 외의 연구책임자·연구원의 명의로 출원하거나 등록한 경우	1년	환수하지 않음	법 제31조 제1항 제5호
6. 연구개발 자료나 결과를 위조 또는 변조하거나 표절하는 등의 연구부정행위를 한 경우			법 제31조 제1항 제6호
가. 연구과제 수행 관련 자료·결과 등을 위조·변조 또는 표절하거나 논문의 저자를 부당하게 표시하는 경우	3년	전액	
나. 연구개발 진도보고서, 최종보고서 또는 사업비 사용실적보고서를 거짓으로 작성한 경우 (정당한 사유 없이 연구개발 진도보고서 또는 최종보고서를 제출하지 않는 경우를 포함한다)	3년	전액	

다. 외부 압력, 중복 수행, 기(旣) 개발품 신청, 청탁 등 부정한 방법을 사용하여 과제 수행 기관으로 선정된 경우	3년	전액	
라. 투자연계 과제를 추진하면서 연구개발을 주관하거나 참여하고 있는 기관, 단체, 기업 또는 투자기관이 담보제공을 조건으로 투자계약을 체결하는 등 협약을 위반하여 부정행위를 한 경우	3년 이내	전액 이내	
마. 연구개발성과 활용현황보고서를 제출하지 않는 등 정당한 사유 없이 협약에서 정한 의무를 게을리한 경우	1년	환수하지 않음	
7. 정당한 사유 없이 기술료를 납부하지 않거나 납부를 게을리한 경우			법 제31조 제1항 제7호
가. 정당한 사유 없이 기술료를 납부하지 않는 경우	2년 이내	해당금액	
나. 정당한 사유 없이 기술료 납부계획서를 제출하지 않는 경우로서 기술료 납부를 게을리한 경우	2년	해당금액	
다. 부도·폐업·파산 또는 이에 준하는 사유로 기술료를 납부하지 않는 경우	1년	해당금액	
8. 거짓이나 그 밖의 부정한 방법으로 연구개발에 참여하거나 수행한 경우	3년 이내	전액 이내	법 제31조 제1항 제8호
9. 그 밖에 법 제10조제1항에 따른 기술혁신사업 및 법 제11조제1항에 따른 산학협력 지원사업에 관하여 중소기업청장이 해당 사업을 수행하는 자와 체결한 협약을 위반한 경우로서 다음 각 목의 어느 하나에 해당하는 경우			법 제31조 제1항 제9호
가. 사업비 사용실적 보고서를 제출하지 않는 경우	3년	전액	제20조 제1항 제1호
나. 정당한 사유 없이 사업비 정산금이나 환수명령을 받은 출연금을 납부하지 않는 경우	2년 이내	해당금액	제20조 제1항 제2호
다. 부도·폐업·파산 또는 이에 준하는 사유로 사업비 정산금이나 환수명령을 받은 출연금을 납부하지 않는 경우	1년	해당금액	제20조 제1항 제2호
라. 협약에서 부담하기로 한 부담금을 부담하지 않는 경우	1년	전액	제20조 제1항 제3호

비고: 둘 이상의 참여제한 사유에 해당하는 경우에는 각 참여제한 기간을 합산하되, 합산한 기간은 5년을 초과할 수 없다.

[별표 3] 제재부가금의 부과기준(제20조의3 관련)

제재부가금의 부과기준(제20조의3 관련)

1. 제재부가금은 출연금 중 연구용도 외로 사용한 금액에 다음 표에서 정하는 제재부가금 부과율을 곱하여 산정한다.

연구용도 외로 사용한 금액	제재부가금 부과율
5천만원 미만	20%
5천만원 이상 1억원 미만	30%
1억원 이상 3억원 미만	40%
3억원 이상 5억원 미만	50%
5억원 이상	60%

2. 부과권자는 제재부가금 부과대상자가 다음 각 목의 어느 하나에 해당하는 경우에는 제1호에 따라 산정된 제재부가금의 2분의 1의 범위에서 그 금액을 가중할 수 있다.

   가. 제재부가금 부과대상자가 법 제9조제1항에 따른 기술혁신 촉진 지원사업과 관련하여 최근 5년 이내에 참여제한, 출연금 환수 또는 제재부가금 부과 조치를 받은 경우

   나. 출연금을 연구용도 외의 용도로 사용한 것을 본래의 용도로 사용한 것으로 조작하기 위하여 출연금의 사용실적 보고서 등을 위조·변조하거나 고의적으로 은폐·조작 등의 행위를 하는 경우

   다. 출연금의 상당 부분을 연구용도 외의 용도로 사용한 경우

   라. 그 밖에 연구용도 외로 사용한 동기, 방법 및 그 결과 등을 고려하여 제재부가금을 가중할 필요가 있다고 인정되는 경우

3. 부과권자는 제재부가금 부과대상자가 다음 각 목의 어느 하나에 해당하는 경우에는 제1호에 따라 산정된 제재부가금의 2분의 1의 범위에서 그 금액을 감경할 수 있다.

   가. 연구용도 외로 사용한 행위가 사소한 부주의나 오류 등 과실로 인한 것으로 인정되는 경우로서 연구용도 외로 사용한 금액이 경미한 경우

   나. 법 제9조제1항에 따른 기술혁신 촉진 지원사업의 평가 결과가 우수한 것으로 판정된 경우

   다. 위반행위를 한 자가 조사 과정에 성실하게 협조하고, 연구용도 외로 사용한 금액을 자발적으로 반납한 경우

   라. 그 밖에 연구용도 외로 사용한 동기, 방법 및 그 결과 등을 고려하여 제재부가금을 감경할 필요가 있다고 인정되는 경우

중소기업 기술혁신 촉진법 시행규칙

[시행 2015.1.29.]
[산업통상자원부령 제116호, 2015.1.29., 일부개정]

제1조(목적) 이 규칙은 「중소기업 기술혁신 촉진법」 및 같은 법 시행령에서 위임된 사항과 그 시행에 관하여 필요한 사항을 규정함을 목적으로 한다. <개정 2006.2.28., 2012.11.30.>

제2조(기술혁신성과의 사업화 지원 등) ①「중소기업 기술혁신 촉진법」(이하 "법"이라 한다) 제14조제1항에 따라 기술혁신성과 등의 사업화에 대한 지원을 받고자 하는 자는 기술혁신성과의 내용, 사업화계획, 지원요청 내용 그밖에 지원에 관하여 필요한 사항이 포함된 지원신청서를 중소기업청장에게 제출하여야 한다. <개정 2006.2.28., 2012.11.30.>
②제1항의 규정에 의한 기술혁신성과 등의 사업화에 대한 구체적인 지원의 방법 및 절차 등에 관하여 필요한 사항은 중소기업청장이 이를 정하여 고시한다.

제2조의2(품질인증의 신청 등) ①「중소기업기술혁신 촉진법 시행령」(이하 "영"이라 한다) 제14조의2의 규정에 따라 품질인증을 신청하고자 하는 중소기업은 별지 제1호서식의 품질인증신청서에 제품의 품질 불량률에 관한 현황을 첨부하여 영 제14조의4의 규정에 따라 지정된 품질인증업무 수행기관(이하 "품질인증업무수행기관"이라 한다)의 장에게 제출하여야 한다.
②품질인증업무 수행기관의 장은 제1항의 규정에 따라 품질인증신청서를 받은 때에는 영 제14조의3의 규정에 따른 품질인증의 기준에 따라 당해 중소기업의 공장에 대한 심사를 실시하고, 그 심사결과를 지체 없이 중소기업청장에게 제출하여야 한다.
③영 제14조의5제1항의 규정에 따른 품질인증서는 별지 제2호서식과 같다.
[본조신설 2006.2.28.]

제2조의3(중소기업 기술혁신 관련 홍보) ①중소기업청장은 법 제23조제1항에 따른 중소기업 기술혁신 관련 홍보사업을 효율적으로 수행하기 위하여 매년 중소기업 기술혁신에 관한 홍보사업계획을 수립하고 이를 시행하여야 한다.
②중소기업청장은 제1항에 따른 홍보사업계획을 수립·시행하기 위하여 필요한 때에는 공청회, 설명회 또는 세미나 등을 개최할 수 있다.
③중소기업 기술혁신 관련 홍보사업의 방법·절차 등에 관하여 그 밖에 필요한 사항은 중소기업청장이 정하여 공고한다.
[본조신설 2006.12.21.]

제3조(기술연구회의 구성 및 등록요건) ①법 제24조제1항에 따른 중소기업 기술연구회(이하 "기술연구회"라 한다)는 해당 기술연구회를 대표하고 업무를 총괄하는 자(이하 "대표회원"이라 한다)와 일반회원으로 구성한다. <개정 2012.11.30.>
②기술연구회는 다음 각호의 요건을 갖추어야 한다.
1. 회원수가 3인 이상일 것
2. 출자금 총액이 1억원 이상일 것
3. 존속기간이 3년 미만일 것
4. 기술연구회 사업의 공동연구 목적에 부합하는 기술개발계획과 규약이 정해져 있을 것
③중소기업청장은 기술연구회의 효율적인 운영 및 회원들의 권익보호를

위하여 기술연구회 표준규약을 정할 수 있다.

제4조(기술연구회의 등록절차) ①법 제24조제2항의 규정에 의하여 기술연구회를 구성하고자 하는 자는 다음 각호의 사항이 기재된 기술연구회구성계획서를 미리 중소기업청장에게 제출하여야 한다.

1. 공동연구개발계획
2. 출자금 총액, 출자 1좌의 금액, 출자의 시기 및 방법
3. 자산 및 연구성과의 배분계획

②제1항의 규정에 의한 구성계획에 따라 구성을 완료한 기술연구회의 대표회원은 별지 제3호서식의 등록신청서에 다음 각 호의 서류를 첨부하여 중소기업청장에게 제출하여야 한다. 〈개정 2006.2.28.〉

1. 공동연구개발계획서
2. 기술연구회의 규약
3. 회원 명부
4. 회원의 출자금액 및 출자이행을 증명하는 서류

③중소기업청장은 제2항의 규정에 의하여 등록을 신청한 자가 제3조제2항의 등록요건에 적합한 때에는 신청인에게 별지 제4호서식의 등록증을 교부하여야 한다. 〈개정 2006.2.28.〉

④기술연구회의 대표회원은 등록을 한 내용에 변경이 있는 때에는 7일 이내에 별지 제3호서식의 변경등록신청서에 변경사항을 증명하는 서류를 첨부하여 중소기업청장에게 제출하여야 한다. 〈개정 2012.11.30.〉

제5조(등록원부의 비치 등) ①중소기업청장은 제4조제3항의 규정에 의하여 기술연구회의 등록을 하는 때에는 다음 각호의 사항이 기재된 등록원부를 비치하고 이를 관리하여야 한다.

1. 기술연구회의 명칭 및 사무소의 소재지

2. 대표회원의 명칭 및 사무소의 소재지
3. 회원별 출자금액 및 출자좌수
4. 기술연구회의 존속기간

②제1항의 규정에 의한 등록원부는 별지 제5호서식에 의한다. 이 경우 등록원부는 자기디스크 등으로 작성하여 보관할 수 있다. 〈개정 2006.2.28.〉

제6조(기술연구회의 운영 등) ①기술연구회의 대표회원은 매 사업연도 경과 후 3월 이내에 기술연구회의 당해 사업연도의 결산서에 공인회계사의 감사의견서를 첨부하여 중소기업청장에게 제출하여야 한다.

②기술연구회에 대한 지원의 방법 및 절차 등에 관하여 필요한 사항은 중소기업청장이 이를 정하여 고시한다.

제7조(기술연구회의 해산) 기술연구회는 다음 각호의 1에 해당하는 사유가 있는 때에는 해산한다.

1. 존속기간의 만료
2. 기술연구회의 구성목적이 달성되었다고 회원 전원이 동의하는 경우
3. 회원간의 이해상충 또는 불성실한 사업수행으로 공동연구개발이 중단되는 등의 사유가 발생하여 기술연구회의 구성목적을 달성할 수 없다고 중소기업청장이 인정하는 경우로서 회원 총수의 과반수의 동의를 얻은 경우

제8조(기술혁신 소그룹의 지원신청 등) ①법 제24조의2제1항에 따라 기술혁신 소그룹의 결성·운영에 필요한 지원을 받고자 하는 중소기업은 별지 제6호서식의 중소기업 기술혁신 소그룹 지원신청서에 다음 각 호의 서류를 첨부하여 중소기업청장에게 제출하여야 한다. 〈개정 2012.11.30.〉

1. 기술혁신 소그룹 활동계획서
2. 기술혁신 소그룹 구성원과 중소기

업 대표자의 인적사항(성명·생년월일·경력 등을 말한다)

②중소기업청장은 제1항의 규정에 따라 중소기업 기술혁신 소그룹 지원신청서를 받은 때에는 다음 각 호의 사항을 검토하고 지원대상 중소기업을 선정하여야 한다.

1. 기술혁신 소그룹의 활동여건
2. 기술혁신 소그룹 활동계획의 타당성
3. 기술혁신 소그룹 구성원과 중소기업 대표자의 전문성 및 기술혁신 가능성

③중소기업청장은 제2항의 규정에 따라 선정된 중소기업에 대하여 관련 기술정보의 이용료 및 연구용품의 구입비용 등 기술혁신 소그룹의 결성·운영에 필요한 경비를 지원할 수 있다.

④제3항의 규정에 따라 기술혁신 소그룹의 결성·운영에 필요한 경비를 지원받은 중소기업은 분기별로 별지 제7호서식의 중소기업 기술혁신 소그룹 활동 결과보고서를 중소기업청장에게 제출하여야 한다.

⑤그 밖에 기술혁신 소그룹에 대한 결성·운영 경비의 지원범위 및 지원절차 등에 관하여 필요한 사항은 중소기업청장이 정하여 고시한다.

[본조신설 2006.2.28.]

부칙

〈제274호, 2012.11.30.〉
(법령서식 개선을 위한 벤처기업육성에 관한 특별조치법 시행규칙 등 일부개정령)

제1조(시행일) 이 규칙은 공포한 날부터 시행한다.

제2조(서식 개정에 관한 경과조치) 이 규칙 시행 당시 종전의 규정에 따른 서식은 계속하여 사용하되, 이 규칙에 따라 개정된 부분은 수정하여 사용한다.

부칙

〈제116호, 2015.1.29.〉

제1조(시행일) 이 규칙은 공포한 날부터 시행한다.

제2조(품질인증서에 관한 경과조치) 이 규칙 시행 전에 종전의 별지 제2호서식에 따라 교부된 품질인증서는 그 품질인증서의 유효기간 동안 별지 제2호서식의 개정규정에 따라 교부된 품질인증서로 본다.

[서식 2] 품질인증서(싱글PPM)

[별지 제2호서식] <개정 2015.1.29.>

품질인증서(싱글PPM)

인증번호: 제   호

인증등급:

업 체 명:

대표자 성명:

소 재 지:

인증품목:

유효기간:

　　「중소기업기술혁신 촉진법」 제1조의9제3항, 같은
법 시행령 제14조의5제1항 및 같은 법 시행규칙 제2조의2
제3항에 따라 위와 같이 품질인증을 합니다.

년　　월　　일

중소기업청장

직인

[서식 3] 중소기업기술연구회(등록, 변경등록)신청서

■ 중소기업 기술혁신 촉진법 시행규칙 [별지 제3호서식] <개정 2012.11.30>

중소기업기술연구회   [ ] 등록   [ ] 변경등록   신청서

※ 색상이 어두운 란은 신청인이 적지 않습니다.

접수번호	접수일	처리기간	20일

신청인	연구회명		납세고유번호	
	대표회원		일반 회원 수	
	출자총액		존속기간	
	주소		전화번호	

구성목적	

「중소기업 기술혁신 촉진법」 제24조제2항 및 같은 법 시행규칙 제4조제2항(제4항)에 따라 위와 같이 신청합니다.

년   월   일

신청인   (서명 또는 인)

중소기업청장 귀하

첨부서류	1. 공동연구개발계획서 2. 기술연구회의 규약 3. 회원 명부 4. 회원의 출자금액 및 출자이행을 증명하는 서류 ※ 변경등록신청의 경우에는 변경사항을 증명하는 서류	수수료 없음

처리절차

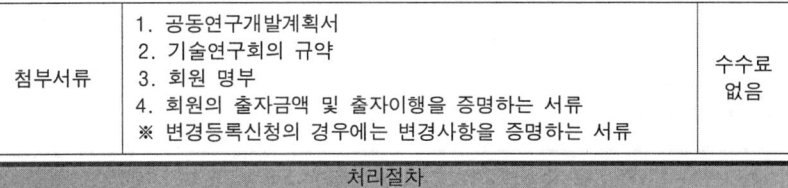

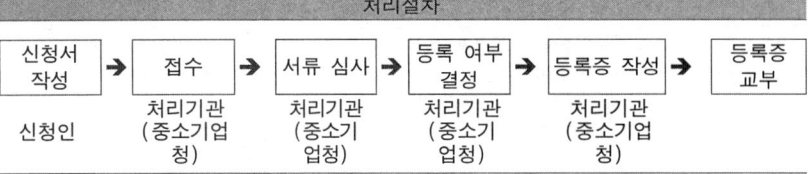

신청서 작성 → 접수 → 서류 심사 → 등록 여부 결정 → 등록증 작성 → 등록증 교부

신청인   처리기관(중소기업청)   처리기관(중소기업청)   처리기관(중소기업청)   처리기관(중소기업청)

210mm×297mm[백상지 80g/㎡]

[서식 6] 중소기업 기술혁신 소그룹 지원신청서

■ 중소기업 기술혁신 촉진법 시행규칙 [별지 제6호서식] <개정 2012.11.30>

중소기업 기술혁신 소그룹 지원신청서

※ 뒤쪽의 처리절차를 참고하시기 바라며, 색상이 어두운 란은 신청인이 적지 않습니다. (앞 쪽)

접수번호	접수일		처리 기간	30일

업체 현황	업체명			대표자 성명	
	설립일			사업자등록번호	
	소재 지	본사		전화번호(FAX)	
		공장		전화번호(FAX)	
	주 생산품목				
	부설연구 소	(유 / 무)		기술개발 인력	명
	산업재산권 보유현황			국내·외 품질인증 보유현황	
	매출액		백만원	수출액	백만원
	연구개발비				백만원

소그룹 현황	소그룹명			소그룹 연구주제	
	연구주제 선정사유			소그룹 인원	명
	소그룹대표 자	담당부서		직위	
		입사연도		전화번호(FAX)	
		E-mail			
	활동장소				

「중소기업 기술혁신 촉진법」 제24조의2제1항 및 같은 법 시행규칙 제8조제1항에 따라 위와 같이 중소기업 기술혁신 소그룹 지원을 신청합니다.

년 월 일

신청인 　업체 대표자 　　　(서명 또는 인)

소그룹 대표자 　　　(서명 또는 인)

중소기업청장 귀하

첨부서류	1. 기술혁신 소그룹 활동계획서 2. 기술혁신 소그룹 구성원과 중소기업 대표자의 인적사항(성명· 생년월일·경력 등을 말합니다)

210mm×297mm[백상지 80g/㎡]

(뒤 쪽)

처리절차

이 신청서는 아래와 같이 처리됩니다.

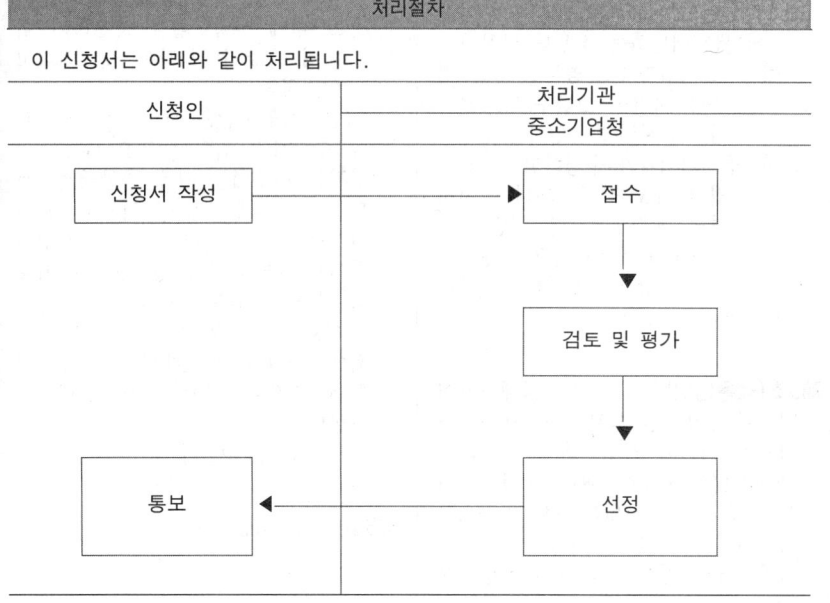

신청인	처리기관
	중소기업청
신청서 작성 →	접수
	↓
	검토 및 평가
	↓
통보 ←	선정

중소기업 사업전환 촉진에 관한 특별법

[시행 2013.9.23.]
[법률 제11656호, 2013.3.22., 일부개정]

제1장 총칙

제1조(목적) 이 법은 경제환경의 변화로 인하여 어려움을 겪고 있는 중소기업의 사업전환을 촉진하여 중소기업의 경쟁력을 강화하고 산업구조의 고도화를 달성함으로써 국민경제의 건전한 발전에 기여함을 목적으로 한다.

제2조(정의) 이 법에서 사용하는 용어의 뜻은 다음과 같다. <개정 2013.3.22.>
1. "중소기업자"란 「중소기업기본법」 제2조에 따른 중소기업자를 말한다.
2. "사업전환"이란 다음 각 목의 어느 하나에 해당하는 경우를 말한다.
   가. 중소기업자가 운영하고 있는 업종의 사업을 그만두고 새로운 업종의 사업을 운영하는 경우
   나. 중소기업자가 운영하고 있는 사업의 규모를 줄이거나 유지하면서 새로이 추가된 업종의 사업비중이 대통령령으로 정하는 비중 이상으로 늘어나는 경우
[전문개정 2008.12.26.]

제3조(적용범위) 이 법은 경제환경이 변하여 경쟁력을 확보하는 것이 구조적으로 어려워 사업전환이 필요하거나 미래의 유망업종이나 국가경쟁력을 강화시킬 수 있는 전략업종으로 사업전환이 필요한 중소기업자로서 업종, 규모 등에 관하여 대통령령으로 정하는 기준에 해당하는 자에 대하여 적용한다. <개정 2013.3.22.>
[전문개정 2008.12.26.]

제2장 사업전환촉진체계의 구축

제4조(중소기업사업전환촉진계획의 수립·시행) ① 중소기업청장은 중소기업자의 원활한 사업전환을 지원하기 위하여 다음 각 호의 사항이 포함된 중소기업사업전환촉진계획(이하 "사업전환촉진계획"이라 한다)을 2년마다 수립·시행하여야 한다.
1. 중소기업 사업전환정책의 추진방향에 관한 사항
2. 사업전환 지원체계의 구축과 운영에 관한 사항
3. 사업전환을 지원하기 위한 방안에 관한 사항
4. 사업전환을 촉진하기 위한 제도개선에 관한 사항
5. 이 법의 적용대상이 되는 중소기업자의 업종·규모 등에 관한 사항
6. 그 밖에 사업전환을 촉진하기 위하여 중소기업청장이 필요하다고 인정하는 사항
② 중소기업청장은 사업전환촉진계획을 수립하기 위하여 필요하다고 인정되는 경우에는 관계 중앙행정기관의 장, 특별시장·광역시장·도지사·특별자치도지사 및 중소기업지원기관이나 단체의 장 등에게 자료의 제공을 요청할 수 있다.
③ 제1항 및 제2항에서 규정한 사항 외에 사업전환촉진계획의 수립·시행에 필요한 사항은 대통령령으로 정한다.
[전문개정 2008.12.26.]

제5조 삭제 <2008.2.29.>

제6조(중소기업사업전환지원센터의 설치) ① 중소기업청장은 중소기업자의 사업전환을 효율적으로 지원하기 위하여 중소기업지원기관이나 단체를 지정하여 중소기업사업전환지원센터 (이하 "지원센터"라 한다)를 설치·운영할 수 있다.

② 지원센터의 업무는 다음 각 호와 같다.

1. 제8조에 따른 사업전환계획의 수립 지원에 관한 사항
2. 사업전환을 위한 정보의 제공과 컨설팅 지원에 관한 사항
3. 자금의 융자 주선과 인수·합병의 연계 지원에 관한 사항
4. 제8조에 따라 승인을 받은 중소기업자에 대한 사후관리에 관한 사항
5. 유휴설비(遊休設備) 유통정보의 제공과 거래 주선에 관한 사항
6. 그 밖에 중소기업의 사업전환을 촉진하기 위하여 중소기업청장이 위탁하는 사항

③ 정부는 지원센터의 설치와 운영에 드는 경비의 전부나 일부를 보조할 수 있다.

④ 지원센터의 설치·지정기준과 운영 등에 필요한 사항은 대통령령으로 정한다.

[전문개정 2008.12.26.]

제7조(사업전환 실태조사) ① 중소기업청장은 사업전환촉진계획의 수립과 성과관리 등을 위하여 2년마다 중소기업자의 사업전환에 관한 실태조사를 하여야 하며, 필요하다고 인정하면 수시로 할 수 있다.

② 제1항에 따른 실태조사는 다음 각 호의 사항을 포함하여야 한다.

1. 중소기업자의 지역별·업종별 사업전환 실태에 관한 사항
2. 제8조에 따라 승인을 받은 중소기업자의 경영실태 등 사업전환 성과에 관한 사항
3. 중소기업자의 지역별·업종별 매출액, 부도율 등 사업전환 관련 통계에 관한 사항
4. 그 밖에 중소기업자의 사업전환 실태를 파악하기 위하여 필요한 사항

③ 중소기업청장은 제1항에 따른 실태조사를 위하여 필요하다고 인정하면 관계 중앙행정기관의 장, 지방자치단체의 장 및 중소기업지원기관이나 단체의 장에게 자료 제출이나 조사업무의 수행에 필요한 협조를 요청할 수 있다. 이 경우 자료 제출이나 협조의 요청을 받은 자는 특별한 사유가 없으면 그 요청에 따라야 한다.

④ 제1항에 따른 실태조사의 시행 등에 필요한 사항은 대통령령으로 정한다.

[전문개정 2008.12.26.]

제3장 사업전환계획의 승인

제8조(사업전환계획의 승인) ① 사업전환을 하려는 중소기업자는 다음 각 호의 사항을 포함한 사업전환에 관한 계획(이하 "사업전환계획"이라 한다)을 중소기업청장에게 제출하여 승인을 받을 수 있다.

1. 사업전환의 필요성
2. 새로 운영하거나 추가하려는 업종
3. 사업전환의 내용과 실시기간
4. 사업전환에 따른 근로자의 고용조정과 능력개발
5. 사업전환에 필요한 재원과 그 조달계획
6. 사업전환으로 달성하려는 매출액 등 목표수준
7. 그 밖에 중소기업청장이 필요하다고 인정하는 사항

② 사업전환계획의 승인기준과 승인절차 등에 필요한 사항은 대통령령으로 정한다. [전문개정 2008.12.26.]

제9조 삭제 <2008.12.26.>

제10조(사업전환계획의 이행실적조사)

① 중소기업청장은 사업전환계획의 승인을 받은 중소기업자(이하 "승인기업"이라 한다)의 사업전환계획의 이행 여부와 실적 등을 정기적으로 조사하여야 한다.

② 제1항에 따른 이행실적조사 절차에 관하여 필요한 사항은 대통령령으로 정한다.

[전문개정 2008.12.26.]

제11조(사업전환계획의 변경 및 중단 등)

① 승인기업이 사업전환계획의 주요 내용을 변경하려면 중소기업청장의 승인을 받아야 하고, 사업전환계획을 중단하려면 중소기업청장에게 통지하여야 한다.

② 중소기업청장은 제10조제1항에 따른 조사 결과 사업전환계획의 이행이 어렵다고 판단하면 해당 승인기업에 그 계획의 변경이나 중단을 권고할 수 있다.

③ 제1항에 따른 변경승인과 제2항에 따른 변경·중단의 권고절차에 필요한 사항은 대통령령으로 정한다.

[전문개정 2008.12.26.]

제4장 사업전환절차의 원활화

제12조(주식교환)

① 주식회사인 승인기업(「자본시장과 금융투자업에 관한 법률」에 따른 주권상장법인은 제외한다. 이하 이 조부터 제18조까지, 제18조의2 및 제19조에서 같다)이 사업전환을 위하여 자기주식을 다른 주식회사(「자본시장과 금융투자업에 관한 법률」에 따른 주권상장법인은 제외한다. 이하 이 조부터 제18조까지, 제18조의2 및 제19조에서 같다) 또는 다른 주식회사의 주요주주(해당 법인의 의결권 있는 발행주식총수의 100분의 10 이상을 보유한 주주를 말한다. 이하 같다)의 주식과 교환할 수 있다.

② 제1항에 따라 주식교환을 하려는 승인기업은 「상법」 제341조에도 불구하고 제1항에 따른 주식교환에 필요한 주식에 대하여는 자기의 계산으로 자기주식을 취득할 수 있다. 이 경우 그 취득금액은 같은 법 제462조제1항에 따른 배당을 할 수 있는 이익 이내이어야 한다.

③ 제1항에 따라 주식교환을 하려는 승인기업은 다음 각 호의 사항이 포함된 주식교환계약서를 작성하여 주주총회의 승인을 받아야 한다. 이 경우 주주총회의 승인결의에 관하여는 「상법」 제434조를 준용한다.

1. 사업전환의 내용
2. 자기주식의 취득 방법·가격 및 시기
3. 교환할 주식의 가액의 총액·평가·종류 및 수량
4. 주식교환을 할 날
5. 다른 주식회사의 주요주주와 주식을 교환할 경우에는 그 주요주주의 성명·주민등록번호, 교환할 주식의 종류 및 수량

④ 제1항에 따라 주식교환을 하려는 승인기업은 그에 관한 이사회 결의가 있으면 즉시 그 결의내용을 주주에게 알리고, 제3항에 따른 주식교환계약서를 갖추어 두고 읽어 볼 수 있도록 하여야 한다.

⑤ 주식회사인 승인기업이 제1항에 따른 주식교환을 통하여 다른 주식회사 또는 다른 주식회사의 주요주주의 주식을 취득한 경우에는 취득한 날부터 1년 이상 그 주식을 보유하여야 한다.

⑥ 제2항에 따른 자기주식의 취득기간은 제3항의 주주총회 승인결의일

부터 6개월 이내이어야 한다.
[전문개정 2008.12.26.]

제13조(반대주주의 주식매수청구권) ①
제12조제3항에 따른 주주총회 승인
결의 전에 승인기업에 서면으로 주식
교환에 반대하는 의사를 통지한 주주
는 주주총회 승인결의일부터 10일
이내에 자기가 보유한 주식의 매수를
서면으로 청구할 수 있다.
② 승인기업은 제1항에 따른 매수 청
구를 받은 날부터 2개월 이내에 그 주
식을 매수하여야 한다. 이 경우 그 주
식은 6개월 이내에 처분하여야 한다.
③ 제2항에 따른 주식의 매수가액(買
收價額)의 결정에 관하여는 「상
법」 제374조의2제3항부터 제5항까
지의 규정을 준용한다.
[전문개정 2008.12.26.]

제14조(신주발행에 따른 주식교환 등)
① 주식회사인 승인기업은 사업전환을
위하여 신주(新株)를 발행하여 다른
주식회사 또는 다른 주식회사의 주요
주주의 주식과 교환할 수 있다. 이 경
우 다른 주식회사 또는 다른 주식회사
의 주요주주는 승인기업이 주식교환을
위하여 발행하는 신주의 배정을 받으
면 해당 승인기업의 주주가 된다.
② 제1항에 따라 주식교환을 하려는
승인기업은 다음 각 호의 사항이 포
함된 주식교환계약서를 작성하여 주
주총회의 승인을 받아야 한다. 이 경
우 주주총회의 승인결의에 관하여는
「상법」 제434조를 준용한다.
1. 사업전환의 내용
2. 교환할 신주의 가액의 총액·평
   가·종류·수량 및 배정방식
3. 주식교환을 할 날
4. 다른 주식회사의 주요주주와 주식
   을 교환하는 경우에는 주요주주의
   성명·주민등록번호, 교환할 주식
   의 종류와 수량

③ 제1항에 따른 주식교환을 통하여
다른 주식회사 또는 다른 주식회사
의 주요주주가 보유한 주식을 승인
기업에 현물출자(現物出資)하는 경
우 대통령령으로 정하는 공인평가기
관이 그 주식의 가격을 평가한 경우
에는 「상법」 제422조제1항에 따
라 검사인이 조사한 것으로 보거나
공인된 감정인이 감정한 것으로 본
다. 이 경우 같은 법 제422조제2항
및 제3항을 적용하지 아니한다.
④ 제1항에 따른 주식교환을 하는 경
우에는 제12조제4항 및 제5항을 준
용한다.
[전문개정 2008.12.26.]

**제15조(신주발행 주식교환 시 주식매수
청구권)** 제14조에 따른 주식교환에
반대하는 주주의 주식매수청구권에
관하여는 제13조를 준용한다.
[전문개정 2008.12.26.]

제16조(주식교환의 특례) ① 주식회사
인 승인기업이 제12조나 제14조에
따라 주식교환을 하는 경우 그 교환
하는 주식의 수가 발행주식총수의
100분의 50을 초과하지 아니하면
주주총회의 승인을 이사회의 승인으
로 갈음할 수 있다.
② 제1항의 경우에는 승인기업은 주
식교환계약서에 제12조제3항이나
제14조제2항에 따른 주주총회의 승
인 없이 주식교환을 할 수 있다는
뜻을 적어야 한다.
③ 주식회사인 승인기업은 주식교환
계약서를 작성한 날부터 2주 이내에
주식교환계약서의 주요내용과, 주주
총회의 승인 없이 주식교환을 한다
는 뜻을 공고하거나 주주에게 통지
하여야 한다.
④ 주식회사인 승인기업의 발행주식
총수의 100분의 20 이상에 해당하
는 주식을 소유한 주주가 제3항에

따른 공고나 통지가 있은 날부터 2주 이내에 서면으로 제1항에 따른 주식교환에 반대하는 의사를 승인기업에 통지하면 이 조에 따른 주식교환을 할 수 없다.

⑤ 제1항에 따른 주식교환의 경우에는 제13조나 제15조를 적용하지 아니한다.

[전문개정 2008.12.26.]

제17조(주식교환무효의 소) 제12조나 제14조에 따른 주식교환에 대한 무효의 소에 관하여는 「상법」 제360조의14를 준용한다. 이 경우 같은 조 제2항 중 "완전모회사가 되는 회사"는 "주식회사인 승인기업"으로 보고, 같은 조 제3항 중 "완전모회사가 된 회사"는 "주식회사인 승인기업"으로, "완전자회사가 된 회사"는 "다른 주식회사"로 본다.

[전문개정 2008.12.26.]

제18조(합병절차의 간소화 등) ① 주식회사인 승인기업이 다른 주식회사와 합병을 통하여 사업전환을 하려는 경우에는 채권자에 대하여 「상법」 제527조의5제1항에도 불구하고 그 합병결의가 있은 날부터 1주 이내에 10일 이상의 기간을 정하여 그 기간 이내에 합병에 관한 다른 의견을 낼 것을 공고하고 알고 있는 채권자에 대하여는 공고사항을 알려야 한다.

② 주식회사인 승인기업이 합병결의를 위한 주주총회 소집을 통지하는 경우에는 「상법」 제363조제1항 본문에도 불구하고 그 통지일을 주주총회 개최일 7일 전으로 할 수 있다.

③ 주식회사인 승인기업이 다른 주식회사와 합병하기 위하여 합병계약서 등을 공시하는 경우에는 「상법」 제522조의2제1항에도 불구하고 그 공시기간을 합병승인을 위한 주주총회 개최일 7일 전부터 합병을 한 날 이후 1개월이 경과하는 날까지로 할 수 있다.

④ 주식회사인 승인기업의 합병에 관한 이사회의 결의에 반대하는 승인기업의 주주는 「상법」 제522조의3에도 불구하고 주주총회 전에 승인기업에 서면으로 합병에 반대하는 의사를 통지하고 자기가 소유하고 있는 주식의 종류와 수를 적어 주식의 매수를 청구하여야 한다.

⑤ 주식회사인 승인기업이 제4항에 따른 청구를 받은 경우에는 「상법」 제374조의2제2항 및 제530조제2항에도 불구하고 합병에 관한 주주총회의 결의일부터 2개월 이내에 그 주식을 매수하여야 한다.

⑥ 제5항에 따른 주식의 매수가액의 결정에 관하여는 「상법」 제374조의2제3항부터 제5항까지의 규정을 준용한다. 이 경우 같은 법 제374조의2제4항 중 "제1항의 청구를 받은 날"은 "합병에 관한 주주총회의 결의일"로 본다.

[전문개정 2008.12.26.]

제18조의2(간이합병의 특례) ① 주식회사인 승인기업이 다른 주식회사와 합병을 할 때 「상법」 제527조의2제1항에도 불구하고 합병 후 존속하는 회사가 합병으로 인하여 소멸하는 회사의 발행주식총수 중 의결권 있는 주식의 100분의 90 이상을 보유하는 경우에는 합병으로 인하여 소멸하는 회사의 주주총회의 승인을 이사회의 승인으로 갈음할 수 있다.

② 제1항에 따른 합병에 반대하는 주주의 주식매수청구권에 관하여는 「상법」 제522조의3제2항을 준용한다.

[본조신설 2008.12.26.]

제19조(분할·분할합병 절차의 간소화) ① 주식회사인 승인기업이 사업전환을 위하여 「상법」 제530조의2제1

항에 따른 분할을 한 경우에 「상법」 제530조의9제1항에 해당하면 그 분할절차에 관하여는 제18조제2항 및 제3항을 준용하고, 「상법」 제530조의9제2항에 해당하면 그 분할절차에 관하여는 제18조제1항부터 제3항까지의 규정을 준용한다.

② 주식회사인 승인기업이 사업전환을 위하여 다른 주식회사와 「상법」 제530조의2제2항에 따른 분할합병을 하려는 경우의 절차에 관하여는 제18조를 준용한다.

[전문개정 2008.12.26.]

제20조(다른 주식회사의 영업양수의 특례)
① 주식회사인 승인기업이 영업의 전부 또는 일부를 다른 주식회사(「자본시장과 금융투자업에 관한 법률」에 따른 주권상장법인은 제외한다. 이하 이 조에서 같다)에 양도하는 경우 그 양도가액이 다른 주식회사의 최종 대차대조표상에 현존하는 순자산액의 100분의 10을 초과하지 아니하면 다른 주식회사의 주주총회의 승인을 이사회의 승인으로 갈음할 수 있다.

② 제1항에 따른 경우에는 영업양도·양수계약서에 다른 주식회사의 주주총회의 승인 없이 영업의 전부 또는 일부를 양수할 수 있다는 뜻을 적어야 한다.

③ 제1항에 따라 승인기업의 영업의 전부 또는 일부를 양수하려는 다른 주식회사는 영업양도·양수계약서를 작성한 날부터 2주 이내에 영업양도·양수계약서의 주요내용 및 주주총회의 승인 없이 영업을 양수한다는 뜻을 공고하거나 주주에게 통지하여야 한다.

④ 다른 주식회사의 발행주식총수의 100분의 20 이상에 해당하는 주식을 소유한 주주가 제3항에 따른 공고나 통지가 있은 날부터 2주 이내에 서면으로 제1항에 따른 영업양수를 반대하는 의사를 통지하면 이 조에 따른 영업양수를 할 수 없다.

⑤ 제1항에 따른 영업양수의 경우에는 「상법」 제374조의2를 적용하지 아니한다.

⑥ 주식회사인 승인기업이 「상법」 제374조에 따른 영업양도·양수를 하는 경우의 절차에 관하여는 제18조제2항부터 제6항까지의 규정을 준용한다.

[전문개정 2008.12.26.]

제5장 사업전환촉진을 위한 지원사업

제21조(정보제공 등)
① 중소기업청장은 사업전환을 추진하는 중소기업자에게 판로(販路)·기술 및 진출업종 등 사업전환에 관한 정보를 제공할 수 있다.

② 중소기업청장은 제1항에 따른 정보를 제공하기 위하여 다음 각 호의 사업을 할 수 있다.

1. 중소기업지원기관과 단체 등을 활용한 정보제공체제의 구축
2. 경영·기술 관련 전문가를 활용한 판로·기술 및 진출업종 등에 대한 정보 데이터베이스의 구축 및 관리
3. 그 밖에 사업전환 관련 정보제공을 활성화하기 위하여 필요한 사업

③ 중소기업청장은 중앙행정기관의 장, 지방자치단체의 장 및 공공기관의 장에게 제1항과 제2항에 따른 정보제공을 위한 자료를 요청할 수 있다.

[전문개정 2008.12.26.]

제22조(컨설팅 지원)
① 중소기업청장은 사업전환을 추진하는 중소기업자에게 경영·기술·재무·회계 등의 개선에 관한 컨설팅 지원을 할 수 있다.

② 중소기업청장은 제1항에 따른 컨설팅 지원을 위하여 다음 각 호의 사업을 추진하거나 지원할 수 있다.
1. 중소기업자의 규모와 업종에 적합한 컨설팅 서비스의 제공
2. 컨설팅 결과의 신뢰성을 확보하기 위한 평가체계 구축
3. 컨설팅 결과와 융자·보조 등 지원수단의 연계
4. 그 밖에 컨설팅 기반 강화에 필요한 사업
③ 중소기업청장은 중소기업자 또는 컨설팅 실시기관 등에 대하여 제2항에 따른 사업에 드는 비용을 지원할 수 있다.
[전문개정 2008.12.26.]

제23조(인수·합병 등의 지원) 정부는 인수·합병, 영업양수·양도 등(이하 "인수·합병등"이라 한다)을 통하여 사업전환을 추진하는 중소기업자를 지원하기 위하여 다음 각 호의 사업을 할 수 있다.
1. 인수·합병등을 위한 중개기반의 구축 지원
2. 인수·합병등에 관한 정보제공과 법무·회계 상담 지원
3. 인수·합병등에 필요한 자금의 융자와 투자 지원
4. 그 밖에 인수·합병등을 원활하게 하기 위하여 필요한 사업
[전문개정 2008.12.26.]

제24조(자금지원) ① 정부 및 지방자치단체는 승인기업에 대하여 설비구입 및 연구개발 등 사업전환에 필요한 자금의 융자나 출연 등의 지원을 할 수 있다.
② 정부는 제1항에 따른 지원을 위하여 「중소기업진흥에 관한 법률」 제63조에 따른 중소기업창업 및 진흥기금을 활용할 수 있다. <개정 2009.5.21.>
[전문개정 2008.12.26.]

제25조(능력개발 및 고용안정지원) ① 중소기업자는 「고용정책기본법」과 「근로자직업능력 개발법」 등 관련 법령에서 정하는 바에 따라 사업전환에 따른 실업 예방과 재직 근로자의 능력개발을 위하여 노력하여야 한다.
② 정부는 사업전환을 추진하는 중소기업자의 고용조정, 재직 근로자의 고용안정 및 능력개발 등을 위하여 다음 각 호의 사업을 포함한 지원방안을 마련할 수 있다.
1. 「근로자직업능력 개발법」 제2조 제3호에 따른 직업능력개발훈련시설과 중소기업지원기관 등이 운영하는 사업전환 중소기업의 실직자에 대한 재취업교육과 새로 진출한 업종에 대한 근로자 교육
2. 「고용보험법」 제21조에 따른 고용조정의 지원 및 같은 법 제29조에 따른 직업능력개발 지원
[전문개정 2008.12.26.]

제26조(유휴설비의 유통지원) 중소기업청장은 사업전환과정 등에서 생기는 유휴설비의 원활한 유통을 지원하기 위하여 다음 각 호의 사업을 추진할 수 있다.
1. 국내외 유휴설비 유통정보의 제공과 거래 주선
2. 유휴설비의 매매 관련 기관 사이의 연계체제 구축
3. 유휴설비의 집적(集積)과 판매를 위한 입지 지원
4. 유휴설비의 신뢰성을 높이기 위한 가치평가체제의 구축
5. 그 밖에 유휴설비 유통 활성화에 필요한 사업
[전문개정 2008.12.26.]

제27조(입지지원) ① 정부 및 지방자치단체는 중소기업자의 사업전환에 따른 공장의 신설·이전·증설 등을 위

한 입지(立地)의 공급과 절차의 간소화 등을 위하여 노력하여야 한다.

② 정부 및 지방자치단체는 승인기업에 대하여 다음 각 호의 사업을 지원할 수 있다. <개정 2010.4.12., 2011.8.4.>

1. 「산업입지 및 개발에 관한 법률」 제2조제8호라목에 따른 농공단지에의 입주
2. 정부 및 지방자치단체가 공급하는 공장용지와 지식산업센터에의 우선 입주
3. 정부 및 지방자치단체가 건립하는 「중소기업창업 지원법」 제2조제7호에 따른 창업보육센터에의 입주
4. 지방자치단체가 건립하는 중소기업종합지원센터와 전시판매장과 그 지원시설에의 입주
5. 「중소기업창업 지원법」 제2조제6호에 따른 중소기업상담회사 등을 통한 공장의 신설·이전·증설 등의 대행 및 입지 주선

[전문개정 2008.12.26.]

제28조(창업투자회사의 투자) 「중소기업창업 지원법」 제10조 및 제20조에 따른 중소기업창업투자회사 및 중소기업창업투자조합이 같은 법에 따라 승인기업에 대하여 투자할 경우 그 투자분은 같은 법 제16조제1항 본문 및 제21조제3항 본문에 따라 사용한 것으로 본다. [전문개정 2008.12.26.]

제29조(세제지원) 정부 및 지방자치단체는 조세 관련 법률에서 정하는 바에 따라 승인기업에 세제지원을 할 수 있다. [전문개정 2008.12.26.]

제6장 보칙

제30조(승인기업이었던 기업에 대한 주식교환의 특례) 이 법에 따른 승인기업은 해당 기업이 승인기업에 해당되지 아니하게 되더라도 제12조와 제14조에 따른 주식교환을 한 경우에는 승인기업으로 보아 제12조제5항과 제14조제4항을 적용한다.

[전문개정 2008.12.26.]

제31조(사업전환계획 승인의 취소) ① 중소기업청장은 승인기업이 다음 각 호의 어느 하나에 해당하는 경우에는 제8조에 따른 승인을 취소할 수 있다. 다만, 제1호에 해당하는 경우에는 승인을 취소하여야 한다.

1. 거짓이나 그 밖의 부정한 방법으로 사업전환계획의 승인을 받은 경우
2. 제11조제1항에 따른 승인 없이 사업전환계획을 변경한 경우
3. 휴업·폐업 또는 파산 등으로 대통령령으로 정하는 기간 동안 기업활동을 하지 아니하는 경우
4. 승인기업이 사업전환계획의 승인을 받은 날부터 6개월 이내에 정당한 이유 없이 사업전환계획을 추진하지 아니하는 경우

② 중소기업청장은 제1항에 따라 승인을 취소하려면 청문을 하여야 한다.

③ 중소기업청장은 제1항에 따라 승인이 취소된 경우에는 그 사실을 관계 기관에 통보하여야 한다.

[전문개정 2008.12.26.]

제32조(보고 및 검사) ① 중소기업청장은 다음 각 호의 어느 하나에 해당하는 경우에는 중소기업자, 지원센터 등 관계 기관에 대하여 사업전환계획의 이행상황 등에 관한 보고를 하게 하거나 소속 공무원에게 사무소와 사업장에 출입하여 대통령령으로 정하는 승인기업의 장부·서류 등을 검사하게 할 수 있다.

1. 제10조제1항에 따른 사업전환계획의 이행실적조사가 필요한 경우
2. 제11조제1항에 따라 승인기업이

사업전환계획의 변경을 요청하거
나 중단을 알린 경우
3. 그 밖에 제1호와 제2호에 준하는 사
항으로 대통령령으로 정하는 경우
② 제1항에 따라 검사를 하는 경우에
는 검사 7일 전까지 검사의 일시·
목적 및 내용 등을 포함한 검사계획
을 검사대상자에게 통지하여야 한다.
다만, 긴급한 경우 또는 사전통지를
하면 증거인멸 등으로 검사목적을
달성할 수 없다고 인정하는 경우에
는 그러하지 아니하다.
③ 제1항에 따라 출입·검사하는 공
무원은 그 권한을 표시하는 증표를
지니고 이를 관계인에게 내보여야
하며, 출입·검사를 하는 경우에는
해당 공무원의 성명·출입시간·출
입목적 등이 적힌 문서를 관계인에
게 내주어야 한다.
[전문개정 2008.12.26.]

제33조(위임 및 위탁) ① 중소기업청장
은 이 법에 따른 권한의 일부를 대통
령령으로 정하는 바에 따라 소속 기
관의 장이나 지방자치단체의 장에게
위임할 수 있다.
② 중소기업청장은 이 법에 따른 업
무의 일부를 대통령령으로 정하는
바에 따라 다른 행정기관의 장 또는
중소기업협동조합중앙회, 중소기업진
흥공단 등 중소기업 관련 단체나 기
관의 장에게 위탁할 수 있다.
[전문개정 2008.12.26.]

제34조(벌칙 적용 시의 공무원 의제)
중소기업청장이 제33조제2항에 따라
위탁한 업무를 하는 단체나 기관의
임직원은 「형법」 제127조, 제129
조부터 제132조까지의 규정을 적용
할 때에는 공무원으로 본다.
[본조신설 2008.12.26.]

부칙
<제11020호, 2011.8.4.>
(산업입지 및 개발에 관한 법률)

제1조(시행일) 이 법은 공포한 날부터
시행한다. <단서 생략>
제2조부터 제9조까지 생략

제10조(다른 법률의 개정) ①부터
<21>까지 생략
<22> 중소기업 사업전환 촉진에 관
한 특별법 일부를 다음과 같이 개정
한다.
제27조제2항제1호 중 "「산업입지
및 개발에 관한 법률」 제2조제5호
라목"을 "「산업입지 및 개발에 관한
법률」 제2조제8호라목"으로 한다.
<23>부터 <25>까지 생략

제11조 생략

부칙
<제11656호, 2013.3.22.>

이 법은 공포 후 6개월이 경과한 날부
터 시행한다.

중소기업 사업전환 촉진에 관한 특별법 시행령

[시행 2014.1.1.]
[대통령령 제25050호, 2013.12.30., 타법개정]

제1조(목적) 이 영은 「중소기업 사업전환 촉진에 관한 특별법」에서 위임된 사항과 그 시행에 관하여 필요한 사항을 규정함을 목적으로 한다.

제2조(사업전환의 범위) ① 「중소기업 사업전환 촉진에 관한 특별법」(이하 "법"이라 한다) 제2조제2호나목에서 "대통령령으로 정하는 비중 이상"이란 새로 추가된 업종의 사업을 시작한 후 3년 이내에 추가된 업종의 매출액이 총매출액의 100분의 30 이상이 되거나 추가된 업종에 종사하는 상시 근로자 수(「중소기업기본법 시행령」 제5조에 따라 산정한 상시 근로자 수를 말한다. 이하 같다)가 총근로자 수의 100분의 30 이상이 되는 경우를 말한다.
② 이 영에서 사용하는 업종의 분류는 「통계법」 제22조에 따라 통계청장이 작성·고시하는 한국표준산업분류에 따른다.
[전문개정 2009.2.27.]

제3조(적용 범위) 법 제3조에서 "대통령령으로 정하는 기준"이란 상시 근로자 수가 5명 이상인 중소기업자로서 중소기업청장이 정하여 고시하는 바에 따라 업종 간 이동이 이루어지는 것을 말한다. [전문개정 2009.2.27.]

제4조(중소기업사업전환촉진계획의 수립과 시행) 중소기업청장은 법 제4조 제1항에 따른 중소기업사업전환촉진계획(이하 "사업전환촉진계획"이라 한다)을 수립하기 위하여 필요한 경우에는 중소기업 또는 중소기업지원기관이나 단체에 대하여 수요조사를 할 수 있다.
[전문개정 2009.2.27.]

제5조 삭제 <2008.2.29.>

제6조(중소기업사업전환지원센터의 설치) ① 법 제6조제1항에 따라 중소기업사업전환지원센터(이하 "지원센터"라 한다)를 설치·운영하는 중소기업지원기관이나 단체의 지정기준은 다음 각 호와 같다. <개정 2009.11.20.>
1. 법인일 것
2. 법인의 사업 내용에 사업전환에 관한 업무가 포함되어 있을 것
3. 중소기업의 사업전환을 지원할 수 있는 전담 조직을 갖추고 있을 것
4. 다음 각 목의 어느 하나에 해당하는 전문인력을 3명 이상 보유할 것
   가. 중소기업지원기관이나 단체에서 사업전환과 관련된 기획·분석·평가 또는 지원 업무에 3년 이상 종사한 경력이 있는 사람
   나. 「중소기업진흥에 관한 법률」 제46조에 따른 경영지도사 또는 기술지도사로서 사업전환과 관련된 컨설팅 업무에 3년 이상 종사한 경력이 있는 사람
   다. 그 밖에 가목 및 나목에서 정한 사람과 동등한 수준의 경력이 있다고 중소기업청장이 인정하여 고시하는 사람
② 중소기업청장은 법 제6조제1항에 따라 지원센터를 설치·운영하는 중소기업지원기관이나 단체(이하 "지원센터설치·운영법인"이라 한다)를 지정한 경우에는 이를 고시하여야 한다.
③ 법 제6조제1항에 따라 지원센터설치·운영법인으로 지정받은 자는 지

원센터의 지난해 운영 실적을 매년 1월 31일까지 중소기업청장에게 제출하여야 한다.
[전문개정 2009.2.27.]

제7조(사업전환 실태조사) 중소기업청장은 법 제7조제1항에 따른 사업전환에 관한 실태조사를 한 때에는 그 결과를 공표하여야 하고, 사업전환촉진계획에 이를 반영하여야 한다.

제8조(사업전환계획의 승인기준 등) ① 법 제8조제1항에 따른 사업전환에 관한 계획(이하 "사업전환계획"이라 한다)의 승인기준은 다음 각 호와 같다.
1. 사업전환계획이 사업전환의 범위에 해당할 것
2. 사업전환계획의 승인을 받으려는 중소기업자가 법 제3조의 적용범위에 해당할 것
3. 새로 운영하거나 추가하려는 업종이 제조업 및 서비스업(한국표준산업분류상 농업, 임업, 어업, 광업, 제조업, 전기·가스·증기 및 수도사업과 건설업을 제외한 업종을 말한다)에 포함되고, 「중소기업창업 지원법 시행령」 제4조에 따른 업종에 해당하지 아니할 것
4. 사업전환계획의 이행방법이 구체적이고 실현 가능할 것
② 사업전환계획의 승인을 받으려는 중소기업자는 중소기업청장이 정하여 고시하는 사업전환계획 승인신청서에 사업전환계획을 첨부하여 중소기업청장에게 제출하여야 한다.
③ 중소기업청장은 제2항에 따라 사업전환계획 승인신청서를 받은 경우에는 해당 사업장에 대한 현장실사(現場實査)를 한 후 승인 여부를 결정한다. 다만, 해당 사업장에 대한 현장실사가 필요하지 아니하다고 판단되면 이를 생략할 수 있다.
④ 제3항에 따른 현장실사의 범위,

방법, 절차, 그 밖에 필요한 사항은 중소기업청장이 정하여 고시한다.
[전문개정 2009.2.27.]

제9조 삭제 <2009.2.27.>

제10조 삭제 <2009.2.27.>

제11조(사업전환계획의 이행실적조사) ① 중소기업청장은 법 제10조제1항에 따라 사업전환계획의 승인을 받은 중소기업자(이하 "승인기업"이라 한다)에 대하여 사업전환계획의 이행실적을 조사하려는 경우에는 미리 그 기업에 다음 각 호의 자료를 요청할 수 있다.
1. 사업전환계획의 추진상황
2. 법 제24조에 따라 지원되는 자금의 사용 실태
3. 그 밖에 사업전환계획의 이행실적 조사에 필요한 자료
② 법 제10조제1항에 따른 이행실적조사는 일년에 한 번 이상 하여야 한다.
[전문개정 2009.2.27.]

제12조(사업전환계획의 변경승인) ① 승인기업이 법 제11조제1항에 따라 사업전환계획 중 다음 각 호의 어느 하나에 해당하는 내용을 변경하려는 경우에는 중소기업청장이 정하여 고시하는 사업전환계획 변경신청서에 사업전환계획의 변경과 관련된 서류를 첨부하여 중소기업청장에게 제출하여야 한다.
1. 법 제8조제1항제2호에 따른 새로 운영하거나 추가하려는 업종
2. 법 제8조제1항제3호에 따른 사업전환의 내용과 실시기간
② 중소기업청장은 제1항에 따라 사업전환계획의 변경신청을 받은 경우에는 해당 사업장에 대한 현장실사를 거쳐 그 승인 여부를 결정한다.

다만, 해당 사업장에 대한 현장실사가 필요하지 아니하다고 판단되면 이를 생략할 수 있다.
③ 제2항에 따른 현장실사의 범위, 방법, 절차, 그 밖에 필요한 사항은 중소기업청장이 정하여 고시한다.
[전문개정 2009.2.27.]

제13조(사업전환계획의 변경이나 중단의 권고) 중소기업청장은 법 제11조제2항에 따라 승인기업에 그 계획의 변경이나 중단을 권고하려는 경우에는 권고사항을 명시한 문서로 하여야 한다.
[전문개정 2009.2.27.]

제14조(공인평가기관) 법 제14조제3항 전단에서 "대통령령으로 정하는 공인평가기관"이란 다음 각 호의 기관을 말한다. <개정 2013.8.27.>
1. 「자본시장과 금융투자업에 관한 법률」에 따른 투자매매업자·투자중개업자(증권의 인수 및 그 중개·주선 또는 대리 업무의 인가를 받은 자만 해당한다)
2. 「자본시장과 금융투자업에 관한 법률」 제335조의3에 따라 신용평가업인가를 받은 신용평가회사
3. 「공인회계사법」에 따른 회계법인으로서 소속 공인회계사의 수가 30명 이상인 회계법인
4. 「기술신용보증기금법」에 따른 기술신용보증기금
[전문개정 2009.2.27.]

제15조(승인의 취소) 법 제31조제1항제3호에서 "대통령령으로 정하는 기간"이란 휴업의 경우에는 6개월을 말한다.
[전문개정 2009.2.27.]

제16조(보고 및 검사) ① 법 제32조제1항 각 호 외의 부분에서 "대통령령으로 정하는 승인기업의 장부·서류 등"이란 다음 각 호의 어느 하나를 말한다.
1. 사업전환계획과 관련된 회계장부
2. 사업전환계획 이행과 관련된 서류
3. 그 밖에 사업전환과 관련된 서류
② 법 제32조제1항제3호에서 "대통령령으로 정하는 경우"란 지원센터의 운영 실태에 관한 조사가 필요한 경우를 말한다.
[전문개정 2009.2.27.]

제17조(권한의 위임 및 위탁) ① 중소기업청장은 법 제33조제1항에 따라 다음 각 호의 권한을 지방중소기업청장에게 위임한다.
1. 법 제8조에 따른 사업전환계획의 승인
2. 법 제11조에 따른 사업전환계획의 변경승인
3. 법 제31조에 따른 사업전환계획 승인의 취소
4. 법 제32조에 따른 검사에 관한 사항
② 중소기업청장은 법 제33조제2항에 따라 다음 각 호의 업무를 지원센터설치·운영법인의 장에게 위탁한다.
1. 법 제8조에 따른 사업전환계획의 승인업무 중 다음 각 목의 사항
가. 제8조제2항에 따른 사업전환계획 승인신청서의 접수
나. 제8조제3항에 따른 사업장에 대한 현장실사
2. 법 제10조에 따른 사업전환계획의 이행실적조사에 관한 사항
3. 법 제11조에 따른 사업전환계획의 변경에 관한 승인업무 중 다음 각 목의 사항
가. 제12조제1항에 따른 사업전환계획 변경신청서의 접수
나. 제12조제2항에 따른 현장실사
[전문개정 2009.2.27.]

제18조(규제의 재검토) 중소기업청장은 제15조에 따른 휴업의 경우 사업전

환계획 승인 취소 사유에 해당하는
기간에 대하여 2014년 1월 1일을
기준으로 3년마다(매 3년이 되는 해
의 1월 1일 전까지를 말한다) 그 타
당성을 검토하여 개선 등의 조치를
하여야 한다.
[본조신설 2013.12.30.]

부칙
<제24697호, 2013.8.27.>
(자본시장과 금융투자업에 관한 법률 시행령)

제1조(시행일) 이 영은 2013년 8월
29일부터 시행한다. <단서 생략>
제2조부터 제11조까지 생략

제12조(다른 법령의 개정) ①부터
<31>까지 생략
<32> 중소기업 사업전환 촉진에 관
한 특별법 시행령 일부를 다음과 같
이 개정한다.
제14조제2호를 다음과 같이 한다.
  2. 「자본시장과 금융투자업에 관
    한 법률」 제335조의3에 따라 신
    용평가업인가를 받은 신용평가회
    사
<33>부터 <35>까지 생략

제13조 생략

부칙
<제25050호, 2013.12.30.>
(행정규제기본법 개정에 따른 규제 재검토기한
설정을 위한 주택법 시행령 등 일부개정령)

이 영은 2014년 1월 1일부터 시행한
다. <단서 생략>

중소기업 인력지원
특별법

[시행 2014.7.22.]
[법률 제12308호, 2014.1.21., 일부개정]

제1장 총칙

제1조(목적) 이 법은 중소기업의 인력수급 원활화와 인력구조 고도화 및 인식개선사업을 지원하여 중소기업의 경쟁력을 높이고 고용을 촉진함으로써 국민경제와 사회의 균형 있는 발전에 이바지함을 목적으로 한다.
[전문개정 2011.4.4.]

제2조(정의) 이 법에서 사용하는 용어의 뜻은 다음과 같다. <개정 2014.1.21.>
1. "중소기업"이란 「중소기업기본법」 제2조제1항에 따른 중소기업을 말한다.
2. "협동조합등"이란 「중소기업협동조합법」 제3조제1항에 따른 협동조합·사업협동조합·협동조합연합회 및 중소기업중앙회를 말한다.
3. "인력구조 고도화사업"이란 중소기업 관련 단체 및 협동조합등이 고급인력의 확보, 인력관리의 개선, 근로시간의 단축 등을 목적으로 사업계획을 수립하고 실시하는 사업을 말한다.
4. "인식개선사업"이란 중소기업에 대한 정확한 정보제공, 대학생의 중소기업 체험학습, 교육·연수 프로그램 운영, 홍보 등 올바른 직업관 확립을 위하여 우수 중소기업을 발굴·홍보하고 중소기업으로의 인력유입을 촉진하기 위하여 실시하는 사업을 말한다.

5. "인재육성형 중소기업"이란 기술능력, 연구개발역량 등 전문적 지식과 기능을 지닌 우수인력을 채용하거나 교육훈련 투자 등을 통하여 인재를 모범적으로 육성하는 중소기업을 말한다.
6. "중소기업 핵심인력"이란 직무 기여도가 높아 해당 중소기업의 대표자가 장기재직이 필요하다고 지정하는 근로자를 말한다.
[전문개정 2011.4.4.]

제3조(적용 범위) 이 법은 중소기업의 인력지원에 관하여 적용한다. 다만, 부동산업 등 대통령령으로 정하는 업종의 중소기업에 대하여는 적용하지 아니한다.
[전문개정 2012.12.11.]

제4조(국가 등의 책무) ① 국가는 중소기업에 대한 인력지원을 위하여 필요한 시책을 수립하고 시행하여야 한다.
② 지방자치단체는 관할지역에 있는 중소기업에 대한 인력지원을 위하여 지역산업 특성에 적합한 계획을 수립하고 시행할 수 있다.
[전문개정 2011.4.4.]

제2장 중소기업 인력지원 기본계획의 수립 및 시행

제5조(중소기업 인력지원 기본계획의 수립·시행) ① 중소기업청장은 중소기업의 원활한 인력 확보를 지원하기 위하여 다음 각 호의 사항이 포함된 중소기업 인력지원 기본계획(이하 "기본계획"이라 한다)을 관계 중앙행정기관의 장의 의견을 들어 5년마다 수립하여야 한다.
1. 중소기업 인력지원의 목표 및 정

책 기본방향
2. 산업구조의 변화를 반영한 중소기업의 인력활용에 관한 사항
3. 중소기업의 경쟁력 강화를 위한 인력구조 고도화 및 중소기업 재직자 교육·연수에 관한 사항
4. 중소기업의 홍보를 위한 교육, 정보제공, 현장체험 등 인식개선에 관한 사항
5. 중소기업에 필요한 인력의 양성·공급에 관한 사항
6. 중소기업의 근무환경 개선에 관한 사항
7. 그 밖에 중소기업청장이 중소기업에 대한 인력지원을 원활하게 추진하기 위하여 필요하다고 인정하는 사항
② 중소기업청장 및 관계 중앙행정기관의 장은 기본계획에 따라 매년 연도별 시행계획을 수립·시행하여야 한다.
③ 관계 중앙행정기관의 장은 매년 2월 15일까지 해당 연도의 시행계획과 전년도의 지원실적을 중소기업청장에게 통보하여야 한다.
④ 중소기업청장은 기본계획을 수립하기 위하여 필요하면 관계 중앙행정기관, 지방자치단체, 관련 교육·연구 기관 및 국가연구사업에 참여하는 법인·단체에 필요한 자료의 제출을 요청할 수 있다.
⑤ 제1항 및 제2항에 따른 기본계획 및 연도별 시행계획의 수립·시행에 필요한 사항은 대통령령으로 정한다.
[전문개정 2011.4.4.]

제6조 삭제 <2008.2.29.>

제7조(중소기업 인력 및 인식개선 실태조사) ① 중소기업청장은 제5조에 따른 기본계획의 수립 등을 위하여 중소기업의 인력 및 인식개선에 관한 실태조사(이하 이 조에서 "실태조사"라 한다)를 하여야 한다.
② 실태조사에는 다음 각 호의 사항

이 포함되어야 한다.
1. 중소기업의 지역별·업종별·직종별 인력의 실태 및 특성에 관한 사항
2. 중소기업의 인력구성 및 인력수요의 변화에 관한 사항
3. 중소기업의 교육훈련 및 인력관리에 관한 사항
4. 중소기업의 인식개선을 위한 홍보에 관한 사항
5. 중소기업에 대한 정확한 정보제공에 관한 사항
6. 중소기업의 대학생 현장체험학습 강화에 관한 사항
7. 그 밖에 여성, 외국인 또는 비정규직 직원의 활용 등 중소기업의 인력 및 인식개선에 필요한 실태조사에 관한 사항
③ 중소기업청장은 실태조사를 하기 전에 산업통상자원부장관, 고용노동부장관 등 관계 중앙행정기관의 장의 의견을 들어야 한다. <개정 2013.3.23.>
④ 중소기업청장은 실태조사를 위하여 필요하다고 인정하는 경우에는 관계 중앙행정기관의 장 및 지방자치단체의 장에게 중소기업 관련 자료의 제출이나 조사업무 수행상의 협조를 요청할 수 있다. 이 경우 요청을 받은 관계 중앙행정기관의 장 및 지방자치단체의 장은 특별한 사유가 없으면 협조하여야 한다.
[전문개정 2011.4.4.]

제3장 중소기업의 인력수급 원활화

제8조(산학협력을 통한 중소기업 필요 인력의 양성 등) ① 정부는 중소기업의 인력수급을 원활하게 하기 위하여 다음 각 호의 산학협력사업의 추진을 지원할 수 있다. <개정 2014.1.21.>
1. 지역별·업종별·직종별 중소기업의

인력수요에 적합한 인력양성사업
2. 미취업 인력을 대상으로 시행하는 중소기업 현장연수사업
3. 중소기업 재직자의 능력개발을 위한 사업
3의2. 중소기업으로 구성된 단체와 「초·중등교육법」 제2조제3호 및 「고등교육법」에 따른 각급학교, 인력양성기관 등이 인력공동 관리협의회를 구축하여 시행하는 공동교육 및 공동채용사업
4. 그 밖에 중소기업에 필요한 인력의 양성·공급을 위한 사업
② 정부는 지역특성화산업 또는 지역 선도산업을 육성하는 데에 필요한 인력을 양성하기 위하여 본사, 주사무소 또는 사업장 중 어느 하나가 「수도권정비계획법」 제2조제1호에 따른 수도권이 아닌 지역에 있는 중소기업이 참여하는 다음 각 호의 협력사업을 지원할 수 있다.
1. 「고등교육법」 제2조에 따른 대학, 산업대학, 전문대학 및 기술대학(같은 법 제24조에 따른 분교를 포함한다. 이하 "대학"이라 한다) 중 「수도권정비계획법」 제2조제1호에 따른 수도권이 아닌 지역에 있는 대학(이하 "지방대학"이라 한다)과 협력하여 하는 중소기업 수요에 맞는 교육과정 개설 및 취업연계사업
2. 지방대학 및 연구기관의 연구인력과 연구 시설·장비의 공동활용사업
3. 지역 특성에 맞는 인력양성을 위하여 중소기업 또는 협동조합등과 인력양성기관이 공동으로 제안하는 사업
4. 그 밖에 지방중소기업의 경쟁력 강화를 위하여 실시하는 마케팅, 디자인, 물류 분야 등의 전문인력 활용에 관한 협력사업
③ 정부는 중소기업과 대기업이 함께 추진하는 다음 각 호의 협력사업을

지원할 수 있다.
1. 인력양성을 위한 시설·인력 및 교육프로그램의 공동활용사업
2. 기술인력의 파견근무, 기술지도 활동 등을 통한 인력의 공동활용사업
3. 그 밖에 중소기업의 경쟁력을 높이기 위한 인력 관련 협력사업
④ 정부는 중소기업이 퇴직 및 전직(轉職) 인력을 적극 활용할 수 있도록 지원할 수 있다.
[전문개정 2011.4.4.]

제9조(인력채용 연계사업) ① 중소기업청장은 미취업자를 대상으로 산업현장에서 필요한 실무교육과 현장연수를 받게 한 후 중소기업에 채용을 알선하는 사업을 할 수 있다. 이 경우 중소기업청장은 지방자치단체의 장의 요청이 있는 경우 협의를 거쳐 사업에 참여시킬 수 있다. <개정 2012.12.11.>
② 중소기업청장은 제1항에 따른 사업에 참여하는 미취업자에 대한 실무교육 및 현장연수 수당과 그 사업을 수행하는 자에 대한 필요 경비 등을 지원할 수 있다.
③ 제1항에 따른 지원 대상 미취업자의 선발 및 지원 절차 등에 관하여 필요한 사항은 대통령령으로 정한다.
[전문개정 2011.4.4.]

제10조(산학 연계 맞춤형 인력양성사업) ① 중소기업청장은 중소기업의 수요에 맞는 인력양성을 촉진하기 위하여 중소기업과 「초·중등교육법」 및 「고등교육법」에 따른 각급 학교(이하 "학교"라 한다)를 연계하여 재학생을 대상으로 맞춤형 교육을 실시할 수 있다. 이 경우 중소기업청장은 지방자치단체의 장의 요청이 있는 경우 협의를 거쳐 사업에 참여시킬 수 있다. <개정 2012.12.11.>
② 중소기업청장은 제1항에 따른 사업에 참여하는 학교, 교사 및 학생에게

교육프로그램 개발비, 실습기자재 구입비 등 필요한 경비를 지원할 수 있다.
③ 제1항 및 제2항에 따른 사업 추진 절차, 지원 내용 및 지원 방법 등에 관하여 필요한 사항은 대통령령으로 정한다.   [전문개정 2011.4.4.]

중소기업청 고시 제2015-33호

중소기업인력지원특별법 제10조에 의해 추진하는 중소기업특성화고 인력양성사업의 효율적인 추진을 위하여 그 운영요령을 다음과 같이 개정 고시합니다.

2015년 6월 3일
중 소 기 업 청 장

중소기업 특성화고 인력양성사업 운영요령

개정 2015. 6. 3. 중소기업청 고시 제2015 -33호

1장 총칙

제1조(목적) 이 요령은 「중소기업인력지원특별법」(이하 "법"이라 한다) 제10조의 규정에 의하여 중소기업 특성화고 인력양성사업을 시행하는데 필요한 사항을 정함을 목적으로 한다.

제2조(용어의 정의) 이 요령에서 사용하는 용어의 정의는 다음과 같다.
1. "중소기업 특성화고 인력양성사업"(이하 "특성화고 인력양성사업"이라 한다)이란 「초·중등교육법」에 의한 특성화고 중에서 지역 특성과 지역 산업계의 수요를 고려하여 중소기업이 필요로 하는 전문 기능인력을 양성하기 위하여 이 요령에 따라 중소기업청이 지정한 특성화고에 재정을 지원하는 사업을 말한다.
2. "주관부처"란 중소기업청을 말한다.
3. "전담기관"이란 중소기업청장으로부터 특성화고 인력양성사업의 관리를 위탁받아 수행하는 기관을 말한다.
4. "참여학교"란 특성화고 인력양성사업 지원 대상으로 선정되어 중소기업청과 협약을 체결한 학교를 말한다.
5. "협약기업"이란 참여학교와 산학협력 활동을 제고하기 위해 추진하는 일반 업무협약과 취업맞춤반 운영을 위한 맞춤협약을 맺는 중소기업을 말한다.
6. "취업맞춤반"이란 특성화고 인력양성사업에 참여하는 학교와 참여학생(학부모), 협약기업간의 3자 협약 또는 학교와 협약기업(업종별 협·단체를 포함한다) 간의 양자협약 등 다양한 형태로 운영하는 맞춤형 교육과정반을 말한다.
7. "자문기관"이란 특성화고 인력양성사업에 참여하는 학교를 위해 교육과정 개발·편성, 교재개발, 맞춤형 학습모듈의 개발 등을 지원하는 기관으로서 전담기관이 중소기업청장의 승인을 얻어 지정한 기관을 말한다.
8. "보조금"이란 전담기관이 수행하는 특성화고 인력양성사업에 대하여 중소기업청장이 재정상의 원조를 하기 위하여 교부하는 경상보조금과 자본보조금을 말한다.
9. "경상보조금"이란 경상사업을 위한 보조금을 말하며, "경상사업"이란 자본형성사업과 관련되지 않은 일회성 또는 인력양성운영 등에 대한 사업을 말한다.
10. "자본보조금"이란 자본형성사업과 관련된 보조금을 말하며, "자본형성사업"이란 자산의 취득, 건설, 유지·보수(자산의 가치를 증대시키거나 내용연수를 증대시키는 것에 한함) 등과 관련된 사업을 말한다.
11. "보조사업"이란 보조금의 교부대상이 되는 특성화고 인력양성사업을 말한다.
12. "보조사업자"란 보조사업을 수행하는 전담기관을 말한다.
13. "간접보조금"이란 전담기관이 보조금

재원의 전부 또는 일부로 하여 상당한 반대급부를 받지 아니하고 그 보조금의 교부 목적에 따라 다시 교부하는 급부금을 말한다.

14. "간접보조사업"이란 간접보조금의 교부 대상이 되는 특성화고 인력양성사업을 말한다.

15. "간접보조사업자"란 간접보조사업을 수행하는 참여학교 또는 자문기관을 말한다.

제2장 특성화고 인력양성사업 운영체계

제3조(인력양성위원회) ①특성화고 인력양성사업의 효율적 추진과 체계적 관리를 위하여 중소기업청에 특성화고 인력양성위원회(이하 "인력양성위원회"라 한다)를 설치한다.

②인력양성위원회는 다음 각 호의 사항을 심의·의결한다.

1. 참여학교 선정에 대한 심의·의결
2. 참여학교의 성과평가에 대한 결정
3. 재정지원 제외대상 학교에 대한 처리 방안
4. 기타 특성화고 인력양성사업을 효과적으로 추진하기 위해 중소기업청장이 필요하다고 인정하는 사항

③ 인력양성위원회는 위원장 1인을 포함하여 10인 이내로 구성하고, 위원장은 중소기업청 인력지원사업 소관국장으로 하며, 위원은 다음 각 호의 자로 한다.

1. 주관부처의 사업소관과장
2. 교육부, 고용노동부 및 병무청 등 특성화교육성 관련 담당과장
3. 전담기관의 사업본부장
4. 중소기업 인력양성에 대하여 학식과 경험이 풍부한 중소기업 대표 등 전문가로서 중소기업청장이 위촉한 자

④위원회의 정기회의는 연 1회 개최를 원칙으로 하며, 임시회의는 주관부처의 장이 필요하다고 판단할 경우 수시로 개최할 수 있다.

⑤위원회는 재적위원 과반수 출석으로 개의하고, 출석위원 과반수의 찬성으로 의결한다. 단, 불가피한 사정으로 회의소집이 어렵거나 안건이 경미하다고 판단되는 경우 서면으로 의결할 수 있다.

제4조(지역위원회) ①특성화고 인력양성사업에 관한 중요사항을 협의하기 위하여 각 지방중소기업청(이하 "지방청"이라 한다)에 특성화고 인력양성지역위원회(이하 "지역위원회"라 한다)를 둔다.

②지역위원회는 다음 각 호의 사항을 협의·조정한다.

1. 지역별 특성화고 인력양성사업 효율화 방안
2. 지역 우수기업 발굴 및 취업연계와 관련된 사항
3. 그밖의 해당지역 연계사업을 위하여 지방중소기업청장(이하 "지방청장"이라 한다)이 필요하다고 인정하는 사항

③지역위원회는 위원장 1명을 포함한 7인 이내로 구성하고 위원장은 지방청장이 되며, 위원은 지방교육청, 지방노동관서, 지방병무청 및 지방청 담당과(팀)장과 특성화고 인력양성에 대하여 학식과 경험이 풍부한 자 중에서 지방청장이 위촉하는 자로 한다.

④위원의 임기, 안건의 심의절차, 사무처리 등 지역위원회의 운영에 관하여 필요한 사항은 지역위원회에서 따로 정한다.

제5조(전문위원회) ①중소기업청장은 특성화고 인력양성사업의 효율적 운영을 위하여 전담기관에 전문위원회를 둘 수 있다.

②전문위원회는 다음 각 호의 업무를 수행하며, 참여학교의 인력양성분야에 따라 분과별로 운영할 수 있다.

1. 참여학교의 특성화 운영방향 및 취업지원 자문
2. 참여학교의 사업계획서 자문
3. 참여학교의 발전방향 자문
4. 기타 사업의 효과적 추진을 위해 필요하다고 인정되는 사항

③분과위원회는 위원장 1인을 포함하여 7인 이내로 구성하고 위원장은 위원 중에서 호선하며, 위원은 특성화고 인력양성사업에 대하여 학식과 경험이 풍부한 직업 교육전문가, 중소기업 임원 중에서 전담기관의 장이 위촉하는 자로 한다.

④위원의 임기는 1년으로 하되 연임할 수 있으며, 위원회 활동실적에 따라 임기 전에도 개편 할 수 있다.

제6조(평가위원회) ①중소기업청장은 특성화
고 인력양성사업의 효율적 평가·관리를 위
해 전담기관에 평가위원회를 둘 수 있다.
②평가위원회는 다음 각 호의 업무를 수행한
다.
1. 신규 및 대체 참여학교에 대한 발표 및
선정 평가
2. 기 참여학교에 대한 성과평가
3. 참여학교의 사업비 적정성 검토 및 조정
   과 관련된 의견 제시
4. 사업 수행과 관련된 각종 평가
5. 기타 사업의 효과적 추진을 위해 필요하
   다고 인정되는 사항
③평가위원회는 특성화고 인력양성사업에
대하여 학식과 경험이 풍부한 직업교육 전
문가, 중소기업 임원 중에서 전담기관의 장
이 위촉하는 자로서 7인 이내로 구성한다.
단, 평가위원이 참여학교와 이해관계가 있는
경우에는 평가위원에서 제외하여야 한다.
④평가위원은 평가의 필요성이 제기되는 경
우에 구성한다.

제7조(전담기관) ①중소기업청장은 특성화고
인력양성사업을 효율적으로 관리·운영하
기 위하여 중소기업진흥공단을 전담기관으
로 지정하고 다음 각 호의 업무를 수행하
게 할 수 있다.
1. 전문·평가위원회의 운영 관리
2. 사업계획서의 검토, 조정 및 참여학교
   관리
3. 사업에 대한 실태조사, 성과평가에 대한
   관리
4. 사업비의 교부, 정산, 환수 등 사업비 관
리
5. 사업의 성과분석, 활용촉진 등 사후관리
6. 사업의 평가관리 및 중소기업인력종합
   관리시스템 구축·운영
7. 기타 사업의 필요에 의해 중소기업청장
   이 위탁한 사항
②주관부처의 장은 전담기관이 제1항 제1
호부터 제7호까지 업무를 수행하는데 필
요한 소요경비를 지원할 수 있다.
③전담기관의 장은 이 요령에 따라 특성화고
인력양성사업 운영에 필요한 세부지침을
마련하여 운영할 수 있다. 단, 중요사항 개
정 등의 사유가 있는 경우나 사업운영정보
공유가 필요한 경우에는 중소기업청장에게
사전 협의하여야 한다.

제8조(자문기관) 전담기관은 특성화고 인력양
성사업에 참여하는 학교를 위해 교육과
정 개발·편성, 교재개발 등 사업 전반에
대한 자문을 위해 중소기업청장의 승인을
받아 자문기관을 지정할 수 있다.

제9조(참여학교) 참여학교의 장은 다음 각 호
의 업무를 수행한다.
1. 사업 수행 및 종합관리
2. 사업 수행에 필요한 현금 또는 현물의 부
   담
3. 사업 수행에 필요한 인력, 시설, 전용공
   간 및 행정지원
4. 사업비의 관리 및 사용실적 보고
5. 사업 추진실적보고, 성과의 활용 및 활용
   결과의 보고

제3장 사업계획의 신청 및 선정

제10조(사업공고) 중소기업청장은 신규로 특
성화고 인력양성사업의 참여학교를 선정
하고자 할 때에는 다음 각 호의 사항이
포함된 내용을 중소기업인력종합관리시스
템 등을 통해 공고하여야 한다.
1. 지원목적, 지원내용, 지원대상 및 지원
   규모
2. 신청기간, 신청방법 및 신청자격
3. 기타 중소기업청장이 필요하다고 인정
   하는 사항

제11조(사업의 신규신청) 특성화고 인력양성
사업에 참여하고자 하는 학교는 사업계
획서를 작성하여 사업공고에서 정한 신청
기한 내에 중소기업인력종합 관리시스템
을 통해 신청하여야 한다.

제12조(사업의 계속신청) 특성화고 인력양성
사업에 계속 참여하고자 하는 학교는 다
음연도 사업계획서와 해당연도 사업결과
보고서를 사업기간 종료일까지 중소기업
인력종합관리시스템에 제출하여야 한다.

제13조(재정 투명성 확인 등) ①중소기업청
장은 정부 예산집행의 건전성을 확보하
기 위해 제11조 및 제12조의 규정에 의
하여 신청한 학교를 대상으로 운영 및 재
정 투명성 여부를 시·도교육청을 통해 사
전 확인하고 전담기관에 통보 하여야 한
다.
②전담기관의 장은 제1항의 결과를 선정평가

기준에 반영하여야 한다.

제14조(사업계획서의 검토·평가) ①중소기업 청장은 제11조 및 제12조의 규정에 의하여 신청된 사업계획서를 평가하기 위하여 평가위원회를 개최하여야 한다.

②평가위원회는 사업계획서를 평가할 때 다음 각 호의 사항을 종합적으로 검토하여야 하며, 평가기준표는 별도로 정한다.

1. 사업목표의 명확성
2. 정책목표 달성 가능성
3. 추진계획 및 추진체계의 합리성
4. 사업의 현실성 및 수행능력
5. 사업비 계상 및 사업기간의 타당성
6. 기타 사업의 효과적 추진을 위하여 중소기업청장이 필요하다고 인정하는 사항

③중소기업청장은 사업계획서 내용의 사실여부 검토를 위하여 사업계획서 평가 전에 지방청장에게 현장실태조사(현장평가)를 실시하게 하여야 한다.

④지방청장은 취업맞춤반 참여 신청기업에 대해 자격요건, 적합성 등을 검토 하여야 한다

⑤전담기관의 장은 제2항의 규정에 의한 평가를 완료한 때에는 그 결과를 중소기업 청장에게 보고하여야 한다.

제15조(신규 참여학교의 선정·통보) ①중소기업청장은 지방청 및 평가위원회의 평가결과 60점(100점 만점) 이상을 획득한 학교를 대상으로 제3조의 규정에 의한 인력양성위원회의 심의를 거쳐 신규 참여학교를 선정하여야 한다.

②중소기업청장은 제1항의 선정결과를 지방청장 및 지방교육감, 전담기관의 장에게 통보하고, 지방청장은 그 결과를 해당학교에 통보하여야 한다

③중소기업청장은 평가결과가 정책목표를 달성하기 어렵다고 판단될 때에는 전문위원회의 검토를 거쳐 재공고하거나 평가위원회에 재평가를 실시하게 할 수 있다.

제16조(취업맞춤반의 운영) ①선정된 사업 참여학교는 해당연도에 선정된 사업 참여 기업중에서 취업연계가 가능한 기업과 교육훈련과정 등을 협의하여 협의가 완료된 기업과 교육훈련위탁계약을 체결한 후, 계약내용에 따른 교육훈련과정에 참여를 희망하는 학생을 선발하고 그 명단을 해당기업에 통보해야 한다.

②취업맞춤반을 운영하는 학교는 근로자직업능력개발령의 규정에 따라 소재지 관할 지방 노동관서의 장에게 관련신청서를 제출하여 직업능력개발훈련과정의 인정을 받을 수 있다.

③ 기타 취업맞춤반 운영과 관련한 사항은 별도의 세부지침에서 정한다.

제17조(사업의 계속·중단) ①전담기관의 장은 제12조의 규정에 의해 제출받은 사업결과보고서와 다음 연도 사업계획서에 대하여 평가위원회를 활용하여 평가를 실시하고, 그 결과를 중소기업청장에게 보고하여야 한다.

②중소기업청장은 제1항의 평가위원회의 평가결과에 대해 제3조의 규정에 의한 인력양성위원회의 심의를 거쳐 계속 및 중단 학교를 결정하고, 그 결과를 지방청장 및 시·도교육감, 전담기관의 장에게 통보하고, 지방청장은 그 결과를 해당 학교에 통보하여야 한다.

③제2항의 규정에 의한 계속 및 중단 대상학교는 60점(100점 만점)을 기준으로 한다.

제 4장 참여 학교의 관리 및 성과평가

제18조(사업계획의 확정) ①제14조 및 제16조의 규정에 의해 선정 또는 계속 추진을 통보받은 학교의 장은 통보를 받은 날로부터 30일 이내에 평가위원회가 제시한 의견을 반영한 사업계획서 등 관련서류를 전담기관에 제출하여야 한다. 단, 맞춤협약을 위한 기간은 별도로 정한다.

②전담기관의 장은 평가위원회의 의견이 반영되었는지 확인하고, 학교별 사업계획을 확정한다.

③전담기관의 장은 선정 또는 계속 통보를 받은 날로부터 60일 이내에 사업착수를 통보하여야 한다. 단, 다음 각 호에 해당하는 경우에는 재정지원 제외 대상 학교로 정하여 통보할 수 있다.

1. 제1항에서 정한 기한 내에 사업계획서 등 관련서류를 제출하지 아니한 경우
2. 평가위원회 등의 평가의견을 사업계획서에 반영하지 아니한 경우

3. 사업계획서를 허위로 작성하여 선정된 경우
4. 사업의 신청자격에 위배되거나 중복 수행으로 확인된 경우
5. 학교가 특성화고 인력양성사업을 수행할 수 없다고 판단되는 경우

제19조(사업계획의 변경) ①참여학교의 장은 사업계획의 내용변경이 필요한 경우, 전담기관의 장에게 변경요청을 하여야 한다.

②전담기관의 장은 제1항의 규정에 의한 참여학교의 사업변경 요청에 대해 별도의 세부지침에 따라 결정한다.

③참여학교가 제21조의 규정에 의한 평가위원회의 의견을 반영하여 사업내용이 변경된 경우에는 별도의 변경절차 없이 사업계획의 변경이 완료된 것으로 본다.

제20조(참여학교에 대한 재정지원 중단) ①전담기관의 장은 다음 각호의 하나에 해당하는 참여학교에 대하여는 재정지원을 중단할 수 있다.

1. 참여학교의 사업비 유용, 취지와 목적에 위반되는 사업운영 등 불성실한 사업수행으로 인해 사업의 계속수행이 불가능한 경우
2. 해당 사업의 목표 달성이 불가능하다고 판단되거나, 참여학교 등의 귀책 사유로 인해 사업의 수행이 곤란한 경우
3. 참여학교가 사업의 수행을 포기하거나 완수할 능력이 없다고 판단되는 경우
4. 해당 연도 사업결과보고서 및 다음 연도 사업계획서, 정산보고서를 정당한 사유 없이 제출하지 않거나 허위로 작성하여 제출한 경우
5. 정당한 사유없이 제17조의 규정에 의한 기한내 수정사업계획서 등 관련서류를 제출하지 않는 경우
6. 참여학교가 사업목표 및 내용을 임의로 변경하거나, 평가위원회의 의견 및 주관부처의 의견을 반영하지 않는 경우
7. 고의 또는 과실에 의하여 운영요령 및 세부지침의 중요사항을 위반할 경우
8. 기타 정부정책상 사업의 계속 수행이 불필요하다고 중소기업청장이 판단하는 경우

②전담기관의 장은 참여학교에 재정지원을 중단할 경우에는 제3조의 규정에 의한 인력양성위원회의 의결을 거쳐야 한다.

③전담기관의 장은 제1항의 규정에 따라 재정지원을 중단하기 전에 필요한 경우, 평가위원회의 의견을 참고할 수 있다.

④전담기관의 장은 제1항의 규정에 의하여 재정지원 중단이 결정된 해당 참여학교에 대해 해당 사업의 참여제한 및 정부지원금 환수 등의 제재조치를 취할 수 있다.

제21조(중간점검) ①지방청장은 다음 각 호의 사항을 확인하기 위해 중간점검을 실시할 수 있다.

1. 사업목표에 따른 수행진척도, 사업운영의 적절성, 산학연계 교육현황, 참여 학교장의 사업추진 의지 등 사업의 추진현황
2. 사업비 사용의 적절성, 별도계정의 설정 현황, 회계서류작성 및 영수증 관리현황, 지출비목의 적정성 등 사업비 사용현황
3. 기타 사업수행 및 사업비 사용현황 관리 등을 위해 필요하다고 판단되는 사항

②중간점검은 전담기관, 지방교육청, 전문위원 등과 함께 실시할 수 있으며, 중간점검 결과는 참여학교의 해당 연도 성과평가시 반영할 수 있다.

제22조(성과평가) ①참여학교의 장은 다음연도 사업계획서를 사업 착수일 30일 전까지, 해당연도 사업결과보고서는 사업기간 종료일부터 30일 이내에 전담기관의 장에게 제출하여야 한다. 다만, 사업추진을 위하여 부득이한 경우에는 해당연도 사업결과보고서 제출기간을 단축할 수 있다.

②전담기관의 장은 매 해당 연도 사업기간 종료일 60일 이내에 평가위원회를 구성하여 성과평가를 실시하고, 그 결과를 중소기업청장에게 보고하여야 한다.

③전담기관의 장은 성과평가시 필요한 경우 참여학교의 현장을 방문하여 현지 실사를 병행할 수 있으며, 필요시 지방청 담당자 및 전문위원과 같이 실시할 수 있다.

④전담기관의 장은 제2항의 규정에 의한 성과평가를 실시하기 위하여 평가기준 및 평가방법 등에 관한 세부평가지침을 수립하

여야 한다. 단, 세부평가지침의 중요한 변경이 있는 경우나 변경내용이 관계기관 등과의 협의가 필요한 경우에는 중소기업청장에게 사전 협의하여야 한다.

제23조(평가결과의 활용) ①중소기업청장은 제21조의 규정에 의한 성과평가 결과를 제3조의 인력양성위원회의 심의를 거쳐, 다음 각 호의 하나에 해당하는 경우에는 재정지원 대상학교에서 제외할 수 있다.
1. 해당 연도 사업결과보고서 평가결과 60점 미만인 경우
2. 다음 연도 사업계획서 평가결과 60점 미만인 경우
3. 사업결과보고서 및 사업계획서 평가결과 2년 연속 최하위 10% 그룹에 해당하는 경우
②중소기업청장은 제21조의 규정에 의한 성과평가 결과, 참여학교를 우수·보통·미흡 3등급으로 구분하여 정부지원금의 차등 지급 및 포상 등의 지원을 할 수 있다.
③중소기업청장은 제1항의 결과에 의거, 참여학교 재정지원 여부를 지방청장 및 지방교육감, 전담기관의 장에게 통보하고, 지방청장은 그 결과를 해당 학교에 통보하여야 한다.

제5장 참여학교의 보조금 신청, 교부 및 관리

제24조(보조금 교부계획 수립) ①전담기관의 장은 제17조 제1항의 규정에 의거, 참여학교가 제출한 관련서류를 종합적으로 검토하여 참여학교별 보조금 지급 계획을 수립하고 중소기업청장에게 보고하여야 한다.
②중소기업청장은 전담기관의 장으로부터 받은 보조금 지급계획에 대하여 사업의 목적과 내용, 소요경비 등을 검토하여 승인하고, 승인내용을 참여학교를 관할하는 지방청장과 전담기관의 장에게 통보하여야 한다.
③전담기관의 장은 승인받은 보조금 지급계획을 참여학교 및 참여학교를 관할하는 소재지의 시·도 교육감 등에게 통보하여야 한다. 이 경우, 전담기관의 장은 참여학교에 필요한 조건을 붙일 수 있다.

제25조(보조금의 지급시기) 참여학교에 대한 보조금은 보조금 교부결정시에 지급함을 원칙으로 한다. 다만, 실험실습기자재 등 자본보조금은 지방교육청에서 지방비 매칭 예산을 해당학교에 교부(지급)한 사실을 확인한 후에 지급함을 원칙으로 하되, 부득이하게 자본보조금에 대한 지방비 매칭예산이 없는 경우에는 그러하지 아니한다.

제26조(보조금의 사용관리) ①참여학교는 교부받은 보조금에 대하여 별도의 계정을 설정하고 자체의 수입 및 지출을 지방교육청의 보조금, 참여기업의 훈련비 등과 명백히 구분하여 계리하여야 한다.
②보조금의 지출은 학교법인의 신용카드로 사용함을 원칙으로 하되, 신용카드 사용이 불가능한 경우 계좌이체를 하여야 하고, 불가피하게 현금을 사용해야 할 경우에는 세부지침에서 정하는 한도 내에서만 사용하여야 한다.
③제2항의 규정에 따른 보조금의 지출은 참여학교의 장 또는 사업수행을 위임받은 총괄책임자의 발의에 의하여 사용하되, 사업계획서에서 정한 비목별로 사용하여야 한다.
④보조금은 원칙적으로 해당 연도 사업기간 내에 지출원인행위가 이루어진 경우에만 사용하여야 하고, 집행잔액 및 발생이자 전액을 전담기관에 반납하여야 한다.
⑤참여학교의 장은 보조금의 사용내역을 기재한 장부와 지급결의서 및 영수증 등 지급을 증명할 수 있는 증빙서류를 상시 구비하여야 하며, 전담기관 장의 요구가 있을 때에는 이를 제출하여야 한다.

제27조(보조사업의 수행 등) ①참여학교는 「보조금 관리에 관한 법률」의 규정, 보조금 교부결정의 내용 또는 기타 규정에 의해 전담기관의 장이 정하는 바에 따라 선량한 관리자의 주의로 성실히 보조사업을 수행해야 하며, 그 보조금을 다른 용도에 사용하여서는 아니 된다.
②참여학교는 전담기관의 장의 요구가 있

는 경우에는 전담기관의 장이 정하는 바에 따라 보조사업의 수행상황을 전담기관의 장에게 보고하여야 한다.

③참여학교는 사정의 변경으로 중단 또는 폐지하고자 할 때에는 전담기관의 장의 승인을 얻어야 한다.

④전담기관의 장은 제3항에 의한 승인을 한 경우, 그 사실을 중소기업청장, 해당 지방청장 및 해당 지방교육감에게 즉시 보고하여야 한다.

제28조(사업비의 집행) 보조금과 지방비 부담액 등을 포함한 연계 사업비(이하 "사업비"라 한다)는 해당 사업연도에 집행함을 원칙으로 한다.

제29조(보조금 교부결정 취소 등 제재조치) 전담기관의 장은 참여 학교가 동 요령 및 관계법령, 보조금 교부결정의 내용을 위반하거나 관계법령에 의한 시정조치 등의 요구에 불응한 경우에는 사업비 집행 중지, 보조금 교부결정의 취소, 보조금 반환 등의 조치를 해야 한다.

제30조(보조금의 정산) ①참여학교는 전담기관의 장이 정하는 바에 따라 보조 사업을 완료한 때, 재정지원 중단이 결정된 때, 폐지의 승인을 얻은 때 또는 회계연도가 종료한 때에는 그 보조사업의 실적을 기재한 보조사업 평가보고서에 다음 각 호의 서류를 첨부하여 해당 사유가 발생한 날부터 1개월 이내에 전담기관의 장에게 제출하여야 한다. 다만, 제2호의 증빙서류로서 전담기관의 장이 현장 실사 등으로 확인이 가능하여 서류제출의 생략을 승인한 경우에는 그러하지 아니한다.

1. 보조금, 지방비 부담액 등 사업비통장의 입출금내역 사본

2. 보조사업에 소요된 경비를 재원별로 명백히 한 계산서 및 해당사업의 지출결의서 등 지출에 관한 증빙서류

②전담기관의 장은 참여학교가 제출한 평가보고서 등을 토대로 보조사업의 실적을 심사해야 하며, 보조사업의 실적이 법령의 규정·보조금 교부결정의 내용 등에 적합하다고 인정될 때에는 교부하여야 할 보조금의 금액을 확정하여 이를 참여학교의 장에게 통지하고, 그 결과를 참여학교가 평가보고서를 제출한 날이 속하는 달의 다음달 말까지 보조사업 총괄평가보고서를 첨부하여 중소기업청장과 해당 지방청장에게 각각 보고하여야 한다.

③실험실습기자재 구입 등 자본보조사업에 대해서는 전담기관의 장 외에 해당지역 지방교육감에게도 참여학교가 해당 지방교육감이 정하는 바에 따라 보조사업 실적보고 등 필요한 조치를 하여야 한다.

④전담기관의 장은 제2항의 보조사업 실적 심사와 관련하여 필요하다고 인정되는 경우, 해당 학교를 방문하여 실사하거나 심사팀을 구성하여 운영할 수 있다.

⑤전담기관은 효율적인 정산실시를 위하여 회계법인을 선정하여 업무를 위탁할 수 있다.

제31조(다른 법령의 준용) 참여학교의 보조금예산의 신청, 교부, 정산 등과 관련하여 이 요령에 별도 규정되어 있지 않은 사항에 대해서는 「보조금 관리에 관한 법률」 등 관계규정을 준용한다.

제6장 사후관리

제32조(사후관리) 중소기업청장은 이 사업을 통해 양성된 취업자를 대상으로 실태조사를 실시하고 장기재직을 유도할 수 있는 방안을 마련할 수 있다.

제33조(현장실태조사) 지방청장과 전담기관의 장은 특성화고 육성사업의 효율적 추진을 위하여 다음 각 호에 해당하는 사항에 대하여 현장실태조사를 실시할 수 있다.
1. 신규 참여학교의 선정평가
2. 계속 참여학교의 성과평가
3. 제19조 제1항 각 호의 하나에 해당하는 참여학교
4. 외부 교육전문기관 위탁교육 및 산업체 현장체험학습 교육프로그램 등에 대한 운영실태 점검
5. 기타 사업수행, 사업비 현황 및 평가관리 등을 위해 필요하다고 판단되는 경우

제34조(제재조치) ①전담기관의 장은 참여학교가 제19조 제1항의 각호의 하나에 해당하는 경우 재정지원의 중단 및 사업비의 전부 또는 일부를 환수할 수 있다.
②전담기관의 장은 다음 각 호에 의해 반납·환수된 사업비에 대하여 중소기업청장에게 보고하고, 국고에 세입 조치하여야 한다.
1. 제25조 제4항의 규정에 의한 참여학교의 해당 연도 사업비 집행잔액 및 발생이자
2. 제29조의 규정에 의해 참여학교가 사업비의 유용 및 목적외 사용한 것으로 확인된 금액
3. 사업기간중이라도 참여학교가 사업비의 유용, 목적 외 사용 등 사업비의 부적절한 집행이 확인된 금액
③전담기관의 장은 제1항에 따른 제재조치 및 사업비 환수 규모와 관련된 사항은 제3조의 규정에 의한 인력양성위원회에 심의안건으로 제출하여야 한다.
④전담기관의 장은 제3항의 결과에 따라 제재조치 및 환수를 결정한 때에는 지체없이 해당 참여학교의 장에게 통보하고, 다른 관계 행정 기관의 장에게 그 사실을 통보할 수 있다.

제35조(사업비 관리 및 환수) ①전담기관의 장은 제32조의 규정에 의해 사업비의 환수금액이 확정된 때에는 해당 참여학교에 그 사유와 금액 및 납부처 등을 명시하여 반환을 명하여야 한다.
②전담기관의 장은 제1항의 환수금에 대하여는 국세징수의 예에 따라 징수 할 수 있으며, 징수는 국세와 지방세를 제외하고는 다른 공과금에 우선한다. 특히, 그 행위가 범죄행위에 해당된다고 판단하는 때에는 수사기관에 수사 의뢰, 형사고소 고발 등의 조치를 취할 수 있다.

제36조(협약위반 업체 등에 대한 제재조치)
①지방청장은 취업맞춤반에 참여했던 학교가 동 운영요령을 위반하거나, 자료제출 또는 시정조치 등의 요구에 불응하는 등 사후관리에 비협조적일 경우에는 해당 학교의 참여학교 재선정을 배제하거나 재선정 배제를 중소기업청장에게 건의해야 한다.
②지방청장은 취업맞춤반에 참여했던 기업 및 맞춤훈련 취업자가 동 운영요령을 위반하거나 중도 포기 등 협약을 불이행한 경우에는 해당 기업 및 맞춤훈련 취업자에 대한 병역특례 등 정부시책상의 우대 지원사항을 배제하는 등 필요한 조치를 해야 한다.

제37조(맞춤훈련 취업자 등의 관리) 지방청장은 해당지역 맞춤훈련 취업자를 〈맞춤훈련 취업자 관리〉 명부에 등록하여 관리해야 하며, 병무청 등 외부기관의 맞춤훈련 취업자 확인 요청시 〈재직증명서(맞춤훈련취업자용)〉에 의거 해당 여부를 확인해 주어야 한다.

제38조(권한의 위임 등) ①이 요령에 따른 지방청장의 권한 또는 업무 중 참여학생 취업·채용 협약결과 및 변경사항의 관리, 맞춤훈련 취업자의 등록 및 관리 등에 관한 권한 또는 업무는 그 전부 또는 일부를 중소기업청장이 정하는 바에 따라 전담기관의 장에게 위탁할 수 있다.
②제1항의 규정에 의하여 전담기관의 장에게 업무를 위탁한 경우에는 전담 기관의 장이 위탁받은 업무를 원활히 수행

할 수 있도록 지방청장은 관계 자료의 제공, 애로사항의 해결 등 필요한 지원과 조치를 적극 이행해야 한다.

제39조(사후관리의 주체) ①사후관리는 원칙적으로 전담기관이 수행하며, 사후관리와 관련하여 필요한 사항을 지방청장, 참여기업 및 참여학교의 장에게 요구하거나 협조·요청할 수 있다.

②제1항의 사후관리에 외부전문인력이 필요한 경우 예산의 범위내에서 수당과 여비를 지급하고 자문 등을 구할 수 있다.

③전담기관의 장은 사후관리 실시 결과, 제재조치나 사업비 환수 등 주요사항에 대해서는 해당 지방청장에게 그 사실을 통보하여야 한다.

제40조(기타) 이 규정에서 정하지 않은 사항은 전담기관의 장이 따로 정하는 세부지침에 따른다.

　　　부 칙〈2015-33호, 2015.6.3〉

제1조(시행일) 이 요령은 고시한 날로부터 시행한다.

제11조(중소기업체험사업) ① 중소기업청장은 학교에 재학 중인 학생의 중소기업에 대한 관심을 높이고 중소기업에의 취업을 촉진하기 위하여 중소기업에서 기업활동을 체험하게 하거나 중소기업 경영자가 교육 강사로 참여하는 사업(이하 이 조에서 "중소기업체험사업"이라 한다)을 할 수 있다. 이 경우 중소기업청장은 지방자치단체의 장의 요청이 있는 경우 협의를 거쳐 사업에 참여시킬 수 있다. 〈개정 2012.12.11.〉

② 중소기업청장은 중소기업체험사업을 효율적으로 실시하기 위하여 사업에 참가하는 학생, 학교, 교육 강사 및 중소기업 등에 비용 보조, 취업 알선 및 정보 제공 등의 지원을 할 수 있다. 〈개정 2012.12.11.〉

③ 학교는 학생의 현장실습 등을 장려하기 위하여 학칙으로 정하는 바에 따라 중소기업체험사업 참가 실적을 학점 또는 단위로 인정할 수 있다. [전문개정 2011.4.4.]

제12조(청년실업자의 중소기업 취업지원) ① 고용노동부장관은 15세 이상 29세 이하인 미취업자의 중소기업 취업을 촉진하기 위하여 이들을 고용하는 중소기업에 고용장려금을 지급할 수 있다.

② 제1항에 따른 지원 대상, 지원 내용 및 지원 절차 등에 관하여 필요한 사항은 고용노동부장관이 고시로 정한다. [전문개정 2011.4.4.]

제13조(외국 전문인력의 안정적 활용지원) 중소기업청장은 중소기업이 필요한 외국 전문인력을 안정적으로 활용할 수 있도록 지원하여야 한다. [전문개정 2011.4.4.]

제14조(전문연구요원 등의 제도에 관한 협의) 중소기업청장은 「병역법」 제36조제1항에 따른 전문연구요원 및 산업기능요원의 활용 실태를 조사하고 중소기업의 의견을 수렴하여 전문연구요원제도 및 산업기능요원제도의 개선에 관하여 병무청장에게 협의를 요청하여야 한다. [전문개정 2011.4.4.]

제15조(겸임 또는 겸직에 대한 특례) ① 다음 각 호의 어느 하나에 해당하는 사람은 그 소속 기관의 장의 허가를 받아 중소기업의 대표자 또는 임직원을 겸임하거나 겸직할 수 있다. 다만, 공무원의 겸임 또는 겸직은 직무상 능률을 저해할 우려가 없는 경우에만 할 수 있다.

1. 대학의 교원(부설연구소의 연구원을 포함한다)
2. 국공립 연구기관의 연구원(「한국

과학기술원법」 제15조, 「광주과
학기술원법」 제14조 및 「대구
경북과학기술원법」 제12조의3에
따른 교원 및 연구원을 포함한다.
이하 같다)
3. 「정부출연연구기관 등의 설립·운
영 및 육성에 관한 법률」 제8조
제1항에 따른 연구기관의 연구원
4. 「과학기술분야 정부출연연구기관
등의 설립·운영 및 육성에 관한
법률」 제8조제1항에 따른 연구
기관의 연구원
② 제1항 각 호에 따른 교원 및 연구
원이 그 소속 기관의 장의 허가를
받은 때에는 「교육공무원법」 제18
조제1항 또는 「협동연구개발 촉진
법」 제6조제4항에 따른 겸임 또는
겸직 허가를 받은 것으로 본다.
[전문개정 2011.4.4.]

제15조의2(교육공무원등의 휴직 허용)
① 다음 각 호의 어느 하나에 해당하
는 사람(이하 "교육공무원등"이라 한
다)은 「교육공무원법」 제44조제1
항, 「국가공무원법」 제71조제2항,
「지방공무원법」 제63조제2항 및
「사립학교법」 제59조제1항에도 불
구하고 중소기업부설연구소 연구소장
또는 연구원으로 근무하기 위하여 휴
직할 수 있다.
1. 「고등교육법」에 따른 대학(산업대
학과 전문대학을 포함한다. 이하
같다)의 교원(대학부설연구소의 연
구원을 포함한다. 이하 같다)
2. 국공립 연구기관의 연구원
3. 「정부출연연구기관 등의 설립·운
영 및 육성에 관한 법률」 제8조
제1항에 따른 연구기관의 연구원
4. 「과학기술분야 정부출연연구기관
등의 설립·운영 및 육성에 관한
법률」 제8조제1항에 따른 연구
기관의 연구원
② 제1항에 따른 휴직 기간은 3년 이

내로 한다. 다만, 소속 기관의 장이
필요하다고 인정하면 3년 이내에서
휴직 기간을 연장할 수 있다. 이 경
우 대학교원의 휴직 기간은 「교육
공무원법」 제11조의3제1항에도 불
구하고 임용 기간 중의 남은 기간을
초과할 수 있다.
③ 제1항에 따라 교육공무원등이 6개
월 이상 휴직하는 경우에는 휴직일
부터 해당 소속 기관에 그 휴직자의
수에 해당하는 교원이나 연구원의
정원이 따로 있는 것으로 본다.
④ 제1항에 따라 교육공무원등이 휴
직한 후 복직하는 경우 해당 소속
기관의 장은 그 휴직으로 인하여 신
분상 및 급여상의 불이익을 주어서
는 아니 된다.
[전문개정 2011.4.4.]

제16조(기업부설연구소 설립에 대한 특
례) 중소기업이 대학 연구인력의 활
용을 확대하기 위하여 대학에 「산업
교육진흥 및 산학협력촉진에 관한 법
률」 제37조에 따른 협력연구소를
설치하는 경우에는 이를 「기술개발
촉진법」 제7조제1항제2호의 규정에
따른 기업부설연구소로 본다.
[전문개정 2011.4.4.]

제17조(전역 예정자의 중소기업 현장연
수) 「군인사법」 제46조의2에 따른
전직지원교육 대상이 되는 전역 예정
자는 전직지원교육의 일환으로 중소
기업 사업장에서 유급의 현장연수를
받을 수 있다. <개정 2011.5.24.>
[전문개정 2011.4.4.]

제18조(중소기업의 구인활동 지원) 중
소기업청장은 중소기업의 원활한 인
력 확보를 위하여 중소기업의 구인활
동 및 구직자의 중소기업 취업활동에
필요한 지원을 할 수 있다.

[전문개정 2011.4.4.]

제18조의2(인재육성형 중소기업의 지정) ① 중소기업청장은 중소기업의 우수인력 채용 및 육성을 촉진하기 위하여 인재육성형 중소기업을 지정할 수 있다.
② 정부는 인재육성형 중소기업의 발굴·지정·육성을 위한 사업과 제1항에 따라 지정된 인재육성형 중소기업을 활용한 중소기업 인력지원 사업을 추진할 수 있으며, 필요한 비용을 지원할 수 있다.
③ 인재육성형 중소기업 지정의 유효기간은 지정을 받은 날부터 3년으로 한다.
④ 인재육성형 중소기업의 지정 기준 및 절차 등에 필요한 사항은 대통령령으로 정한다.
[전문개정 2014.1.21.]

제18조의3(인재육성형 중소기업의 지정 취소) ① 중소기업청장은 제18조의2제1항에 따라 인재육성형 중소기업으로 지정을 받은 자가 다음 각 호의 어느 하나에 해당하는 경우에는 그 지정을 취소할 수 있다. 다만, 제1호 및 제2호의 어느 하나에 해당하는 경우에는 지정을 취소하여야 한다. <개정 2014.1.21.>
1. 거짓이나 그 밖의 부정한 방법으로 지정을 받은 경우
2. 지정을 받은 자가 그 사업을 폐업한 경우
3. 제18조의2제4항에 따른 지정기준에 적합하지 아니하게 된 경우
② 중소기업청장은 제1항에 따라 지정을 취소하고자 하는 경우에는 청문을 실시하여야 한다. <개정 2014.1.21.>
③ 중소기업청장은 제1항에 따라 지정이 취소된 자에 대하여는 그 취소일부터 3년의 범위에서 제18조의2제1항에 따른 지정을 하지 아니할 수 있다. <개정 2014.1.21.>

④ 그 밖에 지정 취소에 필요한 사항은 대통령령으로 정한다. <개정 2014.1.21.>
[본조신설 2011.4.4.]
[제목개정 2014.1.21.]

제4장 중소기업의 인력구조 고도화 및 재직자 훈련 강화

제19조(인력구조 고도화사업계획의 수립과 지원) ① 중소기업 관련 단체 및 협동조합등은 중소기업에 필요한 인력을 확보하기 위하여 다음 각 호의 사업을 내용으로 하는 인력구조 고도화사업계획(이하 "인력고도화계획"이라 한다)을 수립·시행할 수 있다.
1. 중소기업의 인력관리 실태에 대한 조사
2. 중소기업의 우수인력 확보를 지원하기 위한 공동채용활동
3. 중소기업에 우수인력의 유입을 촉진하기 위한 근로시간의 단축, 근로환경의 개선 등을 위한 사업
4. 중소기업 재직자의 직업능력 향상을 위한 공동교육훈련
5. 그 밖에 중소기업의 인력수급 원활화 및 인력구조 고도화를 위하여 필요한 사업
② 정부는 제1항에 따라 수립하는 인력고도화계획이 대통령령으로 정하는 요건을 충족하는 경우에는 인력고도화계획의 시행에 드는 경비의 일부를 지원할 수 있다.
[전문개정 2011.4.4.]

제20조(인력고도화계획의 관리 및 취소) ① 정부는 제19조제2항에 따라 경비를 지원받은 중소기업 관련 단체 및 협동조합등이 인력고도화계획을 적절하게 시행하고 있는지 관리하여야 한다.
② 정부는 제19조제2항에 따라 지원받은 중소기업 관련 단체 및 협동조

합등이 인력고도화계획에 따라 사업을 시행하지 아니하는 경우에는 지원을 취소하고 지원자금을 회수할 수 있다.
[전문개정 2011.4.4.]

제20조의2(중소기업 공동교육훈련시설) ① 정부는 중소기업의 직업능력개발훈련 실시를 촉진하기 위하여 중소기업 공동교육훈련시설의 설치 및 운영에 필요한 지원을 할 수 있다.
② 제1항에 따른 지원 대상, 지원 절차 등에 관하여 필요한 사항은 대통령령으로 정한다.
[전문개정 2011.4.4.]

제20조의3(중소기업의 원격훈련 지원) 정부는 중소기업의 생산성 향상과 근로자의 능력 향상을 위하여 첨단 정보통신매체를 활용한 원격훈련 시행에 필요한 정보처리시스템의 도입, 원격교육과정의 개발, 교육운영비용 등을 지원할 수 있다.
[전문개정 2011.4.4.]

제21조(고용창출사업의 지원) ① 고용노동부장관은 중소기업이 다음 각 호의 어느 하나에 해당하는 조치를 하여 고용 기회의 확대를 도모하는 경우에는 「고용보험법」 제19조에 따른 고용안정·직업능력개발 사업으로 보아 지원할 수 있다.
1. 고용환경 개선을 위한 시설·설비에 투자하여 근로자를 채용하는 경우
2. 경쟁력 향상 등을 위하여 고용노동부장관이 고시로 정하는 전문인력을 채용하는 경우
3. 새로운 업종에 진출하여 근로자를 채용하는 경우
4. 근로시간을 단축하여 근로자를 채용하는 경우
② 제1항에 따른 지원 요건·대상·방법 및 절차 등에 관하여 필요한 사항

은 고용노동부장관이 고시로 정한다.
[전문개정 2011.4.4.]

제22조 삭제 <2007.8.3.>

제23조(국제협력 증진) ① 중소기업청장은 중소기업 기술인력의 기술 수준 향상을 위하여 다음 각 호의 사업을 수행할 수 있다.
1. 외국정부·국제기구 또는 교육훈련기관 및 산업체 등과의 협력체계 구축
2. 외국 대학과의 산학협력을 통한 기술인력 협력
3. 중소기업의 인력 관련 국제 학술대회, 박람회 및 회의의 개최와 참가
4. 중소기업 인력양성 및 인력지원 관련 정보의 교류
5. 그 밖에 중소기업 인력지원 관련 국제협력을 위하여 필요한 사업
② 중소기업청장은 제1항 각 호의 사업을 수행하거나 참여하는 자에게 비용의 전부 또는 일부를 지원할 수 있다.
[전문개정 2011.4.4.]

제5장 중소기업으로의 인력 유입을 위한 환경조성

제24조(공동복지시설의 지원) 정부는 다음 각 호의 중소기업 공동복지시설의 설치 및 운영에 필요한 경비를 지원할 수 있다. <개정 2011.6.7.>
1. 여러 중소기업이 재직자의 복리후생 증진을 위하여 중소기업 밀집지역에 설치·운영하는 공동복지시설
2. 여러 중소기업이 직장과 주거의 거리가 먼 재직자를 위하여 제공하는 공동숙박시설
3. 여러 중소기업이 공동으로 설치·운영하는 「영유아보육법」 제10

조에 따른 어린이집
[전문개정 2011.4.4.]

제24조의2(문화생활의 지원 등) ① 정부는 중소기업에 근무하는 근로자의 문화생활 향상 및 건강 증진을 위하여 지원하도록 노력하여야 한다.
② 제1항에 따른 지원 내용 및 방법 등에 관하여 필요한 사항은 대통령령으로 정한다.
[전문개정 2011.4.4.]

제25조 삭제 〈2007.8.3.〉

제26조(중소기업 인식개선사업 및 우수 중소기업 사례의 보급·확산) ① 중소기업청장은 우수 인력이 중소기업에 유입될 수 있도록 인식개선사업을 실시할 수 있다.
② 중소기업청장은 다음 각 호의 어느 하나에 해당하는 우수 중소기업을 발굴하여 포상, 홍보하는 등 인식개선사업을 실시하여야 하며, 중소기업의 인력관리체제 개선을 촉진하기 위하여 우수 사례가 보급·확산되도록 노력하여야 한다.
1. 우수한 혁신기술을 보유한 중소기업
2. 근로환경·직업능력개발 및 복리후생, 인력의 효율적인 활용 등 인력관리체제를 모범적으로 개선한 중소기업
3. 산(産)·학(學)·연(研) 협동을 성공적으로 수행한 중소기업
4. 그 밖에 중소기업청장이 중소기업 인식개선에 이바지한다고 인정하는 중소기업
③ 중소기업청장은 제1항 및 제2항에 따른 사업을 중소기업 관련 기관 및 협동조합등과 함께 추진하는 경우에는 필요한 경비의 일부를 지원할 수 있다.
④ 제2항에 따른 우수 중소기업의 발굴 방법 및 절차 등에 관하여 필요

한 사항은 대통령령으로 정한다.
[전문개정 2011.4.4.]

제27조(근로시간의 단축 지원) 정부는 중소기업의 근로시간 단축을 촉진하기 위하여 다음 각 호의 지원을 제공할 수 있다.
1. 중소기업의 근로시간 단축을 지원하기 위한 경영상담
2. 근로시간 단축에 대한 지도활동
3. 근로시간 단축에 따라 생산성을 높이기 위한 설비투자 지원
[전문개정 2011.4.4.]

제27조의2(중소기업과 근로자 간의 성과 공유 촉진) ① 정부는 중소기업에 근무하는 근로자의 임금 또는 복지 수준을 향상시키기 위하여 사업주와 근로자 간에 성과를 공유하는 제도를 도입한 중소기업을 우대하여 지원할 수 있다.
② 정부는 표준적인 성과 공유 제도를 개발하여 보급할 수 있으며, 사업주와 근로자 간에 성과를 공유하는 제도를 도입하려는 중소기업에 컨설팅 비용 등 필요한 경비를 지원할 수 있다.
③ 제2항에 따른 지원 내용 및 절차 등에 관하여 필요한 사항은 대통령령으로 정한다.
[전문개정 2011.4.4.]

제28조(근로자의 창업 지원 등) 중소기업청장은 다음 각 호의 어느 하나에 해당하는 사람이 해당 직종과 관련된 분야에서 신기술에 기반한 창업을 하려는 경우에는 자금을 지원하고 관련 정보를 제공하는 등 우선적으로 지원할 수 있다.
1. 중소기업에서 같은 분야 및 직종의 생산업무에 15년 이상 종사한 사람
2. 「국가기술자격법」 제10조에 따

라 국가기술자격을 취득하고 같은 분야의 중소기업에 10년 이상 종사한 사람
3. 「숙련기술장려법」 제11조제1항에 따른 대한민국명장으로서 선정 당시와 같은 분야의 중소기업에 3년 이상 종사한 사람
4. 「숙련기술장려법」 제2조제3호에 따른 국내기능경기대회 및 국제기능올림픽대회 입상자로서 같은 분야의 중소기업에 5년 이상 종사한 사람

[전문개정 2011.4.4.]

제29조(우수근로자 등에 대한 지원) ① 정부는 중소기업, 협동조합등 또는 중소기업 관련 기관·단체의 추천을 받아 같은 중소기업에 10년 이상 장기근속한 사람으로서 업무수행 능력이 우수한 근로자를 선발하여 국내 및 국외 연수를 실시할 수 있다.
② 중소기업청장은 중소기업에 근무하는 근로자의 사기를 북돋우고 기술 및 기능 수준의 향상을 촉진하며, 우수 기술 및 기능의 전수를 촉진하기 위하여 업종별·분야별 전문기술인력 및 전문기능인력을 발굴하여 기술 또는 기능의 전수를 위한 교육 활동 등에 필요한 경비 등을 지원할 수 있다.
③ 정부 및 공공기관의 장은 제2항에 따른 전문기술인력 및 전문기능인력에 대하여 공공시설 이용 시 우대하는 등의 우대조치를 할 수 있다.
④ 제2항에 따른 전문기술인력 및 전문기능인력의 발굴 및 지원 방법 등에 관하여 필요한 사항은 대통령령으로 정한다. [전문개정 2011.4.4.]

제30조(중소기업 근로자의 장기재직 지원) ① 정부는 중소기업에 5년 이상 근무한 근로자를 「주택법」 제2조제3호에 따른 국민주택 등 대통령령으로 정하는 주택에 대통령령으로 정하는 바에 따라 우선하여 입주하게 할 수 있다. 이 경우 우선하여 분양받게 되는 주택에 대하여는 5년의 범위에서 중소기업청장이 정하여 고시하는 일정 기간 동안 이를 타인에게 매매·증여·임대하거나 그 밖에 권리의 변동을 수반하는 어떠한 행위(상속·저당의 경우는 제외한다)도 할 수 없다.
② 정부는 중소기업 관련 단체가 대기업·중소기업 관련 단체 등과 협약을 체결하는 등의 방법으로 중소기업에 근무하는 근로자의 장기재직을 유도하기 위한 사업을 추진하는 경우 컨설팅 비용 및 홍보 비용 등 필요한 경비를 지원할 수 있다. [전문개정 2011.4.4.]

중소기업 장기근속자 주택 우선공급에 관한 지침

제정 2004. 6. 19 중소기업청 고시 제2004- 7호
개정 2015. 5. 21 중소기업청 고시 제2015-31호

제1조(목적) 이 지침은 「중소기업인력지원특별법」 제30조에 따라 시행하는 중소기업 장기근속자 주택 우선공급(이하 "주택우선공급" 이라 한다)의 효율적 추진을 위해 필요한 세부사항을 정함을 목적으로 한다.

제2조(정의) 이 지침에 사용하는 용어의 뜻은 다음 각 호와 같다.
1. "공급"이란 「주택법」 제38조의 적용대상이 되는 주택 및 복리시설을 분양 또는 임대하는 것을 말한다.
2. "주택우선공급"이란 중소기업 근로자의 주거 안정을 통한 장기재직 유도를 위해 「주택법」 제2조제3호에 따른 국민주택 등 또는 주거전용면적이 85제곱미터 이하인 민영주택을 중소기업 근로자인 무주택세대주에 대해 우선적으로 공급하

는 제도를 말한다.

3. "사업주체"란「주택법」 제16조에 따른 주택건설사업계획의 또는 대지조성사업계획의 승인을 받아 그 사업을 시행하는 다음 각 목의 자를 말한다.

가. 국가 및 지방자치단체

나.「한국토지주택공사법」에 따른 한국토지주택공사

다.「지방공기업법」제49조에 따라 주택사업을 목적으로 설립된 지방공사

라.「주택법」제9조에 따라 등록한 주택건설사업자 또는 대지조성사업자

마. 그 밖에 「주택법」에 따라 주택건설사업 또는 대지조성사업을 시행하는 자

4. "세대주"란 세대별 주민등록표상에 배우자, 직계존속 또는 직계비속인 세대원으로 이루어진 세대의 세대주를 말한다. 다만, 세대별 주민등록표상에 배우자 및 직계 존·비속인 세대원이 없는 세대주로서「민법」제4조에 따른 성년에 이른 사람은 세대주로 본다.

5. "무주택세대구성원"이란 세대주 및 세대원(다음 각 목의 사람을 포함한다) 전원이 주택을 소유하고 있지 아니한 세대의 세대주 및 세대원을 말한다.

가. 주택공급을 신청하려는 세대주 및 세대원의 배우자로서 해당 세대주 또는 세대원과 동일한 세대별 주민등록표상에 등재되어 있지 아니한 사람

나. 주택공급을 신청하려는 세대주 또는 세대원의 직계존·비속으로서 가목의 배우자와 동일한 세대를 이루고 있는 사람

다. 주택공급을 신청하려는 세대원(세대주의 직계비속인 세대원에 한정한다)의 배우자로서 해당 세대원과 동일한 세대를 이루고 있는 사람

라. 주택공급을 신청하려는 세대원의

직계존속으로서 해당 세대원과 동일한 세대를 이루고 있는 사람

제3조(우선공급 대상자) ① 주택우선공급은 「중소기업기본법」제2조제1항에 따른 중소기업에 재직 중인 근로자로서 다음 각 호의 요건을 모두 갖춘 자를 대상으로 한다.

1. 과거 근무경력을 포함하여 「중소기업기본법」제2조제1항에 따른 중소기업에서 재직한 기간이 5년 이상인 자

2.「근로기준법」제2조제1항제1호에 따른 임금을 목적으로 근로를 제공하는 자를 우선공급 대상으로 하되, 법인등기부에 등재된 대표 및 이사는 제외한다. 다만, 「중소기업기본법시행령」제8조에 따른 소기업에 재직 중이면서 고용보험에 가입되어 실질적 근로를 제공하는 이사는 우선공급 대상에 포함한다.

3. 사업주체가 입주자모집을 공고한 날(이하 "입주자모집공고일"이라 한다)을 기준으로 무주택세대구성원인 자

② 다음 각 호의 업종을 영위하는 중소기업의 근로자는 제1항의 요건을 모두 충족하더라도 우선공급 대상에서 제외한다.

1. 부동산업

2. 일반유흥 주점업

3. 무도유흥 주점업

4. 기타 주점업

5. 기타 갬블링 및 베팅업

6. 무도장 운영업

제4조(우선공급 대상주택) 주택우선공급은 다음 각 호의 주택을 대상으로 한다.

1. 「주택법」 제2조제3호에 따른 국민주택

2. 다음 각 목의 어느 하나에 해당하는 주택 중 주거의 용도로만 쓰이는 면적(이하 "주거전용면적"이라 한다)이 85제곱미터 이하인 주택

가. 국가, 지방자치단체, 「한국토지주택공

사법」에 따른 한국토지주택공사 또는 「지방공기업법」제49조에 따라 주택사업을 목적으로 설립된 지방공사가 건설하는 주택

나.「임대주택법 시행령」제2조제1호 다 목에 따른 공공건설임대주택

3.「공공주택건설 등에 관한 특별법」제2조제1호에 따른 공공주택

4. 주택관련 법령에 따른 민영주택으로서 주거전용면적이 85제곱미터 이하인 주택

제5조(주택의 확보) 지방중소기업청장 및 제주특별자치도지사(이하 "지방청장 등"이라 한다)는 사업주체와 협의하여 주택우선공급을 위한 주택확보에 노력하여야 한다.

제6조(우선공급 대상자 모집 공고) 지방청장 등은 관할지역 내 사업주체가 주택우선공급을 하고자 할 경우에 사업주체와 협의하여 우선공급 대상자의 신청방법, 신청기간 등을 지방중소기업청 홈페이지 등에 게시하여 공고하여야 한다.

제7조(주택우선공급 신청) ① 다음 각 호의 어느 하나에 해당하는 주택우선공급을 받고자 하는 우선공급 대상자는 제6조에 따라 공고한 신청기간 내에 별지 제1호 서식의 주택우선공급 확인 신청서를 관할 지방청장 등에게 제출하여야 한다.

1.「임대주택법」제2조제3의2호에 따른 "장기전세주택" 중 주거전용면적이 85제곱미터 이하 주택

2. 국가, 지방자치단체, 한국토지공사 또는 지방공사가 건설하는「임대주택법」제16조제1항제2호에 따른 "건설임대주택"(이하 "국민임대주택"이라 한다) 중 주거전용면적이 50제곱미터 미만인 주택

② 다음 각 호의 어느 하나에 해당하는 주택우선공급을 받고자 하는 우선공급 대상자는 제6조에 따라 공고한 신청기간 내에 별지 제2호 서식의 주택우선공급 추천 신청서와 별제 제3호 서식의 서약서를 관할 지방청장 등에게 제출하여야 한다. 단, 다음 각 호의 주택은 1회에 한하여 우선공급을 받을 수 있다.

1.「주택법」제2조제3호의2에 따른 "국민주택 등"에 해당하는 주택 중 제1항에 규정된 주택을 제외한 주택

2.「주택법」제2조제3호의4에 따른 "민영주택"으로서 주거전용면적이 85제곱미터 이하인 주택

제8조(주택우선공급 신청에 대한 검토) ① 지방청장 등은 제7조의 신청에 대해 제3조에 규정된 우선공급 대상자 요건의 충족 여부를 확인하여야 한다.

② 제3조제1항제3호에 규정된 무주택 여부는「주택공급에 관한 규칙」제21조의2에 따라 사업주체가 확인한다. 다만, 지방청장 등은 별지 제3호 서식의 서약서를 우선공급 대상자에게 징구하여야 한다.

제9조(우선공급 대상자 확인 및 추천) ① 지방청장 등은 제7조제1항에 따라 신청한 자에 대해서 제3조의 주택우선공급 대상자 요건을 충족하는지 여부를 확인하고 별지 제4호 서식의 주택우선공급 대상자 확인서를 작성하여 신청자에게 발급한다.

② 지방청장 등은 제7조제2항에 따라 신청한 자 중 제3조의 주택우선공급 대상자 요건을 충족한 자에 대해서 다음 각 호에 따라 점수를 산정하고 고득점 순으로 우선순위를 부여하여 사업주체에게 별지 제5호 서식에 따라 추천하여야 한다.

1. 우선공급 대상자의 중소기업 재직기간을

다음 각 목에 따라 점수를 산정한다. 단, 각 목의 합이 <u>60점</u>을 초과할 수 없다.
가. <u>입주자모집공고일 현재</u> 근무 중인 기업의 재직기간 : 1년 마다 3점씩 부여

나. <u>입주자모집공고일 현재</u> 근무 중인 기업 이전에 중소기업 재직기간 : 1년 마다 2점씩 부여

2. 우선공급 대상자가「중소기업인력지원특별법 시행령」제29조 규정에 따라 제조업을 영위하는 소기업에서 재직 중일 경우에는 <u>5점</u>을 부여한다. 다만, 재직 중인 기업이 2개 이상의 업종을 영위하는 경우에는「중소기업기본법 시행령」제4조에 따른 주된 업종을 기준으로 한다.

<u>3.</u> 우선공급 대상자가 수상경력이 있을 경우 다음 각 목에 따라 점수를 부여한다. 단, 각 목의 합이 <u>5점</u>을 초과할 수 없다.
가. 훈·포장 : <u>5점</u>
나. 대통령·국무총리 표창 또는 상장 : <u>4점</u>
다. 장관·차관급 이상 청장·광역자치단체장 표창 또는 상장 : <u>3점</u>
라. 기초자치단체장, 정부투자기관장 표창 또는 상장 : <u>2점</u>

4. 중소기업에 재직 중인 기술·기능 인력에 대해서는 다음 각 목의 기준에 따라 점수를 부여한다. 단, 각 목의 합이 10점을 초과할 수 없다.
가. 비수도권에 소재한 중소기업에서 연구전담요원으로 재직 중인 근로자는 10점을 부여한다. 다만, 비수도권은 서울, 경기, 인천을 제외한 나머지 지역을 의미한다.
나.「숙련기술장려법」에 의한 대한민국 명장·숙련기술전수자는 5점, 우수 숙련기술자는 3점을 부여한다.

5.「국가기술자격법」에 의한 기술사 및 기능장은 5점, 기사산업기사는 4점, 기능사는 3점을 부여한다. 단, 중복 자격의 경우 본인에게 유리한 자격 1개만 인정한다.

6.「뿌리산업 진흥과 첨단화에 관한 법률 시행령」별표 2에서 정한 업종을 영위하는 중소기업에서 재직 중인 근로자는 5점을 부여한다.

7. <u>미성년자인 자녀를 둔 근로자는 다음 각 목의 기준에 따라 점수를 부여한다.</u>
<u>가. 자녀 수 1명 : 1점</u>
<u>나. 자녀 수 2명 : 3점</u>
<u>다. 자녀 수 3명 이상 : 5점</u>

8. <u>주택건설지역과 동일한 시(특별시, 광역시 및 특별자치시를 포함한다)·군에 소재하거나 주택건설지역에서 반경 6km 이내에 소재한 중소기업에 재직 중인 근로자는 5점을 부여한다.</u>

9. 제2항 각 호에 따라 점수를 산정한 결과 동점자가 발생할 경우에는 다음 목의 순서대로 추천 순위를 부여한다.
가. 무주택 기간이 긴 순서대로 우선순위를 부여한다.
나. 중소기업 재직기간이 긴 순서대로 우선순위를 부여한다.

제10조(제한) ① 우선공급으로 주택을 분양받은 자는 분양주택을 「주택법」제41조의2에 따라 전매행위가 제한된다.
② 주민등록법령 위반, 제출 서류의 위조 또는 주택소유 등 부적격 사실이 판명될 경우 주택우선공급 대상자 확인 및 추천을 취소한다.

제11조(업무관할) 주택우선공급에 관한 업무는 주택 건설지역 소재지를 관할하는 지방중소기업청 또는 제주특별자치도가 수행한다. 다만, 주택 건설지역이 다수의 지역에 해당하는 경우에는 해당지역 지방중소기업청장의 협의에 의해 관할 지방중소기업청을 결정한다.

제12조(재검토기한) 「훈령·예규 등의 발령 및 관리에 관한 규정」에 따라 이 고시 발령 후의 법령이나 현실여건의 변화 등을 검토하여 이 고시의 폐지, 개정 등의 조치를 하여야 하는 기한은 2018년 5월 20일까지로 한다.

부 칙

제1조(시행일) 이 고시는 2015년 5월 21일

부터 시행한다.

제2조(다른 기준의 폐지) 이 고시 시행과 함께 중소기업청 고시 제2014-66호를 폐지한다.

제3조(경과조치) 제9조의 개정규정에도 불구하고 이 고시 시행일 이전에 제6조에 따른 공고를 실시한 경우에는 종전의 규정에 따른다.

제31조(금융 및 세제 지원 등) ① 정부는 중소기업 인력지원을 위한 자금을 원활히 공급하기 위하여 재정지원, 신용보증지원 등 필요한 시책을 실시할 수 있다.

② 정부는 중소기업 인력지원을 위하여 「조세특례제한법」, 「지방세특례제한법」 등 조세 관련 법률에서 정하는 바에 따라 세제지원을 할 수 있다.

[전문개정 2011.4.4.]

제32조(중소기업창업 및 진흥기금의 사용에 관한 특례) 「중소기업진흥에 관한 법률」 제63조에 따라 설치된 중소기업창업 및 진흥기금을 관리하는 자는 이 법에서 규정한 사업의 추진에 필요한 자금을 지원할 수 있다.

[전문개정 2011.4.4.]

제33조(소기업에 대한 인력지원 우대) 정부는 이 법에 따른 인력지원사업을 할 때 「중소기업기본법」 제2조제2항에 따른 소기업 중 대통령령으로 정하는 기업(이하 "소기업"이라 한다)을 우대한다. [전문개정 2011.4.4.]

제34조(소기업에 대한 직업능력개발 지원 우대) 정부는 직업능력개발사업을 할 때 소기업을 우대한다.

[전문개정 2011.4.4.]

제35조(소기업에 대한 학자금 지원 우대) 정부는 근로자에게 학자금을 지원할 때 소기업근로자를 우대한다.

[전문개정 2011.4.4.]

제5장의2 중소기업 핵심인력 성과보상기금

제35조의2(중소기업 핵심인력 성과보상기금의 설치) 중소기업청장은 중소기업 핵심인력의 장기재직 촉진 및 중소기업 인력양성을 위하여 중소기업 핵심인력 성과보상기금(이하 "성과보상기금"이라 한다)을 설치한다.

[본조신설 2014.1.21.]

제35조의3(성과보상기금의 조성) 성과보상기금은 다음 각 호의 재원으로 조성한다.

1. 중소기업이 부담하는 기여금
2. 중소기업 핵심인력이 납부하는 공제납입금
3. 성과보상기금의 관리 및 운용에 필요한 차입금
4. 성과보상기금의 운용으로 발생하는 수익금
5. 중소기업 또는 그 밖의 자의 출연금

[본조신설 2014.1.21.]

제35조의4(성과보상기금의 관리 및 운용) ① 성과보상기금은 「중소기업진흥에 관한 법률」 제68조에 따른 중소기업진흥공단(이하 "중소기업진흥공단"이라 한다)이 관리·운용한다.

② 성과보상기금의 운용에 관한 사항을 심의하기 위하여 중소기업진흥공단에 기금운용위원회를 둔다.

③ 중소기업진흥공단은 대통령령으로 정하는 바에 따라 회계연도마다 기금운용계획안을 작성하고 기금운용위원회의 의결을 거쳐 회계연도 개시 20일 전까지 중소기업청장에게

보고하여야 한다. 이를 변경하려는 때에도 또한 같다.
④ 중소기업청장은 성과보상기금의 관리·운용에 필요한 비용을 지원할 수 있다.
⑤ 그 밖에 기금운용위원회의 구성 및 운영, 성과보상기금의 관리 및 운용에 필요한 사항은 대통령령으로 정한다.
[본조신설 2014.1.21.]

제35조의5(성과보상기금의 용도) 성과보상기금은 다음 각 호의 사업을 위하여 사용할 수 있다.
1. 중소기업 핵심인력에 대한 성과보상공제사업(이하 "공제사업"이라 한다)
2. 중소기업 핵심인력의 직무역량 강화 및 전수를 위한 교육사업
3. 중소기업 핵심인력에 대한 복지사업
4. 성과보상기금의 관리 및 운용
5. 제1호부터 제4호까지의 사업과 관련된 사업
[본조신설 2014.1.21.]

제35조의6(공제사업의 운영) ① 중소기업진흥공단은 공제사업을 하려면 공제규정을 제정하여 중소기업청장의 승인을 받아야 한다. 공제규정을 변경하려는 경우에도 또한 같다.
② 제1항의 공제규정에는 대통령령으로 정하는 바에 따라 공제사업의 범위, 공제계약 중도해지 시 환급금 처리, 회계기준 및 책임준비금의 적립비율 등 공제사업의 운영에 필요한 사항이 포함되어야 한다.
③ 중소기업진흥공단은 공제사업을 다른 회계와 구분하여 별도의 회계로 관리하여야 한다.
[본조신설 2014.1.21.]

제6장 보칙

제36조(인력지원전담조직의 설치) ① 중소기업청장은 중소기업에 대한 인력지원 시책을 효과적으로 수행하기 위하여 중소기업 인력지원 업무를 전담하는 조직(이하 "인력지원전담조직"이라 한다)을 설치할 수 있다.
② 인력지원전담조직의 설치 및 운영 등에 필요한 사항은 대통령령으로 정한다.
[전문개정 2011.4.4.]

제37조(보고 및 검사 등) ① 중소기업청장은 필요하다고 인정할 때에는 인력지원사업을 수행하는 기관 또는 단체 및 인력지원전담조직의 장에 대하여 대통령령으로 정하는 바에 따라 필요한 보고를 명하거나 자료를 제출하게 할 수 있다. 이 경우 관계 공무원으로 하여금 인력지원사업을 수행하는 기관 또는 단체 및 인력지원전담조직의 사무실·사업장, 그 밖에 필요한 장소에 출입하여 장부·서류나 그 밖의 물건을 검사하거나 관계인에게 질문하게 할 수 있다.
② 제1항에 따라 검사를 하는 공무원은 그 권한을 나타내는 증표를 지니고 이를 관계인에게 보여 주어야 한다.
[전문개정 2011.4.4.]

제38조(권한의 위임 등) 이 법에 따른 중소기업청장 또는 고용노동부장관의 권한 또는 업무는 그 일부를 대통령령으로 정하는 바에 따라 소속 기관의 장 또는 지방자치단체의 장에게 위임하거나 「중소기업협동조합법」 제3조제1항제4호에 따른 중소기업중앙회, 「중소기업진흥에 관한 법률」 제68조에 따른 중소기업진흥공단 또는 인력지원전담조직 등 중소기업 관련 기관·단체에 위탁할 수 있다.
[전문개정 2011.4.4.]

부칙

<제11690호, 2013.3.23.>
(정부조직법)

제1조(시행일) ① 이 법은 공포한 날부터 시행한다.
② 생략
제2조부터 제5조까지 생략

제6조(다른 법률의 개정) ①부터 <448>까지 생략
<449> 중소기업 인력지원 특별법 일부를 다음과 같이 개정한다.
제7조제3항 중 "지식경제부장관"을 "산업통상자원부장관"으로 한다.
제18조의2제3항 중 "지식경제부령"을 "산업통상자원부령"으로 한다.
<450>부터 <710>까지 생략

제7조 생략

부칙

<제12308호, 2014.1.21.>

제1조(시행일) 이 법은 공포 후 6개월이 경과한 날부터 시행한다.

제2조(다른 법률의 개정) 중소기업진흥에 관한 법률 일부를 다음과 같이 개정한다. 제74조제1항에 제14호의2를 다음과 같이 신설한다.
14의2. 중소기업 핵심인력에 대한 성과보상공제사업 및 그 밖에 중소기업 인력지원에 관한 사업

중소기업 인력지원 특별법 시행령

[시행 2015.5.28.]
[대통령령 제26248호, 2015.5.26., 타법개정]

제1조(목적) 이 영은 「중소기업 인력지원 특별법」에서 위임된 사항과 그 시행에 관하여 필요한 사항을 규정함을 목적으로 한다. <개정 2006.5.30., 2011.9.30.>

제2조(적용 범위) 「중소기업 인력지원 특별법」(이하 "법"이라 한다) 제3조 단서에서 "부동산업 등 대통령령으로 정하는 업종"이란 「통계법」 제22조에 따라 통계청장이 고시하는 한국표준산업분류에 따른 다음 각 호의 업종을 말한다.
1. 부동산업
2. 일반유흥 주점업
3. 무도유흥 주점업
4. 기타 주점업
5. 기타 갬블링 및 베팅업
6. 무도장 운영업
[전문개정 2013.5.22.]

제3조(시행계획의 수립) ① 중소기업청장은 관계 중앙행정기관의 장이 법 제5조제2항에 따라 연도별 시행계획(이하 "시행계획"이라 한다)을 수립하고 시행할 수 있도록 다음 해의 시행계획 수립지침을 정하고, 이를 매년 11월 30일까지 관계 중앙행정기관의 장에게 통보하여야 한다.
② 중소기업청장은 제1항에 따른 시행계획 수립지침을 정하기 위하여 필요하면 관계 중앙행정기관의 장에게 필요한 자료의 제출을 요청할 수 있다.
③ 관계 중앙행정기관의 장은 소관 분야의 시행계획을 수립하는 때에는 제1항에 따른 시행계획 수립지침에 따라야 한다.
④ 삭제 <2008.2.29.>
⑤ 관계 중앙행정기관의 장은 중소기업청장에게 통보한 시행계획의 주요 내용을 변경하려면 그 내용을 미리 중소기업청장에게 통보하여야 한다.
[전문개정 2008.1.31.]

제4조(지방중소기업인력지원협의회의 설치 등) ①지방중소기업청장은 지방자치단체, 지방고용노동관서의 장, 「고등교육법」 제2조에 따른 대학·산업대학·전문대학 및 기술대학(같은 법 제24조에 따른 분교를 포함한다. 이하 "대학"이라 한다) 등의 장과 협력하여 법 제5조제1항과 제2항에 따라 수립된 중소기업인력지원계획과 시행계획을 원활하게 추진하기 위하여 지역중소기업인력지원협의회(이하 "지역협의회"라 한다)를 설치·운영할 수 있다. <개정 2006.5.30., 2007.3.22., 2008.1.31., 2010.7.12.>
②지역협의회의 위원은 산업통상자원부령이 정하는 기관에서 인력지원 업무를 담당하는 자중에서 지방중소기업청장이 지명 또는 위촉한다. <개정 2008.2.29., 2013.3.23.>
③제1항의 규정에 따라 구성된 지역협의회는 지방중소기업청장이 관할하는 구역에서의 법 제5조제1항 각 호의 사항과 다음 각호의 사항을 심의한다.
1. 법 제8조제1항 내지 제3항 각호의 규정에 따른 사업의 지역별 추진에 관한 사항
2. 지방중소기업에 대한 인력지원방안에 관한 사항
3. 지역내 중소기업 관련 시설·장비 및 인력의 활용에 관한 사항
4. 그 밖에 지역협의회의 위원이 심의를 요청하는 사항
④이 영에 규정된 사항 이외에 지역

협의회의 구성 및 운영에 관하여 필요한 사항은 지역협의회의 의결을 거쳐 지방중소기업청장이 정한다.

제5조 삭제 <2008.2.29.>

제6조(중소기업과 대학간 산학협력 지원) ①산업통상자원부장관 및 중소기업청장은 법 제8조제1항 각호의 규정에 따른 산학협력사업을 법 제2조제2호의 규정에 따른 협동조합등(이하 "협동조합등"이라 한다), 「산업발전법」 제38조에 따라 설립된 사업자단체(이하 "사업자단체"라 한다), 중소기업 및 중소기업 유관기관과 대학간에 산업통상자원부령이 정하는 내용을 포함하는 산학협약을 체결하여 추진하는 경우에는 우선적으로 지원할 수 있다. <개정 2006.5.30., 2008.2.29., 2013.3.23.>
②산업통상자원부장관 및 중소기업청장은 연구개발을 위한 산학협력사업을 추진하는 과정에 법 제8조제1항제2호의 규정에 따른 현장연수기회를 제공할 수 있다. <개정 2008.2.29., 2013.3.23.>
③산업통상자원부장관 및 중소기업청장은 중소기업 또는 협동조합등, 사업자단체 등이 대학 및 중소기업 관련기관 등과 연계하여 청년실업자에게 직업훈련 기회 및 구인정보 등을 제공하는 경우 이에 필요한 경비의 전부 또는 일부를 지원할 수 있다. <개정 2008.2.29., 2013.3.23.>

제7조(지역특화 교육과정의 개설) 중소기업청장과 지방자치단체의 장은 법 제8조제2항제1호의 규정에 따른 사업을 원활히 추진하기 위하여 지방대학이 중소기업과 협약을 체결하고 해당 지역에 소재한 중소기업의 인력수요에 맞는 교육과정을 개설하는 경우 이에 필요한 지원을 할 수 있다.

제8조(연구인력 및 시설현황 정보의 제공) 중소기업청장은 법 제8조제2항제2호의 규정에 따른 공동활용사업을 효율적으로 추진하기 위하여 지역별로 연구인력·연구시설 및 연구장비의 보유현황에 대한 정보를 제공할 수 있는 전산망을 구축·관리할 수 있다.

제9조(중소기업과 대기업간 연계지원) ①중소기업청장은 법 제8조제3항 각호에 규정되어 있는 협력사업을 활성화하기 위하여 이에 관련된 정보를 수집하여 중소기업에게 제공하고 협력사업의 추진을 촉진하기 위한 지원을 할 수 있다.
②중소기업청장은 법 제8조제3항의 규정에 따라 추진된 협력사업의 모범사례를 발굴·포상하는 등 중소기업 및 대기업에게 모범적인 사례를 확산하여야 한다.

제9조의2(인력채용 연계 사업의 대상 등) ① 법 제9조제1항에 따라 실시하는 인력채용 연계 사업의 대상자는 다음 각 호의 순위에 따라 선발한다. <개정 2008.12.31.>
1. 15세 이상 29세 이하인 미취업자
2. 「제대군인지원에 관한 법률」 제2조제2호에 따른 장기복무제대군인(전역예정자를 포함한다)
3. 「고용상 연령차별금지 및 고령자고용촉진에 관한 법률」 제2조제1호에 따른 고령자인 미취업자
4. 그 밖에 지원이 필요하다고 인정하여 중소기업청장이 정하는 미취업자
② 법 제9조제1항에 따른 지원을 받으려는 미취업자는 다음 각 호의 서류를 첨부한 신청서를 중소기업청장에게 제출하여야 한다.
1. 제1항 각 호의 어느 하나에 해당함을 입증하는 서류
2. 「직업안정법」에 따른 직업안정기

관이나 직업소개사업자등에게 구직
신청을 한 사실을 입증하는 서류
③ 법 제9조제2항에 따른 지원을 받
으려는 사업수행자는 다음 각 호의
서류를 첨부한 신청서를 중소기업청
장에게 제출하여야 한다.
1. 중소기업 채용수요 조사결과
2. 집합교육 및 현장연수 계획서
④ 제1항부터 제3항까지의 규정에서
정한 것 외에 미취업자의 선발과 지
원에 필요한 세부사항은 중소기업청
장이 정하여 고시한다.
[본조신설 2008.1.31.]

**제9조의3(산학 연계 맞춤형 인력양성사
업의 추진절차 등)** ① 법 제10조제1
항에 따른 산학 연계 맞춤형 인력양
성사업에 참여하려는 학교는 다음 각
호의 요건을 모두 갖추어야 한다.
1. 중소기업의 인력난 및 청년실업의
해소에 적합한 교육과정 운영계획
을 갖추고 있을 것
2. 산학 연계 맞춤형 인력양성사업을
수행할 수 있는 전담인력과 설비
를 갖추고 있을 것
3. 그 밖에 중소기업청장이 정하여
고시하는 요건을 갖추고 있을 것
② 중소기업청장은 산학 연계 맞춤형
인력양성사업의 참여를 신청한 중소
기업과 학교 중 중소기업청장이 정
하여 고시하는 기준에 적합한 중소
기업과 학교를 선정하여야 한다.
③ 제2항에 따라 선정된 중소기업과
학교는 교육훈련에 관한 협약을 체
결한 후 교육을 실시하여야 한다.
④ 제1항부터 제3항까지의 규정에서
정한 것 외에 산학 연계 맞춤형 인력
양성사업 참여자의 선정기준, 지원절
차 및 지원방법에 필요한 세부사항은
중소기업청장이 정하여 고시한다.
[본조신설 2008.1.31.]

제10조(중소기업   공동교육훈련시설의

지정 등) ①중소기업청장은 중소기업
공동교육훈련을 활성화하기 위하여
대학, 중소기업 관련기관, 중소기업
등을 법 제20조의2제1항에 따른 중
소기업 공동교육훈련시설로 지정할
수 있다. <개정 2008.1.31.>
②제1항에 따른 중소기업 공동교육훈
련시설의 지정요건은 다음 각 호와
같다. <개정 2006.5.30., 2010.7.12.>
1. 중소기업청장이 고용노동부장관과
협의하여 고시하는 업종별 교육훈련
교원 및 직원을 확보하고 있을 것
2. 연간 교육가능인원이 2천명 이상
일 것
3. 중소기업 공동교육훈련을 위한 시설
을 소유하거나 임차하고 있을 것
4. 그 밖에 원활한 교육훈련을 위하
여 필요한 사항으로서 중소기업청
장이 고용노동부장관과 협의하여
고시하는 사항을 충족할 것
③중소기업청장은 중소기업의 공동교
육훈련시설에 대한 수요를 업종별
및 지역별로 조사하여 중앙행정기관
·지방자치단체 및 대학 등에 제공
할 수 있다.
④고용노동부장관은 중소기업청장과
협의하여 정하는 바에 따라 중소기
업 밀집지역의 공동교육훈련시설의
설치 및 운영에 필요한 비용을 지원
할 수 있다. <개정 2010.7.12.>

제11조(중소기업체험사업계획) 중소기
업청장은 법 제11조제1항의 규정에
따른 중소기업체험사업에 대하여 다
음 각호의 사항이 포함된 사업계획을
수립·공고하여야 한다.
1. 사업추진 절차 및 방법
2. 사업참여자에 대한 지원내용
3. 그 밖에 사업추진을 위하여 중소기업
청장이 필요하다고 인정하는 사항

제12조(학점인정학교 지원우대) 중소기
업청장은 법 제11조제3항의 규정에 따

라 참가실적을 학점 또는 단위로 인정하는 학교에 법 제11조제2항의 규정에 따른 지원을 우선적으로 할 수 있다.

제13조(고용장려금의 지급 등에 관한 고시) 고용노동부장관은 법 제12조제2항 및 법 제21조제2항의 규정에 따라 고용장려금의 지급 및 고용창출 사업의 지원에 관한 고시를 정하는 때에는 중소기업청장과 협의하여야 한다. <개정 2010.7.12.>

제14조(외국전문인력의 사증발급 지원) 중소기업청장은 중소기업이 외국전문인력을 고용하고자 하는 경우 「출입국관리법」 제7조제1항의 규정에 따른 사증의 발급을 지원하기 위하여 「출입국관리법 시행령」 제7조제3항의 규정에 따른 추천서를 발부할 수 있다. <개정 2006.5.30.>

제15조(외국전문인력의 활용 지원) 중소기업청장은 중소기업이 외국전문인력을 활용하는데 필요한 정보·경비 등의 지원내용과 절차에 관하여 공고하여야 한다.

제16조(전문연구요원 등의 제도에 관한 협의사항 등) ①중소기업청장은 법 제14조의 규정에 따른 협의를 요청함에 있어 중소기업이 중소기업의 인력지원을 위하여 제시한 개선의견을 적극 반영하여야 한다.
②병무청장은 법 제14조의 규정에 따라 중소기업청장이 협의를 요청한 사항에 대하여 개선방안을 검토한 후, 그 결과를 중소기업청장에게 통보하여야 한다.

제17조(겸임과 겸직에 대한 관리) 법 제15조제1항제1호에 따른 교원(이하

"교원"이라 한다) 및 같은 항 제2호부터 제4호까지의 규정에 따른 연구원(이하 "연구원"이라 한다)이 중소기업 임원 및 직원으로 겸임하거나 겸직하는 경우 소속기관의 장이 정하는 규정에 따라 복무하여야 하며, 소속기관의 장은 겸임 또는 겸직허가를 받은 교원 및 연구원에게 겸임 또는 겸직을 이유로 인사상의 불이익을 주어서는 아니된다. <개정 2010.6.29.>

제17조의2(인재육성형 중소기업의 지정기준 및 절차) ① 법 제18조의2제1항에 따른 인재육성형 중소기업(이하 "인재육성형 중소기업"이라 한다)으로 지정받으려는 기업은 다음 각 호의 요건을 모두 갖추어야 한다.
1. 창업(「중소기업창업 지원법」 제2조제1호에 따른 창업을 말한다. 이하 같다)하여 사업을 개시한 날부터 3년이 지났을 것
2. 다음 각 목의 사항에 대하여 평가한 결과가 중소기업청장이 정하여 고시하는 기준을 충족할 것
　가. 교육훈련 투자 및 우수인재 채용 등 인재육성을 위한 기업의 노력에 관한 사항
　나. 매출 및 임금의 증가 등 인재육성을 통한 기업의 성과 및 성과의 보상에 관한 사항
　다. 그 밖에 인재육성을 위한 기업의 지원 및 관리에 관한 사항
② 인재육성형 중소기업으로 지정받으려는 기업은 중소기업청장이 정하는 바에 따라 신청서에 제1항 각 호의 요건을 갖추었음을 증명할 수 있는 서류를 첨부하여 중소기업청장에게 제출하여야 한다.
③ 제2항에 따라 서류를 제출받은 중소기업청장은 인재육성형 중소기업으로 지정하기에 적합하다고 인정되는 경우에는 중소기업청장이 정하는 인재육성형 중소기업 지정서를 발급

하여야 한다.
④ 중소기업청장은 제3항에 따라 지정서를 발급한 경우 지체 없이 그 사실을 관계 중앙행정기관의 장 및 지방자치단체의 장에게 알리고, 중소기업청 인터넷 홈페이지에 게재하여야 한다.
⑤ 인재육성형 중소기업의 지정 기준과 절차 등에 관한 세부적인 사항은 중소기업청장이 정하여 고시한다.
[전문개정 2014.7.21.]

제17조의3(인재육성형 중소기업의 지정 취소) 중소기업청장은 법 제18조의3제1항에 따라 인재육성형 중소기업의 지정을 취소하였을 경우에는 지체 없이 그 사유를 구체적으로 밝혀 해당 중소기업의 대표자, 관계 중앙행정기관의 장 또는 지방자치단체의 장에게 알리고, 그 사실을 중소기업청 인터넷 홈페이지에 게시하여야 한다. <개정 2014.7.21.>
[본조신설 2011.9.30.]
[제목개정 2014.7.21.]

제18조(인력고도화계획의 요건) 법 제19조제2항에서 "대통령령으로 정하는 요건"이란 다음 각 호의 요건을 말한다. <개정 2008.1.31., 2013.5.22.>
1. 법 제19조제1항에 따른 인력구조고도화사업계획(이하 "인력고도화계획"이라 한다)의 목표 및 내용이 중소기업의 원활한 인력확보 및 인력구조의 고도화에 기여할 수 있을 것
2. 지원대상인 중소기업이 20개 이상일 것
3. 인력고도화계획의 시행을 해당 연도에 시작할 수 있을 것
4. 그 밖에 사업계획의 원활한 추진을 위하여 중소기업청장이 정하여 공고하는 요건을 갖출 것

제19조(협약체결 및 관리) ①중소기업청장은 법 제19조제2항에 따라 인력고도화계획의 시행에 소요되는 경비의 일부를 지원하려는 경우에는 지원받을 중소기업 관련 단체 및 협동조합등과 다음 각 호의 사항이 포함된 협약을 체결하여야 한다. <개정 2008.1.31.>
1. 사업의 내용
2. 지원금의 용도 및 관리계획
3. 사업시행의 기대성과
4. 협약의 변경에 관한 사항
5. 지원받은 자가 협약을 위반한 경우 이에 대한 조치
6. 그 밖에 사업의 관리를 위하여 중소기업청장이 필요하다고 인정하는 사항
②중소기업청장은 제1항의 규정에 따른 지원금을 사업의 내용 또는 시행 시기 등을 고려하여 일시에 지급하거나 분할하여 지급할 수 있다.

제20조 삭제 <2008.1.31.>

제21조(협동화사업의 지원 우대) 중소기업청장은 「중소기업진흥에 관한 법률」 제29조에 따라 협동화실천계획을 승인받고자 하는 자가 당해 협동화실천계획에 법 제24조 각호에 해당하는 공동복지시설의 설치를 포함하도록 장려하기 위한 방안을 강구하여야 한다. <개정 2006.5.30., 2007.9.10., 2009.11.20.>

제22조 삭제 <2008.1.31.>

제23조 삭제 <2008.1.31.>

제23조의2(문화생활 지원대상 등) ① 법 제24조의2에 따른 문화생활 향상 등을 위한 지원을 받을 수 있는 자는 중소기업에 5년 이상 재직한 근로자로서 법 제29조에 따른 전문기술·

기능인력으로 발굴된 자로 한다.

② 중소기업청장은 제1항에 따른 중소기업 근로자의 문화생활 향상 및 건강증진에 필요한 경비의 일부를 예산의 범위에서 지원할 수 있다.

③ 제2항에 따른 지원금의 금액, 지원금의 신청 및 지급 등에 필요한 사항은 중소기업청장이 정하여 고시한다.

[본조신설 2008.1.31.]

제24조(중소기업 인식개선사업 및 우수 중소기업의 발굴)

①중소기업청장은 법 제26조제2항의 규정에 따라 포상한 중소기업에게는 제반 중소기업 지원시책을 시행함에 있어 우선적으로 지원할 수 있다.

②중소기업청장은 「교육공무원법」 제2조제1항의 규정에 따른 교육공무원 및 「사립학교법」 제2조제1항의 규정에 따른 사립학교의 교원, 대학에서 취업상담을 담당하는 자 등을 대상으로 중소기업에 대한 인식을 개선하기 위한 연수기회를 제공하거나 홍보활동을 할 수 있다. <개정 2006.5.30.>

③ 중소기업청장은 법 제26조제2항에 따른 우수중소기업을 발굴하기 위하여 중소기업 관련 단체 및 협동조합등으로부터 추천을 받을 수 있다. <신설 2008.1.31.>

④ 우수중소기업의 추천절차 및 선정기준에 필요한 사항은 중소기업청장이 정하여 고시한다. <신설 2008.1.31.>

제25조(근로시간단축의 원활한 지원)

중소기업청장은 법 제27조의 규정에 따라 중소기업의 근로시간 단축을 촉진하기 위하여 다음 각호의 사항을 우선적으로 추진할 수 있다.

1. 중소기업의 근로시간 단축현황 및 영향 등에 대한 실태조사
2. 중소기업 근로시간 단축을 위한 교육·홍보
3. 주 40시간 근무제도를 조기에 도

입한 중소기업에 대한 지원

제26조(생산성 향상을 위한 지원)

①중소기업청장은 법 제27조제3호에 따라 생산성제고를 위한 설비를 도입하려는 중소기업에게 「중소기업진흥에 관한 법률」 제4조제1항에 따른 자동화 지원사업을 우선적으로 지원할 수 있다. <개정 2006.5.30., 2007.9.10., 2009.11.20.>

②중소기업청장은 법 제27조제3호의 규정에 따라 생산성제고를 위한 설비를 도입한 중소기업에게 설비도입의 성과를 높이기 위하여 전문인력의 활용에 필요한 정보를 제공하고 소요경비의 일부를 지원할 수 있다.

제26조의2(사업주와 근로자 간의 성과 공유 지원)

① 법 제27조의2에 따라 사업주와 근로자 간의 성과 공유 제도를 도입하려는 중소기업에 대하여 중소기업청장은 다음 각 호의 사항을 지원할 수 있다.

1. 중소기업청이 개발한 표준 성과 공유 제도의 무상 보급
2. 성과 공유 제도 도입과 관련된 컨설팅 경비 등 관련 비용의 지원
3. 그 밖에 성과 공유 제도 활용촉진을 위하여 필요한 사업으로 중소기업청장이 필요하다고 인정하는 비용의 지원

② 제1항에 따른 지원 대상 중소기업의 신청방법 및 선정기준 등은 중소기업청장이 정하여 고시한다.

[본조신설 2008.1.31.]

제27조(근로자의 창업지원)

중소기업청장은 법 제28조 각 호의 어느 하나에 해당하는 자가 창업을 하려는 경우에는 중소기업청장이 지원하는 창업자금의 지원대상에 우선적으로 선정하고, 「중소기업창업 지원법」 제

32조에 따른 용역 대금을 지원할 수 있다. <개정 2006.5.30., 2008.1.31.>

제27조의2(전문기술·기능인력의 발굴 등) ① 중소기업청장은 법 제29조제2항에 따른 전문기술·기능인력을 발굴하기 위하여 중소기업 관련 단체 및 협동조합등으로부터 중소기업에 근무하는 우수근로자를 추천받을 수 있다.
② 중소기업청장은 제1항에 따라 추천받은 근로자 중 중소기업청장이 정하여 고시하는 선정기준에 적합한 자를 전문기술·기능인력으로 선정하여야 한다.
③ 중소기업청장은 제2항에 따라 발굴된 전문기술·기능인력에 대하여 해당 업종별·분야별 전문기술·기능인력임을 확인하는 증표를 교부할 수 있다.
④ 전문기술·기능인력의 추천절차, 선정기준 및 증표교부 등에 필요한 사항은 중소기업청장이 정하여 고시한다.
[본조신설 2008.1.31.]

제27조의3(전문기술·기능인력의 공공시설 이용 우대) ① 법 제29조제3항에 따라 전문기술·기능인력이 이용 시 우대하는 공공시설의 종류 및 우대내용은 중소기업청장이 관계 중앙행정기관의 장, 지방자치단체의 장 및 공공기관의 장과의 협의를 거쳐 정하여 고시한다.
② 제1항에 따른 우대를 받으려는 전문기술·기능인력은 해당 시설의 관리자에게 제27조의2제3항에 따른 증표를 내보여야 한다.
[본조신설 2008.1.31.]

제28조(주택의 우선분양) ①법 제30조 제1항 전단에서 "국민주택 등 대통령령으로 정하는 주택"이란 다음 각 호의 어느 하나에 해당하는 주택을 말

한다. <신설 2006.5.30., 2008.1.31., 2009.4.21., 2009.9.21., 2013.5.22., 2014.4.29., 2014.7.16.>
1. 「주택법」제2조제3호에 따른 국민주택
2. 다음 각 목의 어느 하나에 해당하는 주택 중 주거의 용도로만 쓰이는 면적(이하 "주거전용면적"이라 한다)이 85제곱미터 이하인 주택
   가. 국가, 지방자치단체, 「한국토지주택공사법」에 따른 한국토지주택공사 또는 「지방공기업법」제49조에 따라 주택사업을 목적으로 설립된 지방공사가 건설하는 주택
   나. 「임대주택법」제2조제2호의2 다목에 따른 공공건설임대주택
3. 「공공주택건설 등에 관한 특별법」제2조제1호에 따른 공공주택
4. 주택관련 법령에 따른 민영주택으로서 주거전용면적이 85제곱미터 이하인 주택
②법 제30조제1항 전단에 따른 중소기업 근로자의 국민주택에의 우선입주에 있어 분양세대수 및 입주대상자 선정기준 등은 중소기업청장이 해당 주택을 건설하는 사업주체와 협의하여 정한다. <개정 2006.5.30., 2008.1.31.>

제29조(소기업의 인력지원 우대) 법 제33조에서 "대통령령으로 정하는 기업"이라 함은 제조업을 영위하는 소기업을 말한다.

제30조(소기업의 지원 우대 협의) 중소기업청장은 법 제34조 및 법 제35조의 규정에 따른 소기업을 우대 지원하는 방안을 관계중앙행정기관의 장과 협의하여야 한다. <개정 2006.5.30., 2015.5.26.>

제30조의2(성과보상기금의 관리 및 운용) ① 법 제35조의2에 따른 중소기

업 핵심인력 성과보상기금(이하 "성과보상기금"이라 한다)을 효율적으로 관리 및 운용하기 위하여 「중소기업진흥에 관한 법률」 제68조에 따른 중소기업진흥공단(이하 "중소기업진흥공단"이라 한다)에 중소기업 핵심인력에 대한 성과보상 업무를 담당하는 조직을 둔다.

② 중소기업진흥공단 이사장은 성과보상기금의 관리 및 운용에 필요한 세부사항을 기금운용요강으로 정하여 중소기업청장의 승인을 받아야 한다. 이를 변경하려는 경우에도 또한 같다.

③ 중소기업진흥공단은 성과보상기금의 관리 및 운용을 명확히 하기 위하여 성과보상기금을 중소기업진흥공단의 다른 회계와 구분하여 관리하여야 한다.

[본조신설 2014.7.21.]

[종전 제30조의2는 제30조의10으로 이동 <2014.7.21.>]

제30조의3(기금운용위원회의 구성) ①
법 제35조의4제2항에 따른 기금운용위원회(이하 "위원회"라 한다)는 위원장 1명을 포함하여 11명 이내의 위원으로 성별을 고려하여 구성한다.

② 위원회의 위원장은 중소기업진흥공단 이사장이 되고, 위원은 다음 각 호의 사람이 된다.

1. 중소기업청의 고위공무원단에 속하는 일반직공무원으로서 중소기업 인력지원 업무를 담당하는 사람 중에서 중소기업청장이 지명하는 사람 1명

2. 중소기업진흥공단의 임원으로서 성과보상기금 업무를 담당하는 이사 중에서 중소기업진흥공단 이사장이 지명하는 사람 1명

3. 다음 각 목의 사람 중에서 위원장이 위촉하는 사람
   가. 중소기업을 대표하는 사람으로서 중소기업 관련 단체 또는 협회에서 추천하는 사람 2명 이내
   나. 공제·보험·금융 또는 법률 분야에서 3년 이상 종사한 경력이 있는 사람 6명 이내

③ 제2항제3호에 따른 위원의 임기는 2년으로 한다.

[본조신설 2014.7.21.]

제30조의4(위원회의 기능) 위원회는 다음 각 호의 사항을 심의·의결한다.

1. 법 제35조의4제3항에 따른 기금운용계획안(이하 "기금운용계획안"이라 한다)의 작성 및 변경에 관한 사항

2. 성과보상기금의 결산에 관한 사항

3. 제30조의2제2항에 따른 기금운용요강의 작성 및 변경에 관한 사항

4. 법 제35조의6제1항에 따른 공제규정(이하 "공제규정"이라 한다)의 제정 및 변경에 관한 사항

5. 그 밖에 성과보상기금의 관리 및 운용에 관한 사항으로서 위원장이 회의에 부치는 사항

[본조신설 2014.7.21.]

제30조의5(위원회의 운영) ① 위원장은 위원회의 회의를 소집하고, 그 의장이 된다.

② 위원장이 부득이한 사유로 그 직무를 수행할 수 없을 경우에는 제30조의3제2항제2호에 따른 위원이 그 직무를 대행한다.

③ 위원회의 회의는 재적위원 과반수의 출석으로 개의(開議)하고, 출석위원 과반수의 찬성으로 의결한다.

④ 제1항부터 제3항까지에서 규정한 사항 외에 위원회의 운영에 필요한 사항은 위원회의 심의·의결을 거쳐 위원장이 정한다.

[본조신설 2014.7.21.]

제30조의6(기금운용계획안의 작성 및 보고) ① 중소기업청장은 기금운용계획안 작성지침(이하 "작성지침"이라 한다)을 매년 10월 31일까지 중소기업진흥공단 이사장에게 통보하여야 한다.
② 중소기업진흥공단 이사장은 작성지침에 따라 다음 회계연도의 기금운용계획안을 작성하여 다음 회계연도 개시 20일 전까지 중소기업청장에게 보고하여야 한다.
③ 제2항에 따라 작성하는 기금운용계획안에는 다음 각 호의 사항이 포함되어야 한다.
1. 성과보상기금의 수입계획
2. 성과보상기금의 지출계획
3. 그 밖에 위원회에서 성과보상기금의 운용을 위하여 필요하다고 심의·의결한 사항
[본조신설 2014.7.21.]

제30조의7(책임준비금의 적립·운용) ① 중소기업진흥공단은 법 제35조의5제1호에 따른 중소기업 핵심인력에 대한 성과보상공제사업(이하 "공제사업"이라 한다)의 공제금에 충당하기 위하여 회계연도마다 책임준비금을 계상하고 이를 별도로 적립하여야 한다.
② 중소기업진흥공단은 제1항에 따라 적립된 책임준비금을 안정성·유동성 및 수익성을 고려하여 효율적으로 운용하여야 한다.
[본조신설 2014.7.21.]

제30조의8(공제규정) ① 중소기업진흥공단이 법 제35조의6제1항에 따라 제정하는 공제규정에는 다음 각 호의 사항이 포함되어야 한다.
1. 공제사업의 범위 및 가입대상에 관한 사항
2. 공제계약 중도 해지 시 환급금의 처리 등 공제계약에 관한 사항
3. 공제회계의 기준 및 책임준비금의 적립비율에 관한 사항
4. 공제사업 관련 분쟁의 처리에 관한 사항
5. 그 밖에 공제사업 가입자의 모집 등 공제사업의 운영에 필요한 사항
② 중소기업청장은 공제사업 가입자의 모집 등 공제사업의 운영을 위하여 필요한 경우에는 공제규정의 전부 또는 일부를 중소기업청 인터넷 홈페이지에 게재할 수 있다.
[본조신설 2014.7.21.]

제30조의9(고유식별정보의 처리) 중소기업청장 또는 중소기업진흥공단 이사장은 다음 각 호의 사무를 수행하기 위하여 불가피한 경우 「개인정보 보호법 시행령」 제19조제1호에 따른 주민등록번호가 포함된 자료를 처리할 수 있다.
1. 법 제35조의4에 따른 성과보상기금의 관리 및 운용
2. 법 제35조의5에 따른 성과보상기금 용도에의 사용
3. 법 제35조의6에 따른 공제사업의 운영
[본조신설 2014.7.21.]

제30조의10(인력지원 전담조직의 지정 등) ① 중소기업청장은 다음 각 호의 요건을 갖춘 공공법인의 신청을 받아 법 제36조제1항에 따른 인력지원전담조직(이하 "전담조직"이라 한다)을 설치할 수 있다.
1. 중소기업 인력지원 업무의 수행에 필요한 시설을 갖추고 있을 것
2. 중소기업 인력지원 업무의 수행에 필요한 전문인력을 갖추고 있을 것
3. 전담조직으로서의 업무수행에 적합한 사업계획을 마련하였을 것
② 전담조직은 다음 각 호의 업무를 수행한다.
1. 중소기업에 필요한 인력의 양성·공급업무의 지원
2. 중소기업 인력지원에 관한 조사·

연구 및 제도개선 과제 발굴 지원
3. 중소기업 인력지원에 관한 정보의 제공
4. 그 밖에 중소기업청장이 위탁하는 사업
③ 전담조직의 장은 중소기업청장이
정하는 바에 따라 연도별 사업계획
및 전년도 사업실적을 중소기업청장
에게 보고하여야 한다.
④ 전담조직의 시설, 전문인력기준
및 그 밖에 운영에 필요한 사항은
중소기업청장이 정하여 고시한다.
[본조신설 2008.1.31.]
[제30조의2에서 이동 〈2014.7.21.〉]

제31조(업무의 위탁) ①중소기업청장은
법 제38조에 따라 다음 각 호의 업무를
전담조직, 「중소기업협동조합법」 제3
조제1항제4호에 따른 중소기업중앙회,
중소기업진흥공단 또는 「중소기업 기
술혁신 촉진법」 제20조에 따른 중소기
업기술정보진흥원에 위탁할 수 있다.
〈개정 2011.9.30., 2013.5.22., 2014.7.21.〉
1. 법 제7조에 따른 중소기업 인력실
태조사
2. 법 제8조제4항에 따른 퇴직 및 전
직인력의 활용지원에 관한 업무
3. 법 제9조에 따른 인력채용 연계
사업의 실시 및 지원
4. 법 제10조에 따른 산학 연계 맞춤
형 인력양성사업의 실시 및 지원
5. 법 제11조에 따른 중소기업체험사
업의 실시 및 지원
5의2. 법 제13조에 따른 외국 전문
인력의 안정적 활용 지원
6. 제17조의2제1항제1호에 따른 창
업 후 3년 경과 여부 확인
6의2. 제17조의2제1항제2호에 따른
평가의 실시
6의3. 제17조의2제2항에 따른 신청
서의 접수
6의4. 제17조의2제3항에 따른 지정
서의 발급
7. 법 제19조제2항에 따른 인력고도
화계획의 시행에 대한 지원

8. 법 제20조에 따른 인력고도화계획
의 시행 관리
9. 법 제24조의2에 따른 문화생활
향상 및 건강증진 업무
10. 법 제26조에 따른 중소기업 인식
개선사업의 추진, 우수중소기업의
발굴 및 우수사례의 보급·확산
11. 법 제27조의2에 따른 성과 공유
제도의 개발·보급
12. 법 제29조제1항에 따른 우수근
로자의 선발
② 중소기업청장은 제1항에 따라 업무를
위탁한 때에는 수탁기관과 위탁업무를
고시하여야 한다. 〈신설 2013.5.22.〉
[전문개정 2008.1.31.]

부칙
〈제25494호, 2014.7.21.〉

이 영은 2014년 7월 22일부터 시행한다.

부칙
〈제26248호, 2015.5.26.〉
(소상공인 보호 및 지원에 관한 법률 시행령)

제1조(시행일) 이 영은 2015년 5월
28일부터 시행한다.
제2조부터 제5조까지 생략

제6조(다른 법령의 개정) ①부터 ⑧까
지 생략
⑨ 중소기업 인력지원 특별법 시행령
일부를 다음과 같이 개정한다.
제30조 중 "협의하고, 그 결과를
「소기업 및 소상공인지원을 위한
특별조치법」 제3조제4항의 규정에
따른 소기업종합지원계획에 반영하
여야 한다"를 "협의하여야 한다"로
한다.
⑩ 및 ⑪ 생략

제7조 생략

중소기업 인력지원 특별법 시행규칙

[시행 2013.3.23.]

[산업통상자원부령 제2호, 2013.3.23., 타법개정]

제1조(목적) 이 규칙은 「중소기업인력지원 특별법」 및 동법 시행령에서 위임된 사항과 그 시행에 관하여 필요한 사항을 규정함을 목적으로 한다. <개정 2006.6.2.>

제2조(위원의 위촉) 「중소기업인력지원 특별법 시행령」(이하 "영"이라 한다) 제4조제2항에서 "산업통상자원부령이 정하는 기관"이라 함은 다음 각호의 기관을 말한다. <개정 2006.6.2., 2013.3.23.>

1. 특별시·광역시 및 도
2. 「지방교육자치에 관한 법률」 제36조제1항의 규정에 따른 교육청
3. 「고등교육법」 제2조제1호 내지 제4호 및 제6호의 규정에 따른 대학
4. 「직업안정법」 제4조제1호의 규정에 따른 직업안정기관
5. 「중소기업협동조합법」 제3조제1항제4호에 따른 중소기업중앙회 및 지회
6. 국·공립 연구기관
7. 그 밖에 지방중소기업청장이 중소기업 인력지원에 기여한다고 인정하는 인력양성기관

제3조(산학협약의 내용) 영 제6조제1항에서 "산업통상자원부령으로 정하는 내용"이라 함은 다음 각호의 사항을 말한다. <개정 2006.6.2., 2013.3.23.>

1. 협약당사자
2. 「중소기업인력지원 특별법」 제8조제1항 각호의 규정에 따른 산학협력사업의 추진계획

3. 사업재원의 배분
4. 협약내용의 변경에 관한 사항
5. 그 밖에 중소기업청장이 산학협약의 원활한 추진을 위하여 필요하다고 인정하는 사항

제4조 삭제 <2006.6.2.>

제5조(중소기업지원시책 우대) 중소기업청장은 중소기업지원시책을 집행함에 있어 법률 제6974호 근로기준법중개정법률 부칙 제1조 각호의 규정에 따른 시행일보다 근로시간을 조기에 단축한 중소기업을 우대할 수 있다.

부칙

<제2호, 2013.3.23.>

(중소기업청과 그 소속기관 직제 시행규칙)

제1조(시행일) 이 규칙은 공포한 날부터 시행한다.

제2조 생략

제3조(다른 법령의 개정) ① 및 ② 생략
③ 중소기업인력지원 특별법 시행규칙 일부를 다음과 같이 개정한다.
제2조 각 호 외의 부분 및 제3조 각 호 외의 부분 중 "산업자원부령"을 각각 "산업통상자원부령"으로 한다.
④부터 ⑦까지 생략

중소기업진흥에
관한 법률

[시행 2015.11.19.]
[법률 제13316호, 2015.5.18., 일부개정]

제1장 총칙

제1조(목적) 이 법은 중소기업의 구조 고도화를 통하여 중소기업의 경쟁력을 강화하고 중소기업의 경영 기반을 확충하여 국민경제의 균형 있는 발전에 기여함을 목적으로 한다. <개정 2009.5.21.>

제2조(정의) 이 법에서 사용하는 용어의 뜻은 다음과 같다. <개정 2007.12.27., 2012.12.11., 2015.1.28., 2015.5.18.>
1. "중소기업자"란 다음 각 목의 어느 하나에 해당하는 자를 말한다.
   가. 「중소기업기본법」 제2조에 따른 중소기업자
   나. 「중소기업협동조합법」 제3조에 따른 중소기업협동조합
   다. 「산업기술연구조합 육성법」에 따른 산업기술연구조합 중 대통령령으로 정하는 것
   라. 그 밖에 대통령령으로 정하는 중소기업 진흥을 위한 단체
1의2. "소기업"이란 「중소기업기본법」 제2조제2항에 따른 소기업을 말한다.
2. "중소기업의 자동화"란 중소기업자가 생산성과 품질의 향상을 위하여 각종 자동화설비를 통하여 생산공정을 합리적으로 개선하는 것을 말한다.
3. "중소기업의 정보화"란 중소기업자가 컴퓨터 또는 각종 제어장치를 이용하여 경영관리와 유통관리를 전산화하는 등 중소기업의 전산망을 구축하는 것을 말한다.
4. "기술개발"이란 다음 각 목의 어느 하나에 해당하는 것을 말한다.
   가. 중소기업자가 생산·판매 또는 서비스를 제공하는 기술에 관한 연구개발을 하는 것
   나. 가목에 따른 연구개발의 성과를 이용하는 것
5. "사업전환"이란 「중소기업 사업전환 촉진에 관한 특별법」 제2조제2호에 따른 사업전환을 말한다.
6. "협동화"란 여러 중소기업자가 공동으로 행하는 다음 각 목의 어느 하나에 해당하는 것을 말한다.
   가. 공장 등 사업장을 집단화하는 것
   나. 생산설비, 연구개발설비, 환경오염방지시설 등을 공동으로 설치·운영하는 것
   다. 제품 및 상표의 개발과 원자재 구입 및 판매 등 경영활동을 공동으로 수행하는 것
7. "물류현대화"란 중소기업자가 생산하는 제품의 원활한 유통을 도모하고 물류비용을 절감하기 위하여 유통시설을 설치하거나 개선하는 것을 말한다.
8. "공공기관"이란 다음 각 목의 기관 또는 법인을 말한다.
   가. 국가기관
   나. 지방자치단체
   다. 삭제 <2007.12.27.>
   라. 삭제 <2007.12.27.>
   마. 특별법에 따라 설립된 법인 중 대통령령으로 정하는 자
   바. 삭제 <2007.12.27.>
   사. 「공공기관의 운영에 관한 법률」 제5조에 따른 공공기관 중 대통령령으로 정하는 자
9. "협업"이란 중소기업자(제1호가목에 따른 중소기업자만 해당한다. 이하 이 호에서 같다)가 다음 각 목의 어느 하나에 해당하는 자와 제품 개발, 원자재 구매, 생산, 판

매 등에서 각각의 전문적인 역할을 분담하여 상호보완적으로 제품을 개발·생산·판매하거나 서비스를 제공하는 것을 말한다.

가. 다른 중소기업자

나. 「중견기업 성장촉진 및 경쟁력 강화에 관한 특별법」제2조제1호에 따른 중견기업

10. "가업승계" 란 중소기업이 동일성을 유지하면서 상속이나 증여를 통하여 그 기업의 소유권 또는 경영권을 친족에게 이전하는 것을 말한다. 이 경우 업종, 고용, 가업승계 후 기업유지기간 등 동일성 유지의 기준은 대통령령으로 정한다.

11. "사회적책임경영"이란 기업의 의사결정과 활동이 사회와 환경에 미치는 영향에 대하여 투명하고 윤리적인 경영활동을 통하여 기업이 지는 책임을 말한다.

제2장 중소기업의 구조 고도화

제3조(구조고도화지원계획 등) ①정부는 경제 여건의 변화에 따라 중소기업의 경영의 어려움을 해소하고 중소기업의 경쟁력을 높이기 위하여 사업 규모, 경영기법 또는 생산방법의 개선이 필요하다고 인정되면 개인사업의 법인 전환, 기업의 합병과 분할, 공동사업, 협업, 사업 전환, 사업장의 이전, 경영 합리화 등 중소기업의 구조 고도화를 지원하기 위하여 필요한 시책을 강구할 수 있다.

②특별시장·광역시장·도지사 또는 특별자치도지사(이하 "시·도지사"라 한다)는 제1항에 따른 지원시책을 시행하기 위하여 매년 관할구역의 중소기업의 구조 고도화 지원을 위한 계획(이하 "구조고도화지원계획"

이라 한다)을 세워 공고하여야 한다. 이 경우 시·도지사는 제68조제1항에 따른 중소기업진흥공단 등 중소기업 지원기관의 장에게 구조고도화지원계획의 수립에 필요한 자료의 제출을 요청할 수 있으며, 그 요청을 받은 지원기관의 장은 이에 협조하여야 한다.

③구조고도화지원계획에는 지방자치단체의 실정에 맞도록 다음 각 호의 사항이 포함되어야 한다.

1. 사업별 예산 지원에 관한 사항

2. 경영과 기술에 관한 상담, 진단, 지도 및 정보 제공 등에 관한 사항

3. 그 밖에 구조 고도화 지원에 필요한 사항

④시·도지사는 구조고도화지원계획의 원활한 추진을 위하여 관계 중앙행정기관의 장에게 필요한 지원을 요청할 수 있다.

제4조(중소기업의 자동화지원사업) ① 중소기업청장은 중소기업의 자동화를 촉진하고 자동화설비의 생산업체와 엔지니어링사업자를 육성하기 위하여 자동화지원사업을 실시하여야 한다. <개정 2010.4.12.>

②중소기업청장은 제1항에 따른 자동화지원사업으로 다음 각 호의 사항에 관한 지원사업을 추진할 수 있다.

1. 중소기업의 자동화 촉진을 위한 설비 보급

2. 중소기업의 자동화를 위한 시범사업과 표준화

3. 중소기업의 자동화에 관한 전문인력의 양성

4. 중소기업의 자동화를 촉진하기 위한 자금 지원

5. 그 밖에 중소기업의 자동화를 촉진하기 위하여 필요한 사항

제5조(이업종교류지원사업) ①중소기업청장은 서로 다른 업종을 영위하고

있는 중소기업자간 정보 및 기술 교류를 촉진하기 위하여 이업종교류지원사업(異業種交流支援事業)을 실시하여야 한다.

②중소기업청장은 제1항에 따른 이업종교류지원사업으로 다음 각 호의 사항에 관한 지원사업을 추진할 수 있다.

1. 정보 및 기술 교류의 활성화를 위한 전문가의 파견
2. 정보 및 기술 교류에 필요한 자금 지원
3. 그 밖에 정보 및 기술 교류를 촉진하기 위하여 필요한 사항

제3장 삭제

제6조 삭제 <2009.5.21.>

제7조 삭제 <2009.5.21.>

제8조 삭제 <2009.5.21.>

제9조 삭제 <2009.5.21.>

제10조 삭제 <2009.5.21.>

제11조 삭제 <2009.5.21.>

제12조 삭제 <2009.5.21.>

제13조 삭제 <2009.5.21.>

제14조 삭제 <2009.5.21.>

제15조 삭제 <2009.5.21.>

제16조 삭제 <2009.5.21.>

제17조 삭제 <2009.5.21.>

제18조 삭제 <2009.5.21.>

제19조 삭제 <2009.5.21.>

제20조 삭제 <2009.5.21.>

제21조 삭제 <2009.5.21.>

제22조 삭제 <2009.5.21.>

제23조 삭제 <2009.5.21.>

제24조 삭제 <2009.5.21.>

제25조 삭제 <2009.5.21.>

제26조 삭제 <2009.5.21.>

제27조 삭제 <2009.5.21.>

제4장 중소기업의 경영기반 확충
제1절 협동화 사업

제28조(중소기업 협동화기준의 고시) ①중소기업청장은 중소기업자의 집단화와 시설공동화 등을 위한 중소기업 협동화기준(이하 "협동화기준"이라 한다)을 정하고 고시하여야 한다. 협동화기준을 변경한 경우에도 또한 같다.

②제1항에 따른 협동화기준을 정할 때 특히 필요하면 중소기업자 외의 자가 참여할 수 있는 협동화기준을 정할 수 있다.

③제1항과 제2항에 따른 협동화기준에 포함되어야 할 사항은 대통령령으로 정한다.

④중소기업청장은 제1항과 제2항에 따른 협동화기준을 정할 때에는 미리 관계 중앙행정기관의 장과 협의하여야 한다.

제29조(협동화실천계획의 승인) ①협동화기준에 따라 협동화실천계획을 세워 시행하려는 자는 중소기업청장의 승인을 받아야 한다. 승인을 받은 계획 중 산업통상자원부령으로 정하는 사항을 변경하려는 경우에도 또한 같다. <개정 2008.2.29., 2013.3.23.>

②협동화기준에 따라 협동화실천계획을 세워 시행하려는 자는 그 협동화실천계획에 형질변경이나 기반시설 공사를 수반하고 대통령령으로 정하는 면적 이상인 단지조성사업(이하 "단지조성사업"이라 한다)이 포함되는 경우에는 제1항에도 불구하고 시·도지사의 승인을 받아야 한다. 승

인을 받은 계획 중 산업통상자원부령으로 정하는 사항을 변경하려는 경우에도 또한 같다.
<개정 2008.2.29., 2013.3.23.>
③시·도지사는 제2항에 따른 승인이나 변경 승인을 하려면 미리 중소기업청장과 협의하여야 한다.
④제1항과 제2항에 따른 협동화실천계획의 수립에 필요한 사항은 대통령령으로 정한다.

제30조(협동화실천계획의 승인취소) ① 중소기업청장이나 시·도지사는 협동화실천계획의 승인을 받은 자가 다음 각 호의 어느 하나에 해당하면 제29조에 따른 협동화실천계획의 승인을 취소하고 지원자금의 원리금을 회수할 수 있다. 다만, 제1호에 해당하는 경우에는 그 승인을 취소하고 지원자금의 원리금을 회수하여야 한다.
<개정 2015.5.18.>
1. 거짓이나 그 밖의 부정한 방법으로 협동화실천계획의 승인을 받은 경우
2. 제29조에 따른 변경승인을 받지 아니하고 협동화실천계획을 변경하거나 중단한 경우
3. 사업목적을 달성할 수 없거나 지원자금을 다른 목적으로 사용한 경우
②중소기업청장이나 시·도지사는 제1항에 따라 협동화실천계획의 승인을 취소하려면 청문을 하여야 한다.

제31조(단지조성사업의 실시계획 승인) ①제29조에 따라 협동화실천계획의 승인을 받은 자 또는 제68조제1항에 따른 중소기업진흥공단(이하 "중소기업자등"이라 한다)이 단지조성사업을 시행하려는 경우에는 단지조성사업의 실시계획(이하 "실시계획"이라 한다)을 작성하여 시·도지사의 승인을 받아야 한다. 승인을 받은 계획 중 산업통상자원부령으로 정하는 사항을 변경하려는 경우에도 또한 같다.

<개정 2008.2.29., 2013.3.23.>
②중소기업자등이 제1항에 따라 실시계획의 승인이나 변경승인을 받으려면 그 실시계획을 관할 시장·군수 또는 구청장(자치구의 구청장을 말한다. 이하 같다)을 거쳐 시·도지사에게 제출하여야 한다.
③시·도지사는 제1항에 따라 실시계획을 승인하려면 다음 각 호의 사항을 고려하여 결정하여야 한다.
1. 협동화사업을 위한 단지조성의 적합성 및 적정규모 여부
2. 국토·산업·환경 등 관련 국가계획과의 연계성
3. 그 밖에 기반시설의 확보 등 대통령령으로 정하는 사항
④시·도지사가 제1항에 따른 실시계획의 승인이나 변경승인을 하면 대통령령으로 정하는 바에 따라 국토교통부장관에게 보고하고 이를 고시하여야 한다. <개정 2008.2.29., 2013.3.23.>
⑤중소기업자등이 국외에 조성된 공업용지를 취득하거나 장기 임차하여 협동화사업을 실시하려는 경우에는 실시계획을 작성하여 중소기업청장의 승인을 받아야 한다. 승인을 받은 계획 중 산업통상자원부령으로 정하는 사항을 변경하려는 경우에도 또한 같다. <개정 2008.2.29., 2013.3.23.>

제32조(단지조성사업의 준공인가) ①중소기업자등은 단지조성사업을 완료한 때에는 산업통상자원부령으로 정하는 바에 따라 시·도지사의 준공인가를 받아야 한다. <개정 2008.2.29., 2013.3.23.>
②시·도지사는 제1항에 따른 준공인가의 신청을 받으면 준공검사를 한 후 준공인가증을 그 중소기업자등에게 내주고 산업통상자원부령으로 정하는 바에 따라 이를 공고하여야 한다. <개정 2008.2.29., 2013.3.23.>
③중소기업자등은 제1항에 따른 준공인가 전에는 단지조성사업으로 조성

또는 설치된 공장용지나 시설을 사용할 수 없다. 다만, 시·도지사의 사용승인을 받은 경우에는 그러하지 아니하다.

제33조(토지 수용 등) ①중소기업진흥공단은 제31조에 따른 단지조성사업을 시행하기 위하여 필요한 토지·건물 또는 토지에 정착한 물건이나 토지·건물 또는 토지에 정착한 물건에 관한 소유권 외의 권리, 광업권·어업권, 물의 사용에 관한 권리(이하 "토지등"이라 한다)를 수용(收用)하거나 사용할 수 있다.
②제1항의 경우 제31조제1항에 따른 실시계획의 승인은 「공익사업을 위한 토지 등의 취득 및 보상에 관한 법률」 제20조제1항에 따른 사업인정(事業認定)으로 본다.
③제1항에 따른 수용 또는 사용에 관하여 제34조 등 이 법에 특별한 규정이 있는 경우 외에는 「공익사업을 위한 토지 등의 취득 및 보상에 관한 법률」을 적용한다.

제34조(토지 출입 등) ①중소기업자등은 단지조성사업을 시행하기 위하여 필요한 경우에는 다음 각 호의 행위를 할 수 있다.
1. 타인의 토지에 출입
2. 타인의 토지의 일시 사용
3. 타인의 토지의 입목(立木)·토석(土石), 그 밖의 장애물에 대한 변경 또는 제거
②제1항의 경우에 「국토의 계획 및 이용에 관한 법률」 제130조 및 제131조를 준용한다.

제35조(국유지와 공유지의 매각 등) ①제31조제1항에 따라 실시계획이 승인된 지역 안의 국유지 또는 공유지는 「국유재산법」, 「지방재정법」,

그 밖의 다른 법령에도 불구하고 중소기업자등에게 수의계약으로 매각할 수 있다.
②국가와 지방자치단체는 제31조제1항에 따라 실시계획이 승인된 지역에 대하여는 용지의 정리, 진입도로의 개설 및 시설의 설치 등 필요한 지원을 하여야 한다.

제36조(다른 법률의 준용) 제31조에 따라 중소기업자등이 단지조성사업을 시행하는 경우에는 「산업입지 및 개발에 관한 법률」 제20조와 제32조를 준용한다.

제2절 협업지원사업
<개정 2015.5.18.>

제37조 삭제 <2015.5.18.>

제38조 삭제 <2015.5.18.>

제39조(협업지원사업) 정부는 중소기업자의 원활한 협업 수행을 위하여 다음 각 호의 사항에 관한 지원사업(이하 "협업지원사업"이라 한다)을 할 수 있다. <개정 2015.5.18.>
1. 협업자금 지원
2. 인력 양성
3. 기술개발자금 출연
4. 수출 및 판로개척 지원
5. 공동 법인 설립 등에 관한 자문
6. 그 밖에 중소기업자의 협업 지원을 위하여 중소기업청장이 필요하다고 인정하는 사항
[제목개정 2015.5.18.]

제39조의2(협업기업 선정 및 선정취소) ① 중소기업청장은 협업에 관한 구체적인 계획을 수립하는 등 대통령령으

로 정하는 요건을 갖춘 중소기업자의 신청을 받아 해당 중소기업자를 협업지원사업의 대상자로 선정할 수 있다.

② 중소기업청장은 제1항에 따라 협업지원사업의 대상자로 선정된 기업(이하 "협업기업"이라 한다)이 다음 각 호의 어느 하나에 해당하면 협업기업의 선정을 취소할 수 있다. 다만, 제1호에 해당하는 경우에는 그 선정을 취소하여야 한다.

1. 거짓이나 그 밖의 부정한 방법으로 선정된 경우
2. 휴업·폐업 또는 파산 등으로 6개월 이상 협업을 하지 아니한 경우
3. 그 밖에 정상적인 협업 추진이 어렵다고 중소기업청장이 인정하는 경우

③ 제1항 및 제2항에 따른 협업기업의 선정 및 선정취소의 기준·절차 등에 관한 세부사항은 대통령령으로 정한다. [본조신설 2015.5.18.]

제39조의3(전담기관의 지정) ① 중소기업청장은 협업지원사업을 효율적으로 수행하기 위하여 중소기업 진흥 관련 업무를 전문적으로 수행하는 기관 또는 단체를 협업지원 전담기관 또는 단체(이하 "전담기관"이라 한다)로 지정하여 협업지원사업의 일부를 수행하게 할 수 있다.

② 중소기업청장은 예산의 범위에서 전담기관에 대하여 제1항의 업무를 수행하는 데 필요한 경비의 전부 또는 일부를 지원할 수 있다.

③ 전담기관의 지정 기준 및 절차 등에 관한 세부사항은 대통령령으로 정한다.

[본조신설 2015.5.18.]

제39조의4(전담기관 지정의 취소) ① 중소기업청장은 전담기관이 다음 각 호의 어느 하나에 해당하는 경우에는 지정을 취소하거나 6개월의 범위에서 기간을 정하여 업무의 전부 또는 일부를 정지할 수 있다. 다만, 제1호에 해당하는 경우에는 지정을 취소하여야 한다.

1. 거짓이나 그 밖의 부정한 방법으로 지정을 받은 경우
2. 제39조의3제3항에 따른 지정 기준에 적합하지 아니하게 된 경우

② 제1항에 따른 행정처분의 세부기준은 그 위반사유와 정도를 고려하여 대통령령으로 정한다.

[본조신설 2015.5.18.]

제40조(이행실적 조사) ①중소기업청장은 협업기업의 협업 이행 여부와 실적 등에 대하여 조사할 수 있다. <개정 2015.5.18.>

②제1항에 따른 이행실적 조사에 필요한 사항은 대통령령으로 정한다.

제3절 입지 지원사업과 환경오염 저감(低減) 지원사업

제41조(입지 지원사업) 중소기업청장은 중소기업에 대한 공장입지의 원활한 공급을 위하여 중소기업진흥공단이 관련 법률에서 정하는 바에 따라 다음 각 호의 입지 지원사업을 행하게 할 수 있다. <개정 2010.4.12.>

1. 「산업입지 및 개발에 관한 법률」에 따른 산업단지개발사업
2. 단지조성사업
3. 「산업집적활성화 및 공장설립에 관한 법률」에 따른 지식산업센터의 건설사업
4. 그 밖에 관련 법률에 따른 공장입지 관련 사업 중 대통령령으로 정하는 사업

제42조(환경오염 저감 지원사업) 중소기업청장은 중소기업의 사업 활동으로 발생하는 환경오염을 줄이기 위하

여 제품 생산공정을 저공해 공정으로 개선하고 환경오염 방지시설의 설치 등을 지원하는 환경오염 저감 지원사업을 실시할 수 있다.

제4절 지도와 연수사업

제43조(지도계획의 수립) ①중소기업청장은 중소기업의 경영 및 기술지도에 관한 계획(이하 "지도계획"이라 한다)을 세우고 고시하여야 한다.
②지도계획에 포함되어야 할 사항은 대통령령으로 정한다.

제44조(지도실시기관) ①중소기업청장은 제43조에 따라 중소기업에 대하여 경영 및 기술지도를 할 지도실시기관을 지정할 수 있으며 필요한 경우 지도에 드는 비용을 출연할 수 있다.
②제1항에 따른 지도실시기관의 지정과 출연금의 지급, 사용 및 관리에 필요한 사항은 대통령령으로 정한다. <개정 2015.1.28.>

제45조(지도기준의 작성) 중소기업청장은 지도계획을 효율적으로 시행하기 위하여 경영 및 기술지도에 필요한 다음 각 호의 기준을 정하여 공고할 수 있다.
1. 경영 및 기술지도의 대상
2. 경영 및 기술지도를 할 자의 요건
3. 경영 및 기술지도의 절차
4. 경영 및 기술지도 결과의 측정과 평가
5. 불성실·불공정 지도행위에 대한 제재사항
6. 그 밖에 경영 및 기술지도의 건실한 수행을 촉진하기 위한 기준

제46조(지도사의 자격 요건 등) ①중소기업의 경영 또는 기술지도와 관련하여 중소기업청장이 실시하는 지도사자격시험(경영지도사자격시험   또는

기술지도사자격시험을 말한다. 이하 같다)에 합격한 자는 지도사(경영지도사 또는 기술지도사를 말한다. 이하 같다)의 자격을 가진다.
②다음 각 호의 어느 하나에 해당하는 자는 지도사가 될 수 없다. <개정 2014.1.21.>
1. 피성년후견인
2. 파산선고를 받고 복권되지 아니한 자
3. 금고 이상의 형을 선고받고 그 집행이 끝나거나 집행을 받지 아니하기로 확정된 후 2년이 지나지 아니한 자
4. 금고 이상의 형의 집행유예를 선고받고 그 유예기간 중에 있는 자
5. 제53조에 따라 지도사의 등록이 취소된 날부터 2년이 지나지 아니한 자
③제1항에 따른 지도사자격시험은 1차 시험과 2차 시험으로 구분하여 실시한다.
④중소기업청장은 제1항에 따른 지도사자격시험에 관한 업무를 수행하기 위하여 시험실시기관을 지정할 수 있다.
⑤제3항에 따른 지도사자격시험의 응시 자격, 시험 과목, 시험 방법 및 제4항에 따른 시험실시기관의 업무 범위 등에 관하여 필요한 사항은 대통령령으로 정한다.
⑥ 지도사자격시험에 응시하려는 사람은 대통령령으로 정하는 바에 따라 시험실시기관에게 수수료를 납부하여야 한다. <신설 2015.1.28.>
⑦ 시험실시기관은 수수료 과오납, 시험 응시 취소 등 대통령령으로 정하는 경우에는 시험 수수료를 납부한 사람에게 해당 금액을 돌려주어야 한다. <신설 2015.1.28.>

제46조의2(시험부정행위자에 대한 제재) 중소기업청장은 다음 각 호의 어느 하나에 해당하는 사람에 대해서는 해당 지도사자격시험을 정지 또는 무

효로 하거나 합격 결정을 취소하고, 그 처분을 한 날부터 5년간 지도사 자격시험 응시자격을 정지한다.
1. 지도사자격시험에서 부정한 행위를 한 사람
2. 부정한 방법으로 지도사자격시험에 응시한 사람
[본조신설 2015.1.28.]

제47조(지도사의 업무) ① 경영지도사의 업무는 다음 각 호와 같다. <개정 2015.1.28.>
1. 경영의 종합 진단·지도
2. 인사, 조직, 노무, 사무관리의 진단·지도
3. 재무관리와 회계의 진단·지도
4. 생산, 유통관리의 진단·지도
5. 판매관리 및 수출입 업무의 진단·지도
6. 제1호부터 제5호까지와 관련된 상담, 자문, 조사, 분석, 평가 및 확인
7. 제1호, 제2호, 제4호 및 제5호와 관련된 업무의 대행(관계 법령에 따라 기관에 대하여 행하는 신고, 신청, 진술, 보고 등의 대행을 포함한다)
② 기술지도사의 업무는 다음 각 호와 같다. <신설 2015.1.28.>
1. 기술의 종합 진단·지도
2. 공장자동화기술 및 공정개선기술의 진단·지도
3. 공업기반기술의 진단·지도
4. 부품, 소재 개발, 시제품 등 신기술개발의 진단·지도
5. 공업시험, 분석, 측정계측의 진단·지도
6. 정보처리의 진단·지도
7. 설계기술, 생산관리기술, 품질관리기술 및 디자인·포장기술의 진단·지도
8. 에너지절약기술, 청정생산기술 및 설비관리기술의 진단·지도
9. 환경경영의 진단·지도
10. 그 밖에 제1호부터 제9호까지에 부수되는 업무와 이에 따른 상담, 자문, 조사, 분석, 평가, 증명 및

대행(관계 법령에 따라 기관에 대하여 행하는 신고, 신청, 진술, 보고 등의 대행을 포함한다)

제48조(1차 시험의 면제) ①다음 각 호의 어느 하나에 해당하는 자에게는 1차 시험을 면제한다. 이 경우 제1호부터 제5호까지의 경력은 학위 취득 후 또는 자격 취득 후 해당 분야에서의 경력을 말한다.
1. 「국가기술자격법」에 따른 기술사 및 기능장
2. 경영·경제 분야 또는 자연과학 분야의 박사학위 소지자로서 「고등교육법」 제2조 각 호에 따른 학교에서 3년 이상 전공 분야에 관한 강의 경력이 있거나 제44조에 따른 지도실시기관에서 3년 이상 경영지도 또는 기술지도와 관련되는 근무경력이 있는 자
3. 중소기업과 관련되는 과정을 설치한 대학에서 해당 분야 석사학위를 취득하고 관련 분야에서 5년 이상의 실무경력이 있는 자
4. 「국가기술자격법」에 따른 기사로서 7년 이상, 산업기사로서 9년 이상의 실무경력이 있는 자
5. 「공인회계사법」에 따른 공인회계사로서 5년 이상의 실무경력이 있는 자
②제46조제3항에 따라 1차 시험에 합격한 자에게는 다음 회의 시험에서 1차 시험을 면제하고 제49조에 따라 양성과정을 마친 자에게는 해당 연도와 다음 회의 시험에서 1차 시험을 면제한다.

제49조(지도사의 양성과정) ①중소기업청장은 지도사의 수요 등을 고려하여 지도사 양성을 위하여 필요하다고 인정하면 주관기관을 정하여 지도사 양성과정을 운영하게 할 수 있다.
②제1항에 따른 양성과정의 주관기관 지

정기준, 양성과정을 수강할 수 있는 자의 자격요건, 그 밖의 양성과정 운영에 필요한 사항은 대통령령으로 정한다.

제50조(지도사의 등록) ①지도사의 자격을 가진 자가 제47조에 따른 지도사의 업무를 시작하려는 경우에는 대통령령으로 정하는 바에 따라 실무수습을 받은 후 중소기업청장에게 등록하여야 한다. 등록한 사항이 변경된 경우에도 산업통상자원부령으로 정하는 바에 따라 변경 신고를 하여야 한다. <개정 2015.1.28.>
②제1항에 따라 등록을 한 지도사는 대통령령으로 정하는 바에 따라 5년마다 등록을 갱신하여야 한다. 다만, 천재지변이나 국외 장기체류 등의 특별한 사유가 있으면 그 사유가 해소된 날부터 30일 이내에 갱신등록 신청을 할 수 있다. <개정 2015.1.28.>
③제2항에 따른 갱신등록을 할 수 있는 지도사는 산업통상자원부령으로 정하는 지도실적이 있어야 한다. 이 경우 지도실적이 산업통상자원부령으로 정하는 기준에 못 미치는 지도사는 산업통상자원부령으로 정하는 보수교육을 받아야 한다. <개정 2008.2.29., 2013.3.23.>
④제1항과 제2항에 따라 등록 또는 갱신등록을 하지 아니한 자는 제46조제1항에 따른 지도사임을 표시하거나 이와 비슷한 명칭을 사용하여서는 아니 된다.
⑤제1항에 따라 등록을 한 지도사는 지도사 업무를 영위하기 위하여 필요한 사무소를 설치할 수 있다.

제51조(지도사의 성실의무) ①지도사는 성실히 그 직무를 수행하며 그 품위를 유지하여야 한다.
②지도사는 직무를 수행할 때 고의로 진실을 감추거나 거짓된 보고를 하여서는 아니 된다.

제52조(특정한 사항에 관한 업무제한) 지도사는 다음 각 호의 어느 하나에 해당하는 자에 대하여 경영 및 기술진단에 수반되는 증명업무를 행하지 못한다. <개정 2008.2.29., 2013.3.23., 2015.1.28.>
1. 자기 또는 배우자가 임원이거나 이에 준하는 직위 또는 재무에 관한 사무의 책임 있는 직위에 있거나 과거 1년 이내에 이러한 직위에 있었던 자(회사를 포함한다. 이하 이 조에서 같다)
2. 현재 자기가 사용인이거나 과거 1년 이내에 자기가 사용인이었던 자
3. 해당 지도사 또는 그 배우자가 발행주식총수 또는 출자지분의 100분의 1 이상의 주식 또는 출자지분을 소유하고 있는 자
4. 해당 지도사 또는 그 배우자와 1억원 이상의 채권 또는 채무 관계에 있는 자
5. 해당 지도사에게 무상으로 또는 통상의 거래가격보다 현저히 낮은 대가로 지도사 사무실을 제공하고 있는 자
6. 해당 지도사에게 지도사 업무 외의 업무로 인하여 계속적인 보수를 지급하거나 그 밖에 경제상의 특별한 이익을 제공하고 있는 자

제53조(등록취소와 업무정지) ①중소기업청장은 제50조에 따라 등록을 한 지도사가 다음 각 호의 어느 하나에 해당하면 그 등록을 취소할 수 있다. 다만, 제1호 및 제2호에 해당하는 경우에는 그 등록을 취소하여야 한다. <개정 2015.1.28.>
1. 거짓이나 그 밖에 부정한 방법으로 등록 또는 갱신등록을 한 경우
2. 제46조제2항에 따른 결격사유에 해당하게 된 경우
3. 지도와 관련하여 알게 된 비밀을 다른 사람에게 누설한 경우

4. 지도사등록증을 다른 사람에게 대여한 경우
5. 지도와 관련하여 부정한 행위를 하거나 고의 또는 중대한 과실로 다른 사람에게 중대한 손해를 입힌 경우

②제50조제2항에 따른 갱신등록을 하지 아니한 지도사는 그 업무를 할 수 없다. 이 경우 제50조제3항 후단에 따른 보수교육을 받고 갱신등록을 한 때에는 그때부터 지도사의 업무를 다시 할 수 있다.

제53조의2(등록취소와 업무정지처분의 통보 등) 중소기업청장은 제53조에 따라 지도사의 등록취소나 업무정지 처분을 하면 해당 지도사나 그 대리인에게 서면으로 통보하여야 한다. 다만, 해당 지도사나 그 대리인이 주소 불명 등의 사유로 서면으로 통보할 수 없는 경우에는 그 내용을 관보에 공고하여야 한다.
[본조신설 2015.1.28.]

제54조(청문) 중소기업청장은 제53조제1항에 따라 등록을 취소하려면 청문을 하여야 한다.

제55조(지도신청 등) ①경영 및 기술지도를 받으려는 중소기업자는 제43조에 따른 지도계획에 따라 중소기업청장이 정하는 자 또는 제50조제1항에 따라 등록한 지도사에게 이를 신청할 수 있다.
②제1항에 따른 경영 및 기술지도의 신청에 필요한 사항은 산업통상자원부령으로 정한다. <개정 2008.2.29., 2013.3.23.>
③중소기업청장은 제43조에 따른 지도계획에 따라 지도를 실시한 결과, 지원이 필요하다고 인정되면 이에 대한 지원이 먼저 이루어질 수 있도록 필요한 조치를 할 수 있다.

제56조(연수계획의 수립) ①중소기업청장은 중소기업자의 경영능력과 기술수준의 향상을 위하여 중소기업자와 그 근로자, 중소기업청장이 중소기업의 경영 또는 기술에 관한 연수가 필요하다고 인정하는 자 등에게 실시할 연수계획(이하 "연수계획"이라 한다)을 세워야 한다.
②제1항에 따른 연수계획의 수립에 필요한 사항은 대통령령으로 정한다.

제57조(연수실시기관) ①연수계획에 따른 연수의 실시기관은 중소기업진흥공단 또는 중소기업청장이 지정하는 기관이나 단체로 한다.
②제1항에 따른 기관이나 단체의 지정에 관하여 필요한 사항은 대통령령으로 정한다.

제5절 국제화 지원사업 등

제58조(국제화 지원사업) ①중소기업청장은 중소기업의 국제화에 필요한 기반 조성과 외국과의 산업기술능력에 관한 지원사업을 실시하여야 한다.
②제1항에 따른 국제화 지원사업에 필요한 사항은 대통령령으로 정한다.

제59조(생산시설의 해외이전 지원) 정부는 중소기업자가 생산시설을 해외로 이전하려는 경우에는 다음 각 호의 지원을 하거나 지원에 관한 시책을 강구할 수 있다. <개정 2008.12.19., 2010.4.5.>
1. 「한국수출입은행법」 제18조에 따른 수출자금과 해외투자자금의 융자
2. 「대외경제협력기금법」 제3조에 따른 대외경제협력기금에서의 출자 및 융자
3. 「무역보험법」에 따른 해외투자보험의 지원

4. 제63조에 따른 중소기업창업 및 진흥기금에서의 융자
5. 제1호부터 제4호까지의 지원을 위하여 필요한 신용보증의 우선적 실시
6. 생산시설의 해외이전에 따른 정보제공

제6절 중소기업의 경영안정 지원 등

제60조(경영정상화의 지원) ①중소기업청장은 다음 각 호의 사유로 상당수의 중소기업자가 경영상의 어려움을 겪고 있거나 겪을 우려가 있으면 중소기업의 경영정상화를 지원하기 위하여 필요한 조치를 할 수 있다.
1. 판매 부진, 일시적인 자금난 및 인력난 등으로 경영에 심각한 어려움이 있는 경우
2. 원자재의 확보가 곤란한 경우
3. 관련 기업의 노사분규로 휴업·폐업 또는 조업중단 등의 사태가 발생한 경우
②중소기업청장은 제1항의 경우 필요하다고 인정할 때에는 관계 행정기관의 장에게 중소기업의 경영정상화를 위한 지원조치를 요청할 수 있다.

제61조(긴급경영안정지원계획의 수립·시행) ①중소기업청장은 특정지역에서 천재지변의 발생, 경제여건의 급격한 변화 등의 사유로 휴업이나 폐업을 하거나 조업을 중단하는 중소기업이 증가하거나 증가할 우려가 있으면 중소기업의 경영안정을 위한 긴급경영안정지원계획을 수립하여 시행할 수 있다.
②제1항에 따른 긴급경영안정지원계획에는 다음 각 호의 사항이 포함되어야 한다.
1. 지원 지역
2. 지원 대상
3. 지원 기간
4. 자금·입지·인력지원 및 기술지도 등 관계 중앙행정기관별 지원 내용

5. 그 밖에 중소기업청장이 긴급경영안정지원을 위하여 필요하다고 인정하는 사항
③중소기업청장은 긴급경영안정지원계획을 수립하려는 경우에는 관계 중앙행정기관의 장과 협의하여야 하며 관계 중앙행정기관의 장에게 지원계획 추진실적 제출을 요청할 수 있다.

제61조의2(중소기업매출채권보험계정의 설치) ① 정부는 제2조제1호가목에 따른 중소기업자가 상행위와 관련하여 보유하고 있는 약속어음 또는 환어음의 부도 및 매출채권에 대한 채무자의 채무불이행으로 인한 연쇄도산의 위험을 방지하기 위하여 「신용보증기금법」에 따른 신용보증기금 내에 중소기업매출채권보험계정을 설치할 수 있다.
② 중소기업매출채권보험계정에 대한 출연금·보험료 등의 수입·운용 및 관리와 보험계약자의 범위 등에 관하여 필요한 사항은 대통령령으로 정한다.
[본조신설 2007.12.27.]

제62조(민속공예산업에 대한 지원) 정부와 지방자치단체는 민속공예산업을 영위하는 중소기업자의 경영안정을 위하여 대통령령으로 정하는 바에 따라 필요한 지원을 할 수 있다.

제7절 중소기업의 가업승계 지원

제62조의2(가업승계 지원) 정부는 중소기업의 원활한 가업승계를 위하여 조세 관련 법률로 정하는 바에 따른 세제지원 등 필요한 지원을 할 수 있다.
[본조신설 2007.12.27.]

제62조의3(중소기업가업승계지원센터의 지정) ① 중소기업청장은 중소기

업의 원활한 가업승계를 효율적으로 지원하기 위하여 중소기업지원 관련 기관이나 단체를 중소기업가업승계지원센터로 지정할 수 있다.

② 제1항에 따라 지정된 중소기업가업승계지원센터(이하 이 조에서 "지원센터"라 한다)의 업무는 다음 각 호와 같다.

1. 가업승계 계획의 수립 지원에 관한 사항
2. 가업승계에 필요한 정보 제공, 교육 및 컨설팅 지원에 관한 사항
3. 우수 승계기업 인증 및 포상에 관한 사항
4. 외국 사례 등 가업승계 원활화를 위한 선진제도 발굴에 관한 사항
5. 그 밖에 가업승계에 대한 인식 제고 등 중소기업 가업승계 원활화를 위하여 중소기업청장이 위탁하는 사항

③ 정부는 지원센터의 운영에 사용되는 경비의 전부 또는 일부를 지원할 수 있다.

④ 지원센터의 지정기준, 지정절차 및 운영 등에 관하여 필요한 사항은 대통령령으로 정한다.

[본조신설 2007.12.27.]

제8절 중소기업의 사회적책임경영

제62조의4(사회적책임경영의 지원) ① 중소기업은 회사의 종업원, 거래처, 고객 및 지역사회 등에 대한 사회적책임을 고려한 경영활동을 하도록 노력하여야 한다.

② 국가와 지방자치단체는 중소기업의 사회적책임경영을 위하여 필요한 지원을 할 수 있다.

[본조신설 2012.12.11.]

제62조의5(사회적책임경영 중소기업육성 기본계획의 수립) ① 중소기업청장은 사회적책임경영 중소기업을 육성하고 체계적으로 지원하기 위하여 5년마다 사회적책임경영 중소기업육성기본계획(이하 "기본계획"이라 한다)을 수립·시행하여야 한다. 다만, 「산업발전법」 제19조에 따른 지속가능경영 종합시책을 수립할 때 기본계획을 포함하여 수립·시행할 수 있다.

② 기본계획에는 다음 각 호의 사항이 포함되어야 한다.

1. 중소기업 사회적책임경영 조성정책의 기본방향 및 목표
2. 중소기업 사회적책임경영 활성화에 관한 사항
3. 사회적책임경영 중소기업 지원에 관한 사항
4. 사회적책임경영 중소기업의 실태조사에 관한 사항
5. 그 밖에 사회적책임경영 중소기업의 육성 및 지원을 위하여 대통령령으로 정하는 사항

③ 중소기업청장은 기본계획에 따라 연차별 시행계획을 수립·시행하여야 한다.

④ 그 밖에 기본계획 및 시행계획의 수립·시행에 필요한 사항은 대통령령으로 정한다.

[본조신설 2012.12.11.]

제62조의6(사회적책임경영 중소기업지원센터의 지정) ① 중소기업청장은 중소기업의 사회적책임경영을 효율적으로 지원하기 위하여 중소기업 지원 관련 기관이나 단체를 사회적책임경영 중소기업지원센터(이하 이 조에서 "책임경영지원센터"라 한다)로 지정할 수 있다.

② 책임경영지원센터는 다음 각 호의 업무를 수행한다. <개정 2013.3.23.>

1. 중소기업 사회적책임경영에 대한 지침의 제공
2. 중소기업 사회적책임경영 관련 전문인력의 양성

3. 사회적책임경영에 대한 인식제고를 위한 교육 및 연수
4. 사회적책임경영에 필요한 정보 제공 및 컨설팅 지원
5. 그 밖에 사회적책임경영의 활성화를 위하여 필요한 사업으로서 산업통상자원부령으로 정하는 사항
③ 중소기업청장은 책임경영지원센터에 대하여 예산의 범위에서 제2항 각 호의 업무 수행에 필요한 비용을 출연 또는 보조할 수 있다.
④ 중소기업청장은 책임경영지원센터가 제5항에 따른 지정기준에 미달하게 되는 경우에는 지정을 취소할 수 있다.
⑤ 책임경영지원센터의 지정 및 지정 취소의 기준·절차 및 운영에 필요한 사항은 대통령령으로 정한다.
[본조신설 2012.12.11.]

제9절 소기업에 대한 지원
<신설 2015.1.28.>

제62조의7(소기업의 공장설립에 관한 특례) ① 소기업 중 「산업집적활성화 및 공장설립에 관한 법률」 제2조제1호에 따른 공장의 건축면적 또는 이에 준하는 사업장의 면적이 500제곱미터 미만인 기업의 경우 「부가가치세법」 제8조에 따라 발급받은 사업자등록증은 「산업집적활성화 및 공장설립에 관한 법률」 제16조에 따른 공장등록을 하였음을 증명하는 서류 등 대통령령으로 정하는 증명서로 본다.
② 소기업 중 「산업집적활성화 및 공장설립에 관한 법률」 제2조제1호에 따른 공장의 건축면적 또는 이에 준하는 사업장의 면적이 1천제곱미터 미만인 기업이 「수도권정비계획법」 제2조제1호에 따른 수도권 외의 지역(이하 이 조에서 "수도권 외의 지역"이라 한다)에서 공장을 신축·증축 또는 이전하려는 경우(신축·증축 또는 이전 후 공장의 총건축면적과 이에 준하는 사업장 총면적의 합이 1천제곱미터 미만인 경우에 한정한다)에는 다음 각 호의 부담금을 면제한다.
1. 「농지법」 제38조에 따른 농지보전부담금
2. 「산지관리법」 제19조에 따른 대체산림자원조성비
3. 「개발이익 환수에 관한 법률」 제5조에 따른 개발부담금
③ 「산업입지 및 개발에 관한 법률」 제2조제8호에 따른 국가산업단지·일반산업단지·도시첨단산업단지 또는 농공단지(農工團地)를 조성하려는 자가 수도권 외의 지역에서 소기업을 100분의 50 이상 유치하는 국가산업단지·일반산업단지·도시첨단산업단지 또는 농공단지를 조성하는 경우에는 제2항 각 호의 부담금을 면제한다.
④ 제1항 및 제2항에 따른 공장의 건축면적 또는 이에 준하는 사업장의 면적을 산정하는 방법 등은 대통령령으로 정한다. [본조신설 2015.1.28.]

제62조의8(소기업에 대한 신용보증 지원시책의 수립·시행) 정부는 이 법에 따른 소기업 지원을 효율적으로 추진하기 위하여 소기업에 대한 신용보증 지원시책을 수립·시행하여야 한다.
[본조신설 2015.1.28.]

제62조의9(소기업의 주식회사 설립 등에 관한 지원) 중소기업청장은 소기업이 다음 각 호의 어느 하나에 해당하는 경우 해당 소기업에 대한 자금 및 경영 등에 관한 지원을 할 수 있다.
1. 주식회사를 설립하려는 경우
2. 유한회사인 소기업을 주식회사로 조직 변경하려는 경우
[본조신설 2015.1.28.]

제62조의10(소기업에 대한 경영안정 지원) 중소기업청장은 소기업의 경영안정을 지원하기 위하여 다음 각 호의 사항에 대한 사업을 할 수 있다.
1. 소기업에 대한 경영상담·자문 및 교육
2. 소기업 제품의 판매 촉진
3. 소기업에 대한 입지(立地) 지원
4. 그 밖에 소기업의 경영안정을 위하여 필요한 사항
[본조신설 2015.1.28.]

제5장 중소기업창업 및 진흥기금

제63조(중소기업창업 및 진흥기금의 설치) 정부는 중소기업의 창업 촉진, 산업의 균형 있는 발전과 산업기반의 구축, 경영 기반 확충 및 구조고도화에 필요한 재원을 확보하기 위하여 중소기업창업 및 진흥기금(이하 "기금"이라 한다)을 설치한다. <개정 2008.12.19.>
[제목개정 2008.12.19.]

제64조(기금의 조성) ①기금은 다음 각 호의 재원으로 조성한다.
1. 정부나 지방자치단체의 출연금 및 융자금
2. 정부나 지방자치단체 외의 자의 출연금 및 융자금
3. 제65조에 따른 채권의 발행으로 조성되는 자금과 「복권 및 복권기금법」 제23조제1항에 따라 배분된 복권 수익금
4. 「공공자금관리기금법」에 따른 공공자금관리기금에서의 예수금(豫受金)
5. 기금의 운용으로 생기는 수익금
6. 그 밖에 대통령령으로 정하는 수입금
②정부는 회계연도마다 예산의 범위에서 출연금과 융자금을 세출예산에 포함시켜야 한다.

제65조(채권의 발행) ①중소기업진흥공단은 이사회의 의결을 거쳐 중소기업청장의 승인을 받아 기금의 부담으로 채권을 발행할 수 있다.
②중소기업청장은 제1항에 따른 채권 발행을 승인하려면 미리 기획재정부장관과 협의하여야 한다. <개정 2008.2.29.>
③ 채권의 발행액은 적립된 기금의 20배를 초과할 수 없다. <개정 2009.12.30.>
④정부는 중소기업진흥공단이 발행하는 채권 원리금의 상환을 보증할 수 있다.
⑤채권의 소멸시효는 상환일부터 기산하여 원금은 5년, 이자는 2년으로 완성된다.
⑥제1항부터 제5항까지의 규정 외에 채권의 발행에 필요한 사항은 대통령령으로 정한다.

제66조(기금의 운용과 관리) ①기금은 중소기업진흥공단이 운용·관리한다.
② 삭제 <2008.12.19.>
③ 삭제 <2008.12.19.>
④ 삭제 <2008.12.19.>
⑤ 기금 관리자는 제66조의2에 따른 기금운용계획에 따라 기금을 대출 등의 방법으로 운용할 수 있다.
<개정 2007.12.27., 2008.12.19.>

제66조의2(기금운용계획안의 수립과 기금의 결산) ① 중소기업진흥공단은 「국가재정법」 제66조에 따른 기금운용계획안을 수립하려는 경우 제71조에 따른 운영위원회의 심의를 거친 후 중소기업청장의 승인을 받아야 한다. 기금운용계획안이 국회에서 확정된 후 회계연도 중 이를 변경하려는 경우에도 또한 같다. <개정 2008.2.29., 2008.12.19.>
② 중소기업진흥공단은 「국가재정법」 제73조에 따른 기금결산보고서를 작성하여 제1항의 운영위원회의 심의를 거쳐 매 회계연도가 지난 후

2개월 이내에 중소기업청장에게 제
출하여야 한다.
③ 중소기업진흥공단은 회계연도마다
기금의 결산 결과 이익금이 생긴 경우
에는 이월손실금의 보전에 충당하고,
나머지는 기금으로 적립하여야 한다.
④ 기금의 결산에서 손실금이 생긴
때에는 제3항의 적립금으로 보전하
고 그 적립금이 부족한 때에는 정부
가 이를 보전한다. <신설 2009.12.30.>
[본조신설 2007.12.27.]

제67조(기금의 사용 등) ① 기금은 다
음 각 호의 사업을 위하여 사용할 수
있다. <개정 2008.12.19., 2012.1.17.>
1. 「중소기업창업 지원법」 제6조제
   1항에 따른 창업보육센터사업자
   와 입주자에 대한 자금 지원
2. 「중소기업창업 지원법」 제10조
   에 따른 중소기업창업투자회사에
   대한 투자 또는 융자
3. 「중소기업창업 지원법」 제20조
   에 따른 중소기업창업투자조합에
   대한 출자
4. 「중소기업창업 지원법」 제31조
   에 따른 중소기업상담회사에 대한
   자금 지원
5. 중소기업의 창업지원을 위하여 중
   소기업청장이 위탁하는 사업
6. 중소기업에 대한 자동화의 지원
7. 중소기업에 대한 정보화의 지원
8. 중소기업에 대한 기술개발 및 이
   업종 교류의 지원
9. 중소기업에 대한 사업전환의 지원
10. 중소기업제품의 국내외 판로 지
    원 및 연계 생산의 지원
11. 중소기업에 대한 물류현대화의 지원
12. 중소기업에 대한 협동화사업의 지원
13. 중소기업에 대한 협업사업의 지원
14. 중소기업에 대한 입지지원과 환
    경오염 줄이기를 위한 지원
15. 중소기업에 대한 지도·연수사업
    과 전문기술인력의 양성

16. 중소기업에 대한 국제화의 지원
17. 중소기업에 대한 경영 정상화의 지원
18. 중소기업의 주식 및 사채의 인수
19. 중소기업진흥공단의 시설의 설치
    및 운영
20. 중소기업진흥을 위하여 중소기업
    청장이 위탁하는 사업
21. 중소기업에 대한 필요한 시설의
    대여 및 관련 정보의 수집, 보급,
    조사 및 연구
22. 「지역균형개발 및 지방중소기업
    육성에 관한 법률」 제44조에 따
    른 지방중소기업육성관련기금의
    조성지원 등 지방중소기업의 육성
22의2. 「산업발전법」 제28조 각
    호에 따른 사업
22의3. 삭제 <2013.5.28.>
23. 제6호부터 제21호까지의 사업에
    대한 출자 또는 출연
24. 제1호부터 제21호까지의 사업에
    딸린 사업
② 삭제 <2008.12.19.>
③ 제1항 각 호의 사업을 수행하기 위
하여 필요하면 관련 중소기업자나 단
체 등에 대하여 기금에서 보조금을
지급할 수 있다. <개정 2008.12.19.>
④ 기금의 운영·관리와 기금에서 지
급할 보조금에 필요한 사항은 대통
령령으로 정한다.
[전문개정 2007.12.27.]

제6장 중소기업진흥공단

제68조(중소기업진흥공단의 설립 등)
①중소기업의 진흥을 위한 사업을 효
율적으로 추진하기 위하여 중소기업
진흥공단을 설립한다.
②중소기업진흥공단은 법인으로 하
며, 그 주된 사무소의 소재지에서 설
립등기를 함으로써 성립한다.
③제2항에 따른 주된 사무소의 소재
지는 정관으로 정하며, 중소기업진흥

공단은 정관에서 정하는 바에 따라 필요한 곳에 연수원, 지부 또는 지소, 그 밖의 사무소를 둘 수 있다.

④중소기업진흥공단은 중소기업의 자동화와 정보화를 촉진하기 위하여 대통령령으로 정하는 바에 따라 자동화지원센터와 정보화지원센터를 설치·운영할 수 있다.

⑤중소기업진흥공단 외의 자는 중소기업진흥공단 또는 이와 비슷한 명칭을 사용하지 못한다.

⑥정부 등은 중소기업진흥공단의 설립에 필요한 자금에 충당하기 위하여 출연을 할 수 있다.

⑦지방자치단체는 중소기업진흥공단의 설립과 운영 등을 위하여 필요한 경우에는 대통령령으로 정하는 바에 따라 공유재산을 양여할 수 있다.

⑧중소기업진흥공단에 관하여 이 법에 규정된 것 외에는 「민법」 중 재단법인에 관한 규정을 준용한다.

제69조(중소기업제품 판매회사의 설립)
①중소기업진흥공단은 제74조제1항제5호 및 제19호의 사업을 효율적으로 시행하기 위하여 필요하다고 인정하면 대통령령으로 정하는 바에 따라 중소기업청장의 승인을 받아 중소기업제품에 대한 판로의 확보를 지원하기 위한 회사를 설립할 수 있다.

②중소기업청장이 제1항에 따른 승인을 하려면 미리 관할 시·도지사와 협의하여야 한다.

③제1항에 따라 설립된 회사는 「유통산업발전법」 제8조에 따른 대규모점포로 등록한 것으로 본다.

제70조(정관) ①중소기업진흥공단의 정관에는 다음 각 호의 사항을 포함하여야 한다.
1. 목적
2. 명칭
3. 주된 사무소, 연수원, 지부 또는 지

소와 그 밖의 사무소에 관한 사항
4. 임원과 직원에 관한 사항
5. 운영위원회와 이사회에 관한 사항
6. 업무와 그 집행에 관한 사항
7. 재산과 그 회계에 관한 사항
8. 정관 변경에 관한 사항
9. 공고의 방법
10. 규약과 규정의 제정 및 개폐에 관한 사항

②중소기업진흥공단이 정관을 변경하려면 중소기업청장의 인가를 받아야 한다.

제71조(운영위원회) ①중소기업진흥공단에 운영위원회를 둔다.

②운영위원회는 위원장 1명과 20명 이하의 위원으로 구성한다.

③위원장은 중소기업진흥공단의 이사장이 되고, 위원은 관계 행정기관의 공무원 및 중소기업에 관하여 지식과 경험이 풍부한 자 중에서 중소기업청장이 위촉한다.

④위원은 비상근(非常勤)으로 한다.

⑤운영위원회의 운영에 필요한 사항은 대통령령으로 정한다.

제72조(임원) 중소기업진흥공단에 다음 각 호의 임원을 둔다.
1. 이사장 1명
2. 부이사장 1명
3. 이사 5명 이하
4. 감사 1명
[전문개정 2015.1.28.]

제73조(이사회) ①중소기업진흥공단의 중요 사항을 의결하게 하기 위하여 중소기업진흥공단에 이사회를 둔다.

②이사회는 이사장, 부이사장 및 이사로 구성한다.

③이사회의 운영에 필요한 사항은 정관으로 정한다.

제73조의2(이사장의 대표권제한) 중소

기업진흥공단의 이익과 이사장의 이익이 상반되는 사항에 대하여는 이사장이 중소기업진흥공단을 대표하지 못하며, 감사가 중소기업진흥공단을 대표한다. [본조신설 2007.12.27.]

제73조의3(대리인의 선임) 이사장은 임직원 중에서 중소기업진흥공단의 업무에 관하여 재판상 또는 재판 외의 모든 행위를 할 권한이 있는 대리인을 선임할 수 있다.
[본조신설 2012.12.11.]
[종전 제73조의3은 제73조의4로 이동 <2012.12.11.>]

제73조의4(비밀누설의 금지) 중소기업진흥공단의 임직원으로 근무하거나 근무하였던 사람은 그 직무상 알게 된 비밀을 누설하거나 도용하여서는 아니 된다.
[본조신설 2007.12.27.]
[제73조의3에서 이동 <2012.12.11.>]

제74조(사업) ①중소기업진흥공단은 중소기업에 관한 다음 각 호의 사업을 실시하거나 그에 관한 사업을 지원할 수 있다. <개정 2014.1.21.>
1. 자동화의 지원
2. 정보화의 지원
3. 기술개발의 지원 및 이업종교류의 지원
4. 사업전환의 지원
5. 중소기업제품의 국내외 판로 지원과 연계생산의 지원
6. 물류현대화의 지원
7. 협동화사업의 추진과 협동화사업을 위한 토지·건물 및 시설 등의 취득, 단지의 조성 또는 공동시설의 설치와 그 대여 및 양도
8. 협업사업의 지원
9. 입지 지원
10. 중소기업의 창업 지원
11. 농공 단지에 입주한 기업의 지원
12. 환경오염을 줄이기 위한 지원
13. 경영과 기술의 진단, 지도와 그 요원의 양성, 민간이 운영하는 경영·기술전문지도기관·단체 및 업체의 육성, 기술도입과 기술보급
14. 중소기업자 및 그 근로자, 중소기업의 경영 또는 기술에 관한 지도 요원 등에 대한 연수 및 전문기술인력 양성
14의2. 중소기업 핵심인력에 대한 성과보상공제사업 및 그 밖에 중소기업 인력지원에 관한 사업
15. 국외투자와 그 밖에 국외 진출 및 외국과의 산업기술 협력 등 국제화의 지원
16. 경영 정상화의 지원
17. 중소기업의 주식 또는 사채의 인수
18. 기금의 운용과 관리
19. 중소기업제품의 판매 지원을 위한 국내외 전시장 및 관련 시설의 설치·운영
20. 중소기업 진흥을 위하여 중소기업청장이 위탁하는 사업
21. 중소기업에 관한 정보의 수집·보급과 조사 및 연구
22. 제1호부터 제12호까지, 제15호 및 제20호의 사업에 필요한 시설의 대여
23. 제1호부터 제21호까지에 규정된 사업에 딸린 사업
②중소기업진흥공단은 제1항의 사업을 수행할 때 지방자치단체와 중소기업에 대한 지원 업무에 관하여 서로 협력할 수 있다.
③제2항에 따른 지방자치단체와의 협력에 필요한 사항은 대통령령으로 정한다.

제74조의2(연대보증채무의 감경·면제) 「채무자 회생 및 파산에 관한 법률」 제250조제2항, 제567조, 제625조제3항에도 불구하고 채권자가 중소기업진흥공단인 경우(이 법 제66조제5항에 따라 대출 방식으로 이

루어지는 사업에 한정한다)에는 중소
기업이 회생계획인가결정을 받는 시
점 및 파산선고 이후 면책결정을 받
는 시점에 주채무가 감경 또는 면제
될 경우 연대보증채무도 동일한 비율
로 감경 또는 면제한다.
[본조신설 2012.12.11.]

제75조(자금의 조달) ①중소기업진흥공
단은 제74조에 따른 사업을 위하여 필
요하면 중소기업청장의 승인을 받아
국내외로부터 자금을 차입할 수 있다.
②정부는 중소기업진흥공단이 제74조
에 따른 사업을 수행하기 위하여 필
요하다고 인정하면 중소기업진흥공
단에 출연할 수 있다.

제76조(비용 부담) 중소기업진흥공단은
제74조제1항 각 호의 사업에 따른
수익자에게 그 사업에 필요한 비용을
부담하게 할 수 있다.

제76조의2(자료제공의 요청) ① 중소기
업진흥공단은 국가, 지방자치단체,
「국민연금법」에 따른 국민연금공단,
「국민건강보험법」에 따른 국민건강
보험공단 및 「산업재해보상보험법」
에 따른 근로복지공단, 그 밖에 대통령
령으로 정하는 공공단체에 제74조제1
항 각 호에 따른 업무 수행에 필요한
자료의 제공을 요청할 수 있다.
② 제1항에 따라 자료의 제공을 요청
받은 자는 특별한 사유가 없으면 이
에 따라야 한다.
[본조신설 2012.12.11.]

제77조(예산과 결산) ①중소기업진흥공
단은 사업연도마다 총수입과 총지출
을 예산으로 편성하여 운영위원회의
심의를 거쳐 중소기업청장의 승인을
받아야 한다. 이를 변경하려는 경우
에도 또한 같다.

②중소기업진흥공단이 제1항에 따른
승인을 받으려면 그 편성된 예산안
을 해당 연도 시작 20일 전까지 중
소기업청장에게 제출하여야 한다.
③중소기업진흥공단은 매년 회계연도
가 지난 후 2개월 이내에 결산서를
작성하여 운영위원회의 심의를 거쳐
중소기업청장에게 제출하여야 한다.
④중소기업진흥공단은 회계연도마다
의 결산 결과 이익금이 생긴 경우에
는 이월손실금의 보전에 충당하고,
나머지는 중소기업청장이 정하는 바
에 따라 적립하여야 한다.

제78조(업무의 지도·감독) ①중소기업
청장은 중소기업진흥공단의 업무를
지도·감독하며, 필요하다고 인정하
면 중소기업진흥공단에 대하여 그 사
업에 관한 지시나 명령을 할 수 있
다.
②중소기업진흥공단에 대한 중소기업
청장의 지도·감독에 필요한 사항은
대통령령으로 정한다.

제7장 보칙

제79조(보고와 검사) ①중소기업청장은
이 법의 시행을 위하여 필요하다고 인
정하면 제2장 및 제4장의 사업 추진
과 관련 있는 자에게 그 사업에 관한
보고를 명령하거나 소속 공무원에게
해당 사무소와 사업장 등에 출입하여
장부·서류나 그 밖의 물건을 검사하
게 할 수 있다. <개정 2009.5.21.>
②제1항에 따라 검사를 하는 공무원
은 그 권한을 표시하는 증표를 지니
고, 이를 관계인에게 내보여야 한다.

**제79조의2(중소기업 정책정보시스템
운영)** ① 중소기업청장은 중소기업자
가 중소기업 지원 정책정보를 편리하

게 이용하도록 하기 위하여 정책정보
를 분야별로 분류·제공하는 중소기
업 정책정보시스템을 운영할 수 있
다. <개정 2008.2.29.>
② 관계 중앙행정기관, 지방자치단체,
중소기업 관련 법인·단체는 제1항
과 관련된 정보를 생산하거나 변경
한 때에는 그 정책정보가 중소기업
정책정보시스템에 신속히 등록·갱
신될 수 있도록 필요한 조치를 하여
야 한다.
③ 중소기업청장은 예산의 범위에서
중소기업 정책정보시스템 운영에 사
용되는 비용의 전부 또는 일부를 지
원할 수 있다.
[본조신설 2007.12.27.]

**제79조의3(중소기업　현황정보시스템
운영)** ① 중소기업청장은 개별 중소기
업의 업종, 지역, 종업원 수 등 일반현
황 정보와 지원기관, 지원내용 등 지
원 관련 정보를 수집·이용하는 중소
기업 현황정보시스템을 운영할 수 있
으며, 관계 중앙행정기관, 지방자치단
체, 중소기업 관련 법인·단체는 이와
관련된 정보를 제공하여야 한다.
② 제1항에 따른 정보 제공 기관, 제
공 대상 정보, 정보 제공 방법, 제공
정보의 관리 및 활용 등에 필요한
사항은 중소기업청장이 정한다.
[본조신설 2007.12.27.]

제80조(세제 지원) 정부는 중소기업의
창업 촉진, 경영기반 확충 및 구조
고도화 등을 위하여 조세에 관한 법
률에서 정하는 바에 따라 세제상의
지원을 할 수 있다.

제81조(다른 법률과의 관계) ①중소기
업자등이 제31조제1항에 따라 단지조
성사업의 실시계획의 승인을 받은 경우
다음 각 호의 허가, 결정, 인가, 면허,

협의, 동의, 승인, 해제 또는 처분 등
(이하 "인·허가등"이라 한다)을 받은
것으로 보며, 같은 조 제4항에 따라 실
시계획의 승인이 고시된 경우에는 다음
각 호의 관련 법률에 따른 인·허가등
의 고시 또는 공고가 있는 것으로 본다.
<개정 2007.12.27., 2008.3.21., 2009.6.9.,
2010.4.15., 2010.5.31., 2014.1.14., 2014.6.3.>
1. 「국토의 계획 및 이용에 관한 법
　률」 제56조에 따른 토지의 분할
　과 형질변경허가, 같은 법 제86
　조에 따른 도시계획시설사업 시행
　자의 지정 및 같은 법 제88조에
　따른 실시계획의 인가
2. 「수도법」 제17조 및 제49조에
　따른 수도사업의 인가, 같은 법
　제52조 및 제54조에 따른 전용수
　도 설치의 인가
3. 「하수도법」 제16조에 따른 공공
　하수도공사 시행의 허가
4. 「공유수면 관리 및 매립에 관한
　법률」 제8조에 따른 공유수면의
　점용·사용허가 및 같은 법 제17
　조에 따른 점용·사용 실시계획의
　승인·신고
5. 「항만법」 제9조제2항에 따른 항만
　공사시행의 허가 및 같은 법 제10
　조제2항에 따른 실시계획의 승인
6. 「하천법」 제30조에 따른 하천공
　사시행의 허가 및 같은 법 제33
　조에 따른 하천의 점용허가
7. 「도로법」 제36조에 따른 도로공
　사시행의 허가 및 같은 법 제61
　조에 따른 도로점용의 허가
8. 「농지법」 제34조에 따른 농지전
　용의 허가·협의
9. 「산지관리법」 제14조와 제15조
　에 따른 산지전용허가 및 산지전
　용신고, 같은 법 제15조의2에 따
　른 산지일시사용허가·신고, 「산
　림자원의 조성 및 관리에 관한 법
　률」 제36조제1항·제4항 및 제
　45조제1항·제2항에 따른 입목벌
　채 등의 허가·신고

10. 「사방사업법」 제14조에 따른 벌채 등의 허가 및 같은 법 제20조에 따른 사방지 지정의 해제
11. 「초지법」 제23조에 따른 초지 전용허가
12. 「사도법」 제4조에 따른 사도 (私道)의 개설허가
13. 「공간정보의 구축 및 관리 등에 관한 법률」 제15조제3항에 따른 지도등의 간행 심사
14. 「광업법」 제24조에 따른 불허가 처분 및 같은 법 제34조에 따른 광구 감소처분 또는 광업권 취소처분
15. 「장사 등에 관한 법률」 제23조에 따른 연고자가 없는 분묘의 개장(改葬)허가
16. 「농어촌정비법」 제23조에 따른 농업생산기반시설의 목적 외 사용승인

②시·도지사는 제1항 각 호의 사항이 포함되어 있는 실시계획을 승인하려면 미리 관계 행정기관의 장과 협의하여야 한다.

③실시계획이 승인된 지역은 「산업집적활성화 및 공장설립에 관한 법률」 제23조에 따른 유치지역으로 지정된 것으로 본다.

④중소기업자등이 제32조에 따라 단지조성사업의 준공인가를 받으면 제1항에 따라 실시계획의 승인으로 간주되는 허가, 인가, 면허, 협의, 동의, 승인 또는 해제에 따른 그 사업의 준공검사 또는 준공인가를 받은 것으로 본다.

⑤제57조제1항에 따른 연수실시기관에서 공업표준화와 품질관리에 관한 연수를 이수한 중소기업자는 「산업표준화법」 제28조에 따른 교육을 이수한 것으로 본다. <개정 2015.1.28.>

제82조 삭제 <2009.5.21.>

제83조(권한의 위임·위탁) ①이 법에 따른 중소기업청장의 권한은 대통령령으로 정하는 바에 따라 그 일부를 소속 기관의 장 또는 시·도지사에게 위임하거나 다른 행정기관의 장에게 위탁할 수 있다.

②제29조에 따른 중소기업청장의 업무는 대통령령으로 정하는 바에 따라 중소기업중앙회 또는 중소기업진흥공단에 위탁할 수 있다. <개정 2009.5.21., 2015.5.18.>

③ 다음 각 호의 어느 하나에 해당하는 사람은 「형법」 제129조부터 제132조까지의 규정을 적용할 때에는 공무원으로 본다. <개정 2015.5.18.>
1. 제2항에 따라 위탁한 업무에 종사하는 중소기업중앙회 또는 중소기업진흥공단의 임원과 직원
2. 전담기관에서 협업지원사업의 업무에 종사하는 임원과 직원

제83조의2(규제의 재검토) 중소기업청장은 제30조제1항에 따른 협동화실천계획의 승인취소 요건에 대하여 2015년 1월 1일을 기준으로 3년마다(매 3년이 되는 해의 1월 1일 전까지를 말한다) 그 타당성을 검토하여 개선 등의 조치를 하여야 한다. [본조신설 2015.5.18.]

제8장 벌칙

제84조(벌칙) ①다음 각 호의 어느 하나에 해당하는 자는 3년 이하의 징역 또는 1천만원 이하의 벌금에 처한다. <개정 2007.12.27., 2012.12.11.>
1. 삭제 <2009.5.21.>
2. 제51조제2항을 위반하여 고의로 진실을 감추거나 거짓된 보고를 한 지도사
3. 제73조의4를 위반하여 직무상 알게

된 비밀을 누설하거나 도용한 자
② 삭제 <2009.5.21.>

제85조(양벌규정) ① 법인의 대표자나 법인 또는 개인의 대리인, 사용인, 그 밖의 종업원이 그 법인 또는 개인의 업무에 관하여 제84조의 위반행위를 하면 그 행위자를 벌하는 외에 그 법인 또는 개인에게도 해당 조문의 벌금형을 과(科)한다. 다만, 법인 또는 개인이 그 위반행위를 방지하기 위하여 해당 업무에 관하여 상당한 주의와 감독을 게을리하지 아니한 경우에는 그러하지 아니한다. <개정 2008.12.19.>
② 삭제 <2008.12.19.>

제86조(과태료) ①다음 각 호의 어느 하나에 해당하는 자에게는 300만원 이하의 과태료를 부과한다. <개정 2008.12.19.>
1. 제50조제4항을 위반하여 제46조제1항에 따른 지도사임을 표시하거나 이와 비슷한 명칭을 사용한 자
2. 제52조를 위반하여 증명업무를 수행한 자
3. 제68조제5항을 위반하여 중소기업진흥공단 또는 이와 비슷한 명칭을 사용한 자
4. 제79조에 따른 보고를 하지 아니하거나 거짓된 보고를 한 자 또는 검사를 거부, 방해 또는 기피한 자
②제1항에 따른 과태료는 대통령령으로 정하는 바에 따라 중소기업청장이 부과·징수한다.
③ 삭제 <2008.12.19.>
④ 삭제 <2008.12.19.>
⑤ 삭제 <2008.12.19.>

부칙
<제13084호, 2015.1.28.>
(산업표준화법)
제1조(시행일) 이 법은 공포 후 6개월

이 경과한 날부터 시행한다.

제2조(다른 법률의 개정) ① 중소기업진흥에 관한 법률 일부를 다음과 같이 개정한다.
제81조제5항 중 "「산업표준화법」 제36조의2"를 "「산업표준화법」 제28조"로 한다.
② 및 ③ 생략

부칙
<제13095호, 2015.1.28.>

이 법은 공포 후 6개월이 경과한 날부터 시행한다. 다만, 제2조제1호의2 및 제62조의8부터 제62조의10까지의 개정규정은 2015년 5월 28일부터 시행하고, 제44조제2항·제62조의7 및 제72조의 개정규정은 공포한 날부터 시행한다.

부칙
<제13316호, 2015.5.18.>

제1조(시행일) 이 법은 공포 후 6개월이 경과한 날부터 시행한다. 다만, 제2조제9호, 제30조제1항 및 제83조의2의 개정규정은 공포한 날부터 시행한다.

제2조(협업사업계획의 승인 폐지에 관한 경과조치) 이 법 시행 전에 종전의 규정에 따라 중소기업청장으로부터 협업사업계획의 승인을 받은 경우로서 이 법 시행 당시 협업사업의 실시기간이 종료되지 아니한 경우에 대해서는 제37조, 제38조 및 제40조제1항의 개정규정에도 불구하고 그 협업사업의 실시기간이 종료될 때까지 종전의 규정에 따른다.

중소기업진흥에 관한 법률 시행령

[시행 2015.7.29.]
[대통령령 제26247호, 2015.5.26., 일부개정]

제1장 총칙

제1조(목적) 이 영은 「중소기업진흥에 관한 법률」에서 위임된 사항과 그 시행에 필요한 사항을 규정함을 목적으로 한다. <개정 2009.11.20.>

제2조(정의) ① 「중소기업진흥에 관한 법률」(이하 "법"이라 한다) 제2조제1호다목에 따라 중소기업자가 되는 산업기술연구조합은 그 조합원의 100분의 90 이상이 「중소기업기본법」 제2조에 따른 중소기업자로 구성된 조합으로 한다. <개정 2009.11.20.>
② 법 제2조제1호라목에 따라 중소기업자가 되는 단체는 다음 각 호와 같다.
1. 「산업발전법」 제38조에 따른 사업자단체 중 그 구성원의 3분의 2 이상이 「중소기업기본법」 제2조에 따른 중소기업자로 구성된 사업자단체
2. 「민법」 제32조에 따라 설립된 법인 중 법 제5조에 따른 다른 업종 간의 정보와 기술교류사업을 추진하는 법인
③ 삭제 <2008.4.10.>
④ 삭제 <2009.11.20.>
⑤ 삭제 <2009.11.20.>
⑥ 법 제2조제10호 후단에 따른 동일성 유지의 기준은 다음 각 호와 같다. <신설 2008.4.10.>
1. 가업승계를 한 자는 승계 전과 같은 업종(「통계법」 제22조제1항에 따라 통계청장이 작성·고시하는 한국표준산업분류상의 세분류를 기준으로 한다)에 종사하여야 한다. 이 경우 기존 업종에 다른 업종을 추가하여 사업을 하는 경우에는 추가된 업종의 매출액이 총매출액의 100분의 50 미만인 경우에만 같은 업종에 종사한 것으로 본다.
2. 가업승계를 한 자는 해당 기업의 사업을 10년 이상 계속하여 유지하여야 한다. 다만, 해당 기업유지기간 중 가업승계자의 책임 없는 사유로 총 1년 이내의 기간 동안 휴업한 경우에는 사업을 계속한 것으로 본다.
3. 가업승계를 한 자는 5년 동안 평균 상시종업원 수를 승계 전 5년간 평균 상시종업원 수의 100분의 70 이상으로 유지하여야 한다.

제2장 삭제

제3조 삭제 <2009.11.20.>

제4조 삭제 <2009.11.20.>

제5조 삭제 <2009.11.20.>

제6조 삭제 <2009.11.20.>

제7조 삭제 <2009.11.20.>

제8조 삭제 <2009.11.20.>

제9조 삭제 <2009.11.20.>

제10조 삭제 <2009.11.20.>

제11조 삭제 <2009.11.20.>

제12조 삭제 <2009.11.20.>

제13조 삭제 <2009.11.20.>

제14조 삭제 <2009.11.20.>

제15조 삭제 <2009.11.20.>

제16조 삭제 <2009.11.20.>

제17조 삭제 <2009.11.20.>

제18조 삭제 <2009.11.20.>

제19조 삭제 <2009.11.20.>

제20조 삭제 <2009.11.20.>

제21조 삭제 <2009.11.20.>

제22조 삭제 <2009.11.20.>

제23조 삭제 <2009.11.20.>

제24조 삭제 <2009.11.20.>

제25조 삭제 <2009.11.20.>

제26조 삭제 <2009.11.20.>

제27조 삭제 <2009.11.20.>

제3장 중소기업의 경영기반 확충
제1절 협동화 사업

제28조(협동화기준) 법 제28조에 따른 중소기업 협동화기준(이하 "협동화기준"이라 한다)에는 다음 각 호의 사항이 포함되어야 한다.
1. 법 제29조에 따른 협동화실천계획(이하 "협동화실천계획"이라 한다)의 수립에 필요한 협동화사업의 종류, 참가업체수, 참가자격, 사업계획의 타당성 및 추진주체 등에 관한 사항
2. 협동화실천계획의 승인을 받은 자에 대한 지원의 범위, 조건, 절차 및 사후 관리 등에 관한 사항
3. 제1호 및 제2호와 관련하여 중소기업청장이 특히 필요하다고 인정하는 사항

제29조(협동화실천계획에 포함될 사항) 협동화실천계획에는 다음 각 호의 사항이 포함되어야 한다.

1. 협동화실천계획의 목표
2. 참가업체
3. 사업내용
4. 추진주체
5. 재원조달계획
6. 실시기간
7. 협동화 사업을 위한 단지조성사업을 하려는 경우에는 제31조제2항 각 호의 사항
8. 그 밖에 협동화 사업에 필요한 사항

제30조(협동화실천계획의 승인) ①법 제29조제1항에 따라 협동화실천계획의 승인이나 변경승인을 받으려는 자는 승인신청서나 변경승인신청서를 중소기업청장에게 제출하여야 한다.
②법 제29조제2항에 따라 협동화실천계획의 승인이나 변경승인을 받으려는 자는 승인신청서나 변경승인신청서를 특별시장·광역시장·도지사 및 특별자치도지사(이하 "시·도지사"라 한다)에게 제출하여야 한다. <개정 2009.11.20.>
③법 제29조제2항에서 "대통령령으로 정하는 면적"이란 3만 제곱미터를 말한다.
④중소기업청장이나 시·도지사는 제1항과 제2항에 따라 협동화실천계획의 승인이나 변경승인의 신청을 받은 경우 그 협동화실천계획이 협동화기준에 부합한다고 인정되는 경우에만 승인한다.

제31조(단지조성사업의 실시계획 승인 등) ①법 제31조제3항제3호에서 "대통령령으로 정하는 사항"이란 다음 각 호의 사항을 말한다.
1. 도로·용수(用水)·전력·폐기물 처리시설 등의 기반시설 확보 여부에 관한 사항
2. 지역경제와 환경에 미치는 영향에 관한 사항
②법 제31조제4항에 따른 단지조성

사업 실시계획 승인이나 변경승인의 보고 및 고시에는 다음 각 호의 사항이 포함되어야 한다. 다만, 제3호의 사항은 토지의 수용(收用)·사용을 하는 경우로 한정한다.

1. 사업의 개요(명칭, 목적, 위치, 면적 및 시행기간에 관한 사항을 포함한다)
2. 법 제29조에 따라 협동화실천계획의 승인을 받은 자 또는 법 제68조제1항에 따른 중소기업진흥공단(이하 "중소기업자등"이라 한다)의 명칭 및 주소
3. 수용·사용할 토지나 건물의 세목과 소유권, 그 밖의 권리명세(「공익사업을 위한 토지 등의 취득 및 보상에 관한 법률」 제2조제5호에 따른 관계인의 성명, 주소를 포함한다)

③법 제31조제5항에 따른 국외 협동화 사업의 기준 및 실시계획의 승인에 관하여는 법 제30조, 이 영 제28조, 제29조 및 제30조제1항·제4항을 준용한다.

제32조(서류의 공시송달) ①중소기업자등이 단지조성사업을 시행할 때 이해관계인의 주소나 거소가 불분명하거나 그 밖의 사유로 서류를 송달할 수 없을 때에는 서울특별시와 해당 지방에서 발간되는 일간신문에 이를 공고함으로써 그 서류의 송달을 갈음할 수 있다.
②제1항에 따라 공시송달을 하는 경우 그 서류는 공고가 있은 날에 발송한 것으로 보고, 그 공고일부터 14일이 지난 때에 상대방에게 도달한 것으로 본다. 다만, 외국에 체류중인 자에 대하여는 그 공고일부터 60일로 한다.

제2절 협업사업

제33조(협업사업계획의 승인 절차 등)

①법 제37조제1항에 따라 협업사업계획의 승인이나 변경승인을 받으려는 자는 승인신청서나 변경승인신청서를 중소기업청장에게 제출하여야 한다.
②법 제37조제1항 각 호 외의 부분 후단에서 "대통령령으로 정하는 사항"이란 다음 각 호의 사항을 말한다.
1. 참가업체와 추진주체
2. 사업내용 및 실시기간
3. 자금조달방법
4. 그 밖에 사업계획에 중대한 변경을 수반하는 사항

③중소기업청장은 제1항에 따라 승인신청서나 변경승인신청서를 받으면 다음 각 호의 사항을 고려하여 승인여부를 결정하여야 한다.
1. 협업사업계획이 구체적이고 실현가능할 것
2. 협업사업을 수행하는 데에 필요한 설비·기술 등 경영자원을 갖추고 있을 것

제34조(협업사업계획의 승인취소) 법 제38조제1항제3호에서 "대통령령으로 정하는 기간"이란 6개월을 말한다.

제35조(이행실적 조사) 중소기업청장은 법 제40조제1항에 따라 승인사업자의 협업사업계획 이행여부와 실적 등을 조사하려면 그 승인사업자에게 조사일시, 조사목적 및 조사내용 등을 미리 알려야 한다.

제3절 입지 지원 사업 및 환경오염 저감(低減) 지원사업

제36조(입지 지원사업) 법 제41조제4호에서 "대통령령으로 정하는 사업"이란 다음 각 호의 사업을 말한다.
<개정 2014.12.30.>
1. 「지역 개발 및 지원에 관한 법

률」에 따른 지역개발사업(법률 제12737호 지역 개발 및 지원에 관한 법률 부칙 제4조제3항에 따라 지역개발사업구역으로 보는 종전의 「지역균형개발 및 지방중소기업 육성에 관한 법률」에 따라 지정·고시된 지역종합개발지구에서 시행하는 지역개발사업만 해당한다)과 공장설립 지원사업

2. 중소기업청장이 다른 법률에 따라 입지 지원사업으로 정하는 사업

제37조(환경오염 저감 지원사업) 법 제42조에 따라 중소기업청장이 실시하는 환경오염 저감 지원사업은 다음 각 호와 같다.

1. 기존의 생산설비와 공정을 저공해 또는 무공해 생산시설과 공정으로 대체하는 데에 필요한 자금·기술 등의 지원
2. 환경오염 저감을 위한 개발기술의 사업화에 필요한 자금·기술 등의 지원
3. 생산활동으로 인하여 발생한 폐자원을 재활용하기 위한 생산설비 및 폐기물처리시설을 설치하는 데에 필요한 자금·기술 등의 지원
4. 그 밖에 중소기업청장이 중소기업의 환경오염 저감을 위하여 필요하다고 인정하는 사업

제4절 지도와 연수사업

제38조(지도계획에 포함될 사항) 법 제43조에 따른 지도계획에는 다음 각 호의 사항이 포함되어야 한다.

1. 지도방향과 지도의 대상·내용 및 방법 등에 관한 사항
2. 지도 신청 절차와 사후 관리 등에 관한 사항
3. 법 제44조에 따라 경영 및 기술지도를 하는 지도실시기관(이하 "지

도실시기관"이라 한다) 간 상호 협조에 관한 사항
4. 지도인력의 관리에 관한 사항
5. 지도에 따른 지원의 내용, 범위 및 절차에 관한 사항
6. 그 밖에 지도에 관하여 중소기업청장이 특히 필요하다고 인정하는 사항

제39조(지도실시기관의 지정) 법 제44조제1항에 따라 중소기업청장이 지정할 수 있는 지도실시기관은 다음 각 호의 자로 한다. <개정 2009.4.30., 2010.11.15.>

1. 지방중소기업청
2. 중소기업진흥공단
3. 「산업기술혁신 촉진법」에 따른 한국산업기술진흥원, 한국산업기술평가관리원, 한국세라믹기술원, 한국공학한림원, 한국산업기술시험원 및 전문생산기술연구소
4. 「산업디자인진흥법」에 따른 한국디자인진흥원
5. 「중소기업은행법」에 따른 중소기업은행
6. 「신용보증기금법」에 따른 신용보증기금
7. 「기술신용보증기금법」에 따른 기술신용보증기금
8. 「은행법」에 따라 설립된 은행
9. 「고등교육법」에 따른 대학·산업대학 및 전문대학
10. 국공립연구기관, 「정부출연연구기관 등의 설립·운영 및 육성에 관한 법률」 또는 「과학기술분야 정부출연연구기관 등의 설립·운영 및 육성에 관한 법률」에 따른 정부출연연구기관
11. 법 제50조제5항에 따라 사무소를 설치한 지도사
12. 「지역신용보증재단법」에 따른 신용보증재단 및 전국신용보증재단연합회
13. 그 밖에 중소기업의 경영 및 기술지도업무를 수행할 인력과 능력

을 갖춘 전문기관으로서 중소기업
청장이 지정하는 기관

제40조(지도실시기관에 대한 출연) ①
중소기업청장은 법 제44조제1항에
따라 지도실시기관에 출연금을 지급
하는 경우에는 일시에 지급하거나 나
누어 지급할 수 있다.
②제1항에 따라 출연금을 지급받은 지
도실시기관은 그 출연금에 대하여 별도
의 계정을 설정하여 관리하여야 한다.
③지도실시기관은 제1항의 출연금을
중소기업의 경영 및 기술지도실시에
만 사용하여야 한다.

제41조(지도사자격시험) ①법 제46조
제5항에 따른 지도사자격시험의 시
험과목은 별표 2와 같다. <개정
2008.4.10.>
②지도사자격시험의 1차 시험은 객관
식(선택형)으로 하고, 2차 시험은
주관식(논술형)으로 한다.
③1차 시험과 2차 시험의 합격기준은
한 과목당 100점을 만점으로 하여
각 과목 40점 이상, 전과목 평균 60
점 이상으로 한다.
④중소기업청장은 시험의 합격자가
결정되면 이를 공고하고, 합격자에게
는 산업통상자원부령으로 정하는 지
도사자격증을 내주어야 한다.
<개정 2008.2.29., 2013.3.23.>

제41조의2 삭제 <2015.5.26.>

제42조(시험실시기관의 업무 범위 등)
①법 제46조제5항에 따른 시험실시기
관의 업무 범위는 다음 각 호와 같다.
1. 지도사자격시험의 공고
2. 지도사자격시험 응시원서의 교부
및 접수
3. 지도사자격시험의 시행 및 그에
부수되는 업무

②시험실시기관은 지도사자격시험을
실시하려면 시험일자, 시험장소 및
응시수수료, 그 밖에 시험을 실시하
는 데에 필요한 사항을 정하여 중소
기업청장의 승인을 받아 이를 시험
일 90일 전까지 시험과목 및 합격기
준과 함께 공고하여야 한다.
<개정 2009.11.20., 2012.5.1.>
③ 시험실시기관은 지도사자격시험을
치려는 사람이 다음 각 호의 어느 하
나에 해당하는 경우에는 해당 금액을
돌려주어야 한다. <개정 2012.6.5.>
1. 응시수수료를 과오납한 경우: 과오
납한 응시수수료 전액
2. 시험실시기관의 귀책사유로 시험
에 응시하지 못한 경우: 낸 응시
수수료 전액
3. 응시원서 접수기간에 접수를 취소
한 경우: 낸 응시수수료 전액
4. 응시원서 접수 마감일의 다음 날
부터 시험시행 20일 전까지 접수
를 취소한 경우: 낸 응시수수료의
100분의 60에 해당하는 금액
5. 시험시행 19일 전부터 시험 시행
10일 전까지 접수를 취소한 경
우: 낸 응시수수료의 100분의 50
에 해당하는 금액

제43조 삭제 <2015.5.26.>

제44조(주관기관의 지정기준 등) ①법
제49조제2항에 따른 지도사 양성과
정 주관기관의 지정기준은 다음 각
호와 같다.
1. 법인일 것
2. 지도사 양성과정을 운영할 전문인
력과 시설을 갖추고 있을 것
②법 제49조제2항에 따른 지도사 양성
과정을 수강할 수 있는 자는 다음 각
호의 어느 하나에 해당하는 자로 한다.
1. 박사학위 소지자 또는 이와 동등한
학력이 있다고 인정되는 자로서 5
년 이상의 실무경력이 있는 자

2. 석사학위소지자 또는 이와 동등한 학력이 있다고 인정되는 자로서 7년 이상의 실무경력이 있는 자
3. 대학졸업자 또는 이와 동등한 학력이 있다고 인정되는 자로서 10년 이상의 실무경력이 있는 자
4. 전문대학졸업자 또는 이와 동등한 학력이 있다고 인정되는 자로서 15년 이상의 실무경력이 있는 자
5. 중소기업청 및 지도실시기관에서 경영지도나 기술지도에 관하여 5년 이상의 근무경력이 있는 자
③제2항제1호부터 제4호까지의 학위·학력 및 실무경력은 인적자원관리·재무관리·생산관리·마케팅·기계·금속·전기전자·섬유·화공·정보처리·환경·생명공학 분야와 관련된 학위·학력 및 실무경력을 말하며, 실무경력기간은 학위취득 전이나 학력인정 전의 해당 분야에서의 실무경력기간을 포함한다. <개정 2009.11.20.>
④그 밖에 지도사 양성과정의 운영 등에 필요한 사항은 산업통상자원부령으로 정한다. <개정 2008.2.29., 2013.3.23.>

제45조(실무수습) ①법 제50조제1항에 따른 지도사의 실무수습은 지도업무와 관련되는 법인 중 중소기업청장이 지정하는 법인(이하 "실무수습 지정법인"이라 한다)이 실시한다.
②제1항에 따른 실무수습은 100시간 이상으로 한다. 다만, 법 제48조제1항 각 호의 어느 하나에 해당하는 자와 법 제49조에 따라 지도사 양성과정을 이수한 자에 대하여는 실무수습 시간을 60시간으로 할 수 있다. <개정 2011.4.5.>
③실무수습 지정법인은 실무수습자들의 지도 분야별로 각각 그 특성에 따라 제39조에 따른 지도실시기관 중에서 교육시설과 전문인력을 갖춘 기관을 선정하여 실무수습의 일부를 위탁하여 실시할 수 있다.
④실무수습 지정법인은 실무수습의 내용, 기간, 비용, 그 밖에 실무수습을 운영하기 위하여 필요한 사항을 정하여 중소기업청장에게 보고하여야 하며, 실무수습을 이수한 자에게는 산업통상자원부령으로 정하는 실무수습수료증을 내주고, 그 결과를 중소기업청장에게 보고하여야 한다. <개정 2008.2.29., 2013.3.23.>

제46조(갱신등록 등) ①법 제50조제2항에 따라 등록을 갱신하려는 지도사는 등록유효기간이 끝나기 30일 전까지 지도사등록 갱신신청서를 중소기업청장에게 제출하여야 한다.
②중소기업청장은 지도업무와 관련된 법인을 지정하여 법 제50조제3항에 따른 지도실적의 유무나 보수교육의 이수 여부를 검토·확인하게 할 수 있다.

제46조의2(등록유효기간에 대한 사전통지) ① 중소기업청장은 제46조제1항에 따라 등록을 갱신하려는 지도사에게 등록의 유효기간 만료일 30일 전까지 갱신등록 신청을 하여야 한다는 사실과 갱신등록에 대한 신청절차를 등록의 유효기간 만료일 2개월 전까지 알려야 한다.
② 제1항에 따른 통지는 문서, 팩스, 전자우편, 휴대전화에 의한 문자메시지 등으로 할 수 있다.
[본조신설 2012.6.5.]

제47조(외국인전문가의 지도) 지도실시기관의 장은 필요하다고 인정하면 외국인전문가에게 중소기업을 지도하게 할 수 있다.

제48조(지도 알선) 중소기업청장은 중소기업에 대한 지도를 효율적으로 수행하기 위하여 필요하다고 인정하면

중소기업진흥공단이나 실무수습 지정 법인이 해당 분야의 지도사나 지도전문인력을 알선하도록 할 수 있다.

제49조(지도실시 결과에 따른 추천업체의 지원) 법 제55조제3항에 따라 먼저 이루어지는 지원의 내용은 다음 각 호와 같다. <개정 2008.2.29., 2013.3.23.>

1. 기술개발과 기술도입의 지원
2. 금융기관에 대하여 시설의 신설·증설·개선 또는 대체에 필요한 자금의 우선 대출 요청 및 신용보증기관에 대하여 시설의 신설·증설·개선 또는 대체에 필요한 자금의 대출에 필요한 신용보증지원의 요청
3. 그 밖에 산업통상자원부령으로 정하는 지원 및 조치

제50조(연수계획에 포함될 사항) 법 제56조에 따른 중소기업연수계획에는 다음 각 호의 사항이 포함되어야 한다.

1. 연수대상과 인원 등에 관한 사항
2. 연수과정과 연수기간 등에 관한 사항
3. 연수와 관련한 지원 등에 관한 사항
4. 제1호부터 제3호까지와 관련하여 중소기업청장이 특히 필요하다고 인정하는 사항

제51조(연수실시기관의 지정) ①법 제57조제1항에 따른 연수실시기관은 중소기업의 경영 및 기술연수업무를 수행할 전문인력·시설 및 장비를 갖추어야 한다.
②연수실시기관의 지정 절차 등에 필요한 사항은 중소기업청장이 정하여 고시한다.

제5절 국제화 지원사업 등

제52조(국제화 지원사업) 법 제58조에 따른 국제화 지원사업에는 다음 각

호의 사항이 포함되어야 한다.
1. 중소기업의 외국인투자 유치
2. 중소기업의 기술 도입 및 기술 교류
3. 중소기업의 해외투자 진출과 기술이전
4. 중소기업 임직원의 해외연수·견학
5. 제1호부터 제4호까지와 관련된 정보의 제공
6. 그 밖에 중소기업청장이 중소기업의 국제화 지원에 필요하다고 인정하는 사항

제6절 중소기업의 경영안정 지원 등

제52조의2(중소기업매출채권보험의 범위) ① 법 제61조의2제1항에 따른 중소기업매출채권보험계정(이하 "계정"이라 한다)의 설치 목적을 달성하기 위하여 운용·관리되는 중소기업매출채권보험은 물품 또는 용역을 제공하는 중소기업자가 그 물품 또는 용역을 제공하고 받은 어음의 부도 및 매출채권에 대한 채무자의 채무불이행으로 인하여 입은 재산상의 손해를 보상하는 보험을 말한다.
② 삭제 <2011.7.4.>
[본조신설 2008.4.10.]

제52조의3(계정의 수입 및 지출) ① 계정의 수입은 다음 각 호의 것으로 한다.
1. 정부, 중소기업매출채권보험 계약자 및 그 밖의 자의 출연금
2. 보험료
3. 계정의 운용 수익
4. 그 밖의 부대 수입
② 계정의 지출은 다음 각 호의 것으로 한다.
1. 중소기업매출채권보험금의 지급
2. 계정의 운용·관리에 필요한 경비
[본조신설 2008.4.10.]

제52조의4(계정의 운용) 계정에 여유 자금이 있는 경우에는 다음 각 호의 방법에 따라 운용하여야 한다.
1. 금융기관에의 예치
2. 국채, 지방채 및 국가·지방자치단 체 또는 금융기관이 지급을 보증 한 채권의 매입
[본조신설 2008.4.10.]

제52조의5(계정의 회계 및 결산 등)
① 「신용보증기금법」에 따른 신용보 증기금(이하 "신용보증기금"이라 한다) 은 계정의 회계를 신용보증기금의 다 른 회계와 구분하여 계리하여야 한다.
② 계정의 회계연도는 정부의 회계연 도에 따른다.
③ 신용보증기금 이사장은 매 회계연 도마다 계정의 총수입과 총지출에 관한 운용계획(이하 "운용계획"이라 한다)을 작성하여 회계연도 개시 1 개월 전까지 중소기업청장에게 제출 하여야 한다. 이를 변경하려는 때에 도 또한 같다.
④ 신용보증기금은 회계연도마다 계 정의 결산보고서, 대차대조표 및 손 익계산서를 작성하여 해당 연도 경 과 후 2개월 이내에 중소기업청장에 게 제출하여야 한다.
[본조신설 2008.4.10.]

제52조의6(이익금과 손실금의 처리)
① 계정의 결산상 이익금이 생긴 때 에는 이를 전액 적립하여야 한다.
② 계정의 결산상 손실금이 생긴 때 에는 제1항의 적립금으로 보전(補塡)한다. [본조신설 2008.4.10.]

제52조의7(업무) 신용보증기금은 계정 의 설치 목적을 달성하기 위하여 다 음 각 호의 업무를 수행한다.
1. 중소기업매출채권보험의 운용 및 관리
2. 계정 재산의 운용 및 관리

3. 보험금의 지급에 따른 대위권(代 位權)의 행사
4. 중소기업매출채권보험 제도의 연구
5. 제1호부터 제4호까지의 업무에 부 수되는 업무
[본조신설 2008.4.10.]

제52조의8(업무방법서의 제출) 신용보 증기금은 다음 각 호의 사항에 관한 업무방법서를 작성하여 중소기업청장 에게 제출하여야 한다. 이를 변경하 려는 때에도 또한 같다.
1. 보험료율에 관한 사항
2. 보험계약의 체결에 관한 사항
3. 보험의 운용방법에 관한 사항
4. 보험금의 지급 및 보험대위권에 관한 사항
5. 그 밖에 보험업무를 수행하기 위 하여 필요한 사항
[본조신설 2008.4.10.]

제52조의9(보험료율) 중소기업매출채 권보험의 보험료율은 계정의 수지(收 支)균형유지와 기업의 신용도를 감안 하여 제52조의8에 따른 업무방법서 에서 정하는 보험료율로 한다.
[본조신설 2008.4.10.]

제52조의10(계약의 해지 등) ① 신용 보증기금은 중소기업매출채권보험의 보험계약자 또는 피보험자가 보험계 약을 위반한 때에는 다음 각 호의 조 치를 할 수 있다.
1. 보험계약에 따른 보험금의 지급 거절
2. 지급한 보험금의 전부 또는 일부 의 회수
3. 보험계약의 해지 또는 해제
② 신용보증기금이 제1항에 따른 조 치를 하려는 때에는 미리 그 뜻을 보험계약자에게 통지하여야 한다.
[본조신설 2008.4.10.]

제52조의11(중소기업매출채권보험 총 액의 한도) 계정에 따른 중소기업매출채권보험 총액의 한도는 제52조의3 제1항제1호에 따른 출연금과 제52조의6에 따른 적립금의 합계액의 17배 이내로 한다.
[본조신설 2008.4.10.]

제53조(민속공예산업) 법 제62조에 따른 지원 대상이 되는 자는 전통적 공예기능으로 생산되는 제품 또는 민속을 소재로 한 창의적 개발제품을 생산하는 중소기업자로 한다.

제54조(민속공예산업의 지원) 중소기업청장과 지방자치단체의 장은 법 제62조에 따라 관할 지역의 민속공예산업을 영위하는 중소기업자의 경영안정을 위하여 지원이 필요하다고 인정하면 다음 각호의 지원을 할 수 있다.
1. 경영안정을 위하여 필요한 자금
2. 제품의 판로 확보
3. 제품 개발, 품질 향상 및 개발된 제품의 상품화

제7절 중소기업의 가업승계 지원

제54조의2(중소기업가업승계지원센터 지정 기준 등) ① 법 제62조의3제1항에 따른 중소기업가업승계지원센터(이하 "지원센터"라 한다)로 지정받으려는 기관 또는 단체는 산업통상자원부령으로 정하는 바에 따라 중소기업청장에게 신청서를 제출하여야 한다. <개정 2013.3.23.>
② 제1항에 따라 지원센터의 지정을 받으려는 기관 또는 단체는 다음 각호의 요건을 모두 갖추어야 한다.
1. 법인일 것
2. 법인의 사업 내용에 가업승계 지원에 관한 업무가 포함되어 있을 것

3. 중소기업의 가업승계를 지원할 수 있는 전담조직을 갖추고 있을 것
4. 다음 각 목의 어느 하나에 해당하는 중소기업의 가업승계 지원 전문인력을 3명 이상 보유할 것
  가. 법 제46조에 따른 경영지도사로서 그 자격과 관련된 업무에 3년 이상 종사한 경력이 있는 자
  나. 「공인회계사법」에 따른 공인회계사 또는 「세무사법」에 따른 세무사로서 그 자격과 관련된 업무에 3년 이상 종사한 경력이 있는 자
  다. 그 밖에 가목 및 나목에서 정한 자와 동등한 경력이 있다고 인정되는 자
③ 중소기업청장은 지원센터를 지정한 경우에는 관보 또는 중소기업청 인터넷 홈페이지에 공고하여야 한다.
④ 지원센터로 지정받은 자는 해당 연도의 사업계획과 전년도의 사업추진 실적을 매년 1월 31일까지 중소기업청장에게 보고하여야 한다.
[본조신설 2008.4.10.]

제8절 중소기업의 사회적책임경영

제54조의3(사회적책임경영 중소기업육성 기본계획에 포함될 사항) 법 제62조의5제2항제5호에서 "대통령령으로 정하는 사항"이란 다음 각 호의 사항을 말한다.
1. 사회적책임경영 전문인력의 양성에 관한 사항
2. 중소기업 근로자의 사회적책임경영에 관한 교육·훈련에 관한 사항
3. 중소기업의 사회적책임경영을 위한 이행지표의 개발 및 보급에 관한 사항
4. 그 밖에 사회적책임경영 중소기업육성에 관련된 주요 시책에 관한 사항
[본조신설 2013.7.8.]

제54조의4(정보 및 자료의 제공 요청)
① 중소기업청장은 법 제62조의5에 따라 사회적책임경영 중소기업육성 기본계획 및 시행계획의 수립·시행을 위하여 필요한 경우 관계 중앙행정기관의 장이나 지방자치단체의 장에게 관련 정보나 자료의 제공 등 협조를 요청할 수 있다.
② 제1항에 따라 협조 요청을 받은 관계 중앙행정기관의 장이나 지방자치단체의 장은 특별한 사유가 없으면 이에 협조하여야 한다.
[본조신설 2013.7.8.]

제54조의5(사회적책임경영 중소기업지원센터의 지정 등) ① 법 제62조의6에 따라 사회적책임경영 중소기업지원센터(이하 "책임경영지원센터"라 한다)로 지정받으려는 기관 또는 단체는 다음 각 호의 기준을 모두 갖추어야 한다.
1. 비영리법인일 것
2. 중소기업의 사회적책임경영을 지원할 수 있는 전담조직을 갖추고 있을 것
3. 기관 또는 단체의 업무에 사회적책임경영 관련 컨설팅과 교육에 관한 업무가 포함되어 있을 것
4. 교육시설을 합산한 면적이 150제곱미터 이상으로서 집합교육을 할 수 있는 1개 이상의 강의실 및 상담실을 갖출 것
② 책임경영지원센터로 지정받으려는 기관 또는 단체는 지정신청서에 제1항 각 호의 기준을 갖추고 있음을 증명할 수 있는 다음 각 호의 서류를 첨부하여 중소기업청장에게 제출하여야 한다.
1. 정관 또는 이에 준하는 사업운영규정
2. 사업계획서
3. 전문인력 보유 현황
4. 시설 명세서
③ 중소기업청장은 책임경영지원센터를 지정한 경우에는 지정기관의 명칭, 소재지, 지정일 등을 관보에 고시하거나 중소기업청 인터넷 홈페이지에 게시하여야 한다.
④ 책임경영지원센터로 지정받은 기관 또는 단체는 해당 연도의 사업계획과 전년도의 사업추진 실적을 매년 1월 31일까지 중소기업청장에게 제출하여야 한다.
⑤ 제1항부터 제4항까지에서 규정한 사항 외에 책임경영지원센터의 지정 기준과 절차 및 운영 등에 필요한 사항은 중소기업청장이 정하여 고시한다.
[본조신설 2013.7.8.]

제54조의6(책임경영지원센터의 지정취소) ① 중소기업청장은 법 제62조의6에 따라 책임경영지원센터로 지정받은 기관 또는 단체가 다음 각 호의 어느 하나에 해당하는 경우에는 그 지정을 취소하여야 한다.
1. 거짓이나 그 밖의 부당한 방법으로 지정을 받은 경우
2. 제54조의5제1항에 따른 지정 기준에 미달하게 되는 경우
3. 정당한 사유없이 제54조의5제2항 제2호에 따라 제출된 사업계획서에 따른 업무를 3개월 이상 수행하지 아니한 경우
② 중소기업청장이 제1항에 따라 책임경영지원센터의 지정을 취소하는 경우 지정 취소의 대상 및 사유를 관보에 고시하거나 중소기업청 인터넷 홈페이지에 게시하여야 한다.
[본조신설 2013.7.8.]

제9절 소기업에 대한 지원
<신설 2015.5.26.>

제54조의7(공장설립에 관한 특례 적용 대상 등) ① 법 제62조의7제1항 및 제2항에 따른 공장의 건축면적 또는

이에 준하는 사업장의 면적은 「건축법」 제2조제2항제4호에 따른 제2종 근린생활시설 중 제조업소(건축물 전체가 「산업집적활성화 및 공장설립에 관한 법률」 제2조제1호에 따른 공장인 경우만 해당한다) 또는 「건축법」 제2조제2항제17호에 따른 공장 용도로 같은 법 제11조 또는 제14조에 따라 건축허가를 받거나 건축신고를 한 건축물에서 다음 각 호의 어느 하나에 해당하는 면적으로 한다.

1. 「수도권정비계획법」에 따른 수도권에서는 제조시설로 사용되는 기계 또는 장치를 설치하기 위한 건축물의 각 층 바닥면적, 제조시설로 사용되는 옥외 공작물의 수평투영면적, 사무실 및 창고의 각 층 바닥면적을 합산한 면적

2. 수도권 외 지역에서는 제조시설로 사용되는 기계 또는 장치를 설치하기 위한 건축물의 각 층 바닥면적과 제조시설로 사용되는 옥외 공작물의 수평투영면적을 합산한 면적

② 법 제62조의7제1항에서 "「산업집적활성화 및 공장설립에 관한 법률」 제16조에 따른 공장등록을 하였음을 증명하는 서류 등 대통령령으로 정하는 증명서"란 「산업집적활성화 및 공장설립에 관한 법률」 제16조에 따른 공장등록을 하였음을 증명하는 서류를 말한다.

[본조신설 2015.5.26.]
[종전 제54조의7은 제54조의13으로 이동 <2015.5.26.>]

제54조의8(농지보전부담금 등의 면제 대상 공장용지면적 등) ① 법 제62조의7제2항에 따른 부담금의 면제대상이 되는 공장용지면적은 신축·증축 또는 이전하는 공장건축면적 또는 이에 준하는 사업장의 면적을 「산업집적활성화 및 공장설립에 관한 법률」 제8조제2호에 따른 기준공장면적률로 나눈 면적으로 한다.

② 법 제62조의7제2항을 적용하는 경우 창업하는 자로서 사업을 시작하지 아니한 기업의 상시 근로자 수의 확인은 그 기업이 「중소기업창업 지원법 시행령」 제22조에 따라 제출한 사업계획서에 표시된 상시 종업원 수에 따른다. 다만, 사업계획서를 제출하지 아니한 기업의 경우에는 「산업집적활성화 및 공장설립에 관한 법률 시행령」 제19조제1항에 따라 제출한 공장설립승인신청서에 표시된 상시 종업원 수에 따른다.

[본조신설 2015.5.26.]

제54조의9(위원회의 설치 및 구성) ① 법 제62조의8에 따른 신용보증 지원시책의 수립 및 시행에 관한 사항을 심의하기 위하여 중소기업청에 금융지원위원회(이하 "위원회"라 한다)를 둔다.

② 위원회의 위원장은 중소기업청장이 되고, 위원은 다음 각 호의 사람이 된다.

1. 기획재정부 차관보
2. 산업통상자원부 산업정책실장
3. 금융위원회 상임위원
4. 중소기업진흥공단 이사장
5. 「중소기업협동조합법」에 따른 중소기업중앙회 상근 부회장
6. 「중소기업은행법」에 따른 중소기업은행 은행장
7. 「신용보증기금법」에 따른 신용보증기금 이사장
8. 「기술신용보증기금법」에 따른 기술신용보증기금 이사장
9. 「지역신용보증재단법」 제35조에 따른 신용보증재단중앙회의 회장
10. 「은행법」에 따른 은행의 장으로서 중소기업청장이 성별을 고려하여 위촉하는 사람 5명
11. 다음 각 목의 어느 하나에 해당하는 사람 중에서 중소기업청장이 성별을 고려하여 위촉하는 사람

10명 이내

가. 「비영리민간단체지원법」 제2
조에 따른 비영리민간단체에
서 추천한 사람

나. 소기업으로 구성된 단체나 기
관의 장

다. 「고등교육법」에 따른 대학의
중소기업 또는 금융 관련 학
과에서 부교수 이상으로 재직
하고 있거나 재직하였던 사람

라. 중소기업 또는 금융 관련 분야
의 연구를 수행하는 기관이나
단체의 장

마. 그 밖에 중소기업 또는 금융에
관한 전문지식과 경험이 풍부
한 사람

③ 제2항제10호 및 제11호에 따라
위촉된 위원의 임기는 2년으로 하
며, 두 차례만 연임할 수 있다.
[본조신설 2015.5.26.]

제54조의10(위원회의 운영) ① 위원장
은 위원회를 대표하고, 위원회의 업
무를 총괄한다.
② 위원장은 위원회의 회의를 소집하
고 그 의장이 된다.
③ 위원장이 부득이한 사유로 직무를
수행할 수 없을 때에는 위원장이 미리
지명한 위원이 그 직무를 대행한다.
④ 위원회의 회의는 재적위원 과반수
의 출석으로 개의(開議)하고, 출석위
원 과반수의 찬성으로 의결한다.
⑤ 위원회에 위원회의 사무를 처리할
간사 1명을 두며, 간사는 중소기업
청 소속 공무원 중에서 중소기업청
장이 임명한다.
[본조신설 2015.5.26.]

제54조의11(수당) 위원회에 출석한 위
원에게는 예산의 범위에서 수당과 여
비를 지급할 수 있다. 다만, 공무원인
위원이 그 소관 업무와 직접적으로
관련되어 위원회에 출석하는 경우에
는 그러하지 아니하다.
[본조신설 2015.5.26.]

제54조의12(운영세칙) 이 영에서 규정
한 사항 외에 위원회 운영에 필요한
사항은 위원회의 의결을 거쳐 위원장
이 정한다.
[본조신설 2015.5.26.]

제4장 중소기업창업 및
진흥기금

**제54조의13(중소기업창업 및 진흥기금
의 재원)** 법 제64조제1항제6호에서
"대통령령으로 정하는 수입금"이란
다음 각 호의 전입금 또는 기술료를
말한다.
1. 일반회계로부터의 전입금
2. 「중소기업 기술혁신 촉진법」 제
28조제1항에 따른 기술료 등 중
소기업청장이 실시하는 연구개발
사업에 따른 기술료
[본조신설 2014.10.15.]
[제54조의7에서 이동 <2015.5.26.>]

제55조(중소기업진흥채권의 발행) ①중
소기업진흥공단은 법 제65조에 따라
중소기업진흥채권(이하 "채권"이라
한다)을 발행할 수 있다.
②중소기업진흥공단은 채권의 발행승
인을 받으려면 발행금액·발행방법
및 발행조건과 상환의 방법·절차
등 필요한 사항을 적은 채권발행신
청서를 작성하여 중소기업청장에게
제출하여야 한다.

제56조(채권의 형식) 채권은 무기명식
으로 한다. 다만, 응모자나 소지인이
청구하는 경우에는 기명식으로 할 수
있다.

제57조(채권의 응모 등) ①채권의 모집에 응하려는 자는 채권청약서 2통에 인수하려는 채권의 수, 인수가액(引受價額)과 청약자의 주소를 적고 기명날인하여야 한다. 다만, 채권의 최저가액을 정하여 발행하는 경우에는 응모가액을 적어야 한다.
②채권청약서에는 다음 각 호의 사항이 포함되어야 한다.
1. 발행자의 명칭
2. 발행총액
3. 권종별(券種別) 액면금액
4. 이율
5. 상환의 방법, 기간 및 이자지급의 방법
6. 발행가액 또는 그 최저가액
7. 상환되지 아니한 채권이 있는 경우에는 그 총액
8. 채권모집을 위탁받은 회사가 있는 경우에는 그 상호(商號) 및 주소

제58조(총액인수의 방법) 제57조는 계약에 따라 채권의 총액을 인수하는 경우에는 적용하지 아니한다. 채권모집을 위탁받은 회사가 채권의 일부를 인수하는 경우 그 인수분(引受分)에 대하여도 또한 같다.

제59조(채권발행 총액) 중소기업진흥공단은 채권을 발행할 때 실제로 응모된 총액이 채권청약서에 적힌 채권발행 총액에 미치지 못하는 경우에도 채권을 발행한다는 뜻을 채권청약서에 표시할 수 있다. 이 경우 그 응모총액을 채권의 발행 총액으로 한다.

제60조(채권인수가액의 납입 등) ①중소기업진흥공단은 채권 응모가 끝나면 지체 없이 응모자가 인수한 채권금액의 전액을 납입하게 하여야 한다.
②채권모집을 위탁받은 회사는 자기 명의로 중소기업진흥공단을 위하여 제1항에 따른 행위를 할 수 있다.

③모집의 방법으로 채권을 발행하는 경우에는 그 발행 총액에 해당하는 납입금 전액이 납입되기전까지는 그 채권을 발행하지 못한다.

제61조(채권의 기재사항) 채권에는 다음 각 호의 사항을 적고 중소기업진흥공단의 이사장이 기명날인하여야 한다.
1. 제57조제2항제1호부터 제5호까지의 사항(매출의 방법으로 채권을 발행하는 경우에는 제57조제2항제2호의 사항은 제외한다)
2. 채권의 번호
3. 채권의 발행연월일

제62조(채권 원부) ①중소기업진흥공단은 그 주된 사무소에 채권 원부를 갖추어 두고 다음 각 호의 사항을 적어야 한다.
1. 채권의 권종별 수와 번호
2. 채권의 발행연월일
3. 제57조제2항제2호부터 제5호까지 및 제8호의 사항
②채권이 기명식인 경우에는 제1항 각 호의 사항 외에 다음 각 호의 사항을 적어야 한다.
1. 채권 소유자의 성명과 주소
2. 채권의 취득연월일
③채권의 소유자나 소지인은 채권 원부의 열람을 요구할 수 있다. 이 경우 중소기업진흥공단은 특별한 사유가 없으면 요구에 따라야 한다.

제63조(이권 흠결의 경우) ①이권(利券)있는 무기명식의 채권을 상환하는 경우 이권이 흠결(欠缺)되면 그 이권에 해당하는 금액을 상환액에서 공제한다.
②제1항에 따른 이권의 소지인은 그 이권과의 상환으로 제1항에 따라 공제된 금액의 지급을 청구할 수 있다.

제64조(채권 소지인 등에 대한 통지

등) ①채권을 발행하기 전의 그 응모자나 권리자에 대한 통지 또는 최고(催告)는 채권청약서에 적힌 주소지로 하여야 한다. 이 경우 중소기업진흥공단이 따로 주소를 통지받은 경우에는 그 주소로 하여야 한다.
②무기명식 채권의 소지인에 대한 통지나 최고는 공고의 방법으로 한다. 다만, 그 주소를 알 수 있는 경우에는 주소지로 통지하거나 최고할 수 있다.
③기명식 채권의 소유자에 대한 통지나 최고는 채권 원부에 적힌 주소지로 하여야 한다. 이 경우 중소기업진흥공단이 따로 주소를 통지받은 경우에는 그 주소로 하여야 한다.

제65조 삭제 <2008.4.10.>

제66조(기금운용요강) 중소기업진흥공단은 법 제63조에 따른 중소기업창업 및 진흥기금(이하 "기금"이라 한다)의 운용계획(이하 "기금운용계획"이라 한다)에 따라 기금을 대출 등의 방법으로 운용하는 데에 필요한 세부사항을 정한 기금운용요강을 작성하여 중소기업청장의 승인을 받아야 한다. 기금운용요강을 변경하려고 할 때에도 또한 같다. <개정 2008.2.29., 2008.4.10., 2009.2.25.>

제67조(보조금) ①법 제67조제4항에 따라 기금에서 보조금을 교부받으려는 자는 보조금교부신청서에 사업계획서를 첨부하여 중소기업진흥공단의 이사장에게 제출하여야 한다. <개정 2008.4.10.>
②중소기업진흥공단의 이사장은 제1항에 따른 신청을 받으면 기금운용관리계획에 따라 그 타당성을 검토하여야 한다.
③중소기업진흥공단의 이사장은 제2항에 따른 검토 결과 해당 신청이

타당하다고 인정되면 중소기업청장의 승인을 받아 보조금의 교부를 결정하여야 한다.
④보조금의 교부에 관하여 이 영에서 정한 것 외에는 중소기업진흥공단의 이사장이 정하는 바에 따른다.

제5장 중소기업진흥공단

제68조(자동화지원센터의 설치·운영) ①법 제68조제4항에 따라 중소기업진흥공단에 설치하는 자동화지원센터는 다음 각 호의 사업을 실시한다.
1. 자동화 전문인력의 양성
2. 자동화시스템의 개발 및 보급
3. 자동화기기 전시 및 교육
4. 자동화 기술정보의 수집·분석·가공 및 보급
5. 자동화기기와 부품의 표준화
6. 자동화 시범 공장의 설치와 운영
7. 그 밖에 중소기업의 자동화를 촉진하기 위하여 중소기업진흥공단 이사장이 필요하다고 인정하는 사업
②중소기업진흥공단은 중소기업의 자동화를 촉진하기 위하여 필요하면 중소기업자 외의 자를 제1항제2호·제3호 및 제5호부터 제7호까지의 사업에 참여하게 할 수 있다.

제69조(정보화지원센터의 설치·운영) 법 제68조제4항에 따라 중소기업진흥공단에 설치하는 정보화지원센터는 다음 각 호의 사업을 실시한다.
1. 중소기업에 관한 정보의 보급을 위한 데이터베이스의 구축과 정보은행의 운영
2. 중소기업 정보화 전문인력의 양성
3. 중소기업지원을 위한 종합전산망의 구축과 운영
4. 중소기업 정보화 관련 기기와 소프트웨어 전시장·교육장의 운영

5. 중소기업의 정보교류활성화 및 생산제품의 판로지원을 위한 전자상거래 지원
6. 그 밖에 중소기업의 정보화를 촉진하기 위하여 중소기업진흥공단의 이사장이 필요하다고 인정하는 사업

제70조(공유재산의 양여 등) ①지방자치단체의 장은 법 제68조제7항에 따라 중소기업진흥공단에 공유재산을 양여하려면 중소기업진흥공단과 양여계약을 체결하여야 한다.
②공유재산의 양여에 관하여 이 영에서 정한 것 외에는 「공유재산 및 물품관리법」에 따른다.

제71조(중소기업제품 판매회사의 설립·운영) ①법 제69조제1항에 따른 중소기업제품의 판로 확보를 지원하기 위한 회사(이하 "중소기업유통센터"라 한다)는 「상법」상 주식회사로 한다.
②중소기업진흥공단은 법 제69조제1항에 따라 중소기업유통센터의 설립승인을 받으려면 신청서에 설립계획서와 그 밖에 산업통상자원부령으로 정하는 서류를 첨부하여 중소기업청장에게 제출하여야 한다.
<개정 2008.2.29., 2013.3.23.>
③중소기업유통센터는 다음 각 호의 사업을 할 수 있다.
1. 중소기업제품 판매시설의 설치와 운영
2. 중소기업제품의 도매·소매 및 그 지원
3. 중소기업제품의 홍보 및 전시사업
4. 중소기업제품의 통신판매 및 전자상거래사업
5. 그 밖에 중소기업의 판로 확대를 촉진하기 위하여 중소기업청장이 필요하다고 인정하는 사업
④중소기업유통센터는 그 매장을 직영하거나 임대로 운영하여야 하며, 이를 분양하여서는 아니된다.

제72조(협의 및 승인) ①중소기업청장은 제71조제2항에 따라 중소기업유통센터 설립승인신청을 받으면 다음 각 호의 사항을 검토한 후 산업통상자원부령으로 정하는 서류를 첨부하여 관할 시·도지사에게 협의를 요청하여야 한다. <개정 2008.2.29., 2013.3.23.>
1. 제71조제3항에 따른 사업 실시계획의 타당성
2. 재무구조나 자금소요계획의 타당성
3. 매장운영계획의 타당성
②관할 시·도지사는 제1항에 따라 협의를 요청받으면 그 타당성을 검토하여 의견을 중소기업청장에게 통보하여야 한다.
③중소기업청장은 제1항에 따른 관할 시·도지사와의 협의를 거치면 중소기업진흥공단에 중소기업유통센터 설립승인 여부를 통보하여야 한다.

제73조(운영위원회의 구성) ①법 제71조에 따른 운영위원회(이하 "운영위원회"라 한다)의 위원은 다음 각 호의 자로 한다. <개정 2008.2.29., 2013.3.23.>
1. 기획재정부·산업통상자원부 및 중소기업청에 근무하는 3급 공무원 또는 고위공무원단에 속하는 일반직공무원 중에서 해당 기관의 장이 지명한 자 각 1명
2. 중소기업중앙회 상근 부회장
3. 그 밖에 중소기업에 관하여 학식과 경험이 풍부한 자 중에서 중소기업진흥공단 이사장이 추천하여 중소기업청장이 위촉하는 자 14명 이내
②제1항제3호에 따라 위촉된 위원의 기는 2년으로 한다.

제74조(운영위원회의 기능) 운영위원회는 중소기업진흥공단에 관한 다음 각 호의 사항을 심의한다.
1. 예산의 편성과 결산에 관한 사항

2. 중소기업진흥공단 이사회의 의결
사항 중 운영위원회의 심의가 필
요하다고 인정하여 위원장이 회의
에 부치는 사항

제75조(운영위원회의 운영) ①위원장은
운영위원회의 회의를 소집하고 그 의
장이 된다. 다만, 위원장이 불가피한
사유로 직무를 수행할 수 없을 때에
는 위원장이 미리 지명하는 위원의
순서대로 그 직무를 대행한다.
②운영위원회는 재적위원 과반수의
출석과 출석위원 과반수의 찬성으로
의결한다.
③이 영에서 규정된 것 외에 운영위원
회를 운영하는 데에 필요한 사항은 중
소기업진흥공단의 정관으로 정한다.

제76조(임원의 직무) ①이사장은 중소
기업진흥공단을 대표하고, 중소기업
진흥공단의 업무를 총괄한다.
②부이사장은 이사장을 보좌하며, 이
사장이 불가피한 사유로 직무를 수
행할 수 없을 때에는 그 직무를 대
행한다.
③이사는 정관에서 정하는 바에 따라
중소기업진흥공단의 업무를 분장하
고 이사장과 부이사장이 모두 불가
피한 사유로 직무를 수행할 수 없을
때에는 정관에서 정하는 순서대로
그 직무를 대행한다.
④감사는 중소기업진흥공단의 업무와
회계를 감사(監査)한다.

제76조의2(대리인의 선임 등기) 중소
기업진흥공단의 이사장이 법 제73조
의3에 따라 대리인을 선임하는 경우
에는 대리인을 선임하고 2주일 내에
대리인을 둔 주된 사무소 및 지부의
소재지에서 다음 각 호의 사항을 등
기하여야 한다. 등기한 사항을 변경
하는 경우에도 또한 같다.

1. 대리인의 성명과 주소
2. 대리인을 둔 주된 사무소 및 지부
의 소재지
3. 대리인의 권한을 제한한 경우에는
그 제한의 내용
[본조신설 2013.7.8.]

**제77조(전문기술인력 양성과정의 설
치·운영)** ①중소기업진흥공단은 법
제74조제1항제14호에 따른 전문기술
인력을 양성하기 위하여 해당 분야별
로 양성과정을 설치·운영할 수 있다.
②중소기업진흥공단은 제1항에 따른
중소기업 전문기술인력 양성과정을
설치·운영하려면 교과과정, 교육대
상, 교육기간, 그 밖의 필요한 사항
에 대하여 중소기업청장의 사전 승
인을 받아야 한다.

제78조(지방자치단체와의 협력 등) 중
소기업진흥공단은 법 제74조제2항에
따라 다음 각 호의 사항에 관하여 지
방자치단체와 협력할 수 있다.
1. 법 제74조제1항제1호부터 제13호까
지에 따라 중소기업진흥공단이 실시
하거나 지원하는 사업에 대하여 지
방자치단체의 장이 요청하는 사항
2. 법 제74조제1항제6호부터 제9호
까지에 따른 사업 추진에 따른 용
지(用地)와 손실보상업무의 위탁,
기반시설의 설치 지원, 각종 인·
허가 등의 지원
3. 법 제74조제1항제10호에 따른 창
업보육센터 건립과 운영에 드는
비용의 분담 및 지원
4. 그 밖에 법 제74조제1항 각 호에
따른 사업을 원활하게 추진하기
위하여 필요하다고 인정하는 사항

**제78조의2(자료제공 요청 대상이 되는
공공단체)** 법 제76조의2에서 "대통
령령으로 정하는 공공단체"란 「공공

기관의 운영에 관한 법률」 제4조에 따른 공공기관을 말한다.
[본조신설 2013.7.8.]

제6장 보칙

제79조(업무의 지도 · 감독) ①중소기업청장은 중소기업진흥공단에 업무 · 회계 및 재산에 필요한 사항을 보고하게 하거나 소속 공무원으로 하여금 중소기업진흥공단의 장부 · 서류, 그 밖의 물건을 검사하게 할 수 있다.
②제1항에 따라 검사를 하는 공무원은 그 권한을 표시하는 증표를 관계인에게 내보여야 한다.

제80조(고유식별정보의 처리) 중소기업청장(법 제83조에 따라 중소기업청장의 권한을 위임 · 위탁받은 자를 포함한다)은 다음 각 호의 사무를 수행하기 위하여 불가피한 경우 「개인정보 보호법 시행령」 제19조제1호 또는 제4호에 따른 주민등록번호 또는 외국인등록번호가 포함된 자료를 처리할 수 있다. <개정 2013.1.16.>
1. 법 제49조에 따른 지도사 양성과정 운영에 관한 사무
2. 법 제50조에 따른 지도사 등록에 관한 사무
3. 제41조에 따른 지도사자격시험 및 지도사자격증 발급에 관한 사무
4. 제45조에 따른 실무수습에 관한 사무
5. 제46조에 따른 갱신등록 및 보수교육에 관한 사무
[본조신설 2012.1.6.]

제81조(권한의 위탁) ①중소기업청장은 법 제83조제2항에 따라 다음 각 호의 권한을 중소기업진흥공단의 이사장에게 위탁한다.
1. 법 제29조제1항에 따른 협동화실

천계획의 승인 및 변경승인
2. 법 제30조제1항에 따른 협동화실천계획의 승인취소 및 지원자금의 원리금 회수
3. 법 제31조제5항에 따른 국외 협동화실시계획의 승인 및 변경승인
②중소기업진흥공단의 이사장은 제1항 각 호의 업무를 처리하면 그 결과를 중소기업청장에게 보고하여야 한다.
③ 삭제 <2009.11.20.>
④ 삭제 <2009.11.20.>

제81조의2(규제의 재검토) ①중소기업청장은 제30조에 따른 협동화실천계획의 승인신청 절차 및 승인신청 대상 면적에 대하여 2014년 1월 1일을 기준으로 3년마다(매 3년이 되는 해의 1월 1일 전까지를 말한다) 그 타당성을 검토하여 개선 등의 조치를 하여야 한다. <개정 2014.12.9.>
② 중소기업청장은 다음 각 호의 사항에 대하여 다음 각 호의 기준일을 기준으로 2년마다(매 2년이 되는 해의 기준일과 같은 날 전까지를 말한다) 그 타당성을 검토하여 개선 등의 조치를 하여야 한다. <신설 2014.12.9.>
1. 제33조에 따른 협업사업계획의 승인 절차, 변경승인 대상 및 승인 또는 변경승인의 기준: 2015년 1월 1일
2. 제34조에 따른 협업사업계획의 승인취소의 사유: 2015년 1월 1일
[본조신설 2013.12.30.]

제82조(과태료의 부과기준) 법 제86조제1항에 따른 과태료의 부과기준은 별표 3과 같다. [본조신설 2011.4.5.]

부칙
<제25942호, 2014.12.30.>
(지역 개발 및 지원에 관한 법률 시행령)

제1조(시행일) 이 영은 2015년 1월 1

일부터 시행한다.

제2조 생략

제3조(다른 법령의 개정) ①부터 ⑧까
지 생략
⑨ 중소기업진흥에 관한 법률 시행령
일부를 다음과 같이 개정한다.
제36조제1호 중 "「지역균형개발 및
지방중소기업 육성에 관한 법률」에
따른 지역종합개발사업"을 "「지역
개발 및 지원에 관한 법률」에 따른
지역개발사업(법률 제12737호 지역
개발 및 지원에 관한 법률 부칙 제4
조제3항에 따라 지역개발사업구역으
로 보는 종전의 「지역균형개발 및
지방중소기업 육성에 관한 법률」에
따라 지정·고시된 지역종합개발지
구에서 시행하는 지역개발사업만 해
당한다)"으로 한다.
⑩부터 ⑮까지 생략

제4조 생략

부칙
<제26247호, 2015.5.26.>

제1조(시행일) 이 영은 5월 28일부터
시행한다. 다만, 제41조의2 및 제43
조의 개정규정은 2015년 7월 29일
부터 시행한다.

제2조(금융지원위원회의 위원에 관한
경과조치) 이 영 시행 당시 종전의
「소기업 및 소상공인 지원을 위한
특별조치법 시행령」에 따라 금융지
원위원회의 위원으로 위촉된 사람은
제54조의9제2항제10호 및 제11호
의 개정규정에 따라 금융지원위원회
의 위원으로 위촉된 것으로 본다.

중소기업진흥에 관한 법률 시행규칙

[시행 2015.7.29.]
[산업통상자원부령 제136호, 2015.7.3., 일부개정]

제1조(목적) 이 규칙은 「중소기업진흥에 관한 법률」 및 같은 법 시행령에서 위임된 사항과 그 시행에 필요한 사항을 규정함을 목적으로 한다. <개정 2009.11.26.>

제2조 삭제 <2009.11.26.>

제3조 삭제 <2009.11.26.>

제4조 삭제 <2009.11.26.>

제5조 삭제 <2009.11.26.>

제6조 삭제 <2009.11.26.>

제7조 삭제 <2009.11.26.>

제8조 삭제 <2009.11.26.>

제9조 삭제 <2009.11.26.>

제10조(협동화실천계획의 승인) ① 「중소기업진흥에 관한 법률」(이하 "법"이라 한다) 제29조제1항 후단이나 같은 조 제2항 후단에 따라 협동화실천계획의 변경에 관한 승인을 받아야 할 사항은 다음 각 호와 같다. <개정 2009.11.26.>
1. 협동화사업장의 위치 변경
2. 참가업체의 변경
3. 추진주체의 변경
4. 협동화사업 내용의 변경
5. 법 제28조제1항에 따라 중소기업청장이 고시하는 중소기업 협동화 기준에서 정하는 사항의 변경
6. 협동화실천계획에 법 제29조제2항에 따른 단지조성사업(이하 "단지조성사업"이라 한다)이 포함되어 있는 경우에는 제11조제1항 각 호의 사항

② 법 제29조제1항이나 같은 조 제2항에 따른 협동화실천계획의 승인이나 변경승인 또는 법 제31조제5항에 따른 국외협동화사업실시계획의 승인이나 변경승인을 받으려는 자는 별지 제10호서식의 신청서(전자문서로 된 신청서를 포함한다)에 다음 각 호의 구분에 따른 서류(전자문서를 포함한다)를 첨부하여 법 제68조제1항에 따른 중소기업진흥공단(이하 "공단"이라 한다) 이사장이나 특별시장·광역시장·도지사 또는 특별자치도지사(이하 "시·도지사"라 한다)에게 제출하여야 한다. 이 경우 시·도지사(공단의 경우에는 이사장)는 「전자정부법」 제36조제1항에 따른 행정정보의 공동이용을 통하여 참가업체의 사업자등록증(승인신청의 경우만 해당한다)을 확인하여야 하며, 신청인이 확인에 동의하지 아니하는 경우에는 신청인이 직접 그 사본을 제출하도록 하여야 한다. <개정 2012.11.30.>
1. 승인신청의 경우
   가. 중소기업 협동화실천계획서(국외협동화사업실시계획 승인신청의 경우에는 국외협동화사업실시계획서)
   나. 추진주체의 정관(법인인 경우만 해당한다)
   다. 내부규약서
2. 변경승인신청의 경우
   가. 변경계획서
   나. 변경내용의 신·구대비표

제11조(단지조성사업의 실시계획 승인)
①법 제29조에 따라 협동화실천계획의 승인을 받은 자 또는 공단(이하 "중소기업자등"이라 한다)이 법 제31조제1항 후단에 따라 단지조성사업의 실시계획의 변경에 관한 승인을 받아야 할 사항은 다음 각 호와 같다.
1. 당초 계획된 단지면적의 100분의 10 이상의 면적의 변경
2. 기본배치계획의 변경
3. 사업기간의 변경
②법 제31조제1항에 따른 단지조성사업의 실시계획의 승인이나 변경승인을 받으려는 중소기업자등은 별지 제11호서식의 신청서에 다음 각 호의 구분에 따른 서류를 첨부하여 관할 시장·군수 또는 구청장(자치구의 구청장을 말한다. 이하 같다)에게 제출하여야 한다. 다만, 제1호나목 및 다목의 서류는 공단이 직접 시행하는 경우만 첨부한다. <개정 2009.3.4.>
1. 승인신청의 경우
  가. 사업계획서(사업시행기간, 사업시행방법, 자금조달계획, 위치도, 계획평면도 및 실시계획도서를 포함한다)
  나. 수용·사용할 토지나 건물의 세부목록과 소유권 외의 권리명세서(소유자 및 「공익사업을 위한 토지 등의 취득 및 보상에 관한 법률」 제2조제5호에 따른 관계인의 성명·주소를 포함한다)
  다. 사업시행구역의 토지 등의 매수보상계획과 주민의 이주대책을 적은 서류
  라. 공동시설물 및 토지 등의 무상귀속과 대체(이전·철거 및 대체시설물의 설치를 포함한다)에 관한 계획서
  마. 조성된 토지와 시설물의 관리처분계획서
  바. 시장·군수 또는 구청장이 발행하는 부지증명(단지조성사업에 사용되는 토지가 도시계획시설과 저촉되는 경우만 해당한다)
2. 변경승인신청의 경우
  가. 변경계획서
  나. 변경내용의 신·구대비표
③ 제2항에 따라 신청서를 받은 시장·군수 또는 구청장은 「전자정부법」 제36조제1항에 따른 행정정보의 공동이용을 통하여 지적도를 확인하여야 한다. <신설 2009.3.4., 2012.11.30.>
④제2항제1호나목에 따른 토지의 세부목록은 별지 제12호서식에, 건물의 세부목록은 별지 제13호서식에 따른다. <개정 2009.3.4.>
⑤제2항에 따른 신청서를 받은 시장·군수 또는 구청장은 그 신청서를 받은 날부터 10일 이내에 별지 제14호서식의 의견서를 첨부하여 시·도지사에게 송부하여야 한다. <개정 2009.3.4.>

제12조(단지조성사업의 준공인가등) ① 법 제31조제1항에 따라 단지조성사업을 시행하는 중소기업자등이 법 제32조제1항에 따른 준공인가를 받으려면 별지 제15호서식의 준공인가 신청서에 다음 각 호의 서류를 첨부하여 시·도지사에게 제출하여야 한다.
1. 준공조서(준공설계도서와 준공사진을 포함한다)
2. 시장·군수 또는 구청장이 인정하는 실측평면도와 구적평면도
3. 조성지의 소유자별 면적조서
4. 「국토의 계획 및 이용에 관한 법률」 제65조에 따른 공공시설 및 토지 등의 귀속조서 및 도면(용도폐지된 공공시설 및 토지 등에 대한 감정평가법인의 가액평가조서와 대체 시설된 공공시설의 공사비산출명세서가 첨부되어야 한다)
5. 신·구 지적대조도
②법 제32조제2항에 따른 준공인가

증은 별지 제16호서식에 따른다.

③시·도지사는 단지조성사업에 대한 준공인가를 하면 다음 각 호의 사항을 관보에 공고하여야 한다.

1. 사업시행자
2. 사업명칭
3. 위치·면적
4. 준공연월일

제13조(공장용지와 시설의 준공인가 전 사용승인 신청) 법 제31조제1항에 따라 단지조성사업을 시행하는 중소기업자등이 준공인가 전에 공장용지나 시설을 사용하기 위하여 법 제32조제3항 단서의 규정에 따른 사용승인을 받으려면 별지 제17호서식의 사용승인 신청서에 다음 각 호의 서류를 첨부하여 시·도지사에게 제출하여야 한다.

1. 위치도
2. 단지조성 현황에 관한 서류
3. 공장배치계획도
4. 사용하려는 단지 및 시설 현황에 관한 서류

제14조(지도사자격증) 「중소기업진흥에 관한 법률 시행령」(이하 "영"이라 한다) 제41조제4항에 따라 중소기업청장이 발급하는 지도사자격증은 별지 제18호서식과 같다. <개정 2009.11.26.>

제15조(실무수습수료증) 영 제45조제4항에 따라 실무수습 지정법인이 발급하는 실무수습수료증은 별지 제19호서식과 같다.

제16조(지도사의 양성과정) ①법 제49조제1항에 따라 중소기업청장으로부터 지도사 양성과정의 주관기관으로 지정받은 기관(이하 이 조에서 "양성과정 주관기관"이라 한다)이 지도사 양성과정을 운영하려는 경우에는 교육일정, 교육실시 인원, 교육경비, 그 밖에 지도사의 양성과정 운영에 필요한 사항을 정하여 중소기업청장의 승인을 받아야 한다.

②제1항에 따른 지도사 양성과정의 교육시간은 60시간 이상으로 하며, 양성과정 주관기관은 그 양성과정을 모두 마친 자에게만 양성과정 수료 시험을 실시하고, 그 수료시험에 합격한 자에게만 별지 제19호서식의 지도사 양성과정 수료증을 발급하여야 한다.

③양성과정 주관기관은 지도사 양성과정 교육을 실시한 후에는 그 결과를 실시 종료일부터 30일 이내에 중소기업청장에게 보고하여야 한다.

제17조(지도사의 등록) 법 제50조제1항에 따라 경영지도사나 기술지도사(이하 "지도사"라 한다)로 등록하려는 자는 별지 제20호서식의 등록신청서에 다음 각 호의 서류를 첨부하여 중소기업청장에게 제출하여야 한다.

1. 이력서
2. 제15조에 따른 실무수습수료증 사본
3. 사진(최근 6개월 이내에 촬영한 가로 3센티미터, 세로 4센티미터인 것)

제18조(지도사등록증의 발급) ①중소기업청장은 지도사 등록신청을 한 자가 법 제46조제2항에 따른 결격사유가 없고 법 제50조제1항과 영 제45조에 따른 실무수습을 받은 자이면 별지 제21호서식의 지도사등록증을 발급하여야 한다.

②제1항에 따라 지도사등록증을 발급받은 자는 그 등록증을 잃어버리거나 그 등록증이 닳아 없어진 경우에는 그 사유서를 중소기업청장에게 제출하고 등록증의 재발급을 신청할 수 있다.

제19조(등록사항 변경의 신고) 지도사는 법 제50조제1항 후단에 따라 등록한 사항이 변경된 경우에는 지체 없이 별지 제22호서식의 지도사등록 사항 변경신고서를 중소기업청장에게 제출하여야 한다. <개정 2015.7.3.>

제20조(갱신등록) ①법 제50조제2항에 따른 갱신등록을 하려는 자는 별지 제20호서식의 지도사갱신등록 신청서에 다음 각 호의 서류를 첨부하여 등록유효기간이 끝나기 30일 전까지 중소기업청장에게 제출하여야 한다. <개정 2015.7.3.>
1. 지도사등록증 사본
2. 제2항 각 호의 어느 하나에 해당한다는 것을 증명하는 서류
3. 사진(최근 6개월 내에 촬영한 가로 3센티미터, 세로 4센티미터인 것)
②제1항에 따라 갱신등록을 할 수 있는 자는 다음 각 호의 어느 하나에 해당하는 지도실적이나 교육이수실적이 있어야 한다.
1. 제21조에 따른 지도실적
2. 제22조에 따른 보수교육 이수실적
③중소기업청장은 제1항에 따라 갱신등록의 신청을 한 자가 법 제53조에 따른 등록취소와 업무정지사유에 해당하지 아니하고 제2항 각 호의 어느 하나에 해당하면 별지 제21호서식의 지도사등록증을 발급하여야 한다.

제21조(지도실적) 법 제50조제3항 전단에 따른 지도실적은 지도사등록의 유효기간 동안에 중소기업에 대하여 120시간 이상의 지도를 하였거나 영 제39조에 따른 지도실시기관의 지도업무 담당부서에서 3년 이상 근무한 경력으로 한다.

제22조(보수교육) ①법 제50조제3항 후단에 따른 보수교육은 20시간 이상으로 한다. 다만, 지도사등록의 유효기간 동안에 중소기업에 대한 지도실적이 80시간 이상이거나 영 제39조에 따른 지도실시기관의 지도업무 담당부서에서 근무한 경력이 2년을 넘는 자에 대하여는 10시간 이상으로 한다.
②중소기업청장은 필요하다고 인정하면 보수교육 실시 주관기관을 지정하여 보수교육을 하게 할 수 있다.
③제2항에 따라 지정을 받은 기관(이하 "보수교육 실시기관"이라 한다)이 보수교육을 실시하려는 때에는 인원, 일정 및 장소, 부담금, 그 밖에 보수교육의 운영에 필요한 사항을 정하여 중소기업청장의 승인을 받아야 한다.
④보수교육 실시기관은 보수교육을 이수한 자에게 별지 제19호서식의 지도사 보수교육 수료증을 발급하여야 하며, 보수교육 실시 결과를 보수교육 만료일부터 10일 이내에 중소기업청장에게 보고하여야 한다.

제23조 삭제 <2015.7.3.>

제24조 삭제 <2015.7.3.>

제25조(지도실시 결과에 따른 우선지원) ①중소기업청장은 영 제49조제3호에 따라 공단이 법 제63조에 따른 중소기업창업 및 진흥기금으로 중소기업자의 시설의 도입·신설·증설·개선 및 대체에 필요한 자금을 지원하게 할 수 있다. <개정 2009.3.4.>
②공단의 이사장은 제1항에 따라 자금지원을 하는 경우의 지원규모·조건 등에 관한 기준을 정하여 중소기업청장의 승인을 받아야 한다.

제25조의2(중소기업가업승계지원센터 지정 신청) ① 영 제54조의2제1항에 따라 중소기업가업승계지원센터로 지정받으려는 자는 별지 제23호서식의

중소기업가업승계지원센터 지정 신청서(전자문서로 된 신청서를 포함한다)에 다음 각 호의 서류를 첨부하여 중소기업청장에게 제출(전자문서에 의한 제출을 포함한다)하여야 한다.
1. 정관 또는 이에 준하는 사업운영규정
2. 가업승계 지원 전담조직 현황
3. 가업승계 지원 전문인력 보유 현황
4. 가업승계 지원 사업계획서
② 제1항에 따른 서류를 제출받은 중소기업청장은 「전자정부법」 제36조제1항에 따른 행정정보의 공동이용을 통하여 법인 등기사항증명서(법인인 경우만 해당한다)를 확인하여야 한다. <개정 2012.11.30.>
[본조신설 2008.4.10.]

제26조(중소기업유통센터 설립승인신청서류 등) ①영 제71조제2항에서 "산업통상자원부령으로 정하는 서류"란 다음 각 호의 서류를 말한다. <개정 2013.3.23.>
1. 중소기업유통센터 정관안
2. 사업계획서(「유통산업발전법 시행규칙」 제5조제1항제1호의 사항이 포함되어야 한다)
3. 대지나 건축물의 소유권 또는 그 사용에 관한 권리를 증명하는 서류
4. 건축물의 건축이나 용도변경 등에 관한 허가서 또는 신고증명서 사본
②영 제72조제1항에서 "산업통상자원부령으로 정하는 서류"란 제1항제2호부터 제4호까지의 서류를 말한다. <개정 2013.3.23.>

제27조(보고) 공단의 이사장은 영 제81조제2항에 따라 같은 조 제1항 각 호의 업무처리 결과를 분기마다 중소기업청장에게 보고하여야 한다.

제28조(규제의 재검토) 중소기업청장은 다음 각 호의 사항에 대하여 다음 각

호의 기준일을 기준으로 2년마다(매 2년이 되는 해의 기준일과 같은 날 전까지를 말한다) 그 타당성을 검토하여 개선 등의 조치를 하여야 한다. <개정 2015.7.3.>
1. 제12조에 따른 단지조성사업의 준공인가 신청 시의 제출서류: 2015년 7월 1일
2. 제13조에 따른 공장용지와 시설의 준공인가 전 사용승인 신청 시의 제출서류: 2015년 7월 1일
3. 제17조에 따른 지도사 등록 시의 제출서류: 2015년 1월 1일
[본조신설 2014.12.26.]

부칙
<제101호, 2014.12.26.>

이 규칙은 2015년 1월 1일부터 시행한다.

부칙
<제136호, 2015.7.3.>

이 규칙은 2015년 7월 29일부터 시행한다. 다만, 제28조 및 별지 제18호서식의 개정규정은 공포한 날부터 시행한다.

서식 17] 준공인가 전 공장용지 및 시설 사용승인 신청서

■ 중소기업진흥에 관한 법률 시행규칙 [별지 제17호서식] <개정 2012.11.30>

준공인가 전 공장용지 및 시설 사용승인 신청서

※ 색상이 어두운 란은 신청인이 적지 않습니다.

접수번호	접수일	처리기간	15일

| 신청인
(시행자) | 명칭 | | 대표자 성명 | |
| | 주소 | | | |

사업명		

| 착공
연월일 | . . . | 준공(예정)연월일 | |

준공인가 전 사용자	업체명	대표자
	주소	
		(전화번호:)

사전사용 명세	면적	m²
	시설개요	
	목적	
	내용	

| 단지조성
진도현황 | |

「중소기업진흥에 관한 법률」 제32조제3항 단서 및 같은 법 시행규칙 제13조에
따라 위와 같이 신청합니다.

년   월   일

신청인   (서명 또는 인)

시 · 도지사 귀하

첨부서류	1. 위치도 1부 2. 단지조성 현황에 관한 서류 1부 3. 공장배치계획도 1부 4. 사용하려는 단지 및 시설 현황에 관한 서류 1부	수수료 없음

처 리 절 차

신청서 작성 신청인	→	접수 처리기관 (시·도)	→	검토(현지 확인) 처리기관 (시·도)	통보

210mm×297mm[백상지 80/m²]

[서식 20] (경영, 기술)지도사(등록, 갱신등록)신청서

■ 중소기업진흥에 관한 법률 시행규칙 [별지 제20호서식] <개정 2012.11.30>

[ ] 경 영	지도사	[ ] 등 록	신청서
[ ] 기 술		[ ] 갱신등록	

※ 색상이 어두운 란은 신청인이 적지 않습니다.

접수번호		접수일		처리기간	20일

신청인	성명		주민등록번호(외국인등록번호)	
	주소		(전화번호:　　　　　　)	
	근무처	지도분야	연간지도협력 가능일수	
	등록자격 근거		등록 연월일	

　　「중소기업진흥에 관한 법률」 제50조제1항(제2항), 같은 법 시행령 제46조제1항 및 같은 법 시행규칙 제17조(제20조제1항)에 따라 위와 같이 신청합니다.

년　　　　월　　　　일

신청인　　　　　　(서명 또는 인)

중소기업청장 귀하

첨부서류	1. 등록신청의 경우 　가. 이력서 1부 　나. 「중소기업 진흥에 관한 법률 시행규칙」 제15조에 따른 실무 　　　수습수료증 사본 1부 　다. 사진(최근 6개월 이내에 촬영한 가로 3cm, 세로 4cm인 것) 3장 2. 갱신등록신청의 경우 　가. 지도사등록증 사본 1부 　나. 「중소기업진흥에 관한 법률 시행규칙」 제21조에 따른 지도 　　　실적 또는 제22조에 따른 보수교육 이수실적을 증명하는 서 　　　류 2부 　다. 사진(최근 6개월 이내에 촬영한 가로 3cm, 세로4cm인 것) 3장 ※ 기재 시 유의사항 등록신청인 경우 "등록자격 근거" 란에, 갱신신청인 경우 "등록 연월일" 란에 기재해야 합니다.	수수료 없 음

210mm×297mm[백상지 80g/ ㎡]

(뒤 쪽)

처리절차

이 신청서는 아래와 같이 처리됩니다.

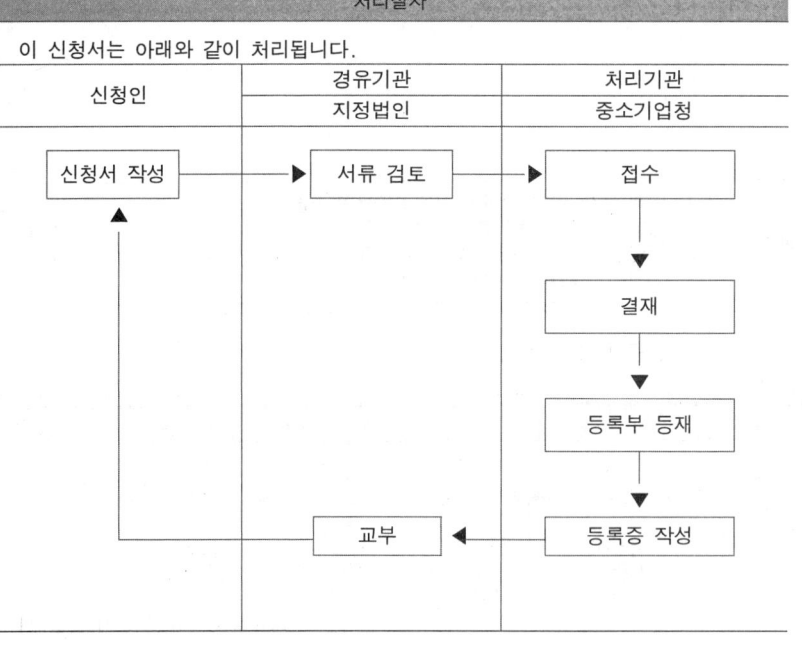

신청인	경유기관	처리기관
	지정법인	중소기업청

[서식 23] 중소기업가업승계지원센터 지정 신청서

■ 중소기업진흥에 관한 법률 시행규칙 [별지 제23호서식] <개정 2012.11.30>

중소기업가업승계지원센터 지정 신청서

※ 색상이 어두운 란은 신청인이 적지 않습니다.

접수번호	접수일		처리기간	20일

신청인	기관명	사업자등록번호
	대표자 성명	전화번호
	주 소	

「중소기업진흥에 관한 법률」 제62조의3제1항, 같은 법 시행령 제54조의2제1항 및 같은 법 시행규칙 제25조의2에 따라 위와 같이 신청합니다.

년 월 일

신청인 (서명 또는 인)

중소기업청장 귀하

첨부서류	1. 정관 또는 이에 준하는 사업운영규정 1부 2. 가업승계 지원 전담조직 현황 1부 3. 가업승계 지원 전문인력 보유 현황 1부 4. 가업승계 지원 사업계획서 1부	수수료 없음
담당 공무원 확인사항	법인 등기사항증명서(법인인 경우만 해당합니다)	

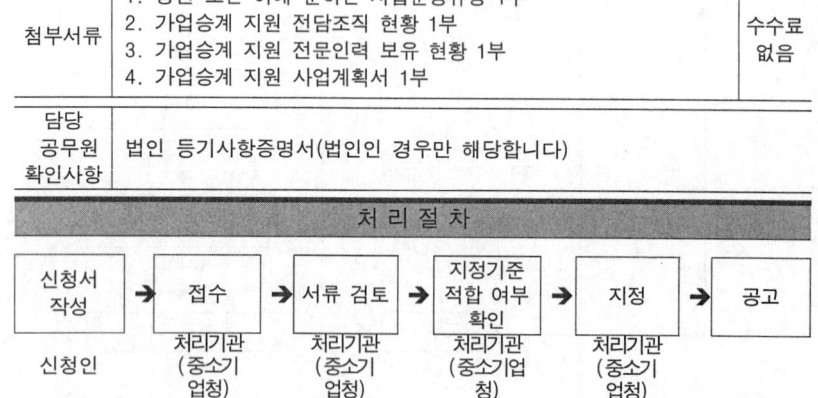

처 리 절 차					
신청서 작성	→ 접수	→ 서류 검토	→ 지정기준 적합 여부 확인	→ 지정	→ 공고
신청인	처리기관 (중소기 업청)	처리기관 (중소기 업청)	처리기관 (중소기업 청)	처리기관 (중소기 업청)	

210mm×297mm[백상지 80g/㎡]

중소기업창업 지원법

[시행 2015.7.29.]
[법률 제13089호, 2015.1.28., 타법개정]

제1장 총칙

제1조(목적) 이 법은 중소기업의 설립을 촉진하고 성장 기반을 조성하여 중소기업의 건전한 발전을 통한 건실한 산업구조의 구축에 기여함을 목적으로 한다.

제2조(정의) 이 법에서 사용하는 용어의 뜻은 다음과 같다.
1. "창업"이란 중소기업을 새로 설립하는 것을 말한다. 이 경우 창업의 범위는 대통령령으로 정한다.
2. "창업자"란 중소기업을 창업하는 자와 중소기업을 창업하여 사업을 개시한 날부터 7년이 지나지 아니한 자를 말한다. 이 경우 사업개시에 관한 세부 사항은 대통령령으로 정한다.
3. "중소기업"이란 「중소기업기본법」 제2조에 따른 중소기업을 말한다.
4. "중소기업창업투자회사"란 창업자에게 투자하는 것을 주된 업무로 하는 회사로서 제10조에 따라 등록한 회사를 말한다.
5. "중소기업창업투자조합"이란 창업자에게 투자하고 그 성과를 배분하는 것을 주된 목적으로 하는 조합으로서 제20조에 따라 등록한 조합을 말한다.
6. "중소기업상담회사"란 중소기업의 사업성 평가 등의 업무를 하는 회사로서 제31조에 따라 등록한 회사를 말한다.
7. "창업보육센터"란 창업의 성공 가능성을 높이기 위하여 창업자에게 시설·장소를 제공하고 경영·기술 분야에 대하여 지원하는 것을 주된 목적으로 하는 사업장을 말한다.

제3조(적용 범위) 이 법은 창업에 관하여 적용한다. 다만, 금융 및 보험업과 부동산업 등 대통령령으로 정하는 업종의 중소기업에 대하여는 적용하지 아니한다. <개정 2011.4.4.>

제4조(창업지원계획의 수립 등) ①중소기업청장은 창업을 촉진하고, 창업자의 성장·발전을 위한 중소기업 창업 지원계획을 세워 고시하여야 한다.
②정부는 창업자 및 대통령령으로 정하는 창업지원에 관한 사업을 하는 자에 대하여 필요한 자금을 투자·출연·보조·융자하거나 그 밖에 필요한 지원을 할 수 있다.
③ 중소기업청장은 제1항의 창업지원계획을 수립하기 위하여 관계 중앙행정기관의 장 및 지방자치단체의 장에게 관련 자료의 제공을 요청할 수 있다. <신설 2010.6.8.>

제4조의2(창업촉진사업의 추진 등) ① 중소기업청장은 중소기업의 창업을 촉진하고 창업자의 창업 성공률을 향상시키기 위하여 다음 각 호의 사업을 추진하거나 필요한 시책을 수립·시행할 수 있다. <개정 2013.8.6., 2015.2.3.>
1. 유망한 예비창업자(중소기업을 창업하려는 자를 말한다. 이하 같다)의 발굴·육성 및 그에 대한 지원
2. 창업자의 우수한 아이디어 사업화에 대한 지원
3. 기업, 창업 관련 단체 등을 통한 예비창업자 또는 창업자의 발굴·육성
4. 예비창업자 또는 창업자의 해외 진출 지원

5. 그 밖에 창업교육 및 창업 기반시설 확충 등 대통령령으로 정하는 사업

② 중소기업청장은 제1항에 따른 사업을 추진하는 경우에는 대통령령으로 정하는 예비청년창업자 또는 청년창업자를 우대할 수 있다. <신설 2015.2.3.>

③ 중소기업청장은 제1항에 따른 사업을 추진하기 위하여 필요하다고 인정하는 경우에는 예산의 범위에서 대학, 연구기관, 공공기관, 창업 관련 단체, 중소기업 및 예비창업자에게 해당 사업을 수행하는 데에 드는 비용의 전부 또는 일부를 출연하거나 보조할 수 있다. <개정 2015.2.3.>

④ 제3항에 따른 출연 및 보조의 절차 및 방법 등에 관한 사항은 대통령령으로 정한다. <개정 2015.2.3.>

[본조신설 2010.6.8.]
[제목개정 2013.8.6.]

제4조의3(재창업지원) 중소기업청장은 창업 후 폐업 또는 파산 등으로 재창업을 하려는 자에 대하여 재창업지원에 필요한 다음 각 호의 사업을 추진할 수 있다.

1. 우수한 기술과 경험을 보유한 재창업희망 중소기업인의 발굴 및 재창업 교육
2. 재창업에 장애가 되는 각종 부담 및 규제 등의 제도개선
3. 조세·법률 상담 등 재창업을 위한 상담 지원
4. 교육센터의 지정·운영 등 재창업 지원 시설의 확충
5. 그 밖에 재창업지원과 관련하여 중소기업청장이 필요하다고 인정하는 사업

[본조신설 2013.3.22.]

제4조의4(지역특화산업 창업의 지원)
① 중소기업청장은 지역의 고용창출 및 지역경제 활성화를 위하여 지역특화산업에 속하는 업종의 창업을 촉진

하는 계획을 수립할 수 있다.

② 지방자치단체의 장은 제1항에 따른 계획에 따라 해당 지방자치단체의 지역특화산업의 기술과 경험을 보유한 예비창업자 또는 창업자의 발굴·육성 및 그에 대한 지원 등의 사업을 추진할 수 있다.

③ 중소기업청장은 제1항에 따른 계획의 수립을 위하여 필요한 경우에는 지방자치단체의 장에게 관련 자료의 제출을 요청할 수 있다.

[본조신설 2015.2.3.]

제5조(창업 정보의 제공) 정부는 창업자에 대하여 창업 및 중소기업의 성장과 발전에 필요한 자금, 인력, 기술, 판로, 입지 등에 관한 정보를 제공하기 위하여 필요한 시책을 강구하여야 한다.

제6조(창업보육센터사업자의 지정 등)
① 창업보육센터를 설립·운영하는 자(설립·운영하려는 자를 포함한다. 이하 "창업보육센터사업자"라 한다)로서 이 법에 따른 지원을 받으려는 자는 다음 각 호의 요건을 갖추어 중소기업청장의 지정을 받아야 한다. <개정 2008.2.29., 2013.3.23.>

1. 다음 각 목의 시설을 갖출 것
   가. 창업자가 이용할 수 있는 시험기기나 계측기기 등의 장비
   나. 10인 이상의 창업자가 사용할 수 있는 500제곱미터 이상의 시설
2. 경영학 분야의 박사학위 소지자, 「변호사법」에 따른 변호사, 그 밖에 대통령령으로 정하는 전문인력 중 2명 이상을 확보할 것
3. 창업보육센터사업을 수행하기 위한 사업계획 등이 산업통상자원부령으로 정하는 기준에 맞을 것

② 국가는 「국유재산법」 및 그 밖의 다른 법령에도 불구하고 창업의 성공가능성을 높이기 위하여 필요한

경우 창업보육센터에 입주한 자(이하 "입주자"라 한다)에 대하여 국유재산의 사용료를 감면할 수 있다. <개정 2013.8.6.>
③ 국가가 제2항에 따라 국유재산의 사용료를 감면하는 경우 입주자에 대한 국유재산의 연간 사용료는 해당 재산가액에 100분의 1 이상을 곱한 금액의 범위에서 대통령령으로 정하는 금액으로 한다. <신설 2013.8.6.>
④ 국유재산을 사용허가하는 경우 그 기간은 「국유재산법」 제35조에서 정하는 바에 따른다. <신설 2013.8.6.>
⑤ 지방자치단체는 「공유재산 및 물품 관리법」 및 그 밖의 다른 법령에도 불구하고 입주자에게 공유재산의 사용료를 대통령령으로 정하는 바에 따라 감면할 수 있다. <신설 2013.8.6.>
[법률 제12009호(2013.8.6.) 부칙 제2조의 규정에 의하여 이 조 제2항, 제3항, 제4항은 2022년 12월 31일까지 유효함]

제7조(창업 교육) 중소기업청장은 창업 저변을 확충하기 위하여 청소년, 대학생 및 창업자 등에게 창업 교육을 할 수 있다.

제7조의2(대학 내 창업지원 전담조직의 설립·운영 등) ① 대학은 대학 내 창업촉진사업을 수행하기 위하여 학교 규칙으로 정하는 바에 따라 창업지원 업무를 전담하는 조직(이하 "창업지원 전담조직"이라 한다)을 둘 수 있다.
② 중소기업청장은 창업지원 전담조직의 운영에 필요한 경비를 출연하거나 그 밖에 필요한 지원을 할 수 있다.
③ 창업지원 전담조직이 이 법에 따른 지원을 받으려면 그 회계를 수입과 지출 내역이 명백하도록 대학 내 다른 회계와 구분하여 처리하여야 한다.
④ 창업지원 전담조직의 업무 및 제3항에 따른 회계 운영에 필요한 사항은 대통령령으로 정한다.

[본조신설 2013.8.6.]

제8조(창업대학원의 지정 등) ① 중소기업청장은 「고등교육법」 제29조제1항에 따른 대학원 중에서 창업 분야 전문인력 양성을 목적으로 하는 대학원(이하 "창업대학원"이라 한다)을 지정하여 예산의 범위에서 그 운영 등에 필요한 경비를 출연하거나 그 밖에 필요한 지원을 할 수 있다.
② 중소기업청장은 창업대학원의 지정·지원 등에 관하여 필요한 사항을 고시하여야 한다.

제9조(기금의 우선 지원) 「중소기업진흥에 관한 법률」 제63조에 따른 중소기업창업 및 진흥기금(이하 "중소기업창업 및 진흥기금"이라 한다)을 관리하는 자는 중소기업창업투자회사 또는 중소기업창업투자조합에 대하여 중소기업창업 및 진흥기금을 지원할 때 투자 실적 등이 대통령령으로 정하는 기준에 해당하는 자에게 먼저 지원할 수 있다. <개정 2008.12.19., 2009.5.21.>

창업투자회사 등의 등록 및 관리규정
(중소기업청 고시 제2015-32호)

제정 2000. 6.16 중소기업청 고시 제2000- 8호
개정 2015. 5.22 중소기업청 고시 제2015- 32호

제1조(목적) 이 규정은 중소기업창업투자회사(이하"창업투자회사"라 한다)와 중소기업창업투자조합(이하"창업투자조합"이라 한다)의 등록관리 및 지원을 위하여 중소기업창업지원법(이하"법"이라 한다) 및 벤처기업육성에관한특별조치법(이하"벤처특별법"이라 한다)에서 위임된 사항과 그 사항에 관하여 필요한 사항을 정함을 목적으로 한다.

제2조(기금의 우선지원) ① 중소기업 창업지원법 시행령(이하 "영"이라 한다) 제8조에서 "중소기업청장이 정하는 기준"이라 함은 100분의 200을 말한다.
② <2011.7.7 삭제>

제3조(투자대상 및 방법 등) ① 법 제10조제1항제4호에서 "중소기업청장이 정하는 방법에 따른 해외투자"라 함은 다음 각 호의 어느 하나에 해당하는 방식으로 투자하는 것을 말한다. 〈2014.4.9 일부개정〉
1. 해외 기업에 대한 주식 또는 지분의 인수
2. 해외 기업이 발행하는 무담보주식연계형 채권의 인수
3. 해외 기업이 제작하고 국내 중소기업이 제작에 참여하거나 참여하기로 약정되었으며, 제작 분야가 문화산업(「문화산업진흥기본법」 제2조제1호의 문화산업을 말한다.)인 제7조의2제1항 규정에 의한 프로젝트 투자
4. 해외 기업에 투자할 목적으로 단독 또는 해외투자기관과 공동으로 운영하는 해외투자기구(창업투자조합 또는 한국벤처투자조합과 유사한 방법으로 타인의 자본을 모집하여 설립된 조합 또는 회사)에 대한 출자. 이 경우 창업투자회사의 자산 및 해외진출을 목적으로 결성된 조합의 자산으로 출자할 수 있다.
② 법 제10조제1항제6호에서 "중소기업청장이 정하는 사업"이라 함은 다음 각호의 사업을 말한다. 〈2014.4.9 일부개정〉
1. 창업보육센터의 설립 및 운영
2. 중소기업과의 계약에 따른 경영 기술지원을 위한 사업
3. 기타 법 또는 다른 법령에 의해 허가인가 또는 승인 등을 받은 사업

제4조(창업투자회사의 등록) ① 중소기업창업 지원법 시행규칙(이하 "규칙"이라 한다.) 제5조제1항제2호의 규정에 의한 사업계획서에 포함되어야 할 내용은 [별표 1]과 같다. 〈2013. 3. 25 일부개정〉
② 창업투자회사로 등록하고자 하는 자는 규칙 제5조제1항제5호의 규정에 따라 법인명의로 개설된 금융기관 계좌의 신청일 전일 기준으로 발급된 납입금보관증명서 및 그 납입금의 출처를 증명할 수 있는 서류를 제출하여야 한다.
③ 법 제10조제2항제1호에 따른 납입자본금은 현금에 한하며 다음 각 호의 어느 하나에 해당하지 아니하는 자금을 말한다.
1. 「유사수신행위의 규제에 관한 법률」 제2조의 규정에 의한 유사수신행위(이하 "유사수신행위"라 한다)등을 통해 불법으로 조달된 자금
2. 납입자본금의 100분의 20이상을 외부로부터 차입하여 조성된 자금
3. 기타 자금조성 내역을 증명하지 못하는 자금

④ 영 제9조제6항제2호에서 "중소기업청장이 정하는 기준"이라 함은 다음 각호의 요건을 말한다.
1. 사무실의 구조가 타회사와 완전히 구분되어 있을 것
2. 회사의 위치가 누구든지 접근하기에 편리할 것
3. 전화, 컴퓨터(전자문서의 전송이 가능한 것) 및 24시간 모사전송이 가능한 팩스 등을 갖추고 있을 것
⑤ 법 제10조제2항제4호에 따른 이해상충을 방지하기 위한 체계를 갖추기 위한 조건은 아래와 같다. 〈2013.11.25 일부개정〉
1. 창업투자회사는 창업투자회사와 투자자간, 특정 투자자와 다른 투자자 간의 이해상충을 방지하기 위하여 이해상충이 발생할 가능성을 검토하고, 내부통제기준을 마련하여 내부통제기준이 정하는 방법 및 절차에 따라 이를 적절히 관리하여야 한다.
2. 창업투자회사는 내부통제기준의 준수여부를 점검하고 내부통제기준을 위반하는 경우 이를 조사하고 감독하는 준법감시인 1인 이상을 지정하여야 한다.
3. 창업투자회사는 제1호에 따라 이해상충이 발생할 가능성을 검토한 결과 이해상충이 발생할 가능성이 있다고 인정되는 경우에는 그 사실을 미리 해당 투자자에게 알려야 하며, 그 이해 상충이 발생할 가능성을 내부통제기준이 정하는 방법 및 절차에 따라 투자자보호에 문제가 없는 수준으로 낮춘 후 투자, 회수 등의 거래를 하여야 한다.
4. 창업투자회사는 제3호에 따라 그 이해상충이 발생할 가능성을 낮추는 것이 곤란하다고 판단되는 경우에는 투자, 회수 등의 거래를 하여서는 아니된다.
5. 창업투자회사는 그 임직원의 자기계산에 의한 투자 및 회수 등 거래에 관련하여 불공정행위의 방지 또는 투자자와의 이해상충의 방지를 위하여 그 창업투자회사의 임직원이 따라야 할 적절한 기준 및 절차를 정하여야 한다.

제4조의2(창업투자회사의 공시 등) ① 법 제14조제2항에서 "공시의 시기 및 방법 등에 관하여 필요한 사항"이라 함은 다음 각호의 사항을 말한다. 〈2015.5.22 일부개정〉
1. 공시구분 및 시기
가. 정기공시 : 매 사업연도 종료 후 4월 이내에 공시
나. 수시공시 : 매월 말일까지 공시
다. 자율공시 : 창업투자회사가 자율적으로 공시
2. 공시항목
가. 정기공시 : 조직 및 인력, 재무 및 경영지표, 조합 결성·운영현황
나. 수시공시 : 정기공시 사항의 변경 및 법령위반 등

분 사항

다. 자율공시 : 주요경영사항, 조합결성 및 해산, 투
ㅏ성공 사례, 언론보도 해명 등
② 제18조제2항의 규정에 의하여 창업투자회사 공
시운영에 관한 업무를 위탁 받은 기관(이하 "공
시업무 위탁 기관"이라 한다)은 영 제30조의 규
정에 의한 업무운용상황 등의 보고 내용에서 공
시항목을 발췌하여 공시한다.
③ 제2항의 규정에 의한 공시업무 위탁 기관은 공시
항목의 세부내용, 공시절차 등 운영에 필요한 사
항을 정할 수 있다. 다만, 이 경우 중소기업청장
과 협의하여야 한다.

제5조(변경등록 등) ① 규칙 제6조에 따라 창업투자
회사의 지위의 승계를 신고하고자 하는 때에는
규칙 별지 제2호 서식의 변경등록신청서를 첨
부하여야 한다.
② 법 제11조에 따라 창업투자회사의 지위를 승계
한 자는 승계한 창업투자회사의 자본금이 잠식
되어 자본 총계가 50억원에 미달하는 때에는 신
고 이전에 미달하는 금액 이상을 따로 증자하여
야 한다.

제6조(투자행위제한) ① 법 제15조제1항제1호 및
제2호에서 "투자"라 함은 자금대여 등 일체의
자금지원행위를 포함한다.
② 영 제10조제1항제1호에서 "중소기업청장이 인
정하여 고시하는 경우"라 함은 다음 각 호의 어
느 하나에 해당하지 아니하는 자의 주식을 취득
하는 경우를 말한다.
1. 창업투자회사가 속하는 기업집단에 소속한 계열
회사
2.영 제10조제4항제1호나목부터 라목까지에 해
당하는 자
③ 영 제10조제1항제2호다목에서 "중소기업청장
이 인정하여 고시하는 조합이나 회사"란 「자본
시장과 금융투자업에 관한 법률 시행령」 제6조
제4항제14호에서 정한 "기업인수목적회사"
를 말한다.
④ 영 제10조제1항제3호의 규정에 따라 창업투자
회사가 인수합병을 목적으로 다른 창업 투자회
사의 주식을 취득한 경우는 취득한 날로 부터 7
일 이내에 합병일정을 중소기업청장에게 제출
하여야 한다.
⑤ 영 제10조제1항제4호에서 "중소기업청장이 인
정하여 고시하는 업종"이란 한국표준산업분
류상 그 외 기타 금융지원 서비스업(단, 기업
의 IT 관련 업무 수행으로 인한 매출액이 해당
기업의 총매출액의 과반 이상인 경우에 한함)

을 말한다. 〈2015.5.22 신설〉
⑥ 영 제10조제1항제5호에서 "중소기업청장이 인
정하여 고시하는 사업"이란 2개 이상의 기업이
프로젝트 개발 또는 제작에 참여하고 개발 또는
제작으로 인한 수익 지분 중 중소기업의 비중이
70% 이상인 사업 또는 해외진출을 목적으로
제작되는 제7조의2제1항제2호의 사업으로
서 국내에서 사용되는 제작비(총제작비에서
홍보비 등을 제외한 순제작비를 말한다) 중 중
소기업 참여비중이 50% 이상인 사업을 말한
다. 〈2015.5.22 일부개정〉
⑦ 영 제10조제4항제1호가목 단서에서 "창업투자
조합의 해산 그 밖의 중소기업청장이 인정하는
불가피한 사유로 인하여 거래하는 경우"라 함
은 창업투자조합의 해산을 위해 유가증권 등 현
금화되지 못한 조합자산을 업무집행조합원인
창업투자회사가 매입하는 경우로서 조합원 총
수 및 조합 총지분의 각 과반수의 동의를 얻은 경
우를 말한다.
⑧ 영 제10조제4항제1호라목의3)에 따라 창업투
자회사가 유가증권 등 현금화되지 못한 조합자
산을 주요출자자 및 그 특수관계인에게 매각하
는 경우에는 조합원 전원의 동의를 얻어야 한다.
〈2009.5.28 신설〉
⑨ 영 제10조제4항제6호에 따라 창업투자회사는
법 또는 다른 법령의 금지 또는 제한을 회피하기
위하여 창업투자조합을 결성하여서는 아니된
다.
⑩ 영 제10조제5항제3호에서 "중소기업청장이 정
하여 고시하는 행위"라 함은 다음 각 호의 어느
하나에 해당하는 행위를 말한다.
1. 영 제10조제4항제1호 및 제2호 각 목의 어느 하나
에 해당하는 자와 거래를 할 때 그 외의 자를 상대방으
로 하여 거래하는 경우와 비교하여 해당 창업투자회
사에게 불리한 조건으로 거래를 하는 행위
2. 영 제10조제4항제1호 및 제2호 또는 이 항 제1호
에서 정한 제한을 회피할 목적으로 제3자와의 계약
이나 담합 등에 의하여 서로 교차하는 방법으로 하는
거래행위

제7조(투자의무) ① 창업투자회사는 영 제10조제
1항에 따라 100분의 40이상의 투자비율을 유
지하지 못하는 것이 부득이한 경우에는 투자비
율을 유지하지 못하는 사유 및 그 사실을 증명하
는 서류를 중소기업청장에게 제출하여야 한다.
〈2013. 3. 25 일부개정〉
② 법 제16조에 따라 법 제10조제1항제3호에 따른
사업에 사용한 금액을 산정함에 있어서는 창업
투자조합 또는 한국벤처투자조합에 출자한 금

액에 한하여 이를 포함한다.

③ 창업투자조합은 영 제11조 제1항의 규정에 의하여 투자의무비율을 이행한 때에는 투자자산의 회수를 위하여 당해 투자의무비율을 유지하지 아니할 수 있다. 다만, 법 제21조제3항에 따라 투자의무비율에 해당하는 금액을 사용하지 못하는 것이 부득이한 경우에는 해당 사유 및 그 사실을 증명하는 서류를 중소기업청장에게 제출하여야 한다.

④ 규칙 제9조에 따른 방법으로 투자된 자산 중 제6조제5항에 따라 창업투자회사가 매입한 유가증권 매입금액은 영 제11조의 규정에 의한 창업투자회사 투자의무비율 산정에 포함한다. 〈2013. 3. 25 일부개정〉

⑤ 창업투자회사가 「농림수산식품투자조합 결성 및 운용에 관한 법률에 따라 설립된 투자조합에 출자한 경우 해당 조합이 규칙 제9조에 따른 방법으로 투자한 금액에 전체 출자금에서 창업투자회사가 출자한 비율을 곱한 금액을 영 제11조의 규정에 의한 창업투자회사 투자의무비율 산정에 포함할 수 있다. 다만, 이 경우 투자조합의 투자한 내역이 규칙 제9조에 부합하는지 여부는 해당 창업투자회사 입증해야 한다. 〈2013.11.25 신설〉

제7조의2(프로젝트투자) ① 규칙 제9조제2호에서 "중소기업청장이 고시하는 분야"라 함은 다음을 말하며, 법 제10조제1항제5호의 방식으로 동 분야에 투자하는 행위를 "프로젝트투자"라 하고, "프로젝트 투자"의 투자 대상에 해당되는 사업을 "프로젝트"라 한다. 〈2015.5. 22 일부개정〉

1. 신제품 및 신기술 개발(총비용중 연구개발비용이 50%이상인 경우)
2. <u>문화산업진흥기본법 제2조 제1호에 따른 문화산업</u>
3. <u>발명진흥법에 의한 산업재산권의 창출·매입·활용</u>
4. <u>스포츠산업진흥법에 의한 스포츠산업</u>
5. <u>관광산업의 발전을 위하여 문화체육관광부장관이 프로젝트 투자에 적합하다고 인정하는 사업</u>
6. <u>기타 패션디자인 등 중소기업청장이 프로젝트투자에 적합하다고 인정한 사업</u>

② 프로젝트 사업을 수행하는 자 및 동 사업의 자금을 실제 관리하는 자는 회계독립성 유지를 위해 타 사업과 회계를 구분 계리하고, 별도의 계좌를 개설하여 자금을 운영하여야 한다. 〈2014.4.9 일부개정〉

③ 2개 이상의 기업이 프로젝트 개발 또는 제작에 참

여할 경우 개발 또는 제작으로 인한 수익 지분 중 중소기업의 비중이 70% 이상인 경우에 한해 프로젝트 투자로 인정한다. 〈2013. 3. 25 신설〉

④ 〈2014.4.9 삭 제〉

⑤ 제6조제4항 또는 제7조의2제3항에 의해 2개 이상의 기업이 개발 또는 제작에 참여한 프로젝트에 투자한 경우 개발 또는 제작으로 인한 수익 지분 중 규칙 제9조에서 정한 기업의 비중이 70% 이상인 프로젝트에 투자한 경우에 한해 법 제16조 1항에서 규정한 "대통령령으로 정하는 비율의 금액"에 포함시킬 수 있다. 〈2013. 3. 25 신설〉

제8조(해외투자의 보고) 창업투자회사 또는 창업투자조합이 법 제17조에 따라 해외투자를 한 때에는 영 제30조의 규정에 의한 업무용상황 등에 관한 보고에 해외투자의 사실을 증명하는 서류를 첨부하여 제출하여야 한다.

제9조(결산서 보고 등) ① 영 제13조 및 영 제17조의 규정에 의한 감사의견서는 담당회계사를 포함한 감사인이 창업투자회사의 주식을 보유하거나 주식매수선택권을 취득하는 등 당해 창업투자회사와 이해관계가 있는 경우 당해 감사인이 작성한 감사의견서는 제외한다.

② 영 제13조 및 영 제17조의 규정에 의한 결산서 및 감사의견서 제출은 전자문서(전자거래기본법 제2조의 규정에 의한 전자문서를 말한다)에 의할 수 있다.

제10조(창업투자조합의 결성계획서) ① 영 제14조제2항의 규정에 의한 결성계획서에 포함되어야 할 내용은 [별표 2]와 같다.

② 제1항의 규정에 의한 결성계획서 중 다음 각 호의 어느 하나에 해당하는 사항의 변경이 있는 경우 업무집행조합원은 중소기업청장에게 변경된 내용을 제출하여야 한다.
1. 출자금 총액이 변경되었을 경우
2. 창업투자회사의 출자금액이 축소되었을 경우
3. 조합재산의 배분계획 또는 규약의 내용이 변경되었을 경우

제11조(창업투자조합의 출자) ① 영 제14조제1항 제1호에 따른 출자금은 현금에 한한다. 〈단서 삭제〉

② 업무집행조합원은 제1항의 규정에 의한 출자금 납입이 완료된 경우에는 다음 각호의 사항을 기

재한 출자증표를 조합원에게 교부하여야 한다.
1.창업투자조합의 명칭 및 출자증표번호
2. 창업투자조합의 출자금 총액 및 총좌수
3.출자자의 성명 및 주민등록번호
4.당해 출자자의 출자금액 및 좌수
③ 창업투자조합은 영 제14조제1항제1호에 따른 출자금 총액을 유지하는 범위 내에서 조합원의 동의를 얻어 다음 각 호의 어느 하나에 해당하는 출자원금을 조합원에게 배분할 수 있다. 다만, 2호 또는 3호에 해당하는 출자금의 경우 법 제21조제3항 및 조합 규약에서 정한 투자의무를 달성한 경우에 배분할 수 있다.
1. 규칙 제9조에 따른 방법으로 투자된 후 회수된 출자원금
2. 규칙 제9조 이외의 방법으로 투자된 후 회수된 출자원금
3. 조합 등록 후 3년 및 조합 규약에서 정한 투자기간이 경과된 이후에도 투자하지 않은 출자원금
④ 제3항에 따라 업무집행조합원에게 배분된 출자원금 중 조합 규약상 업무집행조합원이 우선손실충당을 하는 경우 우선손실충당에 해당하는 금액은 조합 청산시까지 별도로 관리하여야 하며, 사용하여서는 아니된다. 다만, 조합원에게 배분된 금액이 조합의 출자금 총액을 초과하는 경우에는 그러하지 아니하다.

제12조(창업투자조합의 등록) ① 법 제20조제4항에 따라 출자금액을 분할하여 출자하는 경우에는 영 제15조제2항의 규정에 의하여 중소기업청장에게 변경등록을 신청하여야 한다.
② 제11조제3항의 규정에 의하여 해산 전에 출자원금을 배분한 경우에는 영 제15조제2항의 규정에 의하여 중소기업청장에게 변경등록을 신청하여야 한다.
③ 업무집행조합원은 영 제14조제3항의 규정에 의한 규약의 내용이 변경된 때에는 중소기업청장에게 변경된 내용을 통보하여야 한다.

제13조(업무의 위탁) ① 벤처특별법 제12조의 규정에 의하여 업무집행조합원이 그 업무의 전부 또는 일부를 위탁하고자 하는 당해 창업투자조합의 유한책임조합원은 다음 각호의 요건을 갖춘 자로서 창업투자조합의 정상적인 업무집행 능력이 있다고 중소기업청장이 인정한 자에 한한다. 다만, 업무집행조합원은 출자금의 모집을 타인에게 위탁하여서는 아니된다.
1.당해 창업투자조합의 출자지분이 100분의 10 이상일 것
2. 법 제10조제2항제2호사목에 해당하는 자가 아

닐 것
3.조합원 전원의 동의가 있을 것
② 제1항의 규정에 의하여 업무집행조합원이 조합 결성시 업무의 전부 또는 일부를 유한책임조합원에게 위탁하고자 하는 경우에는 영 제14조제2항의 규정에 의한 결성계획서 및 동조제3항제1호의 규정에 의한 창업투자조합의 규약에 이를 포함하여야 한다.
③ 제1항 및 제2항의 규정에 의하지 아니하고는 업무집행조합원 업무의 전부 또는 일부를 사실상 위탁하는 방식으로 창업투자조합의 업무를 집행하여서는 아니된다.

제13조의2(증권시장) 법 제22조제3항에서 중소기업청장이 정하는 시장이란 자본시장과 금융투자업에 관한 법률 시행령 제11조제2항에 따른 코넥스 시장을 제외한 모든 증권시장을 말한다. 〈2014. 1.24 신설〉

제14조(조합원의 지위변동) ① 유한책임조합원은 다음 각 호의 어느 하나에 해당하는 사유가 발생한 경우에는 창업투자조합을 탈퇴할 수 있다. 〈2015.5.22 일부 개정〉
1. 사망
2. 성년후견의 개시
3. 파산(법인의 경우 자진해산 포함)
4. 기타 부득이한 사유가 있어 다른 조합원 전원의 동의를 얻은 경우
② 유한책임조합원은 다른 조합원 전원의 동의를 얻어 당해 조합원의 출자지분의 일부 또는 전부를 타인에게 양도할 수 있다.
③ 영 제14조제3항에 따라 창업투자조합을 등록한 후 제2항 이외의 사유로 새로이 유한책임조합원이 되고자 하는 경우에는 조합원 전원의 동의를 얻어 조합 규약에서 정한 출자금 총액을 증액하여 영 제15조제2항의 규정에 의한 변경 등록을 신청하여야 한다

제15조(해산 및 청산) ① 창업투자회사가 법 제25조제1항에 따라 창업투자조합을 해산하고자 하는 경우에는 다음 각호의 내용이 포함된 창업투자조합 해산계획을 중소기업청장에게 제출하여야 한다.
1. 해산의 사유
2. 투자실적
3.조합재산의 현황 및 수익배분 내역
4. 해산후 조합재산의 배분계획
5.법 제25조제3항에 따른 청산인의 명칭주소 및 업무

6. 기타 조합해산에 관한 사항
② 영 제18조제1항제3호에서 "중소기업청장이 조합원의 보호를 위하여 필요하다고 인정하는 경우"라 함은 다음 각 호의 어느 하나에 해당하는 경우를 말한다.
1. 경제계의 사정변경이나 투자조합의 재산상태의 악화 또는 영업부진 등으로 목적 달성이 현저히 곤란하게 된 경우
2. 조합원간의 반목불화로 인한 대립으로 신뢰관계가 파괴되어 원만한 공동운영을 기대할 수 없게 된 경우
③ 창업투자조합의 청산인은 다음 각호의 업무를 수행한다.
1. 재산목록 및 재무제표의 작성·교부
2. 재산 처분계획의 수립
3. 조합사무의 종결 및 투자유가증권 등의 처분
4. 채권의 추심 및 채무의 변제
5. 잔여재산의 분배
6. 기타의 청산사무

제15조의 1 〈삭 제〉

제16조(성과보수의 배분 등) ① 조합 등록 후 3년 및 조합 규약에서 정한 투자기간을 경과한 창업투자조합은 법 제28조 및 영 제19조제1항에 따라 다음 각 호의 요건을 모두 갖춘 경우 업무집행조합원에게 성과보수를 지급할 수 있다
1. 약정된 출자금의 납입이 완료되었거나, 추가 납입하지 않기로 조합원이 동의할 것
2. 법 제21조제3항 및 조합 규약에서 정한 투자의무를 달성할 것
3. 창업투자조합의 수익률이 조합 규약에서 정한 수익률을 초과할 것
② 영 제19조제1항에서 "중소기업청장이 정하는 운영경비"라 함은 다음 각 호의 어느 하나에 해당하는 경비를 말한다.
1. 조합재산에 속하는 유가증권의 취득 또는 처분에 소요되는 비용
2. 조합의 업무집행과 관련된 회계감사 및 법률자문 수수료
3. 조합재산의 수탁회사에 대한 수탁수수료
4. 전사적자원관리(ERP)의 도입 및 운영비용
5. 조합의 업무집행과 관련된 소송비용
6. 조합청산에 소요되는 경비 (청산인을 선임한 경우에 한함)
7. 업무집행조합원에게 지급되는 관리보수
8. 기타 조합결성 또는 운영에 관련된 직접경비로서 조합원총회의 승인을 받은 경비

제17조(조합운영의 공시) 법 제29조제3호에서 "기타 조합의 운영에 관한 서류로 중소기업청장이 고시하는 것"이라 함은 제4조의1제1항제2호가목에 해당하는 사항을 공시하는 것을 말한다.

제18조(업무운용상황 등의 보고) ① 창업투자회사는 영 제30조 및 영 제32조제2항의 규정에 의하여 월별 업무운용상황 등을 익월 7일까지 보고하여야 한다.
② 영 제32조제1항의 규정에 의하여 중소기업청장은 영 제32조제1항1호 내지 3호의 업무를 한국벤처캐피탈협회에 위탁한다.
③ 한국벤처캐피탈협회는 영 제32조제2항의 규정에 따라 다음 각 호의 기한 이내에 중소기업청장에게 그 결과를 제출하여야 한다.
1. 영 제25조제2항제2호의 규정에 의한 결산서 접수결과 : 매 사업 연도 종료 후 4월
2. 영 제25조제2항제3호의 규정에 의한 업무운용상황 등에 관한 보고결과 : 익월 15일

제19조(등록취소) ① 법 제43조제1항제2호에서 "등록요건에 맞지 아니하게 된 때"라 함은 다음 각 호의 어느 하나에 해당하는 경우를 말한다.
1. 납입자본금을 정당한 목적으로 사용하지 아니한 때
2. 특별한 사유없이 3개월 이상 사무실을 폐쇄한 때
3. 영 제9조제6항제1호의 규정에 의한 전문인력 요건을 유지하지 못 한 때
② 법 제43조제1항제4호에서 "회사의 책임있는 사유"라 함은 창업투자회사의 파산부도 또는 이와 동등한 사유로 인하여 정상적인 회사 운영 또는 조합 관리가 어렵게 된 때를 말한다.

제20조(등록취소 절차) ① 중소기업청장은 법 제43조제1항 및 제2항에 따른 등록취소 사유가 발생하였을 때에는 법 제42조에 따라 이를 통지한 날로부터 6개월의 범위 내에서 치유기간을 부여하고 위반사실의 보정을 명할 수 있다. 다만, 법 제16조제2항에 따라 통지받은 투자의무 이행 유예기간 이후에도 영 제11조제1항에 의한 투자의무비율을 유지하지 못하는 경우에는 3개월의 범위 내에서 치유기간을 부여한다.
② 중소기업청장은 제1항의 규정에 의한 치유기간 경과 후에도 위반사실이 치유되지 않았을 경우에는 필요한 범위 내에서 최소한의 치유 기간을 재차 부여할 수 있으며, 이 경우 치유에 필요한 업무에 대한 일부 또는 전부의 정지 등 조건을 붙일 수 있다.

③ 중소기업청장은 제2항의 규정에 의한 치유기간 경과 후에도 위반사실이 치유되지 않을 경우에는 법 제44조에 따라 등록취소를 위한 청문을 실시하여야 한다.

④ 중소기업청장은 제1항 및 제2항의 규정에도 불구하고 위법사실이 중대하거나 투자자 및 이해관계인의 권익보호를 위하여 필요한 경우에는 즉시 제3항에 의한 청문을 실시할 수 있다.

제20조의2(임직원 제재) 법 제42조3항에서 '제1항 각 호의 조치의 기준과 절차 등에 필요한 사항'이라 함은 다음 각 호를 말한다. 〈2015.5.22 신설〉

1. 중소기업청장은 법 제42조제1항에 따라 창업투자회사 임직원에 대한 문책 요구를 하고자 하는 경우 민간전문가를 포함한 7인 내외의 위원으로 구성된 임직원제재심의위원회(이하 "위원회"라 한다)를 개최할 수 있다.

2. 중소기업청장은 위원회를 개최하고자 하는 경우 개최 10일 전까지 해당 창업투자회사 및 임직원에게 위원회 개최 사실, 조치 예정내용 등을 사전 통지하고 구술 또는 서면에 의한 의견진술 기회를 주어야 한다. 다만 당해 조치의 성질상 의견청취가 현저히 곤란하거나 명백히 불필요하다고 인정될만한 상당한 이유가 있는 등 행정절차법 제21조에서 정한 사유가 있는 경우에는 사전통지를 아니할 수 있다.

3. 위원회는 심의안건에 대해 위원 과반수 이상의 찬성으로 의결한다.

4. 중소기업청장은 위원회가 임직원 문책 요구를 의결할 경우 해당 창업투자회사 및 임직원에게 의결사항을 통지하여야 하며 임직원 문책 요구를 받은 창업투자회사는 통지를 받은 날로부터 4주 이내에 임직원 문책을 완료하고 그 결과를 중소기업청장에게 보고하여야 한다.

5. 중소기업청장은 제재대상자가 이미 퇴임 또는 퇴직한 경우, 제재대상자가 마지막으로 근무했던 창업투자회사에 의결 내용을 통보할 수 있다. 이 경우 통보를 받은 창업투자회사는 이를 퇴임 또는 퇴직한 제재대상자에게 통보하여야 한다. 단, 퇴임 또는 퇴직자에 부과된 문책 요구는 의결한 날로부터 해임의 경우 5년, 그 밖에 제재의 경우 3년이 경과한 경우 그 효력을 상실한다.

6. 제재대상자는 문책의 내용에 대해 중소기업청장에게 이의를 신청할 수 있다.

7. 중소기업청장은 문책 요구에 대한 이의신청이 이유가 없다고 인정하는 경우에는 이를 기각하고, 이유가 있다고 인정하는 경우에는 당해 문책요구를 취소 또는 변경할 수 있다.

8. 제재대상자는 제7호의 규정에 의한 이의신청 처리결과에 대해서는 다시 이의신청할 수 없다.

제21조(회계처리기준 등) ① 중소기업청장은 창업투자회사 및 창업투자조합의 회계처리와 재무보고에 통일성 및 객관성을 부여하기 위하여 기업회계기준 제190조의 규정에 의한 업종별 회계처리준칙이 시행되기 이전이라도 필요한 경우에는 기업회계기준의 범위내에서 창업투자회사 및 창업투자조합의 회계처리지침을 따로 정할 수 있다.

② 중소기업청장은 창업투자회사의 경영 및 자산의 건전성을 확보하기 위하여 다음 각호의 어느 하나에 해당하는 기준을 정할 수 있다.

1. 자기자본의 보유기준에 관한 사항
2. 창업투자회사가 보유하는 자산의 건전성 분류 및 운용기준에 관 한 사항
3. 부실자산 및 대손처리에 관한 승인기준 및 방법

③ 〈삭 제〉

제22조(위법행위의 승계) 주주의 변경 또는 창업투자회사의 명칭변경 등으로 인하여 창업투자회사의 실질적인 지배관계가 변경되더라도 변경 전의 창업투자회사가 행한 위법사실은 변경후의 창업투자회사가 승계한 것으로 본다.

제23조(적용범위) 창업투자회사 및 창업투자조합의 업무운용에 관하여 다른 규정에서 특별히 정한 경우를 제외하고는 이 규정을 적용한다.

제24조(재검토 기한) 「훈령예규 등의 발령 및 관리에 관한 규정」(대통령훈령 제248호)에 따라 이 고시 발령 후의 법령이나 현실여건의 변화 등을 검토하여 이 고시의 폐지, 개정 등의 조치를 하여야 하는 기한은 2017년 4월 9일까지로 한다.

부 칙〈2015. 5.〉
(시행일) 이 규정은 고시한 날로부터 시행한다.

제2장 중소기업창업투자회사

제10조(등록) ①다음 각 호의 어느 하나에 해당하는 사업을 영위하는 회사로서 이 법에 따른 지원을 받으려는 자는 산업통상자원부령으로 정하는

바에 따라 중소기업청장에게 중소기업창업투자회사로 등록하여야 한다. 중소기업창업투자회사가 등록한 사항 중 회사명과 소재지 등 산업통상자원부령으로 정하는 중요 사항을 변경하려는 경우에도 또한 같다.
<개정 2008.2.29., 2009.12.30., 2013.3.23., 2013.8.6., 2015.1.28.>

1. 창업자에 대한 투자
2. 「벤처기업육성에 관한 특별조치법」에 따른 벤처기업에 대한 투자
2의2. 「중소기업 기술혁신 촉진법」 제15조 및 제15조의3에 따른 기술혁신형·경영혁신형 중소기업에 대한 투자
3. 중소기업창업투자조합 및 「벤처기업육성에 관한 특별조치법」 제4조의3에 따른 한국벤처투자조합의 결성과 업무의 집행
4. 해외 기업의 주식 또는 지분 인수 등 중소기업청장이 정하는 방법에 따른 해외투자
5. 중소기업이 개발 또는 제작하며, 다른 사업과 회계의 독립성을 유지하는 방식으로 운영되는 사업에 대한 투자
6. 제1호, 제2호, 제2호의2, 제3호부터 제5호까지의 사업에 딸린 사업으로서 중소기업청장이 정하는 사업

②중소기업창업투자회사는 다음 각 호의 요건을 모두 갖추어야 한다.
<개정 2007.8.3., 2009.12.30., 2013.8.6., 2014.1.21.>

1. 「상법」에 따른 주식회사로서 납입자본금이 대통령령으로 정하는 금액 이상일 것
2. 임원이 다음 각 목의 어느 하나에 해당하지 아니하는 자일 것. 이 경우 사목과 아목은 대표이사에게만 적용한다.
   가. 미성년자·피성년후견인 또는 피한정후견인
   나. 파산 선고를 받고 복권되지 아니한 자
   다. 금고 이상의 실형을 선고받고 그 집행이 끝나거나(집행이 끝난 것으로 보는 경우를 포함한다) 집행이 면제된 날부터 5년이 지나지 아니한 자
   라. 금고 이상의 형의 집행유예를 선고받고 그 유예기간 중에 있는 자
   마. 「유사수신행위의 규제에 관한 법률」이나 그 밖에 대통령령으로 정하는 금융 관련 법령을 위반하여 벌금 이상의 형을 선고받고 그 집행이 끝나거나(집행이 끝난 것으로 보는 경우를 포함한다) 집행이 면제된 날부터 5년이 지나지 아니한 자
   바. 이 법에 따라 등록이 취소된 중소기업창업투자회사의 취소 당시의 임원이었던 자(그 등록취소 사유의 발생에 관하여 직접 책임이 있거나 이에 상응하는 책임이 있는 자 또는 창업 투자 업무에 적합하지 아니하다고 판단되는 자로서 각각 대통령령으로 정하는 자만 해당한다)로서 등록이 취소된 날부터 5년이 지나지 아니한 자
   사. 금융거래 등 상거래에서 약정한 날짜 이내에 채무를 갚지 아니한 자로서 대통령령으로 정하는 자
   아. 다른 중소기업창업투자회사의 대주주(대통령령으로 정하는 출자자를 말한다. 이하 이 조에서 같다) 또는 임직원
   자. 제12조에 따라 말소하기 전에 제43조에 따른 취소 사유가 있었던 경우에는 그 말소 당시의 임원(제43조에 따른 등록취소 사유에 직접 책임이 있거나 이에 상응하는 책임이

있는 자로서 대통령령으로 정하는 자만 해당한다)에게 그 사유를 통보한 후 그 통보를 받은 날부터 5년(등록 말소일부터 7년을 초과하는 경우에는 등록 말소일부터 7년으로 한다)이 지나지 아니한 자

차. 제42조제1항제1호에 따라 면직 또는 해임된 날부터 5년이 지나지 아니한 자

2의2. 대주주가 대통령령으로 정하는 사회적 신용을 갖출 것

3. 대통령령으로 정하는 기준에 따른 상근하는 전문인력과 시설을 보유할 것

4. 창업투자회사와 투자자 간, 특정 투자자와 다른 투자자 간의 이해상충을 방지하기 위한 체계를 갖출 것

③ 제2항제2호의2에서 정한 요건을 갖추지 못한 자가 새로 주식을 취득하여 대주주가 된 경우에는 해당 취득 주식에 대하여 의결권을 행사할 수 없다. <신설 2013.8.6.>

④ 중소기업청장은 제2항제2호의2에서 정한 요건을 갖추지 못한 자가 새로 주식을 취득하여 대주주가 된 경우에는 6개월 이내의 기간을 정하여 해당 취득 주식의 처분을 명할 수 있다. <신설 2013.8.6.>

제11조(권리·의무의 승계) ①중소기업창업투자회사가 그 영업을 양도하거나 합병을 하면 그 영업을 양수한 자 또는 합병한 후 존속하는 법인이나 합병으로 설립되는 법인은 이 법에 따른 중소기업창업투자회사로서의 지위를 승계한다. 다만, 그 영업을 양수한 자 또는 합병한 후 존속하는 법인이나 합병으로 설립되는 법인이 제10조제2항 각 호의 요건을 모두 갖추지 아니한 경우에는 그러하지 아니하다.

②제1항에 따라 중소기업창업투자회사로서의 지위를 승계한 자는 승계한 날부터 30일 이내에 산업통상자원부령으로 정하는 바에 따라 중소기업청장에게 이를 신고하여야 한다. <개정 2008.2.29., 2013.3.23.>

제12조(신청에 따른 등록의 말소) ①중소기업창업투자회사는 제10조제1항 각 호의 사업을 영위하기가 불가능하거나 어려운 경우에는 산업통상자원부령으로 정하는 바에 따라 그 등록의 말소를 신청할 수 있다. <개정 2008.2.29., 2013.3.23.>

②중소기업청장은 중소기업창업투자회사가 제1항에 따른 등록 말소신청을 하면 지체 없이 그 등록을 말소하여야 한다.

제13조(등록 등의 공고) 중소기업청장은 중소기업창업투자회사가 다음 각 호의 어느 하나에 해당하면 지체 없이 그 내용을 관보에 공고하고 컴퓨터 통신 등을 이용하여 일반인에게 알려야 한다.

1. 제10조제1항에 따라 등록을 한 경우
2. 제12조제2항에 따라 등록을 말소한 경우
3. 제43조제1항에 따라 등록을 취소한 경우

제14조(중소기업창업투자회사의 공시) ①중소기업창업투자회사는 다음 각 호의 사항을 공시(公示)하여야 한다. <개정 2013.8.6.>

1. 조직과 인력에 관한 사항
2. 재무와 손익에 관한 사항
3. 중소기업창업투자조합의 결성 및 운영 성과에 관한 사항
4. 제42조의2제3항에 따른 경영개선조치를 요구받은 경우와 제43조제5항에 따른 업무정지, 시정명령 또는 경고를 받은 경우 그 조치에 관한 사항

②제1항에 따른 공시의 시기 및 방법

등에 필요한 사항은 중소기업청장이
정한다.

**제15조(중소기업창업투자회사의 행위
제한)** ①중소기업창업투자회사는 다
음 각 호의 어느 하나에 해당하는 행
위를 하여서는 아니 된다. 다만, 중소
기업창업투자회사의 자산 운용의 건
전성을 해칠 우려가 없는 경우로서
대통령령으로 정하는 경우에는 그러
하지 아니하다.
1. 제3조 단서에 따른 업종을 영위하
는 기업에 투자하는 행위
2. 「독점규제 및 공정거래에 관한
법률」 제9조에 따른 상호출자제
한기업집단에 속하는 회사에 투자
하는 행위
3. 대통령령으로 정하는 금융기관의
주식을 취득하거나 소유하는 행위
4. 창업보육센터 등 대통령령으로 정
하는 범위의 업무용 부동산을 제
외한 부동산(이하 "비업무용부동
산"이라 한다)을 취득하거나 소유
하는 행위. 다만, 담보권의 실행
으로 비업무용부동산을 취득하는
경우에는 그러하지 아니하다.
5. 그 밖에 설립 목적을 해치는 것으
로서 대통령령으로 정하는 행위
②중소기업창업투자회사는 제1항제4
호 단서에 따라 담보권의 실행으로
비업무용부동산을 취득한 경우에는
1년의 범위에서 산업통상자원부령으
로 정하는 기간에 이를 처분하여야
한다. <개정 2008.2.29., 2013.3.23.>

제15조의2(대주주의 행위제한) ① 중
소기업창업투자회사의 대주주(대통령
령으로 정하는 그의 특수관계인을 포
함한다. 이하 같다)는 중소기업창업
투자회사의 이익에 반하여 대주주 자
신의 이익을 얻을 목적으로 다음 각
호의 어느 하나에 해당하는 행위를
하여서는 아니 된다.

1. 중소기업창업투자회사에 부당한
영향력을 행사하기 위하여 외부에
공개되지 아니한 자료 또는 정보
의 제공을 요구하는 행위. 다만,
「상법」 제466조에 따른 권리의
행사에 해당하는 경우에는 그러하
지 아니하다.
2. 경제적 이익 등 반대급부의 제공
을 조건으로 다른 주주와 담합하
여 중소기업창업투자회사의 투자
활동 등 경영에 부당한 영향력을
행사하는 행위
3. 중소기업창업투자회사로 하여금
위법행위를 하도록 요구하는 행위
4. 금리, 수수료, 담보 등에 있어서
통상적인 거래조건과 비교하여 해
당 중소기업창업투자회사에 현저
하게 불리한 조건으로 대주주 자
신이나 제3자와의 거래를 요구하
는 행위
5. 그 밖에 제1호부터 제4호까지에
준하는 행위로서 대통령령으로 정
하는 행위
② 중소기업청장은 중소기업창업투자회
사의 대주주가 제1항을 위반한 행위가
있다고 인정되는 경우에는 중소기업창
업투자회사 또는 대주주에게 필요한
자료의 제출을 요구할 수 있다.
[본조신설 2013.8.6.]

**제16조(중소기업창업투자회사의 투자
의무)** ①중소기업창업투자회사는 등록
후 3년이 지난 날까지 납입자본금의
100분의 50의 범위에서 대통령령으로
정하는 비율의 금액 이상을 제10조제1
항제1호, 제2호, 제2호의2, 제3호 및
제5호의 사업에 사용하여야 한다. 이
경우 같은 항 제1호, 제2호, 제2호의2
및 제5호의 사업에 사용한 금액을 산
정할 때 신규로 발행되는 주식 또는
무담보전환사채의 인수 등 산업통상자
원부령으로 정하는 용도로 사용한 금
액에 한하여 이를 포함하여 산정한다.

다만, 중소기업창업투자회사가 대통령령으로 정하는 일정 규모 이상의 중소기업창업투자조합을 결성하여 운영하는 경우에는 그러하지 아니하다. <개정 2008.2.29., 2009.12.30., 2013.3.23., 2013.8.6.>

②중소기업창업투자회사는 등록 후 3년이 지난 날 이후에도 제1항에 따른 투자의무비율을 유지하여야 하며, 중소기업창업투자회사가 투자회수·경영정상화 등 중소기업청장이 인정하는 사유로 제1항에 따른 투자의무비율을 유지하지 못하면 중소기업청장은 1년 이내의 범위에서 투자의무이행 유예기간을 줄 수 있다. <개정 2013.8.6.>

③ 제1항에도 불구하고 중소기업창업투자회사가 개인 또는 「벤처기업육성에 관한 특별조치법」 제13조에 따른 개인투자조합이 3년 이상 보유한 창업자의 주식(신규로 발행하는 주식을 인수한 경우에 한정한다)을 인수한 경우에는 해당 인수 금액을 제1항에 따른 투자의무비율 금액에 포함하여 산정한다. <신설 2013.8.6.>

제17조(중소기업창업투자회사의 해외투자 요건)

①중소기업창업투자회사는 납입자본금의 100분의 10 이상의 금액을 제16조제1항에 따라 산업통상자원부령으로 정하는 용도로 제10조제1항제1호, 제2호 및 제2호의2에 따른 사업에 사용한 경우에는 그 사업에 사용한 금액의 범위에서 같은 항 제4호에 따른 해외투자를 할 수 있다. 다만, 등록한 지 3년이 지난 중소기업창업투자회사는 제16조제1항에 따른 중소기업창업투자회사의 투자의무비율을 달성한 경우에 해외투자를 할 수 있다. <개정 2008.2.29., 2009.12.30., 2013.3.23.>

②제1항에 따른 해외투자 한도는 납입자본금의 100분의 40의 범위에서 대통령령으로 정하는 비율로 한다.

제18조(자금의 차입 등)

①중소기업창업투자회사는 그 사업 수행을 위하여 필요하면 정부, 정부가 설치한 기금, 국내외 금융기관, 외국정부 또는 국제기구로부터 자금을 차입할 수 있다.

②중소기업창업투자회사는 그 사업 수행에 필요한 재원을 충당하기 위하여 자본금과 적립금 총액의 10배의 범위에서 사채를 발행할 수 있다.

제19조(결산 보고)

중소기업창업투자회사는 대통령령으로 정하는 바에 따라 회계연도마다 결산서를 중소기업청장에게 제출하여야 한다.

제3장 중소기업창업투자조합

제20조(조합의 결성 등)

①중소기업창업투자회사와 중소기업창업투자회사 외의 자가 출자하여 중소기업창업투자조합을 결성하는 경우에는 대통령령으로 정하는 바에 따라 중소기업청장에게 등록하여야 한다. 등록 사항을 변경하는 경우에도 또한 같다.

②중소기업창업투자조합은 조합의 채무에 대하여 무한책임을 지는 1인 이상의 조합원(이하 "업무집행조합원"이라 한다)과 출자액을 한도로 하여 유한책임을 지는 유한책임조합원으로 구성한다. 이 경우 업무집행조합원은 다음 각 호의 어느 하나에 해당하는 자로 하되, 그중 1인은 중소기업창업투자회사이어야 한다. <개정 2009.12.30.>

1. 「벤처기업육성에 관한 특별조치법」 제4조의3제1항 각 호의 어느 하나에 해당하는 자
2. 「국가재정법」 제8조제1항에 따른 기금관리주체로서 같은 법 별표 2에 따른 기금을 관리·운용

하는 자

3. 법률에 따라 공제 사업을 경영하는 법인

4. 그 밖에 대통령령으로 정하는 자

③ 제2항 전단에도 불구하고 제47조의2제1항에 따른 공모창업투자조합을 결성하는 경우 업무집행조합원은 1인으로 한다. <신설 2009.12.30.>

④조합원은 조합 규약에서 정하는 바에 따라 출자금액의 전액을 한꺼번에 출자하거나 나누어 출자할 수 있다. <개정 2009.12.30.>

⑤중소기업창업투자조합의 출자금액, 조합원 수 및 존속 기간 등 등록 요건과 그 운영 등에 필요한 사항은 대통령령으로 정한다. <개정 2009.12.30.>

제21조(업무의 집행 등) ①중소기업창업투자조합의 업무는 업무집행조합원이 집행한다.

②업무집행조합원은 선량한 관리자의 주의로 제1항에 따른 업무를 집행하여야 한다. 이 경우 자기 또는 제삼자의 이익을 위하여 중소기업창업투자조합의 재산을 사용하여서는 아니 된다.

③중소기업창업투자조합은 등록 후 3년이 지난 날까지 출자금의 100분의 50의 범위에서 대통령령으로 정하는 비율의 금액 이상을 제16조제1항 및 제3항에 따라 산업통상자원부령으로 정하는 용도로 제10조제1항제1호, 제2호, 제2호의2 및 제5호에 따른 사업에 사용하여야 한다. 다만, 중소기업창업투자조합이 투자회수 등 중소기업청장이 인정하는 사유로 등록 후 3년이 지난 날까지 대통령령으로 정하는 비율의 금액을 달성하지 못하면 중소기업청장은 1년 이내의 범위에서 투자의무 이행 유예기간을 줄 수 있다. <개정 2008.2.29., 2009.1.30., 2009.12.30., 2013.3.23., 2013.8.6.>

④업무집행조합원은 중소기업창업투자조합의 업무를 집행할 때 자금차

입, 지급보증 또는 담보제공을 하여서는 아니 된다.

⑤업무집행조합원의 중소기업창업투자조합 업무의 집행에 관하여는 제15조를 준용한다. 이 경우 "중소기업창업투자회사"는 "중소기업창업투자조합"으로 본다.

⑥중소기업창업투자조합의 해외투자에 관하여는 제17조를 준용한다. 이 경우 "중소기업창업투자회사"는 "중소기업창업투자조합"으로, "납입자본금"은 "출자금"으로 본다.

제22조(중소기업창업투자조합 재산의 관리와 운용) ①업무집행조합원은 중소기업창업투자조합 재산을 다음 각 호에서 정하는 바에 따라 관리하여야 한다. <개정 2007.8.3.>

1. 중소기업창업투자조합 재산의 보관을 「자본시장과 금융투자업에 관한 법률」에 따른 신탁업자에게 위탁할 것

2. 신탁업자를 변경하는 경우에는 조합원 총회의 승인을 받을 것

②제1항에 따른 수탁회사는 다음 각 호의 업무를 한다.

1. 중소기업창업투자조합 재산의 보관 및 관리

2. 업무집행조합원의 중소기업창업투자조합 재산 운용 지시에 따른 자산의 취득 및 처분의 이행

③업무집행조합원은 중소기업창업투자조합 재산으로 「자본시장과 금융투자업에 관한 법률」 제8조의2제4항제1호에 따른 증권시장으로서 중소기업청장이 정하는 시장에 상장된 법인의 주식을 취득하는 경우에 출자금 총액의 100분의 20을 초과하여 투자할 수 없다. <개정 2007.8.3., 2009.1.30., 2013.5.28., 2014.1.21.>

제23조(결산 보고) 제21조제1항에 따른 업무집행조합원은 대통령령으로

정하는 바에 따라 해마다 중소기업창업투자조합의 사업연도가 끝난 뒤 3개월 이내에 그 결산서를 중소기업청장에게 제출하여야 한다.

제24조(업무집행조합원의 탈퇴) 업무집행조합원은 다음 각 호의 어느 하나에 해당하는 경우가 아니면 중소기업창업투자조합에서 탈퇴할 수 없다.
1. 중소기업창업투자회사의 등록이 취소된 경우
2. 중소기업창업투자회사가 파산한 경우
3. 중소기업창업투자조합 조합원 전원의 동의가 있는 경우

제25조(해산) ①중소기업창업투자조합은 다음 각 호의 어느 하나에 해당하는 사유가 있는 때에는 해산한다. <개정 2009.12.30.>
1. 존속기간의 만료
2. 유한책임조합원 전원의 탈퇴
3. 중소기업창업투자회사인 업무집행조합원 전원의 탈퇴
4. 중소기업창업투자회사인 업무집행조합원 전원의 등록의 말소
5. 그 밖에 대통령령으로 정하는 사유
②중소기업창업투자조합에 제1항제3호 및 제4호에 해당하는 사유가 발생하면 유한책임조합원 전원의 동의로 대통령령으로 정하는 바에 따라 그 사유가 발생한 날부터 3개월 이내에 중소기업창업투자회사인 업무집행조합원을 가입하게 하여 중소기업창업투자조합을 계속할 수 있다. <개정 2009.12.30.>
③중소기업창업투자조합이 해산하는 경우에는 그 업무집행조합원이 청산인이 된다. 다만, 해당 조합의 규약에서 정하는 바에 따라 업무집행조합원 외의 자를 청산인으로 선임할 수 있다.
④중소기업창업투자조합의 해산 당시에 출자금액을 초과하는 채무가 있으면 업무집행조합원이 그 채무를 변제하여야 한다.

제26조(청산결과 보고와 등록의 말소) ①제25조제3항에 따른 청산인이 청산사무를 끝마친 경우에는 산업통상자원부령으로 정하는 바에 따라 지체 없이 그 결과를 중소기업청장에게 보고하여야 한다. <개정 2008.2.29., 2013.3.23.>
②중소기업청장은 제1항에 따른 보고를 받으면 지체 없이 그 중소기업창업투자조합의 등록을 말소하여야 한다.

제27조(조합 재산의 보호) 중소기업창업투자조합 조합원의 채권자가 조합원에 대하여 채권을 행사할 때에는 「민법」 제704조와 제712조에도 불구하고 그 조합원이 중소기업창업투자조합에 출자한 금액의 범위에서 이를 행사할 수 있다.

제28조(수익처분) 중소기업창업투자조합은 업무집행조합원인 중소기업창업투자회사에 조합 규약에서 정하는 바에 따라 투자수익에 따른 성과보수를 지급할 수 있으며, 성과보수 지급을 위한 투자수익의 산정 방식 등에 필요한 사항은 대통령령으로 정한다.

제29조(조합의 공시) 업무집행조합원은 다음 각 호의 서류를 사무소에 갖추어 두고 누구든지 열람할 수 있도록 하여야 한다.
1. 해당 중소기업창업투자조합의 규약
2. 매 회계연도의 결산서
3. 그 밖에 조합의 운영에 관한 서류로서 중소기업청장이 고시하는 것

제30조(「민법」의 준용) 중소기업창업투자조합에 관하여 이 법에 규정한 것 외에는 「민법」 중 조합에 관한 규정을 준용한다.

제4장 중소기업상담회사

제31조(중소기업상담회사의 등록) ①다음 각 호의 사업을 영위하는 회사로서 이 법에 따른 지원을 받으려는 자는 산업통상자원부령으로 정하는 바에 따라 중소기업청장에게 중소기업상담회사로 등록하여야 한다. 중소기업상담회사가 등록한 사항 중 회사명과 소재지 등 산업통상자원부령으로 정하는 중요 사항을 변경하려는 경우에도 또한 같다. <개정 2008.2.29., 2010.6.8., 2013.3.23.>
1. 중소기업의 사업성 평가
2. 중소기업의 경영 및 기술 향상을 위한 용역
3. 중소기업에 대한 사업의 알선
4. 중소기업의 자금 조달·운용에 대한 자문 및 대행
5. 창업 절차의 대행
6. 창업보육센터의 설립·운영에 대한 자문
7. 제1호부터 제6호까지의 사업에 딸린 사업으로서 중소기업청장이 정하는 사업
②제1항에 따른 중소기업상담회사는 다음 각 호의 요건을 모두 갖추어야 한다. <개정 2014.1.21.>
1. 「상법」에 따른 회사로서 납입자본금이 대통령령으로 정하는 금액 이상일 것
2. 임원이 다음 각 목의 어느 하나에 해당하지 아니하는 자일 것
   가. 미성년자·피성년후견인 또는 피한정후견인
   나. 파산선고를 받고 복권되지 아니한 자
   다. 금고 이상의 실형을 선고받고 그 집행이 끝나거나(집행이 끝난 것으로 보는 경우를 포함한다) 집행이 면제된 날부터 3년이 지나지 아니한 자
   라. 금고 이상의 형의 집행유예를 선고받고 그 유예기간 중에 있는 자
   마. 금융거래 등 상거래에서 약정한 날짜 이내에 채무를 갚지 아니한 자로서 대통령령으로 정하는 자
3. 대통령령으로 정하는 기준에 따른 전문인력 및 시설을 보유할 것

제32조(용역비의 지원) 중소기업청장은 중소기업상담회사가 창업자에게 용역을 제공하면 대통령령으로 정하는 바에 따라 그 용역 대금의 일부를 지원할 수 있다.

제5장 창업 절차 등

제33조(사업계획의 승인) ①창업자는 대통령령으로 정하는 바에 따라 사업계획을 작성하고, 이에 대한 시장·군수 또는 구청장(자치구의 구청장만을 말한다. 이하 같다)의 승인을 받아 사업을 할 수 있다. 사업자 또는 공장용지의 면적 등 대통령령으로 정하는 중요 사항을 변경하려는 경우에도 또한 같다. <개정 2013.8.6.>
②시장·군수 또는 구청장은 제1항에 따른 사업계획의 승인을 할 때에는 그 공장의 건축면적이 「산업집적활성화 및 공장설립에 관한 법률」 제8조에 따른 기준공장면적률에 적합하도록 하여야 한다.
③시장·군수 또는 구청장은 제1항에 따른 사업계획의 승인 신청을 받은 날부터 20일 이내에 승인 여부를 알려야 한다. 이 경우 20일 이내에 승인 여부를 알리지 아니한 때에는 20일이 지난 날의 다음 날에 승인한 것으로 본다.

④중소기업청장은 창업에 따른 절차를 간소화하기 위하여 제1항에 따른 사업계획 승인에 관한 업무를 처리할 때 필요한 지침을 작성하여 고시할 수 있다.

■판례 - 중소기업창업지원사업계획승인취소등

【판시사항】
가. 행정처분의 직접 상대방이 아닌 제3자에게 당해 행정처분의 취소를 구할 원고적격이 있는 경우
나. 행정처분의 직접 상대방이 아닌 부락민 등이 자신들의 농경지 등이 훼손 또는 풍수해를 입을 우려가 있다는 이유로서는 산림훼손허가 및 중소기업창업지원승인처분의 취소를 구할 소의 이익이 없다고 본 사례

【판결요지】
가. 행정처분의 직접 상대방이 아닌 제3자라도 당해 행정처분의 취소를 구할 법률상의 이익이 있는 경우에는 원고적격이 인정된다 할 것이나, 여기서 말하는 법률상의 이익은 당해 처분의 근거 법률에 의하여 보호되는 직접적이고 구체적인 이익이 있는 경우를 말하고 다만 간접적이거나 사실적, 경제적 이해관계를 가지는 데 불과한 경우는 여기에 포함되지 아니한다.
나. 피고가 소외 회사에 대하여 한 산림훼손허가 및 중소기업창업사업계획승인처분의 근거가 되는 중소기업창업지원법 및 산림법 등의 관계규정에 비추어 볼 때, 그 처분이 취소됨으로 인하여 제3자인 원고들과 같은 인근주민들의 농경지 등이 훼손 또는 풍수해를 입을 우려가 제거되는 것과 같은 이익은 위 각 처분의 근거법률에 의하여 보호되는 이익이라고 할 수 없다고 하여 각 처분의 취소를 구하는 원고들의 소를 각하한 사례.
[대법원, 90누10360, 1991.12.13]

제34조(사전 협의) ①창업자는 제33조제1항에 따른 사업계획의 승인을 신청하기 전에 시장·군수 또는 구청장에게 사업계획의 승인 가능성 등에 관하여 사전 협의를 요청할 수 있다.
②제1항에 따른 사전 협의 절차 등에 필요한 사항은 대통령령으로 정한다.

제35조(다른 법률과의 관계) ①제33조

제1항에 따라 사업계획을 승인할 때 다음 각 호의 허가, 인가, 면허, 승인, 지정, 결정, 신고, 해제 또는 용도폐지(이하 이 조에서 "허가등"이라 한다)에 관하여 시장·군수 또는 구청장이 제4항에 따라 다른 행정기관의 장과 협의를 한 사항에 대하여는 그 허가등을 받은 것으로 본다.
<개정 2007.12.27., 2008.3.21., 2009.1.30., 2009.6.9., 2010.4.15., 2010.5.31., 2010.6.8., 2011.4.14., 2011.7.21., 2014.1.14.>
1. 「산업집적활성화 및 공장설립에 관한 법률」 제13조제1항에 따른 공장설립 등의 승인
2. 「사방사업법」 제14조에 따른 벌채 등의 허가와 같은 법 제20조에 따른 사방지(砂防地) 지정의 해제
3. 「공유수면 관리 및 매립에 관한 법률」 제8조에 따른 공유수면의 점용·사용허가, 같은 법 제17조에 따른 점용·사용 실시계획의 승인 또는 신고 및 같은 법 제28조에 따른 공유수면의 매립면허
4. 삭제 <2010.4.15.>
5. 「하천법」 제30조에 따른 하천공사의 허가와 같은 법 제33조에 따른 하천의 점용허가
6. 「산지관리법」 제14조 및 제15조에 따른 산지전용허가, 산지전용신고, 같은 법 제15조의2에 따른 산지일시사용허가·신고 및 같은 법 제21조에 따라 산지전용된 토지의 용도변경 승인과 「산림자원의 조성 및 관리에 관한 법률」 제36조제1항 및 제4항에 따른 입목벌채 등의 허가와 신고
7. 「사도법」 제4조에 따른 사도(私道)의 개설허가
8. 「국토의 계획 및 이용에 관한 법률」 제56조제1항에 따른 개발행위의 허가, 같은 법 제86조에 따른 도시·군계획시설사업의 시행자 지정, 같은 법 제88조에 따른 실시계획의 작성·인가 및 같은

법 제118조에 따른 토지거래계약
의 허가
9. 「농지법」 제34조제1항에 따른
농지의 전용허가, 같은 법 제35
조제1항에 따른 농지의 전용신고
및 같은 법 제40조제1항에 따른
용도변경의 승인
10. 「초지법」 제23조에 따른 초지
의 전용허가 또는 전용 신고
11. 「국유재산법」 제30조에 따른
국유재산의 사용허가 및 같은 법
제40조에 따른 도로, 하천, 도랑
및 제방의 용도폐지
12. 「도로법」 제61조제1항에 따른
도로의 점용허가
13. 「환경영향평가법」에 따른 소규
모 환경영향평가 협의
14. 「농어촌정비법」 제23조제1항
본문에 따른 농업생산기반시설의
목적 외 사용의 승인
15. 「장사 등에 관한 법률」 제27조
제1항에 따른 타인의 토지 등에
설치된 분묘 개장(改葬)의 허가
16. 「공유재산 및 물품 관리법」 제
20조제1항에 따른 행정재산의 사
용허가·수익허가 및 같은 법 제
11조에 따른 행정재산의 용도폐지
②제33조제1항에 따라 사업계획의 승
인을 받은 공장에 대해 「건축법」 제
11조에 따른 건축허가를 할 때 해당
시장·군수 또는 구청장이 다음 각 호
의 허가, 인가, 승인, 동의, 심사 또는
신고(이하 이 조에서 "승인등"이라 한
다)에 관하여 제4항에 따라 다른 행정
기관의 장과 협의를 한 사항에 대하여
는 그 승인등을 받은 것으로 본다.
<개정 2007.5.17., 2008.3.21., 2009.6.9.,
2010.6.8., 2011.8.4., 2012.8.13., 2014.1.14.,
2015.1.6., 2015.1.28.>
1. 「도로법」 제61조제1항에 따른
도로의 점용허가
2. 「하수도법」 제24조에 따른 점용
허가와 같은 법 제27조제3항 및
제4항에 따른 배수설비의 설치신고

3. 「하수도법」 제34조제2항에 따
른 개인하수처리시설설치의 신고
4. 「소방시설 설치·유지 및 안전관
리에 관한 법률」 제7조제1항에
따른 건축허가등의 동의, 「소방
시설공사업법」 제13조제1항에
따른 소방시설공사의 신고와 「위
험물안전관리법」 제6조제1항에
따른 제조소등의 설치허가
5. 「대기환경보전법」 제23조, 「수
질 및 수생태계 보전에 관한 법
률」 제33조, 「소음·진동관리
법」 제8조 및 「가축분뇨의 관
리 및 이용에 관한 법률」 제11
조에 따른 배출시설의 설치허가
또는 설치신고
6. 「폐기물관리법」 제29조제2항에
따른 폐기물처리시설의 설치승인
또는 설치신고
7. 「수도법」 제52조와 제54조에
따른 전용수도설치의 인가
8. 「전기사업법」 제62조에 따른 자
가용전기설비의 공사계획 인가 또
는 신고
9. 「총포·도검·화약류 등의 안전
관리에 관한 법률」 제25조제1항
에 따른 화약류 간이저장소 설치
의 허가
10. 「건축법」 제11조제1항에 따른
건축허가, 같은 법 제14조제1항
에 따른 건축신고, 같은 법 제20
조제1항과 제3항에 따른 가설건
축물의 건축허가 또는 건축신고
및 같은 법 제83조제1항에 따른
공작물 축조의 신고
11. 「토양환경보전법」 제12조에
따른 특정토양오염관리대상시설
설치의 신고
12. 「액화석유가스의 안전관리 및
사업법」 제5조에 따른 가스용품
제조사업의 허가와 같은 법 제8
조에 따른 액화석유가스 저장시설
의 설치허가

13. 「고압가스 안전관리법」 제4조에 따른 고압가스의 제조허가와 고압가스저장소 설치의 허가, 같은 법 제5조제1항에 따른 용기, 냉동기 및 특정설비의 제조등록, 같은 법 제20조제1항에 따른 특정고압가스 사용신고

14. 「산업안전보건법」 제48조제4항에 따른 유해·위험방지계획서의 심사 및 같은 법 제49조의2제3항에 따른 공정안전보고서의 심사

③제33조제1항에 따라 사업계획의 승인을 받은 공장에 대하여 「건축법」 제22조에 따라 건축물의 사용승인을 할 때 해당 시장·군수 또는 구청장이 다음 각 호의 검사, 신고, 동의 또는 신청(이하 이 조에서 "검사등"이라 한다)에 관하여 제4항에 따라 다른 행정기관의 장과 협의를 한 사항에 대하여는 그 검사등을 받은 것으로 본다. <개정 2007.5.17., 2008.3.21., 2009.6.9., 2010.6.8., 2011.8.4., 2014.6.3., 2015.1.6., 2015.1.28.>

1. 「하수도법」 제37조에 따른 준공검사

2. 「소방시설 설치·유지 및 안전관리에 관한 법률」 제7조제1항에 따른 사용승인의 동의, 「소방시설공사업법」 제14조에 따른 소방시설공사의 완공검사와 「위험물안전관리법」 제9조에 따른 제조소등의 완공검사

3. 「폐기물관리법」 제29조제4항에 따른 폐기물처리시설 사용개시의 신고

4. 「대기환경보전법」 제30조제1항 및 「수질 및 수생태계 보전에 관한 법률」 제37조에 따른 배출시설 등의 가동개시 신고

5. 「총포·도검·화약류 등의 안전관리에 관한 법률」 제43조에 따른 완성검사

6. 「먹는 물 관리법」 제23조제1항에 따른 먹는샘물제조업의 조건부 영업허가

7. 「전기사업법」 제63조에 따른 자가용전기설비의 사용 전 검사

8. 「액화석유가스의 안전관리 및 사업법」 제36조제2항에 따른 저장시설 설치와 가스용품 제조시설의 완성검사

9. 「고압가스 안전관리법」 제16조제3항에 따른 고압가스의 제조, 저장소 설치, 용기 등의 제조시설 설치공사의 완성검사 및 같은 법 제20조에 따른 특정고압가스시설의 완성검사

10. 「국토의 계획 및 이용에 관한 법률」 제62조제1항과 같은 법 제98조제2항에 따른 준공검사

11. 「공간정보의 구축 및 관리 등에 관한 법률」 제64조제2항에 따른 토지 이동 등의 등록 신청

④시장·군수 또는 구청장이 제33조에 따른 사업계획의 승인 또는 「건축법」 제11조제1항 및 같은 법 제22조제1항에 따른 건축허가와 사용승인을 할 때 그 내용 중 제1항부터 제3항까지에 해당하는 사항이 다른 행정기관의 권한에 속하는 경우에는 그 행정기관의 장과 협의하여야 하며, 협의를 요청받은 행정기관의 장은 대통령령으로 정하는 기간에 의견을 제출하여야 한다. 이 경우 다른 행정기관의 장이 그 기간에 의견을 제출하지 아니하면 의견이 없는 것으로 본다. <개정 2008.3.21.>

[시행일 : 2016.1.7.] 제35조

■판례 - 부당 이득금

【판시사항】

[1] 구 중소기업창업 지원법 제23조 제1항에 의하여 사업계획승인이 취소되는 경우, 같은 법 제22조 제1항 제11호에 따라 의제된 농지전용허가도 취소되는지 여부(적극) 및 사업계획승인의 취소 및 의제된 농지전용허가의 취소로 인하여 당초 유효하였던 농지조성비 부과처분 및 전용부담금 부과처분까지 소급하여 효력을 상실하는지 여부(소극)

[2] 농지조성비와 전용부담금의 과오납액 또

는 환급금액의 반환의무자(=국가) 및 구 농지법 시행령 제56조 제1항, 제2항, 구 농어촌발전 특별조치법 시행령 제52조의8 제1항에 의한 농지조성비 등의 환급금결정 또는 환급가산금결정에 의하여 비로소 환급청구권이 확정되는지 여부(소극)

상고이유를 판단한다.

1. 상고이유 제1점에 대하여
가. 구 농지의 보전 및 이용에 관한 법률(1993. 8. 5. 법률 제4572호로 개정되기 전의 것, 1994. 12. 22. 법률 제4817호 농지법 부칙 제2조에 의하여 폐지, 이하 '구 농지보전법'이라고 한다) 제4조에 의하면, 농지를 전용하고자 하는 자는 원칙적으로 농림수산부장관의 허가를 받아야 하고(제1항), 주무부장관(주무부장관으로부터 권한의 위임을 받은 당해 소속기관의 장 또는 지방자치단체의 장을 포함한다)이 도시계획법 제2조 제1항 제2호의 규정에 의한 도시계획구역 등을 결정 또는 지정할 때에 당해 구역 내에 농지가 포함되어 있는 경우에는 농림수산부장관과 협의하여야 하며(제2항), 제1항의 규정에 의하여 농지전용허가를 받고자 하는 자, 제2항의 규정에 의하여 협의를 받아 농지를 전용하고자 하는 자 등은 그 전용하고자 하는 농지에 상당하는 농지의 조성에 소요되는 비용(이하 '농지조성비'라고 한다)을 농어촌진흥공사 및 농지관리기금법 제32조 제1항의 규정에 의한 농지관리기금을 운용·관리하는 자에게 납입하여야 한다(제4항). 또한 구 농어촌발전 특별조치법(1994. 12. 22. 법률 제4817호로 개정되기 전의 것, 2009. 5. 27. 법률 제9717호 농어업·농어촌 및 식품산업 기본법 부칙 제2조에 의하여 폐지, 이하 '구 농특법'이라고 한다) 제45조의2 제1항 제1호에 의하면, 농림수산부장관은 구 농지보전법 제4조 제4항의 규정에 의하여 농지조성비를 납입하여야 하는 자에 대하여 전용부담금(이하 '전용부담금'이라고 한다)을 부과·징수하여야 한다.

한편 구 중소기업창업 지원법(1997. 12. 13. 법률 제5453호로 개정되기 전의 것, 이하 '구 중소기업지원법'이라고 한다) 제22조 제1항 제11호에 의하면, 창업자가 제21조의 규정에 의한 사업계획의 승인을 얻은 때에는 구 농지보전법 제4조의 규정에 의한 농지전용의 허가를 받은 것으로 보고, 제23조 제1항에 의하면 사업계획의 승인을 받은 자가 그 사업계획의 승인내용과 현저하게 다르게 사업을 영위하는 등 대통령령이 정하는 사유로 인하여 사업계획승인의 효과를 기대하기 어렵다고 인정되는 경우에는 대통령령이 정하는 바에 의하여 그 사업계획승인 및 공장건축허가를 취소할 수 있으며, 구 중소기업

지원법 시행령(2000. 5. 10. 대통령령 제16806호로 전부 개정되기 전의 것) 제28조 제1항은 구 중소기업지원법 제23조 제1항의 '대통령령이 정하는 사유'로 사업계획의 승인을 얻은 날부터 1년이 경과할 때까지 공장의 착공을 하지 아니하거나 공장착공 후 1년 이상 공사를 중단한 경우(제1호), 사업계획의 승인을 얻은 당해 공장용지를 공장착공을 하지 아니하고 다른 사람에게 양도한 경우(제2호), 사업계획의 승인을 얻은 후 당해 공장용지를 다른 사람에게 임대하는 등 공장 외의 용도로 활용하는 경우(제3호), 사업계획의 승인 후 4년이 지나도록 공장건축을 완료하지 아니하는 경우(제4호)를 들고 있다.

위 관계 법령에 의하면, 구 중소기업지원법 제23조 제1항에 의하여 사업계획승인이 취소되면 사업계획승인으로써 의제된 농지전용허가도 함께 취소된다고 볼 것이지만, 위와 같은 사업계획승인의 취소 및 의제된 농지전용허가의 취소는 모두 장래에 향하여 효력을 상실할 뿐이고, 이로써 당초 유효하였던 농지조성비 부과처분 및 전용부담금 부과처분까지 소급하여 효력을 상실한다고 볼 수 없다.

나. 그럼에도 원심은, 구 중소기업지원법 제23조 제1항에 의하여 사업계획승인이 취소되어 원고가 신고한 내용에 따라 개발행위를 할 수 없게 되고 같은 법 제22조 제1항 제11호에 의하여 의제된 농지전용허가도 취소됨으로써 이 사건 각 농지조성비 및 전용부담금의 부과근거도 함께 소멸하였다고 본 다음 피고는 원고에게 이 사건 각 농지조성비 및 전용부담금 상당의 부당이득을 반환할 의무가 있다고 판단하고 말았으니, 이러한 원심판결에는 구 중소기업지원법 제23조 제1항 소정의 사업계획승인 취소로 인한 농지조성비 부과처분 및 전용부담금 부과처분의 효력 등에 관한 법리를 오해함으로써 판결에 영향을 미친 위법이 있다. 이 점을 지적하는 취지의 이 부분 상고이유 주장은 이유 있다. 더구나 원심판결 이유 및 기록에 의하면, 원고는 1991년경 경주군수에게 구 국토이용관리법(1993. 8. 5. 법률 제4572호로 개정되기 전의 것, 2002. 2. 4. 법률 제6655호 국토의 계획 및 이용에 관한 법률 부칙 제2조에 의하여 폐지, 이하 '구 국토이용관리법'이라고 한다)상 용도지역이 경지지역과 산림보전지역이던 경북 경주군 양남면 서동리 산 28-1 일대 토지 합계 94,380㎡(이하 '이 사건 제1토지'라고 한다)에 공장부지를 조성하여 그 지상에 공장을 설치하여 주철강관 제조업을 영위하겠다는 내용의 사업계획서를 제출하면서 이를 위한 국토이용계획변경 절차를 요청한 사실, 경주군수는 1991. 6.경 경상북도지사에게 이 사건 제1토지를 개발촉진지역(공업용지지구)으로 변경하는 내용의

국토이용계획변경을 요청하였고, 경상북도지사는 1991. 8. 6. 구 국토이용관리법 제8조 제1항, 제30조의2에 따라 이 사건 제1토지의 용도지역을 개발촉진지역(공업용지지구)으로 변경하는 내용의 국토이용계획변경결정을 하면서 경주군수에게 원고로 하여금 이 사건 제1토지에 포함되어 있는 농지 25,949㎡(이하 '이 사건 제1농지'라고 한다)에 대한 농지조성비 85,686,480원을 납부하게 하였고, 원고는 1991. 9. 11. 경주군수의 통지에 따라 위 농지조성비를 납부한 사실, 그 후 원고는 1993. 3. 9. 경주군수에게 구 중소기업지원법에 의하여 이 사건 제1토지 및 그 진입도로로 사용할 경북 경주군 양남면 서동리 산 28-1 등 합계 11,523㎡(이하 '이 사건 제2토지'라고 한다) 지상에 주철강관 제조공장 건립을 위한 사업계획승인을 신청하고, 경주군수는 1993. 8. 21. 이를 승인하였는데, 원고는 이 사건 제2토지 중 ער 부분 9,479㎡의 전용에 따른 농지조성비 33,866,640원 및 전용부담금 3,643,500원 합계 37,510,140원을 부과받아 이를 농어촌진흥공사에 납부한 사실을 각 알 수 있다. 위 사실관계에 의하면, 원고가 이 사건 제1농지에 관한 농지조성비를 납부한 것은 구 중소기업지원법 제22조 제1항 제11호에 의한 사업계획승인으로 농지전용허가가 의제됨에 따른 것이 아님이 분명하므로, 위 사업계획승인이 취소되었다고 하여 곧바로 이 사건 제1농지에 관한 농지조성비의 납부에 어떠한 영향이 있는 것도 아니다. 이 사건 제1농지에 관한 농지조성비 부분에 대한 원심의 판단은 이 점에서도 수긍할 수 없다.

2. 상고이유 제3점에 대하여

가. 구 농지법(2002. 1. 14. 법률 제6597호로 개정되기 전의 것, 이하 '구 농지법'이라고 한다) 제40조 제1항은 농지조성비는 농지관리기금을 운용·관리하는 자에게 납입하여야 한다고 규정하고, 구 농어촌진흥공사 및 농지관리기금법(1996. 8. 8. 법률 제5153호로 개정되기 전의 것) 제27조, 제32조 제1항에 의하면 정부가 농지관리기금을 설치하고 이를 농림수산부장관으로 하여금 운용·관리하도록 규정하고 있으므로 농지조성비의 귀속 주체는 국가이고, 구 농어촌발전 특별조치법(1999. 2. 5. 법률 제5758호로 개정되기 전의 것, 이하 같다) 제45조의2 제5항은 전용부담금은 농어촌구조개선 특별회계법에 의한 농어촌구조개선 특별회계에 납입하여야 한다고 규정하고 있으므로 전용부담금의 귀속 주체도 국가인바, 구 농지법 제40조 제2항, 같은 법 시행령(1996. 8. 8. 대통령령 제15135호로 개정되기 전의 것) 제56조, 구 농어촌발전 특별조치법 제45조의2 제7항, 같은 법 시행령(1999. 12. 28.

대통령령 16646호로 개정되기 전의 것, 2009. 11. 26. 농어업·농어촌 및 식품산업기본법 시행령 부칙 제2조에 의하여 폐지, 이하 같다) 제52조의8에서 납입자에게 반환하도록 규정한 농지조성비 및 전용부담금의 과오납액 또는 환급금액은 모두 그 귀속주체인 국가가 법률상 원인 없이 수령하거나 보유하고 있는 부당이득에 해당하는 것이므로, 위 농지조성비 등 과오납액 또는 환급금액의 반환의무자는 국가이다. 한편 구 농지법 시행령 제56조 제1항, 제2항, 구 농어촌발전 특별조치법 시행령 제52조의8 제1항의 농지조성비 등의 환급금결정 및 환급가산금결정에 관한 규정은 이미 납입자의 환급청구권이 확정된 환급금 및 환급가산금에 대하여 내부적 사무처리절차로서 환급절차를 규정한 것에 지나지 아니하고, 그 규정에 의한 환급금결정 또는 환급가산금결정에 의하여 비로소 환급청구권이 확정되는 것은 아니다 (대법원 2006. 6. 30. 선고 2004다1028 판결 참조).

나. 원심이 이와 같은 취지에서 소관청의 환급결정 또는 환급가산급 결정 여부와 관계없이 납부자인 원고는 피고에 대하여 부당이득반환청구로서 그 환급 및 환급가산금의 지급을 청구할 수 있다고 한 판단은 정당하고, 거기에 이 부분 상고이유와 같은 구 농지법상 농지조성비 환급절차에 관한 법리오해의 위법이 없다. 피고가 상고이유에서 들고 있는 대법원판례는 이 사건과 사안을 달리하여 이 사건에 원용하기에 적절하지 아니하다.

3. 결론

그러므로 나머지 상고이유에 대하여 더 나아가 판단할 필요 없이 원심판결을 파기하고, 사건을 다시 심리·판단하게 하기 위하여 원심법원에 환송하기로 하여 관여 대법관의 일치된 의견으로 주문과 같이 판결한다.
[대법원, 2008다23460, 2011.5.26]

제36조(법령 제정·개정 시의 협의) 관계 행정기관의 장은 제33조에 따른 사업계획의 승인, 창업자의 공장에 대한 「건축법」 제11조제1항의 건축허가나 같은 법 제22조제1항의 사용승인과 관련되는 사항을 법령으로 제정하거나 개정하려면 미리 중소기업청장과 협의하여야 한다. <개정 2008.3.21.>

제37조(사업계획 승인의 취소 등) ①시

장·군수 또는 구청장은 사업계획의 승인을 받은 자가 다음 각 호의 어느 하나에 해당하면 사업계획의 승인과 공장 건축허가를 취소하거나 해당 토지의 원상회복을 명령할 수 있다. <개정 2013.8.6.>

1. 사업계획의 승인을 받은 날부터 대통령령으로 정하는 기간이 지난 날까지 공장의 착공을 하지 아니하거나 공장착공 후 대통령령으로 정하는 기간 이상 공사를 중단한 경우

2. 사업계획의 승인을 받은 공장용지를 「산업집적활성화 및 공장설립에 관한 법률」 제15조에 따른 공장설립등의 완료신고를 하기 전에 다른 사람에게 양도한 경우. 다만, 창업자에 양도한 경우에는 그러하지 아니하다.

3. 사업계획의 승인을 받은 공장용지를 다른 사람에게 임대하거나 공장이 아닌 용도로 활용하는 경우

4. 사업계획의 승인을 받은 후 대통령령으로 정하는 기간이 지난 날까지 공장 건축을 끝내지 아니한 경우

②시장·군수 또는 구청장은 제1항에 따른 원상회복명령을 위반하여 원상회복을 하지 아니하면 대집행(代執行)에 따라 원상회복을 할 수 있다.

③제2항에 따른 대집행의 절차에 관하여는 「행정대집행법」을 적용한다.

④시장·군수 또는 구청장은 제1항에 따라 사업계획의 승인을 취소하려면 청문을 하여야 한다.

제38조(창업민원처리기구의 설치) ①정부는 민원인의 편의를 위하여 특별시·광역시·특별자치시·도·특별자치도 또는 시·군·구의 창업에 관련된 민원을 종합적으로 접수하여 처리할 수 있는 기구(이하 이 조에서 "중소기업창업민원실"이라 한다)를 설치할 수 있다. <개정 2013.8.6.>

②중소기업창업민원실의 설치 및 운영에 필요한 사항은 대통령령으로 정한다.

제39조(창업진흥전담조직의 설치) ①중소기업청장은 창업을 촉진하기 위한 업무를 전담하는 조직(이하 이 조에서 "전담조직"이라 한다)을 설치할 수 있다.

②제1항에 따른 전담조직의 설치 및 운영 등에 필요한 사항은 대통령령으로 정한다.

제39조의2(청년기업가정신 재단법인에 대한 출연 등) 중소기업청장은 「민법」 제32조에 따라 중소기업청장의 설립허가를 받은 비영리법인으로서 청년 및 예비창업자 등을 대상으로 도전정신, 창의력, 혁신역량 등(이하 이 조에서 "기업가정신"이라 한다)을 함양하기 위하여 다음 각 호의 사업을 주요 목적으로 하는 재단법인에 대하여 예산의 범위에서 출연 또는 보조할 수 있다.

1. 기업가정신 활성화 사업의 기획, 개발 및 연구

2. 기업가정신의 실태조사 및 통계 구축·운영

3. 청년 및 예비창업자 등을 대상으로 하는 기업가정신 교육과정과 교재의 개발·보급, 교육사업의 관리·운영 지원

4. 기업가정신 모범사례의 발굴·전파 등 기업가정신을 확산하기 위한 분위기 조성사업

5. 기업가정신 저해요인의 발굴·해소 및 재창업 여건 확충

6. 그 밖에 기업가정신의 함양 및 확산을 위하여 중소기업청장이 지정·위탁하는 사업

[본조신설 2011.4.4.]

[종전 제39조의2는 제39조의3으로 이동 <2011.4.4.>]

제39조의3(부담금의 면제) ① 제33조에 따라 사업계획의 승인을 받은 창업자에 대하여는 사업을 개시한 날부터 5년 동안 다음 각 호의 부담금을 면제한다. <신설 2015.2.3.>

1. 「농지법」 제38조제1항에 따른 농지보전부담금
2. 「초지법」 제23조제6항에 따른 대체초지조성비

② 「통계법」 제22조제1항에 따라 통계청장이 작성·고시하는 한국표준산업분류상의 제조업을 영위하기 위하여 중소기업을 창업하는 자에 대하여 사업을 개시한 날부터 3년 동안 다음 각 호의 부담금을 면제한다. <개정 2010.6.8., 2015.2.3.>

1. 「지방자치법」 제138조에 따른 분담금
2. 「농지법」 제38조제1항에 따른 농지보전부담금
3. 「초지법」 제23조제6항에 따른 대체초지조성비
4. 「전기사업법」 제51조제1항에 따른 부담금
5. 「대기환경보전법」 제35조제2항제1호의 기본부과금(대기오염물질배출량의 합계가 연간 10톤 미만인 사업장만 해당한다)
6. 「수질 및 수생태계 보전에 관한 법률」 제41조제1항제1호의 기본배출부과금(1일 폐수배출량이 200㎥ 미만인 사업장에 한한다)
7. 「자원의 절약과 재활용촉진에 관한 법률」 제12조제1항에 따른 폐기물부담금(연간 매출액이 20억원 미만인 제조업자만 해당한다)
8. 「한강수계 상수원수질개선 및 주민지원 등에 관한 법률」 제19조제1항에 따른 물이용부담금
9. 「금강수계 물관리 및 주민지원 등에 관한 법률」 제30조제1항에 따른 물이용부담금
10. 「낙동강수계 물관리 및 주민지원 등에 관한 법률」 제32조제1항에 따른 물이용부담금
11. 「영산강·섬진강수계 물관리 및 주민지원 등에 관한 법률」 제30조제1항에 따른 물이용부담금
12. 「산지관리법」 제19조제1항에 따른 대체산림자원조성비

③ 제1항 및 제2항에 따른 부담금 면제의 절차 및 방법 등에 관하여 필요한 사항은 대통령령으로 정한다. <신설 2010.6.8., 2015.2.3.>

[본조신설 2007.8.3.]
[제39조의2에서 이동, 종전 제39조의3은 제39조의4로 이동 <2011.4.4.>]
[법률 제8606호(2007.8.3.) 부칙 제2항의 규정에 의하여 이 조 제2항은 2017년 8월 2일까지 유효함]

제39조의4(사업분리에 의한 창업 시 공장등록 특례) 「법인세법」 제1조제1호에 따른 내국법인(이하 이 조에서 "내국법인"이라 한다)이 하는 사업의 일부를 분리하여 사업을 개시하는 중소기업이 다음 각 호의 요건을 모두 갖춘 경우에는 「부가가치세법」 제5조에 따라 발급받은 사업자등록증은 사업을 개시한 날부터 2년 동안 「산업집적활성화 및 공장설립에 관한 법률」 제16조에 따라 공장등록을 하였음을 증명하는 서류로 본다.

1. 내국법인의 임직원이었던 자가 대표자, 최대주주 또는 최대출자자일 것
2. 내국법인과 사업의 분리에 관한 계약 및 그 내국법인의 공장 전부 또는 일부의 공동사용에 관한 계약을 서면으로 체결할 것

[본조신설 2010.6.8.]
[제39조의3에서 이동, 종전 제39조의4는 제39조의5로 이동 <2011.4.4.>]

제39조의5(재택창업지원시스템 설치·운영) ① 중소기업청장은 「전자정부

법」 제2조제10호에 따른 정보통신망을 통하여 회사를 설립할 수 있는 시스템(이하 이 조에서 "재택창업지원시스템"이라 한다)을 설치·운영할 수 있다.

② 관계 중앙행정기관 및 관련 기관은 재택창업지원시스템을 통한 창업절차가 원활하게 진행될 수 있도록 해당 기관의 소관 업무를 신속하게 처리하는 등 협조하여야 한다.

③ 중소기업청장은 예산의 범위에서 관계 중앙행정기관 및 관련 기관이 재택창업지원시스템에 연계되는 개별 시스템을 운영하는 데에 드는 비용의 전부 또는 일부를 지원할 수 있다.

④ 제2항 및 제3항에서 규정한 사항 외에 재택창업지원시스템의 설치·운영에 필요한 절차 및 방법 등에 관한 사항은 대통령령으로 정한다.

[본조신설 2010.6.8.]
[제39조의4에서 이동 <2011.4.4.>]

제6장 보칙

제40조(보고와 검사) ①중소기업청장은 필요하다고 인정하면 대통령령으로 정하는 바에 따라 중소기업창업투자회사, 중소기업창업투자조합의 업무집행조합원, 중소기업상담회사 또는 창업보육센터사업자에게 업무운용 상황 등에 관한 보고를 하게 할 수 있으며, 다음 각 호의 어느 하나에 해당하는 경우에는 소속 공무원에게 사무소와 사업장에 출입하여 중소기업창업투자회사 및 중소기업창업투자조합의 감사보고서 등 대통령령으로 정하는 장부·서류 등을 검사하게 할 수 있다.

1. 제10조제2항에 따른 중소기업창업투자회사의 등록요건 유지 여부의 확인이 필요한 경우
2. 제15조에 따른 중소기업창업투자회사의 행위제한 위반 여부의 확

인이 필요한 경우
3. 제16조에 따른 중소기업창업투자회사의 투자의무 준수 여부의 확인이 필요한 경우
4. 제17조에 따른 중소기업창업투자회사의 해외투자 요건 준수 여부의 확인이 필요한 경우
5. 제21조에 따른 업무집행조합원의 행위 등에 대한 위반 여부 및 투자의무 준수 여부의 확인이 필요한 경우
6. 삭제 <2009.4.1.>
7. 그 밖에 제1호부터 제6호까지의 사항에 준하는 경우로서 대통령령으로 정하는 경우

②제1항에 따라 검사를 하는 경우에는 검사 7일 전에 검사 일시, 검사 목적 및 검사 내용 등에 관한 검사계획을 검사받을 자에게 알려야 한다. 다만, 긴급하거나 증거인멸 등으로 검사 목적을 달성할 수 없다고 인정하는 경우에는 그러하지 아니하다.

③제1항에 따라 출입·검사하는 공무원은 그 권한을 표시하는 증표를 지니고 이를 관계인에게 내보여야 하며, 출입할 때 성명·출입시간·출입목적 등이 표시된 문서를 관계인에게 내주어야 한다.

제41조 삭제 <2009.4.1.>

제42조(임직원에 대한 제재 등) ①중소기업청장은 중소기업창업투자회사 또는 업무집행조합원이 제43조제1항 또는 제2항 각 호의 어느 하나(제1호는 제외한다)에 해당하여 중소기업창업투자회사 또는 중소기업창업투자조합의 건전한 운영을 해칠 우려가 있다고 인정되는 경우에는 중소기업창업투자회사 임직원에 대하여 다음 각 호의 어느 하나에 해당하는 문책의 요구를 할 수 있다. <개정 2013.8.6.>

1. 면직 또는 해임

2. 6개월 이내의 직무정지
3. 감봉
4. 경고
② 제1항의 조치는 제43조제5항의 조치와 병과(併科)할 수 있다. <개정 2013.8.6.>
③ 중소기업청장은 제1항 각 호의 조치의 기준과 절차 등에 필요한 사항을 정하여 고시할 수 있다. <신설 2013.8.6.>

제42조의2(경영 건전성 기준 등) ① 중소기업창업투자회사는 대통령령으로 정하는 경영 건전성 기준을 갖추어야 한다.
② 중소기업청장은 중소기업창업투자회사의 경영 건전성을 확보하기 위하여 경영실태에 대한 평가를 실시할 수 있다.
③ 중소기업청장은 중소기업창업투자회사가 제1항에 따른 기준을 갖추지 못하거나 제2항에 따른 경영실태 평가결과 경영 건전성 유지가 곤란하다고 인정되면 해당 중소기업창업투자회사에 대하여 자본금의 증액, 이익 배당의 제한 등 경영개선을 위하여 필요한 조치를 요구할 수 있다.
[본조신설 2013.8.6.]

제43조(등록의 취소 등) ①중소기업청장은 중소기업창업투자회사가 다음 각 호의 어느 하나에 해당하면 그 등록을 취소하거나 3년의 범위에서 대통령령으로 정하는 바에 따라 이 법에 따른 지원을 중단할 수 있다. 다만, 제1호에 해당하면 그 등록을 취소하여야 한다. <개정 2007.8.3., 2013.8.6., 2015.2.3.>
1. 거짓이나 그 밖에 부정한 방법으로 등록을 한 때
2. 제10조제2항에 따른 등록요건에 맞지 아니하게 된 때. 다만, 임원이 같은 항 제2호 각 목(같은 호 사목과 아목은 대표이사에게만 해당한다)의 어느 하나에 해당하는 경우 3개월 이내에 그 임원을 바꾸어 임명한 경우에는 그러하지 아니하다.
3. 정당한 사유 없이 1년 이상 계속하여 제16조제1항에 따라 산업통상자원부령으로 정하는 용도로 제10조제1항제1호, 제2호, 제2호의2 및 제5호에 따른 투자를 하지 아니한 때. 다만, 제16조제1항에 따른 투자 의무 등 대통령령으로 정하는 사항을 모두 이행한 경우에는 그러하지 아니하다.
4. 회사의 책임 있는 사유로 제10조제1항에 따른 사업수행이 어렵게 된 때
5. 제15조제1항에 따른 행위제한 의무를 위반하거나 같은 조 제2항에 따른 비업무용부동산 처분의무를 위반한 때
6. 투자비율이 제16조에 따른 비율에 미치지 못할 때
7. 제17조를 위반하여 해외투자를 한 때
8. 중소기업창업투자조합의 업무집행조합원으로서 제21조제2항을 위반하여 자기 또는 제삼자의 이익을 위하여 중소기업창업투자조합의 재산을 사용한 때
9. 「유사수신행위의 규제에 관한 법률」 제3조를 위반한 때
10. 제42조제1항에 따른 문책의 요구, 제42조의2제3항에 따른 조치의 요구 및 제5항에 따른 조치를 이행하지 아니한 때
11. 중소기업창업투자조합의 업무집행조합원으로서 제21조제4항 또는 같은 조 제5항에 따라 준용되는 제15조를 위반하거나 「벤처기업육성에 관한 특별조치법」 제4조의3제2항에 따른 한국벤처투자조합의 업무집행조합원으로서 같은 법 제4조의4제2항을 위반한 때(제47조의2제1항에 따른 공모창업투자조합의 업무집행조합원의 경우 「자본시장과 금융투자업에 관한 법률」 또는

같은 법에 따른 명령이나 처분을 위반한 때를 포함한다)

②중소기업청장은 중소기업창업투자조합이 다음 각 호의 어느 하나에 해당하면 그 등록을 취소하거나 3년의 범위에서 대통령령으로 정하는 바에 따라 이 법에 따른 지원을 중단할 수 있다. 다만, 제1호에 해당하면 그 등록을 취소하여야 한다. <개정 2009.12.30., 2015.2.3.>

1. 거짓이나 그 밖에 부정한 방법으로 등록을 한 때
2. 제20조제5항에 따른 등록요건에 맞지 아니하게 된 때
3. 제21조제3항부터 제6항까지의 규정을 위반한 때
4. 업무집행조합원인 중소기업창업투자회사의 등록이 취소되거나 말소된 때
5. 제22조제1항 및 제3항을 위반한 때
6. 삭제 <2007.8.3.>

③중소기업청장은 중소기업상담회사가 다음 각 호의 어느 하나에 해당하면 그 등록을 취소하거나 3년의 범위에서 대통령령으로 정하는 바에 따라 이 법에 따른 지원을 중단할 수 있다. 다만, 제1호에 해당하면 그 등록을 취소하여야 한다. <개정 2015.2.3.>

1. 거짓이나 그 밖에 부정한 방법으로 등록을 한 때
2. 제31조제2항에 따른 등록요건에 맞지 아니하게 된 때. 다만, 임원 중 같은 항 제2호 각 목의 어느 하나에 해당하는 자가 있는 경우 6개월 이내에 그 임원을 바꾸어 임명한 경우에는 그러하지 아니하다.
3. 회사의 책임 있는 사유로 제31조제1항에 따른 사업수행이 어렵게 된 때
4. 정당한 사유 없이 1년 이상 계속하여 사업을 하지 아니한 때
5. 삭제 <2007.8.3.>

④중소기업청장은 창업보육센터사업자가 다음 각 호의 어느 하나에 해당하면 사업자의 지정을 취소하거나 3년의 범위에서 대통령령으로 정하는 바에 따라 이 법에 따른 지원을 중단할 수 있다. 다만, 제1호에 해당하면 그 지정을 취소하여야 한다. <개정 2008.2.29., 2012.8.13., 2013.3.23., 2013.8.6., 2015.2.3.>

1. 거짓이나 그 밖에 부정한 방법으로 지정을 받은 때
2. 지원받은 자금을 다른 목적으로 사용한 때
3. 창업보육센터 시설 및 장소를 중소기업 창업지원 외의 목적으로 사용한 때
4. 창업보육센터의 운영 실적이 산업통상자원부령으로 정하는 기준에 미치지 못할 때
5. 제6조제1항에 따른 지정 요건에 맞지 아니하게 된 때

⑤ 중소기업청장은 중소기업창업투자회사 또는 업무집행조합원이 제1항 또는 제2항 각 호의 어느 하나(제1항제1호 및 제2항제1호는 제외한다)에 해당하는 경우에는 다음 각 호의 어느 하나에 해당하는 조치를 할 수 있다. <신설 2013.8.6.>

1. 6개월 이내의 업무의 전부 또는 일부의 정지
2. 위법행위의 시정명령
3. 경고

제43조(등록의 취소 등) ①중소기업청장은 중소기업창업투자회사가 다음 각 호의 어느 하나에 해당하면 그 등록을 취소하거나 3년의 범위에서 대통령령으로 정하는 바에 따라 이 법에 따른 지원을 중단할 수 있다. 다만, 제1호에 해당하면 그 등록을 취소하여야 한다. <개정 2007.8.3., 2013.8.6., 2015.2.3., 2015.7.31.>

1. 거짓이나 그 밖에 부정한 방법으로 등록을 한 때
2. 제10조제2항에 따른 등록요건에

맞지 아니하게 된 때. 다만, 임원이 같은 항 제2호 각 목(같은 호 사목과 아목은 대표이사에게만 해당한다)의 어느 하나에 해당하는 경우 3개월 이내에 그 임원을 바꾸어 임명한 경우에는 그러하지 아니하다.

3. 정당한 사유 없이 1년 이상 계속하여 제16조제1항에 따라 산업통상자원부령으로 정하는 용도로 제10조제1항제1호, 제2호, 제2호의2 및 제5호에 따른 투자를 하지 아니한 때. 다만, 제16조제1항에 따른 투자 의무 등 대통령령으로 정하는 사항을 모두 이행한 경우에는 그러하지 아니하다.

4. 회사의 책임 있는 사유로 제10조제1항에 따른 사업수행이 어렵게 된 때

5. 제15조제1항에 따른 행위제한 의무를 위반하거나 같은 조 제2항에 따른 비업무용부동산 처분의무를 위반한 때

6. 투자비율이 제16조에 따른 비율에 미치지 못할 때

7. 제17조를 위반하여 해외투자를 한 때

8. 중소기업창업투자조합의 업무집행조합원으로서 제21조제2항을 위반하여 자기 또는 제삼자의 이익을 위하여 중소기업창업투자조합의 재산을 사용한 때

9. 「유사수신행위의 규제에 관한 법률」 제3조를 위반한 때

10. 제42조제1항에 따른 문책의 요구, 제42조의2제3항에 따른 조치의 요구 및 제5항에 따른 조치를 이행하지 아니한 때

11. 중소기업창업투자조합의 업무집행조합원으로서 제21조제4항 또는 같은 조 제5항에 따라 준용되는 제15조를 위반하거나 「벤처기업육성에 관한 특별조치법」 제4조의3제2항에 따른 한국벤처투자조합의 업무집행조합원으로서

같은 법 제4조의4제2항을 위반한 때(제47조의2제1항에 따른 공모창업투자조합의 업무집행조합원의 경우 「자본시장과 금융투자업에 관한 법률」 또는 같은 법에 따른 명령이나 처분을 위반한 때를 포함한다) 또는 「금융회사의 지배구조에 관한 법률」(제24조부터 제26조까지의 규정으로 한정한다)을 위반한 때

② 중소기업청장은 중소기업창업투자조합이 다음 각 호의 어느 하나에 해당하면 그 등록을 취소하거나 3년의 범위에서 대통령령으로 정하는 바에 따라 이 법에 따른 지원을 중단할 수 있다. 다만, 제1호에 해당하면 그 등록을 취소하여야 한다. <개정 2009.12.30., 2015.2.3.>

1. 거짓이나 그 밖에 부정한 방법으로 등록을 한 때

2. 제20조제5항에 따른 등록요건에 맞지 아니하게 된 때

3. 제21조제3항부터 제6항까지의 규정을 위반한 때

4. 업무집행조합원인 중소기업창업투자회사의 등록이 취소되거나 말소된 때

5. 제22조제1항 및 제3항을 위반한 때

6. 삭제 <2007.8.3.>

③ 중소기업청장은 중소기업상담회사가 다음 각 호의 어느 하나에 해당하면 그 등록을 취소하거나 3년의 범위에서 대통령령으로 정하는 바에 따라 이 법에 따른 지원을 중단할 수 있다. 다만, 제1호에 해당하면 그 등록을 취소하여야 한다. <개정 2015.2.3.>

1. 거짓이나 그 밖에 부정한 방법으로 등록을 한 때

2. 제31조제2항에 따른 등록요건에 맞지 아니하게 된 때. 다만, 임원 중 같은 항 제2호 각 목의 어느 하나에 해당하는 자가 있는 경우 6개월 이내에 그 임원을 바꾸어 임명한 경우에는 그러하지 아니하다.

3. 회사의 책임 있는 사유로 제31조 제1항에 따른 사업수행이 어렵게 된 때
4. 정당한 사유 없이 1년 이상 계속 하여 사업을 하지 아니한 때
5. 삭제 <2007.8.3.>

④중소기업청장은 창업보육센터사업자가 다음 각 호의 어느 하나에 해당하면 사업자의 지정을 취소하거나 3년의 범위에서 대통령령으로 정하는 바에 따라 이 법에 따른 지원을 중단할 수 있다. 다만, 제1호에 해당하면 그 지정을 취소하여야 한다. <개정 2008.2.29., 2012.8.13., 2013.3.23., 2013.8.6., 2015.2.3.>
1. 거짓이나 그 밖에 부정한 방법으로 지정을 받은 때
2. 지원받은 자금을 다른 목적으로 사용한 때
3. 창업보육센터 시설 및 장소를 중소기업 창업지원 외의 목적으로 사용한 때
4. 창업보육센터의 운영 실적이 산업통상자원부령으로 정하는 기준에 미치지 못할 때
5. 제6조제1항에 따른 지정 요건에 맞지 아니하게 된 때

⑤ 중소기업청장은 중소기업창업투자회사 또는 업무집행조합원이 제1항 또는 제2항 각 호의 어느 하나(제1항제1호 및 제2항제1호는 제외한다)에 해당하는 경우에는 다음 각 호의 어느 하나에 해당하는 조치를 할 수 있다. <신설 2013.8.6.>
1. 6개월 이내의 업무의 전부 또는 일부의 정지
2. 위법행위의 시정명령
3. 경고
[시행일 : 2016.8.1.] 제43조

제44조(청문) 중소기업청장은 제43조에 따라 중소기업창업투자회사, 중소기업창업투자조합 또는 중소기업상담 회사의 등록을 취소하거나 창업보육센터사업자의 지정을 취소하려면 청문을 하여야 한다.

제45조(권한의 위임·위탁) ①이 법에 따른 중소기업청장의 권한은 대통령령으로 정하는 바에 따라 그 일부를 소속 기관의 장이나 특별시장·광역시장·특별자치시장·도지사 또는 특별자치도지사에게 위임할 수 있다. <개정 2013.8.6.>
②중소기업청장은 이 법에 따른 업무의 일부를 대통령령으로 정하는 바에 따라 다른 행정기관의 장, 「중소기업진흥에 관한 법률」 제68조에 따른 중소기업진흥공단, 중소기업창업투자회사, 중소기업상담회사, 그 밖의 중소기업 관련 기관에 위탁할 수 있다. <개정 2009.5.21.>

제46조(비슷한 명칭의 사용 금지) 중소기업창업투자회사나 중소기업창업투자조합이 아닌 자는 중소기업창업투자회사와 중소기업창업투자조합의 명칭 또는 이와 비슷한 명칭을 사용하지 못한다.

제47조(업무기준의 고시) 중소기업청장은 중소기업창업투자회사, 중소기업창업투자조합, 중소기업상담회사 또는 창업보육센터사업자가 창업자에 대하여 효율적으로 지원할 수 있도록 창업지원 업무에 관한 기준을 정하여 고시할 수 있다.

제47조의2(공모창업투자조합에 관한 특례) ① 「자본시장과 금융투자업에 관한 법률」 제11조부터 제16조까지, 제22조부터 제27조까지, 제29조부터 제32조까지, 제34조부터 제43조까지, 제48조, 제50조부터 제53조까지, 제56조, 제58조, 제60조부터 제65조까

지, 제80조부터 제83조까지, 제85조
제2호·제3호 및 제6호부터 제8호까
지, 제86조부터 제95조까지, 제181
조부터 제183조까지, 제184조제1항
·제2항·제5항부터 제7항까지, 제
185조부터 제187조까지, 제218조부
터 제223조까지, 제229조부터 제253
조까지 및 제415조부터 제425조까지
는 공모창업투자조합(「자본시장과
금융투자업에 관한 법률」 제9조제19
항에 따른 사모집합투자기구에 해당
하지 아니하는 창업투자조합을 말한
다. 이하 같다) 및 창업투자회사(공모
창업투자조합이 아닌 창업투자조합만
을 결성하여 그 업무를 집행하는 창
업투자회사를 제외한다)에 대하여는
적용하지 아니한다.
② 중소기업청장은 공모창업투자조합
또는 창업투자회사(공모창업투자조
합이 아닌 창업투자조합만을 결성하
여 그 업무를 집행하는 창업투자회
사를 제외한다)를 등록하는 경우에
는 미리 금융위원회와 협의하여야
한다. <개정 2008.2.29.>
③ 금융위원회는 공익 또는 공모창업
투자조합의 조합원을 보호하기 위하
여 필요한 경우에는 공모창업투자조
합 및 창업투자회사(공모창업투자조
합이 아닌 창업투자조합만을 결성하
여 그 업무를 집행하는 창업투자회
사를 제외한다)에 대하여 업무에 관
한 자료의 제출이나 보고를 명할 수
있으며, 금융감독원의 원장으로 하여
금 그 업무에 관하여 검사하게 할
수 있다. <개정 2008.2.29.>
④ 금융위원회는 공모창업투자조합 및
창업투자회사(공모창업투자조합이 아
닌 창업투자조합만을 결성하여 그 업
무를 집행하는 창업투자회사를 제외
한다)가 이 법 또는 이 법에 따른 명
령이나 처분을 위반하거나, 「자본시
장과 금융투자업에 관한 법률」 또는
「자본시장과 금융투자업에 관한 법

률」에 따른 명령이나 처분을 위반한
경우에는 제42조제1항, 제43조제1항
·제2항·제5항의 어느 하나에 해당
하는 조치를 취하도록 중소기업청장
에게 요구할 수 있고, 중소기업청장
은 특별한 사유가 없는 한 이에 응하
여야 한다. 이 경우 중소기업청장은
그 조치내역을 금융위원회에 통보하
여야 한다. <개정 2008.2.29., 2013.8.6.>
[본조신설 2007.8.3.]

제47조의2(공모창업투자조합에 관한 특례) ① 「자본시장과 금융투자업에 관한 법률」 제11조부터 제16조까지, 제22조부터 제27조까지, 제29조부터 제32조까지, 제34조부터 제43조까지, 제48조, 제50조부터 제53조까지, 제56조, 제58조, 제60조부터 제65조까지, 제80조부터 제83조까지, 제85조 제2호·제3호 및 제6호부터 제8호까지, 제86조부터 제95조까지, 제181조부터 제183조까지, 제184조제1항·제2항·제5항부터 제7항까지, 제185조부터 제187조까지, 제218조부터 제223조까지, 제229조부터 제249조까지, 제249조의2부터 제249조의22까지, 제250조부터 제253조까지 및 제415조부터 제425조까지는 공모창업투자조합(「자본시장과 금융투자업에 관한 법률」 제9조제19항에 따른 사모집합투자기구에 해당하지 아니하는 창업투자조합을 말한다. 이하 같다) 및 창업투자회사(공모창업투자조합이 아닌 창업투자조합만을 결성하여 그 업무를 집행하는 창업투자회사를 제외한다)에 대하여는 적용하지 아니한다. <개정 2015.7.24.>
② 중소기업청장은 공모창업투자조합
또는 창업투자회사(공모창업투자조
합이 아닌 창업투자조합만을 결성하
여 그 업무를 집행하는 창업투자회
사를 제외한다)를 등록하는 경우에
는 미리 금융위원회와 협의하여야

한다. <개정 2008.2.29.>

③ 금융위원회는 공익 또는 공모창업투자조합의 조합원을 보호하기 위하여 필요한 경우에는 공모창업투자조합 및 창업투자회사(공모창업투자조합이 아닌 창업투자조합만을 결성하여 그 업무를 집행하는 창업투자회사를 제외한다)에 대하여 업무에 관한 자료의 제출이나 보고를 명할 수 있으며, 금융감독원의 원장으로 하여금 그 업무에 관하여 검사하게 할 수 있다. <개정 2008.2.29.>

④ 금융위원회는 공모창업투자조합 및 창업투자회사(공모창업투자조합이 아닌 창업투자조합만을 결성하여 그 업무를 집행하는 창업투자회사를 제외한다)가 이 법 또는 이 법에 따른 명령이나 처분을 위반하거나, 「자본시장과 금융투자업에 관한 법률」 또는 「자본시장과 금융투자업에 관한 법률」에 따른 명령이나 처분을 위반한 경우에는 제42조제1항, 제43조제1항·제2항·제5항의 어느 하나에 해당하는 조치를 취하도록 중소기업청장에게 요구할 수 있고, 중소기업청장은 특별한 사유가 없는 한 이에 응하여야 한다. 이 경우 중소기업청장은 그 조치내역을 금융위원회에 통보하여야 한다.
<개정 2008.2.29., 2013.8.6.>
[본조신설 2007.8.3.]
[시행일 : 2015.10.25.] 제47조의2

제48조(벌칙) ① 제15조의2제1항을 위반하여 대주주 자신의 이익을 얻을 목적으로 같은 항 각 호의 어느 하나에 해당하는 행위를 한 자는 5년 이하의 징역 또는 5천만원 이하의 벌금에 처한다.

② 제10조제4항에 따른 처분명령을 위반하여 주식을 처분하지 아니한 자는 1년 이하의 징역 또는 1천만원 이하의 벌금에 처한다.

[본조신설 2013.8.6.]
[종전 제48조는 제50조로 이동 <2013.8.6.>]

제49조(양벌규정) 법인의 대표자나 법인 또는 개인의 대리인, 사용인, 그 밖의 종업원이 그 법인 또는 개인의 업무에 관하여 제48조의 위반행위를 하면 그 행위자를 벌하는 외에 그 법인 또는 개인에게도 해당 조문의 벌금형을 과(科)한다. 다만, 법인 또는 개인이 그 위반행위를 방지하기 위하여 해당 업무에 관하여 상당한 주의와 감독을 게을리하지 아니한 경우에는 그러하지 아니하다. [본조신설 2013.8.6.]

제7장 벌칙

제50조(과태료) ①다음 각 호의 어느 하나에 해당하는 자에게는 500만원 이하의 과태료를 부과한다.

1. 제10조제1항 후단 또는 제20조제1항 후단에 따른 변경 등록을 하지 아니하거나 거짓으로 변경 등록을 한 자
2. 제11조제2항에 따른 영업의 양수 등의 신고를 하지 아니하거나 거짓으로 신고한 자
3. 제14조에 따른 중소기업창업투자회사의 공시를 하지 아니하거나 거짓으로 공시한 자
4. 제19조 또는 제23조에 따른 결산서를 제출하지 아니하거나 거짓된 결산서를 제출한 자
5. 제40조제1항에 따른 보고를 하지 아니하거나 거짓된 보고를 한 자 또는 같은 항에 따른 검사를 거부·방해 또는 기피한 자
6. 삭제 <2009.4.1.>
7. 제46조를 위반하여 비슷한 명칭을 사용한 자

②제1항에 따른 과태료는 대통령령으

로 정하는 바에 따라 중소기업청장
이 부과·징수한다.
③ 삭제 <2009.1.30.>
④ 삭제 <2009.1.30.>
⑤삭제 <2009.1.30.>
[제48조에서 이동 <2013.8.6.>]

부칙
<제13093호, 2015.1.28.>
(중소기업 기술혁신 촉진법)

제1조(시행일) 이 법은 공포 후 3개월
이 경과한 날부터 시행한다. <단서
생략>

제2조 생략

제3조(다른 법률의 개정) 중소기업창업
지원법 일부를 다음과 같이 개정한
다.
제10조제1항제2호의2 중 "「중소기
업기술혁신 촉진법」 제15조 및 제
15조의2"를 "「중소기업 기술혁신
촉진법」 제15조 및 제15조의3"으
로 한다.

부칙
<제13158호, 2015.2.3.>

제1조(시행일) 이 법은 공포한 날부터
시행한다. 다만, 제4조의2제2항 및
제4조의4의 개정규정은 공포 후 3개
월이 경과한 날부터 시행한다.

제2조(부담금의 면제에 관한 적용례)
① 제39조의3제1항의 개정규정은
이 법 시행 전에 사업을 개시하여 5
년이 지나지 아니한 경우에 대하여
도 적용한다. 다만, 이 법 시행 전에
납부하였거나 납부 의무가 발생한
분에 대하여는 적용하지 아니한다.
② 제39조의3제2항제12호의 개정규
정은 이 법 시행 전에 사업을 개시

하여 3년이 지나지 아니한 경우에
대하여도 적용한다. 다만, 이 법 시
행 전에 납부하였거나 납부 의무가
발생한 분에 대하여는 적용하지 아
니한다.

중소기업창업 지원법
시행령

[시행 2015.5.4.]
[대통령령 제26222호, 2015.5.1., 일부개정]

제1장 총칙

제1조(목적) 이 영은 「중소기업창업 지원법」에서 위임된 사항과 그 시행에 필요한 사항을 규정함을 목적으로 한다.

제2조(창업의 범위) ① 「중소기업창업 지원법」(이하 "법"이라 한다) 제2조 제1호에 따른 창업은 다음 각 호의 어느 하나에 해당하지 아니하는 것으로서 중소기업을 새로 설립하여 사업을 개시하는 것을 말한다. <개정 2008.2.29., 2013.3.23.>
1. 타인으로부터 사업을 승계하여 승계 전의 사업과 같은 종류의 사업을 계속하는 경우. 다만, 사업의 일부를 분리하여 해당 기업의 임직원이나 그 외의 자가 사업을 개시하는 경우로서 산업통상자원부령으로 정하는 요건에 해당하는 경우는 제외한다.
2. 개인사업자인 중소기업자가 법인으로 전환하거나 법인의 조직변경 등 기업형태를 변경하여 변경 전의 사업과 같은 종류의 사업을 계속하는 경우
3. 폐업 후 사업을 개시하여 폐업 전의 사업과 같은 종류의 사업을 계속하는 경우
② 제1항 각 호에 따른 같은 종류의 사업의 범위는 「통계법」 제22조제1항에 따라 통계청장이 작성·고시하는 한국표준산업분류(이하 "한국표준산업분류"라 한다)상의 세분류를 기준으로 한다. 이 경우 기존 업종에 다른 업종을 추가하여 사업을 하는 경우에는 추가된 업종의 매출액이 총 매출액의 100분의 50 미만인 경우에만 같은 종류의 사업을 계속하는 것으로 본다. <개정 2007.10.23.>
③ 제2항 후단에 따른 추가된 업종의 매출액 또는 총 매출액은 추가된 날이 속하는 분기의 다음 2분기 동안의 매출액 또는 총 매출액을 말한다.

제3조(사업의 개시일) 법 제2조제2호에 따른 사업을 개시한 날은 다음 각 호와 같다. <개정 2013.6.28.>
1. 창업자가 법인이면 법인설립등기일
2. 창업자가 개인이면 「부가가치세법」 제8조제1항에 따른 사업개시일. 다만, 법 제33조에 따른 사업계획의 승인을 받아 사업을 개시하는 경우에는 「부가가치세법」 제8조제1항에 따른 사업자등록일

제4조(창업에서 제외되는 업종) 법 제3조 단서에서 "대통령령으로 정하는 업종"이란 다음 각 호의 어느 하나에 해당하는 업종을 말한다. 이 경우 업종의 분류는 한국표준산업분류를 기준으로 한다. <개정 2008.2.29., 2008.5.9., 2011.6.8., 2013.3.23., 2014.12.3.>
1. 금융 및 보험업
2. 부동산업
3. 숙박 및 음식점업(호텔업, 휴양콘도 운영업, 기타 관광숙박시설 운영업 및 상시근로자 20명 이상의 법인인 음식점업은 제외한다)
4. 무도장운영업
5. 골프장 및 스키장운영업
6. 기타 갬블링 및 베팅업
7. 기타 개인 서비스업(그외 기타 개인 서비스업은 제외한다)
8. 그 밖에 제조업이 아닌 업종으로서 산업통상자원부령으로 정하는 업종

제5조(창업지원계획의 수립 등) ①법
제4조제1항에 따른 중소기업창업지원계
획에는 다음 각 호의 사항이 포함되어
야 한다. <개정 2009.5.28., 2009.11.20.>
1. 창업자의 지원에 관한 사항
2. 창업지원과 관련되는 기관·단체
   의 육성에 관한 사항
3. 「중소기업진흥에 관한 법률」 제
   63조에 따른 중소기업창업 및 진
   흥기금에서 지원하는 중소기업 창
   업지원자금의 운용에 관한 사항
4. 그 밖에 창업지원을 위하여 필요
   한 사항
②법 제4조제2항에서 "대통령령으로
정하는 창업지원에 관한 사업을 하
는 자"란 다음 각 호의 어느 하나에
해당하는 자를 말한다.
1. 법 제6조제1항에 따른 창업보육센
   터사업자
2. 법 제8조제1항에 따른 창업대학원
3. 법 제10조제1항에 따른 중소기업
   창업투자회사(이하 "창업투자회사
   "라 한다)
4. 법 제20조제1항에 따른 중소기업
   창업투자조합(이하 "창업투자조합
   "이라 한다)
5. 법 제31조제1항에 따른 중소기업
   상담회사(이하 "중소기업상담회사
   "라 한다)
6. 법 제39조에 따른 창업을 촉진하
   기 위한 업무를 전담하는 조직
7. 그 밖에 창업강좌의 개최 또는 창
   업정보의 제공 등 창업지원사업을
   하는 자로서 중소기업청장이 고시
   하는 기준을 갖춘 사업자

제5조의2(창업촉진사업에 대한 출연 또
는 보조의 절차 등) ① 중소기업청장
은 법 제4조의2제1항에 따른 창업촉
진사업에 대하여 다음 각 호의 사항
이 포함된 출연 또는 보조 계획을 수
립하여 공고하여야 한다.
1. 출연 또는 보조의 대상이 되는 사

업의 범위
2. 출연금 및 보조금(이하 이 조에서
   "출연금등"이라 한다)의 신청자
   격, 신청절차 및 방법
3. 출연금등의 지원규모
4. 그 밖에 출연 또는 보조를 위하여
   중소기업청장이 필요하다고 인정
   하는 사항
② 중소기업청장은 법 제4조의2제3항
에 따라 대학, 연구기관, 공공기관,
창업 관련 단체, 중소기업 및 예비창
업자에게 출연하거나 보조하려는 때
에는 해당 사업을 수행하는 자와 다
음 각 호의 사항이 포함된 협약을 체
결하여야 한다. <개정 2015.5.1.>
1. 사업의 내용
2. 출연금등의 용도 및 관리계획
3. 사업성과의 활용
4. 협약의 변경에 관한 사항
5. 그 밖에 사업 시행에 필요하다고
   중소기업청장이 인정하는 사항
③ 중소기업청장은 제2항에 따른 출
연금등을 사업의 내용 또는 착수시
기 등을 고려하여 일시에 지급하거
나 분할하여 지급할 수 있다.
④ 제3항에 따라 출연금등을 지급받
은 자는 별도의 계정을 설정하여 관
리하여야 하며, 출연금등을 협약에서
정한 용도에만 사용하여야 한다.
[본조신설 2010.12.9.]

제5조의3(창업촉진사업) 법 제4조의2
제1항제4호에서 "그 밖에 창업교육
및 창업 기반시설 확충 등 대통령령
으로 정하는 사업"이란 다음 각 호의
사업을 말한다. <개정 2014.12.3.>
1. 예비창업자 대상 창업교육
2. 창업 관련 정보 제공
3. 창업 공간 지원
4. 시제품 제작 지원
5. 창업자의 판로 지원
6. 창업 관련 정보시스템의 운영
[본조신설 2014.1.14.]

제5조의4(창업촉진사업 추진 시 우대 대상 예비청년창업자 등의 범위) 법

제4조의2제2항에서 "대통령령으로 정하는 예비청년창업자 또는 청년창업자"란 39세 이하의 예비창업자 또는 창업자를 말한다.

[본조신설 2015.5.1.]

제6조(창업보육센터사업자의 지정) ①

법 제6조제1항제2호에서 "그 밖에 대통령령으로 정하는 전문인력"이란 별표 1의 전문인력을 말한다.

②창업보육센터사업자의 지정을 받으려는 자는 지정신청서에 산업통상자원부령으로 정하는 서류를 첨부하여 중소기업청장에게 제출하여야 한다. 지정받은 사항을 변경한 경우에도 또한 같다. <개정 2008.2.29., 2013.3.23.>

제7조(국유재산 사용료의 감면) ① 법

제6조제3항에서 "대통령령으로 정하는 금액"이란 「국유재산법 시행령」제29조제2항에 따라 산출한 재산가액에 100분의 1을 곱한 금액을 말하며, 월 단위로 나누어 계산할 수 있다. <개정 2014.1.14.>

②동일한 입주자(법 제6조제2항에 따라 창업보육센터에 입주한 자를 말한다. 이하 같다)가 동일한 국유재산을 계속하여 2개 연도 이상 임차하는 경우로서 제1항에 따라 산출한 연간 사용료가 전년도의 사용료보다 10퍼센트 이상 인상되는 경우에는 「국유재산법 시행령」제31조에 따라 산출한 금액을 그 사용료로 한다. <개정 2009.7.27., 2014.1.14.>

[제목개정 2014.1.14.]

제7조의2(공유재산 사용료의 감면) ①

법 제6조제5항에 따른 공유재산의 연간 사용료는 「공유재산 및 물품 관리법 시행령」제14조제1항에 따른 해당 재산 평정가격에 100분의 1을 곱한 금액으로 하며, 월 단위로 나누어 계산할 수 있다.

② 동일한 입주자가 동일한 공유재산을 계속하여 2개 연도 이상 임차하는 경우로서 제1항에 따라 산출한 연간 사용료가 전년도의 사용료보다 10퍼센트 이상 인상되는 경우에는 「공유재산 및 물품 관리법 시행령」제16조에 따라 산출한 금액을 그 사용료로 한다.

[본조신설 2014.1.14.]

제7조의3(대학 내 창업지원 전담조직의 업무) 법 제7조의2제1항에 따른 창업지원업무를 전담하는 조직(이하 "창업지원 전담조직"이라 한다)은 다음 각 호의 업무를 수행한다.

1. 대학 내 창업지원업무의 총괄 기획·조정
2. 대학 내 도전정신, 창의력, 혁신역량 등(이하 "기업가정신"이라 한다) 및 창업 교육 제고
3. 창업자 발굴 및 사업화 지원
4. 대학 내 창업보육센터 등 창업지원기구 관리
5. 해당 대학 내 창업기업에 대한 투자, 인력, 기술, 판로 등에 대한 지원
6. 「벤처기업육성에 관한 특별조치법」제2조제5항에 따른 실험실공장과 같은 조 제8항에 따른 신기술창업전문회사에 대한 자금 등 지원
7. 창업 수요 및 활동에 대한 정보의 수집·제공 및 홍보
8. 해당 대학 내 창업지원사업 관련 업무 담당자에 대한 교육 및 훈련
9. 대학 간 창업지원사업의 연계 및 조정

[본조신설 2014.1.14.]

제8조(기금의 우선지원) 법 제9조에 따라 「중소기업진흥에 관한 법률」제63조에 따른 중소기업창업 및 진흥기금을 우선적으로 지원받을 수 있는

자는 투자실적이 납입자본금의 100분의 50 이상이거나 부채비율이 중소기업청장이 정하여 고시하는 기준 이하인 창업투자회사 및 그 창업투자회사가 결성하는 창업투자조합으로 한다. <개정 2009.5.28., 2009.11.20.>

제2장 중소기업창업투자회사

제9조(창업투자회사의 등록요건) ①법 제10조제2항제1호에서 "대통령령으로 정하는 금액"이란 50억원을 말한다. <개정 2009.5.28.>

②법 제10조제2항제2호마목에서 "대통령령으로 정하는 금융 관련 법령"이란 다음 각 호의 어느 하나에 해당하는 법률을 말한다. <개정 2008.5.9., 2008.7.29.>

1. 「금융산업의 구조개선에 관한 법률」
2. 「은행법」
3. 「자본시장과 금융투자업에 관한 법률」
4. 삭제 <2008.7.29.>
5. 삭제 <2008.7.29.>
6. 삭제 <2008.7.29.>
7. 삭제 <2008.7.29.>
8. 「보험업법」
9. 「상호저축은행법」
10. 「여신전문금융업법」
11. 「신용보증기금법」
12. 「기술신용보증기금법」
13. 「신용협동조합법」
14. 「새마을금고법」
15. 「신용정보의 이용 및 보호에 관한 법률」
16. 「외국환거래법」
17. 「금융위원회의 설치 등에 관한 법률」
18. 「자산유동화에 관한 법률」
19. 「금융실명거래 및 비밀보장에 관한 법률」
20. 「외국인투자촉진법」
21. 「기업구조조정투자회사법」
22. 「산업발전법」

③법 제10조제2항제2호바목 및 자목에서 "대통령령으로 정하는 자"란 다음 각 호의 어느 하나에 해당하는 자를 말한다.

1. 대표이사
2. 감사
3. 등록취소의 원인이 되는 행위를 지시한 자

④법 제10조제2항제2호사목에서 "대통령령으로 정하는 자"란 정당한 사유 없이 약정한 날을 3개월 이상 지난 채무가 1천만원을 초과하는 자를 말한다.

⑤법 제10조제2항제2호아목에서 "대통령령으로 정하는 출자자"란 다음 각 호의 어느 하나에 해당하는 자를 말한다. <개정 2008.5.9., 2008.7.29.>

1. 의결권 있는 발행주식총수를 기준으로 본인 및 「자본시장과 금융투자업에 관한 법률 시행령」 제8조에 따른 특수관계인(이하 "특수관계인"이라 한다)이 소유하는 주식이 가장 많고 그 주식수가 의결권 있는 발행주식총수의 100분의 10을 초과하는 경우의 그 본인
2. 누구의 명의로 하든지 자기의 계산으로 의결권 있는 발행주식총수의 100분의 30 이상의 주식을 소유한 자
3. 임원의 임면 등 해당 창업투자회사의 주요 경영사항에 대하여 사실상 지배력을 행사하고 있는 주주

⑥ 법 제10조제2항제2호의2에서 "대통령령으로 정하는 사회적 신용"이란 다음 각 호의 모든 요건에 적합한 것을 말한다. 다만, 그 위반 등의 정도가 경미하다고 중소기업청장이 인정하는 경우는 제외한다. <신설 2014.1.14.>

1. 최근 3년간 법, 제2항에 따른 금융 관련 법령, 「독점규제 및 공정거래에 관한 법률」 또는 「조세범 처벌법」을 위반하여 벌금형

이상에 상당하는 형사처벌을 받은 사실이 없을 것. 다만, 법 제49조 또는 그 밖에 해당 법률의 양벌규정에 따라 처벌을 받은 경우는 제외한다.

2. 최근 3년간 채무불이행 등으로 건전한 신용질서를 해친 사실이 없을 것

3. 최근 5년간 「금융산업의 구조개선에 관한 법률」에 따라 부실금융기관으로 지정되었거나 법 또는 제2항에 따른 금융 관련 법령에 따라 영업의 허가·인가·등록 등이 취소된 자가 아닐 것

⑦법 제10조제2항제3호에 따라 창업투자회사가 갖추어야 하는 상근하는 전문인력과 시설의 기준은 다음과 같다. <개정 2008.5.9., 2009.5.28., 2009.11.20., 2011.6.24., 2014.1.14.>

1. 다음 각 목의 어느 하나에 해당하는 2명 이상의 전문인력. 다만, 법 제10조제2항제2호바목 또는 자목에 해당하는 자로서 등록이 취소된 날 또는 그 사유를 통보받은 날부터 3년(등록말소일부터 5년을 초과하는 경우에는 등록말소일부터 5년)이 지나지 아니한 자는 제외한다.

가. 「변호사법」에 따른 변호사, 「공인회계사법」에 따른 공인회계사 또는 「변리사법」에 따른 변리사

나. 「국가기술자격법」에 따른 기술사 자격을 취득한 자 또는 이공계열·경상계열 박사학위를 소지한 자

다. 「중소기업진흥에 관한 법률」 제50조에 따른 경영지도사·기술지도사 또는 이공계열·경상계열 석사학위를 소지한 자로서 관련 업무에 3년 이상 종사한 자

라. 이공계열 학사 이상의 학위를 소지한 자로서 국·공립연구기관, 「정부출연연구기관 등

의 설립·운영 및 육성에 관한 법률」 또는 「과학기술분야 정부출연연구기관 등의 설립·운영 및 육성에 관한 법률」에 따른 정부출연연구기관, 「기초연구진흥 및 기술개발지원에 관한 법률」 제14조제1항제2호에 따른 기업부설연구소에서 관련 업무에 4년 이상 종사한 자

마. 학사학위를 소지한 자로서 「금융위원회의 설치 등에 관한 법률」 제38조에 따른 검사대상기관(「여신전문금융업법」 제41조에 따른 신기술사업금융업을 경영하는 회사는 제외한다) 또는 창업투자회사의 업무에 준하는 업무를 수행하는 외국회사(그 계열사 및 지점을 포함한다)에서 3년 이상 투자심사업무(대출심사업무는 제외한다)를 한 경력이 있는 자

바. 창업투자회사, 「산업발전법」에 따른 기업구조조정전문회사, 「여신전문금융업법」 제41조에 따른 신기술사업금융업을 영위하는 회사 또는 「벤처기업육성에 관한 특별조치법」 제4조의3제1항제3호에 따른 유한회사에서 2년 이상 투자심사업무를 한 경력이 있는 자

사. 다목부터 마목까지에 따른 자격·학력기준을 충족한 자 중 경력기준에 못 미치는 자 또는 바목에 따른 경력기준에 못 미치는 자로서 중소기업청장이 인정하는 창업투자회사 전문인력양성 교육과정을 마친 자

2. 투자상담을 위한 전용공간 확보 등 중소기업청장이 정하는 기준을 충족한 사무실

제10조(창업투자회사의 행위 제한) ① 법 제15조제1항 각 호 외의 부분 단서에서 "대통령령으로 정하는 경우"란 다음 각 호의 어느 하나에 해당하는 경우를 말한다. <개정 2008.5.9., 2008.7.29., 2011.6.8., 2015.3.31.>

1. 「자본시장과 금융투자업에 관한 법률」 제9조제13항에 따른 증권시장에서 주식을 취득하는 경우로서 중소기업청장이 인정하여 고시하는 경우

2. 다음 각 목의 조합의 업무집행조합원이나 회사의 업무집행사원으로 참여하는 경우

   가. 「산업발전법」 제15조에 따른 기업구조조정조합(이하 "기업구조조정조합"이라 한다)

   나. 「자본시장과 금융투자업에 관한 법률」 제9조제18항제7호에 따른 사모투자전문회사(이하 "사모투자전문회사"라 한다)

   다. 그 밖에 다른 법령에 따라 설립된 조합이나 회사로서 그 업무가 창업투자조합이나 창업투자회사의 업무로 적합함을 중소기업청장이 인정하여 고시하는 조합이나 회사

3. 창업투자회사가 인수·합병을 목적으로 다른 창업투자회사의 주식을 취득하는 경우. 다만, 최초의 주식 취득일부터 6개월 이내에 인수·합병이 이루어지지 아니하는 경우에는 취득한 주식을 최초의 주식 취득일부터 9개월 이내에 처분하여야 한다.

4. 법 제15조제1항제1호의 경우 창업투자회사가 법 제3조 단서에 따른 업종 중 중소기업 육성을 위하여 지원이 필요하다고 중소기업청장이 인정하여 고시하는 업종에 투자하는 경우

5. 법 제15조제1항제2호의 경우 창업투자회사가 「문화산업진흥 기본법」 제43조에 따른 문화산업전문회사(이하 이 조에서 "문화산업전문회사"라 한다)를 통하여 문화콘텐츠 사업 등 중소기업청장이 인정하여 고시하는 사업에 투자하는 경우. 다만, 「독점규제 및 공정거래에 관한 법률」 제9조에 따른 상호출자제한기업집단에 속하는 창업투자회사가 동일한 상호출자제한기업집단에 속하는 문화산업전문회사의 주식이나 지분을 취득 또는 소유하는 방식으로 투자하는 경우는 제외한다.

② 법 제15조제1항제3호에서 "대통령령으로 정하는 금융기관"이란 다음 각 호의 어느 하나에 해당하는 자를 말한다. <개정 2008.5.9.>

1. 「금융실명거래 및 비밀보장에 관한 법률」 제2조제1호에 따른 금융기관

2. 「산업발전법」 제14조에 따른 기업구조조정전문회사 및 같은 법 제15조에 따른 기업구조조정조합

3. 사모투자전문회사

③ 법 제15조제1항제4호에서 "대통령령으로 정하는 범위의 업무용 부동산"이란 다음 각 호의 어느 하나에 해당하는 것을 말한다. <개정 2014.1.14.>

1. 해당 창업투자회사가 직접 설립한 창업보육센터

2. 제9조제7항제2호에 따른 사무실(지점을 포함한다)

3. 그 밖에 법 제10조제1항제5호에 따른 사업에 직접 필요한 부동산으로서 중소기업청장이 인정하는 것

④ 법 제15조제1항제5호에서 "대통령령으로 정하는 행위"란 다음 각 호의 어느 하나에 해당하는 행위를 말한다. <개정 2008.2.29., 2008.5.9., 2009.5.28., 2009.5.28., 2010.4.20., 2010.11.15., 2011.6.8., 2013.3.23., 2014.1.14.>

1. 다음 각 목의 어느 하나에 해당하는 자와 거래하는 행위

   가. 해당 창업투자회사가 결성한 창

업투자조합. 다만, 창업투자회사가 창업투자조합의 해산이나 그 밖에 중소기업청장이 인정하는 불가피한 사유로 인하여 거래하는 경우는 제외한다.

나. 해당 창업투자회사의 특수관계인. 다만, 제6호에 따라 창업투자회사가 경영지배를 목적으로 투자하는 경우에는 그러하지 아니하다.

다. 해당 창업투자회사의 주요주주(누구의 명의로 하든지 자기의 계산으로 의결권 있는 발행주식총수의 100분의 10 이상의 주식을 소유하거나 임원의 임면 등 해당 창업투자회사의 주요경영사항에 대하여 사실상 지배력을 행사하고 있는 주주를 말한다) 및 그 특수관계인

라. 해당 창업투자회사가 결성한 창업투자조합의 주요출자자(본인 및 그 특수관계인이 누구의 명의로 하든지 자기의 계산으로 출자총액의 100분의 10 이상의 출자지분을 소유한 경우 그 본인인 출자자를 말한다. 이하 이 목에서 같다) 및 그 특수관계인. 다만, 다음의 어느 하나에 해당하는 경우는 제외한다.

1) 창업투자회사가 자신이 결성한 창업투자조합의 주요출자자의 특수관계인인 「벤처기업육성에 관한 특별조치법」 제4조의3에 따른 한국벤처투자조합(이하 "한국벤처투자조합"이라 한다) 중 창업투자회사 등이 보유하고 있는 주식 등의 자산 매수를 주된 목적으로 결성된 조합에 주식 등 보유자산을 매각하는 경우

2) 창업투자회사가 자신이 결성한 창업투자조합의 주요출자자 중 다음의 어느 하나에 해당하는 자의 특수관계인인 다른 창업투자조합 또는 한국벤처투자조합과 거래하는 경우

가) 「벤처기업육성에 관한 특별조치법」 제4조의2제1항에 따른 중소기업투자모태조합

나) 「국가재정법」 제8조제1항에 따른 기금관리주체로서 같은 법 별표 2에 따른 기금을 관리·운용하는 자

다) 「은행법」에 따른 은행(같은 법 제58조제1항에 따라 금융위원회의 인가를 받은 외국은행의 국내 지점·대리점 및 사무소를 포함한다)

라) 「한국산업은행법」에 따른 한국산업은행

마) 「중소기업은행법」에 따른 중소기업은행

바) 「농업협동조합법」에 따른 농업협동조합중앙회

사) 「상호저축은행법」에 따른 상호저축은행

아) 「보험업법」에 따른 보험회사

자) 「우체국 예금·보험에 관한 법률」에 따른 체신관서

차) 법률에 따라 공제사업을 경영하는 법인

카) 삭제 <2014.12.30.>

3) 창업투자회사가 결성한 창업투자조합의 해산 또는 제3자에게 매각할 수 없는 투자지분의 회수를 위하여 거래하는 경우

4) 창업투자회사가 결성한 창업투자조합의 건전한 자산운용을 해칠 우려가 없는 경우로서 해당 창업투자조합 조합원 전원의 동의를 받아

거래하는 경우
2. 해당 창업투자회사가 결성한 창업
투자조합이 다음 각 목의 어느 하
나에 해당하는 조합이나 회사와
거래하는 행위. 다만, 해당 창업
투자회사가 업무집행조합원 또는
업무집행사원인 조합이나 회사와
의 거래인 경우만 해당한다.
가. 창업투자조합
나. 한국벤처투자조합
다. 기업구조조정조합
라. 사모투자전문회사
3. 창업투자회사의 자산으로 담보를
제공하거나 채무를 보증하는 행위
4. 해당 창업투자회사의 임직원에 대
한 대출로서 산업통상자원부령으
로 정하는 금액을 초과하는 대출
5. 창업투자회사 명의로 제3자를 위
하여 주식을 취득하거나 자금을
중개하는 행위
6. 경영지배를 목적으로 투자하는 행
위. 다만, 다음 각 목의 요건을
모두 갖춘 경우는 제외한다.
가. 산업통상자원부령으로 정하는
경영지배의 성립일부터 6개월
(그 주식이나 지분을 보유함
으로써 창업투자회사나 창업
투자조합의 이익을 명백하게
해칠 우려가 있음을 중소기업
청장이 인정하는 경우에는 기
간을 단축할 수 있다)이 되는
날까지 해당 중소기업의 주식
이나 지분을 보유할 것
나. 산업통상자원부령으로 정하는
경영지배의 성립일부터 7년
(매각을 위한 협의가 늦어지
는 등 해당 주식이나 지분을
매각하기 어려운 사유가 있음
을 중소기업청장이 인정하는
경우에는 1년 안의 범위에서
기간을 연장할 수 있다) 안에
해당 중소기업의 주식이나 지
분을 전부 매각할 것

7. 창업투자회사가 자신이 투자한 업
체로부터 차입 또는 자산 매각 등
투자행위에 수반되는 정상적인 거
래관계 외의 거래를 통하여 자금
을 받는 행위
8. 그 밖에 부당한 목적으로 투자하
는 행위로서 산업통상자원부령으
로 정하는 행위
⑤ 제4항제1호 및 제2호에서 "거래"란
다음 각 호의 어느 하나에 해당하는
행위를 말한다. <신설 2010.4.20.>
1. 제4항제1호 및 제2호 각 목의 어
느 하나에 해당하는 자에게 투자
하거나 그가 발행한 증권을 소유
하는 행위
2. 제4항제1호 및 제2호 각 목의 어느
하나에 해당하는 자에 대한 신용공
여 행위(금전·증권 등 경제적 가
치가 있는 재산의 대여, 자금지원
적 성격의 증권의 매입을 말한다)
3. 그 밖에 제1호 및 제2호와 유사한
행위로서 중소기업창업투자회사의
건전한 자산운용을 해칠 우려가
있고, 거래상의 신용위험을 수반하
는 직접적·간접적 거래로서 중소
기업청장이 정하여 고시하는 행위
⑥ 법 제15조의2제1항 각 호 외의 부
분에서 "대통령령으로 정하는 그의
특수관계인"이란 창업투자회사의 대
주주의 「자본시장과 금융투자업에
관한 법률 시행령」 제8조에 따른 특
수관계인을 말한다. <신설 2014.1.14.>

■판례 - 투자금반환

【판시사항】
창업투자조합이 구 중소기업창업 지원법령상
거래가 금지된 특수관계인 등과 체결한 투자
계약상의 손실보전약정에 따라 투자금의 반
환을 청구할 경우, 거래 상대방이 위 법령
위배를 이유로 투자금 반환의무의 이행을 거
절할 수 있는지 여부(소극)

【판결요지】
구 중소기업창업 지원법(2007. 4. 11. 법률
제8362호로 전문 개정되기 전의 것) 제12조

제5항, 제8조 제1항 제4호 및 같은 법 시행령(2007. 9. 10. 대통령령 제20262호로 전문개정되기 전의 것) 제9조 제4항 제1호의 규정이 창업투자조합의 업무집행조합원의 특수관계인 또는 주요출자자와의 거래행위를 금지하는 취지는, 조합이 자의적으로 투자대상자를 선정하는 것을 견제하여 조합의 부실화를 막고 간접적으로 투자건전성을 확보함과 동시에 중소기업의 설립을 촉진하고 그 성장 기반을 조성하려는 입법목적을 달성하기 위하여 중소기업진흥 및 산업기반 기금의 지원 등 위법이 조합에 대하여 각종의 특별한 지원과 혜택을 부여하고 있음에 비추어 그 공공적 성격을 갖추려는 것이기는 하나, 위 금지 규정을 위반하여 특수관계인 등과 거래하는 행위 자체가 그 사법상의 효력까지도 부인하지 않으면 안 될 정도로 현저히 위법성을 지닌 것이라고 할 수 없을 뿐 아니라 그 행위의 사법상의 효력을 부인하여야만 비로소 중소기업의 설립을 촉진하고 그 성장 기반을 조성하려는 입법목적을 달성할 수 있다고도 볼 수 없으므로, 조합이 특수관계인 등과 체결한 투자계약이 유효함을 전제로 하여 그 계약상의 손실보전약정에 따라 투자금의 반환을 청구할 경우 거래 상대방이 위 규정에 위배된다는 이유로 그 투자계약의 효력을 다투어 투자금 반환의무의 이행을 거절할 수는 없다. [대법원, 2006다57506, 2007.11.29]

제11조(창업투자회사의 투자의무비율)

① 법 제16조제1항 본문에서 "대통령령으로 정하는 비율"이란 100분의 40을 말한다. <개정 2014.1.14.>

②제1항에 따른 투자의무비율을 산정할 때 납입자본금이 증액되거나 감액된 경우에는 다음 각 호의 기준에 따라 산정한다.

1. 등록 당시의 납입자본금보다 증액된 경우에는 그 증액분에 대한 투자의무비율은 증액일(납입자본금이 증액된 후 감액된 경우로서 최근 증액된 금액에서 순차적으로 뺀 후 잔여 증액분이 있는 경우에는 잔여 증액분의 증액일)을 기준으로 연차적으로 별도로 산정한다.

2. 등록 당시의 납입자본금보다 감액된 경우에는 감액된 후의 납입자본금에 대한 투자의무비율은 등록일을 기준으로 산정한다.

③법 제16조제1항 단서에서 "대통령령으로 정하는 일정 규모 이상"이란 법 제20조에 따른 창업투자조합 출자금 총액이 창업투자회사 납입자본금의 100분의 200 이상인 경우를 말한다.

제12조(창업투자회사의 해외투자한도)

법 제17조제2항에서 "대통령령으로 정하는 비율"이란 100분의 40을 말한다.

제13조(창업투자회사의 결산 보고 등)

①법 제19조에 따라 창업투자회사는 매 사업연도 종료 후 3개월 이내에 결산서에 「공인회계사법」 제23조에 따른 회계법인(이하 "회계법인"이라 한다)의 감사의견서를 첨부하여 중소기업청장에게 제출하여야 한다.

②중소기업청장은 제1항에 따라 제출된 결산서를 검토한 결과 해당 창업투자회사의 투자활성화와 재무구조 건실화를 위하여 필요하다고 인정되면 회수가 불가능한 투자자산에 대하여 투·융자손실준비금과 투자손실금을 상계(相計)처리하게 하거나 대손금(貸損金)으로 처리하게 할 수 있다.

제3장 중소기업창업투자조합

제14조(창업투자조합의 등록요건 및 절차)

①법 제20조에 따른 창업투자조합은 다음 각 호의 요건을 갖추어야 한다. <개정 2008.5.9., 2010.4.20., 2014.12.3.>

1. 출자금 총액이 20억원 이상일 것. 다만, 법 제20조제4항에 따라 출자금액의 전액을 나누어 출자하는 경우에는 최초 출자금액은 10억원 이상이어야 한다.

2. 출자 1좌(座)의 금액이 100만원 이상일 것

3. 유한책임조합원의 수가 49인 이하일 것

4. 업무집행조합원의 출자지분이 출자
   금 총액의 100분의 1 이상일 것
5. 존속기간이 5년 이상일 것
②창업투자회사는 창업투자조합을 결
성하려면 다음 각 호의 사항이 적힌
결성계획서를 미리 중소기업청장에
게 제출하여야 한다.
1. 사업 개요
2. 출자금 총액, 출자 1좌의 금액, 출
   자의 시기 및 방법
3. 유한책임조합원의 모집계획
4. 창업투자조합의 자산 운용 및 배
   분계획
5. 창업투자조합의 투자심사업무를
   전담하는 전문인력의 인적사항(성
   명·주민등록번호·약력 및 투자
   경력 등을 말한다. 이하 같다)
③창업투자회사는 창업투자조합의 결
성을 완료하면 등록신청서에 다음 각
호의 서류를 첨부하여 조합원총회 개
최일부터 7일 이내에 중소기업청장에
게 제출하여야 한다. <개정 2008.5.9.,
2008.7.29.>
1. 창업투자조합의 규약
2. 조합원명부
3. 조합원의 출자금액 및 출자이행을
   증명하는 서류
4. 창업투자조합의 투자심사업무를
   전담하는 전문인력의 인적사항
5. 법 제22조제1항제1호에 따라 창
   업투자조합 재산의 보관을 「자본
   시장과 금융투자업에 관한 법률」
   제8조제7항에 따른 신탁업자 및
   신탁업을 겸영하는 금융기관에 위
   탁하였음을 증명하는 서류

제15조(등록원부의 비치 등) ①중소기
업청장은 창업투자조합의 등록을 할
때에는 산업통상자원부령으로 정하는
바에 따라 등록원부를 갖추어 두고
다음 각 호의 사항을 적어야 한다.
<개정 2008.2.29., 2013.3.23.>
1. 창업투자조합의 명칭 및 사무소의

소재지
2. 업무집행조합원의 명칭 및 주소
3. 조합원별 출자금액 및 출자좌수
4. 해당 조합의 존속기간
5. 창업투자조합의 투자심사업무를
   전담하는 전문인력의 인적사항
②창업투자조합의 업무집행조합원은
제1항 각 호의 사항이 변경되면 변경
일부터 7일 이내에 변경된 사실을 증
명하는 서류를 첨부하여 중소기업청
장에게 변경등록을 신청하여야 한다.
③중소기업청장은 제1항이나 제2항에
따라 등록을 한 때에는 산업통상자
원부령으로 정하는 바에 따라 그 등
본을 신청인에게 내주어야 한다.
<개정 2008.2.29., 2013.3.23.>
④중소기업청장은 창업투자조합의 등
록원부를 갖추어 관리하고 해당 조
합의 조합원이나 그 조합원이 지정
한 자가 열람할 수 있도록 하여야
한다. <개정 2008.5.9.>

**제16조(창업투자조합의 투자의무비율
등)** ① 법 제21조제3항 본문 및 단
서에서 "대통령령으로 정하는 비율"
이란 각각 100분의 40을 말한다.
<개정 2014.1.14.>
② 제1항에 따른 투자의무비율을 계산
할 때 등록 당시에 납입한 출자금보다
출자금이 증액된 경우에는 그 증액분
에 대한 투자의무비율은 증액일을 기
준으로 연차적으로 따로 계산한다.
③ 창업투자조합의 행위제한과 해외
투자요건에 관하여는 제10조제1항
제1호, 같은 조 제2항부터 제4항까
지 및 제12조를 각각 준용한다. 이
경우 제10조제4항제1호가목·다목
및 라목, 같은 항 제2호 및 제7호
중 "창업투자회사"는 각각 "업무집행
조합원"으로 보고, 그 밖의 규정의
경우에는 "창업투자회사"는 각각 "창
업투자조합"으로 본다.
[전문개정 2008.5.9.]

제17조(조합의 결산 보고 등) ①법 제23조에 따라 창업투자조합의 업무집행조합원은 매 사업연도 종료 후 3개월 이내에 결산서에 회계법인의 감사의견서를 첨부하여 중소기업청장에게 제출하여야 한다.
②중소기업청장은 창업투자조합의 효율적 운영을 위하여 창업투자조합의 표준규약을 정할 수 있다.

제18조(해산사유 등) ①법 제25조제1항제5호에서 "대통령령으로 정하는 사유"란 다음 각 호의 어느 하나에 해당하는 경우를 말한다. <개정 2010.4.20.>
1. 창업투자조합의 결성목적이 달성되었다고 조합원 전원이 동의하는 경우
2. 업무집행조합원인 창업투자회사의 등록이 취소되거나 파산 등으로 인하여 업무수행을 계속하기가 곤란한 경우
3. 조합의 자산이 잠식(蠶食)되거나 그 밖의 사유가 발생하여 중소기업청장이 조합원 보호를 위하여 필요하다고 인정하는 경우로서 조합 총지분의 과반수를 소유하는 조합원이 해산을 위한 조합원 총회에 출석하고, 출석한 조합원 지분의 3분의 2 이상과 조합 총지분의 3분의 1 이상의 동의를 받은 경우
②법 제25조제2항에 따라 업무집행조합원을 가입하게 하여 창업투자조합을 계속하려는 자는 다음 각 호의 사항을 적은 신청서에 조합을 해산하지 아니하려는 사유서 및 유한책임조합원 전원의 동의서를 첨부하여 중소기업청장에게 제출하여야 한다.
1. 창업투자조합의 명칭 및 사무소의 소재지
2. 새로 가입하게 한 업무집행조합원의 명칭·소재지 및 대표자의 성명
3. 조합원별 출자금액 및 출자좌수
③제2항에 따른 신청서를 제출한 자는 제15조제2항에 따른 변경등록을 신청한 것으로 본다.
④창업투자조합의 업무집행조합원은 창업투자조합이 해산하면 7일 이내에 중소기업청장에게 그 사실을 알려야 한다.

제19조(투자수익의 산정 방식 등) ①법 제28조에 따른 성과보수 지급을 위한 투자수익은 조합자산의 평가금액에서 출자금액과 중소기업청장이 정하는 운영경비를 제외한 금액으로 한다.
②법 제28조에 따라 투자수익에 따른 성과보수를 지급받은 업무집행조합원은 성과보수로 지급받은 금액의 범위에서 투자수익발생에 기여한 임직원에게 성과급을 지급할 수 있다.

제4장 중소기업상담회사

제20조(중소기업상담회사의 등록요건) ①법 제31조제2항제1호에서 "대통령령으로 정하는 금액"이란 5천만원을 말한다.
②법 제31조제2항제3호에 따라 중소기업상담회사가 보유하여야 하는 전문인력 및 시설은 다음 각 호와 같다. <개정 2008.2.29., 2009.5.28., 2013.3.23.>
1. 별표 1의 전문인력 중 2명 이상이 상근할 것
2. 산업통상자원부령으로 정하는 부대시설을 갖춘 사무실
③법 제31조제2항제2호마목에서 "대통령령으로 정하는 자"란 정당한 사유 없이 약정한 날을 3개월 이상 지난 채무가 1천만원을 초과하는 자를 말한다.

제21조(용역 대금의 지원) ①법 제32조에 따라 용역 대금의 지원을 받을 수 있는 자는 창업투자회사를 겸업하지 아니하는 중소기업상담회사로서

그 지원금액은 해당 용역 대금의 100분의 80 이내로 한다.

②법 제32조에 따라 용역 대금의 지원을 받으려는 자는 용역대금지원신청서에 산업통상자원부령으로 정하는 서류를 첨부하여 중소기업청장이 지정하는 기관이나 단체에 제출하여야 한다. <개정 2008.2.29., 2013.3.23.>

제5장 창업 절차 등

제22조(사업계획의 승인) ①법 제33조제1항에 따라 사업계획의 승인을 받으려는 창업자는 사업계획승인신청서에 산업통상자원부령으로 정하는 서류를 첨부하여 공장설립 예정지를 관할하는 시장·군수·구청장(자치구의 구청장을 말한다. 이하 같다)에게 제출하여야 한다. 사업계획의 변경승인을 받으려는 경우에도 또한 같다. <개정 2008.2.29., 2013.3.23., 2014.1.14.>

② 법 제33조제1항 후단에서 "대통령령으로 정하는 중요 사항"이란 다음 각 호의 어느 하나에 해당하는 사항을 말한다. <신설 2014.1.14.>

1. 사업자(법 제37조제1항제2호 단서에 따른 경우로 한정한다)
2. 업종(한국표준산업분류상의 세분류를 기준으로 한다)
3. 공장용지면적
4. 공장건축면적(「산업집적활성화 및 공장설립에 관한 법률」 제8조제2호에 따른 기준공장면적률의 범위에서 면적을 변경하는 경우는 제외한다)
5. 부대시설면적(「산업집적활성화 및 공장설립에 관한 법률」 제8조제2호에 따른 기준공장면적률의 범위에서 면적을 변경하는 경우는 제외한다)

제23조(창업민원처리협의회의 설치) ①

중소기업청장은 법 제33조에 따른 사업계획 승인업무의 지원 및 협의를 위하여 지방중소기업청에 창업민원처리협의회를 둘 수 있다.

②창업민원처리협의회의 구성 및 운영 방법 등에 필요한 사항은 산업통상자원부령으로 정한다. <개정 2008.2.29., 2013.3.23.>

제24조(사업계획 승인에 관한 업무처리 지침) ①법 제33조제4항에 따른 사업계획의 승인에 관한 업무처리지침에는 법 제35조에 따른 허가, 인가, 면허, 승인, 지정, 결정, 신고, 해제, 동의, 검사 또는 용도폐지 등에 관한 업무처리기준(이하 이 조에서 "인·허가등기준"이라 한다)이 포함되어야 한다.

②관계 행정기관의 장은 제1항에 따른 업무처리지침의 작성에 필요한 인·허가등기준을 중소기업청장에게 통보하여야 한다. 인·허가등기준을 변경한 경우에도 또한 같다.

■판례 - 창업사업계획 승인신청 불승인처분 취소

【판시사항】
甲 주식회사가 식료품 제조업을 하고자 공장 건물과 부대건물을 건설하겠다는 내용으로 중소기업 창업사업계획 승인신청을 하였으나 관할 시장이 30여 일이 지나서 그 신청을 불승인하는 처분을 한 사안에서, 중소기업창업 지원법 제33조 제3항에서 정한 창업사업계획 승인기간인 20일에는 그 승인으로 의제되는 다른 법률에 의한 인·허가의 처리기간이 포함되는 점 등을 들어 관할 시장이 위 승인신청을 받은 날부터 20일 이내에 甲 회사에 승인 여부를 알리지 않았으므로 위 창업사업계획은 승인된 것으로 의제된다고 본 원심판단을 정당하다고 한 사례

상고이유를 판단한다.

1. 상고이유 제1점에 관하여
원심판결 이유에 의하면, 원심은, 중소기업창업 지원법 제33조 제3항이 시장·군수 또는 구청장은 중소기업 창업사업계획 승인신청을 받은 날부터 20일 이내에 승인 여부를 알려야 하고, 20일 이내에 승인 여부를

알리지 아니한 때에는 20일이 지난 날의 다음날 승인한 것으로 본다고 규정한 취지는 창업사업계획 승인절차의 간소화 및 신속한 처리를 강제하여 중소기업의 설립을 촉진하고 성장기반을 조성하여 중소기업의 건전한 발전을 통한 건실한 산업구조의 구축을 도모한다는 데에 있는 점, 산지관리법 시행규칙 제10조 제1항에 따라 별지 제3호 산지전용허가신청서식에 부동문자로 기재된 산지전용허가의 처리기간 25일은 행정기관 내부의 업무처리기준에 불과하고 그 기간을 경과하는 경우에 적용되는 아무런 제재 규정이 없는 점, 중소기업창업 지원법 제33조, 제35조, 같은 법 시행령 제24조 제1항 등의 규정에 비추어 창업사업계획 승인기간인 20일에는 그 승인으로 의제되는 다른 법률에 의한 인·허가의 처리기간이 포함된다고 보이는 점 등을 들어 피고가 원고의 이 사건 창업사업계획 승인신청을 받은 날부터 20일 이내에 원고에게 승인 여부를 알리지 않았으므로 이 사건 창업사업계획은 승인된 것으로 의제된다고 판단하였다.

관계 법령과 창업사업계획의 승인에 관한 통합업무처리지침(중소기업청 고시 제2008-41호)의 내용 및 규정 취지 등에 비추어 살펴보면, 원심의 이러한 판단은 정당하고, 거기에 상고이유 주장과 같이 창업사업계획의 승인기간 등에 관한 법리를 오해하는 등 판결에 영향을 미친 위법이 없다.

2. 상고이유 제2점에 관하여

원심은 그 판시와 같은 사정을 들어 이 사건 불승인 처분에 재량권 일탈·남용의 위법이 있다고 판단하였는데, 이와 같은 원심의 부가적 판단은 이 사건 불승인 처분이 창업사업계획 승인기간 내에 이루어진 것으로 보는 경우를 가정한 것으로서, 앞서 본 바와 같이 피고가 이 사건 창업사업계획 승인신청을 받은 날부터 20일 이내에 원고에게 승인 여부를 알리지 않아 이 사건 창업사업계획이 승인된 것으로 의제된다고 보아야 하는 이상, 위와 같은 부가적 판단은 판결 결과에 아무런 영향을 미치지 아니하므로, 원심의 위와 같은 판단에 창업사업계획 승인의 재량권 일탈·남용 등에 관한 법리오해의 위법이 있다는 이 부분 상고이유 주장은 더 나아가 살필 필요 없이 이유 없다.

3. 결론

그러므로 상고를 기각하고, 상고비용은 패소자가 부담하기로 하여 관여 대법관의 일치된 의견으로 주문과 같이 판결한다.
[대법원, 2012두23785, 2013.3.14.]

제25조(사전 협의 절차) ①법 제34조

제1항에 따라 사업계획의 승인가능성 등에 관한 사전협의를 신청하려는 창업자는 그 신청서에 산업통상자원부령으로 정하는 서류를 첨부하여 공장설립 예정지를 관할하는 시장·군수·구청장에게 제출하여야 한다. <개정 2008.2.29., 2013.3.23.>
②시장·군수·구청장은 제1항에 따른 사전협의 신청을 받은 날부터 7일 이내에 사업계획의 승인 가능성 등에 관하여 알려야 한다.

제26조(다른 행정기관과의 협의기간)

법 제35조제4항 전단에서 "대통령령으로 정하는 기간"이란 10일을 말한다.

제27조(사업계획 승인의 취소 등) ①

법 제37조제1항제1호에서 "사업계획의 승인을 받은 날부터 대통령령으로 정하는 기간"이란 사업계획의 승인을 받은 날부터 3년(법 제35조제1항제9호에 따라 농지의 전용허가 또는 농지의 전용신고가 의제된 경우에는 사업계획의 승인을 받은 날부터 2년)을, "공장착공 후 대통령령으로 정하는 기간"이란 공장착공 후 1년을 말한다. <개정 2009.5.28.>
②법 제37조제1항제4호에서 "대통령령으로 정하는 기간"이란 4년을 말한다.
③시장·군수·구청장은 법 제37조제1항에 따라 사업계획의 승인과 공장건축허가를 취소하려면 미리 일정한 기간을 정하여 해당 처분 대상자가 사업계획을 변경하거나 공장건축을 하도록 권고한 후 이에 응하지 아니한 경우에만 해당 처분을 하여야 한다.

제28조(중소기업창업민원실의 설치·운영) ①시장·군수·구청장은 창업에 관련된 민원을 접수하여 처리할 수 있도록 법 제38조제1항에 따른 중소기업창업민원실(이하 이 조에서 "중

소기업창업민원실"이라 한다)을 설치
하고 창업 관련 업무를 전담할 직원
을 배치하여야 한다.
②시장·군수·구청장은 중소기업창
업민원실의 설치·운영에 필요한 사
항을 따로 정할 수 있다.

제29조(창업진흥전담조직의 설치 및 운 영 등) ①중소기업청장은 중소기업창

업 관련 비영리 전문기관 또는 단체
의 신청을 받아 법 제39조제1항에
따른 창업진흥전담조직(이하 이 조에
서 "창업진흥전담조직"이라 한다)을
설치할 수 있다.
②창업진흥전담조직은 다음 각 호의
사업을 수행한다. <개정 2009.5.28.,
2014.12.3.>
1. 창업 활성화를 위한 정책연구 및
   제도개선 과제 발굴
2. 창업자에 대한 자금, 인력, 판로 및
   입지 등에 관한 정보제공 및 지원
3. 창업촉진을 위한 교육모델 개발
   및 운영·보급
4. 창업 실태조사 및 분석
5. 창업 관련 국제기구 및 외국과의
   교류 및 협력
6. 우수 예비창업자의 발굴 및 지원
7. 청소년 및 예비창업자 등에 대한
   창업교육 등 기업가정신 제고
8. 대학 및 연구기관 등의 창업촉진
9. 창업 분야 전문인력 양성
10. 그 밖에 관계 중앙행정기관의 장
    이 위탁하는 사업
③창업진흥전담조직의 설치·업무수
행 및 운영에 필요한 그 밖의 사항
은 중소기업청장이 정하여 고시한다.

제29조의2(부담금 면제의 절차 및 방 법) ① 법 제39조의3제2항에 따라

부담금을 면제받으려는 창업자는 산
업통상자원부령으로 정하는 부담금
면제 신청서에 다음 각 호의 구분에
따른 서류를 첨부하여 주된 사무소의

소재지를 관할하는 시장·군수·구청
장에게 부담금의 면제를 요청하여야
한다. <개정 2015.5.1.>
1. 개인사업자의 경우
   가. 업종 추가 후 2분기 동안의 매
       출신고서(업종을 추가한 경우
       로 한정한다)
   나. 그 밖에 시장·군수·구청장이
       창업 여부를 확인하기 위하여
       필요하다고 인정하는 서류
2. 법인의 경우
   가. 사업의 분리에 관한 계약서 및
       창업일이 속한 달의 주식변동
       상황명세서(사업의 일부를 분
       리한 경우로 한정한다)
   나. 업종 추가 후 2분기 동안의 매
       출신고서(업종을 추가한 경우
       로 한정한다)
   다. 그 밖에 시장·군수·구청장이
       창업 여부를 확인하기 위하여
       필요하다고 인정하는 서류
② 제1항에 따라 부담금 면제 신청서
를 제출받은 시장·군수·구청장은
「전자정부법」 제36조제1항에 따
른 행정정보의 공동이용을 통하여
다음 각 호의 사항을 확인하여야 한
다. 다만, 신청인이 제1호 사항의 확
인에 동의하지 아니하는 경우에는
해당 서류의 사본을 첨부하도록 하
여야 한다. <개정 2015.5.1.>
1. 사업자등록증
2. 법인 등기사항증명서(법인의 경우
   로 한정한다)
3. 삭제 <2015.5.1.>
③ 시장·군수·구청장은 제1항에 따
른 부담금의 면제 신청을 받은 날부
터 14일 이내에 신청인에게 부담금
면제 여부를 알려야 한다.
④ 중소기업청장은 법 제39조의3에
따른 부담금 면제제도의 운영을 위하
여 필요할 때에는 관계 행정기관의
장에게 부담금의 면제 실적 등 필요
한 정보의 제공을 요청할 수 있다.

[전문개정 2014.1.14.]

제29조의3(재택창업지원시스템의 처리 업무) 법 제39조의5제1항에 따른 정보통신망을 통하여 회사를 설립할 수 있는 시스템(이하 "재택창업지원시스템"이라 한다)으로 처리할 수 있는 업무는 다음 각 호와 같다.

1. 「상법」 및 「상업등기법」에 따른 회사 설립등기 업무
2. 「지방세법」에 따른 등록면허세 및 지방교육세 납부 업무
3. 「법인세법」 또는 「부가가치세법」에 따른 사업자등록 업무
4. 「국민연금법」에 따른 국민연금, 「국민건강보험법」에 따른 국민건강보험, 「고용보험법」에 따른 고용보험 및 「산업재해보상보험법」에 따른 산업재해보험 신고 업무

[본조신설 2014.1.14.]

제6장 보칙

제30조(업무운용 상황 등의 보고와 검사) ①법 제40조제1항에 따라 창업투자회사, 창업투자조합의 업무집행조합원, 중소기업상담회사 및 창업보육센터사업자는 다음 각 호의 기준에 따라 중소기업청장에게 업무운용 상황 등에 관한 사항을 보고하여야 한다.

1. 창업투자회사 및 창업투자조합의 업무집행조합원 : 월별
2. 중소기업상담회사 및 창업보육센터사업자 : 반기별

②제1항에 따른 업무운용 상황 등에 관한 보고는 전자문서(「전자문서 및 전자거래 기본법」 제2조제1호에 따른 전자문서를 말한다. 이하 같다)로 할 수 있다. <개정 2007.11.16., 2012.8.31.>

③법 제40조제1항 각 호 외의 부분에서 "대통령령으로 정하는 장부·서류"란 다음 각 호의 어느 하나를 말한다.

1. 창업투자회사 및 창업투자조합의 감사보고서
2. 창업투자회사의 법인등기부 등본
3. 창업투자회사의 전문인력 보유현황 및 그 자격을 증명하는 서류
4. 창업투자회사의 사무실 확보현황에 관한 서류
5. 창업투자회사의 주주 명부
6. 창업투자조합의 출자자 명부
7. 창업투자회사 및 창업투자조합의 거래계약서
8. 창업투자회사 및 창업투자조합의 총계정원장
9. 창업투자회사 및 창업투자조합이 거래한 회사의 주주 명부 및 법인등기부등본

④법 제40조제1항제7호에서 "대통령령으로 정하는 경우"란 다음 각 호의 경우를 말한다.

1. 법 제10조제1항 각 호 외의 부분 후단에 따른 창업투자회사의 중요사항 변경등록 여부의 확인이 필요한 경우
2. 법 제42조제2항에 따른 창업투자회사의 경영 및 자산 건전성 준수 여부의 확인이 필요한 경우

제31조(경영 건전성 기준) 법 제42조의2제1항에서 "대통령령으로 정하는 경영 건전성 기준"이란 자본잠식률(자본총계가 납입자본금에 미치지 못하는 비율을 말한다)이 100분의 50 미만일 것을 말한다.

[전문개정 2014.1.14.]

제31조의2(등록취소의 예외) 법 제43조제1항제3호 단서에서 "대통령령으로 정하는 사항"이란 다음 각 호의 사항을 말한다.

1. 창업투자회사가 법 제16조제1항에 따른 투자를 한 경우

2. 해당 창업투자회사가 업무집행조합원으로 있는 창업투자조합이 최근 1년 이내에 법 제16조제1항에 따라 산업통상자원부령으로 정하는 용도로 법 제10조제1항제1호, 제2호, 제2호의2 및 제5호에 따른 투자를 한 경우
[본조신설 2014.1.14.]

제31조의3(중소기업상담회사 등에 대한 등록취소 등의 기준) 법 제43조제3항 및 제4항에 따른 중소기업상담회사 및 창업보육센터사업자에 대한 등록취소·지원취소 및 지원중단의 기준은 별표 3과 같다.
[본조신설 2015.5.1.]

제32조(업무의 위탁 등) ①중소기업청장은 법 제45조제2항에 따라 다음 각 호의 업무를 「민법」 제32조에 따라 중소기업청장의 허가를 받아 설립된 한국벤처캐피탈협회(이하 이 조에서 "한국벤처캐피탈협회"라 한다) 또는 「벤처기업육성에 관한 특별조치법」 제4조의2제1항에 따른 투자관리전문기관(이하 이 조에서 "투자관리전문기관"이라 한다)에 위탁한다. <개정 2009.5.28.>
1. 법 제10조제2항제3호에 따른 창업투자회사 전문인력 해당 여부의 확인 및 관리에 관한 업무
2. 법 제14조에 따른 창업투자회사 공시(公示)운영에 관한 업무
3. 법 제19조에 따른 창업투자회사의 결산서 및 법 제23조에 따른 창업투자조합의 결산서의 접수에 관한 업무
4. 법 제40조제1항 각 호 외의 부분에 따른 업무운용 상황 등에 관한 보고의 접수에 관한 업무
② 중소기업청장은 법 제45조제2항에 따라 다음 각 호의 업무를 창업지원 등의 목적으로 「민법」 제32조에 따라 중소기업청장의 허가를 받아 설립된 법인으로서 해당 업무를 수행할 인력과 장비를 갖춘 법인에 위탁할 수 있다. <신설 2014.12.3.>
1. 법 제6조제1항에 따른 창업보육센터의 전문인력 및 시설 보유 여부의 확인 등에 관한 업무
2. 법 제31조제2항제3호에 따른 중소기업상담회사의 전문인력 및 시설 보유 여부의 확인 등에 관한 업무
3. 법 제40조제1항 각 호 외의 부분에 따른 중소기업상담회사 및 창업보육센터의 업무운용 상황 등에 관한 보고의 접수 및 확인 등에 관한 업무
③ 중소기업청장은 법 제45조제2항에 따라 법 제39조의5에 따른 재택창업지원시스템의 설치·운영에 관한 업무를 법 제39조제1항에 따른 창업진흥전담조직에 위탁한다. <신설 2014.1.14., 2014.12.3.>
④ 중소기업청장은 필요한 경우에는 다음 각 호의 자에 대하여 제1항 및 제2항에 따라 위탁한 업무에 관한 자료의 제출을 요구할 수 있다. <개정 2014.12.3.>
1. 한국벤처캐피탈협회
2. 투자관리전문기관
3. 제2항에 따라 업무를 위탁받은 법인
⑤ 중소기업청장은 제1항 및 제2항에 따라 업무를 위탁한 경우에는 위탁받은 기관의 명칭·대표자 및 소재지와 위탁업무의 내용을 고시하여야 한다. <신설 2014.12.3.>

제32조의2(고유식별정보의 처리) 중소기업청장(법 제39조에 따라 설치된 창업진흥전담조직을 포함한다)은 다음 각 호의 사무를 수행하기 위하여 불가피한 경우 「개인정보 보호법 시행령」 제19조에 따른 주민등록번호, 여권번호, 운전면허의 면허번호 또는 외국인등록번호가 포함된 자료를 처리할 수 있다. <개정 2014.12.3.>

1. 법 제4조의2제1항 각 호에 따른 창업촉진사업에 관한 사무
2. 법 제10조에 따른 중소기업창업투자회사의 등록에 관한 사무
3. 법 제20조에 따른 중소기업창업투자조합의 등록에 관한 사무
4. 법 제31조에 따른 중소기업상담회사의 등록에 관한 사무
5. 법 제39조의5에 따른 재택창업지원시스템의 운영에 관한 사무

[본조신설 2013.1.16.]

제32조의3(규제의 재검토) 중소기업청장은 다음 각 호의 사항에 대하여 다음 각 호의 기준일을 기준으로 3년마다(매 3년이 되는 해의 기준일과 같은 날 전까지를 말한다) 그 타당성을 검토하여 개선 등의 조치를 하여야 한다.

1. 제6조 및 별표 1에 따른 창업보육센터사업자의 지정요건 및 지정신청 절차: 2014년 1월 1일
2. 제9조에 따른 창업투자회사의 등록요건: 2014년 1월 1일
3. 제10조에 따른 창업투자회사의 제한되는 행위 및 예외: 2014년 1월 1일
4. 제11조에 따른 창업투자회사의 투자의무비율 및 산정기준: 2014년 1월 1일
5. 제12조에 따른 창업투자회사의 해외투자한도의 비율: 2014년 1월 1일
6. 제14조에 따른 창업투자조합의 등록요건 및 절차: 2014년 1월 1일
7. 제16조에 따른 창업투자조합의 투자의무비율 및 계산 방법: 2014년 1월 1일
8. 제20조에 따른 중소기업상담회사의 등록요건: 2014년 1월 1일
9. 제27조에 따른 사업계획 승인취소 사유에 해당하는 기간 및 승인취소 절차: 2014년 1월 1일

[본조신설 2013.12.30.]

제7장 벌칙

제33조(과태료의 부과기준) 법 제48조제1항에 따른 과태료의 부과기준은 별표 2와 같다.
[전문개정 2009.5.28.]

부칙
<제26181호, 2015.3.31.>

이 영은 공포한 날부터 시행한다.

부칙
<제26222호, 2015.5.1.>

제1조(시행일) 이 영은 2015년 5월 4일부터 시행한다. 다만, 제29조의2제2항, 제31조의3 및 별표 3의 개정규정은 공포한 날부터 시행한다.

제2조(지원중단 등의 기준에 관한 경과조치) 이 영 시행 전의 위반행위로 받은 행정처분은 별표 3의 개정규정에 따른 위반행위의 횟수 산정에 포함하지 아니한다.

별표 1] 전문인력(제6조제1항 및 제20조제2항제1호 관련)

전문인력(제6조제1항 및 제20조제2항제1호 관련)

경 영 분 야	기 술 분 야
1. 대학에서 경영학을 강의하는 조교수 이상의 교원 2. 전문대학에서 경영학을 강의하는 조교수 이상의 교원 3. 「공인회계사법」에 따른 공인회계사 4. 「중소기업진흥에 관한 법률」제46조에 따른 경영지도사 5. 경영학 분야의 박사학위 소지자 6. 「변호사법」에 따른 변호사 7. 제1호부터 제6호까지에 정한 자와 동등한 경력이 있다고 중소기업청장이 인정하는 자	1. 자연과학 분야의 박사학위 소지자 2. 「국가기술자격법」에 따른 기술사 또는 기능장의 자격을 가진 자와 기사1급으로서 7년 이상 실무에 종사한 자 3. 대학에서 자연과학 분야를 강의하는 조교수 이상의 교원 4. 전문대학에서 자연과학 분야를 강의하는 조교수 이상의 교원 5. 「중소기업진흥에 관한 법률」제46조에 따른 기술지도사 6. 다음 각 목의 연구기관에서 5년 이상 연구를 한 경력이 있는 자 　가. 「과학기술분야 정부출연연구기관 등의 설립·운영 및 육성에 관한 법률」에 따른 정부출연연구기관 　나. 「특정연구기관 육성법」의 적용을 받는 특정연구기관 　다. 국·공립 연구기관 7. 제1호부터 제6호까지에 정한 자와 동등한 경력이 있다고 중소기업청장이 인정하는 자

[별표 2] 과태료의 부과기준(제33조 관련)

과태료의 부과기준(제33조 관련)

1. 일반기준

가. 위반행위의 횟수에 따른 부과기준은 해당 위반행위가 있은 날 이전 최근 3년간 같은 위반행위로 부과처분을 받은 경우에 적용한다.

나. 부과권자는 다음의 어느 하나에 해당하는 경우에는 제2호에 따른 과태료 금액의 2분의 1의 범위에서 그 금액을 감경할 수 있다. 다만, 과태료를 체납하고 있는 위반행위자의 경우에는 그러하지 아니하다.

1) 위반행위자가 「질서위반행위규제법 시행령」 제2조의2제1항 각 호의 어느 하나에 해당하는 경우

2) 위반행위가 사소한 부주의나 오류로 인한 것으로 인정되는 경우

3) 위반행위자가 법 위반상태를 시정하거나 해소하기 위하여 노력한 것으로 인정되는 경우

4) 그 밖에 위반행위의 정도, 위반행위의 동기와 그 결과 등을 고려하여 감경할 필요가 있다고 인정되는 경우

2. 개별기준

(단위: 만원)

위반행위	근거 법조문	과태료 금액
가. 법 제10조제1항 후단 또는 제20조제1항 후단에 따른 변경 등록을 하지 않은 경우	법 제48조 제1항 제1호	
1) 변경 등록 불이행기간이 1개월 미만인 경우		100
2) 변경 등록 불이행기간이 1개월 이상 3개월 미만인 경우		200
3) 변경 등록 불이행기간이 3개월 이상이거나 변경 등록을 하지 않은 경우		300
나. 법 제10조제1항 후단 또는 제20조제1항 후단에 따른 변경 등록을 거짓으로 한 경우	법 제48조 제1항 제1호	300
다. 법 제11조제2항에 따른 영업의 양수 등의 신고를 하지 않은 경우	법 제48조 제1항 제2호	
1) 지연신고기간이 1개월 미만인 경우		100
2) 지연신고기간이 1개월 이상 3개월 미만인 경		200

우 3) 지연신고기간이 3개월 이상이거나 신고를 하지 않은 경우		300
라. 법 제11조제2항에 따른 영업의 양수 등의 신고를 거짓으로 한 경우	법 제48조 제1항 제2호	500
마. 법 제14조에 따른 중소기업창업투자회사의 공시를 하지 않은 경우	법 제48조 제1항 제3호	
1) 1차 위반 2) 2차 위반 3) 3차 이상 위반		100 200 300
바. 법 제14조에 따른 중소기업창업투자회사의 공시를 거짓으로 한 경우	법 제48조 제1항 제3호	500
사. 법 제19조 또는 제23조에 따른 결산서를 제출하지 않은 경우	법 제48조 제1항 제4호	
1) 1차 위반 2) 2차 위반 3) 3차 이상 위반		100 200 300
아. 법 제19조 또는 제23조에 따른 결산서를 거짓으로 제출한 경우	법 제48조 제1항 제4호	500
자. 법 제40조제1항에 따른 보고를 하지 않은 경우	법 제48조 제1항 제5호	
1) 1차 위반 2) 2차 위반 3) 3차 이상 위반		100 200 300
차. 법 제40조제1항에 따른 보고를 거짓으로 한 경우	법 제48조 제1항 제5호	500
카. 법 제40조제1항에 따른 검사를 거부·방해 또는 기피한 경우	법 제48조 제1항 제5호	500
타. 법 제46조를 위반하여 비슷한 명칭을 사용한 경우	법 제48조 제1항 제7호	500

[별표 3] 중소기업상담회사 및 창업보육센터사업자에 대한 등록취소·지정취소 및 지원중단의 기준(제31조의3 관련) <신설 2015.5.1.>

중소기업상담회사 및 창업보육센터사업자에 대한 등록취소·지정취소 및 지원중단의 기준(제31조의3 관련)

1. 일반기준

가. 위반행위 횟수에 따른 행정처분의 기준은 최근 2년간 같은 위반행위로 행정처분을 받은 경우에 적용한다. 이 경우 위반횟수는 같은 위반행위에 대하여 행정처분을 받은 날과 그 처분 후에 다시 같은 위반행위를 하여 적발된 날을 각각 기준으로 하여 계산한다.

나. 위반행위가 둘 이상인 경우로서 그에 해당하는 각각의 처분기준이 다른 경우에는 그 중 무거운 처분기준에 따른다. 다만, 둘 이상의 처분기준이 모두 지원중단인 경우에는 각 처분기준을 합산한 기간을 넘지 않는 범위에서 무거운 처분기준의 2분의 1 범위까지 가중할 수 있다.

다. 처분권자는 다음의 어느 하나에 해당하는 경우에는 그 처분을 감경할 수 있다. 이 경우 그 처분이 제2호의 개별기준에 따른 지원중단인 경우에는 해당 지원중단 기간의 2분의 1 범위에서 그 기간을 줄일 수 있고, 등록취소나 지정취소인 경우(법 제43조제3항제1호 및 같은 조 제4항제1호에 해당하는 경우는 제외한다)에는 지원중단 12개월로 감경할 수 있다.

1) 위반행위가 사소한 부주의나 오류로 인한 것으로 인정되는 경우
2) 위반행위자가 위반행위를 바로 정정하거나 시정하여 법 위반상태를 해소한 경우
3) 그 밖에 위반행위의 내용·정도·동기 및 결과 등을 고려하여 감경할 필요가 있다고 인정되는 경우

2. 개별기준

위반행위	근거 법조문	처분기준		
		1차	2차	3차
가. 중소기업상담회사가 거짓이나 그 밖에 부정한 방법으로 등록을 한 때	법 제43조 제3항 제1호	등록 취소		

나. 중소기업상담회사가 법 제31조제2항에 따른 등록요건에 맞지 않게 된 때. 다만, 임원 중 같은 항 제2호 각 목의 어느 하나에 해당하는 자가 있는 경우 6개월 이내에 그 임원을 바꾸어 임명한 경우에는 그렇지 않다.	법 제43조 제3항 제2호	경고	지원 중단 12개월	등록 취소
다. 중소기업상담회사의 책임 있는 사유로 법 제31조제1항에 따른 사업수행이 어렵게 된 때	법 제43조 제3항 제3호	경고	지원 중단 12개월	등록 취소
라. 중소기업상담회사가 정당한 사유 없이 1년 이상 계속하여 사업을 하지 않은 때	법 제43조 제3항 제4호	경고	지원 중단 12개월	등록 취소
마. 창업보육센터사업자가 거짓이나 그 밖의 부정한 방법으로 지정을 받은 때	법 제43조 제4항제1호	지정취소		
바. 창업보육센터사업자가 지원받은 자금을 다른 목적으로 사용한 때	법 제43조 제4항 제2호	경고	지원 중단 12개월	지정 취소
사. 창업보육센터사업자가 창업보육센터 시설 및 장소를 중소기업 창업지원 외의 목적으로 사용한 때	법 제43조 제4항 제3호	경고	지원 중단 12개월	지정 취소
아. 창업보육센터의 운영 실적이 산업통상자원부령으로 정하는 기준에 미치지 못할 때	법 제43조 제4항 제4호	지정취소		
자. 창업보육센터사업자가 법 제6조제1항에 따른 지정 요건에 맞지 않게 된 때	법 제43조 제4항 제5호	경고	지원 중단 12개월	지정 취소

중소기업창업 지원법 시행규칙

[시행 2015.3.31.]
[산업통상자원부령 제118호, 2015.3.31., 일부개정]

제1조(목적) 이 규칙은 「중소기업창업 지원법」 및 같은 법 시행령에서 위임된 사항과 그 시행에 필요한 사항을 규정함을 목적으로 한다.

제2조(사업분리의 요건) 「중소기업창업 지원법 시행령」(이하 "영"이라 한다) 제2조제1항제1호 단서에 따라 창업으로 인정되는 경우는 사업을 개시하는 자가 다음 각 호의 요건을 갖춘 경우로 한다.
1. 사업을 하던 자와 사업을 개시하는 자 간에 사업 분리에 관한 계약을 체결할 것
2. 사업을 개시하는 자가 새로 설립되는 기업의 대표자로서 그 기업의 최대주주 또는 최대출자자가 될 것

제3조(창업보육센터의 사업계획) 「중소기업창업 지원법」(이하 "법"이라 한다) 제6조제1항제3호에 따른 사업계획에는 다음 각 호의 사항이 포함되어야 한다.
1. 창업보육센터의 명칭·소재지
2. 사업의 목적 및 추진일정
3. 입주자에 대한 경영 및 기술 지원계획
4. 소요자금 조달 및 집행 계획

제4조(창업보육센터사업자의 지정신청) ①법 제6조제1항에 따라 창업보육센터사업자로 지정을 받으려는 자는 별지 제1호서식의 지정신청서에 다음 각 호의 서류를 첨부하여 중소기업청장에게 제출하여야 한다. 이 경우 중소기업청장은 「전자정부법」 제36조제1항에 따른 행정정보의 공동이용을 통하여 법인 등기사항증명서(법인인 경우만 해당한다)를 확인하여야 한다. <개정 2012.11.30.>
1. 정관(법인인 경우만 해당한다)
2. 사업계획서
3. 전문인력 보유현황
4. 시설명세서
②창업보육센터사업자로 지정을 받은 자는 다음 각 호의 어느 하나에 해당하는 사항이 변경되면 변경일부터 7일 이내에 별지 제1호서식의 변경신청서에 변경된 사실을 증명하는 서류를 첨부하여 중소기업청장에게 제출하여야 한다.
1. 사업자명
2. 전문인력의 보유현황
3. 법 제6조제1항제1호 각 목의 시설
4. 제3조 각 호의 사항
5. 정관에 적힌 사업목적

제5조(중소기업창업투자회사의 등록) ①법 제10조제1항에 따라 중소기업창업투자회사(이하 "창업투자회사"라 한다)로 등록을 하려는 자는 별지 제2호서식의 등록신청서(전자문서로 된 신청서를 포함한다)에 다음 각 호의 서류(전자문서를 포함한다)를 첨부하여 중소기업청장에게 제출하여야 한다. 이 경우 중소기업청장은 「전자정부법」 제36조제1항에 따른 행정정보의 공동이용을 통하여 법인 등기사항증명서(법인인 경우만 해당한다)를 확인하여야 한다. <개정 2012.11.30., 2014.2.28.>
1. 정관
2. 사업계획서
3. 임원의 이력서
4. 주주의 명부
5. 법 제10조제2항제1호에 따른 납입자본금의 납입을 증명하는 서류
6. 영 제9조제7항제1호에 따른 상근

전문인력의 보유현황 및 그 자격을 증명하는 서류
7. 영 제9조제7항제2호에 따른 사무실 확보현황에 관한 서류

②법 제10조제1항 후단에서 "산업통상자원부령으로 정하는 중요사항"이란 다음 각 호의 사항을 말한다. <개정 2009.6.2., 2013.3.23.>
1. 회사명
2. 본점 소재지 및 지점 또는 사무소 설치현황
3. 대표자 및 임원
4. 납입자본금
5. 상근 전문인력의 보유현황
6. 정관에 적힌 사업목적
7. 의결권 있는 발행주식총수의 100분의 5 이상의 주식을 소유한 주주의 주식소유현황
8. 의결권 있는 발행주식총수의 100분의 10 이상의 주식소유현황의 변동

③창업투자회사는 제2항 각 호의 어느 하나에 해당하는 사항이 변경되면 변경일부터 7일 이내에 별지 제2호서식의 변경등록신청서에 변경된 사실을 증명하는 서류를 첨부하여 중소기업청장에게 변경등록을 신청하여야 한다.

④중소기업청장은 제1항에 따른 등록을 신청한 자 또는 제3항에 따른 변경등록을 신청한 자가 등록요건에 적합한 때에는 별지 제3호서식의 등록증을 발급하여야 한다.

제6조(지위승계신고) 법 제11조제2항에 따라 창업투자회사의 지위 승계를 신고하려는 자는 다음 각 호의 서류를 중소기업청장에게 제출하여야 한다.
1. 제5조제1항 각 호의 서류
2. 승계한 사실을 증명하는 서류
3. 「공인회계사법」 제23조에 따른 회계법인의 감사의견서가 첨부된 결산서

제7조(등록말소신청) 법 제12조제1항에 따라 창업투자회사등록의 말소를 신청하려는 자는 다음 각 호의 사항을 적은 서류에 제5조제4항에 따른 등록증을 첨부하여 중소기업청장에게 제출하여야 한다.
1. 회사명
2. 등록을 말소하려는 사유

제8조(창업투자회사의 행위제한) ①영 제10조제4항제4호에서 "산업통상자원부령으로 정하는 금액"이란 5천만원을 말한다. <개정 2009.6.2., 2013.3.23.>
② 영 제10조제4항제6호가목 및 나목에서 "산업통상자원부령으로 정하는 경영지배"란 각각 다음 각 호의 어느 하나에 해당하는 경우를 말한다. <신설 2009.6.2., 2013.3.23.>
1. 창업투자회사(그 특수관계인을 포함한다)가 투자기업의 의결권 있는 주식 또는 출자지분의 100분의 50을 초과하여 소유하는 경우
2. 창업투자회사가 계약 등에 따라 투자기업의 이사회 또는 이에 준하는 의사결정기구의 구성원의 과반수 이상을 임면할 수 있는 권한을 가진 경우
3. 창업투자회사가 계약 등에 따라 투자기업의 주주총회 또는 이에 준하는 의사결정기구에서 과반수 이상의 의결권을 행사할 수 있는 경우
4. 창업투자회사의 임직원(창업투자회사의 특수관계인을 포함한다)이 투자기업의 대표이사를 겸직(창업투자회사와 투자기업이 각각 공동대표이사를 선임한 경우는 제외한다)하거나 투자기업의 이사회 구성원의 과반수 이상을 차지하는 등 창업투자회사가 투자기업의 재무 또는 영업에 관한 중요한 사항을 단독으로도 결정할 수 있는 경우

③영 제10조제4항제8호에서 "산업통상자원부령으로 정하는 행위"란 투자

에 관한 계약서에 적힌 사항외에 별
도의 조건을 설정하여 투자하는 행위
를 말한다. <개정 2009.6.2., 2013.3.23.>
④법 제15조제2항에서 "산업통상자
원부령으로 정하는 기간"이란 1년을
말한다. <개정 2009.6.2., 2013.3.23.>

제9조(투자의 범위) 법 제16조제1항
본문 후단에서 "산업통상자원부령으
로 정하는 용도"란 다음 각 호의 어
느 하나에 해당하는 용도를 말한다.
<개정 2009.6.2., 2010.3.25., 2013.3.23.,
2014.2.28., 2015.3.31.>
1. 「자본시장과 금융투자업에 관한
   법률」 제8조의2제4항제1호에 따
   른 증권시장(「자본시장과 금융투
   자업에 관한 법률 시행령」 제11
   조제2항에 따른 코넥스시장은 제
   외하며, 이하 "증권시장"이라 한
   다)에 상장되지 아니한 창업자, 벤
   처기업 또는 「중소기업기술혁신
   촉진법」 제15조 및 제15조의2에
   따른 기술혁신형·경영혁신형 중
   소기업에 대하여 다음 각 목의 어
   느 하나의 방식으로 행하는 투자
   가. 신규로 발행되는 주식의 인수.
       다만, 증권시장에 상장하기 위
       하여 신규로 발행되는 주식의
       인수는 제외한다.
   나. 신규로 발행되는 무담보전환사
       채 또는 무담보신주인수권부
       사채의 인수
   다. 지분의 취득. 다만, 타인의 출
       자지분을 취득하는 경우는 제
       외한다.
2. 법 제10조제1항제5호에 따른 투
   자의 대상이 되는 중소기업(증권
   시장에 상장된 기업을 제외한다)
   이 영위하는 사업 중 중소기업청
   장이 고시하는 분야와 관련된 사
   업에 대한 투자
3. 삭제 <2014.2.28.>
4. 삭제 <2014.2.28.>

**제10조(중소기업창업투자조합의 등록원
부 등)** ①영 제14조제3항 또는 제15
조제2항에 따른 중소기업창업투자조
합(이하 "창업투자조합"이라 한다)의
등록 또는 변경등록신청서는 별지 제
4호서식에 따른다.
②영 제15조제1항에 따른 창업투자
조합의 등록원부는 별지 제5호서식
에 따른다. 이 경우 등록원부는 자기
디스크 등으로 작성할 수 있다.
③중소기업청장은 영 제15조제3항에
따라 등록원부의 등본을 발행할 때에
는 원부와 동일한 서식의 용지로 작
성하고 그 끝에 등본임을 적어 중소
기업청장의 관인을 날인하여야 한다.

제11조(청산결과 보고) 법 제26조제1항
에 따라 청산인은 다음 각 호의 사항
이 포함된 청산결과보고서를 작성하여
중소기업청장에게 제출하여야 한다.
1. 조합원별로 창업투자조합의 재산
   을 배분한 명세
2. 법 제28조에 따라 업무집행조합원
   에게 배분한 투자수익의 명세
3. 영 제19조제2항에 따라 업무집행
   조합원이 임직원에게 지급한 성과
   급의 명세

제12조(중소기업상담회사의 등록) ①법
제31조제1항에 따라 중소기업상담회
사로 등록을 하려는 자는 별지 제2호
서식의 등록신청서(전자문서로 된 신
청서를 포함한다)에 다음 각 호의 서
류(전자문서를 포함한다)를 첨부하여
중소기업청장에게 제출하여야 한다.
이 경우 중소기업청장은 「전자정부
법」 제36조제1항에 따른 행정정보의
공동이용을 통하여 법인 등기사항증명
서(법인인 경우만 해당한다)를 확인하
여야 한다. <개정 2012.11.30.>
1. 정관
2. 사업계획서

3. 영 제20조제2항제1호에 따른 전
문인력 보유현황 및 그 자격을 증
명하는 서류
②법 제31조제1항 후단에서 "산업통
상자원부령으로 정하는 중요 사항"
이란 다음 각 호의 사항을 말한다.
<개정 2009.6.2., 2013.3.23.>
1. 회사명
2. 소재지
3. 대표자
4. 납입자본금
5. 전문인력 보유현황
6. 정관에 적힌 사업목적
③중소기업상담회사는 제2항 각 호의
어느 하나에 해당하는 사항이 변경
되면 변경일부터 15일 이내에 별지
제2호서식의 변경등록신청서에 변경
된 사실을 증명하는 서류를 첨부하
여 중소기업청장에게 변경등록을 신
청하여야 한다.
④영 제20조제2항제2호에서 "산업통
상자원부령으로 정하는 부대시설"이
란 창업자에 대한 경영 및 기술상담
을 위한 전용공간을 말한다.
<개정 2009.6.2., 2013.3.23.>
⑤중소기업청장은 제1항에 따른 등록
의 신청을 한 자 또는 제3항에 따른
변경등록의 신청을 한자가 등록요건
에 적합하면 별지 제3호서식의 등록
증을 발급하여야 한다.

제13조(용역 대금의 지원신청) 영 제
21조에 따라 용역 대금의 지원을 받
으려는 중소기업상담회사는 별지 제6
호서식의 신청서(전자문서로 된 신청
서를 포함한다)에 다음 각 호의 서류
(전자문서를 포함한다)를 첨부하여야
한다. 이 경우 담당 공무원은 「전자
정부법」 제36조제1항에 따른 행정
정보의 공동이용을 통하여 용역을 제
공받은 창업자의 사업자등록증을 확
인하여야 하며, 신청인이 확인에 동
의하지 아니하는 경우에는 그 사본을

첨부하도록 하여야 한다.
<개정 2012.11.30.>
1. 용역결과보고서
2. 용역대금계산서
3. 용역계약서 사본

제14조(사업계획의 승인신청) 창업자는
법 제33조제1항 및 영 제22조에 따
라 사업계획의 승인 또는 변경승인을
받으려면 별지 제7호서식의 신청서에
다음 각 호의 서류를 첨부하여 시장·
군수·구청장(자치구의 구청장을 말한
다. 이하 같다)에게 제출하여야 한다.
1. 사업계획서(승인신청의 경우만 해
당한다)
2. 변경계획서 및 변경사유서(변경승
인신청의 경우만 해당한다)
3. 변경내용의 신·구 대비표(변경승
인신청의 경우만 해당한다)
4. 부동산권리자의 사용동의서
5. 법 제33조제4항에 따른 지침에서
정하는 서류

**제15조(창업민원처리협의회의 구성·운
영)** ①영 제23조제1항에 따른 창업
민원처리협의회(이하 "협의회"라 한
다)의 위원장은 지방중소기업청장이
되고, 위원은 다음 각 호의 자가 된
다. <개정 2013.3.23.>
1. 사업계획의 승인과 관련되는 행정
기관의 실무책임자
2. 해당 시·군·구(자치구를 말한다. 이
하 같다) 및 공공기관의 실무책임자
3. 시민단체(「비영리민간단체지원법」
제2조에 따른 비영리민간단체를 말
한다) 또는 중소기업 관련 단체(중
소기업협동조합이나 「민법」과
「산업통상자원부장관 및 그 소속
청장의 주관에 속하는 비영리법인
의 설립 및 감독에 관한 규칙」에
따라 설립된 비영리사단법인을 말
한다)에서 추천하는 자 중 지방중
소기업청장이 지정하는 자

②협의회는 다음 각 호의 사항을 협의한다.

1. 사업계획 승인업무의 지원
2. 창업 관련 사전정보의 제공 및 상담
3. 창업자로부터 접수된 민원의 일괄 처리 등

③위원장은 사업계획 승인업무의 지원 등을 위하여 필요하다고 인정되거나, 창업자 또는 시·군·구의 요청이 있을 경우에는 협의회를 개최한다.

④위원장은 제3항에 따라 협의회를 개최하려면 개최 일시 및 안건을 개최 10일 전까지 각 위원에게 알려야 한다.

⑤그 밖에 협의회의 운영에 필요한 사항은 위원장이 정한다.

제16조(사업계획의 사전협의 신청) 창업자가 법 제34조제1항 및 영 제25조제1항에 따라 사업계획의 사전협의를 신청하려는 경우에는 별지 제8호서식의 사업계획 사전협의신청서에 다음 각 호의 서류를 첨부하여 시장·군수·구청장에게 제출하여야 한다.

1. 사업계획서 1부
2. 환경 관련 법령에 따른 검토가 필요한 경우에는 기계 기구류, 규모, 마력 수 등을 적은 서류 1부
3. 법 제35조제1항 각 호의 사항에 관한 서류(필요한 경우만 첨부한다)

제16조의2(부담금 면제 신청) 법 제39조의3제1항 및 영 제29조의2제1항에 따라 부담금을 면제받으려는 창업자가 제출하는 부담금 면제 신청서는 별지 제9호서식에 따른다.
[본조신설 2014.6.5.]

제17조(창업보육센터사업자의 운영 실적 기준) 법 제43조제4항제4호에서 "산업통상자원부령으로 정하는 기준에 미치지 못할 때"란 다음 각 호의 어느 하나에 해당하는 경우를 말한다.

1. 증축·개축 등의 특별한 사유 없이 해당 창업보육센터의 보육실을 보육실 총면적의 100분의 60 미만으로 임대한 실적이 3개월 이상 지속된 경우
2. 창업보육의 기반시설, 창업보육 프로그램의 운영 및 관리 등에 관하여 중소기업청장이 정하여 고시하는 평가 기준에 3회 연속 미치지 못한 경우

[전문개정 2014.2.28.]

제18조 삭제 〈2009.6.2.〉

부칙
〈제59호, 2014.6.5.〉

이 규칙은 공포한 날부터 시행한다.

부칙
〈제118호, 2015.3.31.〉

이 규칙은 공포한 날부터 시행한다.

서식 6] 용역대금지원신청서

■ 중소기업창업 지원법 시행규칙 [별지 제6호서식] <개정 2012.11.30>

용역대금지원신청서

※ 색상이 어두운 란은 신청인이 적지 않습니다. (앞 쪽)

접수번호		접수일		처리기간	21일
신청인	중소기업상담회사명		대표자 성명		
	등록번호		전화번호		
	주소				
신청내용	신청액		용역대금총액		
	창업자		전화번호		
	주소				
	용역내용				

「중소기업창업 지원법」 제32조, 같은 법 시행령 제21조제2항 및 같은 법 시행규칙 제13조에 따라 위와 같이 신청합니다.

년 월 일

신청인 (서명 또는 인)

귀하

첨부서류	1. 용역결과보고서 1부 2. 용역대금계산서 1부 3. 용역계산서 사본 1부	수수료 없음
담당공무원확인사항	사업자등록증	

행정정보 공동이용 동의서

본인은 이 건 업무처리와 관련하여 담당 공무원이 「전자정부법」 제36조에 따른 행정정보의 공동이용을 통하여 위의 담당 공무원 확인 사항을 확인하는 것에 동의합니다. *동의하지 않는 경우에는 신청인이 직접 관련 서류를 제출해야 합니다.

신청인 (서명 또는 인)

210mm×297mm[백상지 80g/㎡]

(뒤 쪽)

처리절차

이 신청서는 아래와 같이 처리됩니다.

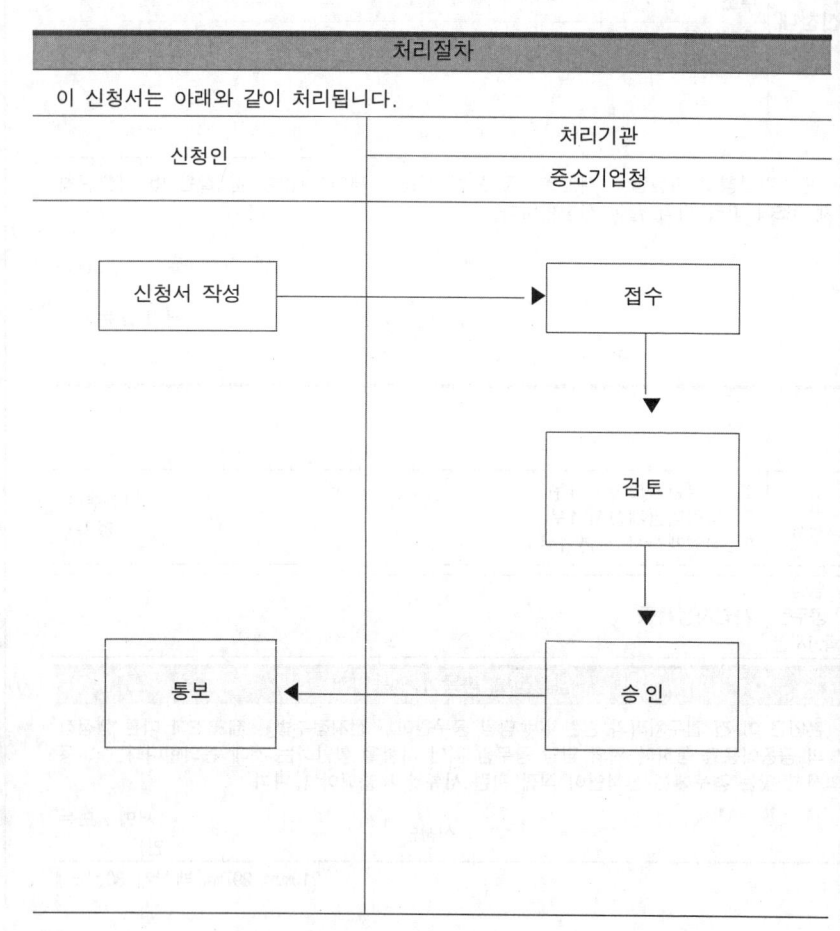

신청인	처리기관
	중소기업청

신청서 작성 → 접수

검토

통보 ← 승인

[서식 9] 부담금 면제 신청서

■ 중소기업창업 지원법 시행규칙 [별지 제9호서식] <신설 2014.6.5>

(   ) 부담금 면제 신청서

※ 색상이 어두운 란은 신청인이 적지 않습니다. (앞쪽)

접수번호	접수일		처리기간	14일

신청인	회사명		사업자등록번호	
	회사형태(개인/법인)		설립연월일	
	주소(법인은 소재지)			
	공장소재지			
	대표자	성명	생년월일(법인등록번호)	
		주소	전화번호	
			전자우편	

대표자 사업체 운영이력

기 간	형태 (개인/법인)	상호명	업 종	직 위
~				
~				
~				
~				

「중소기업창업 지원법」 제39조의3제1항 및 같은 법 시행령 제29조의2제1항에 따라 (   )부담금을 면제받으려고 하며, 기재사항은 사실과 틀림없습니다.

년   월   일

신청인   (서명 또는 인)

시장·군수·구청장 귀하

제출서류	뒤쪽 참조	수수료 없음

210mm×297mm[백상지 80g/㎡(재활용품)]

(뒤쪽)

| 제출서류 | 1. 개인사업자의 경우
가. 업종 추가 후 2분기 동안의 매출신고서(업종을 추가한 경우로 한정합니다)
나. 그 밖에 시장·군수·구청장이 창업 여부를 확인하기 위하여 필요하다고 인정하는 서류
2. 법인의 경우
가. 사업의 분리에 관한 계약서 및 창업일이 속한 달의 주식변동상황명세서 (사업의 일부를 분리한 경우로 한정합니다)
나. 업종 추가 후 2분기 동안의 매출신고서(업종을 추가한 경우로 한정합니다)
다. 그 밖에 시장·군수·구청장이 창업 여부를 확인하기 위하여 필요하다고 인정하는 서류
3.「전자정부법」 제36조제1항에 따른 행정정보의 공동이용 동의하지 않을 경우 아래 서류제출
가. 사업자등록증
나. 법인 등기사항증명서(법인의 경우로 한정합니다)
다. 국세 납세증명서와 지방세 납세증명서(법인의 경우 대표이사의 국세 납세증명서와 지방세 납세증명서를 말합니다) | 수수료
없음 |

행정정보 공동이용 동의서

본인은 이 건 업무처리와 관련하여 「전자정부법」 제36조제1항에 따른 행정정보의 공동이용을 통하여 담당공무원이 위의 사항을 확인하는 것에 동의합니다.

신청인
(서명 또는 인)

처 리 절 차

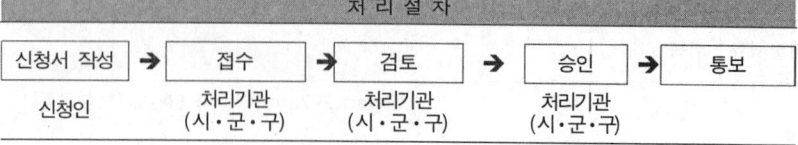

신청서 작성	→	접수	→	검토	→	승인	→	통보
신청인		처리기관 (시·군·구)		처리기관 (시·군·구)		처리기관 (시·군·구)		

중소기업협동조합법

[시행 2015.8.4.]
[법률 제13159호, 2015.2.3., 일부개정]

제1장 총칙

제1조(목적) 이 법은 중소기업자가 서로 힘을 합하여 협동 사업을 추진하는 협동 조직의 설립·운영 및 육성에 관한 사항을 정하여 중소기업자의 경제적인 기회 균등을 기하고 자주적인 경제 활동을 북돋우어 중소기업자의 경제적 지위의 향상과 국민경제의 균형 있는 발전을 꾀함을 목적으로 한다.

제2조(정의) 이 법에서 사용하는 용어의 뜻은 다음과 같다.
1. "중소기업자"란 다음 각 목의 자를 말한다.
   가. 「중소기업기본법」 제2조제1항에 따른 중소기업(같은 법 같은 조 제3항에 따른 중소기업을 포함한다)을 영위하는 자
   나. 중소기업협동조합
2. "중소기업관련단체"란 구성원의 과반수가 중소기업자로서 「민법」이나 그 밖의 법률에 따라 설립된 비영리법인을 말한다.

제3조(종류 등) ①중소기업협동조합의 종류는 다음 각 호와 같다.
1. 협동조합(이하 "조합"이라 한다)
2. 사업협동조합(이하 "사업조합"이라 한다)
3. 협동조합연합회(이하 "연합회"라 한다)
4. 중소기업중앙회(이하 "중앙회"라 한다)
②조합, 사업조합 및 연합회를 설립할 수 있는 업종의 분류는 대통령령으로 정한다.

■판례 - 손해배상(기)

【판시사항】
[1] 중소기업협동조합법에 의하여 설립된 협동조합이 조합원을 위하여 원자재를 구매·공급해 주는 행위의 성질 및 그러한 업무를 담당하는 임원이 부담하는 주의의무의 내용
[2] 중소기업협동조합법에 의하여 설립된 협동조합의 원자재 공동구매 업무 담당 임원이 적절한 채권회수조치를 취하지 아니한 채 통상의 업무처리절차와 달리 조달청으로부터 납품통보를 받지 아니한 상태에서 조합원에게 장기간 원자재를 대량 선공급해 줌으로써 위 협동조합이 원자재 대금 일부를 회수하지 못하는 손해를 입게 한 것은 위 임원에게 요구되는 선관주의 의무를 위반한 것이라고 본 사례

상고이유를 판단한다.

1. 중소기업협동조합법에 의하여 설립된 협동조합(이하 '협동조합'이라 한다)이 공공기관으로부터 공급요청을 받은 물품의 일정량을 특정 조합원에게 배정한 후 그 조합원의 요청에 따라 원자재공급업체로부터 원자재를 구매하여 그 조합원에게 제공함으로써 그 조합원이 이를 가공하여 공공기관에 납품하도록 조력하는 경우, 협동조합이 조합원을 위하여 원자재를 구매·공급해 주는 행위는 협동조합의 채무부담하에 원자재 구매능력이 미약한 조합원을 위하여 행하는 신용공여적인 성질을 갖고 있다고 볼 수 있으므로, 이러한 업무를 담당하는 임원으로서는 구매·공급해 준 원자재가 협동조합의 설립목적과 사업목적에 부합하게 공공기관에 납품하는 데 사용되도록 조치하는 한편, 원자재 구매를 요청한 조합원의 신용도를 조사하고 그 조합원으로부터 담보를 제공받거나 그 밖의 방법으로 합리적인 채권회수조치를 취하여야 할 선량한 관리자의 주의의무가 있고, 이러한 주의의무를 게을리한 채 원자재를 구매·공급하여 주어 그로 말미암아 협동조합이 손해를 입게 된 경우에는 협동조합에게 그 손해를 배상할 책임이 있다.

2. 원심판결 이유에 의하면, 원고 조합은 중소기업협동조합법에 근거하여 돌망태 등 각종 철망제품을 전문으로 생산하는 전국의 130여 업체를 조합원으로 하여 설립된 조합으로서, 조합원들의 이익을 위하여 철망제품의 공동판매 및 원자재 공동구매를 주된 업무로 하고 있는 사실, 피고는 1988. 4.경부터 2002. 2. 27.까지 원고 조합의 전무이사로 근무하였던 사실, 원고 조합에는 조합원

에 대한 물품배정 및 원자재공급에 관한 특별한 규정은 없고, 다만 원고 조합의 공동구매사업규정에 의하면 수탁구매를 신청한 조합원은 구매신청행위의 보증을 위하여 선수금을 납부하도록 되어 있으나, 실제로 선수금을 납부한 사례는 한 번도 없었던 사실, 통상적으로 원고 조합에서는, 먼저 철망제품을 구입하고자 하는 공공기관이 조달청에게 조달요구를 하게 되면, 조달청은 이를 원고 조합에게 통보하고, 원고 조합은 지역이나 실적을 고려하여 적합하다고 판단되는 조합원에게 물품배정을 한 후, 배정금액의 약 60% 상당액의 원자재를 원자재공급업체에게 발주하고, 물품배정을 받은 조합원은 원고 조합이 구매한 원자재를 공급받아 철망제품을 제작하여 공공기관에게 납품하며, 공공기관이 조달청에게 그 대금을 지급하면 조달청은 이를 원고 조합에게 송금하고, 원고 조합은 위 금원 중 원자재대금 및 수수료를 공제한 나머지 금원을 당해 조합원에게 지급해 왔던 사실을 알 수 있다.

위 사실관계와 기록에 의하면, 조합원으로부터 선수금을 지급받도록 규정하고 있는 공동구매사업규정에도 불구하고, 원고 조합이 통상적으로 조달청(공공기관)으로부터 물품공급요청이 있음을 확인한 후 조합원에게 그 물품 중 일정량을 배정하고 원자재공급업체로부터 구매한 원자재를 그 조합원에게 공급한 다음 그 조합원으로 하여금 완제품을 제작하여 조달청(공공기관)에 납품하는 방식으로 업무를 처리하여 온 것은, 이러한 업무처리절차가 원고 조합의 설립목적과 공동구매사업목적을 달성하고 조합원에 대한 원자재대금 상당의 채권을 회수하는 데 매우 긴요한 수단으로 기능할 수 있어 위 공동구매사업규정의 취지를 충분히 달성할 수 있기 때문임을 알 수 있다. 즉 원고 조합은 이러한 통상적인 업무처리절차를 통하여 조합원에게 공급해 준 원자재가 조달청(공공기관)에 대한 납품용으로 사용되지 않고 다른 용도로 전용되는 등 원고 조합의 설립목적과 공동구매사업목적에 위반되는 사태가 벌어지는 것을 방지할 수 있을 뿐만 아니라, 원고 조합으로서는 조달청과 계약을 체결한 당사자로서 조달청으로부터 직접 물품대금을 지급받아 여기서 원자재대금 및 수수료를 공제한 나머지만을 조합원에게 반환함으로써 조합원에 대한 원자재대금 채권 상당을 확보할 수 있게 된다.

또한, 위 사실관계와 기록에 의하면, 원고 조합이 통상적으로 조달청(공공기관)에 대한 물품공급가액의 60%에 상당한 원자재만을 원자재공급처로부터 구매하여 조합원에게 공급해 준 이유는 물품대금에서 원자재가 차지하는 비율이 60% 정도이기 때문이라는 점을 알 수 있다. 만일 원고 조합이 조달청

(공공기관)에 대한 납품에 소요되는 원자재 물량을 초과한 원자재를 조합원에게 공급해 주게 되면 실질적으로 과잉 신용공여가 발생하여 원고 조합의 설립목적과 공동구매사업의 목적에 어긋나는 결과가 발생할 뿐만 아니라, 원자재 공급량이 조합원에 대한 물품배정량을 넘어서게 되는 경우 등에는 위에서 본 바와 같이 원고 조합이 조달청으로부터 물품대금을 납품받아 그 대금에서 원자재대금과 수수료를 회수할 수 있는 기회를 상실하게 되므로, 이러한 원자재 공급비율 제한에 관한 업무처리절차 역시 원고 조합의 설립목적과 공동구매사업목적을 달성하고 조합원에 대한 원자재대금 상당의 채권을 회수하는 데 매우 긴요한 절차임을 알 수 있다.

따라서 원고 조합의 원자재공동구매 업무를 담당하는 임원인 피고로서는 위와 같은 통상적인 업무처리절차들을 따르지 않더라도 조합원에 대한 원자재대금 상당의 채권을 회수함에 지장이 없거나 원고 조합의 설립목적과 공동구매사업목적을 달성하기 위하여 긴급히 필요하다고 인정되는 경우 등과 같은 특별한 사정이 없는 한 적어도 위와 같은 통상적인 업무처리절차들을 준수함으로써 원고 조합에 손해가 발생하지 않도록 조치할 주의의무가 있다.

3. 원심판결의 이유에 의하면, 원고 조합의 전무이사로서 조합원에 대한 물품배정 및 원자재 공급업무를 담당하였던 피고는, 1998년 여름에 상주시 일원에 수해가 발생하자 하천제방 복구작업에 필요한 많은 양의 돌망태의 수주를 예상하고 상주시청을 방문하여 담당자를 만나 '수해복구 물량이 돌망태로 설계될 수 있도록 해 달라'고 부탁하였는데 담당자로부터 긍정적인 답변을 듣게 되자, 수해복구공사는 긴급공사라서 미리 원자재를 공급받아 돌망태를 제작하여야 제때에 납품할 수 있을 것이라는 이유로, 위와 같은 통상적인 업무처리절차들을 따르지 아니하고, 상주시 내지는 조달청으로부터 납품 통보를 받지 아니한 상태에서 원고 조합의 조합원으로서 당시 상주시에 공장을 설립한 소외 주식회사(이하 '소외 회사'라고 한다)로 하여금 미리 철망을 제조할 수 있도록 1999. 2. 23.부터 2001. 6. 26.까지 사이에 소외 회사에게 물품을 배정하는 한편 그 물품 배정에 앞서 원자재를 발주하고 또한 그 발주물량도 소외 회사가 배정받은 금액의 60%를 초과하여 발주함으로써 소외 회사로 하여금 합계 1,676,571,042원 상당의 원자재를 공급받도록 하였으나, 상주시는 원고 조합에게 돌망태를 발주하지 아니하였고, 원고 조합은 소외 회사에게 공급한 원자재 대금 중 475,132,237원을 회수하지 못하는 손해를 입게 된 사실을 알 수 있다.

그런데 기록에 의하면, 상주시는 1999년경 수해복구사업과 관련하여 돌망태 및 호안블럭을 수주하는 과정에서 그 양을 일부 증감하였을 뿐 돌망태의 발주를 계획하였다가 호안블럭으로 설계를 변경한 사실은 없고, 상주시가 1999년도에 납품받은 돌망태의 물량은 총 8억 원 정도로서 그 중 원고 조합으로부터 납품받은 물량은 약 7,900만 원 정도에 불과하며 나머지는 모두 소외 회사 외의 다른 업체들로부터 납품받았고, 상주시는 2000년도에 이르러서는 돌망태 납품계약을 1건도 체결하지 아니한 사실을 알 수 있는바, 이에 비추어 보면 1998년도에 발생된 수해를 위한 긴급공사라고 하더라도 상주시의 수해복구사업에 관한 구체적인 계획과 소요 물량을 확인하지 아니한 채 담당자의 막연한 긍정적인 답변만을 근거로 통상의 업무처리절차와 달리 아무런 채권회수조치 없이 원자재를 선공급하여야 할 만한 긴급성을 인정하기에 부족하다. 그뿐 아니라, 1998년도에 발생된 수해를 위한 긴급공사라고 하면서도 1999년도와 2000년도의 상주시의 실제 수요와는 달리 1999. 2. 23.부터 2001. 6. 26.까지 2년 3개월에 이르는 장기간 동안 소외 회사 1인에게 집중하여 1,676,571,042원에 이르는 거액의 원자재를 공급하여야 할 필요성을 인정하기도 어렵다. 더욱이 물품배정액의 60% 상당의 원자재를 발주하던 통상의 업무처리절차마저도 무시하고 물품배정에 앞서 원자재를 발주하였고, 그 결과 기록에 의하면 소외 회사에게 공급된 원자재 총액이 사후 물품배정액 총액인 1,449,970,560원마저도 넘는 사실을 알 수 있다. 이러한 사정들에 비추어 보면, 적절한 채권회수조치를 취하지 아니한 채 통상의 업무처리절차와는 달리 조달청으로부터 납품통보를 받지 아니한 상태에서 소외 회사에게 장기간 원자재를 대량 선공급해 줌으로써 원고 조합에게 원자재 대금 475,132,237원 상당을 회수하지 못하는 손해를 입게 한 것은 도저히 합리적이라고 할 수 없고, 결국 협동조합의 임원에게 요구되는 선량한 관리자의 주의의무를 위반한 것으로 보아야 한다.

4. 그런데도 원심은 피고에게 조합원에 대한 물품배정 이후에만 원자재를 발주하여야 하거나 물품배정을 받은 경우에도 당해 조합원에게 물품배정액의 60%에 해당하는 원자재만이 공급되도록 하여야 할 의무가 있다고 보기 어렵고, 또한 상주시로부터 돌망태의 대량수주를 할 것이라는 피고의 예상이 빗나감으로써 원고 조합에게 위 미수금 상당의 손해가 발생하기는 하였으나 피고가 물품배정 전에 위와 같이 미리 원자재를 발주하게 된 경우 등에 비추어 피고가 선량한 관리자의 주의의무를 위반하였다고 볼 수도 없다고 판단하고 말았으니, 이러한 원심의 판단에는 조합원에 대한 원자재 공급과 관련하여 협동조합 임원에게 요구되는 선량한 관리자의 주의의무에 관한 법리를 오해하여 판결에 영향을 미친 위법이 있다. 이 점을 지적하는 원고 조합의 상고이유의 주장은 이유 있다.

5. 그러므로 원심판결을 파기하고, 사건을 다시 심리·판단하게 하기 위하여 원심법원에 환송하기로 관여 대법관의 의견이 일치되어 주문과 같이 판결한다.
[대법원, 2006다46094, 2008.5.15]

제4조(법인격과 주소) ①조합, 사업조합, 연합회와 중앙회는 법인으로 한다.
②조합, 사업조합과 연합회의 주소는 각각 그 주사무소의 소재지로 하고 국내외의 필요한 곳에 분사무소를 둘 수 있다.
③중앙회는 서울특별시에 주사무소를 두고 필요한 곳에 지회 및 지소를 둘 수 있다.

제5조(명칭 사용) 조합, 사업조합, 연합회 또는 중앙회는 그 명칭 중에 각각 다음 각 호의 문자를 사용하여야 한다. <개정 2008.6.13., 2010.6.8.>
1. 조합은 지방명을 붙인 업종별 협동조합
2. 사업조합은 지방명과 업종 또는 사업을 나타내는 명칭을 붙인 사업협동조합
3. 연합회는 업종 또는 행정구역의 명칭을 붙인 협동조합연합회
4. 중앙회는 중소기업중앙회

제6조(업무 구역) ①조합의 업무 구역(조합원 또는 회원의 자격을 가진 자의 지역 소재 범위를 말한다. 이하 같다)은 다음 각 호와 같다. <개정 2010.6.8., 2015.2.3.>
1. 전국조합: 전국
2. 지방조합: 특별시·광역시·특별자치시·도 또는 특별자치도(이하 "시·도"라 한다). 다만, 업종의 특성과 업체의 분포 및 조합 운영의 특성을 고려하여 하나의 시·도를

업무 구역으로 하는 것이 적당하지 아니하다고 인정되면 둘 이상의 시·도를 업무 구역으로 할 수 있고, 업종이 도매업이나 소매업이면 업체의 분포 등을 고려하여 하나의 시·도의 일정 지역을 업무 구역으로 할 수 있다.

②사업조합의 업무 구역은 전국, 시·도 또는 시·군·구로 정할 수 있다. 다만, 같은 업종으로 설립되는 사업조합의 업무 구역은 다음 각 호와 같다. <개정 2010.6.8.>

1. 하나의 시·군·구 또는 시·군·구의 일정 지역

2. 사업의 특성, 업체의 분포 및 사업조합 운영의 특성을 고려하여 하나의 시·군·구 또는 시·군·구의 일정 지역을 업무 구역으로 하는 것이 적당하지 아니하다고 인정되는 경우에는 둘 이상의 시·군·구(다른 시·도의 시·군·구를 포함한다) 또는 둘 이상의 시·군·구의 일정 지역

③연합회의 업무 구역은 다음 각 호와 같다.

1. 업종의 명칭을 붙인 연합회: 전국

2. 행정구역의 명칭을 붙인 연합회: 하나의 시·도. 다만, 연합회 운영의 특성을 고려하여 하나의 시·도를 업무 구역으로 하는 것이 적당하지 아니하다고 인정되면 둘 이상의 시·도를 업무 구역으로 할 수 있다.

④중앙회의 업무 구역은 전국으로 하고 각 업종 및 사업을 총괄하여 하나를 둔다.

[제목개정 2010.6.8.]

제7조(성격) ①조합, 사업조합, 연합회 또는 중앙회는 이 법에 다른 규정이 있는 경우 외에는 다음 각 호의 요건을 갖추어야 한다. <개정 2008.6.13.>

1. 조합원 또는 회원의 상호부조를 목적으로 하되, 영리를 목적으로 하지 아니할 것

2. 조합원 또는 회원의 의결권과 선거권은 평등할 것. 다만, 업종의 명칭을 붙인 연합회의 회원의 의결권과 선거권은 정관으로 정하는 바에 따라 회원이 가진 조합원 수의 비례에 따른다.

②조합, 사업조합, 연합회 또는 중앙회는 특정한 조합원 또는 회원의 이익만을 목적으로 하여 사업을 하여서는 아니 된다.

제8조(정치 관여 행위의 금지) ①조합, 사업조합, 연합회 및 중앙회는 정치에 관한 모든 행위를 할 수 없다.

②조합, 사업조합, 연합회 및 중앙회는 공직선거에서 특정 정당을 지지하는 행위, 특정인을 당선되도록 하는 행위 또는 당선되지 아니하도록 하는 행위를 하여서는 아니 된다.

③누구든지 조합, 사업조합, 연합회 및 중앙회를 이용하여 제2항에 따른 행위를 하여서는 아니 된다.

제9조(정부 및 지방자치단체 등의 협력 의무) ①중앙행정기관과 지방자치단체의 장은 조합, 사업조합, 연합회 또는 중앙회의 사업에 대하여 적극적으로 협력하여야 하며, 정부·지방자치단체 및 공공단체는 그 시설을 조합, 사업조합, 연합회 또는 중앙회가 이용하려는 때에는 다른 자에 우선하여 편의를 제공하여야 한다.

②지방자치단체는 중소기업이 공동으로 이용할 수 있는 시설의 설치·운영, 중소기업 제품의 공동전시·공동판매 등의 사업을 지원하기 위하여 조합, 사업조합, 연합회 및 중앙회에 지방자치단체의 공유재산인 부지나 시설을 무상으로 대부하거나 사용·수익하게 할 수 있다.

③중앙회 회장은 조합, 사업조합, 연

합회 또는 중앙회의 발전에 관하여 정부에 의견을 제출할 수 있다.

║10조(공무원의 겸직 금지) 공무원은 조합, 사업조합, 연합회 및 중앙회의 임원이나 직원이 될 수 없다. 다만, 「공직선거법」에 따른 선거로 선출된 공무원은 조합, 사업조합, 연합회 및 중앙회의 상근 임원·직원과 중앙회장을 제외하고는 임원이나 직원이 될 수 있다.

║11조(다른 법률의 준용) 조합, 사업조합, 연합회와 중앙회에 관하여 이 법에 규정된 사항 외에는 「민법」 또는 「상법」에 관한 규정을 준용한다.

║12조(주무관청의 감독) ① 제6조에 따라 전국을 업무 구역으로 하여서 설립되는 조합, 사업조합, 업종의 명칭을 붙인 연합회 및 중앙회는 중소기업청장이 감독한다. <개정 2010.6.8.>
② 제1항에 따른 중소기업청장의 감독 대상이 아닌 조합, 사업조합 및 행정구역의 명칭을 붙인 연합회는 특별시장·광역시장·특별자치시장·도지사 또는 특별자치도지사(이하 "시·도지사"라 한다)가 감독한다. 이 경우 둘 이상의 시·도를 업무 구역으로 하면 주사무소의 소재지를 관할하는 시·도지사가 이를 감독한다. <신설 2010.6.8., 2015.2.3.>
③제1항 및 제2항의 감독에 관하여 필요한 사항은 대통령령으로 정한다. <개정 2010.6.8.>

제12조의2(중소기업협동조합에 관한 정책 수립) ① 중소기업청장은 중소기업협동조합의 기능 활성화를 위한 추진계획(이하 "추진계획"이라 한다)을 3년마다 수립하여야 한다.
② 추진계획에는 다음 각 호의 사항

이 포함되어야 한다.
1. 중소기업협동조합 기능 활성화 지원시책의 기본방향
2. 중소기업협동조합의 공동사업 추진 방안
3. 중소기업협동조합 임직원의 교육
4. 다른 협동조합과의 협력 방안
5. 그 밖에 협동조합의 기능 활성화를 위하여 중소기업청장이 정하는 사항
③ 중소기업청장은 추진계획의 수립에 필요한 자료 및 의견의 제출 등을 관계 중앙행정기관의 장 또는 시·도지사에게 요청할 수 있다.이 경우 요청을 받은 관계 중앙행정기관의 장 또는 시·도지사는 특별한 사유가 없으면 이에 협조하여야 한다.
[본조신설 2015.2.3.]

제2장 협동조합
제1절 조합원

제13조(조합원의 자격) ①제2조제1호가목에 따른 중소기업자로서 조합 구역에서 같은 업종의 사업을 영위하는 자와 조합 구역에서 같은 업종 또는 관련 업종의 사업을 영위하는 사업조합은 정관으로 정하는 바에 따라 그 조합의 조합원이 될 자격을 가진다.
②조합은 같은 업종의 사업을 영위하는 자로서 특별한 사유가 있으면 정관으로 정하는 바에 따라 제2조제1호가목에 따른 중소기업자 외의 자를 조합원으로 할 수 있다.
③ 조합은 사업을 원활히 추진하기 위하여 정관으로 정하는 바에 따라 다른 업종의 제2조제1호가목에 따른 중소기업자를 조합원으로 할 수 있다. 다만, 같은 업종 조합원 전체의 100분의 20을 초과할 수 없다.
<신설 2010.6.8.>

제14조(특별 조합원) 조합은 정관으로 정하는 바에 따라 조합 구역에 주소를 둔 경제 단체와 중소기업 관련 기관·단체 또는 관련 중소기업 등을 특별 조합원으로 할 수 있다.

제15조(가입의 절차) ①조합에 가입하려는 자는 정관으로 정하는 바에 따라 가입에 대한 조합의 자격 확인을 받아 인수출자좌수(引受出資座數)에 대한 금액을 납입하고 조합이 가입금을 징수할 것을 정할 경우에는 그 지급을 마친 때 또는 조합원의 지분의 전부 또는 일부를 승계한 때에 조합원이 된다.
②조합원이 될 자격을 가진 자가 조합에 가입하려는 때에는 조합은 정당한 이유 없이 이를 거부하거나 현재의 조합원의 가입 당시에 붙인 것보다 불리한 조건을 붙여서는 아니 된다.
③ 제24조에 따라 임의 탈퇴한 자와 제25조제1항제3호에 따라 제명된 자의 재가입은 2년 이내의 범위에서 정관으로 정하는 바에 따라 일정 기간 동안 제한할 수 있다. 〈개정 2015.2.3.〉

제16조(출자) ①조합원은 정관으로 정하는 바에 따라 1좌(座) 이상의 출자를 하여야 한다.
②출자 1좌의 금액은 균일하여야 한다.
③한 조합원의 출자좌수는 출자 총좌수의 100분의 20을 넘어서는 안 된다.
④조합원은 출자금의 납입에 관하여 상계로써 조합에 대항하지 못한다.
⑤조합원이 휴업한 때, 사업의 일부를 폐지하거나 그 밖의 부득이한 사유가 있을 때에는 정관으로 정하는 바에 따라 사업연도 말에 한정하여 그 출자좌수를 줄일 수 있다.
⑥제5항의 경우에는 제26조를 준용한다.
⑦조합원의 책임은 그 출자액을 한도로 한다.

제17조(조합의 최저 출자금) 조합을 설립할 때 조합원이 출자하는 출자금 총액의 최저한도는 대통령령으로 정한다.

제18조(회전 출자) 조합은 제16조에 따른 출자 외에 정관으로 정하는 바에 따라 배당한 잉여금의 전부 또는 일부를 그 조합원으로 하여금 출자하게 할 수 있다. 이 경우 제16조제4항을 준용한다.

제19조(의결권과 선거권) ①조합원은 각각 한 개의 의결권과 선거권을 가진다. 다만, 선거권은 임원 또는 대의원의 임기 종료일(보궐선거 등에서는 그 선거의 실시 사유가 확정된 날) 6개월 전부터 그 선거일까지 계속하여 해당 조합의 조합원인 자만 행사할 수 있다. 〈개정 2008.6.13.〉
② 조합은 정관으로 정하는 바에 따라 조합원의 의결권 또는 선거권을 제한할 수 있다. 〈개정 2008.6.13.〉
③ 조합원은 의결권 또는 선거권을 출석하여 행사한다. 다만, 정관으로 정하는 바에 따라 미리 통지한 사항에 관하여는 서면 또는 전자문서에 의하여 의결권을 행사할 수 있다. 〈신설 2008.6.13.〉
④ 조합원은 정관으로 정하는 자격을 갖춘 대리인에 의하여 의결권 또는 선거권을 행사할 수 있다. 이 경우 대리인은 정관으로 정하는 바에 따라 대리권을 증명하는 서면 또는 전자문서를 의결권을 행사하기 전에 미리 조합에 제출하여야 한다. 〈신설 2008.6.13.〉
⑤ 제3항 단서 및 제4항에 따라 의결권 또는 선거권을 행사하는 자는 출석자로 본다. 〈개정 2008.6.13.〉
⑥ 대리인이 대리할 수 있는 조합원의 수는 한 명으로 한정한다. 〈개정 2008.6.13.〉

제20조(경비의 부과) ①조합은 정관으로 정하는 바에 따라 조합원에게 경비를 부과할 수 있다.

②조합원은 제1항에 따른 경비의 지급에 관하여 상계로써 조합에 대항하지 못한다.

제21조(사용료와 수수료) 조합은 정관으로 정하는 바에 따라 사용료와 수수료를 징수할 수 있다.

제22조(조합원의 상속) ①사망한 조합원의 상속인으로서 조합원이 될 자격을 가진 자가 조합에 대하여 정관으로 정하는 기간에 가입 신청을 하면 제15조에도 불구하고 상속이 개시된 때에 조합원이 된 것으로 본다. 이 경우에는 상속인인 조합원은 피상속인의 지분에 관하여 사망한 조합원의 권리와 의무를 승계한다.

②사망한 조합원의 상속인이 여러 사람이면 그 여러 사람의 상속인들이 선정한 한 명의 상속인에 한정하여 제1항을 적용한다.

제23조(지분의 양도) ①조합원은 조합의 승인 없이는 그 지분을 양도하지 못한다.

②조합원 외의 자가 지분을 양수하려면 가입의 예에 따라야 한다.

③지분의 양수인은 그 지분에 관하여 양도인의 권리와 의무를 승계한다.

④조합원은 지분을 공유하지 못한다.

제24조(임의 탈퇴) 조합원은 30일 전에 예고하고 탈퇴할 수 있다.

제25조(법정 탈퇴) ①조합원은 다음 각 호의 사유로 인하여 탈퇴된다.

1. 조합원이 될 자격의 상실
2. 사망 또는 해산
3. 제명(除名)

4. 파산의 선고

②제1항제3호의 제명은 다음 각 호의 어느 하나에 해당하는 자에 대하여 총회의 의결을 거쳐 행한다.

1. 출자의 납입, 경비의 부담, 그 밖에 조합에 대한 의무를 게을리한 조합원
2. 그 밖에 정관으로 정하는 사유에 해당하는 조합원

③제2항의 경우에는 조합은 총회 개최일 10일 전에 그 조합원에게 제명 사유를 알리고 총회에서 의견을 진술할 기회를 주어야 한다.

④제명은 제명한 조합원에게 그 취지를 알리지 아니하면 그 조합원에게 대항하지 못한다.

제26조(탈퇴자의 지분의 환불과 그 정지) ①조합원이 조합을 탈퇴하면 정관으로 정하는 바에 따라 그 지분의 환불을 청구할 수 있다.

②제1항의 지분은 탈퇴한 날이 속하는 연도의 직전 사업연도 말의 조합재산에 따라 정한다.

③제2항의 지분을 계산할 경우에 조합의 재산으로 그 채무를 완전히 변제(辨濟)하지 못하면 조합은 정관으로 정하는 바에 따라 탈퇴한 조합원에 대하여 그가 부담하여야 할 손실액의 납입을 청구할 수 있다.

④조합은 탈퇴한 조합원이 조합에 대한 채무를 완전히 변제할 때까지 그 지분의 환불을 정지할 수 있다.

⑤제1항과 제3항의 청구권은 탈퇴한 날부터 2년간 행사하지 아니하면 시효로 인하여 소멸된다.

제2절 설립

제27조(발기인) ①조합을 설립하려면 제13조에 따른 조합원이 될 자격을 가진 자로서 다음 각 호에 따른 발기인이

있어야 한다. 다만, 제2조제1호가목에 따른 중소기업자 수를 고려할 때 다음 각 호의 기준을 충족하기 어렵다고 인정되는 특수한 업종의 경우에는 그러하지 아니하다. <개정 2010.6.8.>

1. 하나의 시·도 또는 하나의 시·도의 일정 지역을 업무 구역으로 하는 조합은 30명 이상의 발기인. 다만, 조합의 업종이 도매업 또는 소매업이면 50명 이상의 발기인이 있어야 한다.
2. 전국 또는 둘 이상의 시·도를 업무 구역으로 하는 조합은 50명 이상의 발기인. 다만, 조합의 업종이 도매업 또는 소매업이면 70명 이상의 발기인이 있어야 한다.

②조합은 조합 설립 후에도 제1항 각 호에 따른 발기인 수에 해당하는 조합원을 유지하여야 한다.

③ 중소기업청장은 제1항 각 호에 따른 발기인이 업무 구역에서 공동사업 등을 원활하게 추진하도록 여러 개의 시·도 또는 시·군·구에 각각 적정한 수의 최소 발기인이 있어야 할 것 등 필요한 사항을 정하여 고시할 수 있다. <신설 2010.6.8.>

제28조(창립총회) ①발기인은 정관을 작성하여 회의의 일시, 장소와 함께 공고하고 창립총회를 개최하여야 한다.
②제1항의 공고는 적어도 회의 개최일의 2주일 전에 하여야 한다.
③발기인이 작성한 정관의 채택 또는 그 수정과 사업계획의 설정, 그 밖에 조합의 설립에 필요한 사항의 결정은 창립총회의 의결을 거쳐야 한다.
④창립총회의 의결은 조합원이 될 자격을 가진 자로서 조합 설립에 동의한 자의 과반수의 출석과 출석자의 3분의 2 이상의 찬성으로 행한다.

제29조(정관의 기재사항) ①조합의 정관에는 다음 각 호의 사항을 적어야 한다.

1. 목적
2. 명칭
3. 업무 구역
4. 사업
5. 사무소의 소재지
6. 조합원 및 대리인이 될 자격
7. 조합원의 가입, 탈퇴 및 제명
8. 임원의 정수와 그 선임
9. 출자 1좌의 금액과 그 납입 방법
10. 경비의 분담
11. 사업연도
12. 잉여금의 처분과 손실의 처리
13. 준비금의 액수와 그 적립 방법
14. 제품의 단체표준에 관한 사항과 검사
15. 해산 사유
16. 공고 방법

②조합의 정관에는 제1항의 사항 외에 현물 출자를 하는 자를 정한 때에는 그 성명과 출자 목적인 재산의 종류, 수량, 가격과 이에 대하여 부여하는 출자좌수를, 조합의 성립 후에 양수할 재산이 있을 때에는 그 재산의 종류, 수량, 가격과 양도인의 성명을 적어야 한다.

제30조(규약 또는 규정의 기재사항) ① 다음 각 호의 사항에 관하여는 정관으로 정하는 것 외에는 규약으로 정할 수 있다.

1. 예산과 회계에 관한 사항
2. 가입금 및 경비 부과에 관한 사항
3. 그 밖에 조합원에게 의무를 부과하는 사항

②다음 각 호의 사항에 관하여는 정관으로 정하는 것 외에는 규정으로 정할 수 있다.

1. 총회, 이사회, 그 밖에 회의에 관한 사항
2. 업무 집행에 관한 사항
3. 조합원에 관한 사항
4. 임원에 관한 사항
5. 그 밖에 필요한 사항

31조(의사록) ①창립 총회의 의사(議事)에 관하여는 의사록을 작성하여야 한다. ②의사록에는 의사의 경과와 의결사항을 적고 의장과 발기인 전원이 서명하여야 한다.

32조(설립인가) ①발기인은 창립총회가 끝나면 지체 없이 정관, 사업계획, 임원의 성명과 주소, 그 밖에 필요한 사항을 적은 서면을 주무관청에 제출하여 설립의 인가를 받아야 한다. ②발기인 중 제31조제2항의 의사록에 서명을 거부하는 자가 있으면 발기인의 과반수가 설립인가신청서에 그 사유서를 첨부하여 설립인가를 신청할 수 있다. ③제1항에 따른 설립인가에 관하여 필요한 사항은 대통령령으로 정한다.

■판례 - 시장개설허가처분취소

【판시사항】
[1] 구 도·소매업진흥법 소정의 시장개설자의 지위승계제도의 취지
[2] 시장개설허가 이전에 이미 시장의 매장이 분양되었고 그 매장을 분양받은 점포주들이 당시 법 규정에 따라 시장개설을 위한 당해 법인을 설립하여 위 법인이 시장개설허가를 받은 경우, 별도의 입점상인조합(入店商人組合)에 의한 시장개설자의 지위승계 문제가 발생할 여지가 없다고 본 사례

【판결요지】
[1] 구 도·소매업진흥법(1995. 1. 5. 법률 제4889호로 전문 개정되기 전의 것)이 시장개설자의 지위승계제도를 두고 있는 것은 시장개설허가에 의하여 시장이 개설된 이후에 당해 시장의 전체 매장면적의 1/2을 초과하는 면적이 분양됨으로써 시장개설자(시장개설허가를 받은 자)가 당해 시장을 효율적으로 관리할 수 없게 된 경우에 중단 없는 시장의 적정관리를 도모하기 위하여 분양결과 전체 매장면적의 1/2을 초과하는 면적을 직영하게 된 자 또는 입점상인조합 등으로 하여금 별도로 시장개설허가를 받지 아니하고도 지위승계 신고만으로 간이하게 시장개설자의 지위를 취득하여 당해 시장을 관리하도록 하려는데 그 취지가 있다.
[2] 시장개설허가가 있기 이전에 이미 그 시장의 매장이 분양되었고 그 매장을 분양받은 점포주들이 당시 법 규정에 따라 시장개설을 위한 당해 법인을 설립하여 위 법인이 시장개설허가를 받은 경우에는 별도의 입점상인조합에 의한 시장개설자의 지위승계 문제가 발생할 여지가 없다고 하여 이와 달리 본 원심을 파기한 사례. [대법원, 97누18790, 1998.6.26]

제33조(이사장에 대한 사무 인계) 발기인은 제32조의 인가를 받으면 그 인가를 받은 날부터 2주일 이내에 그 사무를 이사장에게 인계하여야 한다.

제34조(출자금의 납입) ①이사장은 제33조에 따라 사무를 인수하면 그 사무를 인수한 날부터 3주일 이내에 조합원이 되려는 자에게 출자금을 납입하게 하여야 한다. ②제1항에 따른 납입을 할 때에는 출자금을 분할하여 납입할 수 없다. ③현물 출자자는 제1항의 납입 기일에 출자의 목적인 재산의 전부를 급부(給付)하여야 한다.

제3절 사업

제35조(업무) ①조합은 설립 목적을 이루기 위하여 다음 각 호의 사업의 전부 또는 일부를 할 수 있다.
<개정 2009.12.30., 2011.7.25., 2015.2.3.>
1. 생산, 가공, 수주, 판매, 구매, 보관, 운송, 환경 개선, 상표, 서비스 등의 공동 사업과 이를 위한 단지 및 공동 시설의 조성·관리 및 운영
2. 조합원 사이의 사업 조정에 관한 기획과 조정 및 중소기업 외의 자가 그 조합의 사업 분야를 침해한 경우 주무관청에 대한 조정 신청
3. 「대·중소기업 상생협력 촉진에 관한 법률」에 따른 위탁 기업체와 조합원인 수탁 기업체 사이의

수탁·위탁 거래의 알선과 이에 따른 조정

4. 제품의 단체표준과 공동검사 및 시험 연구에 관한 사항

5. 조합원에 대한 사업 자금의 대부 (어음 할인을 포함한다) 또는 대부의 알선과 조합 자체 사업을 위한 자금의 차입

6. 조합원의 사업에 관한 경영·기술 및 품질 관리의 지도, 조사 연구, 교육 및 정보의 제공에 관한 사업

7. 조합원의 경제적 이익을 도모하기 위한 단체적 계약의 체결

8. 조합원이 생산하는 제품의 수출과 제품의 생산에 필요한 원자재 및 시설재의 수입과 가격조사

9. 조합원에 대한 복리 후생

10. 국가, 지방자치단체, 중앙회 또는 연합회로부터 위탁받은 사업

11. 조합원의 수출 진흥을 위한 해외 전시·판매장의 설치와 관리

12. 설립 목적을 이루는 데 필요한 수익 사업으로서 주무관청의 승인을 받은 사업

13. 「하도급거래 공정화에 관한 법률」에 따른 원사업자와 조합원인 수급사업자 간의 하도급대금 협의 및 조정 지원

14. 공제사업(조합원의 채무 또는 의무 이행 등에 필요한 보증사업은 제외한다)

15. 그 밖에 제1호부터 제14호까지에 규정된 사업과 관련된 부대사업

②조합은 제1항의 사업을 추진하기 위하여 필요하면 주무관청의 승인을 받아 다른 법인에 출자할 수 있다.

③조합은 조합원의 이용에 지장이 없는 경우에는 정관으로 정하는 바에 따라 조합원 외의 자에게 그 사업을 이용하게 할 수 있다. <개정 2008.6.13.>

제35조의2(공제규정) ① 조합이 제35조제1항제14호에 따른 공제사업을 할 경우에는 공제규정을 정하여 주무관청의 인가를 받아야 한다. 이를 변경할 때에도 또한 같다.

② 제1항에 따른 공제규정에는 산업통상자원부령으로 정하는 바에 따라 공제사업의 범위, 공제사업의 실시에 관한 사항, 공제금, 공제계약 및 공제료에 관한 사항, 공제책임준비금 등 공제사업의 운영에 관하여 필요한 사항이 포함되어야 한다.
<개정 2013.3.23.>
[본조신설 2011.7.25.]

제36조(사업계획) ①조합은 사업연도 개시일부터 2개월 이내에 대통령령으로 정하는 바에 따라 그 사업계획과 수지예산서(收支豫算書)를 작성하여 총회의 의결을 받아야 한다. 이를 변경할 때에도 또한 같다.

②제1항에 따른 총회의 의결을 받기 전의 일반 경비 및 긴급한 사업비는 전년도 예산에 준하여 지출할 수 있다.

제37조(단체표준 및 품질인증) ①조합은 조합원이 생산하는 제품에 대하여 「산업표준화법」 제27조제1항에 따른 단체표준을 정할 수 있다. 이 경우 다른 법령에 따라 규격이 따로 정하여져 있으면 그 규격에 따라 단체표준을 정할 수 있다. <개정 2007.5.25.>

②조합은 제1항에 따라 정한 단체표준에 적합한 제품에 대하여는 산업통상자원부령으로 정하는 바에 따라 품질인증을 할 수 있다. <개정 2008.2.29., 2013.3.23.>

제38조(단체표준의 검사 등) ①조합은 정관으로 정하는 바에 따라 조합원이 생산하는 제품이 그 단체표준에 맞는지 여부를 검사할 수 있다.

②조합은 검사에 관하여 필요한 사항을 검사규정으로 정하여야 한다.

③제2항의 검사규정에는 조합원에 대

한 검사수수료와 그 납부의 과태금(過怠金)에 관한 사항을 규정할 수 있다.

④주무관청이 필요하다고 인정하면 대통령령으로 정하는 바에 따라 조합원 외의 자에 대하여도 제1항부터 제3항까지의 규정을 준용할 수 있다.

제39조(품질인증의 표시 등) ①조합원은 자기의 제품에 대하여 검사를 받으면 검사규정에서 정한 바에 따라 제품마다 단체표준에 맞는 것임을 나타내는 품질인증 표시를 할 수 있다.

②주무관청이 제38조제4항의 조치를 하였을 때에는 조합원 외의 자에 대하여도 제1항을 준용한다.

제40조(단체적 계약) ①제35조제1항제7호의 단체적 계약은 미리 이사회의 의결을 거쳐 단체적 계약임을 명기한 서면으로써 하여야 한다. 다만, 이사회를 소집할 수 없을 정도로 긴급하게 단체적 계약을 체결할 필요가 있다고 인정하면 이사장은 정관으로 정하는 바에 따라 단체적 계약을 체결한 후 지체 없이 이사회를 소집하여 추인을 받아야 한다.

②단체적 계약은 직접 조합원에 대하여 효력을 가진다.

③조합원은 단체적 계약을 위반한 내용의 계약을 할 수 없다.

④조합이 제37조부터 제39조까지의 규정에 따른 검사조건을 구비한 때에는 정부와 공공단체 또는 정부투자기관은 물품을 구매할 때 그 조합에 대하여 우선적으로 기회를 제공하여야 한다.

제41조(조합 활성화자금) ①조합은 조합의 기능을 활성화하고 그 사업을 지속적이고 효율적으로 추진하기 위하여 조합 활성화자금을 설치·운영할 수 있다.

②제1항에 따른 조합 활성화자금의 설치와 운영 등에 필요한 사항은 정관으로 정한다.

제42조(기능활성화체제) ①조합은 조합의 기능을 활성화하고 그 사업을 효율적으로 추진할 수 있는 운영체제(이하 "기능활성화체제"라 한다)를 갖추도록 노력하여야 한다.

②중소기업청장 또는 시·도지사는 기능활성화체제를 갖춘 조합에 대하여는 중소기업 지원 시책을 추진할 때 다른 조합보다 우대하여 지원할 수 있다.

③기능활성화체제의 내용과 지원 기준 등에 관하여 필요한 사항은 중소기업청장이 정하여 고시하거나, 시·도지사가 규칙으로 정할 수 있다.

제4절 기관

제43조(총회) ①조합에 총회를 둔다.

②총회는 조합원으로 구성한다.

③정기총회는 사업연도마다 정관으로 정하는 시기에 한 번 개최한다.

④임시총회는 정관으로 정하는 바에 따라 필요하다고 인정되는 때에 소집할 수 있다.

제44조(대의원총회) ①조합원의 수가 200명을 초과하는 조합은 정관으로 정하는 바에 따라 총회에 갈음할 대의원총회를 둘 수 있다.

②제1항에 따른 대의원총회를 구성하는 대의원 정수는 대의원 선출 당시 조합원 총수의 10분의 1 이상이어야 한다. 다만, 그 대의원 총수가 100명을 초과하는 경우에는 100명으로 할 수 있다.

③대의원총회에 관하여는 총회에 관한 규정을 준용한다. 다만, 대의원총

회는 제49조제2호 및 제3호의 사항에 관하여는 의결할 수 없다.

④대의원의 선출 방법 및 임기에 관하여는 제50조제2항 및 제52조 중 이사에 관한 규정을 준용한다.

제45조(총회의 소집) ①총회는 이사장이 소집한다.

②조합원이 총 조합원 4분의 1 이상의 동의를 받아 소집의 목적과 이유를 적은 서면으로 총회의 소집을 청구하면 이사장은 청구가 있은 날부터 2주일 이내에 임시총회를 소집하여야 한다.

③조합원이 제2항에 따라 총회의 소집을 청구하였으나 총회를 소집할 자가 없거나 그 청구가 있은 날부터 2주일 이내에 이사장이 총회를 소집하지 아니한 때에는 감사가 7일 이내에 소집하여야 한다. 이 경우 감사가 의장의 직무를 수행한다.

④감사가 제3항의 기한 이내에 총회를 소집하지 아니하거나 소집할 수 없으면 제2항에 따라 총회의 소집을 청구한 조합원의 대표가 소집한다. 이 경우 조합원의 대표가 의장의 직무를 수행한다.

⑤이사장이 궐위되거나 부득이한 사유로 총회를 소집할 수 없으면 정관으로 정하는 순위의 이사가 소집한다.

제46조(소집절차) 총회의 소집은 회의일의 7일 전에 회의의 목적 사항을 명시하여 정관으로 정한 방법에 따라 행하여야 한다.

제47조(총회의 의결사항) ①다음 각 호의 사항은 총회의 의결을 거쳐야 한다.

1. 정관의 변경
2. 규약의 제정·변경 또는 폐지
3. 사업연도마다의 수지 예산과 사업 계획의 설정 또는 변경

4. 결산의 승인
5. 경비의 부과와 그 징수 방법
6. 조합원의 제명
7. 조합의 해산·합병 또는 분할
8. 임원의 선출과 해임
9. 준비금의 처분
10. 부동산의 취득 및 처분
11. 그 밖에 정관으로 정하는 사항

②정관의 내용 중 대통령령으로 정하는 사항을 변경하려면 주무관청의 인가를 받아야 한다. 다만, 주무관청에서 정한 정관례(定款例)에 따라 변경하는 경우에는 그러하지 아니하다.

③제1항제3호 중의 변경사항, 같은 항 제5호·제10호 및 제11호의 사항은 정관으로 정하는 바에 따라 이사회에 위임할 수 있다.

제48조(총회의 의결 방법) ①총회의 의사(議事)는 이 법이나 정관 또는 규약에 다른 규정이 없으면 총 조합원 과반수의 출석과 출석 조합원 과반수의 찬성으로 의결한다.

②총회의 의장은 이사장이 된다. 다만, 이사장이 사고가 있을 때에는 총회에서 선임된 자가 의장의 직무를 대행한다.

③총회에서는 제46조에 따라 미리 통지한 사항에 한정하여 의결할 수 있다. 다만, 정관에 다른 규정이 있으면 예외로 한다.

④총회의 의사에 관하여는 의사록을 작성하여 의사의 경과와 의결 사항을 적고 의장과 총회에서 지명한 이사 2명 이상이 서명날인하여야 한다.

⑤조합과 조합원의 이익이 상반된 때에는 그 조합원은 해당 사항의 의결에 참가할 수 없다.

제49조(특별 의결사항) 다음 각 호의 사항은 총 조합원 과반수의 출석과 출석 조합원 3분의 2 이상의 찬성으로 의결한다.

1. 정관의 변경
2. 조합원의 제명
3. 조합의 해산·합병 또는 분할

제50조(임원) ①조합에는 임원으로 이사장 1명, 이사 5명 이상, 상근 이사 1명과 감사 2명 이하를 둔다. 이 경우 상근 이사의 명칭에 관하여는 정관으로 정할 수 있다.
②이사장과 이사 및 감사는 총회에서 정관으로 정하는 바에 따라 조합원 중에서 선출한다. 이 경우 이사장, 이사 또는 감사로 선출되고자 하는 조합원은 그 선출되고자 하는 이사장·이사 또는 감사의 임기 종료일(보궐선거 등에서는 그 선거의 실시 사유가 확정된 날) 6개월 전부터 그 선거일까지 계속하여 해당 조합의 조합원이어야 한다. <개정 2008.6.13.>
③ 제13조제2항 및 제3항에 따라 가입한 조합원에 대하여는 정관으로 정하는 바에 따라 이사장 입후보의 자격을 제한할 수 있다. <신설 2015.2.3.>
④상근 이사는 대통령령으로 정하는 자격을 가진 자로서 이사회의 추천을 받은 자 중에서 이사장이 임명하되, 조합원 외의 자 중에서 임명한다. <개정 2015.2.3.>
⑤조합의 임원 중 이사장과 이사 및 감사는 비상근으로 한다. <개정 2015.2.3.>

제51조(임원의 결격 사유) ①다음 각호의 어느 하나에 해당하는 자는 조합의 임원이 될 수 없다. <개정 2014.1.21.>
1. 피성년후견인 및 파산선고를 받고 복권되지 아니한 자
2. 법률 또는 법원의 판결에 따라 자격이 상실되거나 정지된 자
3. 금고 이상의 실형의 선고를 받고 그 집행이 끝나거나(집행이 끝난 것으로 보는 경우를 포함한다) 집행이 면제된 날부터 2년이 지나지 아니한 자

4. 금고 이상의 형의 집행유예를 선고받고 유예기간 중에 있는 자
5. 조합의 업무와 관련하여 이 법에 따라 100만 원 이상의 벌금형의 선고를 받고 2년이 지나지 아니한 자
6. 이 법에 따른 임원 선거에서 당선되었으나 귀책사유로 인하여 당선이 무효로 된 자로서 그 무효가 확정된 날부터 2년이 지나지 아니한 자
7. 「상법」 제389조제1항에 따라 여러 사람의 대표이사를 선정한 경우 그 여러 사람의 대표이사와 같은 조 제2항에 따른 공동 대표이사로서 대통령령으로 정하는 자
②제1항의 사유에 해당하는 임원은 당연히 퇴직된다.
③제2항에 따라 퇴직된 임원이 퇴직되기 전에 관여한 행위는 그 효력을 상실하지 아니한다.

제52조(임원의 임기) ①임원의 임기는 비상근의 경우 4년으로 하고, 상근의 경우 3년으로 한다. 다만, 설립 당시의 임원의 임기는 1년으로 한다.
②결원으로 인하여 선출된 임원의 임기는 전임자의 임기 종료일까지로 하고, 임원의 증원으로 임기 동안에 따로 선출된 임원의 임기는 선출 당시 다른 임원의 임기 종료일까지로 한다. 다만, 상근 이사의 경우에는 3년으로 한다.
③임원 중 결원이 있으면 결원의 사유가 발생한 날부터 2개월 이내에 결원된 임원을 선출하여야 한다. 다만, 남은 임기가 6개월 미만이면 이사회의 의결을 거쳐 결원된 임원을 선출하지 아니할 수 있다.
④임원 전원이 임기 중에 사임하면 새로 선출된 임원의 임기는 제1항 본문에 따른 임기로 한다. 다만, 그 임기 만료 연도의 정기총회의 종료

일까지로 한다.

제53조(선거운동의 제한) ①누구든지 자기 또는 특정인을 임원으로 당선되거나 당선되지 아니하도록 할 목적으로 다음 각 호의 어느 하나에 해당하는 행위를 할 수 없다.

1. 선거인에게 금전·물품·향응 및 재산상의 이익이나 공사(公私)의 직을 제공하는 행위, 그 제공의 의사표시를 하거나 제공을 약속하는 행위
2. 후보자가 되지 아니하도록 하거나 후보자가 된 것을 사퇴하게 할 목적으로 후보자가 되려는 자나 후보자에게 제1호에 따른 행위를 하는 행위

②누구든지 제1항제1호 또는 같은 항 제2호에서 규정하고 있는 이익이나 공사의 직을 제공받는 행위 또는 그 제공의 의사 표시를 승낙하는 행위를 할 수 없다.

③임원이 되려는 자는 정관으로 정하는 기간에는 선거운동을 위하여 조합원을 호별로 방문하거나 특정 장소에 모이게 할 수 없다.

④누구든지 임원 선거와 관련하여 연설과 벽보, 그 밖의 방법으로 거짓된 사실을 공표하거나 공공연하게 사실을 적시하여 후보자를 비방할 수 없다.

⑤누구든지 임원 선거와 관련하여 다음 각 호의 방법 외의 선거운동을 할 수 없다. <개정 2015.2.3.>

1. 선전 벽보의 부착
2. 선거 공보와 인쇄물의 배부
3. 합동 연설회 또는 공개 토론회 개최
4. 전화(문자메시지를 포함한다)·컴퓨터 통신(전자우편을 포함한다)의 이용

⑥ 제5항에 따른 선거운동 방법에 관한 세부적인 사항은 산업통상자원부령으로 정한다. <신설 2015.2.3.>

제54조(선거관리위원회의 구성과 운영)

①조합은 임원의 선거를 공정하게 관리하기 위하여 선거관리위원회를 구성하여 운영할 수 있다.

②선거관리위원회의 기능·구성 및 운영 등에 필요한 사항은 정관으로 정한다.

제55조(이사회) ①조합의 업무의 집행은 이사회가 결정한다.

②이사회는 이사장, 이사와 상근 이사로 구성한다.

③이사장은 이사회를 소집하고 그 의장이 된다.

④이사회는 구성원 과반수의 출석과 출석원 과반수의 찬성으로 의결한다.

⑤이사는 정관으로 정하는 바에 따라 서면 또는 전자문서에 의하거나 대리인을 통하여 의결에 참가할 수 있다.

⑥이사회의 의사에 관하여는 의사록을 작성하여 의장과 이사회가 지명한 이사 2명 이상이 서명하여야 한다.

제56조(이사회의 의결 사항) 이사회는 다음 각 호의 사항을 의결한다.

1. 조합원이 되려는 자의 자격 기준에 관한 사항
2. 기채(起債)와 그 상환
3. 총회에 부칠 사항
4. 총회의 위임 사항과 조합의 업무 집행에 관한 사항
5. 중앙회 회장 후보자의 추천에 관한 사항
6. 규정의 제정·변경 또는 폐지
7. 그 밖에 정관으로 정하는 사항

제57조(이사장의 직무) 이사장은 조합을 대표하고 조합의 업무를 통할한다.

제58조(상근 이사의 직무) 상근 이사는 이사장을 보좌하여 조합의 업무를 집행하고 이사장이 궐위되거나 부득이한 사유로 직무를 수행할 수 없으면

이사장의 직무(총회 소집 및 그 의장의 직무는 제외한다. 이하 같다)를 대행한다.

제59조(상근 이사의 궐위) 상근 이사가 궐위되거나 부득이한 사유로 직무를 수행할 수 없으면 정관으로 정하는 바에 따라 조합원 외의 자 중에서 이사장이 지명하는 자가 그 권한을 대행한다.

제60조(감사의 직무) ①감사는 조합의 재산과 업무 집행 상황을 감사하여 총회에 보고하여야 한다.
②감사는 조합의 재산 상황 또는 업무 집행에 관하여 부정한 사실을 발견하면 이를 총회, 주무관청과 연합회 또는 중앙회에 보고하여야 한다.
③조합이 이사장 또는 이사와 계약을 할 때에는 감사가 조합을 대표한다. 조합과 이사장 또는 이사 사이의 소송에 관하여도 또한 같다.

제61조(감사의 책임) 감사가 그 임무를 게을리한 때에는 「민법」 제65조를 준용한다.

제62조(임원의 겸직 금지) ①임원은 그 조합의 다른 직을 겸직할 수 없다. 다만, 주무관청의 허가를 받으면 그러하지 아니하다.
②이사장은 다른 조합의 이사장을 겸직할 수 없다.
③상근 이사는 해당 조합 외의 다른 상근직을 겸직할 수 없다. 다만, 이사회의 승인을 받으면 조합이 의결권이 있는 주식 총수의 100분의 50 이상을 소유하고 있는 법인의 임원을 겸직할 수 있다. <개정 2015.2.3.>

제63조(정관과 그 밖의 서류 비치) ① 이사장은 정관, 규약과 총회 및 이사회의 의사록, 조합원 명부를 주사무소에 비치하여야 한다.
②조합원 명부에는 각 조합원에 관하여 다음 각 호의 사항을 적는다.
1. 성명 또는 명칭과 주소
2. 가입한 연월일
3. 출자좌수, 납입한 금액과 납입 연월일
4. 종업원 수, 자산 총액, 생산 시설과 생산 능력 및 생산 실적, 그 밖에 필요한 사항
③조합원과 조합의 채권자는 언제든지 이사장에 대하여 제1항의 서류의 열람 또는 사본을 청구할 수 있다.
④이사장은 제3항에 따른 청구가 있으면 정당한 이유 없이 이를 거부하여서는 아니 된다.

제64조(결산 관계 서류의 비치) ①이사장은 정기총회 회의일의 7일 전에 사업보고서, 대차대조표, 손익계산서와 잉여금 처분안 또는 손실금 처리안을 작성하여 감사에게 제출하고 주사무소에 비치하여야 한다.
②이사장은 제1항의 서류에 감사의 의견서를 첨부하여 정기총회에 제출하여 승인을 받아야 한다.
③조합의 채권자는 언제든지 이사장에 대하여 제1항의 서류의 열람 또는 사본을 청구할 수 있다.
④이사장은 제3항에 따른 청구가 있으면 정당한 이유 없이 이를 거부하지 못한다.

제65조(회계장부 등의 열람) ①조합원은 총 조합원의 5분의 1 이상의 동의를 받아 언제든지 이사장에 대하여 회계장부와 서류의 열람 또는 사본을 청구할 수 있다.
②이사장은 제1항에 따른 청구가 있으면 정당한 이유 없이 이를 거부하지 못한다.

제66조(임원 개선의 청구) ①조합원은 총 조합원 4분의 1 이상의 연서(連署)로 정관으로 정하는 바에 따라 임원의 전부 또는 일부를 개선(改選)하도록 청구할 수 있다.

②제1항에 따른 청구에 대하여 총회에서 총 조합원 과반수의 출석과 출석 조합원 3분의 2 이상의 찬성으로 의결하면 그 임원은 당연히 해임된다.

③제1항에 따른 청구가 있으면 이사장은 총회 회의일의 7일 전에 해당 임원에게 개선의 사유를 알리고 총회에서 의견을 진술할 기회를 주어야 한다.

제5절 회계

제67조(사업연도) ①조합의 사업연도는 정부의 회계연도에 따른다.

②회계에 관하여 이 법에 규정된 것 외에 필요한 사항은 중앙회 회장이 정하는 회계준칙에 따라 규약으로 정한다.

제68조(출자 1좌 금액의 감소) ①조합은 출자 1좌 금액의 감소를 의결하면 의결한 날부터 2주일 이내에 대차대조표를 작성하여야 한다.

②조합은 제1항의 기간에 채권자에 대하여 이의가 있으면 일정한 기간에 신청하여야 할 것을 공고함과 동시에 이미 알고 있는 채권자에 대하여는 개별적으로 최고(催告)하여야 한다.

③제2항의 이의신청 기간은 30일 이상으로 하여야 한다.

제69조(이의신청) ①채권자가 제68조제2항에 따른 기간에 이의를 신청하지 아니하면 출자 1좌의 금액의 감소를 승인한 것으로 본다.

②채권자가 이의를 신청하면 조합은 채무를 변제하거나 상당한 담보를 제공하여야 한다.

제70조(준비금과 이월금) ①조합은 정관으로 정하는 금액에 이를 때까지 사업연도마다의 잉여금의 10분의 1 이상을 준비금으로 적립하여야 한다.

②제1항의 준비금은 출자금 총액의 2분의 1 이상에 이를 때까지 적립하여야 한다.

③제1항의 준비금은 손실의 보전(補塡)에 충당하는 경우 외에는 처분하지 못한다.

④조합은 사업의 비용에 충당하기 위하여 사업연도마다의 잉여금 중에서 10분의 1 이상을 다음 사업연도에 이월하여야 한다.

제71조(잉여금의 처분) ①조합은 손실을 보전하고 제70조의 준비금과 이월금을 공제한 후가 아니면 잉여금을 배당하지 못한다.

②잉여금의 배당은 정관으로 정하는 바에 따라 조합원의 출자액과 조합 사업의 이용 분량에 비례하여 행하여야 한다.

제72조(지분 취득의 금지) 조합은 조합원의 지분을 취득하거나 또는 질권(質權)의 목적으로 받아서는 아니 된다.

제6절 해산과 청산

제73조(해산) ①조합은 다음 각 호의 어느 하나에 해당하는 사유로 해산한다.
1. 총회의 의결
2. 조합의 합병 또는 분할(제77조제2항에 따른 분할의 경우는 제외한다)
3. 조합의 파산
4. 정관으로 정하는 해산 사유의 발생
5. 주무관청의 해산 명령

②조합은 제1항제1호·제4호 또는 제5호에 따라 해산하면 해산한 날부

터 2주일 이내에 주무관청에 신고하여야 한다.
③ 주무관청은 제1항제5호에 따른 해산명령을 한 경우에는 해산등기를 촉탁할 수 있다. <신설 2008.6.13.>

제74조(합병의 절차) ①조합이 합병할 때에는 미리 총회의 의결을 거쳐야 한다.
②조합의 합병에 관하여는 제68조와 제69조를 준용한다.
③조합이 합병하려는 경우에는 그 합병 사유서, 존속 조합이나 신설 조합의 사업계획서 및 정관 등을 주무관청에 제출하고 협의하여야 한다.

제75조(합병할 때의 설립 위원) ①합병에 따라 조합을 설립할 때는 각 조합의 총회에서 조합원 중에서 선임한 설립 위원이 공동으로 정관을 작성하고 임원을 선임하며 그 밖에 설립에 필요한 절차를 밟아야 한다.
②제1항에 따른 임원의 임기는 다음 정기총회일까지로 한다.
③제1항에 따른 설립 위원의 선임 방법에 관하여는 제49조를 준용한다.

제76조(합병의 시기와 효과) ①조합의 합병은 합병한 뒤 존속하는 조합 또는 합병에 따라 성립하는 조합이 그 주사무소의 소재지에서 합병 등기를 함으로써 효력을 발생한다.
②합병한 뒤 존속하는 조합 또는 합병에 따라 성립한 조합은 합병에 따라 소멸한 조합의 권리와 의무를 승계한다.

제77조(분할) ①조합이 분할하려면 분할한 뒤에 설립될 조합이 승계하여야 할 권리와 의무의 범위를 총회의 의결로 정하여야 한다.
②조합이 영위하고 있는 업종이 대통령령으로 정하는 기준에 따라 둘 이상이면 제47조제1항 및 제49조에도

불구하고 그 중 일부 업종의 조합원 과반수 찬성으로 분할할 수 있다.
③조합의 분할의 관하여는 제68조 및 제69조를 준용한다.

제3장 사업협동조합
제1절 조합원

제78조(조합원의 자격) 제2조제1호가목에 따른 중소기업자로서 정관으로 정하는 자는 그 사업조합의 조합원이 될 자격을 가진다. 다만, 같은 업종 사업조합의 조합원에 대하여는 제13조제1항 및 제3항을 준용한다. <개정 2010.6.8.>

제79조(준용 규정) 사업조합의 조합원에 관하여는 제15조부터 제26조까지의 규정을 준용한다. 이 경우 "조합"은 "사업조합"으로, 제16조제3항 중 "100분의 20"은 "100분의 30"으로 본다.

제2절 설립

제80조(발기인) 사업조합을 설립하려면 조합원이 될 자격을 가진 자 5명 이상의 발기인이 있어야 한다. 다만, 시·도 또는 전국을 업무 구역으로 설립하려는 발기인에 대하여는 제27조제1항제1호 및 제2호를 준용한다. <개정 2010.6.8.>

제81조(준용 규정) 사업조합의 설립에 관하여는 제27조제2항 및 제28조부터 제34조까지의 규정을 준용한다. 이 경우 "조합"은 "사업조합"으로, 제28조제4항 중 "과반수의 출석과 출석자의 3분의 2 이상"은 "3분의 2 이상"으로 보며, 제29조제1항제14호는 준용하지 아니한다.

제3절 사업

제82조(업무) ①사업조합은 다음 각 호의 사업의 전부 또는 일부를 할 수 있다. <개정 2008.6.13., 2011.7.25., 2015.2.3.>

1. 생산, 가공, 수주, 판매, 구매, 보관, 운송과 그 밖의 서비스 등 공동 사업과 단지 및 공동 시설의 조성과 관리·운용
2. 조합원에 대한 사업 자금의 대부(어음의 할인을 포함한다) 또는 대부의 알선과 조합 자체 사업을 위한 자금의 차입
3. 조합원의 사업에 관한 경영·기술 및 품질 관리의 지도, 교육, 정보의 제공 및 연구에 관한 사업
4. 조합원의 경제적 이익을 도모하기 위한 단체적 계약의 체결.
5. 조합원이 생산하는 제품의 수출과 제품의 생산에 필요한 원자재의 수입
6. 조합원에 대한 복지 후생 사업
7. 기술 개발, 신제품 개발 및 경영 기법 등의 공동 연구 사업
8. 국가, 지방자치단체, 중앙회, 연합회 또는 조합으로부터 위탁받은 사업
9. 설립 목적을 이루는 데 필요한 수익 사업으로서 주무관청의 승인을 받은 사업
10. 공제사업(조합원의 채무 또는 의무 이행 등에 필요한 보증사업은 제외한다)
11. 「하도급거래 공정화에 관한 법률」에 따른 원사업자와 조합원인 수급사업자 간의 하도급대금 협의 및 조정 지원
12. 그 밖에 제1호부터 제11호까지의 규정에 따른 사업과 관련된 부대사업

②「유통산업발전법」 제12조제2항 제2호나목에 따른 사업협동조합과 같은 법 제18조에 따른 상점가진흥 조합은 제1항에 따른 사업 외에 다음 각 호의 사업을 할 수 있다.

1. 대규모점포 또는 상점가의 건전한 상거래 질서 확립을 위한 사업
2. 소비자와 조합원의 보호 또는 편익을 위한 시설의 설치, 운영 및 관리
3. 그 밖에 제1호와 제2호의 사업과 관련된 부대사업

③전국조합과 사업조합 사이에 제1항에 따른 사업에 관하여 분쟁이 발생하였거나 발생할 우려가 있으면 중소기업청장이, 전국조합 외의 조합과 사업조합 사이에 제1항에 따른 사업에 관하여 분쟁이 발생하였거나 발생할 우려가 있으면 시·도지사가 사업조합의 지역과 업종 및 사업 목적 등의 특수성에 따라 특정한 사업조합에 대하여 그 사업의 일부를 조정할 수 있다.

제83조(준용 규정) 사업조합의 사업에 관하여는 제35조제2항·제3항, 제35조의2, 제36조 및 제40조부터 제42조까지의 규정을 준용한다. 이 경우 "조합"은 "사업조합"으로 본다. <개정 2011.7.25.>

제4절 기관

제84조(임원) ①사업조합에는 임원으로 이사장 1명과 이사 2명 이상 및 감사 2명 이하를 둔다. 다만, 필요에 따라 정관으로 정하는 바에 따라 상근 이사 1명을 둘 수 있다.
②상근 이사는 조합원 외의 자 중에서 이사회의 추천에 따라 이사장이 임명한다.

제85조(준용 규정) 사업조합에 관하여는 제43조부터 제49조까지, 제50조제2항·제3항·제5항 및 제51조부

터 제66조까지의 규정을 준용한다. 이 경우 "조합"은 "사업조합"으로 본다. <개정 2015.2.3.>

제5절 회계

제86조(회계) 사업조합의 회계에 관하여는 제67조부터 제72조까지의 규정을 준용한다. 이 경우 "조합"은 "사업조합"으로 본다.

제6절 해산과 청산

제87조(해산과 청산) 사업조합의 해산과 청산에 관하여는 제73조부터 제77조까지의 규정을 준용한다. 이 경우 "조합"은 "사업조합"으로 본다.

제4장 협동조합연합회
제1절 회원

제88조(회원의 자격) ①업종의 명칭을 붙인 연합회의 경우 그 연합회의 업무 구역의 일부를 업무 구역으로 하는 같은 업종의 조합과 사업조합은 연합회의 정관으로 정하는 바에 따라 연합회의 회원이 될 자격을 가진다. <개정 2008.6.13.>
②행정구역의 명칭을 붙인 연합회의 경우 그 연합회의 업무 구역의 전부 또는 일부를 업무 구역으로 하는 조합과 사업조합은 연합회의 정관으로 정하는 바에 따라 연합회의 회원이 될 자격을 가진다.

제89조(준용 규정) 회원에 관하여는 제14조부터 제18조까지, 제19조제1항 단서, 제19조제2항부터 제6항까지, 제20조, 제21조, 제23조부터 제26조

까지의 규정을 준용한다. 이 경우 "조합"을 "연합회"로, "조합원"을 "회원 또는 대의원"으로, "특별조합원"을 "특별회원"으로 보고, 제16조 제3항 중 "100분의 20"을 "5분의 2"로 본다. <개정 2008.6.13.>

제2절 설립

제90조(발기인) 연합회를 설립하려면 제88조에 따른 회원이 될 자격을 가진 자로서 다음 각 호에 규정된 발기인이 있어야 한다.
1. 업종의 명칭을 붙인 연합회는 3개 조합 이상의 발기인. 다만, 연합회의 업종이 도매업 또는 소매업이면 10개 조합 이상의 발기인이 있어야 한다.
2. 행정구역의 명칭을 붙인 연합회는 5개 조합 이상의 발기인

제91조(정관의 기재 사항) 연합회의 정관에는 다음 각 호의 사항을 적어야 한다.
1. 목적
2. 명칭
3. 업무 구역
4. 사업
5. 사무소의 소재지
6. 회원 및 대리인이 될 자격
7. 회원의 가입·탈퇴 및 제명
8. 임원의 정수와 선임
9. 출자 1좌의 금액과 그 납입 방법
10. 경비의 분담
11. 사업연도
12. 잉여금의 처분과 손실의 처리
13. 준비금의 액수와 그 적립 방법
14. 제품의 단체표준에 관한 사항과 검사
15. 해산 사유
16. 공고 방법

제92조(준용 규정) 연합회의 설립에 관

하여는 제27조제2항, 제28조, 제30
조부터 제34조까지의 규정을 준용한
다. 이 경우에는 "조합"을 "연합회"
로, "조합원"을 "회원 또는 대의원"으
로, "이사장"을 "회장"으로 본다.

제3절 사업

제93조(업무) ①연합회는 다음 각 호의
사업의 전부 또는 일부를 할 수 있
다. 다만, 행정구역의 명칭을 붙인 연
합회는 제4호, 제5호, 제9호, 제10
호, 제14호 및 대통령령으로 정하는
사업을 할 수 없다. <개정 2009.12.30.,
2011.7.25.>
1. 생산, 가공, 판매, 구매, 보관, 운송,
   환경 개선, 상표 및 서비스 등의
   공동 사업과 이를 위한 단지·공
   동 시설의 조성, 관리 및 운영
2. 회원 사이의 사업을 조정하려고
   하거나 중소기업자 외의 자가 그
   조합원의 사업 분야를 침해한 경
   우 주무관청에 대한 조정 신청
3. 「대·중소기업 상생협력 촉진에
   관한 법률」에 따른 위탁기업체와
   회원의 조합원인 수탁기업체 사이
   의 수탁·위탁 거래의 알선과 이
   에 따른 조정
4. 회원에 대한 사업자금 대부의 알선
   과 연합회 사업을 위한 자금의 차입
5. 제품의 단체표준과 검사에 관한
   사항
6. 회원의 조직, 사업, 신기술 개발
   및 품질 관리에 대한 지도
7. 회원에 대한 교육과 정보 제공 및
   정보화 촉진 사업의 수행
8. 조합에 관한 조사 연구
9. 회원의 경제적 이익을 도모하기
   위한 단체적 계약의 체결
10. 회원의 조합원이 생산하는 제품
    의 수출과 제품을 생산하는 데 필
    요한 원자재 및 시설재의 수입과

가격조사
11. 국가, 지방자치단체 또는 중앙회
    로부터 위탁받은 사업
12. 회원을 위한 국내외 전시·판매
    장의 설치 및 관리
13. 설립 목적을 이루는 데 필요한
    수익 사업으로서 주무관청의 승인
    을 받은 사업
14. 「하도급거래 공정화에 관한 법
    률」에 따른 원사업자와 조합원인
    수급사업자 간의 하도급대금 조정
    지원
15. 공제사업(조합원의 채무 또는 의
    무 이행 등에 필요한 보증사업은
    제외한다)
16. 그 밖에 제1호부터 제15호까지
    에 규정된 사업과 관련된 부대사
    업
②연합회는 제1항의 사업을 추진하기
위하여 필요하면 정관 또는 규약에
서 정하는 바에 따라 회원에 대하여
보고를 요구하거나 필요한 명령을
할 수 있다.
③연합회는 정관으로 정하는 바에 따
라 회원의 업무와 회계에 관한 사항
을 감사할 수 있으며, 필요한 때에는
중앙회의 협조를 받아 중앙회와 합
동으로 감사할 수 있다.
④연합회는 제3항에 따른 감사 결과
시정하여야 할 사항이 있으면 회원
에 대하여 그 시정을 명하고 그 감
사 결과를 중앙회를 거쳐 주무관청
에게 보고하여야 한다.

제94조(준용 규정) 연합회의 사업에 관
하여는 제35조제2항·제3항, 제35조
의2, 제36조부터 제42조까지의 규정을
준용한다. 이 경우 제40조제1항 중 "
제35조제1항제7호"를 "제93조제1항제
9호"로 보고, "조합"을 "연합회"로, "조
합원"을 "회원 또는 회원의 조합원"으
로 본다. <개정 2008.6.13., 2011.7.25.>

제4절 기관

제95조(임원) ①연합회는 임원으로 회장 1명, 이사 5명 이상, 상근 이사 1명과 감사 2명 이하를 둔다.
②총회는 정관으로 정하는 바에 따라 대의원으로 구성하고, 회장과 이사 및 감사는 정관으로 정하는 바에 따라 대의원 중에서 선출하되, 회장은 조합의 이사장을 겸하지 못한다.
③상근 이사는 대통령령으로 정하는 자격을 가진 자로서 이사회의 추천을 받은 자 중에서 회장이 임명하되, 회원 또는 회원인 조합의 조합원 외의 자 중에서 임명한다.
④대의원은 정관으로 정하는 바에 따라 회원인 조합의 조합원 중에서 선출한다. 이 경우 회장은 제24조와 제25조제1항 각 호의 어느 하나에 해당하는 경우 외에는 그 임기 중에 대의원의 지위를 상실하지 아니한다.

제96조(준용 규정) 연합회의 총회·이사회 및 임원에 관하여는 조합의 총회·이사회 및 임원에 관한 규정을 준용한다. 이 경우 제45조제2항 중 "4분의 1"을 "3분의 1"로, 제65조 중 "5분의 1"을 "3분의 1"로, 제66조제1항 중 "4분의 1"을 "3분의 1"로 보고, "조합"을 "연합회"로, "조합원"을 "회원 또는 대의원(제43조제2항의 "조합원"은 "대의원"으로 본다)"으로, "이사장"을 "회장"으로 보며, 제60조제2항 중 "연합회 또는 중앙회"를 "중앙회"로 본다.

제5절 회계

제97조(회계) 연합회의 회계에 관하여는 조합의 회계에 관한 규정을 준용

한다. 이 경우 "조합"을 "연합회"로, "조합원"을 "회원"으로 본다.

제6절 해산과 청산

제98조(해산과 청산) 연합회의 해산과 청산에 관하여는 조합의 해산과 청산에 관한 규정을 준용한다.

제5장 중소기업중앙회
제1절 회원

제99조(회원) ①중앙회의 회원은 정회원과 특별회원으로 한다.
②중앙회의 정회원이 될 자격은 다음 각 호와 같다. <개정 2015.2.3.>
1. 연합회
2. 전국조합
3. 지방조합
4. 사업조합
5. 중소기업관련단체
6. 「협동조합 기본법」 제71조제1항에 따라 설립된 협동조합연합회
③특별회원은 정관으로 정하는 바에 따라 경제단체와 중소기업 관련 단체 또는 중소기업 관련 기관 등으로 할 수 있다.

제99조의2(준회원) ① 중앙회는 정관으로 정하는 바에 따라 중앙회가 하는 사업에 참여하거나 중앙회가 운영하는 시설을 이용하려는 중소기업자를 준회원으로 할 수 있다.
② 중앙회는 준회원에 대하여 정관으로 정하는 바에 따라 가입금 및 경비를 부담하게 할 수 있다.
③ 준회원은 정관으로 정하는 바에 따라 중앙회가 하는 사업에 참여하고, 중앙회가 운영하는 시설을 이용할 수 있다.

[본조신설 2015.2.3.]

제100조(의결권과 선거권) ①정회원은 각각 한 개의 의결권과 선거권을 가진다. ②제88조에 따라 연합회의 회원이 될 자격을 가지는 자가 중앙회에서 의결권 또는 선거권이 있는 3개 이상의 연합회에 가입하면 정관으로 정하는 바에 따라 그 자의 의결권 또는 선거권을 제한할 수 있다. ③중소기업 관련 단체인 정회원 모두가 가지는 의결권 또는 선거권은 중앙회 전체 의결권 또는 선거권 총수의 100분의 20을 초과할 수 없다. ④제132조제1항에 따라 관보에 게재된 휴면조합은 같은 조 제2항에 따른 활동 재개가 인정될 때까지 중앙회에서 의결권 또는 선거권을 행사하지 못한다. <개정 2015.2.3.>

제101조(가입과 탈퇴) ①제99조에 규정된 자는 중앙회의 정관으로 정하는 바에 따라 그 회원이 된다. ②회원은 중앙회의 해산이나 회원 자격의 상실 또는 정관으로 정하는 바에 따라 탈퇴한다.

제102조(준용 규정) 회원에 관하여는 제19조부터 제21조까지의 규정을 준용한다. 이 경우 "조합"을 "중앙회"로, "조합원"을 "정회원"으로 본다.

제2절 설립

제103조(발기인) 중앙회를 설립하려면 제99조에 규정된 연합회 또는 조합 3개 이상이 발기인이 되어야 한다.

제104조(정관의 기재사항) 중앙회의 정관에는 다음 각 호의 사항을 적어야 한다.
1. 목적
2. 명칭
3. 사업
4. 사무소의 소재지
5. 회원 및 대리인이 될 자격
6. 회원의 가입·탈퇴 및 제명
7. 임원의 정수와 그 선임
8. 경비의 분담
9. 잉여금의 처분과 손실금 처리
10. 사업연도
11. 해산 사유
12. 공고 방법

제105조(준용 규정) 중앙회의 설립에 관하여는 제28조 및 제30조부터 제33조까지의 규정을 준용한다. 이 경우 "조합"을 "중앙회"로, "조합원"을 "정회원"으로, "이사장"을 "회장"으로 본다.

제3절 사업

제106조(업무) ①중앙회는 다음 각 호의 사업을 할 수 있다. <개정 2011.7.25., 2015.1.28.>
1. 조합, 사업조합 및 연합회의 조직과 사업의 지도
2. 정회원의 권익 보호와 건전한 발전을 위한 사업 및 정부에 대한 건의
3. 정회원에 대한 경영·기술 및 품질 관리에 관한 지도와 교육
4. 정회원과 중소기업자에 대한 정보의 제공 및 정보화 촉진 사업의 수행
5. 중소기업에 대한 조사·연구
6. 정회원에 대한 보조금의 교부 또는 교부 알선
7. 중앙회의 사업을 위한 자금의 차입
8. 중소기업공제사업기금의 운용 및 관리
9. 소기업과 소상공인(「중소기업기본법」 제2조제2항에 따른 소기업과 「소상공인 보호 및 지원에 관한 법률」 제2조에 따른 소상

공인을 말한다. 이하 같다)의 생
활안정을 위한 공제사업
10. 정회원을 위한 공동사업
11. 중소기업을 위한 수출입 업무와
중소기업 제품의 국내외 전시·판
매장의 설치·운영 및 관리
12. 중소기업을 위한 공업단지 및 공
동 이용 시설의 설치·관리
13. 국가 또는 지방자치단체로부터
위탁받은 사업
14. 정회원의 사업 지원을 위한 재원
의 조성 및 관리
15. 중소기업을 위한 연구원 및 연수
원의 설립·운용
16. 창고 등 중소기업을 위한 물류
공동화 시설의 설치·운영
17. 중소기업 제품의 전자 상거래
18. 중소기업 관련 신문의 발행
19. 중소기업협동조합을 운영하는 데
필요한 전문인력 양성
20. 중소기업의 제조물 책임에 관한
보험 등의 계약을 「상법」 제
639조에 따라 중소기업자를 위하
여 체결하는 사업
21. 설립 목적을 이루는 데 필요한
수익 사업으로서 주무관청의 승인
을 받은 사업
22. 공제사업(조합원 등의 채무 또는
의무 이행 등에 필요한 보증사업
은 공공기관과의 조달계약에 대하
여만 할 수 있다)
23. 「중소기업 인력지원 특별법」
제2조제4호에 따른 인식개선사업
24. 그 밖에 제1호부터 제23호까지에
규정된 사업과 관련된 부대사업
②중앙회는 제1항의 사업을 추진하기
위하여 필요하면 주무관청의 승인을
받아 다른 법인에 출자할 수 있다.
③중앙회는 제1항의 사업을 추진하기
위하여 필요하면 정관 또는 규약에
서 정하는 바에 따라 정회원에 대하
여 업무 및 회계에 관하여 보고를
요구하고 필요한 명령을 할 수 있다.

④중앙회는 정관으로 정하는 바에 따
라 정회원의 업무 및 회계에 관한
사항을 감사할 수 있으며, 정회원이
중앙회의 감사를 거부 또는 방해하
거나 기피한 때에는 중앙회는 주무
관청에 필요한 조치를 하여줄 것을
요청할 수 있다. <개정 2015.2.3.>
⑤중앙회는 제4항에 따른 감사 결과
시정이나 그 밖의 조치가 필요한 사
항이 있으면 정회원에 대하여 그 시
정이나 그 밖의 필요한 조치를 하도
록 명하고 그 감사 결과를 즉시 주
무관청에 보고하여야 한다.
⑥ 정회원은 제5항에 따른 조치를 요
구 받으면 2개월 이내에 필요한 조
치를 하고 그 결과를 중앙회에 알려
야 한다. <신설 2015.2.3.>
⑦ 중앙회는 정회원이 조치 기간에
필요한 조치를 하지 아니하면 1개월
이내에 제5항의 조치를 할 것을 다
시 요구하고, 그 기간에도 이를 이행
하지 아니하면 주무관청에 필요한
조치를 하여줄 것을 요청할 수 있다.
<신설 2015.2.3.>
⑧중앙회는 회원의 공동사업을 지원
하기 위하여 공동사업지원자금을 설
치할 수 있다. <개정 2015.2.3.>
1. 공동사업지원자금은 다음 각 목의
재원으로 조성한다.
가. 회원의 출자금 또는 출연금
나. 기업의 출연금
다. 금융기관의 출연금 또는 차입금
라. 그 밖에 정관으로 정하는 수익금
2. 제1호에 따른 공동사업지원자금은
다음 각 목의 사업을 위하여 사용
하여야 한다.
가. 공동 기술 및 상표의 개발 사업
나. 공동 시험 연구 사업
다. 공동 구매, 판매 및 국내외 판
로 개척 사업
라. 국내외 규격인증 획득 및 해외
조달 시장 진출 사업
마. 정보화 사업
바. 그 밖에 정관으로 정하는 사업

⑨ 중앙회 회장은 정관으로 정하는 바에 따라 직원 중에서 중앙회 업무에 관한 재판상 또는 재판 외의 행위를 할 수 있는 대리인을 선임할 수 있다. <개정 2015.2.3.>

제106조의2(준용규정) 중앙회의 사업에 관하여는 제35조제3항 및 제35조의2를 준용한다. 이 경우 "조합"은 "중앙회로", "조합원"은 "회원"으로 본다. [전문개정 2011.7.25.]

제107조(사업계획의 승인) ①중앙회는 사업연도 개시일부터 2개월 이내에 사업계획과 수지예산서를 작성하여 총회의 의결을 거쳐, 총회가 종료한 날부터 2주일 이내에 주무관청에 승인을 신청하여야 한다. 이를 변경할 때에도 또한 같다.
②제1항의 승인을 받기 전의 일반경비와 긴급한 사업비는 전년도 예산에 준하여 지출할 수 있다.

제4절 중소기업공제사업기금

제108조(중소기업공제사업기금의 설치) 중소기업자의 도산을 막고 공동판매와 구매사업의 기반을 조성하기 위하여 중소기업공제사업기금을 설치한다.

제109조(중소기업공제사업기금의 조성)
①중소기업공제사업기금은 다음 각 호의 재원으로 조성한다.
1. 중소기업공제사업기금에 가입한 중소기업자가 납부하는 공제부금
2. 정부, 조합, 사업조합, 연합회, 그 밖의 자의 출연금
3. 공제사업을 위한 차입금
4. 중소기업공제사업기금의 운용으로 생기는 수익금
②중소기업자는 중소기업공제사업기금에 가입할 수 있다. 다만, 중앙회와 중소기업공제사업기금의 운용목적에 부합하지 아니한 자 등 대통령령으로 정하는 중소기업자는 중소기업공제사업기금에 가입할 수 없다 <개정 2010.6.8.>
③정부는 중소기업자의 중소기업공제사업기금 가입을 촉진하기 위하여 중소기업공제사업기금에 가입하는 중소기업자에게 필요한 지원을 할 수 있다.
④정부는 회계연도마다 예산의 범위에서 정부의 출연금을 세출예산에 계상하여야 한다.

제110조(중소기업공제사업기금의 운용과 관리) ①중소기업공제사업기금은 중앙회가 운용·관리한다.
②중앙회는 중소기업공제사업기금을 운용·관리할 때 필요하다고 인정하면 중소기업청장의 승인을 받아 그 권한의 일부를 금융기관의 장에게 위탁할 수 있다.
③중앙회 회장과 중소기업공제사업기금에 관한 사무를 집행하는 자 또는 위탁받은 자는 중소기업공제사업기금을 운용·관리하면서 고의 또는 중대한 과실로 손해를 발생하게 하면 그 손해를 배상할 책임이 있다. 이 경우 고의로 손해를 발생하게 한 때 외에는 그 책임을 경감할 수 있다.
④중앙회는 대통령령으로 정하는 바에 따라 회계연도마다 기금운용계획안을 세우고, 이를 제113조제2항에 따른 기금운영위원회의 의결을 거쳐 회계연도 개시 20일 전까지 중소기업청장에게 보고하여야 한다. 이를 변경하려는 때에도 또한 같다.

제111조(중소기업공제사업기금의 사용 등) ①중소기업공제사업기금은 다음 각 호의 사업을 위하여 사용한다.
1. 중소기업공제사업기금에 가입한

중소기업자의 도산을 막기 위한
공제금의 대출
2. 중소기업공제사업기금에 가입한
중소기업자의 공동구매 및 판매
사업 자금의 지원
3. 그 밖에 중소기업공제사업기금에
가입한 중소기업자의 지원을 위하
여 필요한 사업으로서 대통령령으
로 정하는 사업
4. 제1호부터 제3호까지에 규정된 사
업과 관련된 부대사업
5. 제110조에 따른 중소기업공제사
업기금의 운용·관리
②중소기업공제사업기금의 여유 자금
은 다음 각 호의 방법으로 운용할
수 있다. <개정 2007.8.3.>
1. 「자본시장과 금융투자업에 관한 법
률」 제4조에 따른 증권의 매입. 이
경우 주권 또는 이와 유사하거나 관
련된 증권 또는 증서는 기금운용계
획에 반영된 경우에 한정한다.
2. 금융기관에 예치
3. 「자본시장과 금융투자업에 관한
법률」 제5조제2항에 따른 장내
파생상품의 거래. 이 경우 제1호
후단을 준용한다.
4. 중소기업청장의 승인을 받아 중소
기업공제사업기금의 부담으로 하
는 금융기관에 대한 지급보증
③제2항에 따른 중소기업공제사업기
금의 여유 자금의 세부 운용방법 및
운용절차 등에 필요한 사항은 대통
령령으로 정한다.

**제112조(공제금 대손보전준비금의 적
립)** ①중앙회는 공제금 대출에 따른
손실을 보전하기 위하여 공제금의 대
출을 받는 중소기업자로부터 대손보
전준비금(貸損補塡準備金)을 받아 적
립·운용하여야 한다.
②제1항에 따른 대손보전준비금의 적
립 운용의 방법, 절차, 그 밖에 필요
한 사항은 대통령령으로 정한다.

**제113조(중소기업공제사업기금의 운용
조직)** ①중소기업공제사업기금을 효
율적으로 운용하기 위하여 중앙회에
중소기업공제사업단을 둔다.
②중앙회의 이사회에 갈음하여 중소기
업공제사업기금의 운용에 관한 사항
을 심의·의결하기 위하여 중소기업
공제사업단에 기금운영위원회를 둔다.
③기금운영위원회는 위원장 1명을 포함
한 11명 이하의 위원으로 구성한다.
④중소기업공제사업단과 기금운영위
원회의 구성 및 운영에 필요한 사항
은 대통령령으로 정한다.

**제114조(중소기업공제사업기금에 관한
세부 규정)** 중소기업공제사업기금의
운용 및 관리 등에 필요한 사항은 대
통령령으로 정한다.

제5절 소기업과 소상공인
공제사업

**제115조(소기업과 소상공인 공제사업
의 관리·운용)** ①중앙회는 소기업과
소상공인이 폐업이나 노령 등의 생계
위협으로부터 생활의 안정을 기하고
사업재기의 기회를 제공받을 수 있도
록 소기업과 소상공인을 위한 공제사
업(이하 "소기업·소상공인공제"라
한다)을 관리·운용한다.
②소기업과 소상공인공제의 운영방법
및 절차 등에 필요한 사항은 대통령
령으로 정한다.

제116조(소기업·소상공인공제의 가입)
①소기업·소상공인공제에 가입할 수
있는 자는 소기업과 소상공인의 대표
자로 한다. 다만, 이미 공제에 가입한
자 등 대통령령으로 정하는 자는 소
기업·소상공인공제에 가입할 수 없
다. <개정 2009.12.30.>

②소기업·소상공인공제에 가입하려는 자는 중소기업중앙회와 공제계약을 체결하여야 한다. <개정 2008.6.13.>

제117조(자금의 조성) 소기업·소상공인공제의 운영을 위한 자금은 다음 각 호의 재원으로 조성한다.
1. 소기업·소상공인공제의 가입자가 납부하는 공제부금
2. 조합, 사업조합, 연합회, 그 밖의 자의 출연금
3. 소기업·소상공인공제를 위한 차입금
4. 소기업·소상공인공제의 운용으로 발생하는 수익금

제118조(소기업·소상공인공제의 사업) 소기업·소상공인공제는 다음 각 호의 사업을 한다.
1. 소기업·소상공인공제에 가입한 소기업과 소상공인이 폐업 등 대통령령으로 정하는 공제사유가 발생한 경우 공제금의 지급
2. 소기업·소상공인공제 가입자에 대한 대출
3. 제1호 및 제2호의 사업과 관련된 부대사업

제118조의2(소기업·소상공인공제운영위원회) ① 중앙회의 이사회에 갈음하여 소기업·소상공인공제의 운용 및 관리에 관한 사항을 심의·의결하기 위하여 중소기업공제사업단에 소기업·소상공인공제운영위원회(이하 "공제운영위원회"라 한다)를 둔다.
② 공제운영위원회는 위원장 1인을 포함한 11인 이하의 위원으로 구성한다.
③ 공제운영위원회의 구성 및 운영에 관하여 필요한 사항은 대통령령으로 정한다. [본조신설 2008.6.13.]

제119조(수급권의 보호) 공제금을 지급받을 권리는 이를 양도 또는 압류하거나 담보로 제공할 수 없다. 다만 제118조제2호에 따라 대출을 받은 자가 대출금과 이자를 상환하기 전에 공제금 지급사유가 발생한 경우 중앙회는 공제금에서 대출금과 이자를 공제할 수 있다. <개정 2015.2.3.>

제120조(준비금의 적립) ①중앙회는 결산기마다 소기업·소상공인공제의 종류별로 장래에 지급할 공제금에 충당하기 위한 준비금을 계상하고 이를 별도로 적립·운용하여야 한다.
②제1항에 따른 준비금의 적립·운용에 필요한 사항은 대통령령으로 정한다.

제121조(「보험업법」의 적용 배제) 소기업·소상공인공제에 관하여는 「보험업법」을 적용하지 아니한다.

제6절 기관

제122조(임원) 중앙회에 다음 각 호의 임원을 둔다.
1. 회장 1명
2. 부회장 5명 이상
3. 상근 부회장 1명
4. 이사 10명 이상
5. 상근 이사 5명 이하
6. 감사 1명

제123조(임원의 선임) ① 회장은 정회원의 대표자 또는 정회원의 대표자가 추천하는 자 중에서 정관으로 정하는 바에 따라 총회에서 투표로 선출한다. 다만, 회장은 조합 또는 사업조합의 이사장이나 연합회의 회장을 겸직할 수 없다. <개정 2010.6.8.>
② 회장의 임기는 4년으로 하며 1회에 한정하여 연임할 수 있다. 이 경우 회장은 제1항 본문의 정회원 대표자 자격을 갖춘 것으로 본다.

<신설 2010.6.8.>
③부회장 및 이사는 정회원의 대표자 중에서 정관으로 정하는 바에 따라 총회에서 선출한다. <개정 2010.6.8.>
④상근 부회장은 중소기업에 관한 학식과 경험이 풍부한 자 중에서 이사회의 추천에 따라 중소기업청장의 승인을 받아 회장이 임명한다. 이 경우 조합 및 사업조합의 조합원 외의 자 중에서 임명한다. <개정 2010.6.8.>
⑤상근 이사는 정관으로 정하는 바에 따라 회장이 임명하고, 감사는 이사회의 추천에 따라 중소기업청장의 승인을 받아 회장이 임명하며 상근으로 한다. 이 경우 상근 이사 및 감사는 조합 및 사업조합의 조합원 또는 중소기업 관련 단체의 구성원이 아닌 자 중에서 임명한다. <개정 2010.6.8.>
⑥중앙회는 제1항에 따른 회장 선출에 대한 선거 관리를 정관으로 정하는 바에 따라 「선거관리위원회법」에 따른 중앙선거관리위원회에 위탁할 수 있다. <개정 2010.6.8.>
⑦ 제6항에 따라 중앙선거관리위원회가 중앙회 회장 선거를 수탁·관리하는 경우 이 법의 위반행위의 단속과 조사에 대하여는 「공직선거법」 제272조의2 및 「선거관리위원회법」 제14조의2를 준용한다. <신설 2015.2.3.>

제124조(임원의 직무) ①회장은 중앙회를 대표하고 업무를 관장하며 총회와 이사회의 의장이 된다.
②회장이 사고가 있으면 총회에서는 정관으로 정하는 순위에 따라 부회장이, 회장 및 부회장이 동시에 사고가 있으면 총회에서 선출하는 임시의장이 의장이 되고, 이사회에서는 상근 부회장이 그 직무를 대행한다.
③부회장 및 상근 부회장은 회장을 보좌하고, 상근 부회장은 회장의 명을 받아 중앙회의 사무를 집행·처리하며 회장이 궐위되면 정관으로 정하는 순위에 따라 부회장이 그 직무를 대행하고, 회장과 부회장이 모두 궐위되면 상근 부회장이 그 직무를 대행한다.
④상임 이사는 회장, 부회장, 상근 부회장을 보좌하고 회장이 지정하는 바에 따라 중앙회의 업무를 분장하며 회장, 부회장, 상근 부회장이 동시에 사고가 있을 때 또는 궐위된 때에는 정관으로 정하는 바에 따라 그 직무를 대행한다.
⑤감사는 중앙회의 재산과 업무집행 상황을 감사하여 총회에 보고하여야 하며 제106조제4항에 따른 업무를 분장한다.

제125조(준용 규정) 중앙회의 총회·이사회 및 임원에 관하여는 이 장에 규정된 것 외에는 조합의 총회·이사회 및 임원에 관한 규정을 준용한다. 이 경우 "조합"은 "중앙회"로, "조합원"은 "정회원"으로, 제45조제1항부터 제3항까지, 제48조제2항, 제55조제3항, 제57조, 제64조제1항 및 제2항과 제66조제3항 중 "이사장"은 "회장"으로, 제50조제5항 중 "이사장, 이사 및 감사"는 "회장, 부회장 및 이사"로, 제52조제2항 중 "상근 이사"는 "상근 부회장, 상근 이사 및 감사"로, 제55조제2항 중 "이사장, 이사와 상근 이사"는 "회장, 부회장, 상근 부회장, 이사 및 상근 이사"로 보되, 제56조 제5호는 준용하지 않는다. <개정 2015.2.3.>

제7절 회계

제126조(회계) 중앙회의 회계에 관하여는 제67조를 준용한다.

제8절 해산과 청산

제127조(해산과 청산) 중앙회의 해산

과 청산에 관하여는 조합의 해산과 청산에 관한 규정을 준용한다.

제6장 등기

제128조(등기부) 등기소마다 중소기업 협동조합 등기부, 중소기업사업협동 조합 등기부, 중소기업협동조합 연합 회 등기부와 중소기업중앙회 등기부 를 갖추어 두어야 한다.

제7장 감독

제129조(결산 관계 서류의 제출) 조합, 사업조합, 연합회 또는 중앙회는 사 업연도마다 정기총회가 끝난 날부터 2주일 이내에 사업보고서, 대차대조 표, 손익계산서와 잉여금의 처분 또 는 손실금의 처리 방법을 적은 문서 를 주무관청에 제출하여야 한다.

제130조(보고의 의무) ①조합, 사업조 합, 연합회 또는 중앙회는 다음 각 호의 사유가 있으면 2주일 이내에 주무관청에 보고하여야 한다.
1. 총회의 개최와 그 결과
2. 주소의 변경
3. 임원의 선임
4. 규약 또는 규정의 제정 또는 개폐
5. 단체적 계약의 체결
6. 조합원 또는 회원의 변동
②주무관청은 조합, 사업조합, 연합회 또는 중앙회의 업무를 적절히 처리 하게 하기 위하여 특히 필요하다고 인정되는 보고를 받을 수 있다.
③제1항제4호 중 규약은 제30조제1 항 각 호에 규정된 사항을 제정하거 나 개정하거나 폐지하려면 주무관청 의 승인을 받아야 한다.

제131조(검사) ①주무관청은 조합, 사 업조합, 연합회 또는 중앙회의 업무 또는 회계가 이 법이나 정관에 위반 된다고 인정할 만한 상당한 이유가 있으면 그 조합, 사업조합, 연합회 또 는 중앙회로부터 그 업무나 회계에 관하여 필요한 보고를 받거나 그 업 무나 회계의 상황을 검사할 수 있다.
②조합원, 회원 또는 대의원은 그 조 합, 사업조합이나 연합회 또는 중앙 회의 업무나 회계가 정관 또는 규약 을 위반한다고 인정하면 총 조합원 이나 총 대의원 또는 총 회원의 3분 의 1 이상의 동의를 받아 문서로 주 무관청에 검사를 청구할 수 있다.
③제2항의 청구가 있으면 주무관청은 조합, 사업조합, 연합회 또는 중앙회의 업무나 회계 상황을 검사하여야 한다.

제132조(휴면조합) ①주무관청은 직권 또는 신고에 따라 중앙회, 연합회, 조 합, 사업조합의 활동 사항을 조사하 여 대통령령으로 정하는 요건에 해당 되어 실제 활동하지 아니한다고 인정 되면 휴면조합으로 지정하고 그 회장 또는 이사장에게 휴면조합임을 알리 고 이를 관보에 게재하여야 한다.
<개정 2015.2.3.>
②주무관청은 제1항에 따른 관보 게 재 후 1년 안에 활동 재개 신청이 없거나, 활동 재개 신청을 접수한 날 부터 1년이 지난 후에도 활동 재개 가 없다고 인정되는 중앙회, 연합회, 조합, 사업조합에 대하여는 제133조 제2항에 따라 해산을 명하여야 한 다. 이 경우 제133조제3항을 적용하 지 아니한다. [제목개정 2015.2.3.]

제133조(행정명령) ①주무관청이 조합, 사업조합, 연합회 또는 중앙회가 다 음 각 호의 어느 하나에 해당된다고 인정하면 일정한 기한을 정하여 업무

의 시정과 그 밖에 필요한 조치를 명
할 수 있다.
1. 업무나 회계가 법령이나 정관 또
   는 규약을 위반한 때
2. 정당한 이유 없이 설립인가를 받
   은 날부터 1년 안에 업무를 개시
   하지 아니하거나 1년 이상 계속
   하여 업무를 정지할 때
3. 설립인가일부터 90일까지 설립 등
   기를 하지 아니한 때
4. 조합원 또는 회원의 수가 제27조
   제2항(제81조 또는 제92조에서
   준용하는 경우를 포함한다)에 따
   른 수 미만으로 감소한 때
②주무관청은 조합, 사업조합, 연합회
또는 중앙회가 제1항의 명령을 위반
하면 임원의 해임 또는 그 단체의
해산을 명할 수 있다. 다만, 제1항제
3호에 따른 명령을 위반하면 설립인
가를 취소할 수 있다.
③주무관청이 제2항에 따라 해산을
명하려면 청문을 하여야 한다.

제134조(사업 조성) 정부는 중소기업
을 조성하기 위한 정책을 실시하는
경우에 중앙회를 통하여 실시한다.
그러나 필요하다고 인정되는 사항에
관하여는 연합회 또는 조합, 사업조
합을 통하여도 할 수 있다.

제135조(보조금) ①주무관청은 중소기
업을 육성하기 위하여 중앙회를 운영
하는 데 필요한 경비의 전부 또는 일
부를 보조하여야 한다.
②시·도지사는 중소기업을 육성하고
지역 사회를 개발하기 위하여 관할
구역에 있는 중앙회 지회를 운영하
는 데 필요한 경비의 일부를 중앙회
를 통하여 보조할 수 있다.
③주무관청은 중소기업을 육성하기
위하여 그 예산의 범위에서 조합, 사
업조합 또는 연합회의 품질 규격의
제정, 검사 사업, 유통 구조의 개선

사업, 그 밖에 운영에 필요한 경비의
전부 또는 일부를 보조할 수 있다.

제136조(권한의 위탁) ①중소기업청장
은 대통령령으로 정하는 바에 따라 이
법에 따른 권한의 일부를 다른 중앙행
정기관의 장(시·도지사는 제외한다.
이하 같다), 중앙회의 회장 또는 연합
회의 회장에게 위탁할 수 있다.
②시·도지사는 대통령령으로 정하는
바에 따라 이 법에 따른 권한의 일
부를 중앙회의 회장 또는 연합회의
회장에게 위탁할 수 있다.

제8장 벌칙

제137조(벌칙) ①다음 각 호의 어느
하나에 해당하는 자는 2년 이하의
징역 또는 2천만원 이하의 벌금에
처한다. <개정 2008.6.13.>
1. 제8조제3항을 위반한 자
2. 제53조제1항 또는 같은 조 제2항
   (제85조, 제96조 또는 제125조
   에서 준용하는 경우를 포함한다)
   을 위반한 자
②제53조제3항부터 제5항까지의 규
정(제85조, 제96조 또는 제125조에
서 준용하는 경우를 포함한다)을 위
반한 자는 1년 이하의 징역 또는 1
천만원 이하의 벌금에 처한다.
<개정 2008.6.13.>
③제1항과 제2항에 규정된 죄의 공소
시효는 그 선거일 후 6개월(선거일
후에 행하여진 범죄는 그 행위가 있
는 날부터 6개월)이 지남으로써 완
성한다. 다만, 범인이 도피한 때나
범인이 공범 또는 범죄의 증명에 필
요한 참고인을 도피시킨 때에는 그
기간을 3년으로 한다.

제138조(벌칙) 조합, 사업조합, 연합회

또는 중앙회의 임원이 조합, 사업조합, 연합회 또는 중앙회의 사업 범위를 이탈하여 대부(貸付)하거나 투기거래의 목적으로 그 재산을 처분하면 3년 이하의 징역 또는 2천만원 이하의 벌금에 처하거나 이를 병과(倂科)할 수 있다. <개정 2008.6.13.>

제139조(당선인의 선거범죄로 말미암은 당선무효) 조합, 사업조합, 연합회 또는 중앙회의 임원 선거의 당선인이 그 선거에서 제137조제1항제2호 또는 같은 조 제2항에 규정된 죄를 범하여 징역형 또는 100만원 이상의 벌금형을 선고받으면 그 당선을 무효로 한다.

제140조(벌칙) 조합, 사업조합, 연합회 또는 중앙회가 제133조제1항제1호 또는 제2호에 따른 명령을 위반하면 그 임원은 1천만원 이하의 벌금에 처한다. <개정 2008.6.13.>

제141조(과태료) ①제131조에 따른 검사를 거부 또는 방해하거나 기피한 자에게는 50만원 이하의 과태료를 부과한다.
②조합, 사업조합, 연합회 또는 중앙회의 발기인·임원 또는 청산인이 다음 각 호의 어느 하나에 해당되면 30만원 이하의 과태료를 부과한다.
1. 이 법에 따라 조합, 사업조합, 연합회 또는 중앙회가 할 수 있는 사업 외의 사업을 한 때
2. 제15조제2항 또는 제25조제3항(제79조 또는 제89조에서 준용하는 경우를 포함한다)을 위반한 때
3. 제43조제3항(제85조, 제96조 또는 제125조에서 준용하는 경우를 포함한다)을 위반한 때
4. 제62조 또는 제66조제3항(제85조 또는 제96조에서 준용하는 경우를 포함한다)을 위반한 때

5. 제63조 또는 제64조(제85조, 제96조 또는 제125조에서 준용하는 경우를 포함한다)를 위반하여 서류를 비치하지 아니하거나 그 서류에 적어야 할 사항을 적지 아니하거나 부실하게 적거나 정당한 이유 없이 그 서류의 열람이나 사본의 청구를 거부한 때
6. 제65조제2항(제85조, 제96조 또는 제125조에서 준용하는 경우를 포함한다)을 위반하여 정당한 이유 없이 장부 또는 서류의 열람이나 사본의 청구를 거부한 때
7. 제68조제2항(제86조 또는 제97조에서 준용하는 경우를 포함한다)을 위반하여 공고를 게을리하거나 거짓의 공고를 한 때
8. 제70조 또는 제71조(제86조 또는 제97조에서 준용하는 경우를 포함한다)를 위반한 때
9. 제72조(제86조 또는 제97조에서 준용하는 경우를 포함한다)를 위반하여 지분을 취득하거나 질권의 목적으로 받은 때
10. 제73조제2항(제87조, 제98조 또는 제127조에서 준용하는 경우를 포함한다)을 위반한 때
11. 제93조제2항부터 제4항까지 또는 제106조제3항부터 제5항까지의 규정을 위반한 때
12. 제129조를 위반하여 서류를 제출하지 아니하거나 거짓의 서류를 제출한 때
13. 제130조에 따른 보고를 하지 아니하거나 거짓의 보고를 한 때
③제1항과 제2항에 따른 과태료는 대통령령으로 정하는 바에 따라 중소기업청장(제136조에 따라 권한이 위탁된 경우에는 다른 중앙행정기관의 장을 말한다. 이하 이 조에서 같다) 또는 시·도지사가 부과·징수한다.
④제3항에 따른 과태료 처분에 불복하는 자는 그 처분을 고지받은 날부터

30일 이내에 중소기업청장 또는 시·도지사에게 이의를 제기할 수 있다.

⑤제3항에 따른 과태료 처분을 받은 자가 제4항에 따라 이의를 제기하면 중소기업청장 또는 시·도지사는 지체 없이 관할 법원에 그 사실을 통보하여야 하며, 그 통보를 받은 관할 법원은 「비송사건절차법」에 따른 과태료 재판을 한다.

⑥제4항에 따른 기간에 이의를 제기하지 아니하고 과태료를 내지 아니하면 국세 또는 지방세 체납처분의 예에 따라 징수한다.

제142조(선거범죄신고자 등의 보호) 중앙회 회장 선거와 관련하여 제137조제1항제2호와 같은 조 제2항에 따른 죄의 신고자 등의 보호에 관하여는 「공직선거법」 제262조의2를 준용한다. [본조신설 2015.2.3.]

제143조(선거범죄신고자에 대한 포상금 지급) ① 중앙회는 중앙회 회장 선거와 관련하여 제137조제1항제2호와 같은 조 제2항에 따른 죄에 대하여 중앙회선거관리위원회(중앙선거관리위원회에 선거 관리를 위탁한 경우 중앙선거관리위원회를 포함한다)가 인지(認知)하기 전에 그 범죄 행위를 신고한 자에게 포상금을 지급할 수 있다.

② 제1항에 따른 포상금의 상한액·지급 기준 및 포상 방법은 정관으로 정한다. [본조신설 2015.2.3.]

부칙
<제13086호, 2015.1.28.>
(소상공인 보호 및 지원에 관한 법률)

제1조(시행일) 이 법은 2015년 5월 28일부터 시행한다. <단서 생략>
제2조부터 제6조까지 생략

제7조(다른 법률의 개정) ①부터 ⑤까지 생략

⑥ 중소기업협동조합법 일부를 다음과 같이 개정한다.
제106조제1항제9호 중 "소기업과 소상공인(「소기업 및 소상공인지원을 위한 특별조치법」 제2조의 소기업 및 소상공인을 말한다. 이하 같다)"을 "소기업과 소상공인(「중소기업기본법」 제2조제2항에 따른 소기업과 「소상공인 보호 및 지원에 관한 법률」 제2조에 따른 소상공인을 말한다. 이하 같다)"으로 한다.

⑦ 생략

제8조 생략

부칙
<제13159호, 2015.2.3.>

제1조(시행일) 이 법은 공포 후 6개월이 경과한 날부터 시행한다. 다만, 제106조의 개정규정은 공포 후 3개월이 경과한 날부터 시행하고, 제6조제1항제2호 및 제12조제2항의 개정규정은 공포한 날부터 시행한다.

제2조(이사장 입후보 자격 제한에 관한 적용례) 제50조제3항의 개정규정은 이 법 시행 후 최초로 이사장을 선출하는 경우부터 적용한다.

중소기업협동조합법 시행령

[시행 2015.8.4.]
[대통령령 제26467호, 2015.8.3., 일부개정]

제1조(목적) 이 영은 「중소기업협동조합법」에서 위임된 사항과 그 시행에 필요한 사항을 규정함을 목적으로 한다.

제2조(조합 등의 주사무소) 「중소기업협동조합법」(이하 "법"이라 한다) 제3조제1항제1호에 따른 협동조합(이하 "조합"이라 한다), 같은 항 제2호에 따른 사업협동조합(이하 "사업조합"이라 한다)및 같은 항 제3호에 따른 협동조합연합회(이하 "연합회"라 한다)의 주사무소는 법 제6조에 따른 업무 구역에 둔다.

제3조(업종의 분류) ①법 제3조제2항에 따른 조합 또는 업종의 명칭을 붙인 연합회(이하 "업종연합회"라 한다)에 관한 업종의 분류는 「통계법」 제22조제1항에 따라 통계청장이 작성·고시하는 한국표준산업분류(이하 "한국표준산업분류"라 한다)의 소분류, 세분류 또는 세세분류에 따른다. 다만, 업종의 특성을 고려하여 중소기업청장이 특히 필요하다고 인정하는 경우에는 그러하지 아니하다. <개정 2007.10.23., 2009.10.7.>
②제1항 본문에도 불구하고 도매업이나 소매업은 한국표준산업분류의 중분류에 따른 도매업이나 소매업의 구분 없이 소분류, 세분류 또는 세세분류에 따를 수 있다. <개정 2009.10.7.>
③법 제13조제1항에서 "관련 업종"이란 다음 각 호의 어느 하나에 해당하는 업종을 말한다.
1. 생산, 가공 또는 수리공정에 관련된 업종

2. 중소기업청장이 업종의 특성으로 보아 상호 관련성이 있다고 인정하는 업종

제4조(조합원 자격의 예외) ①법 제13조제2항에서 "중소기업자 외의 자"란 중소기업이 아닌 기업을 영위하는 자로서 조합의 사업을 원활히 수행하기 위하여 필요하다고 인정되는 자를 말한다.
②법 제13조제2항에 따라 중소기업자 외의 자를 조합원으로 하는 경우 그 수는 해당 조합의 총 조합원수의 20분의 1을 초과할 수 없다.

제5조(특별 조합원) 법 제14조에 따른 특별 조합원이 될 수 있는 관련 중소기업은 조합원이 생산하는 제품에 필요한 원·부자재 또는 시설재를 생산하는 중소기업으로 한다.

제6조(출자 등) ①법 제16조에 따른 출자 1좌(座)의 금액은 10만원 이상으로 한다.
②출자금은 조합, 사업조합 또는 연합회의 정관에서 정하는 바에 따라 일시에 전액을 내야 한다.
③조합, 사업조합과 연합회는 조합원이나 회원이 출자금을 납입(納入)하면 정관에서 정하는 바에 따라 출자증서를 내주어야 한다.

제7조(출자금의 최저한도) 법 제17조에 따른 출자금 총액의 최저한도는 다음 각 호와 같다.
1. 법 제6조제1항제1호에 따른 전국조합(이하 "전국조합"이라 한다) : 8천만원
2. 법 제6조제1항제2호에 따른 지방조합(이하 "지방조합"이라 한다) : 4천만원
3. 사업조합 : 4천만원
4. 연합회 : 4천만원

8조(설립인가) ①조합, 사업조합 또는 연합회의 설립인가를 받으려는 자는 창립총회가 끝난 후 4주일 이내에 조합설립에 필요한 서류를 갖추어 법 제12조제1항 및 제2항에 따른 주무관청(이하 "주무관청"이라 한다)에 설립인가를 신청하여야 한다. <개정 2009.10.7., 2010.9.9.>
②주무관청은 제1항에 따라 신청을 받으면 중소기업중앙회(이하 "중앙회"라 한다) 회장 및 관계 행정기관의 장의 의견을 들어 그 신청내용을 검토한 후 설립목적과 사업계획이 타당하다고 인정되면 설립을 인가한다.
③주무관청은 제2항에 따른 설립인가를 할 때 조합, 사업조합 또는 연합회의 정관이 법령에 위반되거나 부당하다고 인정되면 그 정관의 변경을 명하고, 임원의 자격이 부적당하다고 인정되면 그 임원의 개선(改選)을 명할 수 있다.

□판례 - 협동조합 설립인가신청서반려처분취소

【판시사항】
가. 중소기업협동조합법시행령 제8조의 규정 취지 및 같은 조 제1항의 규정이 모법에 위배되는지 여부(소극) 나. 전국을 업무구역으로 한 기존 조합이 있는 경우에도 행정구역을 업무구역으로 하는 조합의 설립이 가능한지 여부(한정적극)

【판결요지】
가. 중소기업협동조합법 제28조에서 조합의 발기인은 창립총회 후 지체없이 정관, 사업계획, 임원의 성명과 주소 기타 필요한 사항을 기재한 서면을 주무관청에 제출하여 설립의 인가를 얻어야 한다고 규정하고 있어 조합의 설립인가권은 궁극적으로 주무관청이 보유하고 있으므로, 같은법시행령 제8조에서 조합의 설립인가에 관한 절차를 규정하면서 추천을 받은 신청인이 주무관청에게 설립인가를 신청하여야 함을 규정하고 있다 하여도 이는 중소기업협동조합중앙회 회장의 설립인가 추천을 받은 자가 주무관청에 설립인가를 신청하는 경우를 예상하여 그렇게 규정한 취지로 보아야 하고, 만일 중앙회 회장이 추천기간인 3주일이 경과하도록 추천 여부를 신

청인에게 통지하지 아니하였거나 또는 중앙회 회장이 조합법령의 해석을 잘못하여 부당하게 추천을 거절하였다면 신청인은 중앙회 회장의 추천 여부에 관계없이 주무관청에게 조합의 설립인가를 신청할 수 있으므로 같은 법시행령 제8조 제1항의 규정이 반드시 모법에 위배된다고 단정할 수 없다. 나. 같은 법 제6조 제1항에 의하면 중소기업협동조합은 원칙적으로 행정구역을 업무구역으로 하되, 특별한 사유가 있을 때에는 2 이상의 행정구역을 업무구역으로 할 수 있으며, 같은 법시행령 제2조 제1항에 의하면 특별한 사유가 있을 때라 함은 업무구역을 행정구역에 따라 정하는 경우에 지리적 조건, 조합원의 분포 기타 조합운영의 특성으로 보아 조합설립의 목적을 달성할 수 없다고 인정되는 때를 말한다고 규정되어 있으므로, 전국을 업무구역으로 한 조합이 설립인가된 경우라도 그러한 특별한 사유가 소멸되었다면 같은 법 제6조의 원칙으로 돌아가 업무구역이 행정구역과 일치되는 조합이 설립인가되어야 마땅한 것으로 보인다.
[대법원, 92누12438, 1993.3.26]

제9조(공동사업의 제한) ①법 제35조제1항제1호에 따른 공동사업에는 가격의 공동결정행위는 포함되지 아니한다.
②법 제93조제1항 각 호 외의 부분 단서에서 "대통령령으로 정하는 사업"이란 원자재의 공동구매 및 제품의 공동판매사업을 말한다. 다만, 제품의 공동판매사업 중 행정구역의 명칭을 붙인 협동조합연합회(이하 "지역연합회"라 한다)가 직접 운영하는 공동판매장 사업은 제외한다.

제9조의2(하도급대금 협의 및 조정 지원 업무) ① 법 제35조제1항제13호 및 제82조제1항제11호에 따른 하도급대금 협의 및 조정 지원 업무는 각각 다음 각 호의 사항을 포함한다. <개정 2015.8.3.>
1. 「하도급거래 공정화에 관한 법률」에 따른 하도급대금 조정제도의 홍보
2. 「하도급거래 공정화에 관한 법률」 제16조의2제1항에 따른 하도급대금의 조정 신청의 안내 및 같은 조 제8항에 따른 하도급분쟁조정협의

회에 대한 조정 신청의 안내
3. 「하도급거래 공정화에 관한 법률」 제16조의2제2항에 따른 하도급대금의 조정을 위한 협의
4. 조합원인 수급사업자의 하도급대금의 조정 신청 등에 관련된 자료의 조사·제공
② 법 제93조제1항제14호에 따른 하도급대금 조정 지원 업무는 제1항제1호, 제2호 및 제4호의 사항을 포함한다. <신설 2015.8.3.>
[본조신설 2011.1.28.]
[제목개정 2015.8.3.]

제10조(사업계획서의 작성 등) ①지방조합, 사업조합, 전국조합과 연합회는 법 제36조(법 제83조와 법 제94조에서 준용하는 경우를 포함한다)에 따른 사업계획과 수지예산서(收支豫算書)를 작성하려면 중앙회 회장이 통보하는 사업계획과 수지예산서의 작성지침에 따라야 한다.
②중앙회 회장은 제1항에 따른 사업계획과 수지예산서의 작성지침을 정하여 중소기업청장에게 제출하여야 한다.

제11조(단체표준의 검사) 주무관청은 다음 각 호의 어느 하나에 해당하는 경우에는 법 제38조제4항에 따라 조합으로 하여금 조합원 외의 자가 생산하는 제품에 대하여 법 제38조제1항에 따른 단체표준에 맞는지 여부를 검사하게 할 수 있다. <개정 2009.11.20.>
1. 제품의 품질이 조잡하여 품질개선의 필요성이 현저한 경우
2. 「중소기업제품 구매촉진 및 판로지원에 관한 법률」 제2조제2호에 따른 정부 등 공공기관이 제품을 구매하는 경우에 그 구매기관의 장이 단체표준에 맞는지 여부를 검사할 필요가 있다고 인정하여 검사요청을 한 경우

제12조(인가신청 등) ①지방조합이 다음 각 호의 사항에 관하여 특별시장·광역시장·특별자치시장·도지사 또는 특별자치도지사(이하 "시·도지사"라 한다)의 인가나 승인을 받으려면 해당 조합이 회원으로 가입된 연합회 또는 중앙회를 거쳐야 한다. <개정 2009.10.7., 2015.8.3.>
1. 법 제47조제2항에 따른 정관변경에 관한 사항
2. 법 제130조제3항에 따른 규약의 제정, 개정 또는 폐지에 관한 사항
②사업조합이 다음 각 호의 사항에 관하여 시·도지사의 인가나 승인을 받으려면 해당 사업조합이 조합원으로 가입된 조합이나 회원으로 가입된 연합회 또는 중앙회를 거쳐야 한다. <개정 2015.8.3.>
1. 법 제85조에서 준용하는 법 제47조제2항에 따른 정관변경에 관한 사항
2. 법 제130조제3항에 따른 규약의 제정, 개정 또는 폐지에 관한 사항
③전국조합이나 연합회가 법 제47조제2항 또는 법 제96조에 따라 정관변경에 관한 중소기업청장의 인가를 받으려면 중앙회를 거쳐야 한다.
④법 제47조제2항에서 "대통령령으로 정하는 사항"이란 법 제29조제1항 각 호(법 제81조에서 준용하는 경우를 포함한다), 법 제91조 각 호와 법 제104조 각 호의 사항을 말한다. [제목개정 2015.8.3.]

제13조(상근이사의 자격기준) 법 제50조제4항과 법 제95조제3항에서 "대통령령으로 정하는 자격을 가진 자"란 각각 중소기업에 대한 학식과 경험이 풍부한 자로서 다음 각 호의 어느 하나에 해당하는 자를 말한다. <개정 2009.11.20., 2015.8.3.>
1. 5급 이상 공무원 또는 고위공무원단에 속하는 일반직공무원으로 7년 이상 근무하거나 6급 공무원으로 10년 이상 근무한 자

2. 중앙회의 과장급 이상으로 7년 이상 근무하거나 지방조합, 사업조합, 전국조합 및 연합회의 부장급 이상으로 7년 이상 근무한 자
3. 「공공기관의 운영에 관한 법률」에 따른 공공기관, 「정부출연연구기관 등의 설립·운영 및 육성에 관한 법률」 또는 「과학기술분야 정부출연연구기관 등의 설립·운영 및 육성에 관한 법률」에 따른 정부출연연구기관의 부장급 이상으로 5년 이상 근무한 자
4. 「금융실명거래 및 비밀보장에 관한 법률」에 따른 금융기관의 부장급 이상으로 5년 이상 근무한 자
5. 대학의 조교수급 이상이거나 영관급 이상의 장교로서 4년 이상 근무한 자
6. 「공인회계사법」에 따른 공인회계사, 「세무사법」에 따른 세무사, 「중소기업진흥에 관한 법률」 제50조에 따른 경영지도사 또는 기술지도사의 자격을 가진 자로서 관련 업무에 5년 이상 종사한 자
7. 그 밖에 제1호부터 제6호까지의 규정에 준하는 자격을 가진 자로서 중앙회 회장이 인정하는 자

제14조(임원의 결격사유) 법 제51조제1항제7호에서 "대통령령으로 정하는 자"란 여러 사람의 대표이사 또는 공동대표이사로 선임된 날부터 3년(단독대표이사가 여러 사람의 대표이사나 공동대표이사로 선임된 경우에는 그 단독대표이사이었던 기간을 포함한다)이 지나지 아니한 자를 말한다.

제15조(조합의 분할) 법 제77조제2항에 따라 조합을 분할할 수 있는 경우는 한국표준산업분류의 세세분류에 따른 업종이 둘 이상인 경우로 한다. 다만, 조합이 영위하고 있는 업종의 특수성, 조합의 운영실태 등을 고려하여 특별히 필요한 경우에는 중소기업청장이 따로 정한 기준에 따른다.

제16조(대리인의 등기) ①중앙회 회장이 법 제106조제9항에 따라 대리인을 선임한 경우에는 2주일 이내에 그 대리인을 둔 중앙회·지회 또는 지소의 소재지에서 다음 각 호의 사항을 등기하여야 한다. 등기사항을 변경한 경우에도 또한 같다. <개정 2015.8.3.>
1. 대리인의 성명과 주소
2. 그 대리인을 둔 중앙회·지회 또는 지소
3. 대리인의 권한을 제한하는 경우에는 그 제한의 내용
②제1항에 따른 대리인의 등기는 중앙회 회장이 신청하며, 신청서에는 법 제106조제9항에 따른 대리인임을 증명하는 서류와 그 대리인의 권한을 제한하는 경우에는 이를 증명하는 서류를 첨부하여야 한다. <개정 2015.8.3.>

제17조(중소기업공제사업기금에 가입할 수 없는 자) 법 제109조제2항 단서에서 "중소기업공제사업기금의 운용 목적에 부합하지 아니한 자 등 대통령령으로 정하는 중소기업자"란 다음 각 호의 어느 하나에 해당하는 자를 말한다. <개정 2010.9.9.>
1. 삭제 <2010.9.9.>
2. 이미 중소기업공제사업기금에 가입하고 있는 자
3. 중소기업공제사업기금을 원활하게 운용하기 위하여 제30조에 따른 기금운용요강(이하 "기금운용요강"이라 한다)에서 정한 업종 및 사유에 해당하는 자

제18조(중소기업공제사업기금 가입 등) ①중소기업공제사업기금에 가입하려는 자는 기금운용요강에서 정하는 바에 따라 법 제109조제1항제1호에

따른 공제부금(이하 "중소기업공제부금"이라 한다)을 낼 것과 법 제111조제1항제1호에 따른 공제금(이하 "중소기업공제금"이라 한다)의 대출, 같은 항 제2호에 따른 공동구매 및 판매 사업 자금의 지원을 받을 것을 약정한 계약(이하 "공제계약"이라 한다)을 중소기업공제사업기금과 체결하여야 한다.

②제1항의 경우에 중소기업공제사업기금가입일은 중소기업자가 제1항에 따른 공제계약을 체결하고 첫 회의 중소기업공제부금을 낸 날로 한다.

제19조(중소기업공제부금의 납부) 중소기업공제사업기금에 가입한 자는 기금운용요강에서 정하는 바에 따라 매월 또는 일정한 기간별로 공제계약에 따른 중소기업공제부금을 중소기업공제사업기금에 내야 한다.

제20조(중소기업공제사업기금의 구분관리 및 기금운용계획) ①법 제110조에 따라 중앙회가 중소기업공제사업기금을 운용·관리할 때에는 중소기업공제사업기금을 일반회계와 구분하여 관리하여야 한다.

②법 제110조제4항에 따른 기금운용계획안에는 다음 각 호의 사항이 포함되어야 한다.

1. 중소기업공제사업기금 조성을 위한 재원별 계획
2. 중소기업공제사업기금의 사용계획
3. 그 밖에 기금운용요강에서 필요하다고 인정하는 사항

제21조(중소기업공제금의 대출 등) ① 중소기업공제사업기금은 중소기업공제사업기금에 가입한 자에게 다음 각 호의 어느 하나에 해당하는 사유가 발생하면 중소기업공제금을 대출한다.

1. 거래상대방인 사업자의 도산 등으로 외상매출금, 받을 어음, 미수금 등(이하 "채권등"이라 한다)으로 회수가 곤란하게 된 경우
2. 그 밖에 사업과 관련한 채권등의 회수지연으로 도산할 우려가 있다고 기금운용요강에서 정한 사유에 해당하는 경우

②중소기업공제사업기금에 가입한 자가 제1항에도 불구하고 다음 각 호의 어느 하나에 해당하면 기금운용요강에서 정하는 바에 따라 중소기업공제금의 전부 또는 일부를 대출하지 아니한다. <개정 2013.2.13.>

1. 중소기업공제부금을 낸 기간이 3개월 미만인 경우
2. 이미 대출받은 중소기업공제금의 상환을 게을리 한 사실이 있는 경우
3. 채권등의 회수를 게을리 한 사실이 있는 경우

제22조(중소기업공제금 대출의 한도 등) ①중소기업공제금은 중소기업공제사업기금에 가입한 자의 중소기업공제부금합계액의 30배에 해당하는 금액의 범위에서 기금운용요강으로 정하는 바에 따라 대출한다.

②중소기업공제금의 금리, 상환기간 및 연체이자 등에 필요한 사항은 기금운용요강으로 정한다.

제23조(공동구매 및 판매 사업 자금의 지원) ①중소기업공제사업기금은 법 제111조제1항제2호에 따른 공동구매 및 판매 사업 자금(이하 "사업자금"이라 한다)을 그 조합, 사업조합 또는 업종연합회를 거쳐 중소기업공제사업기금에 가입한 자에게 지원한다.

②제1항에 따른 사업자금의 지원조건 등에 필요한 사항은 기금운용요강으로 정한다.

제24조(중소기업공제사업기금의 사용) ①법 제111조제1항제3호에서 "대통령

령으로 정하는 사업"이란 「중소기업
진흥에 관한 법률」 제61조에 따른
긴급경영안정지원계획에 따라 지원하
는 사업을 말한다. <개정 2009.11.20.>
②법 제111조제3항에 따른 중소기업
공제사업기금의 여유 자금의 세부
운용방법과 운용절차 등에 필요한
사항은 중소기업공제사업기금의 안
정성과 수익성을 해치지 아니하는
범위에서 기금운용요강으로 정한다.

제25조(공제금대손보전준비금의 적립·운용) ①법 제112조에 따라 중소기
업공제금의 대출을 받은 중소기업자
로부터 받는 공제금대손보전준비금
(共濟金貸損補塡準備金)은 중소기업
공제금 대출액의 10분의 1의 범위에
서 기금운용요강으로 정한다.
②공제금대손보전준비금은 중소기업
공제금의 대출에 따라 발생한 대손
금의 보전과 그 대출금의 회수를 위
하여 필요한 비용에 충당하는 것 외
에는 사용하지 못한다.
③공제금대손보전준비금의 적립·운
용에 관하여 그 밖에 필요한 사항은
기금운용요강으로 정한다.

제26조(공제사업단장) ①법 제113조제
1항에 따른 중소기업공제사업단에
단장(이하 "공제사업단장"이라 한다)
을 둔다.
②공제사업단장은 중앙회 회장이 중소기
업청장의 승인을 받아 임면(任免)한다.
③공제사업단장은 공제사업단을 대표
하며 공제사업단의 업무를 총괄한다.
④공제사업단장의 임기는 3년으로 하
되, 연임할 수 있다.

제27조(기금운영위원회의 구성) ①법
제113조제2항에 따른 기금운영위원회(이
하 "운영위원회"라 한다) 위원장은 중앙
회 회장이 되며, 위원은 다음 각 호의 자

가 된다. <개정 2008.2.29., 2009.11.20.>
1. 기획재정부 및 중소기업청의 3급
공무원 또는 고위공무원단에 속하
는 일반직공무원으로서 중소기업
공제사업기금 관련 예산업무를 담
당하는 자 중 기획재정부장관 및
중소기업청장이 지정하는 자
2. 공제사업단장
3. 「중소기업진흥에 관한 법률」 제72
조에 따른 중소기업진흥공단의 임원
으로서 중소기업공제사업기금의 사
업과 관련된 업무를 담당하는 이사
4. 「중소기업은행법」에 따른 중소
기업은행의 전무이사
5. 「신용보증기금법」에 따른 신용
보증기금의 전무이사
6. 그 밖에 중소기업에 관한 학식과
경험이 풍부한 자 중에서 중앙회
회장이 추천하여 중소기업청장이
위촉하는 자 4명 이내
②제1항제6호에 따라 위촉된 위원의
임기는 2년으로 하되, 연임할 수 있다.

제28조(운영위원회의 기능) 운영위원회
는 중소기업공제사업기금의 운용과
관리에 관한 다음 각 호의 사항을 심
의·의결한다.
1. 기금운용요강 등 중소기업공제사
업기금의 운용에 관한 규정의 제
정과 개정에 관한 사항
2. 기금운용계획안의 수립, 변경 및
결산에 관한 사항
3. 그 밖에 중소기업공제사업기금의
운용·관리에 관한 사항으로서 위
원장이 회의에 부치는 사항

제29조(운영위원회의 운영) ①운영위원
회 위원장은 운영위원회의 회의를 소
집하고 그 의장이 된다.
②운영위원회 위원장이 부득이한 사
유로 그 직무를 수행할 수 없으면
공제사업단장이 그 직무를 대행한다.
③운영위원회의 회의는 재적위원 과

반수의 출석으로 개의하고 출석위원 과반수의 찬성으로 의결한다.

④제1항부터 제3항까지에 규정된 것 외에 운영위원회의 운영에 필요한 사항은 운영위원회의 의결을 거쳐 운영위원회 위원장이 정한다.

제30조(기금운용요강) ①중앙회 회장은 중소기업공제사업기금의 운용·관리에 필요한 세부 사항을 기금운용요강으로 정하여야 한다.

②중앙회 회장은 기금운용요강을 정하거나 변경할 때에는 중소기업청장의 승인을 받아야 한다.

③중소기업청장이 제2항에 따라 기금운용요강을 승인하려면 미리 기획재정부장관과 협의하여야 한다. <개정 2008.2.29.>

제31조(소기업·소상공인공제운영위원회의 구성) ① 법 제118조의2제1항에 따른 소기업·소상공인공제운영위원회(이하 "공제운영위원회"라 한다)의 위원장은 중앙회 회장이 되고, 위원은 다음 각 호의 자가 된다.

1. 중소기업청의 3급 공무원 또는 고위공무원단에 속하는 일반직공무원으로서 소기업·소상공인 관련 업무를 담당하는 자 중에서 중소기업청장이 지명하는 자 1명
2. 공제사업단장
3. 「중소기업은행법」에 따른 중소기업은행의 전무이사
4. 그 밖에 중소기업·공제·보험·금융·법률 분야에서 3년 이상 종사한 자로서 중소기업에 관한 학식과 경험이 풍부한 자 중에서 중앙회 회장이 추천하여 중소기업청장이 위촉하는 자 7명 이내

② 제1항제4호에 따라 위촉된 위원의 임기는 2년으로 하되, 2회만 연임할 수 있다.

[전문개정 2008.9.10.]

제32조(공제운영위원회의 기능) 공제운영위원회는 소기업·소상공인공제의 운용 및 관리에 관한 다음 각 호의 사항을 심의·의결한다. <개정 2008.9.10.>

1. 제41조에 따른 공제운용요강(이하 "공제운용요강"이라 한다) 등 소기업·소상공인공제의 운용 및 관리에 관한 규정의 제정 및 개정에 관한 사항
2. 제36조제2항에 따른 소기업·소상공인공제운용계획의 수립·변경 및 수지결산에 관한 사항
3. 그 밖에 소기업·소상공인공제의 운용 및 관리에 관한 사항으로서 위원장이 회의에 부치는 사항

제33조(공제운영위원회의 운영) ①공제운영위원회 위원장은 공제운영위원회의 회의를 소집하고 그 의장이 된다. <개정 2008.9.10.>

②공제운영위원회 위원장이 부득이한 사유로 그 직무를 수행할 수 없으면 공제사업단장이 그 직무를 수행한다. <개정 2008.9.10.>

③공제운영위원회의 회의는 재적위원 과반수의 출석으로 개의하고 출석위원 과반수의 찬성으로 의결한다. <개정 2008.9.10.>

④공제운영위원회 위원장은 위원회의 회의록을 작성·보관하여야 한다. <개정 2008.9.10.>

⑤ 제1항부터 제4항까지에서 규정한 사항 외에 공제운영위원회의 운영에 필요한 사항은 공제운영위원회의 심의·의결을 거쳐 공제운영위원회 위원장이 정한다. <개정 2008.9.10.>

제34조(소기업·소상공인공제 가입 등) ①법 제116조에 따라 소기업·소상공인공제에 가입하려는 자는 공제운용요강에서 정하는 바에 따라 법 제117조제1호에 따른 공제부금(이하 "소기

업·소상공인공제부금"이라 한다)을
낼 것과 법 제118조제1호에 따른 공
제금(이하 "소기업·소상공인공제금"
이라 한다)의 지급을 받을 것을 약정
하는 계약(이하 "소기업·소상공인공
제계약"이라 한다)을 중앙회와 체결하
여야 한다. <개정 2008.9.10.>
②제1항의 경우에 소기업·소상공인
공제 가입일은 소기업·소상공인의
대표자가 소기업·소상공인공제계약
을 체결하고 첫 회의 소기업·소상
공인공제부금을 낸 날로 한다.
③제1항에 따라 소기업·소상공인공제
에 가입한 자는 공제운용요강에서 정
하는 바에 따라 매월 또는 일정한 기
간별로 소기업·소상공인공제부금을
중앙회에 내야 한다. <개정 2008.9.10.>

**제35조(소기업·소상공인공제에 가입할
수 없는 자)** 법 제116조제1항 단서
에서 "이미 공제에 가입한 자 등 대
통령령으로 정하는 자"란 다음 각 호
의 어느 하나에 해당하는 자를 말한
다. <개정 2008.9.10., 2010.5.4.>
1. 삭제 <2010.5.4.>
2. 소기업·소상공인공제 가입일 현
   재 이미 소기업·소상공인공제에
   가입하고 있는 자
3. 중앙회가 다음 각 목의 어느 하나
   의 사유로 소기업·소상공인공제
   계약을 해지한 후 1년이 지나지
   아니한 자
   가. 소기업·소상공인공제 가입자가
      12개월분의 소기업·소상공인
      공제부금을 내지 아니한 경우
   나. 소기업·소상공인공제 가입자
      가 거짓이나 그 밖의 부정한
      방법으로 소기업·소상공인공
      제금 등을 지급받았거나 지급
      받으려고 한 경우
4. 그 밖에 소기업·소상공인공제를 원활
   하게 관리·운용하기 위하여 공제운용
   요강에서 정하는 사유에 해당하는 자

**제36조(소기업·소상공인공제의 구분관
리 및 공제운용계획)** ①중앙회는 법
제115조에 따른 소기업·소상공인공
제를 운영하기 위한 자금(이하 이 조
에서 "소기업·소상공인공제자금"이
라 한다)을 관리·운용할 때에는 중
앙회의 다른 회계와 구분하여 관리하
여야 한다.
②중앙회는 회계연도마다 공제운영위
원회의 심의·의결을 거쳐 소기업·
소상공인공제운용계획(이하 "공제운
용계획"이라 한다)을 세우고 이를 회
계연도 시작 20일 전까지 중소기업청
장에게 보고하여야 한다. 이를 변경할
때에도 또한 같다. <개정 2008.9.10.>
③공제운용계획에는 다음 각 호의 사
항이 포함되어야 한다.
1. 소기업·소상공인공제자금의 수입계획
2. 소기업·소상공인공제자금의 사용계획
3. 그 밖에 공제운용요강에서 필요하
   다고 인정하는 사항

제37조(공제사유 및 공제금의 지급) ①
법 제118조제1호에서 "대통령령으로
정하는 공제사유가 발생한 경우"란
다음 각 호의 어느 하나에 해당하는
사유가 발생한 경우를 말한다.
1. 소기업·소상공인이 폐업(개인사
   업자의 지위에서 소기업·소상공
   인공제에 가입한 자가 그 배우자
   또는 자녀 외의 자에게 사업의 전
   부를 양도한 경우를 포함하되, 개
   인사업자의 지위에서 소기업·소
   상공인공제에 가입한 자가 법인을
   설립하기 위하여 현물출자를 함으
   로써 폐업한 경우는 제외한다) 또
   는 해산(법인만을 말한다)한 경우
2. 소기업·소상공인공제 가입자가
   사망한 경우
3. 법인의 대표자의 지위에서 소기
   업·소상공인공제에 가입한 자가
   질병 또는 부상으로 그 대표자의

지위에서 퇴임한 경우
4. 만 60세 이상으로 소기업·소상공
인공제부금 납부월수가 120개월
이상인 소기업·소상공인공제 가
입자가 소기업·소상공인공제금의
지급을 청구한 경우
②중앙회는 제1항 각 호의 공제사유
및 소기업·소상공인공제부금 납부
월수를 고려하여 공제운용요강에서
정하는 바에 따라 소기업·소상공인
공제 가입자에게 소기업·소상공인
공제금을 지급한다. 다만, 제1항제2
호의 공제사유가 발생한 경우에는
공제운용요강에서 정하는 바에 따라
그 가입자의 상속인에게 소기업·소
상공인공제금을 지급한다.

**제38조(소기업·소상공인공제 가입자에
대한 대출)** ①법 제118조제2호에 따
른 대출은 해당 소기업·소상공인공
제 가입자가 낸 소기업·소상공인공
제부금의 합계액을 초과하지 못한다.
②제1항에 따른 대출의 이자율, 상환기
간 및 연체이자 등 대출조건에 필요한
사항은 공제운용요강으로 정한다.

제39조(준비금의 적립) 중앙회는 소기
업·소상공인공제금에 충당하기 위하
여 결산기(決算期)마다 다음 각 호의
순서로 법 제120조에 따른 준비금을
적립하여야 한다.
1. 제37조제1항 각 호의 공제사유가
발생한 경우에 지급하게 될 소기
업·소상공인공제금에 충당하기
위한 준비금
2. 급격한 경기변동 등에 의한 위험
률의 변화가 발생한 경우에 소기
업·소상공인공제금의 지급에 충
당하기 위한 준비금

제40조(준비금의 운용) 중앙회는 제39
조에 따라 적립된 준비금을 운용할

때에는 안정성·유동성 및 수익성이
확보되도록 하여야 한다.

제41조(공제운용요강) ①중앙회는 공제
운영위원회의 심의·의결을 거쳐 소
기업·소상공인공제의 운영방법·절
차 및 공제계약에 필요한 세부 사항
을 공제운용요강으로 정하여야 한다
<개정 2008.9.10.>
②중앙회는 공제운용요강을 정하거나
변경할 때에는 사전에 중소기업청장
에게 보고하여야 한다.

제41조의2(휴면조합의 지정요건) ①
법 제132조제1항에서 "대통령령으로
정하는 요건"이란 다음 각 호의 어느
하나에 해당하는 경우를 말한다.
1. 법 제35조, 제82조, 제93조 또는
제106조에 따른 고유목적사업을
1년 이상 수행하지 아니한 경우
2. 법 제43조(법 제85조, 제96조 또는
제125조에서 준용하는 경우를 포
함한다)에 따른 총회를 2년 이상
연속하여 개최하지 아니한 경우
3. 조합원 수 또는 회원 수가 설립
당시의 최저 발기인 수의 과반수
미만으로 1년 이상 경과한 경우
② 주무관청은 중앙회, 연합회, 조합
또는 사업조합이 제1항 각 호에 따
른 요건에 해당하는지 여부를 확인
하기 위하여 필요한 경우에는 중소
기업청장이 정하는 기준에 따라 실
태조사를 실시할 수 있다.
[본조신설 2015.8.3.]

제42조(권한의 위탁 등) ①중소기업청
장은 법 제136조에 따라 별표 1의 전
국조합 및 업종연합회에 관한 다음 각
호의 권한을 그 업종을 주관하는 주무
부장관에게 위탁한다. <개정 2009.10.7.,
2010.9.9., 2013.2.13.>
1. 법 제12조제1항에 따른 감독

2. 삭제 <2009.10.7.>
3. 법 제35조제1항제12호 및 법 제 93조제1항제13호에 따른 수익 사업의 승인
4. 법 제35조제2항(법 제94조에서 준용하는 경우를 포함한다)에 따른 다른 법인에의 출자에 관한 승인
5. 법 제47조제2항(법 제96조에서 준용하는 경우를 포함한다)에 따른 정관변경의 인가
5의2. 법 제132조에 따른 휴면 조합의 조사·통지·관보 게재 및 해산 명령
6. 법 제133조에 따른 시정과 그 밖에 필요한 조치의 명령에 관한 사항
②주무관청은 법 제136조에 따라 지방조합, 사업조합, 전국조합 및 연합회에 관한 다음 각 호의 권한을 중앙회의 회장에게 위탁한다.
1. 법 제129조에 따른 결산 관계 서류의 수리(受理)
2. 법 제130조제1항 및 제2항에 따른 보고의 수리
3. 법 제130조제3항에 따른 규약의 제정, 개정 또는 폐지의 승인
4. 법 제131조에 따른 업무와 회계의 검사
③시·도지사나 업종을 주관하는 주무부장관은 조합, 사업조합 및 연합회의 설립인가나 설립인가의 취소 또는 해산명령을 한 때에는 2주일 이내에 중소기업청장에게 그 사실을 통보하여야 한다.

제42조의2(고유식별정보의 처리) ① 주무관청의 장(다음 각 호의 구분에 따른 권한을 위임·위탁받은 자를 포함한다)은 법 제12조제1항에 따른 감독에 관한 사무를 수행하기 위하여 불가피한 경우 「개인정보 보호법 시행령」 제19조제1호 또는 제4호에 따른 주민등록번호 또는 외국인등록번호가 포함된 자료를 처리

할 수 있다.
1. 주무관청의 장이 중소기업청장인 경우: 제42조에 따라 중소기업청장의 권한을 위탁받은 자
2. 주무관청의 장이 시·도지사인 경우: 그 권한을 위임·위탁받은 자
② 중앙회의 회장은 다음 각 호의 사무를 수행하기 위하여 불가피한 경우 「개인정보 보호법 시행령」 제19조제1호 또는 제4호에 따른 주민등록번호 또는 외국인등록번호가 포함된 자료를 처리할 수 있다.
1. 법 제106조제1항제22호에 따른 공제사업에 관한 사무
2. 법 제111조제1항제1호 및 제2호에 따른 공제금의 대출 등에 관한 사무
3. 법 제115조에 따른 소기업과 소상공인 공제사업의 관리·운용에 관한 사무
③ 조합의 이사장, 사업조합의 이사장 또는 연합회의 회장은 다음 각 호의 사무를 수행하기 위하여 불가피한 경우 「개인정보 보호법 시행령」 제19조제1호 또는 제4호에 따른 주민등록번호 또는 외국인등록번호가 포함된 자료를 처리할 수 있다.
1. 법 제35조제1항제5호, 제82조제1항제2호 또는 제93조제1항제4호에 따른 사업 자금의 대부 또는 대부 알선에 관한 사무
2. 법 제35조제1항제14호, 제82조제1항제10호 또는 제93조제1항제15호에 따른 공제사업에 관한 사무
[전문개정 2015.2.10.]

제42조의3(규제의 재검토) ①중소기업청장은 다음 각 호의 사항에 대하여 다음 각 호의 기준일을 기준으로 3년마다(매 3년이 되는 해의 기준일과 같은 날 전까지를 말한다) 그 타당성을 검토하여 개선 등의 조치를 하여야 한다. <개정 2014.12.9.>
1. 제4조에 따른 조합원이 될 수 있

는 중소기업자 외의 자의 범위 및 해당 조합의 총 조합원수에 대한 비율: 2014년 1월 1일
2. 제35조에 따른 소기업·소상공인 공제에 가입할 수 없는 자: 2014년 1월 1일
② 중소기업청장은 제14조에 따른 임원의 결격사유에 대하여 2015년 1월 1일을 기준으로 2년마다(매 2년이 되는 해의 1월 1일 전까지를 말한다) 그 타당성을 검토하여 개선 등의 조치를 하여야 한다. <신설 2014.12.9.>
[본조신설 2013.12.30.]

제43조(과태료의 부과기준) 법 제141조제1항 및 제2항에 따른 과태료의 부과기준은 별표 2와 같다.
[본조신설 2010.9.9.]

부칙
<제26091호, 2015.2.10.>

이 영은 공포한 날부터 시행한다.

부칙
<제26467호, 2015.8.3.>

제1조(시행일) 이 영은 2015년 8월 4일부터 시행한다.

제2조(휴면조합의 지정요건에 관한 경과조치) 제41조의2제1항제2호 및 제3호의 개정규정에 따른 기간은 이 영 시행일부터 기산한다.

[별표 1] 주무부장관이 관장하는 전국조합 및 업종연합회(제42조제1항 관련)

주무부장관이 관장하는 전국조합 및 업종연합회
(제42조제1항 관련)

전국조합 및 업종연합회	주무부장관
1. 한국출판협동조합	문화체육관광부장관
2. 한국영상제작협동조합	문화체육관광부장관
3. 한국제책공업협동조합	문화체육관광부장관
4. 한국육가공업협동조합	농림축산식품부장관
5. 한국전분공업협동조합	농림축산식품부장관
6. 한국곡물음료재가공업협동조합	농림축산식품부장관
7. 한국묘목협동조합	농림축산식품부장관
8. 한국동물약품공업협동조합	농림축산식품부장관
9. 한국의료기기공업협동조합	보건복지부장관
10. 한국재생용재료업협동조합연합회	환경부장관
11. 한국정수기공업협동조합	환경부장관
12. 한국토양정화업협동조합	환경부장관
13. 한국재생유지공업협동조합	환경부장관
14. 한국가전가구재활용협동조합	환경부장관
15. 한국지정폐기물수집운반처리업협동조합	환경부장관
16. 한국지적측량업협동조합	국토교통부장관
17. 한국공간정보산업협동조합	국토교통부장관
18. 한국예선업협동조합	해양수산부장관

[별표 2] 과태료의 부과기준(제43조 관련)

[별표 2] <신설 2010.9.9>

과태료의 부과기준(제43조 관련)

위 반 행 위		근거 법조문	과태료 금액
1. 조합, 사업 조합, 연합 회 또는 중 앙회의 발기 인·임원 또 는 청산인이 다음 각 목 의 어느 하 나에 해당하 는 때	가. 법에 따라 조합, 사업조합, 연합회 또 는 중앙회가 할 수 있는 사업 외의 사 업을 한 때	법 제141조 제2항 제1호	30만원
	나. 법 제15조제2항 또는 제25조제3항(법 제79조 또는 제89조에서 준용하는 경 우를 포함한다)을 위반한 때	법 제141조 제2항 제2호	30만원
	다. 법 제43조제3항(법 제85조, 제96조 또 는 제125조에서 준용하는 경우를 포함 한다)을 위반한 때	법 제141조 제2항 제3호	10만원
	라. 법 제62조 또는 제66조제3항(법 제85 조 또는 제96조에서 준용하는 경우를 포함한다)을 위반한 때	법 제141조 제2항 제4호	30만원
	마. 법 제63조 또는 제64조(법 제85조, 제 96조 또는 제125조에서 준용하는 경우 를 포함한다)를 위반하여 서류를 비치 하지 아니하거나 그 서류에 적어야 할 사항을 적지 아니하거나 부실하게 적 거나 정당한 이유 없이 그 서류의 열 람이나 사본의 청구를 거부한 때	법 제141조 제2항 제5호	30만원
	바. 법 제65조제2항(법 제85조, 제96조 또 는 제125조에서 준용하는 경우를 포함 한다)을 위반하여 정당한 이유 없이 장부 또는 서류의 열람이나 사본의 청 구를 거부한 때	법 제141조 제2항 제6호	30만원
	사. 법 제68조제2항(법 제86조 또는 제97	법 제141조	30만원

조에서 준용하는 경우를 포함한다)을 위반하여 공고를 게을리하거나 거짓의 공고를 한 때	제2항 제7호	
아. 법 제70조 또는 제71조(법 제86조 또는 제97조에서 준용하는 경우를 포함한다)를 위반한 때	법 제141조 제2항 제8호	20만원
자. 법 제72조(법 제86조 또는 제97조에서 준용하는 경우를 포함한다)를 위반하여 지분을 취득하거나 질권의 목적으로 받은 때	법 제141조 제2항 제9호	30만원
차. 법 제73조제2항(법 제87조, 제98조 또는 제127조에서 준용하는 경우를 포함한다)을 위반한 때	법 제141조 제2항 제10호	10만원
카. 법 제93조제2항부터 제4항까지 또는 제106조제3항부터 제5항까지의 규정을 위반한 때	법 제141조 제2항 제11호	30만원
타. 법 제129조를 위반하여 서류를 제출하지 아니하거나 거짓의 서류를 제출한 때	법 제141조 제2항 제12호	30만원
파. 법 제130조에 따른 보고를 하지 아니하거나 거짓의 보고를 한 때	법 제141조 제2항 제13호	30만원
2. 법 제131조에 따른 검사를 거부 또는 방해하거나 기피한 때	법 제141조 제1항	50만원

중소기업협동조합법 시행규칙

[시행 2015.8.4.]
[산업통상자원부령 제150호, 2015.8.4., 일부개정]

제1조(목적) 이 규칙은 「중소기업협동조합법」 및 같은 법 시행령에서 위임된 사항과 그 시행에 필요한 사항을 규정함을 목적으로 한다.

제2조(창립총회 개최의 공고) 「중소기업협동조합법」(이하 "법"이라 한다) 제28조제1항에 따른 창립총회 개최의 공고는 조합원 자격이 있는 자가 쉽게 구독할 수 있는 일간지에 게재(揭載)하는 방법으로 한다. 다만, 게시에 의한 공고 등의 방법으로 조합원 자격이 있는 자 전원이 알 수 있는 경우에는 그러하지 아니하다.

제3조(설립인가의 신청) ① 「중소기업협동조합법 시행령」(이하 "영"이라 한다) 제8조제1항에 따라 협동조합(이하 "조합"이라 한다), 사업협동조합(이하 "사업조합"이라 한다) 또는 협동조합연합회(이하 "연합회"라 한다)의 설립인가를 신청하려는 자는 별지 제1호서식의 설립인가신청서(전자문서로 된 신청서를 포함한다) 2통에 다음 각 호의 서류(전자문서를 포함한다)를 각각 첨부하여 영 제8조제1항에 따른 주무관청(이하 "주무관청"이라 한다)에 제출하여야 한다. 이 경우 주무관청의 장은 「전자정부법」 제36조제1항에 따른 행정정보의 공동이용을 통하여 발기인인 조합원의 사업자등록증(조합과 사업조합의 경우에만 해당한다)을 확인하여야 하며, 신청인이 확인에 동의하지 아니하는 경우에는 발기인인 조합원의 사업자등록증사본을 첨부하도록 하여야 한다. <개정 2010.8.30., 2012.11.30.>

1. 설립취지서
2. 정관
3. 사업계획서
4. 수지예산서
5. 출자 1좌(座)당 금액과 조합원 또는 회원이 인수하려는 출자좌수를 적은 서류
6. 창립총회 의사록
7. 별지 제2호서식의 조합원(회원) 명부
8. 임원의 이력서 및 사진(가로 3센티미터, 세로 4센티미터)
9. 창립총회 개최 공고문
② 주무관청은 조합, 사업조합 또는 연합회의 설립을 인가한 때에는 별지 제3호서식의 설립인가증을 발급하여야 한다.

제3조의2(공제규정의 기재사항) ① 법 제35조의2제2항(법 제83조, 제94조 및 제106조의2에서 준용하는 경우를 포함한다)에 따라 공제규정에 포함되어야 하는 사항은 다음 각 호와 같다.
1. 공제사업을 영위하는 범위 및 그 세부종목
2. 공제사업의 실시에 관한 다음 각 목의 사항
   가. 공제를 모집할 수 있는 자
   나. 공제상품 안내 자료의 기재사항
   다. 공제 모집 시 준수사항
   라. 공제 모집 시 불법행위로 인한 공제계약자 등에 대한 손해배상에 관한 사항
3. 공제상품에 관한 다음 각 목의 사항
   가. 공제상품 개발기준
   나. 사업방법서, 약관, 공제료 및 책임준비금 산출방법에 관한 사항
4. 공제금, 공제계약 및 공제료에 관한 다음 각 목의 사항
   가. 공제계약자 및 피공제자(被共濟者)의 범위
   나. 공제계약의 성립 및 책임 개시에 관한 사항
   다. 공제계약의 체결 절차

라. 공제금의 지급 및 지급사유에 관한 사항
마. 공제계약의 무효에 관한 사항
바. 공제계약의 변경에 관한 사항
사. 공제료의 수납 및 환급에 관한 사항
아. 공제계약의 해지·부활·소멸에 관한 사항
자. 공제자의 의무 범위 및 그 의무 이행의 시기에 관한 사항
차. 공제자의 면책사유에 관한 사항
5. 공제자산의 운용 범위 및 방법에 관한 사항
6. 공제회계에 관한 다음 각 목의 사항
가. 결산, 재무제표 작성, 사업비 집행 등의 회계처리에 관한 사항
나. 책임준비금 등의 적립에 관한 사항
7. 공제분쟁심의위원회의 설치 및 운영에 관한 사항
8. 조합·사업조합·연합회의 재공제(再共濟) 및 중소기업중앙회(이하 "중앙회"라 한다)의 재보험(再保險)에 관한 사항
9. 그 밖에 공제사업을 위하여 필요한 사항 [본조신설 2012.1.27.]

제3조의3(공제책임준비금의 적립기준) ① 공제사업을 하는 조합, 사업조합, 연합회 또는 중앙회는 법 제35조의2제2항(법 제83조, 제94조 및 제106조의2에서 준용하는 경우를 포함한다)에 따라 공제사업의 종류별로 다음 각 호의 금액을 책임준비금으로 적립한다.
1. 매 회계연도 말 현재 지급 사유가 발생하지 아니하였으나 장래에 지급할 공제금 및 환급금에 충당하기 위한 공제료 적립금과 미경과(未經過)공제료
2. 매 회계연도 말 현재 지급사유가 발생하였으나 지급하지 아니한 공제금 및 환급금에 대한 지급 추정액
3. 공제계약자에게 배당하기 위하여 적립한 계약자배당준비금
4. 비상위험준비금

② 제1항에도 불구하고 조합, 사업조합 또는 연합회가 공제사업을 전액 중앙회에 재공제하거나, 중앙회가 공제사업을 전액 재보험하는 경우에는 책임준비금을 적립하지 아니할 수 있다. [본조신설 2012.1.27.]

제3조의4(공제사업의 회계처리 구분) 조합, 사업조합, 연합회 또는 중앙회는 공제사업에 관한 회계를 다른 회계와 구분하여 회계처리하여야 한다. [본조신설 2012.1.27.]
[제목개정 2015.8.4.]

제4조(정관변경의 인가신청) ①법 제47조제2항에 따라 조합의 정관변경 인가를 받으려는 자는 별지 제4호서식의 정관변경인가신청서 2통에 다음 각 호의 서류를 각각 첨부하여 주무관청에 제출하여야 한다.
1. 삭제 <2010.8.30.>
2. 정관 중 변경하려는 사항을 적은 서류
3. 정관의 변경을 의결한 총회의 의사록
②조합의 정관변경내용이 사업계획 또는 수지예산에 관한 사항이면 제1항 각 호의 서류 외에 정관변경 전과 정관변경 후의 사업계획서 또는 수지예산서를 첨부하여야 한다.
③조합의 정관변경이 출자 1좌당 금액의 감소에 관한 것인 경우에는 제1항 각 호의 서류 외에 다음 각 호의 서류를 첨부하여야 한다.
1. 법 제68조제1항에 따라 작성한 대차대조표
2. 법 제68조제2항에 따라 공고 또는 최고(催告)를 한 사실을 증명하는 서류
3. 법 제69조제2항에 따른 채무 변제나 담보제공 사실을 증명하는 서류(이의를 신청한 채권자가 있는 경우에만 해당한다)
④사업조합과 연합회의 경우에는 제1항부터 제3항까지를, 중앙회의 경우에는 제1항과 제2항을 준용한다.

<개정 2012.1.27.>

제4조의2(선거운동 방법에 관한 세부사항) 법 제53조제5항(법 제85조, 제96조 또는 제125조에서 준용하는 경우를 포함한다)에 따른 선거운동방법에 관한 세부사항은 별표와 같다.
[본조신설 2015.8.4.]

제5조(해산신고) ①법 제73조제2항에 따라 해산을 신고하려는 조합은 별지 제5호서식의 해산신고서 2통에 해산을 결의한 총회의 의사록을 각각 첨부하여 주무관청에 제출하여야 한다.
②사업조합, 연합회 및 중앙회의 경우에는 제1항을 준용한다.

제6조(결산 관계 서류의 제출) ①법 제129조에 따라 조합, 사업조합 또는 연합회가 결산 관계 서류를 제출하려면 별지 제6호서식의 결산보고서 1통에 다음 각 호의 서류를 첨부하여 중앙회 회장에게 제출하여야 한다.
1. 사업보고서
2. 대차대조표
3. 손익계산서
4. 잉여금 처분 또는 손실금 처리방법을 적은 서류
5. 결산을 승인한 총회의 의사록
②중앙회의 결산 관계 서류 제출에 관하여는 제1항을 준용한다. 이 경우 "조합, 사업조합 또는 연합회"는 "중앙회"로, "중앙회 회장"은 "중소기업청장"으로 본다.

제7조(주소변경 등의 보고) ①조합, 사업조합 또는 연합회가 주소를 변경한 때에는 법 제130조제1항에 따라 별지 제7호서식의 주소변경보고서 1통을 중앙회 회장에게 제출하여야 한다.
②조합, 사업조합 또는 연합회의 임원이 선임(選任)된 때에는 법 제130조제1항에 따라 별지 제8호서식의 임원선임보고서 1통에 다음 각 호의 서류를 첨부하여 중앙회 회장에게 제출하여야 한다.
1. 임원의 선임일자와 선임사유를 적은 서류
2. 임원을 선임한 총회의 의사록
3. 선임된 임원의 이력서와 사진(가로 3센티미터, 세로 4센티미터)
③조합, 사업조합 또는 연합회가 단체적 계약을 체결한 때에는 법 제130조제1항에 따라 월별로 별지 제9호서식의 단체적 계약실적보고서 1통을 작성하여 그 달의 다음달 15일까지 중앙회 회장에게 제출하여야 한다.
④조합, 사업조합 또는 연합회가 조합원이나 회원의 변동이 있는 때에는 법 제130조제1항에 따라 별지 제10호서식의 조합원(회원)변동보고서 1통을 작성하여 매 분기가 끝난 후 15일 이내에 중앙회 회장에게 제출하여야 한다.
⑤중앙회의 보고에 관하여는 제1항부터 제4항까지를 준용한다. 이 경우 "조합, 사업조합 또는 연합회"는 "중앙회"로, "중앙회 회장"은 "중소기업청장"으로 본다.

제8조(검사의 청구) 법 제131조제2항에 따라 검사를 청구하려는 자는 별지 제11호서식의 검사청구서 2통에 다음 각 호의 서류를 각각 첨부하여 주무관청에 제출하여야 한다.
1. 조합원(회원, 대의원) 명부
2. 총 조합원(회원, 대의원)의 3분의 1 이상의 동의를 받은 사실을 증명하는 서류

제9조 삭제 <2010.8.30.>

부칙
<제150호, 2015.8.4.>

이 규칙은 2015년 8월 4일부터 시행한다.

서식 1] (조합, 사업조합, 연합회)설립인가신청서

◀ 중소기업협동조합법 시행규칙 [별지 제1호서식] <개정 2015.8.4.>

[ ] 조   합
[ ] 사업조합   설립인가신청서
[ ] 연 합 회

색상이 어두운 란은 신청인이 적지 않습니다. (앞쪽)

접수 번호	접수일	처리기간	20일

신청인	명칭		대표자 성명	
	주소		전화(팩스)	

「중소기업협동조합법」 제32조·제81조·제92조, 같은 법 시행령 제8조제1항 및 같
은 법 시행규칙 제3조제1항에 따라 위와 같이 신청합니다.

년   월   일

신청인(대표자 성명)   (서명 또는 인)

중소기업청장
시 · 도 지 사   귀하

신청인 제출서류	1. 설립취지서 1부 2. 정관 1부 3. 사업계획서 1부 4. 수지예산서 1부 5. 출자 1좌(座)당 금액과 조합원 또는 회원이 인수하려는 출자좌수를 　 적은 서류 1부 6. 창립총회 의사록 1부 7. 「중소기업협동조합법 시행규칙」 별지 제2호서식의 조합원(회원) 　 명부 1부 8. 임원의 이력서 및 사진(가로 3cm, 세로 4cm) 각 1매 9. 창립총회 개최 공고문 1부	수수료 없음
담당 공무원 확인사항	발기인인 조합원의 사업자등록증(조합과 사업조합의 경우만 해당합니다)	

행정정보 공동이용 동의서

본인은 이 건 업무처리와 관련하여 담당 공무원이 「전자정부법」 제36조제1항에 따른 행정정
보의 공동이용을 통하여 위의 담당 공무원 확인사항을 확인하는 것에 동의합니다.   *동의하지
않는 경우에는 신청인이 직접 관련 서류를 제출해야 합니다.

신청인   (서명 또는 인)

210mm×297mm[백상지 80g/㎡]

(뒤쪽)

처리절차

이 신청서는 아래와 같이 처리됩니다.

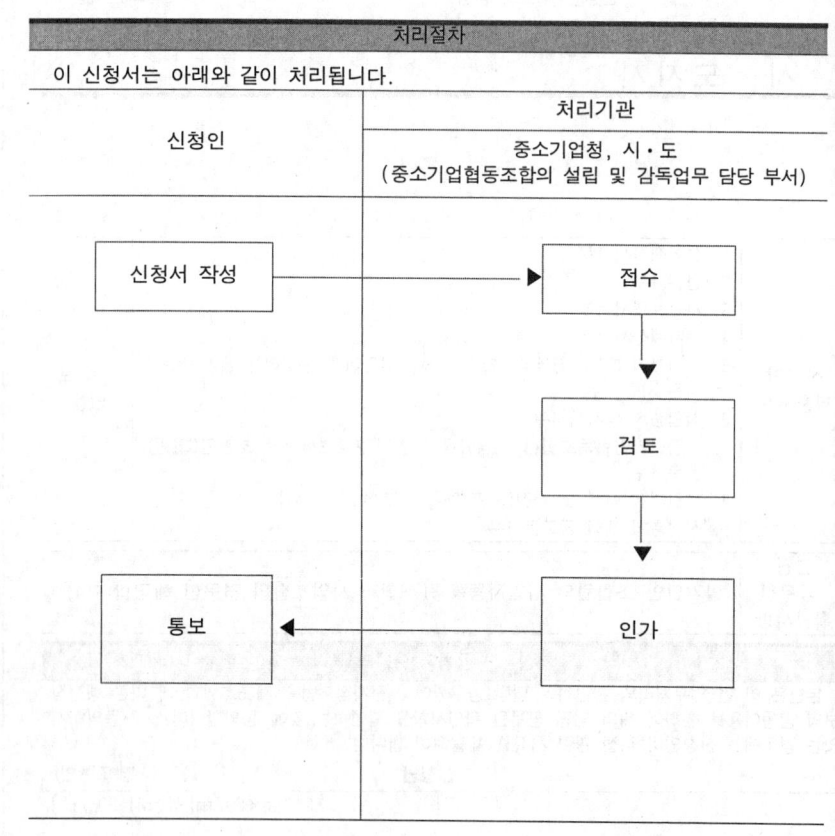

신청인	처리기관 중소기업청, 시·도 (중소기업협동조합의 설립 및 감독업무 담당 부서)
신청서 작성 →	접수
	↓
	검토
	↓
통보 ←	인가

서식 4] (조합, 사업조합, 연합회, 중앙회)정관변경인가신청서

중소기업협동조합법 시행규칙 [별지 제4호서식] <개정 2015.8.4.>

| [ ] 조　　합
[ ] 사업조합
[ ] 연 합 회
[ ] 중 앙 회 | 정관변경인가신청서 |

색상이 어두운 난은 신청인이 적지 않습니다.　　　　　　　　(앞쪽)

접수 번호		접수일		처리기간	14일
신청인	명칭		대표자 성명		
	주소		전화번호(팩스)		
신청 내용	별첨 첨부서류 참조				

「중소기업협동조합법」 제47조제2항·제85조·제96조·제125조 및 같은 법 시행규칙 제4조제1항에 따라 위와 같이 신청합니다.

년　　　　월　　　　일

신청인(대표자 성명)　　　　　　　　(서명 또는 인)

중소기업청장
주 무 부 장 관 귀하
시 · 도 지 사

| 첨부서류 | 1. 정관 중 변경하려는 사항을 적은 서류 1부
2. 정관의 변경을 의결한 총회의 의사록 1부
3. 정관변경 전과 정관변경 후의 사업계획서 또는 수지예산서 1부(조합의 정관변경내용이 사업계획 또는 수지예산에 관한 사항인 경우에 첨부합니다)
4. 조합의 정관변경이 출자 1좌당 금액의 감소에 관한 것인 경우에는 제1호 및 제2호 외에 다음 각 목의 서류
　가. 대차대조표
　나. 공고 또는 최고(催告)를 한 사실을 증명하는 서류
　다. 채무 변제나 담보제공 사실을 증명하는 서류(이의를 신청한 채권자가 있는 경우에만 해당합니다) | 수수료
없음 |

210mm×297mm[백상지 80g/㎡]

(뒤쪽)

처 리 절 차	

이 신청서는 아래와 같이 처리됩니다.

신청인	처리기관
	중소기업청, 주무부처, 시·도
	(중소기업협동조합의 설립 및 감독업무 담당 부서)

```
┌─────────────┐              ┌─────────────┐
│  신청서 작성 │ ───────────▶ │    접수     │
└─────────────┘              └─────────────┘
                                     │
                                     ▼
                             ┌─────────────┐
                             │    검토     │
                             └─────────────┘
                                     │
                                     ▼
┌─────────────┐              ┌─────────────┐
│    통보     │ ◀─────────── │    인가     │
└─────────────┘              └─────────────┘
```

[서식 9] 단체적 계약실적보고서 제출

별지 제9호서식] <개정 2010.8.30>

○○○○협동조합(연합회)

수신자 중소기업중앙회장
제 목 ○○월분 단체적 계약실적보고서 제출

「중소기업협동조합법」 제130조제1항에 따라 다음과 같이 ○○
월분 단체적 계약실적을 보고합니다.

1. 구매기관별 납품실적

기관명	실 적(천원)			비 고
	전월누계	금월실적	금월누계	

2. 물품별 납품실적

분류 번호	물품명	실 적(천원)			구매기관
		전월누계	금월실적	금월누계	

끝.

○○○○협동조합이사장(연합회장)　　직인

기안자 직위(직급) 서명　　검토자 직위(직급)서명　　결재권자 직위 (직급)서명
협조자

시행　　처리과-일련번호(시행일자)　　접수　자)　처리과명-일련번호(접수일

우　　주소　　　　　　　　　　/ 홈페이지 주소

전화( )　　　　전송( )　　　/ 기안자의　공식전자우편주 소　/ 공개구분

210㎜×297㎜[일반용지 60g / ㎡(재활용품)]

중소기업수출지원센터의 설치 및 운영 등에 관한 규정

[시행 2014.10.22.]
[대통령령 제25665호, 2014.10.22., 일부개정]

제1조(목적) 이 영은 「무역거래기반 조성에 관한 법률」 제12조의2에 따라 중소기업수출지원센터의 설치·운영과 그 밖의 필요한 사항을 규정함을 목적으로 한다. <개정 2014.10.22.>

제2조(수출지원센터의 설치) 중소기업청장은 「중소기업기본법」 제2조제1항에 따른 중소기업(이하 "중소기업"이라 한다) 또는 다음 각 호의 기관 및 지방자치단체(이하 "수출지원기관"이라 한다)의 소재 등 지역사정을 감안하여 지방중소기업청에 수출지원기관의 직원이 합동으로 근무하는 중소기업수출지원센터(이하 "수출지원센터"라 한다)를 둘 수 있다. 다만, 중소기업청장이 중소기업의 이용편의 등을 위하여 특히 필요하다고 인정하는 경우에는 지방중소기업청 외의 장소에 수출지원센터를 둘 수 있다.

<개정 2006.10.27., 2007.3.22., 2007.9.10., 2008.12.31., 2009.4.30., 2009.11.20., 2010.6.28., 2010.11.15., 2013.3.23., 2013.12.11., 2014.10.22.>
1. 산업통상자원부
2. 중소기업청
3. 국가기술표준원
4. 특별시·광역시·특별자치시·도 및 특별자치도
5. 「과학기술분야 정부출연연구기관 등의 설립·운영 및 육성에 관한 법률」에 따른 한국과학기술정보연구원
6. 「기술신용보증기금법」 제12조에 따른 기술신용보증기금
7. 「대한무역투자진흥공사법」에 따른 대한무역투자진흥공사
8. 「산업기술혁신 촉진법」 제15조에 따른 신기술 보육 사업을 실시하는 기관
9. 「산업기술혁신 촉진법」 제38조에 따른 한국산업기술진흥원, 같은 법 제39조에 따른 한국산업기술평가관리원 및 같은 법 제41조에 따른 한국산업기술시험원
10. 「산업디자인진흥법」 제11조에 따른 한국디자인진흥원
11. 「무역보험법」 제37조에 따른 한국무역보험공사
12. 「신용보증기금법」에 따른 신용보증기금
13. 「중소기업은행법」에 따른 중소기업은행
14. 「중소기업진흥에 관한 법률」 제68조제1항에 따른 중소기업진흥공단
15. 「한국수출입은행법」에 따른 한국수출입은행
16. 그 밖에 「은행법」 제2조제1항제2호에 따른 은행 중에서 중소기업청장이 지정하는 은행

제3조(수출지원센터의 기능) 수출지원센터는 다음 각 호의 업무를 수행한다. <개정 2010.6.28., 2014.10.22.>
1. 무역거래알선·수출신용보증·무역보험·수출입금융 등 중소기업의 수출에 관한 정보제공·상담·자문 및 교육
2. 수출신용보증·무역보험 및 수출입금융에 대한 지원
3. 기술·디자인 및 품질의 개발·향상을 위한 지원
4. 중소기업의 해외시장에 대한 이해도 및 정보 활용 능력 등 무역활동 관련 역량의 진단 및 역량별 맞춤형 지원
5. 수출환경 변화에 공동으로 대응하도록 하기 위하여 기업간 수출정보 공유 및 협력 기회 부여
6. 중소기업의 무역활동 관련 애로사

항 발굴 및 해소 지원
7. 그 밖에 중소기업청장이 중소기업의 무역활동 지원을 위하여 필요하다고 인정하는 사항

제4조(수출지원센터의 인원) ①중소기업청장은 수출지원센터의 업무를 수행하기 위하여 필요한 경우에는 수출지원기관의 장에게 소속 공무원 또는 직원의 파견을 요청할 수 있다. 이 경우 미리 당해 수출지원기관의 장과 협의하여야 한다.
②제1항의 규정에 따라 공무원 또는 직원의 파견을 요청받은 수출지원기관의 장은 특별한 사유가 없는 한 업무수행에 적합한 자를 선발하여 수출지원센터에 파견하여야 하며, 파견기간중 수출지원센터에 파견된 직원(이하 "파견직원"이라 한다)을 복귀시켜야 할 경우에는 미리 중소기업청장과 협의하여야 한다.
③ 수출지원센터의 장은 관할 지방중소기업청장이 겸임한다. <개정 2014.10.22.>
④중소기업청장은 수출지원센터의 업무를 처리 또는 보조하기 위하여 필요한 경우에는 민간의 수출 관련 전문인력을 예산의 범위 안에서 활용할 수 있다.

제5조(파견직원의 복무 등) ①파견직원은 복무에 관하여 수출지원센터의 장의 지휘·감독을 받는다.
②수출지원센터의 장은 파견직원이 파견목적에 현저히 위배되는 행위를 한 경우에는 파견직원을 원소속 수출지원기관에 복귀시킬 수 있다. 이 경우 파견직원이 소속된 수출지원기관의 장에게 미리 그 사유를 통보하여야 한다.
③수출지원센터의 장은 파견직원에 대하여 예산의 범위 안에서 현장조사수당·여비 그 밖의 필요한 경비를 지급할 수 있다.

제6조(수출지원기관의 비용지원) 수출지원기관은 수출지원센터에 대하여 수출지원센터의 원활한 업무수행을 위한 전산망의 구축 등의 업무수행에 필요한 비용을 지원할 수 있다.

제7조(수출유망중소기업의 지정 및 지정취소) ①중소기업청장은 중소기업 중 다음 각 호의 어느 하나에 해당하는 업체를 수출유망중소기업으로 지정할 수 있다. <개정 2014.10.22.>
1. 최근 1년간의 수출액(내국신용장의 수취액을 포함한다)이 미화 500만 달러 이하인 업체
2. 그 밖에 중소기업청장이 정하여 고시하는 기준에 해당하는 업체
② 중소기업청장은 제1항에 따라 수출유망중소기업으로 지정된 기업이 다음 각 호의 어느 하나에 해당하는 경우에는 그 지정을 취소할 수 있다. 다만, 제1호에 해당하는 경우에는 지정을 취소하여야 한다. <신설 2014.10.22.>
1. 거짓 또는 그 밖의 부정한 방법으로 지정을 받은 경우
2. 부도·휴업 또는 폐업 등으로 기업활동을 지속하기 어렵다고 인정되는 경우
③ 중소기업청장은 제1항 및 제2항에 따라 수출유망중소기업을 지정 또는 지정취소한 경우에는 그 사실을 해당 기업 및 관련 기관의 장에게 통보하여야 한다. <신설 2014.10.22.>
④중소기업청장은 제1항부터 제3항까지의 규정에 따른 수출유망중소기업의 지정 및 지정취소에 관한 업무 중 일부를 수출지원센터의 장에게 위임 또는 위탁할 수 있다. <개정 2014.10.22.>
⑤ 제1항부터 제4항까지에서 규정한 사항 외에 수출유망중소기업의 지정 등에 관하여 필요한 사항은 중소기업청장이 정하여 고시한다. <개정 2014.10.22.>
[제목개정 2014.10.22.]

제8조(수출유망중소기업에 대한 우선지원) 수출지원기관은 제7조의 규정에 따라 지정된 수출유망중소기업을 우선적으로 지원하여야 한다.

제9조 삭제 <2014.10.22.>

제10조(수출지원기관과의 협업) ① 중소기업청장은 수출지원센터의 원활한 운영을 위하여 필요한 경우 다음 각 호의 사항에 관하여 수출지원기관(제2조 각 호의 수출지원기관 중 행정기관인 수출지원기관은 제외한다. 이하 이 조에서 같다)의 장에게 협조를 요청할 수 있다.
1. 제3조에 따른 업무 중 수출지원기관과 협력하여 수행할 업무(이하 "협업업무"라 한다)의 발굴
2. 협업업무를 수행하는 조직(이하 "지원단"이라 한다)의 설치
3. 그 밖에 협업업무의 수행을 위하여 중소기업청장이 정하여 고시하는 사항
② 수출지원기관의 장은 협업업무의 수행과 지원단의 설치 및 운영 등에 관하여 관할 수출지원센터의 장과 긴밀히 협력하여야 한다.
③ 중소기업청장은 예산의 범위에서 수출지원기관에 대하여 협업업무를 수행하는 데 필요한 비용의 전부 또는 일부를 지원할 수 있다.
④ 제1항부터 제3항까지에서 규정한 사항 외에 협업업무의 수행에 필요한 사항은 중소기업청장이 수출지원기관의 장과 협의하여 고시한다.
[전문개정 2014.10.22.]

제11조(수출지원협의회의 구성·운영) ① 수출지원센터의 장은 관할 지역의 중소기업 수출지원 사업과 관련된 다음 각 호의 사항을 협의하기 위하여 수출지원협의회(이하 "수출지원협의회"라 한다)를 둘 수 있다.
1. 중앙행정기관 및 지방자치단체의 수출지원 사업 추진에 관한 정보의 공유
2. 수출지원기관간 협력할 사항의 발굴
3. 그 밖에 수출지원센터의 장이 중소기업의 수출지원을 위하여 필요하다고 인정하는 사항
② 수출지원협의회는 다음 각 호의 자로 구성한다.
1. 수출지원기관 소속 중소기업 수출지원 업무 담당자
2. 수출 관련 업무에 대한 전문성과 경험을 갖춘 사람
[본조신설 2014.10.22.]

부칙
<제25665호, 2014.10.22.>

제1조(시행일) 이 영은 공포한 날부터 시행한다.

제2조(다른 법령의 개정) 무역거래기반조성에 관한 법률 시행령 일부를 다음과 같이 개정한다.
제13조를 삭제한다.

중소기업제품 구매촉진 및 판로지원에 관한 법률

[시행 2015.5.28.]
[법률 제13094호, 2015.1.28., 일부개정]

제1장 총칙

제1조(목적) 이 법은 중소기업제품의 구매를 촉진하고 판로를 지원함으로써 중소기업의 경쟁력 향상과 경영안정에 이바지함을 목적으로 한다.

제2조(정의) 이 법에서 사용하는 용어의 뜻은 다음과 같다. <개정 2011.7.25.>
1. "중소기업자"란 다음 각 목의 어느 하나에 해당하는 자를 말한다.
   가. 「중소기업기본법」 제2조에 따른 중소기업자
   나. 「중소기업협동조합법」 제3조에 따른 중소기업협동조합(이하 "조합"이라 한다)
2. "공공기관"이란 다음 각 목의 어느 하나에 해당하는 기관 또는 법인을 말한다.
   가. 국가기관
   나. 지방자치단체
   다. 특별법에 따라 설립된 법인 중 대통령령으로 정하는 자
   라. 「공공기관의 운영에 관한 법률」 제5조에 따른 공공기관 중 대통령령으로 정하는 자
3. "물류현대화"란 중소기업자가 생산하는 제품의 원활한 유통을 도모하고 물류비용을 절감하기 위하여 유통시설을 설치하거나 개선하는 것을 말한다.
4. "소모성 자재"란 생산에 직접 소요되는 원자재를 제외한 사무용품, 다른 제품이나 서비스를 생산하기 위하여 기업 등에 의하여 구매되는 산업용재 등 모든 간접 자재를 말한다.
5. "대규모 자재구매대행업"이란 「대·중소기업 상생협력 촉진에 관한 법률」 제2조제2호에 따른 대기업(이하 "대기업"이라 한다) 또는 대기업 계열사(「독점규제 및 공정거래에 관한 법률」 제2조제3호에 따른 계열회사를 말한다)가 기업 등의 소모성 자재의 구입 및 관리를 대행하는 사업을 말한다.
6. "중소 소모성 자재 납품업"이란 한국표준산업분류에 따른 도매 및 소매업을 하는 중소기업자가 기업 등에서 필요로 하는 소모성 자재를 국내 제조업자 등으로부터 공급받아 기업 등에 납품하는 사업을 말한다.

제3조(다른 법률과의 관계) 공공기관의 장은 중소기업제품의 조달계약을 체결하거나 판로를 지원하는 경우에 다른 법률에 특별한 규정이 있는 경우를 제외하고는 이 법에서 정하는 바에 따른다. <개정 2013.8.6.>

제2장 중소기업제품 구매촉진 및 중소기업자간 경쟁제도 운영

제4조(구매 증대) ①공공기관의 장은 물품·용역 및 공사(이하 "제품"이라 한다)에 관한 조달계약을 체결하려는 때에는 중소기업자의 수주(受注) 기회가 늘어나도록 하여야 한다. <개정 2012.6.1.>
② 공공기관의 장은 「국가를 당사자로 하는 계약에 관한 법률」 제4조제1항에 따라 기획재정부장관이 고시한 금액 미만의 물품 및 용역(제6조제1항에 따라 중소기업청장이 지정한 중소

기업자간 경쟁 제품은 제외한다)에 대하여는 대통령령으로 정하는 바에 따라 중소기업자와 우선적으로 조달계약을 체결하여야 한다. <신설 2012.6.1.>

제5조(구매계획 및 구매실적의 작성)

① 대통령령으로 정하는 공공기관의 장은 예산과 사업계획을 고려하여 중소기업제품의 구매 증대를 위한 구매계획과 전년도 구매실적을 중소기업청장에게 통보하여야 한다. 이 경우 구매계획에 대통령령으로 정하는 중소기업제품 구매목표비율을 제시하여야 한다. <개정 2009.12.30.>
② 중소기업청장은 「중소기업협동조합법」에 따른 중소기업중앙회(이하 "중앙회"라 한다)의 의견을 들어 국가에 대하여는 「국가재정법」 제6조에 따른 각 중앙관서의 장, 지방자치단체에 대하여는 행정자치부장관, 그 밖의 공공기관에 대하여는 관계 중앙행정기관의 장과 협의하여 제1항에 따른 구매계획과 구매실적을 종합하여 국무회의의 심의를 거쳐 공고하여야 한다. <개정 2013.3.23., 2014.11.19.>
③ 중소기업청장은 제1항에 따른 공공기관의 장에게 구매계획의 이행점검 등을 위하여 중소기업제품 구매실적의 제출을 요구할 수 있으며, 이 경우 공공기관의 장은 특별한 사유가 없는 경우에는 이에 따라야 한다. <신설 2011.3.30.>
④ 제1항 및 제3항에 따른 구매계획과 구매실적의 통보 및 제출요구에 관하여 필요한 사항은 대통령령으로 정한다. <개정 2011.3.30.>
[제목개정 2011.3.30.]

제6조(중소기업자간 경쟁 제품의 지정)

① 중소기업청장은 중소기업자가 직접 생산·제공하는 제품으로서 판로 확대가 필요하다고 인정되는 제품을 중소기업자간 경쟁 제품(이하 "경쟁제품"

이라 한다)으로 지정할 수 있다.
② 중소기업청장은 제1항에 따라 경쟁제품을 지정하고자 하는 경우에는 미리 관계 중앙행정기관의 장과 협의하여야 한다. 이 경우 중소기업청장은 관계 중앙행정기관의 장이 지정 제외를 요청한 제품에 대하여는 특별한 사유가 없으면 그 제품을 경쟁제품으로 지정하여서는 아니 된다.
③ 경쟁제품의 지정에 필요한 사항은 대통령령으로 정한다.

■판례 - 가처분기타

【판시사항】
'중소기업제품 구매촉진 및 판로지원에 관한 법률'에 정한 공공기관으로서 하수처리장 여과시설 설치공사 등을 발주한 지방자치단체가, 그 공사에 사용될 '통상여과기' 등이 '공사용 자재 직접구매 대상품목'임에도 같은 법 제12조 제3항 단서에 따른 절차를 제대로 거치지 않은 채 그 공사에 관하여 같은 항 본문에 의한 공사용 자재 직접구매 대상이라는 점을 공고하지 않은 것은 위법하다고 볼 여지가 있으므로, '통상여과기' 등을 생산·판매하는 중소기업이 위 공사에 관한 입찰절차의 진행중지를 구한 가처분신청은 피보전권리 및 보전의 필요성이 있다고 한 사례

【판결요지】
'중소기업제품 구매촉진 및 판로지원에 관한 법률'에 정한 공공기관으로서 하수처리장 여과시설 설치공사 및 소각로 증설공사를 발주한 지방자치단체가, 그 공사에 사용될 '통상여과기' 등이 중소기업청장이 지정한 '공사용 자재 직접구매 대상품목'임에도 그 공사가 설계·시공 일괄입찰방식에 의한다는 등의 이유로 같은 법 제12조 제3항 단서에 따라 그 공사에 사용될 공사용 자재의 직접구매가 곤란한지 여부에 관하여 중소기업청장과 협의하는 등의 절차를 제대로 거치지 않은 채, 그 공사에 관하여 같은 항 본문에 의한 공사용 자재 직접구매 대상이라는 점을 공고하지 않은 것은 위법하다고 볼 여지가 있으므로, '통상여과기' 등을 생산·판매하는 중소기업이 위 공사에 관한 입찰절차의 진행중지를 구한 가처분신청은 피보전권리 및 보전의 필요성이 있다고 한 사례
[청주지법, 2010카합44, 2010.3.9]

제7조(경쟁제품의 계약방법) ① 공공기

관의 장은 경쟁제품에 대하여는 대통령령으로 정하는 특별한 사유가 없으면 중소기업자만을 대상으로 하는 제한경쟁 또는 중소기업자 중에서 지명경쟁(이하 "중소기업자간 경쟁"이라 한다) 입찰에 따라 조달계약을 체결하여야 한다.

② 공공기관의 장은 제1항에 따른 중소기업자간 경쟁입찰에서 적정한 품질과 납품 가격의 안정을 위하여 중소기업자의 계약이행능력을 심사하여 계약상대자를 결정하여야 한다. 다만, 구매의 효율성을 높이거나, 중소기업제품의 구매를 늘리기 위하여 필요한 경우에는 대통령령으로 정하는 방법에 따라 계약상대자를 결정할 수 있다.

③ 공공기관의 장은 제2항에 따른 계약상대자를 결정함에 있어서 「중소기업기본법」 제2조제2항에 따른 소기업(이하 "소기업"이라 한다)과 「소상공인 보호 및 지원에 관한 법률」 제2조에 따른 소상공인(이하 "소상공인"이라 한다)의 공동 수주기회를 확대하기 위하여 5인 이상의 중소기업자로 구성된 공동수급체 중 대통령령으로 정하는 요건에 해당하는 공동수급체에 대하여 우대할 수 있다. <개정 2015.1.28.>

④ 중소기업청장은 관계 중앙행정기관의 장과 협의하여 제2항 본문에 따른 계약이행능력에 대한 세부심사기준을 정하여 고시하여야 한다. 이 경우 중소기업협동조합 등 대통령령으로 정하는 자에 대하여는 계약이행능력에 대한 세부심사기준을 따로 정하여야 한다.

⑤ 중소기업청장은 제4항에 따른 세부심사기준을 정할 때 중소기업자의 계약이행실적, 기술력 및 재무상태 등을 종합적으로 고려하여야 한다.

제7조의2(소기업 및 소상공인에 대한 경쟁제품 조달계약에 관한 특례) ①

공공기관의 장은 제7조제1항에도 불구하고 경쟁제품 중에서 중소기업청장이 지정한 물품 또는 용역에 대해서는 소기업 또는 소상공인만을 대상으로 하는 제한경쟁입찰에 따라 조달계약을 체결할 수 있다.

② 공공기관의 장은 제7조제1항에도 불구하고 셋 이상의 소기업 또는 소상공인이 조합과 함께 산업통상자원부령으로 정하는 공동사업(이하 "공동사업"이라 한다)을 하여 경쟁제품에 해당하는 물품 또는 용역(이하 "물품등"이라 한다)을 제품화한 경우 해당 물품등에 대해서는 다음 각 호의 어느 하나에 해당하는 입찰 방법에 따라 조달계약을 체결할 수 있다.

1. 해당 공동사업에 참여한 소기업 또는 소상공인만을 대상으로 하는 제한경쟁입찰
2. 공공기관의 장의 요청에 따라 조합이 추천하는 소기업 또는 소상공인(해당 물품등을 납품할 수 있는 소기업 또는 소상공인을 말한다)만을 대상으로 하는 지명경쟁입찰

[본조신설 2015.1.28.]

제8조(경쟁입찰 참여자격) ① 제7조에 따른 중소기업자간 경쟁입찰에 참여할 수 있는 중소기업자의 자격(이하 이 조에서 "참여자격"이라 한다)은 규모와 경영실적 등을 고려하여 대통령령으로 정한다. <개정 2011.3.30.>

② 중소기업자간 경쟁입찰에 참여하려는 조합은 중소기업청장이 정하는 절차에 따라 참여자격의 확인을 중소기업청장에게 신청하여야 하며, 중소기업청장은 이를 확인하여야 한다. <신설 2011.3.30.>

③ 중소기업청장은 중소기업자간 경쟁입찰에 참여하는 중소기업자가 다음 각 호의 어느 하나에 해당하는 경우 참여자격을 취소하거나 1년 이내의 범위에서 정지할 수 있다. 중소

기업청장은 참여자격을 취소한 경우에는 취소한 날로부터 1년 이내의 범위에서 참여자격 취득을 제한할 수 있다. <개정 2011.3.30.>

1. 거짓이나 그 밖의 부정한 방법으로 참여자격을 취득한 경우
2. 참여자격을 상실한 경우
3. 담합 등 부당한 행위를 한 경우
4. 그 밖에 중소기업자간 경쟁입찰 참여가 부적당하다고 대통령령으로 정하는 경우

④ 제3항에 따른 참여자격 정지 기간과 참여자격 취득 제한 기간은 산업통상자원부령으로 정한다.
<신설 2011.3.30., 2013.3.23.>

제8조의2(중소기업자간 경쟁입찰 참여 제한 등) ① 공공기관의 장은 중소기업자간 경쟁입찰의 공정한 경쟁을 위하여 다음 각 호의 어느 하나에 해당하는 중소기업을 영위하는 자의 참여를 제한하여야 한다. <개정 2014.3.18.>

1. 다음 각 목에 해당하는 기업으로부터 「상법」 제530조의2 및 제530조의12에 따른 분할·분할합병 및 물적분할(이하 이 조에서 "분할등"이라 한다)에 의하여 설립되는 기업과 존속하는 기업이 같은 종류의 사업을 영위하는 경우에 해당하는 중소기업
   가. 대기업(분할등에 의하여 설립되는 기업과 존속하는 기업 중 어느 하나가 분할일·분할합병일 또는 물적분할일이 속하는 연도의 다음 연도부터 4년 이내에 대기업이 되는 경우도 포함한다)
   나. 중소기업자간 경쟁입찰 참여자격 유지 또는 공공조달시장의 점유율 확대 등을 목적으로 분할등을 하였다고 중소기업청장이 인정한 중소기업
2. 대기업과 대통령령으로 정하는 지

배 또는 종속의 관계에 있는 기업들의 집단에 포함되는 중소기업
3. 정당한 사유 없이 제3항에 따른 중소기업청장의 조사를 거부한 중소기업

② 중소기업자간 경쟁입찰에 참여하려는 중소기업자(조합은 제외한다)는 중소기업청장이 정하여 고시하는 절차에 따라 중소기업청장에게 중소기업자간 경쟁입찰 참여제한 대상에 해당하는지 여부의 확인을 신청하여야 하며, 중소기업청장은 이를 확인하여야 한다.

③ 중소기업청장은 제2항에 따른 확인을 신청한 중소기업자에게 해당 중소기업의 자산 현황 및 경영 상태 등 필요한 자료의 제출을 요구할 수 있다. 이 경우 자료의 제출을 요구받은 중소기업자는 특별한 사유가 없으면 이에 협조하여야 한다. <신설 2014.3.18.>

④ 중소기업청장은 제2항에 따라 제1항제1호 및 제2호에 따른 중소기업자간 경쟁입찰 참여제한 대상에 해당하지 아니하는 것으로 확인을 받은 중소기업자에 대하여 거짓이나 그 밖의 부정한 방법으로 확인을 받았는지 여부를 조사할 수 있다.
<개정 2014.3.18.>

⑤ 제1항제1호에서 같은 종류의 사업은 경쟁제품을 생산하는 사업에 한정하고, 같은 종류의 사업범위 기준은 대통령령으로 정한다. <개정 2014.3.18.>

⑥ 중소기업청장이 제1항제1호나목에 따른 인정 여부를 결정할 경우 상속, 법원의 판결 등 불가피한 사유로 인한 분할등 대통령령으로 정하는 사항을 종합적으로 고려하여야 한다. 이 경우 중소기업청장은 관계 공무원 및 전문가 등의 의견을 들을 수 있다. <개정 2014.3.18.>

⑦ 제6항에 따른 인정 여부의 결정에 관하여 절차·방법 등 필요한 사항은 산업통상자원부령으로 정한다.
<개정 2013.3.23., 2014.3.18.>

[본조신설 2012.6.1.]

중소기업 범위 및 확인에 관한 규정(중소기업청 고시 제2015-39호)

제정 2015. 1. 1. 중소기업청 고시 제2015-01호.
개정 2015. 6. 30. 중소기업청 고시 제2015-39호.

제1조(목적) 이 요령은 「중소기업기본법 시행령」(이하 "영"이라 한다), 「소상공인 보호 및 지원에 관한 법률 시행령」 제2조 및 「중소기업제품 구매촉진 및 판로지원에 관한 법률」 제8조의2에서 위임된 사항과 그 시행에 관하여 필요한 사항을 정함을 목적으로 한다.

제2조(지배기업으로 보지 아니하는 자) 영 제3조의2제3항제5호에 따라 지배기업으로 보지 아니하는 자는 다음 각 호의 어느 하나에 해당하는 자를 말한다.
1. 「자본시장 및 금융투자업에 관한 법률」 제8조에 따른 금융투자업자(다만, 금융투자업자가 금융 및 보험업 이외의 업종을 영위하는 기업의 주식등을 소유한 경우로서 해당 기업과의 관계에 한정한다)
2. 「자본시장 및 금융투자업에 관한 법률」 제9조제19항에 따른 사모집합투자기구(같은 법 제279조에 따라 금융위원회에 등록한 외국 사모집합투자기구를 포함한다)
3. 「기업구조조정 촉진법」 제2조제1호에 따른 채권금융기관(다만, 채권금융기관이 다음 각 목의 어느 하나에 해당하는 기업의 주식등을 소유한 경우로서 해당 기업과의 관계에 한정한다)
   가. 「기업구조조정 촉진법」 제2조제5호에 따른 부실징후기업
   나. 채권금융기관으로부터 받은 신용공여액의 합계가 500억원 미만으로서 「기업구조조정 촉진법」을 준용하여 기업구조조정 중인 기업
   다. 「채무자 회생 및 파산에 관한 법률」에 따라 법원으로부터 회생절차 개시의 결정을 받은 기업

제3조(중소기업 여부의 적용기간 등) ① 영 제3조의3제4항에 따른 세부적인 중소기업 여부의 적용기간은 다음 각 호의 구분에 따른다.

1. 직전 사업연도의 사업기간이 12개월 이상인 기업 : 영 제3조에 따른 중소기업 여부의 적용기간은 직전 사업연도 말일에서 3개월이 경과한 날부터 1년간으로 한다.
2. 직전 사업연도에 창업하거나 합병 또는 분할(이하 "창업등"이라 한다)한 기업 : 영 제3조에 따른 중소기업 여부의 적용기간은 직전 사업연도 말일에서 3개월이 경과한 날부터 1년간으로 한다.
3. 해당 사업연도에 창업등을 한 기업 : 영 제3조에 따른 중소기업 여부의 적용기간은 창업등을 한 날부터 해당 사업연도 종료 후 3개월이 되는 날까지로 한다.
② 제1항에도 불구하고 다음 각 호의 어느 하나에 해당하는 기업의 경우 중소기업의 여부의 적용기간은 각각의 구분에 따른다.
1. 관계기업에 속하는 기업이 직전 사업연도 말일이 지난 후 창업, 합병, 분할 또는 폐업하여 영 제3조제1항제2호다목에 해당하거나 해당하지 아니하게 된 기업 : 창업일, 합병일, 분할일 또는 「부가가치세법 시행령」 제7조에 따른 폐업일부터 적용할 수 있다.
2. 영 제3조제1항제2호 가목 또는 나목에 해당하거나 해당하지 아니하게 된 기업 : 해당 사유가 발생한 날부터 적용한다.

제4조(중소기업 확인방법) ① 중소기업시책에 참여하려는 중소기업자는 「중소기업기본법」 제27조 따라 중소기업자에 해당하는지를 확인할 수 있는 서류를 중소기업청장에게 제출하고 중소기업 확인서를 발급받을 수 있다.
② 중소기업청장은 중소기업 중 영 제8조에 따른 중기업과 소기업, 「소상공인 보호 및 지원에 관한 법률」 제2조에 따른 소상공인을 구분하여 중소기업 확인서를 발급할 수 있다.

제5조(확인신청) ① 제4조에 따른 중소기업 확인서를 발급 받고자 하는 자(이하 "신청기업"이라 함)는 각 호의 서류를 갖추어 중소기업청장에게 제출하여야 한다.
1. 중소기업 확인 신청서(별지 제1호 서식)
2. 사업자등록증명 1부
3. 직전 사업연도 월별 원천징수이행상황신고서 1부
4. 최근 3개사업연도 재무제표(또는 부가가치세 과세표준증명) 1부
5. 주식등변동상황명세서 1부(법인기업에 한

함)
6. 최근 3개사업연도 조정후수입금액명세서 1부(법인기업에 한함)
7. 관계기업이 있는 경우 해당기업의 제2호부터 제6호까지의 서류(해당기업에 한함)
② 제1항제1호의 확인 신청서는 중소기업현황정보시스템을 통해 신청기업이 직접 작성·제출하여야 한다.
③ 제1항제2호부터 제7호까지의 서류는 신청기업 또는 신청기업이 지정한 세무대리인이 온라인 전송시스템을 통해 제출하는 것을 원칙으로 하며, 온라인 제출이 어려운 경우에는 지방중소기업청에 방문 또는 우편으로 제출할 수 있다.
④ 직전 또는 해당사업연도에 창업 등을 하였거나 세무신고 제외대상 등의 사유로 인해 제1항제3호부터 제7호까지의 증빙서류 제출이 불가능한 경우에는 신청기업이 확인 신청서에 관련 항목을 직접 작성함으로써 서류제출을 생략할 수 있다.
⑤ 신청기업이 「중소기업제품 구매촉진 및 판로지원에 관한 법률」 제7조에 따른 중소기업자간의 경쟁 입찰에 참여할 목적으로 중소기업 확인서를 발급받는 경우에는 중소기업자간 경쟁입찰 참여제한 여부확인을 위한 자가진단서(별지 제2호 서식)를 제출하여야 한다.
⑥ 확인업무 담당자는 자료의 보완 또는 추가 확인이 필요한 경우 필요한 최소한의 자료를 요구하거나 현장 확인을 할 수 있다.

제6조(확인서 발급 및 변경) ① 중소기업청장은 제5조에 따라 확인서 발급 신청을 받은 경우 제4조제2항의 구분 기준을 충족한 신청기업에 한하여 중소기업현황정보시스템을 통해 중소기업 확인서(별지 제3호 서식)를 발급하여야 한다.
② 중소기업 확인서의 유효기간은 제3조에 의한 중소기업 여부의 적용기간을 따른다.
③ 중소기업 확인서를 발급 받은 기업이 다음 각 호의 어느 하나에 해당하는 경우에는 관련 증빙서류를 중소기업청장에게 제출하여 수정 발급 받아야 한다.
1. 기업명이 변경된 경우
2. 법인의 대표자가 변경된 경우(개인사업자 포괄 양도·양수 포함)
3. 주소가 변경된 경우
4. 제5조제5항의 목적으로 발급용도를 변경하려는 경우
④ 제출 서류의 정정 등으로 제4조제2항의

기업 구분이 변경되었거나 또는 제3조제2항에 따라 유효기간이 변경된 경우 중소기업청장은 확인서를 재발급하여야 한다.
⑤ 중소기업청장은 제3항 및 제4항에 따라 중소기업 확인서가 수정 발급되었거나 재발급된 경우에는 그 사실을 중소기업현황정보시스템에 게시하여야 한다.

제7조(과태료) 중소기업시책실시기관의 장은 「중소기업기본법」 제2조에 따른 중소기업자가 아닌 자로서 거짓 자료를 제출하여 중소기업시책에 참여한 자에게 「중소기업기본법」 제28조 및 같은 법 시행령 제18조에 따라 과태료를 부과·징수하여야 한다.

제8조(재검토 기한) 「훈령·예규 등의 발령 및 관리에 관한 규정」에 따라 이 고시 발령 후 법령이나 현실 여건의 변화 등을 검토하여 이 고시의 폐지, 개정 등의 조치를 하여야 하는 기한은 2017년 12월 31일까지로 한다.

부 칙

제1조(시행일) 이 규정은 고시한 날부터 시행한다.

제2조(경과조치) 종전의 「중소기업 범위 및 확인에 관한 규정」(중소기업청 고시 제2015-01호)은 이 규정의 시행일부터 폐지되며, 이 규정 시행 이전에 종전의 고시에 의하여 처리한 사항은 이 규정에 의하여 처리된 것으로 본다.

제9조(직접생산의 확인 등) ① 공공기관의 장은 중소기업자간 경쟁의 방법으로 제품조달계약을 체결하거나, 다음 각 호의 어느 하나에 해당하는 경우로서 대통령령으로 정하는 금액 이상의 제품조달계약을 체결하려면 그 중소기업자의 직접생산 여부를 확인하여야 한다. 다만, 제4항에 따라 중소기업청장이 직접생산을 확인한 서류를 발급한 경우에는 그러하지 아니하다.
1. 「국가를 당사자로 하는 계약에 관한 법률」 제7조 단서 또는 「지방자치단체를 당사자로 하는 계약에

관한 법률」 제9조제1항 단서에 따라 경쟁제품에 대하여 수의계약의 방법으로 계약을 체결하는 경우로서 대통령령으로 정하는 경우
2. 그 밖에 대통령령으로 정하는 자와 경쟁제품에 대하여 수의계약의 방법으로 계약을 체결하는 경우
② 중소기업청장은 생산설비 기준 등 대통령령으로 정하는 바에 따라 제1항에 따른 직접생산 여부의 확인기준을 정하여 고시하여야 한다.
③ 공공기관의 장이나 공공기관에 제품을 납품하려는 중소기업자는 필요한 경우 중소기업청장에게 해당 제품에 대한 직접생산 여부의 확인을 신청할 수 있다.
④ 중소기업청장은 제3항에 따른 신청을 받은 때에는 직접생산 여부를 확인하고 그 결과를 해당 중소기업자에게 통보하여야 하고, 직접생산을 하는 것으로 확인된 중소기업자에 대하여는 유효기간을 명시하여 이를 증명하는 서류(이하 "직접생산확인증명서"라 한다)를 발급할 수 있다. 다만, 해당 중소기업자에 대하여 제11조제2항 각 호의 사유로 인하여 조사가 진행 중인 경우에는 직접생산 여부 확인을 보류할 수 있다.
⑤ 제4항에 따라 직접생산확인증명서를 발급받은 중소기업자가 다음 각 호의 어느 하나에 해당하는 경우에는 산업통상자원부령으로 정하는 바에 따라 직접생산 여부의 확인을 재신청하여야 한다. <신설 2011.3.30., 2013.3.23.>
1. 개인사업자의 대표자가 변경된 경우(포괄 양도·양수의 경우는 제외한다)
2. 제4항에 따라 직접생산 여부에 관한 확인을 받은 공장을 이전한 경우
3. 영위 사업의 양도, 양수, 합병의 경우(포괄 양도·양수의 경우는 제외한다)
4. 그 밖에 중소기업청장이 필요하다

고 인정한 경우
⑥ 제4항에 따라 직접생산확인증명서를 발급받은 중소기업자가 다음 각 호의 어느 하나에 해당하는 경우에는 직접생산확인증명서를 재발급받아야 한다. <신설 2011.3.30.>
1. 상호가 변경된 경우
2. 법인의 대표자가 변경된 경우
3. 영위 사업을 포괄 양도·양수한 경우
⑦ 직접생산 여부의 확인 절차와 직접생산확인증명서의 유효기간 및 발급 등에 필요한 사항은 산업통상자원부령으로 정한다. <개정 2011.3.30., 2013.3.23.>

제10조(직접생산 확인에 대한 이의신청 등) ① 제9조제4항에 따라 직접생산 여부의 확인 통보를 받은 자가 그 결과에 대하여 불복하는 경우에는 통보를 받은 날부터 30일 내에 중소기업청장에게 문서 또는 전자 문서로 이의신청을 할 수 있다.
② 중소기업청장은 제1항에 따른 이의신청을 받은 날부터 10일 내에 이의신청 사항에 대한 심사결과를 신청인에게 통보하여야 한다.
③ 이의신청의 절차, 이의신청에 따른 결정 등에 필요한 사항은 산업통상자원부령으로 정한다. <개정 2013.3.23.>

제11조(직접생산 확인 취소 등) ① 중소기업청장은 제9조제4항에 따라 직접생산을 하는 것으로 확인을 받은 중소기업자에 대하여 직접생산 확인기준 충족 여부와 직접생산 이행 여부에 대하여 조사할 수 있다.
② 중소기업청장은 제1항에 따른 조사결과 중소기업자가 다음 각 호의 어느 하나에 해당되는 때에는 그 중소기업자가 받은 직접생산 확인을 취소하여야 한다. <개정 2011.3.30., 2015.1.28.>
1. 거짓이나 그 밖의 부정한 방법으

로 직접생산 확인을 받은 경우
2. 생산설비의 임대, 매각 등으로 제9조제2항에 따른 확인기준을 충족하지 아니하게 된 경우
3. 공공기관의 장과 납품 계약을 체결한 후 하청생산 납품, 다른 회사 완제품 구매 납품 등 직접생산하지 아니한 제품을 납품하거나 직접생산한 완제품에 다른 회사 상표를 부착하여 납품한 경우
4. 정당한 사유 없이 확인기준 충족 여부 확인 및 직접생산 이행 여부 확인을 위한 조사를 거부한 경우
5. 제9조제5항 각 호의 어느 하나에 해당하는 경우
③ 중소기업청장은 제2항제1호·제3호 및 제4호에 해당되는 경우에는 그 중소기업자가 받은 모든 제품에 대한 직접생산 확인을 취소하여야 하며, 같은 항 제2호 및 제5호에 해당하는 경우에는 해당 제품에 대하여만 직접생산 확인을 취소하여야 한다. <개정 2011.3.30.>
④ 직접생산을 하는 것으로 확인받은 중소기업자는 직접생산 확인기준을 충족하지 아니하게 된 경우에는 산업통상자원부령으로 정하는 바에 따라 해당 제품에 대한 직접생산확인증명서를 반납하여야 한다. <개정 2011.3.30., 2013.3.23.>
⑤ 제2항 각 호의 어느 하나에 해당하는 중소기업자는 직접생산 확인이 취소된 날부터 직접생산 여부의 확인을 신청하지 못하고, 그 대상과 기간은 다음 각 호의 구분에 따른다. 이 경우 직접생산확인증명서의 유효기간이 만료된 자에 대하여는 그 취소사유에 해당함을 확인한 날부터 직접생산 여부의 확인신청을 제한한다. <개정 2011.3.30., 2013.3.23.>
1. 제2항제1호에 해당하는 경우에는 모든 제품에 대하여 1년
2. 제2항제2호에 해당하는 경우로서 중소기업자간 경쟁입찰에 참여하

거나 산업통상자원부령으로 정하는 기간 이내에 직접생산확인증명서를 반납하지 아니한 경우에는 직접생산 확인이 취소된 제품에 대하여 6개월
3. 제2항제3호 및 제4호에 해당하는 경우에는 모든 제품에 대하여 6개월
4. 제2항제5호에 해당하는 경우로서 산업통상자원부령으로 정하는 기간 이내에 직접생산 여부의 확인을 재신청 하지 아니하는 경우에는 직접생산 확인이 취소된 제품에 대하여 3개월 이내
⑥ 공공기관의 장은 조달계약을 체결한 중소기업자의 직접생산 확인이 취소된 때에는 그 중소기업자와 체결한 계약의 전부 또는 일부를 해제하거나 해지하여야 한다. 다만, 계약 제품의 특성, 계약 이행 진도 및 구매 일정 등 특별한 사유로 계약 상대자의 변경이 불가능한 경우에는 그러하지 아니하다.
⑦ 제2항에 따른 직접생산 확인 취소에 필요한 절차 등은 산업통상자원부령으로 정한다. <개정 2013.3.23.>
⑧ 중소기업청장은 제2항에 따라 직접생산 확인을 취소하고자 하는 경우에는 청문을 하여야 한다.

제12조(공사용 자재의 직접구매 증대)
① 중소기업청장은 경쟁제품으로 지정된 공사용 자재의 구매를 늘리기 위하여 필요한 조치를 할 수 있다.
② 중소기업청장은 경쟁제품 중에서 공공기관이 발주하는 공사에 필요한 자재로서 공사의 품질과 효율성을 해치지 아니하는 범위에서 공공기관이 직접 구매하여 제공하기에 적합한 제품을 관계 중앙행정기관의 장과 협의하여 선정하고, 고시하여야 한다. <개정 2011.3.30.>
③ 대통령령으로 정하는 규모 이상의 공사를 발주하려는 공공기관의 장은

제2항에 따라 중소기업청장이 고시한 제품의 직접구매 여부를 검토하여 직접구매를 할 수 있도록 필요한 조치를 하여야 한다. 다만, 중소기업청장이 관계 중앙행정기관의 장과 협의하여 직접구매를 이행할 수 없는 사유로 고시한 경우에는 그러하지 아니하다. <개정 2011.3.30.>

제3장 기술개발제품 우선구매 지원

제13조(기술개발제품 등에 대한 우선구매) ① 정부는 중소기업자가 개발한 기술개발제품의 수요를 창출하기 위하여 이들 제품을 우선적으로 구매하는 등 필요한 지원시책을 마련하여야 한다. <개정 2011.3.30.>
② 중소기업청장이나 관계 중앙행정기관의 장은 중소기업자가 개발한 기술개발제품의 구매를 늘리기 위하여 공공기관이나 그 밖에 대통령령으로 정하는 자에게 우선구매 등 필요한 조치를 요구할 수 있다.
③ 제2항에 따른 요구를 받은 공공기관은 그 요구에 따라 이들 제품의 우선구매 등의 조치를 할 수 있다.

제14조(우선구매 대상 기술개발제품의 지정 등) ① 중소기업청장은 중소기업 기술개발제품 중 성능인증을 받은 제품 등 대통령령으로 정하는 일정한 요건을 갖춘 제품(이하 "우선구매 대상 기술개발제품"이라 한다)을 지정하여 고시하여야 한다. <개정 2009.12.30.>
② 중소기업청장은 제1항에 따라 고시된 우선구매 대상 기술개발제품에 대하여 제2조제2호의 공공기관에 홍보하여야 한다. <신설 2009.12.30.>
③ 우선구매 대상 기술개발제품을 구매하기로 계약한 공공기관의 구매

책임자는 고의나 중대한 과실이 입증되지 아니하면 그 제품의 구매로 생긴 손실에 대하여 책임을 지지 아니한다. <개정 2009.12.30., 2011.3.30.>
[제목개정 2009.12.30.]

제15조(중소기업제품의 성능인증) ① 중소기업청장은 산업통상자원부령으로 정한 중소기업 기술개발제품에 대하여 성능인증을 할 수 있다. <개정 2011.3.30., 2013.3.23.>
② 제1항에 따른 성능인증을 받으려는 중소기업은 중소기업청장에게 성능인증을 신청하여야 한다.
③ 중소기업청장은 제2항에 따른 성능인증 신청을 받으면 제품의 성능 차별성 검증을 위한 적합성 심사, 공장에 대한 심사와 제품에 대한 성능검사를 하고, 성능인증 기준에 적합하면 성능인증을 하여야 한다. <개정 2011.3.30.>
④ 중소기업청장은 제3항에 따른 성능인증을 받은 중소기업이 그 성능인증 제품이나 포장·용기 및 홍보물 등에 산업통상자원부령으로 정하는 표지를 사용하게 할 수 있다. <개정 2013.3.23.>
⑤ 제3항에 따른 성능인증을 받지 아니한 자는 제4항에 따른 표지를 사용하여서는 아니 된다.
⑥ 중소기업청장은 제품의 생산 조건이나 품질에 대한 심사를 주된 업무로 하는 법인이나 단체로서 중소기업청장의 지정을 받은 자(이하 "시험연구원"이라 한다) 또는 국가기관 소속 시험기관에게 제3항에 따른 공장에 대한 심사와 제품에 대한 성능검사를 대행하게 할 수 있다. <개정 2011.3.30.>
⑦ 중소기업청장이나 시험연구원은 성능인증을 하는 경우에는 공장에 대한 심사, 제품에 대한 성능검사 및 성능인증의 유지·관리에 필요한 비용을 대통령령으로 정하는 바에 따

라 징수할 수 있다. <개정 2011.3.30.>
⑧ 성능인증의 절차, 성능인증 기준, 시험연구원의 지정 기준과 지정 절차, 그 밖에 필요한 사항은 산업통상자원부령으로 정한다. <개정 2013.3.23.>

제16조(성능인증의 유효기간) 제15조제1항에 따른 성능인증의 유효기간은 성능인증을 받은 날부터 3년으로 한다. 다만, 중소기업청장은 제품 상용화 등을 위하여 필요하면 그 유효기간을 3년 내에서 연장할 수 있다.

제17조(성능인증의 취소 등) ① 중소기업청장은 제15조에 따라 성능인증을 받은 중소기업(이하 이 조에서 "성능인증업체"라 한다)이 다음 각 호의 어느 하나에 해당하면 인증을 취소할 수 있다. 다만, 제1호에 해당하면 인증을 취소하여야 한다.
1. 거짓이나 그 밖의 부정한 방법으로 성능인증을 받은 경우
2. 제15조제8항에 따른 성능인증 기준에 맞지 아니하게 된 경우
② 중소기업청장은 시험연구원이 다음 각 호의 어느 하나에 해당하는 경우에는 제15조제6항에 따른 지정을 취소하거나 6개월 내의 기간을 정하여 업무의 정지 또는 제한을 명할 수 있다. 다만, 제1호나 제2호에 해당하는 경우에는 그 지정을 취소하여야 한다.
1. 거짓이나 그 밖의 부정한 방법으로 지정을 받은 경우
2. 업무정지 기간에 성능인증 업무를 한 경우
3. 제15조제8항에 따른 지정기준에 맞지 아니하게 된 경우
4. 정당한 사유 없이 성능인증 업무를 거부한 경우
③ 중소기업청장은 제1항이나 제2항에 따른 처분을 하려면 성능인증업체나 시험연구원으로 하여금 지정된 일시와

장소에 출석하여 의견을 진술하게 하거나 문서로 내도록 할 수 있다.
④ 성능인증업체는 다음 각 호의 어느 하나에 해당하면 인증서의 재교부를 신청하여야 한다. 이 경우 제2호나 제3호의 어느 하나에 해당하면 제15조제3항에 따른 공장에 대한 심사 및 제품에 대한 성능검사를 할 수 있다. <개정 2011.3.30.>
1. 상호나 대표자가 변경된 경우
2. 제15조제3항에 따라 심사를 받은 공장을 이전한 경우
3. 영업의 양도, 양수, 합병의 경우
4. 인증서의 분실·훼손 등 중소기업청장이 필요하다고 인정하는 경우

제18조(성능보험사업의 실시) ① 다음 각 호의 어느 하나에 해당하는 자는 제14조제1항에 따른 제품의 구매 때문에 공공기관이 입은 손해를 담보하는 것을 목적으로 하는 사업(이하 "성능보험사업"이라 한다)을 할 수 있다. <개정 2010.4.5.>
1. 「보험업법」 제2조제1호에 따른 보험업을 영위하는 자
2. 「무역보험법」 제37조에 따른 한국무역보험공사
3. 그 밖에 다른 법령에 따라 보험사업을 할 수 있는 자
② 제1항에 따라 성능보험사업을 하는 자(이하 "성능보험사업자"라 한다)는 사업 운영에 필요하다고 인정하면 시험연구원 등 산업통상자원부령으로 정하는 기관이나 단체에 필요한 자료의 제공을 요청할 수 있다. 이 경우 필요한 자료의 제공을 요청받은 기관이나 단체는 정당한 사유가 없으면 이에 따라야 한다. <개정 2013.3.23.>
③ 제19조에 따라 정부가 성능보험사업을 하는 데에 드는 자금을 지원하는 경우 그 성능보험사업의 담보 범위는 대통령령으로 정하고, 운영에 관한 사항, 그 밖에 필요한 사항은

중소기업청장이 정하여 고시하여야 한다. <개정 2011.3.30.>

제19조(성능인증 및 성능보험사업 지원) ① 정부는 중소기업자가 제15조제6항에 따라 시험연구원 또는 국가기관 소속 시험기관으로부터 공장에 대한 심사 또는 제품에 대한 성능검사를 받는 경우에 이에 소요되는 비용과 제18조에 따른 성능보험사업을 하는 데에 드는 비용을 예산의 범위에서 지원할 수 있다. <개정 2011.3.30.>
② 제1항에 따른 지원금의 지급절차, 사용 및 관리 등에 관하여 필요한 사항은 대통령령으로 정한다. <개정 2011.3.30.>

제20조(우선구매 대상 기술개발제품 등의 원가계산 지원) ① 중소기업청장은 공공기관의 장이 중소기업 기술개발제품에 대하여 적정가격으로 구매할 수 있도록 지원하기 위하여 중소기업의 요청에 따라 우선구매 대상 기술개발제품의 원가계산 비용의 일부를 예산의 범위에서 지원할 수 있다.
② 제1항에 따른 비용의 지원에 필요한 사항은 대통령령으로 정한다.
③ 중소기업청장은 우선구매 대상 기술개발제품의 원가계산 결과가 공공기관의 기술개발제품 구매에 반영될 수 있도록 필요한 조치를 할 수 있다.
④ 공공기관의 장은 제1항에 따라 결정된 원가계산 결과를 예정가격 산정 시 활용할 수 있다.

제4장 구매 효율성의 제고 및 이행력 확보

제21조(공공구매지원관리자 지정 등) ① 중소기업청장은 제5조제2항에 따른 구매계획의 이행 등 중소기업제품 구매를 촉진하고 공공기관의 효율적인 구매를 지원하기 위하여 소속 공무원 또는 공공기관의 장이 추천한 중소기업업무 관련 담당자 등을 공공구매지원관리자로 지정하여야 한다. 이 경우 공공구매지원관리자의 임무 및 요건은 대통령령으로 정한다. <개정 2009.12.30.>
② 제1항에 따라 지정된 공공구매지원관리자는 해당 공공기관의 제품 발주계획 및 구매실적 등 중소기업제품 구매의 적정성을 검토하여 중소기업청장에게 보고하여야 하며, 중소기업청장은 해당 공공기관의 장에게 이에 대한 개선을 권고할 수 있다.
③ 제2항에 따라 권고를 받은 공공기관의 장은 권고를 받은 날부터 입찰절차를 중지하고 15일 이내에 그 결과를 중소기업청장에게 통보하여야 한다. <개정 2014.3.18.>
④ 중소기업청장은 공공기관의 장이 대통령령으로 정하는 특별한 사유 없이 권고를 이행하지 아니하는 경우에는 그 결과를 통보받은 날 또는 통보기한이 만료되는 날부터 1개월의 기간을 정하여 해당 입찰절차의 중지를 명할 수 있다. 다만, 입찰절차 중지 기간 중에 공공기관의 장이 권고를 이행한 경우 중소기업청장은 해당 입찰절차의 중지를 해제하여야 한다. <신설 2014.3.18.>
⑤ 중소기업청장은 권고이행 여부에 대한 결과를 취합하여 제5조제2항에 따른 국무회의 심의를 거쳐 이를 공고하여야 한다. <개정 2014.3.18.>
⑥ 중소기업청장은 공공기관의 중소기업제품 구매실적 등을 평가하여 공공구매 우수기관 및 공공구매 유공자에 대한 포상 등 필요한 조치를 할 수 있다. <개정 2009.12.30., 2014.3.18.>
⑦ 중소기업청장은 중소기업제품 구매비율이 제5조제1항 후단에서 정한 비율 이하인 공공기관에 대하여 그 사유를 조사하여 구매촉진을 위하여 필요한 조치를

할 수 있다. <신설 2009.12.30., 2014.3.18.>

제22조(하도급 중소기업의 보호) 제5조제1항에 따른 공공기관의 장은 대통령령으로 정하는 금액 이상의 제품을 제조·수리·시공하여 공공기관에 납품하거나 인도(이하 이 조에서 "납품"이라 한다)하는 계약을 체결한 사업자(이하 이 조에서 "원사업자"라 한다)가 납품계약의 전부 또는 일부를 중소기업자에게 위탁한 경우 원사업자가 다음 각 호의 어느 하나를 위반한 사실을 발견하면 관계 행정기관에 그 위반 사실을 통보하여야 한다.
1. 「하도급거래 공정화에 관한 법률」 제3조, 제4조부터 제12조까지, 제12조의2, 제13조, 제13조의2, 제15조, 제16조, 제16조의2 및 제17조부터 제20조까지의 규정
2. 「건설산업기본법」 제34조, 제36조부터 제38조까지의 규정
3. 「전기공사업법」 제12조제1항

제23조(중소기업자의 품질보장 등) ① 중소기업자는 공공기관에 제품을 공급하는 경우에는 그 기관이 요구한 품질을 보장하여야 한다.
② 공공기관은 경쟁제품에 대하여 중소기업자가 제1항에 따른 제품의 품질보장 의무를 위반하거나 계약을 이행하지 아니하는 등 공공기관이 제시한 조건에 미치지 못하는 경우에는 1개월 이상 2년 이하의 기간을 정하여 그 공공기관과의 계약체결을 제한할 수 있다. 이 경우 중소기업청장에게 그 사실을 통보하여야 한다.

제24조(원자재 확보와 품질 향상을 위한 사업의 지원) 중소기업청장이나 조합을 관장하는 중앙행정기관의 장은 조합이 조합원의 원자재 확보, 품질 향상, 기술 개발 및 판로 개척을

위하여 실시하는 사업을 지원하는 등 필요한 조치를 할 수 있다.

제25조(중소기업자 등에 대한 정보의 제공) ① 중소기업청장은 공공기관의 구매 효율성을 높이기 위하여 중소기업자 여부 등 대통령령으로 정하는 관련 정보, 중소기업자의 제품의 생산·제공능력 및 계약실적 등에 대한 정보와 공공기관의 구매계획·발주 및 입찰과 낙찰 등에 대한 정보를 수집하여 공공기관과 중소기업자에게 제공하여야 한다.
② 중소기업청장은 제1항에 따른 정보의 수집과 제공을 위하여 중소기업제품 공공구매 종합정보망(이하 "구매정보망"이라 한다)을 구축·운영하여야 하며, 정보의 수집과 제공을 위하여 공공기관의 장과 「신용정보의 이용 및 보호에 관한 법률」 제4조제1항제1호 또는 제4호에 따른 업무를 하는 신용정보회사 및 구매정보망에 등록하기를 희망하는 중소기업자에게 필요한 정보의 제공, 자체 보유 정보망과 구매정보망과의 연계·협조 등을 요청할 수 있다. 이 경우 중소기업청장의 요청을 받은 자는 개인정보의 보호, 정보 보안 등에 관련된 특별한 사정이 없으면 그 요청에 따라 정보를 제공하여야 한다.

제5장 중소기업 판로지원 등

제26조(판로지원사업) ① 중소기업청장은 중소기업의 국내외 시장 개척과 판로 거점 확보를 지원하기 위하여 다음 각 호의 사업을 실시할 수 있다.
1. 중소기업 제품의 국내 유통망 구축과 홍보·판매 또는 사후관리 지원에 관한 사업
2. 중소기업의 국내외 전시·박람회

개최 또는 참가 지원에 관한 사업
3. 국내외의 거래알선과 상품홍보를 위한 정보망 구축 및 운영에 관한 사업
4. 중소기업의 국내외 마케팅 능력 향상 지원에 관한 사업
5. 중소기업의 국외 조달 및 유통시장 진출지원에 관한 사업
6. 중소기업의 국외시장개척단의 파견과 국외진출거점 확보 지원에 관한 사업
7. 중소기업의 국외진출을 위한 통·번역 및 컨설팅 지원에 관한 사업
8. 그 밖에 중소기업의 무역진흥을 위한 기반 확충과 판로개척을 위하여 필요하다고 인정하는 사업

② 중소기업청장은 국내외 판로지원 사업의 시행을 위하여 필요하다고 인정하면 대통령령으로 정하는 기관이나 단체에 대하여 그 사업을 위탁하거나 관련 자료와 정보 제공 및 국내외 시장조사 등의 협조를 요청할 수 있다.
③ 중소기업청장은 제2항에 따라 사업을 위탁하는 경우에는 그 사업의 수행에 필요한 비용의 전부 또는 일부를 수탁기관에 지원할 수 있다.
④ 중소기업청장은 중소기업의 경쟁력 강화를 위하여 필요하다고 인정하면 매년 특별시장·광역시장·도지사 및 특별자치도지사(이하 "시·도지사"라 한다)와 공동으로 국내외 판로 개척을 위한 지원사업을 실시할 수 있다.

제26조의2(중소기업제품전용판매장의 설치 등) ① 중소기업청장은 중소기업제품의 판매촉진 및 판로확대를 위하여 중소기업제품전용판매장을 설치·운영할 수 있다.
② 중소기업청장은 제1항에 따라 중소기업제품전용판매장을 설치하는 경우 입지여건, 판매공간 등 산업통상자원부령으로 정하는 기준에 해당

하는 시설이나 공간을 보유한 공공기관에 대하여 필요한 시설이나 공간의 제공을 요청할 수 있으며, 요청을 받은 공공기관은 특별한 사유가 없으면 이에 협조하여야 한다.
③ 중소기업청장은 중소기업제품전용판매장의 설치 및 운영에 관한 업무를 「중소기업진흥에 관한 법률」 제69조에 따라 설립된 중소기업제품 판매회사나 대통령령으로 정하는 기관에 위탁할 수 있다.
④ 중소기업청장은 제3항에 따른 업무를 위탁받은 중소기업제품 판매회사나 기관에 대하여 중소기업제품전용판매장의 설치 및 운영에 필요한 자금 등을 지원할 수 있다.
[본조신설 2013.8.6.]

제27조(중소기업 국외 판로지원계획의 수립·시행) ① 중소기업청장은 매년 중앙행정기관, 지방자치단체 및 제26조제2항에 따른 기관이나 단체의 중소기업 국외 판로지원계획을 종합하여 공표하여야 한다.
② 중소기업청장은 제1항에 따른 기관 또는 단체에 중소기업의 국외 판로지원계획의 수립·제출을 요청할 수 있다. 이 경우 기관이나 단체의 장은 특별한 사유가 없는 경우에는 이에 따라야 한다.
③ 중소기업청장은 제1항에 따른 국외 판로지원계획 중 지원사업의 내용, 일정 등이 유사하거나 중복되는 경우에는 산업통상자원부장관에게 조정을 요청할 수 있다. <개정 2013.3.23.>

제28조(연계생산지원사업 등) ① 중소기업청장은 중소기업제품의 생산과 판로개척을 지원하기 위하여 그 제조, 가공 또는 수리에 관한 수주·발주 정보를 수집하여 중소기업자에게 제공함으로써 중소기업자의 생산과 판로가 연계될 수 있도록 대통령령으

로 정하는 바에 따라 필요한 조치를 하여야 한다.

② 중소기업청장은 다수의 중소기업자가 판매 활동을 강화하기 위하여 공동상표를 도입하거나 이용하려는 경우에는 대통령령으로 정하는 기준 및 절차에 따라 다음 각 호의 사항을 지원할 수 있다.

1. 공동상표 개발 비용
2. 공동상표 제품의 판매에 필요한 시설과 그 운영자금
3. 공동상표 제품의 품질 향상 및 디자인 개발
4. 공동상표 제품에 대한 판매와 수출
5. 공동상표 제품에 대한 홍보
6. 그 밖에 공동상표 제품의 판매 활동 강화에 필요한 사항

제29조(물류현대화사업 지원) ① 중소기업청장은 제조업을 하는 중소기업자가 생산한 제품 및 원자재·부자재에 대한 유통시설을 조성, 설치 또는 개선하는 사업과 이에 딸린 사업 등 물류현대화사업을 추진하는 경우 이를 지원할 수 있다.

② 제1항에 따른 물류현대화사업의 지원내용은 자금지원, 지도·연수 및 정보제공 등으로 한다.

제30조(수출중소기업 및 유망품목의 지정·지원) ① 중소기업청장은 중소기업의 국외 판로 확대를 위하여 다음 각 호의 중소기업자 또는 품목을 지정하여 지원할 수 있다.

1. 내수 위주의 중소기업자 중 수출을 준비하거나 추진하는 자로서 대통령령으로 정하는 기준에 해당하는 중소기업자
2. 수출을 영위하는 중소기업자 중 수출이 유망하거나 미래 성장가능성이 있는 자로서 대통령령으로 정하는 기준에 해당하는 중소기업자
3. 중소기업의 생산비중이 높은 품목

중 수출이 유망하거나 미래 성장가능성이 있는 품목으로서 대통령령으로 정하는 기준에 해당하는 품목

② 중소기업청장은 제1항제3호에 따라 지정된 품목을 주관하는 기관 또는 단체로 하여금 중소기업의 국외 시장 공동 개척을 수행하도록 지원할 수 있다.

③ 제26조제2항에 따른 기관이나 단체는 제1항에 따라 지정된 중소기업자나 품목에 대하여 우선적으로 지원하여야 한다.

④ 중소기업청장은 제3항에 따른 지원내용과 실적의 제출을 요청할 수 있다. 이 경우 지원내용과 실적의 제출을 요청받은 기관이나 단체는 특별한 사유가 없는 경우에는 이에 따라야 한다.

⑤ 제1항 각 호에 따라 지정된 중소기업자나 품목의 지정 및 지원절차 등에 관하여 필요한 사항은 중소기업청장이 정하여 고시한다.

제31조(중소기업 수출입동향의 분석·공표) ① 중소기업청장은 중소기업의 국외 판로 지원에 관한 정책을 수립하기 위하여 중소기업의 수출입동향을 분석·공표하여야 한다. <개정 2012.6.1.>

② 중소기업청장은 제1항에 따른 분석에 필요한 자료나 정보를 관세청 등 대통령령으로 정하는 기관이나 단체에 요청할 수 있으며, 이 경우 기관이나 단체의 장은 특별한 사유가 없는 경우에는 이에 따라야 한다.

③ 중소기업청장은 제1항에 따른 분석을 중소기업청장이 지정하는 기관이나 단체에 위탁할 수 있다.

[제목개정 2012.6.1.]

제5장의2 중소 소모성 자재 납품업 지원

31조의2(공공기관의 책무) 공공기관의 장은 소모성 자재를 구입할 때 대규모 자재구매대행업자와 중소 소모성 자재 납품업자 간에 경쟁이 있는 경우 중소 소모성 자재 납품업자와 우선 계약을 체결하여야 한다.
[본조신설 2011.7.25.]

31조의3(중소 소모성 자재 납품업 종합지원센터의 설치) ① 중소기업청장은 중소 소모성 자재 납품업의 활동을 지원하기 위한 정보·상담 및 그 밖의 종합적인 서비스를 제공할 수 있는 중소 소모성 자재 납품업 종합지원센터(이하 "지원센터"라 한다)를 「중소기업진흥에 관한 법률」 제69조에 따라 설립된 판매회사 내에 설치한다.
② 정부는 지원센터의 설치와 운영에 필요한 자금 등을 지원할 수 있다.
③ 중소 제조업체 또는 중소 소모성 자재 납품업자로부터 공급받아 납품하는 지원센터는 공공기관의 장이 제31조의2에 따라 소모성 자재 납품 계약을 체결함에 있어 중소 소모성 자재 납품업자로 본다.
[본조신설 2011.7.25.]

31조의4(실태조사) ① 중소기업청장은 중소 소모성 자재 납품업자를 체계적으로 육성하기 위하여 중소 소모성 자재 납품업의 현황 및 실태에 관한 조사를 2년마다 실시하고, 그 결과를 공표할 수 있다.
② 중소기업청장은 제1항에 따른 실태조사를 하기 위하여 필요한 경우에는 중소 소모성 자재 납품업과 관련된 기관 또는 단체 등에 대하여 자료의 제출이나 의견의 진술을 요청할 수 있다. 이 경우 자료의 제출이나 의견의 진술을 요청받은 기관 또는 단체 등은 특별한 사유가 없으면 요청에 따라야 한다.
[본조신설 2011.7.25.]

제6장 보칙

제32조(보고와 검사 등) ① 중소기업청장은 이 법을 시행하기 위하여 필요하다고 인정하면 다음 각 호의 어느 하나에 해당하는 자에게 필요한 자료의 제출 및 보고를 요구할 수 있으며, 소속 공무원으로 하여금 해당 사무소와 사업장 등에 출입하여 장부·서류나 사업추진과 관련된 물건을 검사하도록 할 수 있다. <개정 2015.1.28.>
1. 제4조·제5조·제7조·제12조·제31조의2에 따른 공공기관의 장
2. 제9조에 따라 직접생산 확인을 받은 중소기업자
3. 제15조제1항에 따라 성능인증을 받은 중소기업자
4. 제15조제6항에 따른 시험연구원의 장 및 국가기관 소속 시험기관의 장
5. 제18조제2항에 따른 성능보험사업자
6. 제22조에 따른 원사업자
7. 제26조제2항에 따라 중소기업청장이 국내외 판로지원사업을 위탁한 기관이나 단체의 장
8. 제30조제2항에 따라 중소기업청장이 중소기업의 국외시장 공동개척을 수행하도록 지원한 기관 또는 단체의 장
9. 제31조의3제1항에 따른 중소 소모성 자재 납품업 종합지원센터의 장
② 제1항에 따라 검사를 하는 공무원은 그 권한을 표시하는 증표를 지니고 이를 관계인에게 내보여야 한다.
[제목개정 2015.1.28.]

제33조(특별법인 등의 중소기업 간주) ①「국가를 당사자로 하는 계약에 관한 법률」 제7조 단서에 따라 국가

와 수의계약의 방법으로 납품계약을 체결할 수 있는 자로서 다음 각 호의 법인이나 단체는 제4조부터 제12조까지, 제22조, 제23조 및 제25조를 적용하는 경우 중소기업자로 본다. <개정 2011.3.30.>

1. 농업협동조합 등 특별법에 따라 설립된 법인
2. 「국가유공자 등 단체설립에 관한 법률」에 따라 설립된 단체 중 상이(傷痍)를 입은 자들로 구성된 단체
3. 「민법」 제32조에 따라 설립된 사단법인 중 「장애인복지법」 제63조에 따른 장애인복지단체 또는 장애인을 위한 단체
4. 그 밖에 대통령령으로 정하는 법인이나 단체

② 「중소기업진흥에 관한 법률」 제69조에 따라 설립된 중소기업제품 판매회사는 공공기관의 장이 제5조에 따라 구매계획 및 구매실적을 작성함에 있어 중소기업자로 본다. <신설 2011.3.30.>

제34조(권한의 위임ㆍ위탁) ① 이 법에 따른 중소기업청장의 권한은 대통령령으로 정하는 바에 따라 그 일부를 소속 기관의 장 또는 시ㆍ도지사에게 위임하거나 다른 행정기관의 장에게 위탁할 수 있다.

② 제8조제2항, 제9조제4항, 제10조, 제11조, 제13조제2항, 제25조 및 제26조에 따른 중소기업청장의 업무의 일부는 대통령령으로 정하는 바에 따라 중앙회 또는 「중소기업진흥에 관한 법률」 제69조제1항에 따른 중소기업제품 판매회사에 위탁할 수 있다. <개정 2011.3.30.>

③ 중소기업청장이 제2항에 따라 위탁한 업무에 종사하는 중앙회 및 중소기업제품 판매회사 임원과 직원은 「형법」 제129조부터 제132조까지의 규정에 따른 벌칙 적용에서는 공

무원으로 본다.

제7장 벌칙

제35조(벌칙) ① 거짓이나 그 밖의 부정한 방법으로 제8조의2제1항제1호 및 제2호에 따른 중소기업자간 경쟁입찰 참여제한 대상에 해당하지 아니함을 중소기업청장으로부터 확인받은 자는 3년 이하의 징역 또는 3천만원 이하의 벌금에 처한다. <개정 2012.6.1., 2014.3.18.>

1. 삭제 <2014.3.18.>
2. 삭제 <2014.3.18.>

② 제11조제2항제1호 및 제3호에 따른 직접생산확인증명서를 발급받은 자는 1년 이하의 징역 또는 1천만원 이하의 벌금에 처한다. <신설 2014.3.18.>

③ 제15조제5항을 위반한 자는 500만원 이하의 벌금에 처한다. <개정 2014.3.18.>

제36조(양벌규정) 법인의 대표자나 법인 또는 개인의 대리인, 사용인, 그 밖의 종업원이 그 법인 또는 개인의 업무에 관하여 제35조의 위반행위를 하면 그 행위자를 벌하는 외에 그 법인 또는 개인에게도 해당 조문의 벌금형을 과(科)한다. 다만, 법인 또는 개인이 그 위반행위를 방지하기 위하여 해당 업무에 관하여 상당한 주의와 감독을 게을리하지 아니한 경우에는 그러하지 아니하다.

제37조(과태료) ① 제32조에 따른 자료의 제출 또는 보고를 하지 아니하거나 거짓된 자료를 제출하거나 거짓으로 보고를 한 자 또는 검사를 거부ㆍ방해 또는 기피한 자에게는 300만원 이하의 과태료를 부과한다. <개정 2015.1.28.>

② 제1항에 따른 과태료는 대통령령으로 정하는 바에 따라 중소기업청장이 부과ㆍ징수한다.

부칙
<제13094호, 2015.1.28.>

1조(시행일) 이 법은 공포한 날부터 시행한다. 다만, 제11조제2항제3호의 개정규정은 공포 후 3개월이 경과한 날부터 시행하고, 제7조제3항 및 제7조의2의 개정규정은 2015년 5월 28일부터 시행한다.

2조(입찰공고에 관한 경과조치) 제7조의2의 개정규정 시행 당시 종전의 「소기업 및 소상공인 지원을 위한 특별조치법」 제8조의4에 따라 한 입찰공고는 제7조의2의 개정규정에 따른 입찰공고로 본다.

중소기업제품 구매촉진 및 판로지원에 관한 법률 시행령

[시행 2015.5.28.]
[대통령령 제26248호, 2015.5.26., 타법개정]

제1장 총칙

제1조(목적) 이 영은 「중소기업제품 구매촉진 및 판로지원에 관한 법률」에서 위임된 사항과 그 시행에 필요한 사항을 규정함을 목적으로 한다.

제2조(정의) ① 「중소기업제품 구매촉진 및 판로지원에 관한 법률」(이하 "법"이라 한다) 제2조제2호다목에서 "대통령령으로 정하는 자"란 다음 각 호의 자를 말한다.
1. 「중소기업협동조합법」에 따른 중소기업중앙회(이하 "중소기업중앙회"라 한다)
2. 「농업협동조합법」에 따른 농업협동조합중앙회
3. 「수산업협동조합법」에 따른 수산업협동조합중앙회
4. 「산림조합법」에 따른 산림조합중앙회
5. 「한국은행법」에 따른 한국은행
6. 「지방공기업법」에 따른 지방공사 및 지방공단
7. 「상공회의소법」에 따른 대한상공회의소

② 법 제2조제2호라목에서 "대통령령으로 정하는 자"란 「공공기관의 운영에 관한 법률」 제5조에 따른 공기업, 준정부기관 및 기타 공공기관을 말한다.

제2장 중소기업제품의 구매촉진 및 중소기업자간 경쟁 제도의 운영

제2조의2(중소기업자와의 우선조달계약) ① 공공기관의 장이 법 제4조제2항에 따라 중소기업자와 우선적으로 체결하여야 하는 조달계약(이하 "우선조달계약"이라 한다)은 다음 각 호의 방법에 따른다. <개정 2015.5.26.>
1. 추정가격(「국가를 당사자로 하는 계약에 관한 법률 시행령」 제2조제1호 또는 「지방자치단체를 당사자로 하는 계약에 관한 법률 시행령」 제2조제1호에 따른 추정가격을 말한다. 이하 같다)이 1억원 미만인 물품 또는 용역을 조달하려는 경우에는 「중소기업기본법」 제2조제2항에 따른 소기업 또는 「소상공인 보호 및 지원에 관한 법률」 제2조에 따른 소상공인(이하 "소기업 또는 소상공인"이라 한다) 간 제한경쟁입찰에 따라 조달계약을 체결하여야 한다. 다만, 입찰에 참가한 소기업 또는 소상공인이 2인 미만이거나 2인 이상이더라도 적격자가 없는 등의 사유로 유찰(流札)된 경우에는 중소기업자(법 제2조제1호나목의 자는 제외한다. 이하 이 조 및 제2조의3에서 같다) 간 제한경쟁입찰에 따라 조달계약을 체결할 수 있다.
2. 추정가격이 1억원 이상으로서 「국가를 당사자로 하는 계약에 관한 법률」 제4조제1항에 따라 기획재정부장관이 고시하는 금액 미만인 물품 또는 용역을 조달하려는 경우에는 중소기업자 간 제한경쟁입찰에 따라 조달계약을 체결하여야 한다.

3. 제1호 및 제2호에도 불구하고 3인 이상의 제조 소기업 또는 소상공인(물품을 직접 제조하거나 용역을 직접 제공하는 소기업 또는 소상공인을 말한다. 이하 이 호에서 같다)이 「중소기업협동조합법」 제3조에 따른 중소기업협동조합(이하 "조합"이라 한다)과 함께 산업통상자원부령으로 정하는 공동사업을 통하여 제품화한 물품 또는 용역을 조달하려는 경우에는 해당 제조 소기업 또는 소상공인을 대상으로 제한경쟁입찰에 따라 조달계약을 체결할 수 있다. 다만, 공공기관의 장이 해당 조합에 요청하여 공동사업의 주체인 3인 이상의 제조 소기업 또는 소상공인을 추천받은 경우에는 추천받은 제조 소기업 또는 소상공인 중에서 지명경쟁입찰에 따라 조달계약을 체결하여야 한다.

② 제1항 각 호에 따라 계약 상대자를 결정할 때에는 법 제7조제2항과 이 영 제7조제2항 및 제3항을 준용하며, 제1항제3호 단서에 따라 조달계약을 체결할 때에는 제8조제4항을 준용한다.

③ 제1항제3호 단서에 따라 제조 소기업 또는 소상공인이 조합으로부터 추천받을 수 있는 연간횟수, 연간 계약 한도, 추천방법 및 그 밖에 제1항 각 호의 방법에 따른 조달계약에 관하여 필요한 사항은 중소기업청장이 조달청장과 협의하여 정한다.
[본조신설 2013.5.6.]

제2조의3(중소기업자와의 우선조달계약에 대한 예외) 공공기관의 장은 다음 각 호의 어느 하나에 해당하는 경우에는 제2조의2에 따른 우선조달계약을 체결하지 아니할 수 있다. 이 경우 제4호에 따라 우선조달계약 외의 방법으로 계약을 체결하려는 때에는 「공공기관의 정보공개에 관한 법률」 제7조에 따라 그 사유를 공표하여야 한다.

1. 제2조의2제1호 단서 또는 같은 조 제2호에 따른 입찰에 참가한 중소기업자가 2인 미만이거나 2인 이상인 경우에도 적격자가 없는 등의 사유로 유찰된 경우
2. 학술연구 등을 위한 용역계약을 비영리법인과 체결하려는 경우
3. 다른 법령에서 우선구매대상으로 규정하였거나 수의계약 또는 지명경쟁입찰에 따라 계약할 수 있도록 규정한 물품 또는 용역을 조달하려는 경우
4. 특정한 성능, 기술, 품질 등이 필요한 경우, 그 밖에 이와 유사한 경우로서 중소기업청장이 정하여 고시하는 사유에 해당하여 제2조의2에 따른 우선조달계약 외의 방법으로 계약을 체결하려는 경우
[본조신설 2013.5.6.]

제3조(구매계획 등을 통보하여야 하는 공공기관의 장) 법 제5조제1항에 따라 구매계획과 구매실적을 중소기업청장에게 통보하여야 하는 공공기관의 장은 다음 각 호와 같다.
<개정 2010.3.15., 2010.7.12., 2010.12.31., 2011.6.27., 2013.3.23., 2013.9.9., 2014.11.19.>
1. 국가기관인 경우에는 다음 각 목의 자
   가. 기획재정부·교육부·미래창조과학부·외교부·통일부·법무부·국방부·행정자치부·문화체육관광부·농림축산식품부·산업통상자원부·보건복지부·환경부·고용노동부·여성가족부·국토교통부·해양수산부 및 국민안전처의 장관
   나. 국무조정실·인사혁신처·법제처·국가보훈처 및 식품의약품안전처의 장
   다. 국세청·관세청·조달청·통계

청·검찰청·병무청·방위사
업청·경찰청·문화재청·농
촌진흥청·산림청·중소기업
청·특허청·기상청 및 행정
중심복합도시건설청의 장
라. 감사원장, 방송통신위원회·공
정거래위원회·금융위원회·
국민권익위원회 및 원자력안
전위원회의 위원장
2. 지방자치단체인 경우에는 다음 각
목의 자
가. 특별시장·광역시장·특별자치시
장·도지사 및 특별자치도지사
나. 특별시·광역시·특별자치시·
도 및 특별자치도의 교육감
다. 시장·군수·구청장(자치구의
구청장을 말한다)
3. 특별법에 따라 설립된 법인인 경
우에는 다음 각 목의 자
가. 「농업협동조합법」에 따른 농
업협동조합중앙회 회장
나. 「수산업협동조합법」에 따른
수산업협동조합중앙회 회장
다. 「산림조합법」에 따른 산림조
합중앙회 회장
라. 「한국은행법」에 따른 한국은
행 총재
마. 「지방공기업법」에 따른 지방
공기업의 장
바. 「중소기업협동조합법」에 따
른 중소기업중앙회 회장
사. 「상공회의소법」에 따른 대한
상공회의소 회장
4. 「공공기관의 운영에 관한 법률」
제5조에 따른 공공기관의 장

제4조(구매계획과 구매실적의 통보) ①
제3조 각 호의 공공기관의 장은 법
제5조제1항에 따라 회계 연도마다
해당 기관의 중소기업제품 구매목표
비율이 포함된 구매계획과 전년도 중
소기업제품 구매실적을 해당 연도 2
월 말일까지 중소기업청장에게 통보

하여야 한다.
② 제1항에 따른 구매계획과 구매실
적을 작성할 때에는 조달청장은
「조달사업에 관한 법률」과 같은
법 시행령에서 정한 정부 수요물자
중 내자(內資)와 수요기관의 장으로
부터 위임받은 시설공사계약을 대상
으로 하고, 그 밖의 공공기관의 장은
조달청장에게 구매를 의뢰한 계약과
자체에서 직접 구매하는 물품·용역
및 공사(이하 "제품"이라 한다)를 대
상으로 하되 각각 구분하여 작성하
여야 한다.
③ 제1항에 따른 중소기업제품 구매
목표비율은 해당 기관이 해당 연도
에 구매할 제품의 구매 총액 대비
50퍼센트 이상으로 하여야 한다. 다
만, 공공기관의 특성상 중소기업제품
구매비율을 50퍼센트 이상 달성하기
어려운 공공기관의 장은 중소기업청
장과 협의하여 구매목표비율을 따로
정할 수 있다.
④ 중소기업청장은 공공기관별 연간
중소기업제품의 구매목표비율을 매
년 4월 30일까지 공고하여야 한다.

**제5조(구매계획과 구매실적에 포함될
사항)** ① 법 제5조제1항에 따른 구
매계획에는 다음 각 호의 사항이 포
함되어야 한다.
1. 총 구매액에 대한 중소기업제품
구매목표비율과 구매목표액
2. 물품별·공사별·용역별 구매목표액
3. 중소기업제품의 구매액 중 「여성
기업지원에 관한 법률」 제2조제
1호에 따른 여성기업 제품의 구
매비율과 구매목표액
4. 법 제14조제1항에 따른 우선구매
대상 기술개발제품(이하 "우선구매
대상 기술개발제품"이라 한다)의
우선구매 목표비율과 구매목표액
5. 그 밖에 중소기업청장이 중소기업
제품의 구매 증대를 위하여 필요

하다고 인정하는 사항
② 법 제5조제1항에 따른 중소기업제품 구매실적에는 다음 각 호의 사항이 포함되어야 한다. <개정 2011.6.27.>
1. 제1항 각 호에 따른 제품의 구매실적. 다만, 제1항제1호 및 제4호에 따른 제품의 구매실적이 처음의 목표에 미달하는 경우에는 그 사유를 포함하여야 한다.
2. 전년도 공사의 구매실적이 1천억원 이상인 공공기관은 법 제12조제2항에 따라 중소기업청장이 선정하여 고시한 제품의 제품별 직접 구매실적

제5조의2(구매실적의 제출요구) ① 중소기업청장은 법 제5조제3항에 따라 제3조 각 호의 공공기관의 장에게 다음 각 호의 사항이 포함된 중소기업제품 구매실적의 제출을 요구할 수 있다.
1. 제5조제1항 각 호에 따른 제품의 구매실적
2. 제5조제2항제2호에 따른 제품의 구매실적
② 중소기업청장은 제1항에 따른 중소기업제품 구매실적을 제4조제2항에 따른 방법으로 작성할 것을 요구할 수 있다.
[본조신설 2011.6.27.]

제6조(중소기업자간 경쟁제품의 지정) ① 중소기업청장은 법 제6조제1항에 따라 중소기업자간 경쟁 제품(이하 "경쟁제품"이라 한다)을 지정하려는 경우에는 제4항에 따른 경쟁제품의 유효기간이 끝나는 연도의 다음 회계연도가 시작되기 전에 중소기업중앙회의 회장(이하 "중앙회장"이라 한다)의 추천을 받아 관계 중앙행정기관의 장과의 협의를 거쳐 경쟁제품을 지정하고 공고하여야 한다. 이 경우 중앙회장은 해당 제품의 경쟁제품 지정 타당성 등을 충분히 검토하여 추

천하여야 한다.
② 중소기업청장은 경쟁제품의 지정을 추가하거나 제외하는 것이 특히 필요하다고 인정하면 제1항에 따른 기한에도 불구하고 관계 중앙행정기관의 장과 협의하여 추가되거나 제외되는 경쟁제품을 따로 지정하여 공고할 수 있다.
③ 법 제6조제2항 후단에 따라 관계 중앙행정기관의 장은 경쟁제품의 지정 제외를 요청하려면 다음 각 호의 사항을 고려하여 그 제외 사유와 제외 필요성 등을 적은 서면으로 요청하여야 한다.
1. 해당 제품에 대한 법 제7조제1항에 따른 중소기업자간 경쟁입찰(이하 "중소기업자간 경쟁입찰"이라 한다) 가능성
2. 해당 제품 관련 중소기업자의 육성 필요성
④ 제1항 전단에 따라 지정·공고된 경쟁제품은 그 지정의 효력이 발생하는 날부터 3년간 효력을 가진다. 다만, 제2항에 따라 지정된 경쟁제품의 효력이 종료되는 날은 제1항에 따라 지정된 경쟁제품의 효력이 종료되는 날과 같다.
⑤ 제1항부터 제4항까지에서 규정한 사항 외에 경쟁제품의 지정 절차 등 경쟁제품의 지정에 필요한 세부사항은 중소기업청장이 정하여 고시한다.

제7조(중소기업자간 경쟁입찰의 예외 등) ① 법 제7조제1항에서 "대통령령으로 정하는 특별한 사유"란 다음 각 호의 어느 하나에 해당하는 경우를 말한다. <개정 2013.5.6.>
1. 이 법과 다른 법률에서 우선구매 대상으로 규정한 중소기업제품이나 수의계약에 따라 구매할 수 있도록 규정한 중소기업제품을 구매하는 경우
2. 제8조에 따라 공공기관의 장이 조합이 추천한 소기업 또는 소상공

인과 수의계약을 체결하는 경우
3. 중소기업자간 경쟁입찰에 참가한 중소기업자 중 적격자가 없는 등의 사유로 유찰됨에 따라 중소기업자간 경쟁입찰 외의 경쟁입찰 방법으로 재공고입찰을 하려는 경우
4. 특정한 기술·용역이 필요한 경우 등 공공기관의 특별한 사정으로 인하여 중소기업자간 경쟁입찰 외의 방법으로 구매하려는 경우. 이 경우 공공기관의 장은 「공공기관의 정보공개에 관한 법률」 제7조에 따라 그 사유를 공표하여야 한다.
② 법 제7조제2항 단서에서 "대통령령으로 정하는 방법"이란 다음 각 호의 어느 하나에 해당하는 낙찰자 결정방법을 말한다.
1. 「조달사업에 관한 법률 시행령」 제7조의2에 따른 다수공급자계약
2. 「국가를 당사자로 하는 계약에 관한 법률 시행령」 제17조 및 「지방자치단체를 당사자로 하는 계약에 관한 법률 시행령」 제17조에 따른 희망수량경쟁입찰
3. 「국가를 당사자로 하는 계약에 관한 법률 시행령」 제18조 및 「지방자치단체를 당사자로 하는 계약에 관한 법률 시행령」 제18조에 따른 2단계 경쟁 등의 입찰
4. 그 밖에 「국가를 당사자로 하는 계약에 관한 법률」 등 계약 관련 법령에서 정한 계약이행능력심사 외의 낙찰자 결정방법
③ 제2항에 따라 계약이행능력심사 외의 방법으로 낙찰자를 결정하는 등의 사유로 경쟁제품의 납품 가격이 현저하게 낮아지는 등 중소기업에 미치는 영향이 매우 큰 경우 중소기업청장은 해당 공공기관의 장에게 낙찰자 결정방법 등에 관한 협의를 요청할 수 있으며, 협의를 요청받은 공공기관의 장은 특별한 사유가 없으면 협의결과를 반영하여야 한다.

④ 법 제7조제3항에서 "대통령령으로 정하는 요건에 해당하는 공동수급체"란 다음 각 호의 요건을 모두 충족하는 공동수급체를 말한다.
1. 소기업 또는 소상공인이 3인 이상 포함되어 있을 것
2. 공동수급체를 구성하는 모든 중소기업자가 법 제9조제1항에 따라 직접 생산의 확인을 받은 기업일 것
⑤ 공공기관의 장은 중소기업자간 경쟁입찰에서 법 제7조제4항에 따라 중소기업청장이 정하여 고시하는 세부심사기준에 따라 예정 가격 이하의 최저가격으로 입찰한 자의 순서대로 중소기업자의 계약이행능력을 심사하여 최종 낙찰자를 결정하여야 한다. 이 경우 중소기업청장은 법 제7조제3항에 따른 공동 수주(受注)기회를 확대하기 위한 사항을 세부심사기준에 반영하여야 한다.
⑥ 법 제7조제4항 후단에서 "중소기업협동조합 등 대통령령으로 정하는 자"란 제9조제2항 각 호의 요건을 모두 갖춘 조합을 말한다.
⑦ 제1항부터 제6항까지에서 규정한 사항 외에 중소기업자의 확인 등 경쟁제품의 중소기업자간 경쟁입찰 제도의 운영에 필요한 사항은 중소기업청장이 정하여 고시하여야 한다.

제8조(조합 추천 수의계약) ① 공공기관의 장은 제2항에 따라 조합이 추천하는 소기업 또는 소상공인과 수의계약을 체결할 수 있다.
② 공공기관의 장은 경쟁제품에 대하여 다음 각 호의 어느 하나에서 정한 사유에 따라 수의계약을 체결하려는 경우에는 해당 조합에 계약이행능력이 있고 구매조건에 맞는 소기업 또는 소상공인의 추천을 요청할 수 있다. 이 경우 공공기관은 조합이 추천한 자 중에서 「국가를 당사자로 하는 계약에 관한 법률 시행

령」 제30조제2항 또는 「지방자치단체를 당사자로 하는 계약에 관한 법률 시행령」 제30조제2항에 따라 가격을 결정하여 계약을 체결하여야 한다. <개정 2010.7.21.>
1. 「국가를 당사자로 하는 계약에 관한 법률 시행령」 제26조제1항제5호가목
2. 「지방자치단체를 당사자로 하는 계약에 관한 법률 시행령」 제25조제1항제5호
③ 제2항에 따라 공공기관의 장으로부터 추천을 요청받은 조합은 신청을 받아 5인 이상의 소기업 또는 소상공인을 추천하여야 한다. 다만, 추천을 신청하는 소기업 또는 소상공인이 3인 또는 4인인 경우에는 신청인 수에 해당하는 소기업 또는 소상공인을 추천할 수 있으며, 추정가격이 2천만원 미만인 경우에는 2인 이상의 소기업 또는 소상공인을 추천할 수 있다. <개정 2013.5.6.>
④ 제2항 및 제3항에 따라 추천을 요청하는 공공기관, 추천을 하는 조합, 추천을 신청하는 소기업 또는 소상공인은 법 제25조제2항에 따른 공공구매 종합정보망(이하 "구매정보망"이라 한다)을 이용하여야 한다.
⑤ 소기업 또는 소상공인이 조합추천 수의계약으로 할 수 있는 연간 계약한도, 소기업 또는 소상공인이 조합으로부터 받을 수 있는 연간 추천한도, 추천방법 및 제4항에 따른 구매정보망 이용방법 등에 관한 세부 사항은 중소기업청장이 정하여 고시한다.

제9조(중소기업자간 경쟁입찰의 참여자격 등) ① 법 제8조제1항에 따라 중소기업자간 경쟁입찰에 참여하는 중소기업자(조합은 제외한다)는 다음 각 호의 요건을 모두 갖추어야 한다.
1. 경쟁제품을 직접 생산·제공할 수 있는 설비

2. 「국가를 당사자로 하는 계약에 관한 법률 시행령」 제12조제1항 각 호의 요건
② 법 제8조제1항에 따라 조합이 중소기업자간 경쟁입찰에 참여하려는 경우에는 다음 각 호의 요건을 모두 갖추어야 하며, 해당 조합이 생산하거나 제공하는 제품에 대해서만 중소기업자간 경쟁입찰에 참여할 수 있다. 다만, 공정한 경쟁을 위하여 중소기업자간 경쟁입찰에 2개 이상의 조합이 참여할 필요가 있다고 판단되는 경우에는 중소기업청장은 해당 제품을 따로 고시할 수 있다. <개정 2010.6.28., 2013.3.23.>
1. 해당 조합 조합원의 2분의 1 이상이 제1항 각 호의 요건을 모두 갖춘 중소기업자(「중소기업기본법」 제2조에 따른 중소기업자로 한정한다)로 구성되어 있을 것. 다만, 제조공법이나 원자재를 기준으로 구성된 조합 등 중소기업청장이 정하여 고시하는 조합으로서 경쟁제품을 생산하는 조합원이 전체 조합원의 2분의 1 미만인 경우에는 해당 경쟁제품을 생산하는 조합원의 2분의 1 이상이 제1항 각 호의 요건을 모두 갖춘 중소기업자로 구성되어야 한다.
2. 경쟁제품의 품질관리 및 사후관리 기준을 마련하여 운영하고 있을 것
3. 조합이 중소기업자간 경쟁입찰에 참여하는 것을 허용한다고 정관에 명시되어 있을 것
4. 중소기업청장이 공공구매 업무와 관련된다고 인정하는 교육을 연간 10시간 이상 이수한 상근임직원을 2명 이상 두고 있을 것
5. 그 밖에 입찰에 참여하는 조합이 중소기업자간 경쟁입찰을 하는 시장에서 차지하는 시장점유율 기준 등 경쟁입찰의 실효성을 높이기 위하여 공정거래위원회와의 협의를 거쳐 산업통상자원부령으로 정

하는 사항에 적합할 것

③ 중소기업청장은 「중소기업기본법 시행령」 제8조 및 「소상공인 보호 및 지원에 관한 법률」 제2조에 따른 중기업, 소기업, 소상공인으로 구분하여 「국가를 당사자로 하는 계약에 관한 법률」 제4조에 따라 기획재정부장관이 고시하는 금액을 넘지 아니하는 범위에서 조합의 신청에 따라 입찰에 참여할 수 있는 금액의 최저한도를 정하여 공고할 수 있다. 이 경우 입찰에 참여할 수 있는 금액의 최저한도는 발주기관의 추정가격을 기준으로 한다. <개정 2011.6.27., 2015.5.26.>

제9조의2(경쟁입찰 참여자격의 취소 또는 정지 요건) ① 법 제8조제3항제4호에서 "중소기업자간 경쟁입찰 참여가 부적당하다고 대통령령으로 정하는 경우"란 중소기업자간 경쟁입찰에 참여하는 중소기업자가 다음 각 호의 어느 하나에 해당하는 경우를 말한다.

1. 제9조제2항 각 호의 요건을 모두 갖춘 조합(이하 "적격조합"이라 한다)이 중소기업자간 경쟁입찰에 참여하는 소속 조합원(이하 "소속 조합원"이라 한다)에게 하도급 행위를 하도록 조장하거나, 소속 조합원이 하도급 행위를 하는 것을 알면서도 적절한 조치를 하지 아니한 경우
2. 적격조합이 중소기업자간 경쟁입찰에 참여할 때 제9조제1항 각 호의 요건을 갖추지 못한 소속 조합원을 포함시킨 사실이 적발된 경우
3. 「국가를 당사자로 하는 계약에 관한 법률 시행령」 제76조제1항 각 호 또는 「지방자치단체를 당사자로 하는 계약에 관한 법률 시행령」 제92조제1항 각 호에 해당하는 행위를 하여 중앙관서의 장 또는 지방자치단체의 장으로부터 입찰참가자격 제한을 받은 경우

② 공공기관의 장은 중소기업자가 법 제8조제3항제1호부터 제3호까지 또는 제1항 각 호에 해당하는 사실이 있으면 중소기업청장에게 그 사실을 통보하여야 한다.
[본조신설 2011.6.27.]

제9조의3(지배 또는 종속의 관계) 법 제8조의2제1항제2호에서 "대통령령으로 정하는 지배 또는 종속의 관계란 다음 각 호의 어느 하나에 해당하는 관계를 말한다.

1. 「중소기업기본법 시행령」 제3조의2에 따른 지배 또는 종속의 관계
2. 다음 각 목의 어느 하나에 해당하는 대기업과 중소기업의 관계
   가. 「대·중소기업 상생협력 촉진에 관한 법률」 제2조제2호에 따른 대기업(이하 이 호에서 "대기업"이라 한다)의 대표·최대주주 또는 최다지분 소유자나 그 대기업의 임원(「독점규제 및 공정거래에 관한 법률」 제2조제5호에 따른 임원을 말한다. 이하 이 호에서 같다)이 중소기업의 임원을 겸임하고 있거나 중소기업의 임원으로 파견되어 있는 경우
   나. 대기업이 중소기업으로부터 그 중소기업의 주된 사업 및 영업활동 또는 거래의 주된 부분을 위임받아 수행하고 있는 경우
   다. 대기업이 중소기업에 그 중소기업의 발행주식총수 또는 출자총액(개인사업자의 경우에는 자산총액을 말한다)을 초과하는 금액에 해당하는 자산을 대여하거나 채무를 보증하고 있는 경우
   라. 대기업 또는 대기업과의 관계가 「중소기업기본법 시행령」 제3조의2제1항제1호가목에 해당하는 자가 중소기업의 다른 주

요 주주(누구의 명의로 하든지 자기의 계산으로 의결권 있는 발행주식총수의 100분의 10 이상의 주식을 소유하거나 임원의 임면 등 해당 중소기업의 주요 경영사항에 대하여 사실상 지배력을 행사하고 있는 주주를 말한다)와의 계약 또는 합의에 의해 중소기업의 대표이사를 임면하거나 임원의 100분의 50 이상을 선임하거나 선임할 수 있는 경우

마. 대기업이 중소기업에 경쟁제품을 생산하는 사업을 시작하는 데 드는 공장설립비(임차하는 경우 임차료를 말한다), 생산설비 설치비 등 총비용의 100분의 51 이상을 투자, 대여 또는 보증한 경우

[본조신설 2013.4.3.]

제9조의4(같은 종류의 사업범위 기준) 법 제8조의2제5항에 따른 같은 종류의 사업범위는 법 제6조제1항에 따라 중소기업청장이 지정하는 경쟁제품을 생산하는지를 기준으로 한다. <개정 2014.6.11.>

[본조신설 2013.4.3.]

제9조의5(경쟁입찰의 참여제한 인정 여부 결정 시 고려할 사항) 법 제8조의2제6항 전단에서 "상속, 법원의 판결 등 불가피한 사유로 인한 분할등 대통령령으로 정하는 사항"이란 다음 각 호의 사항을 말한다. <개정 2014.6.11.>

1. 상속, 법원의 판결 등 불가피한 사유로 법 제8조의2제1항제1호에 따른 분할등(이하 이 조에서 "분할등"이라 한다)을 하였는지 여부

2. 분할등에 의하여 설립되는 기업과 존속하는 기업이 제9조의3제1호에 따른 지배 또는 종속의 관계에 있는 기업들의 집단에 포함되는지 여부

3. 분할등이 되는 기업이 분할일, 분할합병일 또는 물적분할일 이전에 중소기업자간 경쟁입찰에 참여하였는지 여부

4. 분할등에 의하여 설립되는 기업이 존속하는 기업으로부터 생산공장, 생산시설 등을 임차하거나 존속하는 기업과 공동으로 소유하고 있는지 여부

5. 분할등에 의하여 설립되는 기업 또는 존속하는 기업이 중소기업자간 경쟁입찰에 참여함으로써 공정한 경쟁을 해칠 우려가 있는지 여부

[본조신설 2013.4.3.]

제10조(직접생산의 확인 등) ① 법 제9조제1항 각 호 외의 부분 본문에서 "대통령령으로 정하는 금액"이란 1천만원을 말한다.

② 법 제9조제1항제1호에서 "대통령령으로 정하는 경우"란 다음 각 호의 경우를 말한다. <개정 2010.7.21.>

1. 「국가를 당사자로 하는 계약에 관한 법률 시행령」 제26조제1항제5호가목에 따른 수의계약을 체결하는 경우

2. 「지방자치단체를 당사자로 하는 계약에 관한 법률 시행령」 제25조제1항제5호에 따른 수의계약을 체결하는 경우

③ 법 제9조제1항제2호에서 "대통령령으로 정하는 자"란 다음 각 호의 자를 말한다. <개정 2010.7.21., 2011.6.27.>

1. 법 제33조제1항제1호부터 제3호까지의 법인 또는 단체

2. 「국가를 당사자로 하는 계약에 관한 법률 시행령」 제26조제1항제4호가목·다목 및 라목의 경우에 해당하는 수의계약 대상자

④ 중소기업청장은 법 제9조제2항에 따라 직접생산 여부의 확인기준을 정할 때에는 다음 각 호의 사항을 고려하여야 한다.

1. 주요 설비 및 장비
2. 최소 공장 면적
3. 최소 필요 인원
4. 필수 자격
5. 그 밖에 필수 원자재 등 제품별 특성에 따라 고려하여야 할 사항
⑤ 공공기관의 장은 제품조달계약 전후에 직접생산 여부를 확인하려면 구매정보망에 등록된 정보에 따라 확인할 수 있다.

제11조(공사용 자재의 직접구매 증대 등) ① 법 제12조제3항 본문에서 "대통령령으로 정하는 규모 이상의 공사"란 「건설산업기본법 시행령」 별표 1에 따른 종합공사를 시공하는 업종에 해당하는 공사인 경우에는 공사 예정가격이 20억원 이상인 공사를 말하고, 같은 법 시행령 별표 1에 따른 전문공사를 시공하는 업종에 해당하는 공사, 「전기공사업법」에 따른 전기공사, 「정보통신공사업법」에 따른 정보통신공사 또는 「소방시설공사업법」에 따른 소방시설공사 등인 경우에는 공사 예정가격이 3억원 이상인 공사를 말한다.
② 제1항에 따른 공사를 발주하는 공공기관의 장이 법 제12조제2항에 따라 중소기업청장이 선정하여 고시한 품목(이하 "직접구매 대상품목"이라 한다)을 직접 구매하는 경우 그 구매 방법은 다음 각 호와 같다.
1. 직접구매 대상품목의 추정가격이 3천만원 미만이면 직접구매를 할 수 있으며, 3천만원 이상이면 그 품목을 해당 공사의 관급자재(官給資材)로 설계에 반영하고 직접 구매를 하여야 한다.
2. 다음 각 목의 어느 하나에 해당하는 직접구매 대상품목의 추정가격이 1천만원 미만이면 직접구매를 할 수 있으며, 1천만원 이상이면 그 품목을 해당 공사의 관급자재

로 설계에 반영하고 직접구매를 하여야 한다.
가. 국민의 재산과 신체의 안전, 에너지이용의 합리화, 기술개발 촉진 및 환경보전 등과 관련된 법령에 따라 우선구매를 하여야 하는 품목
나. 특별한 성능·규격·표시 등이 필요하다고 판단되어 중소기업청장이 관계 중앙행정기관의 장과 협의하여 지정한 품목
③ 공공기관의 장은 법 제12조제3항 단서에 따라 직접구매를 이행할 수 없는 사유가 있는 경우에는 입찰공고 시 그 사유를 공표하여야 한다.

제3장 기술개발제품 우선구매 지원

제12조(기술개발제품 등에 대한 우선구매) ① 법 제13조제2항에서 "대통령령으로 정하는 자"란 다음 각 호의 자를 말한다.
1. 정부나 지방자치단체로부터 직접적 또는 간접적으로 출연금·보조금 등 재정 지원을 받는 자
2. 「사립학교교직원 연금법」 제3조에 따른 학교기관
② 중소기업청장은 법 제13조제2항에 따라 공공기관에 대하여 우선구매 대상 기술개발제품의 구매목표비율을 중소기업물품 구매액의 10퍼센트 이상으로 하도록 요구할 수 있다. 이 경우 공공기관의 사업목적상 또는 물품구매의 특성상 그 비율을 10퍼센트 이상으로 하기 어려운 공공기관의 장은 중소기업청장과 협의하여 구매목표비율을 따로 정할 수 있다.
③ 중소기업청장은 공공기관의 장과 협의하여 공공기관별 연간 우선구매 대상 기술개발제품의 구매목표비율을

매년 4월 30일까지 공고하여야 한다.
④ 공공기관은 법 제13조제3항에 따라 우선구매조치를 한 경우에는 그 대상 품목(규격을 포함한다), 계약방법 및 계약금액 등 우선구매조치를 한 내용을, 우선구매조치를 하지 아니한 경우에는 그 사유를 법 제13조제2항에 따른 요구를 최초로 받은 날부터 60일 이내에 중소기업청장이나 관계 중앙행정기관의 장에게 각각 통보하여야 한다. <개정 2011.6.27.>
⑤ 제1항부터 제4항까지에서 규정한 사항 외에 우선구매제도의 운영 등에 관한 사항은 중소기업청장이 정하여 고시한다.

제13조(우선구매 대상 기술개발제품의 지정) 법 제14조제1항에서 "성능인증을 받은 제품 등 대통령령으로 정하는 일정한 요건을 갖춘 제품"이란 다음 각 호의 제품을 말한다.
1. 법 제15조제1항에 따라 성능인증을 받은 제품
2. 「조달사업에 관한 법률 시행령」 제18조제1항에 따라 우수조달물품으로 지정된 제품
3. 「산업기술혁신 촉진법」 제16조제1항에 따라 신제품으로 인증된 제품
4. 「소프트웨어산업 진흥법」 제13조제1항에 따라 품질인증을 받은 소프트웨어
5. 그 밖에 중소기업청장이 관계 중앙행정기관의 장과 협의하여 지정한 제품

제14조(인증비용의 징수) ① 중소기업청장이나 법 제15조제6항에 따른 시험연구원(이하 "시험연구원"이라 한다)이 법 제15조제7항에 따라 성능인증과 관련하여 징수할 수 있는 비용은 다음 각 호와 같다.
1. 공장에 대한 심사를 위하여 출장하는 심사원(審査員)의 인건비 및 출장비

2. 제품에 대한 검사를 위한 시험이나 성능 검사 등에 드는 비용
3. 제품의 시험기준, 시험방법 등이 명시된 인증규격서 작성에 드는 비용
② 제1항에 따른 인증비용에 관하여 필요한 사항은 중소기업청장이 정하여 고시한다.

제15조(성능보험사업의 담보 범위) ① 법 제18조제3항에 따른 성능보험사업(이하 "성능보험사업"이라 한다)은 법 제14조제1항에 따라 지정된 우선구매 대상 기술개발제품의 성능을 담보대상으로 한다.
② 성능보험사업의 담보 범위는 담보대상제품의 가액으로 하며, 그 내용은 다음과 같다.
1. 해당 제품의 수리 또는 교체비용
2. 그 밖에 손해배상을 위하여 필요한 비용으로서 중소기업청장이 인정하는 비용
③ 삭제 <2011.6.27.>
[제목개정 2011.6.27.]

제16조(지원금의 지급 등) ① 중소기업청장은 법 제15조제3항에 따른 성능인증을 받은 중소기업이 시험연구원으로부터 성능인증에 필요한 제품 검사 또는 공장 심사를 받은 후 제14조제1항제1호부터 제3호까지에 따른 비용을 청구할 경우 그 비용의 일부를 지원할 수 있다. 이 경우 해당 중소기업은 성능검사의 결과가 명시된 성능검사성적서 등을 중소기업청장에게 제출하여야 한다.
② 중소기업청장은 법 제19조제1항에 따라 성능인증과 성능보험사업을 하는 데에 드는 자금(이하 이 조에서 "지원금"이라 한다)을 지원하려면 시험연구원 및 성능보험사업자와 협약을 체결하여야 한다.
③ 제2항에 따른 협약에는 다음 각 호의 사항이 포함되어야 한다.

1. 사업의 과제와 내용
2. 사업 수행 책임자
3. 지원금의 지급 등에 관한 사항
4. 협약의 변경에 관한 사항
④ 제2항에 따라 협약을 체결한 시험연구원 및 성능보험사업자는 매년 12월 31일까지 그 해의 사업추진 실적과 다음 해의 사업계획을 중소기업청장에게 제출하여야 한다.
⑤ 중소기업청장은 성능인증과 성능보험사업의 추진상황을 고려하여 지원금을 나누어 지급할 수 있다.
⑥ 지원금을 지급받은 시험연구원과 성능보험사업자는 그 지원금에 대하여 별도의 계정을 설정하여 관리하여야 하며, 성능인증과 성능보험사업에만 지원금을 사용하여야 한다.
⑦ 중소기업청장은 시험연구원과 성능보험사업자에 대하여 그 운영실태 등을 조사할 수 있으며, 지원금을 지급받은 시험연구원과 성능보험사업자가 정당한 사유 없이 제6항에 따른 용도 외의 목적으로 지원금을 사용한 경우에는 지원금의 지급을 중단하거나 이미 지급한 지원금의 전부 또는 일부를 회수할 수 있다.
⑧ 제1항에 따라 성능인증에 든 비용을 지원받으려는 중소기업은 구매정보망을 활용하여 비용의 지원을 신청할 수 있으며, 그 밖에 성능인증 및 성능보험사업의 지원에 관한 사항은 중소기업청장이 정하여 고시한다.

제17조(우선구매 대상 기술개발제품 등에 대한 원가계산 지원) ① 법 제20조제1항에 따라 우선구매 대상 기술개발제품 등에 대한 원가계산에 든 비용을 지원받으려는 중소기업자는 중소기업청장에게 지원을 신청하여야 한다. 이 경우 지원 신청은 구매정보망을 통하여 할 수 있다.
② 제1항에 따라 지원을 신청하는 중소기업자는 산업통상자원부령으로 정한 요건을 갖춘 원가계산용역기관이 발행한 것으로서 원가계산에 든 비용을 증명할 수 있는 서류 등을 제출하여야 한다. <개정 2013.3.23.>
③ 제2항에 따라 서류를 제출받은 중소기업청장은 원가계산 결과와 비용의 적정성 등을 검토하여 해당 중소기업에 원가계산에 든 비용의 일부를 지원할 수 있다.
④ 제1항부터 제3항까지에서 규정한 사항 외에 원가계산 지원에 관한 세부기준 및 절차 등에 관하여 필요한 사항은 중소기업청장이 정하여 고시한다.

제4장 구매 효율성 및 이행력 확보

제18조(공공구매지원관리자의 임무 등) ① 법 제21조제1항에 따라 지정된 공공구매지원관리자는 다음 각 호의 임무를 수행한다.
1. 법 제5조제1항에 따라 작성된 공공기관의 공공구매 증대 계획의 적절성 검토
2. 법 제7조제1항에 따른 계약 및 발주의 적절성 검토
3. 법 제12조제3항에 따른 공사용 자재의 직접구매 여부 조사
4. 법 제13조제2항에 따른 우선구매 조치의 이행 여부 조사
5. 제7조제1항제4호에 따라 중소기업자간 경쟁입찰 외의 다른 방법으로 경쟁제품을 구매하려는 경우의 적절성 검토
6. 그 밖에 공공구매 제도의 효율적 지원을 위한 실태조사, 교육·상담 등 필요한 업무의 수행
② 법 제21조제1항에 따라 공공구매지원관리자가 될 수 있는 사람은 다음 각 호의 어느 하나에 해당하는 사람으로 한다.

1. 중소기업청 소속 공무원
2. 중소기업청장의 요청에 따라 해당 공공기관의 장이 추천하는 사람으로서 회계 또는 감사 업무 관련자
3. 그 밖에 중소기업청장이 지정한 사람
③ 중소기업청장은 공공구매지원관리자로 하여금 제1항의 업무수행을 위하여 공공기관에 대한 자료제출 요구 및 방문조사를 하게 할 수 있으며, 해당 기관의 장은 이에 적극 협조하여야 한다.
④ 중소기업청장은 공공구매지원관리자의 업무효율성을 높이기 위하여 계약 및 입찰 관련 전문가로부터 의견을 들을 수 있다.
⑤ 공공구매지원관리자의 지정 절차, 운영 등에 관한 세부사항은 중소기업청장이 정하여 고시한다.

제18조의2(개선권고 이행의 예외) 법 제21조제4항 본문에서 "대통령령으로 정하는 특별한 사유 없이 권고를 이행하지 아니하는 경우"란 다음 각 호의 어느 하나에 해당하여 권고를 이행하지 아니하는 경우를 말한다.
1. 중소기업자와 우선조달계약을 체결하지 아니할 수 있는 제2조의3 각 호의 어느 하나에 해당하는 경우
2. 경쟁제품에 대한 중소기업자간 제한경쟁 또는 지명경쟁 입찰을 아니할 수 있는 법 제7조제1항 및 이 영 제7조제1항 각 호의 어느 하나에 해당하는 경우
3. 법 제12조제3항 단서에 따라 공사용 자재의 직접구매를 이행할 수 없는 것으로 중소기업청장이 고시한 사유에 해당하는 경우
[본조신설 2014.6.11.]

제19조(하도급 중소기업의 보호) 법 제22조 각 호 외의 부분에서 "대통령령으로 정하는 금액"이란 다음 각 호의 구분에 따른 금액을 말한다.

1. 물품의 제조나 수리의 경우: 3억원
2. 다음 각 목의 어느 하나에 해당하는 경우: 3억원
   가. 「건설산업기본법」에 따른 전문공사
   나. 「전기공사업법」에 따른 전기공사
   다. 「정보통신공사업법」에 따른 정보통신공사
   라. 「소방시설공사업법」에 따른 소방시설공사
3. 「건설산업기본법」에 따른 종합공사의 경우: 50억원

제20조(공공기관과 중소기업자 등에 대한 정보의 제공) ① 법 제25조제1항에서 "중소기업자 여부 등 대통령령으로 정하는 관련 정보"란 다음 각 호의 정보를 말한다.
1. 중소기업자간 경쟁입찰의 참여자격 확인을 위한 정보
2. 계약이행능력의 심사를 위한 정보
3. 계약 당시 중소기업자의 신용 상태 확인을 위한 정보
4. 제품 품질의 신뢰도 확인을 위한 정보
5. 우선구매 대상 기술개발제품에의 해당 여부 판단을 위한 정보
6. 공공기관의 연간 중소기업제품 구매계획 및 구매실적
7. 조합 추천 수의계약에 관한 정보
8. 성능인증 및 원가계산의 지원에 관한 정보
9. 그 밖에 공공기관의 중소기업제품 구매를 원활하게 지원하기 위하여 중소기업청장이 정하는 정보
② 중소기업청장은 공공기관과 중소기업자가 구매정보망을 자유롭게 활용할 수 있도록 필요한 조치를 하여야 한다.
③ 중소기업청장은 정기적으로 또는 수시로 구매정보망에 등록된 중소기업자의 정보·자료를 검사하여 거짓인 정보나 자료(이하 "거짓정보"라 한다)를 제공한 것으로 확인된 중소기업자가

있으면 그 사실을 구매정보망이나 기획재정부장관이 고시하는 정보처리장치에 공개하고 해당 중소기업자에 대한 정보를 삭제할 수 있다.

④ 중소기업청장은 제3항에 따라 거짓정보를 제공한 사실을 공개하고 그 정보를 구매정보망에서 삭제할 필요가 있으면 해당 중소기업자에게 해명이나 소명자료 제출 등의 기회를 주어야 한다.

제5장 중소기업 판로지원 등

제21조(판로 지원기관 등) 법 제26조 제2항에서 "대통령령으로 정하는 기관이나 단체"란 다음 각 호의 기관이나 단체를 말한다. <개정 2010.6.28., 2013.3.23.>

1. 「중소기업진흥에 관한 법률」 제68조에 따른 중소기업진흥공단
2. 「대한무역투자진흥공사법」에 따른 대한무역투자진흥공사
3. 「무역보험법」 제37조에 따른 한국무역보험공사
4. 「산업디자인진흥법」 제11조에 따른 한국디자인진흥원
5. 「정부출연연구기관 등의 설립·운영 및 육성에 관한 법률」 제8조에 따라 설립된 산업연구원
6. 「과학기술분야 정부출연연구기관 등의 설립·운영 및 육성에 관한 법률」 제8조에 따라 설립된 한국과학기술정보연구원 및 한국생산기술연구원
7. 「산업기술혁신 촉진법」 제38조 및 제41조에 따라 설립된 한국산업기술진흥원 및 한국산업기술시험원
8. 「중소기업협동조합법」 제3조에 따른 중소기업중앙회
9. 「중소기업진흥에 관한 법률」 제69조에 따라 설립된 중소기업유통센터

10. 「정보통신산업 진흥법」 제2조에 따라 설립된 정보통신산업진흥원
11. 「민법」 제32조에 따라 산업통상자원부장관의 허가를 받아 설립된 한국무역협회
12. 그 밖에 중소기업청장이 필요하다고 인정하는 기관이나 단체

제22조(연계생산지원사업) ① 중소기업청장은 법 제28조제1항에 따른 중소기업자의 연계생산을 지원하기 위하여 다음 각 호의 사항에 관한 사업을 실시한다.

1. 중소기업자의 수주·발주에 관한 거래 알선
2. 제1호의 거래 알선을 위한 관련 업체에 관한 정보의 데이터베이스 구축
3. 그 밖에 중소기업자의 연계생산을 지원하기 위하여 필요한 사항

② 중소기업청장은 제1항에 따른 중소기업자의 연계생산을 지원하기 위하여 필요하면 중소기업자 외의 자를 제1항 각 호의 사업에 참여하게 할 수 있다.

제23조(공동상표 지원의 기준 및 절차 등) ① 법 제28조제2항에 따라 공동상표 개발비용 등을 지원받기 위해서는 하나의 공동상표에 5인 이상의 중소기업자가 참여하여야 한다.

② 중소기업청장은 다음 각 호의 어느 하나에 해당하는 업종은 제1항에 따른 지원 대상에서 제외하여야 한다.

1. 「통계법」에 따라 통계청장이 고시하는 한국표준산업분류에 따라 무도장(舞蹈場), 골프장, 스키장, 주점(酒店), 욕탕(浴湯) 또는 기타 갬블링 및 베팅업을 운영하는 것으로 분류되는 업종
2. 중소기업청장이 중소기업의 건전한 육성을 위한 지원 대상으로 적합하지 아니하다고 인정하여 고시

하는 업종

③ 법 제28조제2항에 따른 지원을 받으려는 중소기업자들은 다음 각 호의 어느 하나에 해당하는 자를 해당 공동상표에 관한 사업을 대표하는 자(이하 이 조에서 "상표대표자"라 한다)로 선정하여 그 상표대표자가 중소기업청장이 정하는 공동상표 지원신청서에 사업추진계획서와 공동상표 도입 및 이용에 관한 규약을 첨부하여 중소기업청장에게 제출하도록 하여야 한다.

1. 조합
2. 공동상표 사업을 대표하는 중소기업자
3. 중소기업자들이 공동상표에 관한 사업을 추진할 목적으로 설립한 법인

④ 중소기업청장은 지원 대상으로 선정된 공동상표가 다음 각 호의 어느 하나에 해당하면 그 지원을 중단할 수 있다.

1. 공동상표를 도입하여 이용하는 중소기업자(이하 이 항에서 "참여기업"이라 한다)가 제2항 각 호의 어느 하나에 해당하는 업종을 운영하는 경우
2. 참여기업의 수가 5개 미만으로 된 경우
3. 휴업이나 폐업 등으로 운영하지 아니하는 참여기업을 제외하면 참여기업의 수가 5개 미만으로 되는 경우
4. 특별한 사유 없이 1년 이상 공동상표 제품을 생산 또는 판매하지 아니하는 경우
5. 참여기업이 불량한 공동상표 제품을 판매하거나 소비자를 속여 소비자에게 피해를 준 경우
6. 상표대표자와 참여기업간 또는 참여기업 상호간의 분쟁 등으로 공동상표사업의 정상적인 추진이 어렵다고 판단되는 경우

⑤ 공동상표의 개발·홍보 등에 대한 지원에 필요한 세부 기준 및 절차는 중소기업청장이 정하여 고시한다.

제24조(수출중소기업 및 유망품목의 지정·지원) ① 법 제30조제1항제1호에서 "대통령령으로 정하는 기준에 해당하는 중소기업자"란 다음 각 호의 요건을 모두 충족하는 기업을 말한다.

1. 제조업, 제조업 관련 서비스업 또는 지식기반서비스업을 운영하는 중소기업자
2. 중소기업청장이 정하여 고시하는 최근 1년간의 수출액(내국신용장의 수취액을 포함한다) 기준을 충족하는 중소기업자

② 법 제30조제1항제2호에서 "대통령령으로 정하는 기준에 해당하는 중소기업자"란 다음 각 호의 요건을 모두 충족하는 기업을 말한다.

1. 제조업, 제조업 관련 서비스업 또는 지식기반서비스업을 운영하는 중소기업자
2. 중소기업청장이 정하여 고시하는 최근 1년간의 수출액(내국신용장의 수취액을 포함한다) 기준을 충족하는 중소기업자

③ 법 제30조제1항제3호에서 "대통령령으로 정하는 기준에 해당하는 품목"이란 다음 각 호의 선정기준을 고려하여 정한 품목을 말한다. <개정 2011.12.6.>

1. 최근 3년간의 수출증가율
2. 수출시장규모
3. 최근 3년간의 시장점유율 및 그 확대 가능성
4. 경쟁국과의 기술·가격 비교우위
5. 중소기업 수출 비중

④ 삭제 <2011.12.6.>
⑤ 삭제 <2011.12.6.>
⑥ 제1항이나 제2항에 따른 중소기업자의 지정을 위한 신청 및 지정의 절차 등은 중소기업청장이 정하여 고시한다. <개정 2011.12.6.>

제25조(중소기업 수출통계 제공기관) 법 제31조제2항에서 "관세청 등 대

통령령으로 정하는 기관이나 단체"란 중앙행정기관, 지방자치단체, 그 밖에 한국무역협회 등 수출 관련 기관이나 단체를 말한다.

제6장 보칙

제26조(특별법인 등의 중소기업 간주)
법 제33조제1항제4호에서 "대통령령으로 정하는 법인이나 단체"란 「국가를 당사자로 하는 계약에 관한 법률 시행령」 제26조제1항제4호가목·다목 및 라목에 해당하는 법인이나 단체를 말한다. <개정 2010.7.21., 2011.6.27.>

제27조(권한의 위탁 등)
① 중소기업청장은 법 제34조제2항에 따라 다음 각 호의 업무를 중소기업중앙회에 위탁한다. <개정 2011.6.27.>
1. 법 제8조제2항에 따른 조합의 중소기업자간 경쟁입찰 참여자격의 확인
2. 법 제9조제4항에 따른 직접생산 여부 확인의 신청 접수 및 그 확인과 직접생산확인증명서의 발급
3. 법 제10조에 따른 이의신청의 접수 및 그 이의신청에 대한 결정과 통보
4. 법 제11조에 따른 직접생산 확인의 취소 및 청문의 시행
5. 법 제25조에 따른 정보의 수집·제공을 위한 다음 각 목의 업무
   가. 구매정보망의 구축·운영을 위한 중소기업자와 공공기관에 대한 정보의 수집·등록·수정 및 재생산과 정보의 제공
   나. 구매정보망에 거짓정보를 제공한 사실의 공개 및 해당 중소기업자의 정보 삭제
② 중앙회장은 제1항제5호나목에 따라 거짓정보를 제공한 중소기업자의 정보를 삭제하려면 중소기업청장에게 미리 보고하여야 하며, 연도별 구

매정보망의 운영결과를 다음 연도 1월 31일까지 중소기업청장에게 보고하여야 한다. <개정 2011.6.27.>

부칙
<제26248호, 2015.5.26.>
(소상공인 보호 및 지원에 관한 법률 시행령)

제1조(시행일) 이 영은 2015년 5월 28일부터 시행한다.
제2조부터 제5조까지 생략

제6조(다른 법령의 개정) ①부터 ⑨까지 생략
⑩ 중소기업제품 구매촉진 및 판로지원에 관한 법률 시행령 일부를 다음과 같이 개정한다.
제2조의2제1항제1호 본문 중 "「소기업 및 소상공인 지원을 위한 특별조치법」 제2조에 따른 소기업 또는 소상공인"을 "「중소기업기본법」 제2조제2항에 따른 소기업 또는 「소상공인 보호 및 지원에 관한 법률」 제2조에 따른 소상공인"으로 한다.
제9조제3항 전단 중 "「소기업 및 소상공인 지원을 위한 특별조치법」 제2조"를 "「소상공인 보호 및 지원에 관한 법률」 제2조"로 한다.
⑪ 생략

제7조 생략

중소기업제품 구매촉진 및 판로지원에 관한 법률 시행규칙

[시행 2015.5.4.]
[산업통상자원부령 제124호, 2015.5.4., 일부개정]

제1조(목적) 이 규칙은 「중소기업제품 구매촉진 및 판로지원에 관한 법률」 및 같은 법 시행령에서 위임된 사항과 그 시행에 필요한 사항을 규정함을 목적으로 한다.

제1조의2(공동사업) 영 제2조의2제1항제3호 본문에서 "산업통상자원부령으로 정하는 공동사업"이란 다음 각 호의 어느 하나에 해당하는 사업을 말한다. <개정 2015.5.4.>
1. 「중소기업진흥에 관한 법률」 제37조제1항에 따른 협업사업
2. 공동상표의 도입 또는 이용과 관련하여 법 제28조제2항에 따른 지원을 받은 사업
3. 「중소기업협동조합법」 제3조에 따른 중소기업협동조합(이하 "조합"이라 한다)이 보유하거나 3인 이상의 제조 소기업 또는 소상공인이 공동으로 보유한 특허권을 활용하는 사업
4. 조합 또는 3인 이상의 제조 소기업 또는 소상공인이 공동으로 참여하는 사업으로서 「중소기업 기술혁신 촉진법」 제9조제1항에 따른 기술혁신 촉진 지원사업
5. 「산업표준화법」 제27조제2항에 따른 단체표준인증을 받은 물품 또는 용역의 생산·제공 사업
[본조신설 2013.6.25.]

제2조(구매계획 및 구매실적 통보의 서식) 「중소기업제품 구매촉진 및 판로지원에 관한 법률」(이하 "법"이라 한다) 제5조제1항과 「중소기업제품 구매촉진 및 판로지원에 관한 법률 시행령」(이하 "영"이라 한다) 제4조제1항에 따른 물품·용역 및 공사(이하 "제품"이라 한다)의 구매계획과 전년도 구매실적의 통보는 물품인 경우에는 별지 제1호서식에 따르고, 공사나 용역인 경우에는 별지 제2호서식에 따른다.

제3조(중소기업자간 경쟁입찰의 참여자격 등) ① 영 제9조제2항제5호에서 "산업통상자원부령으로 정하는 사항"이란 법 제7조제1항에 따른 중소기업자간 경쟁입찰(이하 "중소기업자간 경쟁입찰"이라 한다)에 참여하는 조합이 중소기업자간 경쟁입찰을 하는 제품시장에서 차지하는 시장점유율이 100분의 50 이하인 것을 말한다. <개정 2013.3.23., 2013.6.25.>
② 조합의 중소기업자간 경쟁입찰 참여방법, 중소기업자간 경쟁입찰을 하는 제품시장의 범위 및 시장점유율의 산정방법 등에 관하여 필요한 세부사항은 공정거래위원회와의 협의하여 중소기업청장이 정하여 고시한다.

제4조(경쟁입찰 참여자격의 정지 기간과 취득 제한 기간) 법 제8조제4항에 따른 참여자격 정지 기간과 참여자격 취득 제한 기간은 별표 1과 같다.
[전문개정 2011.7.8.]

제4조의2(중소기업자간 경쟁입찰 심의위원회의 설치 및 운영) ① 중소기업청장이 법 제8조의2제1항제1호나목에 따라 인정 여부를 결정할 때 같은 조 제5항 단서에 따라 관계 공무원 및 전문가 등의 의견을 듣기 위하여 중소기업청에 중소기업자간 경쟁입찰

심의위원회(이하 "심의위원회"라 한다)를 둔다.

② 심의위원회는 위원장 1명을 포함한 9명 이내의 위원으로 구성한다.

③ 위원장은 중소기업청의 고위공무원단에 속하는 공무원 중에서 중소기업청장이 지명하는 사람이 되고, 위원은 다음 각 호의 사람으로 한다.

1. 공정거래위원회 3급 또는 4급 공무원 중에서 공정거래위원장이 추천하는 사람 1명

2. 조달청 3급 또는 4급 공무원 중에서 조달청장이 추천하는 사람 1명

3. 공공조달 분야에 관한 학식과 경험이 풍부한 사람으로서 다음 각 목의 어느 하나에 해당하는 사람 중에서 중소기업청장이 위촉하는 사람 6명

   가. 「고등교육법」 제2조에 따른 학교에서 중소기업 분야의 교수로서 3년 이상 근무한 경력이 있는 사람

   나. 중소기업 관련 기관이나 단체에서 5년 이상 임직원으로 근무한 경력이 있는 사람

   다. 「변호사법」에 따른 변호사, 「공인회계사법」에 따른 공인회계사나 「세무사법」에 따른 세무사

④ 위원장이 부득이한 사유로 직무를 수행할 수 없는 경우에는 위원장이 미리 지명한 위원이 그 직무를 대행한다.

⑤ 제3항제3호 각 목에 해당하는 위원의 임기는 3년으로 하며, 1회에 한하여 연임할 수 있다.

⑥ 심의위원회의 회의는 재적위원 과반수의 출석으로 개의하고, 출석위원 과반수의 찬성으로 의결한다.

⑦ 그 밖에 심의위원회의 운영에 필요한 사항은 중소기업청장이 정하여 고시한다.

[본조신설 2013.6.25.]

제4조의3(위원의 제척·기피·회피) ① 위원이 다음 각 호의 어느 하나에 해당하는 경우에는 심의위원회의 심의·의결에서 제척(除斥)된다.

1. 위원 또는 그 배우자나 배우자였던 사람이 해당 안건의 당사자인 중소기업의 임원이거나 임원이었던 경우

2. 위원이 해당 안건의 당사자인 중소기업의 임원과 친족이거나 친족이었던 경우

3. 위원이 해당 안건에 대하여 자문, 연구, 용역, 감정 또는 조사를 한 경우

4. 위원이나 위원이 속한 법인·단체 등이 해당 안건의 당사자인 중소기업의 대리인이거나 대리인이었던 경우

5. 위원이 임원 또는 직원으로 재직하고 있거나 최근 3년 내에 재직하였던 법인·단체 등이 해당 안건에 관하여 자문, 연구, 용역, 감정 또는 조사를 한 경우

② 해당 안건의 당사자는 위원에게 공정한 심의·의결을 기대하기 어려운 사정이 있는 경우에는 심의위원회에 기피(忌避) 신청을 할 수 있고, 심의위원회는 의결로 이를 결정한다. 이 경우 기피 신청의 대상인 위원은 그 의결에 참여하지 못한다.

③ 위원이 제1항 각 호에 따른 제척 사유에 해당하는 경우에는 스스로 해당 안건의 심의·의결에서 회피(回避)하여야 한다.

[본조신설 2013.6.25.]

제4조의4(위원의 해촉) 중소기업청장은 위원이 다음 각 호의 어느 하나에 해당하는 경우에는 해당 위원을 해촉(解囑)할 수 있다.

1. 심신장애로 인하여 직무를 수행할 수 없게 된 경우

2. 직무태만, 품위손상이나 그 밖의 사유로 인하여 위원으로 적합하지

아니하다고 인정되는 경우
3. 제4조의3제1항 각 호의 어느 하
   나에 해당하는 데에도 불구하고
   회피하지 아니한 경우
[본조신설 2013.6.25.]

5조(직접생산의 확인절차 등) ① 법
제9조제3항에 따라 직접생산 여부의
확인을 신청하려는 중소기업자는 법
제25조제2항에 따른 중소기업제품 공
공구매 종합정보망(이하 "구매정보망"
이라 한다)을 통하여 신청하여야 한다.
② 「중소기업협동조합법」에 따른 중
소기업중앙회의 회장(이하 "중앙회장"
이라 한다)은 제1항에 따른 신청을
받으면 해당 중소기업자가 법 제9조
제2항 및 영 제10조제4항에 따른 직
접생산 여부의 확인기준을 충족하였
는지를 현장심사하여 제1항에 따른
신청을 받은 날부터 14일(토요일과
「관공서의 공휴일에 관한 규정」 제
2조에 따른 공휴일은 제외한다) 이내
에 확인하여야 한다. 〈개정 2013.6.25.〉
③ 중앙회장은 제2항에 따른 현장심
사 결과 해당 중소기업자가 직접생
산 여부에 대한 확인기준을 충족하
였다고 인정하면 신청인에게 별지
제3호서식의 직접생산확인증명서를
발급하여야 한다.
④ 제3항에 따른 직접생산확인증명서
의 유효기간은 발급일부터 2년으로
한다. 〈개정 2010.10.21.〉

**6조(직접생산 확인에 대한 이의신청
의 절차 등)** ① 법 제10조제1항에
따라 직접생산 확인결과에 대하여 이
의를 신청하려는 자는 다음 각 호의
서류를 첨부하여 중앙회장에게 문서
로 신청하여야 한다.
1. 이의신청 사유
2. 세부 설명자료 또는 증거자료
② 중앙회장은 제1항에 따른 이의신청
을 받았을 때에는 해당 중소기업자에

대하여 다시 현장심사를 한 후 이의
신청에 대한 결정을 하여야 한다.

**제7조(직접생산 여부의 확인 재신청
등)** ① 법 제9조제5항에 따라 직접
생산 여부의 확인을 재신청하려는 중
소기업자는 그 사유가 발생한 날부터
30일 이내에 발급받은 직접생산확인
증명서를 중앙회장에게 반납하고 제5
조에 따라 신청하여야 한다.
② 법 제11조제4항에 따라 직접생산
확인기준을 충족하지 않게 되어 해
당 제품에 대한 직접생산확인증명서
를 반납하려는 중소기업자는 반납사
유가 발생한 날부터 30일 이내에 다
음 각 호의 사항을 적은 문서를 중
앙회장에게 제출하여야 한다.
1. 직접생산 확인을 받은 제품명(세
   부품명 및 물품분류번호를 함께
   표기한다)
2. 반납 사유 및 반납 사유 발생일
[전문개정 2011.7.8.]

제8조(직접생산 확인 취소의 절차 등)
① 중앙회장은 법 제11조제2항 및 제
7항에 따른 직접생산 확인을 취소할
때에는 해당 중소기업자에게 직접생산
확인이 취소되는 제품, 취소 사유, 취
소일 등을 분명하게 밝힌 문서(전자문
서를 포함한다. 이하 같다)로써 한다.
② 제1항에 따른 문서의 송달은 우
편·교부 또는 정보통신망 이용(송
달받은 사람이 동의한 경우에 한정
한다) 등의 방법으로 한다.

제9조(우선구매조치의 요구 등) ① 중
소기업청장이나 관계 중앙행정기관의
장은 법 제13조제2항에 따라 우선구
매 등의 조치를 요구하는 경우에는 해
당 제품이 중소기업자가 개발한 기술
개발제품에 해당함을 증명하는 서류를
첨부하여야 한다. 〈개정 2011.7.8.〉

② 중소기업자는 공공기관과 영 제12조제1항 각 호에 따른 기관(이하 "공공기관등"이라 한다)이 해당 중소기업자가 개발한 기술개발제품과 같은 품목의 제품을 구매할 계획이 있는 경우에 중소기업청장이나 관계 중앙행정기관의 장에게 법 제13조제2항에 따른 우선구매조치를 요구하여 줄 것을 요청할 수 있다.

③ 제2항에 따른 요청을 하려는 중소기업자는 별지 제4호서식(관계 중앙행정기관의 장이 서식을 달리 정한 경우에는 그에 따른다)의 우선구매지원 요청서에 해당 중소기업자가 개발한 기술개발제품임을 확인할 수 있는 서류를 첨부하여 중소기업청장이나 관계 중앙행정기관의 장에게 제출하여야 한다.

제10조(성능인증의 대상 제품) 법 제15조제1항에 따른 성능인증(이하 "성능인증"이라 한다)의 대상 제품은 중소기업자가 개발한 기술개발제품으로서 공공기관등에 납품하려는 제품 중 다음 각 호의 어느 하나에 해당하는 제품으로 한다. <개정 2011.11.25.>

1. 「산업기술혁신 촉진법」 제15조의2에 따라 신기술의 인증을 받은 제품
2. 「부품·소재전문기업 등의 육성에 관한 특별조치법」 제25조에 따라 신뢰성인증을 받은 제품
3. 「산업기술혁신 촉진법」 제16조제1항에 따라 신제품의 인증을 받은 제품
4. 그 밖에 제1호부터 제3호까지와 유사한 것으로서 공공기관등의 구매를 확대하기 위하여 성능인증을 할 필요가 있다고 인정하여 중소기업청장이 정하여 고시한 제품

제11조(성능인증의 절차 등) ① 법 제15조제2항에 따라 성능인증을 신청하려는 중소기업은 별지 제5호서식의 성능인증신청서에 성능검사 대상 제품의 규격설명서를 첨부하여 중소기업청장에게 제출하여야 한다. 다만 중소기업청장이 법 제15조제6항에 따른 시험연구원(이하 "시험연구원"이라 한다) 또는 국가기관 소속 시험기관에게 공장에 대한 심사 또는 제품에 대한 검사를 대행하게 한 경우에는 그 시험연구원장 또는 국가기관 소속 시험기관의 장에게 제출하여야 한다. <개정 2011.7.8.>

② 법 제15조제3항에 따른 인증기준은 다음 각 호와 같다. <개정 2011.7.8.>

1. 공장에 대한 심사에 적용되는 인증기준은 중소기업의 경영상태, 기술개발 여건 및 실적, 생산 및 사후관리에 관한 사항 등을 평가할 수 있는 항목을 포함하여 중소기업청장이 정하여 고시한다.
2. 제품에 대한 검사에 적용되는 인증기준은 성능검사로 한다. 다만, 다음 각 목의 어느 하나에 해당하는 경우에는 성능검사를 생략할 수 있다.
   가. 구매대상 공공기관으로부터 해당 제품의 성능에 대한 신뢰가 형성되어 있는 제품으로서 중소기업청장이나 시험연구원 또는 국가기관 소속 시험기관이 성능검사가 필요하지 아니하다고 인정하는 경우
   나. 특허나 다른 법령에 따른 신기술인증 등을 받은 제품으로서 시험연구원 또는 국가기관 소속 시험기관이 해당 제품에 대하여 성능검사를 하고 발급한 제품성능검사 성적서(발급일부터 3년이 지나지 아니한 것만 해당한다)가 있는 경우

③ 시험연구원 또는 국가기관 소속 시험기관은 법 제15조제6항에 따라 공장에 대한 심사 또는 제품에 대한 검사를 대행한 경우에는 중소기업청장이 별도로 정하여 고시한 공장심

사평가서를 첨부한 별지 제6호서식의 공장심사보고서와 성능검사 내용을 첨부한 별지 제7호서식의 제품성능검사 성적서를 각각 작성하여 중소기업청장에게 제출하여야 한다. <개정 2011.7.8.>

④ 중소기업청장은 제1항에 따라 성능인증이 신청된 제품이 인증기준을 충족한다고 인정되면 별지 제8호서식의 성능인증서를 신청인에게 발급하고, 인증기준에 미치지 못한다고 인정되면 그 사유를 구체적으로 밝혀 신청인에게 알려야 한다.

⑤ 성능인증을 받은 중소기업이 법 제15조제4항에 따라 사용하는 인증의 표지는 별표 2와 같다. <개정 2011.7.8.>

⑥ 제1항부터 제5항까지에서 규정한 사항 외에 성능인증에 필요한 세부사항은 중소기업청장이 정하여 고시한다.

제12조(시험연구원의 지정 등) ① 시험연구원으로 지정받으려는 자는 다음 각 호에 관한 업무규정을 정하여 중소기업청장에게 제출하여야 한다.

1. 성능인증의 절차와 방법에 관한 사항
2. 성능인증의 사후관리에 관한 사항
3. 성능인증 업무의 수행에 필요한 비용에 관한 사항
4. 심사원이나 그 밖의 소속 직원의 관리·감독에 관한 사항
5. 그 밖에 중소기업청장이 성능인증 업무에 필요하다고 인정하여 정하는 사항

② 법 제15조제6항에 따른 시험연구원의 지정기준은 별표 3과 같다. <개정 2011.7.8.>

③ 중소기업청장은 시험연구원을 지정한 경우에는 그 사실을 공고하여야 한다.

④ 제1항부터 제3항까지에서 규정한 사항 외에 시험연구원 지정 신청 및 업무규정에 관하여 필요한 세부사항은 중소기업청장이 정하여 고시한다.

제13조(성능보험사업자가 자료를 요청할 수 있는 기관 등) 법 제18조제2항에서 "시험연구원 등 산업통상자원부령으로 정하는 기관이나 단체"란 다음 각 호의 기관이나 단체를 말한다. <개정 2011.7.8., 2013.3.23.>

1. 법 제15조제6항에 따른 시험연구원 또는 국가기관 소속 시험기관
2. 영 제13조 각 호의 인증제품 또는 지정제품의 인증기관 또는 지정기관

제14조(원가계산용역기관) 영 제17조제2항에서 "산업통상자원부령으로 정한 요건을 갖춘 원가계산용역기관"이란 「국가를 당사자로 하는 계약에 관한 법률 시행규칙」 제9조제2항 또는 「지방자치단체를 당사자로 하는 계약에 관한 법률 시행규칙」 제9조제2항에 따른 원가계산용역기관을 말한다. <개정 2013.3.23.>

제15조(중소기업제품전용판매장의 기준) 법 제26조의2제2항에서 "입지여건, 판매공간 등 산업통상자원부령으로 정하는 기준"이란 다음 각 호의 모든 기준을 말한다.

1. 공항·항만의 여객이용시설, 철도역사(驛舍), 여객자동차터미널, 고속도로 휴게시설, 전시(展示)시설, 청사(廳舍) 등의 다중이용시설일 것
2. 30제곱미터 이상의 독립된 중소기업제품전용판매장을 설치할 수 있는 공간이 있을 것

[본조신설 2014.2.11.]

부칙
<제49호, 2014.2.11.>

이 규칙은 공포한 날부터 시행한다.

부칙

<제124호, 2015.5.4.>

제1조(시행일) 이 규칙은 공포한 날부터 시행한다.

제2조(성능인증의 표지에 관한 경과조치) 이 규칙 시행 전에 제11조제4항에 따라 성능인증서를 발급받은 중소기업이 같은 조 제5항에 따라 사용한 종전의 별표 2에 따른 성능인증의 표지는 별표 2의 개정규정에 따른 성능인증의 표지로 본다.

별표 1] 참여자격 정지 기간과 참여자격 취득 제한 기간(제4조 관련)

별표 1] <신설 2011.7.8>

참여자격 정지 기간과 참여자격 취득 제한 기간(제4조 관련)

위반행위	처분 기준	참여자격 정지 기간	참여자격 취득 제한 기간
1. 법 제8조제3항제1호에 따른 거짓이나 그 밖의 부정한 방법으로 참여자격을 취득한 경우	참여자격 취소		1년
2. 법 제8조제3항제2호에 따른 참여자격을 상실한 경우	참여자격 취소		-
3. 법 제8조제3항제3호에 따른 담합 등 부당한 행위를 한 경우	참여자격 취소		6개월
4. 영 제9조의2제1항제1호에 해당하는 경우			
가. 하도급 행위를 하도록 조장한 경우	참여자격 정지	6개월	
나. 하도급 행위를 하는 것을 알면서도 적절한 조치를 하지 않은 경우	참여자격 정지	3개월	
5. 영 제9조의2제1항제2호에 해당하는 경우	참여자격 정지	6개월	
6. 영 제9조의2제1항제3호에 해당하는 경우	참여자격 정지	1년 이내	

비고: 1. 위반행위가 2 이상인 경우로서 그에 해당하는 각각의 처분기준이 다른 경우에는 그 중 무거운 처분기준에 따른다.
2. 제6호에 따른 참여자격 정지 기간은 중앙관서의 장 또는 지방자치단체의 장으로부터 입찰 참여자격 제한을 받은 기간으로 한다. 다만, 제4호에 따른 위반행위로 중앙관서의 장 또는 지방자치단체의 장으로부터 입찰 참여자격 제한을 받은 경우에는 제4호에서 정한 참여자격 정지 기간으로 한다.

[별표 2] 성능인증의 표지(제11조제5항 관련) <개정 2015.5.4.>

성능인증의 표지(제11조제5항 관련)

이 제품은 「중소기업제품 구매촉진 및 판로지원에 관한 법률」 제15조제1항에 따라 중소기업청장으로부터 성능인증을 받은 제품입니다.

(인증기간: 20 . . . ~ 20 . . .)

크기, 색상 및 글자체

1. 크기

    표지의 크기는 표시하려는 제품, 포장용기의 크기·형태 및 주변의 도안 등을 고려하여 적당한 크기로 표시할 수 있다.

2. 색상

    왼쪽의 태극 형태는 연두색(PANTONE 368 M, CMYK C60, Y100, RGB R114, G191, B68), 오른쪽 두 개의 형태는 파란색(PANTONE 2728 M, CMYK C100, M70, RGB R0, G91, B170), 아래의 성능인증 중소기업청의 색은 파란색(PANTONE 2728 M, CMYK C100, M70, RGB R0, G91, B170)으로 한다.

3. 글자체

    성능인증의 글자체는 윤고딕 350, 장평 100%, 자간 100, 중소기업청의 글자체는 윤고딕 330, 장평 100%, 자간 100으로 한다.

[별표 3] 시험연구원의 지정기준(제12조제2항 관련)

시험연구원의 지정기준(제12조제2항 관련)

. 인증업무를 하기 위한 조직·인원 및 업무수행체계가 「국가표준기본법」 제21조제2항제3호에 따른 시험·검사 기관인정 제도에 적합하여야 한다.

. 인증품목별로 검사기준에서 정하고 있는 시험방법에 의하여 시험할 수 있는 시험설비를 보유하거나 시험설비를 보유한 기관과 시험설비사용에 관한 계약을 체결하여 해당 시험을 행할 수 있어야 한다.

. 법 제15조제3항에 따른 공장심사를 하기 위한 심사원을 3명 이상 보유하여야 한다.

. 다음 각 목의 어느 하나에 해당하는 제품검사 인력을 3명 이상 보유하여야 한다.

가. 「고등교육법」 제2조제1호에 따른 대학에서 제5호의 시험분야별 전공과정을 이수하고 졸업한 자(이와 동등 이상의 학력이 있다고 인정되는 자를 포함한다)로서 졸업 후 3개월 이상 해당 시험분야 업무에 종사한 경력이 있는 자

나. 「고등교육법」 제2조제4호에 따른 전문대학에서 제5호의 시험분야별 전공과정을 이수하고 졸업한 자(이와 동등 이상의 학력이 있다고 인정되는 자를 포함한다)로서 졸업 후 1년 이상 해당 시험분야 업무에 종사한 경력이 있는 자

다. 「초·중등교육법」에 따른 공업계 고등학교에서 제5호의 시험분야별 전공과목에 관련되는 학과를 졸업한 자(이와 동등 이상의 학력이 있다고 인정되는 자를 포함한다)로서 졸업 후 2년 이상 해당 시험분야 업무에 종사한 경력이 있는 자

라. 「국가기술자격법」 제10조제1항에 따라 제5호의 시험분야별로 같은 법 제9조제1항제1호에 따른 기사등급 이상의 자격을 취득한 자 또는 해당 시험분야의 산업기사 자격을 취득한 후 6개월 이상 해당 시험분야 업무에 종사한 경력이 있는 자

5. 시험분야별 전공과정(과목) 및 기술자격

시험분야	전공과정(과목)	기 술 자 격
섬유제품	섬유·화학·방직·화공·의류·의상·의생활·의류직물·염색	

전기제품	전기·전자·통신·물리·전산기공·제어계측·반도체	전기·전자·통신·안전관리(전기안전·산업안전·소방·소방설비)·산업응용(품질경영·품질관리·공장관리)
화학제품	화학·재료·자원·산업공학·환경공학·임산가공·고분자·원자력·금속·요업·화공	금속·화공 및 세라믹·농림(임산가공·산림)·에너지(원자력·원자력발전)·안전관리(화공안전·산업안전)·환경·산업응용(품질경영·품질관리·공장관리)
금속제품	금속·기계·화학·화공재료·자원	금속·기계·화공 및 세라믹·안전관리·산업응용(품질경영·품질관리·공장관리)
기계제품	기계·금속·화학·전기·전자·통신·화공·제어계측·조선·항공·물리·광학	기계·금속·화공 및 세라믹·전기·전자·통신·조선·항공·안전관리·산업응용(품질경영·품질관리·공장관리·광학)
생활용품	이공계 전과정	기계·금속·화공 및 세라믹·전기·전자·통신·조선·항공·섬유·안전관리(건설안전 제외)·산업응용(품질경영·품질관리·공장관리)
토목·건축제품	토목·건축·요업·기계·금속·화학	토목·건축·기계·금속·화공 및 세라믹·안전관리(건설안전)·산업응용(품질경영·품질관리·공장관리)
소프트웨어제품	정보통신, 전산, 컴퓨터공학 등 정보통신 관련 과정	정보처리, 전자계산기조직응용, 전자계산기 등 국내·외 정보통신 관련 자격

[서식 3] 직접생산확인증명서

별지 제3호서식]

(앞쪽)

제   호

직 접 생 산 확 인 증 명 서

○ 경쟁제품명:

○ 생산업체명:

○ 사업자번호:

○ 대표자 성명:

○ 소 재 지: (본사)

　　　　　　　　　(공장)

○ 유 효 기 간:

「중소기업제품 구매촉진 및 판로지원에 관한 법률」 제9조제4
항 본문 및 같은 법 시행규칙 제5조제3항에 따라 위와 같이
직접생산을 증명합니다.

　　　　　　　　　　　　　　　　년　　　월　　　일

　　　중소기업중앙회장　　　직인

210mm×297mm [일반용지 60g/㎡(재활용품)]

지역신용보증재단법

[시행 2015.5.28.]
[법률 제13086호, 2015.1.28., 타법개정]

제1장 총칙

제1조(목적) 이 법은 신용보증재단과 신용보증재단중앙회를 설립하여 담보력(擔保力)이 부족한 지역 내 소기업(小企業)·소상공인(小商工人) 등과 개인의 채무를 보증하게 함으로써 자금 융통을 원활하게 하고 아울러 지역경제 활성화와 서민의 복리 증진에 이바지함을 목적으로 한다.
[전문개정 2011.4.14.]

제2조(정의) 이 법에서 사용하는 용어의 뜻은 다음과 같다. <개정 2015.1.28.>
1. "소기업"이란 「중소기업기본법」 제2조제2항에 따른 소기업을 말한다.
2. "소상공인"이란 「소상공인 보호 및 지원에 관한 법률」 제2조에 따른 소상공인을 말한다.
3. "개인"이란 「부가가치세법」 제2조를 적용받는 개인사업자를 제외한 사람 중 금융거래에 필요한 신용도가 일정 수준 이하이거나 재산 및 소득이 일정한 기준에 해당하고 생활의 안정이나 생계비 등의 자금 조달을 위하여 신용보증이 필요한 사람으로서 대통령령으로 정하는 사람을 말한다.
4. "금융회사등"이란 다음 각 목의 자를 말한다.
   가. 「은행법」 제2조제1항제2호에 따른 은행
   나. 「한국산업은행법」에 따른 한국산업은행
   다. 「중소기업은행법」에 따른 중소기업은행
   라. 「한국수출입은행법」에 따른 한국수출입은행
   마. 「자본시장과 금융투자업에 관한 법률」에 따른 신탁업자
   바. 가목부터 마목까지의 자 외에 「중소기업기본법」 제2조에 따른 중소기업으로서 「지역균형개발 및 지방중소기업 육성에 관한 법률」 제40조에 따른 지방중소기업육성계획에 해당되는 중소기업, 소기업, 소상공인 및 개인(이하 "소기업등"이라 한다)에게 자금을 융통하는 것을 업(業)으로 하는 자로서 대통령령으로 정하는 자
5. "신용보증"이란 소기업등이 부담하는 다음 각 목의 채무에 대하여 제9조에 따른 신용보증재단(이하 "재단"이라 한다)과 제35조에 따른 신용보증재단중앙회(이하 "중앙회"라 한다)가 보증하는 것을 말한다.
   가. 소기업등이 금융회사등으로부터 자금의 대출·급부(給付) 등을 받음으로써 금융회사등에 대하여 부담하는 금전채무
   나. 소기업등의 채무를 금융회사등이 보증하는 경우 그 보증채무를 이행한 금융회사등으로부터의 구상(求償)에 응하여야 할 금전채무
   다. 그 밖에 소기업등의 채무 중 대통령령으로 정하는 금전채무
6. "채권자"란 재단 및 중앙회가 신용보증을 한 채무의 채권자를 말한다.
7. "기본재산"이란 이 법의 목적을 달성하기 위하여 재단 및 중앙회가 그 재산적 기초로서 출연 또는 그 밖의 방법으로 조성한 재산을 말한다.
8. "신용정보"란 「신용정보의 이용 및 보호에 관한 법률」 제2조제1호에 따른 신용정보를 말한다.

9. "재보증"(再保證)이란 「신용보증기금법」에 따른 신용보증기금(이하 "신용보증기금"이라 한다), 「기술신용보증기금법」에 따른 기술신용보증기금(이하 "기술신용보증기금"이라 한다) 또는 이 법에 따른 중앙회가 재단의 보증채무 이행금액의 범위에서 이를 보전(補塡)하여 주는 것을 말한다. [전문개정 2011.4.14.]

제3조(법인격) 재단은 법인으로 한다. [전문개정 2011.4.14.]

제4조(명칭) 재단은 그 명칭 중에 "신용보증재단"이라는 글자를 사용하여야 한다. [전문개정 2011.4.14.]

제5조(업무구역) 재단은 특별시·광역시·도 또는 특별자치도(이하 "시·도"라 한다)를 업무구역으로 한다. 다만, 대통령령으로 정하는 특별한 사유가 있을 때에는 둘 이상의 시·도를 업무구역으로 할 수 있다. [전문개정 2011.4.14.]

제6조(본점 및 지점 등) ① 재단은 정관으로 정하는 바에 따라 업무구역에 본점을 둔다.
② 재단은 정관으로 정하는 바에 따라 업무구역에 지점 등을 둘 수 있다. [전문개정 2011.4.14.]

제7조(기본재산) ① 재단의 기본재산은 다음 각 호의 재원(財源)으로 조성한다.
1. 지방자치단체의 출연금
2. 금융회사등의 출연금
3. 기업의 출연금
4. 제1호부터 제3호까지 외의 자의 출연금
② 정부는 재단의 기본재산 확충을 위하여 시·도에 보조할 수 있다.
③ 금융회사등은 그 대출금에 대하여 연 비율 1천분의 1을 초과하지 아니하는 범위에서 대통령령으로 정하는 비율에 따른 금액을 재단 및 중앙회에 출연하여야 한다.
④ 제3항에 따라 금융회사등이 출연한 금액을 재단 및 중앙회에 배분하는 기준은 재단의 보증실적, 시·도 및 중앙회의 재정 상황 등을 고려하여 대통령령으로 정한다.
⑤ 제3항의 대출금의 범위, 출연의 방법 및 시기, 그 밖에 출연에 필요한 사항은 대통령령으로 정한다. [전문개정 2011.4.14.]

제8조 삭제 <2002.12.11.>

제2장 설립

제9조(설립) ① 재단을 설립하려면 특별시장·광역시장·도지사 또는 특별자치도지사(이하 "시·도지사"라 한다)가 위촉하는 15명 이내의 발기인(發起人)이 정관을 작성하여 중소기업청장의 인가를 받아야 한다.
② 재단은 시·도별로 둘 이상을 둘 수 없다.
③ 제1항에 따라 중소기업청장에게 인가를 신청할 때에는 신청서에 다음 각 호의 서류를 첨부하여야 한다.
1. 정관
2. 사업계획서
3. 발기인 동의서
4. 그 밖에 대통령령으로 정하는 서류
④ 중소기업청장은 제3항에 따른 인가신청서를 받았을 때에는 그 정관과 사업계획서에 대하여 재단 설립의 적합성을 심사하여 인가 여부를 결정한다. 이 경우 그 결정 사항은 해당 신청인에게 통지하여야 한다.

⑤ 중소기업청장은 제4항에 따라 설립인가를 하였을 때에는 지체 없이 그 사실을 고시하여야 한다.
⑥ 재단의 설립절차 및 인가 등에 관하여 필요한 사항은 대통령령으로 정한다.
[전문개정 2011.4.14.]

제10조(정관) ① 재단의 정관에는 다음 각 호의 사항이 포함되어야 한다.
1. 목적
2. 명칭
3. 업무구역
4. 본점·지점 등에 관한 사항
5. 기본재산에 관한 사항
6. 임원 및 직원에 관한 사항
7. 이사회에 관한 사항
8. 업무와 그 집행에 관한 사항
9. 회계에 관한 사항
10. 공고의 방법에 관한 사항
11. 해산(解散)에 관한 사항
12. 정관의 변경에 관한 사항
13. 그 밖에 대통령령으로 정하는 사항
② 재단이 정관을 변경하려는 경우에는 중소기업청장의 승인을 받아야 한다. 이 경우 시·도지사에게 미리 이를 보고하여야 한다.
[전문개정 2011.4.14.]

제11조(등기) ① 재단은 본점의 소재지에서 설립등기를 함으로써 성립한다.
② 제1항에 따른 설립등기와 그 밖에 등기에 필요한 사항은 대통령령으로 정한다. [전문개정 2011.4.14.]

제3장 임원

제12조(임원) 재단의 임원으로 이사장 1명, 7명 이내의 이사 및 감사 1명을 둔다. [전문개정 2011.4.14.]

제13조(임원의 직무) ① 이사장은 재단을 대표하고, 그 업무를 총괄한다.
② 감사는 재단의 업무와 회계를 감사(監査)한다.
[전문개정 2011.4.14.]

제14조(이사회) ① 이사회는 이사장과 이사로 구성하고, 이사장은 이사회의 의장이 된다.
② 이사회는 정관으로 정하는 바에 따라 이사장이 필요하다고 인정할 때 또는 재적이사 과반수가 요구할 때 소집한다.
③ 이사회는 정관으로 정하는 바에 따라 재단의 업무에 관한 중요 사항을 의결한다.
④ 이사회는 구성원 과반수의 출석으로 개의(開議)하고, 출석 구성원 과반수의 찬성으로 의결한다.
⑤ 감사는 이사회에 출석하여 의견을 진술할 수 있다.
[전문개정 2011.4.14.]

제15조(임원의 임면 등) ① 이사장은 이사회의 추천을 받아 시·도지사가 임명한다. 다만, 재단을 최초로 설립할 때에는 발기인의 추천을 받아야 한다.
② 감사는 중소기업청장과의 협의를 거쳐 시·도지사가 임명한다.
③ 이사는 이사장의 제청으로 시·도지사가 임명한다. 다만, 다음 각 호의 사람은 당연히 이사가 된다.
1. 중소기업청장이 지명하는 소속 직원 1명
2. 시·도지사가 지명하는 소속 직원 1명
④ 시·도지사는 재단의 임원이 다음 각 호의 어느 하나에 해당하면 그 임원을 해임할 수 있다.
1. 소속 재단의 정관을 위반하였을 때
2. 금고 이상의 형을 선고받았을 때
3. 파산선고를 받았을 때
4. 신체상 또는 정신상의 장애로 직무 수행이 곤란하게 되었을 때

⑤ 임원의 임기와 그 밖에 임원에 관한 사항은 정관으로 정한다.
[전문개정 2011.4.14.]

◻판례 - 재의결무효확인

【판시사항】
[1] 상위법령에 의하여 기관구성원의 임명·위촉권한이 지방자치단체의 장에게 전속적으로 부여된 경우, 조례로써 지방자치단체의 장의 임명·위촉권을 제약할 수 있는지 여부(소극)
[2] 지방자치단체의 장으로 하여금 지방자치단체가 설립한 지방공기업 등의 대표에 대한 임명권의 행사에 앞서 지방의회의 인사청문회를 거치도록 한 조례안이 지방자치단체의 장의 임명권에 대한 견제나 제약에 해당한다는 이유로 법령에 위반된다고 한 사례

【판결요지】
[1] 상위법령에서 지방자치단체의 장에게 기관구성원 임명·위촉권한을 부여하면서도 임명·위촉권의 행사에 대한 지방의회의 동의를 받도록 하는 등의 견제나 제약을 규정하고 있거나 그러한 제약을 조례 등에서 할 수 있다고 규정하고 있지 아니하는 한 당해 법령에 의한 임명·위촉권은 지방자치단체의 장에게 전속적으로 부여된 것이라고 보아야 할 것이어서 하위법규인 조례로써는 지방자치단체의 장의 임명·위촉권을 제약할 수 없다 할 것이고 지방의회의 지방자치단체 사무에 대한 비판, 감시, 통제를 위한 행정사무감사 및 조사권의 행사의 일환으로 위와 같은 제약을 규정하는 조례를 제정할 수도 없다.
[2] 지방자치단체의 장으로 하여금 지방자치단체가 설립한 지방공기업 등의 대표에 대한 임명권의 행사에 앞서 지방의회의 인사청문회를 거치도록 한 조례안이 지방자치단체의 장의 임명권에 대한 견제나 제약에 해당한다는 이유로 법령에 위반된다고 한 사례.
[대법원, 2003추44, 2004.7.22]

제16조(대리인의 선임) 이사장은 이사 또는 직원 중에서 재단의 업무에 관하여 재판상 또는 재판 외의 모든 행위를 할 권한이 있는 대리인을 선임(選任)할 수 있다. [전문개정 2011.4.14.]

제4장 업무

제17조(업무) 재단은 다음 각 호의 업무를 수행한다.
1. 기본재산의 관리
2. 신용보증
3. 신용조사 및 신용정보의 관리
4. 경영지도
5. 구상권의 행사
6. 제2호 및 제3호의 업무에 부수되는 업무로서 중소기업청장의 승인을 받은 것
7. 제1호·제4호 및 제5호의 업무에 부수되는 업무로서 시·도지사의 승인을 받은 것
8. 국가, 지방자치단체, 공공기관 등이 위탁하는 사업 중 소기업등 지원 또는 그에 부수되는 사업으로서 중소기업청장 또는 시·도지사의 승인을 받은 사업
9. 다른 법령에서 재단의 사업으로 정하는 사업
[전문개정 2011.4.14.]

제18조(업무방법서) 재단은 신용보증에 관하여 보증방법, 보증 제한업종, 보증기간 및 보증료, 보증채무의 이행, 구상권의 행사, 그 밖에 재단의 업무 수행에 필요한 사항을 적은 업무방법서를 작성하여 이사회의 의결을 거쳐 중소기업청장의 승인을 받아야 하며, 시·도지사에게 미리 이를 보고하여야 한다. 이를 변경할 때에도 또한 같다.
[전문개정 2011.4.14.]

제19조(보증의 한도) ① 재단의 신용보증 총액의 한도는 재단의 기본재산과 이월이익금(移越利益金)의 합계액의 15배를 초과하지 아니하는 범위에서 대통령령으로 정한다.
② 재단이 같은 소기업등에 대하여 신용보증할 수 있는 금액의 최고한도는 대통령령으로 정한다.
[전문개정 2011.4.14.]

제20조(보증책임) 재단이 신용보증하는 금전채무의 범위는 소기업등이 금융회사등으로부터 받을 대출액·급부액 등의 범위에서 대통령령으로 정한다.
[전문개정 2011.4.14.]

제21조(우선적 보증) 재단은 다음 각 호의 자에게 우선적으로 신용보증을 하여야 한다.
1. 소기업
2. 소상공인
3. 정부 또는 지방자치단체가 조성한 자금 중 대통령령으로 정하는 자금을 추천받은 중소기업
[전문개정 2011.4.14.]

제22조(업무계획) ① 재단은 사업연도마다 업무계획을 수립한 후 이사회의 의결을 거쳐 사업연도가 시작되기 1개월 전까지 중소기업청장과 시·도지사에게 각각 제출하여야 한다.
② 재단이 업무계획을 변경하려는 경우에도 이사회의 의결을 거쳐 중소기업청장과 시·도지사에게 이를 제출하여야 한다.
[전문개정 2011.4.14.]

제23조(보증관계의 성립) ① 재단이 소기업등에 대하여 신용보증을 하기로 결정하였을 때에는 그 뜻을 그 소기업등과 채권자가 될 자에게 통지하여야 한다.
② 신용보증관계는 제1항에 따라 통지를 받은 소기업등과 채권자 간에 주된 채권채무관계의 성립과 동시에 성립한다.
③ 제1항에 따른 통지가 있은 날부터 60일 내에 주된 채권채무관계가 성립하지 아니하면 그 신용보증관계는 성립하지 아니한다.
[전문개정 2011.4.14.]

제24조(보증채무의 이행) ① 채권자는 대통령령으로 정하는 사유가 발생하였을 때에는 재단에 대하여 그 보증채무의 이행을 청구할 수 있다.
② 재단은 제1항에 따른 보증채무의 이행청구를 받았을 때에는 주채무와 대통령령으로 정하는 종속채무를 이행하여야 한다.
[전문개정 2011.4.14.]

제25조(구상권의 행사) ① 재단은 보증채무를 이행하였을 때에는 구상권을 행사할 수 있다.
② 재단이 보증채무를 이행하였을 때에는 채권자는 재단이 구상권을 행사하는 데에 필요한 서류를 지체 없이 재단에 보내고 그 구상권 행사에 적극 협력하여야 한다.
③ 다음 각 호의 어느 하나에 해당하는 경우에는 이사회의 의결을 거쳐 소기업등에 대한 구상권 행사를 유예할 수 있다.
1. 소기업등의 재산이 구상권의 행사에 따른 비용에 충당하고 나머지가 생길 여지가 없다고 인정될 때
2. 구상권의 행사를 유예함으로써 장래 소기업등의 채무상환 능력이 증가될 수 있다고 인정될 때
④ 재단은 제3항제2호에 따라 구상권의 행사를 유예하였을 때에는 해당 소기업등에 재단의 임원 또는 직원을 파견하여 그 경영에 참여하게 할 수 있다.
[전문개정 2011.4.14.]

제25조의2(구상채권의 매각) 재단은 구상채권의 효율적인 회수와 관리를 위하여 필요하다고 인정하는 경우에는 이사회의 의결을 거쳐 다음 각 호의 자에게 구상채권을 매각할 수 있다.
1. 「기업구조조정투자회사법」에 따른 기업구조조정투자회사
2. 「산업발전법」(법률 제9584호

산업발전법 전부개정법률로 개정
되기 전의 것을 말한다) 제15조
에 따라 등록된 기업구조조정조합
3. 그 밖에 부실채권의 매입·관리를
전문적으로 하는 자로서 대통령령
으로 정하는 자
[전문개정 2011.4.14.]

제26조(채권자의 의무) 채권자는 다음
각 호의 어느 하나에 해당하는 때에
는 지체 없이 이를 재단에 통지하여
야 한다.
1. 주된 채권채무관계가 성립하였을 때
2. 채무의 전부 또는 일부가 소멸하
였을 때
3. 채무자가 기한의 이익을 상실하였
을 때
4. 채무자가 채무를 이행하지 아니하
였을 때
5. 그 밖에 보증채무에 영향을 미칠 우
려가 있는 사유가 발생하였을 때
[전문개정 2011.4.14.]

제27조(보증료 등) ① 재단은 신용보증
을 받은 소기업등으로부터 그 보증금
액에 대하여 대통령령으로 정하는 바
에 따라 신용도 등을 고려하여 보증
료를 징수한다.
② 재단은 신용보증을 받은 소기업등이
기한까지 그 채무를 이행하지 아니하
여 보증채무의 이행책임이 해제되지
아니한 경우에는 그 소기업등으로부터
보증한 채무 중 이행되지 아니한 금액
에 대하여 대통령령으로 정하는 바에
따라 추가보증료를 징수한다.
③ 재단은 신용보증을 받은 소기업등
이 보증료의 지급기한까지 보증료를
지급하지 아니하였을 때에는 미지급
보증료에 대하여 대통령령으로 정하
는 바에 따라 연체보증료를 징수한다.
[전문개정 2011.4.14.]

제28조(손해금) 재단이 보증채무를 이
행하였을 때에는 그 이행한 금액에
대하여 해당 소기업등으로부터 연이
율 100분의 25를 초과하지 아니하
는 범위에서 대통령령으로 정하는 바
에 따라 손해금을 징수한다.
[전문개정 2011.4.14.]

제5장 회계

제29조(사업연도) 재단의 사업연도는
정부의 회계연도에 따른다.
[전문개정 2011.4.14.]

제30조(예산과 결산) ① 재단은 사업연
도마다 총수입과 총지출을 예산으로
편성하여 사업연도가 시작되기 1개월
전까지 중소기업청장에게 제출하여 사
업연도가 시작되기 전까지 승인을 받
아야 한다. 이를 변경하려는 경우에도
중소기업청장의 승인을 받아야 한다.
② 재단은 사업연도마다 결산보고서,
대차대조표, 손익계산서 및 기본재산
계산서를 작성하여 해당 연도가 지
난 날부터 2개월 내에 시·도지사에
게 제출하여야 한다.
[전문개정 2011.4.14.]

제30조의2(회계처리의 구분) 재단은
개인신용보증회계를 다른 회계와 구
분하여 회계처리하여야 하며, 개인신
용보증회계는 개인신용보증계정과 재
산담보부 생계비용자보증계정으로 구
분한다. [전문개정 2011.4.14.]

제31조(여유금의 운용) 재단의 기본재
산은 업무의 운영에 필요한 지출에
충당하고, 그 여유금은 다음 각 호의
방법으로 운용한다.
1. 금융회사등에 예치(預置)

2. 국채, 지방채 및 정부 또는 지방자치단체가 지급을 보증한 채권의 매입
3. 금융회사등이 발행하거나 지급을 보증하는 채권의 매입
[전문개정 2011.4.14.]

제32조(업무특약) 재단은 특정 금융회사등, 신용보증기금 또는 기술신용보증기금과 보증책임의 일부를 부담하는 것을 조건으로 여유금의 운용 등에 관한 업무특약을 체결할 수 있다.
[전문개정 2011.4.14.]

제33조(결손보전) 재단의 결산에서 손실금이 기본재산을 초과하는 경우에는 시·도가 그 예산에서 정하는 바에 따라 이를 보전할 수 있다.
[전문개정 2011.4.14.]

제6장 해산

제34조(해산) ① 재단은 다음 각 호의 어느 하나에 해당하는 사유가 있을 때에는 해산한다.
1. 합병 또는 파산
2. 정관으로 정한 해산 사유의 발생
② 재단이 제1항제1호의 사유로 합병 결의 또는 파산신청을 하려는 경우에는 중소기업청장의 승인을 받아야 한다. 이 경우 시·도지사에게 미리 이를 보고하여야 한다.
[전문개정 2011.4.14.]

제7장 신용보증재단중앙회

제35조(설치) ① 서민의 복리 증진에 이바지하기 위하여 개인이 부담하는 채무에 대한 신용보증 업무를 수행하고, 개별 재단의 공동이익 증진과 건전한 발전을 도모하기 위하여 재단을 구성원으로 하는 신용보증재단중앙회를 둔다.
② 중앙회는 법인으로 한다.
③ 중앙회는 다음 각 호의 업무를 수행한다.
1. 신용보증·신용조사 기법의 연구·개발·보급과 신용정보의 관리
2. 대외기관과의 업무 협조에 관한 사항
3. 재단의 공동사업 및 업무 개선에 관한 사항
4. 재단으로부터 위탁받은 채무자에 대한 채권 회수 업무
5. 재단의 임직원에 대한 교육·연수
6. 재단에 대한 재보증에 관한 사항
7. 국가, 지방자치단체, 공공기관 등이 위탁하는 사업 중 소기업등 지원 또는 그에 부수되는 사업으로서 중소기업청장의 승인을 받은 사업
8. 다른 법령에서 중앙회의 사업으로 정하는 사업
9. 개인이 부담하는 채무에 대한 신용보증 및 구상권 행사 등의 업무
10. 제1호부터 제9호까지의 업무에 부수되는 업무로서 중소기업청장의 승인을 받은 사항
④ 중앙회의 설립절차와 그 밖에 필요한 사항은 대통령령으로 정한다.
⑤ 중소기업청장은 재단과 관련된 업무를 원활하게 수행하기 위하여 필요한 경우 중앙회에 업무의 일부를 위탁할 수 있다.
[전문개정 2011.4.14.]

제35조의2(정관) ① 중앙회의 정관에 포함하여야 할 사항은 대통령령으로 정한다.
② 중앙회의 정관은 중소기업청장의 승인을 받아야 한다. 이를 변경하려는 경우에도 또한 같다.
[전문개정 2011.4.14.]

제35조의3(임원) ① 중앙회에 임원으로 회장 1명, 전무이사 1명, 5명 이

내의 이사 및 감사 1명을 둔다.
② 회장과 감사는 이사회의 추천을
받아 중소기업청장이 임명한다.
③ 전무이사 및 이사는 중소기업청장
의 승인을 받아 회장이 임명한다.
④ 임원의 임명권자는 임원이 제15조
제4항 각 호의 어느 하나에 해당하
면 그 임원을 해임한다.
⑤ 임원의 직무, 임기 등에 관하여
필요한 사항은 정관으로 정한다.
[전문개정 2011.4.14.]

제35조의4(조직 등) ① 중앙회에 총회
및 이사회를 둔다.
② 총회 및 이사회의 구성·운영 등
에 필요한 사항은 중앙회의 정관으
로 정한다.
[전문개정 2011.4.14.]

제35조의5(재보증 등) ① 중앙회가 재
보증을 하는 경우에는 개별 재단과
계약을 체결하여야 한다.
② 제1항에 따른 계약에는 재보증 한
도액, 재보증 기간 및 재보증 요건
등에 관한 사항이 포함되어야 하며,
계약의 방식은 재보증계약에 따른
재보증 한도액 및 재보증 기간의 범
위에서 재보증 요건을 충족하는 재
단의 보증을 재보증하는 포괄약정방
식으로 한다.
③ 재보증 업무 및 신용보증 업무를 원
활하게 수행하기 위하여 중앙회에 운영
위원회(이하 "위원회"라 한다)를 둔다.
④ 위원회의 구성 및 운영 등에 필요
한 사항은 대통령령으로 정한다.
⑤ 중앙회의 재보증금액은 재단의 보
증금액에 대통령령으로 정하는 비율
(이하 "재보증비율"이라 한다)을 곱
하여 산출한 금액으로 한다.
⑥ 중앙회는 재보증 방법, 재보증 제
한업종, 재보증 기간 및 재보증료,
재보증채무의 이행, 구상권의 행사,
그 밖에 재보증 업무를 수행하기 위

하여 필요한 사항을 적은 재보증 업
무방법서를 작성하여 위원회의 의결
을 거쳐 중소기업청장의 승인을 받
아야 한다. 이를 변경하려는 경우에
도 또한 같다.
⑦ 재보증 계약방법, 재보증 한도액,
재보증료, 재보증채무의 이행청구, 대
위변제금(代位辨濟金)의 회수, 그 밖
에 재보증 업무를 수행하기 위하여 필
요한 사항은 대통령령으로 정한다.
[전문개정 2011.4.14.]

제35조의6(기본재산 등) ① 중앙회의
재보증 및 신용보증을 위한 기본재산
은 다음 각 호의 재원으로 조성한다.
1. 정부의 출연금
2. 금융회사등, 기업 등의 출연금
3. 사업의 수익금
② 제1항의 기본재산은 재보증 및 신
용보증 업무의 운영에 필요한 지출
에 충당하고, 그 여유금의 운용방법
은 제31조를 준용한다.
③ 제1항제1호의 정부의 출연금 중
제35조의7제2항에 따른 개인신용보
증계정과 재산담보부 생계비용자보증
계정의 출연금의 예산은 각각 중소기
업청과 보건복지부 소관으로 한다.
[전문개정 2011.4.14.]

제35조의7(회계처리의 구분 등) ① 중
앙회의 회계연도는 정부의 회계연도
에 따른다.
② 중앙회는 재보증회계와 신용보증
회계를 다른 회계와 구분하여 회계
처리하여야 하며, 신용보증회계는 개
인신용보증계정과 재산담보부 생계
비용자보증계정으로 구분한다.
[전문개정 2011.4.14.]

제35조의8(정부의 책무) 정부는 「신
용보증기금법」 제23조의2, 「기술
신용보증기금법」 제28조의2 및 이
법 제35조의5에 따른 재보증비율의

증가 등 재단의 건실한 운영을 위하여 노력하여야 한다.
[전문개정 2011.4.14.]

제35조의9(준용규정) 중앙회에 관하여는 제16조, 제18조부터 제20조까지, 제23조, 제24조, 제25조제1항부터 제3항까지, 제25조의2, 제26조부터 제28조까지 및 제33조를 준용한다. 이 경우 "재단"은 "중앙회"로, "이사장"은 "회장"으로, "이사회"는 "운영위원회"로, "시·도"는 "정부"로 보고, 제18조 중 "중소기업청장의 승인을 받아야 하며, 시·도지사에게 미리 이를 보고하여야 한다"는 "중소기업청장의 승인을 받아야 한다"로 본다.
[전문개정 2011.4.14.]

제8장 보칙

제36조(감독) ① 중소기업청장은 재단 및 중앙회의 업무를 감독하고 감독에 필요한 명령을 할 수 있다. 다만, 제17조제1호·제4호·제5호 및 제7호의 업무에 대하여는 시·도지사가 감독을 하고 감독에 필요한 명령을 할 수 있다.
② 보건복지부장관은 제35조의6제3항에 따른 재산담보부 생계비융자보증계정의 예산 업무와 관련하여 중소기업청장에게 재단 및 중앙회 업무의 감독을 요청할 수 있다.
[전문개정 2011.4.14.]

제37조(자료 제출 등) ① 중소기업청장은 이 법의 목적을 달성하기 위하여 필요할 때에는 재단, 중앙회 또는 제40조제3항 및 제4항에 따라 재단 및 중앙회로부터 업무를 수탁한 자에게 자료 제출 등을 요구할 수 있다. 다만, 수탁자에게는 그 위탁한 업무의 범위에 한정하여 요구할 수 있다.

② 보건복지부장관은 제35조의6제3항에 따른 재산담보부 생계비융자보증계정의 신용보증 업무와 관련하여 재단 및 중앙회에 자료 제출 및 시정을 요구할 수 있다.
[전문개정 2011.4.14.]

제37조의2(자료 제공의 요청) ① 재단 및 중앙회는 국가, 지방자치단체, 「국민연금법」에 따른 국민연금공단, 「국민건강보험법」에 따른 국민건강보험공단 및 「산업재해보상보험법」에 따른 근로복지공단, 그 밖의 공공단체에 제17조제3호·제5호 및 제35조제3항제4호·제9호·제10호에 따른 업무를 수행하기 위하여 필요한 자료의 제공을 요청할 수 있다.
② 제1항에 따라 자료의 제공을 요청받은 자는 정당한 사유가 없으면 이에 따라야 한다.
[전문개정 2011.4.14.]

제38조(배상책임) ① 재단의 임원이 법령 또는 정관을 위반한 행위를 하거나 그 임무를 게을리하여 재단에 손해를 발생하게 하였을 때에는 그 임원은 재단에 대하여 연대하여 그 손해를 배상할 책임을 진다.
② 재단의 신용보증 업무에 종사하는 사람이 그 업무 처리에 있어 고의 또는 중대한 과실로 재단에 손해를 발생하게 하였을 때에는 그 손해를 배상할 책임을 진다. 이 경우 고의로 손해를 발생하게 한 경우를 제외하고는 그 책임을 경감할 수 있다.
[전문개정 2011.4.14.]

제39조(다른 법률과의 관계) 재단은 「신용정보의 이용 및 보호에 관한 법률」 제4조제2항에 따라 신용정보업의 허가를 받을 수 있다.
[전문개정 2011.4.14.]

제40조(위임 등) ① 제17조제6호 및 제30조제1항에 따른 중소기업청장의 권한은 그 전부 또는 일부를 시·도지사에 위임할 수 있다.

② 중소기업청장은 필요하다고 인정하는 경우에는 제36조에 따른 재단에 대한 감독권의 일부를 시·도지사에게 위임할 수 있다.

③ 재단은 그 업무의 일부를 대통령령으로 정하는 바에 따라 금융회사 등, 중앙회, 「금융기관부실자산 등의 효율적 처리 및 한국자산관리공사의 설립에 관한 법률」 제6조에 따른 한국자산관리공사 또는 「신용정보의 이용 및 보호에 관한 법률」 제2조제5호에 따른 신용정보회사에 위탁할 수 있다.

④ 중앙회의 회장은 신용보증 업무의 전부 또는 일부를 대통령령으로 정하는 바에 따라 금융회사등, 「금융기관부실자산 등의 효율적 처리 및 한국자산관리공사의 설립에 관한 법률」 제6조에 따른 한국자산관리공사 또는 「신용정보의 이용 및 보호에 관한 법률」 제2조제5호에 따른 신용정보회사에 위탁할 수 있다.

⑤ 제3항 및 제4항에 따라 업무를 수탁한 자는 신의성실의 원칙에 따라 업무를 처리하여야 하며, 그 업무에 대하여 재단 및 중앙회를 갈음하여 모든 재판상 또는 재판 외의 행위를 할 수 있다. 다만, 신용정보회사의 경우에는 재판 외의 행위만 할 수 있다. [전문개정 2011.4.14.]

제41조(유사명칭의 사용 금지) 이 법에 따른 재단이 아닌 자는 신용보증재단 또는 이와 유사한 명칭을 사용하지 못한다. [전문개정 2011.4.14.]

제42조(벌칙 적용 시의 공무원 의제) 재단의 임원은 「형법」이나 그 밖의 법률에 따른 벌칙을 적용할 때에는 공무원으로 본다. [전문개정 2011.4.14.]

제9장 벌칙

제43조(과태료) ① 제41조를 위반한 자에게는 500만원 이하의 과태료를 부과한다.

② 제1항에 따른 과태료는 중소기업청장이 부과·징수한다. [전문개정 2011.4.14.]

부칙
<제6022호, 1999.9.7.>

제1조 (시행일) 이 법은 2000년 3월 1일부터 시행한다.

제2조 (신용보증조합에 관한 경과조치) ①이 법 시행당시 중소기업에 대한 신용보증업무를 수행할 목적으로 민법 제32조의 규정에 의하여 중소기업청장의 허가를 받아 시·도별로 설립된 신용보증조합(이하 "조합"이라 한다)은 당해조합의 정관이 정하는 바에 따라 재단법인은 이사회의 결의로써, 사단법인은 총회의 결의로써 그의 모든 재산과 권리·의무를 제9조의 규정에 의하여 설립되는 재단이 승계할 수 있도록 중소기업청장에게 승인을 신청할 수 있다.

②제1항의 규정에 의하여 승인을 얻은 조합은 이 법에 의한 재단의 설립과 동시에 민법중 법인의 해산 및 청산에 관한 규정에 불구하고 해산된 것으로 보며, 조합의 모든 재산과 권리·의무는 이 법에 의하여 설립된 재단이 포괄승계한다. 이 경우 재산과 권리·의무에 대한 등기부 및 기타 공부상의 조합의 명의는 재단

의 명의로 본다.

③이 법 시행당시 신용보증업무와 관련하여 조합에 납부된 조합비와 출연금등은 재단에 납부되거나 출연된 것으로 본다.

제3조 (다른 법률의 개정) ①신용보증 기금법중 다음과 같이 개정한다.

제23조의2제1항중 "지방소재중소기업에 대한 신용보증을 목적으로 하여 설립한 단체로서 대통령령이 정하는 자 (이하 "원보증자"라 한다)와"를 "지역 신용보증재단법에 의한 신용보증재단 (이하 "원보증자"라 한다)과"로 한다.

②신기술사업금융지원에관한법률중 다음과 같이 개정한다.

제28조의2제1항중 "지방소재중소기업에 대한 신용보증을 목적으로 하여 설립한 단체로서 대통령령이 정하는 자(이하 "원보증자"라 한다)와"를 "지역신용보증재단법에 의한 신용보증재단(이하 "원보증자"라 한다)과"로 한다.

③중소기업의구조개선및경영안정지원을위한특별조치법중 다음과 같이 개정한다.

제2조제7호 및 제9조를 각각 삭제한다.

④신용정보의이용및보호에관한법률중 다음과 같이 개정한다.

제4조제2항에 제2호의2를 다음과 같이 신설한다.

2의2. 지역신용보증재단법에 의하여 설립된 신용보증재단

부칙
<제13086호, 2015.1.28.>
(소상공인 보호 및 지원에 관한 법률)

제1조(시행일) 이 법은 2015년 5월 28일부터 시행한다. <단서 생략>
제2조부터 제6조까지 생략

제7조(다른 법률의 개정) ①부터 ⑥까지 생략

⑦ 지역신용보증재단법 일부를 다음과 같이 개정한다.

제2조제2호 중 "「소기업 및 소상공인 지원을 위한 특별조치법」 제2조 제2호에 따른 소상공인"을 "「소상공인 보호 및 지원에 관한 법률」 제2조에 따른 소상공인"으로 한다.

제8조 생략

지역신용보증재단법
시행령

[시행 2014.12.31.]
[대통령령 제25945호, 2014.12.30., 타법개정]

제1조(목적) 이 영은 「지역신용보증재단법」에서 위임된 사항과 그 시행에 필요한 사항을 규정함을 목적으로 한다.
[전문개정 2012.8.3.]

제2조(개인의 범위) 「지역신용보증재단법」(이하 "법"이라 한다) 제2조제3호에서 "대통령령으로 정하는 사람"이란 국내에 거주하는 대한민국 국민으로서 다음 각 호의 어느 하나에 해당하는 사람을 말한다.
1. 법 제35조의7제2항에 따른 개인신용보증계정 사업의 경우: 신용도 및 소득 등이 중소기업청장이 정하여 고시하는 기준에 해당하는 사람
2. 법 제35조의7제2항에 따른 재산담보부 생계비융자보증계정 사업의 경우: 재산 및 소득이 보건복지부장관이 정하여 고시하는 기준에 해당하는 사람
[전문개정 2012.8.3.]

제3조(금융회사등) 법 제2조제4호바목에서 "대통령령으로 정하는 자"란 다음 각 호의 자를 말한다.
1. 「여신전문금융업법」에 따른 여신전문금융회사
2. 「자본시장과 금융투자업에 관한 법률」에 따른 종합금융회사
3. 「농업협동조합법」에 따른 농업협동조합 및 농협은행
4. 「수산업협동조합법」에 따른 수산업협동조합 및 수산업협동조합중앙회
5. 「상호저축은행법」에 따른 상호저축은행
6. 「한국농수산식품유통공사법」에 따른 한국농수산식품유통공사
7. 「중소기업진흥에 관한 법률」 제68조에 따른 중소기업진흥공단
8. 「새마을금고법」에 따른 새마을금고
9. 「신용협동조합법」에 따른 신용협동조합
10. 「중소기업협동조합법」 제3조제1항제4호에 따른 중소기업중앙회. 다만, 「중소기업협동조합법」 제111조에 따른 중소기업공제사업기금과 관련된 대출을 하는 경우만 해당한다.
11. 「산림조합법」에 따른 산림조합
[전문개정 2012.8.3.]

제4조(신용보증 대상이 되는 그 밖의 금전채무) 법 제2조제5호다목에 따라 법 제9조에 따른 신용보증재단(이하 "재단"이라 한다)과 법 제35조에 따른 신용보증재단중앙회(이하 "중앙회"라 한다)가 보증할 수 있는 금전채무는 다음 각 호와 같다.
1. 「지역균형개발 및 지방중소기업 육성에 관한 법률」 제40조에 따른 지방중소기업 육성계획(이하 "지방중소기업육성계획"이라 한다)에 해당하는 중소기업, 소기업, 소상공인 및 개인(이하 "소기업등"이라 한다)이 부담하여야 하는 국세 및 지방세
2. 소기업등이 상거래에 수반하여 발행[인수와 배서(背書)를 포함한다]한 어음상의 채무와 상거래에 수반하여 취득한 어음에 자금 융통 등을 위하여 배서한 어음상의 채무
3. 소기업등이 시설 대여를 받음으로써 부담하는 채무
4. 소기업등이 공사, 물품의 공급, 용역의 제공 등을 위한 계약(입찰을 포함한다)의 체결에 수반하여 부담하는 각종 보증금의 지급채무

5. 그 밖의 금전채무로서 중소기업청장이 정하여 고시하는 채무

[전문개정 2012.8.3.]

제5조(업무구역) 재단은 다음 각 호의 어느 하나에 해당하는 경우에는 재단의 업무구역 외의 특별시·광역시·도 또는 특별자치도의 소기업등에 대해서도 보증 업무를 수행할 수 있다.
1. 재해로 인하여 긴급지원이 필요하다고 중소기업청장이나 특별시장·광역시장·도지사 또는 특별자치도지사(이하 "시·도지사"라 한다)가 인정하는 경우
2. 지방자치단체의 관할구역이 변경되거나 지역경제의 활성화를 위하여 관할 시·도지사가 필요하다고 인정하는 경우

[전문개정 2012.8.3.]

제5조의2(대출금의 범위) ① 법 제2조제4호가목부터 마목까지의 규정에 따른 금융회사등(이하 "은행등"이라 한다)의 법 제7조제3항에 따른 대출금의 범위는 제1호의 대출금에서 제2호의 대출금을 제외한 대출금으로 한다. <개정 2014.12.30.>
1. 대차대조표의 계정과목 중 다음 각 목의 어느 하나에 해당하는 대출금
   가. 은행계정 중 대출채권
   나. 신탁계정 중 다음의 어느 하나에 해당하는 것
      1) 대출금
      2) 사모사채(사모사채, 기업으로부터 직접 매입한 것만 해당한다)
      3) 매입어음(기업으로부터 직접 매입한 기업어음만 해당한다)
      4) 신용카드채권(기업구매전용카드와 기업판매전용카드의 대금채권만 해당한다)
   다. 종금계정(綜金計定) 중 다음의 어느 하나에 해당하는 것

   1) 할인어음
   2) 할인무역어음
   3) 팩토링어음
   4) 지급보증대지급금
   5) 어음관리계좌 운용자산
2. 다음 각 목의 어느 하나에 해당하는 대출금
   가. 은행계정의 대출채권 과목 중 다음의 어느 하나에 해당하는 대출금
      1) 원화대출금 중 다음의 어느 하나에 해당하는 대출금
         가) 기업자금대출금 중 시설자금대출금
         나) 가계자금대출금
      2) 외화대출금 중 다음의 어느 하나에 해당하는 대출금
         가) 시설자금대출금
         나) 금융회사등이 외국에 설치한 지점·대리점, 그 밖의 영업소 또는 사무소가 현지에서 대출한 대출금
         다) 수입대금 결제를 위하여 수입기업과 거래하는 금융회사등이 그 기업의 상대방에게 직접 송금하는 방식으로 이루어지는 수입기업에 대한 대출금으로서 상환기간이 1년 이하인 것
      3) 내국수입 유산스(usance)
      4) 역외(域外) 외화대출금
      5) 콜론(call loan)
      6) 매입어음(기업으로부터 직접 매입한 기업어음은 제외한다)
      7) 매입외환
      8) 신용카드채권(기업구매전용카드와 기업판매전용카드의 대금채권은 제외한다)
      9) 직불카드채권(기업구매전용카드와 기업판매전용카드의 대금채권은 제외한다)
      10) 환매조건부채권 매수
      11) 팩토링채권(금융회사등이 외상

매출채권의 양도인에게 상환청
구권을 행사할 수 있는 것으로
약정된 것은 제외한다)
12) 출자전환채권
13) 금대출(金貸出)
나. 신탁계정의 대출금 과목 중 다
음의 어느 하나에 해당하는
대출금
1) 기업자금대출금 중 시설자금
대출금
2) 가계자금대출금
다. 종금계정의 할인어음과 어음관
리계좌 운용자산 과목 중 다
음의 어느 하나에 해당하는
대출금
1) 할인어음 중 매입한 날부터 5
영업일 이내에 매도하는 것
2) 어음관리계좌 운용자산 과목
중 다음의 어느 하나에 해
당하는 것
가) 어음관리계좌 할인어음 중
매입한 날부터 5영업일 이
내에 매도하는 것
나) 어음관리계좌 유가증권
다) 어음관리계좌 예금
라) 어음관리계좌의 그 밖의
운용자산
라. 국가 또는 지방자치단체 및 공
공단체로부터 대출받은 자금
이나 기금을 재원으로 하는
재정자금대출금 및 공공기금
대출금
마. 차관자금대출금
바. 금융회사등 간의 대출금
사. 「한국수출입은행법」 제18조에
따른 한국수출입은행의 대출금
아. 「한국주택금융공사법」 제56
조제4항 및 제59조의3제4항
에 따라 총리령으로 정하는
대출금
자. 「금융회사부실자산 등의 효율
적 처리 및 한국자산관리공사
의 설립에 관한 법률」 제38

조에 따라 설치된 부실채권정
리기금에 대한 대출금
차. 「예금자보호법」 제24조제1항
에 따라 설치된 예금보험기금
에 대한 대출금
카. 「무역보험법」 제30조에 따라
설치된 무역보험기금에 대한
대출금
타. 제3조제1호·제2호·제6호·
제7호 및 제10호에 따른 금
융회사등의 대출금
파. 기업의 투자 촉진을 위한 특별
설비자금 대출금
하. 기업의 설비투자를 지원하기 위
한 대출금 중 외화자금을 재원
으로 하는 원화대출금으로서
기획재정부장관이 정하는 것
거. 중소기업의 구조개선사업에 지
원되는 대출금 중 기획재정부
장관이 정하는 것
너. 「조세특례제한법」 제63조의2
제1항에 따른 지방이전법인에
대한 대출금 중 한국산업은행
으로부터의 차입금을 재원으
로 하는 대출금
더. 법률 제3930호 근로자의주거안
정과목돈마련지원에관한법률
제45조제1항에 따른 재산형성
저축가입자에 대한 대출금
러. 법률 제5584호 조세감면규제
법개정법률 부칙 제12조제2
항에 따른 합리화대상기업에
대한 대출금 중 이자가 감면
되거나 이자의 징수가 유예되
는 대출금
머. 생계형 금융채무 불이행자의 신
용회복을 지원하기 위하여 한
국은행으로부터의 차입금을 재
원으로 하여 「금융회사부실자
산 등의 효율적 처리 및 한국
자산관리공사의 설립에 관한
법률」에 따른 한국자산관리공
사(이하 "한국자산관리공사"라

한다)에 대출하는 대출금

버. 종전의 한국정책금융공사(법률 제12663호 한국산업은행법 전부개정법률 부칙 제2조에 따라 폐지되기 전의 「한국정책금융공사법」에 따른 한국정책금융공사를 말한다)로부터 대출받은 자금을 재원으로 하는 대출금

서. 「한국산업은행법」에 따른 한국산업은행(이하 "한국산업은행"이라 한다)으로부터 대출받은 자금(법률 제12663호 한국산업은행법 전부개정법률의 시행일 이후 대출받은 자금으로 한정한다)을 재원으로 하는 대출금

어. 서목에 따른 대출금의 재원이 되는 한국산업은행의 대출금

저. 법률 제12663호 한국산업은행법 전부개정법률 부칙 제6조 제2항에 따라 합병으로 한국산업은행이 한국정책금융공사로부터 승계한 대출채권의 대출금(합병등기일 전에 한국정책금융공사가 대출계약을 체결한 경우로서 합병등기일 이후 그 대출계약에 따라 한국산업은행이 한 대출금을 포함한다)

처. 은행의 자본을 확충하기 위하여 한국은행으로부터의 차입금이나 자체 자금을 재원으로 하여 한국자산관리공사 또는 한국자산관리공사가 출자한 회사에 대출하는 대출금

② 금융회사등 중 농업협동조합, 수산업협동조합, 상호저축은행, 새마을금고, 신용협동조합 및 산림조합(이하 "농업협동조합등"이라 한다)의 법 제7조제3항에 따른 대출금의 범위는 다음 각 호의 대출금을 합한 금액으로 한다.

1. 일반자금대출금
2. 자립예탁금대출금 또는 예탁금대출금
3. 종합통장대출금
4. 상호금융 중기자금대출금

③ 제1항 각 호의 대출금에 대한 판정은 금융회사등이 「은행법」 제43조의2, 「한국산업은행법」 제34조 및 제36조, 「중소기업은행법」 제46조 및 제48조, 그 밖의 관련 법령에 따라 「금융위원회의 설치 등에 관한 법률」에 따른 금융감독원에 제출하는 대차대조표 및 그 계정과목을 기준으로 한다. <개정 2014.12.30.>

④ 제2항 각 호의 대출금에 대한 판정은 「농업협동조합법」 제63조, 「수산업협동조합법」 제66조, 「상호저축은행법」 제25조의6, 「새마을금고법」 제33조, 「신용협동조합법」 제47조, 「산림조합법」 제54조의 회계처리기준에 따라 작성되는 대차대조표 및 그 계정과목을 기준으로 한다.

[전문개정 2012.8.3.]

제5조의3(출연의 비율·시기 및 방법 등) ① 금융회사등은 법 제7조제3항에 따라 매월 말 현재 제5조의2제1항 및 제2항에 따른 대출금의 월중 평균 잔액에 대하여 별표의 출연요율에 해당하는 금액을 재단 및 중앙회에 출연하여야 한다. 다만, 농업협동조합등은 해당 농업협동조합등이 소속된 농업협동조합중앙회, 수산업협동조합중앙회, 상호저축은행중앙회, 새마을금고중앙회, 신용협동조합중앙회, 산림조합중앙회(이하 이 조에서 "농업협동조합중앙회등"이라 한다)를 거쳐 재단 및 중앙회에 출연하여야 한다.

② 금융회사등은 제1항에 따라 출연하는 매월분의 출연금을 다음 달 말일까지 중앙회에 납부하여야 한다.

③ 금융회사등은 제2항에 따라 출연금을 납부할 때에는 다음 각 호의 서류를 중앙회에 제출하여야 한다. 다만, 농업협동조합등은 농업협동조

합중앙회등을 거쳐 중앙회에 제출하
여야 한다.
1. 출연금계산서
2. 월중 평균잔액을 증명하는 서류
3. 다음 각 목의 구분에 따른 대출금
   의 명세서
   가. 은행등: 제5조의2제1항제2호 각
       목에 따른 대출금의 명세서
   나. 농업협동조합등: 제5조의2제2항
       각 호에 따른 대출금의 명세서
4. 그 밖에 중소기업청장이 정하여
   고시하는 서류
④ 금융회사등은 제2항에도 불구하고
재단과 중앙회가 공동으로 출연 대
상금액, 수납시기 및 사후 정산방법
등에 대하여 중소기업청장의 승인을
받아 해당 금융회사등에 요청하는
경우에는 장래에 납부할 출연금을
미리 납부할 수 있다.
⑤ 농업협동조합등이 재단 및 중앙회
에 출연하는 기간은 출연 시작일부
터 10년 이내로 한다.
⑥ 농업협동조합등의 출연 종료일은
중소기업청장이 따로 정하여 고시하
되, 출연 종료일 3개월 전에 농업협
동조합중앙회등에 통보한다.
[전문개정 2012.8.3.]

제5조의4(출연금의 배분 기준 및 시기)
① 은행등이 제5조의3에 따라 납부
한 출연금의 배분기준은 다음 각 호
의 구분에 따른다.
1. 출연금 총액 중 재단과 중앙회에
   대한 배분기준은 다음 각 목의 사
   항을 고려하여 중소기업청장이 정
   하여 고시한다.
   가. 법 제35조의6제1항제1호에 따
       라 정부가 중앙회에 출연하는
       출연금의 규모
   나. 재단에 대한 재보증으로 인하
       여 중앙회가 재단에 지급한
       보전금(補塡金)의 규모 등
   다. 제2호 각 목의 사항

2. 제1호의 기준에 따라 재단에 배분
   되는 출연금의 각 재단에 대한 배
   분기준은 다음 각 목의 사항을 고
   려하여 중소기업청장이 정하여 고
   시한다.
   가. 법 제7조제1항제1호에 따라 지
       방자치단체가 재단에 출연하
       는 출연금의 규모 및 해당 지
       방자치단체의 재정 상황
   나. 재단이 직전 연도에 신용보증
       한 실적
   다. 재단의 업무구역에 있는 소기
       업등의 수와 규모
   라. 「자연재해대책법」 제2조제1
       호의 재해가 발생한 경우 소
       기업등의 피해 복구에 필요한
       신용보증 규모 등
② 농업협동조합등이 제5조의3에 따
라 납부한 출연금의 배분기준은 다
음 각 호의 구분에 따른다.
1. 출연금 총액의 재단과 중앙회에
   대한 배분기준은 다음 각 목의 사
   항을 고려하여 중소기업청장이 정
   하여 고시한다.
   가. 법 제35조의6제1항제1호에 따
       라 정부가 재단 및 중앙회에
       출연하는 출연금의 규모
   나. 농업협동조합등을 채권자로 하
       는 재단 및 중앙회의 신용보
       증 규모
   다. 재단이 농업협동조합등에 보증
       채무를 이행하여 중앙회가 재
       단에 지급한 보전금의 규모
2. 제1호의 기준에 따라 재단에 배분
   되는 출연금의 각 재단에 대한 배
   분기준은 다음 각 목의 사항을 고
   려하여 중소기업청장이 정하여 고
   시한다.
   가. 법 제7조제1항제1호에 따라 지
       방자치단체가 재단에 출연하
       는 출연금의 규모 및 해당 지
       방자치단체의 재정 상황
   나. 농업협동조합등을 채권자로 하

는 각 재단의 보증 실적

③ 중앙회는 제5조의3제2항에 따라 은행등으로부터 출연금을 받았을 때에는 제1항의 기준에 따라 지체 없이 재단에 배분하여야 한다.

④ 중앙회는 제5조의3제2항에 따라 농업협동조합등으로부터 출연금을 받았을 때에는 제2항의 기준에 따라 출연일이 속하는 회계연도 중에 중소기업청장이 정하는 시기에 재단에 배분하여야 한다.

[전문개정 2012.8.3.]

제6조(재단 설립인가의 신청서류 등)

① 법 제9조제3항제4호에서 "대통령령으로 정하는 서류"란 다음 각 호의 서류를 말한다.

1. 기본재산의 명세를 적은 서류
2. 이사장 및 임원 취임예정자의 이력서, 취임승낙서 및 인감증명서

② 법 제9조제4항에 따른 재단 설립인가 여부의 결정 및 통지는 그 신청을 받은 날부터 30일 이내에 하여야 한다. 이 경우 인가를 거부할 때에는 그 구체적인 사유를 적어 통지하여야 한다.

③ 법 제9조제3항에 따라 인가신청서를 제출받은 중소기업청장은 「전자정부법」 제36조제1항에 따른 행정정보의 공동이용을 통하여 이사장 및 임원 취임예정자의 주민등록표 초본을 확인하여야 한다. 다만, 신청인이 확인에 동의하지 아니하는 경우에는 해당 서류를 첨부하게 하여야 한다.

[전문개정 2012.8.3.]

제7조(정관 기재사항)

법 제10조제1항제13호에서 "대통령령으로 정하는 사항"이란 다음 각 호의 사항을 말한다.

1. 신용보증 총액의 한도에 관한 사항
2. 여유금의 운용에 관한 사항
3. 그 밖에 재단의 운영에 관한 중요 사항

[전문개정 2012.8.3.]

제8조(설립등기)

법 제11조에 따른 재단의 설립등기에는 다음 각 호의 사항이 포함되어야 한다.

1. 재단의 설립 목적
2. 재단의 명칭
3. 본점의 소재지
4. 지점의 소재지
5. 설립 시의 기본재산
6. 이사장의 성명, 주민등록번호 및 주소
7. 이사와 감사의 성명 및 주민등록번호
8. 공고의 방법

[전문개정 2012.8.3.]

제9조(지점의 설치등기)

① 재단의 지점을 설치하였을 때에는 다음 각 호의 구분에 따라 해당 사항을 등기하여야 한다.

1. 본점의 소재지의 경우: 2주일 이내에 그 지점을 설치한 사실
2. 신설된 지점의 소재지의 경우: 3주일 이내에 제8조제1호부터 제3호까지, 제6호 및 제8호의 사항

② 본점 또는 지점의 소재지를 관할하는 등기소의 관할구역에 새로 지점을 설치하였을 때에는 그 설치의 사실만을 등기한다.

[전문개정 2012.8.3.]

제10조(이전등기)

① 재단이 본점을 이전하였을 때에는 2주일 이내에 이전등기를 하여야 한다.

② 재단이 지점을 이전하였을 때에는 종전 소재지에서는 3주일 이내에 이전한 사실을 등기하고, 새로운 소재지에서는 4주일 이내에 제8조제1호부터 제3호까지, 제6호 및 제8호의 사항을 등기하여야 한다. 다만, 동일한 등기소의 관할구역에서 지점을 이전하였을 때에는 2주일 이내에 그 이전의 사실만을 등기한다.

[전문개정 2012.8.3.]

11조(변경등기) ① 제8조 각 호의 사항 중 변경된 사항이 있는 경우에는 2주일 이내에 본점의 소재지에서 변경된 사항을 등기하여야 한다.
② 제8조제1호부터 제3호까지, 제6호 및 제8호의 사항 중 변경된 사항이 있는 경우에는 3주일 이내에 지점의 소재지에서 변경된 사항을 등기하여야 한다. [전문개정 2012.8.3.]

12조(대리인의 선임등기) 재단의 이사장이 법 제16조에 따라 대리인을 선임하였을 때에는 2주일 이내에 본점 및 대리인을 둔 지점의 소재지에서 다음 각 호의 사항을 등기하여야 한다. 등기한 사항이 변경되었을 때에도 또한 같다.
1. 대리인의 성명, 주민등록번호 및 주소
2. 대리인을 둔 본점 또는 지점의 명칭
3. 대리인의 권한을 제한하는 경우에는 그 제한의 내용
[전문개정 2012.8.3.]

13조(등기기간의 기산) 제9조부터 제12조까지의 규정에 따라 등기하여야 할 사항 중 중소기업청장의 인가 또는 승인을 받아야 할 사항이 있는 경우에는 해당 인가서 또는 승인서가 도달한 날부터 등기기간을 기산(起算)한다. [전문개정 2012.8.3.]

14조(등기의 신청인 등) ① 제8조에 따른 설립등기는 발기인의 대표가 신청하고, 제9조부터 제12조까지의 규정에 따른 등기는 재단의 이사장이 신청한다.
② 제8조부터 제12조까지의 규정에 따른 각 등기의 신청서에는 다음 각 호의 구분에 따른 서류를 첨부하여야 한다.
1. 제8조에 따른 설립등기: 재단의

정관, 재단 설립인가서 사본 및 이사장이 법 제15조제1항에 따라 임명된 것임을 증명하는 서류
2. 제9조에 따른 지점의 설치등기: 지점의 설치를 증명하는 서류
3. 제10조에 따른 이전등기: 본점 또는 지점의 이전을 증명하는 서류
4. 제11조에 따른 변경등기: 해당 변경사항을 증명하는 서류
5. 제12조에 따른 대리인의 선임등기: 대리인의 선임이 법 제16조에 따른 것임을 증명하는 서류(대리인의 권한을 제한하는 경우에는 그 제한을 증명하는 서류를 포함한다)
[전문개정 2012.8.3.]

제15조(등기에 관한 준용) 재단의 등기에 관하여는 이 영에 특별한 규정이 있는 것을 제외하고는 「민법」상 재단법인의 등기의 예에 따른다.
[전문개정 2012.8.3.]

제16조(신용보증 등의 한도) ① 법 제19조제1항(법 제35조의9에서 준용하는 경우를 포함한다)에 따른 재단 및 중앙회의 신용보증 총액의 한도는 다음 각 호의 구분에 따른다.
1. 재단: 기본재산과 이월이익금(**移越利益金**)의 합계액의 15배로 하되, 개인신용보증회계와 다른 회계를 구분하여 운용할 것
2. 중앙회: 개인신용보증회계의 기본재산과 이월이익금의 합계액의 15배로 할 것
② 재단 및 중앙회는 제1항에 따른 신용보증 총액의 한도의 범위에서 관할지역의 경제사정 등을 고려하여 정관으로 신용보증 총액의 한도를 따로 정할 수 있다.
③ 법 제19조제2항(법 제35조의9에서 준용하는 경우를 포함한다)에 따라 재단 및 중앙회가 같은 소기업등에 대하여 신용보증할 수 있는 금액의 최고한

도는 다음 각 호의 구분에 따른다.

1. 재단이 신용보증할 수 있는 최고한도: 8억원으로 하되, 개인신용보증회계 안에서 운용되는 개인신용보증의 최고한도는 5천만원으로 할 것. 다만, 시·도지사로부터 지방중소기업육성계획에 따라 자금을 지원받는 중소기업, 소기업 및 소상공인에 대해서는 이사회의 의결을 거쳐 시·도지사의 승인을 받아 8억원을 초과하여 신용보증할 수 있는 금액의 최고한도를 정할 수 있다.

2. 중앙회가 신용보증할 수 있는 개인신용보증의 최고한도: 5천만원. 다만, 중소기업청장이 국민경제를 위하여 특히 필요하다고 인정하는 경우에는 제24조의2에 따른 운영위원회의 의결을 거쳐 최고한도를 따로 정할 수 있다.

[전문개정 2012.8.3.]

제17조(보증책임) 법 제20조에 따라 재단이 신용보증하는 금전채무의 범위는 법 제23조에 따라 신용보증관계가 성립한 보증금액과 제20조에 따른 종속채무로 한다.

[전문개정 2012.8.3.]

제18조(우선적 보증) 법 제21조제3호에서 "대통령령으로 정하는 자금"이란 다음 각 호의 자금을 말한다.

1. 「재해구호법」 제3조에 따른 구호의 대상이 되는 재해의 복구를 지원하기 위한 자금

2. 중소기업청장 또는 시·도지사가 지역경제의 활성화 또는 지역특화산업의 육성을 위하여 필요하다고 인정하는 자금

[전문개정 2012.8.3.]

제19조(보증채무의 이행청구 사유) ①

법 제24조제1항에서 "대통령령으로 정하는 사유가 발생하였을 때"란 다음 각 호의 구분에 따른 때를 말한다.

1. 법 제2조제5호가목의 금전채무에 대한 신용보증의 경우: 신용보증을 받은 소기업등이 기한까지 채무를 이행하지 아니하거나 기한의 이익이 상실된 후 3개월이 지났을 때

2. 법 제2조제5호나목의 금전채무에 대한 신용보증의 경우: 채권자가 보증채무를 이행한 후 3개월이 지났을 때

3. 법 제2조제5호다목의 금전채무에 대한 신용보증의 경우: 그 채무의 종류에 따라 법 제18조에 따른 업무방법서(이하 "업무방법서"라 한다)에서 정하는 사유가 발생하였을 때

② 채권자는 소기업등이 다음 각 호의 어느 하나에 해당할 때에는 제1항에도 불구하고 재단에 대하여 보증채무의 이행을 청구할 수 있다.

1. 소기업등이 파산하거나 해산하였을 때

2. 소기업등이 계속하여 6개월 이상 영업을 하지 아니하였을 때

3. 제1호와 제2호 외에 소기업등에 대한 채권 회수가 불가능하다고 재단의 이사회가 인정하는 사유가 발생하였을 때

③ 채권자가 제2항에 따라 보증채무의 이행을 청구하려는 경우에는 그 사유가 되는 사실을 증명하여야 한다.

[전문개정 2012.8.3.]

제20조(종속채무의 범위) 법 제24조제2항에서 "대통령령으로 정하는 종속채무"란 다음 각 호의 것을 말한다.

1. 법 제2조제5호가목에 따른 금전채무에 대한 신용보증의 경우: 주채무의 이행기한이 된 후 재단이 보증채무를 이행할 때까지의 이자액. 이 경우의 이자율은 주채무의 약

정기간에 적용하는 이자율로 한다.
2. 법 제2조제5호나목 및 다목에 따른
   금전채무에 대한 신용보증의 경우:
   업무방법서에서 정하는 이자액과
   그 밖에 채무자가 부담할 금액
3. 그 밖에 채권자가 채권 회수를 위
   하여 지출한 비용으로서 재단의
   이사회가 인정하는 금액
[전문개정 2012.8.3.]

제20조의2(구상채권의 매각) 법 제25
조의2제3호에서 "대통령령으로 정하
는 자"란 다음 각 호의 어느 하나에
해당하는 자를 말한다.
1. 한국자산관리공사
2. 「자산유동화에 관한 법률」에 따
   른 유동화전문회사
3. 「신용정보의 이용 및 보호에 관한
   법률」 제2조제5호에 따른 신용정보
   회사(이하 "신용정보회사"라 한다)
[본조신설 2009.6.30.]

제21조(보증료 등) ① 법 제27조제1항
에 따른 보증료 및 같은 조 제2항에
따른 추가보증료는 재단이 소기업등
의 신용도, 보증의 종류 등을 고려하
여 업무방법서에서 정하는 요율(料
率)에 따라 산출한 금액으로 한다.
② 법 제27조제3항에 따른 연체보증
료는 미납보증료에 대하여 연이율
100분의 10을 곱하여 산출한 금액
으로 한다.
[전문개정 2012.8.3.]

제22조(손해금) 법 제28조에 따른 손
해금은 재단 또는 중앙회가 이행한
보증채무의 금액에 대하여 금융회사
등의 연체대출금의 이율을 고려하여
업무방법서에서 정하는 요율을 곱하
여 산출한 금액으로 한다.
[전문개정 2012.8.3.]

제23조(중앙회의 설립절차 등) ① 중앙
회를 설립하려는 경우에는 5개 이상
의 재단이 발기하여야 한다.
② 중앙회의 업무 및 운영에 필요한
사항은 중앙회의 정관으로 정한다.
③ 이 영에서 규정한 사항 외에 중앙
회의 설립절차에 관하여는 「민법」
상 사단법인의 설립의 예에 따른다.
[전문개정 2012.8.3.]

제24조(중앙회의 정관) 중앙회의 정관
에는 다음 각 호의 사항이 포함되어
야 한다.
1. 목적
2. 명칭
3. 업무 내용
4. 사무소의 소재지
5. 회비의 징수 및 운영경비에 관한 사항
6. 임원 및 직원에 관한 사항
7. 총회에 관한 사항
8. 이사회에 관한 사항
9. 재보증에 관한 사항
10. 개인신용보증에 관한 사항
11. 재단으로부터 위탁받은 채무자에
    대한 채권 회수 업무에 관한 사항
12. 회계에 관한 사항
13. 해산에 관한 사항
14. 정관 변경에 관한 사항
15. 재단에 대한 정보 및 자료 요구
    에 관한 사항
16. 그 밖에 중앙회의 운영에 관한
    중요 사항
[전문개정 2012.8.3.]

제24조의2(운영위원회의 구성) ① 법
제35조의5제3항에 따른 운영위원회
(이하 "위원회"라 한다)의 위원은 다
음 각 호의 사람으로 한다.
1. 중앙회의 회장 및 전무이사
2. 기획재정부장관이 그 소속 공무원
   중에서 지명하는 사람 1명
3. 중소기업청장이 그 소속 공무원

중에서 지명하는 사람 1명

4. 중소기업청장이 지정하는 2개의 은행(「은행법」 제2조제1항제2호에 따른 은행을 말한다)의 장이 그 소속 임원 중에서 지명하는 사람 각 1명

5. 중소기업청장이 지정하는 지방중소기업 지원기관(「지역균형개발 및 지방중소기업 육성에 관한 법률 시행령」 제61조 각 호에 해당하는 기관을 말한다) 및 중소기업자단체(「대·중소기업 상생협력 촉진에 관한 법률」 제2조제7호에 따른 중소기업자단체를 말한다)의 장이 그 소속 임원 중에서 지명하는 사람 각 1명

6. 중앙회가 그 총회에서 재단 이사장 중에서 선출하는 사람 2명

② 제1항제4호부터 제6호까지의 위원의 임기는 2년으로 한다.

③ 위원회의 위원장(이하 "위원장"이라 한다)은 중앙회의 회장이 된다.

④ 위원장은 위원회를 대표하고, 위원회의 직무를 총괄한다.

⑤ 위원장이 부득이한 사유로 그 직무를 수행할 수 없을 때에는 중앙회의 전무이사, 위원장이 지명하는 위원의 순으로 그 직무를 대행한다.

[전문개정 2012.8.3.]

제24조의3(위원회의 운영) ① 위원장은 위원회의 회의를 소집하고, 그 의장이 된다.

② 위원회의 회의는 재적위원 과반수의 출석으로 개의(開議)하고, 출석위원 과반수의 찬성으로 의결한다.

③ 이 영에서 규정한 사항 외에 위원회 운영에 필요한 사항은 위원회의 의결을 거쳐 위원장이 정한다.

[전문개정 2012.8.3.]

제24조의4(재보증비율) 법 제35조의5 제5항에서 "대통령령으로 정하는 비율"이란 100분의 50을 말한다. 다만 중소기업청장은 경기 활성화, 소기업등에 대한 보증 지원의 확대와 개인의 생계 안정 및 긴급재난 복구 등을 위하여 필요하다고 인정하는 경우에는 100분의 80의 범위에서 그 비율을 달리 정할 수 있다.

[전문개정 2012.8.3.]

제24조의5(재보증계약기간 등) ① 재보증계약의 기간은 1년 이내로 한다.

② 제1항에 따른 재보증계약에는 재보증료의 납부, 보전금의 지급 등과 관련한 사항 및 그 이행 여부의 확인을 위한 보고서의 제출과 업무 상황 등의 검사에 관한 사항이 포함되어야 한다. [전문개정 2012.8.3.]

제24조의6(재보증 한도액) 같은 소기업등에 대하여 재보증할 수 있는 금액의 최고한도는 4억원으로 한다. 다만, 경기 활성화, 소기업등에 대한 보증 지원의 확대와 개인의 생계 안정 및 긴급재난 복구 등을 위하여 중소기업청장이 필요하다고 인정하는 경우에는 5억원으로 한다.

[전문개정 2012.8.3.]

제24조의7(보전금의 산정) 재단이 보증채무를 대위변제(代位辨濟)한 경우에 중앙회가 지급하는 보전금은 재단이 지급한 대위변제금에서 재단이 구상권을 행사하여 회수한 금액을 뺀 금액에 재보증비율을 곱하여 산출한 금액으로 한다. [전문개정 2012.8.3.]

제24조의8(보전금의 반환) 재단은 중앙회가 재단에 제24조의7에 따른 보전금을 지급하고 재단이 보증채무를 대위변제한 후 구상권을 행사하여 대위변제금을 회수한 경우에는 회수한 금액에 재보증비율을 곱하여 산출한

금액을 중앙회에 반환하여야 한다.
[전문개정 2012.8.3.]

24조의9(재보증계약의 해지·변경)
중앙회는 재단이 법 제35조의5제1항
에 따른 계약의 내용을 이행하지 아
니하는 경우에는 계약을 해지하거나
변경할 수 있다.
[전문개정 2012.8.3.]

24조의10(준용규정) 중앙회에 관하
여는 제9조부터 제13조까지, 제14조
제2항제2호부터 제5호까지, 제17조,
제19조, 제20조, 제20조의2, 제21조
및 제22조를 준용한다. 이 경우 "재
단"은 각각 "중앙회"로, "이사장"은
각각 "회장"으로, "이사회"는 각각 "
운영위원회"로, "본점"은 각각 "본사"
로, "지점"은 각각 "사무소"로 본다.
[본조신설 2009.6.30.]

25조(위임·위탁 등) ① 법 제40조제
1항에 따라 중소기업청장은 다음 각
호의 권한을 시·도지사에게 위임한다.
1. 법 제17조제6호에 따른 업무 중
   신용보증에 부수되는 업무의 승인
2. 법 제30조제1항에 따른 예산의
   승인 및 변경승인
② 법 제40조제3항에 따라 재단이
금융회사등, 중앙회, 한국자산관리공
사 또는 신용정보회사에 업무를 위
탁하는 경우에는 그 구체적인 내용
을 정하여 계약을 체결하여야 한다.
③ 법 제40조제4항에 따라 중앙회의
회장이 금융회사등, 한국자산관리공
사 또는 신용정보회사에 업무를 위
탁하는 경우에는 그 구체적인 내용
을 정하여 계약을 체결하여야 한다.
[전문개정 2012.8.3.]

26조(규제의 재검토) 중소기업청장은
다음 각 호의 사항에 대하여 다음 각

호의 기준일을 기준으로 3년마다(매
3년이 되는 해의 기준일과 같은 날
전까지를 말한다) 그 타당성을 검토
하여 개선 등의 조치를 하여야 한다.
1. 제5조의3제1항부터 제4항까지 및
   별표에 따른 금융회사등이 재단
   및 중앙회에 출연해야 하는 금액
   의 비율, 출연시기 및 방법, 제5
   조의3제5항에 따른 농업협동조합
   등의 출연기간: 2014년 1월 1일
2. 제16조에 따른 재단 및 중앙회의 신
   용보증 총액의 한도 및 같은 소기업
   등에 대하여 신용보증할 수 있는 금
   액의 최고한도: 2014년 1월 1일
[본조신설 2013.12.30.]

부칙
〈제25945호, 2014.12.30.〉
(한국산업은행법 시행령)

제1조(시행일) 이 영은 법률 제12663
호 한국산업은행법 전부개정법률 부
칙 제4조제6항에 따른 합병의 등기
를 한 날부터 시행한다.

제2조 및 제3조 생략

제4조(다른 법령의 개정) ①부터 〈35〉
까지 생략
〈36〉 지역신용보증재단법 시행령 일
부를 다음과 같이 개정한다.
제5조의2제1항제2호버목을 다음과
같이 하고, 서목을 처목으로 하며,
같은 호에 서목부터 저목까지를 각
각 다음과 같이 신설한다.
   버. 종전의 한국정책금융공사(법
률 제12663호 한국산업은행법 전부
개정법률 부칙 제2조에 따라 폐지되
기 전의 「한국정책금융공사법」에
따른 한국정책금융공사를 말한다)로
부터 대출받은 자금을 재원으로 하
는 대출금
   서. 「한국산업은행법」에 따른

한국산업은행(이하 "한국산업은행"이라 한다)으로부터 대출받은 자금(법률 제12663호 한국산업은행법 전부개정법률의 시행일 이후 대출받은 자금으로 한정한다)을 재원으로 하는 대출금

어. 서목에 따른 대출금의 재원이 되는 한국산업은행의 대출금

저. 법률 제12663호 한국산업은행법 전부개정법률 부칙 제6조제2항에 따라 합병으로 한국산업은행이 한국정책금융공사로부터 승계한 대출채권의 대출금(합병등기일 전에 한국정책금융공사가 대출계약을 체결한 경우로서 합병등기일 이후 그 대출계약에 따라 한국산업은행이 한 대출금을 포함한다)

제5조의2제3항 중 "「한국산업은행법」 제47조 및 제49조"를 "「한국산업은행법」 제34조 및 제36조"로 한다.

<37> 생략

제5조 생략

별표 0] 금융회사등의 출연요율(제5조의3제1항 관련)

금융회사등의 출연요율(제5조의3제1항 관련)

1. 은행등의 출연요율은 연 비율 1천분의 0.2에 다음 표에 따라 더하거나 뺀 비율로 한다.

구분		차등요율
직전 반기 총 대위변제금액	1 미만	- 연 비율 1천분의 0.04
	1 이상 ~ 2 미만	- 연 비율 1천분의 0.02
	2 이상 ~ 3 미만	0
직전 반기 총 출연금액	3 이상 ~ 4 미만	+ 연 비율 1천분의 0.02
	4 이상	+ 연 비율 1천분의 0.04

비고: 총 출연금액 산정 시 제5조의3제4항에 따라 미리 납부한 출연 금은 제5조의3제2항에 따른 납부시기에 출연된 것으로 본다.

2. 농업협동조합등의 출연요율은 다음 표에 따른다.

금융회사등	출연요율
농업협동조합	연 비율 1천분의 0.37
수산업협동조합	연 비율 1천분의 0.54
상호저축은행	연 비율 1천분의 0.40
새마을금고	연 비율 1천분의 0.82
신용협동조합	연 비율 1천분의 0.71
산림조합	연 비율 1천분의 0.77

지역특화발전특구에 대한 규제특례법

[시행 2015.3.27.]
[법률 제13221호, 2015.3.27., 타법개정]

제1장 총칙

제1조(목적) 이 법은 지역특화발전특구의 지정 및 운영을 통하여 지역특성에 맞게 선택적으로 규제특례를 적용함으로써 지역의 특화발전을 제도적으로 뒷받침하고 나아가 지역경제의 활성화와 국민경제의 발전을 도모함을 목적으로 한다. [전문개정 2009.4.1.]

제2조(정의) 이 법에서 사용하는 용어의 뜻은 다음과 같다.
1. "지역특화발전특구"란 지역의 특화발전을 위하여 설정된 구역으로서 제9조에 따라 지정·고시된 지역을 말한다.
2. "규제특례"란 규제를 완화하거나 규제권한을 이양하는 것으로서 제3장에 규정된 사항을 말한다.
3. "지역특화발전특구계획"이란 지역특화발전특구의 지정·운영 및 특화사업에 관한 기본계획을 말한다.
4. "특구토지이용계획"이란 특화사업에 사용되는 토지를 효율적으로 이용하기 위하여 수립하는 계획을 말한다.
5. "특화사업"이란 지역특화발전특구계획에 따라 지역의 특성과 여건을 활용하여 추진하는 사업을 말한다.
6. "특화사업자"란 지역특화발전특구에서 지역특화발전특구계획에 따라 특화사업을 하는 자로서 지방자치단체와 제11조제1항에 따라

지정된 자를 말한다.
[전문개정 2009.4.1.]

제3조(다른 법령과의 관계) ① 이 법은 지역특화발전특구(이하 "특구"라 한다)에 규제특례를 적용할 때 다른 법령에 우선한다. 다만, 다른 법령에 이 법의 규제특례보다 완화된 규정이 있으면 그 법령에서 정하는 바에 따른다.
② 제3장제1절에 따라 규제특례를 적용받는 사항은 이 법에서 정한 사항을 제외하고는 규제의 근거법령(규제특례가 인정되지 아니하는 경우에 적용되는 법령을 말한다. 이하 같다)의 해당 규정에 따른 것으로 보아 그 법령을 적용한다.
[전문개정 2009.4.1.]

제2장 지역특화발전특구의 지정 및 운영

제4조(특구의 지정신청) ① 시장(「제주특별자치도 설치 및 국제자유도시 조성을 위한 특별법」에 따른 행정시장을 포함한다. 이하 같다)·군수·구청장(자치구의 구청장을 말한다. 이하 같다)은 특화사업을 추진하려면 지역특화발전특구계획(이하 "특구계획"이라 한다)을 작성하여 중소기업청장에게 특구지정을 신청하고, 중소기업청장으로부터 특구계획의 승인 및 특구지정을 받아야 한다. <개정 2011.5.24., 2013.3.23.>
② 제1항에도 불구하고 시(「제주특별자치도 설치 및 국제자유도시 조성을 위한 특별법」에 따른 행정시를 포함한다. 이하 같다)·군·구(자치구를 말한다. 이하 같다)와 다른 지방자치단체가 공동으로 특화사업을 추진하려면 시장·군수·구청장과 다른 지방자치단체의 장이 공동으로 특

구계획을 작성하여 특구지정을 신청하고, 중소기업청장으로부터 특구계획의 승인 및 특구지정을 받을 수 있다. <개정 2011.5.24., 2013.3.23.>
③ 시장·군수·구청장은 제1항 또는 제2항에 따라 특구지정을 신청하였으면 그 특구계획을 관할 특별시장, 광역시장, 도지사 또는 특별자치도지사(이하 "시·도지사"라 한다)에게 알려야 한다. <개정 2011.5.24.>
④ 제3항에 따라 통보를 받은 시·도지사는 그 특구계획에 관한 의견을 중소기업청장 또는 제45조에 따른 지역특화발전특구위원회(이하 "특구위원회"라 한다)에 제출할 수 있다. <개정 2013.3.23.>
[전문개정 2009.4.1.]

제4조의2(특구계획의 제안) ① 민간기업·법인·단체 또는 개인(이하 "민간기업 등"이라 한다)은 특구계획을 해당 특구지역을 관할하는 지방자치단체의 장에게 제안할 수 있다.
② 민간기업 등이 제안하는 특구계획에는 제7조제1항 각 호의 사항이 포함되어야 한다. 이 경우 특구계획의 제안자는 제6조제1항에 따른 특화사업자의 지정을 신청한 것으로 본다.
③ 제1항에 따라 특구계획을 제안받은 소관 지방자치단체의 장은 다음 각 호의 사항을 고려한 후 특구지정의 필요성이 인정될 경우에는 대통령령으로 정하는 바에 따라 특구계획안에 반영하여 중소기업청장에게 특구지정을 신청한다. <개정 2013.3.23.>
1. 특화사업 추진으로 인한 난개발 또는 환경오염 등 부작용의 발생 가능성
2. 특화사업 추진으로 인한 주민 간 갈등의 발생 가능성
3. 재원확보계획
4. 그 밖에 지역특성이나 지역특구제도의 운영취지
[본조신설 2009.4.1.]

제5조(주민 등의 의견청취) ① 지방자치단체의 장은 특구의 지정을 신청하려면 대통령령으로 정하는 바에 따라 미리 특구계획안을 작성하여 20일 이상 공고하고, 공청회를 열어 주민·기업·관계전문가 등으로부터 의견을 들어야 한다.
② 지방자치단체의 장은 특구의 지정을 신청하려면 특구계획안에 대하여 지방의회의 의견을 들어야 한다.
[전문개정 2009.4.1.]

제6조(특화사업자의 지정신청) ① 제5조제1항에 따라 공고된 특구계획안에 따른 특화사업을 하려는 자는 특구의 지정을 신청하는 지방자치단체[제4조제2항에 따라 특별시·광역시·도(이하 "시·도"라 한다)와 그 관할 구역의 시·군·구가 공동으로 신청하는 경우에는 시·군·구를 말하며, 그 밖에 공동신청하는 경우에는 관할 지방자치단체를 말한다. 이하 "신청지방자치단체"라 한다]의 장에게 특화사업자의 지정을 신청하여야 한다.
② 신청지방자치단체의 장은 제1항에 따라 특화사업자의 지정을 신청 받으면 30일 이내에 신청자를 특화사업자로 특구계획에 포함시킬 것인지를 결정하여 통보하여야 한다.
③ 제1항 및 제2항에서 규정한 사항 외에 특화사업자의 지정신청방법 및 그 결정·통보절차 등에 관하여 필요한 사항은 산업통상자원부령으로 정한다. <개정 2013.3.23.>
[전문개정 2009.4.1.]

제7조(지역특화발전특구계획) ① 특구계획에는 다음 각 호의 사항이 포함되어야 한다. <개정 2011.5.24.>
1. 특구의 명칭·위치·면적 및 대외적 표시방법
2. 특구지정의 필요성

3. 특화사업 및 특화사업자
4. 특구토지이용계획(제39조제1항·
   제3항 및 제40조제1항에 따른 토
   지이용에 관한 규제특례의 전부
   또는 일부를 적용받으려는 경우만
   해당한다. 이하 같다)
5. 규제특례사항(이 법에 규정된 규
   제특례 중에서 해당 특구 또는 특
   화사업자에게 적용될 규제특례를
   말한다)과 그 필요성 및 적용범위
6. 재원조달방법
7. 특구 및 인근지역의 부동산가격
   안정방안
8. 제21조제2항, 제32조제5항, 제36
   조제2항,   제43조제1항·제2항,
   제44조제1항,   제44조의2제1항
   및 제44조의3에 따라 특구계획에
   포함되어야 하는 사항
9. 특화사업으로 조성될 시설의 회원
   을 모집하려는 경우에는 그 모집
   에 관한 계획
10. 그 밖에 특구지정에 필요한 사항
    으로서 대통령령으로 정하는 사항
② 신청지방자치단체의 장은 특구의 지
정을 신청할 때 특구토지이용계획을
제출하기 어려우면 특구지정 고시일부
터 2년 이내에 특구토지이용계획을 중
소기업청장에게 제출하여 승인을 받아
야 한다. <개정 2011.5.24., 2013.3.23.>
③ 제2항에 따른 특구토지이용계획의
승인에 관하여는 제9조를 준용한다.
이 경우 "특구"는 "특구토지이용계획
"으로, "지정"은 "승인"으로 본다.
[전문개정 2009.4.1.]

제8조(전략환경영향평가 협의) ① 중소
기업청장은 제출된 특구계획의 내용
중 「환경영향평가법」 제9조에 따
른 전략환경영향평가 대상이 되는 개
발사업이 포함되어 있으면 제9조제1
항에 따른 협의 시 환경부장관과 협
의하여야 한다. 환경부장관과 협의를
하였으면 「환경영향평가법」에 따라
전략환경영향평가 협의를 한 것으로
본다. <개정 2011.7.21., 2013.3.23.>
② 신청지방자치단체의 장이 「환경
영향평가법」 제9조에 따른 전략환
경영향평가 대상이 되는 개발사업을
포함한 특구계획을 제출할 때에는
「환경영향평가법」 제16조에 따른
전략환경영향평가서를 함께 제출하
여야 한다. <개정 2011.7.21.>
[전문개정 2009.4.1.]
[제목개정 2011.7.21.]

제9조(특구의 지정 등) ① 중소기업청
장은 관계 행정기관의 장(합의제 행정
기관을 포함한다. 이하 같다)과의 협
의 및 특구위원회의 심의·의결을 거
쳐 특구를 지정한다. <개정 2013.3.23.>
② 중소기업청장은 제1항에 따라 특구
를 지정하였으면 대통령령으로 정하는
바에 따라 그 내용을 관보에 고시하
고, 해당 시장·군수·구청장, 관할 시
·도지사 및 관계 행정기관의 장에게
지체없이 통지하여야 한다. 이 경우
지형도면의 고시 등에 관하여는 「토
지이용규제 기본법」 제8조에 따른다.
<개정 2011.5.24., 2013.3.22., 2013.3.23.>
③ 제2항에 따라 통지를 받은 시장·군
수·구청장은 그 내용을 14일 이상 주
민이 열람할 수 있도록 하여야 한다.
④ 제1항부터 제3항까지에서 규정한
사항 외에 특구의 지정에 필요한 사
항은 대통령령으로 정한다.
[전문개정 2009.4.1.]

**제10조(특구위원회의 심의·의결 시 고
려사항)** 특구위원회는 제9조제1항에 따
른 심의·의결을 할 때 다음 각 호의 사
항을 고려하여야 한다. <개정 2011.4.14.>
1. 특화사업과 지역의 특성·여건의
   적합성
2. 신청지방자치단체가 신청하는 규
   제특례와 특화사업의 연관성
3. 특화사업의 실행을 뒷받침할 수

있는 재원 등의 확보
4. 특화사업에 대한 내국인 및 외국인 투자유치 가능성
5. 국민경제와 지역경제의 활성화에 미치는 효과
6. 「국토의 계획 및 이용에 관한 법률」에 따른 도시·군기본계획에 적합한 정도
7. 지역주민·기업 등의 특구 및 특화사업에 대한 의견
8. 그 밖에 특구지정 시 고려하여야 할 사항으로서 대통령령으로 정하는 사항
[전문개정 2009.4.1.]

제11조(특구지정의 효과) ① 제9조제1항 및 제2항에 따른 특구의 지정·고시가 있으면 특구계획의 승인을 받은 것으로 보며, 특화사업자의 지정을 신청한 자로서 특구계획에 포함된 자는 특화사업자로 지정된 것으로 본다.
② 신청지방자치단체의 장은 민자유치가 필요하다고 인정되면 제1항 및 제6조제1항·제2항에도 불구하고 제9조제1항에 따라 특구가 지정된 후에 특화사업자의 지정신청을 받아 제51조제1항에 따라 특구계획의 내용 변경을 중소기업청장에게 신청할 수 있다. <개정 2013.3.23.>
③ 제3장에 따른 규제특례는 특구 및 특화사업자에 대하여 특구계획에 정하여진 내용에 따라 적용한다.
[전문개정 2009.4.1.]

제12조(조례의 제정) ① 특구로 지정·고시된 지역을 관할하는 시·군·구(이하 "특구관할지방자치단체"라 한다)는 이 법 및 대통령령으로 정하는 바에 따라 특구의 운영 및 특화사업의 시행에 필요한 사항에 대하여 조례를 제정할 수 있다.
② 특구관할지방자치단체가 제정하는 조례는 제11조에 따라 승인된 특구계획과 맞아야 한다.

③ 특구관할지방자치단체가 제1항에 따른 조례를 제정·개정 또는 폐지하는 경우 특구관할지방자치단체의 장은 이를 중소기업청장과 관계 행정기관의 장에게 통보하여야 한다. <개정 2013.3.23.> [전문개정 2009.4.1.]

제13조(공동특구의 특구관할지방자치단체의 장) 시·도지사와 시장·군수·구청장이 공동으로 신청하여 특구로 지정된 경우에는 시장·군수·구청장을 이 법에 따른 특구관할지방자치단체의 장으로 본다. 이 경우 특구관할지방자치단체의 장은 특구의 운영에 대하여 해당 시·도지사와 협의하여야 한다. [전문개정 2009.4.1.]

제14조(특구에 대한 책무와 지원 등)
① 정부와 특구관할지방자치단체는 특구의 발전과 활성화를 위하여 노력하여야 한다.
② 중소기업청장과 관계 행정기관의 장은 특구계획의 작성, 특구의 지정 및 운영과 관련하여 필요한 정보제공 등의 지원을 할 수 있다. <개정 2013.3.23.>
③ 특구관할지방자치단체의 장은 특구의 운영과 규제특례의 적용에 관하여 관계 행정기관의 장에게 필요한 조언을 구할 수 있으며, 관계 행정기관의 장은 이에 성실하게 협조하여야 한다.
④ 중소기업청장은 관계 행정기관의 장에게 지역에 대한 재정지원정책의 수립과 관련하여 특구위원회에서 필요하다고 인정하는 특화사업을 우선적으로 고려할 것을 권고할 수 있다. <개정 2013.3.23.>
[전문개정 2009.4.1.]

제15조(특구의 부동산가격 안정) ① 중소기업청장과 관계 행정기관의 장 및 특구관할지방자치단체의 장은 특구

및 인근 지역의 토지·건물 등 부동산의 가격안정을 위하여 필요한 조치를 취하여야 한다. 〈개정 2013.3.23.〉

② 지방자치단체의 장은 특구의 신청 또는 지정으로 인하여 부동산투기 또는 부동산가격 급등이 우려되는 지역에 대하여 관계 중앙행정기관의 장 및 시·도지사에게 다음 각 호의 조치를 요청하여야 한다.

1. 「소득세법」 제104조의2제1항에 따른 지역의 지정
2. 「주택법」 제41조에 따른 투기과열지구의 지정
3. 「국토의 계획 및 이용에 관한 법률」 제117조에 따른 토지거래계약에 관한 허가구역의 지정
4. 그 밖에 부동산가격의 안정을 위하여 필요한 조치

[전문개정 2009.4.1.]

제16조(특구의 명칭) 특구의 명칭은 특구관할지방자치단체의 장이 정하되, "특구"라는 글자를 사용하여야 한다. 이 경우 「관광진흥법」 제70조에 따른 "관광특구"와 구분되도록 정하여야 한다.

[전문개정 2009.4.1.]

제3장 규제특례에 관한 사항
제1절 일반적인 규제특례 사항

제17조(학교설립에 관한 특례) ① 교육 관련 특화사업을 하는 특구관할지방자치단체는 「초·중등교육법」 제3조에도 불구하고 교육감의 인가를 받아 공립학교(설립주체에 따라 시립학교·군립학교·구립학교로 구분할 수 있다)를 설립하여 운영할 수 있다.

② 제1항에 따라 설립되는 학교에 대하여는 「초·중등교육법」 제4조제1항에도 불구하고 설비·시설 등 설립기준에 관하여 필요한 사항을 시·도의 조례로 정할 수 있다.

③ 제1항에 따라 설립되는 학교에 대하여는 「초·중등교육법」 제19조제3항에도 불구하고 대통령령으로 교원의 정원 및 배치기준을 달리 정할 수 있다.

④ 제1항에 따라 설립되는 학교는 「초·중등교육법」 제2조에 따른 학교로 본다.

[전문개정 2009.4.1.]

제18조(「지방공무원법」과 「교육공무원법」에 관한 특례) ① 제17조제1항에 따라 설립되는 학교에 근무하는 교원은 「지방공무원법」 제2조제2항제2호에 따른 지방공무원으로 본다.

② 제1항에 따른 교원의 자격·임용·보수·연수·신분보장·징계 및 소청에 관하여는 「교육공무원법」을 준용한다. 다만, 「교육공무원법」 제29조의2제1항·제8항 및 제30조에도 불구하고 교장과 그 밖의 교원은 특구관할지방자치단체의 장이 임용한다. 〈개정 2015.3.27.〉

[전문개정 2009.4.1.]

제19조(「초·중등교육법」에 관한 특례) ① 교육 관련 특화사업을 하는 특화사업자(초·중등교육법령에 따른 학교만 해당한다)는 외국어 전문교육을 위하여 「초·중등교육법」 제21조에도 불구하고 대통령령으로 정하는 자격요건을 갖춘 외국인을 외국어교원 및 강사로 임용할 수 있다.

② 교육 관련 특화사업을 하는 특구에서 「초·중등교육법」 제61조에 따른 특례를 적용받는 학교 또는 교육과정을 운영하려는 학교의 장은 특구관할지방자치단체의 장의 추천으로 관할 교육감의 지정을 받아야 한다. 다만, 이 학교는 5년 이내로 지정·운영하되, 교육감이 정하는 바

에 따라 연장하여 운영할 수 있다.
[전문개정 2009.4.1.]

20조(「출입국관리법」에 관한 특례)
① 「출입국관리법」 제8조 및 제10
조에도 불구하고 특화사업을 하거나
특화사업에 종사하는 외국인에 대한
사증(査證) 발급의 절차 및 1회에 줄
수 있는 체류자격별 체류기간 상한을
대통령령으로 달리 정할 수 있다.
② 외국인이 제1항을 적용받아 「출
입국관리법」에 따른 사증 발급신청
등을 하려면 대통령령으로 정하는
바에 따라 특구관할지방자치단체의
장의 확인을 받아야 한다.
[전문개정 2009.4.1.]

**21조(「군사기지 및 군사시설 보호
법」에 관한 특례)** ① 「군사기지 및
군사시설 보호법」 제2조제6호에 따
른 군사기지 및 군사시설 보호구역에
서 하는 특화사업은 같은 법 제13조
에 따라 국방부장관 또는 관할부대장
등과 협의한 것으로 본다.
② 제1항에 따른 특례를 적용할 지역
의 구체적인 위치와 면적 및 경계,
그 지역에 설치할 수 있는 건축물의
높이, 그 밖에 필요한 세부사항은 특
구계획에 포함되어야 한다.
[전문개정 2009.4.1.]

22조(「도로교통법」에 관한 특례)
① 특구관할지방자치단체의 장은 특화
사업을 위하여 필요하면 지방경찰청장
또는 경찰서장에게 차와 우마(牛馬)의
도로통행 금지 또는 제한 등의 조치를
하여줄 것을 요청할 수 있다.
② 제1항에 따라 조치를 요청받은 지
방경찰청장 또는 경찰서장은 「도로
교통법」 제6조에도 불구하고 특별한
사유가 없으면 지체없이 필요한 조치
를 하여야 한다. [전문개정 2009.4.1.]

**제23조(「옥외광고물 등 관리법」에 관
한 특례)** ① 특구관할지방자치단체는
「옥외광고물 등 관리법」 제3조제2
항에도 불구하고 특화사업의 효과적
인 광고를 위하여 광고물 등(특화사
업에 관한 광고물 등만 해당한다. 이
하 이 조에서 같다)의 종류·모양·
크기·색깔·표시 또는 설치방법 및
기간 등 광고물 등의 표시·설치의
허가 또는 신고의 기준에 관하여 필
요한 사항을 조례로 정할 수 있다.
② 특구관할지방자치단체는 「옥외광
고물 등 관리법」 제4조에도 불구하
고 광고물 등의 표시·설치의 금지
또는 제한에 관하여 필요한 사항을
조례로 정할 수 있다.
[전문개정 2009.4.1.]

제24조 삭제 <2009.4.1.>

제25조(「농어촌정비법」에 관한 특례)
① 특구관할지방자치단체(「농어촌정
비법」 제17조에 따른 농업생산기반
시설관리자인 경우만 해당한다)는
「농어촌정비법」 제24조제1항에도
불구하고 특화사업을 위하여 필요하
면 시·도지사의 승인을 받지 아니하
고 농업기반시설을 폐지할 수 있다.
<개정 2009.6.9.>
② 특구관할지방자치단체는 특화사업
을 위하여 필요하면 「농어촌정비
법」 제61조에도 불구하고 생활환경
정비사업 시행계획을 변경할 수 있
다. <개정 2009.6.9., 2011.5.24.>
③ 특구관할지방자치단체는 특화사업
을 위하여 필요하면 「농어촌정비
법」 제81조제2항에도 불구하고 대
통령령으로 정하는 범위에서 특화사
업으로 하는 농어촌관광휴양사업의
규모 및 시설기준을 조례로 달리 정
할 수 있다. <개정 2009.6.9.>
④ 「농어촌정비법」 제94조제1항에

따라 한계농지등 정비지구로 지정·고시된 지역에서는 같은 법 제92조 각 호의 시설 외에 특화사업을 위하여 필요한 시설을 설치할 수 있다. <개정 2009.6.9.> [전문개정 2009.4.1.]

제25조의2(「농어업경영체 육성 및 지원에 관한 법률」에 관한 특례) 특화사업자인 농업회사법인은 「농어업경영체 육성 및 지원에 관한 법률」 제19조제6항에도 불구하고 「농어촌정비법」 제2조제16호에 따른 농어촌관광휴양사업을 부대사업으로 할 수 있다. <개정 2009.4.1.> [전문개정 2009.4.1.]

제26조(「농지법」에 관한 특례) ① 농지소유자는 특화사업을 위하여 필요하면 「농지법」 제9조에도 불구하고 농지를 위탁하여 경영할 수 있다. ② 특화사업자는 특화사업을 위하여 필요하면 「농지법」 제23조에도 불구하고 농지를 임대하거나 사용대(使用貸)할 수 있다. ③ 특화사업자는 특화사업을 위하여 필요하면 「농지법」 제32조에도 불구하고 농업진흥구역 및 농업보호구역에 농림축산식품부장관이 정하여 고시하는 시설을 설치할 수 있다. <개정 2013.3.23.> ④ 특구관할지방자치단체는 특화사업을 위하여 필요하면 「농지법」 제36조제1항에도 불구하고 일정기간 사용한 후 농지로 복구하는 조건으로 농지의 일시사용을 허가할 수 있는 용도를 조례로 정할 수 있다. ⑤ 특구관할지방자치단체의 장은 특화사업을 위하여 필요하면 「농지법」 제37조에도 불구하고 농지의 전용(轉用)을 허가할 수 있다. [전문개정 2009.4.1.]

제27조(「산림자원의 조성 및 관리에 관한 법률」에 관한 특례) ① 특구관할지방자치단체의 장은 「산림자원의 조성 및 관리에 관한 법률」 제9조제1항에도 불구하고 특화사업에 필요하면 산림소유자의 동의를 받아 임도(林道)를 설치할 수 있다. 다만, 같은 법 제9조제2항에 따른 산림관리기반시설의 타당성 평가는 산림청장이 제9조에 따른 협의를 할 때에 한다. ② 특구관할지방자치단체의 장은 제1항에 따라 임도를 설치한 경우에는 산림청장에게 통보하여야 한다. [전문개정 2009.4.1.]

제27조의2(「산지관리법」에 관한 특례) 특화사업을 위하여 필요하면 「산지관리법」 제18조에도 불구하고 산지전용허가기준을 대통령령으로 달리 정할 수 있다. [전문개정 2009.4.1.]

제27조의3(「국유림의 경영 및 관리에 관한 법률」에 관한 특례) ① 산림청장은 특화사업을 위하여 필요하면 「국유림의 경영 및 관리에 관한 법률」 제20조에도 불구하고 국유림을 매각하거나 교환할 수 있다. ② 산림청장은 특화사업을 위하여 필요하면 「국유림의 경영 및 관리에 관한 법률」 제21조제1항에도 불구하고 국유림을 대부하거나 사용허가 할 수 있다. ③ 제2항에 따른 대부 또는 사용허가를 받은 자는 「국유림의 경영 및 관리에 관한 법률」 제22조에도 불구하고 해당 국유림에 시설물을 기부하거나 시설물을 철거 또는 원상회복하는 조건으로 영구시설물을 설치할 수 있다. ④ 제1항부터 제3항까지의 규정에 따른 국유림의 매각, 교환, 대부, 사용허가에 관한 기준, 그 밖에 필요한

사항은 대통령령으로 정한다.
[본조신설 2009.4.1.]

║28조(「농수산물유통 및 가격안정에 관한 법률」에 관한 특례) ① 「농수산물유통 및 가격안정에 관한 법률」 제17조제1항 및 제2항에도 불구하고 특구관할지방자치단체(구는 제외한다. 이하 이 조에서 같다)는 허가를 받지 아니하고 지방도매시장을 개설할 수 있다.
② 제1항에 따라 개설된 지방도매시장에 대하여 「농수산물유통 및 가격안정에 관한 법률」을 적용할 때 같은 법에 따른 지방도매시장 개설자는 특구관할지방자치단체로 본다.
[전문개정 2009.4.1.]

║29조(「약사법」에 관한 특례) 한약 관련 특구의 한약도매상은 「약사법」 제45조제5항 각 호 외의 부분 본문에도 불구하고 대통령령으로 정하는 바에 따라 공동으로 약사·한약사·한약업사 또는 한약관련학과 졸업자를 둘 수 있다.
[전문개정 2009.4.1.]

║30조(「의료법」에 관한 특례) 의료 관련 특화사업을 하는 특화사업자인 의료법인은 「의료법」 제49조에도 불구하고 대통령령으로 정하는 부대사업을 할 수 있다.
[전문개정 2009.4.1.]

║31조(「장사 등에 관한 법률」에 관한 특례) ① 특구에서 특화사업을 위하여 필요하면 「장사 등에 관한 법률」 제27조제2항에도 불구하고 개장을 위한 통보기간을 2개월 이상으로 할 수 있다.
② 특구관할지방자치단체는 특화사업을 위하여 필요하면 「장사 등에 관한 법률」 제27조제5항에도 불구하고 공고에 관하여 필요한 사항을 조례로 달리 정할 수 있다.
[전문개정 2009.4.1.]

제32조(「국토의 계획 및 이용에 관한 법률」에 관한 특례) ① 도시·군관리계획안이 포함된 특구계획에 관하여 제5조제1항 및 제2항에 따른 주민 등의 의견과 지방의회의 의견 등을 들은 경우에는 「국토의 계획 및 이용에 관한 법률」 제28조제1항 및 제5항에 따른 주민 등의 의견과 지방의회의 의견을 각각 들은 것으로 본다. <개정 2011.4.14.>
② 국토교통부장관은 특구가 다음 각 호의 어느 하나에 해당하는 경우에는 「국토의 계획 및 이용에 관한 법률」 제8조제3항 각 호 외의 부분 본문에도 불구하고 중앙도시계획위원회의 심의를 거치지 아니할 수 있다. <신설 2011.5.24., 2013.3.23.>
1. 특구계획에 특구토지이용계획이 포함되지 아니하는 경우
2. 특구토지이용계획에 「국토의 계획 및 이용에 관한 법률」 제38조에 따른 개발제한구역이 포함되어 있지 아니하고 특구토지이용계획의 수립면적이 같은 법 제8조제2항 각 호 외의 부분 본문에서 정하는 면적 미만인 경우
③ 특구관할지방자치단체는 특화사업을 위하여 필요하면 「국토의 계획 및 이용에 관한 법률」 제77조에도 불구하고 대통령령으로 정하는 범위에서 건폐율의 최대한도를 조례로 달리 정할 수 있다. <개정 2011.5.24.>
④ 특구관할지방자치단체는 특화사업을 위하여 필요하면 「국토의 계획 및 이용에 관한 법률」 제78조에도 불구하고 대통령령으로 정하는 범위에서 용적률의 최대한도를 조례로 달리 정할 수 있다. <개정 2011.5.24.>

⑤ 제3항과 제4항에 규정된 특례적용의 필요성과 세부내용 및 대통령령으로 정하는 사항은 특구계획에 포함되어야 하며, 이 경우 특구계획은 「국토의 계획 및 이용에 관한 법률」 제113조에 따른 해당 시·군·구도시계획위원회의 심의를 거쳐 작성되어야 한다. <개정 2011.5.24.>
[전문개정 2009.4.1.]

제33조(「도로법」에 관한 특례) 도로관리청은 특화사업을 위하여 「도로법」 제61조제1항에 따라 도로점용허가를 신청하는 자에 대하여 특별한 사유가 없으면 지체 없이 협조하여야 한다. <개정 2014.1.14.>
[전문개정 2009.4.1.]

제34조(「도시공원 및 녹지 등에 관한 법률」에 관한 특례)
① 삭제 <2011.5.24.>
② 특구관할지방자치단체는 특화사업을 위하여 필요하면 「도시공원 및 녹지 등에 관한 법률」 제24조제3항에도 불구하고 도시공원을 점용할 수 있는 대상 및 점용의 기준을 조례로 달리 정할 수 있다.
③ 특구관할지방자치단체는 특화사업을 위하여 필요하면 「도시공원 및 녹지 등에 관한 법률」 제27조제3항에도 불구하고 도시자연공원구역에서 할 수 있는 행위의 허가기준을 조례로 달리 정할 수 있다.
④ 특구관할지방자치단체는 특화사업을 위하여 필요하면 「도시공원 및 녹지 등에 관한 법률」 제38조제3항에도 불구하고 녹지를 점용할 수 있는 대상 및 점용의 기준을 조례로 달리 정할 수 있다.
⑤ 제2항부터 제4항까지의 규정에 따라 도시공원·도시자연공원구역 또는 녹지를 점용하거나 사용할 수 있는

대상은 국토교통부장관과 협의한 ￼익시설로 한정한다. <개정 2013.3.23.>
[전문개정 2009.4.1.]

제35조(「산업입지 및 개발에 관한 법률」에 관한 특례) 특구관할지방자치단체의 장은 특화사업을 위하여 필요하면 「산업입지 및 개발에 관한 법률」 제8조의2에 따른 면적 또는 미분양 ￼율 규정에도 불구하고 산업단지를 지정할 수 있다. [전문개정 2009.4.1.]

제36조(「독점규제 및 공정거래에 관한 법률」에 관한 특례) ① 특구에서 특화사업을 위하여 필요한 공동연구·기술개발 등에 대하여는 「독점규제 및 공정거래에 관한 법률」 제19조제2항에 따른 공정거래위원회의 인가를 받은 것으로 본다.
② 제1항에 따른 특례가 적용되는 공동연구·기술개발 등은 그 특례적용의 필요성과 세부내용 및 대통령령으로 정하는 사항이 특구계획에 포함되어 있는 것으로 한정한다.
[전문개정 2009.4.1.]

제36조의2(국유·공유재산 등에 관한 특례) ① 특구에 있는 국가 또는 지방자치단체 소유의 토지로서 특화사업에 필요한 토지는 특구계획에 정하여진 목적 외의 용도로 처분할 수 없다.
② 국가·지방자치단체는 특화사업을 위하여 필요하면 「국유재산법」, 「공유재산 및 물품 관리법」 또는 「폐교재산의 활용촉진을 위한 특별법」에도 불구하고 특화사업자에게 국유·공유재산 및 폐교재산을 수의계약에 의하여 사용·수익허가를 하거나 대부 또는 매각할 수 있다.
③ 국가·지방자치단체는 제2항에 따른 사용·수익허가를 하거나 대부 또는 매각계약을 체결할 때 그 재산을

정하여진 기간 내에 특화사업을 위하여 사용하지 아니하면 그 계약을 취소할 수 있는 특약을 둘 수 있다. [전문개정 2009.4.1.]

36조의3(「주세법」에 관한 특례) ① 지역특산물을 활용하는 특구의 농업인·임업인, 생산자단체는 「주세법」 제6조에도 불구하고 관할 세무서장에게 직접 생산한 농산물을 주원료로 하는 주류(이하 이 조에서 "농민주"라 한다)의 제조면허를 받을 수 있다. ② 농민주의 제조면허에 필요한 시설기준과 그 밖의 요건은 대통령령으로 정한다. [전문개정 2009.4.1.]

36조의4(「박물관 및 미술관 진흥법」에 관한 특례) 박물관이나 미술관을 특화사업으로 설립·운영하는 자는 「박물관 및 미술관 진흥법」 제16조에도 불구하고 대통령령으로 정하는 바에 따라 공동으로 학예사를 둘 수 있다. [전문개정 2009.4.1.]

36조의5(「농수산물 품질관리법」에 관한 특례) 농림축산식품부장관 또는 해양수산부장관은 「농수산물 품질관리법」 제32조에 따라 특화사업과 관련된 농수산물 또는 농수산가공품에 대한 지리적표시의 등록을 신청받은 경우에는 다른 신청보다 우선하여 심사하게 할 수 있다. <개정 2013.3.23.> [전문개정 2011.7.21.]

36조의6(「종자산업법」에 관한 특례) ① 농업 관련 특구에서 종자업을 하려는 자에 대하여는 「종자산업법」 제37조제1항에도 불구하고 시설기준을 대통령령으로 달리 정할 수 있다. <개정 2012.6.1.> ② 농업 관련 특구에서 종자업을 하

는 자는 「종자산업법」 제37조제2항 본문에도 불구하고 대통령령으로 정하는 바에 따라 공동으로 종자관리사를 둘 수 있다. <개정 2012.6.1.> [전문개정 2009.4.1.]

제36조의7(「산업집적활성화 및 공장설립에 관한 법률」 등에 관한 특례) ①특화사업을 위하여 필요하면 국가나 지방자치단체가 설립하여 분양하거나 임대하는 지식산업센터의 분양가격 또는 임대료에 대하여 「국유재산법」, 「공유재산 및 물품 관리법」 또는 「산업집적활성화 및 공장설립에 관한 법률」 제28조의3제2항에도 불구하고 하한을 두지 아니할 수 있다. <개정 2010.4.12., 2011.5.24.> ② 특화사업을 위하여 산업용지(건축물이 없는 것을 말한다)를 분할하려는 경우에는 「산업집적활성화 및 공장설립에 관한 법률」 제39조의2제1항 전단에도 불구하고 900제곱미터 이상으로 분할할 수 있다. <신설 2011.5.24.> [전문개정 2009.4.1.]

제36조의8(「특허법」에 관한 특례) 특허청장은 특화사업과 직접 관련된 특허출원에 대하여는 「특허법」 제61조에도 불구하고 심사관으로 하여금 다른 특허출원보다 우선하여 심사하게 할 수 있다. [전문개정 2009.4.1.]

제36조의9(「기업활동 규제완화에 관한 특별조치법」에 관한 특례) 산업 관련 특구의 「산업집적활성화 및 공장설립에 관한 법률」 제30조제2항 각 호의 어느 하나에 해당하는 관리기관의 장은 「기업활동 규제완화에 관한 특별조치법」 제37조 또는 제38조에도 불구하고 공동임명이 허용되는 범위에서 같은 산업단지 등에서 사업을 하는 사업자를 대신하여 대기환경

기술인 또는 수질환경기술인을 임명할 수 있다. [전문개정 2009.4.1.]

제36조의10(「건축법」에 관한 특례)
문화·예술과 관련된 특구에서 「건축법」 제20조제1항에 해당하는 가설건축물 중 야외전시 및 촬영시설은 같은 조 제2항에 따른 신고대상으로 본다. [전문개정 2009.4.1.]

제36조의11(「주택법」에 관한 특례)
특구관할지방자치단체는 특화사업을 위하여 필요하면 「주택법」 제38조에도 불구하고 주택의 공급기준을 조례로 달리 정할 수 있다. 다만, 다음 각 호의 어느 하나에 해당하는 지역은 그러하지 아니하다.
1. 특별시 및 광역시
2. 「주택법」 제41조에 따라 투기과열지구로 지정된 지역
[전문개정 2009.4.1.]

제36조의12(「공익사업을 위한 토지 등의 취득 및 보상에 관한 법률」에 관한 특례)
① 특화사업자는 다음 각 호의 어느 하나에 해당하는 특화사업의 시행을 위하여 필요하면 「공익사업을 위한 토지 등의 취득 및 보상에 관한 법률」 제3조 각 호에 해당하는 토지·물건 및 권리(이하 이 조에서 "토지등"이라 한다)를 수용하거나 사용할 수 있다. <개정 2013.3.23.>
1. 생산, 연구개발을 위한 사업
2. 교통, 환경, 유통·물류 기반의 조성을 위한 사업
3. 교육·문화·체육·보건의료 및 사회복지 시설의 설치를 위한 사업
4. 관광지·관광단지의 조성에 관한 사업
5. 그 밖에 지역특화사업의 육성을 위하여 필요하다고 인정하여 중소기업청장이 관계 중앙행정기관의 장과 협의하여 선정한 사업

② 특화사업자(지방자치단체는 제외한다)는 제1항에 따라 토지등을 수용하거나 사용하려면 국유지·공유지를 제외한 사업대상 토지면적의 3분의 2 이상에 해당하는 토지를 소유하고, 토지 소유자 총수의 2분의 1 이상에 해당하는 자의 동의를 받아야 한다. <개정 2011.5.24.>
③ 제1항에 따른 수용 또는 사용에 관하여는 제1항과 제2항에서 규정한 사항을 제외하고는 「공익사업을 위한 토지 등의 취득 및 보상에 관한 법률」을 준용한다.
[전문개정 2009.4.1.]

제36조의13(「지방재정법」에 관한 특례)
특구관할지방자치단체의 장은 특구계획의 승인을 받은 경우 특구관할지방자치단체가 하려는 특화사업에 포함된 재정투자사업의 필요성 및 사업계획의 타당성 등에 대하여 「지방재정법」 제37조에 따른 심사를 하지 아니하여도 된다. <개정 2014.5.28.>
[본조신설 2009.4.1.]

제36조의14 삭제 <2011.7.21.>

제36조의15(「유통산업발전법」에 관한 특례)
특화사업을 위하여 필요하면 「유통산업발전법」 제29조제1항에도 불구하고 공동집배송센터의 지정에 필요한 부지면적을 2만제곱미터 이상으로 할 수 있다.
[본조신설 2011.5.24.]

제2절 토지이용에 관한 규제특례 사항

제37조(특구토지이용계획의 수립과 제출)
① 신청지방자치단체의 장은 특화사업을 위하여 특구의 토지를 효과적으로 이용할 필요가 있으면 「국토

의 계획 및 이용에 관한 법률」 제
113조에 따른 해당 시·군·구도시
계획위원회의 심의를 거쳐 특구토지
이용계획을 수립하고 이를 특구계획
에 포함하여야 한다.
② 제1항에 따른 특구토지이용계획의
수립방법·절차 등에 관하여 필요한
사항은 대통령령으로 정한다.
[전문개정 2009.4.1.]

38조(특구토지이용계획의 내용) 특구
토지이용계획은 다음 각 호의 사항을
포함한다.
1. 용도지역·용도지구의 지정 또는
변경에 관한 계획
2. 기반시설의 설치·정비 또는 개량
에 관한 계획
3. 수산자원보호구역의 지정 또는 변
경에 관한 계획
4. 지구단위계획구역의 지정 또는 변
경에 관한 계획과 지구단위계획
5. 그 밖에 특화사업의 수행을 위한
토지이용과 관련된 계획
[전문개정 2009.4.1.]

**39조(도시·군관리계획결정 등의 의
제)** ① 특구의 전부 또는 일부를 구역
·지역 또는 단지로 구획하여 개발하
거나 토지를 이용하는 내용의 특구토
지이용계획이 포함된 특구계획의 승인
을 받으면 그 특구토지이용계획에 따
라 구획된 구역·지역 또는 단지에 대
하여 그 특구계획의 내용에 따라 각각
다음 각 호의 결정 또는 지정이 된 것
으로 본다. <개정 2011.4.14.>
1. 「국토의 계획 및 이용에 관한 법
률」 제30조에 따른 도시·군관
리계획의 결정(제38조제1호·제2
호 및 제4호에 해당하는 계획에
관한 결정만 해당한다)
2. 「국토의 계획 및 이용에 관한 법
률」 제40조에 따른 수산자원보
호구역의 지정·변경

3. 「관광진흥법」 제52조에 따른 관
광지 및 관광단지의 지정
4. 「산업집적활성화 및 공장설립에
관한 법률」 제23조에 따른 유치
지역의 지정
5. 「도시개발법」 제3조에 따른 도
시개발구역의 지정
6. 「물류시설의 개발 및 운영에 관
한 법률」 제22조에 따른 물류단
지의 지정
7. 「산업입지 및 개발에 관한 법
률」 제6조, 제7조, 제7조의2 또
는 제8조에 따른 산업단지의 지
정(제35조를 적용받는 경우만 해
당한다)
② 제1항제3호에 따라 관광지 또는
관광단지가 지정된 것으로 보는 경
우 「관광진흥법」 제54조제1항에
도 불구하고 그 관광지 조성계획의
작성자는 특구관할지방자치단체의
장이 되고, 관광단지의 개발자는 해
당 특구계획에서 정하는 특화사업자
가 된다.
③ 특구의 전부 또는 일부에 대하여
다음 각 호에 해당하는 내용의 특구
토지이용계획이 포함된 특구계획의
승인을 받으면 그 특구계획에 따라
각각 다음 각 호의 지정해제 또는 변
경이 된 것으로 본다. <개정 2009.6.9.>
1. 「산림보호법」 제11조제1항제1호
에 따른 산림보호구역의 지정해제
2. 「농지법」 제31조에 따른 농업진
흥지역 또는 용도구역의 변경 또
는 해제
④ 특구지역이 「지역균형개발 및 지
방중소기업 육성에 관한 법률」에
따라 개발촉진지구로 지정되면 특구
계획은 같은 법 제14조에 따른 개발
촉진지구개발계획으로 보며, 같은 법
제16조에도 불구하고 시행자는 특구
계획에서 정하는 특화사업자가 된다.
⑤ 특구관할지방자치단체의 장은 특
화사업에 참여하는 민간특화사업자

에 대하여 「지역균형개발 및 지방
중소기업 육성에 관한 법률」 제31
조에 따른 지원조치를 할 수 있다.
이 경우 특구계획의 승인을 받으면
같은 법 제27조와 제28조를 적용하
지 아니할 수 있다.
[전문개정 2009.4.1.]
[제목개정 2011.4.14.]

제40조(허가등의 의제) ① 특구토지이
용계획이 포함된 특구계획의 승인을
받으면 특화사업자는 다음 각 호의 허
가·승인·동의·면허 및 협의 등(이
하 "허가등"이라 한다)을 받은 것으로
보며, 특구의 지정을 고시하면 다음 각
호의 관계 법률에 따른 허가등의 고시
또는 공고를 한 것으로 본다.
<개정 2009.6.9., 2010.4.15., 2010.5.31.,
2011.4.14., 2011.5.24., 2014.1.14.>
1. 「초지법」 제23조에 따른 초지의
   전용허가
2. 「산지관리법」 제14조에 따른 산지
   전용허가 및 같은 법 제15조에 따른
   산지전용신고, 같은 법 제15조의2에
   따른 산지일시사용허가·신고
3. 「산림자원의 조성 및 관리에 관한
   법률」 제36조제1항·제4항에 따
   른 입목벌채 등의 허가·신고 및
   「산림보호법」 제9조제1항 및 제
   2항제1호·제2호에 따른 산림보호
   구역(산림유전자원보호구역은 제
   외한다)에서의 행위의 허가·신고
4. 「농지법」 제34조에 따른 농지의
   전용허가 또는 협의
5. 「농어촌정비법」 제23조에 따른 농
   업생산기반시설의 목적 외 사용승인
   및 같은 법 제82조에 따른 농어촌
   관광휴양단지 사업계획의 승인
6. 「하천법」 제30조에 따른 하천공
   사의 허가, 같은 법 제33조에 따
   른 하천의 점용허가 및 같은 법
   제50조에 따른 하천수의 사용허가
7. 「공유수면 관리 및 매립에 관한 법

률」 제8조에 따른 공유수면의 점
용·사용허가, 같은 법 제17조에
따른 공유수면의 점용·사용 실시
계획의 승인, 같은 법 제28조에 따
른 공유수면의 매립면허 및 같은
법 제35조·제36조에 따른 협의·
승인, 같은 법 제49조제1항제3호에
따른 매립목적 변경승인
8. 삭제 <2010.4.15.>
9. 「국토의 계획 및 이용에 관한 법
   률」 제56조에 따른 개발행위의
   허가, 같은 법 제86조에 따른 도
   시·군계획시설사업 시행자의 지
   정 및 같은 법 제118조에 따른
   토지거래계약의 허가
10. 「도로법」 제21조제2항에 따른
    도로 노선의 변경·폐지 승인, 같
    은 법 제36조에 따른 도로관리청
    이 아닌 자에 대한 도로공사의 시
    행 허가 및 같은 법 제61조에 따
    른 도로의 점용 허가
11. 「사도법」 제4조에 따른 사도
    (私道)의 개설허가
12. 「관광진흥법」 제54조에 따른
    관광지·관광단지 조성계획의 승
    인 및 같은 법 제55조에 따른 조
    성사업 시행의 허가
13. 「산업입지 및 개발에 관한 법
    률」 제19조에 따른 농공단지개
    발실시계획의 승인
14. 「국유재산법」 제30조에 따른
    사용의 허가
15. 「체육시설의 설치·이용에 관한 법
    률」 제12조에 따른 사업계획의 승인
16. 「수도법」 제17조·제49조 및
    제50조에 따른 수도사업의 인가
17. 「하수도법」 제16조에 따른 공공하
    수도에 관한 공사 또는 유지의 허가
18. 「사방사업법」 제14조에 따른 벌
    채 등의 허가 및 같은 법 제20조에
    따른 사방지(砂防地) 지정의 해제
19. 「소하천정비법」 제14조에 따
    른 소하천 점용 등의 허가

② 제1항에 규정된 허가등의 의제를 받으려는 자는 해당 법률에서 정하는 서류를 신청지방자치단체의 장에게 제출하여야 한다.

③ 제2항에 따라 제출하여야 하는 서류 및 그 서류의 제출시기는 대통령령으로 정한다.

④ 중소기업청장은 제1항 각 호의 어느 하나에 해당하는 사항이 다른 행정기관의 권한에 속하는 경우에는 미리 그 행정기관의 장과 협의하여야 한다. 이 경우 관계 행정기관의 장은 제5항에 따른 처리기준이 아닌 사유를 이유로 협의를 거부할 수 없으며, 제1항제7호에 따른 매립목적 변경승인의 협의를 요청받은 매립면허관청은 「공유수면 관리 및 매립에 관한 법률」 제49조제1항부터 제4항까지의 규정에 따라 매립목적 변경승인 여부를 검토하여야 한다. <개정 2011.5.24., 2013.3.23.>

⑤ 제1항 각 호의 어느 하나에 해당하는 사항을 관장하는 중앙행정기관의 장은 허가 등에 관한 처리기준이 있을 때에는 중소기업청장에게 통보하여야 한다. 이를 변경할 때에도 또한 같다. <개정 2013.3.23.>

⑥ 중소기업청장은 제5항에 따라 처리기준을 통보받으면 이를 통합하여 고시하여야 한다. <개정 2013.3.23.>

⑦ 허가등의 의제에 관하여는 제9조제2항부터 제4항까지의 규정을 준용한다. 이 경우 "특구"는 "허가등"으로, "지정"은 "의제"로 본다.
[전문개정 2009.4.1.]

제3절 권한이양에 관한 특례

제41조(「체육시설의 설치·이용에 관한 법률」에 관한 특례) ① 체육관련 특구에서 「체육시설의 설치·이용에 관한 법률」 제10조제1항제1호에 따른 등록 체육시설업을 하려는 자는 같은 법 제12조에도 불구하고 사업계획서를 작성하여 특구관할지방자치단체의 장의 승인을 받아야 한다. 그 사업계획을 변경하려는 경우에도 또한 같다. 다만, 대통령령으로 정하는 경미한 사항에 관한 사업계획의 변경은 그러하지 아니하다.

② 제1항에 따라 특구관할지방자치단체의 장의 승인을 받은 자는 「체육시설의 설치·이용에 관한 법률」 제19조제1항에도 불구하고 영업을 시작하기 전에 특구관할지방자치단체의 장에게 해당 체육시설업의 등록을 하여야 한다. 등록사항을 변경하려는 경우에도 또한 같다. 다만, 대통령령으로 정하는 경미한 등록사항의 변경은 그러하지 아니하다.

③ 특구관할지방자치단체의 장은 제1항에 따라 등록 체육시설업 중 골프장업 또는 스키장업에 대한 사업계획의 승인을 받은 자가 그 승인을 받은 사업시설 중 대통령령으로 정하는 규모 이상의 시설을 갖춘 경우에는 제2항에도 불구하고 대통령령으로 정하는 기간 내에 나머지 시설을 갖출 것을 조건으로 해당 체육시설업을 등록하게 할 수 있다.

④ 특구관할지방자치단체의 장은 「체육시설의 설치·이용에 관한 법률」 제25조에도 불구하고 제1항부터 제3항까지의 규정에 따라 승인을 받거나 등록을 한 골프장업 시설의 농약사용량 조사와 농약잔류량 검사를 하여야 한다.

⑤ 제1항부터 제3항까지의 규정에 따른 승인을 받거나 등록을 한 등록 체육시설업자에 대하여 「체육시설의 설치·이용에 관한 법률」을 적용할 때 같은 법에 따른 등록 체육시설업에 관련된 시·도지사의 업무는 특구관할지방자치단체의 장의 업무로 본다.
[전문개정 2009.4.1.]

제42조(「축산물위생관리법」에 관한 특례) ① 특구에서 닭·오리 등 농림축산식품부장관이 정하여 고시하는 가축을 소비자에게 조리하여 판매하는 자는 「축산물위생관리법」 제7조에도 불구하고 조리하여 판매하는 장소에서 직접 도살·처리할 수 있다. <개정 2010.5.25., 2013.3.23.>

② 제1항에 따른 가축의 도살·처리 등에 대한 기준, 그 밖에 필요한 사항은 농림축산식품부장관이 정하여 고시한다. <개정 2013.3.23.>

③ 축산 관련 특구에서 「축산물위생관리법」 제21조에 따른 집유업(集乳業)과 축산물가공업(유가공업만 해당한다. 이하 이 조에서 같다)을 하려는 자는 같은 법 제22조에도 불구하고 특구관할지방자치단체의 장의 허가를 받아 할 수 있다. <개정 2010.5.25.>

④ 제3항에 따라 허가를 받은 집유업과 축산물가공업에 대하여 「축산물위생관리법」을 적용할 때 집유업과 축산물가공업에 관련된 같은 법에 따른 시·도지사의 업무는 특구관할지방자치단체의 장의 업무로 본다. <개정 2010.5.25.>

[전문개정 2009.4.1.]
[제목개정 2010.5.25.]

제43조(「식품위생법」에 관한 특례) ① 특구관할지방자치단체의 장은 특화사업을 위하여 필요하면 「식품위생법」 제10조에도 불구하고 특화사업을 통하여 제조되는 식품에 대한 표시기준을 따로 정하여 고시할 수 있다. 이 경우 식품의 표시기준에 대하여 고시하려는 내용이 특구계획에 포함되어야 한다.

② 특구관할지방자치단체의 장은 특화사업을 위하여 필요하면 「식품위생법」 제43조에도 불구하고 식품접객업을 하는 자와 그 종업원에 대하여 영업시간 및 영업행위를 달리 제

한할 수 있다. 이 경우 영업시간 영업행위의 제한에 관한 세부사항 특구계획에 포함되어야 한다.

③ 특구관할지방자치단체의 장이 제항과 제2항에 따라 식품의 표시기을 정하거나 영업시간 및 영업행를 제한한 경우에는 이를 식품의품안전처장 또는 시·도지사에게 보하여야 한다. <개정 2013.3.23.>

[전문개정 2009.4.1.]

제44조(「자동차관리법」에 관한 특례 ① 특구관할지방자치단체의 장 「자동차관리법」 제25조에도 불하고 특화사업을 위하여 필요하면 리 지방경찰청장과 협의하여 자동차의 운행제한을 명할 수 있다. 이 우 운행제한의 목적, 기간, 지역, 한내용 및 대상 자동차의 종류, 밖의 세부적인 사항은 특구계획에 함되어야 한다.

② 특구관할지방자치단체의 장은 제항에 따라 자동차의 운행을 제한려면 그 목적, 기간, 지역, 제한내및 대상 자동차의 종류, 그 밖에 요한 사항을 미리 공고하여야 한다.

③ 제1항에 따른 자동차의 운행제한대하여 「자동차관리법」을 적용할 때 자동차 운행제한과 관련된 같은법에 따른 국토교통부장관의 업무는 특구관할지방자치단체의 장의 업무보고, 경찰청장의 업무는 지방경찰장의 업무로 본다. <개정 2013.3.23.>

[전문개정 2009.4.1.]

제44조의2(「노인복지법」에 관한 특례) ① 특구관할지방자치단체는 특사업을 위하여 필요하면 「노인복지법」 제33조에도 불구하고 노인주거복지시설의 인력, 운영에 관한 기준과 설치신고 및 운영자가 준수하여야할 사항 등을 조례로 달리 정할 수있다. 이 경우 조례로 달리 정하는

내용은 특구계획에 포함되어야 한다.
② 제1항에서 정한 노인주거복지시설
의 입소자격자는 「노인복지법」 제
33조의2에도 불구하고 특구관할지
방자치단체의 장이 따로 정하여 고
시할 수 있다.
[본조신설 2009.4.1.]

44조의3(특구 내 법령적용 특례) 특
구관할지방자치단체의 장은 특화사업
을 위하여 필요하면 다음 각 호를 적
용하지 아니할 수 있다. 이 경우 적
용하지 아니하는 규정에 관한 사항은
특구계획에 포함되어야 한다.
<개정 2009.6.9., 2011.7.21.>
1. 「영화 및 비디오물의 진흥에 관한
   법률」 제90조제1항 및 제3항제1호
2. 「에너지이용 합리화법」 제78조
   제4항제11호
3. 삭제 <2011.5.24.>
4. 「소음·진동관리법」 제8조제1항
   및 제2항
5. 「농수산물 품질관리법」 제5조제
   2항(수산물만 해당한다)
[본조신설 2009.4.1.]

제4장 지역특화발전
특구위원회 등

45조(설치 및 운영) ① 다음 각 호의
사항을 심의·의결하기 위하여 중소
기업청에 지역특화발전특구위원회를
둔다. <개정 2013.3.23.>
1. 특구에 관한 기본정책과 제도에
   관한 사항
2. 특구의 지정·지정해제에 관한 사항
3. 특구계획에 관한 사항
4. 규제특례의 적용·변경·취소에
   관한 사항
5. 특구와 관련하여 중앙행정기관의
   장과 지방자치단체의 장 간의 의

견 조정에 관한 사항
6. 특구운영의 평가에 관한 사항
7. 그 밖에 특구의 지정 및 운영에
   필요한 사항으로서 대통령령으로
   정하는 사항
② 특구위원회는 위원장 1명, 부위원
장 2명, 당연직 위원과 10명 이내의
위촉위원으로 구성한다.
③ 위원장은 중소기업청장이 되고,
부위원장은 국토교통부의 고위공무
원단에 속하는 공무원 중 국토교통
부장관이 지명하는 자와 제2항에 따
른 위촉위원 중 호선(互選)하는 사
람이 된다. <개정 2013.3.23.>
④ 당연직 위원은 규제특례 및 특구
와 관련된 중앙행정기관의 고위공무
원단에 속하는 공무원과 그 밖에 대
통령령으로 정하는 사람이 된다.
<개정 2013.3.23.>
⑤ 위촉위원은 특화사업과 지방행정
에 관한 지식과 경험이 풍부한 사람
중에서 위원장이 위촉한다.
⑥ 제1항에 따른 사항을 사전에 검토
하고, 관계 행정기관의 협조사항을
정리하기 위하여 특구위원회에 실무
위원회를 둔다.
⑦ 제1항부터 제6항까지에서 규정한
사항 외에 특구위원회와 실무위원회
의 구성 및 운영에 필요한 사항은
대통령령으로 정한다.
[전문개정 2009.4.1.]

제46조 삭제 <2008.2.29.>

제47조(특구 운영의 보고) ① 특구관할
지방자치단체의 장은 특구운영의 성
과에 관한 보고서를 특구위원회에 제
출하여야 한다.
② 보고서의 제출시기, 방법 등에 관
하여 필요한 사항은 산업통상자원부
령으로 정한다. <개정 2013.3.23.>
[전문개정 2009.4.1.]

제47조의2(특구운영의 평가) ① 특구위원회는 제47조제1항에 따른 보고서를 고려하여 특구운영의 성과를 평가한다.
② 특구위원회는 제1항의 평가를 제47조제1항에 따른 보고서의 제출시기가 종료된 후 180일 이내에 완료하여야 한다. 다만, 부득이한 사정이 있는 경우에는 60일의 범위에서 그 기간을 연장할 수 있다.
③ 특구위원회는 제1항에 따른 평가 결과를 공개하여야 한다.
④ 제3항에 따른 공개의 방법과 그 밖에 특구위원회의 평가에 관하여 필요한 사항은 대통령령으로 정한다.
[본조신설 2009.4.1.]

제47조의3(포상금의 지급) ① 중소기업청장은 제47조의2에 따른 평가가 우수한 특구관할지방자치단체에 대하여 포상금을 지급할 수 있다. <개정 2013.3.23.>
② 제1항에 따른 포상금의 지급 기준, 방법 및 절차 등에 관하여 필요한 사항은 산업통상자원부령으로 정한다. <개정 2013.3.23.>
[본조신설 2009.4.1.]

제48조(특구에 대한 수요조사 등) ① 중소기업청장은 대통령령으로 정하는 바에 따라 특례인정이 필요한 규제 및 특구운영에 필요한 사항에 대하여 연 1회 이상 수요조사를 하여야 한다. <개정 2013.3.23.>
② 중소기업청장과 관계 행정기관의 장은 제1항에 따른 조사결과를 검토하고 필요한 조치를 하여야 한다. <개정 2013.3.23.>
③ 제1항과 제2항에 따른 수요조사 및 조사결과의 검토에 필요한 사항은 대통령령으로 정한다.
[전문개정 2009.4.1.]

제49조(규제특례의 적용에 대한 조사, 지정해제 요청) ① 관계 중앙행정기관의 장은 규제특례의 적용상황 및 이에 따른 성과에 대하여 2년에 1회 이상 조사를 하고 그 결과를 특구위원회에 보고하여야 한다.
② 관계 중앙행정기관의 장은 규제특례의 적용상황에 대한 조사기준 등에 대하여 특구위원회의 심의·의결을 거쳐 확정하고 특구관할지방자치단체의 장에게 통지하여야 한다.
③ 관계 중앙행정기관의 장은 제1항에 따른 조사결과, 제51조제2항 각 호의 어느 하나(제5호는 제외한다)에 해당한다고 인정하면 중소기업청장에게 특구계획의 변경 또는 특구의 지정해제를 요청할 수 있다. <개정 2013.3.23.>
④ 중소기업청장은 제1항에 따른 조사결과 해당 규제특례를 적용할 때에 문제점이 없다고 판단되면 제3장에 따라 특례조치가 적용되는 해당 개별법의 규제를 개선하도록 관계 행정기관에 요청할 수 있다. <개정 2013.3.23.>
[전문개정 2009.4.1.]

제5장 보칙

제50조(외국어서비스의 제공) 특구관할지방자치단체의 장은 특화사업을 위하여 공문서를 외국어로 발간·접수·처리하는 등 외국어서비스를 제공할 수 있다. [전문개정 2009.4.1.]

제51조(특구의 지정해제 등) ① 특구관할지방자치단체의 장은 특구의 지정을 해제하거나 승인된 특구계획의 내용을 변경하려면 제4조부터 제6조까지를 준용하여 중소기업청장에게 신청하여야 한다. 다만, 특구계획을 변경할 때에 추가되는 특례조치가 지역주민의 재산권 행사 등을 제한하지

아니하거나, 제3장제2절의 규제특례가 포함되지 아니한 경우 제5조와 제6조에서 정한 절차를 생략할 수 있다. <개정 2013.3.23.>
② 중소기업청장은 다음 각 호의 어느 하나에 해당하면 특구위원회의 심의·의결을 거쳐 특구의 지정을 해제하거나 특구계획의 내용을 변경할 수 있다. 다만, 제6호에 해당하는 경우로서 대통령령으로 정하는 경미한 사항을 변경하고자 하는 경우에는 특구위원회의 심의·의결을 거치지 아니한다. <개정 2011.5.24., 2013.3.23.>
1. 특구관할지방자치단체가 특구를 운영할 때 법령을 위반하거나 특구계획과 다르게 운영하는 경우
2. 해당 특구 또는 특화사업에 대한 규제특례의 적용이 심각한 부작용을 유발하는 경우
3. 특구지정의 목적을 달성할 수 없는 경우
4. 토지이용에 관한 규제특례가 특구계획의 주된 내용인 경우로서 특화사업자가 제7조제2항에도 불구하고 특구지정 고시일부터 2년 내에 특구토지이용계획을 제출하지 아니하여 지정된 특구의 목적을 달성할 수 없는 경우
5. 특구지정 목적이 달성된 날부터 1년이 지난 경우
6. 제1항에 따라 특구관할지방자치단체의 장이 신청하는 경우
7. 그 밖에 제1호부터 제3호까지에 준하는 경우로서 대통령령으로 정하는 경우
③ 제2항(제5호와 제6호의 경우는 제외한다)에 따라 특구지정이 해제된 지역을 관할하는 시·군·구는 3년의 범위에서 대통령령으로 정하는 기간 내에는 이 법에 따른 특구로 지정될 수 없다.
④ 제1항부터 제3항까지에서 규정한 사항 외에 특구의 지정해제방법 등에 관하여 필요한 사항은 대통령령으로 정한다.
[전문개정 2009.4.1.]

제52조(의견진술과 청문) ① 중소기업청장은 제51조제2항(제6호의 경우는 제외한다. 이하 같다)에 따라 특구의 지정을 해제하거나 특구계획의 내용을 변경하는 경우에는 특구관할지방자치단체의 장에게 의견을 진술할 기회를 주어야 한다. <개정 2013.3.23.>
② 중소기업청장은 제51조제2항에 따라 특화사업자의 지정을 취소하는 내용으로 특구계획의 일부를 변경하려면 그 특화사업자에 대하여 청문을 하여야 한다. <개정 2013.3.23.>
[전문개정 2009.4.1.]

제53조(특구의 지정해제의 효과) ① 이 법에 따라 제정되는 조례는 특구의 지정이 해제되거나 제51조제2항에 따라 특구계획의 내용이 변경되어 규제특례의 적용이 중지되면 그 효력을 상실한다.
② 특구의 지정이 해제되거나 제51조제2항에 따라 특구계획의 내용이 변경되어 관련 특구의 지정내용이 취소되면 이 법에 따라 인정된 규제특례 및 그에 따른 허가·인가·승인 등은 그 효력을 상실한다. 다만, 1년의 범위에서 대통령령으로 정하는 기간 내에 규제의 근거법령에 따라 같은 내용의 허가·인가·승인 등을 받은 경우에는 그러하지 아니하다.
③ 특구관할지방자치단체의 장 및 특화사업자는 제2항 본문에 따라 특구 또는 특화사업과 관련된 규제특례와 허가·인가·승인 등의 효력이 상실되면 1년의 범위에서 대통령령으로 정하는 기간 내에 그 허가·인가·승인 등에 따라 설치한 광고물·시설물 등을 해당 규제의 근거 법령에 적합하게 변경하거나 철거하여야 한

다. 다만, 변경 또는 철거하기 매우 곤란하거나 실익이 없는 경우 등 대통령령으로 정하는 경우에는 그러하지 아니하다.

[전문개정 2009.4.1.]

부칙
〈제12687호, 2014.5.28.〉
(지방재정법)

제1조(시행일) 이 법은 공포 후 6개월이 경과한 날부터 시행한다. 〈단서 생략〉

제2조부터 제21조까지 생략

제22조(다른 법률의 개정) ①부터 ⑩까지 생략

⑪ 지역특화발전특구에 대한 규제특례법 일부를 다음과 같이 개정한다.

제36조의13 중 "지방재정투·융자사업"을 "재정투자사업"으로 한다.

⑫ 및 ⑬ 생략

부칙
〈제13221호, 2015.3.27.〉
(교육공무원법)

제1조(시행일) 이 법은 공포한 날부터 시행한다.

제2조 생략

제3조(다른 법률의 개정) 지역특화발전특구에 대한 규제특례법 일부를 다음과 같이 개정한다.

제18조제2항 단서 중 "「교육공무원법」 제29조의2제1항·제7항"을 "「교육공무원법」 제29조의2제1항·제8항"으로 한다.

지역특화발전특구에 대한 규제특례법 시행령

[시행 2014.11.19.]
[대통령령 제25751호, 2014.11.19., 타법개정]

제1장 총칙

제1조(목적) 이 영은 「지역특화발전특구에 대한 규제특례법」에서 위임된 사항과 그 시행에 필요한 사항을 규정함을 목적으로 한다. [전문개정 2009.7.1.]

제2조 삭제 <2009.7.1.>

제2장 지역특화발전특구의 지정 및 운영

제3조(특구의 지정신청) ① 중소기업청장은 다음 각 호의 구분에 따른 지방자치단체의 장으로부터 지역특화발전특구(이하 "특구"라 한다)의 지정을 신청받으면 법 제9조제1항에 따른 관계 행정기관의 장(합의제 행정기관을 포함한다. 이하 같다)과의 협의 및 법 제45조에 따른 지역특화발전특구위원회(이하 "특구위원회"라 한다)의 심의·의결을 거쳐 90일 이내에 특구로 지정할 것인지 결정하고 그 결과를 해당 시장(「제주특별자치도 설치 및 국제자유도시 조성을 위한 특별법」에 따른 행정시장을 포함한다. 이하 같다)·군수·구청장(자치구의 구청장을 말한다. 이하 같다) 및 특별시장·광역시장·도지사·특별자치도지사(이하 "시·도지사"라 한다)에게 통지하여야 한다. 다만, 부득이한 사유가 있는 경

우에는 한 차례만 45일의 범위에서 그 기간을 연장할 수 있다. <개정 2011.8.3., 2013.3.23.>
1. 법 제4조제1항에 따른 신청의 경우: 시장·군수·구청장
2. 법 제4조제2항에 따른 공동신청의 경우: 시장·군수·구청장 및 그와 공동으로 신청하는 다른 지방자치단체의 장
② 제1항에 따른 기간에는 제5조제2항 및 제6조제1항 단서에 따라 걸리는 기간과 특구지정을 신청한 지방자치단체의 장이 특구위원회에 심의·의결의 연기를 요청한 기간은 포함하지 아니한다.
③ 시·도지사는 법 제4조제4항에 따라 중소기업청장 또는 특구위원회에 지역특화발전특구계획(이하 "특구계획"이라 한다)에 관한 의견을 제출하려면 시장·군수·구청장으로부터 그 특구계획을 통보받은 날부터 30일 이내에 제출하여야 한다. <개정 2013.3.23.>
[전문개정 2009.7.1.]

제3조의2(민간기업 등의 특구계획 제안) ① 법 제4조의2제1항에 따라 민간기업·법인·단체 또는 개인(이하 "민간기업 등"이라 한다)으로부터 특구계획을 제안받은 소관 지방자치단체의 장은 그 특구계획을 제안받은 날부터 60일 이내에 같은 조 제3항 각 호의 사항을 고려하여 특구지정의 필요성을 검토하여야 한다.
② 제1항에 따른 검토 결과 특구지정의 필요성이 인정될 경우에는 소관 지방자치단체의 장은 특구계획안에 그 내용을 반영하되, 필요한 경우에는 민간기업 등과 협의하여 그 내용을 조정할 수 있다.
[본조신설 2009.7.1.]

제4조(특구계획안의 공고 등) ① 지방자치단체의 장은 제3조제1항에 따라

특구의 지정을 신청하려면 법 제5조에 따라 특구계획안의 주요 내용을 그 지방자치단체의 공보 또는 「신문 등의 진흥에 관한 법률」에 따른 신문(이하 "신문"이라 한다)에 20일 이상 공고(인터넷 게재를 포함한다. 이하 같다)하고, 그 공고일부터 6일이 지난 날 이후에는 일반인이 특구계획 안을 14일 이상 열람할 수 있도록 하여야 한다. <개정 2010.1.27.>

② 제1항에 따라 공고된 특구계획안의 내용에 대하여 의견이 있는 자는 제1항에 따른 열람기간 내에 해당 지방자치단체의 장에게 의견을 제출할 수 있다.

③ 지방자치단체의 장은 법 제5조제1항에 따라 공청회를 개최할 때에는 공청회 개최 예정일 14일 전까지 다음 각 호의 사항을 그 지방자치단체의 공보나 신문에 1회 이상 공고하여야 한다.

1. 공청회의 개최 목적
2. 공청회 개최의 예정 일시 및 장소
3. 특구계획안의 개요
4. 그 밖에 공청회 개최에 필요한 사항
[전문개정 2009.7.1.]

제5조(지역특화발전특구계획) ① 법 제7조제1항제10호에서 "대통령령으로 정하는 사항"이란 다음 각 호의 사항을 말한다. <개정 2011.8.3.>

1. 특화사업의 시행기간(사업의 종료 시점을 정하기 어려운 경우는 기재를 생략할 수 있다)
2. 법 제5조제1항에 따른 주민 등의 의견청취 결과
3. 법 제5조제2항에 따른 지방의회의 의견청취 결과
4. 특구지역이 표시된 지형도면 또는 지적도(「토지이용규제기본법 시행령」 제7조에 따라 작성된 것을 말한다. 이하 같다)
5. 제16조의3제3항, 법 제17조제2

항, 제23조제1항·제2항, 제25조제3항, 제26조제4항, 제31조제2항, 제32조제3항·제4항, 제34조제2항부터 제4항까지, 제36조의11 및 제44조의2제1항에 따라 조례로 정하는 사항의 주요 내용
6. 법 제37조제1항에 따라 시·군·구도시계획위원회의 심의를 거친 경우에는 그 결과

② 중소기업청장은 필요하다고 인정되면 특구의 지정을 신청하는 지방자치단체[법 제4조제2항에 따라 특별시·광역시·도·특별자치도(이하 "시·도"라 한다)와 그 관할구역의 시(「제주특별자치도 설치 및 국제자유도시 조성을 위한 특별법」에 따른 행정시를 포함한다. 이하 같다)·군·구(자치구를 말한다. 이하 같다)가 공동으로 신청하는 경우에는 시·군·구를 말하며, 그 밖에 공동으로 신청하는 경우에는 관할 지방자치단체를 말한다. 이하 "신청지방자치단체"라 한다]의 장에게 특구계획에 포함될 사항을 보완하거나 추가로 제출하여 줄 것을 요청할 수 있다. <개정 2011.8.3., 2013.3.23.>
[전문개정 2009.7.1.]

제6조(특구의 지정 등) ① 관계 행정기관의 장은 중소기업청장으로부터 법 제9조제1항에 따른 협의를 요청받으면 그 요청을 받은 날부터 20일 이내에 의견을 제출하여야 한다. 다만, 부득이한 사유가 있으면 중소기업청장과 협의하여 한 차례만 10일의 범위에서 그 기간을 연장할 수 있다. <개정 2013.3.23.>

② 제1항에 따라 협의를 요청받은 관계 행정기관의 장은 법 제7조제1항제5호에 따라 특구계획에 포함된 규제특례사항이 다음 각 호의 어느 하나에 해당되는 경우를 제외하고는 규제특례사항이 반영될 수 있도록

최대한 노력하여야 한다.
1. 관계 법령을 위반하는 경우
2. 규제특례사항으로 인한 부작용이 발생할 가능성이 명백한 경우
3. 규제특례사항으로 인하여 관계 법령의 입법취지를 심각하게 훼손할 우려가 있는 경우
③ 제1항에 따른 기간 내에 관계 행정기관의 장이 법 제7조제1항제5호에 따라 특구계획에 포함된 규제특례사항에 동의하지 않거나 조건을 붙여 동의하는 내용의 의견을 제출하려는 때에는 그 사유를 구체적으로 제시하여야 한다.
④ 중소기업청장은 법 제9조제1항에 따라 특구를 지정하면 같은 조 제2항에 따라 다음 각 호의 사항을 관보에 고시(인터넷 게재를 포함한다. 이하 같다)하여야 한다. <개정 2011.8.3., 2013.3.23.>
1. 특구의 명칭·위치 및 면적
2. 특구의 지정 목적
3. 특화사업의 내용
4. 특화사업자의 성명 및 주소(특화사업자가 법인인 경우에는 법인의 명칭·주소 및 대표자의 성명·주소를 말한다. 이하 같다)
5. 특화사업의 시행기간(사업의 종료시점을 정하기 어려운 경우는 기재를 생략할 수 있다)·재원조달방법 및 시행방법(단계적으로 시행하는 경우에는 단계별 사업시행기간·재원조달방법 및 시행방법을 말한다)
6. 규제특례에 관한 사항
7. 특구지역이 표시된 지형도면 또는 지적도
8. 관련 자료의 열람방법
9. 그 밖에 특구위원회가 필요하다고 인정하는 사항
[전문개정 2009.7.1.]

제7조(특구위원회의 심의·의결 시 고려사항) 법 제10조제8호에서 "대통령령으로 정하는 사항"이란 다음 각 호의 사항을 말한다.
1. 특구계획의 실행 가능성
2. 특화사업의 유형별 편중 여부
3. 특화사업에 대한 국내외 수요 전망
4. 법 제47조에 따른 다른 특구 운영의 성과에 관한 보고서
5. 법 제49조에 따른 규제특례의 적용상황에 대한 조사 결과
6. 특화사업에 따라 창출되는 생산물(재화 및 서비스를 포함한다)에 대한 특화사업자의 품질관리방안
[전문개정 2009.7.1.]

제3장 규제특례에 관한 사항
제1절 일반적인 규제특례 사항

제8조(학교 설립에 관한 특례) ① 법 제17조제1항에 따라 설립되는 공립학교(이하 "공립학교"라 한다)의 교원의 배치기준은 「초·중등교육법 시행령」 제33조부터 제35조까지의 규정에도 불구하고 그 공립학교의 장이 정하는 바에 따른다.
② 공립학교에 대해서는 「초·중등교육법 시행령」 제36조의3제2항에 따른 특성화중학교 및 특성화고등학교의 산학겸임교사 대치(代置) 규정을 준용한다. 이 경우 "제76조의 규정에 의한 특성화중학교" 및 "제91조의 규정에 의한 특성화고등학교"는 각각 "공립학교"로 본다. <개정 2011.8.3.>
[전문개정 2009.7.1.]

제9조(「초·중등교육법」에 관한 특례) ① 법 제19조제1항에 따라 외국어 전문교육을 하기 위한 외국인인 외국어 교원은 다음 각 호의 어느 하나에 해당하는 자격 요건을 갖춘 사람이어야 한다.
1. 「초·중등교육법」 제21조제2항 및 별표 2의 중등학교 교사자격

기준에 해당하는 사람
2. 자국 법에 따라 교원 자격을 취득하고 교육 경력이 3년 이상인 사람
② 법 제19조제1항에 따라 외국어 전문교육을 하기 위한 외국인인 외국어 강사는 다음 각 호의 어느 하나에 해당하는 자격 요건을 갖춘 사람이어야 한다.
1. 제1항제1호 또는 제2호에 해당하는 사람
2. 자국 법에 따라 학사 이상의 학위를 취득한 사람
③ 제2항제2호에 해당하는 사람이 외국어 강사로 임용되면 임용 후 6개월 이내에 각 시·도의 교육감이 시행하는 4주 이상의 연수를 받아야 한다.
④ 제1항에 따른 외국어 교원은 3년 단위로 취업계약을 체결하되, 계약을 연장하는 경우에는 그 계약기간을 3년 이내의 단위로 할 수 있다.
⑤ 제2항에 따른 외국어 강사는 1년 이내의 단위로 취업계약을 체결한다. 계약을 연장하는 경우에도 또한 같다.
⑥ 특구로 지정·고시된 지역을 관할하는 시·군·구(이하 "특구관할지방자치단체"라 한다)의 장은 「지방자치단체의 교육경비 보조에 관한 규정」 제2조에도 불구하고 외국어 교원 및 강사인 외국인의 보수를 지원할 수 있다.
[전문개정 2009.7.1.]

제10조(자율학교 등에 대한 특례) ① 관할 교육감은 법 제19조제2항에 따라 「초·중등교육법」 제61조에 따른 특례의 적용을 받는 학교 또는 교육과정을 운영하려는 학교(이하 이 조에서 "교육관련 특구내 자율학교"라 한다)를 지정하려면 「초·중등교육법 시행령」 제105조제1항제1호부터 제7호까지의 규정에 따른 학교 외에 다음 각 호의 어느 하나에 해당하는 학교를 교육관련 특구내 자율학교로

지정할 수 있다. <개정 2010.6.29.>
1. 「초·중등교육법 시행령」 제90조제1항에 따른 특수목적고등학교
2. 법 제17조제1항에 따라 설립되는 공립학교
② 특구관할지방자치단체의 장은 교육관련 특구내 자율학교의 운영에 필요한 지원을 할 수 있다.
[전문개정 2009.7.1.]

제11조(「출입국관리법」에 관한 특례) ① 「출입국관리법 시행령」 제12조 및 별표 1에 따라 구분된 다음 각 호의 체류자격에 대해서는 법 제20조제1항에 따라 1회에 부여할 수 있는 체류기간의 상한은 제1호 및 제3호부터 제6호까지는 5년, 제2호는 3년으로 한다. <개정 2011.8.3.>
1. 교수(E-1)
2. 회화지도(E-2)
3. 연구(E-3)
4. 기술지도(E-4)
5. 전문직업(E-5)
6. 특정활동(E-7)
② 법 제20조제2항에 따른 특구관할지방자치단체의 장의 확인은 특화사업과 관련된 추천서의 발급에 의한다.
③ 제2항에 따른 추천서의 발급기준은 중소기업청장이 법무부장관과 협의하여 따로 정한다. <개정 2013.3.23.>
[전문개정 2009.7.1.]

제11조의2(「농어촌정비법」에 관한 특례) 법 제25조제3항에서 "대통령령으로 정하는 범위"란 특화사업과 직접적으로 관련되어 있는 농어촌 관광휴양사업에 대하여 「농어촌정비법」 제81조제2항에 따라 정해지는 사업의 규모 및 시설기준의 상한·하한 각각에 대하여 50퍼센트 완화된 범위를 벗어나지 아니하는 것을 말한다. <개정 2009.12.15.>
[전문개정 2009.7.1.]

12조(「산지관리법」에 관한 특례)
① 특화사업으로 추진되는 관광휴양
시설 또는 스키장에 대해서는 법 제
27조의2에 따라 다음 각 호의 구분
에 따른 산지전용허가기준 특례를 적
용한다. <개정 2010.12.7.>
1. 관광휴양시설의 경우: 「산지관리
   법 시행령」 제20조제6항 및 별
   표 4(같은 표 비고 제2호에 따른
   산림청장의 고시를 포함한다. 이
   하 이 조에서 같다)에 따른 보전
   산지의 편입 비율은 그 상한의
   150퍼센트를 초과하지 아니하는
   것으로 한다.
2. 스키장의 경우: 「산지관리법 시행
   령」 제20조제6항 및 별표 4에
   따른 국유림 편입 비율은 그 상한
   의 150퍼센트 미만으로 하고, 전
   체면적 제한에 관한 부분은 적용
   하지 아니한다.
② 제1항에 따른 산지전용허가기준
특례는 특구관할지방자치단체의 행
정구역 면적에 대한 산지면적의 비
율이 전국 평균 이상인 지역에 한정
하여 적용한다.
[전문개정 2009.7.1.]

**12조의2(「국유림의 경영 및 관리에
관한 법률」에 관한 특례)** ① 법 제
27조의3제1항에 따라 매각하거나 교
환할 수 있는 국유림은 「국유림의
경영 및 관리에 관한 법률」 제16조
제1항제2호에 따른 불요존국유림(不
要存國有林)으로서 다음 각 호의 어
느 하나에 해당하는 국유림으로 한
다. <개정 2012.4.10.>
1. 「국토의 계획 및 이용에 관한 법
   률」 제2조제2호에 따른 도시·
   군계획, 특구계획, 그 밖에 국가
   나 지방자치단체의 사업시행상 필
   요하다고 인정되는 국유림
2. 그 밖에 산림 시책상 매각 또는 교
   환이 불가피하다고 인정되는 국유림

② 법 제27조의3제2항에 따른 국유
림의 대부 또는 사용허가 기준은 다
음 각 호와 같다. <개정 2012.7.20.>
1. 「산림자원의 조성 및 관리에 관한
   법률」, 「산림문화·휴양에 관한
   법률」 또는 다른 법령에 따라 사
   용이 금지 또는 제한되었거나 사용
   계획이 확정된 국유림이 아닐 것
2. 목축을 위한 국유림의 대부는
   「초지법」에 따른 초지조성허가
   를 받은 경우로 한정하며, 종축업
   (種畜業)을 위한 국유림의 대부는
   「축산법」에 따른 종축업 등록을
   한 경우로 한정할 것
3. 「환경정책기본법」 제38조제1항
   에 따라 지정·고시된 특별대책지
   역에서 목축용 또는 종축용으로
   사용하기 위한 국유림이 아닐 것
4. 「관광진흥법」 제3조제1항제2호
   및 제3호에 따른 관광숙박업 또
   는 관광객 이용시설업의 시설을
   설치할 목적으로 사용하기 위한
   국유림이 아닐 것
5. 다른 법령에 따라 허가·인가·승
   인·지정·등록·신고 또는 협의
   등의 조치가 필요한 경우에는 그
   조치가 있을 것
[전문개정 2009.7.1.]

제13조(한약도매상의 공동관리기준) 법
제29조에 따라 한약 관련 특구의 한
약도매상이 공동으로 약사·한약사·
한약업사 또는 한약 관련 학과 졸업
자를 두려는 경우에는 다음 각 호의
요건을 모두 갖추어야 한다.
1. 10명 이하의 한약도매상이 참여할 것
2. 제1호에 따라 참여한 한약도매상
   의 영업소 및 창고 면적의 합계가
   2천제곱미터 이하일 것
[전문개정 2009.7.1.]

제14조(의료법인의 부대사업) 법 제30
조에서 "대통령령으로 정하는 부대사

업"이란 다음 각 호의 사업을 말한
다. <개정 2012.8.3.>
1. 「건강기능식품에 관한 법률」 제
   4조제1항에 따른 건강기능식품
   제조업·수입업·판매업
2. 「공중위생관리법」 제2조제1항제
   3호에 따른 목욕장업
3. 「노인복지법」 제31조에 따른 노
   인복지시설의 설치·운영
4. 「아동복지법」 제50조에 따른 아
   동복지시설의 설치·운영
5. 「온천법」 제9조에 따른 보양온
   천의 설치·운영
6. 「장사 등에 관한 법률」 제15조
   제1항에 따른 사설화장시설·사
   설봉안시설의 설치·관리
[전문개정 2009.7.1.]

**제15조(「국토의 계획 및 이용에 관한
법률」에 관한 특례)** 법 제32조제3
항 및 제4항에서 "대통령령으로 정하
는 범위"란 특화사업과 직접적으로
관련되어 있는 건축물에 대하여 「국
토의 계획 및 이용에 관한 법률」 제
77조 또는 제78조에 따라 그 용도지
역에서 적용되는 건폐율 또는 용적률
의 150퍼센트를 초과하지 아니하는
범위를 말한다. 다만, 법 제39조제1
항제1호에 따른 도시·군관리계획의
결정(법 제38조제1호 및 제4호에 해
당하는 계획에 관한 결정으로서 용도
지역이 변경되는 경우로 한정한다)이
있은 것으로 보는 경우는 제외한다.
<개정 2011.8.3., 2012.4.10.>
[전문개정 2009.7.1.]

제15조의2 삭제 <2011.8.3.>

**제16조(「독점규제 및 공정거래에 관한
법률」에 관한 특례)** ① 법 제36조제
1항에 따른 특례를 적용받으려는 자는
다음 각 호의 사항을 적은 신청서를

특구계획에 포함하여 제출하여야 한다
1. 공동연구·기술개발 등에 참여
   려는 사업자(이하 "참가사업자"
   한다)의 성명·주소(참가사업자
   법인인 경우에는 법인의 명칭·
   소 및 대표자의 성명·주소를
   한다) 및 사업장 소재지
2. 공동연구·기술개발 등의 내용
   사유 및 특화사업과의 관계
3. 공동연구·기술개발 등을 하려는 기
4. 참가사업자의 사업 내용
② 제1항에 따른 신청서에 첨부하
야 할 서류는 다음 각 호와 같다.
1. 참가사업자의 최근 2년간 영업
   고서·대차대조표 및 손익계산서
2. 공동연구·기술개발 등의 협정
   는 결의서 사본
3. 공동연구·기술개발 등이 「독점
   제 및 공정거래에 관한 법률」
   19조제2항 및 같은 법 시행령 제2
   조·제24조의3에 따른 인가 요건
   해당함을 증명할 수 있는 서류
[전문개정 2009.7.1.]

**제16조의2(국유·공유재산 등에 관
특례의 신청)** 법 제36조의2제2항
따른 특례를 적용받으려는 자는 국
·공유재산 및 폐교재산의 소재지
지번·지목·면적 및 소유권 등 권
에 관한 사항을 특구계획에 포함하
야 한다. [전문개정 2009.7.1.]

제16조의3(「주세법」에 관한 특례
① 법 제36조의3에 따라 농민주의
조면허를 받으려는 자는 특구관할지
자치단체의 장의 추천을 받아야 한다.
② 농민주의 제조면허에 필요한 시
기준은 「주세법 시행령」 제5조제
항 및 별표 3 제2호에 따른 제조장
시설기준에 따른다.
③ 특구관할지방자치단체는 제1항에 따
른 추천기준을 조례로 정할 수 있다.
[전문개정 2009.7.1.]

16조의4(「박물관 및 미술관 진흥법」에 관한 특례) 박물관(「박물관 및 미술관 진흥법 시행령」 별표 2 제1호의 제1종 박물관 또는 미술관 중 종합박물관은 제외한다. 이하 이 조에서 같다) 또는 미술관을 특화사업으로 설립·운영하는 자는 「박물관 및 미술관 진흥법 시행령」 제10조 및 별표 2에도 불구하고 4개 이하의 다른 박물관 또는 미술관과 공동으로 학예사를 둘 수 있다. [전문개정 2009.7.1.]

16조의5(「종자산업법」에 관한 특례) ① 법 제36조의6제1항에 따라 「종자산업법 시행령」 제13조 및 별표 5에 따라 구분된 종자업의 시설기준 중 과수의 육묘포장 규모는 50아르 이상으로 한다. <개정 2013.5.31.>
② 농업 관련 특구에서 종자업을 하는 자(이하 이 항에서 "종자업자"라 한다)는 법 제36조의6제2항에 따라 「종자산업법」 제37조제2항 본문에도 불구하고 종자관리사를 19개 이하의 다른 종자업자와 공동으로 둘 수 있다. <개정 2013.5.31.>
[전문개정 2009.7.1.]

16조의6(「공익사업을 위한 토지 등의 취득 및 보상에 관한 법률」에 관한 특례 신청) 법 제36조의12에 따른 특례를 적용받으려는 자는 다음 각 호의 사항을 특구계획에 포함하여야 한다.
1. 법 제36조의12제1항 각 호 외의 부분에 따른 토지·물건 및 권리(이하 이 조에서 "토지등"이라 한다)의 수용 또는 사용이 필요한 사유
2. 수용하거나 사용할 토지등의 소재지·지번·지목·면적
3. 해당 토지등의 소유자 및 권리자의 성명 및 주소

4. 법 제36조의12제2항에 따른 요건의 충족 여부
[전문개정 2009.7.1.]

제2절 토지이용에 관한 규제특례 사항

제17조(특구토지이용계획의 수립과 제출) 신청지방자치단체의 장은 법 제37조에 따른 특구토지이용계획을 수립할 때에는 지정받으려는 특구에 대한 토지이용계획도서(「국토의 계획 및 이용에 관한 법률」 제25조제2항에 따른 도시·군관리계획도서의 계획도 및 계획조서에 준하는 토지이용 관련 계획도 및 계획조서를 말한다)와 이를 보조하는 계획설명서를 작성하고, 제18조에 따른 도시·군관리계획결정 등의 의제 및 제19조에 따른 허가 등의 의제를 각각 받기 위하여 제출하는 서류와 함께 그 특구토지이용계획에 첨부하여야 한다. <개정 2012.4.10.>
[전문개정 2009.7.1.]

제18조(도시·군관리계획결정 등의 의제) 법 제39조제1항 및 제3항에 따라 의제를 받으려는 자는 해당 법률에서 정하는 관련 서류를 함께 제출하여야 한다. <개정 2011.8.3.>
[전문개정 2009.7.1.]
[제목개정 2012.4.10.]

제19조(허가 등의 의제) ① 법 제40조제3항에 따라 허가 등의 의제를 받으려는 자는 해당 법률에서 정하는 관련 서류를 함께 제출하여야 한다. <개정 2011.8.3.>
② 제18조 및 이 조 제1항에 따른 서류는 법 제6조제2항에 따른 특화사업자의 지정 이후부터 법 제4조에 따른 특구의 지정신청 이전까지 신

청지방자치단체의 장에게 접수되어
야 한다.
[전문개정 2009.7.1.]

제3절 권한이양에 관한 특례

제20조(「체육시설의 설치·이용에 관한 법률」에 관한 특례) ① 법 제41조제1항 단서에서 "대통령령으로 정하는 경미한 사항"이란 다음 각 호의 사항을 말한다.
1. 사업계획의 승인을 받은 자가 법인인 경우에는 그 대표자의 성명·주소의 변경에 관한 사항(「체육시설의 설치·이용에 관한 법률」 제27조제3항에 따른 사업계획 승인의 승계의 경우는 제외한다)
2. 상호(商號)의 변경에 관한 사항
3. 사업계획의 승인을 받은 부지의 면적 및 경계를 변경하지 않는 다음 각 목의 어느 하나의 범위에서의 시설물 설치의 변경에 관한 사항
   가. 「체육시설의 설치·이용에 관한 법률」 제27조제2항에 따른 필수시설의 경우: 사업계획 승인을 받은 시설 또는 등록한 시설별 면적(건축물인 경우에는 연건축면적을 말한다)의 100분의 30 이내에서의 증축·개축 또는 변경
   나. 「체육시설의 설치·이용에 관한 법률」 제27조제2항에 따른 필수시설 외의 시설의 경우: 사업계획 승인을 받은 시설 또는 등록한 시설의 증축·개축·이축·재축 또는 변경
4. 회원 모집의 예정 인원 및 입회금의 변경에 관한 사항
5. 등록체육시설업의 사업시설 설치 공사의 착공 예정일 또는 준공 예정일의 변경에 관한 사항
② 법 제41조제2항 단서에서 "대통

령령으로 정하는 경미한 등록사항이란 다음 각 호의 사항을 말한다.
1. 「체육시설의 설치·이용에 관한 법률」 제27조에 따른 체육시업의 승계로 인한 체육시설업자변경에 관한 사항
2. 등록한 체육시설업의 부지면적, 사업시설의 규모를 변경하지 아하는 범위에서의 개수(改修), 보수에 관한 사항
3. 스키장업의 시설물을 변경하지 니하고 계절의 변화에 따른 휴기간 중 다른 용도로 변경하는 에 관한 사항
③ 법 제41조제3항에서 "대통령령로 정하는 규모 이상의 시설"이「체육시설의 설치·이용에 관한 률 시행령」 제21조제1항에 따 시설을 말한다.
④ 법 제41조제3항에서 "대통령령로 정하는 기간"이란 「체육시설설치·이용에 관한 법률」 제16조따른 등록 체육시설업의 시설 설기간에서 조건부 등록 당시까지 과한 기간을 제외한 기간을 말한다.
⑤ 법 제41조제3항에 따라 조건등록을 한 자가 그 조건의 전부이행한 경우에는 같은 조 제2항따른 변경등록을 하여야 한다.
[전문개정 2009.7.1.]

제4장 지역특화발전 특구위원회 등

제21조(특구위원회의 심의·의결 사등) ① 법 제45조제1항제7호에서대통령령으로 정하는 사항"이란 다각 호의 사항을 말한다.
1. 특구 및 인근 지역의 부동산가안정방안에 관한 사항
2. 특구의 난개발을 방지하기 위한 사항

3. 규제특례의 적용상황에 대한 조사 기준 등에 관한 사항
4. 그 밖에 특구의 운영과 관련된 사항
② 법 제45조제2항에 따른 위촉위원의 임기는 2년으로 하며, 두 차례만 연임할 수 있다.
③ 위촉위원이 해촉되거나 결원이 생겼을 때에는 새로 위촉하되, 새로 위촉된 위원의 임기는 위촉된 날부터 기산한다.
④ 법 제45조제4항에서 "대통령령으로 정하는 사람"이란 다음 각 호의 중앙행정기관의 고위공무원단에 속하는 공무원 중 「직무분석규정」 제8조제2항의 직무등급 가등급에 해당하는 직위에 보직된 사람으로서 해당 중앙행정기관의 장이 지명하는 1명을 말한다. <개정 2013.3.23., 2014.11.19.>
1. 기획재정부
2. 교육부
3. 법무부
4. 국방부
5. 행정자치부
6. 문화체육관광부
7. 농림축산식품부
8. 산업통상자원부
9. 보건복지부
10. 환경부
11. 해양수산부
12. 식품의약품안전처
13. 공정거래위원회
[전문개정 2009.7.1.]

제22조(특구위원회의 운영 등) ① 특구위원회의 위원장(이하 "위원장"이라 한다)은 특구위원회를 대표하고 특구위원회의 업무를 총괄한다.
② 특구위원회의 부위원장(이하 "부위원장"이라 한다)은 위원장을 보좌하고, 위원장이 부득이한 사유로 직무를 수행할 수 없을 때에는 법 제45조제3항에 규정된 순서에 따라 위원장의 직무를 대행한다.

③ 위원장은 특구위원회의 회의를 소집하고 그 의장이 된다.
④ 위원장이 특구위원회의 회의를 소집하려면 회의의 일시·장소 및 목적 등을 개회 3일 전까지 특구위원회의 구성원에게 서면으로 알려야 한다. 다만, 긴급한 경우에는 개회 전까지 전화 등의 방법으로 알릴 수 있다.
⑤ 특구위원회의 회의는 재적위원 과반수의 출석으로 개의(開議)하고, 출석위원 과반수의 찬성으로 의결한다.
⑥ 특구위원회의 사무를 처리하기 위하여 특구위원회에 간사 1명을 두되, 간사는 중소기업청 소속 공무원 중에서 중소기업청장이 임명한다. <개정 2013.3.23.>
⑦ 제1항부터 제6항까지에서 규정한 사항 외에 특구위원회의 운영에 필요한 사항은 특구위원회의 의결을 거쳐 위원장이 정한다.
[전문개정 2009.7.1.]

제23조(의견청취) ① 제21조제4항 각 호 외의 중앙행정기관의 장은 필요하면 해당 중앙행정기관의 고위공무원단에 속하는 공무원을 특구위원회에 참석시켜 발언하게 할 수 있다. <개정 2013.3.23.>
② 특구위원회는 심의에 필요하다고 인정되면 특구를 관할하는 시·도지사, 신청지방자치단체의 장 또는 이해관계인을 출석하게 하여 그 의견을 들을 수 있다.
[전문개정 2009.7.1.]

제24조(수당) 특구위원회의 회의에 출석한 위원과 관계 전문가에게는 예산의 범위에서 수당을 지급할 수 있다. 다만, 공무원인 위원이 그 소관업무와 직접적으로 관련되어 특구위원회에 출석하는 경우에는 지급하지 아니한다. [전문개정 2009.7.1.]

제25조(실무위원회의 구성 및 운영) ①
법 제45조제6항에 따른 실무위원회는 중소기업청 차장을 위원장으로 하며, 위원장 1명을 포함하여 20명 이내의 위원으로 구성한다. <개정 2013.3.23.>
② 실무위원회의 위원은 기획재정부·교육부·법무부·국방부·행정자치부·문화체육관광부·농림축산식품부·산업통상자원부·보건복지부·환경부·국토교통부·해양수산부·식품의약품안전처·공정거래위원회·산림청 및 중소기업청의 고위공무원단에 속하는 공무원 중 「직무분석규정」 제8조제2항의 직무등급 나등급에 해당하는 직위에 보직된 사람 중에서 해당 중앙행정기관의 장이 각각 1명씩 지명한다. <개정 2013.3.23., 2014.11.19.>
③ 실무위원회는 다음 각 호의 사항을 검토한다.
1. 특구위원회의 회의에 부치는 안건
2. 특구와 관련하여 관계 행정기관 간의 의견 조정이 필요한 사항
3. 특구와 관련하여 실무위원회위원장이 회의에 부치는 사항
④ 실무위원회의 운영에 관하여는 특구위원회의 운영 등에 관한 제22조(같은 조 제2항 및 제7항은 제외한다)부터 제24조까지의 규정을 준용한다. 이 경우 "특구위원회"는 "실무위원회"로, "위원장"은 "실무위원회위원장"으로, "중소기업청장"은 "중소기업청 차장"으로, "해당 중앙행정기관의 고위공무원단에 속하는 공무원"은 "해당 중앙행정기관(국토교통부 및 산림청은 제외한다) 소속 공무원"으로, "시·도지사, 신청지방자치단체의 장"은 "시·도 소속 공무원, 신청지방자치단체 소속 공무원"으로 본다. <개정 2013.3.23.>
[전문개정 2009.7.1.]

제25조의2(특구운영 성과평가의 기준 등) ① 특구위원회가 법 제47조의2
제1항에 따라 특구운영의 성과를 가할 때에는 다음 각 호의 사항을 려하여야 한다. <개정 2013.3.23.>
1. 특구운영에 따른 지역경제 활성 등 파급효과
2. 규제특례의 활용 효과
3. 지역 주민의 참여도
4. 그 밖에 중소기업청장이 특구운의 성과평가에 필요하다고 인정여 특구위원회의 심의를 거쳐 하는 사항
② 특구위원회는 제1항에 따른 평를 할 때에는 관련 전문기관을 활할 수 있다.
③ 특구위원회가 제1항에 따라 특구영의 성과를 평가하였을 때에는 평영역별 특구의 평가순위 및 평가목별 성과의 주요 내용 등을 중소업청장이 고시한다. <개정 2013.3.23.>
④ 제2항에 따라 평가에 활용할 있는 전문기관의 인적·물적 기준특구운영의 성과평가에 필요한 전성을 고려하여 중소기업청장이 정여 고시한다. <개정 2013.3.23.>
[전문개정 2009.7.1.]

제26조(특구에 대한 수요조사 등) ①
중소기업청장은 법 제48조제1항따라 특례 인정이 필요한 규제 및 구운영에 관하여 필요한 사항에 대여 중앙행정기관, 지방자치단체 민간기업 등을 대상으로 수요조사실시한다. <개정 2013.3.23.>
② 중소기업청장은 제1항에 따른 요조사 결과에 대하여 관계 행정관의 장에게 검토를 의뢰하여야 며, 관계 행정기관의 장은 검토를 뢰받은 날부터 10일 이내에 검토 과를 중소기업청장에게 회신하여한다. <개정 2013.3.23.>
③ 중소기업청장은 제1항에 따른 수조사 결과와 제2항에 따른 관계 행기관의 검토 결과를 특구위원회에

고하여야 한다.
<개정 2013.3.23.>
[전문개정 2009.7.1.]

제5장 보칙

27조(특구의 지정해제 등) ① 법 제
51조제2항 각 호 외의 부분 단서에서
"대통령령으로 정하는 경미한 사항"이
란 다음 각 호의 사항을 말한다.
1. 행정구역의 변경 등으로 인한 그
특구의 명칭 변경
2. 특구 면적의 100분의 10 미만의
면적 변경
3. 특화사업의 목적을 변경하지 아니
하는 범위에서 특화사업의 세부계
획 변경
4. 특화사업자의 성명 및 주소의 변경
② 법 제51조제2항제7호에서 "대통
령령으로 정하는 경우"란 다음 각
호의 어느 하나에 해당하는 경우를
말한다.
1. 거짓이나 그 밖의 부정한 방법으
로 특구를 지정받은 경우
2. 특구지정 당시에 예상하지 못한
사정 변경으로 인하여 특구의 지
정해제 또는 특구계획의 내용 변
경이 공익상 특히 필요한 경우
③ 중소기업청장은 법 제51조제2항에
따라 특구의 지정을 일부 해제하거나
특구계획의 내용을 변경하는 경우에
는 그 사유와 제6조제4항 각 호의 사
항을 관보에 고시하여야 한다. 다만,
지정된 특구의 전체를 해제하는 경우
에는 해제 사유와 제6조제4항제1호
부터 제3호까지의 사항을 관보에 고
시하여야 한다. <개정 2013.3.23.>
④ 법 제51조제3항에서 "대통령령으
로 정하는 기간"이란 2년을 말한다.
⑤ 중소기업청장은 법 제51조에 따라
특구의 지정을 해제한 경우에는 이
를 해당 시장·군수·구청장 및 관

할 시·도지사에게 지체 없이 통지
하여야 한다. <개정 2013.3.23.>
⑥ 시장·군수·구청장은 제5항에 따
라 통지를 받았을 때에는 그 내용을
14일 이상 주민이 열람할 수 있도록
조치하여야 한다.
[전문개정 2009.7.1.]

제28조(특구 지정해제의 효과) ① 법
제53조제2항 단서에서 "대통령으로
정하는 기간"이란 6개월을 말한다.
② 법 제53조제3항 본문에서 "대통
령령으로 정하는 기간"이란 6개월을
말한다.
③ 법 제53조제3항 단서에서 "변경
또는 철거하기 매우 곤란하거나 실
익이 없는 경우 등 대통령령으로 정
하는 경우"란 다음 각 호의 경우를
말한다.
1. 개발사업이 완료된 경우
2. 변경 또는 철거가 현저히 곤란하
거나 그에 따른 실익이 없는 경우
3. 변경 또는 철거에 드는 비용의 과다
등으로 인하여 변경하거나 철거하
는 것이 적당하지 아니한 경우
④ 제3항제2호 또는 제3호에 해당하
는 경우 특구관할지방자치단체의 장
또는 특화사업자는 미리 특구위원회
의 심의·의결을 거쳐야 한다.
[전문개정 2009.7.1.]

부칙
<제24563호, 2013.5.31.>
(종자산업법 시행령)

제1조(시행일) 이 영은 2013년 6월 2
일부터 시행한다.
제2조부터 제4조까지 생략

제5조(다른 법령의 개정) ① 및 ② 생략
③ 지역특화발전특구에 대한 규제특례법
시행령 일부를 다음과 같이 개정한다.

제16조의5제1항 중 "「종자산업법 시행령」 제46조 및 별표 1"을 "「종자산업법 시행령」 제13조 및 별표 5"로 하고, 같은 조 제2항 중 "「종자산업법」 제137조제2항 본문"을 "「종자산업법」 제37조제2항 본문"으로 한다.

제6조 생략

부칙

<제25751호, 2014.11.19.>
(행정자치부와 그 소속기관 직제)

제1조(시행일) 이 영은 공포한 날부터 시행한다. 다만, 부칙 제5조에 따라 개정되는 대통령령 중 이 영 시행 전에 공포되었으나 시행일이 도래하지 아니한 대통령령을 개정한 부분은 각각 해당 대통령령의 시행일부터 시행한다.

제2조부터 제4조까지 생략

제5조(다른 법령의 개정) ①부터 <304>까지 생략

<305> 지역특화발전특구에 관한 규제특례법 시행령 일부를 다음과 같이 개정한다.

제21조제4항제5호를 다음과 같이 한다.

5. 행정자치부

제25조제2항 중 "안전행정부"를 "행정자치부"로 한다.

<306>부터 <418>까지 생략

지역특화발전특구에 대한 규제특례법 시행규칙

[시행 2013.3.23.]

[산업통상자원부령 제2호, 2013.3.23., 타법개정]

1조(목적) 이 규칙은 「지역특화발전특구에 대한 규제특례법」 및 같은 법 시행령에서 위임된 사항과 그 시행에 필요한 사항을 규정함을 목적으로 한다. [전문개정 2009.7.1.]

2조 삭제 <2009.7.1.>

3조(특화사업자의 지정신청 등) ① 「지역특화발전특구에 대한 규제특례법」(이하 "법"이라 한다) 제6조제1항에 따라 특화사업자의 지정을 신청하려는 자는 다음 각 호의 사항을 적은 서류를 지방자치단체[법 제4조제2항에 따라 특별시·광역시·도·특별자치도와 그 관할 구역의 시(「제주특별자치도 설치 및 국제자유도시 조성을 위한 특별법」에 따른 행정시를 포함한다. 이하 같다)·군·구(자치구를 말한다. 이하 같다)가 공동으로 신청하는 경우에는 시·군·구를 말하며, 그 밖에 공동신청하는 경우에는 관할 지방자치단체를 말한다. 이하 이 조에서 "신청지방자치단체"라 한다]의 장에게 제출하여야 한다. <개정 2011.8.4.>

1. 신청자의 성명·주소(법인인 경우에는 법인의 명칭·주소와 대표자의 성명·주소를 말한다)
2. 특화사업을 하려는 지역의 위치와 면적
3. 특화사업의 내용과 사업계획
4. 자금조달계획 및 연차별 투자계획

② 제1항에 따라 특화사업자의 지정을 신청하려는 자는 다음 각 호의 서류를 1부씩 첨부하여야 한다.

1. 최근 2개 연도의 재무제표(財務諸表) 등 재산 및 손익에 관한 서류
2. 최근 5개 연도의 특화사업 또는 이와 유사한 사업의 시행 실적에 관한 서류(사업의 시행 실적이 있는 경우만 해당한다)
3. 신청지방자치단체의 장이 특화사업자의 지정 여부를 결정하는 데에 필요하다고 인정하여 요구하는 서류

③ 신청지방자치단체의 장은 다음 각 호의 사항 등을 종합적으로 고려하여 특화사업자의 지정 여부를 결정한다.

1. 지역특화발전특구계획안의 내용
2. 신청자가 지역특화발전특구계획안의 지역특화발전특구(이하 "특구"라 한다)에서 「관광진흥법」 등 다른 법률에 따른 사업시행자로 이미 지정 등을 받았는지 여부
3. 신청자의 특화사업 시행능력 및 필요한 재원(財源)의 조달능력

④ 신청지방자치단체의 장은 제3항에 따라 특화사업자의 지정 여부를 결정하였을 때에는 그 결정사항을 신청자 모두에게 지체 없이 알려야 하고, 그 결정일부터 5일 이내에 다음 각 호의 사항을 그 지방자치단체의 공보(公報)에 공고(인터넷 게재를 포함한다)하여야 한다.

1. 특화사업자로 지정된 자의 성명과 주소(법인인 경우에는 법인의 명칭·주소와 대표자의 성명·주소를 말한다)
2. 특화사업을 하려는 지역의 위치와 면적
3. 특화사업의 내용
4. 그 밖에 신청지방자치단체의 장이 특화사업자의 지정과 관련하여 공고할 필요가 있다고 인정하는 사항

[전문개정 2009.7.1.]

제4조(특구운영의 성과 보고) ① 법 제47조에 따라 특구로 지정·고시된 지역을 관할하는 시·군·구(이하 "특구관할지방자치단체"라 한다)의 장

은 매년 1월 1일부터 12월 31일까지의 특구운영의 성과에 관한 보고서(이하 이 조에서 "특구운영성과보고서"라 한다)를 작성하여 다음 연도 3월 31일까지 법 제45조에 따른 지역특화발전특구위원회에 제출하여야 한다. 다만, 법 제9조에 따라 중소기업청장으로부터 특구로 지정받은 연도의 특구운영 성과에 관하여는 특구로 지정받은 날부터 해당 연도의 12월 31일까지의 기간이 6개월 이내인 경우에는 그 특구운영의 성과를 다음 연도의 특구운영성과보고서에 포함하여 제출할 수 있다. <개정 2011.8.4., 2013.3.23.>

② 제1항의 특구운영성과보고서에는 다음 각 호의 사항이 포함되어야 한다.

1. 해당 연도의 특구운영 성과 및 이에 대한 특구관할지방자치단체의 장의 평가내용
2. 특구운영상의 어려운 점 및 이에 대한 건의사항
3. 다음 연도의 특구운영에 관한 계획
4. 지역주민 등의 의견과 그 특구가 지역경제에 미친 효과

[전문개정 2009.7.1.]

제5조(포상금의 지급기준 등) ① 법 제47조의3제1항에 따른 포상금(이하 "포상금"이라 한다)은 예산의 범위에서 법 제47조의2에 따른 평가(이하 "평가"라 한다)가 우수한 특구관할지방자치단체별로 해당 평가 연도에 차등 지급하며, 최대 지급액은 최소 지급액의 2배 이상이 되어야 한다.

② 포상금이 지급되는 특구관할지방자치단체의 수는 평가대상 특구 총수의 10분의 1 이내로 한다.

③ 제1항과 제2항에서 규정된 사항 외에 포상금의 지급기준 및 방법 등에 관한 세부 사항은 중소기업청장이 정하여 고시한다. <개정 2013.3.23.>

[본조신설 2009.7.1.]

부칙
<제2호, 2013.3.23.>
(중소기업청과 그 소속기관 직제 시행규칙)

제1조(시행일) 이 규칙은 공포한 날터 시행한다.

제2조 생략

제3조(다른 법령의 개정) ①부터 ⑥지 생략

⑦ 지역특화발전특구에 대한 규제례법 시행규칙 일부를 다음과 같이 개정한다.

제4조제1항 단서 및 제5조제3항 "지식경제부장관"을 각각 "중소기업청장"으로 한다.

■ 편 저 ■

대한법률실무편찬연구회

| 중소기업관련 지식정보법전 | 定價 24,000원 |

2015年 9月 05日 인쇄
2015年 9月 10日 발행
　편　저 : 대한법률실무편찬연구회
　발행인 : 김 현 호
　발행처 : 법문 북스
　공급처 : 법률미디어

１５２-０５０
서울 구로구 경인로 54길4
TEL : 2636-2911~3, FAX : 2636~3012
등록 : 1979년 8월 27일 제5-22호
Home : www.lawb.co.kr

❙ ISBN 978-89-7535-328-4 13360
❙ 파본은 교환해 드립니다.
❙ 본서의 무단 전재·복제행위는 저작권법에 의거, 3년 이하의
징역 또는 3,000만원 이하의 벌금에 처해집니다.

이 책의 특색..

중소기업의 중요성이 높아짐에 따라 정부에서는 중소기업이 더 발전 할
수 있는 각종 규제를 풀고 정부에서 지원 할 수 있는 모든 방법을 지원
하기 위해 새로운 중소기업 관련 법률을 제정, 시행하고 있다.
중소기업 관련 법전은 기업하는 분과 개인 사업하는 분께 밀접한 관계가
있는 중소기업법률로서 모든 기본이 되는 사업 법률이라 하겠다.
기본적인 법률을 알아야 민원 관계나 각종 인·허가, 설립, 정부지원,
정부혜택, 경영컨설팅, 세제 등 기업의 운영에 많은 도움이 될 것이다.

9 788975 353284
ISBN 978-89-7535-